T.S. Eliot

Essays 1

Kultur und Religion
Bildung und Erziehung
Gesellschaft, Literatur, Kritik

Suhrkamp

Die Essays dieses Bandes sind entnommen aus:
Notes towards the Definition of Culture, 1948, *Selected Essays*, 1932,
Essays Ancient and Modern, 1936, *On Poetry and Poets*, 1957,
To Criticize the Critic and Other Writings, 1965,
The Use of Poetry and the Use of Criticism, 1933

Der Aufsatz »Der vollkommene Kritiker« ist entnommen aus:
The Sacred Wood. Essays on Poetry and Criticism
Methuen, London, 1960
Umschlagfoto: Süddeutscher Verlag/Bilderdienst

suhrkamp taschenbuch 1562
Erste Auflage 1988

Druck: Nomos Verlagsgesellschaft, Baden-Baden
Printed in Germany
Umschlag nach Entwürfen von
Willy Fleckhaus und Rolf Staudt

1 2 3 4 5 6 – 93 92 91 90 89 88

Vorwort

Die kritischen Essays Thomas Stearns Eliots sind in deutscher Sprache bisher nur zum Teil zugänglich gewesen. Nachdem nun im Jahre 1965, dem Todesjahre Eliots, einige weitere, bisher unveröffentlichte Aufsätze erschienen sind, die das Bild des Kritikers Eliot abrunden, erscheint es geboten, das kritische Werk dem deutschsprachigen Publikum in einer alle wichtigen Stücke einbeziehenden Ausgabe vorzulegen. Dieses Werk wird in zwei Bänden dargeboten, von denen der erste, vorliegende, diejenigen Aufsätze enthält, die allgemeine Fragen der Kultur und Literatur behandeln, während der zweite Band besonderen Fragen und bedeutenden Einzelwerken der Literatur gewidmet sein wird.

Obwohl eine Abgrenzung einzelner thematisch gebundener Gruppen im Gesamtbereich der Kritik Eliots sich nur schwerlich treffen läßt, wird im vorliegenden Bande dennoch zunächst eine Gliederung in drei große Sachbereiche – Kultur und Religion, Bildung und Erziehung, Gesellschaft, Literatur und Kritik – vorgenommen, innerhalb derer sodann chronologisch verfahren wird. Der Interdependenz einzelner Aufsätze über die Grenzen dieser drei Bereiche hinaus konnte dabei naturgemäß nicht Rechnung getragen werden: der große späte Aufsatz über »Die Ziele der Erziehung« etwa nimmt Gedanken der »Beiträge zum Begriff der Kultur« wieder auf (dessen sechstes Kapitel dadurch allerdings überholt ist und fortgelassen wurde); doch vermag das gewählte Ordnungsschema die Skala vom umfassenden Begriff der Kultur bis zum spezifischsten Problem, der auf sich selbst reflektierenden Kritik, sichtbar zu machen. (Die allgemeinen Fragen gewidmeten Aufsätze sind nahezu vollständig im ersten Bande versammelt; der Entschluß auf die Einbeziehung des Essays *The Idea of a Christian Society* zu verzichten, ist in dem allzu utopischen, dazu intern-anglikanischen Charakter dieser Arbeit Eliots begründet; er wurde dadurch erleichtert, daß die relevanten Themen in den abgedruckten Aufsätzen hinreichend zur Geltung kommen.)

Die erneute Konfrontation mit dem kritischen Werk Eliots im Jahre 1967 läßt den raschen und gründlichen Wandel der geistigen Situation seit jenen Nachkriegstagen erkennen, da Eliots Gedanken als bedeutende Hilfe bei der Neuorientierung ebenso dankbar aufgenommen wurden, wie seine Dichtungen, in das langjährige Vakuum einströmend, das literarische Nachholbedürfnis befriedigten und tiefreichende Bildungserlebnisse vermittelten, die sich noch heute an der großen Zahl wissenschaftlicher Arbeiten über Eliot ablesen lassen.

Die Anregungen und Wirkungen Eliots sind in den vergangenen Jahrzehnten so vollständig absorbiert worden und haben so starke Gegenwirkungen angeregt, daß darüber nicht selten ihr Urheber vergessen wurde; die Bedeutung seines kritischen Werkes für die Gegenwart sichtbar zu machen, ist Ziel dieser Sammlung.

Aber wenn das kritische Werk des sich in die Geschichtlichkeit zurückziehenden Autors auch nicht diejenigen Kräfte spiegelt, die das heutige literarische Leben bestimmen, so kann es doch durch die einzigartige Kunst seiner kritischen Methode, die jede Einzelfrage im Lichte grundlegender Entscheidungen und im Zusammenhang mit größeren Fragenkomplexen wie auch mit gleichrangigen Fragen auf Nachbargebieten untersucht, als eine Orientierung bei der Gewinnung des eigenen kritischen Standpunktes und der Bildung des eigenen Urteils dienlich sein, unabhängig davon, ob man den Voraussetzungen und Schlußfolgerungen Eliots zustimmt oder widerspricht. Denn was dies kritische Werk vor allem auszeichnet, ist die hohe, behutsame Geistigkeit, mit der das Werdende dem Gewordenen in ständigem, lebendigem Neudurchdenken eingefügt und nach den Maßstäben einer großen Tradition bemessen wird, die sich im Weiterwirken bewährt. Die innere Spannung zwischen fester weltanschaulich-religiöser Position und selbstkritischer Offenheit erhält dies Werk, das bedeutendste organum criticum unserer Tage, in jeder Phase seiner bedachtsam bohrenden Denkbewegung lebendig und fruchtbar.

Helmut Viebrock

Kultur und Religion

Beiträge zum Begriff der Kultur

Vorwort

DEFINITION: 1. Abgrenzung;
Einschränkung (selten) – 1483
Oxford English Dictionary

Philip Mairet
in Dankbarkeit und Bewunderung gewidmet

Dieser *Essay* wurde vor vier oder fünf Jahren begonnen. Ein vorläufiger Entwurf erschien unter demselben Titel in drei aufeinanderfolgenden Nummern der *New English Weekly*. Daraus entstand ein Aufsatz »Cultural Forces in the Human Order«, der in dem Band *Prospect for Christendom*, herausgegeben von Maurice B. Reckitt (Faber, 1945), erschien; eine Neufassung dieses Aufsatzes bildet das erste Kapitel des vorliegenden Buches. Das zweite Kapitel ist die Neufassung eines im Oktober 1945 in *The New English Review* veröffentlichten Aufsatzes.

Als Anhang habe ich drei Rundfunkansprachen an die Deutschen beigefügt, die unter dem Titel »Die Einheit der Europäischen Kultur« (Carl Habel Verlagsbuchhandlung, Berlin 1946) erschienen sind.

Für die ganze Arbeit gilt, daß ich besonders den Schriften von Canonicus V. A. Demant und von Christopher Dawson und den Büchern des jüngst verstorbenen Prof. Karl Mannheim viel verdanke. Dies sogleich und in dieser allgemeinen Form auszusprechen ist um so nötiger, als ich im Text auf die beiden erstgenannten Autoren nicht Bezug genommen habe; auch ist meine Dankesschuld dem dritten gegenüber viel größer, als sie nach der einen Stelle, an der ich seine Theorie erörtere, zu sein scheint.

Nutzen gezogen habe ich auch aus einem Artikel von Dwight Macdonald, der unter dem Titel »A Theory of ›Popular Culture‹« Februar 1944 in *Politics* (New York) erschien, und einer anonymen Kritik dieses Artikels, die im November 1946 von derselben

Zeitschrift veröffentlicht wurde. Von den meiner These entgegengesetzten Theorien, die mir zu Gesicht kamen, halte ich jene von Macdonald für die beste.

Januar 1948 T. S. E.

Einleitung

Ich glaube, unser Forschen sollte nahezu zweckfrei sein. Es muß rein und streng betrieben werden wie Mathematik. *Acton*

Die folgenden Kapitel habe ich nicht geschrieben, um darin, wie es bei flüchtiger Durchsicht des Inhaltsverzeichnisses scheinen könnte, eine soziale oder politische Theorie zu entwerfen; auch nicht etwa nur zu dem Zweck, meine Ansichten über diese oder jene Fragen in Buchform zu bringen. Mein Ziel ist vielmehr, zur Klärung eines Begriffes beizutragen: des Begriffes *Kultur.*

Wie ein Glaubenssatz erst nach dem Auftauchen einer Irrlehre inhaltlich festgelegt zu werden braucht, genauso braucht ein Wort erst dann in dieser Weise beachtet zu werden, wenn es in Mißbrauch gekommen ist. Ich habe mit zunehmender Besorgnis den Weg verfolgt, den das Wort *Kultur* während der letzten sechs, sieben Jahre gegangen ist, und wir können es natürlich und bezeichnend finden, daß es in einer Zeit beispielloser Zersetzung eine immer wichtigere Rolle im journalistischen Wortschatz spielt. In diese Rolle teilt es sich freilich mit dem Wort *Zivilisation.* Aber ich habe in diesem Essay keinen Versuch gemacht, die Grenze zwischen den beiden Wortbedeutungen zu bestimmen. Ich bin nämlich zu dem Schluß gekommen, daß jeder derartige Versuch nur eine künstliche, diesem Buch eigentümliche Scheidung schaffen könnte: Der Leser würde sie doch nur mit Mühe im Kopf behalten und nach der Lektüre mit einem Gefühl der Erleichterung wieder aufgeben. Oft genug verwenden wir das eine der beiden Wörter in einem Zusammenhang, in welchem das andere ebensogut stehen könnte, während in anderen Fällen offensichtlich nur eins von beiden paßt; ich glaube, daß uns dies nicht zu stören braucht. In den folgenden Erörterungen stecken schon genug unvermeidliche Schwierigkeiten, als daß wir uns den Weg noch unnötig erschweren sollten.

Im August 1945 wurde der Text eines Verfassungsentwurfs für eine ›United Nations Educational Scientific and Cultural Organisation‹ veröffentlicht. Der Zweck dieser Organisation wurde in Artikel I folgendermaßen definiert:

1. Unter den Völkern der Welt gegenseitiges Verstehen und gegenseitige Hochschätzung ihres Lebens und ihrer Kultur, ihrer Kunst, ihrer Geistes- und Naturwissenschaften als Grundlage für eine arbeitsfähige internationale Organisation und für den Weltfrieden zu entwickeln und zu pflegen.

2. In gemeinsamer Arbeit den Gesamtbestand der Welt an Wissen und Kultur im Dienste allgemeinmenschlicher Belange allen Völkern zugänglich und nutzbar zu machen und zu gewährleisten, daß er zur wirtschaftlichen Stabilität, politischen Sicherheit und zur allgemeinen Wohlfahrt der Völker der Welt beiträgt.

Der Sinn dieser Sätze interessiert mich im Augenblick nicht. Ich zitiere sie nur, um die Aufmerksamkeit auf das Wort *Kultur* zu lenken: sollten wir nicht erst einmal versuchen herauszubekommen, was dieses eine Wort bedeutet, ehe wir nach solchen Beschlüssen handeln?

Dies ist nur einer von all den Fällen – unzählige andere ließen sich anführen –, in denen das Wort gebraucht wird, ohne daß sich jemand die Mühe macht, es näher zu betrachten. Im allgemeinen wird es auf zweierlei Weise gebraucht: einerseits als eine Art Synekdoche, wobei der Sprechende an eine der Komponenten oder Erscheinungsformen der Kultur, z. B. ›Kunst‹, denkt, andrerseits, wie in der eben zitierten Stelle, als eine Art Droge, die auf das Gemüt wirkt: anregend – oder benebelnd.[1]

1 Daß und in welcher Weise das Wort *Kultur* von Menschen gebraucht wird, die vorher, so scheint es, nicht gründlich über seine Bedeutung nachgedacht haben, ließe sich durch zahllose Beispiele erläutern. Ein weiterer Beleg dürfte genügen. Ich zitiere aus *Times Educational Supplement* vom 3. 11. 1945 (S. 522):
»Warum bauen wir eigentlich in das Gerüst unserer internationalen Zusammenarbeit Vorrichtungen ein, die mit Bildungswesen und Kultur zu tun haben?« So fragte der Premierminister in seiner Ansprache auf der Londoner UN-Konferenz zur Gründung einer Erziehungs- und Kulturorganisation am Donnerstagnachmittag, als er die von fast vierzig Nationen entsandten Konferenzteilnehmer im Namen der Britischen Regierung begrüßte ... In seinem Schlußwort trat Attlee dafür ein, daß wir, um unsere Nachbarn zu kennen, ihre Kultur verstehen müß-

In meinem ersten Kapitel habe ich mich zunächst bemüht, die drei Hauptbedeutungen des Wortes voneinander zu scheiden und zueinander in Beziehung zu setzen. Dabei habe ich vor allem dies betont: Wenn wir den Ausdruck auf eine der drei Arten gebrauchen, so dürfen wir dabei nie die beiden andern außer acht lassen. Dann versuche ich zu zeigen, was für eine Beziehung dem Wesen nach zwischen Kultur und Religion besteht und inwiefern das Wort *Beziehung* als Ausdruck für diese ›Beziehung‹ zu eng ist. Der erste wichtige Gedanke ist hier der, daß eine Kultur immer nur in Verbindung mit einer Religion aufgetreten ist oder sich entwickelt hat; und zwar erscheint je nach dem Standpunkt des Betrachters die Kultur als Produkt der Religion oder die Religion als Produkt der Kultur.

In den nächsten drei Kapiteln behandle ich drei nach meinem Ermessen wichtige Vorbedingungen für Kultur. Die erste ist eine organische (gewachsene, nicht geplante) Struktur, die die Vererbung von Kultur innerhalb einer Kultur begünstigt: dies erfordert den Fortbestand von Gesellschaftsklassen. Zweitens muß eine Kultur sich geographisch aufgliedern lassen, d. h. in örtlich bestimmte Ein-

ten, und zwar auf Grund ihrer Bücher, Zeitungen, Rundfunksendungen und Filme.

Die Kultusministerin verstieg sich zu folgendem:

»So sind wir denn zusammengekommen: Schaffende aus dem Bildungswesen, der wissenschaftlichen Forschung und den verschiedenen Kulturgebieten. Wir sind die Vertreter derer, die lehren, derer, die Entdeckungen machen, derer, die schriftstellerisch tätig sind, derer, die ihre Inspirationen in Musik oder bildender Kunst ausdrücken . . . Zuletzt die Kultur. Mancher wird einwenden, daß der Künstler, der Musiker, der Schriftsteller, daß alle geistig und künstlerisch Schaffenden weder national noch international organisiert werden können. Der Künstler, heißt es, schafft zu seiner eigenen Befriedigung. Das mag vor dem Krieg ein stichhaltiges Argument gewesen sein. Aber diejenigen unter uns, die sich an das Ringen im Fernen Osten und in Europa erinnern, das dem offenen Krieg voranging, wissen, was es für den Kampf gegen den Faschismus bedeutete, daß es Schriftsteller und Künstler gab, die fest entschlossen waren, ihre internationalen Beziehungen über die von Tag zu Tag dichter verriegelten Grenzen hinweg aufrechtzuerhalten.«

Dazu ist freilich billigerweise zu sagen: Wenn es darum geht, Unsinn über die Kultur zu reden, so geben die Politiker der verschiedenen Farben einander nichts nach. Wäre durch die Wahl von 1945 die Gegenpartei zur Macht gelangt, – wir hätten unter sonst gleichen Umständen auch die im wesentlichen gleichen feierlichen Erklärungen zu hören bekommen. Politik treiben und bei allen Gelegenheiten streng auf genauen Wortsinn achten, das ist unvereinbar. Der Leser sollte sich daher weder über Attlee lustig machen noch über die leider inzwischen verstorbene Miss Wilkinson.

zelkulturen: damit wird das Problem des ›Regionalismus‹ aufgeworfen. Die dritte Voraussetzung ist das Gleichgewicht von Einheit und Mannigfaltigkeit in der Religion, d. h. Allgemeingültigkeit der Lehre einerseits, Eigenleben in Kult und Andachtsübung andrerseits. Bei all dem muß der Leser eins beachten: ich behaupte nicht, daß damit alle zum Gedeihen einer Kultur notwendigen Voraussetzungen berücksichtigt sind; ich behandle drei, die mir als besonders wichtig aufgefallen sind.[1] Er muß auch immer daran denken, daß ich hier nicht etwa eine Reihe von Anweisungen zur Anfertigung einer Kultur geben will. Ich sage nicht: wenn wir darangehen, die genannten und vielleicht noch andere Voraussetzungen zu schaffen, dann können wir getrost mit einer Höherentwicklung unserer Zivilisation rechnen. Ich sage nur dies: soweit ich sehen kann, ist mit einer hohen Zivilisation da nicht zu rechnen, wo jene Voraussetzungen fehlen.

Die beiden letzten Kapitel des Buches sollen die Verquickung der Kultur mit Politik und Bildung wenigstens ansatzweise entwirren.

Ich kann mir vorstellen, daß manche Leser aus meinen Ausführungen politische Folgerungen ziehen werden; ja gewisse Kreise werden höchstwahrscheinlich eine Bestätigung oder Ablehnung ihrer eigenen politischen Überzeugungen und Vorurteile in meinen Text hineinlesen. Der Verfasser hat natürlich auch seine politischen Überzeugungen und Vorurteile; aber sie an dieser Stelle jemand aufzudrängen, liegt nicht in seiner Absicht. Ich möchte einfach sagen: dies hier sind, wie ich glaube, wesentliche Voraussetzungen für das Wer-

1 In einem aufschlußreichen Beiblatt zum *Christian News-Letter* vom 24. 7. 46 steht ein sehr anregender Artikel von Marjorie Reeves: *The Culture of an Industry.* Was sie sagt, verträgt sich ganz gut mit der Art, in der ich selbst das Wort »Kultur« gebrauche, sie müßte den Begriff nur etwas weiter fassen. Sie sagt von der Kultur einer Industrie, die, wie sie ganz richtig meint, dem jungen Arbeiter vermittelt werden sollte: »Zu ihr gehören die Geographie ihrer Rohstoffe und Absatzmärkte, ihre geschichtliche Entwicklung, die einschlägigen Erfindungen, wissenschaftlichen Grundlagen, Wirtschaftsverhältnisse usf.« Das alles gehört gewiß dazu; aber wenn eine Industrie den Arbeiter nicht nur auf dem Wege über Bewußtsein und Verstand innerlich ansprechen soll, dann muß sie auch einen Lebensstil haben, der seinen Vertretern irgendeine besondere Note gibt, mit eigenen Feierformen und Bräuchen. Aber ich erwähne diesen interessanten Hinweis auf die Industriekultur, um zu zeigen, daß ich wohl weiß, es gibt noch andere Kulturkerne als die in diesem Buch behandelten.

den und Weiterleben der Kultur. Wenn sie zu irgendeinem leidenschaftlich gehegten Glauben des Lesers im Widerspruch stehen – wenn es ihn beispielsweise empört, daß Kultur und Gleichheitsstreben einander widerstreiten, wenn er es ungeheuerlich findet, daß jemand ›Vorteile auf Grund seiner Herkunft‹ hat –, so verlange ich nicht von ihm, daß er seinen Glauben wechselt; ich verlange nur, daß er aufhört, ein Lippenbekenntnis zur Kultur abzulegen. Wenn der Leser etwa meint: »Der Zustand, den ich herbeiführen möchte, ist *gut* (oder *gerecht*[1] oder *unvermeidlich*), und sofern damit ein weiterer Niedergang der Kultur zwangsläufig verbunden ist, so müssen wir diesen Niedergang eben hinnehmen«, – dann brauchen wir uns nicht zu streiten, ja ich könnte mich unter bestimmten Voraussetzungen sogar genötigt fühlen, seine Partei zu ergreifen. Wenn eine solche Bereitschaft zur Redlichkeit Schule macht, wird das Wort *Kultur* nicht mehr mißbraucht werden, nicht mehr in einem Zusammenhang erscheinen, in den es nicht gehört; und dieses Wort zu retten ist ja mein ganzer Ehrgeiz.

Heute liegen die Dinge gewöhnlich so: Jeder, der sich für irgendeine neue Gesellschaftsordnung, eine Änderung unseres politischen Systems, eine Erweiterung des öffentlichen Bildungswesens oder eine Ausgestaltung der Wohlfahrtspflege einsetzt, behauptet kühn, diese Dinge würden dazu führen, daß wir eine höhere Kultur oder mehr Kultur hätten. Manchmal wird die Kultur bzw. Zivilisation in den Vordergrund gestellt, und wir bekommen zu hören: das, was uns fehlt, was wir haben müssen und bekommen werden, ist eine ›neue Zivilisation‹. Im Jahre 1944 las ich eine Rundfragenbeantwortung in den *Sunday Times* (vom 31. 11. 44); darin behauptete Professor Harold Laski oder der Journalist, der die Schlagzeile zu seinem

1 Ich muß zwischendurch einen Protest gegen den Mißbrauch des landläufigen Ausdrucks »soziale Gerechtigkeit« einfügen. An sich bedeutet er »die bei irgendwelchen Beziehungen zwischen Gruppen oder Klassen zu übende Gerechtigkeit«; aber der Begriff schlägt leicht um in ganz bestimmte Forderungen hinsichtlich der Art dieser Beziehungen; und am Ende wird eine Aktion gutgeheißen, weil sie den Gedanken der »sozialen Gerechtigkeit« vertritt, während sie vom Standpunkt der »Gerechtigkeit« aus ungerecht ist. Der Begriff »soziale Gerechtigkeit« ist in Gefahr, seinen sachlichen Inhalt zu verlieren – und dafür mit einer hochexplosiven Gefühlsladung versehen zu werden. Ich habe den Ausdruck wohl selber gebraucht; jedenfalls sollte man ihn nur dann verwenden, wenn man klar zu bestimmen weiß, was man darunter versteht und warum man das für gerecht hält.

Beitrag schrieb, wir führten den Krieg, in dem wir damals standen, um einer ›neuen Zivilisation‹ willen. Professor Laski selbst jedenfalls stellte diese Behauptung auf:

Wenn man sich darüber einig ist, daß der Versuch, das – von Churchill gern so genannte – »traditionelle« Britannien wiederaufzubauen, aussichtslos ist, so folgt daraus, daß es ein neues Britannien mit einer neuen Zivilisation geben muß.

Wir könnten murren: »Darüber ist man sich ja gar nicht einig«, aber darum geht es mir nicht. Gewiß, wenn wir etwas endgültig und unwiederbringlich verlieren, dann müssen wir dafür sorgen, daß es auch ohne diese Sache geht, – soweit hat Professor Laski recht. Aber ich glaube, er wollte damit mehr sagen.

Professor Laski ist oder war nämlich überzeugt, daß sich aus den konkreten politisch-sozialen Änderungen, die er herbeiführen möchte und als nützlich für die Gesellschaft ansieht, eine neue Zivilisation ergeben wird, und zwar weil sie so radikal sind. Das ist durchaus denkbar, aber damit ist noch nicht gesagt, daß die ›neue Zivilisation‹ als solche wünschenswert ist, d. h. uns gefallen würde; und das gilt auch für alle andern Änderungen der Gesellschaftsordnung, die dieser oder jener befürwortet. Denn erstens wirken sich außer den Faktoren, an die wir denken, noch so viele andere aus, und was sich aus dem Zusammenwirken der einen und der anderen ergibt, ist so unerrechenbar, daß wir uns von der neuen Zivilisation gar kein Bild machen können; wir können uns jedenfalls nicht vorstellen, was es bedeuten würde, sie zu *›erleben‹*. Zweitens werden die Menschen, die in jener neuen Zivilisation leben, eben dadurch, daß sie zu ihr gehören, anders sein als wir, anders auch als Professor Laski. Jede Veränderung, die wir durchführen, trägt zum Bau einer neuen Zivilisation bei, von deren Beschaffenheit wir nichts wissen und in der wir uns allesamt unglücklich fühlen würden. Eine neue Zivilisation ist ja immerzu im Entstehen; die Zivilisation von heute würde einem Angehörigen der Zivilisation des achtzehnten Jahrhunderts in der Tat sehr neuartig vorkommen, und ich kann mir nicht denken, daß selbst der neuerungssüchtigste und radikalste Reformer jener Zeit an der Zivilisation viel Freude hätte, die er jetzt zu sehen bekäme. Die Sorge um die Zivilisation kann uns nur eine Aufgabe zuweisen: Vervollkommnung der Zivilisation, in der wir stehen, denn wir können uns keine andere vorstellen. Andrerseits hat es immer Menschen gegeben, die für bestimmte Neuerungen eintraten, weil sie darin etwas an sich Gutes sahen, ohne sich um die Zukunft der Zivilisation zu sorgen und ohne es nötig zu finden, ihren Vorschlägen das Blendwerk nichtssagender Verheißungen als Empfehlung mitzugeben.

Jede Zeit baut an einer neuen Zivilisation, denn jedes Zeitalter möchte die Welt verbessern, – was praktisch daraus wird, das sehen wir ja gerade an unseren jetzigen Errungenschaften. Aber gibt es denn überhaupt einen immergültigen Maßstab, mit dessen Hilfe wir die einzelnen Zivilisationen miteinander vergleichen und Vermutungen darüber anstellen können, ob es mit unserer eigenen Zivilisation aufwärts oder abwärts geht? Wenn wir die verschiedenen Zivilisationen und auch die verschiedenen Entwicklungsstufen unserer eigenen miteinander vergleichen, so müssen wir freilich zugeben, daß keine Gesellschaft und keine Periode in der Geschichte einer Gesellschaft alle Zivilisationswerte zugleich verwirklicht; wahrscheinlich lassen sie sich auch gar nicht restlos miteinander in Einklang bringen; jedenfalls verlieren wir immer, wenn wir irgendwelche Werte praktisch verwirklichen, den Sinn für gewisse andere. Trotzdem können wir unterscheiden zwischen höheren und niederen Kulturen, zwischen Fortschritt und Rückschritt. Wir können auch mit ziemlicher Sicherheit behaupten, daß unsere eigene Zeit eine Periode des Niedergangs ist; das Kulturniveau ist heute niedriger als vor fünfzig Jahren, und die Zeichen dieses Niedergangs sind in jedem Bereich menschlicher Betätigung zu erkennen.[1] Ich weiß auch keinen Grund, weshalb der Kulturverfall nicht noch viel weiter fortschreiten sollte; ich kann mir sogar eine Periode von einer gewissen Dauer vorstellen, über die man sagen könnte, sie habe *keine* Kultur. Dann wird die Kultur von Grund auf neu wachsen müssen, und damit ist zugleich gesagt, daß sie nicht durch die Tätigkeit politischer Demagogen zustandekommen wird. Ob es

1 Eine Bestätigung findet man in einem Buch, das von einem ganz anderen Standpunkt aus geschrieben ist als dieser Essay: Victor Gollancz, *Our Threatened Values* (1946).

Voraussetzungen gibt, die – unabhängig von der Zeit – für jede höhere Kultur unerläßlich sind, das ist die Frage, die dieser Essay behandelt.

Wenn es uns gelingt, sie ganz oder teilweise zu bejahen, so müssen wir uns vor dem Trugschluß hüten, wir könnten daraufhin versuchen, jene Voraussetzungen *eigens zu dem Zweck* zu schaffen, unsern Kulturstand zu heben. Denn was immer an eindeutigen Ergebnissen aus dieser Untersuchung herausspringen mag, eins gehört gewiß dazu: die Kultur ist gerade das, was wir nicht bewußt erstreben können. Sie ist das Produkt einer Vielfalt mehr oder weniger miteinander harmonierender Tätigkeiten, von denen jede um ihrer selbst willen ausgeübt wird: der Maler muß sich auf seine Leinwand konzentrieren, der Dichter auf seine Schreibmaschine, der Beamte auf die gerechte Entscheidung der Fragen, die gerade auf seinem Schreibtisch der Erledigung harren: jeder entsprechend der Situation, in die er sich gestellt sieht. Selbst wenn die drei Voraussetzungen, an denen mir liegt, dem Leser um der Gesellschaft willen als erstrebenswert erscheinen, darf er nicht voreilig den Schluß ziehen, man könne diese Ziele einfach durch bewußtes Organisieren erreichen. Denn eine gesellschaftliche Klassenordnung, die von einer absoluten Autorität plangerecht geschaffen wird, ist künstlich und unerträglich; Dezentralisation unter zentraler Leitung ist ein Widerspruch in sich; eine Einheit der Kirche kann man nicht verordnen in der Hoffnung, sie würde zur Einheit des Glaubens führen, und eine um ihrer selbst willen gepflegte religiöse Verschiedenheit wäre absurd. So viel aber können wir immerhin erkennen: Jene Voraussetzungen für die Kultur sind menschlichen Wesen ›natürlich‹; und wenn wir auch nur wenig für sie tun können, so können wir doch die Denkfehler und die gefühlsbedingten Vorurteile bekämpfen, die ihnen im Wege stehen. Im übrigen sollten wir die gesellschaftlichen Verhältnisse so zu bessern suchen, wie wir uns auch um unser persönliches Besserwerden bemühen, nämlich in verhältnismäßig kleinen Einzelheiten. Wir können nicht sagen: »Ich werde aus mir einen anderen Menschen machen«; wir können nur sagen: »Ich will die und die schlechte Gewohnheit aufgeben und mich bemühen, die und die gute Gewohnheit mir anzueignen.« Ebenso können wir in bezug auf die Gesellschaftsordnung nur sagen: »Wir werden versuchen, sie in dieser oder jener Hinsicht zu verbessern, da wo ein Übermaß oder ein Mangel offensichtlich ist; wir müssen dabei versuchen, möglichst viel auf einmal zu überblicken, damit wir nicht etwa gerade dadurch, daß wir das eine reformieren, etwas anderes deformieren.« Schon damit drücken wir ein Streben aus, das über das uns Erreichbare hinausgeht. Denn vieles tun wir stückweise, ohne die Folgen zu sehen oder zu ahnen, und auch darin oder gerade darin liegt es weitgehend begründet, daß sich die Kultur des einen Zeitalters von der des vorhergehenden unterscheidet.

Erstes Kapitel

Die drei Bedeutungen des Wortes ›Kultur‹

Der Begriff *Kultur* weckt verschiedene Assoziationen, je nachdem, ob wir an die Entwicklung eines *Einzelnen*, einer *Gruppe* oder *Klasse* oder einer *ganzen Gesellschaft* denken. Es gehört zu meiner These, daß die Kultur des Individuums auf die Kultur einer Gruppe oder Klasse angewiesen ist und daß die Kultur einer Gruppe oder Klasse von der Kultur der Gesamtgesellschaft abhängt, zu der diese Gruppe oder Klasse gehört. Das Grundlegende ist also die Kultur der Gesellschaft; es muß daher zuerst untersucht werden, was ›Kultur‹ in bezug auf die Gesellschaft als Ganzes bedeutet. Wenn man den Begriff ›Kultur‹ auf die Arbeit an niederen Organismen anwendet – auf die Tätigkeit des Bakteriologen oder auf die *Agri*kultur –, so bedarf er keiner Klärung; denn über die zu erzielenden Ergebnisse kann man sich einigen, auch darüber, ob man sie erzielt hat oder nicht. Wendet man ihn aber auf die Veredelung des menschlichen Geistes an, wird man sich nicht so leicht darüber einigen, was Kultur ist. Als Bezeichnung für ein Ziel, das innerhalb des menschlichen Bereichs durch bewußtes Streben zu erringen ist, hat der Ausdruck noch keine lange Geschichte. In diesem Sinne versteht man ihn verhältnismäßig leicht, wenn es sich um die Selbst-Kultivierung des Individuums handelt, dessen Kultur sich von dem Hintergrund abhebt, den die Kultur der Gruppe und der Gesellschaft bildet. Ebenso kann man sich unter der Kultur der Gruppe etwas Greifbares vorstellen, wenn man an den Kontrast zu der weniger entwickelten Kultur der Masse der Gesellschaft denkt. Der Unterschied zwischen den drei Verwendungsarten läßt sich am besten dadurch fassen, daß man mit Bezug auf das Individuum, die Gruppe, die Gesellschaft fragt, wie weit *das bewußte Streben nach Kultur* überhaupt sinnvoll ist: Viel Verwirrung könnte vermieden werden, wenn wir es unterließen, der Gruppe ein Ziel zuzuweisen, das nur der Einzelne sich stecken kann, und der Gesellschaft insgesamt ein Ziel, das nur für eine Gruppe gelten kann.

Der allgemeine oder anthropologische Kulturbegriff, wie er sich z. B. bei E. B. Tylor im Titel seines Buches *Primitive Culture* findet, besteht unabhängig von den anderen Bedeutungen; wenn wir aber an hochentwickelte Gesellschaften denken, zumal an unsere eigene zeitgenössische, müssen wir unsere drei Bedeutungen zueinander in Beziehung setzen. Hier geht die Anthropologie in die Soziologie über. Unter schöngeistig und ethisch eingestellten Schriftstellern ist es bisher üblich gewesen, die Kultur im Sinne der beiden ersten Bedeutungen, besonders der ersten, ohne Bezugnahme auf die dritte zu behandeln. Das nächstliegende Beispiel aus dieser Reihe ist Matthew Arnolds *Culture and Anarchy*. Arnold beschäftigt sich in erster Linie mit dem Einzelnen und der ›Vollkommenheit‹, nach der er streben soll. Zwar befaßt er sich in seiner berühmten Klasseneinteilung ›Barbaren, Philister, Masse‹ mit einer Kritik der Klassen; aber er beschränkt sich darauf, sie wegen ihrer Unzulänglichkeiten anzuklagen, und fragt nicht weiter, was denn nun die eigentliche Aufgabe oder ›Vollkommenheit‹ der einzelnen Klassen sein sollte. Wer also die besondere Art ›Vollkommenheit‹ erreichen will, die Arnold ›Kultur‹ nennt, wird praktisch dazu aufgefordert, sich lieber von vornherein über die Unvollkommenheiten aller Klassen zu erheben als nach ihren höchsten erreichbaren Idealen zu fragen und zu leben.

Daher wirkt Arnolds ›Kultur‹ auf den heutigen Leser dünn; denn einmal fehlt dem Bilde, das er entwirft, der gesellschaftliche Hintergrund; zum andern trägt Arnold, glaube ich, der Art und Weise nicht genügend Rechnung, in der wir das Wort ›Kultur‹ neben jenen drei schon erwähnten Bedeutungen gebrauchen. Je nach dem Zusammenhang haben wir nämlich auch sachlich verschiedene Eigenschaften oder Güter im Auge. Wir denken etwa an gute Umgangsformen – oder *feine Lebensart* und *Höflichkeit*: in diesem Falle denken wir zuerst an eine Gesellschaftsklasse und an einen hochstehenden Menschen als Vertreter der Besten dieser Klasse. Oder wir denken an *wissenschaftliche Bildung*, ein enges Vertrautsein mit dem angehäuften Geistesgut der Vergangenheit: dann ist unser Mann von Kultur der Gelehrte. Vielleicht auch an *Philosophie*, ganz allgemein verstanden als Sinn für abstrakte Ideen und eine gewisse Fähigkeit, mit ihnen umzugehen: dann meinen wir den Intellektuellen (der Ausdruck wird heute ja nun einmal sehr freigebig gebraucht und schließt viele Leute mit ein, die nicht gerade besonders stark an Intellekt sind). Oder wir denken an die *Kunst*: dann meinen wir den Künstler und den Liebhaber oder Dilettanten. Aber selten haben wir alle diese Möglichkeiten zugleich im Sinn. Wir können z. B. nicht feststellen, daß Kunstverständigkeit und Musikverständnis in Arnolds Beschreibung des kultivierten Menschen eigens genannt werden; dabei wird doch niemand leugnen, daß diese Eigenschaften in der Kultur eine Rolle spielen.

Betrachten wir diese verschiedenen kulturellen Betätigungen, so ergibt sich: Eine Vollkommenheit, die ausschließlich auf einem dieser Gebiete erzielt wird, kann keinem Menschen Kultur verleihen. Wir wissen, daß feine Lebensart ohne Bildung oder Geist oder ohne Gefühl für die Kunst zu bloßem Automatentum führen kann; Gelehrsamkeit ohne Lebensart oder Feingefühl ist Schulmeisterei; Geist ohne menschliche Qualitäten ist nur in dem Sinne bewundernswert wie die Glanzleistung eines Schach-Wunderkindes; und Kunst ohne geistigen Gehalt ist leeres Spiel. Wenn wir also die Kultur nicht darin sehen, daß man auf einem dieser Gebiete allein vollkommen ist, und da andererseits ja nicht zu erwarten ist, daß ein einzelner Mensch sie alle vollkommen beherrscht, so gelangen wir zu dem Schluß, daß das allseitig kultivierte Individuum ein Phantasiegebilde ist; und wir werden die Kultur nicht in einem Einzelnen oder in irgendeiner Gruppe von Einzelwesen suchen, sondern in einem immer weiteren Umkreis; und schließlich werden wir geradezu darauf gestoßen, daß sie in dem Gesamtorganismus der Gesellschaft steckt. Dieser Sachverhalt scheint mir durchaus einleuchtend, aber er wird oft übersehen. Wer in einem bestimmten Fach Meister ist, betrachtet sich daraufhin immer gern als Kulturträger, auch wenn er in anderen Fächern nicht nur nichts leistet, sondern für diese Kulturbereiche überhaupt blind ist. Ein Künstler – und das gilt für jede Kunst und auch für große Künstler – braucht an sich noch kein ›Mann von Kultur‹ zu sein; Künstler haben vielfach keinen Sinn für die Künste, die sie nicht selber ausüben, und manchmal obendrein sehr schlechte Formen oder bescheidene Geistesgaben. Wer zur Kultur beiträgt, mag sein Beitrag auch noch so wichtig sein, ist damit noch nicht ›kultiviert‹.

Aus all dem folgt nun nicht etwa, daß von der Kultur eines Einzelnen keine Rede sein kann oder daß es sinnlos wäre, von der Kultur einer Gruppe oder Klasse zu sprechen. Wir wollen nur sagen: die persönliche Kultur läßt sich nicht isolieren von der Gruppenkultur; diese wiederum kann nicht losgelöst werden von der Gesamtkultur der Gesellschaft; und unser Begriff von ›Vollkommenheit‹ muß alle drei Kulturbegriffe zugleich enthalten. Es ist auch nicht gesagt, daß die Gruppen, die sich mit den einzelnen kulturellen Betätigungen befassen, deutlich gesondert sein müssen oder daß Zugehörigkeit zur einen die Zugehörigkeit zur andern ausschließt, mag die betreffende Gesellschaft auch auf noch so hoher Kulturstufe stehen. Im Gegenteil, nur Überschneidungen und Interessengemeinschaften, gegenseitige Verbundenheit und Wertschätzung sichern den für die Kultur notwendigen Zusammenhalt. Eine Religion braucht nicht nur einen Verband von Priestern, die das, was sie an gottesdienstlichen Handlungen vollziehen, verstehen, sondern einen Verband von Gläubigen, die verstehen, was vollzogen wird.

In primitiveren Gemeinschaften sind die einzelnen Kulturgebiete natürlich untrennbar miteinander verbunden. Wenn der Dajak die Zeit, die alljährlich dem Ritus der Kopfjagd gewidmet wird, mehr als zur Hälfte darauf verwendet, nach dem vorgeschriebenen Muster seine Barke zu bauen und mit Schnitzwerk und Malerei zu versehen, so übt er mehrere kulturelle Betätigungen auf einmal aus...

künstlerische und religiöse, neben denen, die sich auf den zu Wasser und zu Lande geführten Kampf beziehen. Wenn die Zivilisation umfassender und verwickelter wird, zeigt sich eine allmählich immer stärker werdende Arbeitsteilung: bei den ›Steinzeitmenschen‹ auf den Neuen Hebriden spezialisieren sich nach John Layard die Bewohner bestimmter Inseln auf einzelne Künste und Gewerbe; sie entfalten je eine besondere Meisterschaft und tauschen ihre Waren aus, und kein Mitglied der Archipelgemeinschaft kommt dabei zu kurz. Aber mögen die einzelnen Angehörigen eines Stammes, einer Dörfer- oder Inselgruppe auch schon getrennte Aufgaben haben (König und Medizinmann üben die eigenartigste Sonderfunktion aus) – abstrakte und getrennte Begriffe für Religion, Wissenschaft, Politik und Kunst bilden sich erst auf einer viel späteren Stufe. Allmählich aber wird der Beruf, den der einzelne ausübt, erblich, die Erblichkeit des Berufes erstarrt zum Klassen- oder Kastenunterschied, und der Klassenunterschied führt zum Konflikt: genau so erreichen Religion, Politik, Wissenschaft und Kunst einen Punkt, an dem es zwischen ihnen einen bewußten Kampf um Autonomie oder Vorherrschaft gibt. Diese Reibung ist auf manchen Stufen und in manchen Situationen in hohem Maße schöpferisch; wie weit sie Folge und wie weit sie Ursache gesteigerter Bewußtheit ist, kann hier außer Betracht bleiben. Die Spannung innerhalb der Gesellschaft kann auch zu einer Spannung in der Seele des bewußter lebenden Individuums werden: in der *Antigone* prallen zwar noch nicht Frömmigkeit und staatsbürgerlicher Gehorsam oder einfach Religion und Politik aufeinander, sondern zwei einander widerstreitende Gesetze innerhalb eines noch vorhandenen religiös-politischen Komplexes; aber der Konflikt der Pflichten zeugt doch schon von einem sehr vorgeschrittenen Stadium der Zivilisation. Denn der Konflikt muß für das Erleben der Zuschauer etwas bedeuten, sonst kann er nicht vom Dramatiker gestaltet werden und von seiten der Zuschauer den Widerhall empfangen, den die Kunst des Dramatikers braucht.

Je umfassender die Aufgabenbereiche, je feiner die Arbeitsteilung, desto eher bilden sich in einer Gesellschaft verschiedene kulturelle Schichten heraus; mit einem Wort, die Kultur der Klasse oder

Gruppe stellt sich ein. Daß es diese verschiedenen Ebenen in jeder künftigen Gesellschaft ebenso geben muß wie in jeder zivilisierten Gesellschaft der Vergangenheit, wird wohl niemand bestreiten, nicht einmal der leidenschaftlichste Vorkämpfer der sozialen Gleichheit; Meinungsverschiedenheiten bestehen nur darüber, wie die Gruppenkultur überliefert werden soll. Die einen sagen, durch Vererbung: jede Kulturschicht soll sich selbst fortpflanzen. Die andern hoffen, ein automatisches Auswahlverfahren zu finden: dann würde jeder Mensch nach entsprechender Ausbildung seinen Platz in der höchsten kulturellen Schicht bekommen, die ihm seinen natürlichen Anlagen nach zugänglich ist. – Wie dem auch sei, jedenfalls läßt das Entstehen höher kultivierter Gruppen die übrigen Teile der Gesellschaft nicht unberührt; ja es ist selbst nur eine Seite eines Umwandlungsprozesses, den die Gesellschaft im ganzen durchmacht. Und es ist gewiß – und wird besonders klar, wenn wir unser Augenmerk auf die Kunst lenken –, daß mit dem Erscheinen neuer Werte und mit der feineren Ausgestaltung des Denk-, Empfindungs- und Ausdrucksvermögens manche älteren Werte verschwinden. Das besagt nur, daß alle Entwicklungsstufen zugleich nicht zu erwarten sind; eine Zivilisation kann nicht gleichzeitig große Volkspoesie auf der einen und das *Verlorene Paradies* auf der andern Kulturebene hervorbringen. Wirklich sicher ist am Wandel der Zeit ja immer nur eins: Verlust. Gewinn oder Ausgleich ist fast immer denkbar, aber nie gewiß.

Die Entstehung stärker spezialisierter Kulturgruppen erweist sich also als natürliche Folge des Fortschritts in der Zivilisation. Aber wir dürfen nicht erwarten, daß diese Entwicklung frei von Gefahren verläuft. Aus kultureller Spezialisierung kann sich kulturelle Auflösung ergeben, und diese Art von Auflösung ist die radikalste, die eine Gesellschaft erleiden kann. Sie ist nicht die einzige, oder sagen wir, dies ist nicht der einzige Gesichtspunkt, unter dem man die Auflösung betrachten kann. Aber was auch immer Ursache, was Wirkung sein mag: keine Auflösung ist so bedrohlich wie die kulturelle, und sie ist am schwersten zu heilen. (Hier betonen wir natürlich die Gesamtkultur der Gesellschaft.) Sie darf nicht mit einer andern Krankheit verwechselt werden, nämlich der Verknöcherung einer – ursprünglich vielleicht nur berufsständischen – Hierarchie zum Kastensystem, wie wir es in Hindu-Indien sehen; allerdings ist es möglich, daß der britische Gesellschaftskörper heute in einem gewissen Umfang von beiden Krankheiten befallen ist. Kulturelle Auflösung liegt vor, wenn zwei oder mehr Schichten sich so trennen, daß sie deutlich geschiedene Kulturen werden; ebenso, wenn die Kultur auf der Ebene der oberen Gruppen in Segmente zerfällt, von denen jedes nur einer einzigen kulturellen Tätigkeit entspricht. Die Auflösung der Klassen, in denen die Kultur am höchsten entwickelt ist oder sein sollte, ist meiner Meinung nach in der westlichen Gesellschaft schon ziemlich weit vorgeschritten, ebenso wie die kulturelle Trennung zwischen den einzelnen Gesellschaftsschichten. Theologie und Religion, Philosophie, Kunst usw. drohen sich zu isolierten Bereichen zu entwickeln, die von verbindungslos nebeneinanderstehenden Gruppen gepflegt werden. Das künstlerische Empfinden ist verarmt, weil es vom religiösen geschieden ist; das religiöse, weil es sich vom künstlerischen getrennt hat; und *gepflegte Formen* finden sich bald wohl nur noch in Spuren bei den letzten Vertretern eines sterbenden Standes, deren Gefühl von Religion und Kunst nicht verfeinert wurde, deren ungeschulter Verstand für ein geistvolles Gespräch nichts hergibt und die daher keinen Lebensinhalt haben, der ihrer Lebensform Wert verleihen könnte. Und solche Krankheitserscheinungen auf den höheren Ebenen gehen nicht nur die Gruppe an, die sichtbar davon betroffen ist, sondern das ganze Volk.

So vielfältig die Anzeichen eines völligen Kulturverfalls sind, so verwickelt sind auch seine Ursachen. Sie mögen sich z. T. mit den Ursachen decken, auf die man andere Erkrankungen des Gesellschaftskörpers zurückgeführt hat, Krankheiten, die leichter erkennbar und schon von verschiedenen Spezialisten untersucht sind und für die wir weiter nach spezifischen Heilmitteln suchen müssen, – wir stoßen doch immer wieder auf das ›Kultur‹-Problem: alle Teile der Welt stehen miteinander in Beziehung, und bei all den Fragen, die sich daraus ergeben, geht es im Grunde um die eine große Rätselfrage. Da sind die Beziehungen der großen Nationen zueinander; die Beziehungen zwischen den großen Nationen und den kleinen[1]; zwischen ›Gemeinschaften‹ und ›Gemeinschaften‹, die, wie in Indien, einander überkreuzen; zwischen Nationen, die Kolonien gegründet haben, und Nationen, die aus Kolonialgründungen hervorgegangen sind; zwischen Siedlern und Eingeborenen; zwischen den einzelnen Bevölkerungsteilen in Gebieten wie Westindien, wo sich teils aus wirtschaftlichen Motiven, teils unter fremdem Zwang Scharen von Angehörigen der verschiedensten Rassen nebeneinander niedergelassen haben: hinter all diesen verwirrenden Problemen – und damit zugleich hinter Entscheidungen, die täglich neu von vielen Menschen gefällt werden müssen, – stehen die Fragen: Was ist Kultur? Können wir auf die Kultur einwirken oder sie bewußt lenken? Auf diese Fragen stoßen wir bei jeder Bildungstheorie, die wir entwerfen, bei jeder Bildungspolitik, die wir planen. Wenn wir die Kultur ernst nehmen, erkennen wir, daß ein Volk nicht nur genug zu essen haben muß (schon das ist freilich mehr, als wir anscheinend sicherstellen können), sondern auch eine ihm gemäße eigentümliche *Küche*: die Gleichgültigkeit gegenüber der Kunst der Speisenzubereitung ist eins der Symptome für den Niedergang der britischen Kultur. Man könnte die Kultur auch einfach so umschreiben: sie ist das, was das Leben lebenswert macht; ja sie ist das, was andern Völkern und späteren Generationen das Recht gibt, angesichts der bleibenden Zeugnisse und Nachwirkungen einer untergegangenen Zivilisation zu sagen: das Dasein dieser Zivilisation *hat sich gelohnt*.

Ich habe schon in meiner Einleitung von der Beziehung zwischen Kultur und Religion gesprochen und betont, daß es keine Kultur oder Kulturentwicklung geben kann ohne eine solche ›Beziehung‹.

1 Diese Frage wird, wenn auch ohne Erörterung des eigentlichen »Kultur«-Problems, von E. H. Carr angeschnitten (*Conditions of Peace*, I. Teil, 3. Kap.). Er sagt: »Nach einer schwerfälligen, aber praktischen Terminologie, die in Mitteleuropa aufkam, müssen wir unterscheiden zwischen ›Nation der Kultur nach‹ und ›Nation dem Staate nach‹. Das Vorhandensein einer mehr oder weniger homogenen Volkstumsgruppe oder Sprachgemeinschaft, die durch gemeinsame Überlieferung und Pflege einer gemeinsamen Kultur zusammengehalten wird, darf nicht länger als *prima-facie*-Argument dafür dienen, daß auch politisch eine entsprechende selbständige Ganzheit geschaffen oder aufrechterhalten wird.« Aber für Carr geht es hier mehr um das Problem der politischen Einheit als darum, ob es möglich oder sinnvoll ist, Kulturen innerhalb einer politischen Ganzheit lebendig zu erhalten.

Aber dieser Ausdruck kann uns hier leicht irreführen, und der Kardinalfehler von Arnolds *Culture and Anarchy* ist vielleicht der, daß er ohne weiteres eine Art Verwandtschaftsbeziehung zwischen Kultur und Religion voraussetzt. Man hat bei ihm den Eindruck, daß die Kultur (wie er sie versteht) das Umfassendere ist; die Religion sorgt zwar für das nötige ethische Gerüst und eine gewisse Stimmungsfarbe, ist aber nur ein Bestandteil der Kultur als des höchsten, unableitbaren Wertes.

Ich habe ferner von der Entwicklung der Kultur gesprochen und von der Gefahr der Auflösung, die immer droht, wenn eine Kultur eine hohe Entwicklungsstufe erreicht hat; vielleicht ist dem Leser aufgefallen, daß sich das auch auf die Religionsgeschichte anwenden läßt. Wenn es sich um eine von außen nicht beeinflußte Gesellschaft handelt, kann man die Entwicklung der Kultur und die der Religion nicht klar gegeneinander abgrenzen, und es wird von der Einstellung des Betrachters abhängen, ob er eine Verfeinerung der Kultur als Ursache des Fortschritts in der Religion ansieht oder umgekehrt. Vielleicht sehen wir Religion und Kultur deshalb gern als zweierlei an, weil wir an die griechisch-römische Kultur und die christliche Religion und ihre gegenseitige Durchdringung denken – gegenseitig insofern, als sie tiefgehende Folgen nicht nur für jene Kultur hatte, sondern ebenso für die weitere Entwicklung des christlichen Geistes- und Glaubenslebens. Aber die Kultur, mit der das Urchristentum in Berührung kam, war selbst eine religiös bestimmte Kultur im Zustand des Verfalls (und ebenso die der Umwelt, in der das Christentum entstand). Wenn wir also schon der Überzeugung sind, daß dieselbe Religion vielerlei Kulturen geistig durchdringen kann, so können wir auch weitergehen und fragen, ob eine Kultur ohne religiöse Grundlage überhaupt entstehen oder sich halten kann. Ja wir können sogar diesen Gedanken wagen: das, was wir die Kultur eines Volkes nennen, und das, was wir seine Religion nennen, sind zwei verschiedene Aspekte derselben Sache, und zwar ist die Kultur ihrem eigentlichen Wesen nach die – um es einmal so auszudrücken – fleischgewordene Religion eines Volkes. Wenn wir das Ganze in diesem Licht sehen, erklären sich wohl auch meine Bedenken gegenüber dem Wort *Beziehung*.

Für den religiösen Bereich als solchen gilt dasselbe wie für andere Bereiche: Je weiter die Entwicklung fortschreitet, desto größer wird die Zahl der Zuständigkeiten und Betätigungen, die innerhalb einer Gesellschaft in Erscheinung treten und sich nach Rang und Art unterscheiden. Bemerkenswerterweise führte das in einigen Fällen sogar dazu, daß es schließlich zwei Religionen gab – eine für die Masse und eine für die Eingeweihten. ›Zweierlei Volk‹ in der Religion ist natürlich eine schlimme Krankheit. Das Christentum ist in dieser Hinsicht widerstandsfähiger gewesen als der Hinduismus. In den Glaubenskämpfen des sechzehnten Jahrhunderts und den sich daran anschließenden zahlreichen Sektenbildungen kann man entweder eine Aufspaltung des religiösen Denkens sehen oder einen Kampf zwischen Gesellschaftsgruppen – entweder die Abwandlung der Glaubenslehre oder die Aufsplitterung der europäischen Kultur. Diese Scheidungen, die auf gleicher Ebene liegen und den Glaubensinhalt selbst stark veränderten, sind beklagenswert. Es muß aber innerhalb des Glaubens Raum sein für eine vielfältige Abstufung, bei der die Lehren dieselben bleiben, aber auf den einzelnen Stufen sowohl begrifflich wie bildlich und gefühlsmäßig jeweils anders gefaßt und erlebt werden; und sie ist möglich, genau so wie der eine Glaube auch vielerlei Weihen und Riten in sich schließen kann.
Man kann das Christentum natürlich auch psychologisch-historisch betrachten, also als Inbegriff all der christlichen Bekenntnisse und Haltungen, die durch Menschen von Fleisch und Blut je vertreten wurden oder noch vertreten werden mögen; und insofern kann man es einen Glauben nennen, der sich entwickelt und wandelt; aber es wäre ein krasser Irrtum, daraus zu folgern, daß der Fortschritt in der Entwicklung der Menschheit oder der Gesellschaft dem Menschen dazu verhelfen könnte, heiliger oder erleuchteter zu werden. (Wir glauben nicht einmal, daß es in der Kunst über einen langen Zeitraum hinweg Fortschritt gibt oder daß ›primitive‹ Kunst als Kunst minderwertiger sein muß als die intellektuell raffiniertere.) Ein Merkmal fortschreitender Entwicklung – ganz gleich, ob wir vom religiösen oder vom kulturellen Standpunkt aus urteilen – ist vielmehr das Auftreten des *Skeptizismus.* Damit meine ich natürlich nicht Ungläubigkeit (und erst recht nicht Unglauben auf Grund

geistiger Trägheit), sondern die Gewohnheit, nach Beweisen zu fragen, und die Freiheit des Geistes, mit einer Entscheidung warten zu können. Skeptizismus ist ein Wesenszug des Hochzivilisiertseins, aber wenn er in Pyrrhonismus[1] ausartet, kann die Zivilisation an ihm sterben. Wo Skeptizismus Stärke ist, da ist Pyrrhonismus Schwäche: denn wir müssen nicht nur die Kraft haben, eine Entscheidung zu verschieben, sondern die Kraft, eine Entscheidung zu treffen.

Daß Kultur und Religion, richtig verstanden, verschiedene Aspekte derselben Sache sind, dieser Gedanke bedarf freilich noch sehr der Erklärung. Aber ich möchte schon jetzt andeuten, daß er uns wappnet gegen zwei irrige Ansichten, die sich aus demselben Grundirrtum ergeben. Die eine, häufiger vertretene, ist die, Kultur lasse sich auch ohne Religion lebendig erhalten, ausbreiten, entwickeln. Diese Ansicht kann man bei Christen ebenso finden wie bei Ungläubigen, und um sie richtig zu widerlegen, dazu wäre eine von hoher Warte aus angestellte und zugleich eingehende geschichtliche Untersuchung nötig; denn der wahre Sachverhalt liegt nicht unmittelbar zutage, und der erste Befund kann ihm scheinbar sogar widersprechen: eine Kultur kann sich nämlich noch eine Weile halten und sogar noch einige ihrer großartigsten Glanzleistungen zustandebringen, nachdem der religiöse Glaube schon in Verfall geraten ist. – Die andere irrige Ansicht ist die Kehrseite der ersten: Religion und religiöses Leben seien nicht angewiesen auf die Kultur und den Stand des kulturellen Lebens – eine Einstellung, die sogar dazu führen kann, daß man die Erzeugnisse der Kultur verwirft, da sie Tand und der religiösen Vergeistigung hinderlich seien. Um diesen Irrtum widerlegen zu können, müssen wir uns wie im ersten Fall auf weite Sicht einstellen; denn angesichts einer Kultur, die eine Verfallskultur ist, mag freilich der Schluß naheliegen, es komme nun sowieso nicht mehr auf die Kultur an; wir dürfen diesen Schluß nicht gelten lassen. Und noch eins: wenn wir die Einheit von Kultur und Religion in der angedeuteten Weise sehen, so bedeutet das für

1 Pyrrhon aus Elis (um 300 v. Chr.), sophistischer Skeptiker, lehrte die »Seelenruhe« (Ataraxie) durch »Zurückhaltung«: Der Weise enthält sich möglichst jedes bestimmten Urteilens und Handelns. (d. Ü.)

die Erzeugnisse der Kunst natürlich nicht, daß sie alle kritiklos hinzunehmen seien; ebensowenig bedeutet es, daß wir nunmehr ein Kriterium hätten, mit dessen Hilfe sie von jedermann ohne weiteres kritisch gesichtet werden könnten. Ästhetisches Gefühl müßte das religiöse Empfinden durchdringen, und ästhetisches Gefühl und Urteilsvermögen müßten von religiösem Empfinden durchdrungen sein: eher sind wir nicht befähigt, über Dekadenz oder Satanismus oder Nihilismus in der Kunst zu Gericht zu sitzen. Ob auf ein Kunstwerk künstlerische oder religiöse Maßstäbe angewandt werden, ob eine Religion nach religiösen Maßstäben beurteilt wird oder nach künstlerischen, müßte im Endziel auf dasselbe hinauskommen: freilich ist es ein Ziel, das kein Einzelwesen erreichen kann.

Kultur und Religion in der Weise zu sehen, wie ich es hier zu umreißen versuche, ist so schwierig, daß es mir selber wohl nur in glücklichen Augenblicken gelingt; vielleicht erfasse ich auch noch gar nicht alles, was sich aus dieser Betrachtungsweise ergibt. Man läuft dabei auch auf Schritt und Tritt Gefahr, Denkfehler zu machen; denn die Bedeutung, die jeder der beiden Ausdrücke bei einer solchen gekoppelten Verwendung hat, kann sich unversehens in eine solche wandeln, die der eine wie der andere für sich allein genommen haben mag. Diese Betrachtungsweise hat nur insoweit Sinn, als die Menschen sich ihrer Kultur wie ihrer Religion nicht bewußt sind. Jeder, der auch nur das geringste religiöse Bewußtsein hat, muß von Zeit zu Zeit von dem Gegensatz zwischen seinem religiösen Glauben und seinem Verhalten betroffen sein; jeder, der das ästhetische Vermögen hat, das die *individuelle* Kultur oder die *Gruppen*kultur dem Einzelnen verleiht, muß wissen, daß es Werte gibt, die er nicht religiös nennen kann. Für den Einzelnen und für die Gruppe bleibt es auch dabei, daß ›Religion‹ und ›Kultur‹ zweierlei sind, und daß Religion ebenso wie Kultur etwas sein sollte, wonach man strebt, und nicht etwas, was man eben hat oder nicht. Aber von dem Standpunkt aus, den ich meine, erscheint eine Religion als *die Gesamtform, in der ein Volk lebt* – von der Geburt bis zum Grabe, vom Morgen bis in die Nacht und selbst im Schlaf –, und diese Lebensform ist auch seine Kultur. Und zugleich müssen wir uns darüber klar sein, daß es sich, wenn diese Gleichung bei einer wirklich gegebenen Gesellschaft restlos aufgeht, sowohl um eine Kultur niederen Ranges als auch um eine Religion niederen Ranges handeln muß. Eine Weltreligion steht zumindest potentiell höher als eine Religion, die eine Rasse oder Nation ausschließlich für sich beansprucht; und eine Kultur, die eine Religion verkörpert, die auch in anderen Kulturen verkörpert ist, steht zumindest potentiell höher als eine Kultur, die eine Religion nur für sich selbst hat. Vom einen Standpunkt aus können wir von Identität sprechen, vom andern aus müssen wir trennen.

Wenn wir jetzt den Standpunkt des Gleichsetzenden einnehmen, muß sich der Leser vergegenwärtigen, so wie es der Verfasser ständig tun muß, was hier alles unter den Begriff *Kultur* fällt. Es gehören dazu alle charakteristischen Betätigungen und Interessen eines Volkes: das Derby, die Henley Regatta, Cowes, der zwölfte August, eine Schlußrunde im Pokalwettkampf, die Hunderennen, der Groschen-Glücksautomat, das Wurfpfeilspiel, Wensleydale-Käse, Kohl, im ganzen gekocht und dann in Scheiben geschnitten, Rote Rüben in Essig, gotische Kirchen aus dem neunzehnten Jahrhundert und die Musik von Elgar.[1] Und dann müssen wir mit dem seltsamen Gedanken Ernst machen, daß das, was ein Teil unserer Kultur ist, auch ein Teil unserer *gelebten* Religion ist.

Wir dürfen uns unsere Kultur nicht als völlig einheitlich vorstellen – meine Aufzählung eben war absichtlich so gehalten, daß dieser Eindruck nicht aufkommen sollte; und was die wirklich gelebte Religion betrifft, – rein christlich (oder was sonst immer) ist sie bei keinem europäischen Volk jemals gewesen. Überall finden wir Reste und Spuren von primitiveren, mehr oder weniger aufgesogenen Religionen; immer die Tendenz zu parasitären Glaubensvorstellun-

1 Cowes, Badeort auf der Insel Wight, Sitz des Königlichen Jacht-Klubs: gemeint sind die alljährlich dort stattfindenden Segelregatten. – Der 12. August bezeichnet das Ende der Schonzeit für Moorhuhn und Rotwild, also die Eröffnung der Jagdsaison. Eine entsprechende Angabe findet sich auch in ganz gewöhnlichen Taschen-Notizkalendern: das Leben der »Gesellschaft« wird von weiten Kreisen der Bevölkerung eifrig verfolgt, und die Gepflogenheiten des Landadels bestimmen Anfang und Ende auch der städtischen »Saison«. – Wurfpfeilspiel: das dafür erforderliche Gerät (Zielscheibe und Handpfeile) gehört zum Inventar der meisten Gastwirtschaften und Stehbierhallen. – »Wensleytaler«: ein »Edelschimmel«-Käse aus Yorkshire. (d. Ü.)

gen, immer Verirrungen und Auswüchse; so kann z. B. der Patriotismus, der ein legitimer Bestandteil der natürlichen Religion ist und den die Kirche sogar fördert, zum Zerrbild seiner selbst übersteigert werden; und es geschieht nur zu leicht, daß ein Volk gegensätzliche Glaubensinhalte nebeneinander bestehen läßt und antagonistische Kräfte miteinander versöhnt.

Was wir glauben, ist nicht einfach das, was wir formulieren und wozu wir uns bekennen; auch Verhalten ist Glauben, und selbst die Bewußtesten und Höchstentwickelten unter uns leben nicht nur bewußt, sondern auch auf jener Ebene, wo Glauben und Verhalten nicht zu trennen sind: dieser Gedanke hat, wenn wir unsern Vorstellungen erst einmal freies Spiel lassen, etwas tief Bestürzendes. Er gibt unsern alltäglichsten Verrichtungen, unserm Tun und Treiben in jeder Minute eine Bedeutsamkeit, über die wir nur mit dem Gefühl eines schrecklichen Angsttraums länger nachdenken können. Wenn wir ermessen, wie sehr es unserm Leben an religiöser Vertiefung und innerer Geschlossenheit fehlt, so kann uns nur der Gedanke an die Möglichkeit der Gnade und die Vorbilder heiligen Lebens vor Verzweiflung bewahren; und wenn wir an das Problem der Evangelisation, der Entwicklung einer christlichen Gesellschaft denken, könnten wir rein verzagen. Die Ansicht, *wir* seien religiöse Menschen und andere Menschen seien ohne Religion, ist eine Vereinfachung, die schon an Verdrehung der Tatsachen grenzt. Daß vom einen Standpunkt aus gesehen Religion Kultur ist, vom andern Standpunkt aus Kultur Religion, das ist schon eine recht beunruhigende Überlegung; und der Gedanke, daß die Leute ja eigentlich schon eine Religion haben, in der auch das Derby und die Hunderennbahn ihre Rolle spielen, ist ebenso verwirrend wie die Vorstellung, daß zur Religion des höheren Geistlichen Gamaschen und das Athenaeum gehören[1]. Es ist für einen Christen eine unbehagliche Feststellung, daß er als Christ nicht genug glaubt und daß er andererseits wie jeder andere Mensch an zu vieles glaubt. Aber daß Bischöfe ein Teil der englischen Kultur sind und daß Pferde

1 Gamaschen gehören zur Tracht der anglikanischen Bischöfe. (»Gamaschen bekommen« sprichwörtlich für »in eine hohe Stelle aufrücken«.) – Athenaeum: vornehmer Klub von Gelehrten, Künstlern usw. (d. Ü.)

und Hunde zur englischen Religion gehören, ist ein logisches Ergebnis unserer Überlegungen.

Man nimmt gemeinhin an, daß es Kultur gibt, daß sie aber der Besitz eines kleinen Bestandteiles der Gesellschaft sei; und von dieser Annahme schreitet man gewöhnlich zu einer von zwei Schlußfolgerungen fort: entweder sagt man, die Kultur könne nur die Angelegenheit einer kleinen Minderheit sein und daher sei in der Gesellschaft der Zukunft kein Platz für sie; oder man sagt, in der Gesellschaft der Zukunft müsse die Kultur, die der Besitz einiger weniger gewesen sei, einem jeden zur Verfügung gestellt werden. Diese Annahme und die aus ihr gezogenen Folgerungen erinnern uns an den Widerwillen der Puritaner gegen Mönchstum und asketisches Leben: denn genau so wie heute eine Kultur, die nur wenigen zugänglich ist, abgelehnt wird, so wurde das klösterlich-kontemplative Leben vom extremen Protestantismus verurteilt und der Zölibat fast wie eine Perversität verabscheut. –

Man wird die Theorie vom Wesen der Religion und der Kultur, die ich in diesem Kapitel zu entwickeln versuche, nur dann richtig verstehen, wenn man sich bemüht, die beiden hier möglichen Irrtümer zu vermeiden: nämlich jenen, Religion und Kultur als zwei getrennte Dinge zu betrachten, zwischen denen eine *Beziehung* besteht, sowie jenen, Religion und Kultur als *identisch* anzusehen. Ich sprach an einer Stelle von der Kultur eines Volkes als von seiner *fleischgewordenen* Religion; und wenn ich mir auch der Kühnheit bewußt bin, die in der Verwendung eines so hochgegriffenen Ausdrucks liegt, so kann ich mir doch keinen anderen denken, der so sehr meiner Absicht entgegenkäme, die Begriffe ›Beziehung‹ einerseits, ›Identität‹ andrerseits zu vermeiden. Das Wahre, teilweise Wahre oder Falsche, das eine Religion lehrt, deckt sich weder mit den kulturellen Leistungen der sich zu ihr bekennenden Völker, noch läßt es sich an diesen Kulturleistungen genau ablesen. Denn was man den gelebten Glauben eines Volkes nennen kann, ist ja eben immer viel mehr und viel weniger als der Bekenntnis-Glaube in seiner Reinheit. Zudem kann es sein, daß ein Volk, dessen Kultur sich zusammen mit einer Religion von beschränktem Wahrheitswert gebildet hat, diese Religion (zumindest in einer bestimmten Periode seiner Geschichte) mit größerer Glaubenstreue lebt als ein anderes Volk, das ein helleres Wahrheitslicht besitzt. Nur wenn wir uns unsere Kultur so vorstellen, wie sie sein müßte, wenn unsere Gesellschaft eine wirklich christliche Gesellschaft wäre, können wir wagen, von der christlichen Kultur als der höchsten Kultur zu sprechen; nur wenn wir bei dieser Kultur, die die Kultur Europas gewesen ist, alle ihre Phasen berücksichtigen, können wir behaupten, daß sie die höchste Kultur ist, die die Welt je gekannt hat. Vergleichen wir unsere Kultur, wie sie heute ist, mit der Kultur nichtchristlicher Völker, so müssen wir darauf gefaßt sein, daß die unsere sich in der einen oder anderen Hinsicht als tieferstehend erweist. Ich halte es auch für durchaus denkbar, daß England, falls es vollends vom Christentum abfällt und sich nach den Vorschriften einer tieferstehenden oder materialistischen Religion umgestaltet, zu einer Kultur von höherem Glanz erblüht, als wir heute aufweisen können. Damit wäre nicht bewiesen, daß die Lehre der neuen Religion wahr und die des Christentums falsch ist. Es würde nur bedeuten, daß jede Religion für die Zeit ihres Bestehens und auf dem ihr eigenen Niveau dem Leben einen greifbaren Sinn gibt, das Gerüst für eine Kultur stellt und die Masse der Menschheit vor geistiger Leere und Verzweiflung bewahrt.

Zweites Kapitel

Die Klasse und die Elite

Aus dem, was im vorigen Kapitel über die Höhenschichten der Kultur gesagt wurde, geht hervor, daß schon auf verhältnismäßig primitiver Stufe die höherstehenden Gemeinschaften eine stärker ausgeprägte Arbeitsteilung unter ihren Mitgliedern aufweisen als die niederen.[1] Auf einer noch höheren Stufe stellen wir fest, daß manche Funktionen in höherem Ansehen stehen als andere, und

1 Ich vermeide es geflissentlich, mich so auszudrücken, als ob die Evolution primitiver Kultur zu höheren Formen ein Prozeß wäre, von dem wir auf Grund unserer Wahrnehmung wüßten. *Wahrgenommen* werden die Unterschiede, wir *schließen,* daß einige sich aus einem Zustand entwickelt haben, der dem der uns aus

diese Scheidung fördert die Entwicklung von *Klassen*, in denen der Einzelne nicht bloß als Träger der Funktion, sondern schon als Vertreter der Klasse höheres Ansehen und größere Vorrechte genießt. Die Klasse als solche hat ebenfalls eine Funktion, und zwar hat sie den ihr gemäßen Teil der Gesamtkultur der Gesellschaft zu pflegen. In einer gesunden Gesellschaft wirkt sich, wohlgemerkt, diese Pflege eines bestimmten Höhenbereiches der Kultur nicht nur für die betreffende Klasse segensreich aus, sondern für die gesamte Gesellschaft. Wenn wir das immer beherzigen, werden wir nicht auf den Gedanken kommen, daß die Kultur einer ›höheren‹ Klasse etwas sei, worauf die Gesellschaft oder das Gros der Gesellschaft getrost verzichten könnte, oder aber etwas, woran alle andern Klassen gleichen Anteil haben müßten. Aber sofern eine ›höhere‹ Klasse vorhanden ist, darf auch sie nicht vergessen, daß die Kultur, an der sie besonders interessiert ist, nur gedeihen kann, wenn die Kultur des Volkes gesund bleibt.

Eine in dieser Weise gegliederte Gesellschaft gilt heute freilich nicht als der höchste Typus, den wir erstreben können. Es liege vielmehr in der Natur der Dinge, daß eine fortschrittliche Gesellschaft diese Scheidungen schließlich überwindet; es stehe in unserer Macht und sei daher auch unsere Pflicht, die Entwicklung bewußt zu lenken und eine klassenlose Gesellschaft zu schaffen. Dieser Gedankengang ist schon zum Gemeinplatz geworden; und daß Klassen – im Sinne irgendwelcher aus der Vergangenheit stammender Vorstellungen – verschwinden werden, wird allgemein vorausgesetzt. Einige der entschiedensten Vertreter fortschrittlichen Denkens sind jedoch folgender Meinung: Gewisse Wertunterschiede zwischen den einzelnen Menschen muß man gelten lassen; die höherstehenden Individuen müssen zu passenden Gruppen zusammengefaßt werden; diese sind mit entsprechenden Vollmachten auszustatten, vielleicht auch mit verschiedenen Vergütungen und Ehrenrechten. Derartige Gruppen werden das öffentliche Leben der Nation leiten; sie müssen aus Männern bestehen, die geeignet sind, Regierungs- und Verwaltungsbefugnisse zu übernehmen; diese Männer werden ›Führer‹

der Wahrnehmung bekannten niederen Stufen ähnlich ist. Aber wie berechtigt unser Schluß auch sein mag, ich befasse mich hier nicht mit jener Entwicklung.

heißen. Manche Gruppen werden sich mit der Kunst befassen, andere mit der Wissenschaft, andere mit Philosophie; wieder andere werden sich aus Männern des praktischen Handelns zusammensetzen. Und diese Gruppen nennen wir Eliten.

In der jetzigen Gesellschaftsordnung gibt es freiwillige Vereinigungen von Gleichgesinnten, ferner Vereinigungen auf Grund gemeinsamer materieller Interessen, gleichen Berufs oder gleicher Beschäftigung; es liegt auf der Hand, daß die Eliten der Zukunft sich in einer wesentlichen Hinsicht von allen bisher bekannten vergleichbaren Formen unterscheiden: sie werden an die Stelle der Klassen der Vergangenheit treten, indem sie deren konkret greifbare Funktionen übernehmen. Von dieser Umformung ist nicht immer ausdrücklich die Rede; manche Gesellschaftstheoretiker betrachten die Klassenunterschiede als unerträglich, manche sehen sie einfach als todgeweiht an. Die letztgenannten können in ihren Entwürfen für eine von Eliten regierte Gesellschaft über den Begriff ›Klasse‹ einfach hinweggehen und sagen, die Eliten würden sich ›aus allen Teilen der Gesellschaft rekrutieren‹. Aber über kurz oder lang würden alle früheren Klassenunterschiede sowieso nur noch Schall und Rauch sein; denn wenn wir die Methode, nach der wir die Eliten bilden, immer mehr vervollkommnen, wenn es uns immer besser gelingt, die geeigneten Menschen frühzeitig herauszufinden und sie dann für ihre künftige Rolle auszubilden und schließlich in leitende Stellungen einzusetzen, dann werden wir nur noch einen gesellschaftlichen Rangunterschied kennen: den zwischen den Eliten und dem Gros der Gesellschaft, – wenn nicht etwa, was ja geschehen kann, eine Vorrang- und Prestige-Ordnung unter den verschiedenen Eliten selbst entsteht.

Wie maßvoll und unaufdringlich die Lehre von den Eliten auch gefaßt sein mag, praktisch bedeutet sie eine radikale Umformung der Gesellschaft. Oberflächlich gesehen erstrebt sie nicht mehr als das, was unser aller Wunsch sein muß – daß nämlich alle Stellen in der Gesellschaft von denen besetzt werden, die am besten geeignet sind, die damit verbundenen Aufgaben zu erfüllen. Wir kennen ja alle aus eigener Anschauung den Fall, daß jemand eine Stellung im Leben innehat, für die er weder geistig noch charakterlich befähigt ist:

er verdankt sie vielleicht nur seiner Geburt oder seinen verwandtschaftlichen Beziehungen, und die entsprechende Ausbildung steht auch nur auf dem Papier. Kein anständiger Mensch kann so etwas mit ansehen, ohne sich darüber zu ärgern. Aber in der Lehre von den Eliten liegt viel mehr als die Korrektur einer solchen Ungerechtigkeit. Sie *atomisiert* das Bild der Gesellschaft.

Der Sozialphilosoph, dessen Ansichten über das Problem der Eliten die genaueste Aufmerksamkeit verdienen – und zwar wegen ihres Wertes an sich wie wegen des Einflusses, der von ihnen ausgeht –, ist der vor kurzem verstorbene Dr. Karl Mannheim. Auf sein Wirken ist es übrigens auch zurückzuführen, daß sich der Begriff Elite in England eingebürgert hat. Ich muß von vornherein bemerken, daß bei Mannheim der Kulturbegriff anders gefaßt ist als im vorigen Kapitel dieses Essays. Es heißt bei ihm (*Man and Society* S. 81):

Eine soziologische Betrachtung der Kultur im liberalen Gefüge hat von der Lage derer auszugehen, die Kultur schaffen (der Kulturproduzenten), d. h. von der Intelligenzschicht und ihrer Stellung innerhalb der Gesamtgesellschaft.

Nach der Auffassung, die ich hier dargelegt habe, ist die Kultur einer Gesellschaft immer die Schöpfung der Gesamtgesellschaft; oder, unter einem andern Aspekt gesehen, sie ist das, was die Gesellschaft zur Gesellschaft macht. Sie ist nicht die Schöpfung irgendeines Teils dieser Gesellschaft. Der Teil, den Mannheim die kulturschaffenden Gruppen nennen würde, hat nach meiner Darstellung vielmehr die Funktion, für eine weitere Entwicklung der betreffenden Kultur in der Weise zu sorgen, daß alle Teile organisch miteinander verbunden sind; was diese Gruppen pflegen, ist Kultur auf der Ebene höheren Bewußtseins, aber immer noch dieselbe Kultur. Wir müssen uns eine Art zyklischer Bewegung der Kultur vorstellen; die höhere Kulturebene ist in sich wertvoll und bereichert gleichzeitig die niederen Ebenen; und jede Klasse nährt zugleich die andern Klassen.

Dies ist schon ein ziemlich bedeutsamer Unterschied. Meine nächste Feststellung ist, daß es Mannheim mehr um Eliten geht als um eine Elite. Er sagt (*Man and Society* S. 82):

Wir können die folgenden (Haupt-)Typen von Eliten unterscheiden: die politischen, die organisierenden, die erkennenden, die künstlerischen, die moralischen und die religiösen. Während die politischen und organisierenden Eliten eine Integration der zahlreichen Willensimpulse bewirken, ist es die Funktion der erkennenden, ästhetischen und moralisch-religiösen Eliten, die von der Gesellschaft im täglichen Existenzkampf nicht voll ausgenützten seelischen Energien zu sublimieren.

Diese Einteilung der Eliten nach Fachbezirken ist bis zu einem gewissen Grade schon vorhanden; und bis zu einem gewissen Grade ist sie etwas Notwendiges und Gutes. Aber, soweit man nach den schon vorliegenden Befunden urteilen kann, *durchaus* zu bejahen ist sie keineswegs. Eine Schwäche unserer Kultur, die seit einiger Zeit immer spürbarer wird und auf die ich schon an anderer Stelle hingewiesen habe, besteht ja gerade darin, daß die Eliten sich immer mehr voneinander isolieren, die politische, die philosophische, die künstlerische, die wissenschaftliche. Doch daß sie, zum großen Schaden jeder einzelnen, voneinander getrennt sind, liegt nicht nur am Stocken des allgemeinen Kreislaufs von Ideen. Es fehlen vor allem auch jene Kontakte und gegenseitigen Beeinflussungen, die in der Schicht weniger bewußten Lebens wirken und vielleicht sogar noch wichtiger sind als Ideen. Das Problem der Herausbildung, Erhaltung und Entwicklung der Eliten ist daher zugleich das Problem der Herausbildung, Erhaltung und Entwicklung *der* Elite, ein Problem, auf das Mannheim nicht eingeht.

Zur Einführung in dieses Problem muß ich auf einen weiteren Unterschied zwischen meiner Ansicht und der Mannheims aufmerksam machen. Er bemerkt in einem Passus, der, wie ich glaube, eine tiefe Wahrheit enthält (S. 85):

Die Krise der Kultur in der liberalen Demokratie geht zunächst einmal auf die Tatsache zurück, daß die fundamentalen Sozialprozesse, die früher die Entwicklung der kulturell schöpferischen Eliten begünstigten, jetzt umgekehrt wirken, d. h. Hindernisse für die Elitenbildung geworden sind, weil umfassendere Teile der Bevölkerung sich an kulturellen Betätigungen aktiv beteiligen.

Ich kann natürlich den letzten Teil dieses Satzes nicht so hinnehmen, wie er da steht[1]. Nach meiner Ansicht von der Kultur *sollte*

1 Seine englische Formulierung klingt noch pleonastischer (»active ... activities«).

die ganze Bevölkerung »sich an kulturellen Betätigungen aktiv beteiligen« – freilich nicht alle an denselben Betätigungen oder auf derselben Ebene. In meiner Terminologie würde dieser Nebensatz besagen, daß ein wachsender Bevölkerungsanteil sich mit Gruppenkultur befaßt. Dies liegt – darin würde Mannheim wohl mit mir übereinstimmen – in der allmählichen Veränderung der Klassenstruktur begründet. Aber an diesem Punkt scheint mir Mannheim Elite mit *Klasse* zu verwechseln. Er sagt nämlich (S. 89):

Vergegenwärtigt man sich die wesentlichsten Formen der Elitenselektion, deren sich die Geschichte bisher bedient hat, so kann man drei Prinzipien unterscheiden: Die Selektion nach *Blut, Besitz* und *Leistung*. Die adlige Gesellschaft selegierte, besonders nachdem sie sich verfestigt hatte, ihre Eliten in erster Reihe nach dem Prinzip des Blutes. Die bürgerliche Gesellschaft führte allmählich als Zusatz das Prinzip des Reichtums ein, ein Prinzip, das auch für die Bildungseliten galt, da sich Bildung mehr oder minder nur der wohlhabende Nachwuchs leisten konnte. Zwar war das Leistungsprinzip, mit den beiden anderen Prinzipien kombiniert, selbstverständlich auch früher wirksam; dennoch ist es die wichtige Neuerung der modernen Demokratie, soweit sie streng durchgeführt wird (1946: lebenskräftig ist; 1935: der letzten Phase demokratischer Entwicklung), daß immer häufiger das Leistungsprinzip für sich allein zum Kriterium des gesellschaftlichen Erfolgs geworden ist.

Ich bin bereit, diese Darstellung der drei Geschichtsperioden im großen und ganzen gelten zu lassen. Aber ich möchte bemerken, daß wir es hier nicht mit Eliten, sondern mit *Klassen* zu tun haben, oder genauer gesagt, mit der Evolution von einer Gesellschaft mit Klassenstruktur zu einer klassenlosen Gesellschaft. Mir scheint nun aber, daß wir eine Elite auch auf der Stufe erkennen können, auf der die Gesellschaft ganz scharf in Klassen eingeteilt ist. Oder sollen wir etwa glauben, daß die Künstler des Mittelalters alles Menschen von hohem Stande waren oder daß die höheren Geistlichen und die Staatsmänner alle nach ihrem Stammbaum ausgewählt wurden?

Das will Mannheim wohl nicht; aber ich glaube eben, er verwech-

Inhaltlich weicht die Mannheimsche deutsche Fassung stark ab: »... Sozialprozesse, denen früher die kulturschaffenden Eliten zur Entfaltung verhalfen, infolge der Vermassung des gesellschaftlichen Lebens geradezu in ihr Gegenteil umschlagen, d.h. die Elitenbildung hindern.« (d. Ü.)

selt die Eliten mit dem Teil der Gesellschaft, der jeweils herrschte, dem die Eliten dienten und nacheiferten und der sich gelegentlich aus Mitgliedern der Eliten ergänzte. Und was die gesellschaftliche Umwandlung selbst betrifft, die sich etwa während der letzten fünf Jahrhunderte vollzog, so wird jenes Grundschema gewöhnlich als richtig hingenommen, und ich will es auch nicht anzweifeln. Ich möchte nur eine Modifizierung vorschlagen; das Stadium, in dem die *bürgerliche* Gesellschaft herrschte (in bezug auf England sagt man wohl besser ›Gesellschaft des gehobenen Mittelstandes‹), weist nämlich eine Eigenart auf, die im besonderen für England wichtig ist: Wie mächtig jene Gesellschaft auch war – jetzt heißt es ja allgemein, ihre Macht sei im Vergehen –, sie wäre das, was sie war, nicht gewesen, hätte es nicht eine Klasse über ihr gegeben, von der sie einige ihrer Ideale und einige ihrer Maßstäbe bezog und nach deren Lebensverhältnissen ihre ehrgeizigeren Angehörigen strebten. Dies unterscheidet sie dem Wesen nach von der aristokratischen Gesellschaft, die ihr vorherging, und von der Massengesellschaft, die, wie man glaubt, ihr folgen wird.

Ich komme jetzt zu einer anderen Stelle aus Mannheims Darlegungen, die mir tiefgründig und wahr zu sein scheint. Seine geistige Sauberkeit bewahrt ihn davor, das Düstere unserer gegenwärtigen Lage wegreden zu wollen; aber es gelingt ihm, soweit ich beurteilen kann, die meisten seiner Leser in eine tatfroh-hoffnungsvolle Stimmung zu versetzen, indem er sie mit seinem eigenen leidenschaftlichen Glauben an die Möglichkeiten der ›Planung‹ ansteckt. Und doch sagt er ganz klar:

Wir haben kein klares Bild davon, wie die Eliteselektion in einer offenen Massengesellschaft wirken würde, wenn nur die Leistungsselektion eine Rolle spielen sollte. Es ist möglich, daß in einer solchen Gesellschaft der Austausch der Eliten viel zu schnell vor sich ginge und die gesellschaftliche Kontinuität, die im wesentlichen durch eine allmähliche Erweiterung des Einflußbereiches der führenden Gruppen geleistet wird, in ihr fehlen würde.[1]

1 Mannheim macht dann weiter aufmerksam auf eine Tendenz in der Massengesellschaft, sogar das Leistungsprinzip aufzugeben. Diese Stelle ist wichtig; aber da ich mit ihm einer Meinung bin, daß die hieraus entspringenden Gefahren noch alarmierender sind, ist es unnötig, sie hier zu zitieren.

Damit wird ein für meinen gegenwärtigen Gedankengang äußerst wichtiges Problem aufgeworfen, auf das Mannheim wohl nicht näher eingegangen ist: das der *Kulturübermittlung*.

Wenn wir uns mit der Geschichte einzelner Teile der Kultur befassen, zum Beispiel mit der Geschichte der Kunst, der Literatur oder der Philosophie, isolieren wir naturgemäß jedesmal eine bestimmte Gattung von Kulturerscheinungen. Es hat allerdings eine Richtung gegeben (und sie hat interessante und wertvolle Werke hervorgebracht), die diese Gebiete in eine engere Beziehung zu einer allgemeinen Sozialgeschichte rücken wollte. Aber selbst derartige Bücher enthalten gewöhnlich nicht mehr als die Deutung der Geschichte eines Gebietes im Lichte der Entwicklung eines andern; außerdem sind sie meist auf einen Kulturbegriff eingestellt, der ebenso wie der von Mannheim enger gefaßt ist als der hier zugrundegelegte.

Nun haben wir ja im vorigen Kapitel davon gesprochen, und daran müssen wir jetzt denken, daß man nicht der Versuchung erliegen darf, Kultur gleichzusetzen mit der Summe bestimmter kultureller Betätigungen. Es geht uns aber hier um die Frage, welche Rolle die Elite und welche Rolle die Klasse bei der Übermittlung der Kultur von einer Generation zur nächsten spielt: wenn wir also vermeiden, die Kultur mit der Summe der Kulturzweige gleichzusetzen, dann werden wir es ebenso ablehnen, unsere Gruppenkultur gleichzusetzen mit der Summe der Betätigungen von Mannheims Eliten. Der Anthropologe mag das Gesellschaftssystem, die Wirtschaft, die Kunst und die Religion eines bestimmten Stammes studieren; er mag sogar dessen psychologische Eigentümlichkeiten erforschen: aber dadurch, daß er alle diese Manifestationen eingehend betrachtet und sie auch zusammenfaßt, kommt er noch nicht zu einem Verstehen der Kultur. Denn die Kultur verstehen heißt das Volk verstehen, und das bedeutet ein imaginatives Verstehen. Ein solches Verstehen kann niemals vollständig sein: entweder es ist abstrakt – und das Wesen bekommen wir nicht zu fassen –, oder aber es ist *erlebt*; und insoweit es *erlebt* wird, neigt der Untersuchende immer dazu, sich so vollständig mit dem Volk, das er untersucht, zu identifizieren, daß er den Standpunkt aufgibt, von dem aus die Untersuchung sinnvoll und möglich war. Beim Verstehen geht es um einen

Bereich, der weiter ist als der, dessen man sich bewußt sein kann; man kann nicht gleichzeitig draußen und drinnen sein. Was wir gewöhnlich mit dem Verstehen eines andern Volkes meinen, ist eine Annäherung an das Verstehen, die genau da haltmacht, wo der Untersuchende anfangen würde, einen Wesenszug seiner eigenen Kultur zu verlieren. Der Mensch, der, um die innere Welt eines Kannibalenstammes zu verstehen, den Kannibalismus praktisch mitgemacht hat, ist wahrscheinlich zu weit gegangen: er kann nie wieder völlig einer der Seinen werden[1].

Ich habe diese Frage jedoch nur aufgeworfen, um meine Behauptung zu stützen, daß die Kultur nicht einfach die Summe verschiedener Betätigungen ist, sondern eine *Lebensform.* Nun ist es durchaus möglich, daß ein Mensch, der für ein bestimmtes Gebiet besonders begabt und auf Grund seiner fachlichen Fähigkeiten für die Mitgliedschaft in einer der Mannheimschen Eliten voll geeignet ist, nicht zu den »kultivierten Persönlichkeiten« gehört, die die Gruppenkultur repräsentieren; er ist vielleicht, wie ich an früherer Stelle gesagt habe, nur einer von denen, die hochwertige Beiträge zu ihr liefern. Aber soweit sich in der Vergangenheit eine Gruppenkultur feststellen läßt, hat sie sich nie mit einer Klasse gedeckt, ganz gleich, ob es sich um eine Aristokratie oder um einen gehobenen Mittelstand handelte. Immer hat es sehr vielen Angehörigen dieser Klassen sichtlich an ›Kultur‹ gefehlt. Ich glaube, das Schöpf- und Sammelbecken dieser Kultur war in der Vergangenheit *die* Elite. Diese bezog den größeren Teil ihres Mitgliederbestandes aus der herrschenden Klasse der Zeit, und aus dieser Mehrheit bildete sich die erste und wichtigste Gemeinde für neue Ideen und Kunstwerke; deren Schöpfer aber waren diejenigen Mitglieder der Elite, welche die Minderheit bildeten, und diese wiederum stammten aus verschiedenen Klassen, – von denen eine die herrschende Klasse selbst war.

Jene Mehrheit wird sich teils aus Einzelpersonen, teils aus Familien zusammensetzen. Aber die Vertreter der herrschenden Klasse, die den Kern der kulturellen Elite bilden, dürfen darüber nicht die Verbindung zu dieser ihrer Klasse verlieren. Denn sie haben eine doppelte Aufgabe. Als Angehörige der Klasse übermitteln sie die

1 Joseph Conrads *Heart of Darkness* deutet auf etwas Ähnliches.

ererbte Kultur: das ist ihre Funktion gegenüber den Schaffenden; ihre Funktion gegenüber ihrer Klasse ist es, die Kultur vor Erstarrung zu bewahren: das können sie nur als Vertreter der Elite. Alle Beteiligten haben die ihnen gemäße Funktion. Die Klasse als Ganzes hat die gesellschaftlichen *Formen* zu pflegen und auf hohem Niveau zu halten, – sie sind ein lebenswichtiger Bestandteil der Gruppenkultur[1]. Die höhergestellten Einzelmitglieder und Familien sorgen dafür, daß die Gruppenkultur weiterbesteht, die Schaffenden, daß sie sich wandelt.

In einer Elite, die sich aus Individuen zusammensetzt, deren Mitgliedschaft einzig auf ihrer individuellen Überdurchschnittlichkeit beruht, wird der menschliche Hintergrund des einen von dem des andern so sehr verschieden sein, daß die Einzelnen nur durch ihre gemeinsamen Interessen verbunden und durch alles andere getrennt sind. Eine Elite muß daher an *irgendeine* Klasse angeschlossen sein, sei es eine höhere oder eine niedere; aber solange es überhaupt Klassen gibt, ist es wahrscheinlich die herrschende Klasse, die diese Elite an sich zieht. Was in einer klassenlosen Gesellschaft geschehen würde – es ist viel schwieriger, sie sich auszumalen, als man denkt –, liegt im Bereich bloßer Mutmaßung. Es lohnt sich jedoch, einige Vermutungen zu wagen.

Das Haupt-Strombett für die Übermittelung der Kultur ist die Familie: was ein Mensch sich an Kultur aus seiner früheren Umwelt angeeignet hat, dem entwächst er nie völlig, mag er auch längst eine höhere oder andere Kultur erworben haben. Nicht als ob dies der *einzige* Weg der Übermittlung wäre: schon auf verhältnismäßig primitiver Stufe wird er in jeder stärker gegliederten Gesellschaft durch andere Wege der Überlieferung ergänzt und fortgesetzt. In den höher zivilisierten Gemeinschaften mit vielen verschiedenen Berufen, in denen nicht alle Söhne der Beschäftigung ihres Vaters nachgingen, war es (zumindest im Idealfall) nicht einfach so, daß

1 Man darf mich hier nicht mißverstehen. Ich sage nicht, »gute Formen« seien einer einzigen Gesellschaftsschicht eigentümlich. In einer gesunden Gesellschaft sollten sie vielmehr durchweg zu finden sein. Aber so, wie wir die Bedeutungen des Begriffs »Kultur« auf den einzelnen Ebenen unterscheiden, so machen wir auch Unterschiede bei dem, was mehr oder weniger bewußte »gute Formen« im einzelnen bedeuten.

der Lehrling seinem Meister diente und von ihm lernte, wie man auf einer technischen Schule lernen würde, – er verwuchs mit einer Lebensform, die mit dem betreffenden Handwerk oder Gewerbe einherging; und vielleicht besteht das verlorene Geheimnis des Handwerks darin, daß nicht nur eine Fertigkeit, sondern eine ganze Lebensform weitergegeben wurde. Kultur – zu unterscheiden von Kulturwissenschaft – wurde von den älteren Universitäten übermittelt: dort haben junge Menschen profitiert, deren Studium an sich ohne Profit, nutzlos geblieben ist und die keinen Sinn für Gelehrsamkeit oder gotische Architektur oder College-Riten und -Formen mit nach Haus genommen haben. Ich vermute, daß etwas Derartiges auch von den Gesellschaften vom Freimaurertypus übermittelt wird; denn die Einweihung ist eine Einführung in eine Lebensform, die, wie begrenzt die Lebensfähigkeit auch sein mag, aus der Vergangenheit übernommen wurde und in die Zukunft weitergeführt werden soll. Aber der bei weitem wichtigste Weg der Übermittlung bleibt der über die Familie: und wenn das Familienleben seine Aufgabe nicht mehr erfüllt, müssen wir damit rechnen, daß unsere Kultur minderwertiger wird. Nun ist die Familie eine Einrichtung, die fast jeder bejaht. Aber damit ist noch nicht viel gesagt, denn der Umfang des Begriffs kann schwanken. In unserm Zeitalter umfaßt er kaum mehr als die lebenden Mitglieder. Selbst was diese betrifft, ist es eine seltene Ausnahme, wenn ein Reklamebild eine große Familie oder drei Generationen zeigt: die übliche Familie auf den Plakaten besteht aus den beiden Eltern und ein bis zwei jüngeren Kindern. Was bewundert werden soll, ist nicht die innere Bindung an die Familie, sondern persönliche Zuneigung zwischen ihren Gliedern; und je kleiner die Familie ist, desto leichter kann diese persönliche Zuneigung sentimental verklärt werden. Aber wenn ich von der Familie spreche, denke ich an ein Band, das einen längeren Zeitraum umspannt: eine Pietät gegenüber den Toten, wie unbekannt sie auch sein mögen, und eine Sorge für die Ungeborenen, seien sie noch so fern. Wenn diese Ehrfurcht gegenüber Vergangenheit und Zukunft nicht im Heim gepflegt wird, kann sie in der Gemeinschaft nie mehr sein als eine konventionelle Vokabel. Dieser Sinn für die Vergangenheit hat nichts zu tun mit den Eitelkeiten und Prätentionen der Genealogie; und dies Verantwortungsgefühl ist ein anderes als das der Verfertiger von Sozialprogrammen.

Ich würde also sagen, daß in einer kraftvollen Gesellschaft sowohl Klasse wie Elite erkennbar sein werden, mit gewissen Überschneidungen und ständigen Wechselwirkungen. Eine regierende Elite, in der man den natürlichen Trieb, Macht und Ansehen an die Nachkommen weiterzureichen, nicht künstlich hemmt, wird dazu neigen, sich als Klasse festzusetzen, – diese Metamorphose hat wohl zu dem Versehen geführt, das mir bei Mannheim vorzuliegen scheint. Aber eine Elite, die sich so umformt, wird früher oder später ihre Funktion als Elite verlieren; denn die Eigenschaften, mit deren Hilfe die ursprünglichen Mitglieder ihre Stellung errangen, werden nicht alle gleichmäßig an ihre Nachkommen weitergegeben werden. Andrerseits haben wir zu bedenken, was die Folge wäre, wenn das Umgekehrte einträte und wir eine Gesellschaft hätten, in der die Funktionen der Klasse von Eliten übernommen würden. Mannheim scheint geglaubt zu haben, daß dies geschehen wird; er wußte, wie die eine von mir zitierte Stelle zeigt, um die Gefahren; und er hatte offenbar noch keine bestimmten Vorschläge zu ihrer Abwehr bereit.

Über die Situation einer klassenlosen und ausschließlich von Eliten beherrschten Gesellschaft wissen wir wohlgemerkt nichts Verläßliches. Wir müssen darunter wohl eine Gesellschaft verstehen, in der jeder den Platz im Leben bekommt, der seiner Befähigung am besten entspricht, und in der umgekehrt auch alle Stellen von den dafür geeignetsten Männern oder Frauen besetzt werden: es gibt beim Start weder Vorgabe noch Handicap, und ein Mechanismus, der von den besten Konstrukteuren solcher Maschinen erstellt ist, sorgt dafür, daß jeder seinen Weg findet oder an die richtige Stelle gelenkt wird. Natürlich würden nicht einmal die Zuversichtlichsten erwarten, daß das System derart gut funktioniert: falls es im großen und ganzen dem Ziel, die rechten Leute an die rechten Plätze zu stellen, näher zu kommen schiene als irgendein früheres System, würden wir alle zufrieden sein. Wenn ich lieber sage »von Eliten beherrscht« als »von Eliten regiert«, so meine ich, daß eine solche Gesellschaft sich nicht damit zufriedengeben dürfte, von den richtigen Leuten *regiert* zu werden; sie muß darauf sehen, daß die fähigsten Maler, Bildhauer und Architekten an die Spitze gelangen, auf den Geschmack einwirken und die wichtigsten öffentlichen Aufträge ausführen; sie muß ebenso mit den anderen Künsten und mit den Wissenschaften verfahren, und vor allem muß sie wohl den fähigsten Köpfen im spekulativen Denken Wirkungsmöglichkeiten geben. Das System muß dies alles für die Gesellschaft nicht nur in einer bestimmten Situation leisten – es muß das *immer* tun, Generation um Generation. Es wäre Torheit zu leugnen, daß in einer bestimmten Phase der Entwicklung eines Landes und *für einen beschränkten Zweck* eine Elite sehr gute Arbeit leisten kann. Sie kann etwa eine regierende Gruppe – nehmen wir an, es war im Gegensatz zu ihr eine *Klasse* – vertreiben und dadurch das Leben der Nation retten oder reformieren oder neu kräftigen. Solche Fälle hat es gegeben. Aber über ein ständiges Regieren nach dem Elitenprinzip wissen wir wenig, und was wir wissen, sagt uns nicht viel. Es muß noch eine beträchtliche Zeit vergehen, ehe wir aus Rußland Aufschlüsse erlangen können. Rußland ist ein unentwickeltes, kraftvolles Land; es ist auch ein großes Land; und es wird einer langen Periode des Friedens und der inneren Entwicklung bedürfen. Dreierlei kann geschehen. Rußland kann uns zeigen, wie eine feste Regierung und eine blühende Kultur allein durch Eliten übermittelt werden; es kann in orientalische Lethargie sinken; oder die regierende Elite kann den Weg anderer regierender Eliten einschlagen und eine regierende Klasse werden. Wir können uns auch auf keinen Befund aus den Vereinigten Staaten von Amerika stützen. Die wirkliche Revolution in diesem Land war nicht das, was die Geschichtsbücher so nennen, sondern ist eine Folge des Bürgerkrieges: es entstand eine plutokratische Elite, die Expansion und die materielle Entwicklung des Landes beschleunigten sich, und der Strom der gemischten Einwanderung schwoll an und brachte (oder besser vervielfachte) die Gefahr der Entwicklung zu einem *Kastensystem*[1], die noch nicht ganz gebannt ist. Für den Soziologen ist der Befund

1 Ich glaube, daß der wesentliche Unterschied zwischen einem Kastensystem und einem Klassensystem darin besteht, daß bei dem erstgenannten die herrschende Klasse sich allmählich als eine höherstehende *Rasse* betrachtet.

aus Amerika noch nicht reif. Unsere sonstigen Unterlagen zur Frage der Elitenregierung kommen hauptsächlich aus Frankreich: Eine regierende Klasse hatte im Laufe einer langen Periode, in der alle Macht bei der Krone lag, zu regieren aufgehört und wurde auf das Niveau des gewöhnlichen Staatsbürgertums herabgedrückt. Das moderne Frankreich hat keine regierende Klasse gehabt: sein politisches Leben in der dritten Republik, was wir auch sonst von ihr sagen mögen, war *unstet*. – Und hier können wir bemerken, daß bei der gewaltsamen Entfernung einer herrschenden Klasse, wie schlecht sie ihre Funktion auch ausgeübt haben mag, ihre Funktion nicht völlig von einer andern übernommen wird. Der »Flug der Wildgänse«[1] ist vielleicht ein Symbol für den Schaden, den England Irland zugefügt hat – und der, von diesem Gesichtspunkt aus betrachtet, schwerer war als die Cromwellschen Metzeleien oder irgendeine der Unbilden, die sich die Iren sehr gern ins Gedächtnis zurückrufen. Es mag auch sein, daß England den Walisern und Schotten mehr dadurch geschadet hat, daß es ihre Oberschicht ohne Zwang an gewisse Public Schools band, als durch die (teils wirklichen, teils eingebildeten, teils zu Unrecht als solche empfundenen) Schädigungen, die von ihren Nationalisten zur Sprache gebracht werden. Hier möchte ich abermals mit dem Urteil über Rußland zurückhalten. Dieses Land ist vielleicht zur Zeit seiner Revolution noch in einem so frühen Stadium seiner Entwicklung gewesen, daß wir sagen müssen, die Beseitigung seiner Oberklasse habe diese Entwicklung nicht nur nicht aufgehalten, sondern gerade in Gang gebracht. Wohl aber haben wir Grund anzunehmen, daß die Austilgung einer Oberklasse in einem späteren Entwicklungsstadium verhängnisvoll für ein Volk sein kann; und ganz bestimmt dann, wenn diese Beseitigung auf das Eingreifen einer anderen Nation zurückzuführen ist.

Ich habe im vorigen Abschnitt hauptsächlich von der »regierenden Klasse« und der »regierenden Elite« gesprochen. Aber ich muß den Leser wieder daran erinnern, daß es uns, wenn es um Klasse contra Elite geht, um die Gesamtkultur eines Landes geht und damit um

1 Spitzname für die irischen Jakobiten, die nach der Abdankung Jakobs II. Irland verließen und nach dem europäischen Festland gingen. (d. Ü.)

viel mehr als um Regierungsfragen. Wir können uns mit einigem Vertrauen einer regierenden Elite fügen, so wie die republikanischen Römer Macht in die Hände von Diktatoren legten, solange wir in einer Krise stehen und einen *genau bestimmten Zweck* vor Augen haben, – und eine Krise kann lange dauern. Dieser begrenzte Zweck macht es auch möglich, die Elite zu wählen, denn wir wissen dann, wofür wir sie wählen. Aber wenn es gilt, ein Verfahren zu finden, nach welchem wir für eine unbestimmte Zukunft die richtigen Menschen zur Konstituierung jeder Elite auswählen können, – was für ein Mechanismus soll uns das ermöglichen? Wenn unser »Zweck« nur der ist, in jedem Bereich des Lebens die Besten an die Spitze zu bringen, so fehlt uns der Maßstab dafür, wer die Besten sind; und wenn wir einen Maßstab einführen, so wird sich das auf alles Neue lähmend auswirken. Das geniale Neue hat es schon schwer genug, sich durchzusetzen.

Mich beschäftigt im Augenblick nur die Frage, ob wir in einer Gesellschaft, in der manche Erziehungsfachleute gegen Klassenunterschiede anscheinend gleichgültig sind und andere Erziehungsfachleute Klassenunterschiede offenbar ganz und gar beseitigen wollen, die Übermittlung der Kultur allein durch Erziehung und Bildung gewährleisten können. In jedem Falle besteht die Gefahr, daß man den Begriff »Bildung« zu weit oder zu eng faßt: zu eng, wenn man darunter versteht, daß Bildung sich auf das Lehrbare beschränkt; zu weit, wenn man darunter versteht, daß alles Erhaltenswerte durch Lehren übermittelt werden kann. In der von manchen Reformern erstrebten Gesellschaft wird das, was die Familie übermitteln kann, auf ein Minimum beschränkt sein, zumal wenn, wie H. C. Dent hofft, ein einheitliches Bildungssystem auf das Kind »von der Wiege bis zum Grabe« einwirkt. Und wenn das Kind von den Beamten, die die Aufgabe haben, es einzusortieren, nicht ganz wie sein Vater klassifiziert wird, dann wird es in einer anderen – nicht notwendig besseren, denn alle werden gleich gut sein – Schulumwelt erzogen und nach den Richtlinien ausgebildet werden, die dann gerade offiziell als die »echt demokratischen« gelten. Die Eliten werden folglich ausschließlich aus Individuen bestehen, die nur durch ihr gemeinsames berufliches Interesse verbunden sind: es gibt dann keinen gesellschaftlichen Zusammenhalt, keine soziale Kontinuität. Sie werden nur durch einen Teil ihrer Persönlichkeit, und zwar den bewußtesten, miteinander verbunden sein; sie werden zueinander stehen wie Komiteemitglieder. Der größere Teil ihrer »Kultur« wird nur das sein, was sie mit allen anderen Menschen ihres Volkes teilen.

Das Grundargument zugunsten einer Gesellschaft mit Klassenstruktur, daß sie nämlich in gewissem Sinne die »natürliche« Gesellschaft ist, wird mit einem Vorurteil belastet, wenn wir uns von den gegensätzlich verwendeten Begriffen »Aristokratie« und »Demokratie« hypnotisieren lassen. Das ganze Problem wird verfälscht, wenn wir diese Bezeichnungen antithetisch verwenden. Was ich vorgebracht habe, ist keine »Verteidigung der Aristokratie« – keine Betonung der Wichtigkeit nur *eines* Organs der Gesellschaft. Ich plädiere vielmehr für eine Gesellschaftsform, in der eine Aristokratie eine ihr eigentümliche und für das Ganze notwendige Funktion hat, – ebenso eigentümlich und notwendig wie die Funktion jedes anderen Teiles der Gesellschaft. Worauf es ankommt, ist eine Gesellschaftsstruktur, in der es von »oben« nach »unten« eine kontinuierliche Abstufung kultureller Ebenen gibt; die oberen aber, und das müssen wir immer bedenken, sind nicht als Ebenen anzusehen, die *mehr* Kultur besitzen als die unteren, sondern als Bereiche einer bewußteren und stärker spezialisierten Kultur. Ich möchte sogar glauben, daß keine wahre Demokratie sich behaupten kann, wenn sie diese verschiedenen Kulturebenen nicht in sich enthält. Die Kulturebenen können auch als Machtebenen gesehen werden, in dem Sinne, daß eine kleinere Gruppe auf einer höheren Ebene gleiche Macht hat wie eine größere Gruppe auf einer tieferen Ebene; denn man kann geltend machen, daß vollständige Gleichheit allgemeine Verantwortungslosigkeit bedeutet; und in einer Gesellschaft, wie sie mir vorschwebt, würde jeder Mensch je nach der Stellung in der Gesellschaft, die er ererbte, größere oder geringere Verantwortung gegenüber dem Gemeinwesen ererben, – jede Klasse würde eine etwas andere Verantwortung haben. Eine Demokratie, in der alle Menschen in allem die gleiche Verantwortung hätten, würde die Gewissenhaften bedrücken und für die übrigen Zügellosigkeit bedeuten.

Es gibt noch andere Gründe, mit denen man eine abgestufte Gesellschaft verteidigen kann; und ich hoffe ganz allgemein, daß dieser Essay Gedanken über Fragen nahelegen wird, die ich hier nicht untersuchen werde; aber ich muß den Leser ständig daran erinnern, daß ich mir ja nur ein ganz begrenztes Thema gestellt habe. Wenn wir darin übereinstimmen, daß die Familie der primäre Leitweg für die Übermittlung der Kultur ist und daß es in einer höher zivilisierten Gesellschaft verschiedene Kulturebenen geben muß, dann folgt daraus, daß die Kultur dieser verschiedenen Ebenen nur dann sicher übermittelt werden kann, wenn es Gruppen von Familien gibt, die von Generation zu Generation in derselben Lebensform weiterbestehen.

Und noch einmal muß ich wiederholen, daß die von mir dargelegten »Voraussetzungen für die Kultur« nicht mit Notwendigkeit die höhere Zivilisation hervorbringen; ich behaupte nur dies: wenn sie fehlen, wird es eine höhere Zivilisation wahrscheinlich nicht geben.

Drittes Kapitel

Einheit und Mannigfaltigkeit: Die regionalen Kräfte

> *Die Mannigfaltigkeit in menschlichen Gemeinschaften ist notwendig als Anreiz und Stoff für die Odyssee des menschlichen Geistes. Andere Völker mit anderen Sitten sind nicht Feinde, sie sind uns von Gott geschenkt. Die Menschen suchen in ihren Nachbarn etwas, das verwandt genug ist, um verstanden zu werden; etwas, das fremdartig genug ist, um Aufmerksamkeit zu erregen; und etwas, das groß genug ist, um Bewunderung zu fordern.*
>
> *A. N. Whitehead, Science and the Modern World*

Es ist ein Leitmotiv dieses Essays, daß ein Volk weder zu einheitlich noch zu uneinheitlich sein darf, wenn seine Kultur blühen soll. Einheitlichkeit im Übermaß kann auf Barbarei beruhen und zur Tyberuhen und ebenfalls zur Tyrannei führen: dieses wie jenes macht rannei führen; Mannigfaltigkeit im Übermaß kann auf Dekadenz eine gedeihliche Kulturentwicklung unmöglich. Der richtige Grad von Einheit und Mannigfaltigkeit läßt sich nicht für alle Völker und Zeiten festlegen. Wir können nur einige Gebiete angeben und veranschaulichen, in denen ein Zuviel oder ein Zuwenig Gefahr bringt: was notwendig, heilsam oder schädlich ist, muß der Einsicht des Weisen und der Urteilskraft des Staatsmannes überlassen bleiben. Weder eine klassenlose Gesellschaft noch eine Gesellschaft mit starren, unüberschreitbaren sozialen Schranken ist gut. Jede Klasse sollte ständigen Zugang und Abgang haben; die Klassen sollten deutlich erkennbar bleiben, sich dabei aber im einzelnen frei vermischen können; und sie sollten alle zusammen eine kulturelle Gemeinschaft bilden, in welcher es eine Gemeinsamkeit gibt, die tiefer geht als das, was jede Klasse mit der entsprechenden Klasse einer anderen Gesellschaft gemein hat. Im vorigen Kapitel haben wir gesehen, wie die Kultur in ihrer Entwicklung durch die Klasse bestimmt wird. Jetzt müssen wir betrachten, wie das durch regionale Kräfte geschieht.

Die Vorteile einer einheitlichen Verwaltung und Volksstimmung sind uns vom Krieg her noch in frischer Erinnerung. Es wird nun oft gefordert, daß man die im Kriege gewahrte Einheit in Friedenszeiten beibehalten sollte. In jedem Volke, das in einem Kriege steht, besonders wenn der Krieg als reiner Verteidigungskrieg erscheint oder hingestellt werden kann, ist dreierlei zu erwarten: eine spontane Einigkeit im Fühlen, die echt ist, ein Vortäuschen dieser Haltung bei denjenigen, die nur einem Odium entgehen wollen, und eine Unterwerfung unter die Befehle der eingesetzten Gewalten auf seiten aller. Dieselbe Harmonie und Fügsamkeit können wir wohl auch bei Schiffbrüchigen in einem Rettungsboot voraussetzen. Es wird oft mit Bedauern festgestellt, daß der Geist der Einigkeit, Selbstaufopferung und Brüderlichkeit, der in einer Notlage herrscht, diese Notlage nicht überdauern kann. Bei Barries Stück *The Admirable Crichton* haben die meisten Zuschauer die Schlußfolgerung gezogen, die Gesellschaftsordnung auf der Insel sei richtig und die auf dem Landsitz sei falsch: ich weiß nicht recht, ob Barries Stück nicht auch eine andere Deutung zuläßt. Jedenfalls müssen wir unterscheiden zwischen der Art Einheit, die in einer Notlage erforderlich, und jener, die dem kulturellen Leben eines Volkes in Friedenszeiten angemessen ist. Natürlich ist es denkbar, daß eine Periode des ›Friedens‹ in Wirklichkeit eine Periode der Kriegsvorbereitung oder der Weiterführung des Krieges in anderer Form ist; in diesem Falle können wir mit bewußter patriotischer Stimmungsmache und einer streng zentralisierten Regierung rechnen; auch wohl damit, daß der ›Wirtschaftskrieg‹ von der Regierung straff geleitet und nicht unternehmerischen Einzelgängern und Freibeutern überlassen wird. Mir aber geht es hier um die Frage, welche Art und welchen Grad von Einheit man einem Lande wünschen soll, das mit anderen Ländern wirklich in Frieden lebt; denn wenn wir keine Perioden wirklichen Friedens haben, ist es sinnlos, überhaupt auf Kultur zu hoffen; und die Einheit, um die es mir geht, ist nicht gleichbedeutend mit Zweckgemeinschaft oder Massenbegeisterung: Zweck und Begeisterung sind immer etwas Vergängliches.

Die hier gemeinte Einheit muß weitgehend unbewußt sein; und daher ist ihr vielleicht am besten beizukommen, wenn man sich fragt, inwiefern Uneinheitlichkeit nützlich sein kann. In diesem Kapitel gehe ich also auf die Verschiedenheiten ein, die regional bedingt sind. Zunächst ist wichtig, daß ein Mensch sich nicht nur als Bürger einer bestimmten Nation fühlen sollte, sondern als Bürger eines besonderen Teils seines Landes, und zwar mit ganz bestimmten lokalen Bindungen. Diese entspringen, wie die Bindung an die Klasse, der Bindung an die Familie. Gewiß kann ein Mensch zu einem Ort, an dem er nicht geboren ist, und zu einer Gemeinschaft, mit der ihn keine Blutsbande verknüpfen, das innigste Verhältnis gewinnen. Aber wir sind wohl alle der Meinung, daß einer Gemeinschaft von Menschen mit starkem Lokalpatriotismus, die alle von ganz anderen Orten stammen, etwas Künstliches, allzu Bewußtes anhaften würde. Man müßte wohl ein, zwei Generationen abwarten, dann besäßen die Einwohner eine Bindung, die ererbt wäre und nicht das Ergebnis bewußter Wahl. Überhaupt dürfte es, was die große Mehrheit betrifft, das beste sein, wenn jeder da lebt, wo er geboren ist. Familiäre, soziale und heimatliche Bindungen stützen sich gegenseitig. Wenn eine von ihnen hinfällig wird, leiden auch die andern.

Das Problem des ›Regionalismus‹ wird selten in der richtigen Perspektive betrachtet. Ich wähle diesen Ausdruck hier bewußt, und zwar wegen der Gedankenverbindungen, die er heraufbeschwört. Ich glaube nämlich, die meisten Menschen denken dabei an eine kleine Gruppe örtlicher Mißvergnügter, über deren politische Betriebsamkeit man sich amüsiert, – da sie nicht weiter bedrohlich ist; denn jede Bewegung zugunsten einer Sache, die als verloren gilt, reizt die Spottlust. Man stellt sich ›Regionalisten‹ etwa bei dem Versuch vor, eine sterbende oder zum Untergang bestimmte Sprache wiederzubeleben; oder Bräuche eines dahingegangenen Zeitalters, die alle Bedeutung verloren haben, neu zu erwecken; oder dem unvermeidlichen und sonst allgemein bejahten Fortschritt in der Mechanisierung und Serienherstellung entgegenzuarbeiten. Vielfach verstehen es die Vorkämpfer landsmannschaftlicher Traditionen aber auch wirklich nicht, ihre Sache eindrucksvoll zu vertreten; und wenn sie, wie es zuweilen geschieht, auf besonders kräftigen Widerstand und Spott bei einem Teil ihrer eigenen Landsleute stoßen, dann fühlt sich der Außenstehende erst recht nicht veranlaßt, sie ernstzunehmen. Manchmal haben sie einen falschen Begriff von ihrer eigenen Sache. Sie neigen dazu, ihre Besserungsvorschläge ganz in politische Formeln zu kleiden; dabei bewegt sie Tieferes als Politik, und sie haben vielleicht gar keine politische Erfahrung: kein Wunder, wenn dann ihre Programme einfach nicht durchführbar sind. Und wenn sie ein Wirtschaftsprogramm vorbringen, liegen ihre eigentlichen Motive wiederum nicht im Wirtschaftlichen, und so sind sie gegenüber Männern, die als Praktiker bekannt sind, abermals im Nachteil. Zudem setzt sich der herkömmliche Regionalist einzig für seine eigene Landschaft ein und bringt dadurch seinen Nachbarn jenseits der Grenze auf den Gedanken, was im Interesse des einen liege, müsse zum Nachteil des andern sein. Der Engländer z. B. betrachtet England für gewöhnlich nicht als eine ›Region‹ in der Art, wie ein gebürtiger Schotte oder Waliser Schottland oder Wales betrachten mag; und da es ihm nicht klargemacht wird, daß seine ›regionalen‹ Interessen dabei miteinbezogen sind, kann er keine Sympathien aufbringen; und so sieht er am Ende sein Heil in einer Tendenz zur Tilgung örtlicher und stammestümlicher Besonderheiten, die seiner eigenen Kultur ebenso schadet wie den Kulturen seiner Nachbarn. Solange hier einseitig plädiert wird, besteht wenig Aussicht auf eine gerechte Verhandlung.

Wenn ein erklärter Regionalist diese Seiten liest, wird er vielleicht argwöhnen, ich wolle einen durchsichtigen Kniff anwenden. Ich sei nur darauf aus, ihm die politische und wirtschaftliche Autonomie seines Gebietes auszureden und ihn durch das Angebot eines Ersatzes, nämlich der ›kulturellen Autonomie‹, zu beschwichtigen; da diese aber von der politischen und wirtschaftlichen Macht abgetrennt sei, werde sie nichts Halbes und nichts Ganzes sein. – Nun, ich weiß sehr wohl, daß die politischen, die wirtschaftlichen und die kulturellen Probleme nicht voneinander isoliert werden können. Ich weiß wohl, daß jede regionale ›Kultur-Renaissance‹, die das politisch-wirtschaftliche Gerüst unberührt läßt, kaum mehr sein würde als eine künstlich aufrechterhaltene Altertümelei: nicht darauf kommt es an, eine verschwundene Kultur wiederherzustellen oder eine verschwindende zu beleben – die modernen Verhältnisse machen das ja doch unmöglich –, sondern darauf, eine zeitgemäße Kultur aus den alten Wurzeln wachsen zu lassen. Um die politischen und wirtschaftlichen Voraussetzungen eines gesunden Regionalismus geht es jedoch in diesem Essay nicht; ich bin auch nicht befugt, mich dazu zu äußern; und ich glaube, das *Haupt*anliegen sollten diese Fragen auch für den wahren Regionalisten nicht sein. Denn der *absolute* Maßstab ist, daß jedes Gebiet seine charakteristische Kultur haben sollte, die mit den Kulturen der Nachbargebiete harmoniert und sie bereichert. Um dieses Ideal zu verwirklichen, wird man prüfen müssen, welche politischen und wirtschaftlichen Möglichkeiten an Stelle der Zentralisierung in London oder anderswo in Frage kommen; und dann handelt es sich einfach darum, was durchführbar ist, d. h. was im Dienste dieses absoluten Wertes, der Kultur, getan werden kann, ohne daß das Land als Ganzes und damit auch der Teil, für den der Regionalist sich einsetzt, Schaden leiden. Aber das ist nicht mehr meine Sache.

Wir beschäftigen uns, wie man sieht, in erster Linie mit der besonderen Konstellation von Kulturen, die wir auf den britischen Inseln finden. Unter den Gebieten, auf deren Eigenheiten wir näher eingehen müssen, heben sich diejenigen am deutlichsten ab, die noch eine besondere Sprache haben. Selbst diese Unterscheidung ist nicht so einfach, wie sie aussieht: Ein Volk, das (wie die englischsprechenden Iren) seine ursprüngliche Sprache verloren hat, kann von deren Struktur, Idiomatik, Melodie und Rhythmus (der Wortschatz ist weniger wichtig) so viel bewahrt haben, daß seine Rede- und Schreibweise Qualitäten aufweist, die in der von ihm angenommenen Sprache nirgends sonst zu finden sind. Auf der anderen Seite kann ein ›Dialekt‹ die auf der untersten Kulturebene bewahrten Spuren einer Spielart der Sprache enthalten, die einst gleichberechtigt neben jeder anderen stand. Eindeutig *satellitisch* jedoch ist eine Kultur, die ihre Sprache bewahrt hat, aber so eng mit einer anderen verbunden und von ihr abhängig ist, daß nicht nur bestimmte, sondern alle Klassen der Bevölkerung zweisprachig sein müssen. Sie unterscheidet sich von der Kultur der selbständigen kleinen Nation dadurch, daß in dieser gewöhnlich nur einige Klassen eine zweite Sprache zu kennen brauchen; und wer in der selbständigen kleinen Nation eine Fremdsprache lernen muß, der wird auch gleich zwei oder drei lernen müssen: so wird der Sog der einen Fremdkultur durch die Zugkraft mindestens einer anderen ausgeglichen. Eine Nation mit schwächerer Kultur mag wohl dann und wann unter dem Einfluß dieser oder jener stärkeren Kultur stehen, – wirklich satellitisch aber ist eine Kultur, die aus geographischen und anderen Gründen dauernd an eine stärkere gebunden ist.

Wir könnten nun fragen, ob man sich nicht damit abfinden sollte, daß die hier satellitisch genannte Kultur von der stärkeren ganz absorbiert wird. Zwei Gründe sprechen dagegen. Der erste ist so elementar, daß er einfach hingenommen werden muß: es ist der Selbsterhaltungstrieb alles Lebendigen. Das Aufgehen in der stärkeren Kultur wird zuweilen von jenen Menschen besonders heftig abgelehnt, bei denen die laute Entrüstung mit einem uneingestandenen Bewußtsein des Unterlegenseins oder Versagens einhergeht; auf der anderen Seite wird diese ablehnende Haltung oft von denen verworfen, für die das Aufgehen in der stärkeren Kultur Erfolg bedeutet hat – höheres Ansehen, größere Macht oder Wohlhabenheit, als ihnen je zugefallen wäre, wenn sie ihr Glück im engen

Bezirk ihrer Heimat versucht hätten[1]. Aber das beides sind Sonderfälle, von deren Beweiskraft wir absehen können. Jedes lebenskräftige kleine Volk möchte seine Individualität bewahren.

Der andere Grund für die Erhaltung örtlich gebundener Kultur ist zugleich ein Grund dafür, daß die Satellitenkultur satellitisch bleibt und nicht etwa versucht, sich völlig loszulösen. Der Satellit übt nämlich auf die stärkere Kultur einen beträchtlichen Einfluß aus und spielt dadurch in der Welt eine größere Rolle, als er das im Falle der Isolierung vermöchte. Wenn Irland, Schottland und Wales sich völlig gegen England abschlössen, so bedeutete das für sie Abschnürung von Europa und der Welt, und kein Reden von der alten Kelten Vaterland würde daran etwas ändern. Aber die andere Seite der Sache interessiert mich mehr, denn sie wird nicht so leicht allgemein anerkannt: das Weiterleben der satellitischen Kultur hat sehr großen Wert für die stärkere Kultur. Es wäre keineswegs ein Gewinn für die englische Kultur, wenn die Waliser, Schotten und Iren eines Tages von Engländern nicht mehr zu unterscheiden wären – *in Wirklichkeit* würde selbstverständlich auch kein englischer Charakter mehr zu erkennen sein, sondern wir alle wären ›Briten‹, und unser Kulturniveau wäre niedriger als das irgendeines der jetzigen Einzelgebiete. Es ist im Gegenteil sehr vorteilhaft für die englische Kultur, daß sie ständig von Schottland, Irland und Wales beeinflußt wird.

Die Geschichte beurteilt ein Volk nach seinem Beitrag zu der gleichzeitig blühenden Kultur anderer Völker und nach seinem Beitrag zu den später entstehenden Kulturen. Von diesem Gesichtspunkt aus betrachte ich die Frage, ob man eine Sprache lebendig erhalten soll, – ich setze mich nicht für Sprachen ein, die sich im Zustand vorgeschrittenen Verfalls befinden (d. h. die nicht mehr den sprachlichen Ansprüchen der gebildeteren Angehörigen der Gemeinschaft genügen). Mancher sieht einen Vorzug und einen Ruhm darin, wenn seine eigene Sprache für recht viele Ausländer ein notwendiges Verständigungsmittel ist: Ich bin nicht sicher, ob diese Art Popularität

1 Es ist jedoch bekannt, daß Menschen, die freiwillig in die Fremde gegangen und zu Erfolg gekommen sind, zuweilen eine geradezu sentimentale Heimatliebe an den Tag legen und gern in das Land ihrer Geburt zurückkehren, um dort ihre Ferien zu verbringen oder ihren Lebensabend in Ruhe und Reichtum zu genießen.

nicht ernste Gefahren für jede Sprache mit sich bringt. Dagegen kann eine Sprache, die von sehr vielen Menschen als Muttersprache gesprochen wird, einen Vorzug aufweisen, der weniger zweifelhaft ist: Ich denke an Sprachen, in denen Forscher und Philosophen gedacht, geschrieben und Traditionen geschaffen haben und die dadurch bessere Medien für wissenschaftliches und abstraktes Denken geworden sind als andere.

Wie steht es aber mit Sprachen von engerem Wirkungskreis? Ihre Sache muß mit Gründen vertreten werden, deren Beweiskraft nicht so unmittelbar auf der Hand liegt. Bei einer Sprache wie etwa der walisischen können wir fragen, ob es irgendeinen Wert für die Welt im ganzen hat, daß sie in Wales gesprochen wird. Aber tatsächlich stellen wir damit die Frage, ob die Waliser als Waliser irgendeinen Wert haben – selbstverständlich nicht als Menschenwesen, sondern als Wahrer und Mehrer einer Kultur, die nicht englisch ist. Das dichterische Werk, das walisische oder von Walisern abstammende Dichter in englischer Sprache geschaffen haben, ist beträchtlich, und beträchtlich ist auch der Einfluß ihrer Dichtung auf Dichter anderer volklicher Herkunft. Es gibt zwar auch eine umfangreiche Literatur in walisischer Sprache, die in den Zeiten geschaffen wurde, da die englische Sprache in Wales unbekannt war; aber das hat nur mittelbare Bedeutung, denn wer sich die Mühe macht, die Sprache zu lernen, könnte diese Dichtungen ja genau so studieren wie lateinische oder griechische Originalwerke. Oberflächlich gesehen scheint also alles dafür zu sprechen, daß walisische Dichter ausschließlich in der englischen Sprache schreiben sollten. Denn ich kenne kein Beispiel dafür, daß jemand in beiden Sprachen ein Dichter von Rang gewesen wäre; und der walisische Einfluß auf die englische Dichtung ist in der Hauptsache den walisischen Dichtern zu verdanken, die sich als Dichter nur des Englischen bedienten. Aber wir dürfen eins nie vergessen: eine Kultur – eine eigene Weise des Denkens, Fühlens und Verhaltens – kann durch nichts besser und zuverlässiger übermittelt und lebendig erhalten werden als durch eine Sprache. Und wenn eine Sprache zu diesem Zwecke weiterleben soll, muß sie Literatursprache sein und bleiben – nicht unbedingt eine wissenschaftliche, aber gewiß eine Dichtersprache: sonst wird sie mit den Bildungsansprüchen nicht Schritt halten können und eingehen. Die in dieser Sprache geschriebene Literatur wirkt natürlich nicht in die Weite, sie wird in der Welt draußen keine sichtbaren Spuren hinterlassen; aber wenn sie nicht länger gepflegt wird, verliert das Volk, dem sie entstammt und für das sie bestimmt ist (ich denke besonders an die Waliser), mehr und mehr seinen Volkscharakter. Die Waliser werden weniger walisisch sein, und ihre Dichter werden über ihr individuelles Dichtertum hinaus nichts mehr zur englischen Literatur beizusteuern haben. Und ich bin der Meinung, daß das, was schottische, walisische und irische Schriftsteller der englischen Literatur geschenkt haben, bei weitem mehr ist als das, was diese genialen Einzelnen für sie geleistet hätten, wenn sie etwa alle in früher Kindheit von englischen Pflegeeltern adoptiert worden wären.

Eins muß ich dabei als selbstverständlich voraussetzen: Es ist zu wünschen und zu hoffen, daß die Engländer Engländer bleiben. Ich will hier, da mein Essay sich ja auch durch Kürze auszeichnen soll, diesen Satz nicht ausführlicher begründen. Sollte er angefochten werden, muß ich ihn bei anderer Gelegenheit verteidigen. Aber wenn ich auch nur mit einigem Erfolg die These vertreten habe, daß es für England gut ist, wenn die Waliser Waliser bleiben, die Schotten Schotten und die Iren Iren, dann müßte der Leser wohl auch darin meiner Meinung sein, daß es ebenso für andere Völker sein Gutes haben dürfte, wenn die Engländer Engländer bleiben. Denn das ist nun einmal ein Kernstück meines Gedankenganges: Wenn die anderen Kulturen der britischen Inseln durch die englische Kultur völlig verdrängt würden, dann würde die englische Kultur gleichfalls verschwinden. Viele Leute scheinen es als selbstverständlich vorauszusetzen, daß die englische Kultur ein autarkes und über jede Gefahr erhabenes Gebilde sei und daß sie bestehen werde, was auch geschehen mag: die einen wollen nicht wahrhaben, daß ausländischer Einfluß überhaupt schädlich sein kann; die andern sind so selbstgefällig, daß sie meinen, die englische Kultur könnte in völliger Isolierung vom europäischen Kontinent gedeihen. Viele sind nie auf den Gedanken gekommen, daß das Verschwinden der Randkulturen Englands (ganz zu schweigen von den anspruchsloseren lokalen Eigenheiten innerhalb Englands selbst) ein Unglück sein könnte. Wir haben der Ökologie der Kulturen nicht genug Beachtung geschenkt. Ich halte es für wahrscheinlich, daß völlige kulturelle Uniformität über ganz Britannien hinweg einen in jeder Hinsicht niedrigeren Kulturstand zur Folge haben würde.

Selbstverständlich will ich hier keine Lösung des regionalen Problems versuchen; und in jedem Falle müßte die ›Lösung‹ je nach den örtlichen Notwendigkeiten und Möglichkeiten unendlich variieren. Ich versuche nur, das Problem in seine Bestandteile zu zerlegen, und überlasse es anderen, daraus ein Ganzes zu machen. Ich spreche weder für noch gegen irgendwelche spezifischen Vorschläge für bestimmte regionale Reformen. Die meisten Lösungsversuche scheinen mir daran zu leiden, daß man versäumt, genau zu untersuchen, wie weit der kulturelle, der politische und der wirtschaftliche Aspekt sich decken und wie weit sie voneinander verschieden sind. Wenn man sich an einen dieser Aspekte hält und die anderen ausschließt, bringt man ein Programm zuwege, das wegen seiner Unzulänglichkeit schon etwas absurd wirkt. Wenn das nationalistische Prinzip im Regionalismus sehr weit getrieben würde, käme bestimmt etwas Absurdes heraus. Der enge Anschluß der Bretonen an die Franzosen und der Waliser an die Engländer bringt Vorteile für alle. Eine Vereinigung der Bretagne mit Wales, die Wales von England und die Bretagne von Frankreich lösen würde, könnte nur Unheil bringen. Denn eine Nationalkultur, die blühen soll, muß eine Konstellation von Kulturen sein: das Wohl des Ganzen beruht darauf, daß jeder Teil zum Wohl der andern beiträgt.

Aber hier kommt nun etwas Neues hinzu: es ist für jede Gemeinschaft eine Lebensfrage, ob zwischen ihren Teilen *Reibung* besteht. Gewöhnt, in Bildern zu denken, die aus der Technik stammen, nehmen wir an, eine Gesellschaft müßte wie eine Maschine möglichst gut geölt und mit Kugellagern aus bestem Stahl versehen sein. Reibung sehen wir als Energievergeudung an. Ich versuche gar nicht erst, dieses Bild durch ein anderes zu ersetzen; ich glaube fast, je weniger wir hier in Analogien denken, desto besser. Was im vorigen Kapitel gezeigt werden sollte, war dies: wenn in einer Gesellschaft eine starre Kastenordnung oder umgekehrt ein klassenloses System zur Dauereinrichtung wird, muß die Kultur verfallen; oder, positiver formuliert: eine klassenlose Gesellschaft sollte sich immer zur Klassenstruktur hin entwickeln, und eine in Klassen eingeteilte Gesellschaft sollte immer zur Verwischung dieser Unterschiede neigen. Jetzt gehe ich weiter und sage: Klasse und Region teilen die Einwohner eines Landes nach zwei verschiedenartigen Prinzipien in Gruppen ein und führen dadurch zum Konflikt; und dieser Konflikt wirkt schöpferisch und dient dem Fortschritt. Daneben (ich erinnere an das in der Einleitung Gesagte) gibt es noch alle möglichen anderen Gegensätze und Rivalitäten, und sie alle sollten sich für die Gesellschaft nützlich auswirken. Ja wirklich: je mehr je besser; jedermann sollte in manchen Dingen jedermanns Verbündeter sein und in einigen anderen jedermanns Gegner, – und von all den Spannungen, mögen sie auf Gegensatz, Neid oder Furcht beruhen, wird keine vorherrschen.

Schon beim Einzelnen ist es so, daß seine Entwicklung durch die Menschen mitbestimmt wird, denen er im Laufe seines Lebens begegnet. (Dazu gehören die Autoren, deren Bücher wir lesen, und Gestalten aus Dichtungen und geschichtlichen Werken.) Bei solchen persönlichen Begegnungen ziehen wir ebensoviel Gewinn aus Gegensätzen wie aus Ähnlichkeiten, aus Konflikten wie aus Sympathien. Glücklich der Mensch, der im rechten Augenblick den rechten Freund findet; glücklich auch der, dem im rechten Augenblick der rechte Feind begegnet. Wie kann man die Austilgung des Feindes gutheißen? Das Prinzip der Austilgung oder, wie es barbarischerweise genannt wird, Liquidierung der Feinde muß allen, denen das Weiterleben der Kultur am Herzen liegt, als eines der alarmierendsten Merkmale moderner Kriegs- und Friedenspolitik erscheinen. Man braucht den Feind. Innerhalb bestimmter Grenzen scheint mir also die Reibung nicht nur zwischen Individuen, sondern auch zwischen Gruppen für die Zivilisation durchaus notwendig. Wenn es überall Spannungen gibt, und zwar gleichmäßig verteilt, so ist das die beste Friedenssicherung. Ein Land, in dem die Spaltungen zu weit gegangen sind, ist sich selbst eine Gefahr; ein Land, das zu fest geeint ist – sei es von Natur oder nach einem Plan, sei es durch ehrliches Wollen oder durch Betrug und Unterdrückung –, ist eine

Bedrohung für andere. An Italien und an Deutschland haben wir gesehen, daß eine Einigung mit politisch-wirtschaftlichen Zielen, die gewaltsam und zu schnell durchgesetzt wurde, sich unglücklich für beide Nationen auswirkte. Ihre Kultur hatte sich in Jahrhunderten eines extremen und extrem unterteilten Regionalismus entwickelt; nun wollte man die Deutschen und die Italiener lehren, sich in erster Linie nicht als Söhne eines bestimmten kleinen Fürstentums oder einer kleinen Stadt zu fühlen, sondern als Deutsche bzw. Italiener; dieser Versuch mußte die überlieferte kulturelle Grundlage erschüttern, auf der allein eine künftige Kultur erwachsen konnte.

Wie wichtig Spannungen innerhalb einer Nation sind, läßt sich noch konkreter zeigen, wenn wir auf die verschiedenen und nicht selten kollidierenden Bindungen näher eingehen. Denken wir nur an die Einteilungen, von denen bisher die Rede war, die nach Klassen und die regionale: schon diese beiden müßten bis zu einem gewissen Grade einander entgegenarbeiten. Von den Interessen und Sympathien, die jeder Mensch mit andern zu seiner örtlichen Kultur gehörenden Menschen teilt, werden einige denen entgegengesetzt sein, die für seine Klasse anderswo bestehen; und mit den Angehörigen seiner Klasse müßte er gewisse Interessen und Sympathien gemein haben, bei denen der Ort keine Rolle spielt. Eine Vielzahl von Überschneidungen fördert den Frieden innerhalb einer Nation, indem sie die Animositäten zerstreut und durcheinanderbringt; sie fördert den Frieden zwischen den Nationen, indem sie gerade so viel Gegnerschaft im Innern erzeugt, daß jeder seine etwaige Aggressivität vollauf daheim betätigen kann. Die Mehrzahl der Menschen hat gewöhnlich eine Abneigung gegen Ausländer und läßt sich leicht gegen sie aufbringen, und der großen Mehrheit ist es auch nicht möglich, über fremde Völker viel zu wissen: ein Volk, das nach Klassen abgestuft ist, scheint mir daher – bei sonst gleichen Bedingungen – eher zu Duldsamkeit und Friedensliebe geneigt als Völker, die nicht in dieser Weise gegliedert sind.

Bisher sind wir vom Größeren zum Kleineren gegangen und stellten dabei fest, daß die Kultur einer Nation die Resultante aus vielen regionalen Kulturen ist, die ihrerseits aus noch kleineren örtlichen

Kulturen zusammengesetzt sind. Im Idealfall hat jedes Dorf und erst recht natürlich jede größere Stadt einen eigenen Charakter. Aber ich habe schon darauf hingewiesen, daß es gut für die Kultur einer Nation ist, wenn sie gebend und nehmend mit ausländischen Kulturen in Kontakt steht: jetzt gehen wir also in der umgekehrten Richtung vor, vom Kleineren zum Größeren. Dabei stellen wir fest, daß der Inhalt des Begriffes *Kultur* sich wandelt: das Wort *meint* etwas anderes, wenn wir von der Kultur eines Dorfes sprechen, eines kleinen Gebietes, einer Insel wie Britannien, die mehrere deutlich verschiedene volkliche Kulturen in sich schließt; und die Bedeutung ändert sich noch viel mehr, wenn wir schließlich von ›europäischer Kultur‹ sprechen. Was wir an Gedankenverbindungen bei diesem Schritt aufgeben müssen, ist unter anderem die Vorstellung eines politischen Zusammenhaltes, wie er bei den eben genannten Kultureinheiten durch eine gewisse Regierungseinheit normalerweise gegeben ist. Denn was Europa betrifft, so war die Regierungseinheit des Heiligen Römischen Reiches während des größten Teils der nach ihm benannten Epoche unsicher und weitgehend nur dem Namen nach vorhanden.

Über das Wesen der westeuropäischen Kultureinheit spreche ich in den drei Rundfunkvorträgen, die ich unter dem Titel ›Die Einheit der europäischen Kultur‹ als Anhang beigefügt habe (sie wandten sich an ein anderes Publikum und weichen daher im Stil von dem Essay selbst etwas ab). Ich will diesen Gegenstand hier nicht noch einmal behandeln, sondern gehe noch einen Schritt weiter: Was ist, wenn sich mit dem Ausdruck überhaupt ein Sinn verbinden läßt, unter ›Weltkultur‹ zu verstehen? Mit der Frage einer etwaigen Weltkultur müßten sich besonders eingehend alle die befassen, die sich für das eine oder andere Weltföderations- oder Weltregierungsprojekt einsetzen; denn solange Kulturen bestehen, die über einen gewissen Punkt hinaus antagonistisch sind, antagonistisch bis zur Unversöhnbarkeit, solange sind alle Ansätze zu politisch-wirtschaftlicher Vereinigung offenbar umsonst. Ich sage »über einen gewissen Punkt hinaus«, denn in den Beziehungen zweier Kulturen zueinander werden sich immer zwei entgegengesetzte Kräfte die Waage halten: Anziehung und Abstoßung – ohne die Anziehung könnten sie nicht aufeinander wirken, und ohne die Abstoßung könnten sie nicht als besondere Kulturen weiterleben; eine würde die andere absorbieren, oder beide würden zu einer Kultur verschmelzen. Nun scheinen mir die Weltregierungs-Eiferer, ohne sich dessen bewußt zu sein, manchmal anzunehmen, ihre Organisationseinheit sei ein absoluter Wert, und wenn seiner Verwirklichung Kulturunterschiede im Wege stünden, müßten diese eben beseitigt werden. Wenn solche Eiferer zum humanitären Typ gehören, werden sie annehmen, daß dieser Prozeß sich auf natürliche und schmerzlose Weise abwickeln wird: unbewußt setzen sie vielleicht als selbstverständlich voraus, daß die endgültige Weltkultur einfach eine erweiterte Form jener Kultur sein würde, der sie selbst angehören. Unsere russischen Freunde sind realistischer, wenn nicht auf weite Sicht bessere Praktiker, und haben ein stärkeres Bewußtsein von der Unversöhnbarkeit kultureller Gegensätze; sie vertreten anscheinend die Ansicht, jede mit ihrer eigenen nicht vereinbare Kultur müsse mit Gewalt ausgerottet werden.

Die Weltplaner, die es ernst meinen und zugleich human sind, könnten jedoch – einmal vorausgesetzt, daß ihre Methoden Erfolg haben würden – eine ebenso schwere Bedrohung für die Kultur sein wie jene, deren Methoden gewaltsamer sind. Denn aus dem, was ich über den Wert ortsständiger Kulturen bereits vorgebracht habe, ergibt sich zwingend, daß eine Weltkultur, die einfach eine *uniforme* Kultur wäre, überhaupt keine Kultur sein würde. Wir hätten dann eine Menschheit ohne Menschlichkeit. Es wäre ein Alpdruck. Aber andrerseits können wir auf die Idee der Weltkultur nicht ganz und gar verzichten. Denn wenn wir uns mit dem Ideal einer »europäischen Kultur« begnügen, können wir noch immer keine bestimmten Grenzen festlegen. Die europäische Kultur hat einen bestimmten Geltungsbereich, aber keine festen Grenzen: eine Chinesische Mauer kann man nicht bauen. Die Idee einer streng autarken europäischen Kultur wäre ebenso verhängnisvoll wie die einer streng autarken nationalen Kultur: im Grunde ebenso absurd wie der Gedanke, eine Ortskultur in einem einzelnen Kreis oder Dorf in England unberührt erhalten zu wollen. Wir sehen uns also gezwungen, an dem Ideal einer Weltkultur festzuhalten und zugleich zuzugeben, daß sie etwas ist, was wir uns nicht greifbar *vorstellen* können. Wir können sie nur begrifflich erfassen, als logische Entsprechung der Beziehungen zwischen Kulturen. Genau so wie wir beherzigen, daß die einzelnen Teile Britanniens in einem bestimmten Sinne eine gemeinsame Kultur haben müssen, wenn diese gemeinsame Kultur sich auch nur in mannigfaltigen örtlichen Erscheinungsformen offenbart, so müssen wir nach einer gemeinsamen Weltkultur trachten, die der Besonderheit ihrer einzelnen Bestandteile keinen Abbruch tut. Und hier stoßen wir schließlich, wie zu erwarten, auf das Religiöse, das wir bisher, bei der Betrachtung örtlicher Verschiedenheiten innerhalb desselben Gebietes, aus dem Spiel lassen konnten. Letzten Endes bedeutet antagonistische Religion antagonistische Kultur; und in den letzten Fragen lassen Religionen sich nicht miteinander vereinbaren. Vom offiziellen russischen Standpunkt aus ergeben sich zwei Einwände gegen die Religion: erstens natürlich der, daß es zu ihrem Wesen gehöre, eine andere Gehorsamsbindung als die vom Staat geforderte zu schaffen; zweitens, daß es mehrere Religionen in der Welt gibt, an denen viele Gläubige unbeirrt festhalten. Der zweite Einwand wiegt vielleicht schwerer als der erste; denn wo es nur eine Religion gibt, ist es immer möglich, daß diese Religion auf raffinierte Weise so abgewandelt wird, daß sie eher Einordnung in den Staat gebietet als zum Widerstand gegen ihn aufstachelt.

Dem Ideal der anschaulich nicht vorstellbaren Weltkultur werden wir am ehesten treu bleiben können, wenn wir alle Schwierigkeiten, ja die praktische Unmöglichkeit seiner vollen Verwirklichung anerkennen. Es gibt auch noch weitere Schwierigkeiten, über die wir nicht hinwegsehen können. Wir haben die Kulturen bisher betrachtet, als ob sie alle durch denselben Wachstumsprozeß entstanden seien: dieselben Menschen im selben Raum. Aber da ist das *Kolonial*problem, das *Kolonisations*problem: es ist leider so, daß das Wort »Kolonie« zur Verwendung in zwei ganz verschiedenen Bedeutungen herhalten mußte. Das Problem der Kolonien ist das der Beziehungen zwischen einer bodenständigen Eingeborenen-Kultur und einer Fremdkultur, wobei eine höherstehende fremde Kultur einer tieferstehenden, oft mit Gewalt, aufgepfropft wurde.

Dies Problem ist unlösbar und kann verschiedene Formen annehmen. Da gibt es den Fall, daß wir mit einer tieferstehenden Kultur zum erstenmal in Berührung kommen: heute gibt es nur wenige Stellen auf der Welt, wo das noch möglich ist. Eine andere Frage erhebt sich da, wo eine einheimische Kultur sich unter ausländischem Einfluß schon zu zersetzen beginnt und eine einheimische Bevölkerung schon mehr von der fremden Kultur in sich aufgenommen hat, als sie je wieder abstoßen kann. Ein drittes Problem liegt da vor, wo verschiedene entwurzelte Völker aufs Geratewohl vermischt worden sind, wie z. B. auf einigen westindischen Inseln. Diese Probleme sind unlösbar in dem Sinne, daß wir bei allem, was wir zu ihrer Lösung oder zur Linderung von Härten tun, nicht recht wissen, was wir da eigentlich tun. Wir müssen uns ihrer bewußt sein; müssen tun, was wir können, so weit unsere Einsicht uns trägt; aber es schalten sich viel mehr Kräfte in die Wandlungen der Kultur eines Volkes ein, als wir zu fassen bekommen und steuern können; und wenn wir eine positive, eine hervorragende Kulturentwicklung erleben, ist das immer ein Wunder.

Das Kolonisationsproblem ergibt sich aus Bevölkerungswanderungen. Wenn in vor- und frühgeschichtlichen Zeiten Völker über Asien und Europa zogen, wanderte immer ein ganzer Stamm oder zumindest ein Teil, der den ganzen Stamm repräsentierte. Es wanderte daher eine ganze Kultur. In den Wanderungen der Neuzeit kamen die Auswanderer aus Ländern, die bereits hochzivilisiert waren. Sie kamen aus Ländern, in denen die Gesellschaftsordnung schon weitgehend durchgegliedert war. Die Menschen, die auswanderten, repräsentierten nie die Gesamtkultur des Landes, aus dem sie kamen, oder sie repräsentierten sie in ganz abweichenden Proportionen. Wenn sie ihren Lebensraum wechselten, verfolgten sie bestimmte soziale, religiöse, wirtschaftliche oder politische Ziele oder folgten einem Ideal, das aus derartigen Wunschbildern in besonderer Weise zusammengesetzt war. Es liegt daher in den Umsiedlungen etwas dem religiösen Schisma Wesensverwandtes. Die Menschen haben nur einen Teil der Gesamtkultur mitgenommen, an der sie bis zu ihrer Auswanderung teilhatten. Die Kultur, die sich auf dem neuen Boden entwickelt, muß daher auf verblüffende

Weise mit der Mutterkultur übereinstimmen und von ihr verschieden sein; weitere Komplikationen entstehen zuweilen durch alle möglichen Beziehungen zu eingeborenen Rassen und durch Zustrom aus anderer Quelle als der ursprünglichen. So ergeben sich eigentümliche Formen von Kultur-Sympathie und Kultur-Kollision zwischen den durch Kolonisation bevölkerten Gebieten und den europäischen Ländern, aus welchen die Einwanderer kamen.

Da ist schließlich der Sonderfall Indien, bei dem fast jede Komplikation zu finden ist und den Kulturplaner mattsetzt. Da gibt es eine Schichtung der Gesellschaft, die nicht rein sozial, sondern bis zu einem gewissen Grade rassisch bedingt ist, und zwar in einer Hindu-Welt, die Völker mit altüberlieferter hoher Zivilisation und Stämme von wirklich sehr primitiver Kultur in sich schließt. Da gibt es den Brahmanismus, und es gibt den Islam. Da gibt es zwei oder mehrere bedeutende Kulturen auf völlig verschiedener religiöser Grundlage. In diese verworrene Welt kamen die Briten mit der ihnen selbstverständlichen Überzeugung, daß ihre Kultur die beste auf der Welt sei, mit ihrer Unkenntnis der Beziehung zwischen Kultur und Religion und (zumindest seit dem neunzehnten Jahrhundert) ihrer liebenswürdig-laxen Einstellung, daß Religion eine Angelegenheit zweiten Ranges sei. Es ist menschlich, daß man auf einen Mitmenschen, den man nicht verstehen, aber auch nicht ignorieren kann, unbewußt einen Druck ausübt, um aus ihm etwas zu machen, was man verstehen *kann*; viele Eheleute üben diesen Druck aufeinander aus. Eine solche Einwirkung wird aus dem Betroffenen kaum eine wertvollere Persönlichkeit machen, sondern bei ihm eher zu Verdrängungen und Verbiegungen führen; und kein Mensch ist so gut, daß er das Recht hätte, einen andern zu seinem Ebenbilde zu machen. Was die britische Herrschaft an Gutem brachte, wird bald dahin sein, aber die üblen Folgen der Zerrüttung einer einheimischen Kultur durch eine fremde werden bleiben. Wer anderen Völkern seine eigene Kultur als erstes und seine Religion als zweites bietet, kehrt die Rangordnung der Werte um: und während jeder Europäer im Guten und im Bösen ein Repräsentant der Kultur ist, der er angehört, wird der ihr zugrundeliegende religiöse Glaube nur von einer kleinen Minderheit würdig vertreten[1]. Die einzige Aussicht auf stabile Verhältnisse in Indien liegt anscheinend in einer von diesen beiden Möglichkeiten: einer hoffentlich friedlich verlaufenden Entwicklung zu einer losen Föderation von Königreichen, oder aber einer Massen-Uniformität, die nur mit der Abschaffung der Klassenunterschiede und der Preisgabe aller Religion zu erkaufen wäre – was gleichbedeutend wäre mit dem Verschwinden der indischen Kultur.

Diesen knappen Exkurs über die immer wieder andersartigen Kulturbeziehungen, die zwischen einer Nation und den verschiedenen Typen fremden Gebiets bestehen können, habe ich deshalb für nötig gehalten, weil die heimischen Regionalprobleme in diesem größeren Zusammenhang gesehen werden müssen. Eine einfache und einzige Lösung kann es natürlich nicht geben. Unsere praktischen Bemühungen können eben niemals unmittelbar auf Kulturvermittelung oder -vervollkommnung abgestellt sein. Wir können und müssen uns aber immer vor Augen halten, daß von allem, was wir tun, unsere Kultur oder die eines anderen Volkes im Guten oder Bösen betroffen wird. Wir können auch lernen, jede andere Kultur als Ganzes zu achten, mag sie auch noch so tief unter der unsrigen zu stehen scheinen und mögen wir auch noch so berechtigt sein, diesen oder jenen ihrer Einzelzüge zu mißbilligen: eine andere Kultur als Ganzes vorsätzlich zu zerstören ist ein Unrecht, das nicht wiedergutzumachen ist, fast so schlimm, als wenn man menschliche Geschöpfe wie Tiere behandelt. Aber wie schwierig die Fragen auch sein mögen, die sich für uns daheim aus dem Verhältnis von Einheit und Uneinheitlichkeit ergeben, – hier ist das Stück Erde, das wir am besten kennen und auf dem wir die meisten Gelegenheiten zum rechten Handeln haben; und wenn wir uns diesen unmittelbaren Aufgaben zuwenden, können wir am ehesten gegen die Hoffnungslosigkeit angehen, die uns beschleicht, wenn wir zu lange bei Rätselfragen verweilen, denen wir mit unsern Maßen so wenig beikommen.

1 Es ist interessant, selbst wenn wir unsere Folgerungen nicht beweisen können, sich auszudenken, was aus Westeuropa geworden wäre, wenn ihm die Eroberung durch die Römer ein Kultursystem aufgezwungen hätte, das die religiösen Vorstellungen und Bräuche unberührt gelassen hätte.

Es war notwendig, daß wir uns jener weiten Teile der Erdoberfläche erinnerten, auf denen das Problem in anderer Form erscheint als bei uns; jener Gebiete vor allem, in denen zwei oder drei verschiedene Kulturen räumlich und im täglichen Lebensbetrieb so unentwirrbar ineinandergreifen, daß »Regionalismus«, wie wir ihn in Britannien verstehen, ein Hohn wäre. In solchen Gebieten wird das politische Handeln wahrscheinlich von einer Art politischer Theorie getragen, die erheblich anders ist als die, in deren Bahnen wir in Britannien zu denken und zu handeln gewohnt sind. Es ist gut, wenn das Wissen um diese Unterschiede hinter all unserm Denken steht, weil wir dann die Verhältnisse, mit denen wir daheim zu tun haben, besser zu würdigen wissen. Sie sind bedingt durch eine homogene Gemeinkultur, die mit den Überlieferungen einer bestimmten Religion verknüpft ist. Auf dieser Grundlage können wir die Idee einer Nationalkultur aufrechterhalten, die ihre Lebenskraft aus den Kulturen ihrer verschiedenen Regionen empfängt, von denen jede wiederum kleinere Kultureinheiten mit ortseigenen Merkmalen in sich schließt.

Viertes Kapitel

Einheit und Mannigfaltigkeit: Sekte und Kult

Schon im ersten Kapitel habe ich zu zeigen versucht, daß unter einem bestimmten Aspekt dieselben Gegebenheiten sich als religiöse und zugleich kulturelle Phänomene erweisen. Wenn ich mich jetzt also mit Glaubensspaltungen beschäftige, so geht es mir dabei um ihre Bedeutung für die Kultur. Gewiß, jenen Christen, die an der Frage herumrätseln, ob und wie die Christenheit wieder vereinigt werden kann, werden die folgenden Seiten vielleicht im besonderen etwas zu sagen haben – vorausgesetzt, daß sie eine ernste Beachtung verdienen. Was ich in diesem Kapitel aber eigentlich zeigen will, ist gerade dies: die Spaltungen des Christentums und damit die Pläne für eine Wiedervereinigung gehen nicht nur den Christen an, sondern jeden von uns; es sei denn, wir befürworteten eine

Gesellschaft, die völlig mit der christlichen Überlieferung bricht. Im Leben ganz primitiver Gesellschaften ist, wie ich im ersten Kapitel zeigte, das Religiöse vom Nicht-Religiösen noch gar nicht klar geschieden. Wenn wir aber zur Untersuchung höher entwickelter Gesellschaften übergehen, finden wir eine immer stärkere Scheidung und schließlich Gegensatz und Widerstreit zwischen dem religiösen und dem nichtreligiösen Bereich. Die Identität von Religion und Kultur, wie wir sie bei Völkern finden, die noch auf sehr tiefer Stufe stehen, kann es für uns nicht mehr geben – oder erst wieder in einem Neuen Jerusalem. Eine höherstehende Religion haben heißt eine Religion haben, in der das Gläubigsein sehr viel schwieriger ist. Denn je bewußter der Glaube wird, desto bewußter wird der Unglaube: Gleichgültigkeit, Zweifel und Skeptizismus kommen auf und damit das Bemühen, die Lehren der Religion von einem Zeitalter zum andern dem anzupassen, was man nach der jeweils herrschenden Einstellung am ehesten glauben kann. In der höherstehenden Religion ist es auch schwieriger, das Verhalten mit den Moralgesetzen der Religion in Einklang zu bringen. Eine höherstehende Religion bringt einen Konflikt für den Einzelnen mit sich, Kampf, Gewissensfolter, Zerrissenheit; manchmal einen Konflikt zwischen Laientum und Priesterschaft; unter Umständen einen Konflikt zwischen Kirche und Staat.

Der Leser empfindet diese Behauptungen vielleicht als schwer vereinbar mit dem im ersten Kapitel vertretenen Standpunkt, wonach es immer, selbst in den bewußtesten und höchstentwickelten Gesellschaften, die wir kennen, einen Aspekt der Identität von Religion und Kultur gibt. Ich möchte *beide* Standpunkte aufrechterhalten. Wir lassen das frühere Entwicklungsstadium nicht hinter uns: auf ihm bauen wir auf. Die Identität von Religion und Kultur bleibt in der Schicht des Unbewußten, über der wir eine bewußte Konstruktion errichtet haben, in der Religion und Kultur geschieden sind und einander gegenübergestellt werden können. Die Ausdrücke »Religion« und »Kultur« *bedeuten* natürlich in beiden Schichten jeweils etwas anderes. Wir neigen ständig dazu, in die Schicht des Unbewußten zurückzufallen, wenn wir das Bewußt-Sein als allzu schwere Last empfinden; und diese Neigung erklärt es vielleicht, daß totalitäre Weltanschauung und Praxis eine so mächtige Anziehung auf die Menschheit ausüben können. Das Totalitäre spricht das Verlangen nach Rückkehr in den Mutterschoß an. Der Gegensatz zwischen Religion und Kultur belastet uns mit einer Spannung: wir versuchen, ihr zu entgehen und zu einer Einheit von Religion und Kultur zurückzukehren, die auf einer primitiveren Stufe herrschte; wie man ja auch, wenn man sich dem Alkohol als Betäubungsmittel ergibt, bewußt das Nichtbewußtsein sucht. Nur unter unablässiger Anspannung können wir es durchhalten, als Einzelmenschen in einer Gesellschaft und nicht bloß als Glieder einer disziplinierten Menge zu leben. Aber wir bleiben Glieder der Menge, selbst wenn es uns gelingt, Einzelmenschen zu sein. Daher muß ich für die Zwecke dieses Essays zwei einander widersprechende Hauptsätze aufrechterhalten: daß Religion und Kultur Aspekte einer Einheit sind, und daß sie zwei verschiedene und kontrastierende Dinge sind.

Ich versuche, meinen Gegenstand so weit wie möglich als Soziologe zu betrachten, nicht als Anwalt des Christentums. Die meisten meiner allgemeingehaltenen Feststellungen sollen sich auf alle Religionen, nicht nur auf das Christentum anwenden lassen; und wenn ich fortan in diesem Kapitel Fragen des Christentums erörtere, so deshalb, weil es mir im besonderen um die christliche Kultur geht, um die Welt des Westens, um Europa und um England. Aber wenn ich sage, daß ich bestrebt bin, so konsequent wie möglich den soziologischen Standpunkt zu wahren, – über eins müssen wir uns klar sein: wir werden den Unterschied zwischen diesem Standpunkt und dem religiösen wohl kaum so leicht aufrechterhalten können, wie es nach dem Unterschied zwischen den beiden Adjektiven scheinen mag. Wir können hier den religiösen Standpunkt mit der Fragestellung definieren, ob die Glaubenssätze einer Religion wahr oder falsch sind. Daraus folgt, daß wir den religiösen Standpunkt beziehen, wenn wir Atheisten sind und grundsätzlich annehmen, alle religiösen Lehren seien falsch. Für den soziologisch Eingestellten ist hier das Wahrsein oder Nichtwahrsein belanglos; er befaßt sich nur damit, wie die verschiedenen religiösen Systeme jeweils auf die Kultur wirken. Könnte man nun alle, die sich mit dem Gegenstand beschäftigen, sauber einteilen in Theologen (einschließlich Atheisten) und Soziologen, so wäre die Sache ganz anders, als sie in Wirklichkeit ist. Aber erstens kann keine Religion von außen ganz »verstanden« werden – nicht einmal für die Zwecke des Soziologen. Zweitens kann sich niemand von der religiösen Einstellung ganz frei machen, weil letztlich jeder entweder glaubt oder nicht glaubt. Daher kann niemand so vollkommen unbeteiligt und sachlich sein, wie es der ideale Soziologe sein sollte. Der Leser muß demnach versuchen, nicht nur die religiösen Anschauungen des Verfassers in Rechnung zu stellen, sondern, was schwieriger ist, seine eigenen – und er hat sich daraufhin vielleicht noch nie gründlich geprüft. Verfasser und Leser müssen sich also beide vor der Annahme hüten, sie seien völlig unvoreingenommen[1].

Wir fragen also: Wie müssen sich Einheit und Mannigfaltigkeit im religiösen Bekenntnis und im praktischen Glaubensleben zueinander verhalten? Welche Situation ist für die Erhaltung und Aufwärtsentwicklung der Kultur am günstigsten? Ich greife wieder auf das erste Kapitel zurück: die Wahrscheinlichkeit, daß eine Religion auch in Zukunft kulturanregend wirkt, ist bei jenen »höheren Religionen« am größten, zu denen sich Völker mit verschiedenen Kulturen bekennen können, die also den Begriff der Weltreligion am reinsten verkörpern, – wobei freilich diese Eignung an sich noch kein Kriterium einer »höheren« Religion zu sein braucht. Eine solche Religion bildet dann ein allgemeingültiges Grundmuster des Glaubens und Verhaltens, in welches vielerlei örtlich gültige Muster eingezeichnet werden können; und sie wird eine gegenseitige Beeinflussung der Völker begünstigen, so daß kultureller Fortschritt in dem einen Land die Entwicklung im andern beschleunigt. Unter bestimmten historischen Bedingungen mag ein fanatisches Sichabschließen eine notwendige Voraussetzung für die Erhaltung einer Kultur sein: das Alte Testament bezeugt es[2]. Aber das ist ein hi-

1 Vgl. den wertvollen Artikel von Professor Evans-Pritchard über »Social Anthropology« in *Blackfriars* vom November 1946. Es heißt dort: »Die Frage ist wohl so zu beantworten: Der Soziologe müßte auch Moralphilosoph sein und als solcher eine Anzahl ganz bestimmter Überzeugungen und Wertmaßstäbe haben, nach denen er die Tatsachen bewertet, die er als Soziologe erforscht.«

2 Seit der Diaspora und der Zerstreuung der Juden unter Völker mit christlichem Glauben ist es vielleicht für diese Völker und für die Juden selbst ein Unsegen gewesen,

storischer Sonderfall; allgemein gesprochen können wir wohl darin einer Meinung sein: wenn Völker, von denen jedes ein eigenes kulturelles Gepräge hat, ein und derselben Religion anhängen, so wird das die gegenseitige Beeinflussung zum Wohle aller Beteiligten fördern. Es ist freilich denkbar, daß eine Religion sich allzu leicht einer Vielfalt von Kulturen anpassen läßt und allmählich assimiliert wird, ohne selbst zu assimilieren; und diese Schwäche kann schließlich zu dem umgekehrten Ergebnis führen; dann splittert sich die Religion in Richtungen oder Sekten auf, die so gegensätzlich sind, daß die wechselseitige Beeinflussung aufhört. Für das Christentum und den Buddhismus hat sich diese Gefahr ergeben.

Von hier an beschäftige ich mich nur mit dem Christentum, im besonderen mit der Beziehung zwischen Katholizismus und Protestantismus in Europa und mit der Mannigfaltigkeit der Sekten innerhalb des Protestantismus. Wir müssen von Anfang an jede Voreingenommenheit zu vermeiden suchen, sei es für oder gegen die Einheit bzw. Wiedervereinigung oder die Aufrechterhaltung selbständiger und geschlossener Bekenntnisgemeinschaften. Wir müssen jeden Schaden zur Kenntnis nehmen, den die europäische Kultur oder die Kultur irgendeines Teiles von Europa infolge der Aufspaltung der Religion in Sekten erlitten haben mag. Andrerseits müssen wir anerkennen, daß viele der bemerkenswertesten Kulturleistungen seit dem sechzehnten Jahrhundert, also im Zeichen des Getrenntseins, vollbracht worden sind, und daß einige, wie z. B. im Frankreich des neunzehnten Jahrhunderts, sogar erst zustandekamen, als die religiösen Fundamente der Kultur anscheinend schon zerbröckelt waren. Wir können nicht behaupten, daß diese oder ähnlich glanzvolle Leistungen erzielt worden wären, wenn die religiöse Einheit Europas weiter bestanden hätte. Religiöse Einheit kann ebenso wie religiöse Gespaltenheit mit dem Blühen oder dem Sterben einer Kultur zusammenfallen. –

Wenn wir mit dieser grundsätzlichen Einstellung die Geschichte Englands überblicken, können wir wohl eine gewisse Befriedigung

daß der kulturelle Kontakt zwischen ihnen auf die neutralen Kulturzonen beschränkt war, in denen die Religion ignoriert werden konnte: und im Endergebnis förderte es wohl auch wieder die Illusion, es könne Religion ohne Kultur geben.

empfinden, – sie darf freilich nicht zur Selbstgefälligkeit werden. Einer Nation, in der eine *Tendenz* zum Protestantismus in nennenswertem Ausmaß nie zutage trat, droht immer die Gefahr religiöser Erstarrung und aggressiven Unglaubens. Wenn die Beziehungen zwischen Kirche und Staat sich in einer Nation zu glatt abwickeln, ist es für unsern gegenwärtigen Standpunkt nicht sehr belangvoll, ob die Ursache Ekklesiastizismus ist, die Beherrschung des Staates durch die Kirche, oder Erastianismus, die Beherrschung der Kirche durch den Staat. Es ist auch gar nicht immer leicht, zwischen diesen beiden Zuständen zu unterscheiden. Jedenfalls können sie sich beide dahin auswirken, daß alle Verärgerten und durch Ungerechtigkeit Geschädigten ihr Unglück auf die der Kirche anhaftenden Übel oder auf ein im Christentum selbst liegendes Übel zurückführen. Formaler Gehorsam gegenüber der Kurie ist an sich noch keine Sicherung dagegen, daß in einer durchweg katholischen Nation Religion und Kultur zu weitgehend als identisch gelten. Es ist denkbar, daß Elemente der Ortskultur – selbst ortsüblicher Barbarei – mit der Heiligkeit religiöser Bräuche umkleidet werden, daß Aberglaube unter dem Mantel der Frömmigkeit blüht, kurz, daß ein Volk immer wieder in jene Einheit von Religion und Kultur zurückzugleiten droht, die primitiven Gemeinschaften eigen ist. Unangefochtene Herrschaft eines einzigen Kultes kann, wenn ein Volk passiv ist, Stumpfheit zur Folge haben; ist es geistig rege und auf Wahrung seiner Rechte bedacht, kann Chaos die Folge sein. Denn sobald aus Unzufriedenheit Gegnerschaft wird, kann die antiklerikale Haltung zu einer antireligiösen Tradition werden; eine deutlich sich abhebende, feindlich eingestellte Kultur wächst und gedeiht, und die Nation ist in sich selbst gespalten. Die Parteien müssen weiter miteinander leben; und durch die gemeinsame Sprache und Lebensform, die sie beibehalten, wird die Animosität keineswegs gemildert, sondern wohl nur noch verschärft. Die religiöse Spaltung wird zum Sinnbild für eine Gruppe miteinander verknüpfter, verstandesmäßig oft ganz beziehungsloser Gegensätze; diese wiederum sind umwimmelt von einem Schwarm von Interessen, Verärgerungen, Befürchtungen; und der Streit um ein unteilbares Erbe endet vielleicht in nichts als Erschöpfung.

Wir brauchen hier nicht jene blutigen Episoden von der Art des Dreißigjährigen Krieges durchzugehen, in denen Katholiken und Protestanten um ein solches Erbe kämpften. Ausgesprochen theologische Streitigkeiten unter Christen bilden nicht mehr Kristallisationspunkte für jene anderen unversöhnlichen Interessengegensätze, die auf Entscheidung durch Waffengewalt drängen. Die tiefsten Ursachen der Spaltungen mögen immer noch religiös sein, aber bewußt erlebt werden sie nicht in Gestalt theologischer, sondern politischer, sozialer und wirtschaftlicher Doktrinen. Sicherlich ist in den Ländern, in denen der vorherrschende Glaube immer protestantisch war, ein Antiklerikalismus leidenschaftlicher Art selten. In solchen Ländern neigen sowohl Glaube wie Ungläubigkeit zu einer milden, nicht verletzenden Form; da die Kultur säkularisiert worden ist, sind die kulturellen Unterschiede zwischen Gläubigen und Ungläubigen minimal; die Grenze zwischen Glauben und Unglauben ist vage; das Christentum ist schmiegsamer, der Atheismus eigentlich nur negierend; und alle Parteien leben freundnachbarlich, solange sie sich weiter an gewisse moralische Konventionen halten.

Die Situation in England ist jedoch von der in anderen Ländern, katholischen wie protestantischen, verschieden. Natürlich hat England mit anderen protestantischen Ländern manches gemein. Hier wie dort ist der Atheismus meist passiver Natur gewesen. Kein Statistiker könnte eine Schätzung des Zahlenverhältnisses von Christen und Nichtchristen vorlegen. Viele Menschen leben auf einem nicht markierten, in dichten Nebel gehüllten Grenzstreifen; und von denen, die außerhalb dieses Bereiches wohnen, sind in der dunklen Einöde der Unwissenheit und Gleichgültigkeit mehr zu finden als in der hellerleuchteten Wüste des Atheismus. Der englische Nichtgläubige von auch nur einigermaßen achtbarer sozialer Stellung richtet sich anläßlich einer Geburt, eines Sterbefalls und beim ersten Wagnis einer Eheschließung im allgemeinen nach dem, was unter Christen üblich ist. Atheisten in England bilden kulturell noch keine Einheit: die Art ihres Atheismus variiert je nach der Kultur der religiösen Gemeinschaft, in der sie oder ihre Eltern oder Großeltern aufgezogen worden sind. Die hauptsächlichsten kulturellen Unterschiede in England waren in der Vergangenheit die zwischen den Anglikanern und den wichtigeren protestantischen Sekten; und selbst diese Unterschiede sind alles andere als klar definiert: erstens, weil die anglikanische Kirche selbst so weitgehende Abwandlungen des Glaubens und Kultes in sich schließt, daß ein ausländischer Betrachter annehmen möchte, eine derartige Institution hätte längst auseinanderbrechen müssen; zweitens wegen der Zahl und Vielfalt der Sekten, die sich von ihr abgesondert haben.

Wenn wir nun die Grundgedanken des ersten Kapitels gelten lassen und auf unsere gegenwärtige Frage anwenden, so ergibt sich folgender Schluß: die Entwicklung einer Religion ist immer auch die Entwicklung einer Kultur; wenn sich also eine Religion in Sekten aufspaltet und diese Sekten von Geschlecht zu Geschlecht sich weiterentwickeln, so wird eine Vielfalt von Kulturen heranwachsen; und da wir bei dem engen Verhältnis von Religion und Kultur erwarten können, daß alles, was auf dem einen Wege geschieht, auch auf dem andern geschehen wird, so nimmt es uns nicht wunder, daß die Aufteilung der christlichen Kulturen ihrerseits weitere Scheidungen im Glauben und Kult hervorruft. Die große Kirchenspaltung zwischen Ost und West, die der fließenden geographischen Grenze zwischen zwei Kulturen entspricht, wollen wir hier nicht betrachten; das würde schon außerhalb meiner Aufgabe liegen. Wir beschränken uns auf die westliche Welt und stellen fest: der Hauptstrom kultureller Überlieferung ist der gewesen, der durch die Römische Kirche bestimmt war. Andere Überlieferungen haben sich überhaupt erst innerhalb der letzten vierhundert Jahre herausgebildet; und jeder, der Gefühl für Zentrum und Peripherie hat, muß zugeben: westliche Überlieferung heißt lateinische Kultur, und Lateinisch, das bedeutet Rom. Dafür gibt es aus den Bereichen der Kunst, des Denkens, der Sitten zahllose Zeugnisse; und dazu müssen wir auch die Werke aller Menschen rechnen, die in einer katholischen Gesellschaft geboren und erzogen wurden, was immer ihr persönlicher Glaube gewesen sein mag. Von diesem soziologischen Standpunkt aus erscheint die Abtrennung Nordeuropas und im besonderen Englands von der Gemeinschaft mit Rom als ein Abbiegen vom Hauptstrom der Kultur. Über diese Trennung ein Werturteil auszusprechen, sie von vornherein als etwas Gutes oder Schlechtes anzusehen, das gerade müssen wir zu vermeiden suchen; denn damit würden wir zum theologischen Standpunkt übergehen. Und wenn ich an dieser Stelle den Ausdruck *Unter-Kultur* einführen muß, um den Kulturraum eines abgesonderten Teils der Christenheit zu bezeichnen, müssen wir uns ebenfalls vor einem Vorurteil hüten. Denn eine Unterkultur braucht keineswegs eine minderwertige Kultur zu sein; zumal es immer denkbar ist, daß es nicht nur für die Unterkultur Verlust bringt, vom Hauptstamm der Kultur getrennt zu sein, sondern daß für diesen der Verlust eines seiner Glieder eine Verstümmelung bedeutet.

Wenn nun eine solche Unterkultur rechtzeitig zur Hauptkultur *eines bestimmten Territoriums* geworden ist, übernimmt sie mehr und mehr für dieses Gebiet die Rolle der europäischen Hauptkultur; insofern unterscheidet sie sich also von der Sektenkultur, deren Vertreter innerhalb des Gebietes der Hauptkultur leben und die daher Unterkultur bleibt. In England ist die vorherrschende kulturelle Tradition mehrere Jahrhunderte hindurch anglikanisch gewesen. Die Katholiken in England stehen natürlich dem Mittelpunkt der europäischen Überlieferung näher als die Anglikaner; aber da die Hauptüberlieferung in England anglikanisch gewesen ist, stehen sie in anderer Hinsicht wieder weiter außerhalb der Überlieferung als die Anhänger der protestantischen Sekten. Unterkulturen in bezug auf das Anglikanertum bilden eben diese protestantischen Sekten. Wir könnten sie auch – wenn wir das Anglikanertum selbst als Unterkultur ansehen – eine Gruppe von ›Unter-Unterkulturen‹ nennen; aber da dieser Ausdruck zu ausgefallen klingt, sprechen wir besser von ›sekundären Unterkulturen‹. Ich denke dabei an die Körperschaften, die einander als ›Freikirchen‹ anerkennen, und an die Quäker, die eine abseitsliegende, aber hervorragende Geschichte haben; alle kleineren religiösen Einheiten sind kulturell unerheblich. Die Unterschiede zwischen den Katechismen und Statuten der einzelnen Hauptkörperschaften sind bis zu einem gewissen Grade durch die besonderen Umstände ihrer Entstehung bedingt, auch durch die Länge der seit der Gründung vergangenen Zeit. Es ist bemerkenswert, daß der Kongregationalismus, der eine lange Geschichte hat, mehrere hervorragende Theologen zu seinen Vertretern zählt; der Methodismus dagegen, dessen Geschichte kürzer ist und dessen Sonderdasein theologisch weniger Rechtfertigungen gefunden hat, stützt sich offenbar hauptsächlich auf sein Hymnenwesen und bedarf keines eigenständigen theologischen Gerüsts. Aber ob wir eine Unterkultur betrachten, die ein ganzes Gebiet beherrscht, oder eine sekundäre Unterkultur innerhalb eines Gebietes oder endlich eine sekundäre Unterkultur, die über mehrere Territorien zerstreut ist: immer werden wir zu dem Schluß kommen, daß jede Unterkultur angewiesen ist auf die Kultur, aus der sie hervorging. Das Dasein des Protestantismus hängt davon ab, daß das, wogegen er protestiert, weiterlebt; und so, wie die Kultur des protestantischen Freikirchen- und Sektentums ohne das Weiterbestehen der anglikanischen Kultur an Entkräftung sterben würde, so ist das Leben der englischen Kultur abhängig von der Gesundheit der Kultur Latein-Europas und dem weiteren Zustrom von Nahrung aus dieser lateinischen Kultur.

Zwischen der Trennung, die Canterbury von Rom vollzog, und der Trennung des freien Protestantismus von Canterbury besteht jedoch ein Unterschied, der für das, was ich zeigen will, wichtig ist. Er entspricht dem im vorigen Kapitel dargelegten Unterschied zwischen Kolonisation durch Massenwanderung (wie bei den frühgeschichtlichen Westzügen quer durch Europa) und Kolonisation durch bestimmte Bevölkerungsteile, die sich von einer in der Heimat verbleibenden Kultur trennen (wie bei der Kolonisation der Dominien und Gesamt-Amerikas). Persönliche Interessen des königlichen Hofes waren der unmittelbare Anlaß der von Heinrich VIII. jäh vollzogenen Trennung; Tendenzen achtbareren Ursprungs, die in England und Nordeuropa stark vertreten waren, wirkten im gleichen Sinne. Sobald die Kräfte des Protestantismus erst einmal freien Lauf hatten, stießen sie weiter vor, als Heinrich selbst gewollt hatte oder gebilligt hätte. Aber obwohl die Reformation in England wie jede andere Revolution das Werk einer Minderheit war und obwohl sie bei verschiedenen örtlichen Gegenbewegungen auf zähen Widerstand stieß, riß sie schließlich den größeren Teil der Nation ohne Unterschied der Klasse oder Landsmannschaft mit sich. Die protestantischen Sekten dagegen verkörpern ganz bestimmte Elemente der englischen Kultur unter Ausschluß anderer: Klasse und Beruf spielten bei ihrer Herausbildung eine große Rolle. Es wäre wahrscheinlich selbst bei eingehendster Untersuchung unmöglich, eindeutig zu sagen, wie weit die Bejahung sektiererischer Glaubenssätze eine Unterkultur entstehen läßt und wie weit das Entstehen einer Unterkultur dazu inspiriert, Gründe für das Sektieren zu finden. Die Lösung dieses Rätsels ist glücklicherweise für meine Zwecke nicht notwendig. Das Ergebnis war jedenfalls eine Schichtung der englischen Nation nach Sekten, die zum Teil aus den kulturellen Unterschieden zwischen den Klassen hervorging, zum Teil sie verschärfte.

Wer in Völkerkunde und in frühenglischer Siedlungsgeschichte gründlich Bescheid weiß, könnte vielleicht zäher verwurzelte, elementarere Gründe für die Neigung zu religiösen Spaltungen ins Feld führen. Er könnte ihre Spur bis auf untilgbare Unterschiede zwischen den Kulturen der verschiedenen Stämme, Rassen und Sprachen zurückverfolgen, die im Lauf der Zeiten herrschten oder um die Vormacht stritten. Er könnte ferner die Ansicht vertreten, kulturelle Vermischung müsse nicht unbedingt in derselben Weise verlaufen wie biologische Vermischung; selbst wenn wir annähmen, jeder Mensch von rein englischer Abstammung habe das Blut aller nacheinander eingedrungenen Besiedler im richtigen Anteilverhältnis in seinen Adern, so sei noch nicht gesagt, daß sich daraus eine kulturelle Verschmelzung ergeben mußte. Er könnte daher in der Tendenz der verschiedenen Bevölkerungsteile, ihren Glauben auf besondere Weise auszudrücken, besondere Formen der Gemeindeordnung und besondere Stile des Gottesdienstes zu wählen, einen Abglanz alter Gegensätze zwischen herrschenden und unterworfenen Rassen entdecken. Solche Erwägungen gehen über meinen Fragenkreis hinaus, und ich bin nicht so sachkundig, daß ich für oder gegen sie Stellung nehmen könnte; aber Verfasser und Leser tun gut daran, sich wieder vor Augen zu halten, daß es tiefere Schichten geben mag als die, in deren Bereich die vorliegende Untersuchung geführt wird. Wenn zu erweisen wäre, daß Unterschiede, die bis zum heutigen Tage bestehen, von Kulturunterschieden der frühen Stufe herstammen, so würde das nur die im ersten Kapitel vorgetragene These von der Einheit von Religion und Kultur stützen.

Wie dem auch sei – was das Durcheinander von Motiven und Interessen bei den Auseinandersetzungen religiöser Parteien betrifft, so gibt es innerhalb der neueren Geschichte schon genug des Seltsamen und Beachtenswerten. Gegner und Verteidiger der einen oder andern Form des christlichen Glaubens haben mit ihrem Selbstbetrug und vielfach auch Geheuchel einen Anblick geboten, der nicht nur für den Zyniker ergötzlich und nicht nur für den Frommen schmerzlich ist. Aber für die in meinem Essay angewandte Betrachtungsweise ist Belustigung wie Klage ohne Belang, denn ein solches Durcheinander ist genau das, was man erwarten muß, liegt es doch im Wesen des Menschen. Sicherlich gibt es auch Situationen in der Geschichte, in denen ein religiöser Streit auf ein rein religiöses Motiv zurückgeführt werden kann. Der lebenslange Kampf des heiligen Athanasius gegen die Arianer und Eutychianer braucht in keinem andern Licht als im Licht der Theologie betrachtet zu werden: wenn ein Forscher zu beweisen suchte, daß darin der Zusammenstoß der Kultur von Alexandria mit der von Antiochia Gestalt gewann, oder etwas ähnlich scharfsinnig Ertüfteltes verträte, so würden wir das im besten Falle als eine Abschweifung vom Thema empfinden. Aber jede noch so rein theologische Frage wird irgendeinmal kulturelle Folgen haben: wer über den Lebensweg des Athanasius auch nur oberflächlich Bescheid weiß, wird nicht bezweifeln, daß er einer der großen Baumeister der westlichen Zivilisation war. Und in den meisten Fällen ist es *unvermeidlich,* daß wir, wenn wir unsere Religion verteidigen, zugleich auch unsere Kultur verteidigen und umgekehrt: wir gehorchen dem Urtrieb der Selbstbehauptung. Und indem wir das tun, begehen wir viele Fehler und auch Verbrechen, – von denen sich die meisten auf die einfache Formel bringen lassen, daß wir unsere Religion und unsere Kultur auf einer Ebene gleichsetzen, auf der wir sie voneinander scheiden müßten.

Solche Betrachtungen sind nicht nur für die Geschichte religiöser Kämpfe und Spaltungen wichtig: sie sind auch angebracht, wenn wir uns mit Plänen zu einer Wiedervereinigung tragen. Daß es darauf ankommt, zunächst einmal die kulturellen Eigenheiten zu untersuchen und religiöse Widerstände von kulturellen klar zu sondern, das ist in den bisher angenommenen oder vorgeschlagenen Entwürfen zu einer Vereinigung christlicher Körperschaften immer übersehen worden – und ich möchte sagen, mehr als übersehen: man hat es absichtlich, wenn auch ohne sich dessen recht bewußt zu sein, ignoriert. Daher der Eindruck der Unaufrichtigkeit, der den Vergleich mit Verträgen zwischen Regierungen nahelegt: als einigte man sich auf Formeln, die jeder Vertragspartner verschieden auslegen kann.

Wer mit den Einzelheiten der »ökumenischen Bewegung« nicht vertraut ist, muß hier auf den Unterschied zwischen *Interkommunion* und *Reunion* hingewiesen werden. Die Interkommunion ist eine Vereinbarung zwischen zwei Nationalkirchen, etwa der anglikanischen Kirche und der schwedischen Staatskirche – oder zwischen der anglikanischen und einer der östlichen Kirchen – oder zwischen der anglikanischen Kirche und einer Körperschaft wie der in Holland und anderen Teilen des europäischen Festlandes vertretenen Gemeinschaft der »Altkatholiken«. Sie bezweckt an sich nicht mehr, als mit dem Ausdruck gemeint ist: gegenseitige Anerkennung der Rechtgläubigkeit und der »Gültigkeit der Weihen«; daraufhin können dann die Mitglieder jeder der beteiligten Kirchen in den Kirchen des andern Landes das Abendmahl nehmen und die Geistlichen entsprechend Gottesdienst und Predigt halten. Eine solche Vereinbarung könnte nur dann zu einer Vereinigung führen, wenn einer dieser beiden Fälle einträte: der unwahrscheinliche Fall einer politischen Vereinigung der beiden Nationen, oder aber der extreme Fall einer weltumspannenden Vereinigung aller Christen. Reunion andererseits bedeutet praktisch entweder die Vereinigung der einen oder andern Bischofskirche mit der Römischen Kirche oder den Zusammenschluß voneinander getrennter Gemeinschaften innerhalb desselben Gebietes. Die zur Zeit aktivsten Einigungsbewegungen gehören zu der zweiten Art: sie erstreben eine Vereinigung der Anglikanischen Kirche mit einem oder mehreren der »Freikirchlichen« Verbände. Für uns handelt es sich hier im besonderen um die kulturellen Folgen und Nebenwirkungen einer Reunion der letztgenannten Art. Von einer Vereinigung der Anglikanischen Kirche mit etwa den Presbyterianern oder Methodisten in Amerika kann keine Rede sein; sondern immer nur von einer Vereinigung der amerikanischen Presbyterianer mit der amerikanischen Episkopalkirche und der englischen Presbyterianer mit der Anglikanischen Kirche.

Völlige Vereinigung, das dürfte das erste Kapitel gezeigt haben, bedeutet zugleich Kulturgemeinschaft – eine gewisse gemeinsame Kultur besteht ja schon, und nach der offiziellen Vereinigung könnte diese Gemeinsamkeit immer stärker werden. Aber unter der idealen Vereinigung aller Christen ist natürlich nicht zu verstehen, daß schließlich auf der ganzen Welt *eine einförmige* Kultur herrscht; es ist darunter einfach eine »christliche Kultur« zu verstehen, von der alle ortsgebundenen Kulturen Varianten sein müßten – und sie würden und müßten sogar sehr stark variieren. Der Begriff der »europäischen Kultur« ist uns schon vertraut; wir unterscheiden sie von den »örtlichen Kulturen« und denken diese Unterschiedlichkeiten mit, wenn wir von jener sprechen. Ähnlich müßte man den Begriff einer weltumspannenden »christlichen Kultur« so fassen, daß dabei die Unterschiede zwischen den Kulturen der einzelnen Kontinente nicht beiseite gelassen oder beseite geschoben würden. Aber das Bestehen einer starken Kulturgemeinschaft zwischen verschiedenen christlichen Körperschaften im selben Gebiet (wohlverstanden: »Kultur« hier als etwas von »Religion« Geschiedenes) erleichtert nicht nur die Vereinigung der Christen in diesem Gebiet, sondern bringt für eine solche Vereinigung auch ganz bestimmte Gefahren.

Ich habe die Ansicht vorgetragen, daß jede Aufspaltung eines christlichen Volkes in Sekten die Entwicklung von »Unterkulturen« in diesem Volke mit sich bringt oder fördert; und ich habe den Leser gebeten, zur Bestätigung dieser Ansicht den Anglikanismus und die Freikirchen näher zu betrachten. Aber es wäre jetzt wohl hinzuzufügen, daß die kulturellen Unterschiede zwischen Anglikanern und Freikirchlern infolge der veränderten sozialen und wirtschaftlichen Verhältnisse geringer geworden sind. Die ländliche Gesellschaftsordnung, aus der die englische Staatskirche ein gut Teil ihrer kulturellen Kraft bezog, ist im Verfall; die ländliche Oberschicht hat weniger Sicherheit, weniger Macht, weniger Einfluß; die Familien, die im Geschäftsleben emporgekommen und vielerorts zu Landbesitz gelangt sind, werden auch schon immer weniger und immer ärmer. Die Zahl der anglikanischen Geistlichen, die von den Public Schools oder den alten Universitäten kommen oder auf Kosten ihrer Familien ausgebildet werden, nimmt ab; Bischöfe zählen nicht mehr zu den Reichen, und die Unterhaltung eines Palais setzt sie in Verlegenheit. Anglikanische und freikirchliche Laien sind auf denselben Universitäten und oft auf denselben Schulen ausgebildet worden. Und schließlich wirkt dieselbe Umwelt einer religionsfremd gewordenen Kultur auf sie alle ein. Wenn Menschen mit an sich verschiedenen religiösen Überzeugungen durch gemeinsame Interessen und gemeinsame Sorgen einander nähergebracht werden, wenn sie gemeinsam den immer stärkeren Druck einer nichtchristlichen Welt empfinden, ohne zu merken, wie weit sie selbst von nichtchristlichen Einflüssen und von einer neutralen Kultur durchdrungen sind, dann ist nichts anderes zu erwarten, als daß sie die noch spürbaren Unterschiede zwischen ihren einzelnen christlichen Kulturen als minder wichtig empfinden.

Mit den Gefahren einer Einigung unter falschen oder nicht recht greifbaren Voraussetzungen beschäftige ich mich hier nicht; wohl aber beschäftigt mich die eben angedeutete Gefahr: wenn die Vereinigung dadurch erleichtert wird, daß die Kulturmerkmale der einzelnen Gemeinschaften verschwinden, dann könnte sie das allgemeine Sinken der Kultur beschleunigen und besiegeln. Der Grad der Verfeinerung des theologischen und philosophischen Denkens läßt ja an sich schon den Stand unserer Kultur ermessen; und die in manchen Kreisen herrschende Richtung, die Theologie auf Lehrsätze zu vereinfachen, die ein Kind verstehen und ein Sozinianer unterschreiben kann, ist selbst schon ein Zeichen kultureller Schwäche. Aber von unserem Standpunkt aus gesehen, liegt auch eine Gefahr in Einigungsplänen, die es jedem recht und allen leicht machen wollen.

In einer Zeit wie der unsern, in der es ein Gesetz der Höflichkeit geworden ist, gesellschaftliche Unterschiede zu verleugnen und zu behaupten, daß der höchste Grad von »Kultur« jedermann zugänglich gemacht werden sollte, – in einer Zeit der Kulturnivellierung wird man nicht wahrhaben wollen, daß die verschiedenen wieder zu vereinigenden Bruchstücke des Christentums kulturell überhaupt Unterschiede aufweisen. Man wird sicher stark auf Vereinigung im Zeichen völliger kultureller Gleichheit drängen. Zuviel Gewicht wird wohl auch auf die relativen Mitgliederzahlen der zu vereinigenden Gemeinschaften gelegt: denn eine Hauptkultur wird Hauptkultur bleiben, und eine Unterkultur bleibt eine Unterkultur, selbst wenn diese mehr Anhänger um sich sammelt als jene. Immer ist der religiöse Hauptverband Hüter des bedeutenderen Teils des aus der Zeit vor der Trennung stammenden Erbes an kulturellen Hochleistungen der Vergangenheit. Er hat nicht nur die feiner entwickelte Theologie; er ist es auch, der mit dem Besten, was die Zeit an geistigem und künstlerischem Schaffen aufweist, noch am engsten verbunden ist. Der Konvertit – und ich denke nicht nur an den Übertritt von einer Form des Christentums zu einer andern, sondern eigentlich mehr an die Bekehrung eines Gleichgültigen zu christlichem Glauben und Tun –, der Konvertit vom intellektuellen oder sensitiven Typus fühlt sich daher zu der mehr katholischen Form des Gottesdienstes und der Lehre hingezogen. Diesen Hang, der ja schon wirken mag, bevor der Betreffende überhaupt angefangen hat, sich über das Christentum zu unterrichten, führt der Außenstehende vielleicht als Beweis dafür an, daß der Bekehrte nicht aus den rechten Gründen Christ geworden ist oder daß er sich der Gefühlsunechtheit andern und sich selbst gegenüber schuldig gemacht hat. Gewiß, jede erdenkbare Sünde ist schon begangen worden, und der religiöse Glaube mag oft genug intellektuell-ästhetische Eitelkeit und Selbstverzärtelung bemäntelt haben; aber angesichts der engen Beziehung von Religion und Kultur, die den Ausgangspunkt meiner Untersuchung bildet, ist es durchaus natürlich und zu billigen, wenn ein Mensch durch kulturelle Anreize zum Glauben gelangt.

Wir blicken zurück und wollen versuchen, dieses Kapitel mit den beiden vorhergehenden zu verknüpfen. Wir beziehen also die Frage nach dem Idealbild von Einheit und Mannigfaltigkeit im Religiösen auf das Verhältnis zwischen den verschiedenen christlichen Nationen und zwischen den einzelnen Schichten innerhalb jeder Nation. Wir können natürlich vom soziologischen Standpunkt aus nicht zu den Schlußfolgerungen gelangen, die von Rechts wegen nur aus theologischen Prämissen erzielt werden können; und wer die vorangegangenen Kapitel gelesen hat, wird ein starres, unwandelbares Schema nicht als Lösung ansehen wollen. Keine der drei Hauptformen religiöser Organisation bietet Sicherheit gegen kulturellen Niedergang: weder die internationale Kirche mit zentraler Regierung noch die Nationalkirche, noch die separate Sekte. Die Gefahr der Freiheit ist Auflösung; die Gefahr strenger Ordnung ist Erstarrung. Wir können auch nicht auf Grund der Geschichte einer bestimmten Gesellschaft entscheiden, ob ein anderer Verlauf der Religionsgeschichte eine gesündere Kultur von heute gezeitigt hätte. Die verhängnisvolle Wirkung blutiger religiöser Auseinandersetzungen innerhalb eines Volkes, wie z. B. im England des siebzehnten oder in den deutschen Staaten des sechzehnten Jahrhunderts, braucht nicht noch besonders betont zu werden; die auflösende Wirkung sektiererischer Spaltungen ist zur Sprache gekommen. Aber hat nicht auch andrerseits der Methodismus in der Periode seiner höchsten Glaubensinbrunst das religiöse Leben der Engländer wiedererweckt und der Evangelischen Bewegung und der Oxfordbewegung den Weg bereitet? Freikirchen und Sekten haben es ferner ermöglicht, daß Christen aus der »Arbeiterklasse« (für Christen aus der »Proletarierklasse« hätten sie vielleicht noch mehr tun können als bisher) im Gemeindeleben ihrer Heimatkirche und in den angeschlossenen sozialen und karitativen Organisationen die Rolle spielen, die jeder eifrige und sozial tätige Christ sich wünschen sollte[1]. Zeitweise gab es praktisch überhaupt nur die Wahl zwischen Sektentum und Gleichgültigkeit; und wer jenes wählte, hielt dadurch die Kultur bestimmter gesellschaftlicher Schichten lebendig. Und die Eigenkulturen der einzelnen Schichten sind, wie ich eingangs sagte, alle gleich wichtig.

1 Vgl. die beiden gehaltvollen Beilagen zu *The Christian News-Letter: Ecumenical Christianity and the Working Classes* von W. G. Symons, 30. Juli 1941; und *The Free Churches and Working Class Culture* von John Marsh, 20. Mai 1942.

Wie bei den gegenseitigen Beziehungen der Gesellschaftsklassen und wie bei dem Verhältnis der verschiedenen Gebiete eines Landes zueinander und zur Zentralgewalt ist das Erstrebenswerte offenbar ein ständiger Kampf zwischen Zentripetal- und Zentrifugalkraft. Denn ohne den Kampf kann das Gleichgewicht nicht gehalten werden; und falls eine der beiden Kräfte siegen sollte, wäre das Ergebnis beklagenswert. Die Schlußfolgerungen, zu denen wir nach unseren Prämissen und vom Standpunkt des Soziologen aus berechtigt sind, scheinen mir die folgenden zu sein: es sollte *eine* Christenheit geben; über die Frage der Organisationsform und der Verteilung der Gewalten in dieser Einheit können wir nichts Endgültiges sagen. Aber innerhalb dieser Einheit müßte es einen nie endenden Ideenstreit geben – denn nur durch den Kampf gegen ständig neu auftauchende falsche Ideen wird die Wahrheit erweitert und geläutert, und gerade im Konflikt mit der Häresie wird die Orthodoxie so entwickelt, daß sie den Anforderungen der Zeit gewachsen ist; dazu ein unablässiges Bemühen jedes Landesteiles um die ihm gemäße Form des Christentums, ein Bemühen, das man weder ganz unterdrücken noch ganz ungehemmt lassen sollte. Das ortsgebundene Empfinden muß sich in einer besonderen Form des Christentums ausdrücken, ebenso muß es die gesellschaftliche Schicht tun, so daß die jedem Gebiet und jeder Klasse angemessene Kultur gedeihen kann; aber es muß auch eine Kraft geben, die diese Gebiete und Klassen zusammenhält. Wenn der Zug zur Einheitlichkeit der Lehre und des Glaubenslebens als Gegenkraft fehlt, wird die Kultur in jedem Teil des Ganzen leiden. Die Kultur einer Nation gedeiht, wie wir sahen, mit dem Gedeihen ihrer einzelnen geographischen und gesellschaftlichen Bestandteile; sie muß aber selbst wieder Teil einer umfassenderen Kultur sein, hinter der als letztes, wenn auch nie ganz erreichbares Ziel das Ideal einer »Weltkultur« steht; und darunter verstehen wir etwas anderes als das, was die Anhänger einer Weltföderation in ihren Plänen stillschweigend voraussetzen. Ohne einen gemeinsamen Glauben aber können alle Bemühungen um kulturelle Annäherung der Nationen nichts zustandebringen als eine Schein-Einheit.

Fünftes Kapitel

Über Kultur und Politik

Jedoch nahm ihn die Politik nicht so stark in Anspruch, daß sie seine Gedanken von wichtigeren Dingen abzog.
Samuel Johnson über George Lyttelton

Wir können heutzutage beobachten, daß Politiker sich mit »Kultur« befassen; nicht als ob Politiker immer »Leute von Kultur« wären, sondern man sieht in der »Kultur« einerseits ein Instrument der praktischen Politik, andererseits etwas, das sozial wünschenswert ist und das der Staat zu fördern hat. Aus hohen politischen Kreisen hören wir, internationale »kulturelle Beziehungen« seien etwas sehr Wichtiges, und man schafft sogar Büros mit eigenen Beamten, deren feste Aufgabe es ist, diese Beziehungen, von denen man sich eine Förderung freundnachbarlichen Geistes zwischen den Völkern verspricht, zu pflegen. Die Tatsache, daß die Kultur gewissermaßen eine Abteilung der Politik geworden ist, sollte in unserer Erinnerung nicht die andere verdunkeln, daß zu anderen Zeiten die Politik sich innerhalb einer Kultur und zwischen Vertretern verschiedener Kulturen abspielte. Es ist daher nicht abwegig, wenn wir daran gehen, den Ort der Politik innerhalb einer Kultur zu bestimmen, die im Sinne unserer bisherigen Betrachtungen ein Ganzes aus vielen verschiedenen Teilen ist.

Ich meine, wir können wohl annehmen, daß in einer so gegliederten Gesellschaft nicht alle Menschen sich praktisch mit Politik befassen oder am öffentlichen Leben aktiv beteiligen würden, jedenfalls nicht alle in gleichem Maße; und daß – von Krisenzeiten abgesehen – nicht jedermann sich an den politischen Geschäften der gesamten Nation beteiligen würde. In einer Gesellschaft von gesunder *regionaler* Struktur würde nur innerhalb sehr kleiner sozialer Gemeinschaften die Entscheidung öffentlicher Angelegenheiten allen oder so gut wie allen obliegen; und in den größeren Gemeinschaften, unter die die kleineren fielen, würde sie einer fortschreitend kleineren Zahl von Menschen zufallen. In einem gesund *geschichteten* Sozialwesen würde die öffentliche Verantwortung nicht von allen in gleichem Maße getragen werden: die größere Verantwortung würde denen zufallen, die besondere Vorzüge ererbten und bei denen Eigeninteressen und Familieninteressen (erblicher Grundbesitz) mit Gemeinsinn Hand in Hand gehen. Dann besteht die regierende Elite der Gesamtnation aus Personen, die die Verantwortung mit ihrem Besitz und ihrer Stellung erben und durch aufsteigende Talente mit außergewöhnlichen Gaben ständig vermehrt und oft auch geführt werden. Aber wenn wir von einer regierenden Elite sprechen, müssen wir uns hüten, darunter eine Auslese zu verstehen, die von anderen Eliten der Gesellschaft scharf geschieden wäre.

Das Verhältnis der politischen Auslese – wir meinen damit die führenden Mitglieder *aller* einflußreichen und anerkannten politischen Gruppen: denn der Fortbestand eines parlamentarischen Systems setzt ein ständiges »Mit-der-Opposition-zu-Tische-gehn«[1] voraus – zu den anderen Eliten würde zu grob gekennzeichnet sein, wenn man es als die Verbindung zwischen Männern des tätigen Lebens und Männern des Gedankens hinstellte. Es ist vielmehr eine Beziehung zwischen Menschen verschiedener geistiger Grundeinstellung und aus verschiedenen Gebieten des Denkens und des Handelns. Eine strenge Scheidung zwischen Denken und Handeln läßt sich für das politische Leben ebensowenig aufrechterhalten wie für das religiöse, in welchem der Kontemplative auch seine Art zu handeln haben muß und der in der Welt stehende Geistliche in der Meditation nicht völlig unerfahren sein darf. Es gibt keinen Bereich des tätigen Lebens, abgesehen von der ganz automatischen Ausführung von Befehlen, in dem das Denken nebensächlich wäre, und es gibt keine Art des Denkens, die ganz ohne Wirkung auf das Tun bleiben kann.

Ich habe an anderer Stelle[2] darauf hingewiesen, daß eine Gesellschaft in Gefahr ist sich aufzulösen, wenn in ihr kein Kontakt zwischen den Menschen verschiedener Tätigkeitsbereiche besteht – zwischen wissenschaftlichen, künstlerischen, philosophischen und religiösen Berufen. Dieser Trennung ist durch bloße öffentliche Organi-

1 Ich glaube mich zu erinnern, daß diese oder eine ähnliche Redensart Sir William Vernon Harcourt zugeschrieben wurde oder aber auf ihn gemünzt war.
2 *The Idea of a Christian Society* S. 40.

sation nicht abzuhelfen. Es ist nichts damit getan, daß man Vertreter der verschiedenen Erfahrungs- und Wissensbereiche zu Ausschüssen zusammenschließt, daß jeder einberufen wird, um jeden zu beraten. Die Auslese müßte etwas anderes sein, etwas, das viel organischer zusammengesetzt ist als ein beratender Ausschuß von Bonzen, Häuptlingen und Bossen. Wenn Menschen nur zu bestimmten ernsten Zwecken und bei offiziellen Anlässen zusammenkommen, treffen sie sich nicht wirklich. Es mag um eine Sache gehen, die ihnen allen sehr am Herzen liegt; sie mögen nach wiederholten Sitzungen schließlich einen gemeinsamen Wortschatz und eine gemeinsame Redeweise gefunden haben, die jede für den gemeinsamen Zweck erforderliche Bedeutungsnuance vermittelt; aber jeder einzelne wird sich von den Zusammenkünften immer wieder in seine private Gesellschaftssphäre und in seine eigenste Welt zurückziehen. Es ist, wie wir alle aus Erfahrung wissen, für jede enge persönliche Vertrautheit charakteristisch, daß sie zufriedenes Schweigen, frohes Umeinanderwissen bei der Arbeit an einer gemeinsamen Aufgabe, Herausspüren des hintergründigen Ernstes in einem oberflächlichen Spaß ermöglicht; und die Gleichgestimmtheit jedes Freundeskreises setzt eine gemeinsame gesellschaftliche Konvention, ein gemeinsames Ritual der Geselligkeit, gemeinsame Freuden in der Entspannung voraus. Diese Hilfsmittel zur Vertrautheit sind für den Austausch von Ansichten im Wort nicht weniger wichtig als ein gemeinsames Thema, über das die verschiedenen Gruppen unterrichtet sind. Es ist nicht gut für einen Menschen, wenn seine Freunde und Bekannten einerseits und seine Berufskollegen oder Geschäftspartner andererseits zwei beziehungslos nebeneinander stehende Gruppen bilden; ebenso wirkt es beengend, wenn sie ein und dieselbe Gruppe sind.

Diese Beobachtungen über die Bedeutung der Vertrautheit können keinen Anspruch auf Neuigkeit erheben: Das Neue kann hier nur darin bestehen, daß in diesem Zusammenhang auf sie hingewiesen wird. Sie sollen zeigen, wie wünschenswert es für eine Gesellschaft ist, daß in ihr Personen aus jedem gehobenen Arbeitsbereich zusammenkommen können, ohne daß sie nur fachsimpeln oder einander geflissentlich ins Fach hineinreden. Um einen Menschen des tätigen

Lebens richtig einschätzen zu können, müssen wir mit ihm persönlich zusammenkommen: wenigstens aber müssen wir genügend Menschen aus verwandten Gebieten kennen, um über einen, den wir nicht kennen, eine gescheite Mutmaßung äußern zu können. Und es wird eine große Hilfe für die Beurteilung der Gedankenwelt eines geistigen Menschen sein, daß man ihn trifft und sich einen Eindruck von seiner Persönlichkeit verschafft. Das ist sogar im Bereich der Kunst nicht ganz unangebracht, wenn auch nur mit gewichtigen Einschränkungen, und wenn auch die Eindrücke von der Persönlichkeit eines Künstlers das Urteil über sein Schaffen oft in ganz unsachlicher Weise beeinflussen – denn jeder Künstler wird bemerkt haben, daß einige Menschen seine Werke stärker ablehnen, nachdem sie ihm persönlich begegnet sind, daß aber auch viele seinem Schaffen gegenüber freundlicher eingestellt sind, wenn sie in ihm einen angenehmen Menschen getroffen haben. Solche Vorteile wird es immer geben, wie sehr sie auch der Vernunft widersprechen mögen und obwohl die riesigen modernen Sozialwesen es unmöglich machen, daß jeder jeden kennt.

Wir lesen heutzutage zu viele Bücher oder sind von den Gedanken an die neuen Bücher bedrückt, deren Lektüre wir versäumen; wir lesen viele Bücher, weil wir nicht genug Menschen kennenlernen können; wir können nicht alle kennen, deren Bekanntschaft für uns ein Gewinn wäre, weil es zu viele sind. Infolgedessen verkehren wir geistig dadurch miteinander, daß wir immer mehr Bücher schreiben, wobei die Fähigkeit, Worte aneinander zu reihen, und das Glück, sie gedruckt zu bekommen, vorausgesetzt werden muß. Oft können wir die Bücher der Autoren ungelesen lassen, die wir glücklicherweise kennen; und je besser wir sie persönlich kennen, desto weniger mögen wir uns getrieben fühlen, zu lesen, was sie schreiben. Wir sind nicht nur mit zu vielen Büchern belastet; wir werden auch verwirrt durch zu viele Zeitschriften, Berichte und unterderhand umlaufende Denkschriften. Über dem Bemühen, mit den geistvollsten dieser Veröffentlichungen auf dem laufenden zu bleiben, opfern wir vielleicht die drei Dinge, die immer den Sinn des Lesens ausmachen werden: größere Einsicht, künstlerischen Genuß und angenehme Unterhaltung. Der berufsmäßige Politiker hat indessen so viel zu tun, daß er für ernste Lektüre gar keine Muße hat, nicht einmal für politische. Er hat viel zu wenig Zeit, um zum Austausch von Gedanken und Informationen mit hochstehenden Personen aus anderen Lebensbereichen zu kommen. In einer kleineren Gesellschaft (einer Gesellschaft, die daher weniger fieberhaft *betriebsam* wäre) könnte es mehr Gespräche und weniger Literatur geben; und wer es zu einem gewissen Ruf gebracht hat, wäre nicht so leicht geneigt, über Gebiete zu schreiben, auf denen sein Ruf nicht beruht – dieser Essay ist ein Beispiel dafür.

Bei der Fülle von Gedrucktem ist es unwahrscheinlich, daß die gediegensten und originellsten Werke einem großen Publikum zu Gesicht kommen und seine Aufmerksamkeit erregen; oder daß dies auch nur bei einer größeren Zahl von Lesern der Fall wäre, die sie zu würdigen wüßten. Gedanken, die einer gerade populären Richtung oder Gefühlseinstellung schmeicheln, werden sich am stärksten durchsetzen, und andere werden so weit zurechtgebogen werden, bis sie der herrschenden Meinung angepaßt sind. Der Niederschlag in der öffentlichen Meinung wird kaum ein Destillat aus dem Besten und Weisesten sein: eher dürfte er die landläufigen Vorurteile der Mehrzahl der Herausgeber und Rezensenten darstellen. Auf solche Weise bilden sich die *idées reçues* – genauer *mots reçus*, die wegen ihres gefühlsbetonten Einflusses auf den Teil des Publikums, der sich von Gedrucktem beeinflussen läßt, vom Berufspolitiker berücksichtigt und in seinen öffentlichen Äußerungen respektiert werden müssen. Um sich nebeneinander durchzusetzen, brauchen diese »Ideen« unter sich gar keine Verbindung zu haben; und wenn sie einander noch so sehr widersprechen, muß der praktische Politiker sie doch mit einer Achtung behandeln, als wären es sachkundig-scharfsinnige Gedankengebäude, geniale Offenbarungen oder die Weisheitsschätze von Jahrhunderten. In der Regel hat er nichts von dem Duft zu atmen bekommen, der ihnen eigen gewesen sein mag, als sie frisch waren; er wittert sie erst, wenn sie angefangen haben zu stinken.

In einer Gesellschaft, die so gestuft ist, daß sie mehrere Kultur- und mehrere Macht- und Autoritätsebenen hat, würde der Politiker schon aus Rücksicht auf das Urteil des kleineren und kritischeren

Publikums, bei dem ein gewisses Niveau des Prosastils gehalten wird, und aus Furcht, sich vor diesem Publikum lächerlich zu machen, in seinem Sprachgebrauch Zurückhaltung üben. Wenn es zudem noch eine dezentralisierte Gesellschaft wäre, eine Gesellschaft, in der örtliche Kulturen weiterblühten und die meisten Probleme örtliche Fragen wären, über die sich die Bevölkerung aus eigener Erfahrung und Gesprächen mit den Nachbarn ein Urteil bilden könnte, dann würden politische Äußerungen wohl gleichfalls größere Klarheit aufweisen und nicht so viele verschiedene Deutungen zulassen. Eine an einem bestimmten Ort gehaltene Rede über eine örtliche Streitfrage ist wahrscheinlich verständlicher als eine, die an ein ganzes Volk gerichtet wird, und wir stellen fest, daß die ausgeprägtesten Musterbilder von Doppeldeutigkeit und dunklen Verallgemeinerungen sich gewöhnlich in Reden finden, die an die ganze Welt gerichtet sind.

Es ist immer wünschenswert, daß die Menschen, die in die höheren politischen Sphären hineingeboren sind, oder die dazu befähigt sind, in sie aufgenommen zu werden, neben ihrer sonstigen Ausbildung in Geschichte unterwiesen werden; und zum Geschichtsstudium sollte das Studium der Geschichte der theoretischen Politik gehören. Der Vorteil des Studiums der griechischen Geschichte und der politischen Theorie der Griechen als Vorstufe zu anderen geschichtlichen oder theoretischen Studien liegt in seiner *Handlichkeit*: es hat mit einem kleinen Stück Erde zu tun, mehr mit Menschen als mit Massen, mehr mit den menschlichen Leidenschaften von Einzelwesen als mit jenen gewaltigen unpersönlichen Mächten, die innerhalb der modernen Gesellschaftsordnung nicht mehr fortzudenken sind und deren Studium das Studium des Menschen als solchen zu verschatten droht. Mehr als das: wer griechische Philosophen liest, wird auch kaum allzu optimistisch in bezug auf die Wirkung von politischen Theorien sein; denn er wird feststellen, daß das Studium politischer Formen dem Fiasko politischer Systeme entsprungen zu sein scheint; und daß weder Plato noch Aristoteles sich viel mit Vorhersagen abgaben oder sehr zuversichtlich in die Zukunft sahen.

Die Art politischer Theorie, die erst in allerjüngster Zeit entstanden ist, befaßt sich weniger mit der menschlichen Natur; diese behandelt sie gern als eine Gegebenheit, die sich stets so ummodeln läßt, daß sie in jede politische Form paßt, die gerade als die erstrebenswerteste gilt. Ihre eigentlichen Grundlagen sind unpersönliche Mächte, die aus dem Widerstreit und dem Zusammenwirken menschlicher Willenskräfte entstanden sein mögen, sie aber schließlich verdrängt haben. Als Bestandteil der akademischen Schulung der Jugend hat diese Lehre verschiedene Schattenseiten. Sie tendiert selbstverständlich dahin, den, der sie studiert, nur noch in Begriffen von unpersönlichen und nicht menschlichen Kräften denken zu lassen und ihn daher zu enthumanisieren. Mit der Menschheit und Menschlichkeit nur insoweit beschäftigt, als sie in der Masse auftritt, neigt sie dazu, sich von der Ethik abzusondern; nur mit jenem jüngsten Geschichtsabschnitt beschäftigt, in dessen Verlauf sich besonders leicht zeigen läßt, daß die Menschheit von unpersönlichen Kräften beherrscht wurde, beschränkt sie das eigentliche Studium der Menschheit auf die letzten zwei- oder dreihundert Jahre. Nur zu oft impft sie auch einen Glauben an eine starr determinierte und gleichzeitig an eine ganz frei nach unserem Belieben gestaltbare Zukunft ein. Das mit Wirtschaftswissenschaft und Soziologie unentwirrbar verwobene politische Denken der Gegenwart möchte sich die Stellung einer Königin der Wissenschaften sichern. Die exakten und experimentellen Wissenschaften werden ja jeweils nach ihrer Nutzbarkeit beurteilt und insoweit wertgeschätzt, als sie Resultate zeitigen – entweder indem sie das Leben behaglicher und weniger mühselig gestalten, oder weil sie es gefährlicher machen und rascher enden lassen. Die Kultur an sich gilt entweder als ein unbedeutendes Nebenprodukt, das man sich selbst überlassen könne, oder als ein Bezirk des Lebens, der nach der jeweils von uns bevorzugten Methode zu gestalten sei. Ich denke dabei nicht nur an die vorwiegend dogmatischen und totalitären Lebensphilosophien der Gegenwart, sondern an Grundanschauungen, die das Denken in jedem Lande färben und bald vielleicht von den gegensätzlichsten Parteien geteilt werden.

Ein für die Geschichte der politischen Steuerung der Kultur wichtiges Dokument wird einmal Leo Trotzkis Essay *Literatur und Re-*

volution sein[1]. Die anscheinend tief in das moskowitische Denken eingepflanzte Überzeugung, daß Mütterchen Rußland die Aufgabe hat, der übrigen Welt nicht nur Ideen und politische Formen, sondern einen vollständigen Lebensstil zu schenken, hat schon viel dazu beigetragen, uns alle im politischen Sinne viel stärker kulturbewußt werden zu lassen. Aber für dieses Bewußtsein gibt es noch andere Ursachen als die russische Revolution. Die Forschungen und Theorien der Anthropologen haben dabei ihre Rolle gespielt und uns darauf gebracht, die Beziehungen zwischen Weltreichmächten und den von ihnen abhängigen Völkern mit neuer Aufmerksamkeit zu studieren. Die Regierungen sind sich der Notwendigkeit, Kulturunterschiede zu berücksichtigen, stärker bewußt geworden; und je mehr die Kolonialverwaltung vom Kernreich gesteuert wird, desto wichtiger werden diese Unterschiede. Ein für sich allein lebendes Volk ist sich nicht bewußt, überhaupt eine »Kultur« zu haben. Und die Unterschiede zwischen den einzelnen europäischen Nationen waren in der Vergangenheit nicht so groß, daß diese Völker ihre Kulturen als verschieden im Sinne von konfliktschaffend und unvereinbar empfunden hätten. Kulturbewußtheit als Mittel zur Einigung einer Nation gegenüber anderen Nationen wurde zuerst von den letzten Herrschern in Deutschland ausgenutzt. Heute sind wir in einer Weise kulturbewußt geworden, die zur gleichen Zeit dem Nazismus, Kommunismus und Nationalismus Nährboden bietet; in einer Weise, die die Trennung nachdrücklich betont, statt uns zu ihrer Überwindung zu verhelfen. In diesem Zusammenhang dürften einige Bemerkungen über die kulturellen Auswirkungen einer Weltreichpolitik (im umfassendsten Sinne) am Platze sein.

Die frühen britischen Bevollmächtigten in Indien begnügten sich damit, zu herrschen; einige von ihnen, die lange im Lande wohnten

1 Ein Buch, das einen Neudruck verdient. Man gewinnt daraus nicht den Eindruck, daß Trotzki viel literarisches Feingefühl hatte; wohl aber hatte er, von seinem Gesichtspunkt aus, ein sehr gescheites Urteil über Literatur. Wie alle seine Schriften ist das Buch mit Ausführungen über unbedeutende russische Persönlichkeiten überladen, die dem Nichtrussen unbekannt und uninteressant sind. Aber wenn dieses Schwelgen im Detail auch einen Anhauch von Provinzialismus hat, so verleiht es der Schrift doch in erhöhtem Maße den Schein der Unverfälschtheit, als wäre sie mehr zum Zwecke einer privaten Meinungsäußerung als mit einem Seitenblick auf eine ausländische Leserschaft geschrieben.

und zwischendurch nie in England waren, glichen sich der Mentalität des Volkes an, das sie regierten. Der spätere Typ dieser Bevollmächtigten – in wachsendem Maße ausgesprochene Whitehall-Beamte – amtierte nur während einer begrenzten Periode (nach der sie entweder zur Pensionierung oder zur Übernahme eines anderen Amtes in ihre Heimat zurückkehrten) und sah sein eigentliches Ziel darin, Indien die Segnungen westlicher Zivilisation zu bringen. Sie hatten nicht die Absicht, eine Gesamt-»Kultur« zu entwurzeln oder aufzunötigen; aber die Überlegenheit der politischen und sozialen Organisation des Westens, des englischen Erziehungs- und Rechtswesens, westlicher »Aufklärung« und Wissenschaft schien ihnen so offensichtlich, daß allein schon der Wunsch, Gutes zu tun, ein hinreichender Grund für die Einführung dieser Dinge gewesen wäre. Von dem Briten, der sich der Bedeutung des Religiösen für die Herausbildung seiner eigenen Kultur nicht bewußt ist, konnte kaum erwartet werden, daß er dessen Wichtigkeit für die Bewahrung einer anderen erkennen würde. Bei der stückweise durchgeführten Aufnötigung einer Kultur – einer Aufnötigung, in der Gewalt nur eine geringe Rolle spielt (der Appell an den Ehrgeiz und die für den Eingeborenen bestehende Versuchung, auf Grund falscher Schlüsse das Falsche an der westlichen Zivilisation zu bewundern, sind viel entscheidender) – sind Anmaßung und Edelmut als Motive immer unentwirrbar vermengt; die Betonung der Überlegenheit und der Wunsch, die Lebensform, auf der diese angemaßte Überlegenheit beruht, mitzuteilen und zu übertragen, stehen nebeneinander; und so erzeugt man schließlich auf seiten des Eingeborenen eine Vorliebe für westliche Art, eine neidvolle Bewunderung materieller Macht und einen Groll gegen seine Bevormunder. Die Europäisierung, deren offensichtlicher Vorteile sich manche Angehörige einer östlichen Gesellschaft rasch bemächtigen, hat dadurch, daß sie nur zum Teil gelang, den Orientalen im großen und ganzen mit seiner eigenen Zivilisation immer unzufriedener gemacht und seinen Groll auf das, was diese Unzufriedenheit verursacht hat, verstärkt; hat sein Bewußtsein für Unterschiede geschärft, während sie gleichzeitig einige dieser Unterschiede beseitigte; hat die einheimische Kultur auf ihrer höchsten Ebene zersetzt, ohne ihren Gesamtbestand zu durchdringen. Und uns bleibt die melancholische Erkenntnis, daß die Ursache dieser Zersetzung nicht Korruption, Brutalität oder Mißwirtschaft ist: solche Übelstände haben nur eine geringfügige Rolle gespielt, und kein über andere Völker herrschendes Volk hat sich in diesen Punkten weniger vorzuwerfen als das britische; Korruption, Brutalität und Mißwirtschaft waren vor der Ankunft der Briten zu verbreitet, als daß Vergehen dieser Art das Gefüge indischen Lebens hätten verwirren können. Die Ursache liegt in der Tatsache, daß es keinen dauerhaften Kompromiß zwischen den beiden Extremen gibt: äußerer Herrschaft, die sich begnügt, Ordnung zu halten und die Gesellschaftsstruktur unverändert zu lassen, und völliger kultureller Assimilation. Daß die letztere fehlschlug, bedeutet einen Fehlschlag im Religiösen[1].

Ein Hinweis auf den Schaden, der den Kulturen der Eingeborenen im Verlauf der Expansion eines Weltreiches zugefügt worden ist, bedeutet keineswegs eine Anklage gegen den Reichsgedanken an sich, wie die Fürsprecher einer Auflösung des Empire nur zu gern folgern möchten. Tatsächlich sind oft gerade diese Antiimperialisten als Liberale zugleich die selbstgefälligsten Anhänger des Glaubens an die Überlegenheit der westlichen Zivilisation und in einem Atemzug blind gegen den Nutzen, den die Empire-Regierung gebracht hat, und gegen den Schaden, den die Vernichtung einer eingeborenen Kultur anrichtet. Nach der Meinung solcher Enthusiasten tun wir wohl daran, uns in eine andere Zivilisation hineinzudrängen, ihre Angehörigen mit unseren technischen Einrichtungen, unserem Regierungs-, Erziehungs-, Justiz- und Sanitätssystem auszustatten, ihnen Verachtung für ihre eigenen Bräuche und eine

1 Einen interessanten Überblick über die Auswirkung des Kulturkontaktes im Osten findet man in *The British in Asia* von Guy Wint. Wints gelegentliche Andeutungen über die Wirkung Indiens auf die Briten sind nicht weniger anregend als seine Darstellung der Wirkung der Briten auf Indien. Z.B.: »Wie das englische Vorurteil in der Frage der Hautfarbe entstand – ob es eine Hinterlassenschaft der Portugiesen in Indien war, ob man sich von dem Kastengeist der Hindus hatte anstecken lassen, ob es, wie auch schon zur Erwägung gestellt wurde, mit der Ankunft kleinstädtisch-engherziger Beamtenfrauen begann oder sonstwoher kam –, ist ungewiß. Die Briten in Indien waren britischer Mittelstand unter der unnatürlichen Lebensbedingung: über sich keine höhere und unter sich keine niedrigere Schicht des eigenen Volkes zu haben. Es war ein Daseinszustand, der zu einer Verschwisterung von Anmaßung und Abwehr führte.« (S. 209.)

aufgeklärte Haltung gegenüber religiösem Aberglauben beizubringen – und sie dann die Suppe auslöffeln zu lassen, die wir ihnen eingebrockt haben.
Es ist bemerkenswert, daß die hitzigste Kritik oder Schmähung des britischen Imperialismus oft von Vertretern solcher Gesellschaftsgruppen ausgeht, die eine andere Art Imperialismus treiben – das heißt eine Expansion, die materielle Vorteile bringt und die kulturelle Einflußsphäre erweitert. Amerika neigt dazu, seinen Lebensstil hauptsächlich im Vollzuge geschäftlicher Unternehmungen und dadurch in der Welt durchzusetzen, daß es eine Vorliebe für seine Güter schafft. Selbst das bescheidenste materielle Verbrauchsgut ist als Produkt und Symbol einer bestimmten Zivilisation zugleich Sendbote der Kultur, der es entstammt: im einzelnen braucht man nur die so einflußreiche und leicht zündende Ware Zelluloidfilm zu erwähnen; so kann die wirtschaftliche Expansion Amerikas, auf ihre Weise, ebenfalls zur Zersetzung von Kulturen führen, mit denen sie in Berührung kommt.
Der neuste Typ der Weltmachtpolitik, der russische, ist wahrscheinlich der sinnreichste; er ist am wirksamsten darauf abgestimmt, im Einklang mit dem Geist unserer Zeit zu gedeihen. Das russische Imperium scheint die Schwächen der ihm vorangegangenen Imperien geflissentlich zu vermeiden: es ist rücksichtsloser und zugleich vorsichtiger in bezug auf die selbstgefällige Empfindlichkeit der ihm unterstehenden Völker. Die offizielle Doktrin ist die der völligen Gleichheit der Rassen – ein Vorgeben, das Rußland in Asien ebenso wegen der östlichen Tönung der russischen Mentalität wie wegen der Rückständigkeit der russischen Entwicklung im Verhältnis zu westlichen Maßstäben leichter wahren kann. Man scheint Versuche zu machen, das äußere Bild örtlicher Selbstregierung und Autonomie beizubehalten: das Ziel ist, so vermute ich, den einzelnen Republiken und Satellitenstaaten die Illusion einer Art Selbständigkeit zu geben, während die wirkliche Macht von Moskau ausgeübt wird. Die Illusion muß zuweilen verblassen, wenn eine örtliche Republik plötzlich und unter entehrenden Bedingungen auf den Stand einer Art Provinz oder Kronkolonie herabgedrückt wird. Aber sie wird dadurch aufrechterhalten, daß man – und dies

ist von unserem Gesichtspunkt aus höchst aufschlußreich – sorgfältig die ortsgebundene »Kultur« fördert, also Kultur im eingeschränkten Sinne des Wortes, das heißt alles, was malerisch, harmlos, von der Politik abtrennbar ist, etwa Sprache und Literatur, landschaftlich verwurzelte Künste und Sitten. Aber da Sowjetrußland die Unterordnung der Kultur unter die politische Theorie aufrechterhalten muß, wird der Erfolg seines Imperialismus wahrscheinlich zu einem Überlegenheitsgefühl bei demjenigen seiner Völker führen, in welchem seine politische Theorie herausgebildet worden ist; wir können also, solange das russische Imperium zusammenhält, damit rechnen, daß eine herrschende moskowitische Kultur sich immer stärker geltend macht; untergeordnete Rassen würden dann nicht als Völker mit jeweils eigenem kulturellem Gepräge weiterleben, sondern als tieferstehende Kasten. Wie dem auch sein mag, die Russen sind das erste Volk der Neuzeit, das die politische Lenkung der Kultur bewußt in die Tat umsetzt und in jedem Punkte die Kultur jedes Volkes, über das es herrschen will, angreift. Je höher entwickelt eine fremde Kultur ist, desto gründlicher sind die Versuche, sie durch Beseitigung derjenigen Elemente in der unterworfenen Bevölkerung auszurotten, in denen diese Kultur am bewußtesten lebt.

Die Gefahren, die sich aus der »Kultur-Bewußtheit« des Westens ergeben, sind zur Zeit anderer Art. Wenn wir versuchen, etwas für unsere Kultur zu tun, sind unsere Motive noch nicht bewußt politisch. Sie entspringen dem Bewußtsein, daß der Gesundheitszustand unserer Kultur nicht gerade gut ist, und dem Gefühl, daß wir etwas unternehmen müssen, um ihn zu bessern. Dieses Bewußtsein hat das Problem der Bildung verschoben: indem es entweder Kultur mit Bildung und Erziehung gleichsetzt, oder indem es sich der Bildung und Erziehung als dem einzigen Mittel zur Förderung unserer Kultur zuwendet. Was das Eingreifen des Staates oder einer halboffiziellen, vom Staat geldlich unterstützten Körperschaft zugunsten von Kunst und Wissenschaft betrifft, so sehen wir die Notwendigkeit einer solchen Hilfe unter den gegenwärtigen Umständen nur zu gut. Wenn eine Körperschaft wie der British Council ständig Vertreter von Kunst und Wissenschaft ins Ausland entsendet und

Vertreter des Auslandes nach England einlädt, so ist das heutzutage von unschätzbarem Wert – aber es darf nicht dahin kommen, daß wir die Verhältnisse, die solche Lenkung notwendig machen, als normal und gesund hinnehmen. Wir glauben gern, daß der British Council, unter was für Verhältnissen auch immer, nützliche Arbeit zu leisten haben wird; aber wir möchten nicht die Gewißheit haben, daß es denen, die zur geistigen Elite aller Völker gehören, nie mehr möglich sein wird, ohne Billigung und Unterstützung seitens irgendeiner amtlichen Organisation als private Bürger zu reisen und miteinander persönlich bekannt zu werden. Es scheint, als würde manches wichtige Gebiet ohne diese oder jene offizielle Förderung nie mehr auskommen. Der Fortschritt der experimentellen Wissenschaften setzt ein gewaltiges und kostspieliges Rüstzeug voraus; und die Künste genießen auf keiner nennenswert breiten Grundlage mehr die Vorteile des privaten Mäzenatentums. Gewisse Sicherungen gegen eine zunehmende zentrale Aufsicht und Politisierung von Kunst und Wissenschaft können dadurch geschaffen werden, daß wir den Mut zu örtlicher Initiative und Verantwortung stärken; und auch dadurch, daß man, soweit wie möglich, die Zentralstelle für Hilfsfonds und Stipendien und das Aufsichtsorgan für ihre Verwendung nicht zusammenlegt. Wir täten auch gut daran, wenn wir jedes der subventionierten und künstlich belebten Schaffensgebiete mit seinem Namen bezeichneten: wir wollen für Malerei, Bildhauerkunst und Baukunst, für das Theater, die Musik und die Wissenschaften, für diese oder jene Gebiete geistiger Betätigung alles Notwendige tun, aber wir wollen sie bei ihren eigenen Namen nennen und uns der Verwendung des Wortes »Kultur« als eines Sammelbegriffs enthalten. Denn sonst schleicht sich die Vorstellung ein, Kultur lasse sich planen. Kultur kann nie völlig eine Sache des Bewußtseins werden – unser bewußtes Erleben erschöpft sie nicht; und sie läßt sich nicht planen, weil sie ja auch der unbewußte Untergrund all unseres Planens ist.

Anhang

Die Einheit der europäischen Kultur

I

Ich wende mich heute zum erstenmal an eine deutschsprachige Hörerschaft, und bevor ich über ein so umfassendes Thema spreche, muß ich wohl erst sagen, inwiefern ich mich dazu berechtigt fühle. Denn die Einheit der europäischen Kultur ist wirklich ein umfassendes Thema, und wenn jemand darüber zu sprechen unternimmt, müßte er eigene besondere Kenntnisse und Erfahrungen mitbringen. Von diesen müßte er dann ausgehen und zeigen, welche Bedeutung sie über das Einzelne und Besondere hinaus für das Thema haben. Ich bin Dichter und Literaturkritiker; von 1922 bis 1939 war ich auch Herausgeber einer Vierteljahresschrift. In diesem ersten Vortrag will ich zu zeigen versuchen, was die Tätigkeit eines Dichters und Kritikers mit dem Thema zu tun hat und zu welchen Schlußfolgerungen ich auf Grund meiner Erfahrungen gelangt bin. Sie hören also eine Folge von Vorträgen, in denen die Einheit der europäischen Kultur vom Standpunkt des Schriftstellers aus betrachtet wird.

Es ist oft behauptet worden, das Englische sei die für das dichterische Schaffen ergiebigste aller moderneuropäischen Sprachen. Ich glaube, diese Behauptung ist berechtigt. Aber ich sage mit Bedacht: »für das dichterische Schaffen ergiebigste«. Damit meine ich nicht, England habe die größten Dichter oder die größte Zahl großer Dichtungen hervorgebracht. Das ist eine ganz andere Frage. Es gibt ebenso große Dichter in anderen Sprachen: Dante ist gewiß größer als Milton und mindestens so groß wie Shakespeare. Und selbst was die Zahl großer Dichtungen betrifft, so liegt mir nicht daran, zu behaupten, England habe mehr hervorgebracht als andere Länder. Ich sage ganz einfach, daß die englische Sprache das großartigste Instrument ist, auf dem ein Dichter spielen kann. Sie hat den größten Wortvorrat: Er ist so groß, daß der Wortschatz des einzelnen Dichters im Vergleich zu dem reichen Gesamtbestand der

Sprache armselig erscheint. Aber nicht dieser Umstand macht die englische Sprache zur poetisch ergiebigsten; er ist selbst nur eine Folge der eigentlichen Ursache, und diese sehe ich in der Mannigfaltigkeit der Bestandteile, aus denen das Englische zusammengesetzt ist. Da ist zuerst natürlich die germanische Grundlage, die das Englische mit dem Deutschen gemein hat. Danach finden wir ein ziemlich starkes skandinavisches Element, das in der Hauptsache auf die Dänenherrschaft zurückgeht. Mit der Eroberung Englands durch die Normannen kam das normannisch-französische Element in die Sprache. Darauf folgten mehrere Wellen französischen Einflusses: sie lassen sich an Wörtern, die zu verschiedenen Zeiten übernommen wurden, im einzelnen nachweisen. Das sechzehnte Jahrhundert brachte einen erheblichen Zuwachs an Neuprägungen, die aus dem Lateinischen stammten, und die Entwicklung vom Anfang des sechzehnten bis zur Mitte des siebzehnten Jahrhunderts bestand weitgehend darin, daß neue Wörter aus dem Lateinischen erprobt und teils der Sprache einverleibt, teils wieder ausgeschieden wurden. Dann gibt es noch ein Element, das nicht so leicht nachzuweisen ist, aber, wie ich glaube, eine recht wichtige Rolle spielt: das Keltische. Bei diesem ganzen geschichtlichen Überblick denke ich jedoch nicht nur an die Einzelwörter; da es mir um die Dichtung geht, denke ich vor allem an Rhythmen. Jede der genannten Sprachen brachte ihre eigene Musik mit, und daß das Englische dem Dichter so viel Möglichkeiten bietet, beruht vor allem auf seinem Reichtum an verschiedenartigen metrischen Elementen. Da ist der Rhythmus des angelsächsischen Verses, der Rhythmus des Normannisch-Französischen, des Walisischen, auch der Einfluß jahrhundertelangen Studiums lateinischer und griechischer Dichtung. Und noch heute ist die englische Sprache in der glücklichen Lage, aus ihren verschiedenen Lebenszentren ständig frische Kräfte ziehen zu können: immer noch weisen Gedichte in englischer Sprache Unterschiede nicht nur im Wortschatz, sondern auch in der Sprachmusik auf, je nachdem, ob sie von englischen, walisischen, schottischen oder irischen Dichtern stammen.

Ich halte diesen Vortrag nicht, um meine eigene Sprache zu preisen; ich bin deshalb näher auf sie eingegangen, weil ich glaube, daß ihre hervorragende Eignung für dichterische Zwecke darin begründet ist, daß sie aus so verschiedenen europäischen Quellen gespeist wird. Das bedeutet, wie gesagt, nicht, daß England auch die größten Dichter hervorgebracht haben muß. Meisterschaft, sagt Goethe, zeigt sich in der Beschränkung: groß nennen wir einen Dichter, der aus der Sprache, die er nun einmal spricht, das Höchste herausholt. Der wahrhaft bedeutende Dichter macht aus seiner Sprache eine bedeutende Sprache. Wir neigen freilich dazu, Höchstleistungen in einer bestimmten Kunst als typisch für ein bestimmtes Volk zu empfinden: wir sehen in Italien und danach in Frankreich das Land der Malerei, in Deutschland das Land der Musik, in England das Land der Dichtung. Aber erstens ist keine Kunst jemals ausschließlicher Besitz eines bestimmten europäischen Volkes gewesen, und zweitens hat es Zeiten gegeben, in denen nicht England, sondern ein anderes Land in der Dichtung an erster Stelle stand. Zum Beispiel war die englische Romantik in den letzten Jahren des achtzehnten und im ersten Viertel des neunzehnten Jahrhunderts zweifellos führend, aber in der zweiten Hälfte des neunzehnten Jahrhunderts kam der bedeutendste Beitrag zur europäischen Dichtung sicherlich aus Frankreich. Ich denke hier an die Linie, die von Baudelaire ausgeht und mit Paul Valéry ihren Höhepunkt erreicht. Ich gehe so weit, zu behaupten, daß ohne diese literarische Bewegung in Frankreich das Werk dreier – sehr verschiedener – nichtfranzösischer Dichter kaum denkbar wäre: ich meine W. B. Yeats, Rainer Maria Rilke und, mit Verlaub, mich selbst. Dabei ist diese französische Richtung ihrerseits wieder von einem Amerikaner irischer Abstammung stark angeregt worden, nämlich von Edgar Allan Poe – so verwickelt sind diese literarischen Einflüsse. Und selbst wenn die Führung ausschließlich bei einem Land, bei einer Sprache liegt, so ist damit noch nicht gesagt, daß die Dichter, denen diese führende Stelle zu verdanken ist, nun unbedingt auch die größten Dichter ihrer Zeit sein müßten. Die englische Romantik, von der ich eben sprach, fiel in die Schaffenszeit Goethes. Ich weiß nicht, ob es einen Maßstab gibt, an dem man die relative dichterische Größe Goethes und Wordsworths ablesen kann, aber das Gesamtwerk Goethes hat eine solche Weite und Tiefe, daß es ihn als den größeren Menschen erweist. Und von den anderen englischen Dichtern der Zeit läßt sich überhaupt keiner mit Goethe vergleichen.

Damit sind wir bei einer weiteren wichtigen Erkenntnis: In keinem Land, in keiner Sprache Europas wären die heute vorliegenden großen Dichtungen je geschaffen worden, wenn die Dichtkunst nicht auch in benachbarten Ländern und in anderen Sprachen gepflegt worden wäre. Um die Literatur eines europäischen Landes verstehen zu können, müssen wir auch über die der anderen Länder Bescheid wissen. Wenn wir die europäische Literaturgeschichte näher betrachten, so finden wir ein dichtes Netz hin und her gehender Einflüsse. Es hat Dichter gegeben, die keine Sprache verstanden außer der eigenen, aber auch auf sie wirkten fremde Anregungen ein, die andere Dichter ihres Volkes empfangen und verbreitet hatten. Nun gilt für die Literatur eines jeden Volkes, daß sie nur dann sich verjüngen, neue schöpferische Kräfte entwickeln und neue sprachliche Möglichkeiten entdecken kann, wenn zwei Voraussetzungen erfüllt sind: Sie muß erstens in der Lage sein, Anregungen von außen in sich aufzunehmen und zu verarbeiten, und sie muß zweitens zu ihren eigenen Ursprüngen zurückkehren und aus ihnen lernen können. Wenn die einzelnen Länder Europas voneinander abgeschnitten sind, wenn die Dichter nur noch die Literatur ihrer eigenen Sprachgemeinschaft lesen, dann führt das in jedem Lande zu einem Niedergang der Dichtung. Was die zweite Voraussetzung betrifft, so möchte ich ganz besonders betonen, daß jede Literatur charakteristische, aus ihrer eigenen Geschichte quellende Urkräfte in sich enthalten muß, daß aber mindestens ebenso wichtig die Quellen sind, die wir alle miteinander gemein haben: die Literatur Roms, Griechenlands und Israels.

An dieser Stelle erhebt sich eine Frage, und wir müssen sie beantworten: Wie steht es mit den außereuropäischen Einflüssen, mit der Wirkung der großen Literatur Asiens?

In der Literatur Asiens gibt es große Dichtungen. Es gibt in ihr auch Werke voll tiefgründiger Weisheit und einige sehr schwierige metaphysische Schriften, aber im Augenblick geht es mir nur um die Dichtung. Ich kann weder Arabisch noch Persisch noch Chinesisch. Vor langer Zeit studierte ich die altindischen Sprachen, und wenn ich damals auch hauptsächlich Philosophie trieb, so las ich doch auch einige altindische Dichtungen; und ich weiß, daß mein eigenes Schaffen gewisse Einflüsse indischen Denkens und Empfindens verrät. Aber im allgemeinen sind Dichter keine Orientalisten – ein Fachgelehrter war ich selbst auch nie –, und wenn Dichter von orientalischer Literatur beeinflußt werden, so geschieht das gewöhnlich durch Übersetzungen. Daß die Dichtung des Ostens in den letzten anderthalb Jahrhunderten eine gewisse Wirkung auf die europäische ausübte, ist unbestreitbar. Ich nenne nur ein Beispiel aus der englischen Dichtung, und zwar aus unseren Tagen: Jeder in englischer Sprache schaffende Dichter hat wahrscheinlich Ezra Pounds und ebenso Arthur Waleys Übertragungen aus dem Chinesischen gelesen. Es liegt auf der Hand, daß grundsätzlich jede Literatur jede andere beeinflussen kann, und zwar durch Vermittlung von Menschen, die fernen Kulturen gegenüber eine besondere Empfänglichkeit besitzen, und ich betone das ausdrücklich; denn wenn ich von der Einheit der europäischen Kultur spreche, so möchte ich nicht den Eindruck erwecken, als betrachtete ich die europäische Kultur als eine völlig beziehungslos allen anderen Kulturen gegenüberstehende Eigenwelt. Kulturgrenzen sind offene Grenzen oder sollten es doch sein. Freilich gibt es geschichtlich bedingte Unterschiede. Die Völker, die durch gemeinsame geschichtliche Vergangenheit besonders eng miteinander verbunden sind, werden in literarischer Hinsicht auch in Zukunft besonders viel füreinander bedeuten. Wir haben die griechischen und römischen Klassiker miteinander gemein, und ein gemeinsames klassisches Erbe haben wir auch in unseren verschiedenen Bibelübersetzungen.

Was ich von der Dichtung gesagt habe, gilt wohl auch für die anderen Künste. Vielleicht ist der Maler oder Komponist insofern freier, als er nicht an eine bestimmte, auf einen Teil Europas beschränkte Sprache gebunden ist. Aber praktisch finden wir doch wohl in jeder Kunstgattung dieselben drei Elemente: die bodenständige Überlieferung, die gemeinsame europäische Überlieferung und die Einflüsse von Land zu Land. Ich gebe das nur zu erwägen; ich muß mich auf die Kunst beschränken, über die ich am besten Bescheid weiß. In der Dichtung jedenfalls kann kein Land ununterbrochen und unbegrenzt schöpferisch sein. In der Literaturgeschichte jedes Landes muß es auch Epochen zweiten Ranges geben, in denen keine bemerkenswerte Neuentwicklung stattfindet. So liegt das Kerngebiet des Schaffens bald in diesem, bald in jenem Lande. Und eine völlige Originalität ohne jede Beziehung zur Vergangenheit gibt es in der Dichtung nicht. Wenn ein Virgil, ein Dante, ein Shakespeare, ein Goethe geboren wird, so bestimmt das den weiteren Verlauf der gesamten europäischen Literaturentwicklung. Wenn ein großer Dichter gelebt hat, sind gewisse dichterische Möglichkeiten ein für allemal ausgeschöpft. Andrerseits vermehrt jeder große Dichter das reiche und vielfältige Gut, mit dem künftige Dichter arbeiten können.

Heute behandelte ich die Einheit der europäischen Kultur am Beispiel der Kunst und im besonderen der Kunstgattung, über die ich aus Eigenem sprechen kann. Beim nächsten Male möchte ich die Einheit der europäischen Kultur am Beispiel der Ideengemeinschaft erläutern. Ich erwähnte eingangs, daß ich in der Zeit zwischen den Kriegen eine Vierteljahresschrift herausgab. Die Erfahrungen, die ich dabei sammelte, und die Gedanken, auf die sie mich brachten, werden den Ausgangspunkt meines nächsten Vortrages bilden.

II

Wie ich in meinem ersten Vortrag erwähnte, gründete und leitete ich in der Zeit zwischen den Kriegen eine literarische Zeitschrift. Ich hatte das zunächst als einen der Gründe angeführt, die mich dazu berechtigen, über das allgemeine Thema dieser Vorträge zu sprechen. Aber die Dinge, um die es mir geht, kann ich zum Teil auch schon an Hand der Geschichte dieser Zeitschrift veranschaulichen. Ich will Ihnen daher einiges darüber erzählen und hoffe, Sie werden bald sehen, inwiefern das für unseren Gegenstand von Bedeutung ist.

Wir brachten die erste Nummer im Herbst 1922 heraus und entschlossen uns, sie mit dem ersten Heft des Jahres 1939 zum letztenmal erscheinen zu lassen. Die Zeit ihres Bestehens deckte sich also fast genau mit der, die wir die Zeit des Friedens nennen. Einmal machte ich das Experiment, sie monatlich herauszubringen, aber das ging nur ein halbes Jahr; sonst erschien sie vierteljährlich. Als ich sie ins Leben rief, schwebte mir als Ziel vor, aus allen Ländern Europas, die etwas zum Wohle des Ganzen beizusteuern hatten, das jeweils Beste an neuer Literatur und neuen Ideen zusammenzutragen. Natürlich war die Zeitschrift hauptsächlich für englische Leser gedacht, daher mußten alle ausländischen Beiträge in Übersetzung erscheinen. Es mag sein, daß auch Zeitschriften, die gleichzeitig in zwei oder mehr Sprachen und in mehreren Ländern herausgegeben werden, eine Aufgabe zu erfüllen haben. Aber selbst solche Zeitschriften müssen manches in Übersetzung bringen, wenn sie sich um Beiträge aus ganz Europa bemühen und von jedermann gelesen werden sollen; und sie können nicht die Zeitschriften ersetzen, die jedes Land für sich herausbringt, die mithin in erster Linic für dic Leserschaft ihres Erscheinungslandes bestimmt sind. Meine Revue war also eine gewöhnliche englische Zeitschrift, nur eben von internationaler Reichweite. Ich versuchte daher zunächst einmal, die besten außerhalb ihres Landes nicht oder wenig bekannten Schriftsteller herauszufinden, deren Schaffen weiter bekannt zu werden verdiente. Sodann suchte ich mit den literarischen Zeitschriften des Auslandes in Verbindung zu kommen, deren Ziele meinen eigenen am nächsten standen. Als Beispiele nenne ich die Nouvelle Revue Française (damals von Jacques Rivière, später von Jean Paulhan herausgegeben), die Neue Rundschau, die Neue Schweizer Rundschau, die Revista de Occidente in Spanien, Il Convegno und andere in Italien. Es entwickelten sich denn auch recht erfreuliche Beziehungen, und wenn sie später allmählich eingingen, so trifft keinen der beteiligten Herausgeber die Schuld. Heute noch, dreiundzwanzig Jahre nachdem ich meine Tätigkeit begann und sieben Jahre nachdem ich sie beendete, bin ich der Meinung, daß es ein solches Netz unabhängiger Zeitschriften geben muß – in jeder Hauptstadt Europas müßte mindestens eine erscheinen –, damit ein Austausch von Ideen zustandekommt, und zwar solange neue Ideen noch neu sind. Die Herausgeber solcher Zeitschriften und wenn möglich auch ihre Hauptmitarbeiter müßten in der Lage sein, einander kennenzulernen, einander zu besuchen, beieinander zu Gast zu sein und ihre Ideen in persönlichem Gespräch auszutauschen. In solchen Zeitschriften wird natürlich vieles stehen, was nur die Leser der betreffenden Volks- oder Sprachgemeinschaft interessiert. Aber ihre Zusammenarbeit würde jenen Kreislauf gedanklicher und gefühlsmäßiger Anregungen von Nation zu Nation ständig neu beleben, der die Literatur jedes europäischen Landes befruchtet und verjüngt; und eine solche Zusammenarbeit und die dabei entstehenden Freundschaften zwischen geistig Schaffenden würden die literarischen Werke, die nicht nur örtliche, sondern europäische Bedeutung haben, in das Gesichtsfeld einer breiten Öffentlichkeit rücken.

Worauf ich aber eigentlich hinauswill, wenn ich hier von einer Zeitschrift spreche, die vor sieben Jahren einging, ist dies: Die Ziele, denen sie dienen sollte, wurden am Ende doch nicht erreicht. Ich führe diesen Mißerfolg hauptsächlich darauf zurück, daß auch innerhalb des geistigen Europa die Grenzen sich mehr und mehr schlossen. Es war unvermeidlich, daß auf die politische und wirtschaftliche Autarkie eine Art Kulturautarkie folgte. Das brachte nicht nur den geistigen Verkehr zum Stillstand; ich glaube, auch innerhalb der einzelnen Länder wirkte es lähmend auf das Schaffen. Der Hauch des Bösen traf zuerst unsere Freunde in Italien. Nach 1933 waren Beiträge aus Deutschland immer schwerer zu finden. Manche unserer Freunde starben; manche verschwanden; manche verstummten einfach. Manche gingen ins Ausland, wo sie als kulturell Entwurzelte leben mußten. Einer, der mit den letzten zu uns kam und als letzter von uns ging, war der große Kritiker und gute Europäer, der vor einigen Monaten starb: Theodor Haecker. Aus vielen Erzeugnissen der deutschen Literatur, die ich in den dreißiger Jahren zu Gesicht bekam und deren Verfasser mir bis dahin nicht bekannt gewesen waren, gewann ich den Eindruck, daß die neueren deutschen Schriftsteller Europa immer weniger zu sagen hatten; daß sie mehr und mehr Dinge sagten, die, wenn überhaupt, nur in Deutschland verstanden werden konnten. Verworrener waren die Geschehnisse in Spanien. Die Wirren des Bürgerkriegs waren dem geistigen und literarischen Schaffen kaum förderlich; und jener Krieg trennte viele der fähigsten spanischen

Schriftsteller innerlich und äußerlich, soweit er sie nicht umkommen ließ. In Frankreich konnte man sich geistig noch frei betätigen, aber man war dabei mehr und mehr gequält und gehemmt durch politische Sorgen, trübe Ahnungen und den inneren Zwist, der aus politischer Voreingenommenheit entstand. England zeigte zwar manche Symptome derselben Krankheit, blieb aber anscheinend intakt; ich glaube jedoch, daß unsere damalige Literatur dadurch Schaden litt, daß sie immer einseitiger auf sich selbst angewiesen und der Politik verschrieben war.

Dies ist also die Geschichte meiner Zeitschrift. Offenbar hatte sie schon mehrere Jahre, bevor sie unter dem Zwang der Verhältnisse ihr Erscheinen einstellte, ihren Zweck verfehlt. Das erste, was ich dazu bemerken möchte, ist dies: Wenn sich alles überall auf Politik einstellt, so wirkt das nicht einigend, sondern trennend. Es eint nur die Menschen, denen Politik über alles geht und die über die nationalen Grenzen hinweg in gemeinsamer Front gegen eine andere übernationale Gruppe mit entgegengesetzten Anschauungen stehen. Aber früher oder später zerschlägt es die kulturelle Einheit Europas. Ich bin davon überzeugt, daß das *Criterion,* so hieß nämlich die von mir herausgegebene Zeitschrift, einen ganz bestimmten und in sich geschlossenen Charakter hatte, obwohl seine Mitarbeiter die verschiedensten politischen, sozialen und religiösen Anschauungen vertraten. Ich glaube auch, daß das Criterion den ausländischen Zeitschriften, mit denen es in Verbindung stand, durchaus wesensverwandt war. Das, was uns und unseren ausländischen Kollegen vorschwebte, wurde von der Frage nach den politischen, sozialen oder religiösen Anschauungen eines Autors einfach nicht berührt. Was die gemeinsame Basis für die Arbeit bei uns und im Ausland war, ist nicht leicht zu definieren. In jenen Tagen war es unnötig, eine Formel dafür zu finden; heute ist es fast schon unmöglich. Ich würde etwa sagen, es war eine gemeinsame Liebe zu allem, was gedanklich und darstellerisch auf höchster Stufe stand, eine gemeinsame Entdeckerlust und Aufgeschlossenheit neuen Ideen gegenüber. Die Ideen, denen man nicht zustimmte, die Meinungen, die man nicht bejahen konnte, waren ebenso wichtig wie die, zu denen man ohne weiteres ja sagte. Man prüfte sie ohne Feindseligkeit und in der Gewißheit, aus ihnen lernen zu können. Mit anderen Worten: Was wir bei uns allen als selbstverständlich voraussetzen konnten, war ein Interesse, eine Freude an Ideen um ihrer selbst willen, am freien Spiel des Geistes. Und ich glaube auch, daß es bei unseren Hauptmitarbeitern und Kollegen etwas gab, was nicht so sehr eine bewußt gehegte Überzeugung war, sondern mehr eine unbewußte Grundeinstellung; etwas, was nie bezweifelt wurde und daher nie in die Schicht des Bewußtseins, des Denkens und Sagens gerückt zu werden brauchte: Es war der Glaube an das Bestehen einer übervölkisch-europäischen Bruderschaft der Geistigen; an ein Band, das die nationalen und religiösen Bindungen und die politischen Überzeugungen nicht verdrängte, sondern durchaus mit ihnen vereinbar war; an unsere Aufgabe, die wir weniger darin sahen, bestimmte Ideen zur Herrschaft zu bringen, als vielmehr darin, schöpferisches Leben auf höchster geistiger Ebene wachzuhalten.

Ich glaube nicht, daß es dem Criterion in den letzten Jahren seines Erscheinens gelang, diese idealen Forderungen ganz zu erfüllen. Ich glaube, in den späteren Jahren neigte es mehr dazu, einen bestimmten Standpunkt zu vertreten, statt auf jener geistigen Ebene eine Vielfalt von Ansichten zu Worte kommen zu lassen. Aber ich glaube nicht, daß daran ausschließlich der Herausgeber schuld war. Zum Teil war es wohl durch den Druck der Verhältnisse bedingt, von dem ich gesprochen habe.

Ich behaupte nicht, daß Politik und Kultur nichts miteinander zu tun haben. Wenn es möglich wäre, beide vollkommen auseinanderzuhalten, so wäre das Problem wohl einfacher, als es ist. Das politische System einer Nation läßt ihre Kultur nicht unberührt und bleibt seinerseits nicht unberührt von dieser Kultur. Aber heutzutage kümmern wir uns in bezug auf innere politische Fragen viel zu sehr umeinander, während wir kulturell miteinander sehr geringen Kontakt haben. Die Verquickung von Kultur und Politik kann sich in zwei verschiedenen Richtungen auswirken: Sie kann ein Volk unduldsam gegen jede andere Kultur machen, so daß es sich getrieben fühlt, jede benachbarte Kultur umzuformen oder auszurotten. Es war ein Irrglaube des Hitlerreiches, jede nichtdeutsche Kultur für entweder dekadent oder barbarisch zu halten. Räumen wir doch endlich mit solchen Vorurteilen auf! Andererseits kann die Verquickung von Kultur und Politik das Ideal eines Weltstaates entstehen lassen, in welchem es am Ende nur eine einförmige Weltkultur geben wird. Ich kritisiere hier nicht etwa Pläne zu einer Weltorganisation. Solche Pläne gehören in das Gebiet technischen Erfindens und Berechnens. Technik ist notwendig, und je vollkommener eine technische Einrichtung ist, um so besser. Kultur aber muß wachsen; man kann einen Baum nicht bauen; man kann ihn nur pflanzen und pflegen und warten, daß er zu seiner Zeit Frucht trägt; und man darf sich nicht beklagen, wenn man schließlich feststellt, daß aus einer Eichel eine Eiche geworden ist und keine Ulme. Ein politisches System ist zum einen Teil Konstruktion, zum andern etwas Gewachsenes. Das Technisch-Konstruktive ist, wenn es gut ist, in gleicher Weise für alle Völker gut. Zum andern Teil wächst jedes politische System aus der Kultur des betreffenden Volkes und mit ihr, und insofern unterscheidet es sich von dem anderer Nationen. Die Gesundheit der Kultur Europas beruht auf zwei Voraussetzungen: jedes Land muß seine unverwechselbar eigene Kultur haben, und die verschiedenen Kulturen müssen ihre innere Verwandtschaft erkennen und anerkennen, so daß alle für gegenseitige Beeinflussungen empfänglich sind. Das ist auch durchaus möglich, denn es gibt in der europäischen Kultur ein gemeinsames Gut, eine von alters her bestehende Verbundenheit im Denken, Fühlen und Verhalten, einen Austausch künstlerischer und geistiger Werte.

In meinem letzten Vortrag werde ich versuchen, dies gemeinsame Gut näher zu definieren; und dazu werde ich wohl noch etwas genauer sagen müssen, was ich mit dem Wort »Kultur« meine, das ich immerzu gebrauche.

III

Ich sagte am Schluß meines zweiten Vortrags, ich müßte noch etwas genauer erklären, was ich meine, wenn ich den Ausdruck Kultur gebrauche. Es handelt sich wie bei »Demokratie« um einen Begriff, der beinahe jedesmal, wenn wir ihn verwenden, nicht nur der Definition, sondern auch der Erläuterung bedarf. Nur wenn wir uns darüber klar sind, was wir unter »Kultur« verstehen, können wir uns auch klar sein über den Unterschied zwischen der materiellen Organisation Europas und dem geistigen Organismus Europa. Wenn dieser stirbt, so wird das, was man dann noch organisiert, nicht mehr Europa sein, sondern nur noch eine Masse von Menschenwesen, die soundsoviel verschiedene Sprachen sprechen. Es wird dann auch gar keinen Sinn mehr haben, daß sie sich weiter verschiedener Sprachen bedienen, denn sie werden nichts mehr zu sagen haben, was sich nicht ebensogut in jeder beliebigen Sprache sagen ließe: kurz, sie würden in der Dichtung nichts mehr zu sagen wissen. Ich habe bereits betont, daß es keine europäische Kultur geben kann, wenn die einzelnen Länder voneinander isoliert sind. Ich füge jetzt hinzu, daß es keine europäische Kultur geben kann, wenn diese Länder auf den Stand völliger Gleichartigkeit herabgedrückt werden. Die Einheit, die wir brauchen, muß Vielheit in sich schließen; sie ist keine organisationsbedingte, sondern eine naturgegebene Einheit.

Mit »Kultur« meine ich zunächst einmal das, was die Anthropologen darunter verstehen: die Lebensform eines bestimmten Volkes in einem bestimmten Lebensraum. In Erscheinung tritt diese Kultur in der Kunst des betreffenden Volkes, in seiner Gesellschaftsordnung, seinen Sitten und Gebräuchen, seiner Religion. Aber all dies zusammenaddiert macht die Kultur nicht aus, wenn wir uns auch bequemlichkeitshalber oft so ausdrücken, als wäre es der Fall. Es sind nur die Teile, in die eine Kultur zerlegt werden kann, so wie der Körper eines Menschen sich anatomisch zergliedern läßt. Genauso wie ein Mensch mehr ist als die Summe der verschiedenen Teile seines Körpers, so ist auch die Kultur eines Volkes mehr als die Summe seiner künstlerischen Betätigungen, Sitten und religiösen Bekenntnisse. Alle diese Dinge wirken aufeinander ein, und um eines ganz verstehen zu können, muß man sie alle verstehen. Nun gibt es natürlich höher- und tieferstehende Kulturen, und die höheren sind gemeinhin durch stärkere Staffelung der Funktionen gekennzeichnet, so daß man von den kultivierteren und den weniger kultivierten Schichten der Gesellschaft sprechen kann; schließlich kann man auch einzelne Menschen als ganz besonders kultiviert bezeichnen. Die Kultur eines Künstlers oder Philosophen ist von der eines Bergmanns oder Landarbeiters verschieden; die Kultur eines Dichters wird irgendwie anders sein als die eines Politikers; aber in einer gesunden Gesellschaft sind dies alles Teile ein und derselben Kultur, und der Künstler, der Dichter, der Philosoph, der Politiker und der Arbeiter haben eine Kultur miteinander gemein, die sie nicht mit Menschen teilen, die dieselbe Tätigkeit in andern Ländern ausüben.

Nun ist es klar, daß *eine* Art Kultureinheit darin besteht, daß Menschen zusammenleben und dieselbe Sprache haben; denn dieselbe Sprache sprechen bedeutet anders denken, fühlen, empfinden als Menschen einer anderen Sprachgemeinschaft. Aber die Kulturen der verschiedenen Völker lassen einander nun einmal nicht unberührt; es sieht sogar ganz so aus, als ob in der Welt von morgen jeder Teil der Erde auf jeden anderen einwirken wird. Ich habe in früherem Zusammenhang auf den großen Nutzen hingewiesen, den die Kulturen der verschiedenen Länder Europas aus ihrer gegenseitigen Beeinflussung gezogen haben; auf den Schaden, den die Kultur eines Landes durch freiwillige oder erzwungene Isolierung erleidet; ich wies darauf hin, daß Länder, die Kultur vom Ausland ohne Gegengabe übernehmen, und Länder, die ihre Kultur anderen aufdrängen, ohne selbst etwas anzunehmen, durch diesen Mangel an Gegenseitigkeit in gleichem Maße geschädigt werden.

Grundsätzlich ist also der Austausch kultureller Anregungen allseitig. In der Praxis freilich kann man nicht einmal mit allen Ländern gleichmäßig Handel treiben. Die Waren, die man selbst erzeugt, werden von manchen Ländern dringender benötigt als von anderen; die Waren, die man selber braucht, werden von dem einen Land erzeugt, von dem andern nicht. Ebenso können Kulturen von Völkern mit verschiedenen Sprachen in einer mehr oder weniger engen Beziehung zueinander stehen, manchmal in so enger, daß wir sagen können, sie hätten eine gemeinsame Kultur. Wenn wir also von »europäischer Kultur« sprechen, meinen wir die Übereinstimmungen, die wir zwischen den verschiedenen Nationalkulturen feststellen können; und natürlich stehen auch innerhalb Europas manche Kulturen einander näher als andere. Es kann auch eine Kultur auf der einen Seite mit dieser, auf der andern mit jener Nachbarkultur eng verbunden sein, ohne daß diese beiden Nachbarkulturen miteinander enger verwandt sind. Ich kann ja auch Vettern haben, die nicht miteinander verwandt sind, nämlich Vettern väterlicherseits und mütterlicherseits. Genauso wie ich es ablehne, die Kultur Europas einfach als die Summe einer Anzahl beziehungsloser Kulturen auf gleichem Raum zu betrachten, so lehne ich es ab, die Welt in ganz beziehungslose Kulturgruppen aufzuteilen; ich lehne es ab, eine absolute Trennungslinie zwischen Ost und West, zwischen Europa und Asien zu ziehen. Es gibt jedoch gewisse gemeinsame Züge in Europa, die es möglich machen, von einer europäischen Kultur zu sprechen. Welche sind es?

Die Kraft, die zwischen Völkern mit eigener Kultur eine Kulturgemeinschaft entstehen läßt, ist vor allem die Religion. Vielleicht denken Sie jetzt, Sie wüßten schon, was ich sagen will: verstehen Sie mich bitte nicht falsch! Dies ist keine religiöse Ansprache, und ich gehe nicht darauf aus, jemand zu bekehren. Ich stelle einfach eine Tatsache fest. Es geht mir nicht so sehr um die Gemeinschaft der gläubigen Christen von heute; ich spreche von unserer gemeinsamen christlichen Überlieferung, die Europa zu dem gemacht hat, was es ist, und von den Kulturgütern, die das Christentum uns allen gebracht hat. Würde Asien morgen zum Christentum bekehrt, – ein Teil Europas wäre es damit noch lange nicht. Auf dem Boden des Christentums hat sich unsere Kunst entwickelt; im Christentum ist das Rechtswesen Europas – bis vor kurzem jedenfalls – verwurzelt gewesen. Ohne das Christentum als Hintergrund hätte unser ganzes Geistesleben keinen Sinn. Der einzelne Europäer mag die Lehre des Christentums für falsch halten, und doch wird alles, was er sagt und tut und schafft, seinem christlichen Kulturerbe entspringen und diese Kultur als sinngebend voraussetzen. Nur eine christliche Kultur konnte einen Voltaire oder Nietzsche hervorbringen. Ich glaube, daß die europäische Kultur das völlige Erlöschen christlicher Religiosität nicht überleben könnte; und diese Überzeugung habe ich nicht einfach deshalb, weil ich selber Christ bin, sondern weil ich auf die soziologischen Lebensgesetze achte. Wenn das Christentum dahingeht, so geht unsere gesamte Kultur dahin. Dann wird man mühselig von vorn anfangen müssen, denn man kann eine neue Kultur nicht anziehen wie einen Konfektionsanzug. Erst wächst das Gras, dann frißt es das Schaf, dann schert man das Fell, dann erst gibt's Wolle zum neuen Anzug. Europa würde durch viele Jahrhunderte der Barbarei hindurchmüssen. Wir würden die neue Kultur nicht erleben, auch nicht unsere Ur-ur-urenkel; und erlebten wir sie, nicht einer von uns würde sich glücklich in ihr fühlen.

Unserm christlichen Erbe verdanken wir viel mehr als einen religiösen Glauben. In ihm liegt die Entwicklung unserer Künste beschlossen, es vermittelte uns die Grundgedanken des Römischen Rechts, die so viel zur Gestaltung der westlichen Welt beigetragen haben, und unsere Begriffe von persönlicher Sittlichkeit und öffentlicher Moral. Es vermittelte uns auch die Literatur der Griechen und Römer und damit gemeinsame literarische Maßstäbe. Die Einheit der westlichen Welt beruht auf dieser Hinterlassenschaft, auf dem Christentum und auf den antiken Zivilisationen von Griechenland, Rom und Israel, auf die wir dank einer zweitausendjährigen Herrschaft des Christentums unsere Herkunft zurückführen können. Ich will diesen Gedanken nicht weiter ausführen. Was ich sagen möchte, ist dies: die in den gemeinsamen Kulturgütern liegende jahrhundertealte Einheit ist das wahre Band zwischen uns. Eine politische und wirtschaftliche Organisation, mag sie auch noch so viel guten Willen enthalten, kann nie ersetzen, was diese Kultureinheit uns gibt. Wenn wir unser gemeinsames Kulturerbe vergeuden oder mißachten, dann kann alles Organisieren und Planen der genialsten Köpfe uns nicht helfen oder uns näher zusammenbringen.

Die kulturelle Einheit, im Gegensatz zur politisch-organisatorischen, fordert von uns nicht, daß wir alle nur eine einzige Treuebindung haben, sondern bedeutet eine Vielfalt von Bindungen. Es ist falsch, zu glauben, die einzige Pflicht des Individuums sei die gegen den Staat. Völlig überspannt ist es zu glauben, die oberste Pflicht jedes Individuums sei die gegen einen Über-Staat. Ich will an einem Beispiel erläutern, was ich mit Vielfalt der Bindungen meine: Eine Universität dürfte nicht eine ausschließlich nationale Einrichtung sein, selbst wenn sie nur vom Staat unterhalten wird. Die Universitäten Europas müßten ihre gemeinsamen Ideale und gegenseitigen Verpflichtungen haben. Sie sollten von den Regierungen der Länder, in denen sie liegen, unabhängig sein. Sie sollten nicht Anstalten zur Heranzüchtung eines leistungsfähigen Beamtenkörpers oder zur Ausbildung von Wissenschaftlern sein, die nur ihre ausländischen Kollegen ausstechen wollen; sie sollten vielmehr dafür einstehen, daß Forschung Forschung bleibt, daß das Suchen nach Wahrheit nicht aufhört und daß, soweit es überhaupt möglich ist, Menschen weise werden.

Ich hätte gern in diesem letzten Vortrag noch viel mehr gesagt, aber ich muß mich jetzt sehr kurz fassen. Mein Appell richtet sich zum Schluß an die geistig Schaffenden Europas. Sie vor allem sind verantwortlich für die Erhaltung und Übermittlung unserer gemeinsamen Kultur. Unsere politischen Anschauungen mögen noch so verschieden sein: unsere gemeinsame Verantwortung ist es, unsere gemeinsame Kultur von politischen Einflüssen rein zu halten. Es handelt sich nicht um Fragen des Gefühls; ob wir einander mögen oder ob einer des andern Schriften lobt, ist nicht entscheidend, sondern daß wir erkennen, wie eng wir miteinander verwandt und aufeinander angewiesen sind. Entscheidend ist, daß einer ohne den andern nicht imstande wäre, die hervorragenden Werke zu schaffen, die ein Merkmal hoher Zivilisation sind. Wir können zur Zeit nicht viel Verkehr miteinander pflegen. Wir können einander nicht als Privatpersonen besuchen; wenn wir überhaupt reisen, können wir es nur über Regierungsstellen und mit offiziellen Aufträgen. Aber wir können wenigstens versuchen, die Güter zu retten, deren Treuhänder wir alle sind: das Erbe Griechenlands, Roms und Israels und das Erbe Europas aus den letzten zweitausend Jahren. Wer so viel Verwüstung in der sichtbaren Welt erlebt hat wie wir, der sieht auch die geistigen Güter unmittelbar bedroht.

Gedanken nach Lambeth[1]

Die englische Kirche wäscht ihre schmutzige Wäsche in der Öffentlichkeit. Es ist praktisch, mit dieser kurzen metaphorischen Feststellung zu beginnen. Im Unterschied zu einigen anderen Institutionen, staatlichen und kirchlichen, wird die Wäsche wirklich gewaschen. Schmutzige Wäsche zu haben, will schon etwas heißen, und zu behaupten, daß man seine Wäsche nie zu waschen brauchte, wäre eine verdächtige Prahlerei. Ohne eine gewisse Kenntnis dieser Gepflogenheiten der Kirche wird der Leser des Berichtes über die Lambeth-Konferenz (1930) dieses Dokument schwierig und in mancher Hinsicht irreführend finden. Der Bericht muß im Lichte früherer Berichte gelesen werden; mit einiger Kenntnis und etwas Sympathie für diese seltsamste aller Institutionen, die englische Staatskirche.

Die Konferenz selber ist sicherlich wichtiger als irgendein Bericht über sie. Ich will damit sagen, daß eine jede Konferenz ihren Platz in der Geschichte der Lambeth-Konferenzen hat und daß Richtungen und Tendenzen bedeutsamer sind als die genaue Formulierung von Ergebnissen, wie sie zu einem bestimmten Zeitpunkt erzielt wurden. Wenn man sagt, daß eine bedeutsame Richtung erkannt werden könne, so heißt das nicht, jeder beliebigen ziellosen Strömung Beifall zu spenden. Doch vermute ich, daß viele Leser des Berichts, insbesondere solche, die außerhalb der anglikanischen Gemeinschaft stehen, darauf gefaßt sind, die klaren, festen Unterscheidungen und Entscheidungen einer päpstlichen Enzyklika zu finden (oder zu verdammen, weil sie wissen, daß sie sie nicht finden werden). Zu diesen gehört Mr. George Malcolm Thomson, des-

1 Gemeint ist die Konferenz der Bischöfe der anglikanischen Kirche der ganzen Welt im Jahre 1930. Diese Konferenzen finden in der Regel alle zehn Jahre im Lambeth-Palast, dem Wohnsitz des Erzbischofs von Canterbury, statt. Die Beschlüsse dieser Konferenzen, auf denen Kirchen- u. Zeitprobleme erörtert werden, dienen der anglikanischen Kirche als Richtlinien. (d. Ü.)

sen lebendig geschriebene Broschüre in dieser Reihe[1] mir Stoff zum Nachdenken gegeben hat. Zwischen einem Lambeth-Konferenz-Bericht und einer päpstlichen Enzyklika besteht wenig Ähnlichkeit; es besteht zwischen ihnen vielmehr ein fundamentaler Unterschied in der Absicht. Vielleicht ist der Ausdruck »enzyklischer Brief« für die erzbischöfliche Mitteilung, die dem Bericht vorangestellt ist, selbst schon irreführend, weil er von vielen als die Stimme der endgültigen Autorität *de fide et moribus* aufgefaßt werden mag; und für diejenigen, die auf die Stimme der absoluten Autorität und die Worte harter Präzision hoffen, werden die Empfehlungen und frommen Erwartungen enttäuschend sein. Viele werden wie Mr. Thomson ausrufen, sie fänden nur Plattheiten, Gemeinplätze, Ausflüchte und Zweideutigkeiten. Der Bericht über die Konferenz soll kein absolutes Dekret in Fragen des Glaubens und der Moral sein; was diese anlangt, so stellen die zum Ausdruck gebrachten Ansichten keine zwingende Verpflichtung dar, ehe sie nicht von der Kirchenversammlung ratifiziert sind. Der Bericht ist als Ganzes eher der Ausdruck der Art und Weise, wie die Kirche sich entwickelt, als eine Anweisung an die Gläubigen in Glaubens- und Verhaltensfragen.

Eine andere Überlegung, die anzustellen wir nicht vergessen dürfen, ehe wir es wagen, den Bericht zu kritisieren, betrifft die Art, in der er abgefaßt wird. Manches in dem Bericht ist für mich, wie ich unumwunden zugebe, bloßes Gerede, einige Teile scheinen mir ausweichend, andere scheinen mir schlecht ausgedrückt, wenigstens im Hinblick auf den gewöhnlichen, unwissenden Leser; ein oder zwei Empfehlungen bedauere ich. Aber es sollte uns kein Anlaß zum Spott sein, daß dreihundert versammelte Bischöfe, wenn sie ihre Ansichten über höchst gewichtige Dinge vereinigen, dabei ein gewisses Maß an Unsinn zu Tage fördern. Mir wäre es keine Freude, wenn ich, zusammen mit zweihundertneunundneunzig meiner Bekannten, verbindlich etwas zu einer Meinungsbildung beizutragen hätte. Bedenken wir einmal, welche Menge von Unsinn einige unserer hervorragendsten Wissenschaftler, Professoren und Literaten zu jeder Veröffentlichungsperiode, jeder auf eigene Faust, zu

1 *The Lambeth Conference.* Von George Malcolm Thomson. Criterion Miscellany.

produzieren fähig sind. Stellen wir uns vor (wenn wir uns vorstellen können, daß solche Menschen bis zu einem derartigen Ausmaß übereinstimmen), wie albern ein enzyklischer Brief wohl wäre, den die gemeinsamen Anstrengungen von Mr. H. G. Wells, Mr. Bernard Shaw und Mr. Russell hervorgebracht hätten, oder die der Professoren Whitehead, Eddington und Jeans, oder die von Dr. Freud, Dr. Jung und Dr. Adler, oder von Mr. Murry, Mr. Fausset, der Gebrüder Huxley und des Reverend Dr. Potter aus Amerika.

Mit diesem Vergleich im Gedächtnis ist es, meine ich, nützlich, zuerst jene Teile des Berichts zu erledigen, die am fadesten sind, sowie jenen, der die meiste öffentliche Aufmerksamkeit erregt hat. Ich bedauere, daß einige Teile des Berichts, die mir die besten zu sein scheinen, wie die Abschnitte über *Die christliche Lehre von Gott,* zugunsten jener anderen Abschnitte vernachlässigt worden sind, über die die Leser der Skandalblätter sich sehr gerne aufregen. Aber wenn man über den Bericht schreibt, so muß man bereit sein, seinen eigenen Kommentar über diese schon allzu reichlich kommentierten Abschnitte zu geben. Der Bericht über »Jugend und ihre Berufung« legt den Gedanken nahe, daß die Bischöfe dem gewöhnlichen Tagesgeschwätz über dies Thema oder dem gewöhnlichen Tagesgeschwätz über das, was angeblich die Bischöfe selber glauben, gelauscht hatten. Sie beginnen mit einem Protest, der für jeden intelligenten Leser unnötig sein sollte. »Wir wünschen eingangs nachdrücklich gegen die Behauptung zu protestieren, daß die Jugend von heute insgesamt weniger moralisch oder weniger religiös sei als die Jugend früherer Generationen.« Es sollte offenkundig sein, daß die Jugend von heute »insgesamt« nicht irgend etwas mehr oder weniger ist als die Jugend früherer Generationen. Die Feststellung braucht, da sie nicht viel Sinn hat, nicht viel Aufmerksamkeit zu beanspruchen. »Es gibt Anzeichen für eine große geistige Bewegung unter der heranwachsenden Generation.« Man wünschte, diese journalistische Hyperbel wäre vermieden worden. Es kann kaum eine große geistige Bewegung unter einer ganzen Generation geben, weil die Zahl derer in einer Generation, die fähig sind, geistig stark bewegt zu werden, immer und überall sehr, sehr klein ist. Was die Bischöfe meiner Meinung nach billigerweise hätten sagen können, ist dieses: daß man hier und da unter gebildeten jungen Menschen eine Achtung vor der Kirche findet, welche der Anerkennung der geistigen Fähigkeit entspringt, die während zweier Jahrtausende in ihre Entwicklung eingegangen ist. Die Zahl derer, die für Philosophie interessiert sind, ist immer klein; doch während vor zwanzig Jahren ein junger Mann, der sich von metaphysischer Spekulation angezogen fühlte, gewöhnlich der Theologie gegenüber gleichgültig war, glaube ich, daß der gleiche junge Mann heute eher bereit ist, zu glauben, daß die Theologie eine männliche Disziplin ist, als es die Angehörigen meiner Generation waren. Wenn die Befähigung zum Glauben auch nicht größer sein mag, so ist doch das Vorurteil ihm gegenüber geringer; obwohl man nicht vergessen darf, der Jugend dazu zu gratulieren, daß sie sich in dieser Lage befindet, bevor man sie dafür bewundert, daß sie sie ausnutzt. Ich hoffe hier, daß unter den Bischöfen, die sich zu der fatalen Formel hinreißen ließen, daß »die Jugend dieser Generation ... zugegebenermaßen ihre Zelte abgebrochen hat und auf dem Marsch ist«, eine große Minderheit Andersdenkender war. Das ist einer der wunden Punkte der Zeit: nicht nur die Jugend, sondern auch das Mittelalter ist auf dem Marsch, jedermann ist, wenigstens nach Fleet Street[1] auf dem Marsch; es spielt keine Rolle, was das Ziel ist, das einzig Verächtliche ist, stillzusitzen.

Die Jugend ist natürlich in einer Hinsicht nur ein Symptom der Resultate dessen, was das mittlere Alter gedacht und gesagt hat. Ich stelle fest, daß die gleichen fünfzig Bischöfe vorsichtig anspielen auf »die Veröffentlichungen gewisser Autoren, deren anerkannte Fähigkeit und Stellung solchen Ansichten über die Beziehungen der Geschlechter ungebührliches Gewicht verleiht, die in direktem Widerspruch zu christlichen Prinzipien stehen«. Ich wünschte, sie hätten Namen genannt. Denn unglücklicherweise sind die beiden einzigen Autoren von »anerkannter Fähigkeit und Stellung«, die in England offiziell abgelehnt werden, Mr. James Joyce und D. H. Lawrence, so daß die fünfzig Bischöfe eine Gelegenheit verpaßt

1 dem Zeitungsviertel Londons. (d. Ü.)

haben, sich von der Verurteilung dieser beiden außerordentlich ernsten und förderlichen Schriftsteller zu distanzieren.[1] Wenn hingegen die Fünfzig an Mr. Bertrand Russell oder sogar an Mr. Aldous Huxley gedacht haben, dann sind sie besorgt über etwas, das für mich ein Grund zur Heiterkeit ist; denn wenn die Jugend auch nur den Geist eines Spatzen und das Gehirn einer Gans hat, so kann sie sich kaum mit Begeisterung um diese beiden deprimierenden »Lebenskraftler«[2] scharen. (Nicht daß Mr. Huxley, bei dem ich keinerlei Philosophie entdecken kann und dem es bis zu einem gewissen Grade gelingt, klarzumachen, wie trübe eine Welt ohne Lebensphilosophie sein kann, viel mit Mr. Russell gemein hätte.) Ich kann es nicht bedauern, daß Ansichten wie die Mr. Russells oder das, was man das entnervte *Evangelium der Glückseligkeit* nennen könnte, öffentlich dargelegt und verteidigt werden. Sie tragen dazu bei, klarzumachen, was das neunzehnte Jahrhundert zu verdunkeln weithin bemüht gewesen war: daß es so etwas wie eine richtige Moral nicht gibt, sondern daß für jeden, der klar denkt, seine Moral so ist, wie sein Glaube ist. Wäre meine Religion die Mr. Russells, so wären höchstwahrscheinlich meine Ansichten über menschliches Verhalten auch die seinigen; und ich bin mir ganz sicher, daß ich nicht etwa meinen Glauben angenommen habe, um meine Ansichten über das Verhalten zu verteidigen, sondern meine Ansichten über das Verhalten verändert habe, um sie dem anzupassen, was mir die Implikationen meiner Glaubensgrundsätze zu sein scheinen. Der wahre Konflikt besteht nicht zwischen zwei Gruppen moralischer Vorurteile, sondern zwischen dem theistischen und dem atheistischen Glauben; und es ist nur gut, wenn die Trennungslinie scharf gezogen wird. Die Emanzipation war, als ich jung war, für wagemutige Geister von einigem Inter-

1 Vor einiger Zeit, während der Konsulschaft von Lord Brentford, machte ich den Vorschlag, daß, wenn wir überhaupt an eine Zensur dächten, sie im Lambeth-Palast sein müßte; aber ich glaube, die wenigen Leute, die meine Worte lasen, haben geglaubt, ich wollte einen Witz machen.
[Patrick Ruthven, Viscount Brentford (1865–1932), Staatsmann, war u. a. Mitglied der Church Assembly und seit 1921 President of the National Church League (d. Ü.)]

2 »life-forcers«, nach dem ideologisch-biologischen Schlagwort des späten 19. Jahrhunderts. (d. Ü.)

esse, und sie muß für die Generation davor sehr aufregend gewesen sein; aber die Jugend, auf die die Worte der Bischöfe zutreffen, ist heute grauhaarig. Die Emanzipation verliert viel von ihrem Reiz, wenn sie respektabel wird. Ja, das Evangelium der Glückseligkeit in der Form, wie Mr. Russell es in mittleren Jahren predigt, ist dergestalt, daß ich mir nicht vorstellen kann, wie es auf Mr. Russell in seiner Jugend hätte Eindruck machen können, so mittelmäßig und respektabel ist es. Es hat nichts zu bieten für diejenigen, die in eine Welt hineingeboren sind, zu deren Schaffung Mr. Russell und andere beigetragen haben. Die Älteren haben die Befriedigung gehabt, Vorurteile abzulegen, das heißt, sich selbst zu überzeugen, daß die Art, wie sie sich verhalten wollen, die einzig moralische Art des Verhaltens ist; aber es ist dabei nicht viel zu holen für die, die keine Vorurteile abzulegen haben. Christliche Moral gewinnt unendlich an Reichtum und Freiheit, wenn sie als die Folge christlichen Glaubens gesehen wird und nicht als die Aufnötigung tyrannischer und irrationaler Gewohnheiten. Was von der neuen Freiheit hauptsächlich bleibt, ist ihr mageres, verarmtes Gefühlsleben; am Ende ist es der Christ, der die vielgestaltigere, reinere und intensivere Freude am Leben haben kann, was die Zeit beweisen wird.

Bevor ich das nicht sehr einträgliche Thema der Jugend verlasse, muß ich erwähnen, wie die Jugend von heute in einer anderen Hinsicht, die nicht ohne Beziehung zu dem Gesagten ist, gegenüber einer älteren Generation einigen Vorteil hat. (Ich mag das Wort »Generation« nicht leiden, das die letzten zehn Jahre lang ein Talisman gewesen ist; als ich eine *The Waste Land* betitelte Dichtung schrieb, meinten einige der wohlwollenderen Kritiker, ich hätte die »Desillusionierung einer ganzen Generation« ausgedrückt, was Unsinn ist. Ich mag für sie vielleicht ihre eigene Illusion, desillusioniert zu sein, ausgedrückt haben, aber das lag nicht in meiner Absicht.) Einer der tödlichsten Einflüsse auf die Kirche in der Vergangenheit, bereits seit dem achtzehnten Jahrhundert, war, daß sie von der Oberschicht, der oberen Mittelschicht des Bürgertums und der aufstrebenden Klasse als eine politische Notwendigkeit und ein Erfordernis der Respektabilität angesehen wurde.

Es gibt Anzeichen dafür, daß die Lage heute ganz anders ist. Als ich zum Beispiel vor einigen Jahren einen kleinen Essayband mit dem Titel *For Lancelot Andrewes* veröffentlichte, nahm der anonyme Rezensent des *Times Literary Supplement* dies zum Anlaß, daraus etwas zu machen, was ich nur als einen schmeichelhaften Nachruf bezeichnen kann. In Worten großen Ernstes und offensichtlicher Aufrichtigkeit wies er darauf hin, daß ich plötzlich in meiner Entwicklung innegehalten hätte – wohin er meinte, daß ich mich entwickelte, weiß ich nicht – und daß ich zu seinem Kummer mich unzweifelhaft in der falschen Richtung bewegte. Irgendwie hatte ich versagt und hatte mein Versagen eingestanden; wenn nicht ein verlorener Führer, so doch ein verlorenes Schaf; was noch mehr ist, eine Art Verräter; und diejenigen, die ihren Weg ins gelobte Land jenseits der Wüste antreten würden, könnten beim Appell der neuen Heiligen eine Träne über mein Fehlen vergießen. Ich glaube, das Merkwürdige dieses Standpunktes wird nur wenigen Leuten auffallen. Aber daß er in einer literarischen Zeitschrift erschien, die nicht nur die beste, sondern die geachtetste und respektabelste ist, traf mich als ein hoffnungsvolles Zeichen der Zeiten. Denn es bedeutete, daß der orthodoxe Glaube Englands endlich von seiner Bürde der Respektabilität befreit ist. Eine neue Respektabilität ist erstanden, die Bürdenlast auf sich zu nehmen; und diejenigen, die einstmals als intellektuelle Vagabunden angesehen worden wären, sind jetzt fromme Pilger, die fröhlich ihre Straße vom Nichts zum Nichts dahinziehen und ihre Hymnen trällern, zufrieden, solange sie nur »auf dem Marsch« sein können.

Die Veränderung der Verhältnisse ist so sichtbar, daß jeder, der sich in Intellektuellenkreisen bewegt hat und zur Kirche kommt, das Erlebnis eines seltsamen und recht erheiternden Gefühls der Isolation hat. Die neue Orthodoxie hat natürlich viele Formen, und die Anhänger der einen Form reden oft harte Worte über andere, doch ist der alle umfassende Zug zur Respektabilität ziemlich deutlich. Mr. Middleton Murry, von dessen höchst respektabler neuer Religion man dauernd hört, daß sie »auf dem Marsch«, schon ganz nah gleich hinter der nächsten Straßenecke ist, obwohl sie uns noch nicht erreicht hat[1], ist fähig, von seiner eigenen Version zu sagen: »Die Worte spielen keine Rolle. Wenn wir den Sinn neuschaffen können – alle Worte aller Religionen werden uns zur Verfügung stehen, und wir werden nicht versäumen, sie zu verwenden.« Man ist in Versuchung, zu meinen, Mr. Murry habe schon so viele Worte zu seiner Verfügung, darunter einige seiner eigenen Schöpfung, daß er es nicht nötig habe, weitere aufzubieten. Ein noch respektablerer Schriftsteller als Mr. Murry, weil er Professor an einer amerikanischen Universität ist, ist Mr. Norman Foerster[2], der Wortführer des Humanismus. Mr. Foerster, der die schlichte Ehrlichkeit besitzt, zuzugeben, daß er über einen engen Protestantismus hinaus, den er ablehnt, sehr wenig Bekanntschaft mit dem Christentum gemacht hat, bietet den Humanismus an, weil er denen zusage, »die in sich keine Berufung für geistige Demut feststellen können«! ohne überhaupt zu merken, daß dies die genaue Parallele zu der Ansicht ist, die Kameradschaftsehe »sage denen zu, die in sich keine Berufung für geistige Enthaltsamkeit feststellen könnten«. Zugegeben, daß er, nach seinem nächsten Abschnitt zu urteilen, insgeheim eine nebelhafte Unterscheidung von »geistiger Demut« und »Demut« schlechthin beabsichtigt, die Unterscheidung ist zwar da, aber nicht entwickelt. Man kann heute ein angesehener Professor sein, und dazu ein berufsmäßiger Moralist, ohne den devotionalen Sinn des Wortes *Berufung* oder den theologischen Sinn der Tugend der *Demut* zu verstehen, die allerdings eine unter den modernen Gelehrten und Literaten nicht häufig anzutreffende Tugend ist. Wir haben heute ebenso viele, ebenso feierlich-ernste und ebenso prächtig gewandete Propheten wie in irgendeinem Jahrzehnt des vergangenen Jahrhunderts; und es ist jetzt Mode, den Christen im Namen irgendeiner höheren »Religion« zu tadeln – oder öfter noch im Namen von irgend etwas Höherem, das schlichtweg »Religion« genannt wird.

Eine wie geringe Meinung ich auch von der Jugend haben könnte, so könnte ich doch nicht glauben, daß sie sich lange von jenem

1 d. h., im Jahre 1931. (d. Ü.)
2 Norman Foerster (geb. 1887), führende Gestalt des amerikanischen New Humanism. Mit ihm setzt Eliot sich in »Nachgedanken zum Humanismus« (s. d.) auseinander. (d. Ü.)

leeren Wort »Religion« täuschen läßt. Die Presse mag noch eine Zeitlang, denn die Presse ist immer hinter der Zeit zurück, fortfahren, Suchaktionen nach populären Vertretern dieser oder jener »Religion« zu veranstalten und diese Menschen dazu aufzuwiegeln, über das Wiederaufleben und den Verfall von »Religion« Unsinn zu reden. Die Religion kann kaum wiederaufleben, da sie nicht verfallen kann. Um die Sache klipp und klar auf die primitivste Formel zu bringen: es ist in niemandes Interesse, daß die Religion verschwindet. Wenn sie es täte, würden viele Setzer arbeitslos; das Publikum unserer meistgelesenen Naturwissenschaftler würde fast zu nichts zusammenschrumpfen, und die Schreibmaschinen der Gebrüder Huxley hörten auf zu klappern. Ohne Religion würde die ganze menschliche Rasse sterben, wie nach W. H. R. Rivers einige melanesische Stämme einfach aus Langeweile gestorben sind. Jeder würde davon betroffen werden: der Mann, der seine regelmäßigen Fahrten im Auto macht und sonntags eine Runde Golf spielt, ebenso wie der gewissenhaft pünktliche Kirchgänger. Dr. Sigmund Freud hat uns mit der ihm eigenen Zartheit des Empfindens daran erinnert, daß wir doch »den Himmel den Engeln und den Sperlingen überlassen« sollten; seinem Rate folgend, können wir die »Religion« dann wohl Mr. Julian Huxley und Dr. Freud überlassen.

An dieser Stelle kann ich von der Jugend zu einem anderen Punkt in dem Bericht übergehen, bei dem ich das Gefühl habe, daß die Bischöfe ebenfalls die Jugend im Auge hatten. Auf Seite 19 lesen wir: »Vielleicht am bemerkenswertesten ist, daß vieles im wissenschaftlichen und philosophischen Denken unserer Zeit ist, was für den Glauben an Gott heute ein Klima bietet, das günstiger ist, als es durch Generationen hindurch war.«

Ich kann nicht umhin zu wünschen, daß die Bischöfe doch irgendeinen der fähigen Theologen und Philosophen innerhalb der Kirche befragt hätten (wie etwa Professor A.E. Taylor, der einen ausgezeichneten Aufsatz über den Gott Whiteheads in *Theology* veröffentlicht hat), ehe sie unserer neuesten populären Bestseller-Masche diesen ihren Segen gaben. Ich widerspreche nicht dem buchstäblichen Sinn der von mir gerade zitierten Feststellung. Es ist vielmehr der Ton übertriebener Freundlichkeit, den ich mißbillige. Ich meine, die Naturwissenschaftler sollten als Büßende für die Sünden einer früheren naturwissenschaftlichen Generation aufgenommen und nicht als neue Freunde und Bundesgenossen begrüßt werden. Es mag vielleicht auf meiner Seite ungewöhnliche Härte und Fühllosigkeit sein, aber ich kann mich nicht dazu bereitfinden, klimatische Bedingungen so ernst zu nehmen, wie der angeführte Satz es uns erlauben zu wollen scheint. Ich will nicht den möglichen Nutzen der Ansichten in Abrede stellen, die Whitehead und Eddington und andere vorgebracht haben. Aber es müßte ganz klargemacht werden, daß diese Schriftsteller niemanden im Glauben bestärken können; sie können nur insofern von praktischem Wert sein, als sie Vorurteile derer ausräumen, die nicht den Glauben haben, aber möglicherweise dahin gelangen können: dieser Unterschied scheint mir von höchster Wichtigkeit zu sein. Ein charakteristischer Zug, der meinen Argwohn gegenüber den naturwissenschaftlichen Paladinen der Religion vertieft, ist der, daß sie alle Engländer oder wenigstens alle Angelsachsen sind. Ich habe einige Äußerungen über Religion und Philosophie von den Lippen solcher Männer wie Einstein, Schroedinger und Planck berichtet gelesen; aber sie konnten als Entschuldigung geltend machen, daß sie von Mr. Sullivan interviewt wurden; und die Bemerkungen waren hauptsächlich deshalb interessant, so wie sie meiner Meinung nach Mr. Sullivan auch haben wollte, weil sie Licht auf den Geist dieser interessanten Forscher warfen; keiner dieser Männer hat bisher ein populäres Buch über die verstohlenen Blicke ins Märchenland der Wirklichkeit geschrieben. Ich habe den Verdacht, daß etwas von dem Ur-H. G. Wells in uns in den englischsprechenden Ländern steckt und wir Spaß daran haben, allgemeine Schlüsse aus besonderen Wissenschaftsgebieten zu ziehen, wobei wir unsere Fertigkeit auf dem einen Felde als Rechtfertigung für das Theoretisieren über die Welt im allgemeinen benutzen. Es ist ferner eine Schwäche der Angelsachsen, persönliche und private Religionen zu haben und sie zu verkünden. Und wenn ein Naturwissenschaftler sich auf dem Felde der Religion tummelt, so ist alles, was er machen kann, daß er uns den Eindruck vermittelt, den sein naturwissenschaftliches Wissen und Denken auf seine alltägliche und zumeist gewöhnliche persönliche und private Einbildungskraft gemacht hat.[1]

Jedoch können wir sogar in dem Abschnitt über die Jugend einige weise und wahre Aussprüche finden, wenn wir die Geduld haben, danach zu suchen. »Die Besten der jüngeren Generation in allen Teilen der Gemeinschaft«, so heißt es, »und in allen Ländern der Erde suchen nicht nach einer Religion, die verwässert oder der Strenge ihres Anspruchs beraubt ist, sondern eine Religion, die ihnen nicht nur eine sichere Grundlage und eine letztgültige Gewähr der Moral gibt, sondern auch eine Kraft, fortzufahren in dem Bemühen, nach dem Ideal zu streben, das sie in ihrem innersten Herzen als das höchste und beste erkennen.« Ich wünschte, dies wäre in weniger Worten gesagt worden, aber der Sinn ist vernünftig und kann nicht oft genug wiederholt werden. Es tut nicht gut, das Christentum leicht und angenehm zu machen; »die Jugend«, oder jedenfalls ihr besserer Teil, wird sich eher zu einer schweren Religion hinfinden als zu einer leichten. Für einige muß der intellektuelle Zugang betont werden; es besteht Bedarf nach einem stär-

1 Unter der Überschrift *Die Natur des Raumes: Professor Einsteins Meinungswandel* lese ich in der *Times* vom 6. Februar 1931 die folgende Nachricht aus New York: »Am Ende eines 90-Minuten-Vortrags über seine Einheitliche-Feld-Theorie vor einer Gruppe von Physikern und Astronomen im Carnegie-Institut in Pasadena am gestrigen Tage verblüffte Professor Einstein seine Hörer damit, daß er lächelnd erklärte, ›Der Raum kann nie etwas der alten symmetrischen sphärischen Raum-Theorie Ähnliches sein‹.«

Diese Theorie, sagte er, wäre unter den neuen Gleichungen nicht möglich. So schob er sowohl seine eigene frühere Hypothese beiseite, daß das Universum und der Raum, den es einnimmt, sowohl statisch wie uniform wären, wie auch das Konzept seines Freundes, des holländischen Astronomen De Sitter, daß das Universum, obwohl statisch, nicht-uniform wäre, was De Sitter auf der Theorie begründet hatte, daß, statt daß die Materie den Raum bestimme, es der Raum wäre, der die Materie bestimme und daher auch die Größe des Universums.

Astronomen, die hörten, wie Professor Einstein seine Erklärung abgab, sagten, es wäre ein Anzeichen dafür, daß er das Werk zweier amerikanischer Naturwissenschaftler, Dr. Edwin P. Hubble, eines Astronomen am Mount Wilson-Observatorium, und Dr. Richard C. Hace Tolman, eines Physikers des California Institute of Technology, anerkannt habe, die die Ansicht vertreten, daß das Universum nicht-statisch, obwohl uniform im Raum verteilt sei. Nach Ansicht von Dr. Hubble und Dr. Tolman dehnt sich das Universum dauernd aus und Materie verwandelt sich dauernd in Energie.

Unsere nächste Offenbarung über die Haltung der Naturwissenschaft zur Religion wird wahrscheinlich von Dr. Hubble und Dr. Tolman kommen.

keren intellektuellen Laientum. Für sie und für andere muß der Weg der Disziplin und der Askese betont werden; denn selbst der bescheidenste christliche Laie kann und muß in der modernen Welt ein verhältnismäßig asketisches Leben leben. Die Disziplin der Gefühlsregungen ist noch seltener und in der modernen Welt noch schwieriger als die Disziplin des Geistes; einige hervorragende Laienprediger der »Zucht« sind Männer, die nur die letztere kennen. Denken, Studium, Kasteiung, Opfer: Begriffe wie diese sollten den Jungen eingedrückt werden – die sich von den Jungen anderer Zeiten lediglich dadurch unterscheiden, daß sie eine andere mittelalterliche Generation hinter sich haben. Man wird die Jungen nie gewinnen, wenn man das Christentum zu leicht macht; aber eine beträchtliche Anzahl kann gewonnen werden, wenn sie es schwierig finden: schwierig sowohl für den unordentlichen Geist wie für die ungebärdigen Leidenschaften.

Ich nehme mit einigem Zögern, aber mit wirklicher Überzeugung Bezug auf die viel diskutierte Resolution 15 über Ehe und Empfängnisverhütung. Über einen Teil des Problems gibt es eine ausgezeichnete analytische Studie vom Master des Corpus (Christi College) in *Theology* vom Dezember 1930. Ich kann jenen Ausführungen nur eine Bemerkung hinzufügen, ohne die kasuistischen Probleme anzugehen, die der Master von Corpus mit großer Geschicklichkeit erörtert. Ich glaube, es war nicht nur richtig und mutig von der Konferenz, daß sie eine Ansicht über das Thema der Fortpflanzung äußerte, die grundsätzlich von der Roms verschieden ist, sondern ich bin der Meinung, daß die vertretene Haltung wichtiger ist als diese besondere Frage, so wichtig sie auch sein mag, und einen radikalen Unterschied zwischen der anglikanischen und römischen Ansicht in anderen Dingen anzeigt. Ich bedauere indessen, daß die Bischöfe dem einzelnen Gewissen so sehr vertrauen und dadurch die Vorteile ihrer Unabhängigkeit aufs Spiel gesetzt haben. Gewiß kann ein jeder, der gänzlich aufrichtig und reinen Herzens ist, sich der Lenkung durch den Heiligen Geist anvertrauen; aber wer von uns ist immer ganz aufrichtig, besonders dort, wo der herrischste der Instinkte stark genug ist, in vollkommener Weise die Stimme des Heiligen Geistes zu simulieren.

Die Resolution zeigt ziemlich klar die Stärke wie die Schwäche des Berichts wie auch die Stärke und Schwäche der anglikanischen Kirche. Die Anerkennung der Empfängnisverhütung ist sicherlich etwas ganz anderes als eine Konzession an »moderne« Gesinnung. Es war eine mutige Entscheidung, den Tatsachen des Lebens ins Gesicht zu schauen, und die einzig mögliche Art der Behandlung des Problems innerhalb der anglikanischen Kirchenorganisation. Bevor die Bischöfe jedoch den unterschiedlichen Charakter der anglikanischen Kirche in dieser Weise betonten, müssen sie ziemlich viel darüber nachgedacht haben; um so verwunderlicher, daß sie nicht noch ein bißchen mehr Denken daran gewandt haben und statt dessen zu einer Feststellung kamen, die mir nahezu selbstmörderisch vorkommt. Denn zu erlauben, daß »jedes Paar« sich nur dann Rat holt, *wenn es ratlos im Geiste ist*, heißt beinahe, die ganze Festung der Kirche preisgeben. Es gilt zehn zu eins, wenn man die außerordentliche Unaufrichtigkeit der Menschheit betrachtet, die nach so viel tausend Jahren allen offenkundig sein sollte, daß nur eine sehr kleine Minderheit »ratlos« sein wird; und angesichts der Worte der Bischöfe gilt es zehn zu eins, daß die ehrliche Minderheit, die »kompetenten Rat« erhält (und ich stelle fest, daß die Reihenfolge der Worte »*medizinisch* und geistlich« ist), sich an eine Geistlichkeit wird wenden müssen, die genauso ratlos ist wie sie selbst oder aber durch die Wertlosigkeit dieses Satzes zum hartnäckigen Widerstand, der größer als der eines römischen Klerus ist, aufgestachelt wird.

Kurzum, die ganze Resolution zeigt die bewunderungswürdige englische Liebe zum common sense, aber auch die beklagenswerte anglikanische Gewohnheit, die Dinge im Namen des common sense auf den Kopf zu stellen. Gerade diese Angelegenheit des »geistlichen Rates« hätte wenn nötig jahrelang geprüft und analysiert werden müssen, bevor man eine Erklärung abgab. Aber das Prinzip ist einfach, wenngleich die erfolgreiche Anwendung Zeit erfordern dürfte. Ich bin nicht dafür, daß das volle Sakrament der Beichte und Buße jedem Kommunikanten der Kirche auferlegt wird; aber die Kirche sollte in der Lage sein, allen ihren Kommunikanten aufzuerlegen, daß sie über besondere Probleme des Lebens geistlichen Rat einholen; und Geistlichkeit wie Gemeindeglieder sollten die volle Ernsthaftigkeit und Verantwortung einer solchen Beratung erkennen. Ich weiß sehr wohl, daß, da Meinungen und Theorien gegenwärtig variieren, diejenigen, die Rat suchen, auch immer den Rat finden können, den sie suchen, wenn sie wissen, wohin sie sich wenden können; das jedoch ist unvermeidlich. Aber wenn irgendwo, so liegt hier wirklich ein Fall vor, in dem das Gewissen des Einzelnen kein verläßlicher Führer ist; geistliche Leitung müßte Pflicht sein, und sie müßte klar und deutlich über den medizinischen Rat gestellt werden – wo ebenfalls Meinungen und Theorien unbegrenzt variieren. Kurz, ein allgemeines Prinzip von größter Wichtigkeit, das über die Anwendbarkeit auf diesen besonderen Fall hinausgeht, hätte festgelegt werden können; aber seine Aufstellung wurde umgangen.

Um es freimütig, aber, wie ich hoffe, nicht kränkend zu sagen, scheint mir die Ansicht der römischen Kirche im allgemeinen die zu sein, daß ein Prinzip ohne Ausnahme bejaht werden muß, daß aber danach Ausnahmen anerkannt werden können, ohne daß das Prinzip dadurch verändert würde. Die dem Engländer natürliche Ansicht ist, glaube ich, eher die, daß ein Prinzip auf solche Weise formuliert werden muß, daß es alle zulässigen Ausnahmen in sich schließt. Es folgt daraus unvermeidlicherweise, daß die römische Kirche sich zur Unverrückbarkeit bekennt, während die anglikanische Kirche bekunden muß, daß sie die Veränderung der Verhältnisse berücksichtigt. Ich hoffe, es ist unnötig, die Versicherung abzugeben, daß ich die römische Denkweise nicht für unehrlich halte und daß ich keine billigen und leichten Spötteleien über die Doppelzüngigkeit und Heuchelei jener Kirche billigen würde; es ist eine andere Konzeption der menschlichen Natur und der Mittel, durch die, aufs Ganze gesehen, die größte Zahl von Seelen gerettet werden kann; aber der Unterschied reicht tief. Prudenti dissimulatione uti ist keine Richtschnur, die der angelsächsischen Theologie zusagt, und auch hier kann die anglikanische Kirche nationale (ich meine nicht nationalistische) Differenzen in Theorie und Praxis zulassen, die die formal strengere Organisation der römischen Kirche nicht anerkennen kann. Was ist in England das rechte Gleichgewicht zwischen individueller Freiheit und Disziplin? – zwischen individueller Verantwortlichkeit und Gehorsam? – aktiver Mitarbeit und passiver Hinnahme? Und bis zu welcher äußersten Grenze sind Abweichungen des Glaubens und der Praxis zulässig? Dies sind Fragen, die der englische Geist sich immer stellen muß; und die Antworten können nur, wenngleich mit Zögern und mit Schwierigkeiten, durch die Englische Kirche gefunden werden. Das Eingeständnis von Widersprüchen, manchmal bespöttelt als Gleichgültigkeit gegenüber Logik und Zusammenhang, deren der englische Geist oft bezichtigt wird, mag zum großen Teil das Eingeständnis von Widersprüchen sein, die das Leben selbst enthält, zugleich aber auch das der Unmöglichkeit, sie durch die Aufdrängung einer Gleichförmigkeit zu überwinden, die größer ist, als das Leben zuläßt.

Jedoch sogar wenn die anglikanische Kirche die Notwendigkeit geistlicher Führung bekräftigte, was sie meiner Meinung nach tun müßte, wobei sie Ausnahmen zuließe, hat trotzdem das Episkopat die Verpflichtung, den Führenden Führung angedeihen zu lassen. Ich kann nur befürchten, daß hier die römische Lehre, soweit ich sie ausgelegt gesehen habe, uns ebenso im ungewissen läßt wie die anglikanische. Zum Beispiel: Was ist nach der Doktrin der römischen Kirche empfehlenswerter – kluge Enthaltsamkeit in der Ehe oder unbegrenzte Zeugung bis an die Grenze der mütterlichen Kräfte? Wenn das letztere, dann scheint mir die Kirche verpflichtet zu sein, eine Lösung der wirtschaftlichen Fragen anzubieten, die sich bei solcher Praktik erheben: denn wenn man ein moralisches Gesetz erläßt, das in der Praxis verhängnisvolle wirtschaftliche Folgen hat – wie Überbevölkerung oder Armut –, so geht man damit gewiß die Verpflichtung ein, irgendeine Lösung zur Steuerung dieser Folgen anzubieten. Wenn das erstere, welche Motive sind dann richtige Motive? Die letzte päpstliche Enzyklika scheint in der Frage der Resolution 15 ganz entschieden zu sein – wodurch allerdings die Probleme keines einzigen Einzelnen gelöst werden. Und die Resolution ist ebenso unbefriedigend, obschon vielleicht nicht unbefriedigender. Die römische Erklärung läßt die Fragen unbeantwortet: Wann ist es gerechtfertigt, die Kinderzahl zu beschränken? Und: Wann ist es richtig, sie nicht zu beschränken? Und die anglikanische Erklärung läßt die Fragen unbeantwortet: Wann ist es richtig, die Kinderzahl zu beschränken und wann, sie nur durch Enthaltsamkeit zu beschränken? Und: Wann ist es richtig, die Familie durch Empfängnisverhütung zu beschränken?

Andererseits zeigt die Tatsache, daß die Resolution 15, wie ich sie verstehe, vor allem falsch ist, weil sie eine Frage isoliert und als selbständig behandelt, die als ein Teil der allgemeineren Frage behandelt werden müßte, die zuerst zu behandeln gewesen wäre – die der Geistlichen Beratung und Autorität, – zeigt diese Tatsache, meine ich, eine ständig wiederkehrende Ursache der Schwäche. Wenn der bischöfliche Geist sieht, daß etwas in sich selbst begreiflicherweise wünschenswert ist, so scheint er geneigt zu sein, zunächst einmal die Mittel und Wege zu erwägen, durch die es verwirklicht werden kann, anstatt die theologischen Begründungen zu suchen, durch die es zu rechtfertigen ist; und es finden sich hier und da Spuren dieses Eifers in den Empfehlungen über die Wiedervereinigung[1] und die Verbrüderung. Zum Beispiel wird (S. 117 des Berichts) empfohlen, daß ein Bischof getaufte kommunizierende Glieder von Kirchen, die nicht in Gemeinschaft mit unserer eigenen stehen, ermächtigen und ermutigen könne, in seiner Diözese mit Anglikanern zu kommunizieren, »wenn die Dienste ihrer eigenen Kirche nicht zur Verfügung sind«. Dies soll zwar nur unter besonderen und zeitlich beschränkten örtlichen Bedingungen geschehen, und es ist nicht meine Absicht, zu bezweifeln, daß unter den Bedingungen, die die Bischöfe im Auge gehabt haben müssen, solche Interkommunion höchst wünschenswert ist. Aber was impliziert die Empfehlung? *Wenn* denn also Dissentierende niemals in anglikanischen Kirchen kommunizieren sollten oder *wenn* sie unter bestimmten Bedingungen ermutigt werden sollten, es zu tun, dann sind zwei ganz verschiedene Theorien des Altarsakraments im Spiel. Für die vorgeschlagene Neuerung ist eine theologische Rechtfertigung erforderlich. Erforderlich ist eine Theorie der Stufungen für den Empfang des Heiligen Sakraments, wie auch der Gültigkeit des Dienstes eines nicht bischofskirchlich ordinierten Zelebran-

1 der Kirchen (d. Ü.)

ten. Mein Einwand gilt deshalb nicht der Zulassung von Dissentierenden zum Altar – und ich möchte nicht angreifen, was noch nicht verteidigt worden ist –, sondern der Verbreitung dieser Praktik, bevor eine theologische Rechtfertigung entwickelt worden ist. Vielleicht ist die Theologie, was Bradley von der Philosophie sagte: »die Suche nach schlechten Gründen für das, was wir aus Instinkt glauben«; ich meine, es kann die Suche nach guten Gründen für das sein, was wir aus Instinkt glauben; aber wenn die englische Kirche diese Gründe nicht finden und den philosophisch Ausgebildeteren unter den Gläubigen nicht einsichtig machen kann, was kann sie dann tun?

Eine ähnliche Gefahr scheint mir in der Feststellung über den Geschichtlichen Episkopat zu liegen. Mr. Malcolm Thomson, der, wie ich vermute, nach der Ansicht der Römischen Kirche oder nach einer der vertretbaren römischen Ansichten Ausschau hält (wie es ein Außenseiter natürlich tut) und sie nicht findet, wählt und übertreibt eine mögliche Entstellung; andererseits weist er auf eine wirkliche Gefahr hin, der wir uns bewußt sein sollten. Er zitiert die Worte des Berichts:

»Während wir so für den Historischen Episkopat als ein notwendiges Element jeder Vereinigung, an der die Anglikanische Kirche teilnehmen kann, eintreten ..., verlangen wir von anderen keine Anerkennung jener Gründe oder irgendeiner bestimmten Theorie oder Interpretation des Episkopats als Bedingung für die Wiedervereinigung.«

Was den Bischöfen vorschwebte, als sie sich auf diese gewichtige Äußerung festlegten, ist sicherlich die Tatsache, daß die Kirche nie eine einzige starre Theorie des Wesens des Episkopats vertreten hat. Selbst in der römischen Kirche gibt es, wenn ich recht verstehe, immer noch wenigstens zwei vertretbare Theorien. Aber solche theologische Subtilitäten gehen über den Horizont des normalen Laienverstandes, und der größte Wert des interessanten Pamphlets von Mr. Thomson ist für mich die Aufdeckung von Möglichkeiten des Mißverstehens des Wortlautes einiger Teile des Berichts. Und ich stimme mit ihm bis dahin überein, daß die Worte *wir erwarten nicht von anderen die Anerkennung jener Gründe* so aufgefaßt

werden könnten, als bedeuteten sie »wir verlangen von anderen die Anerkennung keiner Gründe mit Ausnahme der Zweckmäßigkeit«: mit anderen Worten, wir bitten, daß die Nonkonformisten den Episkopat als eine harmlose Formalität um einer chimärischen Einheit willen akzeptieren.
Ich bilde mir nicht einen Augenblick lang ein, daß die »Unterhaltungen« der Englischen Kirche mit den Freien Kirchen in unserer Zeit irgendwelche Früchte tragen werden; ich hoffe vielmehr, daß sie es nicht tun; denn jede Frucht dieser Ernte wäre eine unreife und bittere Frucht und zu früh gebrochen. Doch ebenso kann ich nicht mit denjenigen zischen, die die Kirche anklagen, ein doppeltes Spiel zu treiben, und die den unschuldigen Levantinern und Schweden die eine Beteuerung und den unversöhnlichen Methodisten eine andere abgeben. Es wäre fürwahr eine armselige Politik, eine Wiedervereinigung ins Auge zu fassen, die nicht schließlich im Rahmen eines größeren Planes die vollständige Wiedervereinigung anstrebte; und trotz des Gelächters ist »Wiedervereinigung auf der ganzen Linie« das einzig vertretbare Ideal. Gegenüber den Methodisten trägt die Englische Kirche sicherlich eine schwere Verantwortung, vergleichbar etwa der, die die Römische Kirche uns gegenüber hat; und es käme einer Frechheit gleich, wenn anglikanische Bischöfe ein Bündnis mit Uppsala und Konstantinopel suchen würden, ohne eine Form der Repatriierung derer zu suchen, die von Menschen abstammen, die (wie ich sicher glaube) die Englische Kirche nie verlassen hätten, wäre sie im achtzehnten Jahrhundert das gewesen, was sie jetzt im zweiten Viertel des zwanzigsten ist. In solch schwierigen Verhandlungen blickt die Kirche ganz ordnungsgemäß und gewissenhaft nach zwei Seiten: was nur zeigt, daß die Englische Kirche in der gegenwärtigen Situation diejenige Kirche ist, der die Verpflichtung, an der Wiedervereinigung zu arbeiten, am stärksten zufällt. Es gibt mögliche Risiken, die als Tatsächlichkeiten aufgefaßt worden sind, während sie bloße Möglichkeiten waren; das Risiko, sich orthodoxer zu fühlen, wenn man mit den Östlichen und Baltischen Kirchen verhandelt, und evangelischer, wenn man mit den Nonkonformisten verhandelt. Aber ich glaube nicht, daß die Bischöfe, nach dem

Bericht zu urteilen, den Nonkonformisten in England etwas zugestanden haben, das die östlichen Autoritäten begreiflicherweise perhorreszieren müßten. Im Gegenteil, die Haltung hervorragender Dissentierender, die es in ihren Einwänden noch mehr sind als in ihrer Zustimmung, scheint mir anzuzeigen, daß die Bischöfe am richtigen Punkt innehielten. Die einzelnen strittigen Punkte in der Auseinandersetzung mit den anderen orthodoxen Kirchen sind klar und einfach und nahe davor, bereinigt zu werden. Es ist leichter, mit einem Menschen übereinzustimmen, der von einem zwar blutsmäßig, aber weniger im Glauben differiert, als mit einem solchen, der von gleichem Blute ist, aber andere Ideen hat: denn die unwichtigen Differenzen zwischen den Menschen gleichen Blutes sind weniger leicht zu überwinden als die wichtigen Differenzen zwischen denen verschiedenen Blutes. Die Probleme der Glaubensverschiedenheit zwischen Anglikanern und Freikirchlern sind (wir können es ruhig zugeben) viel komplizierter als die Probleme zwischen den Anglikanern und den Schweden. Unsere dogmatischen Schwierigkeiten mit Freikirchlern werden durch soziale, örtliche und politische Trennungen kompliziert, durch Traditionen der Vorurteile auf beiden Seiten; und wahrscheinlich müssen mehrere Generationen vergehen, bevor man den Problemen der Theologie und Hierarchie sachlich gegenübertreten kann. Die Lambeth-Konferenz von 1930 hat in dieser Hinsicht soviel erreicht: sie hat die Grenzen festgelegt, über die hinaus die Kirche nicht gehen kann, wenn sie um Freikirchler wirbt; weitere Konzessionen kämen der Preisgabe der Kirche selbst und der bloßen Inkorporation als möglicherweise des wichtigsten Gliedes in einer losen Föderation autonomer Sekten ohne Festigkeit und Bedeutung gleich.

Die tatsächlich sich vollziehende Annäherung mit dem Ziel der Interkommunion mit den Ostkirchen hat indessen sehr viel mehr als nur pittoresken Wert. Sie bringt die Hoffnung auf eine größere Stabilität mit sich, die an die Stelle der alten, wirklichen oder scheinbaren Stabilität treten könnte, die eine Staatskirchenverfassung zu charakterisieren schien. In Fragen der Doktrin ist die Zusammenfassung der Diskussionen zwischen anglikanischen Bischö-

fen und orthodoxen Vertretern (S. 138 ff.) von großer Wichtigkeit, besonders der Paragraph 11:
»Es wurde von den anglikanischen Bischöfen festgestellt, daß im Sakrament der Eucharistie ›der Leib und das Blut Christi wahrhaftig und wirklich von den Gläubigen im Mahl des Herrn genommen und empfangen werden‹ und daß ›der Leib Christi bei dem Mahl gegeben, genommen und gegessen wird, jedoch nur in himmlischer und geistlicher Weise‹ und daß die nach der Kommunion übrigbleibenden Elemente sakramental als der Leib und das Blut Christi betrachtet werden; ferner, daß die anglikanische Kirche die Lehre vom Opfer der Eucharistie so lehrt, wie sie in der Antwort der Erzbischöfe von Canterbury und York an Papst Leo XIII. über anglikanische Ordinationen erklärt ist; ferner, daß die anglikanische Kirche bei der Darbietung des Opfers der Eucharistie betet, daß ›durch die Verdienste und den Tod Deines Sohnes Jesus Christus und durch den Glauben an Sein Blut wir und Deine ganze Kirche die Vergebung unserer Sünden empfangen mögen und alle anderen Segnungen Seines Leidens‹, worin die ganze Gesellschaft der Getreuen, der lebenden und der abgeschiedenen, eingeschlossen ist.«
Die Vereinigung mit dem Osten ist von der größten Bedeutung für eine Kirche, deren Stellung innerhalb des Lebens der Nation sich unvermeidlich verändert. Wir denken immer noch, und mit Recht, an die Englische Kirche als die »Nationale Kirche«; aber das Wort *national* kann in diesem Zusammenhang nicht mehr das bedeuten, was es einst bedeutete. Ich stimme mit Mr. Malcolm Thomson und jedem anderen Schotten, Iren und Methodisten in seiner Ablehnung der leeren Phrase über St. Paul's[1] als »die Pfarrkirche des Britischen Imperiums« überein. Eine »Reichs«-kirche, vielleicht unter der Schutzherrschaft der vier Evangelisten des Imperialismus, der Lords Rothermere, Beaverbrook, Riddell und Camrose, wäre etwas Hassenswerteres, weil Vulgäreres als die erastianische[2] Kirche des achtzehnten Jahrhunderts. Ich denke

1 Die St. Pauls-Kathedrale in London. (d. Ü.)
2 Erastus, Schweizer Physiker und Theologe (1524–1583), vertrat den Gedanken des Supremats des Staates über die Kirche. (d. Ü.)

mir lieber die Kirche als das, zu dem sie, glaube ich, mehr und mehr wird, nicht die »Englische Kirche«, sondern national als »die Katholische Kirche in England«.

Während der letzten dreihundert Jahre ist die Beziehung von Kirche und Staat in ständigem Wandel begriffen gewesen. Ich habe nicht vor, in diesem Essay auf die schwierige Frage der Entstaatlichung der Kirche einzugehen. Es geht mir hier nicht um die praktischen Schwierigkeiten und Anomalien, die das Problem Kirche und Staat in den wenigen letzten Jahren verschärft haben; es geht mir nicht darum, ihre künftigen Beziehungen zu prognostizieren oder irgendeine billige Lösung für ein so komplexes Problem anzubieten oder die künftige Disziplin innerhalb der Kirche selbst zu erörtern. Ich möchte nichts über Entstaatlichung sagen, einmal, weil ich selber mit mir darüber noch nicht im klaren bin, und zweitens, weil es mir zu diesem Zeitpunkt nicht passend zu sein scheint, daß ein Laie ohne besondere Gelehrsamkeit auf diesem Gebiete öffentlich seine Ansichten äußert. Ich betrachte lediglich die politischen und sozialen Veränderungen innerhalb der letzten dreihundert Jahre. Eine Nationale Kirche im Sinne der frühen Stuart-Zeit hing von der unsicheren Harmonie zwischen dem König, einem starken Erzbischof und einem starken Premierminister ab; und vielleicht kam die laudianische Kirche[1] gerade etwas zu spät, als daß sie für uns mehr als der Typus einer Form von Ordnung hätte werden können. Der politischsoziale Erastianismus[2] ist ebenfalls dahingegangen; es kann keine Hoadleys mehr geben; es ist weder viel finanzieller noch gesellschaftlicher Vorteil mit dem geistlichen Amt verbunden; heutzutage treten die kleineren Leute, die Sicherheit suchen, wenn sie können, in den Staatsdienst ein, und die größeren und beutehungrigeren suchen Erfolg in der City. Immer seltener gibt es einen Grund für den Eintritt in den geistlichen Stand, außer eben dem der inneren Berufung. Ich habe den Verdacht, daß auch die Herrschaft von Premierministern im Schwinden ist: kein denkbarer Premierminister (mit Ausnahme vielleicht von Lord Rothermeres einstigem Kandidaten, Lord Brentford,

1 nach Erzbischof Laud unter Karl I. (d. Ü.)
2 vgl. S. 133 Anm. 2.

was Gott verhüte) würde es, glaube ich, jetzt wagen, seine eigene Wahl der Kirche aufzudrängen, im Sinne einer episkopalen Karriere, oder irgend etwas anderes tun, als die sichersten Autoritäten zu befragen. Und das Unterhaus, das sich an die Kirche als die letzte Realität in England zu klammern scheint, über die sie noch Macht hat, muß schließlich auch diesen späten Schatten der Macht preisgeben. Die einzig übriggebliebenen Mächte sind die, mit denen wir alle rechnen müssen, der Finanzminister und die Bank von England.

Ob staatlich oder entstaatlicht, kann die Englische Kirche niemals auf die Ebene einer Sekte herabsinken, es sei denn durch irgendeinen unvernünftigen Akt, der dem Selbstmord gleichkäme; nicht einmal in dem Sinne, in dem, mit allem schuldigen Respekt, die Römische Kirche in England eine Sekte ist. Es ist für die Englische Kirche leichter, katholisch zu werden, als für die Römische Kirche in England, englisch zu werden; und wenn die Englische Kirche durch die Trennung von Rom verstümmelt wurde, so wurde die Römische Kirche durch die Trennung von England verstümmelt. Wenn England jemals in einem nennenswerten Grade zum Christentum bekehrt werden soll, so kann dies nur durch die Englische Kirche geschehen.

Um auf den Sinn des ersten Paragraphen dieses Essays zurückzukommen: man kann die Englische Kirche leicht in besserem oder schlechterem Lichte erscheinen lassen, als sie es ist. Die plötzliche Erhitzung in der Gebetbuch-Kontroverse, die Lebhaftigkeit von Lord Brentford und Lord Cushendun, der »Krawall« in St. Paul's, das Unerfreuliche in der Diözese Birmingham, das wache Bewußtsein der Presse dafür, daß manchmal die kirchlichen Fragen guten Stoff abgeben, der Journalismus des Dean Inge und die großen Verkaufsziffern populärer theologischer Literatur: alles dieses zusammen scheint sagen zu wollen, daß es noch nie ein so leidenschaftliches Interesse an der Kirche gab wie heute. Und dieselben Meinungsverschiedenheiten, wenn sie dahingehend interpretiert werden, daß die Meinung in der Kirche bis zum Punkt des Zerreißens geteilt ist, der Mangel an Ordinanden und der Mangel an Geldmitteln, die anomale und oft demütigende Beziehung der

Kirche zum Staat, das Aufkommen dessen, was man allgemein die neue Moral nennt, und die offenkundige Tatsache, daß die Mehrzahl der Engländer und Engländerinnen gegenüber den Verpflichtungen ihres Glaubens gänzlich gleichgültig sind, selbst wenn sie ihn noch nicht ganz abgelegt haben: solche Anzeichen scheinen vielleicht auf den Zusammenbruch oder eine Überalterung hinzuweisen.

Ich sehe solche Erscheinungen zum größten Teil als bloße Symptome des sich verändernden Ortes nicht nur der anglikanischen Kirche im Staate, sondern der universalen Kirche in der Welt an. Wie ich schon sagte, kann und darf die englische Kirche nicht länger eine nationale Kirche im alten nationalistischen oder im alten erastianischen Sinne sein. Die hohe Machtstellung, die sie verloren zu haben scheint, war entweder eine böse Macht oder eine überholte Macht oder der Schatten einer Macht. Der politische Druck von außen, der eine Kraft des Zusammenschlusses im sechzehnten und siebzehnten Jahrhundert war, besteht nicht mehr, außer in der Gespensterfurcht der ›Popery‹[1]; die Furcht der sozialen Folgen des Auseinanderbrechens im Innern besteht nicht mehr, denn der Bruch und die Spaltung sind seit langem Wirklichkeit, und die Furcht ist von einer schwachen Hoffnung auf Wiederaufbau abgelöst worden. Das Problem der Beziehung von Kirche und Staat – und ich denke hier nicht nur an die anglikanische Kirche, sondern an alle Gemeinschaften von Gläubigen in allen Ländern und an die mannigfachen und verwirrenden Probleme des Heiligen Stuhls, – ist so aktuell und dringend, wie es nur je war; doch nimmt es immer neue Formen an. Ich glaube, daß trotz der anscheinend unlösbaren Probleme, mit denen sie zu tun hat, die Englische Kirche im Begriff ist, ihre Stellung als ein Zweig der Katholischen Kirche, der Katholischen Kirche in England, zu stärken. Ich denke nicht an die vorsätzlichen Kämpfe einer Partei innerhalb der Kirche, sondern an einen unvermeidlichen Lauf der Dinge, der nicht von menschlicher Hand gelenkt worden ist.

An dieser Stelle muß ich mich einen Augenblick zur Seite wenden, um gegen gewisse Unterstellungen Mr. Malcolm Thomsons zu pro-

1 »Papismus«, abwertendes Schlagwort aus der Reformationszeit. (d. Ü.)

testieren, die nicht ihm allein eigentümlich sind, sondern wahrscheinlich von den meisten derer geteilt werden, die für kirchliche Angelegenheiten nur in dem Maße interessiert sind, wie sie darüber in den Zeitungen lesen. Als Mr. Thomson sein temperamentvolles Pamphlet *Will the Scottish Church Survive?*[1] schrieb, war er voll Lobes für die Lebhaftigkeit, wie sie sich in der Englischen Kirche in den Meinungsverschiedenheiten von Katholiken, Evangelischen[2] und Modernisten manifestierte. Er hat diese Differenzen vielleicht um des Pittoresken willen ein wenig karikiert, wenn auch nur, um seinem presbyterianischen Opfer eins auszuwischen. Ich glaube, sein Hauptirrtum bei der Behandlung der Lambeth-Konferenz ist der, daß er den Bericht ohne Bezugnahme auf die Geschichte und die Entwicklung der Englischen Kirche diskutiert und sie so behandelt, als wäre sie die Schöpfung eines einzigen individuellen Geistes, statt sich zu vergegenwärtigen, daß sie doch das Gemeinschaftswerk von dreihundert Geistern ist. Aber in einigen Dingen läßt er nicht nur Perspektive vermissen, sondern ist er geradezu irreführend. Mr. Thomson ist metaphernsüchtig, und sein Geist ist von Bildern unterirdischer Gänge (sehr kurzer), von Fähren, Kähnen und anderen Figuren leichter Transportverbindung von Canterbury nach Rom besetzt. Zum Beispiel bemerkt er:

»Und die Karriere einiger prominenter Anglo-Katholiken trug dazu bei, den allgemeinen Verdacht zu stärken. Denn es war ihre Gewohnheit, die Englische Kirche als Umsteigebahnhof und nicht als Endstation zu benutzen.«

Ich kann nicht einsehen, wieso *einige* eine Gewohnheit herausbilden können; es sei denn, Mr. Thomson möchte behaupten, daß Pater Knox und Pater Vernon die »Gewohnheit« geschaffen haben, aus der Englischen Kirche auszutreten. Ich würde gerne die Namen der »wenigen wohlbekannten Autoren« kennen, die konvertierten: Ich bezweifle, ob Mr. Thomsons Liste viele Namen enthalten würde, die ich nicht kenne – einer oder zwei seiner Konvertiten mögen sogar ihr Leben als Presbyterianer begonnen haben; und von der Gesamtzahl der Namen, die ich kenne, bin ich

1 The Porpoise Press, Edinburgh.
2 Der protestantisch-pietistische Flügel der anglikanischen Kirche. (d. Ü.)

nicht gerade beeindruckt. Und auch hier wieder vermute ich, daß mehr Kapital aus dem Übertritt eines Anglo-Katholiken zu Rom geschlagen wird als aus dem eines einfachen Low Church[1]-Mannes. Für einige Seelen gibt es offenbar keine Befriedigung außerhalb Roms; und wenn der Anglo-Katholizismus einigen Menschen dazu verholfen hat, ihren Weg nach dort zu finden, wohin sie gehören, so bin ich sehr froh darüber; aber wenn der Anglo-Katholizismus einigen Menschen, die sowieso in diesem unbequemen Bett keine Ruhe gefunden hätten, dazu verholfen hat, die Englische Kirche zu verlassen, so hat er andererseits sehr vielen anderen, glaube ich – man kann natürlich keine negativen Statistiken anführen –, dazu verholfen, in der anglikanischen Kirche zu bleiben. Warum hat zum Beispiel Lord Halifax sich nicht viel Kummer, viel ehrliche Mühe und Enttäuschung dadurch erspart, daß er kurzerhand konvertierte? Und warum packt man nicht Lord Brentford und Lord Cushendun beim Kragen und setzt sie im Methodismus, respektiv im Presbyterianismus ab? Die anglikanische Kirche soll nach dem Urteilsspruch der Presse entweder in Katholiken und Modernisten, oder in Katholiken und Evangelische, oder manchmal in Katholiken, Modernisten *und* Evangelische zerfallen. Wenn die Scheidungen so klar wären, dann wäre einiger Grund gegeben für eine freiwillige Liquidierung. Für diejenigen, denen die Englische Kirche mit Lord Brentford, dem Bischof von Birmingham und der *Church Times* identisch ist, kann es wohl so scheinen, als hielte sie nichts als Trägheit und die aus verschiedenen Gründen genährte Abneigung gegen die Demontage einer ausgedehnten Maschinerie zusammen.

Für neutrale Beobachter wie Mr. Malcolm Thomson, die nach England aus der verhältnismäßigen Ruhe von Edinburgh, Lhassa oder Rom kommen, mag die Unordnung der Englischen Kirche verhängnisvoll erscheinen. Wenn Geistliche sich eilig anschicken, mit Strenge zu antworten, sobald ein Bischof einen Brief an die *Times*[2] schreibt, und wenn sogar einfache Menschen wie ich solche

1 linker Flügel der anglikanischen Kirche. (d. Ü.)

2 Vgl. einen bemerkenswerten Brief des Bischofs von Durham in der *Times* vom 2. Dezember 1930 und die armseligen Antworten.

Größen wie Lord Brentford und den Bischof von Birmingham zum Zwecke komischer Entspannung[1] benutzen können, so ist zumindest die Möglichkeit des Mißverstehens gegeben. Indessen spricht einiges für solche Freiheit der Rede und solche Verschiedenheit der Meinungen: innerhalb bestimmter Grenzen – die, wie ich zugeben muß, überschritten worden sind; aber entscheidend ist nicht so sehr die Gleichförmigkeit der Liturgie wie die Festigkeit des Dogmas. Natürlich gibt es Verschiedenheiten der Meinung, die fundamental und von Dauer sind; aber ich weiß nicht, ob es nicht doch sehr gut für das geistige Leben ist, daß es sie gibt. Wenn sie in der öffentlichen Presse ans Licht kommen, so erscheinen sie gewöhnlich als die klaren und unvereinbaren Ansichten zweier oder mehrerer gut-gelenkter und feindlicher Kräfte. In der Praxis aber ist jeder Teil wieder geteilt, und die Grenzen der Unterteilung sind keineswegs klar. Man kann nicht eine geschlossene Gruppe der »Modernisten« aufzeigen: es gibt Katholiken, die modernistisch genannt werden können, und Evangelische, die sich selber modernistisch nennen, wie auch einige Menschen, bei denen Modernismus lediglich so viel wie verworrenes Denken bedeutet. Ich habe Evangelische gekannt, denen der Name Dr. Barnes unangenehmer war als der des Lord Halifax. Es gibt Leute, die *nicht* immer mit dem Herausgeber der *Church Times* übereinstimmen; und ich fühle mich manchmal bewogen, einen Aufsatz im *Modern Churchman* zu bewundern. In weitem Maße sind deshalb die Differenzen innerhalb der Kirche gesunde Differenzen in einem lebenden Körper, und in dem gleichen Maße berechtigt ihr Vorhandensein die Englische Kirche dazu, die Initiative in der Frage der Wiedervereinigung zu ergreifen.

In dieser Richtung hat die Konferenz von 1930 einen wichtigen Abschnitt markiert. Sie hat über die früheren Konferenzen hinaus die Katholizität der Kirche bekräftigt; und trotz Mängel und fragwürdiger Äußerungen im einzelnen hat der Bericht sicher die Kirche nach innen wie nach außen gestärkt. Sie hat die Grenzen klarer gekennzeichnet, über die die Kirche nicht hinausgehen kann, wenn sie dem Konformismus entgegenkommen will, und sie

1 wenn ich »komisch« sage, betrachte ich ihr *Wesen*, nicht ihr *Wirken*.

hat das Ausmaß deutlich gemacht, in dem sie gewillt ist, den Östlichen Kirchen und der Baltischen Kirche entgegenzukommen. Dieses Vorgehen ist von nicht geringer Bedeutung in einer Welt, die sich augenscheinlich immer schärfer in Christen und Nicht-Christen aufspalten wird. Die Allgemeine Kirche scheint sich mir heute entschiedener gegen die Welt zu stellen als zu irgendeiner Zeit seit dem heidnischen Rom. Ich meine damit nicht, daß unsere Zeit ganz besonders korrupt ist; jede Zeit ist korrupt. Ich will sagen, daß das Christentum trotz gewisser örtlicher Anzeichen weder »offiziell« ist, noch in absehbarer Zeit sein wird. Die Welt versucht das Experiment, eine Form zivilisierter, aber nichtchristlicher Geistesverfassung zu entwickeln. Das Experiment wird fehlschlagen; aber wir müssen den Zusammenbruch mit großer Geduld abwarten, inzwischen die Zeit auskaufen: so daß der Glaube lebendig erhalten bleibe durch die vor uns liegenden dunklen Epochen, die Zivilisation verbessern und erneuern und die Welt vor dem Selbstmord bewahren.

Religion und Literatur

Was ich zu sagen habe, möchte ich größtenteils zur Stütze folgender Behauptungen vorbringen: jede literarische Kritik sollte ergänzt werden durch Kritik von einem eindeutigen ethischen und theologischen Standpunkt aus. Nur wenn in einem Zeitalter eine allgemeine Übereinkunft in ethischen und theologischen Fragen besteht, kann literarische Kritik für sich allein gültig sein. In Zeiten wie unserer, in denen es keine solchen allgemeinen Übereinkünfte gibt, ist es für christliche Leser um so wichtiger, alles was sie lesen, besonders aber alle Werke der Imagination nach ausgesprochen ethischen und moralischen Maßstäben zu überprüfen. Die »Größe« eines Werkes der Literatur kann nicht nur mit literarischen Maßstäben bestimmt werden, wobei wir allerdings nicht vergessen dürfen, daß nur mit Hilfe literarischer Wertmaßstäbe entschieden werden kann, wann wir es überhaupt mit Literatur zu tun haben[1].
Seit einigen Jahrhunderten hat man die stillschweigende Voraussetzung gemacht, daß es *keine* Beziehung zwischen Literatur und Theologie gebe. Damit soll allerdings nicht geleugnet werden, daß literarische Werke – wiederum meine ich vor allem solche imaginativer Art – wahrscheinlich stets nach irgendwelchen moralischen Maßstäben gewertet wurden, und daß dies auch heute so ist und wohl immer sein wird. Die moralische Beurteilung literarischer Werke geschieht jedoch ausschließlich nach dem Sittenkodex, den eine Generation anerkennt, ob sie nun danach lebt oder nicht. In einer Zeit, die eine fest umrissene christliche Theologie anerkennt, mag der allgemeine Kodex ziemlich orthodox sein, obwohl selbst in solchen Epochen der Sittenkodex Begriffe wie »Ehre«, »Ruhm« oder »Rache« zu einem Rang erheben kann, der vom christlichen Standpunkt aus ganz untragbar ist. Die Dramen-Ethik des elisa-

1 Als Beispiel literarischer Kritik, die durch theologische Aspekte noch größere Bedeutung gewinnt, möchte ich Theodor Haeckers *Vergil* hervorheben.

bethanischen Zeitalters bietet interessante Beispiele hierfür. Wenn jedoch der allgemeine Sittenkodex von seinem theologischen Hintergrund losgelöst und infolgedessen mehr und mehr zu einer bloßen Gewohnheitsregel wird, ist er sowohl dem Vorurteil wie der willkürlichen Veränderung ausgesetzt. In solchen Zeiten ist es durchaus möglich, daß die Moral ihrerseits *durch* die Literatur verändert wird, so daß man sagen kann: das »Anstößige« in der Literatur ist lediglich das, woran sich die gegenwärtige Generation noch nicht gewöhnt hat. Es ist eine Binsenwahrheit, daß Dinge, welche die eine Generation schockieren, von der nächsten ganz ruhig hingenommen werden. Diese Anpassungsfähigkeit an die Wandlung moralischer Wertmaßstäbe ist zuweilen mit Genugtuung als Beweis menschlicher Vervollkommnungsmöglichkeiten begrüßt worden; dabei ist sie doch höchstens ein Beweis, auf wie wenig festem Grund das moralische Urteil der Durchschnittsmenschen steht.

Ich befasse mich hier nicht mit religiöser Literatur, sondern mit der Anwendung unserer Religion auf die kritische Betrachtung aller Literatur. Doch kann es nichts schaden, zunächst zu bestimmen, in welchem dreifachen Sinn man meines Erachtens von »religiöser Literatur« sprechen kann. Einmal so, wie wir auch von »historischer Literatur« oder »wissenschaftlicher Literatur« reden. Das bedeutet, wir können unsere klassische Bibelübersetzung oder die werke Jeremy Taylors in derselben Weise als Literatur ansehen wie etwa die historischen Schriften eines Clarendon oder Gibbon – unserer beiden großen englischen Historiker – oder Bradleys *Logik* oder Buffons *Naturgeschichte*. Alle diese Autoren verfügten neben ihren religiösen oder historischen oder philosophischen Anliegen über eine sprachschöpferische Begabung, die ihre Lektüre für jeden angenehm macht, der einen gutgeschriebenen Text zu schätzen weiß, auch wenn die behandelten Themen ihn nicht unbedingt angehen. Und ich würde hinzufügen: ein wissenschaftliches Werk, das zugleich »Literatur« ist, kann zwar heute seinem Inhalt nach überholt und nur noch als Literatur gültig sein, doch wäre es wohl nie zu einem Werk der Literatur geworden, wenn es nicht einen wissenschaftlichen oder anderen Wert für seine eigene Zeit gehabt hätte.

Während ich die Berechtigung der Freude an einer solchen Lektüre durchaus anerkenne, bin ich mir zugleich um so schärfer ihres Mißbrauchs bewußt. Die Menschen, die diese Schriften ausschließlich um ihrer literarischen Qualitäten willen lesen, sind im Grunde Parasiten, und jeder weiß, daß Parasiten, wenn sie zu zahlreich werden, eine Landplage sind. Ich könnte leicht eine ganze Stunde gegen die Literaten wettern, die in Ekstase geraten über die »Bibel als Dichtung«, die Bibel als »das erlesenste Denkmal englischer Prosa«. Wer die Bibel als »Denkmal englischer Prosa« auffaßt, bewundert sie nur als ein Denkmal auf dem Grab des Christentums. Doch ich muß versuchen, die Seitenwege meines Gedankenganges zu vermeiden: es genügt wohl, darauf hinzuweisen, daß so wie die Werke eines Clarendon, Buffon oder Bradley geringeren literarischen Wert hätten, wenn sie als historische, naturwissenschaftliche oder philosophische Darstellung unbedeutend wären, auch die Bibel nicht deshalb einen *literarischen* Einfluß auf die englische Dichtung hatte, weil man sie als Literatur auffaßte, sondern weil man in ihr die Aufzeichnung von Gottes Wort sah. Und die Tatsache, daß Gelehrte sie heute als »Literatur« behandeln, bezeichnet wahrscheinlich das *Ende* ihres »literarischen« Einflusses.

Die zweite Art einer Beziehung zwischen Religion und Literatur findet sich in der sogenannten »religiösen« oder Erbauungs-Literatur. Was ist nun für gewöhnlich die Haltung eines Liebhabers der Dichtung – damit meine ich einen Menschen, der sie ursprünglich und aus erster Hand genießt und schätzt, nicht aber der Bewunderung anderer folgt – diesem Teilgebiet der Dichtung gegenüber? Ich möchte meinen, es ist alles damit gesagt, daß er es zu einem *Teilgebiet* erklärt. Er ist – nicht immer ausdrücklich – der Ansicht, daß wenn man Dichtung als »religiös« wertet, damit ganz klare Begrenzungen angegeben sind. Für die überwiegende Mehrheit der Menschen, die Poesie lieben, ist »*religiöse* Dichtung« eine Art Dichtung *minderen* Ranges: der religiöse Dichter ist für sie nicht ein Autor, der das Ganze der Dichtung in religiösem Geiste behandelt, sondern einer, der sich nur mit einem begrenzten Teil dieses Ganzen befaßt: er läßt aus, was die Menschen als ihre Hauptleidenschaften ansehen, und gibt damit zu erkennen, wie wenig er von ihnen weiß. Ich bin überzeugt, daß dies die eigentliche Haltung aller Liebhaber der Dichtung gegenüber Männern wie Vaughan, Southwell, Crashaw, George Herbert oder Gerard Hopkins ist.

Aber damit nicht genug, bin ich durchaus bereit zuzugestehen, daß diese Kritiker bis zu einem gewissen Grad recht haben. Denn es gibt eine Art von Dichtung – und das Werk der genannten Dichter gehört zu einem großen Teil dazu –, die aus einem besonderen religiösen Bewußtsein hervorgeht, ohne daß dieses mit dem allgemeinen künstlerischen Bewußtsein, das wir bei dem großen Dichter erwarten, verbunden sein muß. Bei manchen von ihnen oder in einigen ihrer Werke mag dieses allgemeine Bewußtsein wohl vorhanden gewesen sein, aber die vorbereitenden Schritte, die davon zeugen könnten, sind vielleicht unterdrückt worden und nur das Endergebnis ist dargeboten. Es wird sehr schwer sein, Werke der letzten Art abzugrenzen gegen solche, in denen der religiöse Genius lediglich das *spezielle* und begrenzte Bewußtsein darstellt. Ich möchte Vaughan, Southwell, George Herbert oder Hopkins nicht unbedingt als große Dichter hinstellen: ich bin sogar sicher, daß zum mindesten bei den drei ersten das Bewußtsein derart begrenzt ist. Sie sind keine großen religiösen Dichter in dem Sinne wie Dante, Corneille oder Racine, die selbst in solchen Stücken, die keine ausgesprochen christlichen Themen behandeln, große christliche, religiöse Dichter sind. Nicht einmal in dem Sinne, in dem Villon und Baudelaire mit all ihren Unvollkommenheiten und Abirrungen christliche Dichter sind. Seit Chaucers Zeiten ist die christliche Dichtung (wie ich sie verstehe) in England fast ausschließlich auf die weniger bedeutende Dichtung beschränkt gewesen.

Ich wiederhole: wenn ich diese Betrachtungen über Religion und Literatur anstelle, so möchte ich damit vor allem klarmachen, daß es mir nicht in erster Linie um religiöse Literatur geht. Es geht mir vielmehr um die Beziehungen zwischen Religion und Literatur überhaupt. Daher brauche ich die dritte Form »religiöser Literatur« nur kurz zu streifen. Ich meine die literarischen Erzeugnisse der Männer, denen es vor allem darum zu tun ist, die Sache der Religion zu fördern: d. h. alles, was man unter der Bezeichnung religiöse Propaganda zusammenfassen könnte. Hier denke ich natürlich an so köstliche Erzählungen wie Chestertons *The Man who was Thursday* oder seinen *Father Brown*. Niemand wird solche Dinge mehr bewundern und genießen als ich, nur möchte ich hinzufügen, daß, wenn die gleiche Wirkung von religiösen Eiferern mit weniger Talent als Chesterton erzielt werden soll, der Erfolg meist gering ist. Doch liegt mir daran zu zeigen, daß solche Schriften in eine ernsthafte Betrachtung der Beziehungen zwischen Religion und Literatur überhaupt nicht hineingehören, weil sie bewußte Operationen in einer Welt sind, von der vorausgesetzt wird, daß zwischen Religion und Literatur keine Verbindung besteht. Es wird eine bewußte und begrenzte Verbindung beider geschaffen. Was ich dagegen möchte, ist eine Literatur, die eher *un*bewußt als überlegt und betont christlich ist. Das Wesentliche an Chestertons Werk ist aber gerade, daß es in einer Welt wirkt, die entschieden nicht christlich ist.

Ich bin überzeugt, daß wir uns leider nie ganz klarmachen, wie weitgehend und zugleich wie vernunftwidrig wir unsere literarischen und religiösen Urteile trennen. Wenn es eine absolute Trennung tatsächlich geben könnte, würde das vielleicht nichts ausmachen; aber die beiden Bereiche sind nicht vollständig auseinanderzuhalten und werden es nie sein. Wenn wir als Beispiel für die Literatur den Roman setzen – denn er ist die Form, die die größte Zahl von Lesern anspricht – können wir die fortschreitende Säkularisierung der Dichtung zum mindesten während der letzten dreihundert Jahre verfolgen. Bunyan und bis zu einem gewissen Grad auch Defoe hatten moralische Ziele, der erstere ist dabei über jeden Verdacht erhaben, bei dem zweiten könnte man einigen Zweifel hegen. Aber seit Defoe ist die Säkularisation des Romans unaufhörlich fortgeschritten. Die Entwicklung hat sich in drei Hauptphasen vollzogen. In der ersten war für den Roman der Glaube in seiner damals gültigen Form eine selbstverständliche Tatsache und konnte deshalb aus dem Bild des Lebens, das er schilderte, herausgelassen werden. Fielding, Dickens und Thackeray gehörten dieser Stufe an. In der zweiten Phase verhielt sich der Roman dem Glauben gegenüber zweifelnd, nahm Ärgernis an ihm oder bekämpfte ihn. Hierher gehören George Eliot, George Meredith und Thomas Hardy. Zu der dritten Phase, in der wir heute leben, zählen fast alle zeitgenössischen Schriftsteller außer James Joyce. Es ist die Stufe derer, die vom christlichen Glauben nie anders als von einem Anachronismus haben reden hören.

Haben nun die Menschen im allgemeinen eine fest umrissene Auffassung, die entweder eindeutig religiös oder antireligiös ist? Und lesen sie Romane oder jede andere Dichtung über solche Themen mit einer besonderen Abteilung ihres Geistes? Das Verbindende zwischen Religion und Romankunst ist das allgemeine Verhalten. Unsere Religion bedingt unsere Moral, die kritische Beurteilung der eigenen Person und unser Verhalten gegenüber unseren Mitmenschen. Die Romane, die wir lesen, beeinflussen ebenfalls unsere Einstellung zu unseren Mitmenschen und die Vorstellung, die wir von uns selbst haben. Wenn wir lesen, daß sich menschliche Wesen in bestimmter Weise verhalten und zwar mit Zustimmung des Autors, der seinen Segen dazu gibt durch seine Haltung gegenüber dem Endergebnis der Handlungen, die er selbst in Szene gesetzt hat, dann können wir dahin beeinflußt werden, uns ebenso zu verhalten[1]. Wenn der heutige Romanschriftsteller ein Individuum ist, das seine Gedanken ganz aus sich in völliger Isolierung von der Umwelt entwickelt, so kann er gerade deshalb denen, die imstande sind, es aufzunehmen, etwas Wesentliches zu bieten haben. Als einer, der selbst einsam ist, kann er zum Individuum sprechen. Aber die Mehrzahl der Romanautoren sind Menschen, die selbst im Strome treiben, nur ein bißchen schneller. Sie besitzen eine gewisse Feinfühligkeit, aber wenig Verstand.

Es wird von uns erwartet, daß wir Dichtung nicht engstirnig beurteilen, daß wir Vorurteile und persönliche Überzeugungen beiseite lassen und einen Roman nur als Roman, ein Drama als Drama ansehen. Ich habe zudem sehr wenig Sympathie für das, was hierzulande gänzlich ungenau als »Zensur« bezeichnet wird, der man viel schwerer begegnen kann als einer offiziellen Zensur, da sie die Meinungen von Individuen in einer nicht verantwortlichen

1 Hier und weiterhin bin ich Montgomery Belgion *The Human Parrot* (Kapitel über *The Irresponsible Propagandist*) verpflichtet.

Demokratie wiedergibt. Ich habe wenig Sympathie für sie, teils weil sie so oft die falschen Bücher unterdrückt, teils weil sie nicht viel erfolgreicher ist als die Prohibition dem Alkoholismus gegenüber, teils weil sie eine der vielen Bestrebungen darstellt, staatliche Aufsicht an Stelle eines maßvollen privaten Einflusses zu setzen, und schließlich aufs Ganze gesehen, weil sie nur von Tradition und Gewohnheit her entscheidet, nicht auf Grund eindeutiger theologischer und moralischer Prinzipien. Nebenbei bemerkt gibt sie den Lesern ein falsches Gefühl der Sicherheit, sofern sie sie glauben macht, daß Bücher, die *nicht* verboten wurden, unschädlich sind. Ich bin nicht sicher, *ob* es so etwas wie ein unschädliches Buch tatsächlich gibt; es gibt zwar wahrscheinlich Bücher, die so völlig unlesbar sind, daß sie keinem Menschen Schaden tun können. Aber gewiß ist ein Buch nicht unschädlich, weil niemand sich bewußt dadurch verletzt fühlt. Und wenn wir auch als Leser unsere religiösen und moralischen Überzeugungen abtrennten und unsere Lektüre nur als Unterhaltung ansähen oder, auf höherer Ebene, als ästhetisches Vergnügen, so würde ich doch betonen, daß der Autor, was auch immer seine bewußten Absichten beim Schreiben sein mögen, in Wahrheit keine solchen Unterscheidungen kennt. Der Schriftsteller, der ein Werk der Einbildungskraft schreibt, versucht – ob er es weiß oder nicht – uns im ganzen, als menschliche Wesen, anzusprechen, und wir werden auch im ganzen, als menschliche Wesen, angerührt, ob wir wollen oder nicht. Gewiß hat doch auch alles, was wir essen, noch eine andere Wirkung auf uns als nur die Lust des Schmeckens und Kauens; es wirkt während der Einverleibung und der Verdauung auf uns ein, und ich glaube, genau das gleiche gilt für alles, was wir lesen.

Die Tatsache, daß unsere Lektüre nicht nur jenes unbestimmte Etwas, unseren *literarischen Geschmack* angeht, sondern unmittelbar, wenn auch mit vielen anderen Einflüssen vermengt, auf unser ganzes Sein wirkt, wird wohl am besten durch eine gewissenhafte Überprüfung der Geschichte unserer persönlichen literarischen Bildung beleuchtet. Man braucht sich nur anzusehen, was ein junger Mensch von einiger Aufnahmefähigkeit liest. Jeder, der nur im geringsten empfänglich ist für die Verführungen der Dichtung, wird sich an Augenblicke aus seiner Jugend erinnern können, da er – oder sie – von dem Werk eines bestimmten Dichters völlig hingerissen war. Sehr wahrscheinlich haben zudem verschiedene Dichter, einer nach dem anderen, so auf ihn gewirkt. Nun ist der Grund für eine solche vorübergehende Bezauberung nicht nur, daß unsere Empfänglichkeit für Dichtung in der Jugend größer ist als im reifen Alter. Was sich hier abspielt, ist eine Art Überschwemmung, ein Einbruch in die noch unentwickelte Persönlichkeit, in den leeren Raum durch die stärkere Persönlichkeit des Dichters. Das gleiche kann bei Menschen, die nicht viel gelesen haben, auch in späterem Alter noch eintreten. Ein bestimmter Dichter nimmt eine Zeitlang völlig Besitz von uns, dann ein anderer, und schließlich fangen sie an, in unserem Geist aufeinander zu wirken. Wir wägen den einen gegen den anderen ab, wir sehen, daß jeder Qualitäten hat, die anderen fehlen, und solche, die unvereinbar mit den Qualitäten anderer sind. Wir fangen an, wirklich kritisch zu sein. Und diese wachsende Fähigkeit zur Kritik ist es auch, die uns davor bewahrt, einer einzigen literarischen Persönlichkeit ausschließlich zu verfallen. Ein guter Kritiker – und wir sollten alle versuchen, Kritiker zu sein und die kritische Beurteilung nicht allein denjenigen zu überlassen, die Besprechungen in den Zeitungen schreiben – ein guter Kritiker ist der, der eine geschärfte und ständig wache Sensibilität mit umfassender und immer feiner unterscheidender Belesenheit verbindet. Dabei ist die umfassende Belesenheit nicht als eine Art Schätzesammeln wertvoll, nicht als Anhäufung von Wissen, auch nicht als Mittel, einen sogenannten »gut ausgestatteten« Geist heranzubilden. Ihr Wert liegt vielmehr darin, daß wir nicht länger von einer einzigen starken Persönlichkeit oder von einer kleinen Zahl beherrscht werden, wenn eine ganze Reihe von ihnen einer nach dem anderen auf uns einwirkt. Die sehr verschiedenen Weltanschauungen, die in unserem Geist zusammen wohnen, treten in Beziehung zueinander, und unsere eigene Persönlichkeit setzt sich dagegen ab und weist jeder einen Platz an, in einer bestimmten Ordnung, die uns eigentümlich ist.

Es ist einfach nicht wahr, daß Werke der Einbildungskraft, das heißt Werke, die – in Prosa oder Versen – Handlungen, Gedanken, Worte und Leidenschaften erfundener menschlicher Wesen schildern, unsere Kenntnis des Lebens *unmittelbar* erweitern. Als direkte Lebenserfahrung wirkt nur das, was in unmittelbarer Beziehung zu uns selbst steht: die Erfahrung, in welcher Weise sich die Leute im allgemeinen benehmen und wie sie im allgemeinen sind, soweit uns der Ausschnitt des Lebens, an dem wir selber teilhaben, Material für eine Verallgemeinerung bietet. Lebenserfahrung aus Büchern ist nur auf einer anderen Stufe des Selbstbewußtseins möglich. Das heißt, wir erfahren aus ihnen nur etwas über die Lebenserfahrung anderer Leute, nicht aber über das Leben selbst. Solange wir uns von den Ereignissen in einem Roman genauso beeindrucken lassen wie von Vorgängen, die sich vor unseren Augen abspielen, nehmen wir zum mindesten ebenso viel Falsches wie Wahres auf. Wir sind erst dann in der Lage, Gewinn daraus zu ziehen, wenn wir unser Urteil genügend entwickelt haben, um sagen zu können: »Dies ist die Lebensauffassung einer Persönlichkeit, die innerhalb ihrer Grenzen ein guter Beobachter war, eines Dickens oder Thackeray, George Eliot oder Balzac; aber seine Betrachtungsweise ist ganz anders als meine, weil er ein anderer Mensch war; schon die Auswahl der betrachteten Dinge war bei ihm ganz anders, oder er sah dieselben Dinge in einer anderen Rangordnung, weil er eben ein anderer Mensch war; so ist also das, was ich hier betrachte, die Welt, gesehen durch einen bestimmten Geist.« Wir erfahren von diesen Autoren tatsächlich unmittelbar *etwas* über das Leben, gerade so, wie wir die Geschichte unmittelbar aus der Lektüre aufnehmen; aber sie können uns nur dann wirklich helfen, wenn wir fähig sind, die Unterschiede zwischen uns und ihnen zu sehen und hinzunehmen.

Wir bekommen also sicher im Laufe unserer Entwicklung dadurch, daß wir immer mehr und immer Verschiedenartigeres lesen, vielfältige Lebensauffassungen dargeboten. Die Leute sind aber im allgemeinen wohl der Ansicht, daß man diese Erfahrung anderer Lebensauffassungen allein durch »bildende Lektüre« gewinnt. Dies halten sie für eine Belohnung, die uns zuteil wird, wenn wir uns mit Shakespeare, Dante, Goethe, Emerson, Carlyle und einigen Dutzend anderer angesehener Dichter beschäftigen. Was wir darüber hinaus zu unserem Vergnügen lesen, ist lediglich Zeitvertreib. Ich bin jedoch eher geneigt, den beunruhigenden Schluß zu ziehen, daß gerade die Literatur, die wir zur »Unterhaltung« lesen oder »bloß zum Vergnügen«, den größten und am wenigsten erwarteten Einfluß auf uns hat. Gerade die Bücher, die wir mit dem geringsten Aufwand an Mühe lesen, können am leichtesten und heimtückischsten ihren Einfluß auf uns ausüben. Deswegen meine ich, müßte der Einfluß populärer Romanschriftsteller und populärer Stücke auf das Leben unserer Zeit viel genauer untersucht werden. Und es ist hauptsächlich zeitgenössische Literatur, die die Mehrzahl der Leute mit dieser Haltung des »bloß zum Vergnügen« und der bloßen Passivität lesen.

Die Beziehung des eben Vorgebrachten zu dem angekündigten Thema meiner Darlegungen sollte nun etwas deutlicher sein. Auch wenn wir Bücher nur zum Vergnügen lesen, als »Unterhaltung« oder »ästhetischen Genuß«, so wirkt diese Lektüre doch niemals auf eine Art Spezialsinn: sie wirkt vielmehr auf uns als ganze Menschen, sie wirkt auf unsere moralische und religiöse Existenz. Und ich möchte behaupten, daß zwar einzelne moderne Schriftsteller von Bedeutung einen erhöhenden Einfluß haben können, die zeitgenössische Literatur als Ganzes aber eher einen herabziehenden Einfluß hat. Und sogar die besseren Schriftsteller können in einer Zeit wie unserer auf manche Leser herabziehend wirken. Denn wir dürfen nicht vergessen, daß ein Schriftsteller nicht unbedingt die Wirkung auf seine Leser ausübt, die er beabsichtigt. Denn wahrscheinlich werden sie nur dort getroffen, wo sie aufnahmefähig sind. Die Leute nehmen eine unbewußte Auswahl vor unter dem, was sie beeinflußt. Ein Schriftsteller wie D. H. Lawrence kann in seiner Wirkung sowohl förderlich wie verderblich sein. Ich bin nicht einmal sicher, ob ich nicht selber auch zuweilen einen verderblichen Einfluß ausgeübt habe.

An dieser Stelle möchte ich einen Einwand der liberal Gesinnten vorwegnehmen, aller derer, die überzeugt sind, daß, wenn nur jeder sagt, was er denkt und tut, was er möchte, alle Dinge irgendwie, durch irgendeinen selbsttätigen Ausgleich und eine natürliche Berichtigung schließlich doch ins Lot kommen. »Man soll die Menschen nur alles versuchen lassen«, sagen sie, »und wenn das eine oder andere falsch ist, dann lernen wir wenigstens etwas aus der Erfahrung.« Dieses Argument könnte einigen Wert haben, wenn immer dieselbe Generation auf der Erde wäre oder wenn die Menschen aus den Erfahrungen der Älteren jeweils vieles lernen würden, was, wie wir wissen, nicht der Fall ist. Diese Liberalen sind überzeugt, daß nur durch den uneingeschränkten Individualismus die Wahrheit jemals in Erscheinung treten wird. Ideen, Lebensauffassungen – so meinen sie – kommen fest umrissen aus den Köpfen unabhängiger Menschen hervor, und indem sie dann heftig gegeneinanderstoßen, bleiben nur die tauglichsten übrig, und die Wahrheit triumphiert. Jeder, der diese Ansicht nicht teilt, stammt entweder aus dem Mittelalter und will die Zeiger der Uhr zurückdrehen, oder er ist ein Faschist, und vielleicht ist er beides.

Wenn die Masse der heutigen Autoren wirklich Individualisten wären, jeder von ihnen ein inspirierter Blake, jeder mit seiner besonderen Vision, und wenn die Masse, die heute die Öffentlichkeit bildet, wirklich eine Masse von Individuen wäre, so ließe sich manches für diese Haltung vorbringen. Aber das ist nicht der Fall und war es auch niemals und wird es nie sein. Die Schwierigkeit liegt ja nicht nur darin, daß das lesende Individuum heute (oder wann auch immer) nicht in genügendem Maße Individuum ist, um alle die »Lebensauffassungen« der zahlreichen Autoren aufnehmen zu können, die uns durch die Verlags-Anzeigen und Zeitungsrezensionen aufgedrängt werden, um dann durch Vergleichen dieser Autoren untereinander zu Weisheit zu gelangen. Die größere Schwierigkeit ist vielmehr, daß auch die heutigen Autoren nicht in genügendem Maße Individuen sind. Es ist ja keineswegs so, daß die Welt gesonderter Individuen, wie sie der liberale Demokrat haben möchte, nicht wünschenswert wäre; nur existiert diese Welt einfach nicht. Denn der Leser moderner Literatur setzt sich ja nicht wie der, der sich mit der anerkannten großen Literatur aller Zeiten befaßt, dem Einfluß verschiedener und einander widersprechender Persönlichkeiten aus; er findet sich vielmehr einer Massenbewegung von Schriftstellern gegenüber, von denen jeder denkt, daß er etwas Individuelles zu bieten habe, die aber in Wirklichkeit alle zusammen in der gleichen Richtung arbeiten. Und ich glaube, zu keiner Zeit war das lesende Publikum so weitgehend und so hilflos den Einflüssen seiner eigenen Zeit ausgesetzt. In keiner Zeit, glaube ich, haben die, die überhaupt lesen, sich so viel mehr an die Bücher lebender Autoren gehalten als an die früherer. Noch nie war eine Zeit so gänzlich engstirnig, so abgeschnitten von der Vergangenheit. Es mag dahingestellt sein, ob es zu viele Verleger gibt; sicher aber werden zu viele Bücher verlegt. Und die Zeitungen spornen den Leser noch an, »Schritt zu halten« mit allem, was veröffentlicht wird. Die individualistische Demokratie ist zu einer Hochflut angeschwollen, und doch ist es heute schwieriger, ein Individuum zu sein, als je zuvor.

Innerhalb der modernen Literatur gibt es allerdings durchaus gültige Unterscheidungen von gut und böse, besser und schlechter, und ich möchte nicht den Eindruck erwecken, daß ich Bernard Shaw mit Noel Coward verwechsle oder Virginia Woolf mit Ethel Mannin. Andererseits möchte ich gerne klarstellen, daß ich keineswegs eine »high-brow«- gegenüber einer »low-brow«-Literatur verteidige. Ich möchte lediglich behaupten, daß die moderne Literatur als Ganzes von dem zersetzt ist, was ich Säkularismus nenne, sie weiß einfach nichts von der Bedeutung des übernatürlichen Lebens und kann sein Primat vor dem natürlichen Leben, gerade das, was ich für unser vordringlichstes Anliegen halte, einfach nicht verstehen.

Ich möchte nicht den Eindruck erwecken, daß ich hier nur eine verdrießliche Jeremiade gegen die zeitgenössische Literatur von mir geben wollte. Wenn ich bei Ihnen oder bei einigen von Ihnen eine der meinen ähnliche Haltung voraussetze, so ist die Frage nicht so sehr, »was ist dagegen zu tun?« als »wie sollen wir uns dazu verhalten?«

Ich habe auseinanderzusetzen versucht, daß die liberale Haltung gegenüber der Literatur nicht weiterhilft. Selbst wenn die Schriftsteller, die uns ihre »Weltanschauung« aufnötigen möchten, wirklich deutlich bestimmte Individuen wären und ebenso wir als Leser, was würde sich daraus ergeben? Mit Sicherheit, daß sich jeder Leser in seiner Lektüre lediglich von dem beeindrucken ließe, worauf er schon vorbereitet war; er würde der Linie des geringsten Widerstandes folgen, und es bestünde keine Garantie, daß er zu einem besseren Menschen würde. Um zu einem literarischen Urteil zu kommen, müssen wir uns zweier Dinge gleichzeitig schärfstens bewußt sein: einmal müssen wir wissen, »was uns gefällt« und dann »was uns gefallen *sollte*«. Die wenigsten Menschen sind ehrlich genug, das eine wie das andere zu kennen. Das erste bedeutet zu wissen, was wir wirklich fühlen: nur sehr wenige wissen das. Das zweite schließt ein, daß wir unsere eigenen Mängel verstehen; denn wir wissen nicht wirklich, was uns gefallen sollte, bevor wir nicht wissen warum, und das wiederum schließt die Einsicht ein, warum es uns trotzdem nicht gefällt. Es genügt nicht, zu verstehen, was wir sein sollten, wenn wir nicht wissen, was wir sind; und wir verstehen nicht, was wir sind, wenn wir nicht wissen, was wir sein sollten. Die beiden Formen der Selbsterkenntnis: zu wissen, was wir sind und was wir sein sollten, müssen zusammengehen.

Es ist uns als Lesern literarischer Werke aufgegeben, zu wissen, was uns gefällt. Als Christen so gut wie als Lesern ist uns aufgegeben, zu wissen, was uns gefallen sollte. Als ehrlichen Menschen ist uns fernerhin aufgegeben, nicht zu behaupten, was uns gefällt, sei zugleich, was uns gefallen sollte – und als ehrliche Christen dürfen wir schließlich nicht behaupten, daß uns gefällt, was uns gefallen sollte. Das letzte, was ich mir wünschen würde, wäre nämlich die Existenz von zwei Literaturen, eine für christlichen Gebrauch, die andere für die heidnische Welt. Ich sehe es als die Pflicht aller Christen an, gewisse Maßstäbe und Grundsätze der Kritik ganz bewußt noch außer denen, die die übrige Welt anwendet, aufrechtzuhalten, und nach diesen Grundsätzen und Maßstäben muß alles, was wir lesen, geprüft werden. Wir dürfen nicht vergessen, daß der größere Teil unseres laufenden Lesestoffes für uns von Leuten geschrieben wird, die keinen wirklichen Glauben an eine übernatürliche Ordnung haben, obwohl manches auch von Menschen mit individuellen Vorstellungen einer übernatürlichen Ordnung, die nicht die unseren sind, stammen mag. Und der größte Teil unserer Lektüre ist schließlich von Personen geschrieben, denen nicht nur ein solcher Glaube fehlt, sondern die darüber hinaus nicht einmal wissen, daß es noch Menschen in der Welt gibt, die so »rückständig« oder so »exzentrisch« sind, daß sie immer noch glauben. Solange wir uns der Kluft zwischen uns und dem größten Teil der zeitgenössischen Literatur bewußt sind, sind wir mehr oder weniger davor bewahrt, von ihr verletzt zu werden, wir befinden uns sogar in der Lage, aus ihr heraussuchen zu können, was sie uns Gutes zu bieten hat.

Es gibt heute eine sehr große Zahl von Menschen in der Welt, die glauben, alle Übel seien im Grunde ökonomischer Natur. Manche glauben, daß verschiedene, ganz spezielle wirtschaftliche Veränderungen allein genügten, um die Welt ins Gleichgewicht zu bringen. Andere verlangen mehr oder weniger drastische Änderungen der sozialen Verhältnisse, die hauptsächlich in zwei einander entgegengesetzte Richtungen gehen. Alle diese geforderten und an einigen Stellen bereits eingeführten Veränderungen sind in einer Hinsicht einander gleich: sie basieren auf den Anschauungen jener Geisteshaltung, die ich Säkularismus nenne. Sie befassen sich nur mit Veränderungen zeitlicher, materieller und äußerlicher Natur, sie befassen sich mit einer Moral lediglich kollektiver Natur. In einer Schrift, in der ein solches neues Glaubenssystem dargelegt wird, lese ich die folgenden Worte:

»In unserer Morallehre ist der einzige Prüfstein für jede moralische Frage, ob sie in irgendeiner Weise das Vermögen des Individuums, dem Staat zu dienen, beeinträchtigt oder zerstört. Das Individuum muß sich die folgenden Fragen vorlegen: Ist diese Handlung eine Verletzung der Nation? Ist sie eine Verletzung anderer Mitglieder der Nation? Verletzt sie meine Fähigkeit, dem Staat zu dienen? Und wenn die Antwort auf alle diese Fragen klar ist, hat das Individuum vollständige Freiheit, zu handeln, wie es will.«

Nun leugne ich nicht, daß dies tatsächlich eine Art Moral ist und daß sie innerhalb gewisser Grenzen fähig ist, sehr viel Gutes zu bewirken. Aber ich glaube, wir sollten alle eine Moralität zurückweisen, die keine höheren Ideale vor uns aufzurichten vermag als diese. Sie stellt natürlich eine jener heftigen Reaktionen dar, deren Zeugen wir sind, Reaktionen gegen die Ansicht, daß die Gesellschaft nur für den Nutzen des Individuums da ist. Aber auch sie ist ebenso ein Evangelium von dieser Welt und nur von dieser Welt. Mein Vorwurf gegen die moderne Literatur geht in die gleiche Richtung. Es ist ja nicht so, daß die moderne Literatur im üblichen Sinn »unmoralisch« oder »amoralisch« wäre; und jedenfalls würde es auch nicht genügen, nur diese Anklage vorzubringen. Es ist einfach so, daß sie unsere grundlegendsten und wichtigsten Glaubensinhalte zurückweist oder gar keine Ahnung von ihnen hat. Und infolgedessen ist es ihre Tendenz, die Leser zu ermutigen, dem Leben, solange es währt, was sie nur können, abzugewinnen, keine sich darbietende »Erfahrung« auszulassen und sich zu opfern – wenn sie sich überhaupt opfern wollen – einzig um greifbarer Wohltaten für andere willen, in dieser Welt, jetzt oder in der Zukunft. Sicher sollen wir auch weiterhin das Beste dieser Art, was unsere Zeit bietet, lesen. Aber wir müssen es unermüdlich kritisieren, und zwar nach unseren eigenen Prinzipien und nicht nur nach den Prinzipien, die die Schriftsteller selbst und die Kritiker, die diese Literatur in der Presse besprechen, anwenden.

Katholizismus und die Ordnung unter den Völkern

Ich denke, daß wir alle einer Meinung über die bedauernswerten Folgen der Spaltungen des Christentums sind und überzeugt von der entscheidenden Wichtigkeit der Wiedervereinigung der Christenheit. Wir wissen auch, daß die Christenheit, wäre sie morgen wiedervereinigt, sich in ihrer Ausdehnung bei weitem nicht einmal mit der europäischen Welt decken würde. Dagegen stünde nicht nur der beträchtliche einflußreiche Block, der ausgesprochen antichristlich ist, sondern dagegen stünden auch alle Kräfte, die wir als liberal bezeichnen, worunter alle Menschen zusammengefaßt sind, die glauben, daß die öffentlichen Angelegenheiten dieser Welt und diejenigen der folgenden nichts miteinander zu tun haben; die glauben, daß in einer vollkommenen Welt diejenigen, die für Golf sind, Golf spielen könnten, und diejenigen, die für Religion sind, in die Kirche gehen könnten. Wir andererseits fühlen, wenn auch dunkel, die Gewißheit, daß uns in weltlichen Dingen unser geistlicher Glaube in gewisser Weise lenken sollte; daß, wenn er es nicht tut, es unsere eigene Schuld ist; daß die Moral auf die Sanktion durch die Religion angewiesen ist und daß die gesellschaftliche Organisation der Welt auf die Sanktion durch die Moral angewiesen ist; daß wir zeitliche Werte nur im Lichte ewiger Werte beurteilen können. Wir sind einem Glauben anheimgegeben, der in den Augen der Welt ein desperater Glaube sein muß, daß eine christliche Weltordnung, *die* christliche Weltordnung, letzten Endes die einzige ist, die von jedem erdenklichen Standpunkt aus funktionieren wird.

Soweit wir uns also als Einzelmenschen mit den gegenwärtigen gesellschaftlichen, politischen, wirtschaftlichen Problemen beschäftigen, sind wir als Katholiken zu einer Analyse sowohl der Probleme als auch jeder vorgebrachten Lösung verpflichtet, die weit eingehender sein muß als diejenige, zu der sich der gewöhnliche

Staatsbürger oder selbst der gewöhnliche Spezialist aufgerufen fühlt. Nicht nur daß wir, bevor wir unsere Anhängerschaft zusagen, von jeglichem System fordern, daß es Funktionen erfüllen soll, denen normalerweise diejenigen, welche die Systeme machen, gleichgültig gegenüberstehen: daß es zum Beispiel die Stellung geistlicher Autorität anerkennen soll. Die Beziehung zwischen dem Natürlichen und dem Übernatürlichen läßt sich nicht durch ein Konkordat regeln. Was ich sagen will, ist dies, daß nur der christliche Denker dazu gezwungen ist, alle seine Prämissen zu prüfen und zu versuchen, von den fundamentalen Begriffen und Behauptungen auszugehen. Ich bin weder qualifiziert, über die Wissenschaft der Politik noch die der Wirtschaft zu diskutieren. Und die letztere Wissenschaft ist mir unverständlicher als Mathematik. Trotzdem kann ich nicht umhin zu glauben, daß die Mehrheit der gegenwärtigen Praktiker sowohl der politischen als auch der Wirtschaftswissenschaft gerade in dem Bemühen, wissenschaftlich zu sein, d. h. ihr Betätigungsfeld genau abzugrenzen, sich etwas anmaßen, wozu sie nicht nur nicht berechtigt sind, sondern dessen sie sich auch nicht immer bewußt sind. Alle unsere Ansichten und Theorien haben natürlich im letzten eine Beziehung zu unserer Wesensart. Aber nur der Katholik steht tatsächlich unter der erklärten Verpflichtung zu erforschen, was für ein Mensch er ist – denn er steht unter der Verpflichtung, diesen Menschen bestimmten Idealen und Normen gemäß zu bessern. Der Nichtkatholik, ganz sicher der nichtchristliche Philosoph, der keine Verpflichtung fühlt, sich zu ändern, und deshalb keine zwingende Notwendigkeit, sich selbst zu verstehen, neigt dazu, sich von seinen Vorurteilen, seinem sozialen Hintergrund, seinen individuellen Geschmacksrichtungen bestimmen zu lassen. Wir freilich auch; aber wir, so hoffe ich, erkennen zumindest den Versuch, sie zu unterdrücken, als unsere Pflicht an. Diese Behauptung mag außerordentlich vermessen erscheinen. Aber ich spreche nicht so sehr von meiner noch nicht einmal flüchtigen Kenntnis der Wirtschaftswissenschaft her als von meiner gelegentlichen Bekanntschaft mit Wirtschaftswissenschaftlern.

Ich habe denn auch kein Vertrauen zu irgendeinem Entwurf, der die Welt in Ordnung bringen soll, ehe der Entwerfende zufriedenstellend die Frage beantwortet hat: Worin besteht das gute Leben? Sehr oft, so fürchte ich, kann er keine bessere Antwort geben, als auf die Art von Leben zu verweisen, die er als normaler Mensch und für sich stehendes Individuum nun gerade einmal schätzt. Sehr wenig Leute freilich wollen besser sein, als sie sind, oder, um es in einer weihevolleren Sprache zu sagen, wenige hungern und dürsten nach Gerechtigkeit. Und was wir als Individuen zufällig schätzen außerhalb der Hauptströmung, welche die katholische Tradition bildet, ist wohl das, was Leute unseres Schlages innerhalb einer engen Begrenzung von Raum und Zeit zufällig gerade immer geschätzt haben. Wir halten gern Dinge für ewige Wahrheiten, die in Wirklichkeit nur von einer kleinen Gruppe von Leuten oder für eine sehr kurze Spanne Zeit als selbstverständlich angesehen wurden. Statt die ganze Geschichte unserer Zivilisation auf unsere besonderen Nöte einwirken zu lassen, wenden wir möglicherweise nur Denkweisen der allerletzten Zeit oder unserer nächsten Umgebung an. Eine wirklich befriedigende arbeitsfähige Philosophie des sozialen Handelns erfordert zum Unterschied von Einfällen, wie man sich für den Augenblick aus der Klemme zieht, nicht bloß Wissen, sondern Weisheit. Vielleicht heißt es zu viel verlangen, wenn man von einem Menschen sowohl spezialisierte wissenschaftliche Potenz als auch Weisheit erwartet; wir können aber von Wirtschaftsexperten nicht erwarten, daß sie uns helfen, ehe wir wissen, was wir von ihnen wollen. Unsere Vorstellungen, unsere Auswahl unter den uns angebotenen Lösungen werden sich im letzten gemäß unseren Vorstellungen von der menschlichen Natur unterscheiden – ganz abgesehen von der Rolle, die Vorurteil und Eigennutz dabei spielen. Dies ist nicht eine Sache des Wissens, sondern der Weisheit; und Weisheit wird nur auf zweierlei Weisen erworben und gut erworben nur auf beide: ein Studium der menschlichen Natur durch Betrachtung der Geschichte, der Taten der Menschen in der Vergangenheit und des Besten, was sie gedacht und geschrieben haben, und ein Studium durch Beobachtung der Männer und Frauen um uns herum und durch die Erfahrungen, die wir mit ihnen während unseres Lebens machen.

Ich glaube, daß die katholische Kirche mit ihrem Erbe aus Israel und Griechenland immer noch wie ehedem der große Hort von Weisheit ist. Weisheit scheint eine Ware zu sein, die immer weniger an den Stätten der Bildung zu bekommen ist; denn die Methoden und Ideale, die in der modernen Erziehung im Kommen sind, nämlich wissenschaftliche Spezialisierung einerseits und andererseits eine Behandlung der klassischen Studien entweder als einer Art Pseudo-Wissenschaft oder als oberflächlicher Kultur, sind nicht daraufhin ausgerichtet, einen Hang zur Weisheit zu kultivieren; etwas, das Bildungsanstalten gewiß nicht lehren können, weil es in dem Zeitabschnitt oder als Ganzes nicht in solcher Umgebung erlernt werden kann; sie können uns jedoch ein Verlangen danach lehren und Wege weisen, auf denen es erworben werden kann. Die moderne Welt trennt den Intellekt und die Emotionen. Sie erkennt an, was auf eine Wissenschaft in dem engen Sinn des Wortes »Wissenschaft« reduziert werden kann, was immer von der Schärfe des Verstandes gehandhabt werden kann, der ein begrenztes und technisches Material beherrscht; der Rest mag eine Wüstenei von unkontrolliertem Verhalten und unreifem Gefühl sein. Mein Wunsch ist, daß der klassische Begriff der Weisheit wiederhergestellt werden könnte, damit wir nicht ganz und gar dem politischen Wissenschaftler auf der einen oder dem Demagogen auf der anderen Seite ausgeliefert wären. Für den gewöhnlichen Politiker bedeutet Weisheit so viel wie Wissen um das Zweckmäßige, für den politischen Wissenschaftler löst sie sich auf in Theorie; aber Weisheit, politische Weisheit eingeschlossen, kann weder zu einer Wissenschaft abstrahiert noch auf einen Winkelzug reduziert werden; und man kann sie auch nicht dadurch heranschaffen, daß man ein Komitee bildet, das sich zu gleichen Teilen aus Wissenschaftlern und Experten für Winkelzüge zusammensetzt. Und menschliche Weisheit, so füge ich schließlich hinzu, kann von göttlicher Weisheit nicht getrennt werden, ohne daß sie sich anschickt, zu bloß weltlicher Weisheit zu werden, die so eitel wie die Torheit selber ist.

Meine Absicht war bis hierher, nur einfach herauszustellen, daß wir als Katholiken nicht einfach die in der Welt von spezialisierten Theoretikern angebotenen Lösungen annehmen oder zurückweisen können, je nachdem, ob sie dem Anschein nach uns und unserem

Glauben einen Platz zugestehen. Wir müssen die ausgesprochenen und mit einbegriffenen moralischen Voraussetzungen kritisch prüfen und erkennen, was von unserem Standpunkt aus die Grenzen und Irrtümer ihrer Autoren sind. Und wir selbst, fürchte ich, gehen nur allzu leicht in die Fallen, die wir selber gestellt haben. Wir sind in Gefahr, Begriffe immer zu wörtlich aus einem Ordnungszusammenhang in einen anderen zu übersetzen. Ich erkenne zwei hauptsächliche Fallgruben. Die Ideen der Autorität, Hierarchie, Disziplin und Ordnung können uns, wenn sie unangemessen in der weltlichen Sphäre angewendet werden, in den recht erheblichen Irrtum von Absolutismus oder unmöglicher Theokratie führen. Oder aber die Ideen der Humanität, Brüderlichkeit, Gleichheit vor Gott können uns zu der Behauptung bringen, daß der Christ nur ein Sozialist sein kann. Häresie ist immer möglich; und wo es eine mögliche Häresie gibt, da gibt es zumindest immer auch zwei; und wenn zwei Lehren einander widersprechen, denken wir nicht immer daran, daß beide falsch sein mögen. Und Häresie kann natürlich bis in Angelegenheiten dieser Welt reichen, die üblicherweise nicht mit solchen Maßstäben beurteilt werden: man dürfte darauf gefaßt sein, sie in bestimmten Formen des Faschismus sowohl wie auch in bestimmten Formen des Sozialismus zu finden. Man entgeht ihr in keiner Organisation von Menschen, die die christlichen Fundamente der Gesellschaft nicht anerkennt. Und wir brauchen nicht überrascht zu sein, zwei antithetische Häresien zu finden, die einander so nahe stehen. Die Vorstellung der Freiheit des Individuums zum Beispiel muß auf der einzigartigen Bedeutung jeder einzelnen Seele gegründet sein, auf dem Wissen darum, daß jeder Mensch letzten Endes für seine eigene Erlösung oder Verdammnis verantwortlich ist, und auf der daraus folgenden Verpflichtung der Gesellschaft, jedem Einzelnen die Gelegenheit zur Entfaltung seiner ganzen Menschlichkeit zu gewähren. Wird diese Menschlichkeit jedoch nicht immer in Beziehung zu Gott gesehen, so brauchen wir uns nicht zu wundern, wenn wir eine übermäßige Liebe zu den geschaffenen Wesen vorfinden, mit anderen Worten, den Humanitarismus, der zu einer richtiggehenden Unterdrückung menschlicher Wesen führt im Zeichen dessen, was andere menschliche Wesen als deren eigenes Interesse begreifen. Ich halte dafür, daß nur ein im Bereich der Soziologie wirksames christliches und katholisches Denken uns vor diesen Extremen bewahren kann, die nur schlimmere Verwirrung stiften, wenn sie zusammentreffen. Die Häresie ist oft einleuchtender, hat den größeren Anschein des Vernünftigen und ist auch zweckmäßiger für den Augenblick als der wahre Glaube. Denn Weisheit erlangt man nicht durch ein striktes logisches Schlußverfahren von anerkannten Prämissen her; man vermag oft nicht durch Vernunftgründe jene zur Annahme zu zwingen, die nicht annehmen wollen. Es ist klar, daß die zweite Hälfte des Hauptgebotes der Liebe eine Täuschung und ein Betrug ist, wenn man die erste Hälfte unterschlägt. Aber wie soll man das dem Enthusiasten beweisen und dem Systemgründer? Dies ist eines der Dinge, von denen wir wissen, daß sie wahr sind, und zwar aus dem heraus, was tatsächlich die Weisheit dieser Welt genannt werden kann; denn die wirkliche Weisheit dieser Welt führt zur Weisheit der anderen Welt, findet in ihr die Erfüllung und ist unvollständig ohne sie.

Ich möchte nicht einen Augenblick unterstellen, daß Theorien zur Rettung der Welt, ob im allgemeinen oder besonderen, unbedingt falsch sind oder nutzlos, wenn sie nicht auf christlichen und katholischen Grundlagen aufgebaut sind. Aber nehmen wir zum Beispiel eine Institution, über welche die meisten von uns ein wenig Bescheid wissen und sehr wenige, zu denen ich nicht gehöre, eine ganze Menge wissen. Ich leugne nicht die Nützlichkeit des Völkerbundes, weder in den Jahren seines Bestehens, noch für die Zukunft, wenn ich zu bedenken gebe, daß es von allem Anfang an klar hätte sein müssen, daß der Bund niemals die Bestrebungen seiner Gründer erfüllen konnte. Die ganze Vorstellung scheint mir aus der Zeit von Rousseau zu stammen und den übertriebenen Glauben an die menschliche Vernunft zu illustrieren, zu dem Leute mit undisziplinierten Gefühlen neigen. Die Vorstellung war die, man könnte sich die europäische Gesellschaft vornehmen, aufgelöst und hysterisch, wie sie 1918 war, und dem Nationalismus gegenüber, der sich schon entwickelt hatte und der sich ja weiter entwickeln mußte, eher aufgeschlossen als ablehnend eingestellt, darüber eine konstruierte föderalistische Union aufbauen, für eine zentrale Maschinerie mit einer demokratischen Organisation sorgen, in der nicht nur mächtige Nationen und schwache, sondern auch bedeutende und unbedeutende Nationen, mehr und weniger zivilisierte Nationen in einer nominellen Annäherung an Gleichheit zusammenkommen sollten, und schließlich Vernünftigkeit und ein aufgeklärtes Interesse für die eigene Sache erwarten, die alle Schwierigkeiten beheben sollten. Ich mag irren, aber ich würde mich wundern, wenn ich ganz und gar irrte. Und was ist denn nun der Völkerbund heute? Er ist ein Mechanismus; ich möchte behaupten, daß er wie die meisten Mechanismen, deren Bestandteile menschliche Wesen sind, die sich im Komitee zusammenfinden, aus zu vielen Teilen besteht; aber er ist immer noch ein wirksamer Mechanismus für die geringeren Aufgaben, zu deren Bewältigung man ihn für tauglich hält. Er hat kleinere Dispute zwischen kleineren Mitgliedern geschlichtet in dem Sinne der Erhaltung des Wesentlichsten: des Friedens und der Selbstachtung beider Parteien. In Dingen, worin die Mehrheit der zivilisierten Nationen immer noch zivilisiert genug ist, um gemeinsame Prinzipien aufrechtzuerhalten oder zu deren Bekenntnis verpflichtet zu sein, und in denen das Interesse keiner Nation einer anderen zum Schaden gereicht, sondern die Interessen aller identisch sind, etwa gegen Ungesetzliches innerhalb einer jeden – wie zum Beispiel Rauschgifthandel und schwarze oder weiße Sklaverei – in Dingen wie diesen, so glaube ich, kann der Völkerbund seine Entstehung und seinen Aufwand rechtfertigen und hat beides wohl schon gerechtfertigt. Aber in Dingen, worin gewaltige Interessen und Leidenschaften am Werke sind, muß er sich wie jegliche demokratische Regierungsform eher auf ein Gleichgewicht der Interessen verlassen als auf gemeinsames Interesse, auf eine Ethik, die angeraten scheint, nicht auf religiöse Ethik. Er steht für den Modernismus auf politischer Ebene. Ich greife nicht den Bund an, sondern suche nach einer Definition für seine Grenzen; denn er kann um so besser funktionieren, wenn wir erkennen, worin diese Grenzen bestehen. Aber es wäre noch besser, wenn seine Erfinder selbst diese Grenzen gesehen hätten; denn was Sentimentalität ins Leben ruft, können Zynismus und Intrige ausbeuten.

Der Katholik sollte hohe Ideale haben – oder ich sollte besser sagen *absolute* Ideale – und mäßige Erwartungen: Der Härektiker, ob er sich nun Faschist oder Kommunist oder Demokrat oder Rationalist nennt, hat immer niedere Ideale und große Erwartungen. Denn ich behaupte, daß alles Streben nach einem Paradies auf Erden von niederen Idealen geprägt ist. Ich verdamme nicht alle Pläne zur Besserung der Menschheit, die nicht das Produkt katholischen Denkens sind; sondern ich behaupte nur, daß alle derartigen Pläne genau wie unsere eigenen, wenn wir mit unmittelbar bedrängenden Nöten dieser Welt beschäftigt sind, einer solchen Prüfung unterworfen werden müssen, wie sie nur aus katholischer Weisheit erwachsen kann. Jedem entschieden antichristlichen Gesellschaftssystem gegenüber sind wir sicher, daß solch ein System, weil auf Falschem gegründet, niemals richtig funktionieren kann. Und mit »richtigem Funktionieren« implizieren wir letztlich auch Glück auf der niedrigsten normalen menschlichen Ebene. Verglichen mit jedweder Stufe christlicher Gesellschaftsordnung, die jemals verwirklicht worden ist, hat es primitive Gesellschaften gegeben, oder soll es solche gegeben haben, in denen man einen weit höheren Durchschnitt an Lebensfreude und einen weit niedrigeren Durchschnitt an Leid fand: die Fürsprecher der Sexualreform verweisen uns immer auf die Sitten der glücklichen Bewohner der Trobriand-Inseln. Vergleichen wir mit jeglicher primitiven Gesellschaft, so können wir sagen, daß die Art von Lebensfreude und Glück, die in solcher Gesellschaft herrscht, zu niedrig ist, als daß sie für einen zivilisierten Menschen verlockend wäre; denn nicht einmal das niedrigste zivilisierte Individuum kann sich einer solchen Gesellschaft anpassen, ohne zu entarten und dabei häufig auch die Eingeborenen zusammen mit sich selbst zu korrumpieren. Aber es geht uns nicht um die Wahl zwischen zivilisierter und primitiver Gesellschaftsordnung; es geht um die Wahl zwischen christlicher, nichtchristlicher und antichristlicher Ordnung. Mit der zweiten davon sind wir alle vertraut; und wir wissen, wie sie funktioniert. Und die dritte, dessen sind wir gewiß, wird auch nicht funktionieren.

Worauf wir hinarbeiten müssen, ist nicht nur eine Ordnung, die mit der christlichen Ordnung nicht im Widerspruch steht, eine Ordnung, in der Christen und Nichtchristen in vollkommener Harmonie miteinander auskommen können; jedes Programm, das ein Katholik ins Auge fassen kann, muß auf die Bekehrung der ganzen Welt abzielen. Die einzige positive Einigung der Welt, so glauben wir, ist eine religiöse Einigung; darunter verstehen wir nicht einfach allgemeine Unterwerfung unter eine einzige weltweite kirchliche Hierarchie, sondern kulturelle Einigkeit in der Religion – was nicht dasselbe ist wie kulturelle Gleichförmigkeit. Und jeder allgemeine Entwurf einer internationalen Harmonie, vorgebracht als Ersatz für religiöse Einigkeit, ist wahrscheinlich mehr eine Bedrohung als eine Hoffnung. Er wird die Geister vom Wesentlichen ablenken, er wird sie einlullen mit einem trügerischen Gefühl von Rechtschaffenheit und Sicherheit; und wie jedes Gefüge, das nur von menschlicher Vernunft aufgebaut wurde, wird er am Ende unter dem Ansturm menschlicher Leidenschaften zu Fall kommen und nur eine bittere und unnötige Desillusionierung zurücklassen. Nur der Katholik kann nicht desillusioniert werden.

Unsere Pflicht angesichts aller rein weltlichen Versuche, die Welt zu verbessern, scheint mir zu sein, sie ihrem Wert entsprechend zu begrüßen, wenn an ihnen irgend etwas Gutes ist, und gleichzeitig ihre Grenzen herauszustellen und die Gefahr, die darin liegt, mehr von ihnen zu erwarten, als solche menschlichen Erfindungen zu leisten vermögen. Wir haben uns nicht von Entwicklungen betrogen gefühlt, von denen man dann und wann erwartet hat, daß sie der Welt die Einigkeit bringen würden. Zu einer gewissen Zeit erwartete man es von Fortschritt und Aufklärung; dann von der Verbreitung von Demokratie und parlamentarischen Institutionen. Ich fürchte, dies bedeutete, was England und Amerika anging, den Glauben, das einzig Notwendige für die übrige Welt sei, daß sie sich nach dem Vorbild Englands bzw. Amerikas forme oder durch Gewalt nach deren Vorbild geformt würde. In Wirklichkeit ist es sehr schwierig für uns alle zu erkennen, inwiefern wir anderen Völkern überlegen und inwiefern wir nur anders sind. Zu einer späteren Zeit erwartete man von der sogenannten Herrschaft über den Raum durch immer zahlreichere Kommunikationsmittel zwischen den Völkern die Förderung gegenseitigen Verstehens. Die Herrschaft über den Raum hat es den Völkern möglich gemacht, aus größeren Entfernungen zu kämpfen, aber auf anderen Gebieten hat sie nicht alles erreicht, was sie erreichen sollte: in Amerika kann man dank der Herrschaft über den Raum zu jeder Jahreszeit frisches Obst und Gemüse bekommen, und nichts davon schmeckt nach etwas. Die Standardisierung sollte die Völker einigen, wenn auch vielleicht um den Preis der Monotonie; die Standardisierung hat eher die Völker dort einander angeglichen, wo sie sich besser voneinander unterscheiden würden, und man kann aus jeder Rundfunkstation in Europa dieselbe Musik hören; aber um in Freundschaft zu existieren, brauchen die Völker mehr als einen gemeinsamen Tanzschritt oder das allgemein geläufige Fahren von Ford Automobilen. Seit neuestem hören wir oft, daß die gegenseitige Abhängigkeit der Völker in Wirtschaft und Finanzwesen Harmonie und gemeinsames Vorgehen wenigstens geboten erscheinen läßt, wenn nicht unumgänglich macht: wir müssen übereinkommen oder wir werden untergehen. Man kann die verschiedensten wilden Tiere zusammen in einen Käfig sperren und ihnen sagen, sie müßten sich vertragen und ihr Futter gleichmäßig untereinander teilen oder sie würden untergehen; aber es wäre einfacher und menschlicher, sie je nach ihrer Eigenart in verschiedene Käfige zu sperren. Solche gegenseitige Abhängigkeit bei Völkern, die in ihrer emotionellen Strukturierung stark voneinander abweichen, scheint nun allmählich die Gelegenheiten zu Zwiespalt nur zu vervielfältigen; und die Hoffnung, daß irgend etwas dabei herauskommt, ist der Scheinlohn derer, die weiterhin der trügerischen Gottheit der Vernunft opfern, die erst vor etwa 150 Jahren geboren wurde.

Es ist interessant zu beobachten, daß einige der scharfsinnigeren Kinder dieser wirtschaftlich orientierten Welt anfangen zu argwöhnen, daß der Internationalismus der Feind internationaler Freundschaft sein kann. Bissige Kritiker haben sogar fallen lassen, daß Reisebüros verboten gehörten, ausgenommen vielleicht zum Zwecke der Ermöglichung religiöser Pilgerreisen; denn je mehr die Völker voneinander sehen, so behaupten diese Philosophen, desto mehr Gelegenheit haben sie zu gegenseitigem Mißverständnis und gegenseitiger Abneigung; jeder erinnert den Vorfall, als er auf Reisen übers Ohr gehauen, unhöflich behandelt, mit einem schlechten Mahl und einem unbequemen Bett bedacht wurde. Aber ein gemäßigterer Kritiker, für den ich beträchtliche Achtung hege, Mr. Maynard Keynes, ist kürzlich in zwei interessanten Aufsätzen in *The New Statesman* mit einigen Vorschlägen hervorgetreten, die in diese Richtung zielen. Mr. Keynes mißbilligt das System, unter welchem jeder, der etwas Geld investiert hat, zum Teil nun auf Einkommen aus Industrien angewiesen ist, die oft am Ende der Welt betrieben werden, von denen er keinerlei Kenntnis und über die er keine Kontrolle besitzt; Mr. Keynes möchte Betriebsführung und Besitzertum näher zusammengebracht sehen. Es kommt mir schon lange so vor, als seien viele internationale Unternehmen sowohl wie auch die internationale Politik zu größerem Umfang angeschwollen, als daß es noch innerhalb der Gewalt des menschlichen Geistes stünde, sie wirksam, sicher und mit gebührender Rücksicht auf die Interessen eines jeden zu verwalten. Wir haben da in den letzten Jahren einige bemerkenswerte Fälle, in denen der Charakter des Mannes an der Macht eher noch als sein Geist unter der Belastung zusammengebrochen ist; und zwar zum Schaden oder Ruin fast unzähliger Opfer. Und dieser Wunsch nach einer Vereinfachung internationaler Beziehungen, den Mr. Keynes laut werden ließ, scheint mir mit dem Verlangen nach Regionalismus in Verbindung zu stehen, das wir in verschiedenen Teilen der Welt spontan aufkommen hörten; in Amerika, in Schottland und, wie ich höre, sogar in Norddeutschland. Mit solch einer Bewegung sympathisiere ich instinktiv, freilich nach Abstrich des politischen Unsinns und des sentimental-retrospektiv-literarischen Unsinns, wie ich auch mit einer gewissen Art von Kreditreform und Distributismus sympathisiere, wiederum gänzlich meinem Instinkt folgend, denn ich habe nicht die geringste Begabung für abstruses Denken. Ich hege wenig Hoffnung für die Zukunft Amerikas, es sei denn, dieses Land fällt in seine natürlichen Bestandteile auseinander, mit Grenzen, die nicht einfach diejenigen des alten Nordens und Südens wären und noch weniger diejenigen der 48 Staaten.

Ich stelle mir vor, daß im allgemeinen meine Sympathien und Neigungen in Sachen der Sozial- und Wirtschaftsreform jenen ähneln, denen einzelne Mitglieder dieser Schule bereits Ausdruck verliehen haben. Aber einer Sache bin ich mehr und mehr gewiß, und zwar, daß der Katholik sich nicht zur Gänze und absolut irgendeiner Form weltlicher Ordnung anheimgeben kann. Damit meine ich nicht, daß er abseits bleiben oder es ablehnen muß, überhaupt eine Sache zu unterstützen oder sich irgendeiner Richtung zu verschreiben, in welche ihn Vernunft, Sensibilität und Weisheit einstimmig weisen; sondern daß seine Haltung immer eine bedingte sein muß, daß er niemals irgendeiner Herrschaft dieser Welt die gleiche Hingabe bezeigen darf, die er der Herrschaft Gottes widmen sollte. Es sind viele Anlässe denkbar, die es geziemend erscheinen lassen, daß er für einen weltlichen Zweck sein Leben opfern kann, niemals aber seinen Sinn für Werte; eingedenk des platonischen Hinweises darauf, daß nichts in dieser Welt ganz und gar ernst zu nehmen ist – dieses »nichts« schließt selbstverständlich die Verlängerung der eigenen Existenz in dieser Welt mit ein. Ich habe es weder darauf abgesehen, eine Grenze zwischen geistlichen und weltlichen Angelegenheiten zu ziehen, noch darauf, es zuzugestehen, daß eine solche gezogen wird. Ich glaube mit Bestimmtheit, daß wir nicht bloß deshalb an öffentlichen und internationalen Angelegenheiten interessiert sind, weil wir zufällig Katholiken *und* für die Öffentlichkeit aufgeschlossene Individuen sind, sondern weil unser Glaube von einer Art ist, die uns zu dem letzteren Interesse zwingt. Wenn wir nun also unseren Teil dazutun sollen nicht nur als Staatsbürger, sondern als katholische Staatsbürger, so dürfen wir nicht damit zufrieden sein, Blaubücher, Zeitungen und politische und ökonomische Abhandlungen zu studieren; wir müssen zuallererst gründlich vertraut werden mit unserer eigenen Theologie.

Ich mache diese Einschränkung und ziehe diese Unterscheidungslinie, weil ich den Eindruck habe, daß die Außenwelt jederzeit dazu bereit ist, jeglichen Vorwand zu der Behauptung aufzugreifen, daß Katholiken und besonders Anglo-Katholiken auf ein soziales Programm festgelegt sind, das sich praktisch mit ihrem Glauben deckt. Vielleicht heben sich die folgenden Mißverständnisse gegenseitig auf: Wir werden als bigotte Reaktionäre oder als sorglose Sozialisten eingestuft, je nach der Sinnesart des feindlichen Kritikers und den Neigungen eines bestimmten einzelnen Katholiken, an den er gerade denkt. Ich glaube, daß die Tugend der Toleranz stark überschätzt wird, und ich habe nichts dagegen, daß ich selber als bigott bezeichnet werde; aber das geht mich als Einzelmenschen an. Jedoch bin ich um so vorsichtiger in der Sache, weil ich, ob es nun weise war oder nicht, vor einigen Jahren ein kurzes Bekenntnis meines religiösen, politischen und literarischen Glaubens ablegte, das sich dann allzu leicht zitieren ließ. Einige Kritiker mochten dadurch den Eindruck bekommen haben, daß für mich all diese drei unlösbar miteinander verbunden und *von gleicher Wichtigkeit* seien.

In jeder öffentlichen Angelegenheit, mit der wir uns befassen mögen, werden wir uns wohl immer leicht mit Nicht-Katholiken guten Willens verbündet finden; und wir müssen uns manchmal die sehr unterschiedlichen Voraussetzungen ins Gedächtnis rufen, die einem gemeinsamen Vorgehen zugrundeliegen können. Ich habe schon angedeutet, daß die Welt gern ihre Ideale zu niedrig und ihre Erwartungen zu hoch ansetzt; daß sie dazu neigt, ein blindes Vertrauen in Mechanisches zu legen; daß sie nur allzu leicht hofft, eine verstandesmäßige Erkenntnis materieller Interessen und Möglichkeiten, zu der man auf dem Wege von Konferenzen und Berichterstattungen gelangt ist, würde die Dinge schon zurechtrücken. Sie erwartet zu viel von vagem Wohlwollen und wehrt sich dagegen, der Tatsache ins Auge zu blicken, daß ein tiefgehender Wandel niemals ohne innere Umkehr zustandekommen kann. Sie lebt in andauernder Erwartung eines materiellen Wunders und folgt einem Trugbild, das für manche Augen die Form der Prosperität annimmt und für andere die der Revolution.

Diese moralische Trägheit und Lauheit ist etwas, das wir bekämpfen müssen. Hier wiederum aber möchte ich nicht die Kirche der Welt gegenüberstellen, so als ob sie überall miteinander im Konflikt stünden oder als ob die Kirche, so wie sie in Wirklichkeit ist, ein Wesen wäre, das in jeder möglichen Situation seinen eigenen Kurs verfolgt, oder als ob die Welt niemals und die Kirche immer recht hätte. Je minutiöser die Einzelheit, desto mehr Möglichkeit zu begründeter Meinungsverschiedenheit zwischen Männern der Kirche; und auf jeden Fall war es mein Wunsch, aufmerksam zu machen auf die Verpflichtung seitens derjenigen Leute unter dem Kirchenvolk, die sich für öffentliche Angelegenheiten interessieren, sich so gut sie nur können ihrer Grundlagen und Motive zu vergewissern und in jedem Aktionsprogramm, das sie je entwerfen, zu unterscheiden zwischen überzeitlichen Prämissen und den Folgerungen, die sie ziehen, und den Einfällen, auf die sie kommen. Die meisten frommen Protestanten, die es sich angelegen sein lassen, in der Öffentlichkeit Gutes zu tun, wenden ihren Glauben ohne Überprüfung an ihre Werke, und ihr spezifisches Christentum wird hauptsächlich in ihrem Desinteresse, ihrer Hingabe und der Inbrunst ihrer Gefühle sichtbar. Der Katholik mit einer fester umrissenen Theologie und, so hoffe ich, einer größeren Übung in der Erforschung seiner selbst wird sich ein realistischeres Bild davon machen, was er tut und warum er es tut; eine katholische Schulung ist, glaube ich, mehr darauf ausgerichtet, das rechte Gleichgewicht zwischen Herz und Verstand zu sichern. Ich glaube auch, daß Katholiken in jeglichen Fragen von Auslandsbeziehungen zu einer Sympathie mit fremden Standpunkten fähig sein sollten, die der Mühe mehr lohnt und die wirksamer ist als Menschenfreundlichkeit, die sich in der Breite verliert. Ich glaube, es gibt eine katholische Eigenart des Denkens und Fühlens, die Katholiken der verschiedensten Rassen, Nationen, Klassen und Kulturen miteinander verbindet; dessen wurde ich mir bei englischen und amerikanischen Freunden mit unbestimmter religiöser Bindung jedoch manchmal dadurch traurig bewußt, daß ich in der Unterhaltung plötzlich von der Erkenntnis aufgestört wurde, daß unsere Voraussetzungen, die Dinge, die wir in der Diskussion eines bestimmten Problems als selbstverständlich annahmen, ganz und gar voneinander verschieden waren. Wir wollen hoffen, daß diese Verschiedenheiten zwischen unseren eigenen Leuten und uns selber im Laufe der Zeit verschwinden werden, und in der Zwischenzeit und überhaupt immer dasjenige Einverständnis nützen, das anderswo möglich ist.

Mag sein, daß die Zeit, in der wir leben – könnten wir sie aus einer Perspektive sehen, die entfernt genug ist – eine Zeit fortschreitenden Niedergangs der Zivilisation ist. Dies ist eine Art der Spekulation, an der ich nicht interessiert bin. Es gibt einen gewissen Egoismus zur Selbsterhaltung – wenn wir das Egoismus nennen wollen – der uns vor Verzweiflung schützt, solange wir glauben, daß wir irgend etwas tun können, das möglicherweise die Lage verbessern hilft. Es gehört zur Aufgabe einer Schule wie dieser, in uns Klarheit zu schaffen über die möglichen Ziele unmittelbaren Handelns sowohl wie über erste Grundsätze. Ich hoffe, es ist mir gelungen herauszustellen, daß es immer nichtchristlichem und nichtkatholischem Geiste entsprungene Entwürfe mit rein zeitlichen Motiven und Zielen geben mag, denen wir unsere uneingeschränkte Unterstützung geben können, ja die wir durch unsere Unterstützung in ihrer Rechtmäßigkeit bekräftigen und mit christlicher Wahrheit erfüllen können. Gewiß gibt es Wege zur Umgestaltung der Mechanismen dieser Welt, die mit der Schaffung eines größeren Maßes an Gerechtigkeit und Frieden auf dieser Ebene auch die Entfaltung christlichen Lebens und die Rettung unserer Seelen erleichtern wird. Wir sehen diese Möglichkeit in jeder Durchführung von Wohnungsreform und Sanierung von Armenvierteln. Und wenn auch keiner seine eigenen Unzulänglichkeiten mit den Schwierigkeiten entschuldigen kann, die er darin findet, ein christliches Leben in der Welt, wie sie einmal ist, zu führen, sondern jede Schwierigkeit eher als eine Chance betrachten muß, müssen wir alles tun, was wir können, um die Schwierigkeiten für andere zu verringern. Eine dieser Schwierigkeiten, die ich nicht erwähnt habe, die Sie aber ohne Zweifel während der nächsten Tage diskutieren werden, ist der Krieg. Während der Krieg einigen überzeugten Christen die Möglichkeit gibt, ihre Tugend in Taten zu verwirklichen – ob nun im Gehorsam oder im Protest – und während er oft erstaunliche, eingeborene Tugenden hervortreten läßt, denke ich doch, daß niemand daran zweifeln kann, daß Krieg in der Form, in der wir ihn in unseren Tagen erlebt haben, im großen und ganzen erniedrigend ist. Jedoch hege ich nicht mehr Sympathie für die rein humanitäre Einstellung zum Krieg als für die humanitäre Einstellung zu allem anderen; denn ich hätte keine Freude an der Aussicht auf die Abschaffung des Leidens ohne gleichzeitige Vervollkommnung der menschlichen Natur. Angesichts eines jeden natürlicherweise grauenerregenden Phänomens wie etwa des Krieges müssen wir das direkte und indirekte Leiden an den geistigen Gütern messen, die aus Leid erwachsen können. Da finden wir wohl, daß der Anteil des vergeblichen Leidens und Leidens von der Art, das die Menschen eher schlechter als besser macht, das ihre Menschenwürde herabsetzt und ihr Verantwortungsgefühl abstumpft, verhältnismäßig viel zu hoch ist; und daß der Endeffekt bestenfalls der von Vergeblichkeit ist. Womit wir uns vordringlich beschäftigen müssen, sind die Ursachen in der modernen Gesellschaft, möglicherweise in unserer industriellen und finanziellen Maschinerie, die zu Krieg von *der* Art führen, wie wir ihn erfahren haben, und wir müssen uns damit beschäftigen, uns für alle Änderungen in dieser Maschinerie einzusetzen, die dahin gehen, die Ursachen zu beseitigen. Ich nehme doch an, wir leugnen nicht, daß die Gesellschaft moralisch und geistig sehr stark durch materielle Bedingungen betroffen wird, gerade durch eine Maschinerie, die sie stückweise und mit kurzgesteckten Zielen aufgebaut hat. Dies bedeutet nicht die Annahme einer deterministischen Doktrin, denn es bedeutet nicht mehr, als daß die Gesellschaft und die meisten Einzelmenschen, aus der sie sich zusammensetzt, nur ein unvollkommenes Bewußtsein dessen haben, was sie tun, von unlauteren Motiven geleitet werden und falsche Güter anstreben.

Ich finde, auf die Dauer gesehen ist der katholische auch der einzig praktische Glaube. Das heißt nicht, daß wir mit einer unfehlbaren Rechenmaschine ausgestattet sind, mit deren Hilfe wir wissen, was in jedem Falle getan werden sollte; es bedeutet, fortwährend neu denken zu müssen, um fortwährend wechselnden Situationen zu begegnen. Die Einstellung des Katholiken zu irgendeiner Form von nationaler oder internationaler Organisation muß immer eine spezifische Einstellung zu einer spezifischen Situation sein. Die Demokratie irrt zum Beispiel in der Annahme, daß eine Mehrheit von normalen und fehlbaren Menschen mit großer Wahrscheinlichkeit das Rechte will; und die Diktatur irrt wohl auch, insofern sie die Bereitschaft einer Mehrheit zum Verzicht auf Verantwortung vertritt. Die Kultur und vielleicht sogar das Blut würden der Inzucht anheimfallen in Nationen, die so in sich selber abgeschlossen sind, daß sie einander gegenseitig ignorieren können; würden sich die Rassen in der Welt jedoch vermischen, bis die Arten und die örtlich gebundenen Kulturen verschwänden, so wäre das Ergebnis vielleicht noch katastrophaler. Es muß immer einen mittleren Weg geben, wenn er auch manchmal ein Umweg ist, falls natürliche Hindernisse umgangen werden müssen; und dieser mittlere Weg, so meine ich, wird sich als der Weg der Orthodoxie erweisen; ein Weg der Vermittlung, niemals jedoch ein Weg des Kompromisses in den Dingen, die uns für Zeit und Ewigkeit angehen.

Vergil und die christliche Welt

Das hohe Ansehen, in welchem Vergil die Geschichte des Abendlandes hindurch gestanden hat, könnte in einer historischen Darstellung seiner Wirkung leicht auf Zufälligkeiten und Belanglosigkeiten, Mißverständnisse und Aberglauben zurückgeführt werden. Aus einer solchen Darstellung würden wir erfahren, warum Vergils Dichtungen so hoch geschätzt wurden; aber möglicherweise würde sie die Annahme, daß er einen so hohen Rang verdient hat, nicht begründen und noch weniger uns überzeugen, daß sein Werk irgendeinen Wert für die Welt von heute oder morgen oder für die Ewigkeit besitzt. Was mich hier interessiert, ist, jene Eigenschaften Vergils zu untersuchen, die ihn dem christlichen Denken besonders sympathisch machen. Dies zu behaupten soll nicht besagen, daß wir ihn als Dichter, ja nicht einmal als Moralisten überschätzen, als überträfe er alle anderen Dichter des griechischen und römischen Altertums.

Es liegt jedoch eine ›Zufälligkeit‹, ein ›Mißverständnis‹ vor, welches in der Geschichte eine so wichtige Rolle gespielt hat, daß es Spiegelfechterei wäre, es zu verschweigen. Das ist natürlich die Vierte *Ekloge,* wo sich Vergil anläßlich der erfolgten oder erwarteten Geburt eines Sohnes seines jüngst zum Konsul ernannten Freundes Pollio einer Sprache bedient, die in einem angeblichen Gratulationsbrief an den glücklichen Vater sehr überschwenglich wirkt.

> Schon erfüllete sich die Zeit cumaeischer Sänger
> schon von neuem beginnt der Jahrhunderte mächtiger Kreislauf,
> kehrt uns die heilige Magd und kehrt das Reich des Saturnus ...
> Göttlich Schicksal teilet das Kind und schaut die Heroen
> wandelnd im seligen Schwarm; sie selber grüßen ihn freundlich,
> wenn er die Lande regiert, durch Kraft seiner Väter befriedet.
> Ja, und die Natur stirbt, es stirbt das täuschende Giftkraut.
> Rings auf den Feldern erblüht die Balsamstaude des Ostens.[1]

1 Übersetzung Rudolf Alexander Schröder.

Solche großen Worte schienen immer schon übertrieben, und das Kind, auf das sie sich bezogen, erregte niemals besonderes Aufsehen in der Welt. Man hat sogar vermutet, daß Vergil mit diesen orientalischen Hyperbeln seinen Freund zum besten halten wollte. Einige Forscher dachten, daß er damit den Stil der sibyllinischen Orakel nachahmen oder parodieren wollte; andere mutmaßten, daß das Gedicht eine geheime Huldigung an Octavian sei oder daß es sogar den Nachkömmling von Antonius und Cleopatra betreffe. Ein französischer Gelehrter, Carcopino, führt gute Gründe für die Theorie an, daß das Gedicht Anspielungen auf die Lehre des Pythagoras enthält. Die Rätselhaftigkeit des Gedichtes scheint keine besondere Aufmerksamkeit erregt zu haben, bevor die Kirchenväter sich seiner bemächtigten. Die Jungfrau, das Goldene Zeitalter, das Große Jahr, die Parallele mit den Prophezeiungen Jesajas, alles wies darauf hin, daß das Kind *cara deum suboles* – »geliebter Sprößling der Götter, großer Nachkomme Jupiters« – niemand anderer sein konnte als Christus selbst, dessen Kommen Vergil im Jahre 40 v. Chr. vorausgesehen hatte. Dies glaubten Lactantius und der heilige Augustinus, die gesamte katholische Kirche des Mittelalters und Dante; vielleicht hat es sogar Victor Hugo auf seine Art geglaubt.

Es ist möglich, daß sich noch weitere Erklärungen finden werden, und wir wissen heute bereits mehr über die bestehenden Zusammenhänge als die Kirchenväter. Wir wissen auch, daß Vergil, der für einen Mann seiner Zeit vielseitig gebildet und, wie Mr. Jackson Knight nachgewiesen hat, mit Volks- und Altertumskunde vertraut war, wenigstens mittelbare Kenntnisse von den Religionen und der bildlichen Sprache des Orients besaß. Dies wäre an sich genügend, um Anklänge an hebräische Prophezeiungen zu erklären. Ob wir die Weissagung der Inkarnation nur als zufällige Übereinstimmung ansehen wollen, wird davon abhängen, was wir unter zufälliger Übereinstimmung verstehen, so wie es von unserer Interpretation des Begriffs »Prophezeiung« abhängt, ob wir Vergil zu den christlichen Propheten zählen. Soweit Vergil selbst sich dessen bewußt war, war es ihm nur um Familienangelegenheiten oder römische Politik zu tun, davon bin ich überzeugt; er hätte sich sehr gewundert über das künftige Schicksal seiner Vierten Ekloge. Wenn es feststünde, daß man unter der Definition »Prophet« einen Menschen meint, der die volle Bedeutung seiner eigenen Aussprüche versteht, wäre die Angelegenheit für mich abgetan. Aber wenn das Wort »Inspiration« irgendeinen Sinn haben soll, so muß es der sein, daß der Sprechende oder Schreibende etwas ausdrückt, das er nicht ganz versteht – oder sogar falsch auslegt, sobald die Inspiration von ihm gewichen ist. Dies trifft bestimmt bei der dichterischen Inspiration zu; wir haben auch mehr Ursache, in Jesaja den Dichter zu bewundern, als Vergil unter die Propheten einzureihen. Ein Dichter mag glauben, daß er nur seine persönliche Erfahrung ausdrückt; seine Verse mögen für ihn einfach eine Möglichkeit bedeuten, über sich selbst zu sprechen, ohne sich preiszugeben; doch seine Leser entdecken vielleicht in ihnen den Ausdruck ihrer eigensten, geheimsten Gefühle sowie die Begeisterung oder Verzweiflung einer ganzen Generation. Er braucht nicht zu wissen, was seine Dichtung anderen bedeuten wird, ebensowenig wie ein Prophet den Sinn seiner Weissagung verstehen muß.

Wir sind so beschaffen, daß es uns leichter fällt, das Wunderbare auf natürliche Weise zu erklären, als das Natürliche auf wunderbare Weise; doch dieses ist ebenso notwendig wie jenes. Ein Wunder, das alle annehmen würden, an das alle mit Leichtigkeit glauben könnten, wäre wahrhaftig ein sonderbares Wunder: was für alle wunderbar wäre, müßte dann allen auch natürlich scheinen. Meiner Meinung nach kann man die jeweils plausible Deutung der Vierten *Ekloge* von den Gelehrten und Historikern annehmen, weil für Gelehrte und Historiker nichts anderes in Betracht kommt, als was Vergil selbst auszusagen *glaubte*. Aber wenn es so etwas wie Inspiration gibt – und wir fahren fort, dieses Wort anzuwenden –, muß es etwas sein, das sich der historischen Deutung entzieht.

Ich mußte von der Vierten *Ekloge* sprechen, weil ihre Bedeutung für die Begründung der Stellung Vergils in der christlichen Tradition so groß ist, daß es zu Mißverständnissen führen könnte, wenn man sie nicht erwähnte. Und es ist nicht gut möglich, sie zu erwähnen, ohne zugleich anzudeuten, inwieweit man die Ansicht, daß sie das Kommen Christi prophezeit, annimmt oder verwirft. Ich wollte nur klarlegen, wie viel die buchstäbliche Auffassung dieser *Ekloge* als Prophezeiung dazu beigetragen hat, daß Vergil so früh als geeignete Lektüre für Christen zugelassen wurde, und wie sehr dadurch seinem Einfluß auf die christliche Welt der Weg bereitet wurde. Darin sehe ich nicht nur einen Zufall oder ein Kuriosum der Literaturgeschichte. Aber das, um was es mir wirklich geht, ist die besondere Eigenart Vergils, die ihm zu Ende der vorchristlichen und am Anfang der christlichen Welt eine bedeutungsvolle, ja einmalige Stellung sichert. Er blickt nach beiden Seiten und stellt eine besondere Verbindung zwischen der alten und der neuen Welt dar; wir können die Vierte *Ekloge* als Symbol dieser besonderen Stellung ansehen. In welcher Hinsicht also nimmt der größte Dichter Roms die christliche Weltanschauung vorweg, und zwar in einem Maße, wie keiner der griechischen Dichter? Diese Frage ist am besten beantwortet worden in dem Buch des verstorbenen Theodor Haecker: *Vergil, Vater des Abendlands*. Ich werde die Methode Haeckers anwenden.

Hier möchte ich eine kleine, vielleicht triviale Abschweifung machen. In meiner Schulzeit fügte es sich, daß ich im gleichen Jahr die *Ilias* und die *Äneis* kennenlernte. Bis dahin hatte mich das Studium des Griechischen weit mehr gefesselt als das des Lateinischen. Ich halte es heute noch für die größere Sprache; eine Sprache, die als Ausdrucksmittel für die feinsten Schattierungen des Denkens und Empfindens niemals übertroffen worden ist. Dessen ungeachtet fühlte ich mich bei Vergil so zu Hause, wie niemals bei Homer. Vielleicht wäre es anders gekommen, wenn wir mit der *Odyssee* statt mit der *Ilias* angefangen hätten; denn als wir gewisse ausgewählte Gesänge der *Odyssee* zu lesen begannen – ich habe übrigens im Originaltext davon nie mehr als diese Auswahl gelesen –, gefiel sie mir viel besser. Meine Vorliebe – ich bin froh, das sagen zu können – bedeutete jedenfalls nicht, daß ich Vergil für den größeren Dichter hielt. In der Jugend sind wir vor solchen Irrtümern gefeit, weil wir zu natürlich empfinden, um uns so unnatürliche Fragen zu stellen: unnatürlich schon deshalb, weil Vergil, auf welche Art immer er dem Vorgehen Homers folgte, niemals versuchte, dasselbe zu machen. Man könnte mit der gleichen Berechtigung die relative

Größe der *Odyssee* und des *Ulysses* von James Joyce vergleichen, nur weil Joyce sich mit völlig verschiedenen Absichten des Gerüsts der *Odyssee* bediente. Das Hindernis, das mich in meiner Jugend abhielt, die *Ilias* zu genießen, war das Verhalten der darin vorkommenden Personen. Die Götter waren nicht weniger verantwortungslos und ihren Leidenschaften untertan, ebenso bar des Gemeinsinns und des Gefühls für *fair play* wie die sterblichen Helden. Das war schockierend. Außerdem äußert sich ihr Sinn für Humor lediglich durch die rüpelhaftesten Scherze. Achill war ein übler Raufbold; der einzige der Helden, der sich durch sittliches Betragen oder Urteilskraft auszeichnete, war Hektor. Ich hatte den Eindruck, daß auch Shakespeare dieser Meinung war:

> Ist Helena des Sparterkönigs Weib –
> Wie sie's denn ist –, so ruft Moralgesetz
> Des Staats wie der Natur mit lauter Stimme,
> Sie ihm zurück zu senden ...[1]

Vielleicht war das alles einfach auf die Laune eines unduldsamen Knaben zurückzuführen. Ich habe mein jugendliches Urteil gemildert – jetzt würde ich es einfach damit erklären, daß ich instinktiv die *Welt* Vergils der *Welt* Homers vorzog, weil sie eine sittlichere Welt voll Würde, Vernunft und Ordnung war. Mit der »Welt Vergils« meine ich natürlich, was Vergil selbst aus der Welt, in der er lebte, gemacht hat. Sicherlich war das Rom der Kaiserzeit brutal und bestialisch, und in entscheidenden Punkten weit weniger zivilisiert als Athen zu seiner Blütezeit. Die Römer waren für die schönen Künste, für Philosophie und abstraktes Denken weit weniger begabt als die Athener; ihre viel unbiegsamere Sprache war nicht so geeignet, poetische oder abstrakte Gedanken auszudrücken. Vergil hat in seiner Dichtung die römische Zivilisation auf eine Stufe gehoben, die sie in Wirklichkeit nie erreichte. Sein Empfinden kommt dem christlichen näher als das irgendeines anderen römischen oder griechischen Dichters; es ist vielleicht nicht das der ersten Christen, aber das der Christenheit von dem Zeitpunkt an, als die christliche Zivilisation in Erscheinung getreten war. Wir können Homer nicht mit Vergil vergleichen, aber wir können die homerische Zivilisation

1 *Troilus und Cressida*, II, 2 (Schlegel-Tieck). (d. Ü.)

mit der Zivilisation Roms jener Stufe vergleichen, auf die sie das verfeinerte Empfinden Vergils gehoben hatte.

Welche sind also die hauptsächlichsten Eigenschaften Vergils, die ihn dem christlichen Denken sympathisch machen? Ich glaube, dies läßt sich am besten dadurch kurz andeuten, daß wir Haeckers Verfahren nachahmen und versuchen, die Bedeutung gewisser Schlüsselworte auszuführen. Worte dieser Art sind *labor*, *pietas* und *fatum*. Vergils *Georgica* sind, meiner Meinung nach, wesentlich für das Verständnis seiner Philosophie – wobei das Wort Philosophie insofern qualifiziert werden muß, als wir nicht ganz dasselbe meinen, wenn wir von der Philosophie eines Dichters oder aber wenn wir von der Philosophie eines abstrakten Denkers sprechen. Die *Georgica*, als sachliche Abhandlung über die Landwirtschaft, sind sowohl schwer zu lesen als langweilig. Wenige unter uns beherrschen das Lateinische gut genug, um sie mit Vergnügen lesen zu können, oder wollen gern an die Pein der Schulzeit erinnert werden. Ich will sie deshalb auch nur in der Übersetzung von Mr. Day Lewis empfehlen, der sie in moderne Verse gebracht hat. Und doch hat ihr Verfasser ihnen seine Zeit, seine Mühe und sein Genie gewidmet. Warum hat er sie geschrieben? Es ist nicht anzunehmen, daß er bestrebt war, die Landwirte seiner Heimat ihren Beruf zu lehren, noch daß er einfach bezweckte, einen praktischen Leitfaden für Stadtbewohner zu schaffen, die Land kaufen und sich als Bauern betätigen wollten. Es ist auch nicht wahrscheinlich, daß es ihm darum zu tun war, eine Beschreibung der landwirtschaftlichen Methoden seiner Zeit für die Wißbegierde späterer Generationen zurückzulassen. Wahrscheinlicher wäre, daß er die abwesenden Gutsbesitzer, die sich unbekümmert um ihre Verantwortung aus Vergnügungssucht oder politischem Ehrgeiz in der Metropole aufhielten, an die fundamentale Pflicht, den Boden liebevoll zu pflegen, erinnern wollte. Was immer seine bewußte Absicht gewesen sein mag, eines scheint mir sicher: Vergil wollte die Würde des Ackerbaus sowie die materielle und ideelle Bedeutung einer sorgfältigen Bodenkultur für das Staatswohl betonen.

Der Umstand, daß jede größere poetische Form, deren Vergil sich bedient, ihr Vorbild in der griechischen Poetik hat, darf uns nicht dazu verleiten, die Originalität zu unterschätzen, mit welcher er jede Form, die er anwandte, neu zu schaffen wußte. Ich glaube, daß der *Geist* der *Georgica* etwas völlig Neues war; die Einstellung zum Boden und der Landarbeit, die darin Ausdruck findet, müßte uns gerade heute verständlich sein, wo die Übervölkerung der Städte, die Landflucht, der Raubbau an der Erde und die Vergeudung der natürlichen Güter Aufmerksamkeit zu erregen beginnen. Die Griechen waren es, die uns die Würde der Muße gezeigt haben; von ihnen erbten wir die Einsicht, daß die höchste Lebensform ein der Betrachtung gewidmetes Leben ist. Aber diese Achtung der Muße ging bei den Griechen Hand in Hand mit Verachtung für die »banausischen« Beschäftigungen. Vergil erkannte, daß der Ackerbau eine grundlegende Bedingung der Zivilisation ist, und betonte die Würde der körperlichen Arbeit. Als die christlichen Mönchsorden entstanden, geschah es zum ersten Male, daß Kontemplation und körperliche Arbeit zusammenkamen. Diese beiden Lebensformen galten nicht mehr als Beschäftigungen für Leute aus verschiedenen Ständen, die erste edel, die andere minderwertig und nur für Sklaven oder ihresgleichen passend. Im christlichen Mittelalter war sehr viel Unchristliches; die Gepflogenheiten der Laienwelt unterschieden sich sehr von jenen der besten religiösen Gemeinschaften, aber das Christentum hat zumindest den Grundsatz eingeführt, daß zum Leben eines ganzen Menschen Handeln ebenso wesentlich gehört wie Betrachten, Arbeiten wie Beten. Es ist möglich, daß die Einsicht Vergils von den Mönchen nachvollzogen wurde, die in ihren Klöstern seine Werke lasen.

Überdies ist es notwendig, daß wir diese Auffassung der *Georgica* im Sinn behalten, wenn wir die *Äneis* lesen. Hier ist es Vergil um das *Imperium Romanum* zu tun, um die Ausbreitung und Rechtfertigung des Kaiserreichs. Das Ideal, das Vergil für Rom und für das Kaisertum überhaupt aufgestellt hat, ist in der Geschichte niemals verwirklicht worden, aber das Ideal des Kaiserreichs, wie er es auffaßte, war ein großes. Die Grundlage seiner Liebe für Rom war seine Liebe zum Land, zu einer bestimmten Gegend, einem bestimmten Dorf und der dörflichen Familie. Dem Historiker mag diese Gründung des Allgemeinen auf das Besondere absurd scheinen; genau wie die Vereinigung des betrachtenden und handelnden Lebens den meisten Leuten absurd scheinen dürfte. Denn gewöhnlich werden diese Ziele als entgegengesetzt angesehen: wir preisen das betrachtende Leben und verachten das tätige, oder wir halten das tätige Leben hoch und sehen auf das betrachtende mit belustigter Geringschätzung, wenn nicht gar mit moralischer Mißbilligung herab. Und trotzdem mag jener recht haben, der das scheinbar Unvereinbare bejaht.

Nun kommen wir zu dem zweiten Schlüsselwort. Es bedarf kaum der Erwähnung, daß unser englisches Wort *piety*[1] eine eingeschränkte, veränderte und spezialisierte Übersetzung von *pietas* ist. Wir gebrauchen es in zweierlei Bedeutung: im allgemeinen versteht man darunter andächtig frommen Kirchenbesuch, oder mindestens den Anschein andächtiger Frömmigkeit beim Kirchenbesuch. In einem anderen Sinn wird es stets von dem Adjektiv »kindlich«[2] eingeleitet und bedeutet pflichtgemäßes Betragen gegen Vater und Mutter. Wenn Vergil, wie er es tut, seinen Helden *pius Aeneas* nennt, fällt uns seine Sorge für seinen Vater ein, die Liebe, die er dem Andenken seines Vaters bewahrt, und seine rührende Begegnung mit dem Vater in der Unterwelt. Aber das Wort *pietas* bei Vergil stellt eine viel weitere Gedankenverbindung dar; es erstreckt sich auf eine bestimmte Einstellung zu dem Einzelnen, der Familie, dem Landstrich und der kaiserlichen Zukunft Roms. Endlich ist Äneas auch »pietätvoll« in seiner Verehrung der Götter und seiner gewissenhaften Beobachtung der vorgeschriebenen Riten und Opferhandlungen. Es handelt sich hier um eine einheitliche Einstellung zu all diesen Dingen, zugleich Einheit und Ordnung zwischen ihnen stiftend: es handelt sich tatsächlich um eine Lebensauffassung.

Äneas ist also nicht nur ein Mensch, der eine Anzahl von Tugenden besitzt, deren jede eine Form der *pietas* ist – so daß man sich nur eines bequemen Sammelbegriffs bedient, wenn man ihn *pius* nennt. *Pietas* ist eine Einheit. Des Äneas Tugenden sind Äußerungen der *pietas* in verschiedenen Zusammenhängen, und alle bedingen einan-

1 »*Piety*« schließt die Begriffe Frömmigkeit, Gottesfurcht, Liebe, Ehrfurcht und Pietät ein. (d. Ü.)

2 »*Filial piety*« – kindliche Pietät. (d. Ü.)

der. In seiner Liebe zu seinem Vater beträgt er sich nicht allein als vorbildlicher Sohn. Er empfindet persönliche Zuneigung, ohne welche kindliche Pietät unvollkommen wäre; aber persönliche Zuneigung allein ist noch nicht *pietas*. Er ist auch seinem Vater ergeben, weil er sein Vater, sein Erzeuger ist: das ist *pietas* als Annahme einer Bindung, die man nicht selbst gewählt hat. Die Art der Zuneigung wird verwandelt und ihre Bedeutung vertieft, sobald sie Liebe wird, die ihrem Gegenstand *gebührt*. Diese kindliche Pietät ist auch die Anerkennung einer weiteren Bindung, jener an die Götter, denen diese Haltung wohlgefällig ist: denn Mangel an kindlicher Pietät ist ebenso ein Frevel gegen die Götter. Demzufolge müssen aber die Götter selbst verehrungswürdig sein; in einer entgötterten Welt muß auch die kindliche Pietät zunichte werden. Dann hört sie nämlich auf, eine *Pflicht* zu sein: die Empfindung, die wir dem Vater gegenüber hegen, entspringt nur mehr dem glücklichen Zufall gegenseitiger Sympathie oder sinkt zu einem Gefühl der Dankbarkeit für die uns angediehene Sorge und Rücksichtnahme ab. Äneas ist den Göttern fromm ergeben, und seine Frömmigkeit äußert sich am deutlichsten, wenn ihn die Götter züchtigen. Er mußte sich von Juno allerhand gefallen lassen, und selbst seine Mutter Venus, als wohlwollendes Werkzeug seines Geschicks, hat ihn einmal in eine äußerst peinliche Situation gebracht. Wir finden bei Äneas eine Tugend, einen wesentlichen Bestandteil seiner *pietas*, die ein Analogon, eine Vorahnung christlicher Demut ist. Äneas ist in entscheidenden Punkten das absolute Gegenteil der Helden Achill oder Odysseus. Insofern als er ein Held ist, ist er heldenhaft als das Urbild der *Displaced Person*, als Flüchtling aus einer zerstörten Stadt und einer ausgelöschten Gemeinschaft, deren wenige Überlebende mit Ausnahme seiner eigenen Gefährten in griechischer Sklaverei schmachten. Die wunderbaren und aufregenden Abenteuer eines Odysseus waren ihm nicht bestimmt, noch auch die gelegentlichen erotischen Episoden, die das Gewissen jenes vielgereisten Mannes keineswegs belasteten. Ihm war es nicht bestimmt, am Ende heimzukehren an den vertrauten Herd, eine vorbildliche Gattin zu finden, die auf ihn gewartet hatte, und die Wiedervereinigung mit seinem Sohn, seinem Hund, seinen Dienern zu erleben. Äneas' Ende ist nur ein neuer Anfang; das eigentliche Ziel seiner Pilgerfahrt ist etwas, das künftigen Geschlechtern vorbehalten ist. Am ehesten wäre er mit Hiob zu vergleichen, aber sein Lohn ist nicht der Lohn Hiobs, sondern nur die Erfüllung seines Geschicks. Er duldet für sich allein und handelt nur aus Gehorsam. Er ist in der Tat der Prototyp eines christlichen Helden. Denn er ist, in aller Demut, ein Mensch mit einer Sendung – und die Sendung geht über alles.

Die *pietas* ist in dieser Weise nur in Verbindung mit dem *fatum* zu erklären. *Fatum* ist ein Wort, das in der *Äneis* dauernd wiederkehrt; ein Wort voll Bedeutung, vielleicht noch bedeutungsvoller, als Vergil selbst dachte. Unser ähnlichstes Wort wäre Schicksal, und auch das bedeutet weit mehr, als wir definieren können. Es ist ein Wort, das in einem mechanistischen Universum keinen Sinn haben kann; was ist Schicksalhaftes dabei, wenn etwas, das aufgezogen worden ist, ablaufen muß? Schicksal – *destiny* – ist weder das Prinzip der Notwendigkeit noch die Laune des Zufalls; es ist etwas wesentlich Sinnvolles. Jeder Mensch hat sein eigenes Schicksal, wenn auch einige zweifellos auf eine Weise Werkzeuge des Schicksals sind, die bei anderen nicht zutrifft; es liegt auf der Hand, daß Äneas ein vom Schicksal Ausersehener ist, da von ihm die Zukunft des Okzidents abhängt. Diese Erwählung ist ein Geheimnis, und eher eine Bürde und Verantwortung als ein Grund zur Selbstverherrlichung. Einem Menschen geschieht es, daß er und kein anderer die Fähigkeiten besitzt, die in einer großen Krise notwendig sind, aber er kann sich nichts zugute halten auf diese Fähigkeiten und die Verantwortung, die ihm auferlegt wird. Es hat Menschen gegeben, die fest an ihr Schicksal glaubten und durch diese Überzeugung groß wurden; aber sobald sie aufhören, als bloße Werkzeuge zu handeln und ihren eigenen Willen für den Ursprung ihrer Taten halten, wird ihr Hochmut durch den Untergang bestraft. Äneas wird von einem unerschütterlichen Glauben an sein Schicksal geleitet, aber er ist ein demütiger Mensch und weiß, daß dieses Schicksal weder herbeigewünscht noch vermieden werden kann. Welcher Macht dient er? Nicht jener der Götter, die selbst nur Werkzeuge sind, wenn auch zuweilen widerspenstige. Der Schicksalsbegriff enthält ein Geheimnis, aber es ist kein vernunftwidriges, weil es voraussetzt, daß sowohl die Welt wie der Verlauf der Menschheitsgeschichte sinnvoll sind.

Das Schicksal befreit die Menschheit auch nicht von moralischer Verantwortung. So wenigstens verstehe ich die Dido-Episode. Das Liebesverhältnis zwischen Äneas und Dido wird von Venus herbeigeführt; es steht keinem der beiden Liebenden frei, darauf zu verzichten. Und doch handelt Venus selbst weder aus Laune noch aus Mutwillen. Sie ist gewiß stolz auf das Schicksal ihres Sohnes, aber ihr Verhalten ist nicht das einer überzärtlichen Mutter: sie selbst ist nur ein Werkzeug, durch welches das Geschick ihres Sohnes sich erfüllt. Äneas und Dido mußten zusammenkommen und mußten wieder getrennt werden. Äneas widersetzte sich nicht, er gehorchte seinem Fatum. Aber er war gewiß tief unglücklich darüber, und ich glaube auch, daß er seine Handlungsweise als schändlich empfunden hat. Denn warum hätte Vergil sonst jene Begegnung mit Didos Schatten im Hades ersonnen und die Zurückweisung, die Äneas zuteil wird? Als er Dido erblickt, versucht er, seine Treulosigkeit zu rechtfertigen. *Sed me iussa deum* – ich handelte auf Geheiß der Götter: es war eine sehr schmerzliche Entscheidung, die mir auferlegt wurde, und es schmerzt mich, daß sie dich so schwer getroffen hat. Dido weicht seinem Blick aus und wendet sich ab; ihr Gesicht ist so ausdruckslos, als ob es aus Granit oder parischem Marmor gemeißelt wäre. Ich zweifle nicht, daß Vergil, als er diese Zeilen schrieb, sich in die Rolle des Äneas versetzte und sich mit aller Entschiedenheit seines Gefühls als elender Wurm vorkam. Nein, ein Schicksal, wie es Äneas auferlegt wurde, macht das Leben eines Mannes nicht leichter; es legt ihm ein sehr schweres Kreuz auf. Ich sehe keinen anderen Helden des Altertums, der sich in einer gleich unentrinnbaren und bedauernswerten Lage befunden hätte. Der Dichter, der sich in der Behandlung dieser Szene am ehesten mit Vergil hätte messen können, wäre meiner Meinung nach Racine gewesen; wenn irgend jemand bei dieser Gelegenheit Worte für Dido hätte finden können, wäre es bestimmt der christliche Dichter gewesen, der der wütenden Roxane die vernichtenden Worte in den Mund gelegt hat: *Rentre dans le Néant d'où je t'ai fait sortir.*

Was ist also der Sinn dieses Schicksals, das keiner der homerischen

Helden mit Äneas teilt? Für Vergil, soweit er sich bewußt darüber Rechenschaft ablegte, und für seine zeitgenössischen Leser bedeutete es das *Imperium Romanum.* Dies war an sich schon, vom Standpunkt Vergils aus gesehen, eine würdige Rechtfertigung der Weltgeschichte. Ich glaube, daß er wenig Illusionen hatte und beide Seiten jedes Problems klar sehen konnte – vom Standpunkt des Besiegten wie auch des Siegers. Trotzdem muß es jeden, selbst wenn er nicht besser Latein kann als ich, unwillkürlich durchschauern, wenn er sich die Verse zurückruft:

His ego nec metas rerum, nec tempora pono:
Imperium sine fine dedi ...
Tu regere imperio populos, Romane, memento
(hae tibi erunt artes) pacique imponere morem,
parcere subiectis et debellare superbos ...

Ich behaupte, daß man von Vergil nicht verlangen konnte, einen anderen Ausgang für die Weltgeschichte zu finden, und daß dies ein würdiger Ausgang ist. Und wer kann sagen, daß Vergil sich getäuscht hat? Wir dürfen nicht vergessen, daß sich das römische Reich in das Heilige Römische Reich verwandelt hat. Was Vergil seinen Zeitgenossen vorstellte, war das höchste Ideal für ein noch unheiliges römisches Reich, ja, für jedes Reich, das nur von dieser Welt ist. Wir alle sind noch, sofern wir zu den Erben der Zivilisation Europas gehören, Bürger des Römischen Reiches; an der Gültigkeit des Vergilschen Ausspruchs *nec tempora pono: imperium sine fine dedi* haben die Jahrhunderte nichts ändern können. Selbstverständlich war das römische Reich, das Vergil vorschwebte und um dessentwillen Äneas sein Schicksal auf sich nehmen mußte, etwas anderes als das römische Reich der Legionäre, der Pro-Konsuln und Gouverneure, der Geschäftemacher und Spekulanten, der Demagogen und Generäle. Es war etwas Größeres, aber etwas, das besteht, weil Vergil es erschaut hat. Es ist ein Ideal geblieben, eines, das Vergil dem Christentum zur weiteren Entwicklung und Pflege hinterließ.

Schließlich scheint es mir, daß der Platz, der Vergil im jenseitigen Leben von Dante angewiesen wurde, seine Rolle als Führer und Lehrer bis an jene Grenze, die Vergil nicht überschreiten durfte und nicht überschreiten konnte, seine Beziehung zur christlichen Welt sehr genau kennzeichnet. Die Welt Vergils, verglichen mit jener Homers, nähert sich in der Wahl, der Ordnung und der gegenseitigen Beziehung ihrer Werte einer christlichen Welt. Wie ich schon sagte, bedeutet das nicht einen Vergleich zwischen Vergil und Homer als Dichter. Es kann sich dabei auch nicht eigentlich um einen Vergleich zwischen den verschiedenen Welten, in welchen sie lebten, handeln, der von der Interpretation dieser Welten, die uns die Dichter hinterlassen haben, absähe. Es mag einfach der Fall sein, daß uns Vergils Welt bekannter und leichter verständlich ist und daß wir daher besser beurteilen können, wieviel an der Idee des römischen Imperiums, die uns Vergil vermittelt, von seiner Hand geformt und von seinem philosophischen Geist ersonnen wurde. Denn soweit ein Dichter Philosoph sein kann (abgesehen von den Fällen, wo ein großer Dichter philosophische Wahrheit in einer großen Dichtung vermittelt), ist Vergil der bedeutendste Philosoph der römischen Antike. Es handelt sich daher nicht einfach nur darum, daß die Zivilisation, die Vergil umgab, der christlichen Zivilisation ähnlicher gewesen wäre als jene Homers; wir können behaupten, daß Vergil, von allen klassischen lateinischen Dichtern oder Prosaschriftstellern, dem Christentum in einzigartiger Weise nahesteht. Es gibt eine Wendung, die ich bis jetzt vermeiden wollte, aber ich kann ohne sie nicht auskommen: *anima naturaliter Christiana.* Es ist Ansichtssache, ob wir diese Bezeichnung auf Vergil anwenden wollen: ich persönlich glaube, daß er sie beinahe, aber nicht ganz verdient; darum sagte ich soeben, daß es meiner Meinung nach Dante war, der Vergil den richtigen Platz angewiesen hat. Ich werde versuchen, das zu begründen.

Ich denke an ein weiteres Schlüsselwort, außer *labor, pietas* und *fatum,* für das ich gern auch Beispiele aus Vergil anführte. Welches Schlüsselwort findet sich in der *Göttlichen Komödie,* das in der *Äneis* fehlt? Ein solches Wort ist natürlich *lume* und alle Worte, die die spirituelle Bedeutung des Lichtes ausdrücken. Aber wie Dante es verwendet, hat es meiner Meinung nach einen Sinn, der einzig der Kirche angehört, verschmolzen mit dem Sinn, den es in der mystischen Erfahrung besitzt. Und Vergil ist kein Mystiker. Der Ausdruck, dessen Fehlen man bei ihm mit Recht bedauern kann, ist *amor*. Das ist vor allen anderen das Schlüsselwort für Dante. Ich will nicht sagen, daß Vergil es niemals anwendet: *amor* kehrt in den *Eklogen* öfter wieder *(amor vincit omnia)*. Aber die Liebe der Schäfer ist nicht viel mehr als eine poetische Konvention. Die Anwendung des Wortes *amor* in den Eklogen wird nicht durch den Sinn erhellt, den es in der *Äneis* hat, in der Weise z. B., wie wir zu Paolo und Francesca mit tieferemVerständnis ihrer Leidenschaft zurückkehren, nachdem wir im *Paradiso* durch die Kreise der Liebe geführt worden sind. Zweifellos geht von der Liebe zwischen Äneas und Dido eine starke tragische Wirkung aus, und es gibt auch genug innige und rührende Stellen in der *Äneis*. Der Liebe wird aber, wie ich es sehe, nie die gleiche Wichtigkeit als ordnendes Prinzip in der menschlichen Seele, der Gesellschaft und dem Weltall zugestanden wie der *pietas*; und es ist nicht die Liebe, die das *fatum* verursacht oder Sonne und Sterne bewegt. Selbst in der Intensität sinnlicher Leidenschaft ist Vergil viel kühler als manche andere lateinische Dichter und reicht bei weitem nicht an Catull heran. Wenn wir bei Vergil auch nicht vor Kälte erstarren, so befinden wir uns bei ihm doch in einer Art von Zwielicht der Gefühle. Vergil war von allen Autoren des klassischen Altertums derjenige, für den die Welt einen Sinn hatte, für den sie Ordnung und Würde besaß und für den, wie für niemand vor ihm außer den hebräischen Propheten, auch die Weltgeschichte sinnvoll war. Aber ihm wurde die Vision des Dichters versagt, der sagen konnte:

> In seinen Tiefen sah ich eingesammelt,
> durch Liebe in einen Band gebunden,
> die losen Blätter des gesamten Weltalls.
>
> Legato con amore in un volume.

Bildung und Erziehung

Der Humanismus Irving Babbitts

Ein altes Sprichwort sagt, daß Zerstören leichter als Aufbauen ist; und von diesem Sprichwort läßt sich wohl ableiten, daß es für den Leser leichter ist, das Zerstörende als das Aufbauende in den Gedanken eines Autors zu begreifen. Darüber hinaus ist das Publikum meist schon völlig befriedigt, wenn ein Schriftsteller Geschick zu destruktiver Kritik aufweist. Sollte er keine konstruktive Philosophie besitzen, so wird eine solche auch nicht von ihm verlangt; und wenn er sie besitzt, wird sie übersehen. Dies trifft vor allem dann zu, wenn wir es mit Gesellschaftskritikern, von Arnold bis heute, zu tun haben. Alle diese Kritiker werden nach einem gemeinsamen, und zwar dem niedrigsten Maßstab beurteilt: dem mehr oder weniger glänzenden Angriff auf alle die Erscheinungen der heutigen Gesellschaft, die wir kennen und ablehnen. Dies ist der einfachste Maßstab, den man anwenden kann. Denn die Kritik befaßt sich in diesem Fall mit konkreten Dingen unsrer Welt, die uns hinlänglich bekannt sind, und der Schriftsteller ist nichts anderes als ein bloßes Echo unserer eigenen Gedanken in geschickterer Formulierung; das konstruktive Denken andrerseits befaßt sich mit wenig zugänglichen und wenig vertrauten Dingen. Hieraus erklärt sich auch die Popularität eines Mencken. Aber es gibt auch ernstere Kritiker unter ihnen als gerade Mencken, und bei diesen müssen wir uns schließlich fragen, was sie als Ersatz an Stelle des öffentlich Verurteilten zu bieten haben. Julien Benda, zum Beispiel, scheint es zu einem Punkt seines wohlüberlegten Programms zu machen, gar nichts zu bieten; er hat eine romantische Vorstellung von kritischer Distanz, die sich auf sein Interesse einschränkend auswirkt. Wyndham Lewis versucht offensichtlich, sich mit großer Tapferkeit zu einer positiven Theorie durchzuringen, hat aber in seinen bisherigen Veröffentlichungen diese Stufe noch nicht erreicht. Doch in Professor Babbitts letztem Buch *Democracy and*

Leadership ist die Kritik tatsächlich zu einer positiven Theorie in Beziehung gesetzt und von ihr abhängig. Diese Theorie wird allerdings nicht im ganzen vorgetragen, sondern teilweise vorausgesetzt.

In diesem Essay kommt es mir nun darauf an, einige Fragen zu stellen, die Mr. Babbitts konstruktive Theorie betreffen. Der Mittelpunkt von Babbitts Philosophie ist die Lehre des Humanismus. In seinen früheren Büchern konnten wir diese Idee ohne weitere Untersuchung akzeptieren, aber in *Democracy and Leadership* – das wohl im Augenblick die Zusammenfassung seiner Theorie enthält – liegt es doch nahe, sie eingehender zu untersuchen. Das Problem des Humanismus hängt zweifellos mit dem Problem der Religion zusammen. Babbitt spricht es an verschiedenen Stellen sehr deutlich aus, daß er sich die religiöse Anschauung nicht zu eigen machen kann – das heißt, daß er nicht imstande ist, irgendein Dogma oder eine Offenbarung anzuerkennen –, er versichert ferner, daß Humanismus die *Alternative* der Religion ist. Und hier muß man wohl die Frage aufwerfen: ist diese Alternative nicht einfach ein *Surrogat* dafür? Und wenn dies so ist, hat er nicht dieselbe Beziehung zur Religion, wie sie der ›Humanitarianismus‹[1] zum Humanismus hat? Ist er letzten Endes eine Lebensanschauung, die aus sich selber weiterwirkt, oder ist er etwas von der Religion Abgeleitetes, das nur für einen kurzen Zeitabschnitt der Geschichte seine Wirkung haben wird, und außerdem nur für wenige hochkultivierte Menschen wie Babbitt –, der übrigens zwar die Traditionen christlicher Vorfahren besitzt, aber – wie so viele Leute – von einem wirklichen christlichen Glauben durch eine oder mehrere Generationen getrennt ist? Wird er, mit anderen Worten, über mehr als ein oder zwei Generationen hinweg fortbestehen können?

Babbitt sagt von den ›Vertretern der humanitären Bewegung‹, daß »sie gerne auf der Ebene des Materialismus leben und sich doch gleichzeitig der Gaben erfreuen möchten, die die Vergangenheit als Resultat einer bestimmten humanistischen oder religiösen Haltung zu erringen hoffte«.

1 »humanitarianism«: das System, die Prinzipien und die Praxis der Bewegung (oder Religion) der Menschlichkeit. (d. Hrgb.)

Diese Definition ist bewundernswert, fordert aber andrerseits geradezu dazu heraus, die Frage zu stellen, ob man nicht durch Änderung einiger Worte zu der folgenden Feststellung über die Humanisten kommen kann: »sie möchten gerne auf der Ebene des Humanismus leben und sich gleichzeitig der Gaben erfreuen, die die Vergangenheit als Resultat einer bestimmten religiösen Haltung zu erringen hoffte.«

Wenn diese Transposition berechtigt ist, so bedeutet das, daß es sich bei diesem Unterschied eigentlich nur um einen Schritt handelt: der Vertreter des Humanitären hat das eigentlich Menschliche unterdrückt, und es bleibt ihm nur das Animalische; der Humanist hat das Göttliche unterdrückt, und es bleibt ihm nur das Element des Menschlichen, das schnell wieder in die Bereiche des Tierischen sinken kann, aus denen er es emporheben wollte.

Babbitt ist ein unbeugsamer Verfechter der Tradition und der Kontinuität, und er weiß mit all seinen erstaunlichen und enzyklopädischen Kenntnissen, daß die christliche Religion ein wesentlicher Bestandteil der Geschichte der Menschheit ist. Humanismus und Religion laufen, als historische Tatsachen, keineswegs parallel; der Humanismus tritt sporadisch auf, das Christentum kontinuierlich. Es ist ganz und gar abwegig, Mutmaßungen anzustellen, wie sich die europäischen Völker ohne das Christentum entwickelt hätten – das heißt, sich eine Tradition des Humanismus, die der tatsächlichen Tradition des Christentums entspräche, auszumalen. Denn alles, was man darüber sagen könnte, wäre, daß aus uns sehr andersartige Wesen geworden wären, seien es nun bessere oder schlechtere. Da es aber unsere Aufgabe ist, die Zukunft zu formen, können wir dies nur mit den Gegebenheiten der Vergangenheit tun; wir müssen unser Erbe anwenden, anstatt es verleugnen. – Die religiösen Gepflogenheiten der menschlichen Rasse sind immer noch außerordentlich stark, an allen Orten und zu allen Zeiten und bei allen Menschen. Aber es gibt keine humanistische Gepflogenheit. Humanismus ist meiner Ansicht nach nur der Geisteszustand einiger weniger Personen, an wenigen Orten, in nur wenigen Zeitabschnitten. Er ist, um überhaupt existieren zu können, von einer anderen Haltung abhängig, denn er ist wesentlich kritisch eingestellt – ich würde sogar sagen parasitisch. Er hat großeWerte hervorgebracht und kann dies auch noch; aber er wird niemals Schwärme von Rebhühnern oder Überfluß an Manna für die auserwählten Völker abwerfen.

Es ist nicht ganz leicht, Humanismus in Babbitts Terminologie zu definieren, denn er neigt sehr dazu, ihn in eine gemeinsame Front *mit* der Religion *gegen* den Humanitarianismus und den Materialismus einzuordnen; was ich hingegen zu tun versuche, ist gerade, ihn als *Gegensatz* zur Religion hinzustellen.

Babbitt neigt ebenfalls sehr dazu, sich solcher Ausdrücke zu bedienen wie z. B. »Traditionen humanistischer und religiöser Art«, die einem nahelegen sollen, ebenso von »Traditionen humanistischer *oder* religiöser Art« zu sprechen. So muß ich mich damit behelfen, den Humanismus so gut wie möglich nach einigen von den Beispielen zu definieren, die Babbitt vor uns hinstellt.

Ich möchte annehmen, daß er Konfuzius, Buddha, Sokrates und Erasmus als Humanisten angesehen hat (ich bin nicht sicher, ob er Montaigne hinzurechnen würde). Es wird manchen in Erstaunen versetzen, Konfuzius und Buddha, die gemeinhin als Religionsstifter gelten, auf dieser Liste zu sehen. Aber es ist immer die menschliche Vernunft, nicht die Offenbarung des Übernatürlichen, auf die Babbitt Wert legt. Konfuzius und Buddha, um nur die beiden ersten zu nehmen, sind nicht von derselben Art. Babbitt weiß natürlich unendlich viel mehr über jeden dieser beiden Männer als ich; aber selbst Leute, die sogar noch weniger über sie wissen als ich, wissen doch so viel, daß der Konfuzianismus sich durchsetzte, weil er sich der populären Religion anpaßte, und daß der Buddhismus nur deshalb Bestand hat, weil er eine so bestimmt ausgeprägte Religion wurde wie das Christentum – aus der gleichen Erkenntnis einer Abhängigkeit des Menschlichen vom Göttlichen.

Die Haltung des Sokrates und des Erasmus schließlich gegenüber der Religion ihres Landes und ihrer Zeit war wohl sehr verschieden von der Haltung, die ich bei Professor Babbitt annehmen möchte. Wieweit Sokrates wirklich glaubte und ob seine legendäre Bitte, einen Hahn zu opfern, nur eine gentlemanhafte Geste oder sogar Ironie war, läßt sich nicht entscheiden; aber die Entsprechung hierzu würde sein, wenn Professor Babbitt die letzte Ölung empfänge, und das kann ich mir bis jetzt nicht vorstellen. Doch waren Sokrates und Erasmus beide damit zufrieden, Kritiker zu bleiben und das Gebäude der Religion unberührt zu lassen. So scheint es mir, daß Babbitts Humanismus sehr verschieden von dem eines jeden der oben erwähnten Humanisten ist.

Dies ist kein unwichtiger Einwand; außerdem ist die Fragestellung recht schwierig. Es ist keineswegs so, daß Mr. Babbitt irgendwo eine dieser Persönlichkeiten mißverstanden hat oder daß er nicht ganz vertraut ist mit den Kulturen, aus denen sie hervorgingen. Er weiß im Gegenteil alles über sie. Eher ist es wohl so, daß bei seinem großen Interesse für die Lehren einzelner Persönlichkeiten – Lehren, die durch Bücher vermittelt werden – er die Neigung hat, die Voraussetzungen zu übersehen. Die großen Männer, die er zur Verehrung und Nachfolge vor uns hinstellt, sind aus dem Zusammenhang ihres Volkes, ihres Ortes, ihrer Zeit herausgerissen. Und es scheint mir, daß Babbitt ganz folgerichtig auch sich selbst aus diesem Zusammenhang herausreißt. Sein Humanismus ist wirklich ganz verschieden von dem seiner Vorbilder, jedoch (für mein Gefühl) beunruhigend ähnlich der sehr liberalen protestantischen Theologie des 19. Jahrhunderts: er ist in der Tat ein Produkt – ein Nebenprodukt – protestantischer Theologie in ihren letzten Zügen. Ich gebe zu, daß alle Humanisten – als Humanisten – Individualisten waren. Als Humanisten hatten sie der großen Masse nichts zu bieten. Aber gewöhnlich haben sie in ihrem System Raum freigelassen, nicht nur für die große Masse, sondern (was noch wichtiger ist) für den Teil ihres Geistes, der selber der großen Masse ähnlich war. Dafür ist Babbitt ein zu strenger und gewissenhafter Protestant: es scheint daher eine Kluft zu bestehen zwischen seinem eigenen Individualismus (und tatsächlich muß ja jeder Intellektualismus, der über einen gewissen Grad hinausgeht, individualistisch sein) und seinem echten Verlangen, etwas zu bieten, was in erster Linie für die amerikanische Nation und dann für die Kultur überhaupt nutzbringend ist. Der historische Humanist aber, so wie ich ihn verstehe, bleibt an einer bestimmten Stelle stehen und gibt zu, daß die Vernunft nicht weiter gehen und sich nicht von Heuschrecken und wildem Honig nähren kann.

Humanismus ist entweder die Alternative der Religion oder ihr dienend untergeordnet. Meiner Ansicht nach blüht er immer dann am meisten, wenn die Religion kraftvoll ist; und wenn man auch Beispiele für einen Humanismus findet, der antireligiös war, oder zum mindesten im Gegensatz zum religiösen Glauben seines Ortes und seiner Zeit stand, dann ist ein solcher Humanismus rein destruktiv, denn er hat niemals irgend etwas hervorgebracht, um das zu ersetzen, was er zerstörte. Jede Religion ist natürlich der Gefahr ausgesetzt, zu bloßem Ritus und bloßer Gewohnheit zu erstarren, obwohl Ritus und gewohnheitsmäßige Übung wesentliche Bestandteile der Religion sind. Sie wird durch eine Erweckung des Gefühls und neue Frömmigkeit oder aber durch den kritischen Verstand erneuert und belebt. Diese Mitwirkung des Verstandes mag der Beitrag des Humanisten dazu sein. Doch wenn dem so ist, bleibt seine Funktion eine sekundäre, auch wenn sie notwendig ist. Man kann nicht den Humanismus selbst zu einer Religion machen.

Es scheint mir, daß Babbitt versucht, den Humanismus – seine Form des Humanismus – so zu gestalten, daß er ohne Religion auskommt. Denn anders kann ich die Bedeutung seiner Lehre von der Selbstkontrolle nicht begreifen. Diese Lehre durchzieht sein ganzes Werk und erscheint zuweilen als die ›innere Überwachung‹. Sie tritt als Gegenkraft sowohl zu politischer wie religiöser Anarchie auf. In der politischen Form könnte man sie wohl noch am ehesten annehmen. Da die Regierungsformen immer demokratischer werden, die äußeren Schranken des Königtums, der Aristokratie und der Klassen verschwinden, so wird es immer notwendiger, daß das nicht länger von Autorität oder von gewohnheitsmäßigem Respekt kontrollierte Individuum sich nun selber kontrolliert. Soweit ist diese Lehre sicher richtig und unwiderleglich. Aber Babbitt scheint auch anzunehmen, daß die ›äußeren‹ Schranken einer orthodoxen Religion im Stadium der Auflösung durch die inneren Schranken, die das Individuum sich selber auferlegt, ersetzt werden können. Wenn ich ihn richtig verstanden habe, versucht er solcherart eine katholische Plattform aus protestantischen Planken zu bauen.

Individualist aus Tradition und eifersüchtig bedacht auf die Unabhängigkeit des individuellen Denkens, bemüht er sich gleichzeitig, etwas hervorzubringen, was von Wert für die Nation, die menschliche Rasse, die ganze Welt ist.

Die Summe einer Bevölkerung von Individuen, wenn sie sich auch in noch so idealer und wirkungsvoller Weise selbst beaufsichtigen und kontrollieren, wird nie ein Ganzes bilden. Und wenn man so scharf zwischen ›äußerer‹ und ›innerer‹ Überwachung unterscheidet wie Babbitt, dann bleibt dem Individuum nichts, wodurch es sich selbst beaufsichtigen könnte, außer seinen eigenen privaten Ansichten und seinem eigenen, oft recht unsicheren Urteil. Und tatsächlich wird die Unterscheidung zwischen innen und außen, wenn man vom politischen Bereich zum theologischen übergeht, durchaus unklar. Selbst wenn man eine aufs höchste organisierte und für eine bestimmte Zeit herrschende Hierarchie annimmt, mit den Machtmitteln der Inquisition oder aller nur vorstellbaren Strafen ausgestattet, so ist die Idee der Religion immer noch die ›innere‹ Kontrolle – der Anruf an die Seele des Menschen, nicht an sein äußeres Verhalten. Wenn eine Religion nicht das Ich eines Menschen zu bewegen vermag, so daß er sich letzten Endes selbst kontrolliert, anstatt nur von Priestern wie von Polizisten kontrolliert zu werden, hat sie ihre vorgesetzte Aufgabe nicht erfüllt. Ich habe Babbitt im Verdacht, daß er zuzeiten eine instinktive Furcht vor organisierter Religion hat, als würde sie die Freiheit seiner eigenen Denkoperationen einzwängen und verbilden. Wenn mein Verdacht berechtigt ist, befindet er sich sicherlich im Banne eines Mißverständnisses.

Und wofür, fragt man sich, sollen alle diese Millionen, oder auch nur diese Tausende, oder der Rest einiger intelligenter Hunderter, sich selber kontrollieren? Babbitts kritisches Urteil ist außerordentlich gesund, und unter seinen verschiedenen Feststellungen ist kaum eine, der nicht an und für sich zuzustimmen wäre. Es ist nicht das Material seines Denkgebäudes, sondern die Art und Weise, wie dieses miteinander verbunden ist, was manchmal ein wenig schwach erscheint. Er sagt sehr richtig: »Es ist eine fortlaufende Erfahrung des Menschen in allen Zeitaltern gewesen, daß bloßer Rationalismus ihn unbefriedigt läßt. Der Mensch sehnt sich nach irgendeiner Art von Enthusiasmus, der ihn aus seinem nur rationalen Ich heraushebt.«

Doch ist nicht ganz klar, ob Babbitt noch irgendeinen anderen Enthusiasmus zu bieten hat außer jenem, durch den man aus seinem Ich herausgehoben wird. Doch wenn es ihm gelingt, den Leuten so viel Enthusiasmus beizubringen, daß sie sich bis zur Ebene ihres eigenen rationalen Ichs erheben, so hat er immerhin schon etwas Großes geleistet.

Aber hier scheint mir gerade der Punkt zu sein, an dem eine ›humanistische Kontrolle‹ unwirksam wird, wenn sie überhaupt soweit gelangt. Er spricht von der Grundlage »der Religion und der humanistischen Selbstkontrolle« bei Burke, aber was wir gerne wissen möchten, ist der jeweilige Anteil, den Religion und Humanismus an dieser Grundlage haben. Mit all den Hinweisen Babbitts auf die Rolle der Religion in der Vergangenheit und all den Beziehungen, die er aufdeckte zwischen dem Niedergang der Theologie und dem Anwachsen der von ihm so verabscheuten Irrtümer, erweist er sich selbst als unwiderbringlich abgetrennt von jedem religiösen Glauben, selbst einem rein ›persönlichen‹:

»Modern zu sein bedeutet praktisch, in immer stärkerem Maße positiv und kritisch zu sein, sich zu weigern, irgend etwas auf bloße Autorität hin anzunehmen, auf eine Autorität hin, die ›vor, außer und über‹ dem Individuum ist. Mit denen, die sich noch an das Prinzip äußerer Autorität klammern, will ich nicht streiten. Sie gehen mich nicht primär an. Ich bin selbst durch und durch Individualist und schreibe für alle diejenigen, die sich, wie ich, unwiderruflich dem modernen Experiment ausgeliefert haben. Soweit ich überhaupt gegen die ›Modernen‹ Einspruch erhebe, tue ich es, weil sie nicht genügend ›modern‹ waren, oder – was auf dasselbe hinausläuft – nicht genügend experimentell.«

Diejenigen von uns, die keinen Wert darauf legen, modern zu sein, sollen mit diesen Einwänden wohl gar nicht getroffen werden; aber als Zuschauer dürfen sie doch auch die Frage stellen, wohin all diese Modernität und all dies Experimentieren führen soll. Soll jedermann dazu angehalten werden, seine Zeit mit Experimentieren zu verbringen? Und worüber und zu welchem Zweck? Und wenn das Experimentieren schließlich nur zu dem Ergebnis führt, daß Selbstkontrolle gut ist, so scheint dies ein sehr frostiger Ausgang unsrer Jagd nach ›Enthusiasmus‹ zu sein. Was ist denn überhaupt noch der dem ›Willen‹ gegenübergestellte höhere Wille, wenn es nichts mehr ›vor, außen oder über‹ dem Individuum gibt? Wenn diesem Willen irgend etwas gegeben werden soll, nach dem er sich richten kann, so muß es etwas sein, das in Beziehung zu äußeren Objekten und objektiven Werten steht. Babbitt sagt:

»Dem höheren Willen den ersten Rang einzuräumen ist nur eine neue Art auszusprechen, daß Leben ein Akt des Glaubens ist. Man kann auf positiver Grundlage eine tiefe Bedeutung in der alten christlichen Lehre sehen, daß wir nicht wissen, damit wir glauben, doch daß wir glauben, damit wir wissen.«

Dies ist ganz richtig, doch wenn Leben ein Akt des Glaubens ist, so müssen wir wohl auch fragen, des Glaubens woran? Die, denen die Sache des ›Lebens‹ über alles geht, mit Bernard Shaw an ihrer Spitze, würden wahrscheinlich antworten: ›an das Leben selbst‹; aber ich möchte Babbitt nicht etwas derart Törichtes vorwerfen. Einige Seiten weiter gibt er indessen selbst etwas an, was bestimmter ist als der Wille: es ist die Kultur.

Demnach ist der nächste Begriff, den man untersuchen muß, der der Kultur. Es scheint zunächst, an der Oberfläche wenigstens, etwas Bestimmtes damit gemeint zu sein; doch ist es in Wirklichkeit nur ein Rahmen, der mit bestimmten Objekten ausgefüllt werden soll, nicht selbst ein bestimmtes Objekt. Ich glaube nicht, daß ich mich auch nur für drei Minuten hinsetzen kann mit der Absicht, Kultur zu wollen, ohne daß meine Gedanken nicht sofort zu etwas anderem wandern. Ich glaube nicht, daß Kultur ein bloßes Wort ist: das Wort bezeichnet vielmehr etwas durchaus Reales. Doch der Geist der Individuen, von denen man sagen kann, daß sie ›Kultur gewollt haben‹, ist stets von einer Vielzahl verschiedener Willensobjekte, je nach dem Ort, der Zeit und der individuellen Veranlagung, erfüllt gewesen; was sie gemeinsam haben, ist eher eine Gewöhnung in derselben Richtung als ein Wille zur Kultur. Und wenn man mit Kultur nicht materiellen Fortschritt meint, Hygiene usw. – was Babbitt übrigens nicht tut –, wenn man eine geistige und eine intellektuelle Zusammenarbeit auf hohem Niveau damit meint, dann ist es durchaus zweifelhaft, ob Kultur ohne Religion bestehen kann und Religion wiederum ohne Kirche.

Ich befasse mich hier nicht mit der Frage, ob eine solche ›humanistische‹ Kultur, wie Professor Babbitt sie anstrebt, *wünschenswert* ist oder nicht; mich interessiert nur die Frage, ob sie *zu verwirklichen* ist. Hier aber besteht, wie ich glaube, bei solchen Theorien die Gefahr, daß sie plötzlich zusammenbrechen können. Für diejenigen, die Babbitt nicht sehr weit gefolgt sind oder die seinen Einfluß weniger stark empfunden haben, würde es wohl ein Absturz zurück in einen kaum verhüllten Humanitarianismus sein. Für andere, die ihm hungrig bis zum Ende gefolgt sind und dann keine Nahrung gefunden haben, könnte es auch ein Absturz in einen Katholizismus *ohne* das Element des Humanismus und der Kritik sein, also eines Katholizismus der Verzweiflung. Eine Andeutung davon findet sich in Babbitts eigenen Worten: »Die Wahl, die dem modernen Menschen schließlich allein offenbleibt, ist wie gesagt die, Bolschewist oder Jesuit zu werden. Im zweiten Fall (wobei vorausgesetzt wird, daß Jesuit hier ultramontaner Katholik bedeutet) braucht man nicht lange zu zögern. Ultramontaner Katholizismus trifft nicht wie der Bolschewismus die Wurzeln der Kultur. Unter gewissen Umständen, die zum Teil schon beginnen sichtbar zu werden, wird die katholische Kirche vielleicht die einzige im Abendland noch übriggebliebene Einrichtung sein, auf die zur Erhaltung eines Kulturniveaus gerechnet werden kann. Doch sollte es trotzdem auch möglich sein, durch und durch modern und gleichzeitig kultiviert zu sein ...« Der letzte Satz scheint mir etwas schwächlich auszuklingen. Doch der springende Punkt ist der, daß Babbitt der Kirche im voraus weit mehr Zugeständnisse macht als manche andere, die gegenwärtig viel enger mit ihr verknüpft sind. Babbitt ist viel ultramontaner als ich. Man kann eine sehr tiefe Achtung und sogar Liebe für die katholische Kirche empfinden (die für Babbitt, wenn ich ihn recht verstehe, die Hierarchie in Verbindung mit dem Heiligen Stuhl bedeutet); doch wenn man ihre Geschichte und deren Wechselfälle studiert, ihre Schwierigkeiten und Probleme, vergangene und gegenwärtige, ist man sicher von Bewunderung und Ehrfurcht erfüllt, aber keineswegs deswegen mehr in Versuchung, alle Hoffnungen der Humanität auf eine einzige Einrichtung zu setzen.

Doch meine Absicht ist es nicht gewesen, Babbitts Philosophie ein schlimmes Ende vorauszusagen, sondern die Richtung aufzuzeigen, der sie meiner Ansicht nach folgen sollte, wenn die Dunkelheiten des ›Humanismus‹ aufgeklärt wären. Sie sollte wohl zu dem Ergebnis führen, daß der humanistische Gesichtspunkt dem religiösen untergeordnet und von ihm abhängig ist. Für uns ist die Religion natürlich gleichbedeutend mit Christentum; und Christentum schließt wohl die Idee der Kirche in sich ein. Es würde nicht nur äußerst interessant, sondern sogar unschätzbar sein, wenn Professor Babbitt mit seinem Wissen, seinen großen Fähigkeiten, seinem Einfluß und seinem Interesse für die wichtigsten Zeitfragen, diesen Punkt erreichen könnte. Sein Einfluß könnte sich dann mit dem eines anderen Philosophen desselben Ranges vereinigen – dem von Charles Maurras – und könnte in der Tat einige der Überspitztheiten dieses Schriftstellers berichtigen.

Doch eine solche Synthese ist unmöglich. Professor Babbitt weiß zuviel; und hiermit meine ich nicht nur Belesenheit oder Kenntnisse oder Gelehrsamkeit. Vielmehr meine ich, daß er zu viele Religionen und Philosophien kennt, ihren Geist zu weitgehend assimiliert hat (es gibt vielleicht in ganz England oder Amerika niemand, der den frühen Buddhismus besser versteht als er), als daß er sich noch an irgendeine von ihnen wirklich hingeben könnte. Das Ergebnis ist Humanismus. Ich glaube, daß es besser ist, die Schwächen des Humanismus sofort zu erkennen und sie als solche gelten zu lassen, so daß das Gebäude unter einem allzu großen Gewicht nicht gleich einstürzen muß; und ich glaube, daß wir schließlich zu einer bleibenden Erkenntnis seines Wertes für uns und unserer Verpflichtungen gegenüber seinem Autor kommen können.

Nachgedanken zum Humanismus

Im Juli 1928 veröffentlichte ich in *The Forum* die Betrachtungen über den Humanismus Irving Babbitts, die auf den vorangehenden Seiten abgedruckt sind. Wie ich höre, ist Professor Babbitt der Meinung, daß ich seine Ansichten falsch dargelegt habe, aber da mir bis jetzt noch keine detaillierte Richtigstellung von einem der Humanisten zugegangen ist, tappe ich noch im dunkeln. Es ist durchaus möglich, daß ich im Unrecht bin, denn ich habe inzwischen Bemerkungen von wohlmeinenden Freunden gehört, die zeigen, daß sie mich mißverstanden haben. Der vorliegende Essay ist daher eher von dem Wunsch, meine eigene Position klarer zu machen, als von Angriffslust angeregt. Hierbei wird es sich als nützlicher erweisen, wenn ich mich auf Norman Foersters glänzendes Buch *American Criticism* (Amerikanische Literaturkritik) beziehe als auf Babbitts Werke. Als das Werk eines Schülers scheint Foersters Buch klarere Hinweise zu geben, wohin sich der Humanismus wohl entwickeln wird, als das Werk Babbitts, das von persönlicherer Art ist.

Leider sind meine früheren Ausführungen als ein ›Angriff‹ auf den Humanismus von einem begrenzten, sektiererischen Blickpunkt aus ausgelegt worden. Sie waren nicht als Angriff gedacht. Da ich selbst als Schüler von Babbitt angefangen habe und da ich auch glaube, nichts von dem, was mir in seiner Lehre wertvoll scheint, verworfen zu haben, war ich kaum der geeignete Mann, den Humanismus ›anzugreifen‹. Mir ging es vielmehr darum, die schwachen Stellen in seiner Verteidigung aufzuzeigen, bevor ein wirklicher Feind sie sich zunutze machte. Der Humanismus kann von außerordentlichem Wert sein und ist es schon, aber er muß der Kritik unterzogen werden, solange es noch Zeit ist.

Eine der kritischen Bemerkungen, die ich über meine Kritik gehört habe, ist folgende: meine Kritik sei durchaus sehr schön vom

Standpunkt derer, die ›glauben‹, aber wenn mir der Beweis gelänge, daß der Humanismus nicht ohne Religion auskommt, was bleibe übrig für die, die nicht glauben? Nun habe ich nicht die Absicht, die humanistische Position zu untergraben. Aber ich befürchte, daß sie mehr und mehr den Charakter einer positiven Philosophie annehmen könnte – und jede Philosophie nimmt in unserer Zeit wahrscheinlich den Charakter eines Ersatzes für das religiöse Dogma an. Es sind die positivistischen Tendenzen des Humanismus, die beunruhigend sind. Im Werk des Meisters und mehr noch in dem der Schüler findet sich eine Neigung zu einem positiven und alleinverbindlichen Dogma. Man stelle sich eine Philosophie Comtescher Prägung vor, aus der alle Absurditäten entfernt sind – und die bilden zugegebenermaßen einen sehr wichtigen Teil dieses Systems – und man hat so ungefähr das, was aus dem Humanismus, wie ich meine, werden könnte.

Wie ich zu zeigen versucht habe, gesteht man in der gegenwärtigen humanistischen Position einerseits zu, daß in der Vergangenheit der Humanismus mit der Religion verbunden war, ist aber andererseits überzeugt, daß er es sich in Zukunft leisten kann, die positive Religion zu ignorieren. Dieser merkwürdige Trick, Humanismus und Religion in einem Zusammenhang zu identifizieren und in einem anderen einander gegenüberzustellen, spielt eine sehr große Rolle in der Lehre der Humanisten. Foerster sagt:

»Dieses Zentrum, auf das der Humanismus alles bezieht, diese zentripetale Energie, die den vielfältigen zentrifugalen Impulsen entgegenwirkt, dieser magnetische Wille, der den Fluß unserer Sinnesempfindungen an sich zieht, während er selbst in Ruhe verharrt, ist die Wirklichkeit, aus der die Religion hervorgeht. Der reine Humanismus begnügt sich damit, dies rein naturwissenschaftlich als eine beobachtete Erfahrungstatsache zu beschreiben; er zögert, den Bereich seines Erfahrungswissens zu verlassen in Richtung auf die dogmatischen Glaubenssätze irgendeiner der großen Religionen. Er kann sich nicht dazu entschließen, ein theologisches System anzuerkennen (genausowenig wie er einen romantischen Idealismus anerkennen kann), das in Verachtung der Vernunft geschaffen worden ist, denn er ist der Meinung, daß der Wert übernatürlicher Intuition vom Intellekt geprüft werden muß. Darüber hinaus fürchtet er die Askese, zu der die Religion infolge eines zu starren Dualismus von Fleisch und Geist neigt, denn der Humanismus strebt, wie wir festgestellt haben, Vollständigkeit an und trachtet gefährliche Kräfte einzubeziehen, nicht zu vernichten. Anders als die Religion räumt er den Mitteln der Wissenschaft wie der Kunst einen wichtigen Platz ein. Dennoch stimmt er mit der Religion in der Auffassung des ethischen Willens als einer über dem gewöhnlichen Ich stehenden Macht überein, einer impersonalen Wirklichkeit, an der alle Menschen trotz der Unterschiedlichkeit ihrer persönlichen Charakteranlagen Anteil haben können und der gegenüber sie eine Haltung der Unterwerfung einzunehmen haben. Diese Auffassung, die für uns vom Christentum außerordentlich bestärkt worden ist, war schon im Humanismus der Griechen vorhanden, die erkannten, daß die unverzeihliche Sünde Überheblichkeit oder Anmaßung ist, ein hochmütiger Stolz auf Leidenschaft oder Vernunft, eine Mißachtung der Nemesis, die der maßlosen Überheblichkeit auflauert. Der Humanismus verlangt nicht weniger als die Religion die Tugend der *Demut.*«

Bei aller Achtung vor Foersters solider literarischer Kritik und seiner üblichen Brillanz der Formulierung, die zu bewundern man nicht umhin kann, erscheint mir die Passage, die ich zitiert habe, als eine Mischung aus Unwissenheit, Vorurteilen, konfusem Denken und schlechtem Stil. Der erste Satz, dessen Sinn ich nicht zu erfassen vermag, ist eine nebulose pseudowissenschaftliche Metapher, und mit seiner Bemerkung, der ›reine Humanismus begnüge sich damit, dies rein naturwissenschaftlich zu beschreiben‹, scheint er sich ganz dem auszuliefern, was er ›Naturismus‹ nennt. Entweder ist der erste Satz, was ich glaube, nur eine Metapher aus dem Bereich der Physik des neunzehnten Jahrhunderts – in diesem Falle ist er keine ›Beschreibung‹, und niemand kann sich damit begnügen – oder anderenfalls unterwirft sich der Autor damit einer mechanistischen Ethik, die auf einer überholten physikalischen Theorie aufbaut. ›Die Wirklichkeit, aus der die Religion hervorgeht‹, ist eine Formulierung, die an die ältere Schule der Anthropologie erinnert; sie ist eine vorsichtige Andeutung, daß die Religion nur ein Gefühlszustand ist, der von bestimmten physischen oder quasi-physischen ›Wirklichkeiten‹ und ›Tatsachen‹ hervorgerufen wird. Foersters ›zögert‹ und ›kann sich nicht dazu entschließen‹ verbergen einen Dogmatismus hinter scheinbarer kluger Zurückhaltung. An dieser Stelle bringt er, glaube ich, den Humanisten und den Humanismus durcheinander. Wenn der einzelne Humanist zögert oder sich nicht entschließen kann, ist das eine ganz natürliche menschliche Verhaltensweise, für die man Verständnis hat; wenn aber der Humanist behauptet, daß der *Humanismus* zögert und sich nicht entschließen kann, dann macht er aus dem Zögern und der Unfähigkeit, sich zu entschließen, ein *Dogma:* das humanistische *Credo* ist dann ein *Dubito.* Er behauptet dann, daß es einen ›reinen Humanismus‹ gibt, der mit religiösem Glauben *unvereinbar* ist. Wenn er im folgenden den Humanismus von der Religion unterscheidet, indem er sagt, der Humanismus ›sei der Meinung, daß der Wert übernatürlicher Intuition vom Intellekt geprüft werden müsse‹, fragt man sich, von welcher Art Religion er ihn abhebt, denn diese Art von Prüfung wurde von der Kirche schon lange, bevor das Wort ›Humanismus‹ geprägt wurde, durchgeführt. Weiter ist die ›Furcht vor der Askese‹ nicht nur für den Humanisten, sondern auch für den liberalen Protestantismus charakteristisch, von dem der Humanismus manchmal abzustammen scheint. Der typische Humanist versteht sich zugegebenermaßen nicht als ein Zönobit, wenn aber der *Humanismus* so weit geht und in sein Glaubensbekenntnis ›Ich fürchte die Askese‹ aufnimmt, bekennt er sich nur zu einem weiteren anti-religiösen Dogma. Der Humanismus, sagt Foerster, ›sucht die gefährlichen Kräfte einzubeziehen, nicht zu vernichten‹, aber glaubt er wirklich, die christliche Religion habe jemals versucht, von einigen Häresien abgesehen, jene gefährlichen Kräfte zu *vernichten*? Und wenn er meint, die Religion schätze Wissenschaft und Kunst gering, kann ich nur vermuten, daß seine religiöse Ausbildung in den Bergen Tennessees stattgefunden hat. Der Humanismus, sagt er, stimme mit der Religion nur in einem Punkt überein: im Glauben an den ethischen Willen. Es gab einmal eine Organisation, die sich ›Ethical Culture Society‹[1] nannte und sonntags

1 Eine von Felix Adler in den USA im Jahre 1876 begründete überkonfessionelle

Morgenandachten hielt: von dieser Art scheint die liberale Religion zu sein, auf die Foersters Humanismus hinausläuft.

Foersters Humanismus ist in der Tat zu ethisch, um wahr zu sein. Woher kommt all diese Moral? Ein Vorzug einer orthodoxen Religion ist m. E., daß sie die Moral an die rechte Stelle rückt. Trotz all der harten (und berechtigten) Dinge, die Babbitt und More über Kant gesagt haben, scheint die zweite Generation des Humanismus ihre Ethik auf eine ähnliche Weise wie Kant zu begründen. Foerster meint, daß ›die wesentliche Wirklichkeit der Erfahrung ethischer Art‹ ist. Für einen Menschen mit einem festen religiösen Glauben hat solch eine Feststellung eine bestimmte Bedeutung, für einen positivistischen Humanisten, der die Religion ablehnt, muß sie eine andere haben. Und diese andere Bedeutung scheint auf Unklarheit und Verworrenheit zu beruhen. Ich kann die materialistischen Moralsysteme, die in der Biologie und der analytischen Psychologie begründet sind, verstehen, wenn ich sie auch nicht billige (was in ihnen brauchbar ist, besteht größtenteils aus Dingen, die schon immer bekannt waren), aber ich kann ein Moralsystem, das in nichts als sich selbst begründet ist, nicht verstehen – es besteht vermutlich nur dank unerlaubter Beziehungen zur Psychologie oder zur Religion oder zu beiden, je nach den geistigen Neigungen des einzelnen Humanisten.

Der Humanismus lebt wohl sehr beträchtlich von den Winkelzügen mit dem Wort ›human‹ und überhaupt davon, daß er sich den Anschein klarer und deutlicher philosophischer Ideen gibt, die gar nicht vorhanden sind. Mein Einwand ist, daß der Humanist sich in seiner Unterscheidung des ›Menschlichen‹ und des ›Natürlichen‹ eben des ›Übernatürlichen‹ bedient, das er leugnet. Denn ich bin überzeugt, daß der *Dualismus* von Mensch und Natur sich sofort auflöst, wenn dieses ›Übernatürliche‹ unterdrückt wird. Der Mensch ist Mensch, weil er übernatürliche Wirklichkeiten erkennen, nicht weil er sie erfinden kann. Entweder kann alles im Menschen auf eine Entwicklung von unten her zurückgeführt werden, oder es muß etwas von oben hinzukommen. Dieses Dilemma ist nicht zu umgehen: man

Bewegung zur Förderung einer moralischen Lebenshaltung, die als die eigentliche Grundlage aller Religionen angesehen wird. (d. Ü.)

muß sich entweder nur zum Natürlichen oder zum Übernatürlichen bekennen. Denkt man von dem Wort ›menschlich‹ all das weg, was der Glaube an das Übernatürliche dem Menschen gegeben hat, kann man ihn schließlich nur noch als ein außerordentlich kluges, anpassungsfähiges und boshaftes kleines Tier ansehen. Foersters Ethik wäre viel ›vernünftiger‹, wenn sie die von Bertrand Russell wäre; in der vorliegenden Form ist sie aber ganz unhaltbar und ohne eine religiöse Grundlage sinnlos[1].

Das eigentliche Problem liegt natürlich einfach in der menschlichen Fehlbarkeit. Foerster ist wie die meisten der Humanisten als Literat ausgebildet worden, und der Humanismus trägt das Siegel des akademischen Literaten. Er geht an alle anderen Themenbereiche mit literarischen Kategorien heran. Das ist ein völlig angemessenes Vorgehen, denn wir müssen alle an das, was wir nicht kennen, mit dem begrenzten Rüstzeug der Dinge herangehen, die wir kennen. Das Problem ist nur, daß auf diese Weise für den modernen Humanisten die Literatur selbst zu nichts als einem Mittel wird, zu etwas anderem Zugang zu finden. Wenn wir versuchen, eine Sache einfach die Arbeit einer anderen tun zu lassen, wird sie wahrscheinlich nicht mehr als ein dilettantischer Ersatz für jene andere Sache sein. Foerster und ich wären uns vermutlich über das weitverbreitete Absterben des Studiums der Philosophie an den Universitäten einig[2]. Dennoch gibt es eine philosophische Ausbildung, und diese ist nicht gleichbedeutend mit der literarischen Ausbildung. Es gibt Spielre-

1 Foersters »Vernunft« scheint mir von jeder griechischen Entsprechung (λόγος) darin abzuweichen, daß sie ausschließlich menschlich ist, während für die Griechen etwas Unerklärliches den λόγος umgab, so daß er eine Teilhabe des Menschen am Göttlichen bedeutete. Vgl. Max Scheler, Mensch und Geschichte, Neue Schweizer Rundschau, S. 21.

2 Was jedoch im wesentlichen nicht die Schuld der Lehrenden, sondern des ganzen Erziehungssystems ist, zu dem dieser Unterricht gehört. Daß man jungen Menschen Philosophie beibringt, die keine *humanistische* Erziehung genossen haben, daß Plato und Aristoteles solchen jungen Leuten gelehrt werden, die kein Griechisch können und keinerlei Ahnung von alter Geschichte haben, ist eine der tragischen Farcen des amerikanischen Erziehungssystems. Wir ernten davon den Sturm von Pragmatisten, Behaviouristen usw. Nebenbei bemerkt ist es ein allgemeines Unglück, daß Bertrand Russell keine humanistische Erziehung genossen hat.
Der Humanismus hat uns keinen größeren Dienst erwiesen als in seiner Kritik der modernen Erziehung. Vgl. Babbitts großartigen Essay über President Eliot, den er vor einigen Jahren in *The Forum* veröffentlichte.

geln in der Philosophie über den Gebrauch und die Definition von Begriffen, und diese sind nicht gleichbedeutend mit den literarischen Regeln. Man kann das Studium der Philosophie für müßig erachten, aber dann sollte man auch nicht philosophieren. Was man sonst wahrscheinlich tut, ist, schlecht da unbewußt zu philosophieren. Mein Einwand richtet sich nicht gegen den Humanismus, sondern gegen Foerster, weil er nicht humanistisch genug ist und weil er sich auf das Spiel der Philosophie und Theologie einläßt, ohne die Regeln zu kennen.

Es gibt noch einen weiteren Aspekt von Foersters Position, der ihm den Titel ›Der neueste Laokoon‹[1] einbringen könnte: die interessante Überlegung, daß dieser Trick, die Literatur die Arbeit der Philosophie, Ethik und Theologie leisten zu lassen, die Urteilsfähigkeit und Sensibilität für die Literatur selbst zu beeinträchtigen pflegt, aber dieser Aspekt ist schon so gut in einem Essay von Allen Tate dargelegt worden, daß ich nicht weiter darauf eingehen will. Aber ich möchte doch erwähnen, daß sich Foerster bei seiner Suche nach ›einem Ethos, der‹, wie er sagt, ›niemals existiert hat‹, an folgendem orientieren will: »Griechischer Plastik [aus welcher Periode?], Homer, Sophokles, Plato, Aristoteles, Vergil, Horaz, Jesus, Paulus, Augustinus, Franz von Assisi, Buddha, Konfuzius, Shakespeare, Milton und Goethe.«

Foerster ist nicht ganz so einfältig, wie es dieser Liste nach den Anschein hat, wenn er auch gefährlich einer Kultur nahekommt, die Literatur nach Metern mißt – er verwechselt nur zwei Gesichtspunkte. Für die *Kultur* (Foersters Begriff der Kultur führt den Arnolds weiter) sind das die Arten von Autorität, an die man sich angemessenerweise halten kann, und wer sich mit allen oft beschäftigt hat, wird, soweit das möglich ist, ein besserer, d. h. ein *kultivierterer* Mensch sein als derjenige, der dies unterlassen hat. Eine bessere Grundlage gibt es nicht. Aber die Suche nach einem ›Ethos‹ ist eine viel ernstere und heiklere Sache, als sich Foerster das vorstellt, und sein Unterfangen wird wohl eher in Respektabilität als in Vollkommenheit resultieren. Diejenigen, die nach Rechtschaffenheit hungern und dürsten, werden sich nicht mit einem Imbiß ab-

1 Anspielung auf Babbits Buch *The New Laocoon* (Der neue Laokoon) (1910). (d.Ü.)

speisen lassen, sondern einen gut Teil mehr verlangen; wenn sie einem jener Vorbilder folgen, werden sie nicht auch all den anderen folgen können. Führt man Horaz, die Elgin Marbles, den Hl. Franziskus und Goethe auf ihre Essenz zurück, ist das Resultat doch recht dünn. Kultur ist schließlich nicht ausreichend, wenn auch nichts ohne Kultur ausreicht.

Wegen dieser merkwürdigen, verwirrten Beweggründe kann Foerster nicht sehr viel mit Shakespeare anfangen, wenn er ihm auch ein paar gönnerhafte Worte widmet. Shakespeare ist kein Humanist. Foersters Urteil über Shakespeare ist weder ein literarisches noch ein moralisches Urteil. Er scheint ihn mir aus den falschen Gründen herabzusetzen, genauso wie, bei allem Respekt, Middleton Murry ihn aus den falschen Gründen rühmt. Wenn es Shakespeare, wie Foerster sagt, eher darauf ankam, ›das Leben widerzuspiegeln, als es zu interpretieren‹, und er sich mehr der ›Wirklichkeit‹ unterwarf, als ›sie zu transzendieren‹, dann würde ich sagen, daß ein so guter Spiegel – wenn man das einen Spiegel nennen kann – sehr viele Interpretationen wert ist und daß solch eine Unterwerfung mehr wert ist als die meisten Transzendierungen. Wenn man in der Sphäre literarischer Beurteilung bleibt, kann man nicht sagen, Shakespeare sei irgendeinem Dichter, der jemals geschrieben hat, unterlegen, es sei denn, man ist bereit, diese Meinung durch eingehende Analysen zu stützen; wenn man Shakespeare seiner niederen Lebensanschauung wegen geringschätzt, ist man von der literarischen Kritik in die Gesellschaftskritik übergegangen: man kritisiert dann weniger den Menschen als seine Zeit. Ich persönlich ziehe die Kultur, die Dante hervorgebracht hat, der Kultur, die Shakespeare hervorgebracht hat, vor, aber ich würde nicht behaupten, daß Dante der größere Dichter gewesen ist, noch daß er der tiefere Geist war. Und wenn der Humanismus sich für Goethe entscheidet und Shakespeare übergeht, dann ist der Humanismus unfähig, zwischen der Spreu und dem Weizen zu unterscheiden.

Foerster ist das, was ich einen Häretiker nenne, d. h. jemand, der eine Wahrheit mit Beschlag belegt und sie so lange ausschlachtet, bis sie in eine Unwahrheit umschlägt. In seiner Hand wird der Humanismus zu etwas anderem, etwas Gefährlicherem, da für die besten Geister viel Verführerischerem als etwa der Behaviourismus. Ich möchte versuchen, die Aufgaben eines wahren Humanismus von denen abzuheben, die Fanatiker ihm aufgebürdet haben.

I. Es ist nicht die Aufgabe des Humanismus, Dogmen oder philosophische Theorien zu liefern. Aufgrund seines allgemeinen kulturellen Zuschnitts ist er nicht mit philosophischen Grundlagen befaßt; er befaßt sich weniger mit ›Vernunft‹ als mit gesundem Menschenverstand. Wenn er zu genauen Definitionen weiterschreitet, wird er seinem Wesen nach etwas anderes.

II. Der Humanismus zielt auf Weite des Blicks, Toleranz, Ausgewogenheit und Vernünftigkeit ab. Er wendet sich gegen Fanatismus.

III. Die Welt kann nicht weitergehen ohne Weite des Blicks, Toleranz und Vernünftigkeit, genausowenig wie sie ohne Beschränktheit des Blicks, Bigotterie und Fanatismus auskommt.

IV. Es ist nicht die Sache des Humanismus, irgend etwas zu widerlegen. Seine Sache ist zu *überzeugen* gemäß seiner nicht darlegbaren Axiome der Kultur und des gesunden Menschenverstandes. Er bereitet z. B. nicht den *Argumenten* von Irrmeinungen wie dem Behaviourismus eine Niederlage: er arbeitet mittels Geschmack und einer kulturell geschulten Sensibilität. Er ist eher kritisch als konstruktiv. Er ist notwendig für die Kritik des gesellschaftlichen Lebens und gesellschaftlicher Theorien, des politischen Lebens und politischer Theorien.

Ohne den Humanismus hätten wir keine Möglichkeit, uns mit Shaw, Wells, Russell, Mencken, Sandburg, Claudel, Ludwig, Macpherson oder den Regierungen Amerikas und Europas auseinanderzusetzen.

V. Der Humanismus kann keine definitiven Theorien über Philosophie oder Theologie haben. Die einzige Frage, die er, unter Wahrung jeglicher Toleranz, stellen kann, ist: Ist diese betreffende Philosophie oder Religion kultiviert oder nicht?

VI. Es gibt einen Typus von Menschen, den wir den Humanisten nennen und dem der Humanismus ausreichend erscheint. Dieser Typus ist durchaus schätzenswert.

VII. Der Humanismus ist schätzenswert, a) an sich, d. h. im ›reinen Humanisten‹, der den Humanismus nicht als einen Ersatz für Philosophie oder Religion ausgibt, und b) als ein vermittelnder und korrigierender Bestandteil einer positiven Zivilisation, die sich auf einen festen Glauben stützt[1].

VIII. Der Humanismus ist schließlich wertvoll für eine kleine Minorität von *Individuen*. Aber diese Individuen sind durch Kultur, nicht durch die Anerkennung eines gemeinsamen Programms oder Standpunktes miteinander verbunden. Solch eine ›Aristokratie des Intellekts‹ besitzt nicht die wirtschaftlichen Bindungen, die die einzelnen Mitglieder einer ›Aristokratie von Geburt‹ vereint.

Eine so bescheidene Abgrenzung des Humanismus, wie ich sie anzudeuten versucht habe – die Aufstellung ist weder erschöpfend noch definitorisch, sondern umfaßt nur die Bestimmungen, die mir gerade einfielen – wird denen, die sich zuversichtlich und ehrgeizig der Welt verschrieben haben, mehr als unbefriedigend erscheinen. Doch möchte ich einen klaren Trennungsstrich ziehen zwischen dem, was mir der rechte und *mit Notwendigkeit* vage Humanismus scheint, und dem, was T. E. Hulme in seinen Betrachtungen in *Speculations* mit Humanismus meint. Ich stimme dem zu, was Hulme sagt, und ich fürchte, daß viele moderne Humanisten explizit oder implizit den Ansichten verhaftet sind, gegen die Hulme polemisiert, und daß sie folglich eher der Renaissance als unserer eigenen Zeit angehören. Hulme nennt z. B. als ein Charakteristikum des Humanisten (in seinem Sinne) die ›Weigerung, noch länger an die radikale Unvollkommenheit des Menschen oder der Natur‹ zu glauben. Ich kann mich des Eindrucks nicht erwehren, daß Foerster und sogar Babbitt der Position Rousseaus näher sind als der der Religion. Denn es genügt nicht, die romantischen Visionen der Perfektibilität zu geißeln, wie sie es tun. Die moderne humanistische Position impliziert, daß der Mensch entweder vervollkommnungsfähig oder zu unbegrenztem Fortschritt imstande ist, weil es von diesem Standpunkt aus nur graduelle Unterschiede gibt, so daß immer Hoffnung auf eine höhere Stufe ist. Es ist Hulmes außerordentliches Verdienst, daß er selbst herausfand, daß es ein *Absolutes* gibt, das der Mensch

1 Ein aufschlußreiches Beispiel für den Einfluß des Humanismus in einer ungewöhnlichen religiösen Persönlichkeit sind die *Letters to a Niece* des Baron von Hügel (London/Toronto 1928).

niemals erreichen kann. Für den modernen Humanisten wie für den Romantiker ›verschwindet das Problem des Bösen, verschwindet der Begriff der Sünde‹. Das wird illustriert durch Foersters illusionäre Vorstellung des *normal oder typisch Menschlichen.* (Falls Foerster Jesus, Buddha, den hl. Franziskus oder jemand, der ihnen auch nur annähernd gliche, träfe, frage ich mich, ob sie seinem Ideal hundertprozentiger Normalität entsprächen.) Hulme faßt diese Gedanken in einem Absatz zusammen:

»Ich halte die religiöse Vorstellung letzter Werte für richtig, die humanistische für falsch. Der Natur der Sache nach sind diese Kategorien nicht unumgänglich notwendig wie die Kategorien der Zeit und des Raumes, doch sind sie *gleichermaßen objektiv.* Wenn ich von Religion spreche, beziehe ich mich auf die Ebene der Abstraktion. Mir liegen die Gefühle der Nostalgie, die Verehrung der Tradition, der Wunsch, die Gefühlswelt Fra Angelicos wiederzugewinnen, fern, die die meisten modernen Verteidiger der Religion zu beseelen scheinen. All das scheint mir Unfug zu sein. Was wichtig ist, scheint niemand zu erkennen: die Dogmen wie das der Erbsünde, die die Kategorien der religiösen Haltung am ehesten ausdrücken. Daß der Mensch keinesfalls vollkommen, sondern eine erbärmliche Kreatur ist, daß er aber dennoch Vollkommenheit begreifen kann. Es ist daher nicht so, daß ich mich mit dem Dogma des Gefühles wegen abfinde, sondern daß ich vielleicht das Gefühl des Dogmas wegen mitschlucke.«

Das ist eine Feststellung, über die nachzudenken Foerster und allen liberalen Theologen wohl anstünde. Sehr viele Leute nehmen an, daß manche Leute, weil sie sich den Luxus christlicher Gefühle und den Reiz christlicher Rituale leisten, unglaubliche Dogmen schlukken oder zu schlucken vorgeben. Bei einigen ist der Vorgang genau umgekehrt. Rationale Zustimmung mag spät kommen, intellektuelle Überzeugung mag sich langsam einstellen, aber sie stellen sich unweigerlich ein, ohne daß man seiner Ehrlichkeit und seinem Wesen Gewalt antut. Die Gefühle in Ordnung zu bringen ist eine spätere und eine außerordentlich schwierige Aufgabe: Die Freiheit des Intellekts geht der völligen Freiheit des Geistes voraus und ist leichter zu erreichen.

Es gibt keinen Gegensatz zwischen der religiösen und der *rein* humanistischen Haltung: sie haben einander nötig. Weil mir Foersters Spielart des Humanismus *unrein* zu sein scheint, fürchte ich, daß schließlich der Humanismus überhaupt in Mißkredit gebracht wird.

Moderne Erziehung und humanistische Bildung

Fragen des Erziehungswesens werden oft erörtert, als stünden sie in keinerlei Zusammenhang mit dem gesellschaftlichen System, für welches es bestimmt ist. Und darum erhält man fast immer unbefriedigende Antworten auf diese Fragen. Einzig und allein innerhalb eines bestimmten gesellschaftlichen Systems hat ein Erziehungssystem einen Sinn. Wenn es heute den Anschein hat, daß die Erziehung sich verschlechtert hat und immer sinnloser und chaotischer wird, so liegt das vor allem daran, daß uns eine gefestigte und befriedigende Gesellschaftsordnung fehlt und daß unsere Ansichten über die Gesellschaftsform, die wir verwirklichen wollen, verschwommen und widerspruchsvoll sind. Das Erziehungswesen ist aber ein Gegenstand, der nicht im luftleeren Raum behandelt werden kann, Fragen sozialer, ökonomischer, finanzieller und politischer Natur ergeben sich daraus und führen zu Problemen, die noch tiefer liegen als diese: um zu wissen, was wir von der Erziehung erwarten, müssen wir auch wissen, was wir überhaupt erwarten, wir müssen also unsere Erziehungstheorie aus unserer Weltanschauung ableiten. Und schließlich entdecken wir, daß unser Problem ein religiöses Problem ist.

Man kann beinahe sagen, daß wir uns in einer Krise des Erziehungswesens befinden. Jedes Land, jede Kultur, genau wie jedes einzelne Elternpaar steht besonderen Problemen gegenüber, aber es gibt auch ein universelles Problem für die ganze zivilisierte Welt, sowie für die unzivilisierten Völker, sofern sie von ihren zivilisierten Führern lernen – ein Problem, das in Japan, China und Indien vielleicht ebenso wichtig ist wie in Großbritannien, Europa oder Amerika. Seit mehreren Jahrhunderten ist der Fortschritt (womit ich nicht die Ausbreitung meine) der Allgemeinbildung einerseits als ein Mit-dem-Strome-Schwimmen, andererseits als ein Vorstoßen anzusehen, denn er neigt dazu, von der Idee des Weiterkommens beherrscht zu werden. Der Einzelne will eine höhere Bildung, nicht um Weisheit zu erlangen, sondern um weiterzukommen, die Nation will sie, um andere Nationen zu überflügeln, die Mitglieder einer Gesellschaftsklasse, um die anderen Klassen zu überflügeln oder sich zumindest gegen sie zu behaupten. Bildung wird daher einerseits mit technischer Überlegenheit und andererseits mit gesellschaftlichem Aufstieg gleichgestellt; sie wird zu etwas, worauf jedermann das Recht zu haben glaubt, unabhängig von seiner Befähigung. Und wenn jedermann sie erwerben kann – natürlich in verfälschter und verdünnter Form – muß man erkennen, daß Bildung nicht länger ein unfehlbares Mittel ist, erfolgreich zu werden. Nun wendet man sich einem anderen Trugschluß zu, nämlich der sogenannten »Erziehung zur Muße«, ohne jedoch die landläufigen Begriffe der Muße einer Revision zu unterziehen. Sobald der köstliche Anreiz des Snobismus sich verflüchtet, verliert die höhere Bildung ihre Anziehungskraft – denn wenn sie weder mehr Geld einbringt noch Macht über andere noch gesellschaftliches Avancement oder zumindest eine ständige, geachtete Anstellung, werden wenige sich der Mühe unterziehen, sie zu erwerben. Wie sehr man sie auch verwässert, Bildung läßt sich ohne Mühe und Plage nicht erwerben. Ferner sind die meisten Menschen außerstande, die Muße – das heißt Beschäftigungslosigkeit samt Einkommen und angesehener Stellung – zu genießen, außer auf ziemlich primitive Weise: indem sie bald mit den Händen, bald mit den Füßen oder mit eigens dafür konstruierten Werkzeugen Bälle von sich stoßen, oder Karten spielen, oder zusehen, wie Hunde, Pferde oder andere Menschen Glanzleistungen an Schnelligkeit oder Geschicklichkeit vollbringen. Meiner Meinung nach ist ein ungebildeter Mensch ohne Wissen, sofern er weder unter Geldsorgen noch sonstigen Beschränkungen leidet und Zugang zu Golf-Klubs, Tanzsälen und so weiter erlangen kann, ebenso gut ausgerüstet, seine Mußestunden angenehm zu verbringen, wie der Gebildete.

Wann immer die Frage der Erhöhung des schulpflichtigen Alters erwogen wird, kann man beobachten, wie unzulänglich der Begriff ist, den die meisten Leute von Erziehung haben. Lassen wir als irrelevant die kläglich-lückenbüßerische Idee beiseite, daß die Erhöhung des schulpflichtigen Alters die Arbeitslosigkeit vermindern würde, denn dies ist ja nichts als ein Eingeständnis der Ohnmacht, ein ganz anderes Problem zu lösen. Es wird jedoch von vielen Leuten angenommen (und es gibt immer eine Menge Leute, die diese Frage jederzeit zu erörtern bereit sind), daß weitere Bildung – nämlich Bildung, die eine weitere Anzahl von Jahren beanspruchen würde – sehr wünschenswert wäre, »falls das Land die Mittel dazu hätte«. Selbstverständlich hätte das Land die erforderlichen Mittel, wenn es gar so wünschenswert wäre. Aber niemand denkt darüber nach, was diese Bildung, von der niemand zuviel bekommen kann, eigentlich sei, noch ob die Gesellschaft, für die mehr Bildung wünschenswert wäre, notwendigerweise eine wünschenswerte Gesellschaft wäre. Wenn zum Beispiel das Land oder seine Einwohnerschaft über beschränkte Mittel verfügt, müßte man sich in erster Linie versichern können, daß der Unterricht in den Volksschulen durch keine finanziellen Zuschüsse zu verbessern wäre, ehe man sich auf ein ehrgeizigeres Programm einläßt. (Jedermann, der Kinder auch nur ein paar Wochen lang unterrichtet hat, weiß aus Erfahrung, wie sehr die Fortschritte der Schüler von ihrer Anzahl abhängen. Fünfzehn in einer Klasse ist die ideale Anzahl, zwanzig die höchste, die man haben sollte; mit dreißig läßt sich viel weniger anfangen; sobald mehr als dreißig Schüler da sind, ist der Lehrer vollauf damit beschäftigt, die Klasse in Zaum zu halten, und die begabten Kinder sind genötigt, im gleichen Schneckentempo fortzuschreiten wie die Zurückgebliebenen.)

Angenommen, daß ein Unterrichtsminister unumschränkte Macht über das Erziehungswesen eines Landes ausüben würde, wäre es offensichtlich seine erste Aufgabe, dafür zu sorgen, daß der Elementarunterricht einen Höchststand erreichte; von da ausgehend müßte er sich versichern, daß niemand zu viel Schulbildung erhielte, indem die Anzahl jener, denen man eine »höhere Bildung« unentgeltlich zukommen läßt, auf etwa ein Drittel der heute damit Bedachten beschränkt würde. (Ich wünsche mir nicht einmal im Unterrichtsministerium einen Diktator, aber es ist oft zweckdienlich, einen hypothetischen Diktator zur Erläuterung zu verwenden.) Denn eine der potentiellen Ursachen des sinkenden Niveaus auf den Hochschulen ist das sinkende Niveau der Schulen darunter. Auf den Hochschulen muß dem vorhandenen Studentenmaterial soviel Wissen als möglich vermittelt werden – es läßt tief blicken, daß heute in England auf den Universitäten *Englisch* gelehrt werden muß. Die Universitäten in Amerika haben sich durch den Einfluß von Charles William Eliot und der »Erzieher« seiner Zeit um jeden Preis zu vergrößern gesucht, indem sie wie wahnsinnig um die Anzahl ihrer Besucher wetteiferten; es ist aber viel leichter, eine kleine Hochschule zu vergrößern, als die Größe einer zu sehr angeschwollenen wieder zu reduzieren. Nachdem Eliot den Amerikanern beigebracht hatte, daß eine Universität nicht groß genug sein könne (ich selbst habe eine gesehen, an der nicht weniger als 18 000 Studenten eingeschrieben waren, allerdings die Besucher der Abendkurse miteingerechnet), wurde Amerika sehr reich, das heißt es wurden viele Leute Millionäre. Die nächste Generation ließ sich auf ein ebenso wahnsinnig übertriebenes Bauprogramm ein und errichtete in kurzer Zeit allerhand imposante, wenn auch manchmal zu eilig konstruierte Refektorien, Schlafsäle und sogar Kirchen. Es ist sehr schwer, sich wieder einzuschränken, wenn man so viel Kapital in Anlagen und Ausrüstungen investiert hat, wenn man ein großes, obgleich nicht immer gut bezahltes Lehrpersonal besitzt, das meist aus Verheirateten mit Kindern besteht, wenn aus den Hochschulen immer mehr Leute hervorgehen, die ebenfalls eine akademische Laufbahn einschlagen und eine Familie gründen wollen und wenn das gesamte nationale Programm für die Hochschulbildung in Hinsicht auf ein Zeitalter der Expansion entworfen wurde, für ein Land, dessen Einwohnerzahl sich unbegrenzt vermehren und dessen Reichtum stetig zunehmen werde und immer mehr Hochschulen würde gründen müssen.

Was in Amerika geschieht, ist für die Angelegenheiten Englands nicht so belanglos, wie man gemeinhin annimmt, denn, wie ich schon sagte, findet das, was wir als Krise des Erziehungswesens erkennen müssen, nicht nur in einem Lande, sondern in allen statt und weist überall die gleichen Merkmale auf. Was mit den amerikanischen Hochschulen geschehen ist, kann mit den Provinz-Hochschulen Englands geschehen, und was dort geschieht, beeinflußt das, was in Oxford und Cambridge geschieht. Wir befinden uns in einem vorgeschrittenen Stadium weitgehender sozialer Veränderungen. Dagegen habe ich nichts einzuwenden, aber ich glaube, daß wir eher imstande sein werden, das Problem auf intelligente Weise zu lösen, wenn wir zugeben, daß soziale Veränderungen unbedingt Veränderungen des Erziehungssystems bedeuten; wir werden auch unsere Begriffe darüber, wer weitergebildet werden soll, wie dies geschehen soll, sowie über die zumeist vernachlässigte Frage warum, revidieren müssen, anstatt das Erziehungswesen seinem Schicksal zu überlassen.

Dieser sich stets verschiebende, ausgedehnte Hintergrund ist ein unerläßlicher Bestandteil des Bildes, das man kennen muß, um die Frage nach der Bedeutung der humanistischen Studien im modernen Bildungswesen zu stellen. Im Erziehungssystem kann man, wie in der Politik, drei Tendenzen erkennen: die liberale, die radikale und jene, die ich – vielleicht weil sie die meine ist – die orthodoxe nennen möchte. Indem ich diese Bezeichnungen fürTendenzen im Erziehungswesen benütze, will ich keine politischen Parallelen ziehen, denn keine Strömung in der Politik ist jemals unvermischt.

Die liberale Auffassung der Erziehung ist uns am geläufigsten. Meist verficht sie die scheinbar unwiderlegbare Ansicht, daß Bildung nicht allein im Erwerben faktischer Kenntnisse besteht, sondern in der Ausbildung des Geistes als Instrument zum Erfassen von Tatsachen jeder Art, zum Urteilen und um die in einer Sparte erworbenen Kenntnisse auf neu Hinzukommendes anzuwenden. Daraus wird der Schluß gezogen, daß jedes Studium erzieherisch jedem anderen gleichzusetzen ist; daß der Student seiner Neigung folgen und sich dem Gegenstand widmen soll, der ihn zufällig am meisten interessiert. Es kann geschehen, daß der Student, der sich der Geologie widmet, sowie jener, der Philologie studiert, schließlich Kaufleute werden; die Annahme geht dahin, daß beide bei gleicher Ausnützung der Studienzeit und gleicher Begabung gleich gut für ihren Beruf und für »das Leben« ausgerüstet sein müssen. Die Theorie, daß der Geist in jeder Sparte gleich gut ausgebildet werden könne und es gleichgültig sei, welche Art von Kenntnissen er sich aneignet, kann zu weit getrieben werden. Es gibt zwei Studienarten, die in den Anfangsstadien nur wenig zur Ausbildung des Geistes beitragen. Eine ist das Studium von Theorien und ihrer Geschichte, denn es wird mehr Wert darauf gelegt diese selbst zu kennen, als die Tatsachen und die Kenntnisse, worauf sie sich gründen, dem Gedächtnis einzuverleiben: zu dieser Art gehört das sehr beliebte Studium der *Nationalökonomie*, ein Fach, das aus vielen komplizierten und sich widersprechenden Theorien besteht und von welchem es sich keineswegs beweisen läßt, daß es eine Wissenschaft sei. Größtenteils basiert die Nationalökonomie auf unzulässigen Voraussetzungen, und sie verleugnet ihre – allerdings nicht legitime – Abstammung von der *Ethik*. Selbst die *Philosophie*, sobald sie von der *Theologie* sowie der praktischen Lebensweisheit und der empirischen Erkenntnis abgetrennt ist, erscheint als Schein-Nahrung oder als Trank, der nur für den Augenblick den Durst löscht, um später Dürre und Ernüchterung zu erzeugen. Die andere Art Studium, die wenig zur geistigen Ausbildung beiträgt, ist das zu genau und einseitig Orientierte, welches keine Beziehung zum täglichen Leben aufweist. Es gibt noch ein drittes Thema, das in keine dieser beiden Kategorien eingereiht werden kann und aus anderen Ursachen ungünstig ist: das Studium der *Englischen Literatur*, oder um den Begriff allgemeiner zu fassen, der Literatur unserer eigenen Sprache.

Ein weiterer Trugschluß liberaler Erziehung ist die Folgerung, daß es dem Studenten auf der Hochschule freistehen solle, das Fach zu wählen, das ihn am meisten interessiert. Für eine beschränkte Anzahl von Studenten ist dies mehr oder weniger richtig. Schon in den ersten Schuljahren kann man bei einigen Individuen eine bestimmte Neigung zu einer oder der anderen Studiengruppe erkennen. Die Gefahr für diese Auserwählten – wenn man sie sich selbst überläßt – liegt darin, daß sie sich ausschließlich auf ein einziges Gebiet konzentrieren, so daß die allgemeinen Interessen der Menschen ihnen fremd bleiben. Mehr oder weniger sind wir alle von Natur aus träge, daher fällt es uns viel leichter, uns auf das Studium jenes Gegenstandes, den wir beherrschen, zu beschränken. Die Mehrzahl der Menschen, die ausgebildet werden sollen, haben jedoch keine sonderliche Neigung, sich zu spezialisieren, weil sie weder eine ausgesprochene Begabung noch Geschmacksrichtung haben. Die Lebhafteren und Neugierigeren werden dazu neigen, sich von vielem oberflächliche Kenntnisse zu erwerben. Niemand kann eine gründliche Bildung erlangen, ohne einiges zu studieren, das ihn nicht interessiert, denn zur wahren Bildung ist es unerläßlich, daß man *lernt, sich* für Gegenstände *zu interessieren,* für welche man keine besondere Neigung hat.

Der Grundsatz, daß man nur studieren soll, was einem liegt (und für viele junge Leute in den Entwicklungsjahren ist dies oft nur, was ihnen im Augenblick gefällt) ist am gefährlichsten für Leute, deren Interessen auf dem Gebiet der modernen Sprachen oder der Geschichte liegen, besonders aber für jene, die Schriftsteller werden wollen. Für diese – und ihrer sind viele – wirkt sich das Fehlen von Kenntnissen des Lateinischen und Griechischen am unglücklichsten aus. Nur wenige besitzen eine geniale Begabung, sich diese toten Sprachen anzueignen, und die Wahrscheinlichkeit ist groß, daß sie sich aus eigenem Antrieb der Altphilologie widmen – wenn ihnen die Gelegenheit dazu gegeben wird. Andererseits haben viele Leute, die für lebende Sprachen oder für ihre Muttersprache oder für Geschichte eine ausgesprochene Begabung haben, nur eine beschränkte Fähigkeit, Latein und Griechisch zu lernen. Man kann aber von Jugendlichen nicht erwarten, daß sie bereits erkennen, wie sehr es ihre Beherrschung dieser Gegenstände einschränkt, daß ihnen die Grundlage der klassischen Sprachen fehlt.

Während also der *Liberalismus* unsinnigerweise vorgab, daß alle Studienfächer gleichwertig seien, und Latein und Griechisch *um nichts besser* als viele andere, wird vom *Radikalismus* (der ja vom Liberalismus abstammt) diese Einstellung universeller Toleranz verworfen und Latein und Griechisch als unwichtige Gegenstände hingestellt. Durch die liberale Einstellung wurde eine oberflächliche Wißbegier erregt. Niemals zuvor waren so verschiedenartige Informationen jedermann zugänglich, noch dazu in so weitgehender Vereinfachung, daß alle Leute imstande waren, sie aufzunehmen. Die große Verbreitung der populär-wissenschaftlichen Abrisse von H. G. Wells ist ein Beweis dafür; neue Entdeckungen werden augenblicklich der ganzen Welt bekanntgemacht – und jedermann weiß, daß das Weltall sich ausdehnt oder aber sich zusammenzieht. Indem sie ihre Wißbegierde auf derartige Neuigkeiten lenken, glauben sehr viele Menschen, darunter viele, die besten Willens sind, daß sie ihren Verstand kultivieren oder ihre Muße in lobenswerter Weise ausnützen. Nun geht der Radikalismus daran, die »lebenswichtigen Fragen« zu klassifizieren und jene, die nicht lebenswichtig sind, zu verwerfen. Ein zeitgenössischer Kritiker, der durch seine marxistischen Literaturbetrachtungen in der Öffentlichkeit sehr bekannt geworden ist, hat uns gesagt, daß die wirklichen Vertreter unserer Zeit Männer wie Lenin, Trotzki, Gorki und Stalin seien, ebenfalls Einstein, Planck und Hunt Morgan. Diesem Kritiker bedeutet Wissen »in erster Linie die wissenschaftliche Erforschung der Welt, die uns umgibt, und unserer selbst«. Diese Behauptung könnte man auf positive Weise auslegen, aber ich fürchte, daß der Kritiker damit nichts anderes meint, als was der Mann auf der Straße darunter versteht. Mit der »wissenschaftlichen Erforschung der Welt, die uns umgibt«, meint er keine Lebensweisheit, mit der wissenschaftlichen Erforschung unserer selbst meint er keine Selbsterkenntnis. Kurz gesagt, wo der Liberalismus nicht wußte, was er von der Bildung verlangen sollte, weiß es der Radikalismus genau – und er verlangt etwas Falsches.

Immerhin ist es zu begrüßen, daß der Radikalismus überhaupt etwas will. Es ist zu begrüßen, daß er auswählt und verwirft, selbst wenn er das Unrichtige auswählt und verwirft. Wer ein bestimmtes Ideal der menschlichen Gesellschaft hat, hat recht, wenn er alles pflegt, was zur Entwicklung und Erhaltung dieser Gesellschaft förderlich ist und alles Nutzlose und Ablenkende verwirft. Wir haben aber schon zu lange kein Ideal gehabt. Heute ist es bereits ein Gemeinplatz geworden, daß der russische Kommunismus eine Religion sei. Daher müssen seine Führer die Jugend nach den Grundsätzen dieser Religion erziehen. Ich versuche nun, die *Grundlinien* einer Verteidigung des Lateinischen und Griechischen anzudeuten, und nicht nur eine Reihe triftiger Gründe zu ihrer Aneignung anzuführen, die sich ja jedermann selbst ausdenken kann. Über das menschliche Dasein gibt es zwei, und nur zwei, endgültige Hypothesen: die katholische und die materialistische. Die Verteidigung der humanistischen Bildung muß schließlich auf der Verbindung der klassischen Sprachen mit der katholischen Anschauung basieren, genau wie die Behauptung, daß ein kontemplatives Leben höher zu werten ist als ein aktives. Humanistische Studien mit sentimentalem Konservatismus, den *commonrooms* der Universitäten und klassischen Zitaten im Parlament verbinden, heißt, ihnen eine recht fadenscheinige Berechtigung zusprechen; immerhin ist das Argument kaum schwächer als jenes, das sie mit der Philosophie des Humanismus zu verteidigen sucht, das heißt, durch ein verspätetes Nachhutgefecht, das den Liberalismus gerade noch am Ende seines Vormarsches aufhalten soll, noch dazu mit Truppen, die selbst schon halb liberalisiert sind. Es ist hohe Zeit, die Verteidigung der humanistischen Studien von Dingen unabhängig zu machen, die unter Umständen vorzüglich sind, aber nur eine relative Wichtigkeit besitzen – wie das überlieferte System der englischen *public-school*, das überlieferte System der Hochschule und einer sozialen Ordnung, die sich auflöst. Hingegen sollte sie auf immerdar an ihren richtigen Platz gestellt werden, mit etwas Immerwährendem verbunden – dem historischen christlichen Glauben.

Ich weiß sehr wohl, wie wertvoll negative und hemmende Kräfte sein können. Je länger an den besseren Schulen und älteren Universitäten in England (denn in Amerika hat man den Kampf schon mehr oder weniger aufgegeben) wenigstens ein Mindestmaß humanistischer Bildung beibehalten werden kann, um so besser wird es für jene sein, die tatkräftig und reformatorisch vorwärtsblicken und sich in intelligenter Weise mit unabänderlichen Veränderungen abzufinden wissen. Es wäre jedoch ein Fehler, wenn man von unseren Bildungsanstalten einen positiven Beitrag für die Zukunft erwarten würde. Wie nur Katholiken und Kommunisten wissen, muß jede Bildung im letzten Grunde religiöse Bildung sein. Ich will damit nicht sagen, daß höhere Bildung auf Anwärter auf das Priesteramt oder die höheren Beamtenposten im Sowjetstaat beschränkt werden sollte, sondern daß die Bildungshierarchie eine religiöse Hierarchie sein muß. Die Universitäten sind mit der Verweltlichung zu weit gegangen, sie haben schon zu lange keinerlei gemeinsame Voraussetzung mehr über das eigentliche Ziel der Bildung, und sie sind zu

groß. Man kann hoffen, daß sie sich mit der Zeit anpassen werden, oder daß man sie als merkwürdige Denkmäler weiter erhält, aber man kann nicht erwarten, daß sie die Führerstelle einnehmen.
Natürlich könnte es sein, daß die Zukunft weder eine christliche noch eine materialistische Zivilisation zeitigen wird. Es kann sein, daß die Zukunft nur Chaos oder nur Erstarrung bringt. In diesem Fall bin ich an der Zukunft nicht interessiert; mich interessieren nur die beiden Alternativen, die meiner Ansicht nach Interesse verdienen. Ich wende mich hier ausschließlich an Leser, die bereit wären, falls sie vor die Wahl gestellt würden, einer christlichen Kultur den Vorzug zu geben; und nur jene, die die Fortdauer und Weiterentwicklung einer christlichen Kultur wünschen, versuche ich, von der Wichtigkeit der humanistischen Studien zu überzeugen. Wenn das Christentum nicht weiter bestehen soll, wird es mir absolut gleichgültig sein, wenn lateinische und griechische Texte ebenso in Vergessenheit geraten und noch unverständlicher erscheinen als die Sprache der Etrusker. Die einzige Hoffnung, die ich für das Studium von Latein und Griechisch am richtigen Platz und aus den richtigen Beweggründen sehen kann, ist eine Neubelebung und Ausdehnung klösterlicher Lehrorden. Es gibt andere, außerordentlich schwerwiegende Gründe, eine Erneuerung des Ordenslebens in seiner ganzen Mannigfaltigkeit herbeizuwünschen, aber die Erhaltung der christlichen Erziehung kommt dabei nicht an letzter Stelle. Die vornehmste Aufgabe der Gemeinschaften sollte sein, innerhalb der Klostermauern die Bildung zu bewahren und sicherzustellen, unberührt von der Flut der Barbarei, die sich außerhalb der Klöster dahinwälzt; ferner der Laienwelt eine Erziehung angedeihen zu lassen, die etwas mehr wäre als Ausbildung für einen Posten im Staatsdienst, oder Mittel zur Erlangung technischer Tüchtigkeit, gesellschaftlichen oder öffentlichen Erfolges. Es wäre bestimmt nicht das wohlfeile Ornament, das man »Erziehung zur Muße« nennt. Mit der immer zunehmenden Verweltlichung der Welt im allgemeinen wird es zum dringenden Gebot der Stunde, daß Menschen, die sich zum Christentum bekennen, eine christliche Erziehung erhalten, die sowohl Erziehung für das weltliche Leben wie zur wahren Frömmigkeit sein sollte.

Die antike Klassik und der Literat

Vor nicht allzulanger Zeit ließ ein bedeutender Autor bei der Darlegung seiner Ansichten über die Zukunft der Erziehung nach diesem Kriege es sich angelegen sein, zu erklären, daß in der neuen Ordnung noch Raum für das Griechische sein würde. Er qualifizierte dieses Zugeständnis jedoch durch die Erläuterung, daß das Studium des Griechischen ein Bereich der Wissenschaft von gleicher Dignität sei wie die Ägyptologie und einige andere Spezialgebiete, die er nannte, und daß in jeder liberalen Gesellschaft den wenigen, die sich zu ihnen hingezogen fühlten, die Gelegenheit gegeben werden sollte, ihnen nachgehen zu können. Ich habe das in einer der Zeitschriften gelesen, die sich in den Wartezimmern gewisser Experten der angewandten Wissenschaften finden; da ich versäumt habe, mir die Stelle zu notieren, bevor ich zu meiner beruflichen Unterredung hineingerufen wurde, vermag ich nicht Kapitel und Vers zu zitieren und behalte daher den Namen des Autors für mich. Doch löste diese These, die ohne Ironie und ganz im Geiste aufgeklärter Generosität dargelegt war, bei mir eine Kette von Gedanken aus, die ich hier fortzuführen beabsichtige. Ich bin dem Verfasser dankbar dafür, daß er mir die Anregung zu der einzig möglichen Rolle gab, in der ich bei diesem Anlaß auftreten kann[1]. In meinen früheren Jahren erlangte ich, teilweise durch Geschicklichkeit, teilweise durch Unverfrorenheit und teilweise durch Zufall unter den Leichtgläubigen einen Ruf für Gelehrsamkeit und Bildung, von dem ich mich inzwischen freigemacht habe, da er mir nichts weiter nützt. Besser die eigenen Schwächen einzugestehen, wenn sie ohnehin früher oder später entdeckt werden, als das der Nachwelt zu überlassen, obwohl es, wie ich festgestellt habe, heutzutage leichter ist, einen unverdienten Ruf für Gelehrsamkeit zu erwerben, als ihn wieder loszu-

1 Eliot hielt den obigen Vortrag auf der Tagung der Classical Association in Cambridge im Jahre 1942. (d. Ü.)

werden, doch gehört das nicht hierher. Was ich sagen will, ist, daß ich die Sache, um die es geht, gefährden könnte, wenn ich solche Ansprüche für die klassischen Studien geltend machte, die nur von dem umfangreichen Wissen des Gelehrten gestützt werden können, oder solche Ansprüche, die nur von denen, die wir heute ›Pädagogen‹ nennen, vertreten werden können: denn es gibt weit bessere Wissenschaftler als mich, die dem Studium des Lateinischen und Griechischen weniger Bedeutung zumessen, als ich es tue, und es gibt Lehrer, die die Undurchführbarkeit der Studien, die ich anregen möchte, erweisen können. Wenn ich aber die klassischen Studien nur vom Standpunkt des Literaten aus verteidige, bin ich auf sichererem Boden: ich glaube, Sie stimmen mir zu, daß der Anspruch, ein Literat zu sein, schließlich eine bescheidene Behauptung ist[1]. Ich muß jedoch mit der Erklärung beginnen, warum ich diesen ziemlich unbestimmten Ausdruck benutzt habe und was ich damit meine.

Wenn ich einen spezielleren Ausdruck wählte und von ›dem Dichter‹, ›dem Romancier‹, ›dem Dramatiker‹ oder ›dem Kritiker‹ spräche, würde ich Ihnen eine Reihe von besonderen Überlegungen nahelegen, die Ihre Aufmerksamkeit von der Auffassung der Literatur als eines Ganzen ablenken würden, die ich in unserem Zusammenhang stets vor Augen halten möchte. Nehmen wir z. B. den Begriff ›Dichter‹ und die Einwände, die er sofort evoziert. Wir neigen gewöhnlich zu der Annahme, daß die Entstehung von Literatur und insbesondere von Dichtung einfach von dem nicht vorhersagbaren gelegentlichen Erscheinen eines literarischen Genies abhängt, daß ein Genie nicht willentlich in die Welt gesetzt werden kann und daß es, wenn es erscheint, wahrscheinlich jede Regel durchbricht und kein Erziehungssystem es fördern und kein Erziehungssystem es unterdrücken kann. Wenn wir in der Literatur lediglich eine Folge großer Schriftsteller sehen, anstatt die Literatur einer europäischen Sprache als ein in sich selbst sinnvolles Ganzes und als einen sinnvollen Teil in der Literatur Europas anzusehen, werden wir dieser Auffassung zuneigen. In dieser Sicht betrachten wir jeden

1 Der englische Begriff ›man of letters‹, der einen auf verschiedenen geistigen Gebieten produktiven und prominenten Gelehrten und Schriftsteller meint und keinerlei abwertende Nebenbedeutung besitzt, hat im Deutschen keine genaue Entsprechung. Er wird im folgenden durchgehend mit ›Literat‹ wiedergegeben. (d. Ü.)

großen Schriftsteller allein für sich, und wenn wir ihn so für sich betrachten, werden wir wohl kaum glauben, daß er ein größerer oder ein unbedeutenderer Schriftsteller geworden wäre, wenn er eine andere Art von Erziehung genossen hätte. Die Nachteile in der Herkunft eines großen Schriftstellers vermischen sich untrennbar mit deren Vorzügen, ebenso wie sich die Unzulänglichkeiten seines Charakters unauflöslich mit seinen glänzenden Tugenden und seine materiellen Schwierigkeiten mit seinem Erfolg verbinden. Können wir es z. B. bedauern, daß es François Villon nicht beliebte, in besserer Gesellschaft zu verkehren, oder daß Robert Burns nicht die gleiche Schulbildung wie Dr. Johnson hatte? Das Leben eines Genies nimmt, betrachtet man es in Beziehung zu seinem Werk, den Charakter der Notwendigkeit an, und selbst sein Unvermögen scheint ihm dann wohl zustatten gekommen zu sein.

Diese Art, einen großen Dichter, Romancier oder Dramatiker zu betrachten, ist die halbe Wahrheit: sie ist das, was sich ergibt, wenn wir einen Schriftsteller nach dem anderen betrachten, ohne diesen Gesichtspunkt durch die imaginative Erfassung einer Nationalliteratur als eines Ganzen zu ergänzen. Ich wollte klarmachen, daß ich nicht den Anspruch erhebe, eine humanistische Erziehung sei für den genialen Schriftsteller unerläßlich: nur wenn ich Ihr Verständnis dafür zu wecken vermag, daß eine große Literatur mehr ist als die Summe einer Anzahl großer Schriftsteller und ihr ein eigener Charakter zukommt, werden Sie das, was ich sagen will, nicht mißverstehen. Gerade weil ich Ihre Aufmerksamkeit nicht auf das Genie konzentrieren möchte, habe ich den Begriff ›Literat‹ verwendet. Er schließt Autoren von zweitem oder drittem oder noch niedrigerem Rang ebenso ein wie die größten. Und diese zweitrangigen Autoren bilden zusammen und in verschiedenem Maße auch individuell einen wichtigen Teil der Umwelt eines großen Schriftstellers wie auch sein erstes Publikum, seine ersten Anhänger und vielleicht seine ersten Gegner. Die Kontinuität einer Literatur ist unerläßlich für ihre Größe; es ist in sehr hohem Maße die Funktion der zweitrangigen Autoren, diese Kontinuität zu bewahren und einen Kanon von Werken zu liefern, der nicht notwendigerweise von der Nachwelt gelesen wird, der aber eine große Rolle spielt, indem er die Verbindung herstellt zwischen den Schriftstellern, die weiterhin gelesen werden. Diese Kontinuität ist weitgehend unbewußt und nur im historischen Rückblick sichtbar: ich brauche Sie zum Beweis nur auf die monumentale, wiewohl knappe Arbeit von Professor R. W. Chambers über *The Continuity of English Prose* (Die Kontinuität der englischen Prosa) zu verweisen. Innerhalb dieser Kontinuität und dieses Kontextes müssen die einzelnen Autoren bei meinem gegenwärtigen Vorhaben gesehen werden. Wenn wir sie auf diese Weise betrachten, können wir sogar erkennen, daß unter den Großen einige, die am meisten Wert auf Form und Korrektheit legten, zugleich Neuerer und sogar Rebellen waren, und daß selbst einige der revolutionärsten Autoren das Werk derer fortgeführt haben, gegen deren Einfluß sie rebellierten.

Es wäre in der Tat leicht, eine Liste von großen Namen aufzustellen, von Männern, die bei recht ungünstigen Erziehungsbedingungen große Schriftsteller geworden sind. Bunyan und Abraham Lincoln sind nur zwei der häufiger zitierten Namen. Sie lernten wie viele andere den Gebrauch der englischen Sprache weitgehend aus der englischen Bibel, und es ist der platteste Gemeinplatz, daß die Kenntnis der Bibel, Shakespeares und Bunyans (ich könnte noch das Gebetbuch der englischen Hochkirche hinzufügen) einen genial veranlagten Menschen oder einen Menschen von erstrangiger, wenn auch nicht genialer Begabung all das lehren könnte, was zum guten Schreiben nötig ist. Aber ich würde dazu zunächst bemerken, daß es keineswegs unerheblich war, daß die Übersetzer jener englischen Bibel große Gelehrte ihrer Zeit wie auch große Stilisten waren; außerdem müssen wir nicht nur fragen, was hatten Shakespeare und Bunyan gelesen, sondern was hatten die englischen Autoren gelesen, deren Werke Shakespeares und Bunyans Lektüre waren? Und ich würde weiterhin bemerken, daß die Erziehung, die Shakespeare, Bunyan oder Lincoln genossen haben, heutzutage die so ungefähr am schwersten zugängliche Art wäre. Man könnte mit viel größerer Berechtigung einen Dichter mit der Gelehrsamkeit eines Ben Jonson oder eines Milton zu finden hoffen als einen Dichter oder auch einen Prosaschriftsteller, der die günstigen Vorbedingungen von Shakespeare oder Bunyan gehabt hat. Kein Lehrer könnte sich heute den Ruf leisten, seine Schüler mit so mangelhafter Ausbildung zu entlassen, wie diese sie hatten. Auch gibt es zu viel zu lesen, als daß man von irgend jemand erwarten könnte, daß er ein paar Autoren wirklich beherrscht und an sie glaubt, abgesehen davon, daß man außerhalb der Schule überall gedrängt wird, schlecht zu schreiben, unzusammenhängend zu sprechen und verworren zu denken.

Es sollte nun deutlich geworden sein, daß es uns bei der Betrachtung der Erziehung eines Literaten nicht so sehr auf die Menge an Gelehrsamkeit, die einer erwirbt, die Zahl der Jahre, während deren er dem Erziehungsprozeß unterworfen ist, oder den Grad akademischer Auszeichnung, den er erlangt, ankommt: von allererster Bedeutung ist vielmehr der Typus von Erziehung, dem seine Schulbildung folgt. Der lehrreichste graduelle Unterschied innerhalb des gleichen Typus von Erziehung ist der zwischen Shakespeare und Milton, unseren beiden größten Dichtern. Man kann von Shakespeare sagen, daß niemals jemand sich so wenig Wissen mit so großem Erfolg zunutze gemacht hat: wir müssen schon Milton und Dante zusammennehmen, um sagen zu können, daß niemals ein Dichter, der so viel Wissen besaß, so vollständig den Erwerb seines Wissens gerechtfertigt hat. Was Shakespeare an Erziehung zuteil wurde, gehört in dieselbe Tradition wie die Miltons – sie war im wesentlichen eine humanistische Erziehung. Die Bedeutsamkeit einer Erziehung kann fast ebensosehr in dem liegen, was sie ausläßt, wie in dem, was sie umfaßt. Shakespeares Kenntnis der klassischen Autoren scheint weitgehend auf Übersetzungen zurückzugehen. Aber er lebte in einer Welt, in der die Weisheit der Antike geachtet und ihre Dichtung bewundert und geschätzt wurde; er war weniger gut gebildet als viele seiner Kollegen, aber seine Bildung war von der gleichen Art – und es ist fast noch wichtiger für einen Literaten, daß seine Kollegen eine gute Bildung besitzen, als daß er selbst eine gute Bildung besitzt. Die Normen und der Wertmaßstab waren vorhanden, und Shakespeare hatte die Fähigkeit, die nicht jedem gegeben ist, das Bestmögliche aus Übersetzungen herauszuholen. Mit diesen beiden günstigen Voraussetzungen besaß er das, worauf es am meisten ankam.

Wenn Shakespeares Wissen fragmentarisch und aus zweiter Hand war, dann war dasjenige Miltons umfassend und unmittelbar. Ein geringerer Dichter mit der Gelehrsamkeit und den Neigungen Miltons wäre in der Gefahr gewesen, ein bloßer pedantischer Versemacher zu werden. Ein Verständnis von Miltons Dichtung erfordert eine gewisse Vertrautheit mit verschiedenen Gebieten, die heute alle wenig beliebt sind: eine Kenntnis der Bibel, nicht unbedingt in Hebräisch und Griechisch, gewiß aber in Englisch, eine Kenntnis der antiken Literatur, Mythologie und Geschichte, der lateinischen Syntax und Verslehre und der christlichen Theologie. Eine gewisse Kenntnis des Lateinischen ist erforderlich nicht nur, um das zu verstehen, worüber Milton redet, sondern viel mehr noch, um seinen Stil und seine Musik zu verstehen. Nicht daß Miltons Vokabular übermäßig mit lateinischen Wörtern belastet ist: das war eher im vorhergehenden Jahrhundert der Fall. Eine Vertrautheit mit dem Lateinischen ist Voraussetzung, wenn wir seine involvierte Satzstruktur aufnehmen und verstehen und die vollkommene Musik seiner Verse hören wollen. Unsere Zeit mag das vermissen, was wir von Milton gar nicht erwarten können, nämlich den kolloquialen Stil, den Konversationston und die Variationsbreite von Stimmung und Emotion, die zu ihrem Ausdruck eine einfachere Sprachform verlangt; manchmal mag ihr auch seine Syntax gequält vorkommen. Man hat Milton vorgeworfen, und es liegt ein Kern von Wahrheit in diesem Vorwurf, daß er Englisch wie eine tote Sprache geschrieben habe: ich glaube, es war Landor, der das sagte, und Landor ist ein Kritiker, dem man mit Respekt begegnen sollte. Miltons Stil mußte sich gewiß in den Händen von Nachahmern verhängnisvoll auswirken – das läßt sich aber mit gleichem Recht von James Joyces Stil sagen, und der Einfluß eines großen Schriftstellers auf andere Schriftsteller kann seiner Bedeutung weder etwas hinzufügen noch sie schmälern. Worauf es ankommt, ist, daß Miltons Latinismus unerläßlicher Bestandteil seiner Größe ist und daß ich ihn nur als das extreme Beispiel englischer Dichtung im allgemeinen gewählt habe. Man kann englische Dichtung verfassen, ohne eine Ahnung von Latein zu haben, aber ich weiß nicht, ob man sie ohne Latein ganz verstehen kann. Ich glaube und habe es an anderer Stelle gesagt, daß die reichen Möglichkeiten des englischen Verses – Möglichkeiten, die keineswegs erschöpft sind – viel der Vielfalt der ethnischen Elemente verdanken, die eine Vielfalt von Sprach- und Versrhythmen mitbringen, und daß der englische Vers gleichfalls viel der Tatsache verdankt, daß das Griechische dreihundert Jahre lang und das Lateinische noch länger zu seiner Formung beigetragen haben. Was ich vom Vers gesagt habe, kann auch auf die Prosa übertragen werden, wenn auch vielleicht weniger zwingend: kann man wirklich in Clarendons Stil eindringen, wenn man nicht wenigstens eine oberflächliche Kenntnis von Tacitus hat, oder in Gibbons Stil, wenn man sich nicht einigermaßen darüber im klaren ist, mit welch ungeheurer Macht die antiken und nachantiken Chronisten und die patristischen und nachpatristischen Theologen, die ihm seinen Stoff lieferten, auf ihn einwirkten?

Wenn eine humanistische Erziehung die Grundlage für die englische Literatur der Vergangenheit ist, sind wir nicht nur zu der Behauptung berechtigt, daß eine gute Kenntnis des Lateinischen (wenn nicht des Griechischen) von denen erwartet werden sollte, die englische Literatur unterrichten, sondern daß auch einige Kenntnisse des Lateinischen von denen erwartet werden sollten, die sie studieren. Dies ist jedoch nicht ganz das, worauf ich hinauswill. Ich befasse mich hier nicht mit dem Literaturunterricht im allgemeinen, sondern nur insoweit die betroffen sind, die selbst zu schreiben vorhaben. Viele Generationen lang stellten die antiken Klassiker die Bildungsgrundlage der Leute dar, aus denen die Mehrzahl unserer Literaten hervorgegangen ist, was keineswegs heißt, daß die Mehrzahl unserer Literaten aus einer begrenzten Gesellschaftsschicht rekrutiert worden ist. Diese gemeinsame Bildungsgrundlage hat, glaube ich, eine große Rolle dabei gespielt, der englischen Literatur der Vergangenheit jene Einheit zu geben, die uns zu sagen berechtigt, daß wir nicht nur eine Folge großer Schriftsteller, sondern eine Literatur hervorgebracht haben, die ein markanter Teil einer größeren Ganzheit ist, die wir europäische Literatur nennen. Wir müssen uns daher fragen, was mit unserer Sprache und unserer Literatur wohl geschehen wird, wenn die Verbindung zwischen der antiken Literatur und unserer eigenen Literatur vollständig abreißt, wenn der Altphilologe ebenso vollständig spezialisiert ist wie der

Ägyptologe und wenn der Dichter oder Kritiker, dessen Geist und Geschmack an lateinischer und griechischer Literatur geschult ist, seltener wird als der Dramatiker, der sich für seine Aufgabe im Theater mit einem eingehenden Studium der Optik, Elektrik und Akustik in der Physik vorbereitet hat. Man hat die Wahl, den Wandel als Anbruch der Befreiung zu begrüßen oder ihn als das Verdämmern der Literatur zu bedauern, zumindest aber müssen wir uns darüber einig sein, daß er sicherlich einen großen Unterschied zwischen der Literatur der Vergangenheit und der der Zukunft bedeutet, vielleicht von solchem Ausmaß, daß er den Übergang von einer alten zu einer neuen Sprache bildet.

In den vergangenen zwanzig Jahren habe ich etwas beobachtet, was mir eine Verfallserscheinung in der mittleren literarischen Schicht zu sein scheint, und zwar vornehmlich in dem Qualitätsmaßstab und dem methodischen Wissen, die von der literarischen Kritik erwartet werden.

Die Gründe für solch einen Niedergang sind ohne Zweifel komplex, und ich möchte nicht behaupten, daß das alles der Vernachlässigung der klassischen Studien zuzuschreiben ist oder daß eine Wiederbelebung dieser Studien ausreichend wäre, um die Strömung aufzuhalten. Doch weil jede gemeinsame Erziehungsgrundlage, jeder verbindliche Kanon von literarischem und historischem Wissen, jede gemeinsame Vertrautheit mit den Grundlagen der englischen Literatur verschwunden ist, ist es wahrscheinlich den Schriftstellern leichter geworden, dem Druck der Tendenzen nachzugeben, für die sie nicht verantwortlich sind. Eine Funktion der Kritik – ich denke hierbei nicht an die großen Kritiker oder die klassischen Werke der Kritik, sondern eher an den allwöchentlich in Aktion tretenden Rezensenten, der, einstmals anonym, heute öfters die Publizität der Namensnennung, wenn auch nicht die Befriedigung besserer Bezahlung genießt – eine Funktion der Kritik ist, als eine Art Zahnrad zu wirken, das die Geschwindigkeit im Wandel des literarischen Geschmacks regelt. Wenn das Zahnrad stehenbleibt und die Rezensenten am Geschmack einer vorangegangenen Generation festhalten, muß die Maschine rücksichtslos auseinandergenommen und neu zusammengesetzt werden; wenn es durchdreht und der Rezensent Neuheit als ein ausreichendes Kriterium von Qualität hinnimmt, muß die Maschine angehalten und angezogen werden. Beide Fehler im Getriebe bewirken eine Scheidung der Geister in solche, die im Neuen grundsätzlich nichts Gutes finden können, und solche, die in allem anderen nichts Gutes sehen: die Veraltung des Alten und die Exzentrizität, wenn nicht Scharlatanerie des Neuen werden beide dadurch beschleunigt. Die Wirkung dieses Versagens der Kritik ist, daß der seriöse Schriftsteller vor ein Dilemma gestellt wird; nämlich entweder für ein zu großes oder für ein zu kleines Publikum zu schreiben. Und das merkwürdige Ergebnis beider Varianten ist, daß das Ephemere aufgewertet wird. Die Neuheit eines Werkes der Imagination, das lediglich populär ist, aber nichts wirklich Neues enthält, nutzt sich schnell ab, denn eine spätere Generation wird das Original der Kopie vorziehen, wenn beide der Vergangenheit angehören. Und die Neuheit einer Sache, die nichts als ›neu‹ ist, ruft nur einen momentanen Schock hervor: dasselbe Werk wird denselben Schock nicht zum zweiten Mal hervorrufen, sondern wird von etwas Neuerem abgelöst werden.

Man hat gegen die Literatur unserer Zeit, der wirkliche Originalität zukommt, den Vorwurf erhoben, daß sie für einen kleinen exklusiven Leserkreis geschrieben worden sei, einen Leserkreis, der nicht deshalb klein und exklusiv sei, weil er sich aus den Besten zusammensetze, sondern weil er – so hat man behauptet – aus verderbten, exzentrischen oder asozialen Leuten mit ihren snobistischen Parasiten bestünde. Das scheint eine Anklage zu sein, der sich die unterschiedlichsten Gruppen anschließen können, die Konservativen, die alles Neue als anarchisch ansehen, wie auch die Radikalen, die alles, was sie nicht verstehen, als undemokratisch betrachten. Mit den politischen Leidenschaften, die zur Unterstützung dieser Ansichten herangezogen werden, will ich mich hier nicht befassen. Was ich sagen will, ist, daß dies nicht eine Folge von individueller Verirrung ist – wenn so auch eine Situation geschaffen wird, in der der Schein für einige Zeit und bei einigen Leuten leicht für echt gehalten werden kann –, sondern von gesellschaftlicher Desintegration, in ihrer literarischen Erscheinungsweise vom Verfall der Kritik. Die Ursache ist der Mangel an ständiger Kommunikation des Künstlers, seiner Freunde und Kollegen und der kleinen Anzahl leidenschaftlicher Liebhaber der Künste mit einem größeren Publikum von gleichgearteter Bildung und einem Geschmack, der an der Literatur der Vergangenheit geschult ist, aber das, was in der Gegenwart gut ist, zu akzeptieren bereit ist, wenn seine Aufmerksamkeit darauf gelenkt wird, und so mit der Welt insgesamt. Wenn die ersten urteilsfähigen Leser eines Autors selbst von den weiteren Gesellschaftskreisen isoliert sind, kann ihr Einfluß auf ihn unausgewogen sein: ihr Geschmack ist der Gefahr ausgesetzt, ihren Gruppenvorurteilen und -vorlieben nachzugeben, und sie können leicht der Versuchung erliegen, die Leistungen ihrer eigenen Mitglieder und Lieblingsautoren überzubewerten.

Es ist etwas ganz anderes, solche kritischen Urteile über den gegenwärtigen Stand der Literatur zu fällen bzw. Voraussagen über ihre geringen Zukunftsaussichten zu machen, als positive Vorschläge über den Typus von Erziehung vorzulegen, der für den Literaten am vorteilhaftesten ist, und genau anzugeben, wie dieser Typus in das allgemeine Erziehungssystem eingefügt werden könnte. Was die Erziehung anbelangt, so richten wir unser Augenmerk gewöhnlich auf die Probleme des Kindes und des Heranwachsenden, weitgehend auf das durchschnittliche und das mittelmäßige Kind und auf das Kind, dessen Bildungschancen bisher karg bemessen waren. Wenn wir uns über den größeren Zusammenhang Gedanken machen, geschieht dies immer unter dem Gesichtspunkt – ganz mit Recht – wie wir gute Staatsbürger heranbilden können. Die Frage, die ich Ihrem Urteil anheimstellen möchte, ist die Frage, ob wir es überhaupt für so wichtig halten, den hohen Rang unserer Literatur weiterhin zu bewahren, daß wir das bei unserer Konzeption des Erziehungswesens berücksichtigen müssen, und ob die Erziehung, wenn wir die erste Frage wirklich bejahen, dafür irgendeine Verantwortung übernehmen kann. Die Antwort kann ›Nein‹ sein. Aber die Frage muß gestellt werden, und die Antwort darf nicht vorschnell gegeben werden. Zu einer richtigen Antwort kann man nur dann gelangen, wenn viele Leute sehr angestrengt mit großer Umsicht darüber nachdenken. Ich wollte die Schwierigkeit nicht verhehlen. Das Problem, eine ausreichende Anzahl von guten Naturwissenschaftlern in den verschiedenen Fachgebieten auszubilden, beschäftigt uns sehr; es ist m. E. ein Problem, das viel eher lösbar ist als mein Problem. Aber ich glaube nicht, daß es so viel eher lösbar schiene, würde uns nicht dauernd nachdrücklich vor Augen geführt, daß wir ihm nicht ausweichen können; ein Problem wird viel wahrscheinlicher zu lösen sein, wenn wir uns über seine Bedeutung einig sind.

Ich verstehe, daß sich über die richtige Ausbildung eines Menschen mit einer Neigung zu den Naturwissenschaften selbst heute, wo die Verzweigungen der Naturwissenschaften so ausgedehnt und das Wissen, das man sich in jedem Zweig aneignen muß, so umfangreich ist, eher präzise Aussagen machen lassen. Das gilt aber soweit auch für die Ausbildung in den Künsten mit Ausnahme der der Literatur. Der Maler, der Bildhauer, der Architekt und der Musiker haben alle, wenn es ihnen vielleicht auch schwerer fällt, sich durchs Leben zu schlagen oder die Ausübung ihrer Kunst mit einer damit nicht verbundenen bezahlten Arbeit in Einklang zu bringen, eine viel genauer bestimmte Technik zu beherrschen, als es die des Schriftstellers ist. Ihre Ausbildung ist im wesentlichen mehr technischer Art. Das, was sie lernen müssen, ist klarer festgelegt, und sie benötigen nicht die vielseitige allgemeine kulturelle Bildung, ohne die der Literat nicht auskommen kann. Ein weiterer, mit dem genannten durchaus verbundener Unterschied ist der, daß sich literarische Fähigkeiten nicht mit solcher Sicherheit so früh oder so eindeutig zielbewußt kundtun wie die Veranlagung zu einer anderen Kunst. Ein Wunsch, sich in Versen auszudrücken, findet sich (wenigstens läßt mich meine Erfahrung so glauben) bei der Mehrzahl der Angelsachsen beiderlei Geschlechts in einem bestimmten Stadium ihrer Entwicklung: er kann sogar noch weiterbestehen, lange nachdem der Mangel an Begabung für alle mit Ausnahme der Autoren selbst offenbar ist. Wenn ein Schuljunge gute Verse schreibt, sind wir zu der Erwartung berechtigt, daß er sich in seinem späteren Leben in dem einen oder anderen Beruf hervortun wird, aber dieser Beruf kann ihn sehr weit von der Dichtung oder der Welt der Gelehrten wegführen – er kann ein hervorragender Jurist oder Kirchenmann werden. Der wahrhaft literarische Geist entwickelt sich eher langsam; er benötigt eine reichere und mannigfaltigere Kost, ein vielseitigeres Faktenwissen, eine größere Erfahrung mit Menschen und Ideen, als sie für die Ausübung der anderen Künste erforderlich sind. Er stellt daher für die Erziehung ein viel komplizierteres Problem dar. Wenn ich das sage, beanspruche ich keinerlei Vorrangstellung für die Kunst der Literatur an sich: ich weise nur darauf hin, daß man sich anders auf sie vorbereiten muß.

Ich möchte gern an diesem Punkt klarstellen, daß es eine Reihe von Argumenten zugunsten der humanistischen Erziehung gibt, mit denen ich mich, so zwingend und schlagend sie auch immer sein mögen, hier nicht befasse. Auf die Frage, ob alle Kinder, welcher Art ihre beruflichen Ziele auch sind, in den Grundlagen des Lateinischen und vielleicht des Griechischen unterrichtet werden sollen, auf die Frage, ob das wünschenswert, und wenn ja, ob es praktikabel ist, werde ich mich nicht einlassen. Ich möchte nur darauf hinweisen, daß die Frage, bis zu welchem Alter alle Kinder die gleiche Erziehung genießen sollten und was darüberhinaus allen Arten von Erziehung auch in einer späteren Phase gemeinsam sein sollte, eine sehr wichtige Frage gerade für den Literaten ist, denn sie entscheidet schon darüber, ob der Autor überhaupt allgemein Gehör finden kann, ob er überhaupt mit Menschen aus allen Lebensbereichen in Verbindung treten kann und auch ob sie einander verstehen können. Nebenbei möchte ich noch bemerken, daß den Anfängerunterricht in Latein bis zu dem Alter aufzuschieben, in dem es sich herausstellt, daß ein Junge eher für Sprachen als für andere Fächer begabt ist, ihn zu lange hinauszuschieben heißt – einmal abgesehen von meiner Überzeugung, daß es höchst wünschenswert wäre, wenn jeder einige Kenntnis des Lateinischen, wenn schon nicht des Griechischen besäße. Mir geht es jedoch hier nicht darum, das Studium dieser beiden Sprachen als ›geistige Schulung‹ zu verfechten. Ich glaube, daß die Rechtfertigung irgendeines Faches lediglich als ›schulische Disziplin‹ im modernen Sinne zu hartnäckig vertreten werden kann: ich habe z. B. gehört, wie ein Atheist für eine obligatorische Morgenandacht deswegen eintrat, weil es für Jungen gut sei, zu etwas verpflichtet zu sein, gegen das sie solche Abneigung hätten. Das Eintreten für ›Schulung‹ an sich, der Glaube, daß jede ›geistige

Schulung‹, wenn sie nur in der richtigen Weise und intensiv genug betrieben wird, einen ›gebildeten Menschen‹ an sich hervorbringen wird, scheint etwas mit den egalitären Tendenzen des neunzehnten Jahrhunderts zu tun zu haben, die auf die Studiengebiete dasselbe Ideal der Gleichheit übertrugen, das sie für die Menschen hatten, die jene studieren könnten. Ein *Schüler* ist gewiß jemand, der bereitwillig lernt und sich aus freien Stücken einem Meister anschließt, weil er an den Wert des Faches, das der Meister vertritt, glaubt und den betreffenden Meister für befähigt hält, ihn genauso einzuweihen, wie er es wünscht. Jüngerschaft geht demnach von einem Werturteil aus, von dem Wunsch, ein spezielles Wissen oder eine spezielle Fertigkeit zu erwerben, nicht von dem Wunsch nach einer Ausbildung an sich, aus der dann die Einsicht hervorgeht, daß gerade dieses Studiengebiet sie liefern wird. In meinem Zusammenhang geht es um den sachlichen Wert eines Faches, nicht um die damit notwendig verbundene ›Disziplin‹, mit deren Hilfe man seine Beherrschung erlangt. Und wie ich nicht Disziplin und Schulung an sich betrachte, so betrachte ich auch nicht ›Erziehung‹ an sich oder die recht unfruchtbare Frage einer Definition des ›gebildeten Menschen‹ an sich.

Für meinen Zweck ist auch die Unterscheidung zwischen ›beruflicher‹ und ›kultureller‹ Bildung von geringem Nutzen, abgesehen von dem Nachteil, daß man bei ›beruflich‹ gewöhnlich bloß an Gehalt und Pension und bei ›kulturell‹ an ›Bildung aus Muße‹ denkt, die entweder ein verfeinerter Hedonismus oder die Fertigkeit, harmlose Hobbies auszuüben, ist. Der Schriftsteller bezieht in seiner Eigenschaft als Schriftsteller selten ein Gehalt, und er hat keine Schwierigkeit, eine angebliche Muße auszufüllen. Er kann aus allem seinen Nutzen ziehen, und je mehr Wissen aller Art er sich aneignen kann, desto besser: der für ihn entscheidende Unterschied liegt zwischen den Dingen, die er besser im Unterricht lernt, und den Dingen, die er sich besser selbst erarbeitet. Sein Geschäft ist Verständigung mittels Sprache. Wenn er imaginative Literatur verfaßt, hat er sich auf die schwierigste Form der Verständigung eingelassen, in der Exaktheit von äußerster Wichtigkeit ist, eine Exaktheit, die nicht schon vorher vorhanden sein kann, sondern in jeder einzelnen Formulierung erzielt werden muß. Um die Sprache so zu verstehen, wie sie der Literat verstehen sollte, müssen wir die verschiedenen Zwecke kennen, für die die Sprache verwendet worden ist, und dazu muß man etwas über die Sachgebiete Bescheid wissen, über die man sich in der Vergangenheit mittels der Sprache verständigt hat: vor allem über Geschichte, denn man kann die Literatur der Vergangenheit ohne eine gewisse Kenntnis der Bedingungen, unter denen sie geschrieben wurde, und der Art von Leuten, die sie schrieben, nicht verstehen; über Logik, denn diese ist eine Untersuchung der Anatomie des Denkens in Sprache; über Philosophie, denn diese ist der Versuch, die Sprache in der denkbar abstraktesten Weise zu benutzen.

In dieses schon kaum zu bewältigende Programm müssen wir irgendwie noch wenigstens eine moderne Fremdsprache genauso wie unsere eigene Sprache und die alten Sprachen aufnehmen. Es sollte eine bedeutende Sprache mit einer der unseren parallelen Entwicklung und einer blühenden zeitgenössischen Literatur sein, denn es hilft uns beträchtlich, die Objektivität unseres Geschmacks zu entwickeln, wenn wir das Werk fremder Autoren richtig verstehen können, von Autoren, die in derselben Welt wie wir leben und ihr Weltbild in einer anderen großen Sprache ausdrücken. Mehrere Fremdsprachen zu beherrschen, ist natürlich besser, als nur eine zu beherrschen, aber es ist unmöglich, die Sprache, die Literatur und die Menschen von mehr als einem fremden Land gleich gut zu verstehen. In unserer Zeit ist für den Literaten Französisch die wichtigste Fremdsprache, und ich brauche Sie nicht daran zu erinnern, daß für das Französische eine Kenntnis des Lateinischen noch wichtiger und eine Kenntnis des Griechischen kaum weniger wichtig ist als für das Englische. Für jemand von ganz außergewöhnlicher sprachlicher Begabung, der nicht schon unter der Belastung, sich das anzueignen, was ich schon empfohlen habe, zusammengebrochen ist, könnte, glaube ich, die Kenntnis einer großen entlegeneren Sprache eine sehr wertvolle Bereicherung sein. Das Hebräische bietet sich an, doch der außerordentlichen Unterschiedlichkeit seiner Struktur wie auch seinem geistigen Rang nach wäre das Chinesische eine sehr gute Wahl: aber das heißt schon, die äußersten Grenzen des Möglichen zu streifen.

Alle diese Wissenszweige müssen von Lehrern beigebracht werden, und es scheint nicht viel Platz im Studienplan für naturwissenschaftliche Gebiete übrig zu sein. Ich unterstelle jedoch, daß mein vortrefflicher Literat in der Schulzeit hinreichend in die Sprache der Mathematik eingeübt worden ist (was ich von mir nicht sagen kann), um nicht völlig hilflos dazustehen, wenn er die generelle Bedeutung einer naturwissenschaftlichen Entdeckung selbständig zu verstehen versucht. Die einzige immer zutreffende Begründung, warum er nicht detailliertere naturwissenschaftliche Kenntnisse in der Zeit seiner formellen Erziehung erwerben konnte, ist sehr offensichtlich die, daß er keine Zeit dazu hatte, denn ich habe berücksichtigt, daß er einige Stunden mit Essen, Schlafen, gesellschaftlichen Gepflogenheiten, Geselligkeit, Gottesdienst, sportlicher Betätigung und körperlicher Ertüchtigung verbringen wird. Es wäre sehr zu wünschen, daß er sich sein ganzes Leben lang mit Dingen abgeben kann, für die er nicht ausgebildet worden ist, denn für einen Menschen mit etwas Imaginationsgabe kann, wie ich angedeutet habe, fast alles von Nutzen sein. Man hat gelegentlich den Gedanken ausgesprochen, daß die Wunder der Naturwissenschaft Stoff für die Imagination liefern. Ich bin sicher, daß sie das können, doch sollte man m. E. eine Unterscheidung treffen zwischen der Imagination eines großen Naturwissenschaftlers, der aufgrund von Beobachtungen bestimmter Phänomene zu einer Entdeckung gelangt, deren Bedeutung anderen ebenso gut ausgebildeten und informierten Naturwissenschaftlern entgangen war, und der Imagination eines Lukrez oder auch eines Shelley, die ihr naturwissenschaftliches Wissen mit einem emotionalen Leben beseelten, mit dem der Naturwissenschaftler als solcher nichts zu schaffen hat.

Ich bin also, wie Sie sehen, nicht zugunsten einer ›kulturellen‹ oder allgemeinen gegenüber einer spezialisierten Erziehung eingetreten, denn auf ihre Weise muß die Erziehung eines Literaten selbst spezialisiert und ›beruflich‹ sein. Aber wir müssen uns noch einer weiteren Schwierigkeit stellen. Ich habe deutlich gemacht, daß ich nicht Gesetze für das Genie aufzustellen versuche, sondern für die Welt der Literaten, in die es hineingeboren oder in die es eintreten wird. Andererseits kann man aber keine scharfe Trennungslinie zwischen dem Literaten und seinem Publikum, zwischen dem Kritiker, wenn er schreibt, und dem Kritiker, wenn er sich mündlich äußert, ziehen. Niemand leidet mehr daran, auf den gesellschaftlichen Umgang mit seinen Berufskollegen beschränkt zu sein als der Schriftsteller: noch schlimmer ist es, wenn sich sein Publikum hauptsächlich aus Schriftstellern und solchen, die es sein wollen, zusammensetzt. Er braucht ein kleines Publikum, das im wesentlichen über die gleiche Bildung und den gleichen Geschmack wie er selbst verfügt; ein größeres Publikum, das mit ihm einige Voraussetzungen teilt; und schließlich sollte er etwas mit all denen gemeinsam haben, die Intelligenz und Sensibilität besitzen und seine Sprache lesen können. Das Problem des Fortbestehens der englischen Literatur führt uns daher zu der Frage nach der Notwendigkeit einer Einheit in der Erziehung, der Notwendigkeit einer Vereinheitlichung, die keinem der Zweige der Wissenschaft und Forschung, weder den natur- noch den geisteswissenschaftlichen, zum Schaden gereicht. Dieses Problem, das jedes Problem der Verwaltung, der Organisation oder der Lehrpläne übersteigt, weil es ein geistiges Problem ist, weil seine Lösung nicht bloß ein Wertsystem zu planen, sondern sich *organisch entwickeln* zu lassen heißt, ist so umfassend, daß es nicht nur den Erziehungsspezialisten, sondern alle angeht, die mit der Struktur der Gesellschaft befaßt sind. Doch habe ich mit diesem Problem nur insoweit etwas zu schaffen, als ich deutlich machen möchte, daß mir seine Existenz wohl bewußt ist. Ich kann nicht mehr tun, als nachdrücklich erklären, daß die Zukunft der englischen Literatur von der Art und Weise, wie wir dieses Problem lösen oder nicht lösen, tief beeinflußt sein wird.

Meine eigentliche These ist, daß es unerläßlich ist, die humanistische Erziehung weiterhin zu erhalten, wenn die Kontinuität der englischen Literatur bewahrt werden soll. Auf welche Weise die Rolle der alten Sprachen in der Erziehung zu bestimmen ist und inwieweit dabei das Notwendige, das Wünschenswerte und das Unumgängliche zu berücksichtigen sind, gehört nicht zu den Themen, für die ich Ihre Aufmerksamkeit in Anspruch nehmen darf. Aber ich bin sicher, daß es sich hier um ein wichtiges Argument zur Rechtfertigung der klassischen Studien handelt. Das höchste Niveau der Gelehrsamkeit muß bewahrt und die Forschungsarbeit in Ehren gehalten werden: wir dürfen keineswegs zulassen, daß das Ansehen des großen Gelehrten dahinschwindet. Daß auch in Zukunft für den großen Gelehrten, ohne den das ganze Gebäude der humanistischen Erziehung zerfallen würde, ein Platz sein wird, daran zweifle ich nicht. Weniger gewiß ist, daß man früh genug auf ihn aufmerksam wird, um ihm die geeignete Ausbildung geben zu können, und daß man ihm überhaupt eine größere Rolle zugesteht als die, ohne jede Aussicht auf breitere Wirkung ein paar jüngere Leute darauf vorzubereiten, daß sie sein Werk fortsetzen können. Eine zweite Gruppe bilden die, für die klassische Gelehrsamkeit selbst kein Beruf ist und die in anderen Wissensgebieten arbeiten, für die eine genaue Kenntnis der alten Sprachen Voraussetzung ist oder sein sollte. Sie umfaßt nicht nur die Theologen und die Historiker, sondern auch die Geistlichkeit, die Lehrer der modernen Sprachen und der Literatur und die Literaturkritiker. Für den letzteren wäre es gewiß schwerlich ausreichend, wenn er einige Jahre lang in der Schule mit der Aneignung der Sprachen verbracht, aber danach niemals mehr zu einem Text gegriffen hat: die Literatur muß in seinem Geschmack und seinem Urteil gegenwärtig und wirksam sein – er muß sie genießen können. Diese Arten der klassischen Gelehrsamkeit zu erhalten, ist jedoch nicht genug, auch ist das nur möglich, wenn eine gewisse Kenntnis der Kulturen Griechenlands und Roms, eine Achtung vor ihren Leistungen, ein Verständnis ihres geschichtlichen Verhältnisses zu unserer eigenen Kultur und einige *Übersetzungen* bei einer viel größeren Anzahl von Menschen kultiviert werden können, und zwar bei denen, die (wie ich) nicht genügend behalten haben, um die Originale fließend lesen zu können, und denen, die diese Sprachen überhaupt nie gelernt haben. Den humanistischen Studien ein Reservat zuzugestehen, bleibt zwecklos, wenn nicht eine viel umfassendere Achtung und Wertschätzung dieser klassischen Gelehrsamkeit unter denen verbreitet werden kann, die nie das Wissen aus erster Hand erhalten werden.

Meine Feststellungen über die Abhängigkeit der englischen Literatur von der lateinischen und der griechischen Literatur werden, das weiß ich wohl, auf einige Gruppen von Menschen ohne jede Überzeugungskraft bleiben. Dazu gehören die, die nicht der Meinung sind, daß Literatur überhaupt eine Sache von großer Bedeutung ist, und die, die zwar der Literatur der Vergangenheit einen gewissen Wert zugestehen, aber es nicht für besonders wichtig ansehen, daß die englische Literatur auch weiterhin eine führende Stellung einnimmt. Dazu gehören die, die die Bedeutung der Literatur zwar anerkennen, aber nicht glauben, daß der eine oder andere Typus von Erziehung viel Unterschied für ihren weiteren Fortbestand machen würde. Dazu gehören die, die vielleicht so sehr mit den unermeßlichen Schwierigkeiten, das ganze Volk mit der einen oder anderen Art von Erziehung zu versorgen, zu kämpfen haben, daß sie dieses zusätzliche Problem als weniger dringend betrachten oder sich darüber beklagen, daß sie so viel andere Dinge zu bedenken hätten, daß sie das nicht auch noch bewältigen könnten. Und schließlich gehören dazu die, die eine so neue Welt haben wollen, daß sie die Aussicht auf einen Bruch der Kontinuität sogar begrüßen. Und in vielen Köpfen können ohne Zweifel alle diese Haltungen in unausgegorener Form nebeneinander existieren und einmal die eine, einmal die andere ins Bewußtsein treten.

Es wäre vermessen, vor diesem Gremium alle diese Einwände zu widerlegen zu versuchen, zumal einige der Einwände weit eher in das Fach derer schlagen, die das Klassenzimmer oder das Konferenzzimmer aus langer eigener Praxis kennen. Mein Appell kann sich nur an die richten, die schon die Grundthese akzeptieren, daß die Bewahrung einer lebendigen Literatur eine Angelegenheit ist, die nicht nur Versliebhaber und Romanleser angeht, und die darin die Bewahrung einer ausgebildeten Sprache und der Zivilisation gegenüber der Barbarei sehen. Sie werden auch die sein, die erkennen, daß eine administrative oder ökonomische Vereinigung nicht ausreicht, wenn das gegenwärtige Chaos jemals wieder in Ordnung gebracht werden soll, daß vielmehr eine kulturelle Vereinigung in der Mannigfaltigkeit Europas vonnöten ist, eine neue Einheit, die nur – das ist ihre Überzeugung – aus den alten Wurzeln erwachsen kann, dem christlichen Glauben und den klassischen Sprachen, die das gemeinsame Erbe der Europäer sind. Diese Wurzeln sind m. E. unauflöslich miteinander verflochten. Ich würde durchaus nicht die häretische Behauptung scheuen, der einige religionspolitische Schriftsteller anscheinend schon sehr nahegekommen sind, daß nämlich das Christentum eher ein europäischer als ein universaler Glaube ist: ich möchte aber nicht beschuldigt werden, eine neue Häresie des Inhalts in die Welt zu setzen, daß das Heil von einer Eins in den alten Sprachen abhängt. Doch ist die Kultur Europas wesensmäßig eine christliche Kultur, und umgekehrt kann der traditionelle religiöse Glauben Europas unter Einschluß Englands seine geistige Kraft nicht bewahren, wenn nicht ein hohes Maß an lateinischer und griechischer Bildung unter seinen Lehrern aufrechterhalten wird. Doch gehen diese Überlegungen schon über die Aufgabe hinaus, die ich mir für diese Gelegenheit gestellt habe. Und ich möchte bei Ihnen nicht den Eindruck hinterlassen, daß ich mir zu viel von einer formellen Erziehung verspreche, sei es im Bereich der Religion oder dem der Literatur: ich bin mir völlig im klaren darüber, daß ein Erziehungssystem allein weder tiefen Glauben noch große Literatur hervorbringen kann. Man könnte eher sagen, daß unsere Erziehung nicht so sehr unsere Kultur hervorbringt, als daß sie von ihr hervorgebracht wird. Doch wer um die Erhaltung, die Ausbreitung und die Weiterentwicklung unserer Kultur Sorge trägt, wird immer an unserem klassischen Erbe Anteil nehmen, auch wenn er nicht zu einem wirklichen Urteil qualifiziert ist.

Was ist ein Klassiker?

Ansprache, gehalten vor der Vergil-Gesellschaft am 16. Oktober 1944

In der gesamten europäischen Literatur gibt es keinen Dichter, der für eine bedeutsamere Mannigfaltigkeit der Erörterung den Text liefern kann als Vergil. Er steht für so vieles in Europas Geschichte, er vergegenwärtigt solch zentrale europäische Werte; und daß er das tut, berechtigt uns dazu, zur Bewahrung seines Andenkens eine Gesellschaft zu stiften. Das Zentrale und Umfassende seiner Gestalt berechtigt auch mich, zu Ihnen zu sprechen. Wäre nämlich Vergils Dichtung ein Gegenstand, über den nur Gelehrte zu sprechen sich erkühnen dürften, dann hätten Sie mich nicht an diesen Platz gestellt und würden keinen Wert darauf legen, mich sprechen zu hören. Was mich ermutigt, ist die Überlegung, daß kein Spezialwissen, keine tiefschürfende Gelehrsamkeit den ausschließlichen Anspruch gewährt, über Vergil mitzureden. Sprecher aus den verschiedensten Fachgebieten können aus seiner Dichtung Gesichtspunkte herleiten, die in ihren Interessenkreis führen; können hoffen, daß aus ihren speziellen geistigen Bemühungen neues Licht auf die Bedeutung seiner Gestalt zurückstrahlt; können zum allgemeinen Besten vorzutragen versuchen, was Vergil ihnen, im Hinblick auf ihre persönliche Lebenserfahrung, an geistigem Gewinn beschert haben mag. Jeder kann für Vergil Zeugnis ablegen im Hinblick auf das, was er selbst am besten beherrscht oder worüber er am tiefsten nachgedacht hat: das habe ich gemeint, als ich von Vergils Vielseitigkeit sprach. Am Ende sagen wir vielleicht alle dasselbe, auf verschiedene Weise: das wiederum habe ich gemeint, als ich von Vergils kennzeichnender Vielseitigkeit sprach.

Das Thema, das ich mir gewählt habe, besteht kurz und gut aus der Frage: »Was ist ein Klassiker?« Es ist keine neue Frage. Es gibt zum Beispiel einen berühmten Essay von Sainte-Beuve mit diesem Titel; ob ich es als Unglück ansehen soll, daß ich diesen seit über dreißig Jahren von mir nicht mehr gelesenen Aufsatz infolge der

Wechselfälle unserer Zeit vor der Niederschrift meines heutigen Vortrags nicht neu habe lesen können, das zu entscheiden wird mir hoffentlich in dem Augenblick gelingen, wo die Bibliotheken wieder leichter zugänglich und die Bücher reichlicher vorhanden sind. Die Zweckdienlichkeit unserer Frage, im besonderen Hinblick auf Vergil, leuchtet ohne weiteres ein. Wie die von uns gefundene Definition schließlich auch aussehen möge, sie wird auf keinen Fall Vergil ausschließen können – wir können vielmehr schon jetzt mit aller Bestimmtheit sagen, daß es eine Definition sein wird, die ihn ganz ausdrücklich mit in Rechnung stellt. Bevor ich jedoch fortfahre, möchte ich gewisse Vorurteile ausräumen und gewissen Mißverständnissen zuvorkommen. Meine Absicht ist es nicht, irgendeinen bisher erlaubten Präzedenzfall in der Anwendung des Wortes ›Klassiker‹ auszuschließen oder zu verfemen. Das Wort[1] hat, je nach dem Zusammenhang, ganz verschiedene Bedeutungen und wird sie weiter haben; mir aber kommt es nur auf eine dieser Bedeutungen und auf einen der Zusammenhänge an. Indem ich das Wort dementsprechend definiere, halte ich mich nicht für gebunden, es nun in alle Zukunft in keiner jener anderen Bedeutungen mehr zu verwenden, in welchen es gleichfalls angewandt wird. Sollte ich also bei irgendeiner späteren Gelegenheit dabei betroffen werden, daß ich in schriftlicher oder mündlicher Rede oder im Gespräch das Wort ›Klassiker‹ einfach zu dem Zweck gebrauche, um einen der in jeder Sprache vorkommenden Standard-Autor damit zu bezeichnen – wenn ich es anwende, um die Größe oder die dauernde Wirkung und Wichtigkeit eines Schriftstellers auf seinem Fachgebiet anzudeuten und zum Beispiel von *The Fifth Format St. Dominic's* als einem Klassiker der Schulbubengeschichte oder von *Handley Cross* als einem Klassiker der Jagdliteratur spreche –, dann erwarten Sie von mir, bitte, keine Entschuldigung. Es gibt ja auch ein höchst interessantes Buch mit dem Titel ›Führer zu den Klassikern‹ *(A Guide to the Classics)* – damit sind aber die klassischen Pferderennen gemeint, und man kann darin erfahren, wie man den Derbysieger errät. Bei anderer Gelegenheit nehme ich mir vielleicht die Freiheit, unter ›den Klassikern‹ entweder die lateinische und grie-

1 nämlich das englische Wort ›classic‹. (d. Hrgb.)

chische Literatur in toto zu verstehen oder aber die größten Autoren aus jenen beiden Sprachen, wie es der Zusammenhang eben ergibt. Schließlich wird, so möchte ich wenigstens annehmen, die Auffassung vom Klassischen, die ich hier vorzutragen gedenke, das Wort aus dem Bereich jenes Widerstreits zwischen ›klassisch‹ und ›romantisch‹ herausnehmen – denn das ist ein Begriffspaar aus der Sphäre der literarischen Polemik und erweckt Leidenschaften, die ich, wenigstens für unser heutiges Beisammensein, lieber im Sack des Äolus verwahrt wissen möchte.

Damit komme ich zu einem weiteren Punkt. Wenn man sich auf die Begriffe einläßt, wie sie in der Auseinandersetzung zwischen Klassisch und Romantisch als Spielregeln dienen, wird das Prädikat ›klassisch‹ in Hinsicht auf ein Kunstwerk alsbald zu einem Ausdruck des höchsten Lobes oder der wüstesten Beschimpfung, je nachdem man zu der einen oder der anderen Partei gehört. ›Klassisch‹ vermittelt dann den Eindruck ganz bestimmter Vorzüge oder Mängel: einer formalen Vollkommenheit, einer ins Extrem getriebenen Kälte. Ich aber möchte eine bestimmte Gattung der Kunst umschreiben und strebe nicht nach dem Ziel, sie für absolut oder in irgendeiner Weise *besser* oder *schlechter* als andere Gattungen zu erklären. Ich werde gewisse Eigenschaften aufzählen, die nach meiner Meinung im Werk des Klassikers enthalten sein müssen. Ich behaupte aber nicht, daß eine Literatur nur dann groß sein kann, wenn sie einen Autor oder eine Periode aufzuweisen hat, in welchen diese Eigenschaften vollzählig zum Vorschein kommen. Freilich glaube ich sie in Vergil sämtlich enthalten; damit soll aber nicht gesagt sein, daß er der größte Dichter sei, der je geschrieben hat – eine solche Behauptung, ganz gleich, auf welchen Dichter sie sich bezieht, hat in meinen Augen etwas durchaus Unsinniges –; und es soll auch gewiß nicht heißen, daß die lateinische Literatur größer wäre als eine andere. Wir brauchen es bei keiner Literatur als einen Mangel anzusehen, wenn keiner ihrer Autoren und keiner ihrer Abschnitte völlig klassisch heißen darf; oder wenn (wie es in der englischen Literatur der Fall ist) die Periode, die am ehesten der Definition des Klassischen entspricht, nicht gleichzeitig auch die literarisch größte ist. Vielleicht sind die Literaturen – und die englische gehört in erster Linie dazu –, in denen die klassischen Qualitäten auf viele Dichter und auf mehrere Geschichtsabschnitte verteilt sind, sogar die reicheren. Jede Sprache hat ihre eigenen Kraftquellen, ihre eigenen Begrenzungen. Die besonderen Umstände einer Sprache, und ebenso die geschichtlichen Umstände der Menschen, die sie sprechen, können von einer Art sein, daß man mit einer klassischen Periode, einem Klassiker unter den Schriftstellern füglich gar nicht rechnen kann. Das ist an sich noch kein Anlaß zum Bedauern, und auch nicht zum Frohlocken. Die Geschichte Roms allerdings und der Charakter der lateinischen Sprache waren von einer Art, daß zu einem gegebenen Augenblick ein einzigartig klassischer Dichter möglich war – wobei wir aber nicht vergessen dürfen, daß es eben dieses Dichters bedurfte und auf seiten dieses Dichters einer lebenslänglichen angestrengten Arbeit, damit aus dem gegebenen Material auch wirklich das Klassische entstand. Vergil selber, versteht sich, konnte nicht wissen, daß er gerade *dies* unternahm. Ihm war, wie vielleicht keinem anderen Dichter, durchdringend bewußt, worauf sein Vorhaben hinauswollte; was er aber nicht bewußt anstreben, was er nicht wissentlich unternehmen konnte, war dies: ein klassisches Werk zu schaffen – denn nur bei nachträglicher Betrachtung und nur aus historischer Perspektive kann ein Klassiker als Klassiker erkannt werden.

Wenn es ein Wort gibt, auf das wir uns festlegen und von dem wir ein Höchstmaß dessen erfahren können, was ich mir unter dem Begriff ›ein Klassiker‹ vorstelle, so ist es das Wort ›Reife‹. Ich unterscheide hier zwischen dem universellen Klassiker wie Vergil und dem Klassiker, der es nur im Verhältnis zu den übrigen Literaturerzeugnissen in seiner Sprache ist oder im Hinblick auf die Lebensauffassung eines bestimmten Geschichtsabschnitts. Ein klassisches Werk kann nur entstehen, wenn eine Kultur reif ist; wenn Sprache und Literatur reif sind; und auch dann noch muß es das Werk eines reifen Geistes sein. Der Bedeutungsgehalt, die Autorität einer solchen Kultur, einer solchen Sprache ist es, die zusammen mit der umfassenden Geisteskraft des betreffenden Dichters den Charakter des Universellen verbürgt. ›Reife‹ zu definieren ohne den Gedanken, daß der Hörer eigentlich schon weiß, was das Wort bedeuten soll, ist eigentlich ein Ding der Unmöglichkeit. Wir wollen aber immerhin sagen, daß wir dann, wenn wir hinlänglich reif sind und als gebildete Menschen gelten dürfen, die Reife einer Kultur oder einer Literatur ganz ebenso erkennen können wie die Reife eines Mitmenschen, dem wir im Leben begegnen. Dem selber Unreifen freilich wird man die Bedeutung der Reife vielleicht schlechterdings nicht begreiflich – ja nicht einmal akzeptabel – machen können. Sind wir aber selber reif, so erkennen wir die Reife entweder unmittelbar, oder wir erfassen sie doch bei näherer Bekanntschaft. Kein Leser Shakespeares zum Beispiel, der nicht im selben Maß, in dem er selber heranwächst, das allmähliche Reifen von Shakespeares Geist erkennen müßte. Und selbst ein weniger geschulter Leser kann gewahren, wie stürmisch sich Literatur und Drama im elisabethanischen Zeitalter, als Ganzes betrachtet, von der Roheit der frühen Tudorzeit bis zu Shakespeares Stücken entwickelt haben, und wie es dann in den Arbeiten von Shakespeares Nachfolgern wieder abwärts geht. Ebenso können wir bei einiger Sachkenntnis beobachten, daß in Christopher Marlowes Stücken eine größere geistige und stilistische Reife zum Vorschein kommt als in den Dramen, die Shakespeare im selben Lebensalter geschrieben hat; interessant, daraus die Überlegung herzuleiten, ob bei Marlowe, wenn er so lange gelebt hätte wie Shakespeare, die Entwicklung im selben Schritt fortgegangen wäre. Ich bezweifle es: die Beobachtung lehrt, daß einige Geister früher reifen als andere, und sie lehrt, daß bei den sehr frühzeitig Reifenden die Entwicklung nicht immer besonders weit reicht. Ich gehe auf diesen Punkt deshalb ein, weil er uns zu erkennen gibt erstens, daß der Wert der Reife vom Werte dessen abhängt, was da reift; und zweitens, daß wir uns klar sein müssen, wann wir es mit einer Reife einzelner Schriftsteller zu tun haben und wann mit der relativen Reife literarischer Perioden. Ein Schriftsteller von persönlich reiferem Geist kann einer weniger reifen Periode angehören als der und jener andere, so daß in diesem Betracht sein Werk doch einen geringeren Grad der Reife erreicht. Die Reife einer Literatur spiegelt die Reife der Gesellschaft, in welcher sie geschaffen wird; ein einzelner Autor – und das gilt vornehmlich von Shakespeare und Vergil – kann viel dazu tun, seine

Sprache zu entwickeln; er kann sie aber niemals zur Reife heranführen, wenn sie nicht durch die Arbeit seiner Vorgänger für diesen seinen letzten Zugriff vorbereitet ist. Darum gilt dies: Eine reife Literatur hat eine Geschichte hinter sich – eine Geschichte, das heißt nicht bloß eine Chronik, eine Ansammlung von Manuskripten und Schriften dieser und jener Art, sondern eine geordnet vorrückende, wenn auch freilich unbewußte Fortentwicklung der Sprache mit dem Ziele, die ihr innewohnenden Kräfte innerhalb der ihr gesetzten Schranken zu realisieren.

Zu beachten ist dabei, daß eine Gesellschaft und eine Literatur, ganz ebenso wie der einzelne Mensch, nicht unbedingt gleichmäßig und in jeder Hinsicht in parallelen Schüben reifen. Das frühreife Kind ist oft in geradezu in die Augen springender Weise kindisch für sein Alter, verglichen mit gewöhnlichen Kindern. Gibt es überhaupt eine einzelne Periode der englischen Literatur, die wir als durchaus reif hervorheben dürften, reif im umfassenden und ausgewogenen Sinn? Ich glaube es nicht, und, wie ich später noch einmal auseinandersetzen will, ich hoffe es nicht einmal. Wir können von keinem einzigen Dichter englischer Zunge sagen, daß er im Laufe seines Lebens ein reiferer Mensch geworden wäre als Shakespeare; wir können nicht einmal sagen, daß irgendeiner gleich viel dazu getan habe, die englische Sprache zum Ausdruck des subtilsten Gedankens oder der feinsten Gefühlsschattierungen tauglich zu machen. Und doch können wir nicht umhin, innerlich einzugestehen, daß ein Stück wie Congreves *Way of the World* in gewisser Hinsicht reifer ist als Shakespeares sämtliche Dramen: freilich nur insofern, als es eine reifere Gesellschaft – oder sagen wir besser: eine größere Reife der Manieren – widerspiegelt. Die Gesellschaft, für die Congreve schrieb, war von uns aus gesehen grob und brutal genug. Sie steht uns aber näher als die Gesellschaft der Tudorzeit; eben deshalb sitzen wir vielleicht strenger über sie zu Gericht. Sei dem wie ihm wolle, es war eine poliertere und weniger provinzielle Gesellschaft; ihr Geist war seichter, ihre Gemütskräfte waren enger; sie hat dies und jenes, was auf Reife deutete, verloren, anderes aber hinzugewonnen. Wir sehen: zu der Reife des *Geistes* gesellt sich etwas anderes – Reife der gesellschaftlichen *Sitten*.

Das Fortschreiten zu sprachlicher Reife läßt sich, glaube ich, in der Entwicklung der Prosa leichter vor Augen führen und übrigens auch leichter begrifflich nachweisen als in der Entwicklung der Poesie. Bei der Betrachtung der Prosa werden wir weniger abgelenkt von den individuellen Größenunterschieden und bestehen strenger darauf, daß die Sprache sich einer gemeinsamen Höhenlage, einem gemeinsamen Vokabular und einem gemeinsamen Satzbau annähert. Nicht von ungefähr geben wir einer Prosa, die sich am weitesten von der besagten Gemeinverbindlichkeit entfernt und einen extrem individuellen Ausdruck zur Schau trägt, den Beinamen ›poetische Prosa‹. Zu einer Zeit, als England in der Poesie bereits Wunderbares vollbracht hatte, war seine Prosa noch verhältnismäßig unreif: gerade hinlänglich durchgebildet für gewisse Zwecke, aber noch nicht für andere. Zu einer Zeit wiederum, als die französische Sprache noch nicht im entferntesten dichterische Leistungen ahnen ließ, wie sie dem Englischen gelangen, war die französische Prosa bereits um vieles reifer als die englische. Man braucht nur irgendeinen beliebigen Schriftsteller aus der Tudorzeit mit Montaigne zu vergleichen – und dabei ist Montaigne, in seiner Eigenschaft als Stilist, nur ein Vorläufer, insofern sein Stil noch nicht die ganze Reife besitzt, die nach französischen Ansprüchen den Klassiker ausmacht. Unsere englische Prosa war für manche Aufgaben geeignet zu einer Zeit, wo andere Aufgaben noch über ihre Kraft gingen; eine Gestalt wie Malory konnte lange vor einem Mann wie Hooker auftreten, Hooker lange vor Hobbes, Hobbes lange vor Addison. Während man der Poesie gegenüber mit der Anlegung eines solchen Maßstabs erhebliche Schwierigkeiten hätte, ist von klassischer Prosa durchaus einzusehen, daß ihre Entwicklung eine Entwicklung in Richtung auf einen *gemeinverbindlichen Stil* ist. Damit soll nicht gesagt sein, daß die besten Schriftsteller untereinander nicht zu unterscheiden wären. Die wesentlichen und charakteristischen Unterschiede bleiben bestehen; es ist überhaupt nicht so, daß die Unterschiede weniger zahlreich wären, sondern sie sind subtiler und verfeinerter. Für einen empfindlichen Gaumen besteht zwischen der Prosa Addisons und der Prosa Swifts ein Unterschied, ähnlich ausgeprägt, wie ihn der Weinkenner zwischen zwei edlen Gewächsen feststellt. Was wir in einer Periode klassischer Prosa an Übereinstimmung entdecken, ist nicht eine bloße gemeinsame Konvention des Schreibens, wie sie in der Zeitung im gemeinsamen Stil der Leitartikelschreiber zum Ausdruck kommt, sondern eine Gemeinverbindlichkeit des Geschmacks. Die Periode, die einem klassischen Zeitalter vorangeht, wird unter Umständen eine sowohl exzentrische wie monotone Haltung an den Tag legen; monoton, weil die Hilfsmittel der Sprache noch nicht ausgeschöpft sind, und exzentrisch, weil es noch keine allgemein anerkannte Normalhaltung gibt – vorausgesetzt, daß man einen Zustand exzentrisch nennen darf, bei dem es kein Zentrum gibt. Die Haltung der Schriftsteller in einer solchen Zeit wird unter Umständen gleichzeitig pedantisch und zügellos sein. Auch in einem Zeitalter, das auf einen klassischen Abschnitt folgt, kann das Exzentrische und das Monotone vorherrschen; das Monotone, weil die sprachlichen Mittel inzwischen, wenigstens fürs erste, erschöpft sind, und das Exzentrische, weil Originalität nun vielleicht höher im Kurs steht als Korrektheit. Finden wir dagegen in einer Periode einen gemeinverbindlichen Stil, so wird es ein Zeitalter sein, in welchem die Gesellschaft einen Augenblick der Ordnung und Stabilität, der Ausgewogenheit und Harmonie erreicht hat; wohingegen eine Periode, in der große Gegensätze des individuellen Stils zum Ausdruck kommen, eine Periode der Entwicklung oder aber ein Zeitalter des Verfalls sein dürfte.

Reife der Sprache wird, wie man annehmen darf, eine Begleiterscheinung sein von Reife des Geistes und der Sitten. Die Sprache nähert sich wohl in dem Augenblick der Reife, in dem sie erfüllt ist von kritischem Gefühl für die Vergangenheit und ungetrübtem Vertrauen zur Gegenwart, während an der Zukunft noch nicht bewußt gezweifelt wird. In der Literatur heißt das, daß der Dichter sich seiner Vorläufer bewußt ist, und daß auch wir von den hinter seinem Werk stehenden Vorläufern eine Vorstellung haben, so wie wir zum Beispiel an einer individuell ausgeprägten, einmaligen Persönlichkeit doch gewisse Züge ihres Ahnenerbes wahrnehmen können. Die Vorläufer sollen ihrerseits große, in Ehren gehaltene Erscheinungen sein; doch muß ihr Werk den Eindruck erwecken, daß in der Sprache noch unausgenützte Quellen vorhanden sind, und darf den jüngeren Schriftstellern nicht das bedrückende Gefühl einflößen, alles, was in der Sprache zu erreichen sei, sei schon geschehen. Für den Dichter bedeutet es sicher auch in einem reifen Zeitalter einen Auftrieb, wenn er hoffen darf, etwas zu vollbringen, was seine Vorläufer noch nicht geleistet haben. Er wird sich unter Umständen sogar im Aufruhr gegen sie befinden, so wie ein hoffnungsvoller Jüngling sich gegen die Glaubenssätze, die Gewohnheiten und Sitten seiner Eltern auflehnt. Trotzdem erkennen wir in der Rückschau, daß er ebenso der Fortsetzer ihrer Überlieferungen ist, wesentliche Familieneigentümlichkeiten bewahrt und in seiner von der ihren unterschiedenen Haltung nur den Unterschied zum Ausdruck bringt, der sich aus den Voraussetzungen eines veränderten Zeitalters ergibt. Und wie man andererseits oft Leute trifft, deren Leben überschattet ist vom Ruhm des Vaters oder Großvaters, Leute, die wohl oder übel nur noch zu verhältnismäßig unbedeutenden Leistungen das Kaliber haben, so kann auch ein spätes Zeitalter in der Dichtung ganz bewußt die Fähigkeit verlieren, mit der ruhmgekrönten Generation der Väter zu wetteifern. Dichter dieser Art treffen wir regelmäßig am Ende einer Periode an; es sind Dichter mit einem ausschließlichen Gefühl für das Vergangene, oder aber umgekehrt Dichter, deren Zukunftshoffnung sich auf den Versuch gründet, mit allem Vergangenen zu brechen. Literarische Schöpferkraft hält demnach bei einem Volk unter der Voraussetzung an, daß ein unbewußtes Gleichgewicht besteht zwischen der Tradition im weitesten Sinn – zwischen der Kollektivpersönlichkeit, wie man auch sagen könnte, die sich in der überkommenen Literatur verkörpert – und der Originalität der jeweils Lebenden.

Wir können die Literatur der elisabethanischen Periode, so groß sie ist, nicht durchaus als reif bezeichnen: wir können sie nicht klassisch nennen. Zwischen der Entwicklung der griechischen und der lateinischen Literatur läßt sich keine genaue Parallele ziehen, denn das Lateinische hatte das Griechische hinter sich stehen; und noch weniger zulässig ist eine Parallele zwischen den beiden alten Literaturen und dem modernen Schrifttum, denn die modernen Literaturen haben Latein und Griechisch gleichermaßen hinter sich. In der Renaissance kommt ein gewisser früher Anschein der Reife zutage:

entlehnt aus der Antike. Mit Milton dann kommen wir der Reife deutlich näher. Milton nämlich hatte günstigere Vorbedingungen zu einem kritischen Gefühl für die Vergangenheit – die in der englischen Literatur verkörperte Vergangenheit – als seine großen Vorläufer. Wenn man Milton liest, sieht man sich in dem Respekt vor Spensers Genie bestärkt – bestärkt auch in der Dankbarkeit Spenser gegenüber, weil er dazu beigetragen hat, Miltons Verssprache möglich zu machen. Dennoch ist Miltons Stil kein klassischer Stil; es ist der Stil einer noch in ihrer Formung begriffenen Sprache, der Stil eines Schriftstellers, dessen *Meister* nicht englisch waren, sondern lateinisch und, in einem geringeren Grad, griechisch. Damit sage ich wohl dasselbe, was Johnson und nach ihm Landor meinten, als sie gegen Miltons Stil einwandten, er sei nicht ganz englisch. Ein Urteil, das man sogleich dahin einschränken muß, daß Milton jedoch viel zur Entwicklung der Sprache getan hat. Ein Zeichen der Annäherung an den klassischen Stil ist es nämlich, wenn eine Entwicklung wahrzunehmen ist in Richtung auf größere Vielgestalt des Satz- und Periodenbaus. Eine solche Entwicklung läßt sich in dem Einzelfall von Shakespeares Werk ganz deutlich nachweisen, wenn wir etwa seinen Stil von den frühen bis zu den späten Dramen durchanalysieren. Man kann sogar sagen, daß er in seinen späten Stücken die Neigung zum Verästelten und Vielgestaltigen so weit treibt, wie es in den Grenzen des dramatischen Verses überhaupt noch möglich ist; denn diese Grenzen sind enger als die Schranken anderer dichterischer Gattungen. Nun ist die Vielgestalt als solche kein angemessenes Ziel; sie muß den Zweck haben, erstens, für immer feinere Schattierungen des Gefühls und Gedankens den genauen Ausdruck zu liefern, und zweitens, das Musikalische in immer verfeinerterer und abwechslungsreicherer Form in die Sprache einzuführen. Wenn ein Schriftsteller in seiner Vorliebe für die ausgetüftelte Konstruktion sichtlich die Gabe verliert, sich noch einfach auszudrücken; wenn er in dem Maße aufs Figurative ausgeht, daß er Dinge umständlich ausdrückt, die von Rechts wegen einfach gesagt werden müßten, und so die Reichweite seines Ausdrucks verengt, dann ist die Entwicklung in Richtung auf größere Vielgestalt kein ganz heilsamer Vorgang mehr, und der Schriftsteller verliert die Berührung mit der lebendigen Sprache. Trotzdem bleibt wahr, daß die Verssprache, indem sie sich unter den Händen der Dichter fortlaufend entwickelt, dabei eine Tendenz vom Eintönigen zum Vielfältigen, vom Einfachen zum Reichverästelten aufweist; in Zeiten des Niedergangs neigt sie sich dann wieder dem Eintönigen zu, obwohl sie immer noch in den äußeren Ausdrucksformen verharren mag, denen der Genius dereinst Leben und Bedeutung verlieh. Sie werden selbst ermessen können, wie weit sich diese verallgemeinernde Feststellung auf Vergils Vorgänger und Nachfolger anwenden läßt. Deutlich zu beobachten ist die sekundäre Monotonie bei Miltons Nachahmern aus dem 18. Jahrhundert – während Milton selbst niemals monoton ist. Es kommt eine Zeit, in welcher alsdann eine neue Einfalt, oder sogar eine gewisse Roheit, als einziger Ausweg offenbleibt.

Sicher haben Sie den Schluß bereits vorweggenommen, auf den ich zustrebe: daß nämlich die Eigenschaften des Klassischen, die ich bislang aufgeführt habe – Reife des Geistes, Reife der Sitten, Reife der Sprache und Vervollkommnung des gemeinverbindlichen Stils –, daß diese Eigenschaften sich am augenscheinlichsten in der englischen Literatur des 18. Jahrhunderts und innerhalb der Poesie am ehesten in den Dichtungen von Pope nachweisen lassen. Wenn ich zu unserem Thema sonst nichts zu sagen hätte, wäre es gewiß nichts Neues und nicht der Rede wert. Es wäre damit nur die Wahl freigegeben zwischen zwei Irrtümern, auf die die Menschen schon früher gekommen sind: dem einen Irrtum, das 18. Jahrhundert stelle (wie es selbst glaubte) die bedeutendste Epoche der englischen Literatur dar; und dem anderen Irrtum, daß die Idee des Klassischen überhaupt keinen Glauben verdiene. Meiner Meinung nach besitzen wir im Englischen kein klassisches Zeitalter und keinen klassischen Dichter, brauchen aber, wenn wir die Gründe dafür einmal eingesehen haben, diese Tatsache nicht im mindesten zu bedauern, und sollten ihrer ungeachtet das klassische Ideal nicht aus dem Auge verlieren. Diese Pflicht – das klassische Ideal zu bewahren – und diese Tatsache – daß der Genius der englischen Sprache auf andere Dinge ausgegangen ist als auf eine Verwirklichung des Klassischen – verbieten uns gleichermaßen, Popes Zeitalter zu verdammen oder es zu überschätzen. Eine Gesamtbetrachtung der englischen Literatur und eine richtige Einschätzung ihrer Zukunftsaussichten sind uns gar nicht möglich ohne kritische Würdigung der Frage, bis zu welchem Grade sich die Eigenschaften des Klassischen in Popes Werk verkörpern. Anders gesagt: wenn wir für Popes Werk kein Organ haben, dann kommen wir auch zu keinem vollen Verständnis der englischen Dichtung.

Nicht zu übersehen ist dabei, daß die Verwirklichung des Klassischen bei Pope einen hohen Preis gekostet – und daß sie gewisse größere Möglichkeiten, die in der englischen Verssprache enthalten waren, geradezu ausgeschlossen hat. Bis zu einem gewissen Grad ist freilich die Preisgabe von ursprünglich vorhandenen Möglichkeiten um anderen Gewinns willen eine Voraussetzung des künstlerischen Schaffens wie überhaupt eine allgemeine Lebensvoraussetzung. Wer nichts opfern mag um anderen Gewinnes willen, dessen Leben endet in Mittelmäßigkeit oder Mißerfolg; wenn man auch freilich den Spezialisten nicht vergessen darf, der um zu geringen Lohnes willen zuviel hingegeben hat, oder der schon von Geburt so durchaus Spezialist ist, daß er gar nicht erst etwas zu opfern hat. Im 18. Jahrhundert in England nun haben wir Grund zu dem Empfinden, daß zuviel ursprünglich Vorhandenes ausgeschlossen worden ist. Reife des Geistes war vorhanden; aber es war ein enger Geist. Die englische Gesellschaft, die englische Literatur war nicht provinziell in dem Sinn, daß sie von dem europäischen Musterbild der Gesellschaft und der Literatur abgesondert geblieben oder hinter ihm hergehinkt wäre. Dennoch war das Zeitalter, in einer ganz bestimmten Hinsicht, eine in sich selber provinzielle Periode. Denkt man an Gestalten wie Shakespeare, Jeremy Taylor und Milton in England, an Gestalten wie Racine, Molière, Pascal in Frankreich – denkt man an diese Gestalten des 17. Jahrhunderts, so möchte man doch sagen, daß das 18. Jahrhundert seinen Formengarten vervollkommnet hat, um den Preis der Schmälerung des kultivierten Areals. Wir fühlen: wenn das Klassische wirklich ein gültiges Ideal sein soll, dann muß es zu einer Weite, einer Katholizität des Ausdrucks befähigt sein, wie sie dem 18. Jahrhundert schlechterdings versagt geblieben ist – zu Eigenschaften, wie man sie auch bei einigen großen Autoren, etwa bei Chaucer, beobachtet, die in meinem Sinne nicht als Klassiker der englischen Literatur gelten können, und wie sie vollständig vorhanden sind in Dantes mittelalterlichem Geist. In der Göttlichen Komödie finden wir, wofern es überhaupt irgendwo anzutreffen ist, das Klassische im Gewand einer modernen europäischen Sprache. Im 18. Jahrhundert bedrückt uns das Engbegrenzte der Empfindungskraft, namentlich in den Bereichen des religiösen Gefühls. Nicht als ob, wenigstens in England, die Dichtung nicht ebenfalls christlich wäre. Nicht als ob die Dichter nicht sogar höchst gottesfürchtige Christen wären; was musterhafte Rechtgläubigkeit und aufrichtige, tiefempfundene Frömmigkeit angeht, wird man nicht leicht einen echteren Dichter finden als Samuel Johnson. Und doch finden sich in Shakespeares Poesie Zeichen einer tieferen religiösen Empfindungskraft, obwohl wir bei Shakespeare, was Gläubigkeit und Kirchlichkeit angeht, auf bloße Vermutungen angewiesen sind. Eine derartige Beschränkung der religiösen Empfindungskraft nun bringt ganz von selbst eine Art Provinzialität hervor (wenn auch freilich sogleich bemerkt werden muß, daß in diesem Betracht das 19. Jahrhundert noch provinzieller gewesen ist): die Provinzialität als Ausdruck einer Auflösung der Christenheit und eines Verfalls jeglicher gemeinverbindlichen Glaubens- und Kulturwelt. So hat es denn den Anschein, daß das 18. Jahrhundert, unbeschadet seiner klassischen Leistung – einer Leistung, die nach meinem Dafürhalten als Beispiel für die Zukunft immer noch von großer Wichtigkeit ist –, daß es trotz dieser Leistung einer Voraussetzung ermangelte, die erst das Entstehen eines wahren Klassikers möglich macht. Wenn wir herausfinden wollen, was das für eine Voraussetzung ist, müssen wir zu Vergil zurückkehren.

Zuvor lassen Sie mich noch einmal aufführen, was ich vorhin schon als charakteristische Merkmale des Klassikers vorgetragen habe, und zwar im besonderen Hinblick auf Vergil, seine Sprache, seinen Kulturstand und den besonderen, von ihm vorgefundenen geschichtlichen Augenblick von Sprache und Kultur. Reife des Geistes: das setzt Geschichte voraus und das Bewußtsein des Geschichtlichen. Bewußtsein des Geschichtlichen kann nur da völlig wach sein, wo es außer der Geschichte des eigenen Volks für den Dichter auch noch andere Historie gibt; das ist deshalb nötig, weil wir sonst nicht unseren Platz in der Geschichte erkennen können. Es muß zum mindesten von der Geschichte eines weiteren hochkultivierten Volks Kenntnis vorhanden sein, und zwar eines Volks, das uns in seiner Kultur hinlänglich verwandt ist, um auch wirklich mit seinen Einflüssen auf uns eingewirkt zu haben. Das ist ein Grundbewußtsein, dessen die Römer teilhaftig waren, während die Griechen es nicht besitzen konnten, wenn wir auch ihre Leistung vielleicht viel höher bewerten mögen und um des Unterschieds willen in der Tat auch höher respektieren dürfen. Ein Grundbewußtsein, zu dessen Ausbildung Vergil zweifellos viel beigetragen hat. Wie seine Zeitgenossen und unmittelbaren Vorläufer hat Vergil von allem Anfang an die Überlieferungen, die Funde und Inventionen der griechischen Poesie unaufhörlich verwertet und sich angeeignet. Auf diese Weise eine fremde Literatur zu verwerten, bezeichnet schon einen fortgeschrittenen Kulturzustand, mit jenem verglichen, bei dem man sich nur auf die Frühstadien der eigenen Literatur stützt – obwohl zu sagen ist, daß Vergil gerade bei seinen Rückgriffen auf die griechische und die ältere lateinische Poesie einen ganz unvergleichlichen Sinn für Proportion bewiesen hat. Die Entwicklung einer Literatur, oder auch einer Kultur, in ihrem Verhältnis zu einer anderen gibt dem Gegenstand von Vergils Epos geradezu eine besondere Bedeutung. Bei Homer hat der Kampf zwischen Griechen und Troern kaum größeres Ausmaß als eine Fehde zwischen einer griechischen Polis und einer Koalition anderer Stadtstaaten; hinter Aeneas' Geschichte dagegen schlummert das Bewußtsein einer viel tiefergreifenden Unterscheidung, einer Unterscheidung nämlich, die gleichzeitig auch eine *Verwandtschaft* zwischen zwei großen Kulturen bezeugt, und schließlich ein Gefühl der Versöhnung zwischen beiden angesichts eines allumfassenden Schicksals.

Vergils geistige Reife und damit die Reife seines Zeitalters erweist sich in dem eben geschilderten geschichtlichen Bewußtsein. Mit der Reife des Geistes, habe ich gesagt, hängt auch eine gewisse Reife der Sitten und eine Abkehr vom Provinziellen zusammen. Würde ein Europäer von heute unversehens in die Vergangenheit gestürzt, so würde ihm der soziale Zustand unter den Römern und Athenern wohl gleichermaßen roh, barbarisch und abstoßend erscheinen. Für einen Dichter jedoch besteht das Vermögen, sich in seinen Schilderungen über das Landläufige und Zeitgenössische zu erheben, nicht schlechthin darin, daß er auf dem Wege der Antizipation einen späteren und durchaus veränderten Sittenkodex vorwegnimmt, sondern in einem Gefühl dafür, wie das Landläufige und Zeitgenössische der Sittenwelt aussehen könnte, wenn es sich von seiner besten Seite zeigte. Eine gesellschaftliche Veranstaltung in reichem Hause hat sich im England Eduards VII. keineswegs so abgespielt, wie wir sie bei Henry James beschrieben lesen; die Gesellschaft, wie James sie schildert, war aber immerhin eine Art Idealisierung der damaligen Gesellschaft und nicht die Vorwegnahme einer späteren. Bei Vergil werden wir mehr als bei irgendeinem anderen lateinischen Dichter – denn Catull und Properz wirken neben ihm wie grobe Naturburschen, und Horaz hat, mit ihm verglichen, etwas Plebejisches – einer gewissen gesellschaftlichen Verfeinerung inne, die aus einer Zartheit des Empfindungslebens entspringt und sich namentlich in jenem exemplarischen Bezirk der Sittenwelt, dem privaten und öffentlichen Umgang zwischen den Geschlechtern, äußert. Es kann hier, wo so viele bessere Fachkenner als ich versammelt sind, nicht meine Aufgabe sein, die Geschichte von Äneas und Dido zu analysieren. Mir ist aber von jeher die Begegnung des Äneas mit dem Schatten der Dido in Buch VI nicht nur als eine der prägnantesten, sondern als eine der kultiviertesten Episoden in der gesamten Poesie erschienen. Sie ist höchst reich an Sinngehalt und dabei höchst sparsam im Ausdruck, denn sie berichtet uns nicht allein von Didos Verhalten – wichtiger noch ist das, was sie uns über Äneas erzählt. Was Dido tut, wirkt geradezu als eine Spiegelung von Äneas' Gewissen: wir gewinnen den Eindruck, daß dieses Verhalten Didos und kein anderes der inneren Erwartung bei Äneas entspricht. Dabei ist es, glaube ich, nicht das Entscheidende, daß Dido unversöhnlich bleibt – wiewohl es sehr bezeichnend ist, daß sie nicht über Äneas herfällt, sondern ihn nur ›abfahren‹ läßt: es ist vielleicht das deutlichste ›Abfahrenlassen‹ in der gesamten Poesie. Das Entscheidende ist, daß Äneas sich selbst nicht verzeihen kann – und dies, wohlverstanden, obwohl er sich durchaus im klaren ist, daß er sich mit all seinem Handeln in Übereinstimmung mit dem Schicksal befunden und sich zum Werkzeug hergegeben hat für die Machenschaften von Göttern, die ihrerseits ganz deutlich nur Werkzeuge einer höheren unerforschlichen Macht sind. Was ich hier als Beispiel für eine Kultiviertheit der Sitten angeführt habe, bezeugt uns darüber hinaus eine Kultiviertheit des Bewußtseins und des Gewissens; trotzdem aber erweist sich jede Episode, unter welchem Gesichtspunkt wir sie auch betrachten wollen, immer als Teil eines Ganzen. Zu beachten bliebe schließlich, daß sich die Charaktere bei Vergil (vielleicht mit Ausnahme des Turnus, des Menschen ohne Schicksal) in ihrem Verhalten offenbar nie nach einem bloß lokalen oder stammesmäßigen Sittenkodex richten. Ihr Verhalten ist vielmehr, an ihrer Zeit gemessen, sowohl römisch wie europäisch. Es kann keinem Zweifel unterliegen: Vergil ist, auf der Ebene der Sittenwelt, nicht provinziell.

Vergils sprachliche und stilistische Reife darzutun, wäre bei der heutigen Gelegenheit ein ziemlich überflüssiges Unterfangen: viele von Ihnen wären dazu berufener als ich; überdies sind wir uns in diesem Punkt wohl einig. Das eine darf aber noch einmal gesagt werden, daß Vergils Stil nicht möglich geworden wäre ohne eine hinter ihm stehende Literatur und ohne eine bei ihm vorhandene sehr genaue Kenntnis dieser Literatur. Es gilt von ihm, daß er in gewisser Hinsicht die lateinische Poesie umschrieb, daß er sie neu faßte – wenn er zum Beispiel eine Wendung oder ein Motiv von einem Vorgänger übernahm und mit Verbesserungen versah. Er war ein gelehrter Schriftsteller, dessen Gelehrsamkeit durchaus im Dienst seiner Aufgabe stand, und er besaß für diese seine Aufgabe gerade den nötigen Hintergrund von Literatur und nicht zuviel. Was die Reife seines Stils angeht, möchte ich meinen, daß kein anderer Dichter so vollkommen die vielfältigen Möglichkeiten der Komposition, und zwar sowohl im Klanglichen wie im Sinngehalt, beherrscht hat, ohne doch bei gebotener Gelegenheit das Mittel der direkten, kurzen und überzeugenden Einfachheit zu verlieren. Bei diesem Punkt brauche ich nicht länger zu verweilen; dagegen lohnt sich vielleicht ein Wort über das, was ich den ›Gemeinstil‹ nennen möchte, denn das ist ein Begriff, den wir uns aus der englischen

Dichtung nicht mit wünschenswerter Deutlichkeit vor Augen führen können und dem wir deshalb wahrscheinlich zu wenig Beachtung schenken. In der neueren europäischen Literatur finden wir die engste Annäherung an das Ideal eines Gemeinstils doch wohl bei Dante und bei Racine. In der englischen Dichtung kommt ihm Pope am nächsten; der Gemeinstil bei Pope aber hat nur eine vergleichsweise enge Reichweite. Gemeinstil nenne ich einen Stil, bei dessen Begegnung wir nicht etwa ausrufen: »Seht, welch genialer Mann hier die Sprache handhabt!«, sondern: »Seht, wie der Genius der Sprache hier zum Ausdruck kommt!« Auch das rufen wir nicht, wenn wir Pope lesen, weil wir zu sehr an die Ausdrucksmittel der englischen Sprache denken müssen, deren sich Pope *nicht* bedient. Von ihm können wir höchstens sagen: »Seht, wie der Genius der englischen Sprache aus einer bestimmten Epoche hier verwirklicht ist!« Auch dies sagen wir nicht, wenn wir Shakespeare oder Milton lesen; denn bei diesen beiden denken wir immer an die Größe des Mannes und an die Wunder, die *er* mit der Sprache verrichtet. Näher kommen wir der Sache vielleicht bei Chaucer – nur gebraucht Chaucer eine andere, eine von unserem Standpunkt aus krudere Sprache. Shakespeare und Milton wiederum haben, wie sich seither gezeigt hat, manche Ausdrucksmöglichkeiten des Englischen in der Poesie offengelassen. Von Vergil hingegen kann man nichts anderes sagen, als daß nach ihm keine große Entwicklung mehr möglich war, bis die lateinische Sprache sich überhaupt in etwas anderes verwandelt hatte.

Bei dieser Gelegenheit möchte ich auf eine Frage zurückkommen, von der ich bereits kurz gesprochen habe: die Frage, ob die Leistung des Klassikers (in dem Sinn, in dem ich das Wort durchgehend angewandt habe) für das betreffende Volk und die betreffende Muttersprache überhaupt ein ungeteilter Segen ist – so unbestreitbar sie zum Stolz berechtigt. Um diese Frage in sich aufsteigen zu lassen, braucht man eigentlich nur einen Blick auf die lateinische Poesie nach Vergil geworfen zu haben und sich zu fragen, bis zu welchem Grade die späteren Dichter unter dem Schatten seiner Größe gelebt und gearbeitet haben. Es geht so weit, daß wir diese späteren Dichter auf Grund der von ihm gesetzten Maßstäbe hoch oder gering bewerten; daß wir sie wohl gar darum bewundern, weil sie meinetwegen eine neue Variation zum alten Thema ersonnen haben oder weil es ihnen gelungen ist, gewisse sprachliche Wendungen derart neu zu gruppieren, daß man sich auf angenehme Weise von fern an das Urbild erinnert fühlt. Ganz anders sieht sich die Frage an, wenn wir die italienische Dichtung nach Dante ins Auge fassen: Denn bei den späteren italienischen Dichtern handelt es sich nicht um eine Nachahmung Dantes; und sie hatten überdies den Vorteil, daß sie in einer Welt lebten, die sich rascher wandelte, so daß sich für sie von vornherein neue Aufgaben darboten; das Verhängnisvolle des unmittelbaren Vergleichs fällt also bei ihnen weg. In der englischen und übrigens auch in der französischen Dichtung wiederum kann es als ein Glücksumstand gelten, daß die größten Dichter nur für ganz bestimmte Gebiete die Möglichkeiten erschöpft haben. Seit Shakespeares Zeit, und dementsprechend seit der Zeit Racines, hat es in England und in Frankreich kaum noch dichterische Dramenkunst gegeben, die man als wirklich erstrangig bezeichnen könnte; und ebenso haben wir seit Milton zwar noch bedeutende Versdichtungen von größerem Ausmaß, dagegen kein großes Epos mehr gehabt. Jeder Dichter von Ausnahmerang, möge er nun ein Klassiker sein oder nicht, erschöpft eben das von ihm kultivierte Erdreich, so daß es nach ihm geringere Erträge bringt und schließlich einige Generationen lang brachliegen muß.

Sie werden mir nun vielleicht entgegenhalten, daß die Auswirkungen auf die Literatur, von denen ich gesprochen und die ich dem Werk des Klassikers zur Last gelegt habe, nichts mit dem klassischen Charakter des betreffenden Werks zu tun haben, sondern nur mit seiner Größe: denn ich habe Shakespeare und Milton in dem hier erörterten Zusammenhang den Titel eines Klassikers vorenthalten; und doch habe ich zugegeben, daß seither in der betreffenden Gattung kein überragendes Meisterwerk der Dichtung geschrieben worden ist. Ich weiß nicht, ob Sie sich auf die Unterscheidungen einlassen werden, die ich hierzu zu machen habe. Daß jedes große Werk der Dichtung darauf hinzielt, das Entstehen ähnlich großer Werke der nämlichen Gattung zu verhindern, ist unbestreitbar. Den Grund dafür kann man zum Teil in einer ganz bewußten und überlegten Absicht erblicken: kein Dichter von Rang wird sich an ein Unternehmen wagen, das in seiner Sprache bereits so gut, wie irgend denkbar, vollbracht worden ist. Erst wenn die Sprache – und zwar in ihrer Kadenz noch mehr als in Vokabular und Syntax – im Laufe der Zeit und der sozialen Wandlungen die nötigen Veränderungen erfahren hat, kann ein neuer dramatischer Dichter von der Größe Shakespeares oder ein neuer epischer Dichter von der Größe Miltons auftreten. Nicht nur jeder große Dichter, sondern jeder echte Dichter auch unter den Geringeren bringt in sich ein für allemal irgendeine Möglichkeit der Sprache zur Erfüllung und läßt damit seinen Nachfolgern eine Möglichkeit weniger übrig. Es mag eine sehr kleine Ader sein, die er abbaut, oder es kann sich um eine der großen Formen der Poesie handeln, um die epische oder um die dramatische Dichtung. Aber auch der große Dichter erschöpft immer nur eine Form, nicht aber die ganze Sprache. Der klassische Dichter hingegen erschöpft nicht bloß eine Form, sondern er erschöpft die Sprache seiner Zeit; und wenn er durch und durch ein klassischer Dichter ist, dann wird die Sprache seiner Zeit die Sprache in ihrer Vollendung sein. Wir dürfen die Frage also nicht allein vom Dichter her betrachten, sondern auch vom Standpunkt der Sprache aus, in welcher er schreibt. Es ist nicht nur so, daß der klassische Dichter die Sprache erschöpft, sondern eine zum dichterischen Ausschöpfen taugliche Sprache ist von sich aus geeignet, einen klassischen Dichter hervorzubringen.

So kommen wir denn zu der Frage, ob wir uns nicht glücklich preisen sollen, daß wir eine Sprache besitzen, die zwar keinen Klassiker hervorgebracht hat, dafür aber über reiche Produktionen in der Vergangenheit und die Aussicht auf zukünftige neue Ernten verfügt. Solange wir uns *innerhalb* unserer Literatur befinden, solange wir dieselbe Sprache sprechen und im Grundsätzlichen dieselbe Kultur aufzuweisen haben wie jene unsere produktive literarische Vergangenheit, solange verlangt es uns auch nach dem Besitz zweier Dinge: des Stolzes auf das bereits Erreichte in unserer Literatur und des Glaubens an das künftig noch zu Vollbringende. Wenn wir aufhörten, an die Zukunft zu glauben, wäre auch die Vergangenheit nicht mehr gänzlich *unsere* Vergangenheit: sie würde zur Vergangenheit einer abgestorbenen Kultur. Das sind Überlegungen, die sich mit ganz besonderer Dringlichkeit überall da erheben müssen, wo Menschen darum bemüht sind, dem Vorrat englischer Literatur neuen Reichtum hinzuzufügen. Es gibt im Englischen keinen Klassiker; daher kann jeder lebende Dichter sagen: es ist noch Hoffnung, daß ich – und die nach mir Kommenden, denn so gleichmütig ist keiner, daß er bei richtiger Einsicht, was alles auf dem Spiele steht, den Gedanken aushielte, der *letzte* Dichter zu sein –, es ist noch Hoffnung, daß wir etwas schreiben, was des Bewahrens wert ist. Sub specie aeternitatis freilich hat ein solches Interesse an der Zukunft nichts zu besagen. Sind zwei Sprachen gleichermaßen tote Sprachen, dann können wir nicht sagen, jene sei größer, weil sie über eine größere Zahl und Vielfalt von Dichtern verfügt, oder diese sei größer, weil sich ihr Genius im Werk eines einzelnen Dichters mit größerer Vollständigkeit ausgedrückt hat. Zweierlei möchte ich hier mit allem Nachdruck feststellen: einmal, welcher Glücksumstand es für uns ist, daß unser Englisch – diese lebende Sprache, diese Sprache, in der wir leben – sich nie bis aufs letzte im Werk eines einzelnen klassischen Dichters verwirklicht hat; zum andern, daß jedoch der Maßstab des Klassischen für uns von ausschlaggebender Bedeutung ist. Wir brauchen diesen Maßstab, um unsere einzelnen Dichter zu beurteilen, sosehr wir es ablehnen müssen, unsere Literatur als ein Ganzes derart zu beurteilen, daß wir sie mit einer anderen Literatur vergleichen, die ihrerseits einen Klassiker hervorgebracht hat. Ob eine Literatur in einem Klassiker ihren Kulminationspunkt erreicht, ist Glückssache. Es hängt, wie ich vermuten möchte, weitgehend davon ab, bis zu welchem Grade sich in der betreffenden Sprache die einzelnen Sprachbestandteile verschmolzen haben; die romanischen Sprachen müßten demnach dem klassischen Ideal näherkommen, nicht gerade deshalb, weil sie romanische Sprachen sind, sondern weil sie in sich homogener sind als das Englische und deshalb dem ›Gemeinstil‹ von Natur mehr zustreben, während das Englische, in seinen Bestandteilen die variabelste von allen großen Sprachen, mehr eine Tendenz zur Mannigfaltigkeit als zur Perfektion hat, seine Vollkraft immer erst auf langen Umwegen erreicht und möglicherweise noch mehr unerforschte Möglichkeiten in sich birgt. Vielleicht kann man sagen, daß es von allen Sprachen die größte Fähigkeit hat, sich zu verwandeln und doch sich selbst treu zu bleiben.

Ich komme nun zu dem Unterschied zwischen dem relativ und dem absolut Klassischen – dem Unterschied zwischen einer Literatur, die im Hinblick auf ihre eigene Sprache klassisch heißen darf, und einer Literatur, die klassisch ist auch im Verhältnis zu mehreren anderen Sprachen. Zuvor aber möchte ich ein weiteres Kennzeichen des Klassischen vortragen, das ich bisher noch nicht angeführt habe, das uns aber dienlich sein wird, den erwähnten Unterschied festzustellen und eine Trennungslinie zu ziehen zwischen einem Klassiker wie Pope und einem Klassiker wie Vergil. Es wird sich empfehlen, daß ich einige früher aufgestellte Behauptungen in Kürze noch einmal wiederhole.

Ich habe zu Beginn des Vortrags den Gedanken geäußert, daß beim Einzelmenschen der Vorgang des Reifwerdens sich häufig, wenn auch nicht immer, darin äußern könnte, daß sich eine (vielleicht nicht immer ganz bewußte) Auswahl in ihm vollzieht, eine bevorzugte Entwicklung gewisser in ihm schlummernder Möglichkeiten auf Kosten anderer; und daß eine ähnliche Entwicklung in den Sprachen und Literaturen vor sich gegangen sein mag. Wenn das zutrifft, dann wird sich in einer im engeren Sinn klassischen Literatur, wie wir sie im Englischen im ausgehenden 17. und im 18. Jahrhundert gehabt haben, vermutlich herausstellen, daß die um der erstrebten Reife willen preisgegebenen Bestandteile ungewöhnlich zahlreich und gewichtig sind und daß es immer nur zu einer bedingten Zufriedenheit mit dem erzielten Resultat kommen wird, weil wir in den Werken früherer Autoren die vielen außer acht gelassenen Möglichkeiten der Sprache nur allzu deutlich gewahren. Das klassische Zeitalter der englischen Literatur ist nicht repräsentativ für das Gesamtgenie des Volksgeists; wie schon angedeutet, können wir überhaupt nicht sagen, daß dieses Genie in irgendeinem Abschnitt völlig verwirklicht wäre – und daraus können wir den Schluß ziehen, daß sich aus einer Hinwendung zu diesem oder jenem Abschnitt der Vergangenheit immer noch Möglichkeiten für die Zukunft herleiten lassen. Die englische Sprache hat die Eigentümlichkeit, daß sie für legitime Stilunterschiede einen weiten Spielraum offenläßt; es hat geradezu den Anschein, daß kein einzelnes Zeitalter, und ganz bestimmt kein einzelner Autor, in dieser unserer englischen Sprache so etwas wie eine Norm aufstellen kann. Vom Französischen kann man den Eindruck gewinnen, daß es einem einheitlichen Normalstil sehr viel enger verhaftet ist; aber auch im Französischen, wo die Sprache im 17. Jahrhundert ein für allemal ihre endgültige Gestalt angenommen zu haben scheint, gibt es doch so etwas wie den *esprit gaulois,* es gibt ein Element der Saftigkeit, wie es in Rabelais und Villon enthalten ist; und angesichts dieses Umstandes kann man doch etwas irre werden in der Beurteilung von Racines oder Molières ›Ganzheitlichkeit‹, weil man sich sagen muß, daß jener Wesenszug bei ihnen nicht vorkommt und vor allem nicht in ein größeres Ganze aufgeht. Der Schluß, der sich uns dabei aufdrängt, würde so lauten, daß in dem vollkommenen Klassiker der gesamte Volksgenius latent, wenn nicht gar offenkundig, enthalten sein muß; und daß sich das Klassische in einer Sprache nur so äußern kann, daß dabei das Eigentümliche der betreffenden Sprache ohne Abzug gegenwärtig wird. Unserem Verzeichnis der charakteristischen Eigenschaften des Klassischen müssen wir also noch einen Punkt hinzufügen, nämlich die Eigenschaft des *Umfassenden.* Das klassische Werk muß, soweit es die Begrenzungen der Form erlauben, in einer maximalen Weise den gesamten Gefühlsbereich ausdrücken, der für die jene Sprache sprechenden Menschen bezeichnend ist. Und zwar ausdrücken in aller erdenklichen Fülle und Tiefe und gleichzeitig so, daß es auf die Menschen den denkbar größten Eindruck macht: unter denen, die es angeht, wird das klassische Werk bei allen Klassen und Ständen gleichermaßen Widerhall finden.

Weist ein Werk der Literatur nun gar außer der Eigenschaft des Umfassenden (in Hinsicht auf die eigene Sprache) auch noch einen ähnlichen Bedeutungsgrad im Hinblick auf fremde Sprachen und deren Literatur auf, so kann man sagen, daß es *Universalität* besitzt. Wir dürfen zum Beispiel mit gutem Grund von dem dichterischen Werk Goethes behaupten, daß es den Begriff des Klassischen darstellt, nämlich in Ansehung des Ranges, den es innerhalb seiner

Sprache und Literatur einnimmt. Andere Gründe aber – eine gewisse einseitige Parteinahme, eine gelegentlich wahrnehmbare Ungleichwertigkeit des Inhalts, und das sehr Deutsche, um nicht zu sagen der Germanismus der Empfindung; auch der Umstand, daß Goethe für das Auge eines Fremden doch stark fixiert ist durch sein Zeitalter, seine Sprache und seine Kulturepoche, so daß er nicht als Repräsentant der gesamteuropäischen Tradition gelten kann und, ähnlich wie unsere englischen Autoren des 19. Jahrhunderts, ein wenig provinziell anmutet – alle diese Gründe verbieten es uns, ihn als *universellen* Klassiker zu bezeichnen. Er ist ein universeller Autor, das will heißen ein Autor, mit dessen Werken jeder Europäer vertraut sein sollte – aber das ist etwas anderes. So wird sich in jeder modernen Sprache der eine oder andere Gesichtspunkt ergeben, der es uns unmöglich macht, das klassische Werk in ihr auch nur annähernd verwirklicht zu finden. Wir müssen uns vielmehr den beiden toten Sprachen zuwenden; und zwar ist es von Wichtigkeit, daß sie tot sind, denn durch ihren Tod sind wir in den Genuß der Erbschaft gekommen. Die Tatsache, daß sie tot sind, würde ihnen an sich natürlich keinen Wert verleihen, wenn nicht die Tatsache hinzukäme, daß sämtliche Völker Europas ihre Nutznießer sind. Von den großen Dichtern Griechenlands und Roms nun wieder ist Vergil wohl derjenige, dem wir für unseren Begriff des Klassischen am meisten zu verdanken haben: das läuft – lassen Sie mich das wiederholen – nicht auf die Behauptung hinaus, daß er der Größte von allen wäre oder daß wir uns gerade ihm in jeder Hinsicht am meisten verpflichtet fühlen müßten. Die Dankesschuld, von der ich spreche, ist von einer ganz besonderen Art. Das Umfassende seines Werks, die ganz besondere Qualität, die es aufzuweisen hat, rührt daher, daß in unserer Geschichte das Römische Reich und die lateinische Sprache eine ganz einzigartige Stellung einnehmen – eine Stellung, die geradezu unser geschichtliches *Schicksal* bestimmt. Dieses Gefühl des Schicksalshaften nun bietet sich in der Äneis beständig dem Bewußtsein dar. Äneas selbst ist von Anfang bis Ende ein ›Mensch im Schicksal‹: weder Abenteurer noch Pläneschmied, weder Landstreicher noch Streber, sondern ein Mann, der sein Schicksal erfüllt; und zwar wiederum nicht unter Zwang oder auf Grund eines willkürlichen Urteilsspruchs, geschweige denn aus blinder Ruhmsucht, vielmehr vermöge einer Hingabe seines Willens an die höhere Macht, welche hinter den Göttern steht – den Göttern, die ihrerseits auf eine lenkende und vereitelnde Rolle beschränkt bleiben. An sich wäre Äneas lieber in Troja geblieben, aber er wird zum Landflüchtigen, und zwar in einer größeren und bedeutungsvolleren Weise als irgendein anderer, der ins Exil geht. Sein Exil dient einem höheren Zweck, als er selber es wissen kann; einem Zweck jedoch, welchen er anerkennt. Dabei ist er mitnichten das, was man unter Menschen sonst einen glücklichen oder erfolgreichen Mann nennt. Er ist indessen Roms Symbol, und was Äneas für Rom bedeutet, das bedeutet das alte Rom für Europa. Auf solche Art erlangt Vergil die zentrale Stellung des einzigartigen Klassikers: er steht im Mittelpunkt der europäischen Kultur, an einer Stelle, die kein anderer Dichter mit ihm zu teilen oder an seiner Statt zu erobern beanspruchen darf. Das Römische Reich und die lateinische Sprache waren nicht ein Reich und eine Sprache wie andere auch. Sie haben, im Hinblick auf uns, eine einzigartige schicksalhafte Stellung gehabt; und der Dichter, in welchem jenes Reich und jene Sprache zu Bewußtsein und Ausdruck gelangten, ist darum gleichfalls ein Dichter von einzigartiger Schicksalsbedeutung.

Wenn Vergil dergestalt das Bewußtsein Roms und die mächtigste Stimme im Chor der lateinischen Sprache ist, muß er für uns eine Bedeutung haben, die sich nicht völlig in Worten literarischer Beurteilung und Kritik ausdrücken läßt. Da wir es aber hier mit Fragen der Literatur zu tun haben, da wir uns in den Begriffen der Literatur bewegen müssen, auch wenn wir vom Leben im allgemeinen sprechen, so möge es uns gestattet sein, uns mehr in Form von Andeutungen zu äußern als von wirklichen Feststellungen. Literarisch gesprochen ist dies Vergils Bedeutung für uns: daß er uns zu einer kritischen Norm verhilft. Wie bereits gesagt, können wir vielleicht froh sein, daß uns diese Norm von einem Dichter aus einer fremden Sprache, nicht aus unserer eigenen, geliefert wird; das ist aber kein Grund für uns, die Norm als solche zu verwerfen. Wenn wir den Maßstab des Klassischen bewahren und jedes einzelne Werk der Literatur nach ihm beurteilen, kommen wir notwendig zu der Einsicht, daß zwar vielleicht unsere Gesamtliteratur alle nur erdenklichen Möglichkeiten in sich enthält, daß aber jedes einzelne literarische Werk in der oder jener Hinsicht als fehlerhaft gelten muß. Es mag sich dabei um eine Fehlerhaftigkeit handeln, die notwendig ist; um einen Mangel, der erst gewisse vorhandene Qualitäten möglich macht. Trotzdem müssen wir das Fehlerhafte als solches erkennen, bei aller Einsicht in seine Notwendigkeit. In Ermangelung des Maßstabs nun, von dem ich gesprochen habe, eines Maßstabs, den wir nicht in aller Deutlichkeit vor Augen haben, solange wir uns nur auf unsere heimische Literatur allein verlassen, neigen wir zunächst einmal dazu, geniale Schöpfungen aus verkehrten Motiven zu bewundern – wenn wir zum Beispiel Blake um seiner *Philosophie* oder Hopkins um seines *Stils* willen rühmen –, und von da gelangen wir zu einem zweiten, noch größeren Irrtum, nämlich dem Zweitklassigen den gleichen Rang beizumessen wie dem Erstklassigen. Mit einem Wort: ohne die beständige Anwendung des klassischen Maßstabes, den wir Vergil mehr als irgendeinem anderen Dichter verdanken, entwickeln wir uns in Richtung auf das Provinzielle.

Unter ›provinziell‹ verstehe ich hier etwas mehr, als in der Erklärung des Wörterbuchs steht. Ich möchte hinausgehen über die Definition ›großstädtischer Kultur und Glätte ermangelnd‹, obgleich Vergil zweifellos ein Mann der Hauptstadt war, in einem Grad, daß daneben jeder spätere Dichter von ähnlichem Wuchs ein wenig provinziell wirken mußte. Ich möchte auch hinaus über ›eng in seinem denkerischen, kulturellen und glaubensmäßigen Ausmaß‹ – eine gleisnerische Definition dies, denn von einem modern aufgeklärten Standpunkt aus war auch Dante ›eng in seinem denkerischen, kulturellen und glaubensmäßigen Ausmaß‹; und doch könnte es sein, daß der sehr ins Weite denkende Angehörige der Kirche provinzieller ist als der in einem engeren Sinn kirchlich Denkende. Ich meine mit ›provinziell‹ auch eine Verzerrung der Werte, ein Außerachtlassen hier, ein Überbewerten dort; was nicht auf einen Mangel an weitläufiger geographischer Wohlbereistheit zurückgeht, sondern auf die Angewohnheit, in der Enge gewonnene Maßstäbe auf den Gesamtbereich der menschlichen Erfahrung anzuwenden, wodurch das Zufällige mit dem Wesentlichen, das Vergängliche mit dem Dauerhaften verwechselt wird. In unserer Zeit, wo die Menschen mit immer größerer Vorliebe Weisheit mit Wissen und Wissen mit Informiertheit verwechseln und Lebensfragen mit den Mitteln einer technisch-mechanischen Begriffswelt zu lösen suchen, entsteht allgemach eine neue Art des Provinziellen, der man vielleicht schicklicherweise einen anderen Namen geben sollte. Es ist eine Provinzialität nicht des Raumes, sondern der Zeit; eine Provinzlerhaftigkeit, für die die Geschichte nichts weiter ist als eine Chronik menschlicher Planungen, die der Reihe nach ihre Schuldigkeit getan haben und dann zum alten Eisen geworfen worden sind; eine Provinzlergesinnung, der zufolge die Welt ausschließlich den Lebenden angehört, während die Toten keinen Anteil an ihr haben. Das Gefährliche an dieser Art Provinzialität besteht darin, daß wir alle zusammen, sämtliche Völker des Erdballs, zu Provinzlern werden können; wem es nicht paßt, provinziell zu sein, der kann dann nur noch Einsiedler werden. Würde das besagte Provinzlertum wenigstens zu größerer Toleranz führen, im Sinn wirklicher Duldung und Nachsicht, dann wäre wohl einiges dafür zu sagen. Es sieht aber viel eher danach aus, als sollte es zur Folge haben, daß wir gleichgültig werden in den Dingen, in denen wir nach strenger Norm urteilen und unterscheiden sollten, und dafür intolerant in Dingen, die man ruhig der jeweiligen örtlichen oder persönlichen Vorliebe überlassen dürfte. In Sachen der Religion läßt man uns jede nur erdenkliche Freiheit, vorausgesetzt daß wir unsere Kinder alle in dieselbe Schule schicken. Aber das steht hier nicht zur Debatte; wir haben uns nur mit der Frage zu beschäftigen, ob es gegen das Provinzlertum in der Literatur eine Abhilfe gibt. Wir müssen uns ins Gedächtnis zurückrufen, daß ebenso wie Europa ein Ganzes ist (und noch jetzt, in seiner zunehmenden Verstümmelung und Verunstaltung, der Organismus, aus dem heraus sich jede größere Weltharmonie entwickeln muß), daß ebenso die europäische Literatur ein Ganzes bildet, dessen verschiedene Glieder nicht gedeihen können, wenn nicht derselbe Blutstrom durch den ganzen Körper kreist. Der Blutstrom der europäischen Literatur ist Latein und Griechisch

– nicht als ein zweifaches Kreislaufsystem, sondern als ein einziges, weil unsere griechische Abkunft über Rom läuft. Was hätten wir denn in unseren vielen Sprachen für ein gemeinsames Maß des Vorzüglichen, wenn nicht den Maßstab des Klassischen? Wie wollen wir uns denn ein gegenseitiges Verständnis bewahren, wenn nicht vermöge des gemeinsamen Erbes an Denken und Fühlen, wie es uns in jenen zwei Sprachen überkommen ist, zu deren Verständnis jedes europäische Volk gleichmäßig und ohne unbilligen Vorteil vor dem andern berufen ist? Keine moderne Sprache, die auf die Universalität des Lateinischen Anspruch machen könnte, auch wenn sie von viel mehr Millionen Menschen gesprochen würde, als je Latein gesprochen haben, und auch wenn sie Völkern aller Zungen und Kulturen als Verständigungsmittel diente! Keine moderne Sprache, die hoffen dürfte, einen Klassiker hervorzubringen, in dem Sinn, in dem ich Vergil einen Klassiker genannt habe. Unser Klassiker, der Klassiker von ganz Europa, ist Vergil.

In unseren verschiedenen Einzelliteraturen haben wir so manches aufzuweisen, dessen wir uns rühmen dürfen, so manches, dem das Latein nichts entgegenzusetzen hat. Trotzdem beruht das Große in jeder Literatur nicht in ihrer Besonderheit, sondern in ihrer Stellung inmitten eines größeren Musters, und dieses Muster hat Rom entworfen. Ich habe von dem neuen Ernst gesprochen – vielleicht sage ich es besser mit dem Fremdwort ›Gravität‹ –, von der neuen Einsicht in die Geschichte, wie sie ausgedrückt ist in Äneas' Hingabe an Rom, seiner Hingabe an eine Zukunft weit über alle Möglichkeiten seines Lebens hinaus. Was *ihm* an Lohn zuteil wurde, war kaum mehr als ein schmaler Küstenstreif im neuen Land und eine politische Heirat, da er schon ein müder älterer Mann wurde: seine Jugend eingescharrt, schattenhaft entrinnend mit den Schatten jenseits von Cumä. Darin, habe ich gesagt, gewahren wir das Schicksalsbild des alten Rom. Ähnlich dürfen wir von der römischen Literatur denken: auf den ersten Blick ist es eine Literatur von begrenzter Reichweite, mit einem kargen Aufgebot großer Namen, aber eben universal, wie keine andere Literatur es sein kann. Eine Literatur, die unbewußt, ihrem Schicksal in Europa gemäß, alle Fülle und Mannigfaltigkeit späterer Sprachen dahingibt, um dafür, zu unserm

Besten, das Klassische hervorzubringen. Es genügt, daß diese Norm ein für allemal gesetzt ist: es braucht ein zweites Mal nun nicht zu geschehen. Daß wir die Norm jedoch aufrechterhalten, ist der Preis unserer Freiheit, die Verteidigung der Freiheit gegen das Chaos. Diese Verpflichtung dürfen wir uns ins Gedächtnis rufen, wenn wir alljährlich unsere Dankesschuld abtragen an den großen Geist, der Dante auf seiner Wanderschaft geleitet: ihn, dem bestimmt war, Dante Gesichten entgegenzuführen, die ihm selbst versagt bleiben sollten, und gleichermaßen Europa der christlichen Kultur entgegenzuführen, von der er nichts wissen konnte. Ihn, der seine letzten Worte in der neuen italienischen Sprache sprach, sein Abschiedswort:

il temporal fuoco e l'eterno
veduto hai, figlio, e sei venuto in parte
dov'io per me piu oltre non discerno.

Das zeitliche, das ewige Feuer
hast du erkannt, mein Sohn, hier stehst du jetzt
und hier ist meine Wissenschaft am Ende. (Übertragung
von Karl Voßler.)

Die Ziele der Erziehung[1]

1. Kann »Erziehung« definiert werden?

Ein bekannter Theologe[2] hat in einem jüngst erschienenen Buch, das den Problemen gewidmet ist, mit denen ich mich hier befassen werde, ein Urteil gefällt, das ich mir zu Herzen zu nehmen versucht habe. Er sagt: »Es ist leider wahr, daß die meisten Erzieher die literarischen Dilettanten nicht genügend ignorieren, vielmehr von ihnen ungebührlich beeindruckt sind.« Er hatte allerdings seiner Ermahnung einen Satz vorangestellt, der weniger beunruhigend ist; er hatte bemerkt: »Wenn die Physiker, die Religionswissenschaftler, die Naturforscher, die Künstler und die Erforscher der menschlichen Kontakte sich vereinigen könnten, um ihnen (d. h. den literarischen Dilettanten) das Vorrecht einzuräumen, sich ausschließlich untereinander zu bereden, und wenn sie sich gemeinsam der Überprüfung dessen zuwenden könnten, was wahre Erziehung für die Wiederherstellung gesunden Denkens auf der Grundlage angemessener Erfahrung ausmacht, so gäbe es weniger Verwirrung der Geister in Erzieherkreisen und mehr wechselseitig hilfreiche Zusammenarbeit, die zwischen denen besteht, die mit verschiedenen Methoden und auf einander ergänzenden Wegen die eine Wahrheit suchen.« Ich weiß nicht, ob ich in dem gegenwärtigen Zusammenhang als ein Künstler oder als ein literarischer Dilettant anzusehen bin. Zwischen hilfreichem Beitrag und unwissender Einmischung kann die Grenze wirklich sehr schmal sein; und ich muß das Risiko eingehen, wenn ich überhaupt etwas sagen will.

Erziehung ist ein Gegenstand, über den wir alle etwas zu sagen zu haben glauben. Wir sind alle mehr oder weniger gut erzogen worden; und die meisten von uns haben über die Mängel der eigenen

1 Obwohl der englische Begriff »education« sowohl dem deutschen Begriff »Erziehung« wie »Bildung« entsprechen kann, ist hier als der umfassendere Begriff »Erziehung« gewählt. (d. Ü.)

2 Bernard Iddings Bell, *Crisis in Education*, New York, Mc Graw-Hill Book Company, 1949.

Erziehung zu klagen; und wir alle lieben es, unsere Erzieher oder das System, in dem sie zu wirken gezwungen waren, für unser Versagen bei unserer Selbsterziehung verantwortlich zu machen. Auch hat der literarische Dilettant manchmal im Unterrichten dilettiert. Ich war Lehrer ein halbes Jahr lang an einem Gymnasium und ein Jahr lang an einer Schule für kleine Jungen; drei Jahre meines Lebens lang hielt ich einmal die Woche Fortbildungsunterricht für Erwachsene; zeitweilig war ich Assistent in der Philosophie und leitete wöchentlich Tutorengruppen, und in viel höherem Alter war ich für einen Kursus von Studenten im Fache – Gott verzeihe mir – Vergleichende Englische Literatur verantwortlich. Ich lasse die verschiedenen Reihen öffentlicher Vorlesungen beiseite, die ich an Universitäten gehalten habe, weil niemand über solche Vorlesungen ein Examen abzulegen hat, weshalb sie auch nicht ein Teil der Erziehung sind. Und ich erwähne meine nominellen Qualifikationen nur, um zu versichern, daß sie nach meiner Ansicht für meine gegenwärtige Aufgabe überhaupt keine Qualifikationen sind.

Vor einer Reihe von Jahren schrieb ich ein Buch mit dem Titel *Notes towards the Definition of Culture* – ein Titel, den einige Leser prätentiös und pedantisch nannten, während andere ihn als einen Beweis ironischer Bescheidenheit ansahen. In dieses Buch hatte ich, vielleicht etwas beiläufig, ein Kapitel aufgenommen, das, wie ich meinte, von einigen gängigen Trugschlüssen und Irrtümern der Erziehungstheorie handelte. Das Kapitel konnte auf keine andere Einheit oder Struktur Anspruch erheben als eine Aufzählung, und vielleicht bestand seine Hauptfunktion darin, das Gefühl der Verärgerung über all den Unsinn abzureagieren, der in England während der Kriegsjahre geredet und geschrieben worden war. Nachdem ich mein Gemüt – oder meine Leber – von den lastenden Emotionen befreit hatte, fühlte ich mich sehr viel wohler; und ich glaubte, ich würde nie mehr auf diesen Gegenstand zurückkommen müssen. Doch unseligerweise fiel dies Kapitel einem sehr prominenten Pädagogen[1] ins Auge, der nach ein paar höflichen Worten des Lobes mich öffentlich als den Urheber einer Menge von Widersprüchen ausgab und mich dann auch wirklich aufforderte, entwe-

1 Robert M. Hutchins, ›T. S. Eliot on Education‹, *Measure*, I (Winter 1950).

der etwas Zusammenhängendes zu produzieren oder Abbitte zu tun. Nun, dies hier ist der Versuch, von beidem etwas zu leisten.

Ich erkannte sogleich einen Fehler: daß, während ich im früheren und besser aufgebauten Teil des Buches zwischen wenigstens drei verschiedenen, obwohl eng miteinander verbundenen Bedeutungen zu unterscheiden versucht hatte, die das Wort *Kultur* (culture) in verschiedenen Kontexten hat, ich das Wort *Erziehung* (education)[1] verwendet hatte, ohne mich dazu zu bequemen, es in derselben Weise zu zergliedern. Doch es ist sofort deutlich, daß das Wort *Erziehung* etwas Verschiedenes bedeutet, je nachdem, ob wir von dem reden, was angeboten wird, oder ob wir das meinen, was *empfangen* wird; ob wir von Erziehung sprechen als von etwas, das an Menschen vollzogen wird, oder ob wir meinen, was sie für sich selbst tun. Wir können die Maschinerie meinen, und wir können den Kontakt eines fähigen Schülers mit dem richtigen Lehrer meinen.

Hier muß ich einen Exkurs anbringen. Ich habe schon meine Bereitwilligkeit bekundet, den Ruf eines literarischen Dilettanten in Erziehungsfragen in Kauf zu nehmen; ich muß auch den eines literarischen Dilettanten in der Semantik und Semasiologie in Kauf nehmen. Dies ist ein noch verboteneres Gehege als die Erziehung; aber die Welt ist heute so voll von hochspezialisierten Gegenständen, die geistige Landschaft ist so gänzlich in verbotene Bezirke aufgeteilt, mit Warntafeln, die uns auffordern, sie nicht zu betreten, widrigenfalls die Übertreter verfolgt würden, oder einfach mit »Vorsicht: Bulle«, daß der literarische Dilettant zur Unbesonnenheit gereizt wird. Ich werde alles das, was ich über dieses Thema zu sagen habe, abgrenzen und später weglassen, wenn es mich allzu lächerlich macht –, indem ich es »Beiträge zum Begriff der Runzibilität« (»Notes towards the Definition of Runcibility«) oder »Die Widerlegung MacTaggarts« nenne.

Der verstorbene John MacTaggart Ellis MacTaggart war Philosoph am Trinity College, Cambridge und erfreute sich in seinen Tagen eines beträchtlichen Rufes. Ich habe nie etwas von ihm gele-

1 Um den Leser nicht zu verwirren, ist für education durchgängig Erziehung gesagt, obwohl die Bedeutung manchmal angemessener durch Bildung wiedergegeben wäre. (d. Ü.)

sen, aber ich glaube, er war Hegelianer, ein Exponent einer Philosophie, die heute außer Kurs ist, es sei denn in der Form des dialektischen Materialismus. Aber es heißt, MacTaggart sei es gewesen, der die Erklärung beigebracht habe, das Wort *runcible*[1] heiße so viel wie Schildpatt. Er gründete seine Interpretation auf zwei Stellen, eine in *The Owl and the Pussycat*[2] *(Der Eul und die Miezekatz*[2]*)* und die andere in *The Pobble Who Has No Toes*. Man wird sich erinnern, daß der Eul und die Miezekatz ihr Hochzeitsmahl mit einem runzibelen Löffel aßen und daß Pobbles Tante Jobiska eine runzibele Katze mit rotem Backenbart hatte. Da er erkannte, daß manchmal Schildpatt-Löffel gemacht werden und daß Schildpatt-Katzen manchmal vorkommen, behauptete MacTaggart, »schildpattig« sei das einzige Adjektiv, das sowohl auf Katzen wie auf Löffel angewandt werden könne. Nun möchte ich nicht die Frage aufwerfen, ob es in der Sprache ein anderes Adjektiv gibt oder nicht gibt, daß sich auf Katzen wie Löffel anwenden läßt: ich bin bereit, MacTaggarts Befund in dieser Frage zu akzeptieren. Auch mache ich keinen weiteren Einwand unter Berufung auf seine unzulängliche Kenntnis der Werke Edward Lears, ich will damit sagen, auf die Tatsache, daß Lear in einem anderen Gedicht sich selbst beschreibt, wie er »in einem runzibelen Hut« ausgeht. Es wäre für einen Schüler MacTaggarts ein leichtes, diese Schwierigkeit durch eine Fußnote zu umgehen, die andeutet, daß Lear ein exzentrischer Mensch war – was man kaum leugnen kann – und daß jemand wie Lear sehr wohl den Panzer einer Schildkröte als Hut getragen haben könnte: dabei hätte er beiläufig auf die Ähnlichkeit der Form zwischen einem Schildkrötenpanzer und der akademischen Kopfbekleidung von Doktoren der Philosophie an einigen englischen Universitäten hinweisen können. Nein, ich behaupte, MacTaggarts Methode war von Anfang an falsch.

Es ist ein Gemeinplatz, daß dasselbe Wort zwei Bedeutungen entwickeln kann, die keine andere Beziehung zueinander haben als die, aus derselben Wurzel abgeleitet zu sein. Man vergleiche das Verb *évincer* im Französischen, das »vertreiben, enteignen« (»to eject, to

1 eine Erfindung des nonsense-Dichters Edward Lear. (d. Ü.)
2 so in der Übersetzung von Grete Fischer, Heimeran 1965. (d. Ü.)

dispossess«) heißt, mit dem Wort *evince* im Englischen, das heute »entfalten, zur Schau tragen, manifestieren« (»to display, exhibit, manifest«) heißt. Beide bedeuteten ursprünglich »erobern« (»to conquer«) – das heißt, beide waren anfangs der Bedeutung des Lateinischen treu, aus dem sie gebildet waren. Die moderne Verwendung des französischen Verbs ist in erster Linie die juristische. Aber das englische Verb hat eine interessante Geschichte. Im frühen sechzehnten Jahrhundert, als es noch »überwinden, die Oberhand gewinnen« (»overcome, prevail over«) bedeutete, bedeutete es außerdem »überzeugen« (»convince«) – durch Argumente überwinden (natürlich ist in »convince« die Bedeutung des Sieges erhalten) – und »widerlegen« (»to confute«). Etwas später erscheint es als »erzwingen, erpressen« (»constrain, extort«); gleichzeitig konnte es »etablieren« oder »vindizieren« bedeuten. Gegen Ende des achtzehnten Jahrhunderts scheint es einen plötzlichen Sprung in die Bedeutung »augenscheinlich oder offenkundig machen« (»to make evident or manifest«) zu tun. Dieser Sprung ist gar nicht so verwunderlich, wie es scheinen könnte, wenn wir das Zitat betrachten, das diese Bedeutung im Oxford English Dictionary illustriert und aus den *Voyages of Captain Cook* (1790) genommen ist: »Ihre friedliche Einstellung wird vollends offenkundig durch ihre freundliche Aufnahme aller Fremden.« Hier ist die Bedeutung von 1790, »augenscheinlich oder offenkundig machen« nicht sehr weit entfernt von einer Bedeutung von 1610: »durch Argumente oder Beweismittel beweisen« (»to prove by argument or evidence«). Und »augenscheinlich oder offenkundig machen«, erleichtert den Wandel zur Verwendung in der Zeit vom frühen neunzehnten Jahrhundert bis heute, nämlich »entfalten, zur Schau stellen, manifestieren«. So kann der Wandel eines Wortes von einer Bedeutung zu einer anderen leicht, natürlich und, im Falle der Geschichte von *evince*, vernünftig sein; jeder Übergang kann so unmerklich sein, daß die Autoren – und wir dürfen nicht vergessen, die unbekannten Sprecher –, die dafür verantwortlich sind, es gar nicht merken, daß sie etwas Neues schaffen; und doch ist es ein langer Weg vom lateinischen Verb *evincere*, to conquer, bis zu den englischen Verben *exhibit* oder *manifest*, die aus verschiedenen Wurzeln stammen. Und heute ist zwischen der Bedeutung des englischen *evince* und des französischen *évincer* eine weite Kluft.

Es ist von offensichtlicher Nützlichkeit für uns, wenn wir uns mit der Geschichte wichtiger Worte vertraut machen, weil wir ohne dieses Verständnis immer dazu neigen, in die älteren Texte der englischen Literatur einen modernen Sinn hineinzulegen. Es ist ebenso nötig, wie es nötig ist, zu wissen, daß zum Beispiel *suspenders* in England Socken halten und daß sie in Amerika *pants* (Hosen) tragen, die in England von *braces* gehalten und nicht *pants* genannt werden, weil dieser Begriff für das Bekleidungsstück unter den amerikanischen Hosen reserviert ist. Aber neben den Variationen der Bedeutung desselben Wortes am gleichen Ort zu verschiedenen Zeiten und zur gleichen Zeit an verschiedenen Orten tritt noch die wichtigere Variation der Bedeutung des gleichen Wortes zur gleichen Zeit am gleichen Ort. Bevor ich fortfahre, möchte ich betonen, daß diese Wackeligkeit von Worten keineswegs zu bedauern ist. Wir sollten nicht versuchen, ein Wort auf eine Bedeutung festzunageln, die es zu allen Zeiten, an allen Orten und für jedermann haben sollte. Natürlich muß es viele Wörter in einer Sprache geben, die auf eine Bedeutung wenigstens relativ festgelegt sind. Von wissenschaftlichen Termini ganz zu schweigen, gibt es viele Substantive, die konkrete Gegenstände benennen und durch die Geschichte der Sprache hindurch im wesentlichen dasselbe gemeint haben müssen: wie jene beiden Wörter, die von Philosophen verwendet zu werden pflegten, wenn sie erwogen, ob etwas existiere oder nicht – nämlich *Tisch* und *Stuhl*. Aber es gibt auch viele Wörter, die ihre Bedeutung verändern *müssen*, weil ihr Bedeutungswandel die Sprache lebendig hält, oder vielmehr, weil sie anzeigen, daß eine Sprache lebendig *ist*. Wenn sie sich nicht veränderten, so würde das heißen, daß wir genau das gleiche Leben lebten wie unsere Vorfahren (das Tempo der Veränderung von Wortbedeutungen in der Sprache eines primitiven Volksstamms, so würde ich erwarten, müßte bei der Gleichförmigkeit anderer Dinge wohl sehr langsam sein), oder aber, daß unsere Sprache nicht länger unseren Bedürfnissen angemessen wäre – in welchem Falle die fortschrittlichere Sprache eines Nachbarn sie verdrängen würde.

Verwandt mit dem Bedeutungswandel von Wörtern von einer Generation zur andern sind die Bedeutungsvariationen, die sie zur gleichen Zeit haben können, und um diese Variationen bin ich hier bemüht. Wenn zwei Wörter aus derselben Wurzel so unterschiedliche Bedeutungen in zwei verschiedenen Sprachen erlangt haben wie *évincer* und *evince*, so sind sie praktisch zwei verschiedene Wörter. Die Verwirrung wäre unerträglich, wenn *evince* im Englischen *beides* bedeuten würde, nämlich »enteignen« und »manifestieren«. Aber es gibt viele Wörter, die wir mit leicht veränderter Bedeutung in verschiedenen Zusammenhängen gebrauchen müssen; und dieser Bedeutungsunterschied kann, obgleich geringfügig, sehr wichtig sein. Ein großer Teil unserer Verwirrungen im Denken kommt daher, daß wir nicht beachten, daß wir dasselbe Wort in verschiedenem Sinn benutzen.

Kommen wir einen Augenblick auf das Wort »runzibel« (»runcible«) zurück. Es ist ein Nonsense-Wort, aber ich glaube, man kann etwas über »Sinn-Wörter« lernen, wenn man Unsinn-Wörter prüft. Lewis Carrolls Schachtel-Wörter[1], wie *slithy, gimble* und *wabe* sind nicht reine Unsinn-Wörter, denn er hat ihre Bedeutung definiert: auch Edward Lears *spongetaneous*[2] ist es nicht. Aber *runcible* ist, soweit ich sehen kann, ein reines Nonsense-Wort[3]; und als solches hat es keine Wurzel. Es kann nicht definiert werden. Aber ich würde leugnen, daß es keine Beziehung zwischen seinen drei Verwendungen des gleichen Wortes gäbe. Die Richtigkeit des Wortes in jeder dieser Verwendungen, die Tatsache, daß es uns durch seine Anwendbarkeit auf so verschiedene Dinge wie eine Katze, einen Löffel und einen Hut befriedigt, ist etwas, das unsere Sensibilität bejaht; wir fühlen aber auch, daß in jeder Verwendung eine andere Bedeutungsschattierung steckt. Es ist der Nonsense-Schatten der Art von Wörter, um die es hier geht, und deshalb kann es nicht *Schildpatt* bedeuten. Und übrigens war Lear ein Dichter;

1 Mischwörter (portmanteau words), deren Bestandteile aus zwei anderen Wörtern zusammengesetzt sind, als seien sie wie eine Falt-Reisetasche zusammengeschoben. (d. Ü.)

2 aus sponge (Schwamm) und spontaneous (spontan). (d. Ü.)

3 »runcible« mag durch »runcinate« = »sägeförmig«, »dem dreieckigen Zahn einer Säge gleichend« angeregt sein. (d. Ü.)

wenn er also *Schildpatt* gemeint hätte, so hätte er wahrscheinlich auch *Schildpatt* gesagt.

Das Wort, hinter dem ich her bin, ist natürlich *Erziehung* (education). In dem Buch, in dem ich mich unklugerweise zu einem Kapitel mit Bemerkungen über Erziehung hinreißen ließ, machte ich, wie ich schon sagte, den Versuch, drei Bedeutungen zu unterscheiden, in denen wir das Wort *Kultur* (culture) verwenden, das eine etwas andere Bedeutung hat, je nachdem, ob wir vom Individuum, der Gruppe oder der Gesellschaft insgesamt sprechen. Ich vertrat die Ansicht, daß es nicht anginge, drei verschiedene Wörter dafür zu verwenden oder gar immer »Kultur A, B oder C« zu sagen, weil diese Bedeutungen sich gegenseitig durchdringen und einander Bedeutsamkeit verleihen; daß wir aber ständig auf der Hut davor sein müssen, Feststellungen über den einen Begriff zu machen, die nur auf den andern anwendbar sind. Es ist möglich, daß ich es selber so gemacht habe, sogar in Kapiteln, in denen ich zu unterscheiden versuchte. Wir können es kaum vermeiden, unsere Leser gelegentlich irrezuführen, denn es erfordert mehr, als uns möglich ist, zu vermeiden, uns selbst irrezuführen. Und wir müssen bedenken, daß die Bedeutung eines Wortes niemals gänzlich durch seine Definition dargestellt wird, d. h. durch andere Wörter, und daß es eine implizierte Einheit in allen Bedeutungen eines Wortes wie »Kultur« gibt, die nicht ganz in einer Definition aufgeht: diese Einheit empfinden wir, wenn wir die verschiedenen Definitionen eines Wortes in gängigem Gebrauch betrachten.

Was ich allerdings nicht getan habe, war, die verschiedenen Bedeutungen von »education« zu analysieren. Ich glaube auch nicht, daß irgendeiner der Autoren, deren Äußerungen ich in Frage zog, es getan hatte; aber das ist keine Entschuldigung. Wie die Autoren, die ich kritisierte, leistete ich der Annahme Vorschub, »education« habe nur eine Bedeutung.

Ein wenig Klärung der Komplexität der Bedeutung des Wortes läßt sich erreichen, wenn man, wie wir es mit *evince* getan haben, die Geschichte des Wortes untersucht. Ich kehre zum O. E. D.[1] zurück. Das Wort *education* entwickelt sich ziemlich geradlinig, wenn man

1 Oxford English Dictionary. (d. Ü.)

das Abrichten von Tieren und eine technische Vorrichtung für das Züchten von Seidenwürmern ausklammert. Es wird zuerst auf das Unterrichten der ganz Jungen angewendet: das erste Beispiel, das von 1540 datiert, spricht von der Erziehung der einjährigen Kinder. Danach bedeutet es die Ausbildung junger Menschen im Hinblick auf die Stellung, die sie im Leben einnehmen sollen: das heißt auf die feste Gruppe. (Frühe Abhandlungen über Erziehung betrafen natürlich die Vorbereitung junger Herren für das Leben am Hofe.) Es entwickelt sich weiter zu »systematische Instruktion, Schulung oder Ausbildung, die jungen Menschen als Vorbereitung für das tätige Leben zuteil wird«; auch zum »gesamten Gang gelehrter Unterweisung, die jemand erhalten hat«: das heißt, das Wort entwickelt sich im Zusammenhang mit Schulen und Universitäten; doch hat es oft noch eine berufsbezogene Mitbedeutung – zum Beispiel juristischer oder medizinischer Art. Schließlich wird es zu »Kultur oder Entwicklung von Gaben, Bildung des Charakters im Unterschied zur Vermittlung bloßen Wissens oder Könnens«. Und auf dieser Stufe beginnen die Schwierigkeiten, in die wir hinsichtlich der Bedeutung des Wortes in verschiedenen Zusammenhängen geraten.

Im Verlaufe der Zeit und des Älterwerdens einer Sprache wird es schwieriger, herauszufinden, was Worte bedeuten und ob sie für verschiedene Menschen dasselbe bedeuten. Und wenn wir das *Wort* »education« gebrauchen, so gebrauchen wir es entweder so umfassend, daß es, weil es alles bedeutet, nichts mehr bezeichnet, oder aber wir haben dabei eine besondere Bedeutung im Auge. Wir können dabei etwa an den »Gebildeten« (»educated man«) denken. Aber die höchste Form des gebildeten Menschen ist nicht einfach ein Mensch, der die besten Erziehungsinstitutionen durchlaufen hat; er ist zunächst einmal bildungsfähiger als die meisten anderen und hat viel daran gearbeitet, sich selbst zu bilden, seit er aufgehört hat, Schüler zu sein. Wir können mit »educated man« jemanden meinen, der sehr gut ausgebildet und sehr tüchtig auf einem sehr engen Spezialgebiet ist; oder wir können damit einen Menschen meinen, der eine gute »Allgemeinbildung« genossen hat – die wir dann vielleicht zu umreißen beginnen, obwohl wir selten darin übereinstimmen, welche Art von Bildung denn allgemein ist, wobei wir zugeben, daß kein einziger Mensch die Zeit hat, »allgemein« gebildet zu werden, selbst wenn er dazu die Fähigkeiten hat. Wenn wir an den Einzelnen denken, so sind wir, glaube ich, geneigt, und das mit Recht, das zu betonen, was der Betreffende für sich selbst tut und nicht so sehr das, was an ihm getan wird. Und der vollkommen gebildete Mensch existiert ebensowenig wie der vollkommen kultivierte; und die Art der in Rede stehenden Vollkommenheit ist je nach ihrer Umgebung verschieden. Es ist leichter, in Begriffen der Gruppe zu denken. In früheren Zeiten, von denen noch Spuren da sind, war es die *soziale* Gruppe; in unserer Zeit ist es mit größerem Gewicht die technische Gruppe. Solange es sich lediglich um eine kleine Gruppe des gleichen sozialen Ranges handelt, kommt die Frage nach dem Zweck oder der Bedeutung der Erziehung kaum auf. Denn die Tatsache, daß alle Schüler aus den nahezu gleichen Verhältnissen kommen, nominell das gleiche religiöse Bekenntnis haben und später Berufen in derselben Gruppe nachgehen werden, bedeutet, daß ein großer Teil der »Erziehung« im weitesten Sinne als selbstverständlich hingenommen oder ignoriert werden kann. Und wo es sich um eine technische Ausbildung handelt, da ist ihr Ziel klar, da kann ihr Erfolg oder Mißerfolg gemessen werden; die einzige Frage ist, in welchem Alter sie beginnen soll. Die Schüler und Studenten werden zweifellos aus sehr verschiedenen Verhältnissen kommen und sich schließlich verstreuen, um, abgesehen von ihrer beruflichen Tätigkeit, ein ganz verschiedenes Leben zu führen; aber die Frage, was sie gelehrt werden sollte und in welcher Reihenfolge, kann auf verschiedene Weise beantwortet werden. Die wirkliche Schwierigkeit entsteht, wenn man das Wort *education* in seiner jüngsten Bedeutung »Kultur, oder Entwicklung der Kräfte, Bildung des Charakters« nimmt. Denn die Bedeutung in bezug auf eine soziale oder berufliche Gruppe ist durch alles das bestimmt, was sie nicht ist; während Erziehung im weitesten Sinne das Ganze des Lebens für das Ganze der Gesellschaft betrifft.

Ich mache keine Einwände gegen diese Entwicklung der Wortbedeutung. Ich glaube, sie war unvermeidlich bei der Entwicklung der Gesellschaft an Umfang, Vielschichtigkeit und Organisation und bei dem in unserer Zeit so fühlbaren Druck mit dem Ziel der bewußten Lenkung und Zentralisierung immer größerer Lebensbereiche. Aber wir sind gezwungen worden, alles dieses unter Erziehung zu verstehen, in einer Zeit, da uns die Kultur bewußter und zugleich zweifelhafter geworden ist, und in einer Zeit, da die Meinungen darüber auseinandergehen, wie der Charakter gebildet werden sollte. Auch besteht in wachsendem Maße die Gefahr, daß, wenn wir diese Definition auf die Absichten unserer Erziehungs- und Bildungsinstitutionen anwenden, wir von ihnen erwarten, daß sie für die Gesellschaft tun, was die Gesellschaft für sich selbst tun müßte. Und »Kultur, Entwicklung der Kräfte, Bildung des Charakters« stellen unsere Erziehungsinstitutionen heute vor eine besonders schwere Aufgabe. Diese Institutionen sind in allen Ländern so riesig groß; sie führen Lernende von so verschiedenem Typus zusammen; sie haben so viele Abteilungen; sie sind gleichzeitig so hochorganisiert und so formlos. Wir können leicht nach mehr streben und doch weniger erreichen als unsere Großeltern und Urgroßeltern.

Ich möchte zur Liste der drei Ziele und Zwecke der Erziehung zurückkehren, die Dr. C. E. M. Joad[1] formuliert, eine Liste, die ich in meinem Buch[2] kurz kritisiert habe, denn sie scheinen mir ebenso gut zu sein wie andere ähnliche Dreierlisten, die mir untergekommen sind. Es sind:

Einen Jungen oder ein Mädchen instand zu setzen, seinen oder ihren Lebensunterhalt zu verdienen.

Ihn auszurüsten, seine Rolle als Staatsbürger einer Demokratie zu spielen.

Es ihm zu ermöglichen, alle verborgenen Kräfte und Fähigkeiten seiner Natur zu entwickeln und sich so eines guten Lebens[3] zu erfreuen.

Dies stellt in der Tat den beruflichen, den sozialen und den individuellen Aspekt der Erziehung dar, so wie Dr. Joad sie sieht. Der

1 in *About Education.* (d. Ü.)

2 Das betr. (6.) Kap. in jenem Buch ist, weil es durch diesen Essay überholt ist, fortgelassen worden. (d. Ü.)

3 ›a good life‹ – das gute, d. h. richtige Leben im Sinne einer religiösen oder entsprechend verweltlichten Norm. (d. Ü.)

erste, die Ausbildung für den Lebensunterhalt, ist sicherlich ein dauernder Bestandteil der Erziehung. Aber er muß selbstverständlich im Zusammenhang mit dem zweiten und dritten gesehen werden. Der Broterwerb muß mit den Bedürfnissen und Erfordernissen der Gesellschaft übereinstimmen; er muß auch die Lebensform sein, für die der Einzelne durch Neigungen und Fähigkeiten am besten gerüstet ist. Bei allem ist die Voraussetzung eine gesunde Gesellschaft: denn es ist bekannt, daß in den meisten Gesellschaften gewisse hochwichtige Tätigkeiten unterbezahlt oder sogar entwertet werden. Eine gut geordnete Gesellschaft ist ebenso wie ein anständiger Mensch gemeint bei dem dritten Ziel, dem »Entwickeln verborgener Kräfte«. Denn einige dieser verborgenen Kräfte können böse sein, und die Entwicklung der Kräfte des Einzelnen geschieht nicht allein zu seinem Lebensgenuß: einige von ihnen sollten für die Gesellschaft heilsam, die übrigen unschädlich sein.

So gelangen wir zu der Frage, welche Art von Gesellschaft es sein sollte. Ich möchte ungern sagen »in einer Demokratie«, wie Dr. Joad und andere es tun. Erstens ist dies eine Feststellung, die jeder Politiker heute in jedem Lande unterschreiben würde; und wenn alle sich darin einig sind, das gleiche Wort zu benutzen, um gänzlich verschiedene Institutionen zu beschreiben, so wird die Sache verdächtig. Zweitens ist der nächste Schritt, da das Wort jedem immer die besondere Form der Demokratie nahebringt, in der er lebt, zu sagen »meine Demokratie ist demokratischer als deine Demokratie«, während es mir so scheint, daß jedes demokratische Land eine Demokratie entwickeln müsse, die von denen anderer in mancher Hinsicht abweichen wird, aber ebenso »demokratisch« sein kann. Dann scheint mir eine Demokratie, die dieses Namens würdig ist, eine Demokratie menschlicher Wesen, nicht einfach formaler Systeme zu sein; viel hängt von den Staatsbürgern ab und von denen, die sie als ihre Vertreter wählen. Es kann vorkommen, daß es zwischen den formalen Institutionen und dem Ethos eines bestimmten Volkes, das sie unterhält, an Übereinstimmung mangelt; aus diesem Grunde und wegen der Korruptheit unter denen, die Politik zum Beruf machen, oder wegen Gleichgültigkeit oder Unwissenheit oder Vorurteil oder schlechtregulierter Emotion unter den Menschen kann es vorkommen, daß eine Demokratie manchmal sehr schlecht funktioniert.

Wir alle stimmen in der Versicherung überein, eine Demokratie sei das bestmögliche Ziel für die Gesellschaft; und die weiteste Definition der Demokratie, die *ich* finden kann, ist eine Gesellschaft, in der das Höchstmaß von Verantwortung mit dem Höchstmaß individueller Freiheit verbunden ist. Aber wir können es bei dem nicht belassen. Denn einmal scheint der Begriff »Verantwortung« den der »Freiheit« zu implizieren, und umgekehrt. Man wird verantwortlich nicht einfach dadurch, daß einem Pflichten auferlegt werden, denen man sich nicht entziehen kann; denn wenn ein einzelner Mensch wirklich verantwortlich sein soll, so muß er die Freiheit haben, sich seinen Verantwortungen zu entziehen; und niemand kann im wahren Sinne des Wortes »ein freier Mann« sein, der sich »unverantwortlich« zeigt – das heißt, der seinen Launen und Begierden ausgeliefert ist – ein Mensch, der für sich selbst keine Verantwortung übernimmt.

Ich möchte es ganz deutlich sagen, daß ich Dr. Joads Versicherung bejahe, wonach es eins der Ziele der Erziehung sein sollte, ihre Produkte so auszurüsten, daß sie ihre Rolle als Staatsbürger einer Demokratie spielen können. Wenn ich sage, ich bejahe sie, so meine ich, daß jede andere Behauptung, die ihr innerhalb des gleichen Erörterungsbereichs widerspräche, falsch wäre. Eine solche Behauptung wäre zum Beispiel, »eins der Ziele der Erziehung müßte es sein, ihre Produkte so auszurüsten, daß sie ihre Rolle als Staatsbürger einer Anti-Demokratie spielen können«, oder »es ist nicht die Aufgabe der Erziehung, gute Staatsbürger heranzubilden«. Was ich klarmachen möchte, ist einfach, daß eine Definition eines Begriffs wahrscheinlich die Verwendung undefinierter definierender Begriffe mit sich bringt. Nun scheint dies unvermeidlich zu sein; es ist eine bleibende Bedingung der Sprache und des Denkens. Eine Definition ist ausreichend, wenn wir zum Zwecke der richtigen Verwendung des definierenden Begriffs keine weitere Definition der definierenden Begriffe brauchen. Es ist unangemessen und gefährlich, wenn wir die Bedeutung der definierenden Begriffe auf das ausdehnen, was nicht in der Absicht des Definierenden lag – weil immer diese

Beschränkung einer Definition besteht, daß sie von jemandem gemacht und von jemand anderem aufgenommen wird. Es gibt Bereiche exakten Denkens, in denen es keine Rolle spielt, wer der Definierende war; aber hier sind wir nicht in einem solchen szientifischen Paradies.

Bei der in Rede stehenden Behauptung ist es, glaube ich, nötig, zu unterstellen, daß wir das Wesentliche der Demokratie meinen – daß wir nicht der einen Bedeutung zu ungunsten einer anderen den Vorzug geben. Es muß alles das bedeuten, was ich soeben angeführt habe: nicht nur eine Regierungsform, sondern ein gemeinsames Ethos, eine gemeinsame Art und Weise, emotionell zu reagieren, ja sogar gemeinsame Maßstäbe des Verhaltens im Privatleben. Aber der Leser einer solchen Definition wird vermutlich auf das Wort »Demokratie« lediglich mit ein paar flüchtigen Vorstellungen von Konventionen, Wahlen, Abstimmungen u. ä. reagieren. Wenn er sich artikulierter zu äußern anschickt, so wird er vielleicht Demokratie entweder so definieren, daß einige Leser den Eindruck haben, er meine überhaupt nicht die Demokratie, oder aber so, daß sie unbefriedigt bleiben. Dr. Edward Leen, ein irischer Theologe, sagt in einem interessanten und empfehlenswerten Buch *What is Education?*: »Man ist sich darüber einig, daß der Feststellung, die Jugend müsse für die Demokratie erzogen werden, eine bestimmte akzeptable Bedeutung gegeben werden kann, vorausgesetzt, wir sind uns im klaren, was Demokratie bedeutet.« Er fährt dann fort, uns zu sagen, was er meint. »Demokratie, recht verstanden«, sagt er, »ist nichts Geringeres als Aristokratie.« Er hätte, meine ich, sagen sollen, »Aristokratie recht verstanden«, weil er »Aristokratie« dann eine eigene Bedeutung gibt. Er meint »eine Aristokratie des Wertes, nicht eine Aristokratie des Zufalls«. Der Zugang dazu, sagt er, erfolgt nicht durch Geld oder Geburt, sondern durch persönliche, sittliche und geistige Bemühung.

Nun ist dies zunächst nicht die gewöhnliche Bedeutung von »Aristokratie«, und ich bin gegenüber Versuchen, die gewöhnliche Bedeutung mit Gewalt zu verändern, ziemlich argwöhnisch. Außerdem hat Dr. Leen, wie mir scheint, das Problem einfach eine Stufe weiter fortgeschoben, ohne uns zu helfen, dort hinzugelangen, denn das Problem, wie man die Besten als Regierende bekommt, bleibt noch zu lösen. Und, weiter, scheint diese Regierungsform mir nicht ideal demokratisch, denn es kann zumindest besagen, daß die Gesellschaft scharf in Regierende und Regierte einteilbar ist; er hat, so scheint mir, seine Sicht der Demokratie auf den politischen Aspekt beschränkt.

Es beginnt klarzuwerden, daß eine formale Definition von Erziehung und eine verallgemeinerte Festlegung ihres Zwecks nicht leicht zu erlangen sind. Die Feststellung »Jungen und Mädchen so auszurüsten, daß sie ihre Rollen in einer Demokratie spielen können«, ist offensichtlich nur ein zweitrangiger Zweck, es sei denn, wir entschlössen uns, die Bedeutung von »Erziehung« sehr eng zu fassen. Denn es ist klar, daß, wenn dies ein wesentlicher Bestandteil der Erziehung ist, viele der größten Weisen und Gelehrten der Vergangenheit nicht erzogen genannt werden können; und wir müssen dies sogar von den Vätern der Demokratie sagen. Als zweitrangiger Zweck kann dieser Satz nur bei vollem Bewußtsein seiner Begrenzungen und Gefahren akzeptiert werden. Die Hauptgefahr ist die, daß in einer demokratischen Gesellschaft die Erziehung schließlich als *erzieherische Anpassung an die Umgebung* gedeutet werden kann. Gewiß ist niemand für seine Rolle in der Gesellschaft erzogen, wenn er sich lediglich der besonderen demokratischen Routine angepaßt hat, in die er sich eingefügt findet; er muß vielmehr dazu erzogen werden, seine eigene Demokratie kritisch zu betrachten, sie an dem zu messen, was eine Demokratie sein sollte, und die Unterschiede zu erkennen zwischen dem Passenden und Brauchbaren in einer Demokratie und dem Passenden und Brauchbaren in einer anderen. Er muß ihr angepaßt sein, gewiß: denn ohne ihr angepaßt zu sein, kann er seine Rolle in ihr nicht spielen, kann er kaum in ihr überleben. Aber er darf auch nicht vollkommen an sie in der Form angepaßt sein, in der er sie um sich herum vorfindet; denn das hieße, eine Generation dazu zu erziehen, vollständig unfähig für jede Veränderung oder Verbesserung zu sein, unfähig, Entdeckungen oder Experimente zu machen oder sie jenen Veränderungen anzupassen, die ständig vor sich gehen, ohne daß jemand bewußt beabsichtigt hätte, sie herbeizuführen. So ist »Erziehung zur

Demokratie« keine ganz so einfache Sache, wie es klingt, wenn wir zuerst davon hören.

Wir haben gesehen, daß »Ausbildung mit dem Ziel, einen Lebensunterhalt zu verdienen«, der eine der Zwecke der Erziehung ist, die die Ausbildung in einer bestimmten Gesellschaft bedeutet: der Lebensunterhalt wird in verschiedenen Gesellschaften auf ganz verschiedene Weise erworben, und selbst in den besten Gesellschaften sind einige der Arten, wie man seinen Lebensunterhalt verdient, weit davon entfernt, lobenswert zu sein. Und der dritte Zweck der Erziehung, »uns instandzusetzen, alle verborgenen Kräfte und Fähigkeiten in unserer Natur zu entwickeln und so ein gutes Leben zu führen«, gewinnt seine volle Bedeutung erst in den Begrenzungen einer besonderen Gesellschaft. Wenn wir unter »einem guten Leben« die Form des Lebens verstehen, die jene Gesellschaft für gut hält, sind wir auf ein Programm vollkommener Anpassung festgelegt; wenn wir damit ein gutes Leben unabhängig von den sozialen Beschränkungen durch Raum und Zeit meinen, müssen wir einen anderen Maßstab des Guten haben. Und die Entwicklung *all* unserer verborgenen Kräfte (selbst wenn wir uns auf Kräfte zum *Guten* beschränken), wird durch den Lebensunterhalt begrenzt, den wir verdienen müssen, und die Gesellschaft, in der wir ihn verdienen. So möchte es scheinen, daß Erziehung zum Teil ein Prozeß der Anpassung an unsere Gesellschaft, so, wie sie ist, sein muß; teilweise eine Vorbereitung für die Art von Gesellschaft, wie sie nach unserem Wunsche werden soll; und zugleich merken wir, daß Erziehung und unsere Verantwortung gegenüber denen, die wir erziehen, von unserer Konzeption unserer Gesellschaft, so wie sie ist, nicht umgriffen werden, wie abgeändert diese auch durch das sein mag, was wir für sie erstreben. Was für eine Erziehung würden wir zum Beispiel für ein Individuum entwerfen, das dazu bestimmt wäre, ein permanenter Robinson Crusoe zu werden? Sie müßte in bezug auf praktische Fertigkeiten schon ziemlich umfassend sein, sicherlich: es gibt sehr weniges auf dem Gebiete der angewandten Naturwissenschaft, das nicht zuträglich wäre; aber seine Erziehung würde sicherlich irgendeine geistige Disziplin einschließen, durch die ihm die geistige und seelische Hilfe geboten werden würde, mit der jener Held so wohl ausgerüstet war, um die Einsamkeit zu ertragen. Was für eine Erziehung würden wir andererseits für Zöglinge entwerfen, von denen wir wüßten, daß sie in einer durch und durch *schlechten* Gesellschaft leben müßten? Schlecht, nicht bloß korrupt, wie es alle Gesellschaften sind, sondern auf das Böse hin organisiert? Unsere Erzieher haben glücklicherweise für solche Situationen keine Lehrpläne zu entwerfen; aber wenn unsere Definition der Erziehung auf diese beiden Fragen keine Antwort geben kann, so ist sie keine vollständige Definition.

Ich will damit nicht sagen, daß wir versuchen müßten, eine vollständige Definition zu geben, ich sage nur, daß es gut ist, wenn man die Unvollständigkeit einer jeden Definition erkennt, die wir geben. Die Bedeutung eines Wortes wie ›education‹ ist zunächst einmal mehr als die Summe der im Wörterbuch aufgeführten Bedeutungen, – Bedeutungen, die nicht mehr sind als eine Rechenschaft über die Verwendungen, die ein Wort durch Schriftsteller mehrere Jahrhunderte hindurch erfahren hat. Aber wenn eine Sprache lebt, so werden solche Wörter ständig in neuen Zusammenhängen verwendet; sie gewinnen neue Assoziationen und verlieren einige alte; und jeder große Schriftsteller steuert zu der Bedeutung der Schlüsselwörter, die er verwendet, solchen, die für seinen persönlichen Stil charakteristisch sind, etwas bei. Einige dieser Verwendungen des Wortes sterben mit ihm aus, andere gehen in die gemeinsame Sprache ein. Der Prozeß der Bereicherung der Bedeutung eines Wortes kann nicht endlos fortgehen, ohne daß nicht einige seiner Verwendungen veralten und in Vergessenheit geraten: teils, weil unser Gedächtnis sie nicht alle fassen kann, selbst wenn wir mit ihnen durch unser Studium der Literatur vertraut sind, und teils, weil eine unbegrenzte Ausdehnung der Bedeutung zu Zweideutigkeit und Verwirrung führen müßte. Es ist einer der Vorteile des Studiums einer toten Sprache, daß sie handlicher ist, daß die Worte in ihr an die Grenze ihrer Bedeutung gekommen sind: da stehen sie in den Texten, und ihr Sinn kann nicht mehr sein, als was die Autoren während der Zeit, als jene Sprache lebendig war, ihnen gaben. Wir wollen nicht, daß unsere Sprache zu einer toten Sprache wird, doch versuchen wir immer, und müssen es tun, wie erfolglos es auch sein mag, wenn wir überhaupt denken sollen, jedem Wort eine feste Bedeutung zu geben.

Wir alle meinen mit Erziehung irgendein Training des Geistes und gewöhnlich auch des Körpers – so daß wir das Training für Sport wie für Fertigkeiten, die auf weitere Verwendungen zugeschnitten sind, einschließen können. Aber wir können keine klare oder nützliche Idee dessen haben, was Erziehung ist, wenn wir nicht eine Vorstellung davon haben, *wozu* dieses Training dient. So kommen wir dazu, zu fragen: was ist der Zweck der Erziehung, und hier geraten wir tief in die Problematik hinein. Wir können, wie ich sagte, Definitionen produzieren, die innerhalb eines begrenzten, aber veränderlichen Zusammenhanges gültig sind, so, wenn wir von »Ausbildung, um unsere Rollen als Staatsbürger einer Demokratie zu spielen«, reden. Glücklicherweise gibt es Bereiche der Rede, innerhalb derer wir zu der Übereinkunft kommen können, daß einige der Worte, die wir gebrauchen, nicht definiert zu werden brauchen, insofern wir das Wort in gleicher Art und Weise verwenden – wie immer diese Art und Weise auch beschaffen ist. Aber es gibt einen Punkt, jenseits dessen wir merken, daß dieselbe Aussage für zwei Menschen, die sie beide akzeptieren, etwas Verschiedenes bedeutet – dies geschieht sehr häufig bei Verträgen und anderen politischen Verhandlungen; und dann müssen wir versuchen, ein oder mehrere Worte zu definieren, die wir unter dem Eindruck verwendet hatten, daß beide dasselbe für uns bedeuteten. Genauso, wie ein Dogma nicht bekräftigt zu werden braucht, bis eine Häresie erschienen ist, die es provoziert, braucht auch ein Wort nicht definiert zu werden, bis wir entdecken, daß zwei oder mehr Menschen es mit verschiedener Bedeutung gebrauchen.

Ich möchte keinen Augenblick so verstanden werden, als sollten wir den Versuch aufgeben, den Zweck der Erziehung zu definieren (und die Definition des Zwecks ist ein unvermeidlicher Schritt nach der Definition des Wortes selbst). Wenn wir eine neue und geheimnisvolle Maschine sehen, so ist, glaube ich, die erste Frage, die wir stellen: »Wo*für* ist diese Maschine da?« und danach fragen wir »Wie macht sie das?« Aber in dem Augenblick, da wir nach dem Zweck einer Sache fragen, lassen wir uns wahrscheinlich auf die

Frage nach dem Zweck aller Dinge ein. Wenn wir Erziehung definieren, werden wir dazu gebracht, zu fragen: »Was ist der Mensch?«, und wenn wir den Zweck der Erziehung definieren, so werden wir zu der Frage genötigt »Woz*u* ist der Mensch da?« In jeder Definition des Zweckes der Erziehung steckt daher eine verborgene oder vielmehr implizierte Philosophie oder Theologie. Bei der Bevorzugung einer Definition gegenüber einer anderen werden wir zu der einen hingezogen, weil sie besser in unsere Antwort auf die Frage »Wozu ist der Mensch da?« paßt. Wir wissen vielleicht nicht, was unsere eigene Antwort ist, weil sie vielleicht nicht voll bewußt und vielleicht sogar gänzlich unbewußt ist; unsere Antwort ist nicht immer unserem Bewußtsein gegenwärtig, wohl aber in den unbewußten Voraussetzungen, mit denen wir unser ganzes Leben führen. Der Mensch, der die Definition geliefert hat, die du annimmst oder verwirfst, ganz oder zum Teil, mag sich der Implikationen seiner Definition mehr oder weniger bewußt sein als du: im Augenblick, da er die Definition leistet, und im Augenblick deiner Reaktion darauf, ist sich vermutlich keiner von beiden über all das im klaren, was über den Rand des Erörterungsbereichs hinausgeht.

Aus all dem eben Gesagten mag es so scheinen – wenn überhaupt etwas erscheint –, daß wir die Frage »Wozu ist die Erziehung da?« fallenlassen sollten zugunsten der Frage »Wozu ist der Mensch da?« Ich weiß nicht viel über den Menschen, aber ich bin sicher, daß unser Geist in dieser Weise nicht denkt und nicht denken kann. Wir können letzte Fragen nicht in einem Vakuum behandeln; unser ganzes Bewußtsein, unsere Sensibilität und Lebenserfahrung müssen dabei zur Geltung gebracht werden; ein Teil unserer Erfahrung wurde bei der Beschäftigung mit diesen zweitrangigen Problemen in ihren begrenzteren Zusammenhängen gemacht; und diese zweitrangigen Probleme sind es, die uns mit den Argumenten ausrüsten, mit denen wir die erstrangigen anpacken können. Fernerhin ist das zweitrangige Problem enger und offensichtlicher mit den praktischen Fragen verbunden, die jeden Tag auftauchen und die schnell auf irgendeine Weise angefaßt werden müssen, wenn wir überhaupt weitermachen sollen. Auch beklage ich es nicht, daß so viele und verschiedenartige Darstellungen des Zweckes der Erziehung gegeben werden. Wir müssen fortfahren, neue zu erfinden. Jede Antwort ist ein Hinweis darauf, was Erziehung für irgend jemanden bedeutet; ein Ansporn, um herauszufinden, was sie für einen selbst bedeutet. Wenn es für alle genau dasselbe bedeutete, dann wäre die Welt wirklich ein toter Ort; so haben wir denn keinen Grund, die Tatsache zu beklagen, daß wir die Bedeutung von Erziehung so schwer faßbar finden wie die Bedeutung des Wortes *runzibel.*

2. Die Wechselbeziehung der Ziele

Bisher haben wir als den bequemsten Ausgangspunkt Dr. Joads Liste der drei Ziele der Erziehung akzeptiert: das berufliche Ziel, oder, auf die bescheidenste Weise ausgedrückt, die Ausbildung zur Sicherung des Lebensunterhalts; das soziale Ziel, oder, in Dr. Joads Formulierung, die Vorbereitung auf die Staatsbürgerschaft; und das individuelle Ziel, oder, in Matthew Arnolds Ausdrucksweise, das Streben nach Vollkommenheit. Aber wir können Erziehung nicht als die Summe nur dieser drei Tätigkeiten definieren; denn wenn der Begriff »Erziehung« alle drei Ziele decken und nicht auf eins von ihnen allein voll anwendbar sein soll, so müssen wir eine Beziehung oder besser eine wechselseitige Einbezogenheit zwischen ihnen anerkennen, dergestalt, daß jeder Aspekt, obwohl er immer noch Erziehung genannt werden kann, nicht allein das Ganze der Erziehung ist. Wir erkennen, daß die Wahl des Lebensunterhalts erstens durch die Fähigkeiten des einzelnen begrenzt ist und zweitens durch diejenigen Fähigkeiten, die von der Gesellschaft begünstigt oder mißbilligt werden, in der sich der einzelne vorfindet, oder, mit anderen Worten, für das, wofür die Menschen bereit sind, jemanden zu bezahlen. Die Wahl eines Lebensunterhalts bedeutet eine gewisse Anpassung an das soziale Milieu, obwohl einige Menschen bereit sind, sehr bescheiden zu leben, um einem Beruf nachgehen zu können, der ihnen wertvoller erscheint als ihren Nachbarn. Außerdem beobachten wir, daß es Erwerbsmöglichkeiten gibt, die an sich nicht zu empfehlen sind und für die wir die Menschen nicht ausbilden sollten: parasitäre Tätigkeiten, die sich bestenfalls von den Torheiten und schlimmstenfalls von den Lastern der Menschen nähren. Und dies wirft die Frage der moralischen Maßstäbe auf, so daß die Formel »den Lebensunterhalt verdienen« doppelt unangemessen ist und wir auf die beiden anderen Ziele unserer Liste verwiesen werden. Oder, wenn wir von der Formel »Ausbildung zum Staatsbürger« ausgehen, so impliziert dies die Ausbildung für den Lebensunterhalt oder in weiterem Sinn (einschließlich jener Personen, von denen es noch einige gibt, die von nicht selbst verdientem Einkommen leben können) Ausbildung in einer nützlichen Tätigkeit. Wir können den Begriff »Nützlich« sehr weit dehnen, so daß er Tätigkeiten umfaßt, die der großen Mehrzahl der Menschen gänzlich unnütz vorkommen; doch müssen wir, meine ich, darin übereinstimmen, daß der Mensch, der, nach *jedem* Maßstab zu urteilen, für die Gesellschaft völlig nutzlos ist, kaum ein erfolgreiches Erziehungsprodukt darstellt. Und wir müssen, glaube ich, eingestehen, daß die besten Staatsbürger wahrscheinlich die sind, die »die verborgenen Kräfte und Fähigkeiten ihrer Natur« entwikkeln; oder doch wenigstens, daß eine Gesellschaft, die nicht bestrebt ist, die Entwicklung der verborgenen Kräfte und Fähigkeiten derer zu ermöglichen, die die besten Kräfte und Fähigkeiten zu entwikkeln haben, eine sehr enge und mittelmäßige Vorstellung von Staatsbürgerschaft hat und keine Gesellschaft ist, für die es sich lohnt, Menschen zu erziehen. Schließlich hängt die Entwicklung der verborgenen Kräfte und Fähigkeiten von der Ausübung der richtigen Tätigkeiten ab, worunter die für die Sicherung des Lebensunterhalts beste Beschäftigung fällt, die der einzelne finden kann, sie hängt außerdem davon ab, ob der einzelne sich in einer Gesellschaft vorfindet, in der seine Kräfte und Fähigkeiten gefördert werden und Frucht bringen können. So führt jedes dieser Ziele der Erziehung zu einem Prozeß, der im richtigen Zusammenhang »Erziehung« genannt werden kann, obwohl wir Erziehung durch keins von ihnen allein definieren können. Und jeder von diesen Wegen führt unvermeidlich zu moralischen Urteilen und Entscheidungen, die uns über die Grenzen hinausführen, in denen wir die »Erziehung« gern festhalten möchten, wenn das Thema handlich bleiben soll.

Die Gefahr der Liste als bloßer Liste ist, daß wir nicht lange alle drei Ziele in gleichmäßiger Gewichtigkeit im Bewußtsein halten können, wenn wir erst einmal anfangen, Menschen zu erziehen. Dies liegt nicht nur daran, daß wir, wenn wir die Aufmerksamkeit auf eins von ihnen richten, vermutlich die andern übersehen; es mag auch vorkommen, daß in der Praxis die drei Ziele zufällig einmal nicht miteinander vereinbar sind und wir uns genötigt sehen, eins mehr als das andere zu betonen. Und wenn wir feststellen, daß wir zu weit ins eine Extrem verfallen sind, so ist die natürliche Reaktion die, zu weit nach der anderen Richtung zu gehen.

Als ich nach Kriegsende zum erstenmal wieder Universitäten besuchte, sagte man mir, die neue Generation – sowohl derjenigen, deren Hochschulbildung unterbrochen oder aufgeschoben worden war, und derer, die ein paar Jahre jünger waren und gerade von ihrer Schule gekommen waren – sei sehr viel ernster als die, die ich in den dreißiger Jahren kennengelernt hatte, und auch die der Studenten zu meiner eigenen Zeit. Ich spreche von Universitäten in England, Amerika und auf dem europäischen Kontinent. Und in der Tat schien der Augenschein dies zu bestätigen. Auf jedem Collegehof oder Campus und auf den Straßen von Universitätsstädten sah ich ernste Gesichter junger Leute mit dem Ausdruck von Konzentration, die immer unterwegs zu sein schienen von Vorlesung zu Vorlesung, von der Tutorenstunde zu ihren Räumen, von ihren Räumen zur Bibliothek. Man bedeutete mir, der ernste Eifer auf einem jeden Gesicht sei die Sorge um einen künftigen Lebensunterhalt. Sie waren eifrig darauf bedacht, so viel wie möglich in möglichst kurzer Zeit zu lernen, um sich für die Berufe zu qualifizieren, auf die sie rechneten, sobald sie ihr Diplom in der Hand hätten. Nun kommt es mir so vor, als wären wir zu meiner Zeit, wenigstens während der ersten akademischen Jahre, weit weniger besorgt gewesen über das, was wir später einmal tun würden. Da war natürlich jene kleine Zahl derer, die, anders als ich, eine ausgesprochene Neigung in den geisteswissenschaftlichen Fächern oder auf einem besonderen Gebiet der Naturwissenschaften an den Tag gelegt hatten und so auf ihr Fach eingeschworen waren, daß sie sich schon auf einen höheren akademischen Grad und ein Leben der Unterrichtstätigkeit auf ihrem Interessengebiet freuten. Aber ich glaube nicht, daß selbst diese von dem Gedanken bedrückt waren, daß sie einmal Schwierigkeiten haben würden, einen Beruf zu finden; sie würden vielleicht anfangs keine besonders gute Stelle finden, aber die Zukunft stand ihnen offen. Sie freuten sich vielmehr darauf, sich ihren Lebensunterhalt durch ihre Beherrschung des Gebietes zu verdienen, für das sie sich interessierten; aber nicht viele von ihnen waren einfach nur darauf bedacht, ein Examen zu machen als notwendige Vorbedingung für die Erlangung einer Stellung irgendwelcher, ihnen selbst nicht bekannter Art.

Nun bin ich mir bewußt, daß viele meiner Altersgenossen, als sie die Universität verließen, keinen anderen Vorteil davon hatten, als drei oder vier Jahre älter zu sein, wie sie nach einer Stellung Ausschau hielten, als sie es gewesen wären, wenn sie nicht studiert hätten. Natürlich zog man Vorteile aus Freundschaften, aus den Betätigungen außerhalb des Stundenplans und aus dem Umgang mit Menschen der eigenen Generation aus verschiedenen Teilen Amerikas. Aber mir geht es im Augenblick nicht um zufällige Vorteile, sondern um den offiziellen Lehrbetrieb. Und auf der negativen Seite der Bilanz muß ich die Zwanglosigkeit des Systems der freien Wahl anführen, wie es zu meiner Zeit praktiziert wurde. Dadurch, daß man in einer Anzahl gänzlich unverbundener Fächer Examen machte, konnte man in drei oder vier Jahren das Zeugnis für das Erziehungsfach erwerben – das Diplom des baccalaureus artium. Die einzige Einschränkung war, daß man nicht zwei Kurse im gleichen Jahr belegen konnte, wenn ihre Vorlesungsstunden sich überschnitten. Ich kannte einen Mann, dessen Grundsatz bei der Auswahl der Kurse war, daß die Vorlesungen alle auf den Dienstag und Donnerstag fallen sollten, bei freiem Samstag: so war er frei für vier Tage der Woche in New York. Ich sollte hinzusetzen, daß er sich nicht einmal diesem Studiengang, der ihn für einen akademischen Grad qualifiziert hätte, mit hinreichendem Fleiß widmete, obgleich er eine flüchtige Bekanntschaft mit dem Verständnis der Musik und mit dem Wohnungsproblem in Bergwerksgemeinden machte. Es geht mir indessen nicht so sehr um die Wirkung dieses Erziehungssystems auf den Müßiggänger als um seine Wirkung auf einen jungen Mann wie mich selbst mit einem Gutteil fehlgeleiteter Neugier auf ausgefallenen Gebieten, der zum Beispiel ein unsinniges Vergnügen darin fand, in spätlateinischen und griechischen Autoren zu dilettieren, ohne die echten Klassiker gemeistert zu haben. Ich verteidige hier nicht etwa das Erziehungssystem, das von jenen Erziehern des späten neunzehnten Jahrhunderts gefördert wurde, deren Vorstellungen in Deutschland entwickelt worden waren; was ich bedauere, ist das Verschwinden einer bestimmten Gesinnung unter den Studenten selbst. Diejenigen, die im Grunde ernsthaft bemüht und keine Bummler waren, konnten ihren Studien um ihrer selbst willen nachgehen, einfach weil sie etwas dafür übrig hatten. Der Wandel kam durch wirtschaftliche, soziale und vielleicht politische Entwicklungen der letzten vierzig Jahre, die in diesem Jahrzehnt noch erheblich beschleunigt worden sind; und wenn die Lage heute die gleiche ist, so kann man die Studenten nicht nötigen, eine Haltung aufzugeben, die ihnen durch die Verhältnisse aufgezwungen wurde. Ich möchte nur diesen Punkt hervorheben, daß, während die drei Ziele der Erziehung, die Dr. Joad formuliert hat, einander ergänzen, sie einander auch stören können. Dies wird vielleicht etwas verständlicher, wenn ich erkläre, daß das Ziel, das ein Mensch sich setzt, wenn er sich für die Sicherung des Lebensunterhalts ausbildet, und das Ziel, das er sich setzt, wenn er daran arbeitet, seinen Geist und seine Sensibilität zu entwickeln und zu kultivieren, der Art nach verschieden sind. Das erste ist ein Ziel, bei dessen Verfolgung man sowohl den Zweck wie das Mittel voll im Bewußtsein haben kann. Man entscheidet sich für das allgemeine Gebiet, auf dem man Beschäftigung finden will, und folgt dann dem Instruktionsgang, der als angemessene Vorbereitung für jene Beschäftigung vorgeschrieben oder allgemein anerkannt ist. Für jene Pflege der Kräfte und Fähigkeiten aber, die uns zu gebildeten Menschen macht, unabhängig von unseren beruflichen Tätigkeiten, ist Selbstlosigkeit nötig; man muß die Studien um ihrer selbst willen betreiben, um der Liebe zur Wahrheit, oder Weisheit, oder wenigstens der Neugier willen, und alle praktischen Vorteile ignorieren, die daraus entstehen können, daß man sein Fach meistert.

Natürlich habe ich dies Problem übermäßig vereinfacht. Wenn ein Mensch in irgendeinem Beruf sich besonders hervortun soll, so muß er die Tätigkeit um ihrer selbst willen lieben; ihre Nützlichkeit für die Gesellschaft und die finanziellen und anderen Belohnungen, die sie ihm einbringt, sind lediglich ihre Rechtfertigung. Die meisten von uns jedenfalls finden es nötig, sich zu überreden, daß die Arbeit, die wir leisten, von einiger Wichtigkeit ist. Andererseits aber ist der Mensch, der durch Konzentration auf seine besondere Tätigkeit sein Blickfeld einengt, kein gänzlich gebildeter Mensch; er ist vielleicht nicht nur ungebildet, sondern in Dingen außerhalb seines Fachs vielleicht sogar ein großer Einfaltspinsel. Die meisten von uns müssen die Möglichkeiten, über einen bestimmten Punkt hinaus sich selbst zu bilden, opfern, einfach weil wir nicht die Zeit dazu haben, wenn wir unsere Arbeit getan bekommen wollen. Andererseits ist der Mensch, der sich nicht auf eigene Arbeit konzentriert, sondern seine Erziehung in verschiedenen Richtungen betreibt, nur ein Dilettant. In der Welt ist Platz für beide, den engen Spezialisten und den Dilettanten. Aber die Tatsache, daß es verschiedene Befähigungen und Funktionen in einer Welt gibt, in der wir andern gegenüber tolerant sein müssen, löst das Erziehungsproblem nicht. Und mir scheint, daß wir oft bei unserm Versuch, Spezialausbildung mit Allgemeinbildung auszubalancieren, zu Erziehungsmethoden neigen, die Männer und Frauen hervorbringen, welche auf irgendeinem engen Sektor der Natur- oder Geisteswissenschaften hochtrainiert und in allem anderen Stümper sind; wir neigen dazu, sie einen Studiengang absolvieren zu lassen, der den Versuch darstellt, das Technikum mit dem Pensionat für höhere Töchter zu verbinden. Denn wenn »Ausbildung zum Zweck der Sicherung des Lebensunterhalts« und die »Entwicklung aller verborgenen Kräfte und Fähigkeiten« einfach als zwei unverbundene Disziplinen behandelt werden, denen jeder Schüler unterworfen werden muß, so wird die letztere kaum viel mehr sein als eine Art von Freizeitgestaltung. Wenn wir sehen, daß wir unsere spezialisierte Arbeit um so intelligenter verrichten, je mehr wir sie in Beziehung zur Arbeit vieler anderer Menschen sehen, lebender und toter, die sich ganz anderen Arten von Arbeit gewidmet haben als der unsrigen, so sind wir auf dem Wege, für uns – dies heißt, den rechten Kompromiß für uns finden – das Rätsel des Gleichgewichts zwischen den Tätigkeiten, an denen wir uns beteiligen, und denen, von denen wir nur hoffen können, ein verständiger Zuschauer zu sein, zu lösen.

Vielleicht kann ich diese Erörterung wirklichkeitsnaher machen oder sie wenigstens durch etwas Anschaulicheres leicht entspannen, wenn ich die Frage stelle »Was für eine Erziehung sollte ein Dichter haben?« Ich glaube nicht, daß Eltern je ein Kind mit dem Ziel erzogen haben, aus ihm einen Dichter zu machen; einige Eltern haben ihre Kinder zu Verbrechern erzogen; aber für gute und liebevolle Eltern wäre ein Dichter ungefähr das Letzte, was sie ihr Kind werden lassen möchten, es sei denn, sie glauben, daß es der einzige Weg sei, sie davor zu bewahren, ein Verbrecher zu werden. Ich vermute, daß Dichter in ihrem zarten Alter gewöhnlich Interesse an Sprache und Ausdruck an den Tag legen und eine Neigung zum Studium der Sprachen eher als zu dem der Naturwissenschaften bekunden. Dies trifft nicht immer zu; ich habe Menschen gekannt, die in ihrer Jugend ihren Eltern ein Humphry Davy oder Clerk Maxwell zu werden verhießen und dann plötzlich mit fünfzehn oder sechzehn Jahren ihr Interesse der Literatur zuwandten. Natürlich ist die Tatsache, daß ein Kind Verse schreibt, überhaupt kein Anzeichen dafür, daß es einmal ein Dichter wird. Fast jeder hat Verse verfaßt: kluge Eltern sollten diese Gewohnheit nicht unterbinden, aber ihr auch keine besondere Bedeutung beimessen. Wenn aber der junge Dichter von der gewöhnlichen Art ist, so wird er sich wahrscheinlich in Sprachen hervortun, besonders in seiner eigenen, und wird wahrscheinlich dem Typus zugehören, der sich im Lateinischen und Griechischen hervortut. Sicher sollte der Dichter im späteren Leben mit guten Kenntnissen in lateinischer und griechischer Literatur ausgestattet sein, sich fließende Fähigkeit in einer modernen Sprache zulegen und mehrere andere zu lesen imstande sein. Wie wenige von uns erfüllen allerdings die Bedingungen: ich für mein Teil sicherlich nicht. Aber was sollte er anderes studieren, wenn es wenigstens wahrscheinlich ist, daß eine literarische Erziehung für ihn die angemessenste ist? Meistens muß er zunächst einmal für seinen Lebensunterhalt sorgen, und die Dichtung ist eingestandenermaßen die Beschäftigung, mit der niemand sich den Lebensunterhalt zu verdienen hoffen kann. Für die meisten Menschen besteht ein Konflikt zwischen den Ansprüchen der Berufstätigkeit, die sie zu ihrer Hauptsorge im Leben machen, und den Ansprüchen der »verborgenen Kräfte und Fähigkeiten«. Aber der Dichter muß ein dreifaches Problem lösen: er muß einen Lebensunterhalt verdienen, er muß sich im Schreiben üben und vervollkommnen, und er muß noch andere Interessengebiete pflegen. Er muß das letztere tun, nicht bloß, um verborgene Kräfte zu üben, um ein gebildeter Mensch zu werden, sondern, weil er diese anderen Interessengebiete haben muß, um über etwas schreiben zu können. Kaum eine Art des Wissens ist dabei fehl am Platz (abgesehen natürlich von so viel der besten Dichtung in verschiedenen Sprachen, wie er aufnehmen kann), weil ohne andere geistige Interessen seine Erfahrung in bezug auf Männer und Frauen sehr begrenzt sein wird. Die Bedingung ist, daß alles was an ihn herankommt, Wasser auf seine Mühle ist; daß er eine lebhafte Neugier für das hat, was Menschen gedacht und getan haben, und für diese Dinge um ihrer selbst willen interessiert ist. Er ist dauernd dabei, das Problem zu lösen, das jeder Mensch für sich selbst lösen muß, das Problem, jede menschliche Tätigkeit zu seiner eigenen in Beziehung zu setzen; und er kann nicht sagen, wieviel oder was von den Gegenständen, die er untersucht, für ihn als Dichter unmittelbar nützlich sein wird. Aber seine Dichtung wird unvermeidlich durch seine Studien und Interessen beeinflußt werden, und je mehr er verarbeiten kann, desto besser. Und schließlich hat er das Problem, sich einen Lebensunterhalt zu verschaffen: er muß manchmal zwischen langweiliger Routinearbeit wählen, die seinem Geist wenig oder keine Nahrung bietet, oder einer lebhaften und interessanten Arbeit, die ihm sehr wenig Zeit und Energie läßt. Für einige läßt sich dieser Broterwerb in verschiedenen Formen journalistischer oder paraliterarischer Betätigung finden; in der Form von Unterrichts- und Vortragstätigkeit. Für andere ist etwas, das so weit wie möglich von ihren literarischen Interessen entfernt ist, wünschenswert: etwas, das keine Energie der Art beansprucht, wie sie für die Dichtung nötig ist und die sie mit Welten in Berührung bringt, die weit von denen literarischer und künstlerischer Kreise entfernt sind. Man kann die Frage nicht verallgemeinern, wie ein Dichter seinen Lebensunterhalt in dieser oder in irgendeiner anderen vorstellbaren Gesellschaft bestreiten müßte. Aber das Schlimmste für ihn wäre wahrscheinlich unter jedem Gesichtspunkt, nichts zu tun und sich um nichts zu kümmern als Gedichte zu schreiben.

Bislang haben wir gesehen, daß die Sicherung des Auskommens und die Pflege der verborgenen Kräfte nicht ganz leicht miteinander zu versöhnen sind, und ich habe den besonderen Fall des Dichters angeführt, der Dichtung schreiben, aber auch seinen Lebensunterhalt verdienen und seine schlummernden Kräfte kultivieren will. Wir können jetzt fragen, ob der Prozeß des Sich-Ausrüstens für die Rolle, die man als Staatsbürger zu übernehmen hat, ein mögliches Hindernis für eins der anderen Ziele der Erziehung darstellen kann. Dies hängt ganz vom Inhalt ab, den wir der Idee der Staatsbürgerschaft geben, und von den Mitteln, die wir ergreifen, um die Menschen dafür auszurüsten. Ich meine, die Idee des »guten Staatsbürgers« sei ein moralisches Konzept; wenn dem so ist, müßten wir erwarten, daß der gute Staatsbürger ganz einfach der gute Mensch ist, der seine guten Anlagen im sozialen Gefüge beweist. Aber wir können, meine ich, auch denjenigen einen guten Staatsbürger nennen, den wir in dieser oder jener Hinsicht vielleicht nicht als einen guten Menschen ansehen. Ein Mensch kann hingebungsvoll um die Belange seines Landes, seiner eigenen Heimat oder seiner Stadt bemüht sein; er mag Vergnügen, Bequemlichkeit, Beliebtheit im Interesse der Öffentlichkeit opfern, seine Energien in der Mühe fürs allgemeine Wohl verbrauchen und doch im Privatleben lasterhaft und unehrenhaft sein. In welchem Maße können wir einen solchen Menschen einen guten Staatsbürger nennen? Es kommt mir merkwürdig vor, daß diese elementare Frage, die der Beziehung guter Staatsbürgerschaft zur moralischen Vortrefflichkeit, von öffentlicher und privater Tugend, nicht die Aufmerksamkeit der Schriftsteller über Erziehungsfragen wie Dr. Joad erhalten hat. Möglicherweise wird die Pflege der Tugend allgemein als in die

Verantwortlichkeit – die einzige Verantwortlichkeit – fallend betrachtet, die die Pädagogen den Eltern überlassen. Aber die Frage, wie weit ein schlechter Mensch ein guter Staatsbürger sein kann, ist an sich interessant und eine Frage, über die Sokrates, lebte er heute, sicherlich etwas zu sagen hätte. Für Dr. Joad wenigstens ist es klar, daß das ethische Problem zu übergehen ist und daß für ihn Erziehung zum Staatsbürger darin besteht, daß Intelligenz für öffentliche Angelegenheiten nutzbar gemacht wird.

Dies wird klar, wenn er uns sagt, worin staatsbürgerliche Erziehung bestehen sollte. Zuerst die Dinge, die ihm auf der Hand zu liegen scheinen. Ein Kind sollte Geschichte, Verfassungsgeschichte (einschließlich der Unterweisung darin, wie es regiert wird und wie seine Regierenden gewählt werden, und in der Struktur der örtlichen wie der nationalen Regierung), Biologie und Physiologie gelehrt werden, so daß es »frei gemacht werden kann« (dies ist Dr. Joads Ausdruck) von den Haupttatsachen, einschließlich der sexuellen Fakten, die sich auf das Funktionieren seines eigenen Körpers, der Geographie und internationalen Angelegenheiten beziehen. Dies ist ein furchterregendes Programm für ein Kind; und es ist ganz ausschließlich ein Training des Geistes. Ich meine jedoch, daß eine Kenntnis der Haupttatsachen bezüglich des Funktionierens seines eigenen Körpers ein Kind dazu bringen könnte, sich morgens und abends die Zähne zu putzen, wenn es ein so rationales Kind ist, wie es Dr. Joad gewesen sein muß: die meisten von uns lernen zuerst die Gewohnheit und später die Gründe dafür. Es gibt wohl noch manche andere Dinge, die ein Kind lernen könnte, um ein guter Staatsbürger zu sein: Jiu-Jitsu, um mit Einbrechern und Räubern fertig zu werden; Erste-Hilfe-Leistung, um die Opfer zu retten (denn der gute Samariter scheint nach dem wenigen, was wir von ihm wissen, das Zeug zu einem guten Staatsbürger gehabt zu haben). Aber mein Haupteinwand gegen Dr. Joads Liste von Fertigkeiten ist nicht, daß es alles einfach Buchwissen ist, sondern daß er jede Erwähnung einer Übung im moralischen Verhalten und Empfinden unterläßt. Man möchte danach meinen, der gute Staatsbürger sei einfach der gut-unterrichtete Bürger; aber ich bin nicht davon überzeugt, daß ein Kind, das nach Dr. Joads Worten »an seiner Bewußtseinshinterwand eine politische Karte der modernen Welt trägt«, darum besser qualifiziert ist, zwischen guter und schlechter Regierung zu unterscheiden. Dr. Joad übersieht nicht nur, was man allgemein als »private« Moral zugunsten der »öffentlichen« Moral bezeichnet, – und ignoriert dabei die Frage, ob wir letztlich eine Unterscheidung zwischen privater und öffentlicher Moral ziehen können; selbst seine öffentliche Moral erscheint mir als eine reine Angelegenheit der guten Unterrichtung und der guten Übung im korrekten Denken ...

Es gibt nun einige zusätzliche Fragen, die wir stellen können. Die Demokratie ist die beste Gesellschaftsform: darüber sind wir uns alle einig. Der Hauptpunkt, in dem wir uns nicht einig sind, ist, wie ich schon sagte, die Frage, was eine Demokratie ist. Die meisten von uns sind sich einig, daß die Demokratie eine parlamentarische Regierungsform ist: das heißt, da sind zwei Parteien, die eine »drin«, die andere »draußen«, und keine der beiden Parteien sollte allzu lange drinnen oder draußen sein. Die Regierung unserer Nation ist natürlich erheblich demokratischer, wenn die von uns gewählte Partei, und nicht die der anderen am Ruder ist. Ich habe mir sagen lassen, »die Funktion des Bürgers in einer Demokratie ist, abwechselnd mit anderen zum Wohle des Ganzen zu regieren«. Sicherlich regieren beide Parteien, nennen wir sie nun Republikaner und Demokraten, oder Konservative und Arbeiter, wenn sie an der Regierung sind, zum Wohle des Ganzen: obwohl wahrscheinlich keiner von ihnen, wenn er gerade nicht an der Regierung ist, zugeben wird, daß die Nation zum Wohle des Ganzen regiert wird. Sicherlich sollte jeder in einer Demokratie wissen, wie man regiert und wie man regiert wird. Nur zu regieren oder nur regiert zu werden, bedeutet an Menschlichkeit einbüßen; und in der Tat muß der einfachste Arbeiter unter seinen eigenen Sprößlingen Ordnung halten, während der mächtigste Despot vielleicht, wenn nicht von konstitutionellen Mächten, so doch von seiner Frau, seiner Geliebten oder von Freunden beherrscht wird. Das Wesentliche einer Demokratie besteht darin, daß es keine *totale* Regierung gibt. Denn totale Herrschaft bedeutet, daß irgend jemand die Kontrolle über etwas ausübt, wofür er in einzelnen Fällen total unzuständig ist. In einer Demokratie sollten Naturwissenschaftler, Philosophen und Künstler in ihren eigenen Bereichen herrschen: man kann nicht von Demokratie sprechen, wenn eine Symphonie als linientreu, oder ein melancholisches Gedicht über eine unglückliche Liebe als defaitistisch und dekadent, oder eine biologische Theorie als subversiv abgestempelt wird.

Es scheint mir, daß wir die Frage stellen können, wie weit gute Staatsbürgerschaft das Ziel eines Erziehungslehrplans sein kann. In hohem Maße muß es sicherlich das Ergebnis einer Ausbildung sein, die nicht bewußt auf etwas so Umfassendes und gleichzeitig so eng Umschriebenes wie Staatsbürgerschaft abzielt. Die Gewohnheit, Autorität anzuerkennen, imstande zu sein, verantwortliche Freiheit zu betätigen, imstande zu sein, Autorität auszuüben, wenn man gezwungen ist, sie zu übernehmen, wird unbewußt in frühen Jahren entwickelt. Wenn die Eltern Leute mit Verantwortungsbewußtsein für die Allgemeinheit sind, deren Interessen nicht selbstsüchtig auf sich und ihre Familie beschränkt sind, so werden die Kinder von dem Beispiel, das sie geben, lernen (denn der unbewußte Einfluß von Eltern ist viel wirksamer als ihre Vorschriften), daß sie ihren Nachbarn gegenüber Pflichten haben, die die Übernahme von Verantwortung und die Ausübung von Selbstbeherrschung einschließen. Und soweit es ihre geistigen Fähigkeiten erlauben, lernen sie, daß diese Verpflichtung nicht allein gewohnheitsmäßiges Reagieren, sondern Nachdenken und überlegtes Wählen bedeutet. In einer Schule lernen sie die Anpassung an eine größere Gemeinschaft, und in einem College entwickeln sie ihren Gemeinschaftssinn in Vereinigungen und freiwilligen Betätigungen.

Wenn es nun heißt, »in einer Demokratie sind der gute Mensch und der gute Staatsbürger ein und derselbe«, so widerspreche ich nicht, aber ich würde es lieber allgemeiner ausdrücken und einfach sagen, »der gute Mensch und der gute Staatsbürger sind ein und derselbe«. Denn die erstere Behauptung scheint eine andere zu implizieren, die so lautet: »in einem Gesellschaftszustand, der keine Demokratie ist, kann man nicht zugleich ein guter Mensch und ein guter Staatsbürger sein.« Nun wird aber der gute Mensch unter einem bösen Herrschaftssystem sein gutes Staatsbürgertum gelegentlich dadurch beweisen, daß er jener Regierung Widerstand leistet. Er wird vom Standpunkt seiner Beherrscher aus kein guter Staatsbürger sein; aber er wird von ihrem Standpunkt aus dann auch kein guter Mensch sein. Wenn gute Staatsbürgerschaft moralisches Gutsein bedeutet, dann ist gute Staatsbürgerschaft irgendwie etwas Universales. Natürlich können wir sagen, die in den römischen Verfolgungen gemarterten Christen waren schlechte Staatsbürger; und vom Standpunkt ihrer Peiniger aus waren sie es zweifellos auch. Vielleicht kann man aber doch sagen, daß der gute Mensch in einer Demokratie die größte Möglichkeit hat, sein Gutsein in der Staatsbürgerschaft zu betätigen, und der schlechte Mensch die größte Möglichkeit, seine Schlechtheit zu beweisen – oder vielleicht richtiger, daß in einer Demokratie eine größere Anzahl guter Menschen und eine größere Anzahl schlechter Menschen diese Möglichkeit haben. Dies ergibt eine Art Definition der Demokratie, nämlich die Gesellschaftsform zu sein, die diese Möglichkeiten bietet; man beachte aber auch, daß, während wir zu unserer Definition der Demokratie mit Hilfe des Begriffs »Staatsbürgerschaft« gelangen, wir damit auch eine Definition der guten Staatsbürgerschaft in Begriffen der Demokratie implizieren.

Ich fürchte, wir gehen, wenn wir von dem Begriff »guter Mensch« zu dem Begriff »guter Staatsbürger« hinüberwechseln, unmerklich von einer Bedeutungsschattierung von »gut« zur andern über. Aber der Grad der Bedeutungsschattierung läßt sich nicht am Satz selber, sondern erst in den weiteren Folgerungen erkennen, die wir ziehen: der Unterschied zeigt sich vielleicht erst, wenn wir einen weiten Weg zurückgelegt haben. So auch in dem Satz »da in einer Demokratie alle Menschen Regierende sind, müssen alle Menschen die Erziehung erhalten, die Regierende haben müssen«. Nun, wir erkennen, was dies bedeutet, und wir widersprechen nicht; aber ich meine doch, hier habe das Wort »ruler« zwei verschiedene Bedeutungsschattierungen.[1] Ein hervorragender britischer Staatsbeamter hielt vor ein paar Jahren einen Rundfunk-Vortrag, um seinen Landsleuten UNESCO zu erklären, und sagte, UNESCO wäre ein

1 Nämlich »Regierender« und »Herrscher«. (d. Ü.)

»Welt-Club«. Nun ahnt man, was er sagen wollte; doch konnte ich mich nicht enthalten, die Bemerkung zu machen, ein Club sei der Definition nach eine Organisation, der eine ganze Menge Leute nicht angehörten; wenn jeder Mensch auf der Erde Mitglied darin wäre, so würde er aufhören, ein Club zu sein. Die Schwierigkeit ist hier nicht unüberwindlich groß. Doch selbst wenn wir darin übereinstimmen, daß alle Menschen Regierende sind, dürfen wir doch Unterschiede der Art und des Intensitätsgrades des Regierens nicht übersehen. Wenn wir an irgendeinen besonderen Typ von »Herrschaftausübenden« (rulers) denken, können wir erkennen, daß einige von ihnen einer Erziehung bzw. Bildung bedürfen, die von derjenigen anderer Menschen abweicht: ein Richter des Obersten Gerichtshofs ist ein bestimmter Typus von »ruler«, der Dirigent eines Orchesters ein anderer, und beide müssen sie eine sehr spezialisierte Ausbildung wie auch ganz spezielle angeborene Begabungen haben, die sie für die Ausübung ihres Re- bzw. Dirigierens instand setzen.

Eine Schwierigkeit und eine Quelle von Gefahren ist die Anwendung des allgemeinen Satzes über die Ziele der Erziehung, dem jedermann zustimmen kann, auf konkretere Probleme. Von der allgemeineren Aussage über Erziehung zur Staatsbürgerschaft können wir durch die Verengung der Bedeutung zu *politischer* Betätigung gelangen und durch die Verengung der Bedeutung von Erziehung zu dem, was im Unterricht gelehrt und aus Büchern gelernt werden kann, nämlich zur Aufnahme des Unterrichts in Staatsbürgerkunde in unsere Lehrpläne. Ich will nicht sagen, daß dies etwas absolut Schlechtes ist, obwohl vieles davon durch klugen Geschichtsunterricht vermittelt werden könnte. Es mag sogar notwendig sein; aber wenn es das ist, dann sollten wir versuchen, ganz klar zu erkennen, warum es das ist. Es mag sein, daß es als Heilmittel für Verhältnisse dient, die außerhalb des Bereichs und des Einflusses des Erziehungssystems liegen. Soweit es ein Versuch ist, das soziale Gewissen zu erziehen, Tugenden einzupflanzen, ist es der Versuch, eine Ausbildung zu vermitteln, die eigentlich von der Familie und der sozialen Umgebung geleistet werden müßte und die nötig ist, weil Familie und soziale Umgebung nicht das sind, was sie sein sollten.

Soweit es die Vermittlung von notwendigem oder wünschenswertem Wissens- und Informationsstoff ist, mag es bedeuten, daß die Führung unserer Gesellschaft so kompliziert geworden ist, die Probleme so stark miteinander in Wechselwirkung stehen, daß sie anfängt, Ansprüche an den gewöhnlichen Bürger zu stellen, die größer sind, als er zu erfüllen vermag. Zum Beispiel war in früheren Zeiten die Außenpolitik die Sache von nur ganz wenigen Personen in einer Nation, und nur in den Beziehungen mit einer fremden Nation – und mit vielen fremden Ländern überhaupt nicht – waren die Probleme so ernst, daß es jedem gebildeten Bürger zukam, sich darüber zu informieren. Heute sind wir alle dauernd mit dem beschäftigt und über das besorgt, was überall vor sich geht. Der spanisch-amerikanische Krieg war, so schien es seinerzeit, niemandes Angelegenheit als allein die der Vereinigten Staaten und Spaniens: heutzutage ist ein Krieg irgendwo, und selbst wenn er von anscheinend geringen Dimensionen ist, Anlaß zur Sorge für jedermann überall. Ich möchte diese kleinere Frage nicht weiter verfolgen, nur das Problem aufzeigen. Unter »staatsbürgerlicher Erziehung« können wir die Ausbildung in den wesentlichen Fähigkeiten verstehen, die sowohl in der Regelung der persönlichen Angelegenheiten wie in der Bildung der Meinung über die öffentliche Politik nötig sind: nämlich die Fähigkeit, logisch zu denken, Argumente zu erwägen, zu entscheiden, wieviel man wissen muß, um in einer Sache zum Schluß zu kommen, und die Fähigkeit, die fundamentalen moralischen Unterschiede von Recht und Unrecht zu erkennen und sie anzuwenden. Soweit diese Dinge gelehrt werden können, können sie durch das Studium der Geschichte eingepflanzt werden. Aber wir können damit auch Studiengänge in all den mannigfaltigen sozialen Problemen des zeitgenössischen Lebens im Auge haben: in der politischen Theorie, im öffentlichen Finanzwesen, in der Volkswirtschaft, in der Stadtverwaltung oder auf dem ganzen, heute von der Soziologie eingenommenen Gebiet erheben sich verschiedene, sehr dringliche Fragen. In welchem Alter sollte mit diesen Studien begonnen werden? Und wieviel Zeit sollte ihnen auf jeder Stufe gewidmet werden? Ich glaube nicht, daß man diese Dinge über einen bestimmten Punkt hinaus denen beibringen kann, die damit persönlich nichts zu tun haben werden; denn die meisten von uns können kein Gebiet sehr gründlich studieren, das uns nicht als Individuen betrifft, das uns nur als *Glieder* etwas angeht. Ich will damit nicht sagen, daß niemand sich nicht ernsthaft mit diesen Sachen beschäftigen sollte: das wäre unsinnig. Aber diejenigen, die damit ernsthaft befaßt sind und gerechtfertigterweise ihre Aufmerksamkeit auf sie konzentrieren, sind diejenigen, die daraus ihren Broterwerb machen und, was wichtiger ist, sich selbst ausdrücken, indem sie praktische Beiträge leisten. Das heißt, die Gegenstände, denen wir nützlicherweise die meiste Aufmerksamkeit schenken können, sind diejenigen, in denen wir uns besonders hervorzutun hoffen. Der Wunsch, immer für den richtigen Kandidaten zu stimmen, kann nicht das ehrgeizige Ziel eines ganzen Lebens sein.

Staatsbürgerliche Erziehung scheint mir daher in erster Linie die Entwicklung des sozialen Gewissens zu sein; und ich habe bereits daran erinnert, daß »soziales« Gewissen nur eine Entwicklung des »Gewissens« sein kann: in dem Augenblick, wo wir über »soziales Gewissen« reden und das Gewissen vergessen, sind wir moralisch in Gefahr –, und genauso muß »soziale Gerechtigkeit« auf »Gerechtigkeit« basieren. Die Trennung in unserem Bewußtsein, die einfach daraus herrührt, daß wir dauernd auf dem Adjektiv »sozial« herumreiten, kann zu Vergehen wie Irrtümern führen. Im Namen sozialer Gerechtigkeit können wir Ungerechtigkeit entschuldigen, oder vor uns selbst rechtfertigen, oder ganz einfach ignorieren: im Namen des sozialen Gewissens können wir dasselbe mit dem Gewissen machen. Die gleiche Art von Vertauschung kann mit dem Wort »Demokratie« geschehen. »Soziale Demokratie« scheint zunächst ein Ausdruck zu sein, gegen den niemand etwas einwenden könnte; aber die Bezeichnung kann so manipuliert werden, daß sie auf etwas hinweist, das wohl für die meisten von uns alles andere als »demokratisch« ist.

Ich hoffe, es ist bei dieser »Wildgans-Jagd«[1] herausgekommen, daß in unsere Liste der drei Ziele der Erziehung – das berufliche, das soziale und die Entwicklung aller verborgenen Kräfte und Fähig-

1 im übertragenen Sinn: »vergebliches Bemühen«. (d. Ü.)

keiten – jedes Ziel mit den anderen verwoben ist und daß jedes so verfolgt werden kann, daß es den anderen in die Quere kommt. Dies rührt von der Art und Weise her, wie wir die drei unbestrittenen Feststellungen anwenden, und auch von der Tatsache, daß wir bei jedem Schritt der Folgerungen, die wir ziehen, engere und fragwürdige Definitionen eines Wortes anwenden, das in der ursprünglichen Feststellung nicht definiert zu werden brauchte. Bisher habe ich am wenigsten von den unrichtigen Schlüssen gesprochen, die wir aus der Entwicklung der verborgenen Kräfte und Fähigkeiten ziehen oder aus dem, was, wenn wir nicht bloß an Hobbies und Freizeitgestaltung denken, Arnold das »Streben nach Vollkommenheit« nannte. Ich kannte einmal einen Menschen, der, da er unabhängig und wohlhabend war, für sich eine umfassende humanistische Bildung plante. Ich weiß nicht ganz genau, welchen Studien er sich an einer amerikanischen Universität widmete, doch umfaßten sie nicht Latein und Griechisch, weil er diese aufschob, bis er nach Oxford und Cambridge käme, wo er glaubte, sie in bester Form haben zu können, noch moderne Sprachen und Literaturen, weil er beabsichtigte, nach Oxford und Cambridge ein oder zwei Jahre an Universitäten in Frankreich, Deutschland und Italien zu verbringen. Ein ausgedehnter Reiseplan sollte diese Bildung krönen. Unnötig zu sagen, daß er sein Programm nie erfüllte. Das Streben nach Vollkommenheit oder einer umfassenden Bildung genügt nicht, denn es ist ein Nebenprodukt unseres Wunsches etwas zu *tun*. Sich selbst vervollkommnen, soweit man kann, und in der Weise, auf die man vervollkommnungsfähig ist, kann eine Verpflichtung sein, aber nur in Beziehung zu einem Ziel jenseits unserer selbst. Auf diesen Punkt komme ich später zurück.

Ich habe vor, mich jetzt der Frage der allgemeinen Voraussetzungen, Annahmen oder bewußten sozialen und politischen Theorien zuzuwenden, auf denen jede Erziehungstheorie ruhen muß. Abschließend jedoch möchte ich einen zeitgenössischen französischen Schriftsteller zitieren, Gustave Thibon; aus seiner Einleitung zu dem sehr tiefen und originellen Buch *La Pesanteur et la grâce* von Simone Weil. Es sind Simone Weils Gedanken, die er auslegt: »Die Seele, dem Streben nach dem absolut Guten sich widmend, stößt in dieser Welt auf unlösbare Widerstände. ›Unser Leben ist Unmöglichkeit, Absurdität. Alles, was wir wollen, wird durch die Bedingungen oder Folgen, die es hat, widerlegt. Das macht, weil wir selber Widersprüche sind, bloße Kreaturen ...‹ Wenn man zum Beispiel unzählige Kinder hat, so führt das zu Übervölkerung und Krieg (typisches Beispiel ist Japan). Wenn man die materielle Lage der Menschen verbessert, so beschwört man geistigen und seelischen Verfall herauf. Wenn man sich ausschließlich einem Menschen widmet, so hört man für diese Person auf zu existieren. Nur vorgestellte Güter bedeuten keinen Widerspruch: das Mädchen, das sich eine große Kinderzahl wünscht, der soziale Reformer, der vom Glück des Volkes träumt – solche Einzelmenschen treffen auf keinen Widerstand, solange sie sich von der Tat zurückhalten. Sie schwimmen glücklich dahin in einem Gut, das absolut, aber fiktiv ist; stößt man an die Wirklichkeit, so ist das ein Zeichen zum Aufwachen. Dieser Widerspruch, das Kennzeichen unseres Elends und unserer Größe, ist etwas, das wir in all seiner Bitterkeit akzeptieren müssen.«[1]

3. Der Konflikt der Ziele

Wir haben schon bemerkt, daß das Wort »Erziehung« infolge der sozialen Wandlungen der letzten drei- oder vierhundert Jahre schwerer definierbar geworden ist. Wir können vier wichtige Pha-

1 ›L'âme attachée à la poursuite du bien pur se heurte ici-bas à d'irréductibles contradictions. »Notre vie est impossibilité, absurdité. Chaque chose que nous voulons est contradictoire avec les conditions ou les conséquences qui y sont attachées. C'est que nous sommes nous-mêmes contradiction, étant des créatures ...« Ayez par exemple des enfants sans compter: vous favorisez la surpopulation et la guerre (le cas du Japon est typique à cet égard); améliorez le sort matériel du peuple: vous risquez d'altérer son âme: dévouez-vous entièrement à quelqu'un: vous cessez d'exister pour lui, etc. Seul le bien imaginaire ne comporte pas de contradiction: la jeune fille qui désire une nombreuse postérité, le réformateur social qui rêve le bonheur du peuple, etc. ne se heurtent à aucun obstacle tant qu'ils ne passent pas à l'action: ils voguent à pleine voile dans un bien pur, mais fictif; le choc contre le réel est le signal du reveil. Cette contradiction, signe de notre misère et de notre grandeur, nous devons l'accepter dans toute son amertume.‹ Thibon, Weil zitierend, in seinem Vorwort zu *La Pesanteur et la grâce* (Paris, Plon, 1950, pp. XX–XXI).

sen unterscheiden. In der ersten ging es uns nur um die Ausbildung einer kleinen Minderheit für bestimmte gelehrte Berufe. In der zweiten ging es uns im Zuge der Verfeinerung der Kultur um die Erziehung des Gentleman, oder des *honnête homme,* und gleichzeitig darum, eine bescheidenere Schicht der Gesellschaft mit den Anfangsgründen der Bildung zu versehen. Während des neunzehnten Jahrhunderts waren die Erzieher zum großen Teil mit dem Problem beschäftigt, wie man die Wohltaten, oder die vermeintlichen Wohltaten der Erziehung, wie sie damals verstanden wurde, einer wachsenden Bevölkerungszahl zugänglich machen könnte. Das Problem war anscheinend einfach: die Menschen glaubten noch zu wissen, was Erziehung sei – es war das, was ein Teil der Gemeinschaft empfangen hatte; und solange diese Erziehung an wachsende Zahlen vermittelt werden konnte, fühlten die Erzieher, daß sie auf dem rechten Wege waren. Heute jedoch stellen wir fest, daß wir dem Ende der Expansion so nahe gekommen sind, daß wir mit einem ganz neuen Problem konfrontiert werden. Es entspricht dem Ende der geographischen Expansion. Im neunzehnten Jahrhundert stießen die Vereinigten Staaten immer noch weiter nach Westen vor; europäische Nationen suchten immer noch für sich Gewinn an Kolonialgebiet zu erlangen.

Jetzt ist die Ära geographischer Expansion vorüber – wenigstens nach den Methoden zu urteilen, wie sie im vorigen Jahrhundert verwendet wurden. Im neunzehnten Jahrhundert schien es ebenfalls nur das Problem zu geben, wie man mehr Mitglieder der Gesellschaft erziehen könne. Doch heute haben wir eine Stufe erreicht, auf der wir nicht einfach versuchen, mehr Menschen zu erziehen – wir sind schon dazu verpflichtet, alle Menschen mit der sogenannten Erziehung auszustatten. Wir nähern uns dem Ende unserer erzieherischen Grenze[1]. Vor langer Zeit schon beschlossen wir, alle Menschen müßten lesen, schreiben und buchstabieren lernen; und solange es große Zahlen von Menschen gab, die nicht lesen, schreiben oder buchstabieren konnten, brauchten wir nicht allzu gründlich der Frage nachzugehen, was Erziehung denn bedeute. Jede Entwicklungsstufe unserer Gesellschaft stellt uns nicht nur vor neue,

1 Frontier: das Wort suggeriert die Pionier-»Grenze«. (d. Ü.)

sondern auch vor schwierigere Probleme, wie auch vor die gleichen Probleme in schwierigeren Formen; denn wir haben es jetzt mit einer neuen Unbildung zu tun, und zwar einer Form der Unbildung, die viel schwerer zu überwinden ist – nämlich die Unbildung derjenigen Teile der Bevölkerung, die eine elementare Schulausbildung genossen haben, aber ungebildet geworden sind, weil es ihnen an Gelegenheit fehlte, zu nutzen, was sie gelehrt worden war. Diese zweite Ungebildetheit ist ein neues Phänomen. Sie wird verschärft durch die Wirkungen des Radios und des Kinos und durch die Ersetzung der Worte durch Bilder in den populären Zeitschriften. Ich bin davon überzeugt, daß in England Leser – Leser von *jeder Art* von Lesestoff – zum Teil nach der Größe der Drucktypen eingeteilt werden können, die sie aufnehmen können. Man kann sagen, gebildet ist der Mensch, der die Berichte von Parlamentsdebatten und die Berichte wichtiger Gerichtsfälle von Anfang bis Ende lesen kann – gescheites Überspringen natürlich eingerechnet. Eine große Zahl kann ein paar Absätze lesen, wenn die Type groß genug ist. Ein wachsender Teil der Bevölkerung kann nur die Schlagzeilen eines Teils einer Zeitung lesen, es sei denn, er handele von Sport oder Verbrechen.

Dies ist eine Art von Parenthese, die die Tatsache illustriert, daß selbst Ungebildetheit – sogar Analphabetentum – kein Problem ist, das sich abschließen und erledigen läßt. Meine These ist, daß jetzt, wo wir gehalten sind, jedem eine formale Ausbildung zu vermitteln, alles einbezogen und geprüft werden muß – die Formen, der Stoff, die Methoden, die Zwecke. So haben wir immer neue Probleme und dazu die alten in neuen Formen.

Das, was da vor sich geht, wenn wir über Erziehung nachdenken, ist natürlich nur ein besonderer Fall dessen, was mit dem menschlichen Bewußtsein vor sich geht. In der Welt von heute versuchen wir mehr und mehr, bewußt zu manipulieren, was seiner eigenen Entwicklung überlassen worden war – das heißt, unser Bereich bewußter Manipulation wird größer und größer. Ein Problem taucht auf durch unsere Fähigkeit, seiner gewahr zu werden; das Gewahrwerden formt das Problem; und sind wir uns erst einmal eines Problems bewußt, so können wir es nicht aus dem Bewußtsein verbannen; wir sehen uns verpflichtet, zu versuchen, eine Antwort zu finden.

Unter einem »Erziehungssystem« – gleich, ob wir eine besondere Institution oder die allgemeine Organisation des Unterrichts betrachten, bei dem wir nationale Eigentümlichkeiten unterscheiden können – verstehen wir etwas, das eine Verbindung von *Wachstum* und *Konstruktion* ist. Ich teile die Ansicht, die von der »Relativität der Erziehungstheorie und -praxis in bezug auf die herrschende Ordnung« spricht, und ich stimme Professor Adolf Lowe zu, wenn er sagt:

»... Kein Erziehungssystem kann richtig gewürdigt oder beurteilt werden, es sei denn, es geschieht vor dem Hintergrund der sozialen Ordnung, in der es wirksam ist. Der Grund hierfür ist, daß die Erziehung immer einem sozialen Zwecke dient, selbst wenn Lehrer und Schüler sich dessen nicht bewußt sind und den erzieherischen Kontakt als eine gänzlich spontane Veranstaltung erleben. Tatsächlich sind auf jeder Stufe, vom elementaren Unterricht bis zur Universitätsbildung, mächtige soziale Kräfte am Werk, die den heranreifenden Menschen nach einem bestimmten Muster formen und damit einen bestimmten menschlichen Typ zu schaffen trachten.«[1]

Ich habe zu diesem Zitat nur zwei Anmerkungen zu machen: zunächst können die »mächtigen sozialen Kräfte« *mehr* oder *weniger* bewußt sein und sich als der Einfluß einer herrschenden Klasse oder einer vorherrschenden Lebensform der Gesellschaft als Ganzes erweisen; oder aber sie können sich in einem totalitären Regime in den bewußten Zielsetzungen der Führer einer politischen Partei konzentrieren. Zweitens müssen wir erkennen, daß das Erziehungssystem eines jeden Landes das Produkt der Geschichte ist und die Geschichte spiegelt und dem Temperament jenes Volkes entspricht. Soweit ein Erziehungssystem ein Gebilde ist, das durch die bewußten Zielsetzungen einiger weniger geformt ist – gleich, ob diese Menschen die Erziehung ihres eigenen Volkes organisieren oder ein System für ein noch rückständigeres Volk schaffen –, besteht immer die ernste Gefahr, daß etwas entliehen oder aufgenötigt wird, das

1 Lowe, *The Universities in Transformation* (Christian News Letter Books No. 9, London, Macmillan).

dem Ethos, der Lebensform, den Gewohnheiten des Denkens und Fühlens jenes Volkes nicht angemessen ist. In Amerika haben wir erlebt, wie verschiedene Ziele und Methoden von Erziehern befürwortet wurden, die durch ihre Begeisterung für deutsche oder französische oder englische Erziehungssysteme für diese oder jene Richtung eingenommen waren – Erzieher, die manchmal selbst teilweise in dem einen oder anderen dieser Länder erzogen worden waren. Die geistige Formation eines Mannes wie des Präsidenten Eliot von Harvard, der selbst teilweise das Produkt des deutschen Systems war, führte, wie ich glaube, zu einer übertriebenen Anwendung deutscher Methoden. Andererseits halte ich es für sehr wahrscheinlich, daß das Modell englischer Institutionen in Indien und westlicher Erziehungsmethoden im Osten ganz allgemein allzu überstürzt und zuversichtlich eingeführt wurde. Aber die Verwirrung, die durch die Nachahmung verschiedener europäischer Systeme in Amerika und westlicher – einschließlich amerikanischer – Methoden im Osten hervorgerufen ist, droht jetzt noch allgemeiner zu werden, wo jeder Teil der Welt jeden anderen Teil stärker zur Kenntnis nimmt, wo die Konzentration von Reichtum und Macht sich von einer Nation zur anderen verlagert und wo eine größere Einförmigkeit der Kultur wahrscheinlich das Ergebnis des Drucks der einen Zivilisation auf die andere ist.

In den Veränderungen, von denen ich gesprochen habe, in dem ständigen Anwachsen des Umfangs menschlicher Planung tritt deutlich in Erscheinung, daß wir in einem Zeitalter leben, in dem die *Konstruktion* den Vorrang vor dem *Wachstum* hat. Diese Entwicklung müssen wir hinnehmen. Wir haben nicht die Zeit, um zu warten oder die Dinge dem Austrag zwischen verschiedenen natürlichen Kräften zu überlassen. Wir leben in einer Zeit, in der Städte geplant werden müssen, in der wir in jedem Stadtbereich Bestimmungen über den Gebäudetyp, die Höhe des Gebäudes und die Zwecke, für die die Gebäude verwendet werden sollen, haben müssen. Und in einem solchen Zeitalter sehen wir uns auch verpflichtet, stärker zu bedenken, was wir in unseren Erziehungssituationen machen. Nur müssen wir daran denken, daß alles bewußter tun eine sehr große Belastung ist, denn es bürdet weniger und weniger Leuten mehr und mehr Verantwortung auf. Die psychologische und physiologische Belastung des Mitglieds eines Regierungskabinetts heute, die Belastung, die es mit sich bringt, Chef einer Regierung zu sein oder auch nur Staatssekretär [d. h. Staatsminister (d. Ü.)] oder Außenminister, ist fast größer, als einem menschlichen Wesen zu tragen zugemutet werden sollte.

Wir müssen also, so weit im voraus wir nur etwas ausmachen können, auf eine Tendenz zu universaler Standardisierung in der Erziehung überall vorbereitet sein. Als es vor einer Reihe von Jahren bekanntwurde, daß ein Übereinkommen über die Standardisierung von Schraubenmuttern und -bolzen zwischen England und den Vereinigten Staaten erzielt worden war, so daß wir in der Lage sein würden, in dem einen Lande eine Schraubenmutter zu kaufen und sie auf einen Schraubenbolzen in dem anderen Lande zu schrauben, erschien die Nachricht in sehr kleinem Druck, schien mir aber die wichtigste Neuigkeit des Tages zu sein. Auch war sie ein Vorzeichen. Und das andere, auf das wir gefaßt sein müssen, ist eine immer größer werdende Einmischung in die Erziehung und ihre Kontrolle durch den Staat. Und wenn ich »der Staat« sage, so meine ich nicht Illinois oder einen anderen Staat dieser Art, sondern ich meine die Zentralregierung in jedem Lande. Es ist praktisch in bestimmten europäischen Ländern so gewesen; aber ich glaube, daß der Staat wohl in allen Ländern sich stärker gezwungen sehen wird, den Pfeifer zu bezahlen, und daher auch stärker genötigt, das Lied zu bestellen.

Dafür gibt es offenkundig gewichtige Gründe. Die Unterhaltung von Erziehungsinstitutionen, besonders der großen Universitäten, wird immer teurer. Sie werden größer, sie brauchen immer mehr Gebäude, mehr Lehrkräfte, und die Unterhaltung bedeutet einen immer höheren Anteil an Verwaltungs- und Finanzarbeit. Sie brauchen immer größere Bibliotheken und Museen; mehr und bessere Laboratorien; und die wissenschaftliche Ausrüstung wird immer komplizierter und kostspieliger. Gleichzeitig werfen die Stiftungen weniger Erträge ab, und die privaten Quellen, aus denen neue Stiftungen flossen, versiegen. Endlich kann vielleicht der Bankrott dazu führen, daß die Universitäten vom Staate übernommen oder geschlossen werden müssen. Auf der anderen Seite aber interessieren sich die Zentralregierungen mehr und mehr dafür, was die Universitäten machen. (Ich sollte bemerken, daß ich an die Verhältnisse in England denke: wie weit die Beobachtungen auf die Verhältnisse in Amerika zutreffen, das zu beurteilen, bleibt Ihnen überlassen. Die britische Regierung ist dank der großen Ausdehnung des Civil Service[1] ein sehr großer Arbeitgeber: der Bedarf des Civil Service wird immer mannigfaltiger und spezialisierter und muß durch Nachschub aus allen Universitäten befriedigt werden.) Auch ist jede Regierung heute mehr und mehr um den Fortschritt der Wissenschaft in der Weise, wie die Regierungen es für nötig erachten, besorgt. Wenn die Universitäten nicht so ausgestattet sind, daß sie die Forschungsarbeit leisten und die in den Spezialfragen ausgebildeten Menschen bereitstellen können, die die Regierung braucht, dann müssen die Universitäten eben mit den nötigen Mitteln ausgestattet und in ihrem Gebrauch unterwiesen werden.

Niemand verabscheut den Totalitarismus mehr als ich; aber es genügt nicht nur, ihn zu hassen oder unseren Abscheu gegenüber seinen häßlicheren Formen irgendwo zu konzentrieren. Wir müssen zumindest das Vorhandensein von verschiedenen Formen eines Drucks erkennen, die überall die Gesellschaft verändern, wenn auch nur, um wach genug zu sein, ihnen entgegenzuwirken und nichts anzunehmen, was wir entbehren können. Nicht alle Menschen lassen sich von skrupelloser Machtliebe oder von ideologischem Fanatismus antreiben: manchmal finden sich die Menschen in einer Lage, wo sie mehr Macht übernehmen müssen als sie wollen – oder in einer solchen, in der die Übernahme von Macht als der einzige Weg erscheint, einer Krise zu begegnen oder eine unerträgliche Situation zu entspannen. Und wenn es schließlich dem zentralisierten Staat immer wichtiger erscheint, jeden Zweig der Ausbildung zu überwachen, die oberste Kontrolle auszuüben, dann wird der »soziale Zweck« der Erziehung mit der Vorstellung vom »sozialen Zweck« im Kopf des für die Erziehung verantwortlichen Ministers identisch werden.

Ich bin einen reichlich gewundenen Weg gegangen, um zu einer

1 des staatlichen Verwaltungsdienstes. (d. Ü.)

Frage hinzuführen, die mich eigentlich zu diesem Wege bewogen hat. In dem, was ich vor mehreren Jahren über Erziehung geschrieben habe, findet ein Kritiker eine Unstimmigkeit. Er sagt: »Mr. Eliots Hauptklage über andere Verfasser von Erziehungsschriften ist, daß sie versuchen, die Schulen dazu zu benutzen, soziale Absichten zu verwirklichen, die ihnen am Herzen liegen. Dann fällt er in die Grube, die er anderen gegraben hat: er will die Schulen dazu benutzen, seine eigenen sozialen Absichten zu fördern.« Nun glaube ich nicht, daß jemand ernstlich über Erziehung nachdenken kann, dem es an eigenen sozialen Absichten fehlt; und ich bin sicher, daß ihn diese sozialen Absichten zu einigen seiner Schlüsse in Erziehungsfragen führen werden. Denn derjenige, der es abstreitet, daß die Erziehung einen sozialen Zweck haben muß, läßt etwas außer acht, ohne das sie keine Erziehung ist. Aber ich glaube, jeder, der die Erziehung in ihrem Verhältnis zu sozialer Absicht betrachtet, muß sich ganz klar darüber sein, welche sozialen Absichten seine eigene Erziehungstheorie bestimmen; welche ihm oder einer Gruppe eigen sind, deren Ansichten von anderen Gruppen nicht geteilt werden, von denen er glaubt, daß sie für die Gesellschaft passen, zu der er und seine Parteigänger gehören, und welche, wenn es solche überhaupt gibt, auf jede Gesellschaft passen.

Was ich vorhin gesagt habe, zielte deshalb darauf ab, die Tatsache deutlich zu machen, daß die Bedeutung des Begriffs »sozialer Zweck« ziemlich vielen Variationen offensteht. In einer freiheitlichen Demokratie sollte er etwas bezeichnen, das im Bewußtsein und Temperament des Volkes als Ganzen zu erkennen ist, etwas das aus seinem gemeinsamen Ethos heraus entsteht, das seinen Ausdruck durch eine Vielzahl geistiger Führer findet, die verschiedene und einander manchmal befehdende Meinungen vertreten. In einer totalitären Gesellschaft kann es etwas bedeuten, das in den Hirnen einiger weniger an der Macht befindlicher Personen formuliert, aus einer besonderen politisch-sozialen Theorie abgeleitet und durch alle erdenklichen Mittel des Zwanges und der Indoktrinierung aufgezwungen ist, so daß es mit der Zeit in das gemeinsame Ethos integriert werden kann. Dieses ist ein sozialer Zweck ganz anderer Art. In einer freiheitlichen Gesellschaft wird jeder, der über das

Thema schreibt, seine eigene soziale Absicht haben; etwas, das er vermittels der Erziehung bewahren, wiederherstellen oder einführen möchte. Deshalb sollte er selber wissen, wie weit seine Voraussetzungen seine eigenen sind und wie weit er berechtigt ist, anzunehmen, daß sie von allen intelligenten Menschen guten Willens geteilt werden. Er sollte, kurz gesagt, seine Prämissen prüfen. Da nun die Erziehung, wie erkannt wurde, verschiedene Ziele hat, müssen die sozialen Absichten davor bewahrt werden, mit den anderen Zielen in Konflikt zu geraten; auch müssen wir die Möglichkeit ins Auge fassen, daß wir verschiedene soziale Absichten haben, die miteinander ausgesöhnt werden müssen. Ich erinnere an die weisen Worte Gustave Thibons und Simone Weils, die ich schon zitiert habe. Ich möchte als Illustration »das Ideal der Gleichheit der Chance (opportunity)« nehmen, weil meine früheren Bedenken gegen die Anwendbarkeit dieses Ideals besonders starken Widerspruch ausgelöst zu haben scheinen. Dies Ideal drückt nun ganz gewiß einen sozialen Zweck aus und ist gleichermaßen auf anderes wie die Erziehung anwendbar: die Erziehung ist lediglich eine der Vergünstigungen, die idealiter Männern und Frauen mit gleicher Chance zugänglich sein sollten. Dieses Ideal hat aus doppeltem Grunde eine sehr starke Zugkraft, und die beiden Gründe müssen auseinandergehalten werden. Der eine ist, daß Fähigkeiten, deren die Gesellschaft bedarf, dadurch vergeudet werden, daß wir nicht imstande sind, sie zu erkennen und auszubilden. Dies ist eine Nützlichkeitserwägung; sie hat Zugkraft, aber von ganz anderer Art als die zweite. Diese besagt, daß es nicht gerecht ist, daß jemand wegen unserer Unfähigkeit, ihn zu erziehen, an der vollen Entfaltung seiner verborgenen Kräfte und Fähigkeiten gehindert werden sollte. Das zweite Argument scheint mir das universalere und zwingendere zu sein; weil es ein *moralischer* Grund ist. Bei dieser Begründung wird nun wohl die Versicherung, daß jedes Kind die gleiche Erziehungschance haben sollte, von niemandem bestritten werden. Die einzige Schwierigkeit stellt sich ein, wenn wir darangehen, dieses gepriesene Ideal in die Wirklichkeit umzusetzen, und wenn wir ihm in unseren Erziehungsplänen Vorrang vor anderen Erziehungsidealen geben.

Wenn wir dieses Ideal der gleichen Chance rigoros verfolgen würden, so würden wir, scheint es mir, darauf zu achten haben, daß keine Erziehungsinstitution über eine andere, die zu dem gleichen Bildungsstand zu führen betont, gestellt wird. Wir müßten ganz bestimmt darauf achten, daß keine Anstalt eine bessere Erziehung vermittelte, einfach weil sie in der Lage wäre, höhere Schulgelder zu verlangen und ihre Schüler nach anderem Maßstab als dem der Aussicht auf geistige Entfaltung auszuwählen. In welchem Umfange erhalten die Schüler teuerer Privatschulen eine bessere Erziehung? Wofür zahlen ihre Eltern eigentlich? Ich weiß, daß die Motive, aus denen wohlhabende Eltern eine Schule aussuchen, oft solche Motive sind, die nichts mit Erziehung zu tun haben. Da ist der Wunsch, daß ihre Kinder mit anderen Kindern des gleichen wirtschaftlichen Standes und gesellschaftlichen Typs zusammenkommen; da ist auch die Berechnung, daß ihre Kinder sich mit denen anfreunden, die für sie im späteren Leben »nützlich« sein werden; da ist auch ganz einfach der snobistische Charakter, der dem Namen einer besonderen Schule oder Universität anhaftet. Aber es gibt auch bessere Gründe als diese: da ist die Anziehungskraft einer Gründung mit Traditionen und einer langen Liste von hervorragenden ehemaligen Schülern. Und da ist der beste aller Gründe, der besonders für Privatschulen spricht – denn dieser Grund ist besonders während der Schulzeit selbst zwingend: die Eltern wissen, daß ihr Kind zu einer kleinen Gruppe gehören wird, daß es in einer Klasse von vierzehn oder zwanzig statt in einer Klasse von vierzig oder fünfzig unterrichtet werden wird. Jeder, der jemals versucht hat, Kinder zu unterrichten, weiß, daß man, je größer die Klasse ist, über fünfzehn oder zwanzig hinaus, um so weniger unterrichten kann.

Es ist gewiß zu wünschen, daß jede Schule im Lande genügend Schulraum und genügend Lehrer haben sollte, um Kinder in kleineren Gruppen zu unterrichten. Ich glaubte im Jahre 1944, daß das Erziehungsgesetz jenes Jahres ein Versuch, sicherlich, die staatliche Erziehung zu verbessern – die Dinge in falscher Reihenfolge vornahm. Anstatt sofort die Zahl der Pflicht-Schuljahre zu erweitern und so die Zahl der Schüler zu vergrößern, hätten wir meiner Ansicht nach zuerst darauf abzielen sollen, mehr Lehrer und Raum für diejenigen zu gewinnen, die schon auf den staatlich unterhaltenen oder geförderten Schulen waren, und es unternehmen sollen, den Schülern unter vierzehn Jahren besseren Unterricht zu vermitteln. Aber wann werden wir in irgendeinem Lande Geld für diese Reform bereitstellen? Auch sollten wir, bevor wir mehr Lehrer ausbilden, prüfen, ob wir unsere gegenwärtigen Lehrer angemessen bezahlen. Ich habe nie in einer Kohlengrube oder einem Uraniumabbauplatz oder auf einem Heringsfänger gearbeitet, aber ich weiß aus Erfahrung, daß die Arbeit in einer Bank von 9.15 Uhr bis 5.30 Uhr und einmal alle vier Wochen den ganzen Samstag bei zwei Wochen Ferien im Jahr eine Erholungskur war, verglichen mit dem Unterrichten in einer Schule.

Man sagt mir, »kein amerikanischer Befürworter der Gleichheit der Chance würde den Gedanken vorbringen, den Reichen sollte es verboten werden, eigene Schulen zu gründen, die sich als den staatlich unterhaltenen Schulen überlegen herausstellen könnten«. Dies heißt für eine beschränkte Gleichheit eintreten, eine Gleichheit, die durch ein gut Teil Ungleichheit eingeschränkt ist. Wenn die von den Reichen für die Reichen gegründeten Schulen sich als bessere Schulen erweisen (obwohl ich nicht glaube, daß dies wirklich der Fall ist), was wird dann aus der Gleichheit der Chance? Und wie können wir unsere Gleichheit auf eine gleiche Chance einer guten Erziehung einschränken? Wenn das eine Kind im Leben bessere Chancen hat als das andere, werden dann nicht viele Leute diese Situation als ungerecht ansehen? Es will so scheinen, als sei Ungleichheit in der Erziehung lediglich ein besonderer Fall von Ungleichheit im allgemeinen, und wenn wir ein Prinzip in dem einen Bereich vertreten, werden wir dann nicht genötigt, es in allen zu akzeptieren? Gewiß möchten einige englische Befürworter der Gleichheit in der Erziehung viel weiter gehen, als es dem Bericht nach amerikanische Befürworter tun: sie möchten die Privatschule und die privat unterhaltene Anstalt abschaffen oder sie alle in ein staatliches System überführen.

Die Nützlichkeit des Ausdrucks »Gleichheit der Chance« wird durch die verschiedenen Bedeutungen in Frage gestellt, die wir dem Wort »Chance« (»opportunity«) beimessen – es bedeutet für verschiedene Leute Verschiedenes und für dieselben Leute Verschiedenes zu verschiedenen Zeitpunkten, oft ohne daß wir es wissen. Daß jeder, soweit wir es möglich machen können, in der Lage sein sollte, der Tätigkeit nachzugehen, für die er am besten ausgerüstet ist, ist ein Ziel, dem wir alle nur zustimmen können. Man hat schon manchmal die Beobachtung gemacht, daß der Sohn wohlhabender Leute, der sich durch Talent und Temperament für einen erstklassigen Garagenmechaniker hervorragend geeignet erweist, niemals die Chance gehabt hat, es zu werden. Druck seitens der Familie und der Umgebung, die Entwicklung von Geschmacksrichtungen, die mit der Tätigkeit, für die er hervorragend geeignet ist, unvereinbar sind, und vielleicht auch eine mangelhafte Erziehung stehen ihm meistens im Wege. Ich fürchte, für die meisten Leute bedeutet »Chance« meistens eine ganze Menge anderes, nur nicht die Chance, die verborgenen Kräfte und Fähigkeiten zu entwickeln: es bedeutet die Chance, Geld zu »machen«, eine höhere gesellschaftliche Stellung zu erringen, Macht über andere zu bekommen. Für manche junge Frauen bedeutet Chance die Chance, einen Film-Test zu bekommen, und nur ein kleiner Teil derjenigen, die diese Chance ersehnen, verdient sie. Kurz, Chance ist ein leerer Begriff, solange wir die Frage »Chance wofür?« nicht beantworten können. Es scheint also, daß fast immer dann, wenn wir von »Gleichheit der Chance« reden, wir entweder nicht wissen, was wir meinen oder nicht meinen, was wir sagen, oder aber zu Schlußfolgerungen gedrängt werden, vor denen die meisten Menschen zurückschrecken würden. Es heißt das Problem umgehen, wenn wir ganz allgemein annehmen, daß »Ungleichheit« nur die Ungerechtigkeit überprivilegierter und unterprivilegierter sozialer Schichten bedeutet. Es kann vorkommen, daß ein Kind auf einer Staatsschule einen Lehrer findet, der seine Befähigung für ein besonderes Gebiet herausfindet, und daß ein Kind auf einer teueren Privatschule gerade den falschen Lehrer hat. Wie steht es aber mit über- und unterprivilegierten Gebieten in demselben Lande? Ein armer Staat oder ein armes Land ist vielleicht nicht imstande, solch gute Einrichtungen oder Lehrer, solch gute Büchereien oder Laboratorien zur Verfügung zu stellen wie ein reicheres. Sollte nicht auch diese Ungleichheit beseitigt werden? So scheint mir der Ruf nach Gleichheit der Chance in letzter, logischer Konsequenz unausweichlich zu einem universalen und ausschließlichen staatlichen Erziehungssystem zu führen, zu dessen Kosten die reicheren Teile des Landes wie die reicheren Einzelpersonen proportional beitragen werden, von denen sie aber nur den gleichen erziehungsmäßigen Nutzen haben werden wie ihre ärmeren Nachbarn. Sodann: ist es gerecht, daß die Bürger einer reichen und fortgeschrittenen Nation größere Erziehungschancen bekommen als die einer rückständigen? Wenn wir nicht die Ansicht vertreten, daß einzelne Rassen oder Völker wertvoller sind als andere, scheinen wir auf das Ziel eines Welt-Erziehungssystems hingedrängt zu werden. Und schließlich, wenn wir vollkommene Gleichheit der Chance in der Erziehung haben sollen, so scheint daraus zu folgen, daß wir ein uniformes System der Intelligenzbewertung der Schüler haben müssen, damit jeder genau die Art und den Umfang der Erziehung erhält, zu der seine Gaben ihn berechtigen.

Wenn, wie ich schon sagte, die gründliche Anwendung des Prinzips der Gleichheit der Chance (verstärkt durch die anderen Arten von Pression, von denen ich gesprochen habe) zur verstärkten staatlichen Kontrolle tendiert, dann wird der Staat in der Frage der Chance etwas zu sagen haben. Es wird nämlich nicht ausbleiben, daß er die Ausbildungsmöglichkeit in einigen Berufen einschränkt, die den Zielen des Staates dienen, – Zielen, wie sie von denen gesteckt sind, die im Staate gerade an der Macht sind. Ich will damit nicht sagen, daß er in einer westlichen Demokratie den Punkt erreichen würde, wo die Arbeit gelenkt wird; aber durch das Angebot größerer Anreize, Vorteile und Vergünstigungen in der einen Richtung zu ungunsten einer anderen, könnte er dazu neigen, die Erziehung auf diejenigen Berufsausbildungen zu beschränken, die unmittelbar den Zwecken des Staates dienten.

Der Gedanke der gleichen Chance muß nun aber doch wohl in Beziehung zu jedem der drei Erziehungsziele betrachtet werden, von denen wir ausgingen; und es könnte sein, daß auch in dieser Beziehung ein Ziel so verfolgt würde, daß es auf ein anderes störend einwirkte. Die Schwierigkeit erwächst aus der Tatsache, daß wir in der Praxis das eine nicht gänzlich von dem anderen trennen können. Es hat zweifellos Menschen gegeben, die von Neugierde und Wissensdurst in solchem Maße getrieben waren, daß sie ihre Studien ganz unabhängig von ihrer tatsächlichen Berufstätigkeit betreiben konnten. Es hat Spinozas gegeben, die, um frei für eine gänzlich uneinträgliche Tätigkeit zu sein, die von der Welt als nicht besonders nützlich empfunden wurde, damit zufrieden waren, sich mit dem Schleifen von Linsen einen bescheidenen Lebensunterhalt zu verdienen. Es hat andere Menschen gegeben, in denen der spekulative oder kontemplative Trieb so stark war, daß sie in einem solchen Doppelleben glücklich waren. Auf der anderen Seite hat es Menschen gegeben, deren Interesse an den Pflichten ihrer Berufstätigkeit so begrenzt war, daß sie für kaum mehr als Maschinen gelten konnten. Die meisten Menschen entgehen diesem Dilemma nur durch Freizeitgestaltung und Hobbies, die gewöhnlich recht trivialer Art sind. Das Ideal jedoch ist ein Leben, in dem der Beruf, die Rolle als Staatsbürger und die Selbstentfaltung aufeinander abgestimmt sind und einander steigern. Für die meisten von uns muß die volle Hingabe an eins dieser Ziele mit einem anderen in Konflikt geraten; und wir sind günstigenfalls gezwungen, fast täglich Entscheidungen zwischen den verschiedenen Ansprüchen zu treffen. Wir sind alle durch die Umstände, wenn nicht durch die Befähigungen begrenzt. Um etwas zu bekommen, was man sich wünscht, findet man, daß man etwas anderes, das man haben möchte, opfern muß, und bekommt man es, so entdeckt man, daß man anderes in Kauf nehmen muß, das man nicht will. Und doch müssen wir auf der Feststellung bestehen, daß ein Mensch nicht gebildet ist, wenn er nur für einen Beruf ausgebildet ist; daß er seine Rolle als Staatsbürger spielen muß; und daß er, wenn er als Staatsbürger etwas mehr sein will als ein Stimm-Automat oder als Arbeiter etwas mehr als ein Arbeits-Automat, er zu etwas mehr als Staatsbürgertum und Arbeit erzogen werden muß. Und wir finden, daß das Prinzip der »gleichen Chance« bedeutungslos ist – das heißt, daß es sich von jedem im Lichte dessen, was er *begehrt*, deuten läßt, anstatt im Lichte dessen, was er begehren sollte –, wenn wir nicht die Frage »Chance wofür?« beantworten.

Es gibt augenscheinlich einige »Chancen«, die für jeden offen sein müßten. Jeder sollte die Möglichkeit haben, seinen Lebensunterhalt in vernünftigen und anständigen Verhältnissen zu verdienen, zu heiraten und Kinder aufzuziehen, die die gleiche Chance haben werden, die Möglichkeit der Ruhe und Erholung und so fort. Man erkennt leicht, daß dieser Satz aus Begriffen besteht, die in verschiedenen sozialen Zusammenhängen verschiedene Bedeutungen haben: er ist zwangsläufig vage. Doch wenn wir über die materiellen Bedürfnisse hinausgehen, so betreten wir den Bereich der Werte. Und so führt uns die Forderung »gleicher Chance« allmählich zu dem Punkt, an dem wir erkennen müssen, was wir mit dem »guten Leben«[1] meinen. Die Frage »Was ist Erziehung?« oder die Frage »Was ist das Ziel der Erziehung?« führt uns an diesen Punkt. Nun ist es unwahrscheinlich, daß wir alle die gleiche Antwort auf die letzte Frage »Was ist der Mensch?« geben werden. Was wir deshalb in der Praxis unter »Erziehung« verstehen, ist der höchste gemeinsame Nenner für das, was eine hinreichende Zahl gebildeter Menschen darunter versteht. So kann man sagen, daß »Erziehung« in der Praxis wahrscheinlich einen Kompromiß zwischen dem bedeutet, was verschiedene Leute sich darunter vorstellen.

Ich hoffe, es ist inzwischen klargeworden, daß ich mich nicht über andere Schriftsteller beklage, weil »sie den Versuch machen, die Schulen dazu zu benutzen, soziale Zwecke zu erreichen, die ihnen am Herzen liegen«. Wenn wir über Erziehung reden, so können wir nicht bei der Erziehung haltmachen, als wäre sie ein Feld, das wir einzäunen könnten, ein Bereich, in dem wir zur Übereinstimmung kommen könnten, was immer die Differenzen unserer Lebensphilosophie sein mögen. Wir müssen in der Erziehung einen sozialen Zweck verfolgen, und aus diesem Grunde müssen wir, wenn wir über Erziehung reden, bereit sein, uns und unseren Lesern klarzumachen, was unser sozialer Zweck ist. Aber der soziale Zweck selbst sollte nicht einem Vorurteil entspringen, einer gefühlsmäßigen Neigung zur Gleichheit oder Hierarchie, einer Neigung zur Freiheit oder Ordnung. Auch genügt der soziale Zweck allein nicht, denn er trägt nicht der ganzen Natur des Menschen Rechnung.

Wir haben gesehen, daß, so wie wir in dem Augenblick, wo wir

1 Vgl. S. 279 (d. Ü.)

ernsthaft über Erziehung nachzudenken beginnen, dazu genötigt werden, über Staatsbürgerschaft nachzudenken, das Nachdenken über Staatsbürgerschaft uns zu etwas anderem jenseits des Staatsbürgertums führt; denn der gute Staatsbürger erweist sich am Ende als der gute Mensch; und das führt dorthin, wohin immer das ganze Problem der Ethik uns führt. Nun mag eine Ansicht über Erziehung, wie die Dr. Joads, der meint, daß die Erziehung zum Staatsbürger und die Entwicklung der verborgenen Kräfte und Fähigkeiten in getrennten Bahnen erfolgen können, hinreichend die Frage der Ausbildung zum Staatsbürger klären, doch bietet sie keine allgemeine Anweisung für die Entwicklung, oder sagen wir »die Verbesserung«, des Menschen als Menschen. Als Bürger müssen die Menschen gewisse gemeinsame Grundsätze befolgen und in gewissen sozialen Gewohnheiten übereinstimmen; die Notwendigkeit, mit anderen Menschen auszukommen, nötigt zu Disziplin. Aber in der Frage der Entwicklung der verborgenen Kräfte mündet diese Ansicht nicht in die Behauptung, daß es bestimmte verborgene Kräfte zum Guten und bestimmte verborgene Kräfte zum Bösen gebe, im Menschen als Menschen; sie betont im Gegenteil, daß jeder Mensch verborgene Kräfte und Fähigkeiten besitze, die ihm eigen sind und durch die verschiedenen Arten charakterisiert werden, in denen die Menschen ihre freie Zeit verbringen. Es ist vollkommen richtig, daß manche Menschen eine Geschicklichkeit für und eine Freude an eigenhändigen Reparaturen im Hause haben, während andere viel besser fahren, wenn sie einen Klempner oder Tischler oder Elektriker holen lassen. Ich zweifle nicht, daß, wenn Dr. Joad von verborgenen Kräften und Fähigkeiten spricht, er an höhere Kräfte und Fähigkeiten als die des praktisch veranlagten Menschen denkt. Nichtsdestoweniger läßt er den Bereich der verborgenen Kräfte und Fähigkeiten ohne Kontrolle. Die Gefahr der Trennung des sozialen und des Privatlebens – die darin bestätigt wird, daß das einzige Kriterium der Moral das ist, ob das eigene Verhalten die Nachbarn stört, und daß jeder die Freiheit haben sollte, mit *sich selbst* zu machen, was ihm beliebt – ist die, daß der soziale Code, der Code der Staatsbürgerschaft, immer stärker einengend wird, mehr und mehr Druck auf Konformität hin ausübt und daß diese öffentliche Hörigkeit der Gesellschaft gegenüber durch extreme Zügellosigkeit in all den Verhaltensformen kompensiert werden wird, die angeblich die Gesellschaft nichts angehen.

Es trifft zu, daß in einer Gesellschaft, die nach diesem Grundsatz organisiert ist, das Soziale schließlich mehr und mehr auf das Persönliche übergreift. In einer Gesellschaft, die auf die Verwirklichung dieses Grundsatzes hin organisiert ist, können die Regeln der ehelichen und geschlechtlichen Beziehungen zunächst sehr gelockert erscheinen. Dann aber kann es sich herausstellen, daß diese Lockerung unerwünschte soziale Folgen hat – daß sie die Bevölkerungsziffer ungünstig beeinflußt, etwa in einer Nation, die meint, daß sie mehr Arbeiter und Soldaten braucht, oder daß sie eine unerfreuliche Wirkung auf die Kinder hat, die vielleicht anfangen, psychologische Aberrationen zu entwickeln, oder vielleicht zu weniger wünschenswerten Staatsbürgern heranwachsen als die Regierung sie sehen möchte; und dann wird das Privatleben im Namen der Gesellschaft angetastet werden. Es wird den Leuten dann vielleicht befohlen, größere Familien zu haben oder gar keine, je nachdem, ob sie als geeignete Züchter künftiger Staatsbürger befunden werden oder nicht. So mag der einzelne dann feststellen, wie sein Privatleben, die Möglichkeit, seine sittliche Freiheit und Verantwortung zu betätigen, ihm allmählich im Namen der Gesellschaft entwunden wird.

Die Herstellung einer Art Ordnung im Privatleben der Menschen fördert nun allerdings, wenn sie nur im Namen eines sozialen Zwecks erfolgt, die Reduzierung der Menschen zu Maschinen und ist das Gegenteil der Entwicklung ihrer Menschlichkeit. Die Annahme, daß man Bereiche der Kontrolle und Bereiche der vollständigen Freiheit habe, muß entweder zur erstickenden Einförmigkeit der Ordnung oder zum Chaos führen. Der tatsächliche Grad der Freiheit oder der Kontrolle kann zwischen dem einen und dem anderen Bereich verschieden sein. Wir sind alle eher bereit, uns der Regulierung unseres öffentlichen als unseres privaten Verhaltens zu unterwerfen, und allmählich sind wir, bei der wachsenden Komplexität der modernen Zivilisation, bereit, uns mehr und mehr Regulierungen im Interesse der Öffentlichkeit zu unterwerfen. Es gibt noch Leute, die sich dem Impfen widersetzen, doch haben wenige heute etwas dagegen, isoliert zu werden, wenn sie Typhus haben. Die meisten Menschen sehen ein, daß der Zustand ihrer Kanalisation eine Angelegenheit ist, in der sie Pflichten gegen ihre Nachbarn haben; obwohl nicht jeder einsieht, daß er dieselbe Verpflichtung in bezug auf das Geräusch seines Radioapparates hat. In einer Etagenwohnung erwartet man weniger Freiheit in vielen Kleinigkeiten des Lebens als in einem einzelstehenden Häuschen auf dem Lande. Andererseits haben die Leute in England seit dem Kriege sich dagegen gesträubt – und sie haben meine Sympathie –, daß es verboten ist, in einem Garten auf dem Lande einen Werkschuppen ohne staatliche Genehmigung zu errichten, oder daß sie gezwungen werden, einen Arbeiter für die Dinge zu beschäftigen, die sie selber zu tun imstande sind. Glücklicherweise unterwerfen wir uns noch nicht einer allgemeinen Regulierung im öffentlichen Interesse und glücklicherweise sind wir noch fähig, im privaten Verhalten schokkiert zu sein, selbst wenn niemandem Schaden zu erwachsen scheint als dem Missetäter selber. Und solange wir fähig sind, uns über Kontrollen zu ärgern und über das Privatleben anderer Leute schockiert zu sein, sind wir noch Menschen. Wir erkennen wenigstens, daß der Mensch etwas mehr ist als ein gesellschaftliches Wesen: daß es Grenzen für die soziale Kontrolle geben muß. Und wenn wir schockiert sind (falls das, was da schockiert wird, etwas mehr ist als ein Vorurteil), so erkennen wir daran, wenn auch noch so schwach, daß es da noch ein Gesetz des Verhaltens gibt, das mehr ist als eine Pflicht gegenüber dem Staat.

Was also müssen wir unter der Entwicklung der verborgenen Kräfte und Fähigkeiten des Einzelmenschen verstehen, wenn wir weiter gehen als Dr. Joad und den einzelnen betrachten, nicht als wäre er ein Same aus einem Paket ohne Namen darauf, den wir pflanzen und aufziehen aus Neugier, was wohl daraus wird und was für eine Blüte oder Frucht er tragen mag, sondern als den Samen einer bekannten Pflanze, die viele Generationen hindurch kultiviert worden ist – einer Pflanze, von der wir wissen, wie ihre Blüte oder Frucht sein müßte, wenn sie die richtige Pflege erhält und zur vollen Entfaltung kommt. Wie sollen wir versuchen, gute Menschen zu erziehen, wenn wir erkennen, daß die Idee des guten Staatsbürgers den guten Menschen impliziert? Sollen wir uns mit einer groben Skizze des guten Staatsbürgers zufriedengeben und es jedem überlassen, das Gute nach seinem eigenen Geschmack und Gefühl zu definieren? Wie man befürchtet haben wird, wirft für mich diese Frage die letzte Frage auf, die der Beziehung der Erziehung zur Religion.

4. Die Frage der Religion

Wir sind bisher (so hoffe ich) zu der Schlußfolgerung gelangt, daß ein Verhältnis gegenseitiger Verflochtenheit zwischen der Erziehung zum Staatsbürger oder als soziales Wesen und der Entwicklung der verborgenen Kräfte des Individuums oder der Verbesserung des »Menschen als Menschen« besteht. Ein Mensch kann kein ganz und gar guter Staatsbürger sein, wenn er nicht auch ein guter Mensch ist – wenigstens in dem Sinne, daß er für die Wohlfahrt seiner Nachbarn Sorge trägt. Der Unterschied und die Verwandtschaft sind denen zwischen Arbeit und Spiel ähnlich. Etwas stimmt nicht, wenn dem Menschen die Arbeit kein Vergnügen macht; und um ein Spiel richtig zu spielen, muß man an ihm arbeiten.

Aber selbst wenn wir die gegenseitige Impliziertheit von Staatsbürgerschaft und Entwicklung des einzelnen erkennen, so fehlt uns doch noch ein Maßstab, mit dem wir das eine wie das andere messen können. Wir neigen deshalb dazu, in verschiedenen Zusammenhängen das eine jeweils als Maßstab für das andere zu nehmen. In dem einen Zusammenhang ist das Staatsbürgertum undefiniert; wir betrachten es als selbstverständlich, daß wir alle es verstehen, was immer es auch bedeutet; und unsere Vorstellung von der Entwicklung des einzelnen wird an der undefinierten Staatsbürgerschaft gemessen. In einem anderen Kontext tun wir vielleicht genau das Umgekehrte. Die Begrenzung des einen Gesichtspunktes wird darauf hinauslaufen, daß wir entweder autoritär werden und der Ausübung individueller Wahl oder Laune strenge Grenzen ziehen; die Begrenzung des anderen Gesichtspunktes wird uns libertär[1] und, wie

1 dies Wort soll »allzu freiheitlich« bedeuten. (d. Ü.)

einige Leute es tun, die Meinung vertreten machen, daß die beste Regierung die ist, die am wenigsten regiert. Der letztere Typ wird zu der Ansicht hinneigen, daß die Menschen von Natur gut sind und daß sie, läßt man sie nur gewähren, zu guten Staatsbürgern gedeihen; der erstere, daß man sie gut machen kann, wenn man guten Gesetzen Nachdruck verleiht – oder aber, daß alles Verhalten eines Menschen jenseits des Bereichs, der von der Gesetzgebung kontrolliert werden kann, keine Rolle spielt. Und es ist wahrscheinlich, daß in diesem Streit die Autoritären die Gewinner sein werden, weil die Autorität der kürzeste Weg im Umgang mit Mißbräuchen und Ungerechtigkeiten ist – und die Umstände, in denen wir als Glieder einer Masse auftreten, zwingender sind als diejenigen, in denen wir Individuen sind. Im letzteren Falle sind wir auf uns gestellt; und es ist leichter, sich einer Autorität zu unterwerfen, mit der wir uns identifizieren, als abweichende Meinungen in anderen zu tolerieren.

Obwohl wir an diesem Punkte vielleicht darin übereinstimmen mögen, daß Staatsbürgerschaft und Einzelentwicklung einander implizieren, fehlt uns doch ein äußerer Maßstab, an dem sowohl Staatsbürgerschaft wie Einzelentwicklung gemessen werden können; denn das gegenseitige Zum-Maßstab-Nehmen führt uns in einen circulus vitiosus illusionärer Definition, bei dem jedes abwechselnd nach Maßgabe des anderen definiert wird. Wir haben gesehen, daß »die Verbesserung des Menschen als Menschen« eine leere Phrase ist, wenn wir uns nicht darüber einigen, was Verbesserung ist, und daß wir darüber nicht übereinkommen können, wenn wir nicht eine gemeinsame Antwort auf die Frage »Was ist der Mensch?« finden. Nun können wir nicht erwarten, daß wir in einer Antwort auf diese Frage übereinstimmen; denn in dieser Frage werden unsere Differenzen sich schließlich als religiöse Meinungsverschiedenheiten erweisen; und es tut nichts zur Sache, ob man ein »religiöser Mensch« ist oder nicht, oder ob man ausdrücklich alles ablehnt, was man »Religion« nennt; irgendeine religiöse Haltung ist – selbst wenn man es eine nichtreligiöse Haltung nennt – in der Antwort eines jeden enthalten.

Zwei Fragen müssen dabei unterschieden werden: die Frage, welcher Platz der Religion in der Erziehung zukommt, und die, welcher Platz der Erziehung in der Religion zukommt. Die erste ist die uns geläufigere. Auf die Frage des Platzes der Religion in der Erziehung gibt es mehrere Antworten. Die wichtigsten scheinen mir die folgenden zu sein:

1. Wo der Staat selbst sich zu einer bestimmten Religion oder Konfession bekennt, kann diese Religion in allen Erziehungs-Institutionen, die vom Staate kontrolliert werden, bejaht und gelehrt werden; der Unterricht wird dann im Einklang mit den Lehren dieser Religion stehen. Private Institutionen für diejenigen, die einer anderen Religion oder einem anderen Zweig derselben Religion angehören, und für diejenigen, die jede Form von religiöser Unterweisung ablehnen, können unter einem solchen System entweder geduldet oder unterdrückt werden; aber da die Unterdrükkung jeder Form religiöser Unterweisung mit Ausnahme der offiziellen Staatsreligion mir unchristlich erscheint, so befasse ich mich mit diesem Extremfall nicht. (Alle mit Erziehung befaßten Gründungen könnten religiös sein, und doch brauchte dabei keine besonders vom Staat begünstigt zu sein. Da dies eine zufällige Situation wäre, die bedeuten würde, daß der Staat keine Verantwortung in der Frage der Erziehung übernehmen würde, ist dies eine rein hypothetische Situation, die uns nicht zu kümmern braucht.)

2. Die vollständige Trennung des Religionsunterrichts vom Unterricht in anderen Fächern. Dies bedeutet, daß in Schulen und Universitäten (Colleges) kein religiöser Glaube als gegeben angesehen und eingepflanzt würde. Religiöse Unterweisung würde der Familie, den Sonntagsschulen und den Kursen in den theologischen Akademien[1] vorbehalten bleiben.

3. Die Vermittlung des Religionsunterrichts an den Schulen, wie er den allgemeinen Glauben des größten Teils der örtlichen Gesellschaft darstellt, wobei die Lehren einer besonderen Konfession der elterlichen Unterweisung und ihrer Kirche anheimgestellt werden. Dies ist im großen und ganzen die Absicht des Erziehungsgesetzes von 1944; es ist natürlich eingeschränkt durch die Konzessionen, die an solche Eltern gemacht wurden, die ihre Kinder von diesem Religionsunterricht fernhalten wollen, weil sie entweder eine spe-

zifischere Form der Lehre oder die einer anderen Religion wünschen oder weil sie jegliche Art von Religionsunterricht ablehnen.

4. Ein gemischtes System, unter dem an staatlichen Schulen kein Religionsunterricht stattfindet, aber unter dem die Anhänger einer Religion Konfessionsschulen für ihre eigenen Kinder einrichten können.

Dies sind, glaube ich, die wichtigsten Arten der Behandlung des Problems der Religion in der Erziehung. Sie sind unglücklicherweise alle unbefriedigend.

Wir können das erste und zweite dieser Systeme als auf einem Prinzip, das dritte und vierte als auf Zweckmäßigkeit gegründet zusammenfassen. Wenn ich diese Unterscheidung mache, so fälle ich damit kein Werturteil: eine inkonsequente Methode arbeitet vielleicht besser als eine konsequente. Ich will nur sagen, daß die zweckmäßigen Systeme auf logische Weise nicht zu verteidigen sind. Wenn die Konfessionsschule die richtige Theorie der Beziehung der Religion zur Erziehung verkörpert, dann ist es bedauerlich, daß der größere Teil der Bevölkerung ihrer Vorteile beraubt werden sollte; wenn die Säkularschule die richtige Theorie verkörpert, dann ist es fraglich, ob die Konfessionsschule nicht, milde gesagt, »entmutigt« werden sollte. (Natürlich sind sie in der Praxis auch wieder nicht so verschieden: die Erziehung in Säkularschulen löscht nicht zwangsläufig den religiösen Glauben in ihren Zöglingen aus, und die in Konfessionsschulen erzogenen Schüler entledigen sich oft der religiösen Erziehung, die sie genossen haben, sehr bald nachdem sie in die Welt hinausgehen.) Nicht nur können beide Systeme richtig sein; die Konfessionen können ihrerseits nicht alle im Recht sein. Auch kann der Träger der Schulen seiner Kirche mit seinen Vorrechten nicht gänzlich zufrieden sein. Denn es muß ihm klar sein, daß seine Schulen von Außenstehenden toleriert werden, weil sie eine Minderheit darstellen, die zu klein ist, als daß sie es wert wäre, unterdrückt zu werden, oder weil sie eine Minderheit darstellen, die zu stark ist, um unterdrückt werden zu können. Er muß sich auch klar darüber sein, daß die Kosten der Ausstattung einer modernen Universität so groß sind, daß seine eigene Kirche sich nicht mit so vielen versehen kann, wie gebraucht werden, und daß große Scharen junger Leute, die aus ihren Kirchen kommen, in eine gänzlich andere Atmosphäre eintreten werden: In England jedenfalls gibt es keine große Universität, in der die religiöse Grundlage heute mehr als auch nur eine schwache Spur wäre.

Die Einführung des Religionsunterrichts in den staatlichen Schulen, den man übereinstimmend als repräsentativ für die gemeinsamen Glaubensformen der größten christlichen Sekten ansehen kann, ist ein Experiment des Universitätsgesetzes von 1944. Dies stellt einen Kompromiß dar zwischen der Lösung, die Lehrsätze einer besonderen Konfession zu lehren, und der Lösung, den Religionsunterricht ganz den Eltern und Sonntagsschulen zu überlassen.

Was daraus wird, bleibt abzuwarten. Dahinter steht jedoch eine bemerkenswerte Theorie, deren sich die Befürworter zweifellos nicht bewußt waren. Es ist die implizierte Behauptung, daß das »Christentum« einfach das ist, was alle Christen gemeinsam glauben, und daß dies das Wesentliche ist; daß die Unterschiede unwichtig sind; und daß es möglich ist, ein zureichender Christ zu sein, ohne daß man einer Kirche angehört. Auf diese Weise kann der Staat eine eigene theologische Doktrin im Widerspruch zu allen Kirchen einführen. Die Kinder sollen in den Schulen alles das lernen, was nötig ist, um ein Christ zu sein, wobei sie den Eltern die Option für das überlassen, was für ein Mitglied der Episkopalkirche, einen Methodisten, Presbyterianer, Congregationalisten oder Baptisten nötig ist – genauso, wie sie Privatstunden in Klavier- oder Geigenunterricht nehmen können. Das ist die Theorie. Die *Tendenz* darin wäre, wenn sie im ganzen Umfange ihrer unwahrscheinlichen Zielsetzung verwirklicht würde, daß die verschiedenen Kirchen durch ein neues Staatschristentum ersetzt würden. Denn wenn nur ein Teil des Christentums gelehrt wird, so heißt das, daß dies der einzige wirklich wichtige Teil ist.

Soweit die dritte und vierte Methode. Ich sagte, die erste und zweite seien im Prinzip vertretbar. Die erste, die nämlich, in der alle Staatsschulen die Glaubenssätze einer besonderen Religion und eines besonderen Gottesdienstes lehren, ist nur unter einer von zwei Bedingungen möglich. Entweder muß die Nation religiös homogen sein, so daß die offizielle Staatsreligion die der weitaus größten Mehrheit der einzelnen Bürger ist, oder aber eine diktatorische Regierung muß der Masse der Gesellschaft ihre eigenen Doktrinen aufzwingen – oder jedenfalls eine Konformität in der formalen Ausübung auferlegen – durch Disziplin, Einimpfung oder Betrug. Zur Verteidigung eines solchen Despotismus läßt sich nichts anführen. Die erstere Methode ist nur in wenigen Ländern möglich, und selbst in diesen stellt sie so schwere Gefahren dar, daß sie sich als ebenso unzweckmäßig erweisen kann wie jede andere. Sie kann zur Kontrolle der Kirche durch den Staat oder zur Kontrolle des Staates durch die Kirche führen: zwei Situationen, zwischen denen nicht viel zu wählen sein wird. Aber sie hat wenigstens theoretisch einen überraschenden Vorteil. Von meinem Standpunkt aus spielt es keine Rolle in diesem besonderen Zusammenhang, ob die Kirche, die in Erziehungsfragen maßgeblich ist, eine nationale Kirche mit einem nationalen Oberhaupt oder eine internationale Kirche mit einem internationalen Oberhaupt ist. Wenn nationale Kirche, dann sollte sie eine vom Staate unabhängige Hierarchie besitzen, die nötigenfalls bereit ist, dem Staate entgegenzutreten; wo aber die Hierarchie selber aus Geistlichen besteht, die vom Staate berufen sind, muß man sich darauf verlassen, daß der Staat keine Männer beruft, die ihm hörig sind. In jedem Falle ist eine autoritative und unabhängige Kirche erwünscht, um der Schwierigkeit zu begegnen, die ich oben im Zusammenhang mit dem dritten unserer »Ziele der Erziehung« erwähnte. Ich sagte, das zweite Ziel, »Ausbildung zum Staatsbürger«, sei durch die Bedeutung der Staatsbürgerschaft bestimmt, wie sie eine äußere Autorität repräsentiert, in bezug auf die der einzelne festumrissene Rechte, Verantwortungen und Pflichten zum Gehorsam hat, und daß das dritte Ziel, »Die Entwicklung verborgener Kräfte und Fähigkeiten«, oder »Die Verbesserung des Menschen als Menschen«, ins Belieben der Deutung jedes einzelnen oder wenigstens jedes Erziehers gestellt sei. Es gehört zum Aufgabenbereich unserer Religionslehrer, uns hinsichtlich unserer verborgenen Kräfte zu unterweisen und uns zu sagen, welche gut und welche schlecht sind, und der Verbesserung des »Menschen als Menschen« einen gültigen Sinn zu geben. Wir brauchen eine Kirche, die zum Konflikt mit dem Staat, aber auch zur Zusammenarbeit mit ihm fähig ist. Wir brauchen eine Kirche, die uns vor dem Staate schützt und die Grenzen der Rechte, Verantwortungen und Pflichten unseres Gehorsams im Verhältnis zu den Rechten, Verantwortungen und Pflichten uns selbst und Gott gegenüber definiert. Und weil die Menschen fehlbar sind, brauchen wir wohl auch manchmal den Staat, um uns vor der Kirche zu schützen. Eine zu große Gleichsetzung der beiden kann zu einer Unterdrückung führen, vor der es kein Entrinnen gibt. Das System, nach dem der Unterricht in Schulen und Universitäten (Colleges) rein weltlich ist und den Religionsunterricht den Eltern und freiwilligen Sonntagsschulen überläßt, scheint auf den ersten Blick die Antithese zu dem zu sein, was ich eben besprochen habe. Es bewirkt Einheitlichkeit, indem es versucht, das dritte Ziel der Erziehung auszulassen oder wenigstens die Bedeutung von »verborgenen Kräften« auf »Befähigung zu allem mit Ausnahme des geistlichen Lebens« zu begrenzen oder die Bedeutung von »Verbesserung des Menschen als Menschen« zu »Verbesserung des Menschen als des höchsten der Affen oder als *homo faber et ludens«* – aber nicht als ein Kind Gottes. Aber die Versicherung, daß die Religion eines Menschen seine Privatsache sei, daß sie vom Standpunkt der Gesellschaft aus irrelevant sei, kann schließlich zu einer Situation führen, die die Einführung einer Staatsreligion oder eines staatlichen Religionsersatzes sehr begünstigt. Der religiöse Sinn und der Gemeinschaftssinn können letztlich nicht voneinander getrennt werden. Sie werden sicher zuerst in der Familie ausgebildet; und wenn sie in der Familie mangelhaft sind, so kann der Mangel auf der Schule und der Universität nicht behoben werden. Andererseits kann der Gegensatz zwischen einem Gemeinschaftsleben, in dem die Religion keinen Platz hat, und einem Familienleben, auf das sie beschränkt ist, nicht lange ertragen werden; und die Aufweichung der sozialen Seite der Religion in der Außenwelt wird dazu führen, sie auch in der Familie zu schwächen; und die Schwächung des religiösen Bandes zwischen den Mitgliedern desselben Haushaltes, die in dem frühen Alter anfängt, wo wir zum erstenmal denken, daß wir für uns selbst denken, wird die Familie dem unsicheren Band der Zuneigung und der Empfindung preisgegeben. Wenn so die Religion mehr und mehr zu einer privaten Angelegenheit wird und kein Familienband mehr ist, wenn sie zu einer Sache der freiwilligen Zusammenkunft an einem Tage in der Woche wird, wenn das Wetter weder zu gut noch zu schlecht ist und zu einer Sache eines herkömmlichen und immer inhaltsloseren Wortschwalls von der Kanzel und zeitweilig auf der politischen Rednerbühne, wenn sie aufhört, das Ganze des Lebens zu bestimmen, dann wird ein Vakuum sichtbar, und der Glaube an die Religion wird allmählich durch einen Glauben an den Staat ersetzt werden. Der Teil des sozialen Lebens, der vom Staat unabhängig ist, wird auf das Trivialere beschränkt werden. Es wird sich die Notwendigkeit eines gemeinsamen Glaubens an irgend etwas herausstellen, das den Platz der Religion in der Gemeinschaft einnimmt; und die Liberalen werden entdecken, daß sie mehr und mehr von der individuellen Freiheit preisgeben müssen, die die Grundlage ihrer Doktrin war.

Lassen Sie mich einen Augenblick zu der Formulierung der ersten meiner Alternativen zurückkehren: das heißt, wo der Staat selbst Anhänglichkeit an eine bestimmte Religion oder religiöse Konfession bekennt, da kann diese Religion in allen Erziehungsinstitutionen, die vom Staate kontrolliert werden, bekräftigt und gelehrt werden, und der Unterricht wird in Übereinstimmung mit den Lehren dieser Religion erfolgen.

Hier sind nun offensichtlich praktische Schwierigkeiten, deren erste die ist, daß ein solches System in irgendeinem gegenwärtigen englischsprechenden Lande einfach undenkbar ist. Wir haben einen Hang zur Freiheit; und wir sind rassisch und religiös nicht genügend homogen. Wo sich aber solche Homogeneität findet, da bestehen gelegentlich Gefahren für das geistliche Leben eines Volkes, über die ich mich nicht verbreitern will. Die allgemeinen Gefahren sind die drei folgenden: daß der Staat die Kirche kontrolliert oder seine eigene Kirche schafft; daß die Kirche den Staat kontrolliert; oder daß der Bürger sich zwei Staaten auf derselben Ebene zum Gehorsam verpflichtet fühlt. Denn der Begriff »Religion« ist genauso glitschig wie »Erziehung« oder »Demokratie« oder eine Menge anderer Begriffe: wir meinen eine Sache in einem Zusammenhang und eine andere in einem anderen und meinen, wir bezeichnen dieselbe Sache, weil wir dasselbe Wort verwenden. Wenn wir von Kirche und Staat reden, so stellen wir zwei Institutionen einander gegenüber, und die Kirche ist etwas mehr und etwas anderes als eine säkulare Institution. Wir ignorieren die religiöse Seite der Kirche; und gerade weil Religion alles umfaßt, kann sie mit nichts anderem verglichen werden.

Es gibt da noch eine weitere Komplikation, die ich an diesem Punkt einführen muß. Man erinnert sich, daß ich mit der Kritik von drei Zielen der Erziehung begann, die ich als Ausgangspunkt von Dr. Joad übernahm. Ich sagte, daß, während »Erziehung zum Staatsbürger« vielleicht etwas zu Präzises und auf die Maßstäbe des gegenwärtigen Augenblicks zu sehr Begrenztes bedeuten könnte, Erziehung für »die Entwicklung verborgener Kräfte« gefährlich vage wäre und daß es einer anderen Autorität als dem Staat zukäme, uns in der Pflege und Disziplin sittlicher, geistiger und religiöser Kräfte zu unterweisen, mit denen der Staat nicht befaßt sei. Übermäßige Einmischung und Kontrolle durch den Staat im Zuge der Antwort auf die Frage »Was ist ein guter Staatsbürger?« und eine staatliche Regelung der Disziplin, die dazu dienen soll, gute Staatsbürger hervorzubringen, würden nur *Konformität* hervorbringen. Übermäßige Einmischung und Kontrolle durch eine Kirche, im Zuge der Antwort auf die Frage »Was ist ein guter Mensch?« könnte ebenfalls bloße Konformität hervorbringen. Denn es gibt viele Formen des vorbildlichen Lebens für den einzelnen und für die Gesellschaft, die nicht die unmittelbare Sorge der Kirche sind. Die direkte Frage, auf die die Kirche einer jeden Religion eine Antwort geben muß, ist »Was ist nötig für das Seelenheil?« Verschiedene Kirchen, an verschiedenen Orten und zu verschiedenen Zeiten, sind so sicher gewesen, daß nichts *außer* dem Seelenheil nötig wäre, daß daraus eine Menge Unheil entstanden ist: zum Beispiel, die Zerstörung der Bibliothek von Alexandria durch die moslemischen Eindringlinge, die Plünderung von Heiligtümern und Zerstörung von Bildern in der protestantischen Reformation und die Anwendung von Folter und abscheulichen Todesarten als Abschreckung gegen Ketzerei. Andererseits sind in vergangenen Jahrhunderten die Kirchen aller Länder Mittelpunkte für die Künste gewesen; die Religionen Europas und Asiens haben den Anstoß für die größten Kunstwerke dieser Kontinente gegeben; und die Zivilisationen Europas und Asiens wären unvorstellbar ohne ihre religiöse Basis. Doch können die Zivilisation und die Entwicklung höherer Formen der Kultur vom religiösen Standpunkte nur als Nebenprodukte betrachtet werden. Die Tatsache, daß wir sie nicht anders erlangen können als durch den Glauben an eine Religion, bedeutet nicht, daß eine Kirche oder irgendein Diener der Religion notwendigerweise in allen Fragen der Kunst ein kompetentes Urteil besitzt – wie es der Blick in einige moderne Kirchengebäude bezeugen wird.

Es müßte inzwischen deutlich geworden sein, warum ich vorher, als ich mich der Frage des Platzes der Religion in der Erziehung zuwandte, sagte, daß alle von mir angeführten Möglichkeiten unbefriedigend seien. Es ist zum mindesten klar, daß in einer Gesellschaft, in der die Bevölkerung nicht nur einer Religion angehört oder, innerhalb einer Religion, in Sekten aufgeteilt ist – und für diese Art von Gesellschaft haben wir in englischsprechenden Ländern die Gesetze zu geben –, der eine oder andere Kompromiß gefunden werden muß, und jede Gesellschaft oder Gemeinschaft muß selber herausfinden, welche Form des Kompromisses für ihre eigene Religion die am wenigsten unbefriedigende ist. Deshalb muß in solchen Ländern jede Theorie der Erziehung, die der Planer als realisierbar entwirft, an dem Punkt haltmachen, jenseits dessen religiöse Unterschiede nicht mehr ignoriert werden können. Wenn wir keine vollständige Übereinkunft über die religiöse Wahrheit erzielen können – das heißt, die letzte Wahrheit über den Menschen – dürfen wir nicht erwarten, daß wir uns auf ein ideales Erziehungssystem einigen können, das in die Praxis umgesetzt werden kann. Vielen Situationen im Leben muß man durch einen Kompromiß gerecht werden, und wir dürfen über diese Mißlichkeit der menschlichen Lage nicht klagen. Aber ich glaube, es ist sehr wichtig, daß wir, wenn wir durch die Umstände gezwungen sind, vor dem eigentlichen Endpunkt unserer Spekulationen innezuhalten, uns im klaren darüber sind, was wir tun, in bezug auf das gegenwärtige

Thema gesprochen, nicht vorgeben, eine Erziehungstheorie könne vollständig sein, die die letzten religiösen Probleme ausschließt – und ich sagte, »Was ist der Mensch?« sei eins von ihnen – und die versucht, für die Theorie der Erziehung einen Bereich abzugrenzen, innerhalb dessen die Religion ignoriert werden kann.

Ich bin jetzt, so hoffe ich, in der Lage, zu bemerken, daß die Untersuchung »des Platzes des Religionsunterrichts in der Erziehung«, mit der ich mich nun schon einige Minuten befaßt habe, für die Ziele, die ich mir in diesen Erörterungen gesteckt habe, eigentlich unwichtig ist. Nur ist es ein Problem, das zunächst einmal erforscht werden muß, bevor wir erkennen können, inwiefern und warum es in diesem Zusammenhang unwichtig ist. In meinen »Zielen der Erziehung« ist nicht der Platz der Religion in der Erziehung, sondern der Platz der Erziehung in der Religion die eigentliche Kernfrage. Ich begann mit drei Zielen der Erziehung, von denen ich hoffte, daß wir alle darin übereinstimmen würden, und habe dann zu zeigen versucht, zunächst, daß jedes dieser Ziele in den anderen involviert war und daß jedes die Bedeutung der anderen sowohl ausdehnte wie einschränkte. Danach versuchte ich zu zeigen, daß die Verfolgung der Bedeutung dieser drei Ziele uns über die Grenzen des Bereichs hinausführt, den wir gerne als den der Erziehung abgrenzen möchten, und uns in das schwierige Gelände der sozialen und politischen Philosophie, Ethik und schließlich Metaphysik und Theologie hineinzwingt. So daß, bevor wir nicht alle in unserer Theologie übereinstimmen, unsere Übereinstimmung in Erziehungsfragen nur eine Übereinkunft darüber sein kann, was unter den eigentümlichen Bedingungen ihres Ortes, ihrer Zeit und Zusammensetzung für eine besondere Gesellschaft möglich und wünschenswert ist. Und in unserer theoretischen Erörterung der Erziehung sollten wir versuchen, uns und anderen klarzumachen, was für eine Philosophie hinter unseren Meinungen steht.

Ich möchte nicht den Eindruck hinterlassen, als würde ich meinen, wir sollten unsere Diskussion über Erziehung oder unsere Versuche, gegenwärtige Systeme zu verbessern und ihre Fehler zu korrigieren, aufschieben, bis wir zu einer Übereinkunft in den letzten Fragen gelangt sind. Auch möchte ich nicht annehmen, daß, wenn wir alle dahin kämen, die gleichen philosophischen und theologischen Ansichten zu haben, wir uns plötzlich alle über die Frage, wie unsere Schulen und Universitäten geleitet werden müßten, eines Sinnes finden würden. Wir würden lediglich an einen Punkt gelangt sein, wo die Möglichkeiten der Verwirrung und des Mißverstehens und des Konfliktes so gering wie nur möglich geworden wären. Es würden viele Fragen offenbleiben, auf die Philosophie und Theologie keine direkte Antwort geben könnten, und es würde noch reichlich Raum sein für Meinungsverschiedenheiten, Argumentieren und Experimentieren, die zur Aktivität und Verbesserung nötig sind.

Lassen Sie mich jetzt, wo ich zum Schluß komme, versuchen, die verschiedenen Folgerungen, zu denen ich im Laufe der Erörterung gelangt bin, zusammenzufassen. Zuerst kann »gute Staatsbürgerschaft« nicht gänzlich auf ihre von einer Regierung oder den Lehren einer bestimmten politischen Philosophie gelieferte Definition beschränkt werden. Zweitens kann die Frage »Was ist die Entwicklung der verborgenen Kräfte des einzelnen?« oder die Frage »Wie kann man den Menschen als Mensch verbessern?« nicht ohne Bezug auf die Theologie beantwortet werden, obwohl unter »Verbesserung« vieles einbegriffen ist, was nicht unmittelbar in das Gebiet der Theologie gehört. So finden wir, während wir festgestellt haben, daß wir den Rat unserer politischen Philosophen für die Klärung unseres zweiten Erziehungszieles und die Hilfe unserer Theologen bei der Klärung des dritten Ziels und die Ansicht unserer Theologen, die auch politische Philosophen sind, über alles, was sie über beide Fragen zusammen zu sagen haben, erbitten müssen, daß keins von ihnen den ganzen Bereich abdeckt, auf das jedes Ziel sich bezieht, und wir sehen uns gezwungen, die Frage noch einmal neu zu stellen.

Wir haben erkannt, daß die beiden Ziele einander implizieren, so wie beide im ersten impliziert sind. Wir können sagen, daß wir darin übereinstimmen, daß idealiter jeder Mensch so erzogen werden sollte, daß er sich um seine Nachbarn und sich selbst nach besten Kräften bemüht. Er sollte ferner so erzogen werden, daß er fähig ist, im Konflikt zwischen verschiedenen Ansprüchen Entscheidungen zu fällen: denn wir sind im praktischen Leben oft mit der Notwendigkeit konfrontiert, das eigene Interesse – nicht Selbstsucht, sondern ein hohes Eigen-Interesse – sozialen Anforderungen oder soziale Verpflichtungen den Bedürfnissen unseres eigenen wesentlichen Ichs zu opfern. Da sind die Anforderungen des Staates und die Anforderungen der Kirche; aber da sind auch die Anforderungen unseres eigenen Ichs. Wenn ich mich bereit fühle, ein Gedicht zu schreiben, und aus diesem Grunde ablehne, vor einer Versammlung im Interesse irgendeiner guten Sache zu sprechen oder einen Vortrag für eine wichtige Wochenendkonferenz vorzubereiten, was ist das Ergebnis? Wenn das Gedicht sich als gut herausstellt, so fühle ich mich gerechtfertigt; wenn es ein Versager ist, fühle ich mich schuldig. Der Erfolg ist immer unsicher; und was das Versagen anlangt, so denke ich an solche Fälle, in denen man hätte sichergehen können, wenn man das Dichten zugunsten einer anderen, wenigstens bescheiden nützlichen Sache geopfert hätte. Und wenn es schwierig ist, in eigener Sache zu entscheiden, so ist es oft unmöglich, für andere zu urteilen. War Thoreau ein guter Staatsbürger, als er sich nach Walden zurückzog? Mancher Mann hat einen Weg eingeschlagen, der seiner Familie eine Tollheit zu sein schien oder unsozial aussah oder für andere Schmerzen und Opfer bedeutete, und wir bezichtigen oder belobigen ihn nachher, je nach den Erfolgen, die nie hätten vorausgesagt werden können. Deshalb glaube ich, müssen wir trotz allem der Wahl des einzelnen bei »der Entwicklung verborgener Kräfte« Raum lassen, allerdings mit all den Einschränkungen, mit denen wir den Ausdruck jetzt beladen haben.

Indessen ist da noch eine andere Perspektive, in die ich hineinleuchten muß, ehe ich zu meiner Schlußfolgerung komme. Bislang betrafen unsere Ziele das Individuum: seine bestmögliche Ausbildung. Wir haben nur die Gegenwart betrachtet, nicht die Vergangenheit oder die Zukunft. Nun bin ich der Meinung, ein Ziel der Erziehung sollte noch eine andere Verpflichtung als die gegenüber dem zu Erziehenden betreffen. Wenn wir nur den Letzteren ins Auge fassen, so wird unser Lehrplan vielleicht mit jedem Winde einer neuen Doktrin wechseln; unsere Vorstellung davon, was gute Erwerbsmöglichkeit oder gutes staatsbürgerliches Verhalten oder gute individuelle Entfaltung sind, kann leicht von der herrschenden Stimmung einer Generation oder der Laune einzelner Erzieher abhängig sein. Es sollte ein Ziel der Erziehung sein, die Kontinuität unserer Kultur zu wahren – und weder Kontinuität noch Respekt für die Vergangenheit bedeutet Stillstand. Mehr als je zuvor sollten wir heute von der Erziehung erwarten, daß sie uns vor dem Fehler einer bloßen Gegenwartsbefangenheit bewahrt. Wir erwarten von Erziehungsinstitutionen, daß sie ein Wissen von der Vergangenheit und ihr Verständnis aufrechterhält. Und die Vergangenheit muß für jede Generation neu gedeutet werden, denn jede Generation hat ihre eigenen Vorurteile und neuen Mißverständnisse. Alles dieses kann unter dem Begriff Geschichte zusammengefaßt werden; aber Geschichte schließt das Studium der großen toten Sprachen und der Vergangenheit der modernen Sprachen, einschließlich unserer eigenen, ein. Und zwar ganz besonders unserer eigenen; denn wir müssen verstehen, wie unsere Worte in der Vergangenheit verwendet wurden, wie sie ihre Bedeutungen entwickelt und verändert haben, um zu verstehen, wie wir selbst sie verwenden. Und um die Weisheit der Vergangenheit zu bewahren, müssen wir sie um ihrer selbst willen bewerten und sie nicht einfach wegen ihrer Nützlichkeit verteidigen. Die Religion wegen ihrer Nützlichkeit zu vertreten, ist ein offensichtlicher Irrtum; denn die Frage, wozu ist der Mensch Gott nütze, ist wichtiger als die Frage, wozu ist Gott dem Menschen nütze; und hierzu besteht eine Analogie – obwohl ich die Gefahr einer solchen Analogie zu weltlichen Dingen einräume – in innerer Beziehung zu unserer Kultur. Denn wenn wir die Weisheit und Erfahrung und Kunst der Vergangenheit lediglich unter dem Gesichtspunkte der Nützlichkeit für uns einschätzen, so sind wir in Gefahr, die Bedeutung der »Nützlichkeit«, aber auch die Nützlichkeit des »uns« für die, die heute leben, einzuschränken. Ich möchte damit einen Gesichtspunkt vertreten, von dem aus es wichtiger erscheint – wenn wir wählen müssen, und vielleicht müssen wir es –, daß eine kleine Zahl von Menschen gut erzogen und andere mit einer nur elementaren Erziehung bedacht werden, als daß jeder einen Anteil an einer minderwertigen Art von Erziehung erhält, wobei wir uns in der trügerischen Vorstellung wiegen, daß das, wovon es am meisten gibt, das Beste sein muß. Und das, wofür ich plädiere, ist das, was Matthew Arnold »das Wissen des Besten, was auf der Welt gesagt und gedacht worden ist« nannte (und, so möchte ich hinzufügen, das Beste, das auf der Welt getan und das in den Künsten auf der Welt geschaffen worden ist); daß diese Kenntnis der Geschichte im weitesten Sinne nicht für eine kleine Gruppe von Experten reserviert bleiben sollte – für sie reserviert und unter ihnen verteilt –, sondern daß sie der gemeinsame Besitz derer sein sollte, die die höheren Stufen der nicht-spezialisierten Erziehung durchlaufen haben; daß sie für die meisten von ihnen die Grundlage für viele der moderneren Studienfächer abgeben könnte, die heute oft an deren Stelle gesetzt werden.

Wir können jetzt, nachdem wir den Zielen der Erziehung Rechnung getragen und die Definition soweit wie möglich vorangetrieben haben, dazu übergehen, zu fragen, was der Nutzen dieser Schlußfolgerung ist, zu der wir gelangen. Wir stellen fest, daß wir keine Definition des Begriffs Erziehung gegeben haben, ja, daß Erziehung sich nicht definieren zu lassen scheint. Das Äußerste, was wir tun können, ist, eine Reihe von Wirkungen aufzuführen, die man von der Erziehung vielleicht erhoffen könnte, und zu versuchen zu zeigen, daß jede von diesen, wenn sie Erziehung genannt werden soll, die übrigen enthalten muß. Es sind dies einige der Zwecke, denen die Erziehung dienstbar gemacht worden ist; wir sind in der Lage gewesen, zu so etwas wie Definitionen einiger dieser Zwecke zu gelangen; und obwohl wir Erziehung nicht simpliciter definieren können, so gibt uns doch das Bewußtsein der wechselseitigen Implikation ihrer verschiedenen Zwecke ein Gefühl von der Identität des Wortes, das dem ähnlich ist, das ich von der Identität der verschiedenen Verwendungen des Wortes *runzibel* (runcible) zu haben bekundet habe. Wir müssen indessen weiterhin von »Erziehung« reden, wenn wir eine von verschiedenen möglichen Verwendungen des Wortes meinen; und diese gefühlte Identität ist es, die es uns um der Klarheit willen unmöglich macht, an ihrer Stelle mehrere verschiedene Worte zu verwenden.

Die letzte Frage ist, »Was ist der Nutzen solcher Untersuchungen: das heißt, hat es irgendeine praktische Bedeutung für die Erziehung oder nicht, wenn wir die Bedeutung des Wortes erörtern?« Die Menschen haben ihre Kinder erzogen, seit sie Menschen sind und auch schon vorher: ich weiß nicht, zu welchem genauen Zeitpunkt in der Entwicklung der Lebewesen man vom Anfang der Erziehung der Jungen sprechen kann. Der Inhalt der Erziehung und ihre Form haben sich je nach Organisation der Gesellschaft, in der und für die die Jungen ausgebildet wurden, verändert; eine lange Überlieferung und viele Erziehungseinrichtungen gingen der Zeit vorauf, zu der die Frage »Was ist Erziehung?« gestellt werden mußte. Oder vielmehr stellen wir die Frage nach dem Zweck einer Tätigkeit einige Zeit, nachdem wir sie zu praktizieren angefangen haben; und wir haben erkannt, daß die Frage immer wieder gestellt werden muß, weil die Tätigkeit selbst sich von Generation zu Generation verändert. Aber die Maschinerie der Erziehung, die jetzt auf der ganzen Welt riesig und kompliziert geworden ist, muß die ganze Zeit über in Gang gehalten werden. Viele Veränderungen und Entwicklungen sind Zufällen zuzuschreiben, der Reaktion auf örtliche und unmittelbare Umstände; einige entsprangen den bewußten Absichten einzelner Erzieher – richtigen oder falschen; einige dem Einfluß eines Buches wie Rousseaus *Emile* (und Rousseau war ein literarischer Dilettant wie ich); einige der politischen Theorie oder theologischen Doktrin; einige der Weisheit, einige der Torheit, und einige den Umständen, die sich unserer Kontrolle entziehen. Aber wenn wir darangehen, Erziehung zu definieren, was versuchen wir dann eigentlich zu tun? Wir versuchen nicht, eine Wörterbuch-Definition zu ermitteln – das heißt den gewöhnlichen Gebrauch eines Wortes. Wir machen den Versuch, das gemeinsame Element in einer großen Zahl von Ausbildungsarten, die mit verschiedenen Zielsetzungen betrieben werden, in ganz verschiedenen Zivilisationen zu ermitteln. Das heißt, wir versuchen, einen Hauptschlüssel für eine Anzahl verschiedener Schlösser zu finden. Aber wir versuchen auch, eine auf Vereinbarung beruhende Definition zu finden: wir versuchen nicht bloß zu sagen, was das Wort Erziehung bedeutet – das heißt, für diejenigen bedeutet hat, die wir für befugt halten, es zu gebrauchen –, sondern was wahre Erziehung sein sollte. Wir erstreben eine reale statt einer nominellen Definition und versuchen in der Tat, die Menschen zu überreden, unsere eigene Definition zu akzeptieren. Aber unser Motiv für den Versuch, eine Definition zu geben, kann unserer Ablehnung der Erziehungspraktik, die wir erlitten oder beobachtet haben, oder der Ablehnung der Theorien anderer Leute über das Wesen der Erziehung entspringen. Da ich auf der Tatsache bestanden habe, daß wir hinter jeder Erziehungstheorie implizit oder explizit philosophische und theologische wie auch soziologische Prämissen finden, könnte man denken, die Frage sei lediglich eine Frage für Philosophen und nicht für diejenigen, die im Unterricht und der Verwaltung von Erziehungsinstitutionen tätig sind. Aber die letzteren haben einen Fundus von Erfahrung und, wenn sie weise Männer sind, einen Schatz an Weisheit in Erziehungsfragen, den nur diejenigen haben können, die tatsächlich das Lehren aus Berufung betrieben haben. Es scheint mir, daß es die Aufgabe der Erzieher ist, über Erziehung nachzudenken und zu schreiben, aber für sich selbst die sozialen, philosophischen und theologischen Voraussetzungen zu klären, die ihren Verallgemeinerungen zugrunde liegen; und es fällt dem reinen Theoretiker, dem Philosophen oder Theologen zu, seine Theorien dem Erzieher zuzuleiten – dem Manne, der Erfahrung in den Schwierigkeiten hat, jemandem etwas beizubringen. Es ist übrigens die Sache des Gesetzgebers, wenn er sich von anderem als bloßer politischer Zweckmäßigkeit bewegen läßt, beide zu befragen, wie auch selber ein wenig nachzudenken.

Es ist klar, daß keine lexikalische Definition der Erziehung die Frage »Was ist Erziehung?« beantworten kann, denn alles, was ein Wörterbuch tun kann, ist, uns die hauptsächlichen Arten zu nennen, auf die das Wort in der Vergangenheit und bis zu dem Zeitpunkt verwendet worden ist, zu dem der Lexikograph seinen Rechenschaftsbericht über das Wort im Gebrauch der Autoren zusammenstellt, deren Autorität er respektiert. Obwohl wir eine Beziehung zwischen diesen verschiedenen Definitionen des Gebrauchs des Wortes gewahren, scheinen wir doch nicht in der Lage zu sein, eine einzige primäre Bedeutung zu ermitteln, die alle diese sekundären Bedeutungen enthält. Die Definition, die wir suchen, schließt Werturteile ein; sie wird deshalb so beschaffen sein, daß wir uns nicht alle über sie einigen können, und kann daher unmöglich eine Definition im Sinne des Wörterbuchs sein. (Übrigens ist man weit davon entfernt gewesen, sich über eine Definition des Wortes »Definition« zu einigen.) Was die Liste der Ziele anlangt, ob sie drei oder vier enthält und ob wir Unterabteilungen einführen oder nicht, so müssen dabei verschiedene Einschränkungen gemacht werden. Es ist immer möglich, daß einer oder mehrere der Zwecke, die ein Schriftsteller aufführt, falsch oder ganz und gar unannehmbar für andere sind; es ist möglich, daß das, was praktisch der gleiche Zweck ist, von verschiedenen Schriftstellern mit ganz verschiedenen Formulierungen ausgedrückt werden kann; und es ist immer möglich, daß die Liste länger sein müßte. Wir alle versuchen natürlich, sie so klein wie möglich zu halten: das ist eine der Spielregeln. Aber gerade so, wie die Bedeutung des Wortes Erziehung sich in der Vergangenheit entwickelt hat und sich aller Wahrscheinlichkeit nach in der Zukunft weiterentwickeln und verändern wird, ist es möglich, daß in einer zukünftigen und unvoraussagbaren Situation die Zwecke der Erziehung neu formuliert werden müssen, und ebenso, daß neue Zwecke auftauchen können, die sich nicht auf die bereits anerkannten reduzieren lassen.

Es ist ferner zu beobachten, daß, je klarer und differenzierter wir unsere Ideen über den Gegenstand formulieren, die Wahrscheinlichkeit der Übereinstimmung über das, was diese Ziele oder Zwecke sind, um so geringer ist. Je entschiedener die Ansichten sind, desto weniger Menschen werden sich finden, die sie teilen. Die meisten Menschen werden die Behauptung akzeptieren, daß die Erziehung irgendeine Art moralischen Trainings bedeutet; weniger Menschen werden die Behauptung akzeptieren, daß sie religiöses Training bedeutet; und von denen, die das Prinzip des religiösen Trainings akzeptieren, werden noch weniger darüber übereinkommen, wie weit es gehen und wie dogmatisch es sein sollte. Wir mögen darin übereinstimmen, daß die Erziehungsfrage befriedigend beantwortet werden kann, »wenn wir unsere Metaphysik, Ethik, Psychologie, Theologie und Politik so weit klären, daß wir klar darüber nachdenken können«. Doch dies ist vermutlich ein Zeitpunkt am anderen Ende der Unendlichkeit.[*] Die Aussicht darauf, daß sich die Weisen dieser verschiedenen Disziplinen untereinander einigen, scheint in weiter Ferne zu liegen; die Aussicht darauf, daß sich die Praktiker in diesen verschiedenen Disziplinen untereinander und über die jeweiligen Beiträge ihrer Wissenschaften zu der Vervollkommnung der Erziehung einigen, scheint in noch weiterer Ferne zu liegen.

Wir versuchen eigentlich alle, andere Leute zu überreden: wir appellieren an ihre Gefühle, und oft genug an ihre Vorurteile, wie auch an ihre Vernunft; und das Beste, was wir tun können, ist, achtzugeben, daß »sowohl als auch« (für unsere Vernunft) nicht »anstatt« (unserer Vernunft) wird. Wir können wenigstens *versuchen*, unsere eigenen Motive, Leidenschaften und Vorurteile zu verstehen, so daß wir uns dessen bewußt sind, was wir tun, wenn wir an diejenigen anderer appellieren. Dies ist sehr schwierig, weil unser eigenes Vorurteil und unser eigener gefühlsmäßiger Hang uns immer sehr vernünftig vorkommen. Wir sind stets damit bei der Hand, darauf hinzuweisen, wie weit das rationale Verhalten anderer Leute durch ihre Empfindungen abgelenkt wird. Ich bin mir ganz klar darüber, daß ich zu überreden versucht habe, obwohl ich nicht genau weiß, wozu. Aber obwohl ich entmutigt wäre, wenn niemand in irgend etwas von dem, was ich gesagt habe, mit mir übereinstimmte, so wäre ich doch äußerst bestürzt, wenn alle zustimmten; denn eine Behauptung, mit der jeder übereinstimmen kann, kann bei der Erörterung solcher Themen wie dieser ganz sicher nicht viel bedeuten. Ich hoffe trotzdem, daß mein Hauptbeweggrund war, die Gemüter zu beunruhigen, und nicht, eine Theorie aufzudrängen; und während ich am Definieren war, habe ich nicht daran gedacht, zu überzeugen, obwohl Sie vielleicht an Ihre nächste Cocktail Party gedacht haben.

Gesellschaft, Literatur und Kritik

Tradition und individuelle Begabung

I

Im englischen Schrifttum spricht man nur selten von Tradition, wenn man sich auch gelegentlich ihres Namens bedient, um ihr Nichtvorhandensein zu beklagen. Man kann bei uns nicht auf ›die Tradition‹ oder auf ›eine Tradition‹ verweisen; allenfalls gebraucht man das Adjektiv, um zu sagen, das Schaffen dieses oder jenes Dichters sei ›traditionsgebunden‹ oder gar ›zu traditionsgebunden‹. Das Wort taucht wohl nur selten in Fällen auf, in denen es nicht als Ausdruck eines Tadels gemeint wäre. Anderenfalls bezeichnet es ein recht vages Lob, das dann zugleich über das derart anerkannte Werk so etwas wie eine Schicht willkommener historischer Patina legt. Ohne diesen tröstlichen Verweis auf die immer beruhigende Atmosphäre der Archäologie kann man das Wort englischen Ohren nur schwerlich vertraut machen.

Jedenfalls wird man dem Wort kaum in unseren Würdigungen lebender oder toter Schriftsteller begegnen. Jede Nation, ja jede Rasse geht nicht nur in ihrer Literatur, sondern auch in ihrer Literaturkritik ihre sehr eigenen Wege; ja eher noch vergißt sie die Schwächen und Schranken ihrer Art Literaturkritik als die ihrer eigentlich dichterischen Veranlagung. Von dem riesigen Bestande kritischen Schrifttums her, das in französischer Sprache erschienen ist, kennen wir – oder bilden uns das wenigstens ein – die kritische Methodik und Einstellung der Franzosen; wir ziehen daraus nur den Schluß (so wenig neigen wir zur Reflexion), daß die Franzosen ›mehr zur Kritik neigen‹ als wir; und mitunter rühmen wir uns sogar ein wenig der Tatsache, als wären die Franzosen eben deswegen weniger spontan. Vielleicht stimmt das; aber wir sollten uns immer vor Augen führen, daß Kritik so unentbehrlich ist wie das Atmen, und daß wir darum keinesfalls verächtlicher dastünden, wenn wir etwa unter dem starken Eindruck beim Lesen eines Buches die Reaktionen unseres Geistes ganz klar aussprächen; wenn wir also den Brennspiegel der Kritik auch auf unsere eigene kritische Tätigkeit richteten. Zu den Tatsachen, die uns dabei in ihrem rechten Licht aufgehen könnten, gehört unsere Neigung, bei dem Lobe eines Dichters zumal die Seiten seines Werkes hervorzuheben, in denen er am wenigsten irgendeinem anderen ähnelt. In diesen Seiten oder Teilen seines Werkes vermeinen wir das zu finden, was nur ihm eigen ist und was die unvergleichbare Essenz seines Wesens ausmacht. Mit besonderer Befriedigung verweilen wir bei dem, was den Dichter von seinen Vorgängern, zumal seinen unmittelbaren Vorgängern, unterscheidet; wir bemühen uns, etwas zu finden, das man ganz für sich betrachten und derart genießen kann. Und doch werden wir, wenn wir uns einem Dichter ohne dies Vorurteil nähern, oft die Entdeckung machen, daß nicht nur die besten, sondern auch die individuellsten Teile seines Werkes grade die sein können, in denen die toten Dichter, seine Vorgänger, ihre Unsterblichkeit am nachdrücklichsten kundtun. Und dabei schwebt mir durchaus nicht die für Eindrücke besonders empfängliche Zeit der Jugend, wohl aber die Zeit der vollen Reife vor.

Bestünde aber die einzige Form der Tradition, der Überlieferung nur darin, daß man die Wege der jeweils unmittelbar vorhergehenden Generation in einer blinden und zaghaften Anklammerung an ihre Erfolge nur immer weiterginge, so sollte man der Tradition eine eindeutige Absage erteilen. Man hat schon eine ganze Reihe solcher bloßen ›Strömungen‹ sich im Sande verlaufen sehen, und Erneuerung ist besser als Wiederholung. Tradition ist etwas weit mehr Besagendes und Umfassendes. Sie kann nicht vererbt werden; und wer ihrer teilhaft werden möchte, muß sie sich mit großer Mühe selbst erarbeiten. Zuallererst setzt sie den historischen Sinn voraus, und damit etwas, was wohl als nahezu unentbehrlich für jeden gelten darf, der über sein fünfundzwanzigstes Lebensjahr hinaus Dichter bleiben möchte; und der historische Sinn setzt seinerseits voraus, daß man nicht nur das Vergangensein der Vergangenheit, sondern auch ihr Gegenwärtigsein deutlich spüre; der historische Sinn ist eine Art Ansporn, nicht nur aus dem innersten Lebensgefühl der jeweils eigenen Generation heraus zu schreiben, sondern auch aus dem Empfinden dafür, das die Gesamtheit der nachhomerischen Literatur Europas, und innerhalb ihrer die Gesamtheit der Literatur des eigenen Landes, sich in einem überzeitlichen Sinne gleichzeitig ausbreitet und eine gleichartige Ebene der Rangordnungen darstellt. Dieser historische Sinn, der eine Art Organ ist, genauso für das Zeitlose wie für das Zeitgebundene, und zwar für das Zeitlose und Zeitgebundene in ihrer Durchdringung – erst er bindet einen Dichter an die Tradition. Zugleich ist er es, der einem Dichter das deutliche Bewußtsein seines Platzes in der Zeit, seines eigenen Zeitgenossentums, vermittelt.

Kein Dichter – und überhaupt kein Künstler – ist in seiner vollen Bedeutung für sich allein zu erfassen. Seine Bedeutung, die Würdigung seines Wesens, setzt die Erfassung seines Verhältnisses zu den früheren Dichtern und Künstlern voraus. Man kann ihn als einzelnen nicht voll würdigen; man muß ihn, der Gegenüberstellung und des Vergleiches halber, zusammen mit den Vorgängern betrachten. Dies ist meiner Ansicht nach ein entscheidender Grundsatz ästhetischer, nicht bloß historischer Kritik. Die Notwendigkeit, daß er sich in Ordnungen und Zusammenhänge einfüge, ist durchaus nicht nur einseitig; von den Nachwirkungen der Tatsache, daß ein neues Kunstwerk entstanden ist, werden zugleich auch alle vorangegangenen Kunstwerke mitbetroffen. Die vorhandenen Literaturdenkmäler stellen untereinander eine ideale Ordnung dar, die dadurch, daß ein neues (ein wirklich neues) Kunstwerk sich ihnen zugesellt, eine gewisse Veränderung erfährt. Die bis dahin gültige Ordnung ist gleichsam abgeschlossen, bevor das neue Werk auftaucht. Damit sie auch nach dessen Erscheinen fortbestehe, muß die *ganze* bestehende Ordnung einen, sei es auch noch so unmerklichen, Wandel erfahren; und so werden die Beziehungen, Verhältnisse, Werte jedes einzelnen Kunstwerkes dem Ganzen gegenüber wieder in ihr rechtes Verhältnis gesetzt; so erst entsprechen das Alte und das Neue einander. Hat man sich einmal diese Idee der Ordnung, der Form europäischer, englischer Literatur zu eigen gemacht, so wird man in der Behauptung nichts Widersinniges erblicken, daß das Vergangene durch das Gegenwärtige eine genauso große Umwandlung erfährt, wie das Gegenwärtige seine Richtlinien von dem Vergangenen her empfängt. Der Dichter, der sich darüber im klaren ist, wird auch volle Klarheit über darin liegende große Schwierigkeiten und Verantwortlichkeiten gewinnen.

In einem ganz bestimmten Sinne wird es ihm auch deutlich werden, daß er sich, ob er will oder nicht, nach den Wertmaßstäben der Vergangenheit beurteilen lassen muß. Ich betone: beurteilen, nicht etwa vergewaltigen; nicht in dem Sinne beurteilen, als sei er so gut wie, oder schlechter oder besser als die früheren; und gewiß nicht nach den kanonisch genommenen Maßstäben früherer Kritiker. Vielmehr handelt es sich hier um ein Urteil, einen Vergleich, in dem zweierlei aneinander gemessen wird. Würde sich das neue Kunstwerk nur in die Tradition einfügen, so würde es sich überhaupt um keine echte Tradition handeln; es würde nicht neu und somit überhaupt kein Kunstwerk sein. Auch wollen wir damit nicht gerade sagen, das neue Werk sei wertvoller, weil es sich eingliedere; aber daß es das tut, stellt eine Art Gradmesser seines Wertes dar – einen Gradmesser allerdings, dessen man sich nur zögernd und gewissenhaft bedienen darf; denn in unserem Urteil über Fragen dieser Art von Tradition sind wir durchweg keine unfehlbaren Richter. Wir sagen: allem Anschein nach ist dies Werk traditionsgebunden und ist dabei vielleicht doch individuell; oder: Allem Anschein nach ist es durchaus individuell, und es mag noch traditionsgebunden sein; aber es ist kaum anzunehmen, daß wir die Entdeckung machen, es sei das eine und nicht das andere.

Um nun zu einer einleuchtenderen Darstellung der Beziehung des Dichters zur Vergangenheit überzugehen: man kann sagen, daß er die Vergangenheit weder als Ganzes undifferenziert einfach hinnehmen kann, noch daß er sich ganz und gar nach einem oder zwei Gegenständen seiner persönlichen Bewunderung bilden, noch auch, daß er sich ausschließlich nach einer ihm besonders zusagenden Periode bilden kann. Der erste Fall scheidet von selbst aus; der zweite stellt eine entscheidende Erfahrung der Jugend dar; und der dritte eine erfreuliche und in hohem Grade wünschenswerte Ergänzung. Der Dichter muß volle Klarheit über die ›Hauptstraße‹ der Entwicklung besitzen, deren Marksteine durchaus nicht durchweg die erlauchtesten Ruhmesträger darstellen. Er muß sich über die offenbare Tatsache klarwerden, daß die Kunst als solche sich niemals stetig entwickelt, daß aber das Material der Kunst niemals ganz dasselbe bleibt. Er muß sich darüber klar sein, daß der Geist Europas – und der Geist seines eigenen Volkes – und damit etwas, was, wie er mit der Zeit lernen wird, entscheidend wichtiger ist als sein eigener Geist – ein wandelbarer Geist ist, und daß dieser Wandel eine Entwicklung darstellt, die nichts als erledigt aufgibt, die weder Shakespeare noch Homer noch die Felsmalerei der magdalenischen Zeichner jemals veralten läßt. Daß diese Entwicklung, die vielleicht eine Verfeinerung, jedenfalls aber eine Komplizierung der Gestaltungsformen bedeutet, vom Gesichtspunkt des Künstlers aus in keinem Sinne eine Verbesserung darstellt; vielleicht nicht einmal eine Verbesserung vom Standpunkt des Psychologen aus, oder jedenfalls nicht in dem Maße, wie wir uns das vorstellen: vielleicht gründet sie sich letzthin nur auf eine immer verwickeltere Gestaltung der wirtschaftlichen und der industriellen Vorbedingungen. Aber der Unterschied zwischen Gegenwart und Vergangenheit liegt darin, daß bewußtes Erfassen der Gegenwart ein Innesein der Vergangenheit ist in einer Weise und in einem Umfang, wie sie die Selbsterfassung der Vergangenheit nicht aufzuweisen vermag.

Jemand sagte einmal: »Die toten Dichter stehen uns deshalb so fern, weil wir soviel mehr wissen als sie.« Das stimmt allerdings: und zwar sind sie selbst das, was wir wissen.

Auf den üblichen Einwand gegen das, was allerdings einen Bestandteil meines Programms für das ›Handwerk‹ der Dichtung darstellt, bin ich durchaus gefaßt. Dieser Einwand lautet, meine Anschauung erfordere ein ganz groteskes Maß von Gelehrsamkeit (Pedanterie), eine Forderung, die durch den Hinweis auf das wirkliche Leben der einzelnen Dichter aller Völker und Zeiten zurückgewiesen werden könne. Man wird sogar geltend machen, daß zuviel Wissen die Empfänglichkeit des Dichters abstumpfe oder sie auf Abwege führe. Wenn wir aber dennoch auf der Ansicht bestehen, ein Dichter solle sich soviel Wissen aneignen, wie es seiner unerläßlichen Aufnahmefähigkeit und ebenso unerläßlichen Trägheit nicht Abbruch tue, so bleibt es doch nicht wünschenswert, dies Wissen auf das zu beschränken, was allenfalls für Prüfungszwecke, Abendgesellschaften oder für die noch anspruchsvolleren Formen der Publizität verwertbar werden kann. Manche können sich Wissen spielend aneignen, für das die schwerfälliger Veranlagten schwitzen müssen. Shakespeare holte sich aus seinem Plutarch ein wesentlicheres Wissen um Geschichte, als sich die meisten aus dem ganzen Britischen Museum holen könnten. Jedenfalls muß man immer wieder betonen, daß der Dichter sich der Vergangenheit geistig bemächtigen und daß er an der Erweiterung und Vertiefung dieses Wissens während seines ganzen Künstlerdaseins weiterarbeiten sollte.

Es handelt sich hier um ein fortwährendes Aufgehen seiner selbst als der jeweiligen Privatperson in etwas, was einen höheren Wert darstellt. Die Entwicklung des Künstlers besteht in einem unaufhörlichen Selbstopfer, einem ständigen Auslöschen der eigenen Persönlichkeit.

Nun gilt es noch, diesen Vorgang der Entpersönlichung und seine Beziehung zu der Entwicklung des Sinnes für Tradition näher zu bestimmen. Erst im Hinblick auf diese Entpersönlichung läßt sich die Behauptung vertreten, daß die Kunst sich der Haltung der Wissenschaft nähere. Darum fordere ich den Leser auf, als aufschlußreiches Gleichnis zu betrachten, was vor sich geht, wenn man ein wenig fein ausgesponnenes Platin in einen Raum bringt, der Sauerstoff und Schwefeldioxyd enthält.

II

Gewissenhafte Kritik und künstlerisch empfängliche Erkenntnis richten ihr Augenmerk nicht auf den Dichter, sondern auf die Dichtung. Wenn wir uns nach der verworrenen Wortmacherei der Zeitungskritiker und dem sich ihnen anschließenden unselbständigen Urteil des Publikums richten, so werden wir Dichternamen in Hülle und Fülle zu hören bekommen; wenn wir dabei kein Lexikonwissen, wohl aber den Genuß echter Dichtung suchen und endlich ein wirkliches Gedicht sehen wollen, so wird man uns selten eins vorweisen können. Ich versuchte, die entscheidende Bedeutung der Beziehung des Gedichtes zu anderen Gedichten anderer Autoren herauszustellen und dabei einer Anschauung Geltung zu verschaffen, die die Dichtung als lebendige Totalität aller jemals entstandenen Dichtung fassen möchte. Die andere Seite dieser ›unpersönlichen‹ Theorie der Dichtung ist die Beziehung des Gedichtes zu seinem Autor. Gleichnisweise deutete ich an, daß der reife Dichter sich von dem unreifen geistig nicht gerade durch höhere Werte der ›Persönlichkeit‹ zu unterscheiden brauche, nicht dadurch, daß er unbedingt interessant sei oder ›mehr zu sagen‹ habe – sondern eher dadurch, daß er ein vollkommener durchgebildetes Medium darstelle, in dem besondere oder sehr vielgestaltige Empfindungen jederzeit neue Verschmelzungen eingehen können.

Dazu diente mir das Beispiel des Katalysators. Sobald die beiden eben genannten Gase in Gegenwart von etwas Platindraht miteinander in Berührung kommen, bilden sie Schwefelsäure. Zu dieser Verbindung kommt es aber nur, wenn auch Platin da ist; trotzdem enthält die neu entstandene Säure keine Spur Platin, und das Platin selbst ist offenbar ganz unberührt, nämlich ›träge‹, neutral und unverändert geblieben. Der Geist des Dichters spielt also die Rolle des Platins. Ob er sich nun nur teilweise oder ausschließlich der menschlichen Erlebniswelt zuwendet – jedenfalls: je vollkommener der Künstler ist, um so entschiedener wird sich in ihm eine Kluft auftun zwischen dem erlebenden Menschen und dem schaffenden Geiste; um so vollkommener wird der letztere die Leidenschaften, die seinen Stoff bilden, in sich verarbeiten und verwandeln.

Die ›Erfahrung‹, die also hier den in den Verwandlungsbereich des Katalysators tretenden Elementen entspricht, ist selbst von zweierlei Art: sie besteht aus Erlebnissen und aus Empfindungen. Der Eindruck eines Kunstwerkes auf den Genießenden ist eine Erfahrung, die sich der Art nach von jeder nicht der Sphäre der Kunst zugehörigen Erfahrung unterscheidet. Sie kann einem einzigen Gefühl entstammen oder auch eine Verbindung verschiedener Gefühle darstellen; und verschiedenartige Empfindungen, wie der Schriftsteller sie mit besonderen Worten oder Wortfolgen oder Bildern verbindet, können den schließlichen Gesamteindruck mitbestimmen. Große Dichtung kann aber auch ohne unmittelbare Wirksamkeit irgendeines Gefühls entstehen: Empfindungen können ihre ausschließliche Grundlage bilden. Der fünfzehnte Gesang des *Inferno* (Brunetto Latini) baut sich ganz auf dem aus der Situation sich klar ergebenden Gefühl auf; aber der Endeindruck, obschon eindeutig wie bei jedem Kunstwerk, wird durch eine beträchtliche Häufung des Details erreicht. Der letzte Vierzeiler bringt ein Bild, eine durch dieses Bild beschworene Empfindung, die plötzlich ›auftauchte‹, die sich nicht einfach aus dem Vorhergehenden entwikkelte, die aber vermutlich im Geiste des Dichters ›bereit‹ lag, bis der Anlaß zu der gerade ihr gemäßen Verschmelzung da war. Der Dichtergeist ist tatsächlich eine Art Gefäß, in dem sich zahllose Empfindungen, Wortfolgen, Bilder einfinden und ansammeln, die dort jeweils verbleiben, bis alle zur Verschmelzung in einer neuen ›Metapher‹ bereiten Bestandteile beieinander sind.

Vergleicht man eine Reihe repräsentativer Stellen der größten Dichtung miteinander, so sieht man, wie groß die Mannigfaltigkeit der typischen Verschmelzungsmöglichkeiten ist, und zugleich auch, wie völlig jedes irgendwie ethisch bestimmte Kriterium des ›Erhabenen‹ am Ziele vorbeischießt. Denn durchaus nicht die ›Größe‹, die Stärke der Gefühle, der Bestandteile, ist das Entscheidende, sondern die Intensität des künstlerischen Vorgangs, der Druck gleichsam, unter dem die Verschmelzung stattfindet. Die Episode Paolos und Francescas bedient sich eines bestimmten Gefühls, aber die Intensität der Dichtung unterscheidet sich von Grund auf von der Intensität der vermutlichen Erfahrung (so groß diese auch sein mag), deren Eindruck sie, die Dichtung, erwecken möchte. Obendrein ist sie nicht intensiver als der – die Reise des Odysseus behandelnde – sechsundzwanzigste Gesang, der nicht unmittelbarer Ausdruck eines Gefühls ist. Überhaupt liegt in dem Vorgang der Verwandlung des Gefühls eine große Mannigfaltigkeit der Möglichkeiten: die Ermordung Agamemnons – oder die Qual Othellos – hat in der Kunst eine Wirkung, die einem denkbaren Urbild in der Wirklichkeit offenbar näherkommt als Dantes Szenen. Im *Agamemnon* kommt das durch die Kunst vermittelte Gefühl ganz nahe an das eines wirklichen Zuschauers heran; im *Othello* an das Gefühl des Haupthelden selbst. Aber immer bleibt der Unterschied zwischen dem Kunst gewordenen und dem wirklichen Vorgang unüberbrückbar; die der Darstellung der Ermordung Agamemnons zugrunde liegende ›Verschmelzung‹ ist vielleicht so vielschichtig wie die entsprechende der Darstellung der Reise des Odysseus. In jedem der beiden Fälle ist eine Verschmelzung der Grundbestandteile vorhergegangen. Keats' Ode[1] enthält eine Reihe von Empfindungen, die nichts Besonderes mit der Nachtigall zu tun haben, zu deren Vereinigung aber die Nachtigall als ›Anlaß‹ diente, teils vielleicht wegen ihres reizvollen Namens, teils wegen ihres Rufes.

Der Standpunkt, den ich anzugreifen suche, hängt vielleicht mit der metaphysischen Vorstellung von der substantiellen Einheit der Seele zusammen: denn ich bin der Ansicht, daß der Dichter nicht eine »Persönlichkeit« auszudrücken habe, sondern vielmehr ein bestimmtes Medium darstelle, das nur ein Medium und keine Persönlichkeit ist, und in dem Eindrücke und Erfahrungen jeweils auf eine einmalige und unvoraussehbare Art und Weise verschmelzen. So kann es vorkommen, daß für Eindrücke und Erfahrungen, die für ihn als Menschen entscheidend sind, in der Dichtung kein Platz ist, und daß die, die in der Dichtung entscheidend werden, für ihn als Menschen, als Persönlichkeit eine ganz nebensächliche Rolle spielen.

Ich möchte hier das Zitat einer Stelle einfügen, die unbekannt genug ist, um im Lichte – oder in der Dunkelheit – dieser Erwägungen mit frischer Aufmerksamkeit betrachtet zu werden.

And now methinks I could e'en chide myself
For doating on her beauty, though her death
Shall be revenged after no common action.
Does the silkworm expend her yellow labours
For thee? For thee does she undo herself?
Are lordships sold to maintain ladyships
For the poor benefit of a bewildering minute?
Why does yon fellow falsify highways,
And put his life between the judge's lips,
To refine such a thing – keeps horse and men
To beat their valours for her? . . .

»Und nun dünkt mich, ich könnte mich sogar selbst schelten, weil ich ihrer Schönheit verfallen war, wenngleich ihr Tod nach keinem gewöhn-

1 »Ode to a Nightingale«. (d. Ü.)

lichen Verfahren gesühnt werden soll. Verschwendet der Seidenwurm seine gelbe Emsigkeit für dich? Opfert er sich für dich dahin? Verkauft man Stand und Rang eines Lords, um eine Lady zu erhalten – um des armseligen Gewinns einer berauschenden Minute willen? Warum spielt jener Bursche den großen Herrn und setzt sein Leben zwischen des Richters Lippen, um solch ein Wesen zu verwöhnen – hält er Pferde und Diener, um deren Wert für sie in die Waagschale zu werfen? ...«

In dieser Stelle findet (wie ersichtlich wird, wenn man sie in ihrem Zusammenhang betrachtet) eine Verschmelzung von positiven und negativen Erlebnissen statt: nämlich eines äußerst starken Gebanntseins von der Schönheit und einer ebenso starken Anziehungskraft von seiten der Häßlichkeit, die gegen sie ausgespielt wird, um sie dann zu vernichten. Dieses Gleichgewicht eines kontrastreichen Gefühlszustandes ist in der Situation des Dramas, auf die sich die angeführte Stelle bezieht, schon enthalten, wird aber durch diese Situation nicht zureichend motiviert. Es stellt gleichsam das durch das Drama selbst gelieferte Grunderlebnis dar. Aber die volle Wirkung, die beherrschende Stimmung ergibt sich aus der Tatsache, daß eine Reihe flutender Empfindungen, diesem Grundgefühl auf eine keinesfalls auf den ersten Blick ersichtliche Weise verwandt, in ihm aufgegangen ist, um uns nun ein durchaus neuartiges Kunst-Gefühl zu vermitteln.

Nicht durch seine höchstpersönlichen Gefühle, die Gefühle nämlich, die durch besondere Umstände seines Lebens hervorgerufen werden, wird der Dichter irgendwie bemerkenswert oder interessant. Seine privaten Gefühle können unbeträchtlich oder unreif oder banal sein. Das in seiner Dichtung wirksame Gefühl wird jedenfalls etwas sehr Vielschichtiges sein, aber dabei vielschichtig nicht in dem Sinne, in dem es die Gefühle derjenigen sind, die im Leben sehr verwickelte oder ungewöhnliche Gefühle haben. Vielmehr ist es gerade ein Grundfehler aller derart exzentrischen Dichtung, nach unbedingt neuen menschlichen Gefühlen zu fahnden, um ihnen Ausdruck zu verleihen; bei dieser abwegigen Suche nach dem Neuen entdeckt sie dann das Abwegige. Aufgabe des Dichters ist es nicht, neue Gefühle zu entdecken, wohl aber der altbekannten sich zu bedienen und durch ihre Verwandlung in Dichtung Empfindungen Sprache zu leihen, die in den wirklichen Gefühlen überhaupt nicht vorkommen.

Dabei werden ihm Gefühle, die er niemals im Leben gehabt hat, genauso zustatten kommen wie die ihm wohlvertrauten. Daher müssen wir annehmen, daß (Wordsworths Wort von der) *emotion recollected in tranquillity* (dem Gefühl, dessen man sich in Ruhe wiedererinnert) eine ungenaue Formulierung des Sachverhaltes darstellt. Denn hier handelt es sich weder um das Gefühl noch um die Wiedererinnerung noch auch, will man den Sinn des Wortes nicht verdrehen, um Ruhe. Es geht hier nämlich um die Verdichtung einer sehr großen Reihe von inneren Erfahrungen, die dem Menschen in seinem praktischen und tätigen Dasein überhaupt nicht als Erfahrungen aufgehen würden, und um etwas durchaus Neues, aber nur dieser Verdichtung Verdanktes; es ist dies eine Verdichtung, die nicht bewußt oder absichtlich zustande kommen kann. Diese Erfahrungen sind kein Gegenstand der ›Erinnerung‹, und schließlich vereinigen sie sich in einer Atmosphäre, die ›ruhig‹ nur insofern zu nennen ist, als sie ein geruhiges Abwarten der Kristallisation darstellt. Natürlich ist damit noch durchaus nicht alles gesagt. Das Bewußtsein und die Absicht spielen eine große Rolle beim Entstehen von Dichtung. Tatsächlich ist der schlechte Dichter gewöhnlich unbewußt, wo er bewußt sein sollte, und bewußt, wo er unbewußt sein sollte. Auf beiden Irrwegen gerät er nur zu leicht in das ›Persönliche‹. Dichten heißt nicht, seiner Gefühlswelt freien Lauf lassen, wohl aber: sich von seinen Gefühlen befreien; Dichtung ist nicht Ausdruck der Persönlichkeit, sondern eine Art Befreiung von der Persönlichkeit. Aber freilich wissen nur die, die Persönlichkeit und Gefühle haben, was es bedeutet, von ihnen frei werden zu wollen.

III

ὁ δὲ νοῦς ἴσως θειότερόν τι καὶ ἀπαθές ἐστιν

(Die Vernunft ist etwas sowohl Göttlicheres als auch Unbewegtes)

Dieser Versuch möchte an der Grenze der Metaphysik oder der Mystik haltmachen und sich nur auf solche Schlußfolgerungen beschränken, wie sie für den gewissenhaft an der Dichtung interessierten einzelnen verwertbar sind. Das eigentliche Interesse von dem Dichter auf die Dichtung zu verlegen, ist ein wünschenswertes Ziel: denn es würde zu einer gerechteren Würdigung des wirklichen Bestandes der Dichtung, guter und schlechter, führen. Es gibt viele, die für die Sprachwerdung echten Gefühls im Gedicht Sinn haben; seltener sind schon die, die ein Organ für die Feinheiten der dichterischen Technik besitzen. Aber nur sehr wenige vermögen zu ermessen, ob und wann ein *bedeutsames* Gefühl seinen Ausdruck gefunden hat; ein Gefühl, dessen Leben in dem Gedicht und nicht in der Lebensgeschichte des Dichters enthalten ist. Das in der Kunst ausschlaggebende Gefühl ist überpersönlicher Art. Und dieses Überpersönlichen kann der Dichter nicht mächtig werden, ohne sich ganz dem Werke hinzugeben, das zu schaffen ihm obliegt. Doch wird er aller Wahrscheinlichkeit nach nicht wissen, was zu schaffen ihm obliegt, wofern er nicht in der Zeitspanne lebt, die nicht nur die Gegenwart, sondern zugleich doch auch der gegenwärtige Moment der Vergangenheit ist, wenn er nämlich nicht volle Klarheit besitzt – nicht nur über das, was schon tot, sondern auch über das, was bereits wieder lebendig ist.

Der vollkommene Kritiker

I

Eriger en lois ses impressions personnelles,
c'est le grand effort d'un homme s'il est sincère.
Lettres à l'Amazone.

Coleridge war vielleicht der größte englische Kritiker; gewissermaßen war er auch der letzte. Auf Coleridge folgte Matthew Arnold; aber Arnold war – das wird man mir sicher zugestehen – eher ein Propagandist der Kritik denn ein Kritiker. Er war jemand, der Ideen populär machte, nicht jemand, der sie hervorbrachte. Solange England eine Insel bleibt (und wir sind dem Kontinent kein Stückchen näher als zu Arnolds Zeiten), wird Arnolds Werk bedeutend bleiben; es stellt immer noch eine Brücke über den Ärmelkanal dar, und es wird immer als durch und durch vernünftig dastehen. Nach Arnolds Versuch, seine Landsleute zurechtzuweisen, hat sich die englische Kritik in zwei Richtungen entwickelt. Als ein berühmter Kritiker vor kurzem in einem Zeitungsartikel schrieb, Dichtung sei »die am meisten durchorganisierte Form intellektueller Aktivität«, wurde einem klar, daß man weder Coleridge noch Arnold las. Zum einen zeigen die Worte »durchorganisiert« und »Aktivität« so, wie sie hier zusammengefügt sind, jenen wohlbekannten vagen Anklang an das wissenschaftliche Vokabular, der für den modernen Stil des Schreibens kennzeichnend ist, zum andern werden auch Fragen angeschnitten, die Coleridge und Arnold einfach nicht zugelassen hätten. Auf welche Weise ist z. B. Dichtung mehr »durchorganisiert« als Astronomie, Physik oder reine Mathematik, die doch gemäß unserer Vorstellung für den sie ausübenden Wissenschaftler eine ganz schön durchorganisierte »intellektuelle Aktivität« darstellen? »Einfache Wortreihungen«, so fährt unser Kritiker treffend und durchaus richtig fort, »die wie Farbflecke über eine weiße Leinwand hingekleckst sind, können uns überraschen ... aber in der Literaturgeschichte zählen sie einfach nicht.« Diejenigen Aussagen, die

Arnold am bekanntesten gemacht haben, sind vielleicht unzureichend; sie erzeugen vielleicht mehr Unklarheiten als sie beseitigen, aber sie bedeuten in der Regel etwas. Und wenn eine Formel wie »die am meisten durchorganisierte Form intellektueller Aktivität« die höchste Gedankenausformung ist, deren die gegenwärtige Kritik in einem ihrer berühmtesten Vertreter fähig ist, dann muß man zu dem Schluß kommen, daß die moderne Kritik nichts mehr taugt.

Die oben vermerkte Krankheit des Worts kann für eine spätere Diagnose zurückgestellt werden. Arthur Symons leidet eigentlich nicht an ihr (denn das Zitat stammt natürlich nicht von ihm). Er vertritt vielmehr die zweite Richtung, die immer schon »ästhetische« oder »impressionistische Kritik« hieß. Dieser Form der Kritik wende ich mich nun unmittelbar zu. Symons, der kritische Nachfahre Paters und teilweise Swinburnes (ich glaube wohl, daß die Formel »krank oder kläglich« allen dreien zugehört), ist der »impressionistische Kritiker«. Wenn überhaupt von irgend jemandem, so könnte es von ihm heißen, daß er angesichts eines »Gegenstandes« einen sensiblen und kultivierten Geist zeigt, einen Geist, dessen Kultur von der Ansammlung einer beträchtlichen Vielzahl von Eindrücken aus allen Künsten und mehreren Sprachen herrührt. Und wenn überhaupt von irgend jemandes Kritik, so könnte man von der seinen sagen, daß sie uns mit photographischer Genauigkeit Eindrücke, die zahlreicher und feiner als die unseren sind, auf einen Geist zeigt, der feinfühliger ist als der unsere. Aber diese Aufzeichnung, so stellen wir fest, ist zugleich eine Deutung, eine Übersetzung; denn sie muß uns ihrerseits Eindrücke einprägen, und diese Eindrücke werden von der Kritik im gleichen Maße hervorgebracht wie vermittelt. Ich sage damit nicht zugleich, daß diese Beschreibung auf Symons zutrifft; sie trifft auf den »impressionistischen« Kritiker zu, und der impressionistische Kritiker, so wird angenommen, ist eben Symons.

Mir liegt als Testmaterial Arthur Symons' Essayband *Studies in Elizabethan Drama* vor. Zehn dieser dreizehn Aufsätze befassen sich mit einzelnen Shakespearestücken, und es ist daher fair, einen davon als Probe herauszugreifen: »*Antony and Cleopatra* ist, so glaube ich, das wundervollste aller Shakespeareschen Schauspiele ...«, und Symons sinnt darüber nach, daß Kleopatra die wundervollste aller Frauen ist:

> Die Königin, die letzte vom Hause der Ptolemäer, ist seit je der Stern der Dichter gewesen, ein unheilvoller Stern, der verderbliches Licht ausstrahlte, von Horaz und Properz bis zu Victor Hugo; und nicht nur Dichtern ...

Auf was läuft das hinaus, fragt man sich, während man eine Seite über Kleopatra und ihren möglichen Ursprung in der dunklen Dame der Sonette liest. Und allmählich stellt sich heraus, daß es sich überhaupt nicht um einen Aufsatz über ein Kunstwerk oder ein Geistesprodukt handelt, sondern daß Symons das Stück miterlebt, wie man es im Theater miterleben könnte. Er erzählt und kommentiert:

> In ihren letzten Tagen gewinnt Kleopatra eine bestimmte Höhe... lieber will sie tausend Tode sterben, als lebend zu Spott und Hohn in der Menschen Münder zu werden ... sie bleibt Frau bis zum letzten ... so stirbt sie ... das Schauspiel endet mit einem Ton ernsten Mitleids.

Auf diese ziemlich unfaire Weise dargeboten, und auseinandergepflückt wie die Blätter einer Artischocke, gewinnen Symons' Impressionen Ähnlichkeiten mit einer verbreiteten Art öffentlicher literarischer Vorträge, in denen die Fabeln von Schauspielen oder Romanen nacherzählt, die Motive der handelnden Personen dargelegt und das Kunstwerk so dem Anfänger nähergebracht wird. Aber darum geht es Symons eigentlich nicht. Doch die Ähnlichkeit zwischen seinem Essay und dieser Form der Fortbildung drängt sich deshalb auf, weil *Antony and Cleopatra* ein Stück ist, das man ziemlich gut kennt, und von dem man sich daher seine eigenen Eindrücke gebildet hat. Zum eigenen Vergnügen reichen die eigenen Eindrücke von den Personen und ihren Gefühlen aus; und daher findet man die Eindrücke eines anderen – und sei er noch so feinfühlig – nicht sehr bedeutsam. Aber wenn man sich an die Zeit erinnern kann, als man den französischen Symbolismus noch nicht kannte und auf Symons' *The Symbolist Movement in Literature* stieß, so denkt man an dieses Buch als eine Offenbarung zurück: Ganz neue Empfindungen wurden einem erschlossen. Nachdem man

Verlaine und Laforgue und Rimbaud gelesen hat und Symons' Buch wieder zur Hand nimmt, kann man unter Umständen feststellen, daß sich die eigenen Eindrücke von den seinen unterscheiden. Das Buch hat vielleicht für den einzelnen Leser keinen dauerhaften Wert, aber es hat Folgen gehabt, deren Bedeutung andauert.

Die Frage, ob Symons' Eindrücke »richtig« oder »falsch« sind, steht hier nicht zur Debatte. Insofern man den »Eindruck«, die reine Empfindung für sich fassen kann, ist Richtigkeit oder Falschheit natürlich kein Kriterium. Es gilt aber festzuhalten, daß man niemals bei der reinen Empfindung stehenbleibt; man reagiert auf zweierlei Weise oder, wie meiner Meinung nach Symons, auf eine dritte, die eine Mischung aus beiden ist. In dem Augenblick, in dem man seine Eindrücke in Worte zu fassen versucht, beginnt man entweder zu analysieren und zu konstruieren, d. h. »ériger en lois«, oder man beginnt etwas Neues zu schaffen. Es ist bezeichnend, daß Swinburne, dessen Dichtung Symons einmal beeinflußt haben mag, in seiner Kritik ein ganz anderer ist als in seiner Dichtung, allerdings nur insofern, als er einen anderen Impuls befriedigt: Er kritisiert, erklärt, ordnet. Man mag einwenden, dies sei nicht die Kritik eines Kritikers, es sei emotional, nicht intellektuell, obgleich die Meinungen darüber geteilt sind. Aber auf jeden Fall ist es ein Schritt in Richtung auf Analyse und Konstruktion, ein Anfang des »ériger en lois«, und nicht ein Schritt auf Schöpferisches hin. Daraus schließe ich nun, daß Swinburne in seiner Dichtung ein angemessenes Ventil für seinen schöpferischen Impuls gefunden hat; nichts davon wurde verdrängt und in seiner kritischen Prosa ausgedrückt, deren Stil im wesentlichen auch ein Prosastil ist. Und Symons' Prosa ähnelt Swinburnes Dichtung viel mehr als seiner Prosa. Ich stelle mir – obgleich man sich hierbei ja gedanklich fast völlig im Dunkeln bewegt – vor, daß Symons von dem, was er liest, viel mehr bewegt, viel tiefer erregt wird als Swinburne es wurde, Swinburne, der mit einem heftigen und unmittelbaren und umfassenden Begeisterungsausbruch reagierte, der ihn im Innern jedoch unverändert gelassen haben mag. Die Erregung in Symons bringt ihn beinahe – aber nicht ganz – bis zum Schöpfungspunkt; seine Lektüre befruchtet seine Gefühle so, daß sie etwas Neues hervorbringen, das nicht Kritik, aber auch nicht das Hinausdrücken, das Ausstoßen, die Geburt des Schöpferischen ist.

Dieser Typus ist nicht selten, obwohl Symons den meisten anderen dieses Typs weit überlegen ist. Einige Autoren gehören im wesentlichen dem Typus an, der in seiner Reaktion über den Reiz hinausgeht, wobei etwas Neues aus den Eindrücken entsteht, doch leiden sie an einer Vitalitätsminderung oder einer geheimen Verstopfung, die die Natur daran hindert, ihren Lauf zu nehmen. Solche Autoren besitzen eine Sensibilität, die den Gegenstand zwar ändert, aber nie umformt; sie besitzen das Reaktionsvermögen des emotional normalen Menschen, allerdings in einem ganz besonders hochentwickelten Maße. In einem solchen emotional normal Empfindenden ruft das Kunsterlebnis eine gemischte kritische und schöpferische Reaktion hervor. Sie besteht aus Aussagen und Meinungen und auch aus neuen Gefühlen, die einen vagen Bezug zu seinem eigenen Leben haben. Der Sentimentale, in dem das Werk alle möglichen Gefühle erweckt, die mit dem Kunstwerk ganz und gar nichts zu tun haben, sondern zufällige persönliche Assoziationen sind, ist ein unvollkommener Künstler. Denn in einem Künstler werden diese rein persönlichen Anregungen, die ein Kunstwerk hervorruft, mit einer Vielzahl anderer Anregungen aus vielfältigen anderen Erlebnissen verschmolzen und führen zu der Erzeugung eines neuen Gegenstandes, der nicht mehr rein persönlich ist, weil er selbst ein Kunstwerk ist.

Es wäre vielleicht übereilt, dem Gedanken nachzuhängen, was an Symons' reizender Poesie, die in seine kritische Prosa einfließt, unerfüllt bleibt, und es ist wohl auch unmöglich, dies genau zu bestimmen. Man kann aber mit Sicherheit sagen, daß in Swinburnes Verskunst der Kreislauf von Impression und Expression vollendet ist; und deshalb konnte Swinburne in seiner Kritik mehr Kritiker sein als Symons. Dies gibt uns einen Hinweis darauf, warum der Künstler – ein jeder in den ihm eigenen Grenzen – meistens ein verläßlicher Kritiker ist: Seine Kritik ist nun einmal Kritik und nicht die Befriedigung eines unterdrückten schöpferischen Impulses, der bei den meisten anderen leicht eine vernichtende Störwirkung ausübt.

Was aber ist die richtige kritische Reaktion der künstlerischen Sensibilität? Inwieweit ist Kritik »Empfindung« und inwieweit »Denken«? Welche Art von »Denken« ist zulässig? Bevor ich mich diesen Fragen zuwende, könnte es lehrreich sein, sich noch ein wenig eingehender mit jenem anderen Naturell zu befassen, das von dem des Arthur Symons so verschieden ist und das sich in allgemeinen Äußerungen wie der im ersten Absatz dieses Essays zitierten ausdrückt.

II

»L'écrivain de style abstrait est presque toujours un sentimental, du moins un sensitif. L'écrivain artiste n'est presque jamais un sentimental, et très rarement un sensitif.« *Le Problème du Style.*

Der bereits zitierte Satz, »Dichtung ist die am meisten durchorganisierte Form intellektueller Aktivität«, kann als Probe des abstrakten kritischen Stils angesehen werden. Die konfuse Unterscheidung zwischen »abstrakt« und »konkret«, wie sie sich in den meisten Köpfen festgesetzt hat, rührt nicht so sehr von der offenkundigen Tatsache her, daß es zwei verschiedene Denktypen gibt, den abstrakten und den konkreten, sondern daher, daß noch ein anderer existiert, der verbale oder philosophische. Mir geht es hier natürlich nicht darum, die Philosophie ganz allgemein zu verurteilen. Ich gebrauche in diesem Zusammenhang das Wort »philosophisch« für alle unwissenschaftlichen Momente der Philosophie, d. h. eigentlich für den größten Teil der Philosophie der letzten hundert Jahre [geschrieben 1920]. Ein Wort kann auf zwei Arten »abstrakt« sein. Es kann (wie zum Beispiel das Wort »Aktivität«) eine Bedeutung haben, die man nicht unter Berufung auf irgendeinen der Sinne fassen kann: Um es zu erfassen, kann es erforderlich sein, ganz bewußt alle Analogien zu visuellen oder muskulären Eindrücken auszuschalten – was nichtsdestoweniger einer imaginativen Anstrengung bedarf. Wenn der geschulte Naturwissenschaftler das Wort »Aktivität« gebraucht, bedeutet dieser Terminus für ihn eigentlich entweder absolut nichts oder etwas noch Exakteres, als was er in uns evozieren könnte. Wenn wir uns auf bestimmte Äußerungen Pascals oder Bertrand Russels über Mathematik verlassen können, so befaßt sich unserer Ansicht nach der Mathematiker mit Gegenständen – wenn er uns gestattet, sie so zu nennen – die seine Sensibilität unmittelbar ansprechen. Und während eines gut Teils der Geschichte war der Philosoph bestrebt, sich mit Gegenständen zu befassen, von denen er annahm, sie seien genauso exakt wie die des Mathematikers. Dann kam Hegel, und wenn er vielleicht auch nicht der erste war, der seine Gefühle so behandelte, als wären sie bestimmte Gegenstände, die jene Gefühle hervorgerufen hätten, so war er doch gewiß der eindrucksvollste Exponent dieser Systematisierung von Gefühlen. Seine Schüler und Nachfolger haben in der Regel einfach vorausgesetzt, daß Worte ganz bestimmte Bedeutungen hätten, wobei sie übersahen, daß Worte leicht zu unbestimmten Gefühlen werden. (Wer nicht dabei war, kann sich ganz einfach nicht vorstellen, mit welchem Brustton der Überzeugung Professor Eucken aufs Katheder schlagend ausrief: »Was ist Geist? Geist ist . . .«) Nun wäre es nicht weiter schlimm, wenn die Verdinglichung des Wortes auf Berufsphilosophen beschränkt bliebe. Aber ihr verderblicher Einfluß hat sehr weite Kreise gezogen. Wenn man einen mittelalterlichen Theologen oder Mystiker oder einen Prediger aus dem 17. Jahrhundert mit einer beliebigen »liberalen« nach-Schleiermacherschen Predigt vergleicht, fällt einem der Bedeutungswandel der Wörter auf. Was sie verloren haben, ist endgültig; unbestimmt ist, was sie gewonnen haben.

Die ungeheuren Mengen von Wissen – oder doch wenigstens von Daten –, die das 19. Jahrhundert aufgehäuft hat, haben zu einem gleichermaßen ungeheuren Unwissen geführt. Wenn der Bereich des Wißbaren so groß geworden ist, wenn es so viele Wissensgebiete gibt, in denen die gleichen Wörter mit verschiedenen Bedeutungen gebraucht werden, wenn jeder über vieles ein wenig weiß, wird es einfach für jeden einzelnen immer schwerer zu wissen, ob er tatsächlich weiß, worüber er spricht. Und wenn es einem an Wissen völlig fehlt oder doch weitgehend mangelt, so setzt man immer gern Gefühle an die Stelle von Gedanken. Der Satz, der in diesem Essay schon so oft zitiert wurde, sollte diesen Vorgang so gut wie irgendein anderer belegen können und kann mit Nutzen den einleitenden Sätzen der *Analytica Posteriora* gegenübergestellt werden. Nicht nur alles Wissen, auch alle Empfindung liegt in der Wahrnehmung. Als derjenige, der den Satz von der Dichtung als der am meisten durchorganisierten Form intellektueller Aktivität erfand, seine Definition zusammenbaute, war keine Wahrnehmung daran beteiligt; er war sich nichts weiter bewußt als seines von »Dichtung« hervorgerufenen Gefühls. Das heißt, er gab sich einer »Aktivität« hin, die sich nicht nur wesentlich von der Symons', sondern auch der Aristoteles' unterschied. Aristoteles hat unter der Anhänglichkeit von Leuten gelitten, die nicht so sehr als seine Jünger denn als seine Sektierer gelten müssen. Man muß sich ganz entschieden davor hüten, Aristoteles' Werk als einen Kanon zu übernehmen; dies hieße, die ganze lebendige Kraft seines Verfassers zu verlieren. Er war in erster Linie ein nicht nur bemerkenswert, sondern sogar universell intelligenter Mensch, wobei universelle Intelligenz bedeutet, daß er seine Intelligenz ganz einfach auf alles richten konnte. Die normale Intelligenz reicht nur für bestimmte Klassen von Gegenständen aus. Wenn ein brillanter Naturwissenschaftler überhaupt an Dichtung interessiert ist, kann er zu grotesken Urteilen gelangen. Er kann sich zu einem Dichter hingezogen fühlen, weil er durch ihn an sich selbst erinnert wird, oder zu einem anderen, weil er Gefühle ausdrückt, die er selbst bewundert; er kann Kunst tatsächlich als Ventil für die Selbstbezogenheit verwenden, die er in seinem Spezialgebiet unterdrücken muß. Aber Aristoteles brauchte keine solchen unreinen Begierden zu befriedigen; auf welchem Interessengebiet auch immer – stets richtete er seinen Blick fest und ausschließlich auf den Gegenstand; in seiner kurzen und fragmentarischen Abhandlung gibt er das ewige Beispiel nicht von Gesetzen, nicht einmal ein methodisches Beispiel – denn es gibt keine Methode außer höchster Intelligenz –, sondern ein Beispiel dafür, wie die Intelligenz in schnellen Zügen die Analyse von Sinneseindrücken bis zur Aufstellung von Prinzipien und Definitionen vorantreibt.

Nun ist Aristoteles weit weniger als Horaz das Vorbild der Kritiker bis zum 19. Jahrhundert gewesen. Eine Vorschrift, die uns Horaz oder Boileau gibt, ist nur eine unvollständige Analyse. Sie erscheint als ein Gesetz, eine Regel, weil sie nicht in ihre allgemeinste Form eingekleidet ist: Sie bleibt empirisch. Wenn man die Notwendigkeit versteht, so ist man, wie Spinoza wußte, frei, weil man sich ihr beugt. Der dogmatische Kritiker, der eine Regel vorschreibt, einen Wert aufstellt, hat nur unvollständige Arbeit geleistet. Seine Behauptungen mögen oft aus Gründen der Zeitersparnis berechtigt sein; aber in Fragen von höchster Wichtigkeit darf der Kritiker nicht Zwang ausüben, darf er nicht Werturteile aufstellen. Er muß einfach klarstellen: Dann wird sich der Leser das richtige Urteil selbst bilden.

Auch der rein »technische« Kritiker – d. h. der Kritiker, der in seinen Schriften irgendeine Neuerung erklären oder den Praktikern einer Kunst eine Lehre vermitteln möchte, kann nur in einem engen Sinn »Kritiker« heißen. Er analysiert vielleicht Wahrnehmungen und die Mittel zu deren Hervorrufen, aber sein Ziel ist beschränkt und ist nicht die interesselose Ausübung der Intelligenz. Die Beschränktheit des gesetzten Ziels macht es leichter, Stärke oder Schwäche des Werks zu erkennen; aber selbst von solchen Autoren gibt es nicht sehr viele, so daß ihre »Kritik« innerhalb ihrer Grenzen sehr wichtig ist.

So weit zu Thomas Campion. John Dryden zeigt viel geringere Zweckgebundenheit; er läßt viel freie Intelligenz spielen; aber selbst Dryden – oder jeder andere *Literatur*kritiker des 17. Jahrhunderts – besitzt nicht ganz den freien Geist wie vergleichsweise zum Beispiel Rochefoucauld. Immer spürt man die Neigung dazu, Vorschriften zu machen und nicht einfach Forschungen zu betreiben; man revidiert überkommene Gesetze, stürzt sie vielleicht sogar um, aber man errichtet neue aus den Bruchstücken. Freie Intelligenz aber widmet sich ganz der Forschung.

Selbst Coleridge, dessen angeborene Fähigkeiten und zum Teil auch dessen Leistungen vielleicht bemerkenswerter sind als die eines jeden anderen modernen Kritikers, kann nicht eine völlig freie Intelligenz zuerkannt werden. Er war freilich von etwas ganz anderem und viel Persönlicherem eingeengt als die Kritiker des 17. Jahrhunderts. Er besaß echtes metaphysisches Interesse, das aber, wie in den meisten Fällen, auch bei ihm Gefühlssache war. Aber ein Literaturkritiker sollte keine anderen Gefühle haben als die, die ein Kunstwerk unmittelbar hervorruft, und Gefühle dieser Art zählen vielleicht überhaupt nur, wenn sie (wie ich bereits andeutete) eigentlich gar nicht als Gefühle bezeichnet werden können. Coleridge bringt es gelegentlich fertig, die faktischen Grundlagen der Kritik außer acht zu lassen und in den Verdacht zu geraten, er habe sich auf ein metaphysisches Katz-und-Maus-Spiel eingelassen. Nicht immer zielt er offenbar darauf ab, mit geschärfter Wahrnehmung und mit vertieftem, weil bewußterem Wohlgefallen zum Kunstwerk zurückzukehren; das Zentrum seines Interesses verschiebt sich, seine Empfindungen sind unrein. Im abwertenden Wortsinn ist er »philosophischer« als Aristoteles. Denn alles, was Aristoteles sagt, erhellt die Werke, die er bespricht; bei Coleridge ist dies nur gelegentlich der Fall. Daran erkennt man wieder die verderbliche Wirkung der Gefühle.

Aristoteles besaß das, was man den wissenschaftlichen Geist nennt; doch da dieser Geist bei Wissenschaftlern selten anders als nur fragmentarisch zu finden ist, sollte man das, was er besaß, wohl besser einfach Intelligenz nennen. Denn eine andere Intelligenz als diese gibt es nicht, und soweit Künstler und Geisteswissenschaftler intelligent sind (wobei es durchaus fraglich ist, ob der Intelligenzstand der Geisteswissenschaftler so hoch ist wie der der Naturwissenschaftler), sind sie es auf diese Art. Sainte-Beuve war seiner Ausbildung nach Physiologe; aber es ist möglich, daß sein Geist, wie der des gewöhnlichen Spezialisten, in seinen Interessen beschränkt war, und daß sein Interesse nicht in erster Linie der Kunst galt. Wenn er ein Kritiker war, so war er ohne Zweifel ein sehr guter; aber eher kann man zu dem Schluß kommen, daß er eine andere Bezeichnung verdient hätte. Von allen modernen Kritikern besaß Remy de Gourmont wohl am meisten von jener allgemeinen Intelligenz des Aristoteles. Er widmete sich dilettantisch, aber mit größtem Können der Physiologie und verband in bemerkenswertem Ausmaß Feinfühligkeit, Belesenheit und Sinn fürs Faktische und Historische mit der Fähigkeit zur Verallgemeinerung.

Wir haben hier die Gabe einer überlegenen Sensibilität angenommen. Und für Sensibilität stellt umfangreiches und tiefschürfendes Lesen nicht einfach ein vergrößertes Weidegebiet dar. Dabei kommt nicht nur ein größeres Verständnis zustande, das den ursprünglichen scharfen Eindruck unverändert läßt. Die neuen Eindrücke modifizieren die von den bereits gewußten Gegenständen empfangenen. Ein Eindruck braucht die dauernde Auffrischung durch neue Eindrücke, damit er überhaupt bestehenbleibt; er muß seinen Platz in einem System von Eindrücken einnehmen. Und dieses System wird in der Regel in einer allgemeinen Aussage über literarische Schönheit ausformuliert.

Es gibt beispielsweise in der *Göttlichen Komödie* viele einzelne Zeilen und Terzette, die selbst einen völlig uneingeweihten Leser, der gerade genug von den sprachlichen Grundlagen versteht, um den Sinn zu entziffern, zum Erlebnis eines Eindrucks überwältigender Schönheit hinreißen können. Dieser Eindruck kann so tief sein, daß ihn kein weiteres Studium und Verstehen vertiefen kann. Aber so weit ist der Eindruck gefühlsmäßig; in dem Stande der Unkenntnis, die wir bei dem Leser voraussetzen, ist er nicht in der Lage, die Dichtung von einem gefühlsbetonten Zustand zu unterscheiden, den die Dichtung in ihm hervorgerufen hat, einem Zustand, der nichts weiter als das Schwelgen in seinen eigenen Gefühlen zu sein braucht. Die Dichtung kann dabei ein zufälliger Anreiz sein. Das Wohlgefallen an Dichtung zielt auf eine von allen Zufälligkeiten des persönlichen Gefühls geläuterte reine Kontemplation ab; so bemühen wir uns, den Gegenstand so zu sehen, wie er wirklich ist, und finden einen Sinn für die Worte Matthew Arnolds. Und ohne eine Arbeit, die weitgehend die Arbeit der Intelligenz ist, sind wir nicht in der Lage, jene Stufe der Vision *amor intellectualis Dei* zu erreichen.

In dieser allgemeinen Form vorgebracht mögen diese Überlegungen als Allerweltswahrheiten erscheinen. Doch ich glaube, daß es immer angebracht ist, die Aufmerksamkeit auf den verbohrten Aberglauben, wonach literarische Würdigung und »intellektuelle« Kritik unvereinbar seien, zu lenken. In der volkstümlichen Psychologie sind Würdigung und Kritik zwei völlig voneinander verschiedene Fähigkeiten, wobei Kritik als das unfruchtbare Geschick gilt, auf seinen eigenen Wahrnehmungen oder denen anderer theoretische Gerüste aufzurichten. Aber wahre Verallgemeinerung ist im Gegenteil nicht etwas, das einem angesammelten Schatz von Wahrnehmungen aufgepfropft wird; in einem wirklich das Kunstwerk würdigenden Geist häufen sich die Wahrnehmungen nicht als Masse an, sondern formen sich zu einem Gefüge; und Kritik ist die sprachliche Formulierung dieses Gefüges, die Entwicklung der Sensibilität. Demgegenüber ist schlechte Kritik der bloße Ausdruck von Gefühl. Und gefühlsbetonte Leute – wie Börsenmakler, Politiker und Wissenschaftler – und ein paar Leute, die sich mit ihrer Emotionslosigkeit brüsten, verachten oder umjubeln große Autoren wie Spinoza oder Stendhal wegen ihrer »Kälte«.

Der Verfasser dieses Essays legte sich einmal auf die Behauptung fest, daß der »dichterische Kritiker Dichtung kritisiert, um dichten zu können«. Er neigt jetzt zu der Ansicht, daß es besser wäre, den »historischen« und den »philosophischen« Kritiker ganz einfach Historiker und Philosoph zu nennen. Und die übrigen unterscheiden sich nur den verschiedenen Intelligenzgraden nach. Es ist albern zu sagen, Kritik sei um des »schöpferischen Aktes« willen da, oder umgekehrt. Ebenso albern ist die Annahme, es gäbe kritische und schöpferische Perioden, so als stiege unsere Hoffnung, ein geistiges Licht zu finden, dadurch, daß wir uns in intellektuelles Dunkel stürzen. Die beiden Richtungen der Sensibilität ergänzen einander; und da Sensibilität selten, unpopulär und erstrebenswert ist, sollte man erwarten können, daß der Kritiker und der schöpferische Künstler häufig ein und dieselbe Person sind.

Die Funktion der Kritik

I

Als ich vor einigen Jahren über die Beziehung des Neuen zum Alten in der Kunst schrieb, brachte ich eine Ansicht zum Ausdruck, an der ich noch festhalte, in Sätzen, die anzuführen ich mir die Freiheit nehme, weil die vorliegende Abhandlung eine Anwendung des Grundsatzes darstellt, den sie ausdrücken:

»Die vorhandenen Literaturdenkmäler stellen untereinander eine ideale Ordnung dar, die dadurch, daß ein neues (ein wirklich neues) Kunstwerk sich ihnen zugesellt, eine gewisse Veränderung erfährt. Die bis dahin gültige Ordnung ist gleichsam abgeschlossen, bevor das neue Werk auftaucht. Damit sie auch nach dessen Erscheinen fortbestehe, muß die *ganze* bestehende Ordnung einen, sei es auch noch so unmerklichen, Wandel erfahren; und so werden die Beziehungen, Verhältnisse, Werte jedes einzelnen Kunstwerkes dem Ganzen gegenüber wieder in ihr rechtes Verhältnis gesetzt; so erst entsprechen das Alte und das Neue einander. Hat man sich einmal diese Idee der Ordnung, der Form europäischer, englischer Literatur zu eigen gemacht, so wird man in der Behauptung nichts Widersinniges erblicken, daß das Vergangene durch das Gegenwärtige eine genauso große Umwandlung erfährt, wie das Gegenwärtige seine Richtlinien von dem Vergangenen her empfängt.«

Ich hatte es damals mit dem Künstler und dem Traditionssinn zu tun, den, wie mir schien, der Künstler haben müsse; aber es handelte sich allgemein um ein Problem der Ordnung; und die Funktion der Kritik erscheint mir gleichfalls wesentlich als ein Problem der Ordnung. Ich sah damals, wie ich es noch jetzt tue, die Literatur, also die Weltliteratur, die Literatur Europas, die Literatur eines einzelnen Landes, nicht als eine Sammlung der Schriften von Einzelpersönlichkeiten, sondern als ›organische Ganzheiten‹, als Systeme, auf die bezogen – und nur dann – individuelle Werke literarischer Kunst und die Werke individueller Künstler ihre Bedeutung haben. Es gibt demgemäß etwas außerhalb des Künstlers, dem er hingebende Treue schuldet, eine Verehrung, der er sich unterwerfen und opfern muß, um seine einzigartige Stellung zu verdienen und zu erlangen. Ein gemeinsames Erbe und eine gemeinsame Sache vereinigen die Künstler bewußt oder unbewußt: zuzugestehen ist, daß die Vereinigung zumeist unbewußt ist. Zwischen den wahren Künstlern irgendeiner Zeit besteht, glaube ich, eine unbewußte Gemeinsamkeit. Und da unser Instinkt für Sauberkeit uns gebieterisch befiehlt, nicht dem Geratewohl der Unbewußtheit zu überlassen, was wir bewußt zu tun versuchen können, so müssen wir schließen, daß wir das, was sich unbewußt ereignet, zustande bringen und zu einer Absicht gestalten könnten, wenn wir einen bewußten Versuch machten. Der zweitrangige Künstler kann sich's natürlich nicht leisten, sich einem gemeinsamen Handeln zu unterwerfen; denn sein wichtigstes Anliegen ist die Behauptung aller der belanglosen Unterschiede, die ihn auszeichnen; nur wer so viel zu geben hat, daß er sich selber in seinem Werk vergessen kann, kann sich Mitarbeit, Austausch, Beteiligung leisten.

Werden solche Ansichten für die Kunst vertreten, so folgt daraus *a fortiori*, daß, wer immer sie vertritt, entsprechende Ansichten für die Kritik vertreten muß. Sage ich ›Kritik‹, so meine ich an dieser Stelle natürlich die Erklärung und Auslegung von Kunstwerken vermittels geschriebener Worte; für die allgemeine Verwendung des Wortes ›Kritik‹ im Sinne solcher Schriften, wie Matthew Arnold es in seinem Essay verwendet, werde ich sogleich einige nähere Bestimmungen angeben. Kein Vertreter der Kritik (in diesem begrenzten Sinne) hat, nehme ich an, je die voreilige Behauptung aufgestellt, Kritik sei eine selbstzweckliche Tätigkeit. Ich leugne nicht die Möglichkeit der Behauptung, die Kunst diene Zielen jenseits ihrer selbst; aber von der Kunst wird nicht gefordert, dieser Ziele innezuwerden, und tatsächlich vollzieht sie ihre Tätigkeit, worin immer diese nach verschiedenen Werttheorien bestehen mag, viel besser in Gleichgültigkeit ihnen gegenüber. Die Kritik anderseits muß sich immer zu einem beabsichtigten Ziel bekennen, das sich roh gesprochen als die Erhellung von Kunstwerken und die Verbesserung des Geschmacks darstellt. Die Aufgabe des Kritikers scheint sich daher für ihn ganz klar umrissen darzustellen. Es müßte verhältnismäßig leicht zu entscheiden sein, ob er sie zufriedenstellend bewältigt, und allgemein, welche Arten von Kritik nützlich und welche müßig sind. Widmen wir aber der Angelegenheit einige Aufmerksamkeit, so bemerken wir, daß die Kritik, weit davon entfernt, ein schlichtes und geordnetes Feld wohltätigen Wirkens zu sein, von dem Betrüger leicht zu vertreiben sind, nichts Besseres ist als ein sonntäglicher Park voller streitender und streitbarer Redner, die noch nicht einmal bis zur deutlichen Kennzeichnung ihrer Abweichungen voneinander gelangt sind. Hier, so würde man annehmen, gäbe es einen Ort für ruhige, gemeinsam tätige Bemühung. Der Kritiker, würde man annehmen, sollte, um seine Existenz zu rechtfertigen, um die Disziplinierung seiner persönlichen Vorurteile und Schrullen – Schwächen, denen wir alle unterworfen sind – und um den Ausgleich seiner Abweichungen mit so vielen seiner Kollegen wie möglich bemüht sein, in gemeinsamem Trachten nach richtigem Urteil. Stellen wir fest, daß genau das Gegenteil vorwiegt, so steigt in uns der Argwohn auf, der Kritiker verdanke seinen Unterhalt der Heftigkeit und äußersten Steigerung seines Gegensatzes gegen andere Kritiker oder aber einigen belanglosen Sondereigentümlichkeiten, mit denen er die Meinungen zu würzen trachtet, die das Publikum bereits hegt und die es aus Eitelkeit oder Trägheit beizubehalten vorzieht. Wir sind versucht, die ganze Gesellschaft hinauszuwerfen.

Unmittelbar nach einer solchen Austreibung, oder sobald wir uns erleichtert und unsern Zorn beschwichtigt fühlen, sehen wir uns zu dem Zugeständnis gezwungen, daß gewisse Bücher, gewisse Abhandlungen, gewisse Sätze, gewisse Menschen übrigbleiben, die uns ›nützlich‹ gewesen sind. Unser nächster Schritt ist der Versuch, sie einzuordnen, und zu ermitteln, ob wir irgendwelche Grundsätze aufzustellen haben, um zu entscheiden, was für Arten von Büchern erhalten bleiben und welche Ziele und Verfahren der Kritik befolgt werden sollen.

II

Die Ansicht von der Beziehung des Kunstwerks zur Kunst, des literarischen Werks zur Literatur, der ›Kritik‹ zur Kritik, die ich oben umrissen habe, erschien mir als natürlich und von selber einleuchtend. John Middleton Murry verdanke ich meine Einsicht in den strittigen Charakter des Problems, oder vielmehr meine Einsicht, daß darin eine bestimmte, endgültige Entscheidung enthalten ist. Gegenüber Middleton Murry empfinde ich eine zunehmende Dankesschuld. Die meisten unsrer Kritiker geben sich dem Bemühen um Vernebelung hin: durch Ausgleichen, durch Vertuschen, durch Beiseiteschieben, durch Hineinquetschen, durch Beschönigen, durch das Brauen angenehmer Beruhigungsmittel, durch die Behauptung, der einzige Unterschied zwischen ihnen und anderen liege darin, daß sie selber nette Menschen und die andern recht zweifelhaften Rufes seien. Middleton Murry gehört nicht zu ihnen. Er ist dessen inne, daß bestimmte Stellungen zu beziehen sind und daß man dann und wann wirklich etwas verwerfen und etwas anderes bevorzugen muß. Er ist nicht der anonyme Schriftsteller, der vor ein paar Jahren in einer literarischen Abhandlung behauptete, Romantik und Klassik seien weitgehend dasselbe und das wahre klassische Zeitalter Frankreichs sei das Zeitalter, das die gotischen Kathedralen und – Jeanne d'Arc hervorbrachte. Middleton Murrys Bestimmung von Klassik und Romantik kann ich nicht zustimmen; der Unterschied zwischen beiden scheint mir vielmehr der Unterschied zwischen dem Vollständigen und dem Bruchstückhaften, dem Ausgereiften und dem Unreifen, dem Geordneten und dem Chaotischen zu sein. Was aber Middleton Murry wirklich zeigt, ist dies, daß es mindestens zwei Haltungen gegenüber der Literatur und überhaupt allem gibt, und daß man nicht beide einnehmen kann. Und die Haltung, zu der er sich bekennt, scheint gleichzeitig zu bedeuten, daß die andere in England überhaupt keinen Standort habe. Denn er macht daraus ein nationales, völkisches Anliegen.

Middleton Murry stellt sein Anliegen vollkommen klar. »Der Katholizismus«, sagt er, »tritt für den Grundsatz unbestrittener geistiger Autorität außerhalb des einzelnen ein; das ist auch der

Grundsatz des Klassischen (Classicism) in der Literatur.« Innerhalb des Umkreises, in dem Middleton Murrys Erörterung sich bewegt, erscheint mir dies als eine unangreifbare Bestimmung, obwohl damit natürlich nicht alles gesagt ist, was, sei es über den Katholizismus, sei es über die Klassik, zu sagen ist. Wer von uns sich auf der Seite dessen findet, was Middleton Murry Klassik nennt, hegt den Glauben, man könne ohne die Bindung an etwas außer einem selber nicht vorwärtskommen. Ich bin mir dessen bewußt, daß ›außerhalb‹ und ›innerhalb‹ Ausdrücke sind, die der Wortklauberei unbegrenzten Spielraum geben, und daß kein Psychologe eine Erörterung zugeben würde, die mit so geringer Münze arbeitet; aber ich will voraussetzen, Middleton Murry und ich selber könnten uns dahin einigen, daß für unsern Zweck diese Zählmarken angemessen sind, und wir könnten gemeinsam die Ermahnungen unserer psychologischen Freunde mißachten. Meint man, man müsse es sich ›außerhalb‹ vorstellen, dann ist es außerhalb. Ist also jemandes Interesse politisch gerichtet, so muß er, nehme ich an, sich zur Bindung an Grundsätze oder eine Form der Regierung oder einen Monarchen bekennen; an eine Kirche, wenn er an der Religion interessiert ist und eine hat; trifft es sich, daß er an der Literatur interessiert ist, so muß er, wie mir scheint, eben die Art von Bindung anerkennen, die ich in dem vorangehenden Abschnitt darzulegen mich bemühte. Nichtsdestoweniger gibt es eine Alternative, der Middleton Murry Ausdruck gegeben hat. »Der englische Schriftsteller, der englische Theologe, der englische Staatsmann erben keine Regeln von ihren Vorgängern; sie erben nur eins: ein Gefühl dafür, daß sie sich letztlich auf die innere Stimme verlassen müssen.« Diese Feststellung scheint tatsächlich, wie ich zugebe, gewisse Fälle zu treffen; sie ergießt eine Flut von Licht auf Lloyd George. Aber warum ›letztlich‹? Meiden sie also die Diktate der inneren Stimme bis zum Alleräußersten? Mein Glaube ist der, daß die Besitzer dieser inneren Stimme nur allzu bereit sind, ihr zu lauschen, und auf keine andere hören wollen. Die innere Stimme sieht tatsächlich einem alten Grundsatz bemerkenswert ähnlich, den ein älterer Kritiker in der jetzt vertrauten Wendung ›tun wie's einem beliebt‹ ausgedrückt hat. Die Besitzer der inneren Stimme gondeln, zehn in einem Abteil, zu einem Fußballspiel in Swansea und hören auf die innere Stimme, wie sie die ewige Botschaft der Eitelkeit, Furcht und Begierde flüstert.

Middleton Murry wird mit einigem Schein des Rechts entgegnen, das sei eine willkürliche Entstellung. Er sagt: »Wenn sie (der englische Schriftsteller, Theologe, Staatsmann) auf ihrer Suche nach Selbsterkenntnis *tief genug* graben – eine Bergwerksarbeit, die nicht der Verstand allein, sondern der ganze Mensch tut –, so werden sie auf ein Selbst stoßen, das universal ist« – eine Übung, die weit über die Kräfte unserer Fußball-Liebhaber hinausgeht. Es ist indessen eine Übung, die, glaube ich, für den Katholizismus genug Interesse hatte, um mehrere Handbücher über ihren Vollzug hervorzubringen. Aber der katholische Praktiker war, glaube ich, mit der möglichen Ausnahme einiger Häretiker, kein bebender Narziß; der Katholik glaubte nicht, Gott und er selber seien identisch. »Der Mensch, der wahrhaft sich selber befragt, wird schließlich die Stimme Gottes hören«, sagt Middleton Murry. In der Theorie führt dies zu einer Form des Pantheismus, die, wie ich behaupte, nicht europäisch ist – ebenso wie Middleton Murry behauptet, ›Klassik‹ sei nicht englisch. Was die praktischen Ergebnisse der Theorie anlangt, so kann man auf die Verse aus Samuel Butlers *Hudibras* verweisen.

Ich machte mir nicht klar, daß Middleton Murry der Sprecher einer beträchtlichen Sekte sei, bis ich im Leitartikel einer angesehenen Tageszeitung las: »So vortrefflich die Vertreter des klassischen Geistes in England auch gewesen sind, sind sie doch nicht der alleinige Ausdruck des englischen Charakters, der im Grunde hartnäckig ›humorhaft‹ und nonkonformistisch bleibt.« Dieser Schriftsteller ist maßvoll, indem er die nähere Bestimmung *alleinig* anwendet, und brutal offen, indem er diese ›Humorhaftigkeit‹ dem ›ungezähmten germanischen Element in uns‹ zuschreibt. Aber es fällt mir auf, daß Middleton Murry und diese andere Stimme entweder zu hartnäckig oder zu duldsam sind. Die Frage, die erste Frage, ist *nicht*, was uns natürlich ist oder was uns *leicht*fällt, sondern was richtig ist. Entweder ist die eine Haltung besser als die andere, oder aber sie ist neutral. Aber wie kann eine solche Wahl neutral sein?

Sicherlich ist von der Bezugnahme auf völkische Ursprünge oder der bloßen Feststellung, die Franzosen seien so und die Engländer seien anders, nicht zu erwarten, daß sie die Frage löst: welche der beiden einander entgegengesetzten Ansichten ist *richtig*? Und ich kann nicht verstehen, warum der Gegensatz zwischen Klassik und Romantik in lateinischen Ländern – wie Middleton Murry sagt – einigermaßen tief und doch bei uns ohne Bedeutung sein soll. Denn wenn die Franzosen *von Natur* klassisch sind, warum sollte dann, noch mehr als hierzulande, in Frankreich eine ›Opposition‹ vorhanden sein? Und wenn ihnen die Klassik nicht natürlich, sondern etwas Erworbenes ist, warum sollen wir sie uns nicht hierzulande erwerben? Waren die Franzosen im Jahre 1600 klassisch und die Engländer im selben Jahre romantisch? Ein bedeutsamerer Unterschied liegt meines Erachtens darin, daß die Franzosen im Jahre 1600 *bereits eine reifere Prosa hatten.*

III

Diese Erörterung hat uns scheinbar ein weites Stück von dem Gegenstand dieser Abhandlung abseits geführt. Aber es war mir der Mühe wert, Middleton Murrys Vergleich der Äußeren Autorität mit der Inneren Stimme zu verfolgen. Für diejenigen, die der inneren Stimme gehorchen (vielleicht ist ›gehorchen‹ nicht das richtige Wort), wird nichts, was ich über Kritik zu sagen vermag, auch nur den geringsten Wert haben. Denn sie werden nicht an dem Versuch interessiert sein, irgendwelche gemeinsamen Grundsätze für die Ausübung der Kritik zu suchen. Warum Grundsätze, wenn man die innere Stimme hat? Wenn ich etwas gern habe, so ist das alles, was ich brauche; und wenn eine genügende Zahl von uns mit gemeinsam erhobener Stimme es gern hat, dann müßte das alles sein, was *du* – der du es nicht gern hast – brauchen solltest. Das Gesetz der Kunst, sagte Clutton Brock, ist ein Gesetz von Fall zu Fall. Und wir können nicht nur gern haben, was wir nun einmal gern haben, sondern wir können es aus irgendeinem Grunde, für den wir uns entscheiden, gern haben. Wir haben es tatsächlich überhaupt nicht mit literarischer *Vollendung* zu tun – die Suche nach Vollendung ist ein Zeichen von Kleinlichkeit, denn sie zeigt, daß der Schriftsteller das Vorhandensein einer fraglosen geistigen Autorität außerhalb seiner selbst zugegeben hat, nach der er sich *zu richten* versucht hat. Wir sind tatsächlich nicht an der Kunst interessiert. Wir wollen nicht dem Baal dienen. ›Der Grundsatz klassischen Führertums ist es, daß dem Amt oder der Überlieferung Gehorsam geleistet wird, nimmermehr dem Manne.‹ Und wir brauchen nicht Grundsätze, sondern Männer.

So spricht die innere Stimme. Es ist eine Stimme, der wir passenderweise einen Namen geben sollten; und der Name, den ich vorschlage, ist *Whiggery* (Vulgärliberalismus).

IV

Lassen wir nun diejenigen, deren Berufung und Wahl feststeht, kehren wir zu denen zurück, die sich schändlicherweise auf die Überlieferung und die aufgehäufte Weisheit der Zeit verlassen, und beschränken wir die Erörterung auf jene, die in dieser Gebrechlichkeit miteinander fühlen, so mögen wir für einen Augenblick den Gebrauch der Begriffe ›kritisch‹ und ›schöpferisch‹ bei einem Manne erörtern, der aufs ganze gesehen es mit den schwächeren Brüdern hält. Matthew Arnold unterscheidet viel zu grob, wie mir scheint, zwischen den beiden Tätigkeiten: er übersieht die hervorragende Bedeutung der Kritik in der Arbeit des Schaffens selber. Wahrscheinlich ist der größere Teil der Bemühung eines Schriftstellers beim Verfassen seines Werks kritische Bemühung, die Bemühung des Sichtens, Verbindens, Aufbauens, Tilgens, Verbesserns, Prüfens: diese entsetzliche Mühsal ist ebenso kritisch wie schöpferisch. Ich behaupte sogar, die Kritik, die ein geübter und geschickter Schriftsteller auf sein eigenes Werk anwendet, ist die lebendigste, die höchste Art der Kritik; und – wie ich, glaube ich, schon früher gesagt habe – gewisse schöpferische Schriftsteller sind anderen allein deswegen überlegen, weil ihre kritische Fähigkeit überlegen ist. Es gibt ein Bestreben – ein, wie ich denke, whiggistisches Bestreben –, diese kritische Mühsal des Künstlers zu verschreien, den Satz aufzustellen, der große Künstler sei ein unbewußter Künstler, der unbewußt auf sein Panier das Wort ›Durchwursteln‹ setzt. Die innerlich Taubstummen unter uns gewinnen jedoch mitunter einen Ersatz in einem demütigen Gewissen, das uns rät, wenn auch ohne orakelhafte Routine, das Beste zu tun, was wir können, uns daran erinnert, daß unsere Schöpfungen möglichst von Mängeln frei sein sollten – als Sühne für ihren Mangel an Eingebung –, kurzum, uns ein gut Teil Zeit vertun läßt. Wir sind auch dessen inne, daß die kritische Unterscheidung, die uns so hart ankommt, in begünstigteren Menschen mitten in der Hitze des Schaffens aufgeblitzt ist; und wir setzen nicht voraus, daß bei Werken, die ohne sichtbare kritische Bemühung verfaßt sind, keine kritische Bemühung aufgewandt sei. Wir wissen nicht, welche vorangegangenen Bemühungen sie vorbereitet haben, oder was in der Form von Kritik die ganze Zeit über im Geist der Schaffenden vorgeht.

Aber diese Behauptung prallt auf uns zurück. Ist ein so großer Teil des Schaffens wirklich Kritik, ist dann nicht ein großer Teil dessen, was man ›kritische Schriftstellerei‹ nennt, in Wirklichkeit schöpferisch? Gibt es in diesem Falle nicht schöpferische Kritik im gewöhnlichen Sinne des Wortes? Die Antwort scheint zu lauten, daß es hier keine Gleichsetzung gibt. Ich habe als Grundvoraussetzung angenommen, eine Schöpfung, ein Kunstwerk sei selbstzwecklich; und Kritik beziehe sich definitionsgemäß auf etwas anderes als sich selber. Man kann daher nicht künstlerisches Schaffen in Kritik aufgehen lassen, wie man Kritik in das Schaffen aufgehen lassen kann. Die kritische Tätigkeit findet ihre höchste, ihre wahre Erfüllung in einer Art von Vereinigung mit dem Schaffen im Bemühen des Künstlers.

Aber kein Schriftsteller ist völlig sich selber genug, und vielen schöpferischen Schriftstellern eignet eine kritische Aktivität, die sich nicht vollständig in ihr Werk entlädt. Einige scheinen ihre kritischen Kräfte für die wirkliche Arbeit instand halten zu müssen, indem sie sie mannigfaltig üben; andere haben bei der Vollendung eines Werks das Bedürfnis, die kritische Tätigkeit fortzusetzen, indem sie es erläutern. Es gibt da keine allgemeine Regel. Und da Menschen voneinander lernen können, sind einige solcher Abhandlungen anderen Schriftstellern nützlich gewesen. Und einige von ihnen sind denen nützlich gewesen, die keine Schriftsteller waren.

Zeitweilig neigte ich der extremen Stellungnahme zu, die *einzigen* lesenswerten Kritiker seien die, welche die Kunst, über die sie schreiben, selber ausüben, und zwar gut ausüben. Aber ich mußte diesen Rahmen ausdehnen, um einige wichtige Erweiterungen vorzunehmen; und seither bin ich auf der Suche nach einer Formel, die alles deckt, was ich einbeziehen möchte, auch wenn sie mehr einbezieht, als ich brauche. Die wichtigste Bestimmung nun, die ich habe finden können und die für die besondere Bedeutung der Kritik von Praktikern spricht, ist diese, daß ein Kritiker einen sehr hoch entwickelten Tatsachensinn besitzen muß. Das ist keineswegs eine unbedeutende oder häufige Begabung. Und es ist keine Begabung, die leicht öffentliches Lob erntet. Tatsachensinn ist etwas, was sich sehr langsam entwickelt, und seine volle Entwicklung bedeutet vielleicht den Höhepunkt der Kultur. Denn es gibt so viele Tatsachenbereiche zu meistern, und der äußerste Bereich von Tatsächlichkeit, von Erkenntnis, von Bewußtheit, bis zu dem wir vordringen, wird von narkotischen Phantasien in dem darüber hinaus liegenden Bereich eingekreist sein. Dem Mitglied des Browning-Studienkreises erscheint vielleicht die Auseinandersetzung von Dichtern über Dichtung als trocken, technisch und beschränkt. Nur daß die Praktiker alle die Gefühle, die das Mitglied bloß in nebelhaftester Form genießen kann, geklärt und in den Zustand von Tatsachen übergeführt haben; die trockene Technik schließt für diejenigen, die ihrer Herr geworden sind, alles das ein, wofür sich das Mitglied begeistert – nur ist dies zu etwas Genauem, Faßbarem, Kontrollierbarem geworden. Das ist auf alle Fälle *ein* Grund für den Wert der Kritik des Praktikers – er befaßt sich mit seinen Tatsachen, und er kann uns helfen, dasselbe zu tun.

Auf jeder Ebene der Kritik finde ich die gleiche Notwendigkeit in Geltung. Es gibt eine große Menge kritischer Schriftstellerei, die darin besteht, einen Autor oder ein Werk zu ›interpretieren‹. Auch das steht nicht auf der Ebene des Studienkreises; es kommt gelegentlich vor, daß jemand für einen anderen oder für einen schaffenden Schriftsteller ein Verständnis gewinnt, das er teilweise zu vermitteln vermag und das wir als echt und aufhellend empfinden. Es ist schwierig, die ›Interpretation‹ auf äußere Beweise zu stützen. Für einen jeden, der auf dieser Ebene wirklich geschickt ist, wird es Beweise genug geben. Aber wer soll *seine* Eignung prüfen? Und auf jedes Gelingen in dieser Art von Schriftstellerei kommen tausend Fälle von Täuschung. Statt Einsicht erhält man ein Stück Erfindung. Der Prüfstein dafür ist, daß man es wieder und wieder neben das Original hält, mit der eigenen Ansicht von dem Original als Anleitung. Aber es gibt niemanden, der dem auf diese Art Prüfenden Zuständigkeit verbürgt, und so befinden wir uns wieder in einem Dilemma.

Wir müssen selbst darüber entscheiden, was für uns nützlich ist und was nicht; und es ist sehr wahrscheinlich, daß wir für die Entscheidung nicht zuständig sind. Aber es ist ziemlich sicher, daß ›Interpretation‹ – ich rühre nicht an das akrostichische Element in der Literatur – nur dann berechtigt ist, wenn sie gar nicht Interpretation ist, sondern nur den Leser in den Besitz von Tatsachen bringt, die ihm sonst entgangen wären. Ich habe einige Erfahrung im Volkshochschulunterricht und habe nur zwei Wege gefunden, um Schüler dahin zu führen, daß sie etwas auf die richtige Art gern haben: die Darbietung einer Auswahl aus den einfacheren Tatsachen, die das Werk betreffen – seinen Voraussetzungen, seinem Hintergrund, seiner Entstehung –, oder aber die unmittelbare Nahebringung des Werks, so daß die Hörer nicht in der Lage waren, Vorurteile dagegen zu bilden. Es gab viele Tatsachen, um ihnen beim elisabethanischen Drama zu helfen: die Gedichte von T. E. Hulme brauchten nur laut gelesen zu werden, um unmittelbar zu wirken.

Vergleich und Analyse, so habe ich schon früher gesagt, und Remy de Gourmont – ein wirklicher Meister des Tatsächlichen, nur leider bisweilen, wenn er sich außerhalb der Literatur bewegte, ein Meisterillusionist des Tatsächlichen – hat es vor mir gesagt, sind die Hauptwerkzeuge des Kritikers. Natürlich sind sie nur Werkzeuge, die sorgfältig zu handhaben und nicht für eine Untersuchung darüber zu verwenden sind, wievielmal im englischen Roman Giraffen erwähnt werden. Sie werden von manchen zeitgenössischen Schriftstellern nicht mit sichtbarem Erfolg angewandt. Man muß wissen, was es zu vergleichen und zu analysieren gilt. W. P. Ker war im Gebrauch dieser Werkzeuge geschickt. Vergleich und Analyse brauchen nur den Leichnam auf dem Tisch; aber die Interpretation zieht immer Teile des Körpers aus den Taschen hervor und befestigt sie an ihrer Stelle. Ein Buch, ein Aufsatz, eine Notiz in den *Notes and Queries*, die eine Tatsache wenn auch niedrigster Ordnung betreffs eines Kunstwerks zutage fördert, ist ein besseres Stück Arbeit als neun Zehntel des anspruchsvollsten kritischen Journalismus, in Zeitschriften oder Büchern. Wir setzen natürlich voraus, daß wir Herren und nicht Sklaven der Tatsachen sind, und daß wir wissen, die Entdeckung von Shakespeares Wäscherechnungen würde uns nicht viel nützen; aber wir müssen das endgültige Urteil über die Nichtigkeit der Forschung, die sie entdeckt hat, immer zurückhalten, im Hinblick auf die Möglichkeit des Auftretens eines Genies, das von einem Nutzen wissen wird, den sie schaffen können. Gelehrsamkeit hat auch in ihren bescheidensten Formen ihre Rechte; wir setzen voraus, daß wir wissen, wie wir sie nutzbar zu machen und wann wir sie beiseite zu lassen haben. Natürlich kann die Zunahme kritischer Bücher und Aufsätze – und ich habe das erlebt – die verwerfliche Neigung erzeugen, über Kunstwerke zu lesen, anstatt sie selber zu lesen; sie kann Ansichten liefern, anstatt den Geschmack zu erziehen. Aber das *Tatsächliche* kann den Geschmack nicht verderben; es kann schlimmstenfalls *einen* Geschmack befriedigen – etwa einen Geschmack für Geschichte oder Altertümer oder Lebensbeschreibung – unter der Vorspiegelung, es diene einem anderen. Die wahren Verderber sind diejenigen, die Ansichten oder Einbildungen liefern; und Goethe und Coleridge sind nicht schuldlos – denn was ist Coleridges *Hamlet*: eine ehrliche Untersuchung, soweit die Daten sie erlauben, oder ein Versuch, Coleridge in einem anziehenden Kostüm darzustellen?

Es ist uns nicht gelungen, einen Prüfstein zu finden, den jedermann anwenden kann; wir haben unzähligen faden und langweiligen Büchern Zutritt gewähren müssen; aber wir haben, denke ich, einen Prüfstein gefunden, der für diejenigen, die ihn anzuwenden imstande sind, die wirklich verwerflichen erledigen wird. Und mit diesem Prüfstein können wir zu der vorläufigen Feststellung des Verhältnisses von Literatur und Kritik zurückkehren. Für die Arten kritischer Arbeit, die wir zugestanden haben, besteht die Möglichkeit mitwirkender Tätigkeit, mit der weiteren Möglichkeit, zu etwas außerhalb unser selbst zu gelangen, das vorläufig die Wahrheit heißen mag. Aber wenn jemand sich beschwert, ich hätte die Wahrheit oder das Tatsächliche oder die Wirklichkeit nicht bestimmt, so kann ich zu meiner Verteidigung nur sagen, daß es nicht in meiner Absicht lag, dies zu tun: ich wollte nur ein Schema finden, in das sie, was immer sie sein mögen, hineinpassen, sofern sie vorhanden sind.

Der Nutzen der Dichtung und der Nutzen der Kritik

Einführung

»Das ganze Land ist gegenwärtig vom Kampf der Parteien ergriffen und befindet sich in einem Zustand irrationaler Erregung. Bestenfalls mag dieser Kampf zwischen den Republikanern und den Demokraten so ausgehen, daß als mittelbares Ergebnis eine Neuordnung der Parteien nicht ganz unwahrscheinlich ist.... Aber eine grundsätzliche Änderung steht nicht zu hoffen.«

Diese Worte finden sich in einem Brief von Charles Eliot Norton vom 24. September 1876. Meine Vorlesungen werden sich nicht mit Politik beschäftigen; ich habe mit einem politischen Zitat nur begonnen, um die Vielseitigkeit des Gelehrten und Humanisten, dessen Namen diese Stiftung trägt, in Erinnerung zu bringen. Für den, der im Rahmen einer solchen Stiftung sprechen darf, ist es ein glücklicher Umstand, wenn er, wie ich, dem Manne, dessen Andenken diese Vorlesungen gewidmet sind, Sympathie und Bewunderung entgegenbringt. C. E. Norton verfügte, ähnlich den Stoikern, über ein solches Maß an moralischer und seelischer Kraft, wie es ohne die Segnungen der geoffenbarten Religion erreichbar ist, und über solche Geistesgaben, wie sie ohne Genialität möglich sind. Das Nützliche zu tun, das Mutige zu sagen, das Schöne zu schauen: dies ist genug, um das Dasein eines Menschen zu erfüllen. Nur wenige vermochten so wie er den Ansprüchen von Öffentlichkeit und Privatleben den gebührenden Platz einzuräumen; wenige hatten bessere Gelegenheit dazu; wenige von denen, die sie hatten, haben sie besser genutzt. Der Durchschnittspolitiker, der Mann des öffentlichen Lebens, tritt nur selten auf, ohne »öffentliche Miene« zum »öffentlichen Spiel« zu machen: Norton blieb immer er selbst. In der nicht-christlichen Gesellschaft, in der er lebte, und in einer Welt, die, nach seiner Erfahrung, auf beiden Seiten des Atlantik Zeichen des Verfalls zeigte, stand er zu seinen Grundsätzen von Humanität und Humanismus. Schon in frühen Jahren vermochte er ungerührt dem Zusammenbruch des Bestehenden zuzuschauen, und er sah auf das Kommende ohne Hoffnung. In einem Brief vom Dezember 1869 äußert er sich nachdrücklicher und umfassender als in dem oben zitierten: »Die Zukunft ist sehr dunkel in Europa, und es will mir scheinen, wir treten in eine ganz neuartige historische Epoche ein – eine Epoche, in der Fragen, derentwegen Parteien sich spalten und Leidenschaften und Gewalt immer wieder aufbrechen, nicht mehr politischer, sondern unmittelbar sozialer Art sind ... Ob unsere Epoche der wirtschaftlichen Unternehmungen, des unbeschränkten Wettbewerbs und des ungezügelten Individualismus die höchste Stufe menschlichen Fortschritts ist, erscheint mir sehr zweifelhaft; und manchmal, wenn ich die bestehende soziale Ordnung Europas (um Amerika gar nicht zu erwähnen) betrachte – eine Ordnung, die für die breite Masse der höheren und niederen Klassen gleichermaßen schlecht ist –, frage ich mich, ob unsere Zivilisation sich gegen die Kräfte behaupten kann, die sich zur Zerstörung vieler Einrichtungen, in denen sie verkörpert ist, verbinden, oder ob nicht wieder eine Epoche des Niedergangs, des Verfalls, der Vernichtung und Wiederbelebung wie in den ersten dreizehnhundert Jahren unserer Zeitrechnung auf uns zukommt. Es würde mich kaum betrüben zu wissen, daß es so wäre. Jeder, der erkannt hat, was die Gesellschaft heute wirklich ist, wird zustimmen müssen, daß sie auf ihrer gegenwärtigen Grundlage nicht wert ist, erhalten zu werden.«

Diese Worte könnten viele, die an heutige Probleme dogmatischer herangehen als Norton, unterschreiben. Und doch stand für ihn die dauernde Bedeutung der Literatur – wenn auch nicht des Dogmas – fest. Ein Volk, das aufhört, sein literarisches Erbe zu pflegen, wird barbarisch; ein Volk, das aufhört, Literatur zu schaffen, hört auf, sich in Denken und Empfinden fortzuentwickeln. Die Dichtung eines Volkes lebt von der Sprache des Volkes und gibt ihr wiederum Leben; sie verkörpert den höchsten Stand seines Bewußtseins, seine größte Kraft und seine zarteste Empfindung.

In diesen Vorlesungen muß ich mich ebensoviel – oder mehr – mit literarischer Kritik wie mit Dichtung selbst befassen, und mein Thema beschränkt sich nicht auf das Verhältnis von Kritik zu Dichtung, wenn wir damit voraussetzen, daß wir bereits wissen, was Dichtung ist und tut und nutzt. In der Tat hat ein großer Teil der Kritik einfach darin bestanden, Antworten auf diese Fragen zu finden. Lassen Sie mich mit der Annahme beginnen, daß wir nicht wissen, was Dichtung ist oder was sie tut oder tun müßte oder welchen Nutzen sie hat, und lassen Sie mich versuchen, den Nutzen von Kritik und Dichtung anhand einer Untersuchung ihrer Beziehung zueinander zu bestimmen. Wir werden vielleicht sogar feststellen, daß wir keine klare Vorstellung davon haben, was Nutzen ist; wir sollten jedenfalls nicht voraussetzen, daß wir es wissen.

Ich werde nicht mit einer allgemeinen Definition dessen, was Dichtung ist und was nicht, beginnen, oder mit einer Untersuchung, ob Dichtung notwendig immer in Versen geschrieben ist, oder einer Betrachtung des Unterschiedes zwischen der Antithese Dichtung – Vers und der Antithese Dichtung – Prosa. Kritik jedoch kann von Anfang an zwar nicht in zwei Gattungen, wohl aber in zwei Richtungen aufgeteilt werden. Ich möchte voraussetzen, daß Kritik entweder der Bereich des Denkens ist, der festzustellen sucht, was Dichtung ist, welchen Nutzen sie hat, welche Bedürfnisse sie befriedigt, warum sie geschrieben wurde und gelesen oder vorgetragen wird, oder der Bereich, der, unter der bewußten oder unbewußten Voraussetzung, daß wir dies alles wissen, einzelne Dichtungen bewertet. Es mag sich ergeben, daß gute Kritik andere Ziele hat; zu den genannten aber wird sie sich sicherlich bekennen dürfen. Kritik kann selbstverständlich nie herausfinden, was Dichtung ist, in dem Sinne, daß sie zu einer angemessenen Definition gelangt; ich wüßte auch nicht, was eine solche Definition bringen sollte, wenn sie gegeben würde. Noch kann Kritik jemals zu einer endgültigen Wertung von Dichtung gelangen. Aber theoretisch erreicht die Kritik ihre Grenze jeweils in einer dieser beiden Fragen: entweder fragen wir »Was ist Dichtung?« oder wir fragen »Ist dieses Gedicht gut?«. Mit theoretisierendem Scharfsinn allein wird man die zweite Frage nie beantworten können, weil keine Theorie etwas hergibt, die sich nicht auf unmittelbare Erfahrung von guter Dichtung gründet; allerdings schließt unsere unmittelbare Erfahrung von Dichtung nicht wenig Verallgemeinerung ein.

Die beiden Fragen, die auf abstrakteste Weise das umschreiben, was selbst nicht im entferntesten eine abstrakte Tätigkeit ist, implizieren einander. Der Kritiker, den es sich zu lesen lohnt, hat sich beide Fragen gestellt, auch wenn er sie nur unvollkommen beantwortet hat. Aristoteles vermag, wie ich glaube, mit seinen Schriften über die Dichtung, die auf uns gekommen sind, unser Verständnis der griechischen Tragiker sehr zu vertiefen; Coleridge kommt in seiner Verteidigung der Dichtung von Wordsworth zu allgemeinen Aussagen über Dichtung, die von größtem Interesse sind; und Wordsworth stellt in der Erläuterung seiner eigenen Dichtung Behauptungen über das Wesen der Dichtung auf, die, obschon übersteigert, von größerer Tragweite sind, als er selbst erkannt haben mag. I. A. Richards – und er muß es wissen – sagt uns, welches Rüstzeug der wissenschaftliche Kritiker mitbringen sollte: »Sowohl die leidenschaftliche Durchdringung von Dichtung als auch die Fähigkeit zur leidenschaftslosen psychologischen Analyse« sind erforderlich. Richards ist – wie jeder ernsthafte Literarkritiker – auch ein ernsthafter Moralist. Seine ethische Auffassung oder Theorie der Werte kann ich nicht akzeptieren; oder vielmehr, ich kann überhaupt keine Theorie akzeptieren, die auf rein individualpsychologischen Grundsätzen aufbaut. Aber seine Psychologie der dichterischen Erfahrung basiert auf seiner eigenen Erfahrung von Dichtung, so wie seine Theorie der Werte seiner Psychologie entspringt. Seine philosophischen Schlußfolgerungen mögen einen unbefriedigt lassen, und doch kann man (wie ich) an seinen differenzierten Geschmack für Dichtung glauben. Setzt man aber andererseits kein Vertrauen in die Fähigkeit des Kritikers, gute und schlechte Gedichte zu unterscheiden, so wird man auch die Gültigkeit seiner Theorien in Zweifel ziehen. Um analysieren zu können, warum ein gutes Gedicht schön und wertvoll erscheint, muß der Kritiker es als schön erfahren haben, und er muß uns von seinem Geschmack überzeugen. Denn es ist etwas ganz anderes, ob man ein schlechtes Gedicht, das man für gut hält, als schön empfindet oder ob man die Erfahrung des Schönen an einem guten Gedicht macht.

Von einem Kritiker, der Theorien entwirft, erwarten wir, daß er ein gutes Gedicht auf Anhieb erkennt. Es trifft nicht immer zu, daß jeder, der ein gutes Gedicht auf Anhieb erkennt, sagen kann, warum es gut ist. Die Erfahrung von Dichtung läßt sich, wie jede andere Erfahrung, nur unvollständig in Worte fassen. Zunächst einmal »kommt es nicht darauf an, was ein Gedicht sagt, sondern darauf, was es ist«, wie Richards sagt. Und wir wissen, daß manche Menschen, die nicht ausdrücken können, warum ein Gedicht sie anspricht, oft tiefer und differenzierter empfinden als andere, die sich wortreich darüber auslassen können; wir sollten auch bedenken, daß Dichtung nicht nur dazu bestimmt ist, Gesprächsstoff zu liefern. Selbst der fähigste Kritiker kann letzten Endes nicht mehr tun, als die Werke zu nennen, die er für echte Dichtung hält. Und doch ist das Sprechen über Dichtung ein Teil, eine Fortsetzung unserer Erfahrung von ihr, und wenn Dichtung schon unter großer geistiger Anstrengung entsteht, dürfte auch zu ihrem Verständnis manche geistige Anstrengung nötig sein. Die Grundlage aller Kritik ist die Fähigkeit, gute und schlechte Gedichte zu unterscheiden, und sie erfährt ihre härteste Probe, wenn es ein gutes neues Gedicht zu erkennen, einer neuen Situation angemessen zu begegnen gilt. Die Erfahrung von Dichtung, die das reife Bewußtsein entwickelt, ist mehr als die Summe der Erfahrung guter Gedichte. Geschultes Verständnis für Dichtung setzt die Organisation dieser Erfahrung voraus. Wir werden weder mit unfehlbar funktionierendem Unterscheidungsvermögen und Geschmack geboren, noch erwerben wir sie schlagartig in der Pubertät oder später. Menschen mit begrenzter Erfahrung fallen immer leicht auf Kitsch oder Unechtes herein, und wir sehen, wie Generationen von ungeschulten Lesern auf den Kitsch und das Unechte ihrer Zeit hereinfallen – sie sogar bevorzugt lesen, denn sie lassen sich leichter aufnehmen als echte Dichtung. Dennoch glaube ich, daß sehr viele Menschen von Natur aus befähigt sind, *einige* gute Gedichte als schön zu erfahren: in welchem Maße sie es sind oder welche Stufen dieser Befähigung sich sinnvoll unterscheiden lassen, gehört nicht zum Thema meiner gegenwärtigen Untersuchung. Sicherlich wird nur der überdurchschnittliche Leser im Lauf der Zeit seine Erfahrungen klassifizieren, vergleichen, sie zueinander in Beziehung setzen und so, wenn seine Erfahrung von Dichtung sich erweitert, jede einzelne Erfahrung besser verstehen können. Aus dem Erlebnis des Schönen erwächst allmählich die Fähigkeit zur

Wertung, die die ursprüngliche Gefühlsintensität um eine mehr intellektuelle Qualität bereichert. Wir befinden uns auf einer zweiten Stufe unseres Verständnisses von Dichtung, wenn wir nicht mehr nur auswählen und ablehnen, sondern unsere Erfahrung von Dichtung strukturieren. Wir können sogar von einer dritten Stufe sprechen, einer Stufe der Neustrukturierung: der im Umgang mit Dichtung bereits geschulte Leser stößt auf etwas für seine Zeit Neues, und seine Erfahrungen von Dichtung treten demzufolge in seinem Bewußtsein zu einer neuen Ordnung zusammen.

Diese Ordnung, die sich in uns selbst durch unsere Lektüre von Dichtung, die wir als schön erfahren haben, entwickelt, ist eine Art Antwort, die wir – jeder für sich – auf die Frage »Was ist Dichtung?« geben. Auf der ersten Stufe erfahren wir, was Dichtung ist, indem wir sie lesen und – gelegentlich – als schön empfinden; auf einer späteren Stufe wird die Erkenntnis von Ähnlichkeiten und Unterschieden zwischen dem, was wir zum ersten Mal lesen, und dem, was wir früher bereits als schön erfahren haben, unser Erlebnis des Schönen steigern. Was Dichtung ist, lernen wir – wenn überhaupt –, indem wir sie lesen; aber man könnte sagen, daß wir nicht fähig wären, einzelne Werke als Dichtung zu erkennen, wenn wir nicht eine eingeborene Vorstellung von Dichtung im allgemeinen hätten. Jedenfalls resultiert die Frage »Was ist Dichtung?« ganz von selbst aus unserer Erfahrung von Gedichten. Obgleich wir einräumen können, daß wenige Spielarten intellektueller Aktivität im Laufe der Geschichte mit einer geringeren Anzahl lesenswerter Bücher aufzuwarten haben als die literarische Kritik, scheint es dennoch so, daß Kritik, wie jede andere philosophische Aktivität, unvermeidbar ist und keiner Rechtfertigung bedarf. Mit der Frage »Was ist Dichtung?« wird literarische Kritik schon postuliert.

Ich nehme an, daß viele Menschen der Vorstellung huldigen, in Zeiten, in denen große Dichtung geschrieben wurde, habe es keine kritischen Schriften gegeben und in Zeiten, in denen viel Kritik geschrieben wurde, sei die Dichtung von minderer Qualität gewesen. Diese Vorstellung führt zu einer Antithese zwischen dem kritischen und dem schöpferischen Prinzip, zwischen kritischen und schöpferischen Epochen, und manchmal wird angenommen, daß die literarische

Kritik am besten in Epochen gedeiht, in denen es an schöpferischer Kraft fehlt. Aufgrund solcher Vorurteile hat man »kritische Epochen« mit dem Adjektiv »alexandrinisch« versehen. Verschiedene undurchdachte Annahmen liegen diesem Vorurteil zugrunde, so auch das Vermengen verschiedener Dinge und Werke unterschiedlichster Qualität, die man gemeinhin unter »Kritik« versteht. Ich fasse den Begriff »Kritik« – wie Sie, so hoffe ich, bemerken werden – in meinen Vorlesungen sehr eng. Ich habe nicht die Absicht, die große Anzahl der schlechten Bücher, die unter diesem Namen laufen, in Schutz zu nehmen oder der üblichen Faulheit zu huldigen, die, anstatt eine sorgfältige Textanalyse zu geben, die Meinungen anderer Leute assimiliert. Wenn man nur schreiben würde, wenn man etwas zu sagen hat, und niemals nur, weil man ein Buch schreiben möchte oder weil man aufgrund seiner Stellung glaubt, daß es von einem erwartet wird, dann wäre die Masse kritischer Schriften nicht so unverhältnismäßig groß, gemessen an den paar kritischen Büchern, die es sich zu lesen lohnt. Nichtsdestoweniger isolieren diejenigen, die Kritik als Beschäftigung der Dekadenz und als ein Symptom, wenn nicht sogar eine Ursache der schöpferischen Impotenz eines Volkes bezeichnen, die Bedingungen, unter denen Literatur entsteht, bis zur Verfälschung von den allgemeinen Lebensbedingungen. Ein Wandel, wie er sich vom epischen Gedicht, das zur Rezitation bestimmt ist, zum epischen Gedicht, das gelesen werden soll, vollzog oder wie er den Niedergang der Volksballade herbeiführte, ist von gesellschaftlichen Veränderungen großen Ausmaßes nicht zu trennen – Veränderungen, wie sie immer stattgefunden haben und immer stattfinden werden. W. P. Ker beobachtete dies in seinem Essay *The Forms of English Poetry* (»Die Formen englischer Dichtung«): »Die Kunst des Mittelalters ist im allgemeinen korporativ und gesellschaftsbezogen, so zum Beispiel die Skulptur, wie sie an den großen Kathedralen zu finden ist. Mit der Renaissance entspringt die Dichtung anderen Motiven. Die Verhältnisse des Mittelalters sind den griechischen von Natur aus ähnlich; nach der Renaissance werden von den modernen Nationen die Verhältnisse, die die Dichtung Roms bestimmten, bewußt und absichtlich reproduziert. Die griechische Dichtung ist in vieler Hinsicht mittelalterlich; die lateinische Dichtung der Blütezeit ist renaissancehaft, eine Imitation von Modellen, die aus Griechenland bezogen wurden, unter ganz veränderten Umständen und mit veränderter Beziehung zwischen Dichter und Publikum. Nicht, daß der lateinischen oder der neuzeitlichen Dichtung der gesellschaftliche Bezug fehlte. Allerdings ..., die Tendenz der neuzeitlichen Kunst – und damit auch der Dichtung – läuft oft dem Volksgeschmack ihrer Zeit zuwider; oft sind die Dichter bei der Wahl ihrer Themen auf sich gestellt oder entwickeln in Einsamkeit ihre Ausdrucksmöglichkeiten, mit dem Erfolg, daß ihre Werke oft als so verwirrend und anstößig und so unbedeutend empfunden werden, wie es bei Brownings *Sordello* allgemein der Fall war.«

Was für die wichtigsten Wandlungen der dichterischen Form gilt, das gilt, denke ich, auch für den Wandel von einer vorkritischen zu einer kritischen Epoche. Es gilt für den Wandel von einer vorphilosophischen zu einer philosophischen Epoche; man kann so Kritik nicht mißbilligen, ohne zugleich die Philosophie herabzusetzen. Man kann sagen, daß die Entwicklung der Kritik ein Symptom der Entwicklung oder Wandlung der Dichtung ist, und die Entwicklung der Dichtung ist selbst ein Symptom gesellschaftlicher Wandlungen. Kritik scheint zu dem Zeitpunkt hervorzutreten, wo Dichtung aufhört, Ausdruck eines ganzen Volkes zu sein. Das dramatische Werk Drydens, das ihm als hauptsächlicher Anlaß für seine kritischen Schriften dient, erwächst aus seiner Einsicht, daß die Möglichkeiten des Shakespeareschen Stils erschöpft waren; diese Form hält sich in den Tragödien eines Shirley (der in seinen Komödien wesentlich fortschrittlicher ist), nachdem Denken und Empfinden Englands sich gewandelt hatten. Aber Dryden schrieb seine Stücke nicht für das ganze Volk; er bediente sich einer Form, die nicht aus der volkstümlichen Tradition erwachsen oder auf die Bedürfnisse des Volkes zugeschnitten war, einer Form, die deshalb erst nach der Verbreitung innerhalb einer kleinen Gesellschaftsschicht allgemein akzeptiert werden konnte. Ähnliches hatten die Nachahmer Senecas versucht. Die Gesellschaftsschicht, auf die Drydens Werke und die Werke der Komödiendichter der Restaurationszeit unmittelbar wirken konnten, stellte eine Art intellektueller Aristokratie dar; wenn der Dichter in einer Epoche lebt, in der keine intellektuelle Aristokratie existiert, wenn die Macht in den Händen einer so weitgehend demokratisierten Klasse liegt, daß sie, obwohl noch eine Klasse, sich als die gesamte Nation präsentiert, und wenn die einzigen Alternativen darin zu bestehen scheinen, zu einer kleinen Gruppe zu sprechen oder zu monologisieren, dann werden die Schwierigkeiten des Dichters größer und die Aufgaben der Kritik dringender. In dem Essay, aus dem ich soeben zitierte, sagt Ker:

»Ohne Zweifel sind die Dichter des neunzehnten Jahrhunderts mehr sich selbst überlassen als die des achtzehnten, und das Ergebnis läßt sich unmißverständlich an ihren Stärken und Schwächen ablesen... Die heroische Unabhängigkeit Brownings, ja die ganze abenteuerliche, kapriziöse Dichtung des neunzehnten Jahrhunderts ist der literarischen Kritik eng verwandt und ebenso der eklektischen Gelehrsamkeit, die die ganze Welt durchstreift auf der Suche nach künstlerischer Schönheit... Die Themen sind allen Epochen und Ländern entnommen; die Dichter sind eklektische Forscher und Kritiker, und sie gehen mit der gleichen Berechtigung vor wie Entdecker; sie opfern, was Entdecker opfern, wenn sie ihr Heimatland hinter sich lassen. Man wird mich nicht mißverstehen, wenn ich sage, daß ihre Siege einige Gefahren mit sich bringen, wenn nicht für sie selbst, so doch wenigstens für die überkommene Form, die Tradition der Dichtung.«

Die allmählichen Wandlungen der Funktion der Dichtung, die sich mit dem Wandel der Gesellschaft vollziehen, werden, so hoffe ich, mehr Gestalt annehmen, wenn wir verschiedene Kritiker als Repräsentanten verschiedener Generationen betrachtet haben. Während dreihundert Jahren hat die literarische Kritik ihre Voraussetzungen und ihre Ziele modifiziert, und sie wird sie sicherlich weiter modifizieren. Es gibt verschiedene Erscheinungsformen der Kritik; der Anteil der rückschrittlichen oder unmaßgeblichen Kritik ist immer verhältnismäßig groß; es gibt immer viele Autoren, die sich weder durch Kenntnis der Vergangenheit noch durch Empfänglichkeit für die Empfindungen und Probleme der Gegenwart qualifiziert haben. Unsere frühesten Kritiker stellten unter dem Einfluß ihrer klassischen Studien und der italienischen Kritik weitreichende Theorien über Wesen und Funktion der Literatur auf. Dichtung war eine dekorative Kunst, eine Kunst, für die manchmal extreme Ansprüche geltend gemacht wurden, trotzdem aber eine Kunst, deren Prinzipien in jeder Kultur und jeder Gesellschaft zu gelten schienen; eine Kunst, die durch den Aufstieg einer neuen Gesellschaftsschicht zutiefst beeinflußt wurde, die (bestenfalls) locker mit der Kirche verbunden war und die sich ihres Besitzes der Geheimnisse des Lateinischen und Griechischen sehr wohl bewußt war. In England stieß die kritische Kraft, die im sechzehnten Jahrhundert aus dem neuen Gegensatz zwischen Latein und Landessprache erwuchs, auf gerade das richtige Maß an Widerstand. Das will sagen, daß – in der Epoche, die für uns durch Spenser und Shakespeare bestimmt wird – die neuen Kräfte den einheimischen Genius anregten, aber nicht überwältigten. Meine zweite Vorlesung wird das Ziel haben, der Kritik dieser Periode den ihr gebührenden Platz zuzuweisen, der ihr vielfach vorenthalten zu werden scheint. In der sich anschließenden Epoche ist es, glaube ich, Drydens großes Verdienst um die literarische Kritik, daß er sich im richtigen Augenblick der Notwendigkeit bewußt wurde, die einheimischen Elemente in der Literatur zu betonen. Dryden ist in seinen Stücken auf bewußtere Weise englisch als seine Vorgänger; seine Essays über das Drama und über die Kunst des Übersetzens sind bewußt Studien zum Wesen des englischen Theaters und der englischen Sprache; und sogar seine Chaucerbearbeitung ist ein nachdrückliches Bekenntnis zur einheimischen Tradition – und nicht, wie manchmal angenommen wird, ein amüsanter, aber leider mißglückter Versuch, die Schönheit der Sprache und Verskunst Chaucers zu würdigen. Während die elisabethanischen Kritiker sich im allgemeinen nach ausländischen Vorbildern richteten, war Dryden sich der einheimischen Tradition bewußt, die es zu bewahren galt. Aber während dieser ganzen Epoche und auch später noch hielt man an einer Theorie fest: der Theorie über den Nutzen der Dichtung. Jeder, der Sidneys *Apology for Poetry* (»Apologie der Dichtung«) liest, wird erkennen, daß seine *misomousoi*, gegen die er die Dichtung verteidigt, nur Strohpuppen sind, daß er von der Sympathie seiner Leser überzeugt ist und daß er sich niemals selbst ernsthaft fragen muß, wozu Dichtung da ist, was sie tut und ob sie wünschenswert ist. Nach Sidneys Theorie gewährt Dichtung gleichzeitig Vergnügen und Belehrung, und sie dient zum Schmuck des gesellschaftlichen Lebens und zur Ehre des Volkes.

Ich bin weit davon entfernt, diesen Theorien – soweit sie gehen – zu widersprechen; worauf es mir ankommt, ist, daß sie lange Zeit weder in Zweifel gezogen noch modifiziert wurden, daß während dieser Zeit große Dichtungen entstanden und einige kritische Schriften geschrieben wurden, die gerade durch ihre Theorien von bleibendem Wert sind. Ich glaube in der Tat, daß in einer Epoche, in der man sich über den Nutzen der Dichtung einig ist, mit größerer Wahrscheinlichkeit jene gewissenhafte und minutiöse Untersuchung auf geglückte und mißglückte Zeilen zu finden ist, die der Kritik unserer Tage so spürbar fehlt, einer Kritik, die offenbar von Dichtung nicht fordert, daß sie gut geschrieben ist, sondern daß sie »repräsentativ für ihre Epoche« ist. Ich wünschte, wir würden mehr auf Angemessenheit des Ausdrucks, Klarheit oder Obskurität, auf grammatische Präzision oder Unrichtigkeit, auf die Wortwahl – ob sie richtig oder unangebracht, exaltiert oder vulgär ist – in unserer Dichtung achten: kurz, auf die sprachliche Erziehung unserer Dichter. Worauf es mir hier ankommt, ist, daß sich die Haltung gegenüber der Dichtung, die Erwartungen und Forderungen an sie entscheidend geändert haben, und zwar, wie ich der Einfachheit halber sagen will, gegen Ende des achtzehnten Jahrhunderts. Wordsworth und Coleridge räumen nicht nur mit einer heruntergekommenen Tradition auf, sie erheben sich gegen die ganze gesellschaftliche Ordnung, und sie stellen für die Dichtung Forderungen auf, die in Shelleys berühmtem Ausspruch gipfeln »Dichter sind die unbestätigten Gesetzgeber der Menschheit«. Frühere Verehrer der Dichtung hatten das gleiche gesagt, aber es hatte nicht das gleiche bedeutet: Shelley war (um mich einer glücklichen Formulierung von Bernard Shaw zu bedienen) in dieser Tradition der erste Parlamentarier der Natur. Wenn Wordsworth glaubte, er befasse sich lediglich mit der Reform der Sprache, dann täuschte er sich; es war eine Revolution, und seine eigene Sprache war ebensosehr der Künstlichkeit und ebensowenig der Natürlichkeit fähig wie die Sprache Popes – wie

Byron empfand und Coleridge offen aussprach. Der Niedergang der Religion und die Aufreibung politischer Institutionen hinterließen verschwommene Grenzen, die der Dichter überschritt; und die Übergriffe des Dichters wurden vom Kritiker legitimiert. Lange Zeit ist der Dichter Priester: noch immer gibt es wohl Menschen, die glauben, aus Browning oder Meredith geistliche Nahrung zu beziehen. Das beste Beispiel für das darauffolgende Stadium ist Matthew Arnold. Arnold war zu gemäßigt und zu vernünftig, um direkt zu behaupten, daß religiöse Unterweisung am besten durch Dichtung vermittelt werde, und er selbst hatte nur sehr wenig zu vermitteln; aber er entdeckte eine neue Formel: Dichtung ist nicht Religion, aber sie ist ein vorzüglicher Ersatz für Religion – kein Krankenwein, der sich zur Heuchelei brauchen läßt, sondern Kaffee ohne Koffein und Tee ohne Tein. Arnolds Doktrin fand ihre etwas verzerrte Fortsetzung in der Doktrin von der »Kunst um der Kunst willen«. Dieses Bekenntnis mutet wie eine Rückwendung zu dem schlichteren Glauben einer früheren Zeit an, in der der Dichter eine Art Dentist war, ein Mann mit einem bestimmten Beruf. Aber in Wirklichkeit war es ein hoffnungsloses Eingeständnis der Verantwortungslosigkeit. Die Dichtung des Aufstandes und die Dichtung des Rückzuges sind nicht von gleicher Art.

Heute haben uns verschiedene Einflüsse zu neuen Standpunkten geführt. Einerseits hat die Psychologie den Anstoß gegeben, nicht nur mit zuversichtlicher Selbstverständlichkeit das Bewußtsein des Dichters zu untersuchen, was gelegentlich zu phantastischen Exzessen und abwegiger Kritik führte, sondern auch das Bewußtsein des Lesers und das Problem der »Kommunikation« zu untersuchen – ein Begriff, der sich vielleicht auf eine falsche Voraussetzung stützt. Andererseits hat uns die Geschichtsforschung gezeigt, inwieweit sowohl Form als auch Gehalt der Dichtung von ihren räumlichen und zeitlichen Bedingungen abhängig sind. Für die psychologische und die soziologische Spielart der modernen Kritik wird wohl am meisten Reklame gemacht; überhaupt sind jedoch die Probleme der Kritik bisher noch nie in so vielfältiger und verwirrender Weise angegangen worden. Noch nie gab es weniger allgemein anerkannte Theorien darüber, was Dichtung ist, warum sie zustande kommt und wozu sie da ist. Kritik scheint sich in mehrere verschiedene Arten aufgesplittert zu haben.

Ich habe diesen kurzen Abriß der Entwicklung der literarischen Kritik nicht gegeben, um mich irgendeiner bestimmten Tendenz der modernen Kritik anzuschließen – schon gar nicht der soziologischen. Ich will nur darauf hinweisen, daß wir allerlei über Kritik und über Dichtung lernen können, wenn wir die Geschichte der Kritik untersuchen, und zwar nicht nur als einen Katalog aufeinanderfolgender Theorien über Dichtung, sondern als einen Prozeß wechselseitiger Anpassung zwischen Dichtung und der Welt, in der und für die sie entsteht. Wir können schon etwas über Dichtung lernen, wenn wir einfach untersuchen, was in den einzelnen Epochen darüber gedacht wurde, und dies auch ohne zu dem albernen Ergebnis zu kommen, daß die Meinungen darüber sich eben ändern. Zweitens kann uns das Studium der literarischen Kritik, wenn sie nicht als eine Folge wahlloser Vermutungen sondern als ständig neue Auseinandersetzung verstanden wird, dazu verhelfen, der Antwort auf die Frage näher zu kommen, was in der Dichtung unvergänglich oder ewig und was nur Ausdruck des Zeitgeists ist; und wenn wir erkennen, was sich ändert und wie und warum, dann werden wir vielleicht erfassen können, was sich nicht ändert. Und wenn wir der Frage nachgehen, was den verschiedenen Epochen bedeutungsvoll erschien, wenn wir Unterschiedliches und Identisches erforschen, haben wir eine gewisse Chance, unsere eigenen Grenzen zu überwinden und uns von einigen Vorurteilen frei zu machen. Ich möchte hier zwei Stellen zitieren, die ich vielleicht bei Gelegenheit noch einmal zitieren werde. Die erste ist aus Drydens Vorwort zu *Annus Mirabilis*:

»Die erste glückliche Gabe dichterischer Imagination ist gewiß die Invention, die den Gedanken findet; die zweite ist die Phantasie, die den Gedanken so variiert, zurichtet oder formt, wie er sich dem Urteil als angemessen darstellt; die dritte ist die Beredsamkeit oder die Kunst, diesen Gedanken, wenn er gefunden und variiert worden ist, in passende, bedeutungsvolle und wohlklingende Worte zu fassen und auszuschmücken; die Lebhaftigkeit der Imagination wird gemessen an der Invention, ihre Fruchtbarkeit an der Phantasie und ihre Treffsicherheit am Ausdruck.«

Die zweite Stelle ist aus Coleridges *Biographia Litteraria*: »Wiederholte Überlegungen weckten in mir die Vermutung, daß Phantasie und Imagination zwei getrennte und sehr verschiedene Fähigkeiten seien und nicht, wie allgemein angenommen wird, entweder zwei Wörter gleicher Bedeutung oder, allenfalls, der geringere oder höhere Grad ein und derselben Kraft. Ich will zugeben, daß es nicht leicht ist, sich eine treffendere Übersetzung der griechischen *phantasia* als die lateinische *imaginatio* vorzustellen; aber es ist ebenso wahr, daß alle Völker einen Instinkt für das Wachstum der Sprache besitzen, eine gewisse kollektive unbewußte Vernunft, die unaufhaltsam zu Werke geht, um die ursprünglich bedeutungsgleichen Wörter zu desynonymisieren, die die Verschmelzung von Dialekten den homogeneren Sprachen, wie dem Griechischen und dem Deutschen, bescherte... Milton hatte einen äußerst imaginativen, Cowley einen sehr phantasievollen Geist.«[1]

Es ist auffällig, wie sehr die Ausdrucksweise beider Dichter und Kritiker durch ihren jeweiligen Hintergrund determiniert ist. Augenfällig ist auch, daß Coleridge sich geistiger Prozesse in erhöhtem Maße bewußt ist: seine Bereitschaft, philologische Probleme zu sehen, ist größer, und er ist in beharrlicher Anstrengung darum bemüht, die Bedeutung bestimmter Wörter zu fixieren. Wir müssen uns jedoch fragen, ob wir es hier mit zwei sich grundsätzlich widersprechenden Theorien über dichterische Imagination zu tun haben oder ob sie in Einklang gebracht werden können, wenn wir die möglichen Unterschiede in Rechnung stellen, die aus dem zeitlichen Abstand zwischen Dryden und Coleridge resultieren.

Es mag so aussehen, als ob der größere Teil meiner Ausführungen zwar eine gewisse Relevanz für Wertung und Verständnis von Dichtung besitzt, aber mit dem Dichten selber wenig zu tun hat. Wenn die Kritiker selbst Dichter sind, dann liegt der Verdacht nahe,

1 Es mag an dieser Stelle angemerkt sein, daß die Aussage des letzten Satzes den Leser auf irrationale Weise zu überzeugen imstande ist. Wir sind uns einig, daß Milton ein viel größerer Dichter als Cowley ist und von ganz anderer und überlegener Art. Wir sind dann, ohne weitere Überlegung, einverstanden, daß sich dieser Unterschied in dieser adretten Antithese formulieren läßt, und wir akzeptieren, ohne weitere Überlegung, die Unterscheidung zwischen Imagination und Phantasie, die Coleridge uns hier einfach untergeschoben hat. Auch die Antithese »äußerst« – »sehr« ist ein Element dieses Überredungsprozesses.

daß sie ihr dichterisches Schaffen rechtfertigen wollten, als sie ihre kritischen Theorien aufstellten. Kritik von der Art der beiden Zitate ist kaum dazu bestimmt, den Stil jüngerer Dichter zu prägen; sie ist bestenfalls ein Bericht über die Erfahrungen des Dichters beim Dichten, dargestellt in der Sprache seines eigenen Geistes. Der kritische Geist, der sich dichterisch betätigt, die kritische Anstrengung, die zur Entstehung von Dichtung führt, mag immer dem kritischen Geist voraus sein, der die Dichtung nur zum Gegenstand nimmt, gleichgültig ob er sie selbst geschaffen hat oder nicht. Ich will hier nur betonen, daß eine signifikante Beziehung zwischen der besten Dichtung und den besten kritischen Schriften einer Epoche besteht. Hochzeiten literarischer Kritik sind gleichzeitig Hochzeiten kritischer Dichtung. Und wenn ich moderne Dichtung als besonders kritisch bezeichne, dann meine ich damit, daß der zeitgenössische Dichter, dessen Tätigkeit sich nicht darin erschöpft, anmutige Verse zu schreiben, sich Fragen stellen muß wie »Wozu ist Dichtung da?« und nicht nur »Was soll ich sagen?«, sondern vielmehr »Wie und wem soll ich es sagen?«. Wir haben eine Erfahrung mitzuteilen (ob es sich wirklich um Mitteilung, Kommunikation, handelt, wäre allerdings noch zu beweisen), die keine Erfahrung im gewöhnlichen Sinne des Wortes ist, denn vielleicht existiert sie nur, wenn sie ausgesprochen wird, da sie sich ja aus vielen persönlichen Erfahrungen zusammensetzt, die nach einer ganz anderen Wertskala als der des praktischen Lebens geordnet sein können. *Wenn* Dichtung eine Art von Kommunikation ist, dann ist doch das, was mitgeteilt werden soll, das Gedicht selbst und nur in zweiter Linie die Erfahrungen und die Gedanken, die in es eingegangen sind. Das Gedicht existiert irgendwo zwischen Dichter und Leser; es hat eine Realität, die nicht einfach die Realität dessen ist, was der Dichter »auszudrücken« versuchte oder was er, indem er es schrieb, erfuhr oder was der Leser oder der Dichter als Leser erfahren haben. Folglich ist das Problem, was ein Gedicht »bedeutet«, sehr viel schwieriger, als es zunächst den Anschein hat. Wenn mein Gedicht *Ash-Wednesday* (»Aschermittwoch«) jemals eine zweite Auflage erfahren sollte, habe ich vor, ihm die folgenden Zeilen aus Byrons *Don Juan* voranzustellen:

»Some have accused me of a strange design
Against the creed and morals of this land,
And trace it in this poem, every line.
I don't pretend that I quite understand
My own meaning when I would be *very* fine;
But the fact is that I have nothing planned
Except perhaps to be a moment merry ...«

(»Man hat mich wegen seltsamer Pläne gegen Glauben und Moral dieses Landes angeklagt und sie in jeder Zeit dieses Gedichts aufgezeigt. Ich bilde mir nicht ein, mein Gedicht auch da noch zu verstehen, wo es besonders gut gelingen sollte; wahr ist jedoch, daß ich nichts plante als einen Augenblick vergnügt zu sein ...«)

In diesen Zeilen steckt ein Stück gesunder kritischer Warnung. Aber ein Gedicht ist weder nur das, was der Dichter »plante« oder was der Leser versteht, noch ist sein »Nutzen« gänzlich beschränkt auf das, was der Autor beabsichtigte oder das, was es tatsächlich für den Leser leistet. Obwohl das Vergnügen, das ein Kunstwerk von seiner Entstehung an vermittelt hat, nach Menge und Qualität nicht irrelevant ist, beurteilen wir es dennoch niemals danach; und wir fragen nicht, wenn uns der Anblick eines Gebäudes oder der Klang eines Musikstückes stark bewegt hat, »Welchen Gewinn hat es mir gebracht, diesen Tempel zu sehen oder diese Musik zu hören?« So verstanden ist die Frage, die in dem Ausdruck »Nutzen der Dichtung« steckt, unsinnig. Aber die Frage hat noch einen anderen Sinn. Abgesehen von der Vielfalt dichterischer Möglichkeiten, die mit mehr oder weniger Erfolg, mit der Absicht zu belehren oder zu überreden, gewählt werden, besteht kein Zweifel, daß ein Dichter Vergnügen bereiten, Menschen unterhalten oder zerstreuen will; und er sollte normalerweise froh sein, wenn er feststellen kann, daß die Unterhaltung oder Zerstreuung von möglichst vielen und möglichst verschiedenen Menschen genossen wird. Wenn ein Dichter durch den Stil oder den Stoff, den er wählt, absichtlich den Kreis seiner Leser beschränkt, so ist dies ein Sonderfall, der Erklärung und Entschuldigung verlangt – aber ich bezweifle, ob dies jemals vorkommt. Es ist etwas ganz anderes, ob man einen Stil schreibt, der bereits populär ist, oder ob man hofft, vielleicht einmal populär zu werden. In gewisser Hinsicht strebt der Dichter nach der Stellung des Varieté-Schauspielers. Unfähig, seine Ware dem vorherrschenden Geschmack (wenn es einen solchen gibt) anzupassen, wünscht er sich naturgemäß eine Gesellschaft, in der er populär werden kann und in der seine eigenen Talente zum besten Nutzen verwandt werden. Dementsprechend ist ihm der *Nutzen* der Dichtung von lebenswichtigem Interesse. Die folgenden Vorlesungen werden die verschiedenen Konzeptionen vom Nutzen der Dichtung während der letzten drei Jahrhunderte behandeln, dargestellt an der Literarkritik und besonders an der, die die Dichter selbst liefern.[1]

1 Eine Auswahl aus den sich anschließenden Vorlesungen findet sich im zweiten Band dieser Ausgabe. (d. Ü.)

Was ist geringere Dichtung?

Ich beabsichtige weder am Anfang noch zum Schluß eine Definition dessen zu geben, was »geringere Dichtung«[1] ist, denn eine solche Definition wäre insofern gefährlich, als sie uns zu der Annahme verleiten könnte, wir könnten ein für allemal festlegen, wer die »großen« und wer die »geringeren« Dichter sind. Und wenn wir dann versuchten, zwei Listen, eine der großen und eine der geringeren Dichter der englischen Literatur aufzustellen, so würde es sich zeigen, daß wir uns bei einigen wenigen Dichtern auf beiden Listen einig wären, daß aber die Anzahl derer, über die wir geteilter Meinung sind, größer wäre, und daß keine zwei völlig identischen Listen zustande kämen. Und welchen Wert hätte dann unsere Definition? Was wir meines Erachtens jedoch tun können, ist, uns bewußt zu machen, daß wir zu verschiedenen Zeiten Verschiedenes meinen, wenn wir von einem »geringeren« Dichter sprechen. Wir können uns jedoch ein wenig Klarheit darüber verschaffen, worin diese verschiedenen Bedeutungen bestehen, um so der Verwechslung und dem Mißverständnis vorzubeugen. Wir werden selbstverständlich auch weiterhin Verschiedenes unter dieser Bezeichnung verstehen, und so müssen wir eben, wie bei anderen Wörtern auch, das Beste daraus machen und dürfen nicht versuchen, alles in eine einzige Definition hineinzuzwängen. Mir ist sehr viel daran gelegen, mit jeder mit dem Begriff »geringere Dichtung« verbundenen abwertenden Nebenbedeutung ebenso aufzuräumen wie mit der Vorstellung, daß »geringere Dichtung« leichter lesbar oder weniger lesenswert sei als »große«. Die Frage lautet ganz einfach: Welche Arten »geringere Dichtung« gibt es, und warum sollten wir sie lesen?

1 Die prägnanten, im Englischen durchaus geläufigen Begriffe »minor« und »major poetry« haben im Deutschen keine genaue Entsprechung. Da sich Eliot entschieden dagegen wendet, »minor poetry« abwertend als »zweitrangig« zu verstehen, schied diese naheliegende Übersetzungsmöglichkeit aus und mußte durch die weniger idiomatische Wendung »geringere Dichtung« ersetzt werden. (d. Ü.)

Den unmittelbarsten Zugang finden wir meines Erachtens dadurch, daß wir uns die verschiedenen Arten von Gedichtsammlungen vergegenwärtigen; denn eine Bedeutung des Wortes »geringere Dichtung« lautet: »die Art von Dichtung, die wir nur in Anthologien lesen«. Übrigens freue ich mich, etwas über die Verwendungsmöglichkeiten von Anthologien sagen zu können, denn wenn wir uns über sie im klaren sind, sind wir auch gegen ihre möglichen Gefahren gefeit – denn es gibt Freunde der Dichtung, die man anthologiesüchtig nennen könnte, und die Dichtung in keiner anderen Form zu lesen imstande sind. Selbstverständlich liegt der Wert der Anthologien ebenso wie der einer jeglichen Dichtung in erster Linie darin, daß sie Freude bereiten können; aber darüber hinaus sollten sie mehreren Zwecken dienen.

Eine besondere Art Anthologie ist die Sammlung von Gedichten junger Dichter, die noch keine eigenen Bücher veröffentlicht haben, oder deren Bücher noch keinem größeren Kreis bekannt sind. Solche Sammlungen haben sowohl für die Dichter als auch für die Leser einen ganz besonderen Wert, gleichgültig, ob es sich dabei um Werke einer Gruppe von Dichtern handelt, die gewisse gemeinsame Grundsätze verbindet, oder ob das einzige Merkmal der Einheit darin besteht, daß alle Dichter ein und derselben literarischen Generation angehören. Für den jungen Dichter ist es im allgemeinen von Nutzen, wenn er verschiedene Stadien des Bekanntwerdens durchläuft, bevor es so weit ist, daß ein Büchlein ganz allein seinen Namen trägt. Als erstes wären da die Zeitschriften – nicht die bekannten überregionalen (der einzige Vorteil für einen jungen Dichter, in einer solchen Zeitschrift zu veröffentlichen, wäre die Bezahlung, die dabei vielleicht herausspringt), sondern die kleinen, die sich der zeitgenössischen Dichtung verschrieben haben und die von jungen Leuten herausgegeben werden. Oft hat es den Anschein, als zirkulierten diese kleinen Zeitschriften nur unter ihren Kontribuenten und denen, die es werden wollen. Meist ist ihre Lage prekär: Sie erscheinen in unregelmäßigen Abständen und müssen ihr Erscheinen meist bald wieder einstellen; doch in ihrer Gesamtheit haben sie eine weitaus größere Bedeutung, als man wegen der verhältnismäßigen Unbekanntheit, in der sie sich abmühen, annehmen möchte. Abgesehen von dem Wert, den sie vielleicht dadurch besitzen, daß sie angehenden Literaturredakteuren die notwendigen Erfahrungen vermitteln – und gute Redakteure und Herausgeber spielen eine wichtige Rolle in einer gesunden Literatur –, geben sie dem Dichter die Möglichkeit, seine Arbeit gedruckt zu sehen, sie mit dem Werk ebenso unbekannter oder vielleicht schon etwas bekannterer Kollegen zu vergleichen, und die Aufmerksamkeit und Kritik derjenigen auf sich zu lenken, die seinem Stil am ehesten Sympathie entgegenbringen. Denn ein Dichter muß sich erst einen Platz unter anderen Dichtern und innerhalb seiner Generation schaffen, bevor er einem breiteren und älteren Publikum gefällt. Und für die an Dichtung interessierten Herausgeber erweisen sich diese kleinen Zeitschriften als eine Möglichkeit, die Anfänger im Auge zu behalten und ihren Fortschritt zu beobachten.

Als nächstes kann eine kleine Gruppe junger Dichter, die sich wegen einer gewissen geistigen Verwandtschaft oder wegen eines Gefühls regionaler Zusammengehörigkeit zusammenschließt, einen gemeinsamen Band herausbringen. Als Bindung innerhalb solcher Gruppen dient häufig die Aufstellung gewisser Prinzipien und Regeln, an die sich aber gewöhnlich doch niemand hält; im Laufe der Zeit fällt dann die Gruppe auseinander; die schwächeren Mitglieder verschwinden, und die stärkeren entwickeln individuellere Stilzüge. Doch erfüllen Gruppe und Gruppenanthologie einen wichtigen Zweck: Jungen Dichtern wird meist keine große Aufmerksamkeit seitens des großen Publikums zuteil, und das ist wohl auch besser so; aber sie brauchen die gegenseitige Unterstützung und Kritik ebenso wie die einiger Außenstehender.

Und schließlich gibt es dann die umfassenderen Sammlungen neuer Dichtung, vorzugsweise solche, die von jungen Herausgebern zusammengestellt werden, die etwas mehr Abstand haben. Sie sind deshalb wertvoll, weil sie dem an Dichtung interessierten Leser eine Vorstellung dessen vermitteln, was gerade geschieht, und ihm die Möglichkeit geben, thematische und stilistische Wandlungen zu untersuchen, ohne dazu eine große Anzahl von Zeitschriften oder Einzelbänden durchsehen zu müssen. Außerdem dienen sie dazu, seine Aufmerksamkeit auf die weitere Entwicklung einiger Dichter zu lenken, von denen er sich etwas verspricht. Aber selbst diese Bände erreichen nicht den Durchschnittsleser, der in der Regel von keinem der Dichter je gehört haben wird, bevor er nicht bereits mehrere Bände veröffentlicht hat und deshalb auch in andere Anthologien, die einen größeren Zeitraum umfassen, aufgenommen worden ist. Wenn sich ein solcher Leser eines dieser Bücher ansieht, so beurteilt er es leicht nach Maßstäben, die man nicht anlegen sollte: Man sollte einen vielversprechenden Versuch nicht so beurteilen, wie man ein Meisterwerk beurteilt, und die Anthologie nicht nach den wenigen besten Gedichten, die sie enthält, sondern bestenfalls nach dem Durchschnitt.

Die am weitesten verbreiteten Anthologien sind natürlich diejenigen, die wie das *Oxford Book of English Verse* die ganze englische Literatur bis zur letzten Generation berücksichtigen, oder solche, die sich speziell mit einer bestimmten Periode der Vergangenheit befassen, dann solche, die die Geschichte eines Teils der englischen Dichtung darstellen, oder schließlich solche, die sich auf die »moderne« Dichtung der letzten zwei oder drei Generationen beschränken und auch diejenigen lebenden Dichter berücksichtigen, die es zu einem gewissen Ansehen gebracht haben. Diese letztgenannten Anthologien dienen natürlich zum Teil den gleichen Zwecken wie die rein zeitgenössische Anthologie. Wenn wir es uns hier jedoch leichter machen wollen und uns auf diejenigen Gedichtsammlungen beschränken, die nur die Werke verstorbener Dichter enthalten, so können wir die Frage stellen, welche Erwartungen der Leser berechtigterweise an sie knüpfen kann.

Zweifellos verdanken viele dem *Golden Treasury* oder dem *Oxford Book* ihre Bekanntschaft mit Milton, Wordsworth oder Shelley (nicht mit Shakespeare: Aber wir erwarten ja auch nicht von Anthologien, daß sie uns an einen dramatischen Dichter heranführen). Doch ich würde behaupten, daß jemand, der diese Dichter oder ein halbes Dutzend andere in einer Anthologie mit Genuß gelesen hat, sich aber nicht mit Neugier und Appetit an ihr Gesamtwerk gemacht oder zumindest darin nachgesehen hat, was ihm vielleicht sonst noch gefallen könnte – ich würde behaupten, daß so jemand Dichtung nicht wirklich liebt. Denn der Wert, den Anthologien dadurch besitzen, daß sie uns an die Werke der größten Dichter heranführen, ist nicht von Dauer; und wir lesen Anthologien später nicht mehr im Hinblick auf das, was vom Werk dieser Dichter ausgewählt ist, obgleich sie eine solche Auswahl durchaus enthalten müssen. Aber die Anthologie gibt uns auch die Möglichkeit herauszufinden, ob es nicht vielleicht einige geringere Dichter gibt, deren Werk wir gerne näher kennenlernen würden – Dichter, die in keiner Literaturgeschichte besonders hervortreten, die vielleicht den Gang der Literaturgeschichte gar nicht beeinflußt haben, Dichter, deren Werk für kein abstraktes Schema literarischer Bildung notwendig ist, die jedoch eine starke persönliche Anziehungskraft auf gewisse Leser auszuüben vermögen. Ja, ich wäre versucht, jedem Leser, der sich nicht aus einem oder mehreren ganz persönlichen Gründen zum Werk eines Dichters ohne große geschichtliche Bedeutung hingezogen fühlt, eine echte Liebe zur Dichtung abzusprechen. Ich hätte den Verdacht, daß es sich bei jemandem, der nur die Dichter schätzt, die die Geschichtsbücher übereinstimmend als die wichtigsten herausstellen, einfach um einen beflissenen Schüler handelt, der in sein Literaturverständnis nur einen Bruchteil seiner Persönlichkeit investiert. Dieser Dichter, so sollte man herausfordernd sagen, ist vielleicht nicht sehr bedeutend, aber *mir* bedeutet sein Werk etwas. Im großen ganzen ist es Zufall, ob und wie man Bekanntschaft mit Dichtung dieser Art macht. In einer Hausbibliothek mag es beispielsweise ein Buch geben, das jemand kaufte, als es zuerst erschien, weil es sehr gelobt wurde, das aber nie jemand las. Auf diese Weise lernte ich als Junge das Gedicht *The Light of Asia* von Sir Edwin Arnold kennen, das mir auch heute noch sehr ans Herz gewachsen ist. Es handelt sich um ein langes episches Gedicht über das Leben Gautama Buddhas; ich nehme an, daß mir der Stoff irgendwie besonders lag, denn ich las das Gedicht mit größtem Vergnügen, und das mehr als einmal. Ich hatte nie das Verlangen, irgend etwas über den Autor zu erfahren, aber bis zum heutigen Tag halte ich es für ein gutes Gedicht, und wenn ich irgend jemanden treffe, der es ebenfalls gelesen und Gefallen daran gefunden hat, fühle ich mich zu ihm hingezogen. Nun findet man aber in Anthologien im allgemeinen keine Abschnitte aus vergessenen Epen; aber es ist immerhin möglich, daß man darin auf ein Gedicht irgendeines obskuren Autors stößt, das einen beeindruckt und zu einer näheren Bekanntschaft mit dem Werk eines Dichters führt, den sonst niemand zu mögen oder überhaupt gelesen zu haben scheint.

Ebenso wie die Anthologie uns in das Werk von Dichtern einführen kann, die nicht besonders wichtig sind, deren Gedichte uns jedoch ganz einfach gefallen, kann sie, wenn sie gut ist, uns auch brauchbares Wissen über andere Dichter vermitteln, die sehr wichtig sind, uns aber gar nicht liegen. Es gibt nur zwei Gründe dafür, daß man *The Faery Queen* oder Wordsworths *Prelude* von vorne bis hinten durchliest: Entweder man liest es gerne – und eines dieser Gedichte gerne zu lesen zeugt von Geschmack –, oder es gefällt einem nicht und man liest diese Gedichte nur deswegen, weil man sich als Literaturdozent oder als Literaturkritiker etablieren will und sie einfach kennen *muß*. Und doch sind sowohl Spenser als auch Wordsworth in der Geschichte der englischen Literatur schon allein wegen all jener anderen Gedichte so wichtig, die man besser versteht, wenn man ihr Werk kennt, so daß jeder etwas über sie wissen sollte. Es gibt nur wenige Anthologien, die größere Ausschnitte aus langen Gedichten enthalten – doch gibt es eine sehr brauchbare, die von Charles Williams zusammengestellt wurde, der die seltene Gabe hatte, alle Arten von langen Gedichten, die sonst niemand las, wirklich zu mögen. Aber selbst eine gute, aus kurzen Gedichten zusammengestellte Anthologie kann einem ein gewisses brauchbares Wissen über diejenigen Dichter vermitteln, die uns nicht liegen. Und ebenso wie jeder seine persönliche Vorliebe für irgendeine Dichtung haben muß, von der andere nichts halten, wird wohl jeder, so nehme ich an, einen blinden Punkt in bezug auf das Werk eines oder mehrerer Dichter haben, die anerkanntermaßen zu den großen zählen.

Wenn eine Anthologie von jemandem zusammengestellt und herausgegeben wird, der nicht nur sehr belesen, sondern auch ein Mann von besonderer Feinfühligkeit und Geschmackssicherheit ist, so kann sie eine weitere Funktion ausüben. Es gibt viele Dichter, deren Werk im allgemeinen langweilig ist, hie und da aber brillante Stellen aufweist. Den meisten von uns fehlt einfach die Zeit, die Werke kompetenter und berühmter langweiliger Dichter – besonders jener einer vergangenen Epoche – in ihrer Gesamtheit zu lesen, um uns die guten Stellen selbst herauszusuchen; und es würde sich auch wohl selten lohnen, selbst wenn wir die Zeit dazu hätten. Vor hundert oder mehr Jahren wurde jedes neue Buch von Thomas Moore von jedem, der Dichtung liebte, verschlungen, sobald es herauskam; und heute? Wer hat auch nur *Lalla Rookh* ganz gelesen? Southey war *Poeta Laureatus* und schrieb folglich Epen; ich kenne tatsächlich eine Dame, der zumindest *Thalaba*, wenn nicht auch *The Curse of Kehama* als Kind vorgelesen wurde, und die noch immer eine ähnliche Zuneigung dazu bewahrt hat wie ich zu dem Gedicht *The Light of Asia*. Ich glaube auch nicht, daß *Gebir* je viel gelesen wurde; und doch war Landor, der Verfasser jenes würdevollen langen Gedichts, tatsächlich ein sehr fähiger Dichter. Es gibt jedoch viele lange Gedichte, die zur Zeit ihres ersten Erscheinens durchaus gut lesbar gewesen sein müssen, die heutzutage jedoch niemand mehr liest. Aber ich habe den Verdacht, daß heute, da die Erzählprosa für die Mehrzahl der Leser den Bedarf deckt, der früher durch die Versromanzen Scotts und Byrons und Moores gedeckt wurde, sehr wenige ein sehr langes Gedicht selbst dann lesen, wenn es frisch von der Presse kommt. Folglich sind Anthologien und Auswahlbände durchaus von Nutzen; denn erstens hat niemand die Zeit, alles zu lesen, und zweitens gibt es Gedichte, von denen nur Teile lebendig bleiben.

Die Anthologie kann noch einen anderen Nutzen haben, den man, wenn man meinen bisherigen Gedankengängen gefolgt ist, leicht übersehen könnte. Dieser Nutzen liegt darin, daß man vergleichen kann, daß man sich auf begrenztem Raum einen allgemeinen Überblick über die Entwicklung der Dichtung verschaffen kann. Und wenn man auch vieles nur lernen kann, indem man das Gesamtwerk eines Dichters liest, so lernt man doch auch vieles, indem man von einem Dichter zum andern geht. Sich abwechselnd zum Beispiel mit einer Ballade der schottisch-englischen Grenze, einem elisabethanischen Lied, einem lyrischen Gedicht von Blake oder Shelley und einem Monolog von Browning zu befassen schenkt dem Gefühl Erlebnisse und bietet der Überlegung Materialien, zu denen man nie käme, wenn man seine Aufmerksamkeit auf einen einzigen Dichter konzentrieren würde. Was man an einem guten Diner schätzt, sind ja nicht so sehr die einzelnen Gerichte, jeweils für sich allein: Es ist die Kombination der guten Dinge; und manches an der Dichtung soll man auf gleiche Weise genießen. Wenn man beispielsweise mehrere sehr verschiedene Gedichte, Gedichte von Autoren, die sich im Temperament unterscheiden und die aus verschiedenen Jahrhunderten stammen, zur gleichen Zeit liest, kann jedes einzelne davon die besondere geschmackliche Qualität eines jeden anderen hervorheben, und jedes hat etwas, das den anderen fehlt. Um in den Genuß dieses schönen Erlebnisses zu kommen, brauchen wir eine gute Anthologie, und wir brauchen auch etwas Übung im Umgang mit ihr.

Ich wende mich nun wieder dem Thema zu, von dem ich Ihrer Ansicht nach vielleicht abgekommen bin. In Anthologien erscheinen nicht nur geringere Dichter, aber wir können diejenigen als geringere Dichter bezeichnen, die wir nur in Anthologien lesen. Dies mußte ich durch die Feststellung einschränken, daß es für jeden an Dichtung Interessierten irgendeinen geringeren Dichter geben sollte, dessen Werk *ihm* in seiner Gesamtheit lesenswert erscheint. Aber darüber hinaus gibt es mehrere Arten von geringeren Dichtern. Es gibt natürlich Dichter, die nur ein gutes Gedicht oder nur sehr wenige gute Gedichte verfaßt haben, so daß eigentlich für niemanden ein Grund besteht, über die Anthologie hinauszugehen. Ein solcher Dichter war beispielsweise Arthur O'Shaughnessy, dessen Gedicht mit der Anfangszeile »We are the music makers« [Wir sind die Musikanten] in jeder Anthologie erscheint, in der Dichtung des späten 19. Jahrhunderts enthalten ist. Für manche Leser, wenn auch nicht für alle, wäre auch Ernest Dowson ein solcher Dichter, oder John Davidson. Doch die Zahl der Dichter, von denen wir sagen können, daß sie nach der übereinstimmenden Ansicht aller Leser nur ein oder zwei lesenswerte Gedichte hinterlassen haben, ist in Wirklichkeit sehr gering. Denn wenn ein Dichter ein gutes Gedicht verfaßt hat, ist anzunehmen, daß es in seinem restlichen Werk noch irgend etwas gibt, das zumindest für einige wenige lesenswert ist. Wenn wir aber einmal von diesen wenigen absehen, stellen wir fest, daß wir uns häufig unter einem geringeren Dichter jemanden vorstellen, der nur kurze Gedichte verfaßt hat. Aber manchmal können wir auch Southey und Landor und eine Unmenge anderer Autoren des 17. und 18. Jahrhunderts als geringere Dichter bezeichnen, obgleich sie Gedichte von monumentalster Länge hinterlassen haben. Und ich glaube, heutzutage würden wenige – zumindest unter den jüngeren Lesern – in Donne einen geringeren Dichter sehen, selbst wenn er nie Satiren und Episteln geschrieben hätte, oder in Blake, selbst wenn er niemals seine Prophetischen Bücher verfaßt hätte. Also müssen wir in einem Sinne des Wortes auch solche zu den geringeren Dichtern zählen, die ihren Ruf, wie immer er auch sein mag, sehr langen Gedichten verdanken, und einige zu den großen, die nur kurze Gedichte geschrieben haben.

Es mag zuerst einfacher erscheinen, weniger bedeutende Ependichter als zweitrangige Dichter oder noch härter als Dichter, die in ihrem Bemühen um Größe gescheitert sind, zu bezeichnen. Sie sind sicherlich gescheitert, denn niemand liest ihre langen Gedichte mehr. Sie sind zweitrangig, denn an lange Gedichte legen wir sehr hohe Maßstäbe an. Für uns alle lohnt es sich ja sicher nur, ein langes Gedicht zu lesen, wenn es auf seine Weise so gut ist wie *The Faery Queen, Paradise Lost, The Prelude, Don Juan* oder *Hyperion* oder wie andere erstklassige lange Gedichte. Und doch haben wir bemerkt, daß manche dieser zweitrangigen Gedichte für manche Leser lesenswert sind. Weiterhin stellen wir fest, daß wir lange Gedichte nicht einfach in eine kleine Anzahl von Meisterwerken und eine große Menge von solchen aufteilen können, die uns nicht zu kümmern brauchen. Zwischen solchen Gedichten, wie ich sie eben angeführt habe, und einem beachtlichen »geringeren« Werk wie *The Light of Asia* gibt es noch alle möglichen langen Gedichte verschiedener Art und unterschiedlicher Bedeutung, so daß wir zwischen großer und geringerer Dichtung keine eindeutige Grenze ziehen können. Wie steht es beispielsweise mit Thomsons *Seasons* und Cowpers *Task*? Dies sind lange Gedichte, die wir, wenn unser Interesse auf anderen Gebieten liegt, ausreichend kennen, wenn wir sie teilweise gelesen haben. Doch würde ich sie nicht als geringere Dichtung bezeichnen und würde auch nicht die Auffassung vertreten, daß irgendein Teil von ihnen so gut ist wie jeweils das ganze Werk. Und wie steht es mit Elizabeth Barrett Brownings *Aurora*

Leigh, einem Werk, das ich nie gelesen habe, oder mit jenem langen Gedicht von George Eliot, dessen Titel ich vergessen habe?

Wenn es uns schwerfällt, die Verfasser von langen Gedichten in große und geringere Dichter zu unterteilen, so ist die Entscheidung bei Verfassern von kurzen Gedichten nicht leichter. George Herbert ist ein sehr interessanter Fall. Wir alle kennen einige seiner Gedichte, die immer wieder in Anthologien erscheinen, doch wenn wir seine gesammelten Gedichte lesen, stellen wir mit Erstaunen fest, wie viele dieser Gedichte uns als ebenso gut auffallen wie die, die wir in den Anthologien gelesen haben. Aber *The Temple* ist mehr als nur eine Sammlung religiöser Gedichte eines Autors; wie der Titel andeuten soll, war es ein nach einem Plan aufgebautes Buch. Und sobald wir Herberts Gedichte besser kennenlernen, stellen wir fest, daß uns das ganze Buch etwas gibt, das mehr als die Summe seiner Teile ist. Was zuerst wie eine Folge schöner, doch isolierter Gedichte erscheint, offenbart sich schließlich als eine kontinuierliche religiöse Meditation mit einem intellektuellen Rahmen, und das Buch als Ganzes enthüllt uns die anglikanische Frömmigkeit der ersten Hälfte des 17. Jahrhunderts. Darüber hinaus lernen wir Herbert besser verstehen, und wir fühlen uns für die Mühe belohnt, wenn wir etwas über die englischen theologischen Schriftsteller seiner Zeit wissen, ebenso über die englischen mystischen Dichter des 14. Jahrhunderts und auch über gewisse andere Dichter, die seine Zeitgenossen waren – Donne, Vaughan und Traherne – und entdecken in ihrem wallisischen Ursprung und Hintergrund plötzlich Gemeinsamkeiten zwischen ihnen. Und schließlich lernen wir etwas über Herbert, wenn wir die typische anglikanische Frömmigkeit, der er Ausdruck verleiht, mit dem eher kontinentalen römischen Empfinden seines Zeitgenossen Richard Crashaw vergleichen. So kann ich denn zumindest für meinen Teil nicht zugeben, daß man Herbert einen geringeren Dichter nennen kann; denn wenn ich an ihn denke, denke ich nicht an einige besonders geschätzte Gedichte, sondern an sein Gesamtwerk.

Nun vergleichen Sie einmal Herbert mit zwei anderen Dichtern, mit einem etwas älteren und einem, der der vorhergehenden Generation angehört; beide sind hervorragende Lyriker. Die Gedichte

Robert Herricks, der ebenfalls anglikanischer Pastor, aber ein Mann von ganz anderem Temperament war, vermitteln auch den Eindruck einer einheitlichen Persönlichkeit, die hinter ihnen steht, und wir lernen diese Persönlichkeit besser kennen, wenn wir alle seine Gedichte lesen; und wenn wir alle gelesen haben, gefallen uns unsere Lieblingsgedichte unter ihnen noch besser. Aber erstens gibt es in Herricks Gedichten nicht jene durchgehende und bewußte *Absicht;* Herrick ist eher der Typ des ganz Natürlichen und Unbefangenen, der seine Gedichte schreibt, wann immer er Lust und Laune dazu verspürt. Und zweitens ist die Persönlichkeit, die in diesen Gedichten zum Ausdruck kommt, nicht so außergewöhnlich – ja, ihr Charme besteht gerade in ihrer rechtschaffenen *Gewöhnlichkeit.* Ein Gedicht Herricks sagt uns vergleichsweise mehr über ihn als ein Gedicht Herberts über diesen; und doch steckt *irgend etwas* mehr im Ganzen als in den Teilen. Und nun denken Sie an Thomas Campion, den elisabethanischen Liederdichter. Ich würde sagen, innerhalb der für ihn geltenden Grenzen gibt es in der gesamten englischen Dichtung keinen vollendeteren Künstler als ihn. Ich gebe zu, daß man einiges wissen muß, um seine Gedichte voll und ganz zu verstehen: daß nämlich Campion Musiker war, und daß er seine Lieder zum Singen schrieb. Wir wissen seine Gedichte besser zu würdigen, wenn wir einige Kenntnis der Musik der Tudorzeit und der Instrumente besitzen, für die sie geschrieben wurde. Sie gefallen uns besser, wenn uns diese Musik gefällt, und wir möchten sie nicht nur lesen, sondern einige davon auch gesungen hören, und zwar in Campions eigenem Satz. Aber wir brauchen in seinem Fall nicht unbedingt all das zu wissen, was uns im Falle Herberts dazu verhilft, ihn besser zu verstehen und mehr zu genießen. Wir brauchen uns nicht damit abzugeben, was er dachte oder welche Bücher er gelesen hat; auch braucht uns seine ethnische Abstammung oder seine Persönlichkeit nicht zu kümmern. Eine Kenntnis des elisabethanischen Hintergrunds genügt uns vollauf. Was uns zuteil wird, wenn wir uns von denjenigen seiner Gedichte, die in Anthologien erscheinen, seinem Gesamtwerk zuwenden, ist eine Wiederholung des Genusses, und wir erfreuen uns an neuen Schönheiten und neuen technischen Variationen, nicht aber an einem solchen Gesamtbild. In seinem Fall können wir nicht sagen, daß das Ganze mehr ist als die Summe seiner Teile.

Ich sage aber nicht, daß selbst dieser Test – den in jedem Fall ein jeder für sich selbst anwenden muß, und der zu verschiedenen Ergebnissen führen wird – die Frage also, ob das Ganze mehr ist als die Summe seiner Teile, für sich allein ein brauchbares Kriterium für die Unterscheidung in große und geringere Dichter darstellt. Nichts ist ganz so einfach. Und obwohl wir, wenn wir Campion ganz gelesen haben, nicht das Gefühl haben, den Menschen Campion zu kennen, wie es der Fall ist, wenn wir Herrick gelesen haben, würde ich für meinen Teil aus anderen Gründen – weil nämlich sein technisches Geschick so viel bemerkenswerter ist – Campion für einen bedeutenderen Dichter halten als Herrick, wenngleich einen sehr viel unbedeutenderen als Herbert. Ich habe lediglich gesagt, daß ein Werk, das aus einer Anzahl kurzer Gedichte besteht, für den Anspruch eines Autors, ein »großer« Dichter zu sein, das Äquivalent eines erstklassigen langen Gedichts darstellen kann, wenn es ein zugrunde liegendes einheitliches Muster aufweist, selbst wenn die Gedichte, einzeln betrachtet, ziemlich unbedeutend erscheinen mögen. Ein solcher Anspruch kann natürlich auch auf *einem* langen Gedicht beruhen, und wenn dieses lange Gedicht gut genug ist, wenn es die angemessene Einheit und Mannigfaltigkeit aufweist, brauchen wir die anderen Werke des Dichters nicht zu kennen, und wenn wir sie kennen, brauchen wir ihnen keinen großen Wert zuzumessen. Ich für meinen Teil würde Samuel Johnson allein wegen *The Vanity of Human Wishes* zu den großen Dichtern zählen, und Goldsmith schon allein wegen *The Deserted Village.*

Wir scheinen bis jetzt also zu dem vorläufigen Ergebnis gekommen zu sein, daß – was immer ein geringerer Dichter sein mag – derjenige ein großer Dichter ist, dessen Gesamtwerk wir lesen sollten, um jeden Teil davon voll und ganz würdigen zu können. Allerdings haben wir diese extreme Feststellung zum Teil dadurch eingeschränkt, daß wir jeden Dichter als großen gelten lassen, der auch nur ein langes Gedicht verfaßt hat, das genügend Mannigfaltiges einheitlich zusammenfügt. Aber es gibt in der englischen Sprache gewiß nur sehr wenige Dichter, von deren Werk man sagen könnte, es müsse in seiner Gesamtheit gelesen werden. Shakespeare, selbstverständlich, und Milton. Und was Milton betrifft, so kann man darauf hinweisen, daß jedes seiner verschiedenen langen Gedichte, *Paradise Lost, Paradise Regained* und *Samson Agonistes,* nicht nur für sich um seiner selbst willen ganz gelesen werden sollte, sondern daß man sie alle lesen muß, ebenso wie man alle Stücke Shakespeares lesen muß, um jedes einzelne ganz zu verstehen. Und wenn wir nicht auch Shakespeares Sonette und Miltons kleinere Gedichte lesen, so fehlt uns etwas für unsere Würdigung dessen, was wir gelesen haben. Aber einen solchen Anspruch kann man wirklich nur für wenige Dichter erheben. Es wird einem im Leben nichts abgehen, wenn man nicht alle der späteren Gedichte Brownings oder Swinburnes gelesen hat; ich könnte nicht guten Gewissens erklären, daß man alles von Dryden oder Pope gelesen haben müsse; und *mir* stünde es ganz und gar nicht an zu sagen, daß es an Wordsworths *Prelude* und *Excursion* keinen Abschnitt gäbe, den man nicht gut und gerne beim Lesen auslassen könnte. Nur sehr wenige sind geneigt, viel Zeit für die frühen langen Gedichte Shelleys, *The Revolt of Islam* und *Queen Mab,* aufzuwenden, obgleich die Anmerkungen zum letzteren durchaus lesenswert sind. So müssen wir also feststellen, daß derjenige Dichter als ein großer gelten kann, von dessen Werk man viel, aber nicht unbedingt alles gelesen haben muß. Und außer der Frage, welcher Dichter Werk in seiner Gesamtheit lesenswert ist, müssen wir uns auch die Frage stellen, welcher Dichter Werk für *uns ganz speziell* im ganzen lesenswert ist. Die erste Frage impliziert die Forderung, daß wir unseren Geschmack unaufhörlich bilden sollen, die zweite, daß wir dabei unseren tatsächlichen Geschmack nicht verleugnen sollen. So ist es einerseits wertlos, daß Sie sich fleißig durch das Gesamtwerk selbst eines Shakespeare oder Milton hindurcharbeiten, wenn Sie dabei nicht auf etwas stoßen, das Ihnen unmittelbar gefällt. Nur ein solches unmittelbares Wohlgefallen kann Ihnen den Antrieb geben, das Ganze zu lesen, oder aber die Aussicht auf irgendeinen Nutzen, wenn Sie es einmal hinter sich gebracht haben. Und wie ich bereits gesagt habe, mag – oder eigentlich: sollte – es einige Dichter geben, die Ihnen persönlich genug bedeuten, daß Sie ihr Werk in seiner Gesamtheit lesen, obgleich es für die meisten andern nicht diese Bedeutung hat. Diese Art Affinität bleibt nicht nur an eine Stufe der Ausbildung des eigenen Geschmacks gebunden, über die man sich hinausentwickeln wird, sondern kann auch gewissermaßen eine Wahlverwandtschaft zwischen einem selbst und einem bestimmten Dichter anzeigen, die ein Leben lang andauert. Es kann sogar sein, daß Sie besonders befähigt sind, einen Dichter richtig zu würdigen, an dem nur wenige Gefallen finden.

So würde ich denn sagen, daß es eine Art orthodoxe Ordnung der Größe und Wichtigkeit unserer Dichter im Verhältnis zueinander gibt, obwohl das Ansehen nur ganz weniger unter ihnen von einer Generation zur nächsten völlig konstant bleibt. Das Ansehen keines einzigen Dichters bleibt je völlig fixiert: Man könnte von einer ständig fluktuierenden Börse reden. Da gibt es die ganz großen Namen, die gewissermaßen nur geringen Kursschwankungen unterliegen: Es macht nichts aus, ob Milton heute mit 104 und morgen mit 97 1/4 Punkten notiert wird. Dann gibt es Dichter wie Donne oder Tennyson, deren Ansehen viel größeren Schwankungen unterworfen ist, so daß man ihren Wert nur aufgrund eines langfristigen Durchschnitts beurteilen kann. Dann wieder gibt es welche, die bei stabilen, aber erheblich unter ihrem Nennwert liegenden Preisen als gute Investitionen gelten können. Und dann gibt es Dichter, die für *manche* Käufer gute Investitionen sind, obgleich sie nicht bei der Börse notiert und die Papiere unverkäuflich sein können – und damit zerläuft mir der Vergleich mit der Börse leider unter den Händen. Doch würde ich sagen, daß es zwar für die Dichtung ein objektives Ideal orthodoxen Geschmacks gibt, daß aber kein einziger Leser ganz orthodox sein kann noch versuchen sollte, es zu sein. Es gibt gewiß einige Dichter, die so vielen Generationen kluger, feinfühliger und belesener Leute gefallen haben, daß es sich für uns – wenn wir überhaupt etwas für Dichtung übrig haben – durchaus lohnt, herauszufinden zu suchen, warum diese Leute etwas an ihnen gefunden haben und ob wir sie nicht auch mit Genuß lesen können. Unter den geringeren Dichtern gibt es gewiß einige, denen gegenüber wir nach einigen Proben die übliche Haltung einnehmen können, daß zwei oder drei Gedichte ausreichen, sie angemessen zu vertreten. Denn wie ich schon sagte, hat niemand Zeit genug, um alles selbst herauszufinden, und wir müssen manches auf das Wort anderer hin akzeptieren.

Die meisten der geringeren Dichter – derer, die überhaupt noch ein Ansehen genießen – sind solche, von deren Werk der an Dichtung interessierte Leser etwas kennen sollte, obwohl ein jeder nur ganz wenige gut kennenlernen wird. Manche sagen uns etwas, weil wir uns besonders geistesverwandt mit ihnen fühlen, andere, weil uns das interessiert, worüber sie schreiben, und andere wiederum, weil uns eine besondere Qualität wie beispielsweise Witz oder Pathos anzieht. Wenn wir von Dichtung im emphatischen Sinne des Wortes reden, denken wir zu leicht nur an das Gefühl, das uns inniger bewegt, oder die Worte, die uns tiefer verzaubern. Und dennoch gibt es in der Dichtung recht viele Fenster, die nicht verzaubert sind und die sich nicht auf die Gischt gefahrvoller Meere hin auftun, die aber trotzdem ihren Zweck voll und ganz erfüllen. So war meiner Meinung nach George Crabbe ein sehr guter Dichter, wenn Sie auch keinen Zauber bei ihm finden werden. Wenn Ihnen jedoch realistische Schilderungen des dörflichen Lebens in Suffolk vor hundertzwanzig Jahren [geschrieben 1944] etwas sagen, die zudem in einem so guten Vers geschrieben sind, daß er Sie davon überzeugt, daß das gleiche nicht in Prosa hätte ausgedrückt werden können, dann wird Ihnen Crabbe zusagen. Crabbe ist ein Dichter, den man, wenn überhaupt, in großen Portionen lesen muß; wenn Sie ihn langweilig finden, müssen Sie ihn nach einem Blick links liegenlassen. Aber es lohnt sich schon, von seiner Existenz zu wissen, denn Sie könnten ja etwas für ihn übrig haben; außerdem wird Ihnen das etwas über diejenigen sagen, die nun einmal etwas an ihm finden.

In der Hauptsache habe ich wohl etwa folgendes sagen wollen: Der Unterschied zwischen großen und geringeren Dichtern hat mit der Länge der geschriebenen Gedichte nichts zu tun – obwohl die *aller*größten Dichter, von denen es nur wenige gibt, alle etwas zu sagen hatten, das nur in einem langen Gedicht gesagt werden konnte. Der wichtige Unterschied liegt in der Frage, ob uns die Kenntnis des Werks eines Dichters in seiner Gesamtheit oder doch zu einem sehr großen Teil einen größeren Genuß an jedem seiner Gedichte zuteil werden läßt, weil sie es uns besser zu verstehen lehrt. Wenn dem so ist, liegt eine signifikante Einheit des ganzen Werks vor. Dieses vertiefte Verständnis läßt sich nicht völlig in Worte fassen: Ich wüßte nicht zu sagen, warum ich den Eindruck habe, mein Verständnis des *Comus* und mein Wohlgefallen an diesem Gedicht seien größer, weil ich *Paradise Lost* gelesen habe (oder dasselbe in bezug auf *Paradise Lost,* weil ich *Samson Agonistes* gelesen habe), aber ich bin davon überzeugt. Ich kann ja auch nicht immer sagen, warum ich den Eindruck habe, ich verstünde das Verhalten und Auftreten eines Menschen in einer bestimmten Situation deswegen besser, weil ich ihn in einer Reihe verschiedener Situationen erlebt und sein Verhalten in einer Vielzahl verschiedener Umstände beobachtet habe. Aber wir glauben doch, daß er als eine Person trotz aller Inkonsequenzen in seinem Verhalten eine Einheit ist, und daß eine längere Bekanntschaft mit ihm dazu beiträgt, ihn besser zu verstehen. Und schließlich habe ich diese objektive Unterscheidung in große und geringere Dichter insofern eingeschränkt, als ich sie in Beziehung zum einzelnen Leser setzte. Für keine zwei Leser wird vielleicht ein großer Dichter die gleiche Bedeutung haben, wie sehr sie sich auch über seine Größe einig sein mögen. Um so wahrscheinlicher ist es denn auch, daß für keine zwei Personen das Muster der englischen Dichtung ganz identisch ist, so daß für einen von zwei gleich kundigen Lesern ein bestimmter Dichter von großer und für den anderen von geringerer Bedeutung sein kann.

Wenn wir zum Schluß zeitgenössische Dichtung betrachten, stellt sich eine weitere Überlegung ein. Wir begegnen manchmal Kritiken, in denen der Kritiker bei erster Bekanntschaft mit einem Dichter voll Überzeugung entscheidet, ob es sich bei seinem Werk um »große« oder »geringere« Dichtung handelt. Ich lasse hier einmal die Möglichkeit außer acht, daß das, was der Kritiker lobt oder einordnet, gar keine Dichtung ist (denn manchmal kann man sagen: »*Wenn* dies Dichtung wäre, dann wäre es große Dichtung – aber es ist gar keine«), ist es meiner Ansicht nach nicht ratsam, sich so schnell zu entscheiden. Ich möchte mich nicht erkühnen, mich bei meinem ersten Kontakt mit dem Werk eines lebenden Dichters auf mehr festzulegen als auf die Feststellung, ob es sich dabei um *echte* Dichtung handelt oder nicht. Hat dieser Dichter etwas zu sagen, das sich von dem, was irgend jemand schon einmal gesagt hat, ein wenig unterscheidet, und hat er nicht nur eine etwas andere Aussageweise, sondern *die* Aussageweise gefunden, die den Unterschied in dem, was er sagt, genau ausdrückt? Selbst wenn ich mich so weit festlege, bin ich mir bewußt, das Risiko einer Spekulation einzugehen. Mich mag beeindrucken, was er zu sagen *versucht*, und ich könnte übersehen, daß er die neue Aussageweise nicht gefunden hat; oder das neue Idiom, das zunächst den Eindruck erweckt, der Dichter habe etwas Eigenes auszusagen, ist vielleicht nur ein Trick oder eine Manieriertheit, die eine völlig konventionelle Vision verbirgt. Und jeden, der wie ich recht viele Manuskripte liest, und zwar Manuskripte von Autoren, von denen er noch nichts anderes zuvor gelesen hat, erwarten noch viel gefährlichere Fallgruben: Denn ein Stapel Gedichte ist vielleicht so viel besser als alles, was ich gerade durchgesehen habe, daß ich in diesem Augenblick meine Empfindung der Erleichterung mit dem Eindruck verwechsle, soeben ein großes Talent aufgespürt zu haben. Viele Leute lassen es damit genug sein, Anthologien zu durchblättern – und selbst wenn ein Gedicht sie beeindruckt, registrieren sie das vielleicht gar nicht, und wenn ja, dann entgeht ihnen vielleicht der Name des Verfassers. Oder sie begnügen sich damit zu warten, bis es sich zeigt, daß ein Dichter, der mehrere Gedichtbände herausgebracht hat (was an und für sich ein gewisses Maß an Sicherheit gibt), eine gute Presse findet. Und an Kritiken beeindruckt uns ja nicht das am meisten, was bei der Besprechung eines Dichters gesagt wird, sondern wie auf ihn hingewiesen wird, wenn irgendein anderer Dichter besprochen wird.

Der erste Weg führt nicht sehr weit; der zweite ist nicht sehr sicher. Denn erstens sind wir sicher alle etwas auf Verteidigung aus, wenn wir über die Zeit schreiben, in der wir leben. Uns liegt etwas daran, überzeugt zu sein, daß unser Zeitalter große Kunst hervorbringen kann – um so eher, als wir vielleicht den Verdacht nicht loswerden, daß dem nicht so ist. Und in uns steckt irgendwie die Überzeugung, daß es uns gewissermaßen beruhigen und unser Selbstvertrauen stärken würde, wenn wir daran glauben könnten, daß wir einen großen Dichter haben. Das ist ein rührender Wunsch, doch verwirrt er unsere kritische Urteilsfähigkeit, denn wir lassen uns vielleicht zu dem Schluß hinreißen, jemand sei ein großer Dichter, der es gar nicht ist; oder wir unterschätzen einen guten Dichter ganz unfairerweise, weil er kein großer Dichter ist. Und im Falle unserer Zeitgenossen sollten wir gar nicht so darauf aus sein herauszufinden, ob sie groß sind oder nicht; wir sollten uns auf die Frage beschränken, ob sie *echt* sind, und die Frage nach ihrer Größe dem einzigen Tribunal überlassen, das darüber urteilen kann: der *Zeit*.

Nun besteht heutzutage ein ausgesprochen großes Publikum für zeitgenössische Dichtung; und vielleicht herrscht für sie ein größeres Interesse als noch vor einem Menschenalter, und größere Erwartungen werden an sie geknüpft. Das bringt uns einerseits in die Gefahr, daß sich ein Lesepublikum bildet, das von den Dichtern vor der Zeit etwa Gerald Manley Hopkins' nichts versteht und dem es daher an der Perspektive fehlt, die für eine kritische Einschätzung unabdingbar ist. Es entsteht ferner die Gefahr, daß man einen Dichter erst dann liest, wenn er unter den Zeitgenossen ein festes Ansehen gefunden hat; und für diejenigen unter uns, die vom Fach sind, ergibt sich die Befürchtung, daß man uns nicht mehr lesen wird, sobald die nächste Generation ihren Dichterkanon aufgestellt hat, obwohl wir doch immer noch dazugehören. Der Leser begibt sich in eine doppelte Gefahr, nämlich niemals etwas *ganz* Frisches zu bekommen, und niemals das wieder zu lesen, was immer frisch bleibt.

Wir sollten daher alte und moderne Dichtung in einem bestimmten Verhältnis lesen. Ich würde mich nicht auf den Geschmack von jemandem verlassen, der nie irgend etwas von moderner Dichtung liest, und ganz gewiß würde ich nicht dem Geschmack von jemandem vertrauen, der nichts anderes liest. Aber selbst vielen Lesern zeitgenössischer Dichtung entgeht das Vergnügen und der Nutzen, etwas für sich selbst herauszufinden. Wenn Sie *neue* Dichtung lesen, Dichtung von jemandem, der sich noch keinen Namen gemacht hat, den die Rezensenten noch nicht akzeptiert haben, üben Sie Ihren *eigenen* Geschmack aus, oder sollten es doch tun. An etwas anderes können Sie sich ja nicht halten. Die Schwierigkeit liegt nicht, wie viele Leser meinen, darin, daß man versuchen muß, einer Art von Dichtung etwas abzugewinnen, die einem gar nicht liegt, sondern darin, seine Sensibilität frei und natürlich spielen zu lassen. Was mich angeht, so finde ich das schwer genug. Denn wenn man einen neuen Dichter ausdrücklich in der Absicht liest, zu einer Entscheidung zu kommen, kann diese Absicht bewirken, daß man seiner Eindrücke nicht so einfach und klar gewahr wird. Es ist schwer, die zwei Fragen, »Ist es gut, ob es mir gefällt oder nicht?« und »Gefällt es mir?« gleichzeitig zu stellen. Oft stellt es sich heraus, daß der beste Test dann vorliegt, wenn mir irgendein Ausdruck, ein Bild oder eine Zeile aus einem neuen Gedicht ungerufen wieder ins Gedächtnis kommt. Ich glaube, mir nützt es auch, die neuen Gedichte in den literarischen Zeitschriften und die Auswahlen aus dem Werk neuer Dichter in neuen Anthologien anzusehen, denn wenn ich sie lese, plagt mich nicht die Frage, ob ich mich dafür einsetzen soll, daß diese Gedichte veröffentlicht werden. Ich glaube, mir geht es dabei so, wie wenn ich das erste Mal ein neues Musikstück hören oder eine neue Gemäldeausstellung besuchen gehe: Ich gehe dann am liebsten allein, denn so muß ich niemandem gleich meine Meinung eröffnen. Nicht, daß ich Zeit brauche, um mich zu entscheiden; Zeit brauche ich, um mit mir darüber ins reine zu kommen, was ich in jenem Augenblick wirklich empfand. Und diese Empfindung ist kein Urteil über Größe und Bedeutung: Sie ist das Gewahrwerden des *Echten*. Deshalb geht es uns beim Lesen eines zeitgenössischen Dichters nicht wirklich um die Frage, ob er ein »großer« oder ein »geringerer« Dichter ist. Aber wenn wir eines seiner Gedichte lesen und darauf ansprechen, sollten wir mehr von ihm lesen wollen; und wenn wir genug von ihm gelesen haben, sollten wir die Frage beantworten können, ob er sich nur wiederholt – ob es sich, mit anderen Worten, um Gleiches handelt oder um etwas Verschiedenes, das sich jedoch nicht zu Größerem fügt, oder ob zwischen den Gedichten eine Beziehung besteht, die uns in jedem einzelnen von ihnen ein klein wenig mehr erkennen läßt. Deshalb müssen wir mit den gleichen Einschränkungen wie im Falle der Werke toter Dichter nicht nur einzelne Gedichte lesen, wie sie in Anthologien zu finden sind, sondern das Gesamtwerk eines Dichters.

Die gesellschaftliche Funktion der Dichtung

Der Titel dieses Aufsatzes wird wahrscheinlich für verschiedene Menschen so Verschiedenes bedeuten, daß man mir verzeihen wird, wenn ich zunächst erkläre, was ich nicht darunter verstehe, bevor ich dazu übergehe, zu erklären, was ich selbst darunter verstehe. Wenn wir über die »Funktion« irgendeiner Sache sprechen, denken wir viel eher daran, was diese Sache bewirken *sollte*, als daran, was sie tatsächlich bewirkt oder bewirkt hat. Das ist eine wesentliche Unterscheidung; ich habe nämlich nicht die Absicht, darüber zu sprechen, was Dichtung nach meiner Meinung bewirken *sollte*. Leute, die sagen, was Dichtung bewirken sollte, haben gewöhnlich, besonders wenn sie selbst Dichter sind, die Art Dichtung im Sinn, die sie selbst hervorbringen möchten. Es ist freilich immer möglich, daß die Dichtung in der Zukunft andere Aufgaben als in der Vergangenheit haben kann, aber selbst wenn es sich so verhält, lohnt es sich, zunächst einmal zu ermitteln, welche Funktion sie in der Vergangenheit gehabt hat, sowohl innerhalb bestimmter Zeiten und Sprachen als auch im allgemeinen Sinn. Es würde mir nicht schwerfallen, darüber zu schreiben, was ich selbst mit der Dichtung anfange oder doch gerne anfangen würde, um Sie dann davon zu überzeugen, daß alle guten Dichter in der Vergangenheit genau das gleiche versuchten oder es doch hätten versuchen sollen – nur hatten sie keinen vollen Erfolg, aber vielleicht war es nicht ihre Schuld. Wenn aber die Dichtung – und ich meine *alle* große Dichtung – in der Vergangenheit keine gesellschaftliche Funktion hatte, so wird sie vermutlich auch in Zukunft wohl keine haben.

Wenn ich sage alle große Dichtung, so möchte ich damit eine andere Möglichkeit, das Thema zu behandeln, vermeiden. Man könnte die verschiedenen Gattungen der Dichtung nacheinander betrachten und ihre gesellschaftliche Funktion der Reihe nach besprechen, ohne dabei zu der allgemeinen Frage vorzudringen, was die Funktion der

Dichtung als Dichtung ist. Ich möchte die allgemeine Funktion von den besonderen unterscheiden, damit klarwird, worüber wir nicht sprechen. Dichtung kann einem beabsichtigten gesellschaftlichen Zweck dienen wollen. In ihren primitiveren Formen ist dieser Zweck häufig völlig eindeutig. Es gibt zum Beispiel frühe Zaubersprüche und Gesänge, die zum Teil einen sehr greifbaren magischen Zweck hatten, wie das Abwenden des bösen Blicks, Heilen von Krankheiten, Bannen böser Geister. Sehr früh wird die Dichtung im Kult verwendet, und wenn wir einen Choral singen, benutzen wir die Dichtung noch immer für einen bestimmten gesellschaftlichen Zweck. Die frühen Formen des Epos und der Sagen haben vielleicht Tatsachen übermittelt, die als historisch galten, ehe sie zur bloßen gemeinschaftlichen Unterhaltung wurden; und vor dem Gebrauch der Schrift müssen regelmäßige Versformen für das Gedächtnis eine große Hilfe gewesen sein – und das Gedächtnis der alten Barden, Geschichtenerzähler und Gelehrten muß fabelhaft gewesen sein. Die anerkannten gesellschaftlichen Funktionen der Dichtung sind auch in fortgeschrittenen Gemeinwesen wie im alten Griechenland sehr deutlich. Das griechische Drama entwickelt sich aus religiösen Riten und bleibt eine feierliche, mit religiösen Kulthandlungen verbundene Zeremonie; die pindarische Ode entwikkelt sich im Zusammenhang mit einem bestimmten öffentlichen Anlaß. Sicherlich ergab sich für die Dichtung aus dieser eindeutigen Zwecksetzung ein Gerüst, das bestimmte Gattungen der Dichtung bis zur Vollkommenheit führte.

In der neueren Dichtung bleiben einige dieser Formen erhalten, zum Beispiel das oben schon von mir erwähnte Kirchenlied. Die Bedeutung des Begriffs *didaktische* Dichtung hat sich gewandelt. Unter *didaktisch* kann man »Vermittlung von Information« oder »sittliche Belehrung« verstehen oder eine Verbindung von beidem. Vergils *Georgica* zum Beispiel sind eine sehr schöne Dichtung und enthalten viele nützliche Winke für die Landwirtschaft. Heutzutage aber wäre es unmöglich, ein zeitgemäßes Buch über Landwirtschaft zu schreiben, das gleichzeitig eine gute Versdichtung wäre, denn einerseits ist der Gegenstand selbst sehr viel verwickelter und wissenschaftlicher geworden, und andererseits läßt er sich leichter in

Prosa behandeln. Auch astronomische und kosmologische Abhandlungen würden wir nicht mehr in Versen schreiben, wie es die Römer taten. Das Gedicht, dessen eingestandener Zweck es ist, zu unterrichten, ist von der Prosa abgelöst worden. Didaktische Dichtung ist schrittweise auf sittlich ermahnende Dichtung eingeschränkt worden, oder auf Dichtung, die den Leser von der Richtigkeit der Meinung des Dichters in irgendeiner Sache zu *überzeugen* sucht. Sie enthält deshalb ein gut Teil dessen, was man *Satire* nennen könnte, obwohl Satire sich mit Burleske und Parodie überschneidet, die im wesentlichen erheitern sollen. Im siebzehnten Jahrhundert sind einige der Gedichte von Dryden Satiren in dem Sinn, daß sie ihre Gegenstände lächerlich zu machen suchen, und gleichzeitig didaktisch in ihrer Absicht, den Leser von einer bestimmten politischen oder religiösen Meinung zu überzeugen; dabei bedienen sie sich auch der allegorischen Methode, Wirklichkeit hinter einer Fiktion zu verbergen: *The Hind and the Panther*, das den Leser davon überzeugen soll, daß die katholische gegenüber der anglikanischen Kirche im Recht war, ist sein bemerkenswertestes Gedicht dieser Art. Im neunzehnten Jahrhundert ist ein guter Teil der Dichtung Shelleys von Eifer für soziale und politische Reformen inspiriert.

Was nun *dramatische* Dichtung angeht, so hat diese heute eine nur ihr eigentümliche Funktion im Leben der Gesellschaft. Denn während Gedichte heute meistens geschrieben werden, um allein im stillen gelesen oder in einer kleinen Gesellschaft laut vorgelesen zu werden, ist es allein der dramatischen Dichtung vorbehalten, eine große Anzahl von Menschen unmittelbar anzusprechen, die beisammen sind, um ein vom Dichter frei erfundenes Geschehen auf der Bühne dargestellt zu sehen. Die dramatische Versdichtung unterscheidet sich von jeder anderen; weil aber die ihr eigentümlichen Gesetze diejenigen des Dramas sind, verschmilzt ihre Funktion mit der des Dramas im allgemeinen, und hier beschäftige ich mich nicht mit der speziellen gesellschaftlichen Funktion des Dramas.

Die spezielle Funktion philosophischer Versdichtung würde eine längere Analyse und historische Darstellung erfordern. Ich glaube, ich habe schon genug Dichtungsgattungen erwähnt, um zu zeigen, daß die besondere Funktion einer jeden von ihnen mit einer anderen Funktion zusammenhängt: die der dramatischen Dichtung mit dem Drama, die der Belehrung dienenden didaktischen Dichtung mit der Funktion ihres Stoffes, die der sich mit Philosophie, Religion, Politik, Moral beschäftigenden didaktischen Dichtung mit der Funktion der von ihr behandelten Themen. Wir könnten die Funktion jeder dieser Dichtungsgattungen betrachten und dabei die Funktion der Dichtung an sich unberührt lassen. Alle diese Dinge nämlich können in Prosa behandelt werden.

Bevor ich aber fortfahre, möchte ich einem möglichen Einwand begegnen. Menschen sind manchmal jeder Dichtung gegenüber mißtrauisch, die eine besondere Absicht verfolgt: der Dichtung, in welcher der Dichter bestimmte soziale, sittliche, politische oder religiöse Meinungen vertritt. Auch neigen sie viel eher dazu, zu sagen, dies sei keine Dichtung, wenn sie in Wirklichkeit die betreffende Meinung ablehnen; ebenso wie andere Leute häufig das für wahre Dichtung halten, was zufällig eine Meinung wiedergibt, die ihnen zusagt. Ich würde sagen, daß es ohne Bedeutung ist, ob der Dichter mit seiner Dichtung eine bestimmte gesellschaftliche Haltung verteidigen oder angreifen will. Schlechte Verse können sich vorübergehender Hochschätzung erfreuen, wenn sie eine im Augenblick populäre Haltung widerspiegeln; aber wahre Dichtung überlebt nicht nur einen Wechsel der öffentlichen Meinung, sondern selbst das völlige Erlöschen des Interesses an den Problemen, mit denen sich der Dichter mit Leidenschaft auseinandersetzte. Das Gedicht des Lukrez bleibt ein großes Gedicht, obwohl seine Vorstellungen über Physik und Astronomie keine Gültigkeit mehr haben; das gleiche gilt für das Gedicht von Dryden, obwohl uns die politischen Streitigkeiten des siebzehnten Jahrhunderts nichts mehr angehen; ebenso kann ein großes Gedicht der Vergangenheit noch immer große Freude bereiten, obwohl wir seinen Stoff heute in Prosa behandeln würden.

Wenn wir nun die wesentliche gesellschaftliche Funktion der Dichtung erkennen wollen, so müssen wir zunächst ihre unverkennbaren Funktionen betrachten, die sie erfüllen muß, wenn sie überhaupt Funktionen erfüllen soll. Die erste Funktion, deren wir, denke ich, sicher sind, besteht darin, daß Dichtung Freude spenden soll. Wenn

Sie fragen, welche Art Freude, so kann ich nur antworten: jene Art Freude, wie sie Dichtung spendet – einfach weil jede andere Antwort uns weit hineinführen würde in das Gebiet der Ästhetik und der allgemeinen Frage nach dem Wesen der Kunst.

Wir sind uns wohl einig, daß jeder gute Dichter, sei er ein großer Dichter oder nicht, über die Freude hinaus etwas geben soll: wäre es nichts als Freude, so könnte diese Freude selbst nicht von der höchsten Art sein. Neben jeder spezifischen Absicht, die Dichtung haben kann, wie ich sie schon in den verschiedenen Dichtungsgattungen vorführte, gibt es in ihr stets die Mitteilung irgendeiner neuen Erfahrung, oder eines neuen Verstehens des schon Vertrauten, oder den Ausdruck einer Erfahrung, für die uns die Worte fehlen, mit denen unser Bewußtsein erweitert oder unsere Sensibilität gesteigert wird. Aber dieser Aufsatz beschäftigt sich nicht mit solchem Gewinn, den die Dichtung für den einzelnen bedeuten kann, und ebensowenig mit der Qualität der Freude des einzelnen. Wir verstehen wohl alle sowohl die Art von Freude, welche Dichtung geben kann, als auch jene Bereicherung unseres Lebens über die Freude hinaus, die wir ihr verdanken. Wo diese beiden Wirkungen ausbleiben, haben wir einfach keine Dichtung vor uns. Wir können uns dessen wohl bewußt sein und doch gleichzeitig eine bestimmte Wirkung der Dichtung übersehen, die sie, im kollektiven Sinne, auf uns als Gesellschaft ausübt. Und ich meine das im weitesten Sinne. Ich halte es nämlich für wichtig, daß jedes Volk seine eigene Dichtung hat, nicht nur für die, denen Dichtung Freude bereitet – solche Menschen könnten immer fremde Sprachen lernen und deren Dichtung genießen –, sondern weil es für die Gesellschaft als Ganzes und damit auch für diejenigen von Bedeutung ist, die für Dichtung unempfindlich sind. Ich schließe selbst die ein, die die Namen der Dichter ihres eigenen Volkes nicht kennen. Das ist das eigentliche Thema dieses Aufsatzes.

Wir bemerken, daß Dichtung sich insofern von jeder anderen Kunstform unterscheidet, als sie für das Volk der Sprache und Abstammung des Dichters einen Wert besitzt, den sie für kein anderes Volk haben kann. Sogar Musik und Malerei sind durch geographische und nationale Wesenszüge mitbestimmt, aber sicherlich fällt dem Ausländer die Würdigung dieser Künste viel leichter. Auf der anderen Seite ist es richtig, daß Prosawerke in der Ursprache etwas auszusagen haben, das bei der Übersetzung verlorengeht; wir alle aber empfinden, daß wir bei einem übersetzten Roman viel weniger einbüßen als beim übersetzten Gedicht; bestimmte wissenschaftliche Texte können ohne jeden Verlust übersetzt werden. Daß die Versdichtung viel enger an den Ort gebunden ist als Prosa, läßt sich aus der Geschichte der europäischen Sprachen ersehen. Das Lateinische blieb durch das ganze Mittelalter hindurch bis in die letzten Jahrhunderte hinein die Sprache der Philosophie, Theologie und Naturwissenschaften. Der Anstoß zum literarischen Gebrauch der Volkssprachen ging von der Versdichtung aus. Dies erscheint auch als ganz natürlich, wenn wir uns vergegenwärtigen, daß Dichtung es in erster Linie mit dem Ausdruck von Gefühl und Empfindung zu tun hat, und daß Gefühl und Empfindung das Besondere sind, während das Denken allgemein ist. Es ist leichter, in einer fremden Sprache zu denken, als in ihr zu fühlen. Deshalb ist keine Kunst hartnäckiger national bestimmt als die Dichtung. Man kann einem Volk seine Sprache nehmen, sie unterdrücken und auf den Schulen eine andere Sprache erzwingen; wird dieses Volk nicht gelehrt, in einer neuen Sprache zu *fühlen*, so ist die alte nicht ausgemerzt, und sie wird in der Dichtung wiedererstehen, die der Träger der Empfindung ist. Ich sagte eben »in einer neuen Sprache fühlen«, und ich meine damit mehr als nur »Gefühle in einer fremden Sprache ausdrücken«. Ein Gedanke wird durch die Wiedergabe in einer fremden Sprache nicht verändert, Gefühle und Empfindungen aber bleiben nicht die gleichen. Es ist Anlaß genug, mindestens eine fremde Sprache gründlich zu lernen, weil wir auf diese Weise eine Art zusätzlicher Persönlichkeit erwerben; ein Anlaß, keine fremde Sprache *an Stelle* unserer eigenen zu lernen, ist der, daß die wenigsten von uns ein anderer Mensch werden möchten. Eine hochentwickelte Sprache kann selten ausgerottet werden, es sei denn durch das Ausrotten der Menschen, die sie sprechen. Wenn eine Sprache eine andere ersetzt, kommt das gewöhnlich daher, daß diese Sprache Vorteile hat, die für sie sprechen, sie ist nicht nur anders als die primitivere Sprache, sondern bietet auch eine erweiterte und differenziertere Anwendungsmöglichkeit, nicht nur für das Denken, sondern auch für das Gefühl.

Empfindung und Gefühl lassen sich also am besten in der Sprache des Volkes ausdrücken – das heißt in der Sprache, die allen Schichten gemeinsam ist: die Struktur, der Rhythmus, der Klang, das Idiom einer Sprache drücken die Persönlichkeit des Volkes aus, welches sie spricht. Wenn ich sage, daß Versdichtung eher als Prosa dem Ausdruck von Empfindung und Gefühl dient, so will ich damit nicht sagen, daß die Dichtung keinen intellektuellen Inhalt oder Sinn zu haben braucht, oder daß große Dichtung ihn nicht in höherem Maße besitzt als geringere Dichtung. Ein Fortführen dieser Untersuchung würde mich jedoch von meinem eigentlichen Ziel abdrängen. Ich will voraussetzen, daß man den deutlichsten Ausdruck der tiefsten Gefühle eher in der Dichtung der eigenen Sprache als in irgendeiner anderen Kunst oder in der Dichtung fremder Sprachen findet. Das soll natürlich nicht heißen, daß wahre Dichtung auf Gefühle begrenzt ist, die jedermann wiedererkennen und verstehen kann; wir dürfen Dichtung nicht auf *volkstümliche* Dichtung beschränken. Es genügt, daß in einem homogenen Volk die Gefühle der Kultivierten und Differenzierten etwas mit denjenigen der Ungeschliffenen, Einfachen gemein haben, das sie mit den Gefühlen der Menschen ihres eigenen Niveaus, die eine andere Sprache sprechen, nicht teilen. Ist eine Kultur gesund, so hat der große Dichter seinen Landsleuten jeder Bildungsstufe etwas zu sagen.

Wir können sagen, daß der Dichter als Dichter seinem Volk nur indirekt verpflichtet ist: unmittelbar hat er seiner Sprache zu dienen, zunächst sie zu erhalten, dann sie zu erweitern und zu verbessern. Indem er ausdrückt, was andere Menschen fühlen, verändert er auch das Gefühl selbst, indem er es bewußter macht; er macht die Menschen aufmerksamer auf das, was sie bereits fühlen, und damit lehrt er sie etwas über sie selbst. Er ist aber nicht einfach bewußter als die anderen; er unterscheidet sich auch individuell von anderen Menschen, selbst von anderen Dichtern, und er kann seine Leser bewußt an neuen Gefühlen teilnehmen lassen, die sie früher noch nicht empfanden. Dies ist der Unterschied zwischen einem nur exzentrischen oder verschrobenen Schriftsteller und dem echten Dichter. Der eine kann Gefühle haben, die einzigartig sind, die aber andere nicht teilen können und die deshalb nutzlos sind; der zweite entdeckt neue Variationen der Sensibilität, die andere sich aneignen können. Indem er sie ausdrückt, entwickelt und bereichert er die Sprache, die er spricht.

Ich habe über die ungreifbaren Unterschiede des Empfindens zwischen dem einen Volk und dem anderen durchaus genug gesagt, Unterschiede, die sich in ihren Sprachen bestätigen und durch sie weiterentwickelt werden. Aber Völker erleben die Welt nicht nur auf verschiedene Weise an verschiedenen Orten, sie erleben sie auch verschieden zu verschiedenen Zeiten. In der Tat ändert sich unsere Sensibilität dauernd, so wie sich die Welt um uns verändert: unsere Welt ist nicht die gleiche wie die der Chinesen oder der Inder, es ist aber auch nicht die gleiche wie die unserer Vorfahren vor Hunderten von Jahren. Sie ist nicht die unserer Väter; und endlich sind wir selbst nicht ganz die gleichen Menschen, die wir vor einem Jahr waren. Dies ist selbstverständlich; es ist aber weniger selbstverständlich, daß hier der Grund dafür liegt, daß wir es uns nicht leisten können, aufzuhören, Dichtung hervorzubringen. Die meisten Gebildeten blicken nicht ohne Stolz auf ihre großen Dichter und Schriftsteller, auch wenn sie sie vielleicht nie lesen, so wie sie auf andere Ehrentitel ihres Landes stolz sind; einige wenige Autoren werden so berühmt, daß sie gelegentlich in politischen Reden erwähnt werden. Die meisten Leute begreifen nicht, daß es damit nicht getan ist; daß ihre Sprache und Kultur verfallen und vielleicht in einer stärkeren aufgehen wird, wenn sie nicht immer wieder große Autoren und im besonderen große Dichter hervorbringen.

Denn wir müssen bedenken, daß wir uns der Literatur der Vergangenheit immer weiter entfremden, wenn wir keine lebende Literatur besitzen; wenn wir die Kontinuität nicht wahren, so wird uns auch die Literatur unserer Vergangenheit immer ferner rücken, bis sie uns schließlich ebenso fremd ist wie die Literatur eines fremden Volkes. Denn unsere Sprache ist in stetem Wandel begriffen; unsere Lebensweise wandelt sich unter dem Druck materieller Veränderungen in unserer Umwelt auf jede denkbare Weise; wenn wir nicht jene Seltenen in unserer Mitte haben, die eine außerordentliche Empfindungsfähigkeit mit einer außerordentlichen Sprachgewalt verbinden, wird unsere eigene Fähigkeit verkümmern, mehr als nur die gröbsten Gefühle auszudrücken, ja sogar zu empfinden.

Es hat wenig zu sagen, ob ein Dichter zu seinen Lebzeiten ein großes Publikum hatte. Es kommt darauf an, daß er in jeder Generation wenigstens ein kleines Publikum hat. Das eben Gesagte legt aber nahe, daß er vor allen Dingen für seine eigene Zeit Bedeutung hat, oder daß tote Dichter ihren Sinn für uns verlieren, wenn wir nicht auch lebende Dichter haben. Ich möchte sogar noch mit größerem Nachdruck behaupten, daß es recht verdächtig ist, wenn ein Dichter sehr schnell ein großes Publikum gewinnt: wir müssen dann nämlich befürchten, daß er nicht wirklich Neues hervorbringt, daß er den Menschen nur etwas gibt, woran sie schon gewöhnt sind und was sie also schon von den Dichtern der früheren Generation her besaßen. Daß aber ein Dichter zu seinen Lebzeiten das richtige kleine Publikum besitzt, ist sehr wichtig. Es sollte immer eine kleine Vorhut von Menschen vorhanden sein, die für Dichtung empfänglich, unabhängig und ihrer Zeit einigermaßen voraus sind oder bereit, Neues rascher als andere aufzunehmen. Die Entwicklung von Kultur bedeutet nicht, daß jedermann auf die gleiche Höhe gebracht werden soll, was nichts anderes heißt, als daß alle Schritt halten müssen; sie bedeutet, daß eine solche *Elite* erhalten werden muß, während das passivere Gros der Leser nicht weiter als etwa eine Generation nachhinkt. Die Wandlungen und Entwicklungen der Sensibilität, die zuerst bei einigen wenigen sichtbar werden, werden durch ihren Einfluß auf andere, volkstümlichere Autoren nach und nach in die Sprache Eingang finden; sobald sie sich durchgesetzt haben, ergibt sich daraus ein neues Vorrücken. Außerdem wirken die Toten durch die Lebenden weiter. Ein Dichter wie Shakespeare hat die englische Sprache sehr tief beeinflußt, und zwar nicht nur durch seinen Einfluß auf seine unmittelbaren Nachfolger. Bei den größten Dichtern gibt es nämlich Aspekte, die nicht gleich ans Licht treten; durch ihren unmittelbaren Einfluß auf andere Dichter führen sie ihre Einwirkung auf die lebende Sprache noch nach Jahrhunderten weiter. Ja, wenn ein englischer Dichter lernen soll, wie bestimmte Worte heute gebraucht werden, so muß er jene Dichter sorgfältig studieren, die sie zu *ihrer* Zeit am besten zu handhaben wußten; jene Dichter, die in ihrer Zeit die Sprache erneuerten.

Bis jetzt habe ich die äußerste Grenze des Gebiets, bis zu dem sich der Einfluß der Dichtung meiner Meinung nach erstreckt, nur angedeutet. Das kann am besten ausgedrückt werden durch die Behauptung, daß es auf lange Sicht für die Sprache, für die Empfindungswelt, für die individuelle Existenz jedes einzelnen Mitglieds einer menschlichen Gesellschaft, für alle Glieder der Gemeinschaft, für die Gesamtheit der Nation von Bedeutung ist, ob sie Dichtung lesen und sich daran freuen oder nicht – ja sogar, ob sie die Namen der größten Dichter der Nation kennen oder nicht. An der äußersten Peripherie ist der Einfluß der Dichtung natürlich sehr diffus, sehr indirekt, sehr schwer nachweisbar. Es ist, als verfolge man den Flug eines Vogels oder eines Flugzeugs in einem klaren Himmel: hat man es in der Nähe gesehen und nicht mehr aus den Augen verloren, während es immer weiter entschwindet, so kann man es noch in sehr großer Entfernung sehen, während das Auge eines anderen, dem man es zeigen möchte, nichts mehr entdecken kann. Geht man dem Einfluß der Dichtung nach, von den Lesern an, die am tiefsten von ihr berührt sind, bis zu den Leuten, die überhaupt nie lesen, so wird man ihm überall begegnen. Man wird ihm mindestens dann begegnen, wenn die nationale Kultur lebendig und gesund ist, denn in einer gesunden Gesellschaft besteht eine ununterbrochene Wirkung und Wechselwirkung aller Glieder untereinander. Das verstehe ich unter gesellschaftlicher Funktion der Dichtung im weitesten Sinne, daß sie im Maße ihrer Vollkommenheit und Kraft auf die Sprache und Sensibilität der ganzen Nation wirkt.

Glauben Sie nicht, ich wollte sagen, daß die Sprache, die wir sprechen, ausschließlich von unseren Dichtern bestimmt sei. Die Struktur der Kultur ist sehr viel komplizierter. Es ist ebenso wahr, daß die Qualität unserer Dichtung davon abhängt, wie die Leute mit ihrer Sprache umgehen, denn ein Dichter muß für seine Arbeit die Sprache so verwenden, wie sie in seinem Umkreis gesprochen wird. Wenn sie besser wird, wird er daraus Nutzen ziehen; verfällt sie, so muß er mit ihr zurechtkommen, so gut er kann. Die Dichtung kann bis zu einem gewissen Grade die Schönheit einer Sprache erhalten, ja sogar wiederherstellen; sie kann und sollte auch zu einer Entwicklung der Sprache beitragen, die es ihr ermöglicht, die komplizierteren Bedingungen und wechselnden Ziele des modernen Lebens genauso subtil und präzise wiederzugeben, wie sie es für eine einfachere Zeit tat. Aber wie alle anderen Bestandteile dieses geheimnisvollen, gemeinschaftlichen, personhaften Dinges, welches wir unsere »Kultur« nennen, hängt Dichtung von einer großen Zahl von Umständen ab, die ihrer Kontrolle nicht unterworfen sind.

Dies führt mich zu einigen allgemeineren Betrachtungen. Bis hierher betonte ich die nationale und ortsgebundene Funktion der Dichtung; das muß näher bestimmt werden. Ich möchte nicht den Eindruck erwecken, daß die Funktion der Dichtung darin besteht, die Völker voneinander zu scheiden, denn ich glaube nicht, daß die Kulturen der verschiedenen Völker Europas isoliert voneinander gedeihen können. Ohne Zweifel gab es in der Vergangenheit Hochkulturen, die sich in der Isolierung entwickelt haben und große Gedanken gedacht, große Kunst und Literatur hervorgebracht haben. Darüber läßt sich nichts mit Bestimmtheit sagen, denn einige von ihnen waren vielleicht nicht so isoliert, wie es zunächst den Anschein hat. In der europäischen Geschichte aber verhielt es sich jedenfalls anders. Schon das alte Griechenland verdankt Ägypten vieles, und manches dem angrenzenden Asien. In den Beziehungen der einzelnen griechischen Staaten zueinander mit ihren verschiedenartigen Dialekten und Sitten können wir Wechselwirkung und Ansporn erkennen, die denen der europäischen Staaten untereinander entsprechen. Aber die Geschichte der europäischen Literatur erweist nicht, daß irgendeine Literatur von den übrigen unabhängig war; eher zeigt sie, daß ein fortwährendes Geben und Nehmen stattfand, und daß jede Literatur für sich durch Anreiz von außen von Zeit zu Zeit eine neue Belebung erfuhr. Eine vollständige Autarkie in der Kultur ist schlechterdings nicht möglich; jedes Land kann für seine nationale Kultur nur im Verkehr mit anderen dauerhaften Bestand erhoffen. Wenn aber das Sichabschließen von Kulturen innerhalb der Einheit Europas eine Gefahr bedeutet, so gilt dasselbe für eine Vereinheitlichung, die zur Einförmigkeit führen würde. Die Mannigfaltigkeit ist ebenso wesentlich wie die Einheit. Zum Beispiel läßt sich innerhalb begrenzter Zwecke manches sagen für eine allgemeine *Lingua Franca* wie Esperanto oder Basic English. Stellen wir uns aber vor, daß sich der gesamte Verkehr unter den Nationen in einer solchen künstlichen Sprache abspielen würde – wie unvollkommen wäre sie dann! Genauer gesagt würde sie in mancher Hinsicht völlig ausreichen, in anderer aber wäre jede Mitteilung ausgeschlossen. Die Dichtung erinnert uns immer wieder an all das, was nur in einer einzigen Sprache gesagt werden kann und unübersetzbar ist. Der *geistige* Verkehr von Volk zu Volk kann nicht ohne die Einzelpersonen stattfinden, die sich die Mühe machen, mindestens eine fremde Sprache so gut zu lernen, wie man eine fremde Sprache überhaupt lernen kann, und die damit in höherem oder geringerem Grade fähig sind, in einer anderen Sprache so zu *fühlen* wie in der eigenen. Und unser Verstehen eines anderen Volkes muß dahin erweitert werden, daß wir die Angehörigen dieses Volkes zu verstehen trachten, die die Mühe nicht gescheut haben, unsere eigene Sprache zu lernen.

Übrigens ist das Studium der Dichtung eines anderen Volkes besonders lehrreich. Ich sagte, daß in der Dichtung jeder Sprache Eigenarten enthalten sind, die nur derjenige verstehen kann, der in sie hineingeboren ist. Aber auch hier gibt es die andere Seite. Manchmal erlebte ich es beim Versuch, etwas in einer mir nicht sehr vertrauten Sprache zu lesen, daß ich ein Stück Prosa so lange nicht verstand, bis ich es im Sinne der Schulmethode verstand: ich mußte also die exakte Bedeutung jedes einzelnen Wortes ermitteln, Grammatik und Syntax erfassen, und dann konnte ich mir schließlich aus dem betreffenden Abschnitt auf englisch einen Reim machen. Manchmal fand ich aber auch, daß mir ein Gedicht, welches ich nicht übersetzen konnte, weil es viele mir fremde Wörter enthielt und Sätze, die ich nicht zu zerlegen wußte, trotzdem etwas Unmittelbares und höchst Lebendiges vermittelte, etwas Einzigartiges, ohne Verbindung zu irgend etwas Englischem – etwas, das sich nicht in Worte kleiden ließ und von dem ich doch wußte, daß ich es verstand. Und wenn ich dann die Sprache besser kennenlernte, stellte sich heraus, daß dieser Eindruck keine Illusion war, nicht etwas, was ich in der Dichtung gefunden zu haben mir einbildete, sondern etwas, das wirklich dastand. Hin und wieder kann man also in der Dichtung in ein fremdes Land eindringen, bevor man sozusagen Visum und Fahrkarte in der Tasche hat.

Das Untersuchen der gesellschaftlichen Funktion der Dichtung führt uns also, vielleicht zu unserer Überraschung, in das ganze Gebiet der Wechselbeziehungen von Ländern verschiedener Sprache, aber verwandter Kultur innerhalb des europäischen Bereichs. Ich möchte gewiß nicht von hier aus zu rein politischen Fragen übergehen; aber ich wünschte, daß diejenigen, die sich mit politischen Fragen beschäftigen, häufiger die Grenze zu dem Gebiet überschritten, mit dem ich mich hier befaßt habe. Denn hier findet sich der geistige Aspekt von Problemen, deren materiellen Aspekt die Politik zum Gegenstand hat. Auf meiner Seite der Grenze beschäftigt man sich mit Lebendigem, das nach eigenen Gesetzen wächst, die nicht immer vernünftig sind, aber einfach von der Vernunft hingenommen werden müssen; das nicht säuberlich geplant und in Ordnung gebracht werden kann, ebensowenig wie Wind und Regen und die Jahreszeiten.

Wenn ich nun also recht habe mit meiner Meinung, daß Dichtung für alle Menschen, die die Sprache des Dichters sprechen, eine »gesellschaftliche Funktion« besitzt, mögen sie von ihm wissen oder nicht, dann folgt daraus, daß es für jedes einzelne Volk in Europa von Bedeutung ist, ob in den übrigen Völkern lebendige Dichtung weiterexistiert. Norwegische Dichtung kann ich nicht lesen; aber wenn man mir sagte, daß in norwegischer Sprache keine neuen Gedichte mehr entstehen, dann würde mich eine Angst packen, die über großmütiges Mitgefühl weit hinausginge. Ich würde das als einen Krankheitsherd betrachten, der sich womöglich über den ganzen Kontinent ausbreiten könnte, als den Beginn eines Verfalls, der bedeuten würde, daß die Menschen überhaupt die Fähigkeit verlören, die Regungen zivilisierter Wesen auszudrücken, und infolgedessen sie auch zu fühlen. Dahin könnte es kommen. Es ist von allen Seiten viel gesagt über den Rückgang des religiösen Glaubens; der Rückgang religiöser Erlebnisfähigkeit hat geringere Aufmerksamkeit gefunden. Die Not unserer Zeit ist nicht nur die Unfähigkeit, gewisse Tatsachen über Gott und den Menschen zu glauben, an die unsere Vorfahren glaubten, sondern die Unfähigkeit, Gott und dem Menschen gegenüber so zu *fühlen* wie sie. Einen Glauben, dem man nicht länger anhängt, kann man immer noch bis zu einem gewissen Grade verstehen; wenn aber das religiöse Gefühl verschwindet, werden die Worte sinnlos, in denen Menschen nach seinem Ausdruck rangen. Natürlich wandelt sich das religiöse Gefühl von Land zu Land und von Epoche zu Epoche, ebenso wie das poetische Gefühl; das Gefühl wandelt sich, selbst wenn der Glaube, die Lehre die gleichen bleiben. Dies ist aber eine Bedingung des menschlichen Lebens; wovor ich Angst habe, ist der Tod. Es ist ebenso möglich, daß das Gefühl für Dichtung, ja die Empfindungen selbst, die der Stoff der Dichtung sind, überall verschwinden; vielleicht trägt dies zur Vereinheitlichung der Welt bei, die von manchen Leuten für an sich erstrebenswert gehalten wird.

Die Literatur der Politik

Nicht erst heute, sondern schon seit einiger Zeit ist mir bewußt, wie unbesonnen es von mir war, Ihre Einladung, auf diesem Literarischen Lunch zu sprechen, anzunehmen. Meine Zusage ist nur die zusätzliche Bestätigung einer Erkenntnis, die ich aus der Erfahrung gewonnen haben sollte, daß man nämlich fast jeder Gefahr unerschrocken ins Auge blicken, ja sogar mutwillig mit ihr anbändeln kann, wenn sie nur weit genug weg ist. Meine Verwegenheit in diesem Falle war zweifacher Art. Während ich nicht annehme, daß jeder in diesem Raum ein vollendeter Redner ist, so halte ich es doch für erwiesen, daß die, die es nicht sind, zumindest erfahrene Zuhörer sind mit recht hohen Maßstäben dessen, was sie an Rednerkunst erwarten. Und der Mann der Feder, weit entfernt, als solcher berechtigt zu sein, Rednerbühne oder Plattform zu besteigen, ist eher ein mittelmäßiger Redner, der sich nur relativ wohlfühlt, – aber auch dann nur relativ, – wenn er sich, wie ich heute, nicht nur seine Gedanken, sondern auch seine Worte zurechtgelegt hat. Zweitens war ich unbesonnen, als ich einwilligte, in ungewohnter Rolle und Umgebung aufzutreten. Das kann natürlich die Zahl meiner Zuhörer vergrößert haben. Sie fühlen sich wahrscheinlich in diesem Augenblick prickelnd erregt wie eine Menge beim Anblick eines Turmspringers, von dem man gemunkelt hat, er könne nicht schwimmen. Ich hoffe, daß Sie enttäuscht werden, aber ich weiß selbst auch nicht, ob, wenn die Wogen des Aufschlags sich gelegt haben, mein Kopf aus dem Wasser emportauchen wird.

Eine gewisse Spannung und wohl auch Mißverständnisse dürften durch den ursprünglich angekündigten Titel hervorgerufen worden sein, der den Kolumnisten einer Tageszeitung zu dem Ausruf veranlaßte: »Mr. Eliot, der seine Dramen in Versen schreibt, wendet sich der Politik zu. Bis jetzt hat er sich davon ja weit genug entfernt gehalten.« Nun, ich beabsichtige, ebenso politisch zu sein und keinen Deut mehr wie in einigen meiner früheren Prosaschriften, die der Schreiber, der sich von meinen Stücken so beeindruckt zeigt, übersehen hat.

Den ursprünglich angekündigten Titel hatte ich als ein gutes Thema vorgeschlagen, über das irgend jemand einmal sprechen könnte, ohne allerdings mich selbst damit zu meinen. Erst ziemlich spät bemerkte ich, daß der Titel auf seinen Urheber zurückgefallen war, der nun sehen muß, wie er damit fertig wird. Ich fühle mich dabei an ein Erlebnis vor einigen Jahren erinnert, als ich mich bereit erklärt hatte, in Nizza einen Vortrag zu halten. In der Korrespondenz mit dem Präsidenten der Gesellschaft, vor der ich reden sollte, erwähnte ich, daß ich nicht wüßte, welche der beiden Arten von Zuhörern zu erwarten sei, und ich mich deshalb hinsichtlich der Themenwahl zwischen Scylla und Charybdis befände. Bevor ich mich noch entschlossen hatte, worüber ich reden wollte, wurde in Nizza angekündigt, ich würde über das Thema Scylla und Charybdis sprechen. Nach einem Augenblick der Bestürzung dachte ich mir: »Warum eigentlich nicht?« Unter einer solchen Überschrift kann man fast jeden Gegenstand behandeln. *Scylla und Charybdis* ist herrlich allgemein und weckt durch seine Unbestimmtheit Neugierde. *Die Beziehung zwischen politischer Philosophie und politischer Praxis* war andererseits beunruhigend exakt. Ein solches Thema verlangt die ganze Gelehrsamkeit, die Tiefgründigkeit und ungestüme Beredsamkeit eines Philosophen wie Isiah Berlin. Für meinen Teil will ich mich nicht mit solchen Autoritäten messen. Ich bin nur ein Schriftsteller, der glaubt, daß die Fragen, die er aufwirft, manchmal interessieren mögen, selbst wenn die Antworten, die er zu geben vermag, unbedeutend sind. Als Schriftsteller habe ich mich auch nie in anderer Rolle an der Politik beteiligt als der des Wählers, einer Statistenrolle, und der des Lesers, einer Zuschauerrolle.

Lassen Sie mich also mein Thema angehen mit der Frage: »Was ist die Literatur des Konservatismus?« Das heißt, welches sind die ›klassischen‹ Schriften in englischer Sprache, von denen man annehmen dürfte, daß jeder denkende Konservative mit ihnen einigermaßen vertraut sei, Schriften von Verfassern, deren Werk nach allgemeiner Auffassung ein gewisses Verständnis vom Wesen des

Konservatismus vermittelt? Es gibt vier Namen, die wir alle ohne Souffieren im Chor aufsagen könnten, denn sie werden immer zusammen genannt. Sie sind die ersten vier in der bibliographischen Anmerkung des trefflichen Büchleins *Conservatism*, das Lord Hugh Cecil, der er damals war, im Jahre 1912 für die Home University Library geschrieben hat. Es sind natürlich die Namen Bolingbroke, Burke, Coleridge und Disraeli.

Könnte man wohl in einem Gebiet des Geistes vier einander unähnlichere Männer finden als diese? Ihre einzige offensichtliche Gemeinsamkeit besteht darin, daß jeder auf seine Art ein Meister der Prosa war, dessen Werk vom Studenten der englischen Literatur ebensowenig vernachlässigt werden darf wie vom Studenten der Politik. Jeder von ihnen hatte einen Sinn für Stil, und das bedeutet mehr als bloß eine Fertigkeit im Schreiben. Es kann ja nur von Vorteil sein, wenn die konservative Tradition auch eine Tradition guter Prosa ist, aber das mag irrelevant erscheinen. Betrachten wir Bolingbroke, so erscheint er kaum als Beispiel für jenen Eifer für christlichen Glauben und christliche Moral, den Lord Hugh Cecil zu Recht gefordert hat. Burke ist sicherlich ein christlicher Denker; Coleridge war ein ebenso hervorragender Theologe wie Philosoph; auch Disraeli kann vor dieser Prüfung bestehen, obwohl mir das Christentum von Gladstone mehr zusagt. Hinsichtlich ihrer politischen Einstellung ist zu bedenken, daß die drei praktischen Politiker unter ihnen sich sehr verschiedenen Situationen gegenübergestellt sahen. Bolingbroke ist sogar präkonservativ zu nennen, wenn wir denen beipflichten, die den Konservatismus aus einer Verschmelzung von Tory- und Whig-Elementen ableiten, die zum großen Teil durch die Wirkung der Französischen Revolution auf das Denken Burkes zustande gekommen sei. Burke, so wurde oft bemerkt, machte seine bedeutendsten Aussagen über die konservative Lehre anläßlich von Stellungnahmen zu Kontroversen des Tages. Disraeli verkündete seine Anschauungen sowohl durch Romane wie im Parlament. Coleridge schließlich war mehr ein Mann meiner Art, mit dem Hauptunterschied allerdings, daß er ungeheuer viel gelehrter, viel fleißiger und ein weitaus fähigerer und subtilerer Kopf war.

Wir stellen also fest, daß bei drei von diesen Autoren die politische

Theorie aus der politischen Erfahrung gespeist wurde. Der vierte war ein Philosoph ohne politische Erfahrung. Wie beurteilen wir diese Vielfalt, welche gemeinsamen Prinzipien lassen sich aus dem Werk so verschiedener und unter derart unterschiedlichen Bedingungen schreibender Männer gewinnen? Ich bin geneigt, es für gut zu halten, daß uns die Beantwortung dieser Frage schwerfällt. Wenn Sie mich bei meinem Versuch der Begründung dieser Annahme dabei ertappen, daß ich Platitüden und Gemeinplätze von mir gebe, so werden Sie es hoffentlich meiner Einfalt und Unerfahrenheit zugute halten; überführen Sie mich jedoch des Unsinns, dann bitte ich um keinerlei Pardon.

Ich möchte die Behauptung aufstellen, daß die Entwicklung des politischen Denkens, d. h. der Beschäftigung mit den einer Partei zugrundeliegenden konstanten Prinzipien – falls sie solche überhaupt besitzt – in zwei entgegengesetzten Richtungen verlaufen kann. Vielleicht steht am Anfang eine Sammlung von Lehrsätzen, ein kanonisches Werk, und ein Häuflein von ergebenen Jüngern macht sich auf, diese Lehre aufgrund ihrer emotionalen Anziehungskraft unter Interessierten und Nichtinteressierten zu verbreiten und populär zu machen, und versucht dann, als politische Partei, ein auf dieser Lehre beruhendes Programm zu verwirklichen. Bevor sie die Regierungsgewalt erreichen, haben sie sich ein Bild des endgültigen Gesellschaftszustandes zurechtgelegt, den ihre Lehre in Umrissen zu erkennen gibt. Die Theorie ist hier der Praxis gänzlich vorausgegangen.

Politische Ideen können aber auch durch den entgegengesetzten Vorgang entstehen. Eine Partei kann feststellen, daß sie schon eine Geschichte hat, noch bevor sie sich ihrer Grundsätze bewußt wird oder sich auf sie geeinigt hat. Faktisch hat sie sich durch eine Folge von Wandlungen und Anpassungen gebildet, während deren einige Probleme sich überlebt haben und neue aufgetaucht sind. Welches ihre wahren Grundsätze sind, läßt sich wahrscheinlich nur ermitteln, wenn man sorgfältig untersucht, wie die Partei sich im Laufe ihrer Geschichte verhalten hat und was die kontemplativ und philosophisch veranlagten Geister unter ihren Mitgliedern in ihrem Namen gesagt haben. Nur genaue Geschichtskenntnis und einsichtsvolle

Analyse werden imstande sein, zwischen Dauerndem und Vergänglichem zu unterscheiden, zwischen jenen Lehren und Grundsätzen, an denen sie immer und überall festhalten muß, will sie sich nicht unglaubwürdig machen, und jenen anderen, die von besonderen Umständen ins Leben gerufen wurden und die auch nur im Lichte dieser Umstände verständlich und vertretbar sind.

Von diesen beiden Typen scheint mir der letztere mehr der Burkeschen Bevorzugung des Organischen vor dem Mechanischen zu entsprechen, aber beide haben ihre spezifischen Gefahren.

Ich beabsichtige keineswegs, mich auf die Kontroversen um den historischen Determinismus einzulassen. Der Determinismus besitzt eine starke emotionale Anziehungskraft: eigenartigerweise zieht er auch den geistigen Typ an, der an die unbegrenzten Möglichkeiten politischer Planung glaubt. Der Determinismus scheint jene stark zu ermutigen und ihnen gelegentlich besondere Kräfte zu verleihen, die sich einreden können, daß das, was sie erhoffen, sowieso geschehen wird, wie er auch jene bestärkt, die gern mit dem Strom schwimmen. Wir haben ja alle hin und wieder gehört, daß Freiheit nur in der Einsicht in die Notwendigkeit zu finden sei, obwohl es dem menschlichen Geist ebenso natürlich ist, zu argwöhnen, daß die Sache irgendeinen Haken hat. Es sollte jedoch jedem aufgrund seiner persönlichen Erfahrung klar sein, daß es für unfehlbare Voraussagen keine Formel gibt; daß jede unserer Handlungen einige unvorhergesehene Folgen hat; daß unsere vernünftigsten Unternehmungen häufig katastrophal ausgehen und unsere irrationalsten Fehlentscheidungen manchmal die glücklichsten Folgen haben; daß jede Reform zu neuen Mißbräuchen führt, die nicht vorauszusehen waren, aber die uns nicht unbedingt zu der Behauptung berechtigen, die Reform hätte nicht durchgeführt werden dürfen; daß wir uns fortwährend dem Neuen und Unerwarteten anpassen müssen und daß wir uns immer, wenn nicht im Dunkel, so doch im Zwielicht bewegen, wobei wir mit unserer unvollkommenen Sicht die Gegenstände verwechseln, uns in der Ferne Hindernisse einbilden, die nicht existieren, und eine drohende Gefahr in der Nähe nicht wahrnehmen. Das ist Frederick Scott Olivers *Endless Adventure*.

Wenn eine Partei zur Macht kommt, die auf eine unveränderliche

Lehre festgelegt ist, kann zweierlei passieren. Führer, die aus der Erfahrung gelernt haben, werden ihr ganzes Geschick daransetzen, Gründe für die Aufschiebung jener Teile des Programms zu finden, die sie als nicht realisierbar erkannt haben, oder sie werden beweisen, daß die scheinbare Änderung nur eine logische Entwicklung sei. Im Osten, glaube ich, nimmt man an, daß alle Beschlüsse von Marx gebilligt und von Lenin in der Praxis bestätigt worden wären – solange bis man offiziell die entgegengesetzte Richtung einschlägt. Die Alternative zu solcher Wendigkeit ist der Jakobinismus des verbohrten Doktrinärs, der eher alles zu ruinieren bereit ist, als angesichts von Tatsachen die Theorie abzuwandeln.

Ist der eben erwähnte Standpunkt aufgrund seiner Bindung an unveräußerliche Lehrsätze entweder der Gefahr der mangelnden Anpassungsfähigkeit oder der Anpassung durch Täuschung ausgesetzt, so ist die Gefahr des anderen Standpunktes ebenso groß: nämlich so proteushaft zu werden, sich den wechselnden Umständen so endlos und entgegenkommend anzupassen, daß er sich durch seine Gleichgültigkeit gegenüber Prinzipien selbst diskreditiert. Zu wissen, was man aufgeben kann und woran man festhalten muß, ja die Notwendigkeit einer kritischen Wahl zu erkennen, wenn sie eintritt, ist eine Kunst, die soviel Erfahrung, Weisheit und Einsicht erfordert, daß ich Politiker gleich welcher Partei nicht beneide, von denen jeden Augenblick schwerwiegende Entscheidungen verlangt werden können und die zu gegebener Zeit von der Nachwelt möglicherweise als Fanatiker oder Opportunisten getadelt werden. Wie die Politik des einen Typs dauernd ihre Lehrsätze und die für sie gültigen Ideen im Lichte der Erfahrung überprüfen muß, da sie sonst in Gefahr gerät, nach überholten Prinzipien zu handeln, so muß die Politik des anderen Typs von Zeit zu Zeit die Erörterung darüber aufnehmen, welches ihre überdauernden Prinzipien sind, und ihre Handlungen im Lichte dieser Prinzipien überprüfen. Denn Dauerndes und Vergängliches müssen von jeder Generation neu unterschieden werden.

In einem Artikel über den Konservatismus in Amerika, den ich kürzlich las, machte der Verfasser eine Feststellung, die mir sehr zu denken gab. Er schrieb, in jüngerer Zeit seien die wahren Konservativen in Amerika nicht Männer der Politik gewesen, sondern philosophische Beobachter und Moralisten, die häufig akademische Stellungen innehatten. Die von ihm angeführten Namen waren fast alle von Männern, die mir persönlich oder durch ihr Werk bekannt waren, Männer wie Paul Moore und Irving Babbitt aus der vorigen Generation, aus der jetzigen Canon B. I. Bell und Professor Nisbet aus Kalifornien. Hat der Verfasser, der selbst Amerikaner ist, recht, so ist das kein sehr gesunder Zustand, es sei denn, daß die Ansichten solcher Autoren viel weiter verbreitet und durch Verwandlung, Anpassung, ja selbst durch Verwässerung in die Tat umgesetzt würden. Mir scheint, in einer gesunden Gesellschaft gibt es eine Abstufung von Typen zwischen Denken und Handeln. Am einen Ende steht der unparteiische Philosoph, der sich kritisch mit der Entdeckung der Wahrheit befaßt, nicht mit ihrer Verbreitung und noch weniger mit ihrer Umsetzung in die Tat; am anderen Ende steht der politische Unteroffizier, ein Mann, der trotz seiner relativen Gleichgültigkeit gegenüber allgemeinen Ideen mit vernünftigem Urteil und gesundem Empfinden ausgestattet ist und einen durch Disziplin und Erziehung gestärkten Charakter besitzt. Zwischen diesen beiden Extremen ist Platz für verschiedene Arten und Spielarten politischen Denkens, doch sollte es zwischen ihnen keinen Bruch in der Kontinuität geben.

Gleichzeitig sollte jedoch jeder, der sich überhaupt mit Politik befaßt, seine eigenen Fähigkeiten und Grenzen erkennen und sich nicht auf alle Arten einer Betätigung einlassen, die von dem, was wir Philosophieren, bis zu dem, was wir Handeln nennen, reicht. Wir alle verstehen aber unsere Funktion in der Gesellschaft besser, wenn wir mit Leuten umgehen, deren Funktion von der unseren verschieden ist. Und derjenige, dessen Aufgabe bloß das Denken und Schreiben ist, wird seine Arbeit viel besser machen, wenn er sich gelegentlich in der Gesellschaft von jenen befindet, deren Aufgabe die Bestimmung von politischen Richtlinien und das Fassen von Entschlüssen ist – ebenso wie der Gesetzgeber in der Lage sein sollte, sich in den Standpunkt derjenigen zu versetzen, die seine Gesetze anzuwenden haben, wie auch derjenigen, die sie befolgen müssen. Der Gesellschaft drohen offenkundige Gefahren, wenn die

Funktionen so scharf getrennt sind, daß Leute aus dem einen Beruf Denkart und Temperament von Männern aus anderen nicht mehr verstehen. Und – direkter formuliert – eine politische Tradition, in der der Doktrinär den handelnden Politiker beherrscht, braucht nicht unheilvoller zu sein als eine Tradition, die ihre politische Theorie auf die Bedürfnisse oder die Rechtfertigung des Verhaltens einer herrschenden Clique abstellt oder zurechtschneidert.

Ich habe mich bemüht, herauszuarbeiten, daß es zwischen Theoretikern und Praktikern keine vollständige Trennung der Funktionen geben sollte, und ich habe behauptet, daß Männer, die aus verschiedenen Tätigkeitsbereichen kommen oder verschiedene politische Richtungen vertreten und unterschiedliche Neigungen und Eignungen zum spekulativen Denken oder zur Theorie und zum Handeln mitbringen, einander zu verstehen und voneinander zu lernen imstande sein sollten. Ich habe ebenfalls angedeutet, daß wie überall im Leben jeder auch hier dazu aufgerufen ist, herauszufinden, womit er sich befassen und wovon er die Finger lassen sollte.

In dieser letzteren Beziehung denke ich an einen Mann, den ich geachtet und bewundert habe, obwohl einige seiner Ansichten äußerst aufreizend, andere bedauerlich waren – aber ein großer Schriftsteller mit einer echten Liebe für sein Land, der ein besseres Schicksal verdient hatte als das, das ihm schließlich zuteil wurde. Ich weiß, es ist leicht, jemand zu kritisieren, weil er nicht anders war, als er nun einmal war, und wir sollten in unserer Kritik besonders zurückhaltend sein, wenn sie jemand betrifft, der in seinem Land eine von der unseren verschiedene politische Umgebung vorfand. Aber bei allen Einschränkungen, die dieses Wissen mir aufnötigte, habe ich mir doch manchmal gedacht, hätte Charles Maurras sich auf die Literatur beschränkt und auf das Schreiben von Werken politischer Theorie, statt je zu versuchen, eine politische Partei zu gründen, eine *Bewegung* – womit er am politischen Ringen teilnahm und seine Bitterkeit verschärfte – hätte er nicht die Wiederherstellung der Monarchie derart unterstützt, daß der Haß vergrößert statt verringert wurde, dann hätten diejenigen unter seinen Ideen, die gesund und stark waren, möglicherweise weitere Verbreitung gefunden und den zeitgenössischen Geist tiefer durchdrungen und sichtbarer beeinflußt.

Aber wie kann das Werk eines bloßen Schriftstellers letztlich das politische Leben beeinflussen? Man ist manchmal versucht, zu antworten, je profunder und weiser der Autor, desto weniger wahrscheinlich läßt sich sein Einfluß wahrnehmen. Das gilt jedoch nur für den Blick über kurze Zeitabschnitte. Untersucht man die Wirkung der wirklich bedeutenden Geister über große Zeiträume, kann man kaum von ihrem »Einfluß« sprechen. Dann wird es lächerlich zu fragen, ob der Einfluß von Plato oder Aristoteles gut oder schlecht gewesen sei, denn wir können uns die Geschichte des europäischen Geistes ohne sie nicht vorstellen. Doch muß der unmittelbare Einfluß, sagen wir – Bernard Shaws – in der Zeit seiner höchsten Wirksamkeit zu Beginn des Jahrhunderts, glaube ich, fühlbarer und weiter verbreitet gewesen sein als der von viel feineren Geistern. Und man kann einen Mann nur bewundern, der so wortgewandt war, seinen Zuhörern nicht nur die Seichtheit seiner Gedanken zu verbergen, sondern sie sogar noch davon zu überzeugen, daß es ein besonderer Beweis von Intelligenz sei, sein Werk zu bewundern. Ich will nicht sagen, daß Shaw allein Erfolg gehabt hätte, ohne die phantasieärmeren und schwerfälligeren Geister, mit denen er sich verband. Aber indem er den Unbedarften einredete, sie seien Intellektuelle und Intellektuelle müßten Sozialisten sein, hat er dem Prestige des Sozialismus stark aufgeholfen. Aber für den Einfluß eines Bernard Shaw oder eines H. G. Wells und den eines Coleridge oder Newman gibt es meines Erachtens keine gemeinsamen Maßstäbe.

Ich bekenne jedoch, daß mich weder die Frage des Einflusses sonderlich bewegt, noch jene Publizisten, die dem Publikum ihre Namen eingeprägt haben, indem sie die Flut ausnutzten und sehr geschwind in die Richtung ruderten, in die der Strom trieb. Mir geht es vielmehr darum, daß es immer ein paar Schriftsteller geben möge, deren erste Sorge es ist, zum Kern einer Sache vorzustoßen, zu versuchen die Wahrheit zu finden und sie darzutun – ohne zuviel Hoffnung, ohne Ehrgeiz, den unmittelbaren Lauf der Dinge zu ändern, Männer, die sich nicht geschlagen geben oder den Mut verlieren, wenn scheinbar nichts erfolgt.

Der eigentliche Wirkungsbereich solcher Männer ist nicht das Gebiet des Politischen, sondern was man das Prä-Politische nennen könnte. Ich entlehne diesen Terminus von Canon Demant, dem Regius Professor für Theologie in Oxford, und ich denke dabei an sein Werk und das von Christopher Dawson sowie das von Reinhold Niebuhr in Amerika. Auch meine eigenen, viel geringeren Gaben haben in diesem Gebiet Betätigung gefunden. Aber wir können unsere Suche nach literarischen Einflüssen auf die Politik von der philosophischen auch auf die schöngeistige Literatur ausdehnen. Disraeli hat durch seine frühe Verbindung mit Smythe und Manners viel gewonnen, die wiederum Walter Scott manches verdankten. Und mein Eintreten für die Bedeutung des Prä-Politischen beruht einfach darauf, daß dies die Schicht ist, bis zu der jedes gesunde politische Denken seine Wurzeln hinabtreiben muß, die Schicht, aus der es seine Nahrung beziehen muß. Das ist auch, wenn Sie mir gestatten, so abrupt die Metapher zu wechseln, das Land, in dem die moralischen Maximen unserer alten Lesebücher beheimatet sind und – unbildlich gesprochen – ist das die Domäne der Ethik und letztlich der Religion. Denn die Frage aller Fragen, der keine politische Philosophie ausweichen kann und nach deren richtiger Beantwortung alles politische Denken letztlich beurteilt werden muß, lautet einfach so: Was ist der Mensch? Welches sind seine Beschränkungen? Was macht sein Elend und seine Größe aus? Und was ist schließlich seine Bestimmung?

Die Grenzen der Literaturkritik

Das Thema dieser Ausführungen ist der Nachweis bestimmter Grenzen der literarischen Kritik, deren Überschreitung in der einen Richtung dazu führt, daß sie nicht länger literarisch ist, und in der anderen Richtung, daß sie nicht mehr Kritik ist.

1923 schrieb ich einen Aufsatz *The Function of Criticism.* Ich muß zehn Jahre später nicht allzu schlecht von diesem Aufsatz gedacht haben, da ich ihn in meine *Selected Essays* aufnahm, wo er noch seinen Platz hat. Doch jetzt beim Wiederlesen war ich doch ziemlich erstaunt und fragte mich, worüber ich mich damals eigentlich so erregt hatte, wenn ich auch froh war, nirgends auf etwas zu stoßen, was in völligem Gegensatz zu meinen heutigen Ansichten gestanden hätte. Denn einzig an eine Auseinandersetzung mit Middleton Murry über »die innere Stimme« konnte ich mich noch erinnern – eine Kontroverse, in der ich die alte Aporie: Autorität und individuelles Urteil wiedererkannte, sonst war es mir ganz unmöglich, die Hintergründe meines Ausbruches mir ins Gedächtnis zurückzurufen. Ich hatte damals mit Überzeugung und besonderem Nachdruck eine Reihe von Feststellungen gemacht. Und ich muß dabei wohl einen allgemein anerkannten Kritiker oder auch mehrere im Sinn gehabt haben, die, älter als ich, mit ihren Schriften offenbar meine Vorstellungen von literarischer Kritik nicht erfüllten. Doch kann ich mich an kein einziges Buch, keinen einzigen Aufsatz erinnern, nicht an den Namen eines einzigen Kritikers, den ich als Repräsentanten für die besondere Art impressionistischer Kritik aufführen könnte, die vor 33 Jahren meinen Zorn so sehr erregt hat.

Ich erwähne diesen Aufsatz jetzt auch nur, um darauf aufmerksam zu machen, in wie hohem Maße meine 1923 zu diesem Thema gemachten Ausführungen zeitgebunden sind. Richards' *Principles of Literary Criticism* erschienen 1925. Seit dies einflußreiche Buch herauskam, hat sich auf dem Felde der Literaturkritik vieles ereignet.

Und mein Aufsatz ist zudem noch zwei Jahre früher geschrieben. Die Kritik hat sich merklich entwickelt und in verschiedene Richtungen verzweigt. Der Begriff des *New Criticism* wird heute oft von Menschen gebraucht, die sich nicht klarmachen, welche Vielfalt der Methoden er umschließt. Doch entspricht seine allgemeine Anwendung wohl der Tatsache, daß die bedeutenderen Kritiker unserer Tage, so verschieden sie auch untereinander sein mögen, sich doch wesentlich von denen einer früheren Generation abheben.

Vor vielen Jahren habe ich dargelegt, daß jede Generation sich ihre eigene Literaturkritik schaffen muß; denn, wie ich damals sagte, »jede Generation bringt für die Kunstbetrachtung ihre eigenen Wertmaßstäbe mit, stellt ihre eigenen Forderungen an die Kunst und hat ihre eigene Verwendung für sie«. Ich bin sicher, daß ich bei dieser Feststellung sehr viel mehr im Sinn hatte als nur die Wandlungen des Geschmacks und der Mode: zum mindesten dachte ich daran, daß jede Generation, indem sie Meisterwerke der Vergangenheit aus einer anderen Perspektive betrachtet, in ihrer Haltung von einer größeren Zahl von Einflüssen bestimmt worden ist als die ihr vorangehende. Doch weiß ich nicht, ob ich auch daran gedacht habe, daß ein bedeutendes Werk der Literaturkritik den Inhalt des Begriffes »Literaturkritik« selbst verändern und ausweiten kann. Vor einigen Jahren machte ich auf den stetig fortschreitenden Bedeutungswandel des Wortes Bildung *(education)* vom 16. Jahrhundert bis heute aufmerksam, einen Wandel, der dadurch bewirkt wurde, daß Bildung nicht nur immer mehr Gegenstände umfaßte, sondern daß sie auch auf einen immer größeren Teil der Bevölkerung ausgedehnt, ja ihm aufgezwungen wurde. Wenn wir die Entwicklung des Begriffes *Literaturkritik* in derselben Weise verfolgen könnten, würde sich wohl ein ähnlicher Vorgang abzeichnen. Man vergleiche ein Meisterwerk der Kritik wie Johnsons *Lives of the Poets* mit dem nächsten großen literarischen Werk, Coleridges *Biographia Literaria.* Der Unterschied liegt nicht nur darin, daß Johnson eine literarische Tradition repräsentierte, an deren Ende er selber steht, während Coleridge Vorzüge verteidigt und Schwächen kritisiert, die einem neuen Stil angehören. Entscheidender für das eben Gesagte ist vielmehr, daß Coleridge einen sehr viel weiteren und vielseitigeren Interessenkreis in seine Diskussion der Dichtung einbezog. Er erkannte als erster die Relevanz von Philosophie, Ästhetik und Psychologie; und nachdem Coleridge diese Disziplinen erst einmal in die Literaturkritik eingeführt hatte, konnten alle Späteren sie nicht mehr ohne Gefahr außer acht lassen. Um Johnson zu würdigen, bedarf es einer Anstrengung historischer Vorstellungskraft; bei Coleridge jedoch kann ein moderner Kritiker viel Gemeinsames finden, ja, man kann sagen, daß die heutige Literaturkritik in direkter Linie von Coleridge abstammt, der sich übrigens, wenn er jetzt lebte, gewiß ebensosehr für Gesellschaftswissenschaften, Linguistik und Semantik interessieren würde wie damals für die ihm zugänglichen Wissenschaften.

Die Betrachtung der Literatur im Lichte einer oder mehrerer solcher Spezialwissenschaften ist eine der beiden Hauptursachen für die Wandlung der Literaturkritik in unserer Zeit. Die andere Ursache ist wohl nicht so deutlich erkannt worden. Die ständig wachsende Aufmerksamkeit, die man dem Studium englischer und amerikanischer Literatur auf unseren Universitäten und auch schon auf unseren Schulen widmet, hat eine Situation herbeigeführt, in der viele Kritiker zugleich Lehrer sind und umgekehrt. Ich bin weit davon entfernt, diese Situation zu beklagen: der größte Teil aller wirklich interessanten kritischen Schriften ist heute das Werk von Wissenschaftlern, die ihren Weg zu den Universitäten gefunden haben, und von Gelehrten, die ihre kritische Tätigkeit zunächst unterrichtend ausübten. Und das hat auch durchaus seine Berechtigung, da heutzutage ein ernsthafter literarischer Journalismus für alle, außer vielleicht für einige ganz wenige, eine unzulängliche wie auch äußerst schwierige Verdienstmöglichkeit darstellt. Nur bedeutet es, daß der heutige Kritiker einen anderen Kontakt mit der Welt hat und auch für ein anderes Publikum schreibt als seine Vorgänger. Ich habe den Eindruck, daß eine anspruchsvolle Literaturkritik sich jetzt an eine andere, zwar begrenztere, aber nicht notwendig zahlenmäßig kleinere Öffentlichkeit wendet als im 19. Jahrhundert.

Vor kurzem hat mich eine Bemerkung sehr getroffen, die Aldous Huxley im Vorwort zu der englischen Übersetzung von *The Supreme Wisdom* geäußert hat. Es ist dies ein Werk des französischen

Psychiaters Hubert Benoit über die Psychologie des Zen-Buddhismus. Huxleys Beobachtung stimmt mit dem Eindruck überein, den ich selbst von diesem bedeutenden Buch empfangen hatte, als ich es in der Originalausgabe las. Huxley vergleicht die westliche Psychiatrie mit der Anschauung des Ostens, wie sie sich in Tao und Zen findet: »Das Ziel der Psychoanalyse des Westens (so sagt er) ist es, dem gestörten Individuum zu helfen, sich in die Gemeinschaft weniger gestörter Individuen einzuordnen, in die Gemeinschaft solcher Individuen, die man als aneinander richtig angepaßt und im richtigen Verhältnis zu den jeweiligen Institutionen stehend ansieht, deren Verhältnis zur Grundordnung aller Dinge jedoch nicht näher untersucht wird ... Es gibt aber noch eine andere Art der Normalität – eine Normalität des vollkommen richtigen Verhaltens ... Selbst ein Mensch, der sich vollkommen eingeordnet hat in eine in Unordnung geratene Gesellschaft, kann, wenn er wirklich den Willen hat, dahin gelangen, zur Natur der Dinge in ein unmittelbares Verhältnis zu treten.« Die Anwendbarkeit dieser Feststellung auf mein gegenwärtiges Thema liegt nicht unmittelbar auf der Hand. Aber gerade so wie die westliche Psychiatrie, vom zenbuddhistischen Standpunkt aus, eine nur verworrene oder falsche Vorstellung vom Sinn des Heilens hat und ihre Haltung durchaus der Umkehr bedürfte, so weiß ich nicht, ob die Schwächen der modernen Literaturkritik nicht in einer gewissen Unsicherheit gegenüber der Frage begründet sind, welchen Sinn diese Kritik überhaupt hat. Welchen Nutzen sie bringen soll und wem sie nützt? Gerade die Fülle und Vielfalt ihrer Ergebnisse haben vielleicht ihre letzte Zielsetzung verschleiert. Jeder einzelne Kritiker mag seinen Blick auf einen bestimmten Endzweck richten, mag sich mit einer Aufgabe befassen, die in sich keiner Rechtfertigung bedarf, und trotzdem könnte die Kritik als Ganzes ihr Ziel verloren haben. Und wenn dem so wäre, wäre das keineswegs erstaunlich: denn ist es nicht heute schon zu einem Gemeinplatz geworden, daß die Wissenschaft und selbst die Geisteswissenschaft in ihrer Entwicklung einen Punkt erreicht hat, wo man über jede Spezialfrage so viel wissen muß, daß kein Forscher mehr Zeit hat, noch außerdem über irgendein anderes Gebiet viel zu wissen? Und das Streben nach einem Lehrplan, welcher

Spezialstudien mit einer gewissen allgemeinen Bildung vereinigt, ist gewiß eines der meist diskutierten Probleme an unseren Universitäten.

Wir können natürlich nicht auf den Kosmos des Aristoteles oder des hl. Thomas von Aquino zurückgehen; und ebensowenig können wir auf den Stand der Literaturkritik vor Coleridge zurückgreifen. Aber vielleicht können wir doch etwas tun, um nicht von unserem eigenen kritischen Betrieb überwältigt zu werden, indem wir uns zum Beispiel ständig eine Frage wie diese wiederholen: Wann verliert die Kritik ihren Charakter als Literaturkritik und wird zu etwas anderem?

Immer wieder verblüfft es mich, wenn ich mich von Zeit zu Zeit als einen der Ahnen der modernen Kritik angeredet finde, obschon zu alt, um selber als moderner Kritiker zu gelten. So fand ich in einem Buch, das ich kürzlich las und dessen Autor zweifellos ein moderner Kritiker ist, eine Erwähnung des *New Criticism,* worunter der Autor, wie er sagt, nicht nur die amerikanischen Kritiker verstehen möchte, »sondern die ganze kritische Bewegung, die sich von T. S. Eliot herleitet«. Ich sehe nicht ganz, warum der Autor mich so scharf von den amerikanischen Kritikern abhebt, und andererseits gelingt es mir nicht, eine kritische Bewegung festzustellen, von der man sagen könnte, sie stamme von mir ab; wenngleich ich hoffe, daß ich als Herausgeber dem *New Criticism,* oder wenigstens manchen daran Beteiligten, im *Criterion* Ermutigung und Betätigungsfeld gab. Vielleicht sollte ich jedoch, um diese wohl allzu betonte Bescheidenheit zu rechtfertigen, darlegen, was ich als meinen eigenen Beitrag zur Literaturkritik ansehe und wo seine Grenzen liegen. Das Beste, was ich auf diesem Gebiet geschrieben habe – abgesehen von ein paar nur allzu bekannten Wendungen, die einen fast beängstigenden Erfolg in der Welt hatten –, sind Aufsätze über Dichter und Dramatiker, die einen Einfluß auf mich ausgeübt hatten. Es handelt sich dabei um ein Nebenprodukt meiner privaten dichterischen Werkstatt oder um eine Fortführung jener Gedankengänge, die in die Formung meiner eigenen Gedichte eingingen. Rückschauend sehe ich, daß ich wohl am besten über solche Dichter geschrieben habe, deren Werk mein eigenes beeinflußt und mit deren

Dichtung ich mich gründlich vertraut gemacht hatte, lange bevor es mich lockte, über sie zu schreiben, oder ich überhaupt Gelegenheit dazu gefunden hätte. Meine Art der Kritik hat mit der Ezra Pounds eines gemeinsam, nämlich daß ihre Qualitäten wie ihre Begrenzungen nur richtig bewertet werden können, wenn man sie auf dem Hintergrund meiner eigenen Dichtungen betrachtet. Pounds kritischen Untersuchungen liegt allerdings stärker ein didaktisches Motiv zugrunde: der Leser, den er im Sinn hatte, war wohl in erster Linie der junge Dichter, dessen Stil noch ungeformt ist. Doch hat ihm wohl die Liebe zu gewissen Dichtern, die ihn stark beeinflußt haben, und (wie ich schon von mir sagte) ein vertieftes Nachdenken über sein eigenes Werk den Antrieb zu einem frühen Buch, *The Spirit of Romance*, gegeben, das immer eine der besten von Pounds literarischen Untersuchungen bleiben wird. Diese Art von Kritik der Dichtung durch einen Dichter – was ich Werkstatt-Kritik genannt habe – hat eine offenkundige Begrenzung. Was nämlich keine Beziehung zum eigenen Werk des Dichters hat, oder was er sogar ablehnt, das bleibt außerhalb seiner Kompetenz. Eine andere Einschränkung der Werkstatt-Kritik liegt darin, daß die Urteilsfähigkeit des Dichters außerhalb des Bereiches seiner eigenen Kunst unsicher sein kann. Bei mir ist die Beurteilung des Ranges anderer Dichter mein ganzes Leben hindurch ziemlich gleichgeblieben; insbesondere hat sich meine Meinung über eine ganze Anzahl noch lebender Dichter überhaupt nicht verändert. Doch ist dies nicht der einzige Grund, weswegen ich vornehmlich an die kritische Betrachtung der Dichtung im engeren Sinn denke, wenn ich heute über Kritik zu Ihnen spreche. Tatsächlich haben wohl die meisten kritischen Geister der Vergangenheit an die Versdichtung gedacht, wenn sie über Literatur im allgemeinen gesprochen haben. Die kritische Betrachtung erzählender Prosa ist eine verhältnismäßig junge Institution, und es steht mir nicht zu, darüber zu urteilen; doch scheint sie mir ein andersartiges System von Gewichten und Maßstäben zu verlangen als die kritische Betrachtung lyrischer und dramatischer Dichtung. Es wäre wohl ein interessanter Gegenstand für einen Kritiker der Kritik – einen, der weder lyrischer Dichter noch Romanschriftsteller wäre –, die verschiedene Art zu untersuchen, in der der Kritiker sich den einzelnen Gattungen der Literatur nähern muß, und die verschiedene Ausrüstung, deren er dabei bedarf. Doch ist es sicher am günstigsten, wenn man über Kritik im allgemeinen etwas sagen will, dabei an die Versdichtung als ihren Gegenstand zu denken, aus dem einfachen Grund, weil hier die formalen Qualitäten von selber zu einer Verallgemeinerung führen. In der Versdichtung kann es den Anschein haben, daß der Stil alles ist. Das ist zwar keineswegs wahr; aber die Illusion, daß wir hier einer rein ästhetischen Erfahrung am nächsten kommen, läßt sie immerhin als die geeignetste Gattung der Literatur erscheinen, um daran das Wesen kritischer Kunstbetrachtung überhaupt aufzuzeigen.

Einen großen Teil unserer zeitgenössischen Kritik, die ihren Ursprung dort nimmt, wo sich Literaturkritik und Literaturwissenschaft berühren, könnte man charakterisieren als eine Methode, Kunstwerke aus ihrer Entstehung zu erklären. Um zu verdeutlichen, was ich meine, möchte ich zwei Bücher erwähnen, die in diesem Zusammenhang einen schlechten Einfluß gehabt haben. Ich will damit nicht sagen, daß es schlechte Bücher sind, im Gegenteil: es sind beides Bücher, die jeder kennen sollte. Das erste ist *The Road to Xanadu* (1927) von John Livingston Lowes, ein Buch, das ich jedem empfehlen möchte, der sich mit Dichtung befaßt und es noch nicht gelesen hat. Das andere ist *Finnegans Wake* von James Joyce, das ich ebenfalls jedem, der sich um Literatur bemüht, empfehlen möchte, zum mindesten einige Seiten daraus. Livingston Lowes war ein ausgezeichneter Gelehrter, ein guter Lehrer, ein liebenswürdiger Mensch, dem ich außerdem persönlich sehr zu Dank verpflichtet bin. James Joyce war ein genialer Kopf und stand mir persönlich als Freund nahe; und wenn ich *Finnegans Wake* hier zitiere, so möchte ich das gegenüber einem Buch, das zweifellos in die Kategorie der »monumentalen« Werke gehört, weder lobend noch tadelnd tun. Doch ist das einzige gemeinsame Chrakteristikum von *The Road to Xanadu* und *Finnegans Wake* offenbar, daß wir von beiden sagen müssen: es ist genug, wenn *ein* Buch dieser Art existiert.

Für alle aber, die *The Road to Xanadu* nicht gelesen haben, möchte ich erklären, daß es ein faszinierendes Werk des Spürsinns ist. Lowes stöberte sämtliche Bücher auf, die Coleridge je gelesen hat (und

Coleridge war ein unersättlicher und alles verschlingender Leser) und aus denen er Bilder und Wendungen entlehnte, die sich im *Kubla Khan* und *The Ancient Mariner* wiederfinden. Viele von den Büchern, die Coleridge gelesen hat, sind obskur und längst vergessen – so las er zum Beispiel jede Reisebeschreibung, deren er habhaft werden konnte. Und Lowes wies nun ein für allemal nach, daß dichterische Originalität weitgehend darin besteht, auf originelle Weise die gegensätzlichsten und unähnlichsten Materialien zu sammeln und zu einem neuen Ganzen zu vereinigen. Seine Darlegung kann deutlich machen, wie stoffliche Einzelheiten von einem dichterischen Geist assimiliert und verwandelt werden. Allerdings wird niemand behaupten können, er verstünde nach der Lektüre dieses Buches den *Ancient Mariner* auch nur im geringsten besser; auch war es keineswegs Dr. Lowes' Absicht, das Gedicht als Dichtung zu erhellen. Sein Anliegen war vielmehr die Untersuchung des dichterischen Schaffensprozesses, eine Untersuchung, die genaugenommen außerhalb der Grenzen der Literaturkritik lag. Auf welche Weise solche stofflichen Elemente wie die Fetzen von Coleridges Lektüre in große Dichtung verwandelt wurden, bleibt auch jetzt noch ebensosehr Geheimnis wie vorher. Doch hat eine ganze Zahl hoffnungsvoller Gelehrter Lowes' Methode aufgegriffen, als wäre sie der Schlüssel zum Verständnis eines jeden Gedichtes, eines jeden Dichters, der erkennen läßt, daß er auch nur irgend etwas gelesen hat. So schrieb mir vor einem Jahr oder noch längerer Zeit ein Leser aus Indiana: »Ich möchte zu gerne wissen – natürlich ist es möglich, daß ich verrückt bin« (diese Interjektion stammt von ihm, nicht von mir; und natürlich war er nicht im geringsten verrückt, sondern durch die Lektüre von *The Road to Xanadu* nur leicht durcheinandergebracht) – »ich möchte wissen, ob ›die Katzenkadaver der Zivilisation‹, ›das verfaulte Nilpferdfleisch‹ und Mr. Kurtz wohl eine Beziehung haben zu ›jener Leiche, die du letztes Jahr in deinem Garten vergrubst?‹« Dies klingt völlig irrsinnig, wenn man nicht weiß, worauf er anspielt: dabei ist er aber nur ein ernsthaft Forschender, dem es darum geht, eine Verbindung zwischen *The Waste Land* und Joseph Conrads *Heart of Darkness* herzustellen. Wie nun Dr. Lowes solche Praktiker der Hermeneutik zur feurigen

Nacheiferung begeistert hat, so hat *Finnegans Wake* sie mit dem Modell eines literarischen Werkes versehen, das so ist, wie sie sich am liebsten die ganze Literatur wünschen würden. Doch muß ich schleunigst erklären, daß ich keineswegs die Bemühungen jener Ausleger verunglimpfen oder lächerlich machen will, die es unternommen haben, in jenem Buch alle Fäden zu entwirren und alle rätselhaften Hinweise zu verfolgen. Wenn man überhaupt dazu kommen will, *Finnegans Wake* zu verstehen – und wir können das Buch nicht ohne solche mühevollen Untersuchungen beurteilen –, so muß diese Methode der Forschung weitergeführt werden; und Campbell und Robinson (um die Verfasser eines solchen Kommentars zu nennen) haben hierin vorzügliche Arbeit geleistet. Nein, wenn ich mich überhaupt beklagen will, dann nicht über sie, sondern über den Autor jenes ungeheuerlichen Meisterwerks, über James Joyce selbst, darüber, daß er ein Buch schrieb, das – ohne ausgedehnte Erklärung – auf lange Strecken nichts als schöner Unsinn ist. (Sehr schöner Unsinn allerdings, besonders wenn eine irische Stimme, so angenehm wie die des Autors, den Text vorträgt – hätte er doch noch weit mehr aus seinem Buch auf Platten gesprochen!) Vielleicht war sich Joyce gar nicht klar darüber, wie dunkel sein Buch ist. Wie die endgültige Beurteilung des Ranges von *Finnegans Wake* auch ausfallen mag (und ich selbst möchte gar nicht versuchen, ein solches Urteil abzugeben), so glaube ich nicht, daß Dichtung (denn als Dichtung im engeren Sinn, als eine Art ungeheures Prosagedicht muß man dies Werk ansehen) im allgemeinen so geschrieben wird oder dieser Art von Zerlegung bedarf, bevor man sie verstehen und genießen kann. Aber ich fürchte, daß durch die Rätsel, die *Finnegans Wake* dem Leser aufgibt, der heute allgemein verbreitete Irrtum gefördert wurde, daß Erklären das gleiche wie Verstehen sei. Nach der Aufführung meiner *Cocktail Party* war meine Post monatelang von Briefen angeschwollen, die höchst überraschende Lösungen für das Rätsel vorschlugen, das die Schreiber dieser Briefe in dem Stück zu finden glaubten. Und offenbar waren diese Schreiber keineswegs verärgert über dies Rätsel, das ich ihnen aufgegeben haben sollte, im Gegenteil, es machte ihnen Spaß. Ja, sie erfanden, wenn ihnen das auch nicht bewußt war, das Rätsel überhaupt erst um des Vergnügens willen, das ihnen seine Auflösung bereitete.

Doch habe ich mich zweifellos, bei einer nicht zu übersehenden Gelegenheit, selbst schuldig gemacht, die Kritiker in Versuchung geführt zu haben. Ich denke an die Anmerkungen zu *The Waste Land*! Ursprünglich hatte ich nur beabsichtigt, hier alle Quellennachweise der eingefügten Zitate anzugeben, um damit den Angriffen der Kritiker meiner früheren Gedichte zu begegnen, die mich des Plagiats bezichtigt hatten. Als *The Waste Land* dann als Broschüre gedruckt werden sollte – das Gedicht hatte bei seinem ersten Erscheinen in *The Dial* und in *The Criterion* überhaupt keine Anmerkungen –, stellte sich heraus, daß es für diesen Zweck zu kurz war; so machte ich mich, um für einige zusätzliche Druckseiten zu sorgen, daran, die Anmerkungen zu erweitern, mit dem Resultat, daß sie zu jener bemerkenswerten Bekundung einer Pseudo-Gelehrsamkeit wurden, als die sie noch heute dastehen. Ich habe manchmal daran gedacht, diese Anmerkungen ganz wegzulassen; aber man kann sie jetzt nicht mehr loswerden. Sie sind fast populärer als das Gedicht selbst – ja, wenn jemand eine Sammlung meiner Gedichte kaufte und fände die Anmerkungen zu *The Waste Land* nicht darin, so würde er sein Geld zurückverlangen. Aber ich glaube nicht, daß diese Anmerkungen anderen Dichtern Schaden getan haben: ich weiß von keinem einzigen zeitgenössischen Dichter, der diese Methode mißbraucht hätte. (Wenn Marianne Moore Anmerkungen zu ihren Gedichten macht, sind sie immer treffend, genau, überzeugend und reizvoll, aber keineswegs ermutigend für die Erforscher der Ursprünge.) Nein, nicht weil ich anderen Dichtern ein schlechtes Beispiel gegeben hätte, bin ich voller Reue, sondern weil meine Anmerkungen eine falsche Art von Interesse geweckt haben bei denen, die nach den Quellen suchen. Zweifellos war es richtig, daß ich dem Werk Jessie Westons meinen Tribut zollte, aber es tut mir leid, daß ich so viele Forschende auf eine nutzlose Jagd nach Tarockkarten und dem Heiligen Gral geschickt habe.

Gerade als ich die Frage erwog, ob man ein Gedicht durch Erklärung seiner Ursprünge verständlich machen könne, stieß ich auf ein Zitat von C. G. Jung, das mir in diesem Zusammenhang bedeutungsvoll erschien. Die Stelle ist angeführt bei Pater Victor White, O. P., in seinem Buch *God and the Unconscious*, und dieser zitiert sie im Verlauf einer Untersuchung, die den radikalen Unterschied zwischen der Methode Freuds und derjenigen Jungs aufzeigen soll. »Es ist eine allgemein bekannte Tatsache (sagt Jung), daß man physische Geschehnisse von zwei Standpunkten aus betrachten kann, nämlich vom mechanistischen und vom energetischen Standpunkt. Die mechanistische Anschauung ist rein kausal; von diesem Standpunkt aus wird ein Geschehnis als Folge aus einem Grunde aufgefaßt ... Die energetische Anschauung hingegen ist im wesentlichen final. Das Geschehnis wird begriffen aus der Folge zum Grunde, unter der Voraussetzung, daß Energie die eigentliche Basis aller Veränderungen in den Erscheinungen bildet ...« Das Zitat stammt aus dem ersten Aufsatz der *Contributions to Analytical Psychology*. Ich füge noch einen anderen Satz, den Pater White nicht bringt, hinzu, es ist der Anfang des nächsten Abschnittes: »Beide Gesichtspunkte sind für das Begreifen physischen Geschehens unerläßlich.«

Ich führe diese Stelle nur als eine aufschlußreiche Analogie an. Man kann ein Gedicht erklären, indem man untersucht, woraus es entstanden ist und welche Ursachen es hervorgebracht haben; und eine solche Erklärung kann eine notwendige Vorbereitung für das Verstehen sein. Doch zum Verständnis eines Gedichtes ist noch etwas anderes notwendig – und in den meisten Fällen sogar weit notwendiger: daß wir nämlich zu begreifen versuchen, was diese Dichtung zu verwirklichen strebt; man könnte sagen – obwohl es lange her ist, seit ich solche Begriffe ohne Skrupel gebrauchte –, wir sollten versuchen, ihre Entelechie zu begreifen.

Vielleicht ist die Form der Kritik, in der die Gefahr übermäßigen Vertrauens auf kausale Erklärung am größten ist, die literaturkritische Biographie, besonders wenn der Biograph seine Kenntnis äußerer Tatsachen durch psychologische Mutmaßungen über innere Erfahrungen des Dichters zu ergänzen trachtet. Ich möchte nicht behaupten, daß die Persönlichkeit und das Privatleben eines nicht mehr lebenden Dichters geheiligter Boden seien, den der Psychologe nicht betreten darf. Der Wissenschaftler muß die Freiheit haben, alles Material zu studieren, das seiner Neugier als erforschenswert erscheint – solange wenigstens, als es sich um eine Person handelt, die nicht mehr unter den Lebenden weilt, so daß keine Beleidigungsklage mehr erhoben werden kann, um ihm Einhalt zu gebieten. Auch sehe ich keinen Grund, warum keine Dichterbiographien geschrieben werden sollten. Außerdem sollte der Verfasser einer solchen Biographie unbedingt die Fähigkeit kritischen Urteilens besitzen; er sollte Geschmack und Qualitätsgefühl haben und das Werk des Dichters, dessen Lebensbeschreibung er geben will, richtig einzuschätzen verstehen. Andererseits sollte man von jedem Kritiker, der sich ernsthaft mit dem Werk eines Dichters befaßt, auch erwarten, daß er etwas über dessen Leben wisse. Doch ist die kritische Biographie eines Dichters schon an sich ein äußerst schwieriges Unterfangen; und sowohl der kritische Beurteiler wie der reine Biograph können die Ergebnisse noch mehr durcheinanderbringen, wenn sie, ohne geübte und praktisch erfahrene Psychologen zu sein, ihrem Gegenstand mit analytischen Methoden zu Leibe rücken, wie sie sie aus der Lektüre psychologischer Werke gewonnen haben.

Die Frage, inwieweit biographische Fakten über den Dichter uns helfen, seine Dichtung zu verstehen, ist nicht so einfach, wie man annehmen möchte. Jeder Leser muß sie für sich selbst beantworten, und zwar nicht allgemein, sondern in Beziehung zu den besonderen Umständen; sie kann dem einen Dichter gegenüber sehr wichtig sein und in einem anderen Fall nur wenig bedeuten. Denn die Freude an der Dichtung kann eine höchst komplexe Erfahrung sein, in der verschiedene Formen der Befriedigung sich mischen; und diese mögen außerdem bei verschiedenen Lesern in verschiedenem Verhältnis gemischt sein. Ich will dies an einem Beispiel deutlich machen. Es ist eine allgemein bekannte Tatsache, daß der größte Teil von Wordsworths besten Gedichten in einem kurzen Zeitraum von wenigen Jahren entstanden ist – einer Zeit, die an und für sich kurz war und kurz außerdem im Verhältnis zur ganzen Zeitspanne seines Lebens. Verschiedene Wordsworth-Forscher haben allerhand Erklärungen für die Mittelmäßigkeit seiner späteren dichterischen Produktion vorgebracht. Sir Herbert Read hat vor einigen Jahren ein Buch über Wordsworth veröffentlicht – ein sehr interessantes

Buch übrigens, obwohl ich als Reads beste Würdigung des Dichters einen späteren Aufsatz aus dem Sammelband *A Coat of Many Colours* ansehen möchte – in dem er Aufstieg und Untergang von Wordsworths Genius als Folgen seiner Liebesgeschichte mit Annette Vallon erklärt, über die man gerade Einzelheiten zutage gefördert hatte. In noch jüngerer Zeit hat F. E. Bateson ein Buch über Wordsworth geschrieben, das auch höchst interessant ist (das Kapitel über *The Two Voices* ist tatsächlich eine große Hilfe zum Verständnis von Wordsworths Stil). In diesem Buch behauptet er nun, daß Annette keineswegs eine so wichtige Rolle gespielt hat, wie Herbert Read angenommen hatte, und daß das eigentliche Geheimnis Wordsworths Liebe zu seiner Schwester Dorothy war; hierin sieht er insbesondere die Erklärung der Lucy-Gedichte und auch die Ursache für das Versiegen der Inspiration bei Wordsworth nach seiner Heirat. Nun, er mag recht haben: seine Begründungen sind durchaus überzeugend. Aber die eigentliche Frage, die jeder Wordsworth-Leser sich selbst beantworten muß, ist doch die: Ist das überhaupt so wichtig? Verhilft mir dieser Bericht zu einem besseren Verständnis der Lucy-Gedichte? Von mir selbst kann ich nur sagen, daß die Kenntnis der Quellen, aus denen ein Gedicht hervorgegangen ist, mir nicht notwendig eine Erleichterung des Verständnisses bedeutet: zuviel Wissen über die Ursprünge des Gedichtes kann sogar den Kontakt mit ihm unterbrechen. Ich habe kein Bedürfnis nach weiterer Aufhellung der Lucy-Gedichte, mir genügt ihr eigenes Licht.

Ich möchte andererseits nicht behaupten, daß es *keine* Zusammenhänge gäbe, in denen solche Tatsachen oder Mutmaßungen wie die von Herbert Read und Bateson geäußerten nicht durchaus angemessen wären. Sie sind von Bedeutung, wenn wir Wordsworth verstehen wollen; aber sie sind nicht unmittelbar wichtig für das Verständnis seiner Dichtung. Oder besser gesagt, sie sind nicht von Bedeutung für unser Verständnis der *Dichtung als Dichtung*. Ich möchte sogar behaupten, daß es in aller großen Dichtung etwas gibt, das unerklärlich bleiben muß, wie umfassend auch immer unsere Kenntnis des Dichters sein mag, und gerade dies Unerklärliche ist das, worauf es eigentlich ankommt. Mit dem Augenblick, da das Gedicht geschaffen ist, ist etwas Neues da, etwas, was niemals ganz erklärt werden kann aus *irgend etwas Vorgängigem.* Das, glaube ich, ist es, was wir unter »Schöpfung« verstehen.

Nun ist die Methode, Dichtung durch Erforschung ihrer Quellen zu erklären, keineswegs die von allen zeitgenössischen Kritikern geübte; aber es ist eine Methode, die dem Wunsch sehr vieler Leser entspricht, daß ihnen Dichtung verständlich gemacht werde durch Übersetzung in eine andere Sprache: die meisten Briefe, die ich von mir unbekannten Menschen mit Fragen über meine Gedichte bekomme, verlangen Erklärungen, wie ich sie tatsächlich nicht geben kann. Daneben gibt es andere Richtungen, etwa die von Richards vertretene, die sich mit dem Problem befaßt, wie man die kritische Würdigung der Dichtung lehren kann, oder die durch größte sprachliche Feinheiten gekennzeichnete Methode seines hervorragenden Schülers Empson. Und seit kurzem habe ich eine Entwicklung beobachtet, die, wie ich annehmen möchte, ihren Ursprung in den für den Unterricht gedachten Methoden von Richards hat und die auf ihre Weise eine gesunde Reaktion auf die Verschiebung der Aufmerksamkeit von der Dichtung auf den Dichter darstellt. Diese Methode findet sich zum Beispiel in einem Buch, das vor nicht langer Zeit unter dem Titel *Interpretations* erschienen ist: es handelt sich um eine Folge von Aufsätzen von zwölf jüngeren englischen Kritikern, in denen jeder jeweils ein Gedicht nach eigener Wahl analysiert. Das Verfahren ist folgendes: man nimmt ein bekanntes Gedicht – jedes der in diesem Buch analysierten Gedichte ist in seiner Art gut – ohne Erwähnung des Verfassers oder seines übrigen Werkes, analysiert es Strophe für Strophe und Zeile für Zeile und zieht, quetscht, drückt, preßt jeden Tropfen des Sinnes heraus, dessen man nur habhaft werden kann. Man könnte dies Verfahren die Zitronenpressen-Schule der Literaturkritik nennen. Da es sich um Gedichte aus einem Zeitraum vom 16. Jahrhundert bis in die Gegenwart handelt, die untereinander sehr verschieden sind – das Buch beginnt mit Shakespeares *The Phoenix and the Turtle* und schließt mit *Prufrock* und Yeats' *Among School Children* –, und da jeder Interpret auf seine eigene Weise vorgeht, ist das Resultat interessant und ein wenig verwirrend; im übrigen ist das Durcharbeiten von zwölf so überaus gewissenhaft untersuchten Gedichten zweifellos ein sehr ermüdender Zeitvertreib. Ich könnte mir vorstellen, daß manche der betroffenen Dichter (sie sind allerdings außer mir alle nicht mehr am Leben) höchst überrascht wären, hier zu erfahren, was ihre Gedichte eigentlich bedeuten. Ich selbst erlebte auch eine oder zwei kleinere Überraschungen, als ich zum Beispiel las, daß der Nebel, der am Anfang von *Prufrock* erwähnt wird, irgendwie auch in den Salon geraten war. Doch war die Analyse von *Prufrock* eben keineswegs ein Versuch, die Ursprünge des Gedichtes aufzudecken, weder in der Literatur noch in den dunkleren Tiefen meines Privatlebens; es war ein Versuch, den wahren Sinn des Gedichtes zu finden, ohne Rücksicht darauf, ob ich persönlich diesen Sinn hatte hineinlegen wollen oder nicht. Und dafür war ich sehr dankbar. Einige der Aufsätze schienen mir recht gut zu sein. Da aber jede Methode ihre eigenen Begrenzungen und ihre eigenen Gefahren hat, dürfte es mir erlaubt sein, auch bei dieser aufzuzeigen, wo ich ihre Grenzen und Gefahren sehe: da im übrigen diese Methode wohl hauptsächlich als Übung für Schüler gedacht ist, wäre es Aufgabe des Lehrers, die von ihm Unterrichteten vor ihren Gefahren zu warnen.

Die erste Gefahr liegt in der Annahme, es könne nur eine einzige richtige Deutung des Gedichtes im ganzen geben. Natürlich gibt es Einzelheiten, besonders bei Gedichten, die aus uns fremden Zeitaltern stammen – Tatsachen, historische Anspielungen, die Bedeutung eines bestimmten Wortes zu einer bestimmten Zeit –, die durchaus festgelegt werden können; und der Lehrer sollte darauf achten, daß die Schüler in diesen Dingen keine Fehler machen. Der Sinn des Gedichtes im ganzen aber läßt sich überhaupt durch keine Erklärung ausschöpfen, denn der Sinn ist eben jeweils der, den das Gedicht für verschiedene empfängliche Leser hat. Die zweite Gefahr – der übrigens wohl keiner der Kritiker in dem erwähnten Buch verfiel, welcher aber der Leser besonders ausgesetzt ist – besteht in der Annahme, daß die Interpretation eines Gedichtes, wenn sie gültig sein soll, notwendig eine Darstellung der bewußten und unbewußten Absichten des Dichters sei. Es besteht heute allgemein die Tendenz, zu glauben, wir verstünden ein Gedicht, wenn wir seine Ursprünge festgestellt und den Prozeß aufgedeckt haben, dem der

Dichter das Material unterworfen hat; daher glauben wir ebenso leicht auch das Umgekehrte – daß nämlich jede Deutung des Gedichtes eine Darlegung seiner Entstehung sei. Die erwähnte Analyse von *Prufrock* war für *mich* allerdings von großem Interesse, weil sie mich das Gedicht durch die Augen eines intelligenten, empfänglichen und eifrigen Lesers sehen ließ. Das bedeutet zwar keineswegs, daß der Interpret es nun seinerseits mit meinen Augen gesehen oder daß seine Darstellung irgend etwas mit den Erfahrungen zu tun gehabt hätte, die bei mir zu dem Gedicht führten oder die mir im Verlauf seiner Entstehung zuteil wurden. Meine dritte Bemerkung würde sein, daß ich diese Methode, um sie zu erproben, gerne auf ein neues Gedicht angewandt sähe, auf ein sehr gutes Gedicht und vor allem auf eines, das mir vorher nicht bekannt war: denn ich möchte gerne herausfinden, ob ich nach genauem Durcharbeiten der Analyse das Gedicht schön finden könnte. Fast alle Gedichte in jenem Buch waren mir nämlich seit Jahren bekannt und lieb. Und ich fand es sehr schwer, meine früheren Gefühle wieder zu entdecken, nachdem ich die Interpretationen gelesen hatte. Es war, als hätte jemand eine Maschine auseinandergenommen und überließe es nun mir, die Teile wieder zusammenzusetzen. Ich möchte daher tatsächlich annehmen, daß der Wert einer Deutung zum größten Teil darin liegt, daß sie – meine eigene ist. Es mag vieles Wissenswerte über ein Gedicht geben; auch kann es sein, daß die Kenntnis mancher Tatsachen, die die Gelehrten mitteilen können, mir hilft, ein absolutes Mißverständnis zu vermeiden; aber eine gültige Deutung muß, glaube ich, zugleich eine Deutung meiner eigenen Gefühle beim Lesen des Gedichtes sein.

Es war nicht meine Absicht, in diesem Vortrag einen umfassenden Überblick über alle in unserer Zeit vertretenen Typen literarischer Kritik zu geben. Ich wollte vielmehr vor allem die Aufmerksamkeit auf die Wandlung der Literaturkritik lenken, die etwa mit Coleridge einsetzte, aber sich erst in den letzten fünfundzwanzig Jahren mit immer größerer Schnelligkeit fortentwickelte. Das Tempo dieser Entwicklung schien mir beschleunigt zu werden durch die immer größere Bedeutung der Gesellschaftswissenschaften für die Kritik und durch die Einführung der Literatur (mit Einschluß der *zeit-*

genössischen) als Lehrfach auf Colleges und Universitäten. Ich beklage diesen Wandel keineswegs, denn ich halte ihn für unvermeidlich. In einem Zeitalter der Unsicherheit, einem Zeitalter, in dem die Menschen von neuen Wissenschaften verwirrt werden und ein gemeinsamer Glaube, gemeinsame Denkgewohnheiten und ein gemeinsamer geistiger Hintergrund bei allen Lesern nur in so geringem Maße vorausgesetzt werden können, muß es erlaubt sein, jedes erforschbare Gelände zu betreten. Doch bei so viel Verschiedenheit darf man wohl auch nach dem Gemeinsamen in allen Formen der Literaturkritik fragen, wenn es das überhaupt gibt. Vor dreißig Jahren habe ich behauptet, ihre wesentliche Funktion sei »die Erhellung von Kunstwerken und die Bildung des Geschmacks«. Diese Formulierung mag uns im Jahre 1956 reichlich pompös im Ohr klingen. Vielleicht ließe sich das Gemeinte einfacher und für unsere Zeit annehmbarer ausdrücken, wenn man sagt, ihr Zweck ist, »das Verständnis und die Freude an der Literatur zu fördern«. Ich möchte hinzufügen, daß hierin auch ihre negative Aufgabe miteinbeschlossen wäre, nämlich zu zeigen, woran man *keine* Freude haben soll. Denn es kann durchaus vorkommen, daß der Kritiker aufgerufen wird, das Zweitrangige zu verdammen und das Schwindelhafte zu entlarven; doch steht diese Pflicht weit zurück hinter der, alles das zu loben, was des Lobes würdig ist. Und ich muß dazu noch betonen, daß ich *Genießen* und *Verstehen* nicht als zwei verschiedene Betätigungen ansehe, eine des Gefühls und eine des Verstandes. Mit *Verstehen* meine ich nicht *Erklären*, obwohl das Erklären alles dessen, was sich erklären läßt, oft eine unumgängliche Vorbereitung für das Verstehen sein mag. Um ein sehr einfaches Beispiel anzuführen: eine unumgängliche Vorbereitung für das Verständnis Chaucers ist es, die unbekannten Wörter und die unbekannten Wortformen zu lernen; natürlich ist das schon eine Art des Erklärens: doch könnte man Vokabular, Schreibweise, Grammatik und Syntax bei Chaucer durchaus beherrschen – ja, um das Beispiel noch um eine Stufe weiterzuführen, man könnte auch aufs beste über Chaucers Zeitalter, dessen Gesellschaftsform, über Glauben, Wissen und Nichtwissen dieser Epoche unterrichtet sein und doch nicht imstande sein, die *Dichtung als solche zu verstehen.* Ein

Gedicht verstehen läuft etwa darauf hinaus, daß es einem aus den richtigen Gründen gefällt. Man könnte auch sagen, es bedeutet, daß man Gefallen findet gerade an dem, was dieses Gedicht wirklich geben kann: wenn uns ein Gedicht nur aus einem Mißverständnis seines eigentlichen Wesens heraus gefällt, so gefällt uns nur eine Projektion unseres eigenen Geistes. Doch ist die Sprache ein so diffiziles Werkzeug, daß die Ausdrücke »es gefällt mir etwas«, und »ich finde Gefallen an etwas« nicht ganz das gleiche zu bezeichnen scheinen. Wenn man sagt, »ich empfinde Gefallen an« der Dichtung, ist das nicht ganz dasselbe, als wenn man sagt, daß sie »einem gefällt«. Und tatsächlich ändert sich ja auch der Sinn des Wortes »Gefallen« mit dem Gegenstand, der das Gefallen erzeugt, verschiedene Gedichte vermitteln sogar schon verschiedene Formen der Befriedigung. Gewiß kann uns ein Gedicht nicht richtig gefallen, wenn wir es nicht verstehen, und andererseits ist es genauso wahr, daß wir es nicht ganz verstehen, wenn wir keinen Gefallen an ihm finden. Und das bedeutet, daß wir im richtigen Maß und in der richtigen Art Gefallen an einem Gedicht finden müssen, richtig im Verhältnis zu anderen Gedichten (gerade in der Abstufung des Gefallens verschiedenen Gedichten gegenüber zeigt sich ja der *Geschmack*). Es dürfte kaum nötig sein hinzuzufügen, daß hierin zugleich auch die Forderung eingeschlossen ist, an schlechten Gedichten *keinen* Gefallen zu finden – es sei denn ihre geringe Qualität sei derart, daß sie unseren Sinn für Humor anspricht.

Ich sagte, daß das Erklären eine notwendige Vorbereitung für das Verstehen sein könne. Immerhin scheint es mir, daß ich zuweilen Dichtung auch ohne Erklärung verstehe, zum Beispiel den Shakespearevers *Full fathom five thy father lies (Fünf Faden tief dein Vater liegt ...)* oder Shelleys *Art thou pale for weariness of climbing heaven and gazing on the earth (Bist du bleich aus Überdruß, den Himmel zu erklettern und auf die Erde zu blicken)*. Denn hier, und in einer ganzen Anzahl anderer Gedichte, sehe ich nichts, was zu erklären wäre – das heißt, nichts, was mir zu besserem Verstehen und damit größerem Genuß verhelfen könnte. Und manchmal können uns sogar, wie ich schon sagte, Erklärungen geradezu von dem Gedicht als Dichtung ablenken, anstatt daß sie uns zum Verständnis hinführen. Und wenn ich glaube, mich nicht zu täuschen in der Annahme, ich verstünde Dichtung von der Art dieser lyrischen Stellen bei Shakespeare und Shelley, die ich eben zitierte, so ist wohl die beste Begründung dafür, daß diese beiden Gedichte mich noch heute beim Wiederlesen mit einem so jähen Entzücken erfüllen wie vor fünfzig Jahren.

So liegt also der Unterschied zwischen dem eigentlichen Literaturkritiker und einem Kritiker, der die Grenzen seines Faches überschritten hat, nicht darin, daß der erste »rein« literarisch deutet oder daß er keine anderen Interessen hat. Ein Forscher, der sich mit nichts beschäftigte als mit »Literatur«, hätte uns wenig zu sagen, denn sein Begriff von Literatur wäre eine bloße Abstraktion. Die Dichter selbst interessieren sich ja außer für Dichtung auch noch für andere Dinge – sonst wäre ihr dichterisches Werk leer: sie sind Dichter, weil ihr Hauptziel darin besteht, ihre Erfahrungen und ihre Gedanken (und beides setzt ja voraus, daß ihre Interessen über die Dichtung hinausgehen) in Dichtung zu verwandeln. Dementsprechend ist ein Kritiker Literaturkritiker, wenn das Hauptinteresse, das er bei seiner Arbeit verfolgt, darin besteht, dem Leser eine Hilfe zum Verstehen und Genießen der Dichtung zu geben. Aber er muß auch, genau wie der Dichter selbst, daneben noch andere Interessen haben; denn der Literaturkritiker ist nicht nur ein Spezialist für die Technik der Dichtung, der die Regeln studiert hat, nach denen die Schriftsteller, mit welchen er sich befaßt, arbeiten: der Literaturkritiker muß ein ganzer Mensch sein, ein Mensch mit Überzeugungen und Prinzipien, mit Kenntnissen und Lebenserfahrung.

Wir können deshalb bei jeder wissenschaftlichen Arbeit, die uns als literarische Kritik vorgelegt wird, fragen, ob sie auf Förderung des Verständnisses und des unmittelbaren Genusses der Dichtung abzielt. Ist das nicht der Fall, so kann es sich immer noch um eine berechtigte und nützliche Tätigkeit handeln; doch muß man sie dann als einen Beitrag zur Psychologie oder Soziologie ansehen, zur Logik oder Pädagogik oder einer anderen Disziplin, und sie sollte von den entsprechenden Fachgelehrten beurteilt werden, aber nicht von Literaturforschern. Auch dürfen wir nicht rein biographische

Darstellungen mit Literaturkritik gleichsetzen: gewiß haben solche Untersuchungen im allgemeinen ihren Sinn, weil sie Erklärungen geben, die den Weg zu besserem Verständnis der Dichtung öffnen; aber sie können auch, indem sie unsere Aufmerksamkeit auf den Dichter lenken, von der Dichtung geradezu wegführen. Wir dürfen ebensowenig faktisches Wissen – Tatsachenkenntnis – über das Zeitalter eines Dichters, über die Gesellschaftsordnung, in der er lebte, über die zu seiner Zeit umlaufenden und in seine Schriften eingegangenen Ideen, über den Zustand der Sprache zu diesem Zeitpunkt – wir dürfen alles dieses nicht mit dem Verständnis seiner Dichtung verwechseln. Solche Kenntnisse mögen, wie ich schon sagte, eine notwendige Vorbereitung für das Verstehen bilden, auch haben sie selbständigen Wert, als historische Forschung: was aber die Würdigung der Dichtung angeht, so können sie uns nur bis vor die Pforte bringen: den Weg ins Innere müssen wir selbst finden. Denn von dem hier vertretenen Standpunkt aus ist es nicht der vordringliche Sinn solcher Kenntnisse, daß wir uns dadurch in längst verflossene Perioden zurückversetzen können, daß wir beim Lesen eines Werkes genauso denken und fühlen können wie ein Zeitgenosse des Dichters; obgleich auch diese Erfahrung ihren eigenen Wert hat; sie sollen vielmehr dazu dienen, daß einerseits wir die Beschränkungen unserer Zeit abstreifen und andererseits der Dichter, den wir gerade lesen, von den Bedingtheiten *seiner* Zeit befreit erscheint, damit wir die unmittelbare Erfahrung, den direkten Kontakt mit seiner Dichtung erleben. So ist es, wenn ich etwa eine Ode der Sappho lese, nicht das wichtigste, daß ich mich als Inselgriechen von vor 2500 Jahren empfinde; entscheidend ist die Erfahrung, die die gleiche ist, für alle menschlichen Wesen verschiedener Jahrhunderte und Sprachen, die fähig sind, Dichtung zu genießen, der Funke, der 2500 Jahre überspringen kann. So bin ich dem Kritiker am dankbarsten, der mich sehen läßt, was mir vorher noch nicht aufgegangen war, oder was ich nur mit einem von Vorurteilen getrübten Blick wahrgenommen habe; dem soll er mich von Angesicht zu Angesicht gegenüberstellen und mich dann allein damit lassen. Von hier an muß ich mich auf meine eigene Feinfühligkeit, Intelligenz und Fähigkeit zur Weisheit verlassen.

Wenn wir in der Literaturkritik allen Nachdruck auf das Verstehen legen, geraten wir in Gefahr, vom Verstehen zum bloßen Erklären abzugleiten. Wir sind in Gefahr, Kritik als Wissenschaft zu betreiben, was sie nie sein kann. Wenn wir andererseits das unmittelbare Genießen überbetonen, können wir leicht in eine subjektive und impressionistische Betrachtungsweise verfallen, und unser Genießen wird uns nicht mehr bieten als Zeitvertreib und oberflächliches Vergnügen. Vor 33 Jahren scheint die zweite Form der Kritik, die impressionistische, Ursache des Ärgers gewesen zu sein, der mich beherrschte, als ich über »die Funktion der Kritik« schrieb. Heute scheint es mir, daß wir weit mehr auf der Hut sein müssen gegenüber dem Verfahren der reinen Sacherklärung. Aber ich möchte bei Ihnen nicht den Eindruck hinterlassen, daß ich die literarische Kritik unserer Zeit verdammen wollte. Die letzten 30 Jahre sind eine glanzvolle Periode für die Literaturkritik gewesen, sowohl in England als auch in Amerika. Sie mag in der Rückschau sogar als zu glanzvoll erscheinen. Wer weiß?

Der Kritiker kritisch betrachtet

Welche Funktion oder welche Funktionen Literaturkritik ausübt, ist eine Frage, die zu stellen immer wieder lohnt, selbst wenn uns keine Antwort je befriedigt. Kritik ist vielleicht, in einem Wort F. H. Bradleys über Metaphysik, »das Auffinden schlechter Gründe für das, was man instinktiv glaubt, aber es ist nicht minder ein Instinkt, nach solchen Gründen zu suchen«. Aber da ich über mein eigenes kritisches Werk sprechen will, verlangt meine Themenwahl eine weitere Rechtfertigung. Wenn ich hier meine Literaturkritik der letzten vierzig oder mehr Jahre überblicke, so geschieht dies in der Hoffnung, einige Schlüsse ziehen zu können, zu einigen plausiblen Verallgemeinerungen zu kommen, die eine gewisse Gültigkeit besitzen, oder – und das wäre noch lohnender – andere dazu anzuregen; vielleicht gelingt es mir auch, andere Kritiker zu ähnlichen Bekenntnissen herauszufordern. Ich muß mich mit der Feststellung rechtfertigen, daß es keinen anderen lebenden oder toten Kritiker gibt, über dessen Werk ich so viel weiß wie über mein eigenes. Mir ist über die Entstehung meiner Essays und Rezensionen mehr bekannt als über die irgendeines anderen Kritikers; ich kenne die zeitliche Reihenfolge, die Umstände, unter denen ein jeder Essay geschrieben wurde, ich kenne den Grund, der mich jeweils zum Schreiben bewog, und ich weiß über all die Wandlungen in der Einstellung, im Geschmack, Interesse und Glauben Bescheid, die die Jahre mit sich bringen. Für das Werk derjenigen Meister der englischen Kritik, denen ich die höchste Achtung entgegenbringe, fehlt mir ein solches umfassendes Wissen. Ich denke dabei in erster Linie an Samuel Johnson und an Coleridge und übersehe auch Dryden und Arnold nicht. Aber hier sollte ich zunächst die verschiedenen Literaturkritiker nach Typen klassifizieren, damit ich Sie daran erinnere, daß allgemeine Beobachtungen, die aus dem Werk eines Kritikers des einen Typus abgeleitet sind, nicht für das Werk der anderen zu gelten brauchen.

Von den Kritikertypen, zu denen ich nicht gehöre, möchte ich als erstes den des *professionellen Kritikers* nennen – denjenigen Schriftsteller also, der sich sein Ansehen hauptsächlich, ja vielleicht ausschließlich durch seine Literaturkritik verdient. Diesen Kritiker könnte man auch den Superrezensenten nennen, denn er ist oft der Hauskritiker einer Zeitschrift oder Zeitung gewesen, und der Anlaß eines jeden seiner Beiträge war die Veröffentlichung irgendeines neuen Buches. Typischer Repräsentant dieser Art Kritik ist natürlich der Franzose Sainte-Beuve, der zwei wichtige Bücher, *Port-Royal* und *Chateaubriand et ses Amis*, schrieb, dessen Hauptwerk aber aus unzähligen Bänden gesammelter Essays besteht, die zuvor wöchentlich im Feuilleton einer Zeitung erschienen waren. Der professionelle Kritiker kann ein gescheiterter schöpferischer Schriftsteller sein, wie Sainte-Beuve sicher einer war; und wenn es im Falle Sainte-Beuves gelingt, seine Gedichte aufzutreiben, so lohnt es sich durchaus, sie einmal durchzugehen, weil man mit ihrer Hilfe verstehen kann, warum er über Autoren der Vergangenheit besser schrieb als über seine Zeitgenossen. Der professionelle Kritiker ist jedoch nicht *mit Notwendigkeit* der gescheiterte Dichter, Dramatiker oder Romancier. Denn soviel ich weiß, versuchte sich mein alter amerikanischer Freund Paul Elmer More, dessen Shelburne-Essays etwas von der Monumentalität der *Causeries du Lundi* besitzen, niemals als schöpferischer Schriftsteller. Ein anderer meiner alten Freunde, ein professioneller Buch- und Theaterkritiker, Desmond MacCarthy, beschränkte seine schriftstellerische Tätigkeit auf einen Artikel oder eine Rezension pro Woche und widmete seine Freizeit vergnüglicher Unterhaltung, anstatt sie an die Bücher zu hängen, die er sowieso niemals schrieb. Und Edmund Gosse ist wieder ein anderer Fall: Nicht sein Fleiß als Kritiker, sondern seine Autobiographie *Father and Son*, die heute schon zu einem klassischen Werk geworden ist, wird seinen Namen verewigen.

Als zweiten Typus nenne ich den *engagierten Kritiker*. Er wird nicht auf die Richterbank berufen, sondern er spricht als Anwalt für die Autoren, deren Werk er auslegt – Autoren, die manchmal zu den Vergessenen oder ungerechterweise Mißachteten gehören. Auf solche Schriftsteller lenkt er unsere Aufmerksamkeit; er hilft uns, Qualität zu erkennen, die wir nicht gesehen haben, und Anreiz zu finden, wo wir nur Langeweile erwarteten. Diesem Typus gehörte George Saintsbury an, ein gelehrter und freundlicher Herr, der einen unersättlichen Appetit für das Zweitrangige und eine Witterung für das Aufstöbern jener Momente der Vortrefflichkeit hatte, die oft im Zweitrangigen zu finden sind. Wer außer Saintsbury hätte schon in einem Buch über den französischen Roman Paul de Kock mehr Platz eingeräumt als Flaubert? Dann ist noch mein alter Freund Charles Whibley zu nennen. Lesen Sie doch zum Beispiel einmal, was er über Sir Thomas Urquhart oder Petronius geschrieben hat. In diese Kategorie fällt auch Quiller-Couch, der vielen seiner Hörer in Cambridge gezeigt haben muß, wie man in der englischen Literatur frische Quellen des Vergnügens findet.

Drittens gibt es den *akademischen* und den *theoretischen* Kritiker. Ich nenne diese beiden Typen gleichzeitig, weil sie sich überschneiden können. Aber diese Kategorie ist vielleicht zu umfassend, weil ihr ein rein akademischer Kritiker wie W. P. Ker, der eine erhellende Einsicht in das Werk eines Schriftstellers einer bestimmten Epoche oder Sprache durch das Aufzeigen einer unerwarteten Parallele mit einem Autor einer anderen Epoche oder Sprache vermitteln konnte, ebenso angehört wie ein philosophischer Kritiker wie I. A. Richards und sein Schüler, der philosophische Kritiker William Empson. Richards und Empson sind auch Dichter, aber ich sehe ihre Kritik nicht als Nebenprodukt ihrer Dichtung an. Und wo sollen wir andere Zeitgenossen wie L. C. Knights oder Wilson Knight einordnen? Vereinigen sie nicht in ihrer Person den Dozenten mit dem originellen Kritiker? Und was ist mit Dr. F. R. Leavis, einem anderen Kritiker von Bedeutung, den man den *Kritiker als Moralist* nennen kann? Ein Kritiker, der gleichzeitig eine Professur innehat, hat wahrscheinlich eine Epoche oder einen Autor besonders gründlich erforscht, aber ihn deshalb als *spezialisierten Kritiker* einzustufen, liefe auf eine Beschneidung seines Rechts hinaus, alle Literatur zu untersuchen, die er untersuchen möchte.

Und schließlich gibt es den Kritiker, dessen Kritik als Nebenprodukt seiner schöpferischen Tätigkeit bezeichnet werden kann, insbesondere also den Kritiker, der gleichzeitig Dichter ist. Oder sollen wir sagen, der Dichter, der auch etwas Literaturkritik verfaßt hat? Um in diese Klasse aufgenommen zu werden, muß der Anwärter hauptsächlich für seine Dichtung bekannt sein; aber seine Literaturkritik muß in sich selbst bedeutend sein und nicht etwa nur, weil sie etwas über die Dichtung ihres Verfassers aussagt. Hierzu zähle ich zum Beispiel Samuel Johnson und Coleridge, ebenso Dryden und Racine mit ihren Vorreden, und mit Einschränkungen auch Matthew Arnold; und in ihre Reihen muß ich mich schüchtern selbst hineindrängen. Ich hoffe, daß ich nun nicht mehr zu beteuern brauche, daß ich nicht aus Faulheit meine eigenen Schriften als Stoff für diesen Vortrag herangezogen habe. Es war auch gewiß keine Eitelkeit; denn als ich mich der vorbereitenden Lektüre zuwandte, hatte ich viele meiner Essays bereits so lange nicht mehr gelesen, daß ich sie mir eher mit Bangen als mit hoffnungsvollen Erwartungen wieder vornahm.

Aber zu meiner Freude kann ich sagen, daß ich mich ihrer nicht ganz so sehr zu schämen brauche, wie ich befürchtet hatte. Zwar enthalten sie ohne Zweifel ebenso Feststellungen, die ich heute nicht mehr für richtig halte, wie auch Ansichten, die ich mit weniger starker Überzeugung als damals oder nur noch mit wichtigen Einschränkungen vertreten würde, und sie enthalten sogar Feststellungen, die ich einfach nicht mehr verstehe. Vielleicht hat mein Wissen auf einigen Gebieten zugenommen; gewiß aber ist es auf anderen Gebieten verschwunden. Als ich zum Beispiel meinen Aufsatz über Pascal wieder las, war ich über die Fülle der Fakten verblüfft, die ich damals, als ich ihn schrieb, anscheinend beherrschte. Es gibt auch Dinge, an denen ich einfach das Interesse verloren habe, so daß ich auf die Frage, ob ich noch immer dieselbe Ansicht vertrete, nur antworten kann, »Ich weiß es nicht«, oder »Es ist mir einerlei«. Meine Essays enthalten auch Fehlurteile; und was mir noch mehr leid tut, gelegentlich habe ich mich sogar im Ton vergriffen: da klingt manchmal Arroganz an, manchmal Heftigkeit, dann wieder übertriebene Selbstsicherheit oder gar Grobheit und auch die Großmäuligkeit des in seinen Umgangsformen Zurückhaltenden, der sich hinter seiner Schreibmaschine sicher fühlt. Und doch muß ich meine Verbundenheit mit demjenigen eingestehen, der so schrieb, und trotz all dieser

Einschränkungen identifiziere ich mich weiterhin mit ihrem Verfasser.

Aber schon während ich dies sage, habe ich eine Einschränkung im Sinn. Immer wieder ärgert es mich, daß man meine Worte von vor vielleicht dreißig oder vierzig Jahren so zitiert, als hätte ich sie gerade gestern von mir gegeben. In einer sehr gescheiten Monographie stellte vor einigen Jahren ein Kritiker, der meinem Werk zudem sehr wohlwollend gegenüberstand, meine kritischen Schriften so dar, als hätte ich zu Beginn meiner Laufbahn als Literaturkritiker den Grundriß für ein groß angelegtes kritisches System skizziert und dann den Rest meines Lebens damit verbracht, die Einzelheiten auszuarbeiten. Wenn ich eine Essaysammlung veröffentliche oder meine Zustimmung dazu gebe, daß ein Essay irgendwo anders wiederveröffentlicht wird, gebe ich immer ausdrücklich das Datum der Erstveröffentlichung an, damit sich der Leser der Zeitspanne bewußt wird, die den Autor jener Tage vom Autor, wie er heute ist, trennt. Aber selten kommt es vor, daß jemand, der mich zitiert, hinzufügt, »Dies dachte (oder meinte) Eliot 1933 (oder wann immer es gewesen sein mag)«. Jeder Schriftsteller ist daran gewöhnt, daß seine Worte von nicht sonderlich gewissenhaften Polemikern so aus dem Zusammenhang gerissen wiedergegeben werden, daß ihnen ein unbeabsichtigter Sinn beigelegt wird. Aber noch weitaus häufiger werden Äußerungen längst vergangener Jahre so zitiert, als wären sie gestern erst gemacht worden, einfach weil dies meist ganz ohne böse Absicht geschieht. Als Beispiel sei eine Formulierung angeführt, die ihren Verfasser auf Schritt und Tritt verfolgt, obgleich sie seines Erachtens schon lange nicht mehr seine Überzeugungen auf eine befriedigende Weise wiedergibt. Es handelt sich um einen Satz aus dem Vorwort zu einer kleinen Essaysammlung mit dem Titel *For Lancelot Andrewes*, in dem ich mich als Klassizist in bezug auf die Literatur, als Royalist in bezug auf die Politik, und als Anglikaner in bezug auf Religion bekenne. Ich hätte voraussehen müssen, daß mich ein so gut zitierbarer Satz mein ganzes Leben lang verfolgen würde, so wie Shelley uns sagt, daß seine Gedanken ihn verfolgten:

And his own thoughts, along that rugged way,
Pursued, like raging hounds, their father and their prey.

[Und seine eigenen Gedanken verfolgten auf jenem unwegsamen Pfade wie wilde Jagdhunde ihren Vater und ihre Beute.] Der besagte Satz kam durch ein persönliches Erlebnis zustande. Mein alter Lehrer Irving Babbitt, dem ich so viel verdanke, machte in London Station, als er sich auf dem Rückweg von Paris, wo er gelehrt hatte, nach Harvard befand, und seine Gattin und er trafen sich mit mir zum Essen. Ich hatte ihn seit einigen Jahren nicht mehr gesehen, und ich fühlte mich verpflichtet, ihm etwas mitzuteilen, das meinem kleinen Leserkreis (denn es war, glaube ich, das Jahr 1927) noch unbekannt war, nämlich daß ich vor kurzem nach anglikanischem Ritus getauft und gefirmt worden war. Ich wußte, daß ihn dieser Gesinnungswandel eines seiner Schüler sehr tief treffen würde, obgleich er sicher bereits einen viel größeren Schock erlitten hatte, als sein enger Freund und Verbündeter Paul Elmer More vom Humanismus zum Christentum übertrat. Aber Babbitt sagte nur, ich sollte meine neuen Ansichten offen bekennen. Es mag sein, daß mich diese Bemerkung etwas reizte; und so tauchte der gut zitierbare Satz im Vorwort des Essaybandes, an dem ich arbeitete, auf, trat in seine Umlaufbahn ein und umkreist seither unablässig meine kleine Welt. Nun, an meinem Glauben hat sich nichts geändert, und ich bin sehr für die Beibehaltung der Monarchie in all den Ländern, die noch eine haben. Was jedoch Klassizismus und Romantik betrifft, so bin ich zu dem Ergebnis gekommen, daß mir diese Begriffe nicht mehr so wichtig sind wie einst. Aber selbst wenn mein Glaubensbekenntnis nach all diesen Jahren überhaupt keiner Einschränkung bedürfte, so würde ich es dennoch nicht mehr ganz so formulieren.

Soweit ich es auf Grund von Hinweisen, Zitaten und Nachdrucken in Anthologien beurteilen kann, haben meine früheren Essays den tieferen Eindruck hinterlassen. Ich führe das auf zwei Gründe zurück. Der erste ist der Dogmatismus der Jugend. Wenn wir jung sind, sind für uns die strittigen Punkte scharf umrissen. Wenn wir älter werden, neigen wir mehr dazu, Einschränkungen zu machen, unsere positiven Behauptungen zu modifizieren und mehr Parenthesen einzuführen. Wir erkennen Einwände gegen unsere eigenen Ansichten, wir begegnen dem Gegner mit größerer Toleranz und manchmal sogar mit Sympathie. Wenn wir jung sind, sind wir von unseren Ansichten überzeugt, überzeugt, daß wir die ganze Wahrheit besitzen. Wir sind begeistert oder empört. Und Leser, selbst reife Leser, fühlen sich zu einem Verfasser hingezogen, der seiner Sache ganz sicher ist. Der zweite Grund für die andauernde Popularität einiger meiner frühen kritischen Schriften ist schwerer zu verstehen, besonders für Leser einer jüngeren Generation. Er liegt darin, daß ich in meiner frühen Kritik, sowohl in meinen allgemeinen Aussagen über Dichtung als auch in meinen Aussagen über Autoren, die mich beeinflußt hatten, implicite jene Art Dichtung verteidigte, die ich und meine Freunde schrieben. Diese Tatsache verlieh meinen Aufsätzen eine gewisse Dringlichkeit, den beredsamen Überzeugungseifer des Advokaten, die meine späteren, mehr auf Abstand bedachten und, wie ich hoffe, im Urteil ausgewogeneren Essays nicht für sich in Anspruch nehmen können. Ich stellte mich nicht nur gegen die georgianische Dichtung,[1] sondern auch gegen die georgianische Kritik. Ich schrieb in einem Zusammenhang, den der heutige Leser entweder vergessen oder nie erlebt hat.

In einem Vortrag über Johnsons *Lives of the Poets*, der in meiner Essay- und Vortragssammlung *On Poetry and Poets* (1957) erschienen ist, führte ich aus, daß man einen Kritiker einer vergangenen Epoche, dessen Aussagen man beurteilen will, immer im Zusammenhang mit seiner Epoche sehen muß, daß man immer versuchen muß, seinen Standpunkt einzunehmen. Dies verlangt der Phantasie eine große Anstrengung ab, eine Anstrengung, von der wir dennoch nicht mehr als einen Teilerfolg erhoffen können. Wir können den Einfluß, den die seitdem entstandene schöpferische und kritische Literatur auf unsere Bildung hat, ebensowenig außer acht lassen wie die unvermeidlichen Geschmacksveränderungen oder unsere größere Kenntnis und unser größeres Verständnis der Literatur, die derjenigen Periode vorausgeht, die wir zu verstehen versuchen. Aber allein schon diese Anstrengung unserer Phantasie und die Tatsache, daß wir uns dieser Schwierigkeiten bewußt sind, sind der Mühe

1 *Georgian Poetry*, Dichtung einer Gruppe von Dichtern, der u.a. Walter de la Mare, John Masefield und Edmund Blunden angehört und deren erste nach George V. benannte Gruppenanthologie 1911 erschien. (d. Ü.)

wert. Wenn ich auf meine frühen kritischen Schriften zurückblicke, fällt mir ganz besonders auf, wie sehr sie durch den damaligen Stand der Literatur, durch den Grad der Reife, den ich damals erreicht hatte, durch die Einflüsse, denen ich ausgesetzt gewesen war, und durch den unmittelbaren Anlaß zu jedem Essay bedingt sind. Ich kann mich selbst nicht mehr an all diese Umstände erinnern oder alle Voraussetzungen meiner damaligen Arbeit rekonstruieren; wie viel weniger kann sie ein späterer Kritiker meines Werks kennen, oder wenn er sie kennt, sie verstehen, oder wenn er sie kennt und sie versteht, wie kann er meinen Aufsätzen das gleiche Interesse entgegenbringen, das jene hatten, die sie verständnisvoll lasen, als sie zuerst erschienen? Kein literarkritisches Werk kann in einer späteren Generation mehr als Neugier erwecken, wenn es nicht auch für spätere Generationen als Werk für sich nützlich bleibt und auch noch außerhalb seines historischen Zusammenhangs Eigenwert behält. Aber wenn irgendein Teil davon diesen zeitlosen Wert besitzt, dann werden wir ihn um so genauer zu würdigen wissen, wenn wir gleichzeitig versuchen, den Standpunkt des Verfassers und seiner ersten Leser einzunehmen. Eine derartige Untersuchung der Kritik Johnsons oder Coleridges würde sich zweifellos lohnen.

Mein eigenes kritisches Werk kann ich grob in drei Phasen einteilen. Zuerst kam die Phase des *Egoist*, jener bemerkenswerten Vierzehntageschrift, die von Harriet Weaver herausgegeben und veröffentlicht wurde. Richard Aldington war zweiter Redakteur gewesen, und als er im Ersten Weltkrieg zum Militärdienst eingezogen wurde, setzte mich Harriet Weaver auf Vorschlag Ezra Pounds als seinen Nachfolger ein. Im *Egoist* erschien ein Essay mit dem Titel »Tradition und die individuelle Begabung«, der sich noch immer bei all den Herausgebern größter Beliebtheit erfreut, die für die amerikanischen College-Studenten Lehrbücher in Form von Anthologien zusammenstellen. Damals herrschten zwei Einflüsse vor, die gar nicht so unvereinbar sind, wie es zuerst den Anschein haben mag, nämlich der Einfluß Irving Babbitts und der Ezra Pounds. Den Einfluß Pounds zu jener Zeit kann man in Hinweisen auf Remy de Gourmont erkennen, sowie in meinen Schriften über Henry James, einen Autor, den Pound sehr schätzte, für den mein eigener Enthusiasmus jedoch etwas nachgelassen hat, und in verschiedenen Anspielungen auf Autoren wie Gavin Douglas, deren Werk ich kaum kannte. Der Einfluß Babbitts (später mit einem Schuß T. E. Hulme und einer Beigabe der literarischeren Essays von Charles Maurras) wird in der Gegenüberstellung von Klassizismus und Romantik sichtbar, die ich in meinen Schriften sehr häufig behandele. In der zweiten Phase, der nach 1918, d. h. nachdem der *Egoist* sein Erscheinen eingestellt hatte, schrieb ich Essays und Rezensionen für zwei Herausgeber, mit denen ich Glück hatte, weil mir beide immer die richtigen Bücher zum Besprechen gaben: Middleton Murry von der nur kurz erscheinenden Zeitschrift *Athenaeum* und Bruce Richmond vom *Times Literary Supplement*. Die meisten meiner Beiträge liegen in den alten Bänden dieser beiden Zeitschriften begraben; doch sind in meinen Essaysammlungen die besten von ihnen – die zugleich zu den besten meiner Aufsätze überhaupt gehören – nachgedruckt. Die dritte Phase ist aus verschiedenen Gründen nicht so sehr durch Artikel und Besprechungen als durch öffentliche Vorträge und Reden gekennzeichnet.

Hier möchte ich nun eine meines Erachtens wichtige Trennlinie zwischen Essays wie »Tradition und die individuelle Begabung«, die allgemeine Prinzipien behandeln, und solchen Aufsätzen ziehen, in denen einzelne Autoren gewürdigt werden. Meines Erachtens besteht bei letzteren die größte Aussicht darauf, daß sie auch für zukünftige Leser noch irgendeinen Wert behalten werden: Und ich frage mich, ob diese Feststellung nicht ihrerseits eine allgemeine Regel impliziert, die auch für andere Kritiker des Typus, dem ich angehöre, gilt. Aber auch hier muß ich eine Unterscheidung treffen: Vor einigen Jahren brachte mein New Yorker Verleger ein Taschenbuch mit einer Auswahl meiner Aufsätze über das elisabethanische und jakobäische Drama heraus, die ich selbst besorgte. In dem Vorwort erläuterte ich meine Auswahl. Ich fand dabei, daß es sich bei den Essays, die mir auch damals noch zusagten, um Arbeiten über Zeitgenossen Shakespeares, nicht über Shakespeare selbst handelte. Bei diesen weniger bedeutenden Dramatikern war ich ja auf meinem Werdegang als Dichter in die Schule gegangen; sie und nicht Shakespeare hatten meine Phantasie angeregt, meinen Sinn für Rhythmus ausgebildet und meine Gefühle gespeist. Ich hatte sie in einem Alter gelesen, in dem sie meinem Temperament und meiner Entwicklungsstufe am besten entsprachen, und ich war von dieser Lektüre leidenschaftlich hingerissen, lange bevor ich daran dachte, über sie zu schreiben, oder die Gelegenheit dazu besaß. Zu der Zeit, als sich bei mir der Wunsch, Gedichte zu schreiben, mit Nachdruck regte, schaute ich zu ihnen als meinen Lehrern auf. Ebenso wie unter den modernen Dichtern Laforgue und nicht Baudelaire mich am meisten beeinflußt hat, waren es unter den Dramatikern Marlowe und Webster und Tourneur und Middleton und Ford, nicht Shakespeare. Ein Dichter von solch erhabener Größe wie Shakespeare kann kaum einen Einfluß ausüben: Man kann ihn nur imitieren. Einfluß und Imitation unterscheiden sich aber dadurch voneinander, daß Einfluß befruchten kann, wogegen Nachahmung – besonders wenn sie unbewußt ist – nur das Gegenteil bewirken kann. (Doch als ich einmal kurz Dante zu imitieren suchte, war ich 55 Jahre alt und wußte ganz genau, was ich tat.) Abgesehen davon kann es sich aber oft lohnen, einen fremdsprachigen Autor zu imitieren – es kann ja einfach gar nicht glücken.

So viel also zu denjenigen meiner literarkritischen Essays, die meiner Ansicht nach die größten Aussichten haben, auch in Zukunft gelesen zu werden, insofern als es sich bei ihnen um diejenigen handelt, die meiner Einschätzung nach mit größter Wahrscheinlichkeit dem Leser auch in Zukunft Vergnügen bereiten und ihm möglicherweise auch ein erweitertes Verständnis der kritisierten Autoren vermitteln werden. Wie aber steht es um die Essays, die allgemeine Prinzipien darlegen, und um Formeln wie »Dissoziation der Sensibilität« und »objektives Korrelat«, die Berühmtheit erlangt haben? Ich denke in diesem Zusammenhang auch an einen Aufsatz im *Criterion* über die »Aufgabe der Kritik«. Ich bin mir nach so langer Zeit nicht sicher, inwieweit die beiden eben zitierten Formeln Gültigkeit besitzen. Ich bin immer um eine Antwort verlegen, wenn ernsthafte Wissenschaftler oder Schulkinder mir schreiben und um eine Erläuterung bitten. Der Begriff »objektives Korrelat« kommt in einem Essay über »Hamlet und seine Probleme« vor, in dem ich vielleicht doch nicht ganz frei von provozierenden Absichten war.

Ich befand mich damals, was das Drama der Tudor- und Stuartzeit betrifft, in völliger Übereinstimmung mit den kritischen Studien jenes kühnen Polemikers, J. M. Robertson. Aber welche Bedeutung auch immer diese Formeln in Zukunft haben mögen, und selbst wenn ich sie jetzt nicht mit glaubwürdigen Beweisen verteidigen kann, so glaube ich doch, daß sie zu ihrer Zeit brauchbar waren. Man hat sie akzeptiert, man hat sie abgelehnt, und es mag sein, daß sie bald ganz aus der Mode kommen werden. Aber sie haben sich dadurch als nützlich erwiesen, daß sie das kritische Denken anderer angeregt haben. Und Literaturkritik ist, wie ich zu Anfang andeutete, eine instinktive Tätigkeit des kultivierten Verstandes. Aber eins sage ich voraus: Falls man sich in hundert Jahren einmal für meine Formeln interessiert, wird man sie nur in ihrem literarischen Zusammenhang sehen, und die Interessenten werden Wissenschaftler sein, denen es um das Verständnis meiner Generation geht.

Worum es mir jedoch eigentlich geht, ist die Feststellung, daß diese Formeln als begriffliche Symbole gefühlsmäßiger Vorlieben aufgefaßt werden können. So folgte meines Erachtens die Betonung der Tradition aus meiner Reaktion auf die englischsprachige Dichtung des 19. und frühen 20. Jahrhunderts und meiner glühenden Begeisterung sowohl für die dramatische als auch für die lyrische Dichtung des späten 16. und frühen 17. Jahrhunderts. Das »objektive Korrelat« im Hamletaufsatz mag meine Voreingenommenheit für die reiferen Schauspiele Shakespeares – besonders *Timon of Athens, Antony and Cleopatra, Coriolanus* – und für jene späten Shakespearestücke, über die Wilson Knight Aufschlußreiches geschrieben hat, dokumentieren. Und die »Dissoziation der Sensibilität« mag meine große Neigung für Donne und die Metaphysischen Dichter und meine Abneigung gegen Milton widerspiegeln.

In der Tat habe ich den Eindruck, daß diese Begriffe, diese allgemeinen Formulierungen in meiner Sensibilität entstanden sind. Sie beruhen auf meinem Gefühl der Verwandtschaft mit einem bestimmten Dichter oder einer bestimmten Art der Dichtung. Nun sollte ich nicht den Anspruch erheben, daß das, was ich jetzt sage, auch auf die Kritiker zutrifft, die einem anderen Typus als ich zugehören, ja, nicht einmal auf andere Kritiker meines Typs – also auf Dichter, die auch kritische Essays geschrieben haben. Doch stelle ich mir in bezug auf jeden Ästhetiker immer gern die Frage: »Welche literarischen Werke, Gemälde, Skulpturen, Bauwerke und Musikstücke bereiten diesem Theoretiker wirklich Freude?« Wir können uns natürlich – und das ist die Gefahr, in die sich der philosophische Kunstkritiker begeben kann – einer Theorie verschreiben und uns dann einreden, daß uns diejenigen Kunstwerke gefallen, die in diese Theorie hineinpassen. Aber ich bin davon überzeugt, daß mein eigenes theoretisches Werk in jedem Fall eine Folge meiner geschmacklichen Entscheidungen gewesen ist, und daß seine etwaige Gültigkeit auf dem unmittelbaren Erlebnis der Werke derjenigen Autoren beruht, die meine Schriften tief beeinflußt haben. Natürlich ist nun klar, daß die Kritik an meinen Begriffen »objektives Korrelat« und »Dissoziation der Sensibilität« und ihre Verteidigung auf der Abstraktionsebene eben dieser Begriffe vonstatten gehen muß, und daß ich hier nichts weiter getan habe, als meine Ansicht von ihrer Entstehung vorzutragen. Es ist mir auch klar, daß ich durch die Art, wie ich sie hier erkläre, eine verallgemeinernde Bemerkung über meine verallgemeinernden Formeln mache. Aber eines weiß ich gewiß: Über Autoren, die meine eigene Dichtung beeinflußt haben, habe ich am besten geschrieben. Ich sage bewußt »Autoren« und nicht »Dichter«, weil ich F. H. Bradley auch dazurechne; denn seine Werke – ich könnte auch sagen: seine Persönlichkeit, wie sie sich in seinen Werken darstellt – haben mich tief beeinflußt. Das gleiche gilt für Bischof Lancelot Andrewes, aus einer dessen Weihnachtspredigten ich mehrere Zeilen meines Gedichts »Journey of the Magi« übernommen habe, und dessen Prosa vielleicht ganz entfernt in der Predigt aus meinem Drama *Murder in the Cathedral* widergespiegelt wird. Ich denke in diesem Zusammenhang tatsächlich an alle Prosaschriftsteller und Versdichter, deren Stil den meinen stark beeinflußt hat. Ich habe doch die Hoffnung, daß meine Essays über einzelne Autoren, die mich beeinflußt haben, vielleicht selbst für eine Generation, die einmal meine Theorien verwerfen oder verspotten wird, irgendeinen Wert beibehalten werden. Ich habe in meiner Jugend drei Jahre dem Studium der Philosophie gewidmet. Was haben mir diese Studien eingebracht? Den Stil dreier

Philosophen: Bradleys Englisch, Spinozas Latein und Platos Griechisch.

Gerade im Zusammenhang mit Essays über einzelne Autoren ergibt sich für mich die Frage, inwieweit der Kritiker die Vorliebe des Publikums für diesen oder jenen Dichter oder für diese oder jene Epoche der Literaturgeschichte beeinflussen kann. War ich zum Beispiel irgendwie dafür verantwortlich, daß das Interesse für die frühen Dramatiker und die Metaphysischen Dichter geweckt wurde und daß unser Verständnis und unsere Wertschätzung für sie stieg? In meiner Rolle als Kritiker doch wohl kaum. Wir müssen natürlich zwischen *Geschmack* und *Mode* unterscheiden. Mode, d. h. die Vorliebe für Wandel um seiner selbst willen, das Verlangen nach Neuheit, ist ein recht vergänglich Ding; *Geschmack* hat einen tieferen Ursprung. In einer Sprache, in der wie in der unseren seit Generationen große Dichtung geschrieben wird, werden mit jeder Generation andere Klassiker dieser Sprache in den Vordergrund des Interesses rücken. Manche Autoren der Vergangenheit werden dem Geschmack der gegenwärtigen Generationen mehr entsprechen als andere; manche Epochen der Vergangenheit mögen der unsrigen näher stehen als andere. Einem jungen Leser oder einem Kritiker mit einem unausgebildeten Geschmack können Autoren, die seine Generation bevorzugt, als qualitativ besser erscheinen als diejenigen, die bei der vorherigen Generation hoch im Kurs standen. Der bewußter vorgehende Kritiker wird vielleicht erkennen, daß sie seiner Generation einfach näher stehen, ohne daß sie notwendigerweise von größerer Bedeutung sind als andere. Eine der Aufgaben des Kritikers ist es, dem Lesepublikum seiner Zeit zu helfen, die Verwandtschaft zu erkennen, die es mit einem bestimmten Dichter oder einer bestimmten Art der Dichtung oder einer ihrer Epochen verbindet.

Geschmack schaffen kann jedoch der Kritiker nicht. Man hat manchmal von mir gesagt, ich hätte der Mode für Donne und andere Metaphysische Dichter ebenso wie für die weniger bedeutenden elisabethanischen und jakobäischen Dramatiker den Anstoß gegeben. Aber ich habe nicht einen einzigen dieser Dichter entdeckt. Coleridge und später Browning bewunderten Donne; Lamb bewunderte die frühen Dramatiker; und das begeisterte Lob, das Swinburne ihnen mehrmals zollte, besitzt gewiß seinen kritischen Wert. Auch in unserer eigenen Zeit wurde die Aufmerksamkeit immer wieder auf Donne gelenkt. Das zweibändige Werk *Life and Letters of John Donne* von Edmund Gosse erschien 1899. Ich erinnere mich, wie mir Donnes Dichtung in meinem ersten College-Jahr in Harvard von Professor Briggs, der ihn glühend verehrte, nahegebracht wurde; Griersons zweibändige Ausgabe der Gedichte Donnes erschien 1912, und Griersons Werk *Metaphysical Poetry*, das ich zu besprechen hatte, gab mir die erste Gelegenheit, mich über Donne schriftlich zu äußern. Wenn ich gut über die Metaphysischen Dichter schrieb, so lag es meiner Ansicht nach daran, daß sie mich inspiriert hatten. Und wenn es richtig ist, daß ich überhaupt irgendeinen Einfluß darauf hatte, daß das Interesse an ihnen größer wurde, so lag das einfach daran, daß kein Dichter, der ihnen Anerkennung zollte, je zuvor so tief von ihnen beeinflußt worden war wie ich. In dem Maße, in dem man immer mehr Geschmack an meiner Dichtung fand, geschah das gleiche mit dem Werk jener Dichter, denen ich das meiste verdankte, und über die ich geschrieben hatte. Ihre und meine Dichtung entsprach dem Geist der Zeit. Manchmal frage ich mich, ob sich diese Epoche nicht ihrem Ende zuneigt.

Wohl verdanke ich gewissen französischen Dichtern des späten 19. Jahrhunderts, über die ich nie schrieb, ebensoviel, und ich habe dies auch immer anerkannt. Über Baudelaire habe ich geschrieben, aber nicht über Laforgue, dem ich mehr als irgendeinem Dichter in irgendeiner Sprache verdanke, oder über Tristan Corbière, dem ich auch einiges verdanke. Der Grund dafür liegt wohl darin, daß mir niemand einen Auftrag dazu gegeben hat. Denn alle diese frühen Essays schrieb ich für Geld, das ich brauchte, und der Anlaß war immer ein neues Buch über einen Autor, eine Neuausgabe seiner Werke, oder ein Jubiläum.

Die Frage nach dem Umfang, den der Einfluß eines Kritikers auf den Geschmack seiner Zeit haben kann, habe ich dahingehend beantwortet, daß ich nicht der Ansicht bin, daß meine Kritik, unabhängig von meinen Gedichten, irgendeinen Einfluß gehabt hat oder haben konnte. Ich spreche hierbei nur für mich. Nun möchte ich mich noch der Frage zuwenden, wie sehr und auf welche Weise sich der Geschmack und die Ansichten des Kritikers im Laufe seines Lebens ändern. In welchem Maße sind solche Änderungen Indizien für eine größere Reife, wann zeigen sie einen Niedergang an und wann muß man sie einfach als Änderungen ansehen, weder zum Besseren noch zum Schlechteren? Was mich betrifft, so habe ich wiederum den Eindruck, daß meine Meinung von Dichtern, deren Werk mich in den Jahren meiner dichterischen Entwicklung beeinflußt hat, unverändert geblieben ist, und ich ziehe nichts von meinen lobenden Äußerungen über sie zurück. Freilich geben sie mir heute nicht mehr jenes starke Gefühl der Erregung und des Wachstums und der Befreiung, die einem eine Entdeckung einbringt, mit der man zugleich sich selbst entdeckt: Aber so etwas kann man nur ein einziges Mal erleben. Und tatsächlich wende ich mich heute eher anderen Dichtern zu, wenn ich rein zu meinem Vergnügen lesen möchte. Ich blättere häufiger in den Werken Mallarmés als in denen Laforgues, in denen George Herberts eher als in denen Donnes, in Shakespeares eher als in denen seiner Zeitgenossen und Epigonen. Dies bedeutet nicht notwendigerweise ein Urteil über ihre Größe im Verhältnis zueinander: Es bedeutet nur, daß sich das, was ich in meinem mittleren und vorgerückten Alter brauchte, von der notwendigen Nahrung meiner Jugendjahre unterscheidet. So groß aber ist Shakespeare, daß ein Leben kaum ausreicht, um reif genug zu werden, ihn richtig schätzenzulernen. Es gibt jedoch einen Dichter, der mich zutiefst beeindruckte, als ich im Alter von zweiundzwanzig Jahren mit nur primitiven Anfängerkenntnissen seiner Sprache seine Verse entzifferte, einen Dichter, der mir auch im Alter Trost bringt und mich in Erstaunen setzt, obgleich meine Kenntnis seiner Sprache nicht über die Anfangsgründe hinausgekommen ist. Meine Kenntnis der Klassik war immer nur recht mittelmäßig: Ich spreche hier von Dante. Als ich jung war, diente mir meiner Ansicht nach Dantes erstaunliche Sprachökonomie und Unmittelbarkeit – sein Pfeil, der unbeirrt ins Zentrum der Scheibe trifft – als ein gesunder Ausgleich für die Extravaganzen der elisabethanischen, jakobäischen und carolinischen Autoren, die mir ebenfalls größtes Vergnügen bereiteten.

Was ich jetzt sagen möchte, trifft vielleicht auf alle Arten der Literaturkritik zu. Auf jeden Fall gilt meiner Überzeugung nach für meine eigene, daß sie dort ihre Höhepunkte hat, wo ich über Autoren schrieb, die ich rückhaltlos bewunderte. Und meine zweitbeste befaßt sich mit Autoren, die ich sehr bewundere, obwohl ich Einschränkungen mache, denen andere Kritiker vielleicht nicht zustimmen. Für meine Essays über die weniger bedeutenden elisabethanischen Dramatiker brauche ich keine Bestätigung, aber mich interessiert es immer, was andere Kritiker von meinen Arbeiten beispielsweise über Tennyson oder Byron halten. Was kritische Schriften über unbedeutende Autoren betrifft, so kann das Interesse an ihnen kaum von Dauer sein, einfach weil man sich nicht immer für sie interessieren wird. Und negative Kritik an einem großen Autor oder an einem Autor, dessen Werke die Zeiten überdauert haben, beruht aller Wahrscheinlichkeit nach auf außerliterarischen Überlegungen. Miltons Persönlichkeit wie auch einige seiner politischen und theologischen Ansichten waren offenbar Samuel Johnson ebenso zuwider wie mir. (Aber als ich meinen ersten Essay über Milton schrieb, ging es mir um seine Dichtung als Dichtung und um ihre Beziehung zu meiner Vorstellung von dem, was meine eigene Zeit brauchte; und meinen zweiten Essay über Milton schrieb ich nicht in der Absicht, die Desmond MacCarthy und andere aus ihm herauslasen, nämlich als Widerruf meiner früheren Meinung, sondern als eine Weiterentwicklung im Hinblick darauf, daß die Wahrscheinlichkeit, nachgeahmt zu werden, für ihn einfach nicht mehr bestand, und er daher mit Nutzen untersucht werden konnte. Dieser Hinweis auf Milton ist jedoch parenthetisch.) Ich bedauere das, was ich über Milton geschrieben habe, nicht: Aber wenn mir ein Autor in seinem Denken so zuwider ist wie Thomas Hardy, so glaube ich beinahe, daß es besser gewesen wäre, ich hätte überhaupt nie über ihn geschrieben.

Vielleicht steht mein Urteil über zeitgenössische oder beinahe zeitgenössische Schriftsteller weniger fest als über Schriftsteller der Vergangenheit. Und doch bleibt meine Einschätzung der Werke der Dichter meiner Generation und der jüngerer Dichter, denen ich mich verwandt fühle, unverändert. Aber es gibt einen Zeitgenossen, über den mein Urteil, so fürchte ich, immer zwischen Ablehnung, Zorn,

Langeweile und Bewunderung schwanken wird: D. H. Lawrence. Meine Ansichten über D. H. Lawrence scheinen ein Gewebe aus Lob und Abscheu zu bilden. Die heftigeren Ausbrüche meiner Abneigung wurden durch den Fleiß von Dr. Leavis wie Fliegen in Bernstein oder wie Wespen in Honig konserviert. Aber mir fällt auf, daß ich zwischen zwei von ihm zitierten Passagen, einer aus dem Jahre 1927 und einer anderen aus dem Jahre 1933, im Jahre 1931 die bei der Konferenz von Lambeth[1] versammelten Bischöfe mit recht feierlich erhobenem Zeigefinger dafür tadelte, daß sie »eine Gelegenheit verpaßt haben, sich von der Verurteilung dieser beiden außerordentlich ernsten und förderlichen Autoren zu distanzieren«, wobei ich mich auf James Joyce und D. H. Lawrence bezog. Solche offenkundigen Widersprüche kann ich nicht erklären. Im vergangenen Jahr erklärte ich mich bereit, in der Verhandlung gegen *Lady Chatterley's Lover* als Entlastungszeuge aufzutreten. Vielleicht war aber die Verteidigung gut beraten, als sie beschloß, mich nicht zu vernehmen, da es mir möglicherweise recht schwergefallen wäre, in einem derartigen Verhör meine Ansichten der Jury klarzumachen, und da ein wirklich raffinierter Ankläger mich vielleicht restlos in Widersprüche hätte verwickeln können. Damals wie heute war ich der Ansicht, daß die Anklageerhebung gegen ein solches Buch – ein Buch mit äußerst seriösen und höchst moralischen *Absichten* – ein beklagenswerter Mißgriff war, der sehr mißliche Folgen haben würde, einerlei, wie das Urteil ausfiele, und dem Buch auf eine Weise Auftrieb geben würde, die dem Verfasser gänzlich zuwider gewesen wäre. Aber meine Abneigung gegenüber dem Autor bleibt bestehen und stützt sich auf meinen Eindruck von seinem Egoismus, einem Zug von Grausamkeit an ihm und einem Mangel, den er mit Thomas Hardy teilt – Humorlosigkeit.

Ich gehe gerade deshalb auf meine Reaktion auf Lawrences Werk so genau ein, weil man gut daran tut, sich bei seinen Äußerungen über das Thema Literaturkritik daran zu erinnern, daß man an seiner persönlichen Voreingenommenheit nicht vorbeikommen kann, und daß außerliterarische Wertmaßstäbe nicht ausgeschlossen werden können. Im Falle des Chatterley-Buches zeigte es sich, daß ei-

1 Vgl. »Gedanken nach Lambeth«, S. 114, Anm. 1 und S. 117–118.

nige Entlastungszeugen ihre Verteidigung des Romans mit den moralischen Absichten des Verfassers und nicht mit der literarischen Bedeutung des Buches begründeten.

Im größten Teil meiner heutigen Ausführungen habe ich mich jedoch auf diejenigen meiner kritischen Schriften bezogen, die man am ehesten als *literarische* Kritik bezeichnen kann. Darf ich den Eindruck zusammenfassen, den ich gewonnen habe, nachdem ich alle diejenigen meiner Schriften gelesen habe, die man in diese Rubrik einordnen kann? Mir fiel auf, daß meine besten Arbeiten auf einen recht engen Bereich beschränkt blieben, da sich meine besten Essays meiner Meinung nach mit den Autoren befassen, die mein Dichten beeinflußt haben; es versteht sich von selbst, daß dies meist Dichter waren. Und in jenen Teil meiner kritischen Schriften, der sich mit Autoren befaßt, denen ich mich dankbar verbunden fühlte und die ich ohne Einschränkungen loben konnte, setze ich auch nach all diesen Jahren noch das meiste Vertrauen. Und was die verallgemeinernden Formeln angeht, die so oft zitiert worden sind, so bin ich davon überzeugt, daß ihre Stärke darin liegt, daß es sich bei ihnen um Versuche handelt, das unmittelbare und intensive Erleben einer Art von Dichtung, die mir am meisten entsprach, begrifflich zusammenzufassen.

Es ist für mich gefährlich, vielleicht sogar vermessen, auf der Grundlage meiner Erfahrung allgemeine Aussagen zu machen, sei es auch nur über Kritiker des Typs, dem ich angehöre, also über Autoren, die in erster Linie Dichter sind, die aber über ihre eigene Tätigkeit und das Werk anderer reflektieren. Ich muß zugeben, daß mich das, was andere Dichter über Dichtung geschrieben haben, mehr interessiert als das, was Kritiker, die keine Dichter sind, dazu zu sagen hatten. Ich habe auch angedeutet, daß es nicht möglich ist, *literarische* Kritik von Kritik auf Grund anderer Gesichtspunkte streng zu trennen, und daß ethische, religiöse und gesellschaftliche Urteile nicht ganz ausgeklammert werden können. Da dies möglich sei, und daß literarischer Wert streng für sich allein abgeschätzt werden kann, glauben irrigerweise nur diejenigen, die der Ansicht sind, daß allein der literarische Wert die Veröffentlichung eines Buchs rechtfertigen kann, das andernfalls aus moralischen Gründen abgelehnt werden könnte. Aber man kommt der rein literarischen Kritik in den kritischen Schriften von Künstlern über ihre eigene Kunst am nächsten; das suche und finde ich bei Johnson, Wordsworth und Coleridge. (Paul Valéry ist ein Sonderfall.) In anderen Arten der Kritik kann auch der Historiker, der Philosoph, der Moralist, der Soziologe, der Grammatiker eine große Rolle spielen; aber insofern als literarische Kritik rein literarisch ist, glaube ich, daß die kritischen Schriften von Künstlern über ihre eigenen Werke durch eine größere Intensität ausgezeichnet sind und eine größere Autorität besitzen, obgleich der Bereich, in dem der Künstler besonders befähigt ist, vielleicht viel engere Grenzen hat. Ich selbst habe den Eindruck, daß ich nur über solche Autoren – Dichter und eine ganz geringe Zahl von Prosaschriftstellern –, die mich beeinflußt haben, mit Autorität geschrieben habe – wenn diese Wendung nicht bereits arrogant klingt. Meine Äußerungen über Dichter, die mich nicht beeinflußt haben, verdienen es noch immer, daß man sich ernsthaft mit ihnen befaßt. Und so, wie ich es sehe, sind meine Ansichten über Autoren, die ich nicht schätze, gelinde gesagt recht anfechtbar. Zum Schluß sollte ich Sie noch einmal daran erinnern, daß ich meine Literaturkritik unter dem Gesichtspunkt des Literarischen betrachtet habe, und daß eine Prüfung im Hinblick auf meine religiösen, gesellschaftlichen, politischen oder ethischen Ansichten und eine Prüfung jenes großen Teils meiner Prosaschriften, der sich unmittelbar mit diesen Ansichten befaßt, auf eine ganz andersartige Selbstbesinnung hinauslaufen würde. Aber ich hoffe, daß das, was ich heute gesagt habe, Gründe dafür nahelegen kann, daß in dem Maße, in dem der Kritiker altert, seine kritischen Schriften zwar weniger von Begeisterung getragen werden, aber ein breiteres Interesse und hoffentlich auch größere Weisheit und Bescheidenheit erkennen lassen.

Daten

KULTUR UND RELIGION

Beiträge zum Begriff der Kultur.
Englischer Titel: *Notes towards the Definition of Culture*, London: Faber and Faber, 1948. Deutsch von Gerhard Hensel, Berlin und Frankfurt/Main: Suhrkamp Verlag, vorm. S. Fischer, 1949.

Gedanken nach Lambeth.
Englischer Titel: »Thoughts after Lambeth« (1931). Aus: T. S. Eliot, *Selected Essays,* London: Faber and Faber, 1932. Deutsch von Helmut Viebrock.

Religion und Literatur.
Englischer Titel: »Religion and Literature« (1935). Aus: *Selected Essays*. Deutsch von Ursula Clemen, zuerst in: T. S. Eliot, *Dichter und Dichtung. Essays*. Frankfurt/Main: Suhrkamp Verlag, 1958.

Katholizismus und die Ordnung unter den Völkern.
Englischer Titel: »Catholicism and International Order« (1936). Aus: T. S. Eliot, *Essays Ancient and Modern,* London: Faber and Faber, 1936. Als Ansprache bei der Anglo-Catholic Summer School of Sociology in Oxford im Jahre 1933 gehalten. Deutsch von Karl Klein.

Vergil und die christliche Welt.
Englischer Titel: »Virgil and the Christian World« (1951). Aus: T. S. Eliot, *On Poetry and Poets,* London: Faber and Faber, 1957. Hervorgegangen aus einem Rundfunkvortrag über den BBC, 1951. Deutsch von Nora Wydenbruck, zuerst in: *Dichter und Dichtung*.

BILDUNG UND ERZIEHUNG

Der Humanismus Irving Babbitts.
Englischer Titel: »The Humanism of Irving Babbitt« (1928). Aus: *Selected Essays.* Deutsch von Ursula Clemen, zuerst in: T. S. Eliot, *Ausgewählte Essays, 1917–1947,* Berlin und Frankfurt/Main: Suhrkamp Verlag, 1950.

Nachgedanken zum Humanismus.
Englischer Titel: »Second Thoughts about Humanism« (1929). Aus: *Selected Essays.* Deutsch von Günter H. Lenz.

Moderne Erziehung und humanistische Bildung.
Englischer Titel: »Modern Education and the Classics« (1932). Aus: *Selected Essays.* Deutsch von Nora Wydenbruck, zuerst unter dem Titel: »Zeitgenössische Erziehung und humanistische Bildung« in: *Dichter und Dichtung.*

Die antike Klassik und der Literat.
Englischer Titel: »The Classics and the Man of Letters« (1942). Aus: T. S. Eliot, *Selected Prose,* ed. John Hayward, Penguin Books in Association with Faber and Faber, 1953. Hervorgegangen aus einem Vortrag vor der Classical Association in Cambridge am 15. April 1942 als Presidential Address. Deutsch von Günter H. Lenz.

Was ist ein Klassiker?
Ansprache, gehalten vor der Vergil-Gesellschaft, London, am 16. Oktober 1944. Englischer Titel: *What is a Classic? An Address delivered before the Virgil Society on the 16th of October 1944.* London: Faber and Faber, 1945. Deutsch von W. E. Süskind, zuerst in: *Ausgewählte Essays.*

Die Ziele der Erziehung.
Englischer Titel: »The Aims of Education« (1950). Aus: T. S. Eliot, *To Criticize the Critic and Other Writings,* London: Faber and

Faber, 1965. Hervorgegangen aus Vorlesungen an der Universität Chicago im November 1950. Deutsch von Helmut Viebrock.

GESELLSCHAFT, LITERATUR, KRITIK

Tradition und individuelle Begabung.
Englischer Titel: »Tradition and the Individual Talent« (1919). Aus: *Selected Essays.* Deutsch von Hans Hennecke, zuerst in: *Ausgewählte Essays.*

Der vollkommene Kritiker.
Englischer Titel: »The Perfect Critic« (1920). Aus: T. S. Eliot, *The Sacred Wood. Essays on Poetry and Criticism.* University Paperbacks (London: Methuen, New York: Barnes & Noble), 1960. Deutsch von Mechthild und Armin Paul Frank.

Die Funktion der Kritik.
Englischer Titel: »The Function of Criticism« (1923). Aus: *Selected Essays.* Deutsch von H. H. Schaeder, unter dem Titel »Die Leistung der Kritik« zuerst erschienen in: *Ausgewählte Essays.*

Der Nutzen der Dichtung und der Nutzen der Kritik.
Englischer Titel: *The Use of Poetry and the Use of Criticism. Studies in the Relation of Criticism to Poetry in England,* London: Faber and Faber, 1933. Hervorgegangen aus Vorlesungen, die der Autor als Charles Eliot Norton Professor of Poetry im Winter 1932/33 an der Harvard-Universität hielt. Deutsch von Ulrich Keller. (Der in diesem Bande erscheinende Teil ist die allgemeine Einleitung des Buches; die einzelnen Dichtern gewidmeten Kapitel erscheinen im 2. Band.)

Was ist geringere Dichtung?
Englischer Titel: »What is Minor Poetry?« (1944). Aus: *On Poetry and Poets.* Deutsch von Mechthild und Armin Paul Frank.

Die gesellschaftliche Funktion der Dichtung.
Englischer Titel: »The Social Function of Poetry« (1945). Aus: *On Poetry and Poets.* Hervorgegangen aus einer Ansprache vor dem Britisch-Norwegischen Institut, 1943, für einen Hörerkreis in Paris, 1945, erweitert. Deutsch von Nikolaus Fasolt, zuerst in: *Dichter und Dichtung.*

Die Literatur der Politik.
Englischer Titel: »The Literature of Politics« (1955). Aus: *To Criticize the Critic.* Deutsch von Wilhelm Hortmann.

Die Grenzen der Literaturkritik.
Englischer Titel: »The Frontiers of Criticism« (1956). Aus: *On Poetry and Poets.* Hervorgegangen aus einem Vortrag an der Universität von Minnesota, 1956. Deutsch von Ursula Clemen, zuerst in: *Dichter und Dichtung.*

Der Kritiker kritisch betrachtet.
Englischer Titel: »To Criticize the Critic« (1961). Aus: *To Criticize the Critic.* Deutsch von Mechthild und Armin Paul Frank.

Copyrightangaben

Inhalt

GESELLSCHAFT, LITERATUR UND KRITIK

suhrkamp taschenbücher
Eine Auswahl

2/2/8.86

2/3/8.86

2/4/8.86

2/5/8.86

2/6/8.86

2/7/8.86

T. S. Eliot
Essays 2
Literaturkritik

Suhrkamp

Die Essays dieses Bandes sind entnommen aus:
On Poetry and Poets, 1957, *Poetry and Drama*, 1951, *Selected Essays*, 1932, *The Use of Poetry and the Use of Criticism*, 1933, *To Criticize the Critic and Other Writings*, 1965

Der Aufsatz »Shakespeares Verskunst« ist ein unveröffentlichter Vortrag von 1949. Der Aufsatz »Ulysses, Ordnung und Mythos« ist abgedruckt in: *Criticism, the Foundation of Modern Literary Judgement*. New York, 1958.
Umschlagfoto: Süddeutscher Verlag/Bilderdienst

suhrkamp taschenbuch 1562
Erste Auflage 1988

Erste Veröffentlichung und Copyright der Originalausgaben der einzelnen Aufsätze am Schluß des Bandes
Suhrkamp Taschenbuch Verlag

Druck: Nomos Verlagsgesellschaft, Baden-Baden
Printed in Germany
Umschlag nach Entwürfen von
Willy Fleckhaus und Rolf Staudt

1 2 3 4 5 6 – 93 92 91 90 89 88

Literaturkritik

Die drei Stimmen der Dichtung

Die erste Stimme ist die des Dichters, der zu sich selbst spricht – oder zu niemandem. Die zweite ist die des Dichters, der sich an Zuhörer wendet, an einzelne oder an ein Publikum. Die dritte ist die des Dichters, der eine von ihm erdachte Dramenfigur in Versen sprechen läßt, der nicht eigene Gedanken ausspricht, sondern nur das sagt, was eine imaginäre Figur in ihrem Rahmen einer anderen imaginären Figur gegenüber äußern kann: Die Trennung zwischen der ersten und der zweiten Stimme, dem Dichter also, der zu sich, und dem Dichter, der zu anderen spricht, weist auf das Problem dichterischer Mitteilung hin. Die Trennung zwischen dem Dichter, der mit seiner eigenen oder einer angenommenen Stimme zu anderen Menschen spricht, und dem Dichter, der eine Sprache für erfundene Figuren ersinnt, in der diese miteinander reden, weist auf das Problem hin, zwischen dramatischer, halbdramatischer und nichtdramatischer Dichtung zu unterscheiden.

Eine Frage, die einige von Ihnen hier stellen könnten, möchte ich gleich vorwegnehmen: kann ein Gedicht nicht für das Auge oder das Ohr einer einzigen Person geschrieben sein? Sie könnten einfach sagen, »ist nicht das Liebesgedicht zuweilen eine Form der Verständigung zwischen zwei Menschen, ohne jeden Gedanken an Dritte?« Ich wüßte zwei Menschen, die vielleicht in diesem Punkt nicht mit mir übereingestimmt hätten: Elizabeth und Robert Browning. In dem Gedicht *One Word More,* das Robert Browning als Epilog zu *Men and Women* schrieb, und das an Elizabeth Browning gerichtet ist, kommt ihr Mann zu einem auffallenden Werturteil:

> Rafael made a century of sonnets,
> Made and wrote them in a certain volume,
> Dinted with the silver-pointed pencil
> Else he only used to draw Madonnas:
> These, the world might view – but one, the volume.
> Who that one, you ask? Your heart instructs you . . .

You and I would rather read that volume...
Would we not? than wonder at Madonnas...

Dante once prepared to paint an angel:
Whom to please? You whisper »Beatrice«...
You and I would rather see that angel,
Painted by the tenderness of Dante,
Would we not? – than read a fresh Inferno.

Raffael schrieb einst hundert Sonette, / Schrieb sie und trug sie ein in jenes Buch, / Das der Silberstift durchfurchte, / Den er sonst nur brauchte, um Madonnen zu zeichnen: / Diese kann die ganze Welt betrachten – aber eine nur das Buch. / Wer fragst du? Dein Herz belehrt dich... / Du und ich, wir läsen lieber jenes Buch... / Was meinst du? statt Madonnen zu bewundern...

Dante schickte sich einst an, einen Engel zu malen: / Wem zur Freude? Du flüsterst »Beatrice«... / Du und ich betrachteten lieber diesen Engel, / Gemalt von Dantes Zärtlichkeit, / Was meinst du? – als noch ein Inferno zu lesen.

Ich teile die Ansicht, ein *Inferno,* selbst von Dante, ist genug; und wir sollten es eigentlich nicht so sehr bedauern, daß es Raffael nicht beschieden war, seine Madonnen noch zu vermehren: doch kann ich von mir nur sagen, daß ich keinerlei Neugier nach Raffaels Sonetten oder Dantes Engel verspüre. Wenn Raffael seine Sonette für einen einzigen Menschen schrieb, oder Dante seinen Engel nur für einen Menschen malte, dann wollen wir ihr Geheimnis achten. Wir wissen, daß Elizabeth und Robert Browning einander gerne Gedichte schrieben, weil sie sie veröffentlichten; einige darunter sind auch wirklich gut. Wir wissen, daß Rossetti, als er seine *House-of-Life*-Sonette schrieb, dabei nur an einen einzigen Menschen dachte, und daß seine Freunde ihn dann überredeten, sie herauszurücken. Nun will ich nicht bestreiten, daß ein Gedicht an nur einen Menschen gerichtet sein kann; es gibt dafür eine bekannte Form, die nicht unbedingt auf die Liebesdichtung beschränkt ist: die Epistel. Einen gültigen Beweis werden wir nie erhalten: denn was die Dichter darüber äußern, was sie sich beim Schreiben eines Gedichtes dachten, können wir nicht ganz für bare Münze nehmen. Persönlich meine ich, daß ein gutes Liebesgedicht, mag es sich auch an nur einen Menschen wenden, doch immer für das Ohr anderer mitbestimmt ist. Sicherlich ist doch die eigentliche Sprache der Liebe – die Mitteilung also, die für den geliebten Menschen allein und für niemanden sonst bestimmt ist – Prosa.

Damit habe ich die Stimme, die nur zu einem Menschen spricht, aus der Dichtung ausgeschaltet, und ich mache danach wohl meine drei Stimmen am besten deutlich, indem ich zu zeigen versuche, wie ich dazu kam, sie zu unterscheiden. Einem Dichter, der wie ich viele Jahre hindurch nur Gedichte schrieb, bevor er es versuchte, auch für das Theater zu schreiben, fällt der Unterschied wohl am ehesten auf. Vielleicht stimmt es, daß in meinem frühen Werk, wie ich las, häufig schon das dramatische Element vorhanden ist. Vielleicht habe ich von Anfang an unbewußt zum Theater hingestrebt – oder, wie ungeneigte Kritiker es vielleicht deutlicher ausdrücken würden, nach der Shaftesbury Avenue und dem Broadway. Mit der Zeit bin ich jedoch zu dem Schluß gekommen, daß Prozeß und Ergebnis, wenn man für das Theater schreibt, und wenn man Gedichte schreibt, die gelesen oder rezitiert werden, ganz verschieden voneinander sind.

Vor zwanzig Jahren erhielt ich den Auftrag, ein Festspiel zu schreiben, sein Titel war *The Rock*. Der Anlaß dazu war ein Spendenaufruf für einen Kirchenbau in neuen Wohnbezirken. Ich wurde in einem Moment aufgefordert, den Text für das Festspiel zu schreiben, als ich selbst das Gefühl hatte, meine mageren poetischen Gaben seien erschöpft, und ich hätte nichts mehr zu sagen. In einem solchen Augenblick kann ein Auftrag, etwas zu schreiben, das zu einem bestimmten Termin, gut oder schlecht, abgeliefert werden muß, die gleiche Wirkung haben, wie ein kräftiges Ankurbeln bei einem Auto, dessen Batterie leer ist. Die Aufgabe war klar umrissen: ich hatte nur den Prosadialog für Szenen der üblichen historischen Festspielart zu schreiben. Das Szenarium war vorgeschrieben. Dann sollte das Stück noch einige Chorpartien in Versen enthalten, deren Inhalt mir überlassen blieb, vorausgesetzt natürlich, daß alle Chöre sich mit dem Charakter des Festspiels vertrugen, und daß die Chöre im Rahmen der Aufführung nur eine genau vorgeschriebene Zeit in Anspruch nahmen. Während ich am zweiten Teil dieser Aufgabe arbeitete, lenkte nichts meine Aufmerksamkeit auf die dritte, die dramatische Stimme; dagegen war die zweite Stimme, meine eigene, die sich an das Publikum wandte – es ansprach –, sehr deutlich vernehmbar. Neben der eindeutigen Tatsache, daß es zweierlei ist, ob man im Auftrag oder zum eigenen Vergnügen schreibt, lernte ich dabei nur, daß Verse, die von einem Chor gesprochen werden, ganz anders sein müssen als Verse, die eine einzelne Person spricht; und daß Wortschatz, Syntax und Inhalt der Verse um so einfacher und klarer sein sollten, je mehr Stimmen der Chor hat. Der Chor in *The Rock* war nicht die dramatische Stimme. Ich hatte die Verse zwar nach Rollen aufgeteilt, aber die Figuren waren nicht als Individuen vorgestellt; sie sprachen *für mich*, sie sagten nichts, was auch nur andeutungsweise einen eigenen Charakter erkennen ließ.

Der Chor in *Mord im Dom* stellt, glaube ich, schon einen gewissen Fortschritt in meiner dramatischen Entwicklung dar. Denn ich stellte mir die Aufgabe, nicht Zeilen für einen namenlosen Chor zu schreiben, sondern für den Chor der Frauen von Canterbury – fast möchte ich sagen, für die Scheuerfrauen der Kathedrale. Es machte mir einige Mühe, mich in diese Frauen hineinzuversetzen, statt sie einfach mit mir zu identifizieren. Für den Dialog des Stückes hatte die Handlung (innerhalb meiner dramatischen Entwicklung gesehen) den Nachteil, daß es in ihr nur eine dominierende Rolle gab, und daß der dramatische Konflikt ganz in dieser einen Figur liegt. Die dritte Stimme, die dramatische, hörte ich nicht, bis ich mich an die schwierige Aufgabe machte, zwei (oder mehrere) Figuren in einer Art Konflikt darzustellen, die einander mißverstanden oder sich zu verstehen bemühten, wobei ich versuchen mußte, mich ganz in eine jede hineinzuversetzen, während ich ihre Rollen schrieb. Sie erinnern sich vielleicht, daß Mrs. Cluppins in der Verhandlung des Falles Bardell gegen Pickwick aussagt: »Die Stimmen, Herr, waren sehr laut und zwangen sich meinem Ohr auf.« »Nun, Mrs. Cluppins«, antwortet Advokat Buzfuz, »Sie lauschten nicht, aber sie hörten die Stimmen.« Im Jahre 1938 also begann die dritte Stimme sich meinem Ohr aufzudrängen.

Ich kann mir vorstellen, daß der Leser sich an dieser Stelle fragt: »Das hat er doch früher alles schon einmal gesagt.« Ich will seinem Gedächtnis nachhelfen und die Stelle nennen. In meinem Vortrag *Vers und Drama*, den ich vor genau drei Jahren hielt und später veröffentlichte, sagte ich:

Bei anderen Versen (d. h. nichtdramatischen Versen) dichtet man, glaube ich, sozusagen im Rahmen seiner eigenen Stimme: die Art, wie es klingt, wenn man es sich selbst vorliest, das ist die Probe. Man selbst spricht ja. Die Frage der Mitteilung, also danach, was der Leser daraus gewinnt, ist nicht ausschlaggebend ...

Die Pronomen stiften hier einige Verwirrung, aber ich glaube, der Sinn ist klar, klar genug, um das Selbstverständliche anzudeuten. Zu der Zeit erkannte ich nur einen Unterschied: ob ich selbst sprach oder ob es eine erfundene Figur war, die ich sprechen ließ; dann beschäftigten mich zunächst andere Überlegungen über das Wesen des Versdramas. Ich hatte angefangen, den Unterschied zwischen der ersten und der dritten Stimme zu erkennen, schenkte aber der zweiten Stimme, auf die ich noch näher eingehen werde, keine Aufmerksamkeit. Ich will jetzt versuchen, etwas tiefer in das Problem einzudringen. Bevor ich daher in der Betrachtung der anderen Stimmen fortfahre, möchte ich noch kurz den verschlungenen Pfaden der dritten Stimme folgen.

In einem Versdrama wird man wohl für die einzelnen Personen, die sich alle in ihrer Herkunft, ihrem Temperament, ihrer Erziehung und Intelligenz unterscheiden, ihre Sprache erfinden müssen. Man darf nicht von allen Figuren eine ganz mit sich identifizieren und ihrer Sprache alle »Poesie« zuteilen. Die Poesie (die Sprache in jenen dramatischen Momenten, in denen sie die größte Dichte erreicht) muß so weit gestreut sein, wie es die Zeichnung der Figuren verlangt; und jeder einzelnen Figur müssen, wenn sie echte Poesie und nicht einfach nur in Versen spricht, Zeilen in den Mund gelegt werden, die zu ihr passen. Wenn es um Poesie geht, darf keine Figur auf der Bühne den Eindruck erwecken, als sei sie bloß das Sprachrohr des Autors. Dem Autor sind in Art und Grad der Poesie für die Figuren in seinem Stück also Grenzen auferlegt. Diese Verse müssen jeweils auch zur Entwicklung der Situation des Stückes, in der sie gesprochen werden, beitragen. Selbst ein Ausbruch schönster Poesie, der zu der betreffenden Figur paßt, muß uns daneben überzeugen, daß er von der Handlung verlangt wird, daß er hilft, eine äußerste Verdichtung des Gefühls aus der Situation herauszuholen. Einem dramatischen Dichter können nach meiner Erfahrung leicht zwei Fehler unterlaufen: entweder läßt er eine Figur Verse sprechen, die nicht zu ihr passen, oder Verse, die zwar durchaus zu ihrer Rolle passen, die aber die Handlung des Stückes nicht weiterführen. Bei einigen unbedeutenderen elisabethanischen Dramatikern gibt es herrliche poetische Stellen, die aber in beiden Beziehungen fehl am Platz sind – die das Stück durchaus und für immer in die Dichtung einreihen, es aber ganz ungeeignet machen, um als dramatisches Meisterwerk zu gelten. Die bekanntesten Beispiele dafür stehen in Marlowes *Tamburlaine*.

Wie haben die großen dramatischen Dichter – Sophokles, Shakespeare oder Racine – diese Schwierigkeit gelöst? Es ist ein Problem, das für die gesamte schöpferische Literatur – für Romane und Stücke in Prosa – besteht, deren Gestalten lebendig erscheinen. Ich weiß nicht, wie ich eine Figur lebendig gestalten kann, wenn ich nicht echte Sympathie für sie empfinde. Das Ideal ist, wenn der Dramatiker, der es ja gewöhnlich mit weniger Figuren zu tun hat als der Epiker und diesen nur für etwa zwei Stunden Leben geben soll, für alle Gestalten tiefe Sympathie hegt: aber das heißt Vollkommenheit fordern, denn ein Stück kann, auch wenn es für die Handlung nur wenig Rollen verlangt, doch auch Figuren haben, deren Echtheit uns, so sehr sie zur Handlung beitragen, nicht interessiert. Es ist außerdem die Frage, ob man eine richtige Schurkenfigur ganz lebenswahr gestalten kann – eine Figur, vor der nicht allein der Autor, sondern auch jeder andere nur Abscheu hat. Es wird immer eine Mischung von Schwäche und entweder heroischem Mut oder teuflischer Schurkerei nötig sein, damit der Charakter einleuchtet. Ich empfinde vor Jago viel mehr Entsetzen als vor Richard III.; ich weiß aber nicht, ob mich nicht doch Parolles in *All's Well That Ends Well* stärker beunruhigt als Jago. (Ganz gewiß ist aber Rosamund Vincy in *Middlemarch* für mich viel entsetzlicher als Goneril oder Regan.) Mir scheint, der Prozeß bei der Gestaltung von lebendigen Figuren ist eine Art Geben und Nehmen. Neben anderen Eigenschaften kann ein Autor der Figur auch eigene Züge mitgeben, etwa Stärken oder Schwächen, Heftigkeit oder Unentschlossenheit, sogar eine Neigung zur Exzentrizität, die er selbst besitzt. Einen Zug vielleicht, den er nie in seinem Leben verwirklicht hat und der selbst denen, die ihn am besten kennen, nicht aufgefallen ist; einen Zug, der nicht unbedingt auf Gestalten von gleichem Temperament, im gleichen Alter oder des gleichen Geschlechts übertragen werden muß. Ein Stückchen von sich, das der Autor einer Figur gibt, kann der Keim sein, aus dem diese Gestalt entsteht. Andererseits kann eine Figur, die das volle Interesse des Autors gewinnt, in diesem latente innere Möglichkeiten wecken. Ich glaube also, daß der Autor seinen Figuren etwas von sich selbst mitgibt und bin ebenso überzeugt, daß von ihm erfundene Gestalten ihn selbst beeinflussen. Man würde, wenn man darüber nachdenkt, wie eine erfundene Figur so lebendig werden kann wie ein Mensch, den wir gekannt haben, sehr rasch in ein Labyrinth geraten. So weit bin ich in dieses Labyrinth vorgedrungen, um auf die Schwierigkeiten, die Grenzen, die Faszination für einen Dichter hinzuweisen, der bisher in Dichtungen nur von sich aus gesprochen hat, wenn er die schwierige Aufgabe übernimmt und erfundene Gestalten Verse sprechen läßt. Und auf den Unterschied, den Abgrund geradezu, der zwischen einem Dichten für die erste und für die dritte Stimme liegt.

Die Eigenart meiner dritten Stimme, der Stimme im Versdrama, tritt noch deutlicher hervor, wenn man sie mit der Stimme des Dichters in nichtdramatischer Poesie vergleicht, die ein dramatisches Element enthält – ganz besonders auffallend im dramatischen Monolog. In einem unkritischen Moment sprach Browning von sich als »Robert Browning, Autor von Stücken«. Wer hat ein Stück von Browning öfter als einmal gelesen, und wenn, erwartete er dann einen Genuß? Gibt es in einem Stück von Browning eine Gestalt, die im Geist mit uns weiterlebt? Wer kann andererseits Fra Lippo Lippi oder Andrea del Sarto oder Bischof Blougram, oder auch jenen Bischof, der sein Grab bestellte, vergessen? Allein aus der Meisterschaft Brownings im dramatischen Monolog und seinem mäßigen Erfolg als Dramatiker kann man schon ohne weitere Untersuchungen schließen, wie grundverschieden beide Formen voneinander sein müssen. Vielleicht gibt es noch eine Stimme, die ich nur nicht bemerkt habe, die Stimme eines Dramatikers, dessen dramatische Begabung am besten vom Theater unabhängig ausgeübt wird? Wenn es nämlich Dichtungen gibt, die nicht für das Theater geschrieben sind und dennoch als

»dramatisch« bezeichnet werden können, dann sind es die von Browning.

Der Autor muß, wie ich schon bemerkte, bei einem Drama seine Loyalitäten verteilen: er muß mit Figuren sympathisieren, die einander nicht sympathisch sein mögen. Und er muß das »Poetische« so weit streuen, we es die Art der einzelnen Gestalten zuläßt. Und daß er das Poetische verteilen muß, bedeutet, daß der Vers der Figur, für welche er bestimmt ist, angepaßt sein muß. Die Tatsache, daß einzelne Figuren im Stück vom Autor ihren Anteil an poetischer Sprache verlangen, zwingt ihn, die Poesie von der Gestalt her zu schöpfen, statt ihr seine Poesie aufzuzwingen. Beim dramatischen Monolog fehlt ein solches Gesetz. Der Autor des Monologs kann ebensowohl eine Figur mit sich identifizieren wie umgekehrt sich selbst mit der Figur: denn ein Gesetz, das ihn daran hindert, gibt es nicht – jenes Gesetz, sich mit einer anderen Figur identifizieren zu müssen, die der ersten antwortet. Im dramatischen Monolog hören wir meistens nur die Stimme des Dichters, der sich Kostüm und Maske einer historischen Figur oder einer Figur aus der Literatur geliehen hat. Bevor aber seine Figur zu sprechen beginnt, muß sie uns gegenüber ausgewiesen sein – als Individuum, zumindest aber als Typ. Wenn der Dichter, wie es so häufig bei Browning der Fall ist, in der Rolle einer historischen Gestalt, ich denke hier an Lippo Lippi, oder in der Rolle einer bekannten Figur aus der Literatur, nehmen wir Caliban, zu uns spricht, hat er von dieser Gestalt ganz Besitz ergriffen. Der Unterschied wird in seinem *Caliban upon Setebos* am deutlichsten. In *The Tempest* spricht Caliban; in *Caliban upon Setebos* ist es Brownings Stimme, ganz deutlich Browning selbst, der durch Caliban zu uns spricht. Ezra Pound, Brownings größter Schüler, griff die Bezeichnung *persona* für die verschiedenen historischen Gestalten auf, durch die er sprach: die Bezeichnung ist richtig.

Ich wage hier auch die Verallgemeinerung, die vielleicht wirklich zu pauschal ist, daß sich im dramatischen Monolog keine Gestalt formen läßt. Denn nur in einer Handlung, aus der Verständigung zwischen erfundenen Figuren kann eine echte Gestalt geformt und wirklich werden. Es ist durchaus nicht abwegig, daß wir uns, wenn der dramatische Monolog einer Figur zugeteilt wird, die dem Leser weder aus der Geschichte noch aus der Literatur bekannt ist, fragen, »wer war das Vorbild?« Bei Bischof Blougram war man stets geneigt zu fragen: wieweit sollte er ein Porträt von Kardinal Manning sein oder von sonst einem Geistlichen? Der Dichter, der wie Browning mit seiner eignen Stimme spricht, kann keiner Figur Leben geben: er kann nur eine Figur, die uns bekannt ist, nachzeichnen. Und ist das Wesentliche der Nachzeichnung nicht, daß wir die nachgezeichnete Person erkennen sollen, und daß diese Täuschung unvollkommen ist? Wir müssen uns darüber klar sein, daß der Mimiker und die nachgezeichnete Person zwei verschiedene Wesen sind: werden wir darin getäuscht, wird die Nachzeichnung zur Personifizierung. Wenn wir ein Stück von Shakespeare sehen, hören wir nicht Shakespeare zu, sondern seinen Figuren; wenn wir aber einen dramatischen Monolog von Browning lesen, müssen wir gestehen, daß es Brownings Stimme ist, der wir zuhören.

Im dramatischen Monolog dominiert also zweifellos die zweite Stimme, der Dichter selbst spricht zu anderen Menschen. Allein schon, daß er eine Rolle annimmt, durch eine Maske spricht, fordert die Anwesenheit von Zuhörern. Weshalb sollte jemand, wenn er nur zu sich sprechen will, Kostüm und Maske anlegen? Tatsächlich findet sich die zweite Stimme am häufigsten und am deutlichsten in der Dichtung, die nicht für das Theater geschrieben ist: jedenfalls in jeder Dichtung, die eine bewußt gesellschaftliche Absicht hat – Dichtungen, die unterhalten oder belehren sollen, Dichtungen, die eine Geschichte erzählen, Dichtungen, die eine Moral predigen oder demonstrieren, oder in der Satire, die ja eine Form der Predigt ist.

Welchen Sinn hätte eine Erzählung ohne Zuhörer oder eine Predigt ohne Gemeinde? Im Epos dominiert die Stimme des Dichters, der sich an andere Menschen wendet, obgleich sie nicht die einzige ist. Bei Homer hört man zum Beispiel gelegentlich auch die dramatische Stimme: es gibt Momente, in denen nicht Homer berichtet, was der Held sagte, sondern die Stimme des Helden selbst tut es. Die *Göttliche Komödie* ist genau genommen kein Epos, aber auch in ihr hören wir Frauen und Männer zu uns sprechen. Es gibt für uns auch keinen Grund anzunehmen, daß Milton so völlige Sympathie für

Satan fühlte, daß wir ihn demnach zu dessen Anhängern zählen müßten. Das Epos ist aber seiner Art nach unbedingt eine für ein Publikum erzählte Geschichte, während das Drama eine für das Publikum dargestellte Handlung ist.

Wie steht es nun mit der Poesie der ersten Stimme – jener, die nicht in erster Linie versucht, sich einem anderen Menschen mitzuteilen? Zunächst muß ich betonen, daß ich darunter nicht unbedingt jene Poesie verstehe, die wir im weitläufigen Sinn »lyrische Dichtung« nennen. Schon die Bezeichnung »lyrisch« ist unzulänglich. Wir denken dabei zuerst an Verse, die für Gesang bestimmt sind – an Lieder von Campion, Shakespeare und Burns, Arien von W. S. Gilbert oder den Text der neuesten »musikalischen Nummer«. Sie wird aber auch auf Dichtung angewandt, die nie für eine Vertonung geschrieben wurde oder die wir von ihrer Vertonung streng trennen; wir sprechen von »lyrischen Versen« bei den metaphysischen Dichtern, bei Vaughan und Marvell, Donne und Herbert. Schon die Definition von »Lyrik« im Oxford Dictionary zeigt, daß es keine ausreichende Erklärung für den Begriff gibt:

»Lyrik: jetzt die Bezeichnung für kurze Gedichte, die gewöhnlich in Strophen eingeteilt sind und die eigene Gedanken und Gefühle des Dichters unmittelbar ausdrücken.«

Wie kurz muß nun ein Gedicht sein, um »lyrisch« genannt zu werden? Die Betonung der Kürze und der Hinweis auf die Einteilung in Strophen sind wahrscheinlich ein Überbleibsel aus der Verbindung von Stimme mit Musik. Es gibt aber keine notwendige Verbindung zwischen Kürze und dem Ausdruck der Gedanken und Gefühle des Dichters. *Come unto these yellow sands* oder *Hark! hark! the lark!* das ist doch Lyrik, nicht wahr? Mit welchem Recht kann man aber sagen, es wären unmittelbar die Gedanken und Gefühle des Dichters darin ausgedrückt? *London, The Vanity of Human Wishes* und *The Deserted Village* sind doch wohl Gedichte, welche die Gedanken und Gefühle der Dichter ausdrücken, aber bezeichnen wir deshalb solche Gedichte als »lyrische«? Sie sind keineswegs kurz. Soweit scheint keins der Gedichte, die ich nannte, lyrisch genannt werden zu können, so wie Daddy Longlegs und Herr Floppy Fly nicht als Höflinge akzeptiert wurden:

One never more can go to court,
Because his legs have grown too short;
The other cannot sing a song,
Because his legs have grown too long!

Der eine kann nicht mehr bei Hofe sein, / Denn seine Beine wuchsen ihm zu klein; / Der andre bleibt ohne den Gesang, / Denn seine Beine wuchsen ihm zu lang!

Es ist eindeutig die Lyrik von der Art eines Gedichtes, »das unmittelbar die Gedanken und Gefühle eines Dichters ausdrückt«, also nicht von der ganz unmotivierten Art eines kurzen für eine Vertonung gedachten Gedichts, der meine erste Stimme – die Stimme des Dichters, der nur zu sich spricht, oder zu niemandem – zugehört. In einem sehr interessanten Vortrag über *Probleme der Lyrik* zeigt der deutsche Dichter Gottfried Benn, daß er Lyrik für Dichtung der ersten Stimme hält, er schließt, wie ich sicher glaube, Gedichte wie Rilkes *Duineser Elegien* und Valérys *La jeune Parque* darin ein. Wo er von »lyrischer Dichtung« spricht, würde ich allerdings von »Meditation« sprechen.
Wovon, fragt Gottfried Benn in seinem Vortrag, geht der Autor eines solchen Gedichts aus, »das an niemanden gerichtet ist?« Da sei, führt er aus, zunächst ein lebloser Embryo oder ein dumpfer schöpferischer Keim und dann die Sprache, der Vorrat der Worte, die dem Dichter zur Verfügung stehen. Im Dichter keimt etwas, wofür er Worte sucht; er kann nicht wissen, nach welchen Worten er sucht, bis er sie gefunden hat. Er kann diesen Embryo nicht erkennen, solange er ihn nicht zu einem Gebilde mit den richtigen Worten in der richtigen Folge geformt hat. Hat er dann die Worte gefunden, ist das »Etwas«, für das er die Worte gesucht hat, verschwunden und an seine Stelle ist ein Gedicht getreten. Er geht dabei nicht von dem aus, was man allgemein als Gefühl bezeichnet; noch weniger von einer Idee, sondern – um hier zwei Zeilen Beddoes auf etwas anderes anzuwenden – von

a bodiless childful of life in the gloom
crying with frog voice, »what shall I be?«

einer körperlosen Handvoll Leben im Dunkeln / mit Froschstimme jammernd, »was soll ich werden?«.

Ich stimme mit Gottfried Benn überein, würde nur noch etwas weiter gehen. In einem Gedicht, das weder didaktisch noch erzählend ist und von keinerlei gesellschaftlichem Zweck bestimmt, liegt dem Dichter vielleicht nur daran, diesen dunklen Drang in Verse zu kleiden – indem er seinen ganzen Vorrat an Worten mit all ihren Grund- und Nebenbedeutungen und ihrem Klang in Anspruch nimmt. Er weiß selbst nicht, was er sagen möchte, bis er es ausgesprochen hat, und während er sich bemüht, es zu finden, hat er keine Gedanken dafür, anderen etwas verständlich zu machen. Er kümmert sich in diesem Stadium überhaupt nicht um andere; er ist nur bemüht, die richtigen Worte zu finden, oder doch die am wenigsten falschen. Es kümmert ihn nicht, ob andere Menschen sie je anhören werden oder nicht, oder ob sie verstanden werden, solange er es tut. Ihn drückt eine Last, die er loswerden muß, um sich erleichtert zu fühlen. Oder, um ein anderes Bild zu gebrauchen, er wird von einem Dämon verfolgt, einem Dämon, dem gegenüber er machtlos ist, weil dieser, in seinem Anfangsstadium, gesichtslos, namenlos, wesenlos ist. Und die Worte, das Gedicht, das er schreibt, sind so etwas wie ein Exorzismus dieses Dämons. Oder noch anders ausgedrückt: er macht sich all diese Mühe nicht, um sich einem anderen Menschen mitzuteilen, er will nur Erleichterung von einem plötzlichen Unbehagen finden; und wenn er dann endlich Worte in der richtigen Weise geordnet hat – oder wenigstens so gut ihm das möglich war –, fühlt er vielleicht im Augenblick etwas wie Erschöpfung, Beruhigung, Befreiung, ja und fast so etwas – beschreiben läßt es sich nicht – wie Ausgelöschtsein. Jetzt kann er zu dem Gedicht sagen: »Fort mit dir! such dir einen Platz in einem Buch – und erwarte nicht, daß *ich* mich weiter um dich kümmere.«

Es ist, glaube ich, nicht möglich, die Beziehung zwischen Gedicht und seinem Ursprung deutlicher aufzuzeigen. Man kann die Essays von Paul Valéry lesen, der beharrlicher als je ein Dichter seine eigenen geistigen Anstrengungen bei der Komposition eines Gedichtes beobachtete. Will man aber ein Gedicht erklären, sei es nun, indem man von dem ausgeht, was die Dichter uns zu sagen versuchen, oder von der biographischen Nachforschung, bei der man sich der Hilfsmittel des Psychologen bedienen kann, so entfernt man sich wahrscheinlich immer mehr von ihm, ohne jedoch an ein Ziel zu gelangen. Jeder Versuch, ein Gedicht zu erklären, indem man seinem Entstehen nachspürt, wird die Aufmerksamkeit von dem Gedicht ablenken und auf etwas richten, das so, wie es dann vom Kritiker oder Leser ausgelegt werden kann, in keiner Beziehung zu dem Gedicht selbst steht und keine Aufklärung gibt. Sie sollen nicht denken, ich versuchte hier, das Dichten zu einem größeren Geheimnis zu machen als es ist. Ich behaupte nur, daß es das vordringlichste Bemühen des Dichters sein sollte, sich selbst Klarheit zu schaffen, sich zu vergewissern, daß das Gedicht als das richtige Ergebnis aus dem Prozeß, der stattgefunden hat, hervorgeht. Die stümperhafteste Form von Unklarheit ergibt sich, wenn der Dichter nicht fähig ist, sich selbst zu verstehen; die erbärmlichste Form entsteht, wenn der Dichter sich selbst einreden will, daß er etwas zu sagen habe und doch gar nichts zu sagen hat.

Bis jetzt habe ich der Einfachheit halber von den drei Stimmen gesprochen, als schließe eine die andere aus: als spreche der Dichter in jedem einzelnen Gedicht *entweder* zu sich selbst oder zu anderen, und als sei keine von den ersten beiden Stimmen in guter dramatischer Dichtung hörbar. Das ist tatsächlich die Folgerung, zu der Gottfried Benn in seiner Beweisführung zu kommen scheint: er spricht, als sei die Poesie der ersten Stimme – die er überdies im ganzen als eine Entwicklung unserer Epoche ansieht – eine Poesie vollkommen anderer Art als diejenige des Dichters, der sich an Zuhörer wendet. Ich hingegen finde, daß man die Stimmen sehr oft gleichzeitig hört – nämlich die erste und die zweite in der nichtdramatischen Dichtung, und beide zusammen mit der dritten auch in der dramatischen Dichtung. Auch wenn der Autor eines Gedichtes, wie ich behauptet habe, es ursprünglich ohne Gedanken an Zuhörer geschrieben haben kann, will er doch wissen, was das Gedicht, das *ihn* befriedigt hat, anderen sagt. Da sind vor allem die paar Freunde, deren Kritik er es unterwerfen möchte, bevor er es für fertig hält. Diese können ihm eine gute Hilfe sein, indem sie hier ein Wort, dort einen Ausdruck vorschlagen, auf die der Autor selbst nicht kam; vielleicht helfen sie ihm aber am meisten, wenn sie einfach sagen, »diese Stelle geht so nicht« – und damit einen Verdacht bestätigen, den der Autor vor seinem eigenen Gewissen verheimlicht hatte. Ich denke aber nicht in erster Linie an die paar verständigen Freunde, deren Urteil der Autor schätzt, sondern an das große und unbekannte Publikum – Leute, für die der Name des Autors nur sein Gedicht bedeutet, das sie gelesen haben. Ich denke an die sozusagen endgültige Preisgabe des Gedichts an ein unbekanntes Publikum, denn wie dieses Publikum es aufnimmt, das scheint mir die Vollendung jenes Prozesses zu sein, der in Einsamkeit und ohne Gedanken an ein Publikum anfing, des langen Reifeprozesses des Gedichtes, weil sie die endgültige Trennung des Gedichtes vom Autor bedeutet. Lassen wir in diesem Augenblick den Autor in Frieden ruhen.

So viel über das Gedicht, das in erster Linie ein Gedicht der ersten Stimme der Poesie ist. In jedem Gedicht, von stiller Meditation bis zum Epos oder dem Drama, sprechen meiner Meinung nach mehr als nur eine Stimme. Würde der Dichter nie zu sich sprechen, wäre das Ergebnis nicht Dichtung, wenn auch vielleicht glänzende Rhetorik. Und unsere Freude an der großen Dichtung ist teils doch die Freude, Worten zu lauschen, die nicht für uns bestimmt sind. Wäre das Gedicht aber einzig und allein für den Autor da, so wäre es ein Gedicht in einer privaten und unbekannten Sprache; und ein Gedicht nur für den Autor würde überhaupt kein Gedicht sein. Beim poetischen Drama sind meiner Ansicht nach alle drei Stimmen der Poesie zu hören. Zuerst die Stimme jeder einzelnen Figur – eine individuelle Stimme, die sich von den Stimmen der übrigen Figuren unterscheidet: so daß wir von jeder Äußerung sagen können, sie könne nur von dieser Figur stammen. Gelegentlich, und wenn wir es vielleicht am wenigsten bemerken, können die Stimmen des Autors und der Figur unisono sein, indem sie etwas sagen, was zu der Figur paßt, das aber auch vom Autor her kommen könnte, obgleich die Worte vielleicht für beide eine andere Bedeutung haben. Das kann grundverschieden von der Bauchrednerei sein, die die Figur nur zum Sprachrohr für die Gedanken oder Gefühle des Autors macht.

To- morrow, and to-morrow, and to-morrow ...

Morgen, und morgen, und dann wieder morgen ...

Sind nicht die immerwährende Erschütterung und Überraschung dieser abgedroschenen Zeilen Beweis dafür, daß Shakespeare und Macbeth unisono sprechen, obwohl ihre Worte vielleicht unterschiedlich im Sinn sind? Und dann gibt es in einem Stück von einem der größten poetischen Dramatiker die Verse, in denen wir eine noch unpersönlichere Stimme als die des Autors und seiner Figur hören:

Ripeness is all

Reifsein ist alles

oder

Simply the thing I am
Shall make me live.

Nähren muß mich nun / mein nacktes Selbst.

Und jetzt möchte ich wieder kurz auf Gottfried Benn und seine unbekannte dunkle »psychische Materie« zurückkommen – wir könnten sagen, den Polyp oder Engel, mit dem der Dichter kämpft. Ich möchte annehmen, daß bei den drei Arten der Dichtung, denen meine drei Stimmen entsprechen, ein gewisser Unterschied im Prozeß besteht. In dem Gedicht, in dem die erste Stimme der Poesie vorherrscht, die Stimme des Dichters, der zu sich selbst spricht, ist die »psychische Materie« bestrebt, zu einer eigenen Form zu kommen – die schließliche Form wird dann mehr oder weniger die Form für nur dieses eine Gedicht sein. Es ist natürlich irreführend, so von der Materie zu sprechen, als würde sie sich ihre eigene Form schaffen und nehmen: es findet vielmehr eine gleichzeitige Entwicklung von Form und Materie statt, denn die Form beeinflußt die Materie in jedem Stadium; und vielleicht tut die Materie nichts anderes, als bei jedem erfolglosen Versuch einer formalen Gestaltung zu wiederholen: »nicht so! nicht so!«; schließlich fallen dann Form und Materie zusammen. In der Dichtung aber, in der wir die zweite Stimme und die dritte hören, ist die Form in gewissem Grad bereits vorhanden. Sie liegt von Anfang an als Entwurf oder Szenenfolge vor, was nicht ausschließt, daß sie bis zur Vollendung des Gedichts noch sehr oft umgewandelt werden kann. Wenn ich mich entschließe, eine Geschichte zu erzählen, muß ich ungefähr eine Vorstellung von der Fabel haben, die ich erzählen will. Greife ich zur Satire, moralischen Dichtung oder Invektive, so habe ich etwas, das ich anerkennen kann, und was für mich wie für andere existiert. Will ich ein Stück schreiben, so beginne ich damit, daß ich eine Wahl treffe: ich entscheide mich für eine bestimmte Gefühlssituation, aus der heraus sich die Figuren und eine Handlung ergeben werden, und kann vorweg einen einfachen Prosaentwurf von dem Stück machen – daß dieser Entwurf vielleicht sehr oft durch die Art, wie sich die Figuren entwickeln, abgeändert wird, bis das Stück dann fertig ist, spielt dabei keine Rolle. Es liegt natürlich nahe, daß der Druck einer primitiven unbekannten »psychischen Materie« anfangs dem Dichter befiehlt, gerade diese Geschichte zu wählen, jene Situation zu entwickeln. Wenn der Autor dann den Rahmen für seine Arbeit festgelegt hat, kann dadurch andererseits wieder eine psychische Materie geweckt werden; dann können poetische Zeilen nicht aus dem ursprünglichen Impuls heraus, sondern aus einer sekundären Anregung des Unbewußten entstehen. Es kommt nur darauf an, daß letzten Endes die Stimmen in Harmonie erklingen; und, wie ich schon bemerkte, bezweifle ich, daß in einem echten Gedicht nur eine Stimme zu hören ist.

Der Leser wird sich inzwischen gefragt haben, worauf ich mit all diesen Betrachtungen hinaus will. Habe ich mühselig ein kunstvolles Netz nutzloser Erkenntnis gewoben? Nun, ich habe versucht, nicht zu mir selbst – wie Sie vielleicht annahmen –, sondern zu dem Leser von Gedichten zu sprechen. Ich könnte mir denken, daß es den Leser von Gedichten interessiert, meine Behauptungen beim eigenen Lesen zu prüfen. Können Sie nun in der Dichtung, die wir lesen, die rezitiert wird, oder die wir im Theater hören, diese Stimmen unterscheiden? Wenn Sie sich beklagen, daß ein Dichter Ihnen unverständlich ist und Sie, den Leser, scheinbar nicht beachtet, oder daß er nur zu einem kleinen Kreis von Eingeweihten spricht, zu dem Sie nicht zählen – denken Sie daran, daß er vielleicht bemüht war, etwas in Worte zu kleiden, das auf keine andere Weise gesagt werden konnte, und deshalb also in einer Sprache, die zu lernen sich lohnen könnte. Wenn Sie sich darüber beklagen, daß ein Dichter zu rhetorisch ist und zu Ihnen spricht, als seien Sie eine öffentliche Versammlung, achten Sie doch auf die Augenblicke, wenn er nicht zu Ihnen spricht, nur zuläßt, daß Sie lauschen: er könnte ein Dryden, ein

Pope oder ein Byron sein. Und müssen Sie sich ein Versdrama anhören, nehmen Sie es zuerst in seinen äußeren Eindrücken, als Unterhaltung, jede Figur so, wie sie von sich aus mit dem Maß an Wirklichkeit spricht, das der Autor ihr geben konnte. Wenn es ein sehr gutes Stück ist, erkennen Sie vielleicht, wenn Sie sich nicht zu sehr darum bemühen, auch die anderen Stimmen. Denn das Werk eines großen poetischen Dramatikers, wie Shakespeare, stellt eine Welt dar. Jede Figur spricht sich selbst, aber kein anderer Dichter hätte ihr diese Worte in den Mund legen können. Sucht man Shakespeare, so wird man ihn nur in den Figuren, die er schuf, finden; denn nur das eine haben seine Figuren gemeinsam, daß niemand als Shakespeare auch nur eine von ihnen hätte schaffen können. Die Welt eines großen poetischen Dramatikers ist eine Welt, in der ihr Schöpfer überall gegenwärtig und überall verborgen ist.

Vers und Drama

I

Überblicke ich meine kritischen Äußerungen während einiger dreißig Jahre, so bin ich überrascht zu finden, wie beständig ich immer wieder auf das Drama zurückgekommen bin, ob ich nun das Schaffen von Shakespeares Zeitgenossen untersuchte oder den Möglichkeiten der Zukunft nachsann. Es mag sogar sein, daß manch einer es müde ist, mich über diesen Gegenstand zu hören. Aber wenn ich auch feststelle, daß ich mein ganzes Leben lang Variationen über dies Thema komponierte, haben sich doch meine Ansichten mit zunehmender Erfahrung ständig gewandelt und erneuert – so daß ich mich auf jeder Stufe meiner eigenen Versuche zu einer neuerlichen Bestandsaufnahme der Lage veranlaßt fühle.

In dem Maße, wie ich hinsichtlich der Fragen des poetischen Dramas und der Bedingungen hinzugelernt habe, die es erfüllen muß, um seine Berechtigung zu erweisen, habe ich mir nicht nur meine persönlichen Gründe für den Wunsch, in dieser Form zu schreiben, sondern auch die allgemeineren Gründe für den Wunsch, es wieder an seine Stelle gesetzt zu sehen, etwas deutlicher gemacht. Und ich glaube, wenn ich einiges über diese Fragen und Bedingungen sage, so sollte es andern verdeutlichen, ob und bejahendenfalls warum das poetische Drama seiner Möglichkeit nach dem Schauspielbesucher etwas zu bieten hat, das dem Prosadrama abgeht. Denn ich gehe von der Voraussetzung aus, daß Poesie überflüssig ist, wenn sie bloß Schmuck und verschönernde Zutat ist, wenn sie lediglich Menschen von literarischem Geschmack das Vergnügen verschafft, Poesie zu hören, indem sie gleichzeitig einem Schauspiel beiwohnen. Sie muß im Dramatischen ihre Berechtigung erweisen und darf nicht nur schöne Poesie in dramatischer Formung sein. Daraus folgt, daß kein Schauspiel, dem Prosa *dramatisch* angemessen ist, in Versen geschrieben werden sollte. Und daraus wiederum ergibt sich, daß das Publikum, dessen Aufmerksamkeit von der dramatischen Handlung beherrscht und dessen Fühlen von der Situation zwischen den handelnden Personen erregt wird, so gespannt auf das Spiel gerichtet sein soll, daß es sich des sprachlichen Mediums nicht voll bewußt wird.

Ob wir auf der Bühne Prosa oder Verse verwenden – beide sind nur Mittel zum Zweck. In gewissem Sinn ist der Unterschied nicht so groß, wie man denken könnte. In den Prosastücken, die am Leben geblieben sind, die von späteren Generationen gelesen und auf der Bühne aufgeführt werden, ist die Prosa, die von den Personen gesprochen wird, vom Wortschatz, Satzbau und Rhythmus unsrer alltäglichen Sprache – mit ihrem Herumtasten nach Worten, ihrem ständigen Zurückfallen in bloß annähernde Aussage, ihrer Unordnung und ihren unvollendeten Sätzen – dort, wo sie am besten ist, ebenso weit entfernt wie Verse. Gleich Versen ist sie aufgeschrieben und umgeschrieben worden. Unsere beiden größten Meister des dramatischen Prosastils sind, glaube ich – abgesehen von Shakespeare und den andern Elisabethanern, die in dem gleichen Schauspiel Prosa und Verse mischten –, Congreve und Bernard Shaw. Die Redeweise einer Person bei Congreve oder Shaw hat – so deutlich auch die Charaktere unterschieden sein mögen – den unverkennbaren persönlichen Rhythmus, der das Kennzeichen eines Prosastils ist und von dem nur die vollkommensten Gesprächskünstler – die übrigens deshalb für gewöhnlich Monologisten sind – in ihrer Sprechart eine Spur zeigen. Wir alle haben oft, und nur zu oft, von jener Molière-Figur gehört, die ihre Überraschung äußerte, als man ihr sagte, sie spreche Prosa. Aber Monsieur Jourdain hatte recht, und nicht sein Berater oder sein Schöpfer: er sprach nicht Prosa – er redete nur. Denn ich möchte eine dreifache Unterscheidung treffen: zwischen Prosa, Vers und unsrer gewöhnlichen Redeweise, die zumeist unter dem Niveau von Vers wie Prosa liegt. Betrachtet man die Dinge in dieser Hinsicht, so tritt zutage, daß die Prosa auf der Bühne ebenso künstlich ist wie der Vers – oder umgekehrt, daß der Vers so natürlich sein kann wie Prosa.

Aber während der empfindlichere Zuhörer im Publikum, wenn er in einem Schauspiel schöne Prosa gesprochen hört, zu würdigen weiß, daß sie etwas Besseres ist als gewöhnliche Unterhaltung, betrachtet er sie nicht als eine Sprache, die gänzlich verschieden ist von der, die er selber spricht; denn das würde eine Schranke zwischen ihm und den imaginären Gestalten auf der Bühne aufrichten. Zu viele Menschen anderseits treten an ein Stück, von dem sie wissen, daß es in Versen geschrieben ist, mit dem Bewußtsein seiner Verschiedenartigkeit heran. Es ist leidig, wenn der Vers sie abstößt, aber es kann auch bedauerlich sein, wenn er sie anzieht – in dem Sinne, daß sie bereit sind, das Stück und die Sprache des Stücks als zwei getrennte Dinge zu genießen. Die Hauptwirkung von Stil und Rhythmus dramatischer Rede, ob in Prosa oder in Versen, soll unbewußt sein.

Daraus folgt, daß eine Mischung von Prosa und Vers in dem gleichen Stück im allgemeinen zu vermeiden ist: jeder Übergang läßt den Hörer mit einem Ruck auf das sprachliche Medium aufmerksam werden. Er ist, so dürfen wir sagen, zu rechtfertigen, wenn der Verfasser diesen Ruck hervorzubringen wünscht; wenn er also das Publikum gewaltsam von einer Wirklichkeitsebene auf eine andere versetzen will. Ich vermute, daß diese Art von Übergang leicht vollziehbar war für ein elisabethanisches Publikum, für dessen Ohr Prosa und Vers gleich natürlich klangen, das Gespreiztes und Possenhaftes in dem gleichen Stück liebte und dem es vielleicht angemessen erschien, daß die Personen niederer und bäuerlicher Art eine schlichte Sprache sprachen, während die Personen von gehobenerer Stellung Verse deklamierten. Aber auch in Shakespeares Stücken scheinen einige der Prosaabschnitte für eine Kontrastwirkung bestimmt zu sein, die, wenn sie zustande gebracht wird, nie altmodisch werden kann. Das Klopfen an der Tür in *Macbeth* ist ein Beispiel, an das jedermann hier denkt; aber ich habe seit langem den Eindruck, als unterstreiche der Wechsel von Prosa- und Versszenen in *Heinrich IV.* einen ironischen Kontrast zwischen der Welt der hohen Politik und der des gewöhnlichen Lebens. Das Publikum meinte wahrscheinlich, es bekomme sein gewohntes Chronik-Schauspiel vorgesetzt, ausgeschmückt mit unterhaltsamen Szenen aus dem niederen Leben; aber die Prosaszenen von Teil I wie von Teil II liefern eine sarkastische Erläuterung zu den ruhelosen Ambitionen der Parteiführer bei dem Aufstand der Percys.

Heute jedoch glaube ich, daß angesichts der Ungunst, unter der das

Versdrama leidet, Prosa nur sehr sparsam in ihm verwendet werden sollte. Wir sollten eine Versform anstreben, in der sich alles sagen läßt, was zu sagen ist. Und wenn wir eine Situation finden, die in Versen nicht darstellbar ist, so liegt das nur daran, daß unsere Versform unelastisch ist. Wenn sich's erweist, daß es Szenen gibt, die wir nicht in Verse bringen können, so müssen wir entweder unsern Vers fortbilden oder die Einführung solcher Szenen vermeiden. Denn wir müssen unser Publikum so weit an den Vers gewöhnen, daß es aufhört, sich seiner bewußt zu sein; einen Dialog in Prosa einzuführen, hieße nur die Aufmerksamkeit von dem Stück selber auf das Medium seines Ausdrucks ablenken. Aber wenn unser Vers eine solche Reichweite haben soll, daß er alles sagen kann, was zu sagen ist, so folgt daraus, daß er nicht allezeit ›Poesie‹ sein wird. ›Poesie‹ wird er nur dann sein, wenn die dramatische Situation einen solchen Steigerungsgrad erreicht hat, daß Poesie zur natürlichen Äußerung wird, weil sie dann die einzige Sprache ist, in der sich die Gemütsbewegungen überhaupt ausdrücken lassen.

Ein längeres Gedicht muß in der Tat, wenn es der Eintönigkeit entgehen soll, einfache Dinge ohne Trivialität sagen, zugleich aber auch den höchsten Flug nehmen können, ohne übertrieben zu klingen. Und das ist noch wichtiger für ein Schauspiel, besonders wenn es mit dem Leben unsrer Zeit zu tun hat. Der Grund dafür, auch die minder gehobenen Teile eines Versstücks in Versen und nicht in Prosa zu schreiben, ist jedoch nicht nur die Absicht, die Aufmerksamkeit des Publikums von der Tatsache abzulenken, daß es zu anderer Zeit Poesie hört. Er liegt auch darin, daß der Versrhythmus seine Wirkung auf die Zuhörer üben soll, ohne daß sie seiner bewußt sind. Die kurze Untersuchung einer Szene von Shakespeare mag diesen Punkt veranschaulichen. Die Eröffnungsszene des *Hamlet* – eine so gut gebaute Eröffnungsszene eines Stückes, wie sie nur je geschrieben ist – hat den Vorteil, daß jedermann sie kennt.

Was wir nicht gewahr werden, wenn wir dieser Szene auf dem Theater beiwohnen, ist die große Mannigfaltigkeit des Stils. Nichts ist überflüssig, und es gibt keine Zeile Poesie, die nicht durch ihren dramatischen Wert gerechtfertigt ist. Die ersten zweiundzwanzig Zeilen sind aus den einfachsten Worten in schlichtester Redeweise gebaut.

Shakespeare hatte lange Zeit für die Bühne gearbeitet und zahlreiche Stücke geschrieben, bevor er den Punkt erreichte, an dem er diese zweiundzwanzig Zeilen schreiben konnte. Es gibt in seinem früheren Werk nichts so durchaus Vereinfachtes und Sicheres. Er entwikkelte den Vers der Unterhaltung, der Umgangssprache zuerst im Monolog der Charakterrolle – Faulconbridge in *König Johann*, später die Amme in *Romeo und Julia*. Es war ein viel größerer Schritt, ihn unaufdringlich in den Dialog mit kurzen Repliken hineinzubringen. Kein Dichter hat den dramatischen Vers zu meistern begonnen, bevor er Zeilen schreiben kann, die so *durchscheinend* sind wie in *Hamlet*. Man achtet bewußtermaßen nicht auf die Poesie, sondern auf den Sinn der Poesie. Wer *Hamlet* zum erstenmal hörte, ohne etwas von dem Stück zu wissen, dem würde es, glaube ich, nicht einfallen zu fragen, ob die Sprecher Verse oder Prosa sprechen. Der Vers hat wohl eine andere Wirkung auf uns als Prosa; aber im Augenblick ist das, was wir gewahren, die frostkalte Nacht, die Offiziere, die auf den Festungswerken Wache halten, und die Vorahnung einer tragischen Handlung. Ich behaupte nicht, daß der Fall nicht eintreten könnte, in dem ein Teil des Genusses die Freude am Anhören schöner Poesie ist – vorausgesetzt, daß der Verfasser ihr an der betreffenden Stelle dramatische Unumgänglichkeit verleiht. Und haben wir ein Stück mehrmals gesehen und zwischen den Aufführungen gelesen, so beginnen wir natürlich die Mittel zu untersuchen, mit denen der Verfasser seine Wirkung hervorgebracht hat. Aber unter dem unmittelbaren Eindruck dieser Szene kommt uns das Medium des Ausdrucks nicht zum Bewußtsein.

Von den kurzen, abgerissenen Rufen zu Anfang, die zur Situation und zum Charakter der Wachen passen – aber nicht mehr Charakter ausdrücken, als für ihre Funktion im Stück erforderlich ist –, gleitet der Vers mit dem Auftreten der Höflinge Horatio und Marcellus in langsamere Bewegung hinüber:

Horatio says, 'tis but our fantasy;

Horatio sagt, es sei nur Einbildung.

Die Bewegung verändert sich wieder beim Auftreten des von königlicher Würde umgebenen Geistes in das feierliche und klangvolle:

What art thou, that usurp'st this time of night,

Wer bist du, der sich dieser Nachtzeit anmaßt

(man bemerke nebenbei die Vorwegnahme des Handlungsthemas durch den Gebrauch des Zeitwortes *usurp*); und das Majestätische wird in einem Hinweis angedeutet, der uns daran erinnert, wessen Geist dies ist:

So frown'd he once, when, in an angry parle,
He smote the sledded Polacks on the ice.

So dräut' er einst, als er in hartem Zweisprach / Aufs Eis warf den beschlitteten Polacken.

Ein jäher Übergang zum Stakkato vollzieht sich in Horatios Worten an den Geist bei seinem zweiten Auftreten; dieser Rhythmus verändert sich wieder mit den Worten:

We do it wrong, being so majestical,
To offer it the show of violence;
For it is, as the air, invulnerable,
And our vain blows malicious mockery.

Wir tun ihm Schmach, da es so majestätisch, / Wenn wir den Anschein der Gewalt ihm bieten; / Denn es ist unverwundbar wie die Luft / Und unsre Streiche nur boshafter Hohn.

Die Szene erreicht eine Lösung mit Marcellus' Worten:

It faded on the crowing of the cock.
Some say that ever 'gainst that season comes
Wherein our Saviour's birth is celebrated,
The bird of dawning singeth all night long;

Es schwand erblassend mit des Hahnen Krähn. / Sie sagen, immer, wenn die Jahrszeit naht, / Wo man des Heilands Ankunft feiert, singe / Die ganze Nacht durch dieser frühe Vogel;

und in Horatios Antwort:

So have I heard and do in part believe it.
But, look, the morn, in russet mantle clad,
Walks o'er the dew of yon high eastern hill.
Break we our watch up; . . .

So hört' auch ich und glaube dran zum Teil. / Doch seht, der Morgen, angetan mit Purpur, / Betritt den Tau des hohen Hügels dort: / Laßt uns die Wacht aufbrechen ...

Das ist große und zugleich dramatische Poesie; aber sie ist nicht nur poetisch und dramatisch, sondern noch etwas mehr. Wenn wir sie untersuchen, so tritt außerdem eine Art von musikalischer Gliederung zutage, welche die dramatische Bewegung verstärkt und mit ihr eins ist. Sie hat den Puls unsrer Gefühlsbewegung verlangsamt und wiederum beschleunigt, ohne daß wir es wußten. Man bemerke, daß in den letzten Worten des Marcellus absichtlich ein kurzes Emportauchen des Poetischen ins Bewußtsein herbeigeführt wird. Hören wir die Verse:

But, look, the morn, in russet mantle clad,
Walks o'er the dew of yon high eastern hill,

so werden wir für einen Augenblick über den Träger der Rolle hinausgehoben, aber ohne daß wir es als unpassend empfänden, daß die Worte, und zwar in diesem Augenblick, von Horatios Lippen kommen. Die Überleitungen in der Szene gehorchen Gesetzen der Musik dramatischer Poesie. Man bemerke noch, daß den beiden Versen Horatios, die ich zweimal angeführt habe, eine Zeile in einfachster Sprache vorangeht, die entweder Vers oder Prosa sein könnte:

So have I heard and do in part believe it.

und daß er ihnen übergangslos eine Halbzeile folgen läßt, die kaum mehr ist als eine Bühnenanweisung:

Break we our watch up;

Es wäre von Interesse, in einer ähnlichen Analyse diese Frage des doppelten ›Musters‹ im großen poetischen Drama zu verfolgen – des ›Musters‹, das unter dem Gesichtspunkt der Bühnentechnik oder dem der Musik betrachtet werden kann. Aber ich denke, die Untersuchung dieser einen Szene genügt, um uns zu zeigen, daß der Vers nicht bloß formalen Wert hat oder den einer schmückenden Zutat, sondern daß er das Drama intensiviert. Sie dürfte auch die Bedeutung der unbewußten Wirkung des Verses auf uns anzeigen. Und schließlich glaube ich nicht, daß diese Wirkung nur von denjenigen Zuhörern im Publikum gefühlt wird, die ›Poesie mögen‹, sondern auch von denen, die nur um des Stückes willen hineingehen. Unter den Menschen, die keine Poesie mögen, verstehe ich diejenigen, die nicht imstande sind, sich mit einem Gedichtbuch hinzusetzen und beim Lesen Genuß zu finden: auch sie sollte die Poesie ergreifen, wenn sie ein Stück in Versen anhören. Und das sind die Zuhörer, auf die der Verfasser eines solchen Stücks Bedacht nehmen muß.

An dieser Stelle möchte ich ein Wort über die Stücke sagen, die wir *poetisch* nennen, obwohl sie in Prosa geschrieben sind. Die Stücke von John Millington Synge stellen eher einen Sonderfall dar, weil sie auf der Redeweise einer ländlichen Bevölkerung beruhen, deren Sprache von Natur poetisch ist, sowohl in der Bildverwendung wie im Rhythmus. Ich glaube, daß er sogar Wendungen aufnahm, die er vom irischen Landvolk gehört hatte. Synges Sprache ist außer für Stücke, die unter eben diesen Leuten spielen, nicht verwendbar. Allgemeinere Schlüsse können wir aus den Prosaschauspielen Maeterlincks ableiten, die in meiner Jugend so sehr bewundert wurden und heute kaum auch nur gelesen werden. Sie sind auf andre Weise in ihrer Thematik beschränkt; und nennt man die Charakterisierung in ihnen undeutlich, so sagt man zu wenig. Ich leugne nicht, daß sie gewisse dichterische Vorzüge haben. Aber um in Prosa poetisch zu sein, muß ein Dramatiker so folgerichtig poetisch sein, daß sein Spielraum sehr beschränkt ist. Synge schrieb Stücke mit Personen, deren Vorbilder im Leben poetisch sprachen, so daß sie bei ihm Poesie sprechen und zugleich wirkliche Menschen bleiben konnten. Der Dramatiker der poetischen Prosa, der diesen Vorteil nicht hat, muß allzu poetisch sein. Das poetische Drama in Prosa ist durch poetisches Herkommen oder durch unser herkömmliches Urteil darüber, welches Thema poetisch ist, enger begrenzt als das poetische Drama in Versen. Ein wirklich dramatischer Vers kann, wie Shakespeare es tat, zur Aussage der gewöhnlichsten Tatsachen verwendet werden.

Yeats ist ein Fall, der sehr verschieden von Maeterlinck oder von Synge ist. Eine Untersuchung seiner Entwicklung als Dramatiker würde, glaube ich, den weiten Weg, den er ging, und das sieghafte

Gelingen seiner letzten Stücke zeigen. In seiner ersten Periode schrieb er Versstücke über Gegenstände, die herkömmlicherweise als für den Vers geeignet galten, in einer Metrik, die zwar auch schon auf jener frühen Stufe den diesem Dichter eigentümlichen Rhythmus besitzt, aber zu einer Sprechweise führt, die außer für mythische Könige und Königinnen eigentlich für niemanden paßt. Die *Plays for Dancers* seiner mittleren Periode sind sehr schön, lösen aber keine Frage, die den Versdramatiker angeht: es sind poetische Prosastücke mit bedeutenden Vers-Zwischenspielen. Erst in seinem letzten Stück, *Purgatory,* löste er für sich das Problem der Verssprache und verpflichtete sich dadurch alle seine Nachfolger.

II

Jetzt gehe ich zu dem Wagnis über, einige auf meine eigene Erfahrung gegründete Beobachtungen anzustellen, was mich dazu führen wird, die Absichten, Fehlschläge und Teilerfolge in meinen eigenen Stücken zu erläutern. Ich tue das in dem Glauben, daß jemand, der Neuland erkundet und dort Versuche anstellt, durch Aufzeichnung einer Art von Tagebuch seiner Erkundungen etwas aussagen kann, das denjenigen nützlich ist, die ihm in dieselben Gegenden folgen und vielleicht weiterkommen werden.

Die erste bedeutsamere Entdeckung, die ich machte, war die, daß ein Schriftsteller, der jahrelang und mit einigem Erfolg daran gearbeitet hat, Verse anderer Art zu schreiben, an das Verfassen eines Stückes in Versen mit einer andern Einstellung herangehen muß, als sie ihm in seiner früheren Arbeit zur Gewohnheit geworden ist. Im Falle andrer Verse dichtet man, glaube ich, sozusagen innerhalb der Reichweite der eigenen Stimme: die Art ihres Klanges, wenn man solche Verse sich selber vorliest, bezeugt es. Denn der Sprecher ist man selber. Die Frage der Mitteilung, das heißt dessen, was der Leser davon hat, ist nicht vordringlich: erscheint dem Dichter sein Gedicht richtig, so kann er nur hoffen, daß die Leser es schließlich anerkennen werden. Das Gedicht kann eine Weile warten; die Zustimmung einer kleinen Anzahl teilnehmender und urteilsfähiger Kritiker ist für den Anfang genug; es ist die Sache künftiger Leser, dem Dichter weiter als auf halbem Wege entgegenzukommen. Aber auf dem Theater stellt das Problem der Mitteilung sich unmittelbar. Man schreibt bewußt Verse für andere Stimmen, nicht für die eigene, und man weiß nicht, wessen Stimmen es sein werden. Man beabsichtigt, Verse zu schreiben, die unmittelbar auf ein unbekanntes und unvorbereitetes Publikum wirken werden, die diesem Publikum von unbekannten Schauspielern unter einem unbekannten Spielleiter vermittelt werden sollen. Und von dem unbekannten Publikum ist Nachsicht gegenüber dem Dichter nicht zu gewärtigen. Der Dichter kann es sich nicht leisten, sein Stück nur für seine Bewunderer zu schreiben, die sein nichtdramatisches Werk kennen und bereit sind, alles, das seinen Namen trägt, günstig aufzunehmen. Er muß im Hinblick auf ein Publikum schreiben, dem irgendein früherer Erfolg, den er gehabt haben mag, bevor er sich auf das Theater wagte, unbekannt und gleichgültig ist. So stellt man fest, daß vieles von dem, was man gern macht und zu machen versteht, hier fehl am Ort ist; und daß jeder Vers nach einem neuen Gesetz, dem der dramatischen Bedeutsamkeit, zu beurteilen ist.

Als ich *Mord im Dom* schrieb, hatte ich den für einen Anfänger hilfreichen Vorteil einer Gelegenheit, die, wie allgemein zugestanden, einen für den Vers geeigneten Stoff forderte. Versstücke, so urteilt man allgemein, sollen ihren Stoff entweder einem mythologischen Bereich entnehmen, oder aber sie sollen von einer weit zurückliegenden Geschichtsperiode handeln, fern genug von der Gegenwart, so daß die Personen nicht als menschliche Wesen erkennbar sein müssen und darum in Versen sprechen dürfen. Malerisches Zeitkostüm macht den Vers noch leichter annehmbar. Ferner sollte mein Stück vor einer Zuhörerschaft besondrer Art aufgeführt werden – vor einer Zuhörerschaft von ernsthaften Menschen, die zu ›Festspielen‹ gehen und erwarten, daß ihnen Poesie vorgesetzt wird – obwohl vielleicht bei dieser Gelegenheit einige von ihnen nicht ganz auf das vorbereitet waren, was ihnen geboten wurde. Und schließlich war es ein religiöses Stück, und Menschen, die freiwillig ein religiöses Stück bei Gelegenheit einer religiösen Feier besuchen, sind darauf gefaßt, sich geduldig zu langweilen und sich mit dem Gefühl zufrieden zu geben, daß sie etwas Verdienstliches getan haben. So war mir der Weg leicht gemacht.

Erst als ich darüber nachzudenken begann, was für eine Art Schauspiel ich als nächstes schreiben wollte, kam es mir zu Bewußtsein, daß ich in *Mord im Dom* keinerlei allgemeines Problem gelöst hatte, daß vielmehr von meiner Sehweise aus das Stück in einer Sackgasse endete. Einerseits war die Frage der Sprache, die das Stück mir gestellt hatte, von besonderer Art. Glücklicherweise hatte ich nicht in der Sprache des zwölften Jahrhunderts zu schreiben, weil sie – selbst wenn ich das Normannisch-Französische und das Angelsächsische beherrscht hätte – unverständlich gewesen wäre. Aber Wortschatz und Stil durften nicht genau die der modernen Konversation sein – wie in einigen modernen französischen Schauspielen, in denen Fabel und Personen des griechischen Dramas verwendet werden –, weil ich meinen Zuhörern ein geschichtliches Ereignis nahezubringen hatte; und sie durften nicht archaisieren, erstens weil Archaismen auf eine andere als die gemeinte Geschichtsperiode hingeführt hätten, und zweitens weil ich den Zuhörern die Gegenwartsbedeutung der Situation bewußt machen wollte. Der Stil mußte daher *neutral* und weder an die Gegenwart noch an die Vergangenheit gebunden sein. Was den Versbau betrifft, so war ich mir auf dieser Stufe nur bewußt, daß es wesentlich sei, jeden Anklang an Shakespeare zu meiden; denn ich war davon überzeugt, daß der Hauptfehler der Dichter des neunzehnten Jahrhunderts, wenn sie für das Theater schrieben – und die Mehrzahl der großen englischen Dichter hatte sich am Drama versucht –, nicht ihre Bühnentechnik, sondern ihre dramatische Sprache betraf; und daß dies weitgehend durch ihre Beschränkung auf einen regelmäßigen Blankvers bedingt war, der nach ausgiebiger Verwendung für nichtdramatische Dichtung die Geschmeidigkeit eingebüßt hatte, die dem Blankvers eignen muß, wenn er die Wirkung der Umgangssprache erzielen soll. Der Rhythmus des gewöhnlichen Blankverses hatte sich von der Bewegung moderner Redeweise zu weit entfernt. Was ich mir darum vor Augen hielt, war die Versbildung des *Everyman,* wobei ich hoffte, daß einiges Ungewohnte in ihrem Klang aufs Ganze gesehen von Vorteil sein würde. Die Vermeidung von allzuviel Jamben, ein gewisses Maß von Verwendung des Stabreims und gelegentliche unerwartete Endreime verhalfen dazu, die Bildung des Verses von der des neunzehnten Jahrhunderts zu unterscheiden.

Der Versbau des Dialogs in *Mord im Dom* hat daher nach meiner Ansicht nur ein *negatives* Verdienst: es gelang ihm, zu vermeiden, was vermieden werden mußte, aber er erreichte nicht etwas positiv Neues: kurzum, sofern die Frage der Verssprache für die Dichtung von heute gelöst wurde, geschah es nur für dieses Stück und bot mir keinen Anhalt für den Vers, den ich in einem Stück anderer Art zu verwenden hatte. So blieben hier zwei Fragen ungelöst: die der Sprechweise und die der Metrik – tatsächlich geht es dabei um eine und dieselbe Frage – zu allgemeiner Verwendung in irgendeinem Stück, das ich in Zukunft würde schreiben wollen. Sodann gewann ich Klarheit über die Gründe, um derentwillen ich mich in jenem Stück so stark auf die Teilnahme des Chors stützte. Es gab dafür zwei Gründe, die es unter den gegebenen Umständen rechtfertigten. Der erste war der, daß die wesentliche Handlung des Stücks – sowohl die geschichtlichen Tatsachen wie das, was ich hinzuerfand – einigermaßen begrenzt war. Ein Mann kehrt heim, in der Voraussicht, daß man ihn töten wird, und er wird getötet. Ich wollte die Zahl der Personen nicht vermehren, ich wollte keine politische Chronik des zwölften Jahrhunderts schreiben, ich wollte auch nicht so unbedenklich mit der spärlichen Überlieferung verfahren, wie Tennyson es tat (indem er Schön Rosamund einführte und voraussetzte, daß Becket in früher Jugend eine unglückliche Liebe erfahren habe). Ich wollte mich auf Tod und Martyrium konzentrieren. Die Einführung eines Chors von aufgeregten und bisweilen hysterischen Frauen, deren Gefühle die Bedeutung der Handlung spiegeln, war dabei wunderbar hilfreich. Der zweite Grund war der, daß ein Dichter, der zum erstenmal für die Bühne schreibt, in dem für den Chor bestimmten Vers weit besser zu Hause ist als im dramatischen Dialog. Das war, so fühlte ich deutlich, etwas, das ich leisten konnte, und vielleicht würden die dramatischen Schwächen durch die Schreie der Frauen einigermaßen verdeckt werden. Die Verwendung des Chors verstärkte die Wirksamkeit meiner Bühnentechnik und verhülle ihre Mängel. Aus diesem Grunde beschloß ich, das nächste

Mal den Versuch zu machen, den Chor enger in das Schauspiel einzubeziehen.

Ich wollte auch feststellen, ob ich soweit kommen könnte, mich ganz vom Gebrauch der Prosa freizumachen. Die beiden Prosa-Abschnitte in *Mord im Dom* hätten nicht in Versen geschrieben werden können. Wohl konnten angesichts der Art von Dialogversen, die ich in dem Stück verwendete, die Zuhörer mit einigem Unbehagen merken, daß es Verse waren, die sie hörten. Aber eine in Verse gebrachte Predigt ist selbst für den regelmäßigsten Kirchgänger ein allzu ungewohntes Erlebnis: niemand hätte sie überhaupt als eine Predigt ansprechen können. Und in den Reden der Ritter, die wohl wissen, daß sie ein Publikum anreden, das achthundert Jahre nach ihrem Tode lebt, soll die Verwendung moderner Rednerprosa natürlich eine besondere Wirkung hervorrufen: sie soll die Zuhörer aus ihrer Selbstgefälligkeit aufschrecken. Aber das ist eine Art Trick, ein Kunstgriff, der nur in einem einzigen Stück erträglich und für kein zweites verwendbar ist. Vielleicht stand ich, soweit ich es übersehen kann, ein wenig unter dem Einfluß der *Heiligen Johanna.*

Ich möchte nicht den Eindruck erwecken, als wollte ich aus der dramatischen Poesie diese drei Dinge verbannen: den geschichtlichen oder mythologischen Stoff, den Chor und den überlieferten Blankvers. Ich möchte nicht ein Gesetz aufstellen, daß die allein geeigneten Personen und Situationen die des modernen Lebens sind, oder daß ein Schauspiel in Versen nur Dialoge enthalten darf, oder daß eine ganz neue Versfügung notwendig ist. Ich zeichne nur den Erkundungsweg eines einzelnen Schriftstellers nach, nämlich den eigenen. Soll das poetische Drama seinen Platz zurückgewinnen, so muß es meiner Ansicht nach in offenen Wettbewerb mit dem Prosadrama treten. Wie ich sagte, ist das Publikum bereit, sich Verse aus dem Munde von Personen gefallen zu lassen, die nach der Mode eines fernen Zeitalters gekleidet sind; es sollte dazu angeleitet werden, Verse von Menschen anzuhören, die wie wir selber gekleidet sind, die in Häusern und Wohnungen gleich den unsern wohnen und Telefone, Autos und Rundfunkgeräte gebrauchen. Die Zuhörer sind bereit, Poesie hinzunehmen, die von einem Chor hergesagt wird,

denn das ist eine Art von poetischem Vortrag, den zu genießen ihnen Ehre macht. Und andere Zuhörer – diejenigen, die ein Versschauspiel besuchen, weil es in Versen geschrieben ist – erwarten, daß die Poesie eine Rhythmik zeigt, die den Zusammenhang mit der Umgangssprache verloren hat. Was wir zu tun haben, ist dies: die Poesie in die Welt einzuführen, in der die Zuhörer leben und in die sie zurückkehren, wenn sie das Theater verlassen – nicht aber die Zuhörer in eine imaginäre Welt zu versetzen, die der ihren ganz unähnlich ist, in eine unwirkliche Welt, in der man die Poesie duldet. Was, wie ich hoffe, von einer Generation von Dramatikern geleistet werden kann, die sich unsere Erfahrungen zunutze macht, ist dies, daß der Zuhörer spürt, wie er in dem Augenblick, da er merkt, daß er Poesie hört, zu sich selber sagt: ›Auch *ich* könnte die Sprache der Poesie sprechen!‹ Dann wären wir nicht in eine künstliche Welt versetzt; im Gegenteil würde unsere schmutzige, trübselige Alltagswelt plötzlich erleuchtet und verwandelt werden.
Ich war darum entschlossen, in meinem nächsten Stück ein Thema aus dem Gegenwartsleben zu nehmen, mit Personen unsrer Zeit, die in unsrer Welt leben. *Der Familientag* war das Ergebnis. Hier war mein erstes Anliegen die Frage des Versbaus: es galt, einen der Gegenwartssprache nahestehenden Rhythmus zu finden, in dem die Akzente dort angebracht werden konnten, wo wir sie natürlicherweise setzen, wenn wir die betreffenden Worte bei der betreffenden Gelegenheit äußern. Das Ergebnis meiner Arbeit ist wesentlich das, was ich dann zu verwenden fortfuhr: eine Verszeile von wechselnder Länge und wechselnder Silbenzahl, mit einer Zäsur und drei Akzenten. Zäsur und Akzente können an verschiedenen Stellen auftreten, fast an jedem Punkt der Verszeile; die Akzente können eng beieinander liegen oder durch unbetonte Silben getrennt sein; die einzige Regel ist die, daß ein Akzent auf der einen Seite der Zäsur liegen muß und zwei auf der andern. Rückschauend sah ich bald, daß ich meine Aufmerksamkeit dem Versbau auf Kosten von Fabel und Personen geschenkt hatte. Wohl hatte ich einen gewissen Fortschritt im Verzicht auf den Chor gemacht; aber der Kunstgriff, vier Träger kleinerer Rollen, welche die Familie vertreten, bald als individuelle Personen, bald gemeinsam als Chor zu verwenden, scheint mir nicht

sehr befriedigend. Einerseits stellt der unmittelbare Übergang von einer individuellen, charakterisierten Rolle zur Teilnahme an einem Chor zu große Anforderungen an die Schauspieler: er ist sehr schwer zu vollziehen. Anderseits erschien er mir als ein neuer Trick, der, auch wenn er Erfolg hatte, in einem weiteren Stück nicht mehr angewandt werden konnte. Ferner hatte ich an zwei Stellen den Kunstgriff eines lyrischen Duetts gebraucht, das sich von dem übrigen Dialog dadurch besonders abhebt, daß es in kürzeren Verszeilen mit nur zwei Akzenten abgefaßt ist. Diese Stellen sind in gewissem Sinn ›überpersönlich‹, die Sprecher müssen dargestellt werden, als versänken sie in einen trance-ähnlichen Zustand, um sie zu sprechen. Aber sie entfernen sich so weit von der inneren Notwendigkeit der Handlung, daß sie kaum mehr als poetische Stücke sind, die von irgend jemandem gesprochen werden könnten; sie haben zuviel Ähnlichkeit mit Opernarien. Wenn der Zuhörer dergleichen genießt, so nimmt er eine Unterbrechung der Handlung hin, um eine poetische Fantasia zu genießen; diese Stellen sind tatsächlich mit der Handlung noch weniger verbunden als die Chöre in *Mord im Dom*.
Bei Shakespeare beobachtete ich, daß eine anscheinend rein poetische Verszeile, die er in einem der Stücke seiner Reifezeit einführt, nie die Handlung unterbricht oder der handelnden Person ungemäß ist, sondern im Gegenteil auf geheimnisvolle Weise die Handlung wie die Person stützt. Spricht Macbeth seine so oft angeführten Worte, die mit

To-morrow, and to-morrow, and to-morrow,

Morgen, und morgen, und dann wieder morgen

beginnen, oder spricht Othello, dem nachts sein erzürnter Schwiegervater und seine Freunde entgegentreten, den schönen Vers

Keep up your bright swords, for the dew will rust them.

Die blanken Schwerter fort! Sie möchten rosten –

so haben wir nicht das Empfinden, daß Shakespeare an Verse gedacht hat, die schöne Poesie sind und die er irgendwie hineinzubringen sucht, oder daß für den Augenblick seine dramatische Inspiration ausgesetzt und er die Poesie als Füllsel benutzt hätte. Die Verse sind überraschend, und dennoch passen sie zur Person des Sprechers; oder aber wir sehen uns veranlaßt, unsere Vorstellung von der Person so zu berichtigen, daß die Verse ihm angemessen sind. Die Verse, die Macbeth spricht, offenbaren den Überdruß des schwachen Mannes, den seine Gattin gezwungen hat, seine mit halbem Herzen gehegten Wünsche und ihren Ehrgeiz in die Tat umzusetzen, und dem mit ihrem Tode der Beweggrund, noch weiterzugehen, verlorengegangen ist. Der Vers Othellos drückt Ironie, Würde und Furchtlosigkeit aus und erinnert uns nebenher an die nächtliche Stunde, zu der die Szene spielt. Nur Poesie konnte dies leisten; aber es ist *dramatische* Poesie: das besagt, daß sie die dramatische Situation nicht unterbricht, sondern verstärkt.

Nicht nur weil ich Versfolgen eingeführt hatte, die als Poesie zuviel Aufmerksamkeit auf sich zogen und sich nicht dramatisch rechtfertigen ließen, fand ich den *Familientag* mangelhaft: er hatte zwei weitere Schwächen, die mich noch ernstlicher störten. Erstens hatte ich bei weitem zu viel von der einem Dramatiker zugestandenen, fest beschränkten Zeit zur Darstellung einer Situation genommen und hatte mir nicht genug Zeit gelassen oder mich nicht mit genug Stoff versehen, um sie in Handlung überzuführen. Ich hatte einen aufs Ganze gesehen guten ersten Akt geschrieben; nur daß er für einen ersten Akt viel zu lang war. Wenn der Vorhang sich wieder hebt, so erwarten die Zuschauer, und zwar mit Recht, daß sich etwas ereignen werde. Statt dessen sehen sie sich einer weiteren Aufhellung der Vorgeschichte gegenüber: mit andern Worten, einem Bestandteil des Dramas, der, wenn überhaupt, so viel früher hätte gebracht werden müssen. Der Beginn des zweiten Aktes bedeutet bei weitem das schwierigste Problem für Spielleiter und Ensemble: denn die Aufmerksamkeit des Publikums beginnt abzuschweifen. Und dann kommt, nach einer für das Publikum endlosen Zeit der Vorbereitung, der Schluß so unvermittelt, daß wir nach allem doch auf ihn nicht gefaßt sind. Das war ein elementarer technischer Fehler.

Aber das tiefste Gebrechen lag in dem mangelnden Ausgleich zwischen der griechischen Fabel und der modernen Situation. Ich hätte mich entweder enger an Aischylos halten oder seinen Mythos wesentlich freier behandeln sollen. Ein Beweis dafür ist das Erscheinen

jener unglückseligen Figuren, der Furien. Sie dürfen in Zukunft nicht mehr dargestellt und müssen so verstanden werden, daß sie nur einigen der auftretenden Personen, nicht dem Publikum sichtbar sind. Wir versuchten jede mögliche Art, sie darzustellen. Wir brachten sie auf die Bühne, und sie sahen aus wie ungeladene Gäste, die sich von einem Kostümball hierher verirrt hatten. Wir verbargen sie hinter Gazeschleiern, und sie wirkten wie eine Aufnahme aus einem Walt-Disney-Film. Wir ließen sie undeutlicher erscheinen, und sie sahen wie Gebüsch unmittelbar vor dem Fenster aus. Ich habe Versuche mit andern Behelfen gesehen: ich habe gesehen, wie sie über den Garten her Zeichen gaben oder auf die Bühne schwärmten wie eine Fußballmannschaft, und es ist nie das Richtige. Es gelingt ihnen nie, entweder griechische Gottheiten oder moderne Spukgestalten zu sein. Aber dies Mißlingen ist nur ein Symptom für den mißlungenen Ausgleich zwischen dem Antiken und dem Modernen.
Ein noch triftigerer Beweis liegt darin, daß wir in einer zwiespältigen Gemütsverfassung zurückbleiben und nicht wissen, ob wir in dem Schauspiel die Tragödie der Mutter oder die Rettung des Sohnes zu sehen haben. Ihrer beider Situationen sind nicht in Einklang gebracht. Eine Bestätigung dafür finde ich in der Tatsache, daß meine Sympathien sich jetzt ganz der Mutter zugewandt haben, die mir – vielleicht den Chauffeur ausgenommen – als das einzige wirklich menschliche Wesen in dem Stück erscheint; der Held berührt mich jetzt als ein unerträglich eitler Geselle.

Immerhin hatte ich einiges für das Verfahren hinzugelernt, wie der erste Akt eines Stückes anzulegen sei, und ich hatte – an diesem einen Punkt war ich meiner Sache sicher – wesentliche Fortschritte darin gemacht, eine Versform und Redeweise zu finden, die ohne Rückgriff auf Prosa allein meinen Zwecken dienen und eines bruchlosen Übergangs von höchster Intensität der Sprache zu lockerstem Dialog fähig sein würde. Man wird nach diesen meinen kritischen Bemerkungen zum *Familientag* einige der Fehler verstehen, die ich beim Entwurf der *Cocktail Party* zu vermeiden trachtete. Zunächst: weder Chor noch Geister. Ich war noch immer geneigt, mir mein Thema bei einem griechischen Dramatiker zu holen, aber ich war entschlossen, hier nur den Ansatzpunkt zu suchen und die Herkunft so gut zu verbergen, daß niemand sie feststellen könnte, bis ich selber sie aufweisen würde. Dies wenigstens ist mir gelungen; denn keiner meiner Bekannten (und kein Theaterkritiker) erkannte in der *Alkestis* des Euripides die Quelle meiner Fabel. Ich mußte vielmehr bis ins Einzelne gehende Erklärungen liefern, um sie – ich meine natürlich diejenigen, die mit der Handlung jenes Dramas vertraut waren – von der Echtheit dieser Inspiration zu überzeugen. Aber diejenigen, die zuerst das exzentrische Verhalten meines unbekannten Gastes gestört hatte, seine offensichtlich ungezügelten Gepflogenheiten und seine Neigung, plötzlich loszusingen, fanden sich etwas erleichtert, nachdem ich ihre Aufmerksamkeit auf das Verhalten des Herakles in Euripides' Drama gelenkt hatte.

Zweitens stellte ich für mich die asketische Regel auf, alle Poesie zu vermeiden, die nicht die Probe eindeutiger dramatischer Verwendbarkeit bestand: freilich mit dem Erfolg, daß es vielleicht eine offene Frage bleibt, ob es in dem Stück überhaupt Poesie gibt. Und endlich versuchte ich, im Auge zu behalten, daß in einem Stück von Zeit zu Zeit etwas geschehen muß; daß das Publikum in der ständigen Erwartung gehalten werden muß, es werde etwas geschehen; und daß, wenn es dann wirklich geschieht, es von dem, was zu erwarten das Publikum veranlaßt worden war, abweichen, aber nicht allzu weit abweichen muß.

Ich bin mit der Ermittlung der Schwächen dieses Stücks noch nicht am Ende, aber ich hoffe und erwarte, noch mehr zu finden, als ich bis jetzt bemerkt habe. Ich sage ›hoffen‹, weil – abgesehen davon, daß man einen Erfolg nie wiederholen kann und darum stets versuchen muß, etwas Neues, wenn auch weniger Eingängiges zustande zu bringen – in dem Verlangen danach, etwas zu schreiben, das von den Mängeln des letzten Werks frei ist, ein sehr kräftiger und nützlicher Antrieb liegt. Ich bin mir dessen bewußt, daß der letzte Akt meines Stücks nur mit genauer Not, wenn überhaupt, dem Vorwurf entgeht, nicht ein letzter Akt, sondern ein Epilog zu sein; und ich bin entschlossen, wenn ich kann, in dieser Hinsicht etwas Neues zustande zu bringen. Ich glaube auch, daß zwar die Selbsterziehung eines Dichters, der für das Theater zu schreiben versucht, einen langen Zeitraum erfordert, währenddessen er seine Poesie disziplinieren und sie sozusagen auf sehr schmale Kost setzen muß, um sie den Bedürfnissen der Bühne anzupassen; daß es aber vielleicht eine spätere Stufe gibt – dann nämlich, wenn (und falls) das Verständnis der Bühnentechnik ihm zur zweiten Natur geworden ist –, auf der er es wagen kann, von der Poesie freieren Gebrauch zu machen und auch die gewöhnliche Umgangssprache freier zu behandeln. Ich gründe diesen Glauben auf die Entwicklung Shakespeares und auf einige Studien der Sprache in seinen späteren Stücken.

Wenn ich einer Prüfung meiner eigenen Stücke so viel Zeit gewidmet habe, so wurde ich dazu, wie ich glaube, durch einen besseren Beweggrund als den der Ichbefangenheit angeregt. Wenn wir nämlich ein poetisches Drama haben werden, so ist es mir wahrscheinlicher, daß es von Dichtern kommen wird, die Schauspiele schreiben lernen, als von geschickten Prosadramatikern, die Poesie schreiben lernen. Daß einige Dichter Schauspiele, und zwar gute Schauspiele, schreiben lernen können, ist vielleicht nur eine Hoffnung, aber, wie ich glaube, eine nicht unvernünftige Hoffnung; daß jedoch jemand, der mit dem Schreiben von erfolgreichen Prosastücken begonnen hat, später lernen sollte, gute Poesie zu schreiben, ist mir äußerst unwahrscheinlich. Wie die Dinge heute liegen und bis im breiteren Publikum das Versschauspiel als mögliche Quelle der Unterhaltung anerkannt ist, wird sich dem Dichter wahrscheinlich die erste Gelegenheit, für die Bühne zu arbeiten, erst dann bieten, wenn er sich als Verfasser andrer Arten von Versdichtung einen gewissen Ruf verschafft hat. Darum wünschte ich, da er vielleicht für andere von Wert ist, einen Rechenschaftsbericht zu erstatten: über die Schwierigkeiten, auf die ich stieß, die Fehler, denen ich verfiel, und die Schwächen, die zu überwinden ich versuchen mußte.

Ich möchte nicht ohne den Versuch schließen, wenn auch nur in undeutlichen Umrissen das Ideal vor Sie hinzustellen, dem das poetische Drama zustreben sollte. Es ist ein unerreichbares Ideal: und darum interessiert es mich, denn es liefert einen Antrieb zu weiterem Versuchen und Forschen, über jedes Ziel hinaus, dessen Erreichung vorauszusehen ist. Es ist eine Leistung aller Kunst, uns eine Vorstellung von Ordnung im Leben zu geben, indem es ihm eine Ordnung aufprägt. Der Maler arbeitet mit Hilfe von Auswahl, Verbindung und Hervorhebung unter den Elementen der sichtbaren Welt; ebenso der Musiker in der Welt des Klanges. Wie mir scheint, gibt es jenseits der benennbaren klassifizierbaren Gemütsbewegungen und Beweggründe unseres bewußten, auf das Handeln gerichteten Lebens – des Lebensbereichs, für dessen Ausdruck das Prosadrama durchaus zuständig ist – ein Randgebiet unbestimmter Ausdehnung, von Gefühlen, die wir sozusagen nur aus dem Augenwinkel wahrnehmen und nie vollständig ins Blickfeld bringen können; von Gefühlen, die wir nur in einer Art zeitweiliger Losgelöstheit vom Handeln bemerken. Es gibt große Prosadramatiker – wie Ibsen und Tschechow –, denen zeitweilig Dinge gelungen sind, deren ich die Prosa sonst nicht für fähig gehalten hätte, die mir aber trotz ihres Erfolgs dadurch, daß sie Prosa schreiben, im Ausdruck gehemmt scheinen. Dieser besondere Gefühlsbereich läßt sich durch die dramatische Poesie in den Augenblicken ihrer größten Intensität ausdrücken. In solchen Augenblicken berühren wir die Grenze der Gefühle, die nur die Musik ausdrücken kann. Wir können nie mit der Musik wetteifern, denn die Erreichung des musikalischen Zustands wäre die Aufhebung der Poesie, besonders der dramatischen Poesie. Dennoch habe ich eine Art von Fata Morgana der Vollendung des Versdramas vor Augen, das ein Gebilde aus menschlichem Handeln und aus Worten sein und in einem die beiden Aspekte dramatischer und musikalischer Ordnung bieten würde. Mir scheint, daß Shakespeare dies wenigstens in gewissen Szenen vollbracht hat – sogar schon ziemlich früh, denn da gibt es die Balkonszene in *Romeo und Julia* –, und daß er eben dies in seinen späteren Schauspielen anstrebte. In dieser Richtung so weit zu gehen, wie es möglich ist, ohne den Zusammenhang mit der gewöhnlichen Alltagswelt zu verlieren, mit der das Drama zurechtkommen muß, erscheint mir als das eigentliche Ziel der dramatischen Poesie. Denn letztlich ist es die Leistung der Kunst, indem sie der gewöhnlichen Wirklichkeit eine glaubhafte Ordnung aufprägt und dadurch eine Vorstellung von Ordnung *in* der Wirklichkeit hervorruft, uns in einen Zustand von Heiterkeit, Stille und Aussöhnung zu versetzen und uns dann zu entlassen – so wie Virgil Dante verließ –, um in ein Reich einzutreten, wo jener Führer uns nicht mehr helfen kann.

Dante

I

Inferno

Nach meinen Erfahrungen in der Würdigung von Poesie habe ich immer gefunden: je weniger ich vom Dichter und seinem Werk wußte, bevor ich zu lesen begann, desto besser. Ein Zitat, eine kritische Bemerkung, ein enthusiastischer Aufsatz mögen wohl der Anlaß sein, der uns bewegt, einen bestimmten Schriftsteller zu lesen; aber eine sorgsame Bereitstellung geschichtlichen und biographischen Wissens hat für mich immer eine Schranke bedeutet. Ich will nicht den Mangel an Wissen verteidigen; und ich gebe zu, daß eine solche Erfahrung, zur Maxime verdichtet, beim Studium des Lateinischen und Griechischen sehr schwer anzuwenden wäre. Aber bei Schriftstellern der eigenen Sprache, sogar bei solchen anderer moderner Sprachen, ist ein solches Vorgehen möglich. Mindestens ist es besser, den Antrieb zur Aneignung von Gelehrsamkeit dadurch zu gewinnen, daß man die Dichtung genießt, als anzunehmen, man genieße die Dichtung, weil man sich die Gelehrsamkeit angeeignet hat. Ich liebte gewisse französische Dichtungen leidenschaftlich, lange bevor ich auch nur zwei Verse von ihnen richtig hätte übersetzen können. Bei Dante war der Abstand zwischen Genuß und Verstehen noch weiter.

Ich rate niemandem, das Studium der italienischen Grammatik aufzuschieben, bis er Dante gelesen hat, aber sicherlich gibt es eine ungeheure Menge von Wissen, das wirklich unerwünscht ist, bis man einiges von seiner Dichtung mit innerster Freude gelesen hat – das heißt, mit so reiner Freude, wie man sie nur aus irgendwelcher Dichtung zu schöpfen vermag. Indem ich dies sage, vermeide ich zwei mögliche Extreme der Kritik. Einerseits könnte man sagen, das Verstehen des Schemas, der Philosophie, des verhüllten Sinns von Dantes Versen sei für die Würdigung *wesentlich*; und anderseits könnte man sagen, diese Dinge seien ganz belanglos, die Poesie seiner Gedichte sei etwas, das an sich genossen werden könne, ohne das Studium eines Rahmenwerks, das dem Verfasser bei der Hervorbringung seiner Poesie diente, aber dem Leser bei ihrem Genuß nicht dienen könne. Der letztere Irrtum ist der vorwiegende; er ist wahrscheinlich der Grund, warum die Kenntnis vieler Leute von der *Commedia* auf das *Inferno* oder sogar nur auf gewisse Stücke davon beschränkt bleibt. Der Genuß der Göttlichen Komödie ist ein stetiger Prozeß. Gewinnt man ihr nicht gleich zu Anfang etwas ab, so wird man es wahrscheinlich nie tun; geht aber schon von der ersten Entzifferung dann und wann ein unmittelbares Ergriffensein von dichterischer Intensität aus, so kann lediglich Trägheit das Verlangen nach immer vollerer Kenntnis absterben lassen.

Überraschend an Dantes Dichtung ist dies, daß sie in gewissem Sinne äußerst leicht zu lesen ist. Es ist ein Prüfstein (ein positiver Prüfstein – ich behaupte nicht, daß er immer auch negativ gelte), daß echte Dichtung sich mitteilen kann, bevor sie verstanden wird. Der Eindruck kann bei vollständigerer Kenntnis bestätigt werden; ich habe im Falle Dantes und mehrerer anderer Dichter in Sprachen, in denen ich wenig geübt war, festgestellt, daß solche Eindrücke durchaus nicht der Einbildung angehörten. Sie beruhten also nicht auf einem *Miß*verstehen des Stücks oder auf dem Hineinlesen von etwas, das nicht da stand, oder aus zufälligen sentimentalen Erinnerungen aus meiner eigenen Vergangenheit. Der Eindruck war neu und beruhte, glaube ich, auf objektiver ›poetischer Empfindung‹. Es gibt noch speziellere Gründe für dies Erlebnis beim ersten Lesen Dantes und für meine Behauptung, er sei leicht zu lesen. Ich meine nicht, daß er ein sehr einfaches Italienisch schreibt, denn das ist nicht der Fall; oder daß sein Inhalt einfach ist oder immer einfach ausgedrückt ist. Er wird oft mit einer solchen Gewalt der Zusammendrängung ausgedrückt, daß die Aufhellung von drei Zeilen einen Absatz und ihrer Anspielungen eine Seite Kommentar braucht. Was ich im Sinn habe, ist dies, daß Dante, in einem noch zu bestimmenden Sinne (denn das Wort bedeutet an sich nicht viel), der *universalste* Dichter der modernen Sprachen ist. Das bedeutet nicht, daß er ›der größte‹ oder daß er der umfassendste ist – es gibt bei Shakespeare größere Mannigfaltigkeit und mehr Einzelheiten. Dantes Universalität ist nicht allein eine persönliche Angelegenheit. Die italienische Sprache, und besonders die italienische Sprache im Zeitalter Dantes, zieht großen Gewinn daraus, daß sie ein Erzeugnis des universalen Lateins ist. Es ist etwas viel mehr *Ortsgebundenes* um die Sprachen, in denen Shakespeare und Racine sich auszudrücken hatten. Das bedeutet wiederum nicht, daß das Englische und Französische als Träger von Dichtung dem Italienischen unterlegen seien. Aber die italienische Volkssprache des späten Mittelalters stand dem Latein als literarischem Ausdrucksmittel noch sehr nahe, und zwar deswegen, weil Männer wie Dante, die es gebrauchten, in Philosophie und allen abstrakten Gegenständen im mittelalterlichen Latein gebildet waren. Nun ist das Mittellateinische eine sehr schöne Sprache; schöne Prosa und schöne Verse wurden darin geschrieben; es hatte die Eigenschaften eines hoch entwickelten literarischen Esperanto. Liest man moderne Philosophie auf englisch, französisch, deutsch und italienisch, so wird man notwendig von nationalen oder stammesmäßigen Unterschieden des Denkens betroffen: die *Richtung* der modernen Sprachen geht auf Sonderung des abstrakten Denkens (die Mathematik ist heute die einzige Universalsprache); aber die Richtung des Mittellateins ging auf Hervorhebung dessen, was Menschen verschiedener Völker und Länder gemeinsam denken konnten. Einiges von dem Charakter dieser Universalsprache scheint mir der florentinischen Redeweise Dantes innezuwohnen; und die nähere örtliche Bestimmung – ›florentinische‹ Redeweise – scheint wenn irgend etwas die Universalität noch zu unterstreichen, weil sie die moderne Einteilung in Nationalitäten übergeht. Um irgendwelche französische oder deutsche Dichtung zu genießen, muß man, glaube ich, einige Sympathie mit dem französischen oder dem deutschen Geist haben; Dante, obwohl nicht weniger Italiener und Patriot, ist in erster Linie Europäer.

Dieser Unterschied, der einen der Gründe dafür bedeutet, warum Dante ›leicht zu lesen‹ ist, sei noch an einzelnen Bekundungen erörtert. Dantes Stil hat eine besondere Durchsichtigkeit – eine *poetische* im Unterschiede von *intellektueller* Durchsichtigkeit. Der Gedanke mag dunkel sein, aber das Wort ist durchsichtig oder vielmehr durchscheinend. In englischer Dichtung haben die Worte eine Art von Undurchsichtigkeit, die ein Teil ihrer Schönheit ist. Ich meine nicht, die Schönheit englischer Poesie sei das, was man bloße ›Wortschön-

heit‹ nennt. Es ist vielmehr dies, daß die Worte Assoziationen und die assoziativ vereinigten Wortgruppen wiederum Assoziationen haben: das ist eine Art von örtlichem Selbstbewußtsein, denn sie sind das Gewächs einer *Sonderkultur;* dasselbe gilt von andern modernen Sprachen. Dantes Italienisch, obwohl wesentlich dem heutigen Italienisch gleich, ist in diesem Sinne nicht eine moderne Sprache. Die Kultur Dantes war nicht die eines einzelnen europäischen Landes, sondern die Kultur Europas. Natürlich bin ich mir einer Unmittelbarkeit der Rede bewußt, die Dante mit andern großen Dichtern der Zeit vor Reformation und Renaissance teilt, namentlich mit Chaucer und Villon. Zweifellos gibt es etwas, das den dreien gemeinsam ist, und zwar so weitgehend, daß ich erwarten würde, der Bewunderer eines von ihnen sei auch ein Bewunderer der andern; und zweifellos gibt es ein Undurchsichtig- und Undurchdringlichwerden des poetischen Stils nach der Renaissance in ganz Europa. Aber die Durchsichtigkeit und Universalität Dantes reicht weit über diese Eigenschaften bei Villon und Chaucer hinaus, obwohl sie verwandt sind.
Dante ist für einen Ausländer, der nicht sehr gut italienisch kann, noch aus andern Gründen ›leichter zu lesen‹: aber alle weisen auf diesen Hauptgrund hin, daß zu Dantes Zeit Europa mit aller seiner Zwietracht und Schmutzigkeit geistig einheitlicher war, als wir es uns heute vorstellen können. Es ist nicht im besonderen der Versailler Vertrag, der Nation von Nation getrennt hat; der Nationalismus war schon lange zuvor geboren; und der Auflösungsprozeß, der für unsere Generation in jenem Vertrage gipfelt, begann bald nach Dantes Zeit. Einer der Gründe für Dantes ›Leichtigkeit‹ ist der folgende – aber zunächst muß ich eine Abschweifung machen.

Ich muß erklären, warum ich sagte, Dante sei ›leicht zu lesen‹, anstatt von seiner ›Universalität‹ zu sprechen. Das letztere Wort wäre viel leichter zu verwenden gewesen. Aber ich möchte nicht, daß man von mir denkt, ich wolle für Dante eine Universalität beanspruchen, die ich Shakespeare oder Molière oder Sophokles bestreite. Dante ist nicht ›universaler‹ als Shakespeare: obwohl wir meinem Empfinden nach dem Verständnis Dantes näher kommen können als ein Fremder dem Verständnis jener andern. Shakespeare oder auch Sophokles oder auch Racine und Molière haben es mit dem Allgemein-

Menschlichen zu tun, so wie es den Stoff Dantes bildet; aber sie konnten nicht umhin, es auf eine lokalere Art mitzuteilen. Wie ich sagte, steht Dantes Italienisch im Empfinden dem mittelalterlichen Latein sehr nahe: und unter den mittelalterlichen Philosophen, die Dante las und die von gebildeten Männern seiner Zeit gelesen wurden, befanden sich zum Beispiel Thomas, der Italiener war, Thomas' Vorgänger Albertus, der Deutscher war, Abälard, der Franzose war, Hugo und Richard von St. Victor, die Schotten waren. Für das *Medium,* dessen Dante sich zu bedienen hatte, vergleiche man den Eingang des *Inferno*

Nel mezzo del cammin di nostra vita
mi ritrovai per una selva oscura,
che la diritta via era smarrita

In der Mitte des Weges unseres Lebens fand ich mich in einem dunklen Walde, da ich vom geraden Wege abgeirrt war

mit den Versen, mit denen Duncan in Macbeths Schloß eingeführt wird:

This castle hath a pleasant seat; the air
Nimbly and sweetly recommends itself
Unto our gentle senses.
This guest of summer
The temple-haunting martlet, does approve
By his loved masonry that the heaven's breath
Smells wooingly here: no jutty, frieze,
Buttress, nor coign of vantage, but this bird
Hath made his pendant bed and procreant cradle:
Where they most breed and haunt, I have observed
The air is delicate.

Dies Schloß hat eine angenehme Lage; / Gastlich umfängt die leichte, milde Luft / Die heitern Sinne. / Dieser Sommergast, / Die Schwalbe, die an Tempeln nistet, zeigt / Durch ihren fleißgen Bau, daß Himmelsatem / Hier lieblich haucht; kein Vorsprung, Fries, noch Pfeiler, / Kein Winkel, wo der Vogel nicht gebaut / Sein hängend Bett und Wiege für die Brut: / Wo er am liebsten heckt und wohnt, da fand ich / Am reinsten stets die Luft.

Ich behaupte keineswegs, daß wir alles würdigen können, selbst in einem einzigen Danteschen Vers, was ein gebildeter Italiener würdigen kann. Aber ich halte daran fest, daß bei der Übersetzung Shakespeares ins Italienische mehr verlorengeht als bei der Übersetzung

Dantes ins Englische. Wie kann ein Ausländer Worte finden, um in seiner Sprache genau die Verbindung von Verständlichkeit und Entlegenheit zu vermitteln, die wir in vielen Wendungen Shakespeares wahrnehmen?

Ich erwäge nicht, ob die Sprache Dantes oder die Sprache Shakespeares die überlegene ist, denn ich kann diese Frage nicht zulassen: ich stelle nur fest, die Unterschiede sind so geartet, daß sie Dante für einen Ausländer leichter machen. Dantes Vorteile beruhen nicht auf größerem Genie, sondern auf der Tatsache, daß er zu einer Zeit schrieb, da Europa noch mehr oder weniger eins war. Und wenn auch Chaucer oder Villon genaue Zeitgenossen Dantes gewesen wären, so wären sie doch, sprachlich sowohl wie geographisch, dem Mittelpunkt Europas ferner gewesen als Dante.

Aber Dantes Einfachheit hat noch einen andern besondern Grund. Er dachte nicht nur so, wie jeder Mensch seiner Kultur in ganz Europa damals dachte, sondern er wandte ein Verfahren an, das ganz Europa gemeinsam war und überall verstanden wurde. Ich beabsichtige in diesem Aufsatz nicht auf Fragen umstrittener Auslegungen von Dantes Allegorien einzugehen. Für meinen Zweck ist die Tatsache wichtig, daß das allegorische Verfahren ein festgelegtes und nicht auf Italien beschränktes Verfahren war; ferner die scheinbar paradoxe Tatsache, daß das allegorische Verfahren Einfachheit und Verständlichkeit fördert. Wir neigen dazu, an die Allegorie wie an ein mühseliges Kreuzworträtsel zu denken. Wir neigen dazu, sie mit langweiligen Gedichten – bestenfalls dem *Roman der Rose* – in Zusammenhang zu bringen und sie in einer großen Dichtung als unerheblich zu übersehen. Was wir übersehen, ist in einem Falle wie dem Dantes ihre besondere Wirkung in Richtung auf Klarheit des Stils.

Ich empfehle nicht, sich bei der ersten Lesung des ersten *Inferno*-Gesanges mit der Bedeutung des Leoparden, des Löwen oder der Wölfin zu plagen. Es ist zu Anfang tatsächlich besser, nicht zu wissen, was sie bedeuten, oder sich nicht darum zu kümmern. Was wir beachten sollten, ist nicht so sehr die Bedeutung der Bilder, sondern der umgekehrte Ablauf, der nämlich, der einen Menschen dazu geführt hat, eine Idee, die er hatte, in Bildern auszudrücken. Wir haben den Geistestypus ins Auge zu fassen, der durch Natur und *Praxis* darauf gerichtet war, sich in Allegorien auszudrücken: und im Falle eines fähigen Dichters bedeutet Allegorie *klare visuelle Bilder.* Klaren visuellen Bildern aber teilt sich eine viel größere Intensität mit, wenn sie eine Bedeutung haben – wir brauchen nicht zu wissen, welches diese Bedeutung ist, aber zusammen mit dem Bilde müssen wir auch dessen gewahr werden, daß die Bedeutung gleichfalls vorhanden ist. Allegorie ist nur ein bestimmtes poetisches Verfahren, aber es ist ein Verfahren, das sehr große Vorteile hat.

Dantes Einbildungskraft ist *visuell.* Sie ist visuelle Einbildungskraft in einem andern Sinne als bei einem modernen Stillebenmaler: sie ist visuell in dem Sinne, daß er in einem Zeitalter lebte, in dem die Menschen noch Visionen sahen. Es war eine psychologische Gepflogenheit, deren Technik wir vergessen haben, aber so gut wie irgendeine der unsern. Wir haben nichts als Träume, und wir haben vergessen, daß das Schauen von Visionen – ein jetzt zu den Unnormalen und Ungebildeten verbanntes Verfahren – einst eine bedeutsamere, interessantere und diszipliniertere Art des Träumens war. Wir halten es für ausgemacht, daß unsere Träume von unten kommen: möglicherweise leidet infolgedessen die Qualität unserer Träume.

Alles, worum ich den Leser an diesem Punkte bitte, ist dies, daß er, wenn möglich, sich von jedem Vorurteil gegen die Allegorie freimache und wenigstens zugestehe, daß sie nicht ein Kunstgriff war, um Leute ohne Inspiration zum Verseschreiben zu befähigen, sondern tatsächlich eine geistige Gewohnheit, die, auf die Höhe des Genies gehoben, ebensowohl einen großen Dichter wie einen großen Mystiker oder Heiligen schaffen kann. Die Allegorie ist es, die dem Leser, der nicht einmal ein guter Kenner des Italienischen ist, den Genuß Dantes ermöglicht. Sprachen sind verschieden, aber unsere Augen sind immer die gleichen. Und die Allegorie war nicht eine ortsgebundene italienische Gepflogenheit, sondern ein gemeineuropäisches Verfahren.

Dantes Anliegen ist es, uns sehen zu lassen, was er sah. Er verwendet daher eine sehr einfache Sprache und sehr wenig Gleichnisse, denn Allegorie und Gleichnisse vertragen sich nicht miteinander. Und seinen *Vergleichen* haftet eine Eigentümlichkeit an, die im Vorübergehen zu kennzeichnen der Mühe wert ist.

Es gibt einen wohlbekannten Vergleich, ein Gleichnis; in dem großen 15. Gesang des *Inferno*, dem Matthew Arnold mit Recht hohes Lob gespendet hat; es ist charakteristisch für die Art, wie Dante diese Bilder verwendet. Er spricht von der Höllenschar, die in trübem Licht auf ihn und seinen Führer starrte:

e sì ver noi aguzzevan le ciglia,
come vecchio sartor fa nella cruna.

Und sie schärften ihren Blick (runzelten ihre Brauen) auf uns wie ein alter Schneider auf das Nadelöhr.

Die Absicht dieses Gleichnistypus ist lediglich, uns die Szene *bestimmter sehen* zu lassen, die Dante in den vorangehenden Versen vor uns hingestellt hat.

she looks like sleep,
As she would catch another Antony
In her strong toil of grace.

Sie gleicht dem Schlaf, / Als wollte sie Anton von neuem fangen / Im starken Netz der Schönheit.

Das Bild Shakespeares ist viel komplizierter als das Dantes und zugleich komplizierter, als es aussieht. Es hat die grammatische Form einer Art von Gleichnis (die ›Wie wenn‹-Form), aber natürlich ist *catch in her toil* eine Metapher. Aber während Dantes Gleichnis nur dazu dient, klarer sehen zu lassen, wie die Gestalten hinschauten, und erklärender Art ist, ist Shakespeares Bild eher expansiv als intensiv; sein Zweck ist es, dem, was man sieht – sei es auf der Bühne, sei es in der Einbildung –, eine Erinnerung an den Zauber der Kleopatra *hinzuzufügen*, der ihre Geschichte und die Weltgeschichte gestaltete, und daran, daß ihr Zauber so stark ist, daß er sogar im Tode sich behauptet. Das Bild ist schwerer faßbar, und es ist weniger leicht möglich, es ohne genaue Kenntnis der englischen Sprache zu übertragen. Zwischen Männern, denen solche Funde wie diese gelangen, kann es die Frage größer oder geringer nicht geben. Da aber Dantes ganzes Gedicht, wenn man so will, eine ungeheure Metapher ist, gibt es bei ihm im einzelnen kaum Platz für Metaphern.

Um so mehr besteht guter Grund, sich mit Dantes Gedicht zuerst Stück für Stück vertraut zu machen, ja bei den Stücken besonders zu verweilen, die man zuerst am liebsten hat: denn wir können die volle Bedeutung irgendeines Stücks nicht ausschöpfen, ohne das Ganze zu kennen. Die Inschrift am Höllentor

Giustizia mosse il mio alto Fattore;
fecemi la divina Potestate,
la somma Sapienza e il primo Amore,

Gerechtigkeit bewog meinen hohen Schöpfer; / es schuf mich die göttliche Macht, / die höchste Weisheit und *die erste Liebe,*

können wir nicht verstehen, bis wir zum höchsten Himmel aufgestiegen und zurückgekehrt sind. Aber die erste Episode, die auf die meisten Leser tiefen Eindruck macht, die von Paolo und Francesca, können wir schon beim ersten Lesen genügend verstehen, um von ihr so stark wie von irgendwelcher Poesie bewegt zu werden. Sie wird durch zwei Gleichnisse derselben erklärenden Art eingeleitet, wie ich sie soeben anführte:

E come gli stornei ne portan l'ali,
nel freddo tempo, a schiera larga e piena,
così quel fiato gli spiriti mali;

Und wie ihre Flügel die Sperlinge davontragen, / zur kalten Jahreszeit, in breiter, voller Schar, / so jener Wind die bösen Geister;

E come i gru van cantando lor lai
facendo in aer di sè lunga riga;
cosi vid' io venir, traendo guai,
ombre portate dalla detta briga;

Und wie die Kraniche dahinziehen, ihre Lieder singend und in der Luft eine lange Reihe bildend, so sah ich, Klagerufe erhebend, Schatten vom besagten Sturm getragen.

Wir können die Lage der beiden verlorenen Liebenden sehen und fühlen, obwohl wir die Bedeutung noch nicht verstehen, die Dante ihr gibt. Nehmen wir eine solche Episode für sich, so können wir ihr so viel entnehmen wie der Lesung eines ganzen Stücks von Shakespeare. Wir verstehen Shakespeare nicht auf Grund einer einzigen Lesung und gewiß nicht auf Grund eines einzigen Stücks. Es gibt eine Beziehung zwischen Shakespeares verschiedenen Stücken, wenn man ihre Ordnung betrachtet; und es ist eine Arbeit von Jahren, auch nur eine einzige Einzelauslegung des Musters in Shakespeares Teppich zu wagen. Es ist nicht sicher, ob Shakespeare selber wußte, worin es bestand. Vielleicht ist es ein umfassenderes Muster als bei Dante, aber es ist weniger deutlich. Wir können mit vollem Verständnis die folgenden Verse lesen:

> Noi leggevamo un giorno per diletto
> di Lancillotto, come amor lo strinse;
> soli eravamo e senza alcun sospetto.
> Per più fiate gli occhi ci sospinse
> quella lettura, e scolorocci il viso;
> ma solo un punto fu quel che ci vinse.
> Quando leggemmo il disiato riso
> esser baciato da cotanto amante,
> questi, che mai da me non fia diviso,
> La bocca mi baciò tutto tremante;

Wir lasen eines Tages zum Zeitvertreib von Lancelot, wie Liebe ihn verstrickte; wir waren allein und ohne allen Verdacht. Mehrere Male zwang uns die Lesung die Augen zusammen und entfärbte unser Antlitz; aber ein Augenblick allein war es, der uns überwältigte. Als wir lasen, wie das freundliche Lächeln von solchem Liebenden geküßt wurde, da küßte er, der nie von mir getrennt sein soll, erbebend meinen Mund.

Ordnen wir die Episode an ihrer Stelle im Ganzen der *Commedia* ein und sehen wir, wie diese Strafe auf alle andern Strafen, auf Läuterungen und Belohnungen bezogen ist, so gelangen wir zu einer besseren Würdigung der subtilen Psychologie in dem schlichten Verse der Francesca:

> Se fosse amico il re dell' universo

Wäre der König des Weltalls unser Freund ...

oder in dem Vers

> Amor, che a nullo amato amar perdona

Liebe, die keinem Geliebten das Lieben erläßt ...

oder vollends in dem schon angeführten Vers:

> questi, che mai da me non fia diviso

er, der nie von mir getrennt sein soll ...

Durchschreiten wir das *Inferno* bei einer ersten Lesung, so gewinnen wir eine Folge von phantasmagorischen, aber deutlichen Bildern, von Bildern, die miteinander zusammenhängen, insofern als ein jedes das vorangehende verstärkt; eine Folge von flüchtigen Blicken auf individuelle Gestalten, die eine vollkommene Wortfügung denkwürdig macht, wie die von dem stolzen Farinata degli Uberti:

ed ei s'ergea col petto e colla fronte,
come avesse lo inferno in gran dispitto,

Und er richtete sich auf mit Brust und Stirn, / als hegte er große Verachtung für die Hölle,

und von einzelnen längeren Episoden, die gesondert im Gedächtnis bleiben. Ich glaube, unter denen, die sich beim ersten Lesen am meisten einprägen, befinden sich die Episoden von Brunetto Latini (15. Gesang), Ulysses (26. Gesang), Bertrand de Born (28. Gesang), Adam von Brescia (30. Gesang) und Ugolino (33. Gesang).
Obwohl ich es für einen Fehler halten würde, etwas zu überspringen, und es für viel besser halte, diese Episoden abzuwarten, bis man an ihrer Stelle zu ihnen kommt, haften sie jedenfalls in meinem Gedächtnis als die Teile des *Inferno*, die mich zuerst überzeugten, insbesondere die Episoden von Brunetto und Ulysses, auf die ich nicht durch Zitate oder Anspielungen vorbereitet war. Und beide mögen wohl zusammengestellt werden: denn die erste ist Dantes Zeugnis für einen geliebten Meister der Künste, die zweite seine Rekonstruktion einer Sagengestalt antiker Epik; und doch besitzen beide die Eigenschaft der ›Überraschung‹, die Poe für das Wesentliche der Dichtung erklärte. Diese ›Überraschung‹ in höchster Steigerung läßt sich durch nichts besser veranschaulichen als durch die Schlußverse, mit denen Dante den zur Hölle verdammten Meister entläßt, den er liebt und verehrt:

Poi si rivolse, e parve di coloro
 che coronno a Verona il drappo verde
 per la campagna; e parve di costoro
quegli che vince e non colui che perde.

Dann wandte er sich und schien wie einer derer, die um das grüne Tuch zu Verona über das offene Feld laufen; und unter ihnen schien er wie der, welcher gewinnt, und nicht wie der, welcher verliert.

Man braucht nichts von dem Wettlauf um die Rolle grünen Tuchs zu wissen, um von diesen Versen getroffen zu werden; und indem Brunetto, der so tief gefallen ist, *gleich dem Gewinner läuft*, wird der

Strafe eine Eigenschaft mitgeteilt, die nur der größten Poesie erreichbar ist. Dann Ulysses, unsichtbar in der gehörnten Flammenwoge:

> Lo maggior corno della fiamma antica
> Cominciò a crollarsi mormorando,
> pur come quella cui vento affatica.
> Indi la cima qua e là menando,
> come fosse la lingua che parlasse,
> gittò voce di fuori e disse: ›Quando
> mi diparti' da Circe, che sottrasse
> me più d'un anno là presso a Gaeta . . .‹

Das größere Horn der alten Flamme begann sich murmelnd zu schütteln, gleich einer Flamme, die gegen den Wind kämpft. Dann bewegte sie die Spitze hin und her, als wäre sie die sprechende Zunge, gab Laute von sich und sagte: ›Als ich Circe verließ, die mich mehr als ein Jahr festhielt dort bei Gaeta . . .‹

Es ist ein Geschöpf rein poetischer Einbildungskraft, auffaßbar ohne Rücksicht auf Ort und Zeit und das Schema des Gedichtes. Die Ulysses-Episode mag uns zuerst als eine Art von Exkurs berühren, als eine Unerheblichkeit, als eine Nachgiebigkeit Dantes gegenüber sich selber, indem er Urlaub von seinem christlichen Plan nimmt. Kennen wir aber das ganze Gedicht, so merken wir, wie klug und überzeugend Dante es angestellt hat, wirkliche Menschen, seine Zeitgenossen, Freunde und Feinde, geschichtliche Persönlichkeiten der jüngeren Vergangenheit, sagenhafte und biblische Gestalten und Gestalten der antiken Dichtung einzubeziehen. Man hat ihn getadelt oder belächelt, weil er seinen persönlichen Groll stillt, indem er Menschen, die er kannte und haßte, in die Hölle versetzte; aber diese sind im Zusammenhang des Ganzen ebenso umgestaltet wie Ulysses; denn die wirklichen und die unwirklichen Gestalten sind durchweg Vertreter verschiedener Typen von Sünde, Leiden, Schuld und Verdienst, und alle werden gleichermaßen wirklich und gleichzeitig. Die Ulysses-Episode liest sich, glaube ich, besonders gut wegen ihrer zusammenhängend und geradlinig fortschreitenden Erzählung, und weil für einen englischen Leser der Vergleich mit Tennysons Gedicht – übrigens einem vollkommenen Gedicht – sehr lehrreich ist. Es ist der Mühe wert, den sehr überlegenen Grad von *Vereinfachung* in Dantes Fassung zu beachten. Tennyson muß, wie die meisten Dichter, sogar wie die meisten derer, die wir große Dichter nennen können, seine Wirkung mit einem gewissen Aufwand von *Gewaltsamkeit* zustande bringen. So ist der Vers von dem Meere, das

moans round with many voices,

rings stöhnt mit vielen Stimmen,

ein echtes Beispiel Tennysonscher Vergil-Nachfolge und im Vergleich mit Dante zu *poetisch*, um höchste Poesie zu sein. (Nur Shakespeare kann so ›poetisch‹ sein, ohne überladen zu wirken oder uns von der Hauptsache abzulenken:

Put up your bright swords or the dew will rust them.

Steckt eure glänzenden Schwerter ein, oder der Tau wird sie rosten lassen.)

Ulysses und seine Mannschaft fahren durch die Säulen des Herkules, jenen ›engen Paß‹,

ov' Ercole segnò li suoi riguardi
acciocchè l'uom più oltre non si metta.

wo Herkules seine Zeichen setzte, damit der Mensch sich nicht weiter begebe.

›O frati‹, dissi, ›che per cento milia
perigli siete giunti all' occidente,
a questa tanto picciola vigilia
de' vostri sensi, che'è del rimanente,
non vogliate negar l'esperienza
di retro al sol, del mondo senza gente.
Considerate la vostra semenza,
fatti non foste a viver come bruti
ma per seguir virtute e conoscenza.‹

›O Brüder!‹ sagte ich, ›die ihr durch hunderttausend Gefahren den Westen erreicht habt, verwehrt nicht für diese so kurze Wache eurer Sinne, die verbleibt, Erfahrung der Welt ohne Menschen, die hinter der Sonne liegt. Betrachtet eure Natur, ihr wurdet nicht gemacht, wie Tiere zu leben, sondern um Tugend und Erkenntnis zu verfolgen.‹

Sie fahren weiter, bis plötzlich

n'apparve una montagna bruna
per la distanza, e parvemi alta tanto
quanto veduta non n'aveva alcuna.
Noi ci allegrammo, e tosto tornò in pianto,

chè dalla nuova terra un turbo nacque,
e percosse del legno il primo canto.
Tre volte il fe' girar con tutte l'acque,
alla quarta levar la poppa in suso,
e la prora ire in giù, com' altrui piacque,
infin che il mar fu sopra noi richiuso.

ein Berg erschien, braun in der Entfernung; und er erschien mir als der höchste, den ich je gesehen hatte. Wir freuten uns, aber bald wurde unsere Freude in Klage verkehrt: denn ein Sturm kam von dem neuen Lande auf und erfaßte den Vorderteil unseres Schiffs. Dreimal wirbelte er es herum mit allen Wassern; beim vierten Male erhob er das Heck und ließ den Bug hinabfahren, wie es einem andern gefiel, bis die See sich über uns schloß.

Die Geschichte von Ulysses, wie Dante sie erzählt, liest sich wie ein geradeaus fortschreitender Abenteuerroman, ein gut erzähltes Seemannsgarn; Tennysons Ulysses ist in erster Linie ein sehr selbstbewußter Dichter. Aber Tennysons Gedicht ist flach, es hat nur zwei Dimensionen; nichts ist darin enthalten, als was der Durchschnittsengländer, mit einem Gefühl für Wortschönheit, zu sehen vermag. Wir brauchen zunächst nicht einmal zu wissen, was für ein Berg jener Berg war, und was die Worte ›wie es einem andern gefiel‹, bedeuten, um zu fühlen, daß Dantes Sinn größere Tiefen hat.

Es lohnt wiederum, darauf hinzuweisen, wie sehr recht Dante daran tat, unter seinen geschichtlichen Charakteren wenigstens einen einzuführen, der selbst für ihn schwerlich mehr als eine dichterische Erfindung gewesen sein kann. Denn das *Inferno* ist über jede Frage der Kleinlichkeit oder Willkürlichkeit Dantes bei der Auswahl der Verdammten erhaben. Es erinnert uns daran, daß die Hölle nicht ein Ort, sondern ein *Zustand* ist; daß der Mensch ebenso in den Geschöpfen seiner Einbildung verdammt oder begnadet ist wie in Menschen, die wirklich gelebt haben; und daß die Hölle, wiewohl ein Zustand, in dem Sinne ein Zustand ist, daß sie sich nur durch die Projektion sinnlicher Bilder denken, ja vielleicht nur so erleben läßt; und daß die Auferstehung des Leibes vielleicht einen tieferen Sinn hat, als wir verstehen. Aber das sind Gedanken, wie sie erst nach vielen Lesungen kommen; für den ersten dichterischen Genuß sind sie nicht notwendig.

Das Erlebnis eines Gedichts ist das Erlebnis sowohl eines Augenblicks wie einer Lebenszeit. Es ist unsren intensiveren Erlebnissen anderer menschlicher Wesen sehr ähnlich. Es gibt einen ersten oder einen frühen Augenblick, der einzigartig ist, einen Augenblick der Erschütterung und Überraschung, sogar des Entsetzens (*Ego dominus tuus*); einen Augenblick, den man nie vergessen kann, der sich aber nie vollständig wiederholt; und der doch bedeutungsleer würde, lebte er nicht in einem größeren Ganzen des Erlebens fort; der im Innern eines tieferen und ruhigeren Gefühls fortlebt. Über die meisten Dichtungen wächst und lebt man hinaus, wie man über die meisten menschlichen Leidenschaften hinauswächst und -lebt: Dantes Gedicht ist von der Art, daß man nur hoffen kann, am Ende seines Lebens zu ihm herangewachsen zu sein.

Der letzte Gesang (34) ist vielleicht beim ersten Lesen der schwierigste. Die Vision Satans mag grotesk erscheinen, zumal wenn sich in unserm Gemüt der lockige byroneske Held Miltons festgesetzt hat; er gleicht zu sehr dem Satan eines sienesischen Freskos. Gewiß läßt sich die Wesenheit des Bösen so wenig wie der Heilige Geist in eine bestimmte Gestalt und an eine bestimmte Stätte bannen; und wie ich bekenne, neige ich dazu, von Dante den Eindruck eines Teufels zu gewinnen, der so leidet wie die menschlichen verdammten Seelen; während ich die Empfindung habe, die *Art* des Leidens, die der Böse Geist erfährt, sollte als gänzlich verschieden dargestellt werden. Ich kann nur sagen, daß Dante sich mit einer undankbaren Aufgabe so gut wie möglich abfand. Indem er Brutus, den edlen Brutus, und Cassius neben Judas Ischariot stellt, wird er zunächst auch den englischen Leser stören, für den Brutus und Cassius immer der Brutus und der Cassius Shakespeares sein werden; besteht aber meine Rechtfertigung des Ulysses zu Recht, dann auch die Anwesenheit von Brutus und Cassius. Wird jemand vom letzten Gesang des *Inferno* abgestoßen, so kann ich ihn nur bitten zu warten, bis er den letzten Gesang des *Paradiso* gelesen und jahrelang mit ihm gelebt hat: er ist für mein Urteil der höchste Punkt, den die Poesie je erreicht hat oder je erreichen kann, und in ihm macht Dante einen etwaigen Mangel des 34. *Inferno*-Gesangs reichlich wieder gut; aber vielleicht ist es besser, beim ersten Lesen des *Inferno* den letzten Gesang fortzulassen und zum Anfang des 3. Gesangs zurückzukehren:

Per me si va nella città dolente;
per me si va nell' eterno dolore;
per me si va tra la perduta gente.

Giustizia mosse il mio alto Fattore;
fecemi la divina Potestate,
la somma Sapienza e il primo Amore.

II

Purgatorio und Paradiso

Für die Wissenschaft oder Kunst des Verseschreibens hat man aus dem *Inferno* gelernt, daß sich die größte Dichtung mit der größten Sparsamkeit an Worten und mit der größten Strenge in der Anwendung von Metapher, Gleichnis, Wortschönheit und Eleganz hervorbringen läßt. Wenn ich versichere, über das Verfassen von Poesie sei aus Dante mehr zu lernen als aus irgendeinem englischen Dichter, so meine ich keineswegs, Dantes Weg sei der einzig richtige, oder Dante sei deswegen *größer* als Shakespeare oder irgendein anderer englischer Dichter. Ich drücke meine Meinung in andern Worten aus, wenn ich sage, daß Dante jemandem, der es versucht, Verse schreiben zu lernen, weniger *schaden* kann als Shakespeare. Die meisten großen englischen Dichter sind auf eine Weise *unnachahmlich*, wie Dante es nicht war. Versucht man Shakespeare nachzuahmen, so wird man sicherlich eine Reihe gestelzter, gezwungener und gewaltsamer Sprachverdrehungen hervorbringen. Die Sprache eines jeden großen englischen Dichters ist seine eigene Sprache; die Sprache Dantes ist die Vollendung einer Gemeinsprache. In gewissem Sinne ist sie prosaischer als die Sprache Drydens oder Popes. Folgt man Dante ohne Begabung, so wird man schlimmstenfalls prosaisch und flach sein; folgt man Shakespeare oder Pope ohne Begabung, so wird man sich höchst lächerlich machen.

Hat man aber so viel aus dem *Inferno* gelernt, so sind andere Dinge aus den beiden folgenden Abteilungen des Gedichts zu lernen. Aus dem *Purgatorio* lernt man, daß eine unumwundene philosophische Darlegung große Dichtung sein kann; aus dem *Paradiso*, daß immer feinere und fernere *Zustände der Seligkeit* der Stoff großer Dichtung sein können. Und allmählich kommen wir zu dem Zugeständnis, daß Shakespeare das Verstehen für eine größere Weiträumigkeit und Mannigfaltigkeit menschlichen Lebens hat als Dante, Dante aber für tiefere Stufen der Erniedrigung und höhere Stufen der Erhebung. Und eine weitere Weisheit erreicht man, wenn man deutlich sieht, daß dies die Ranggleichheit beider anzeigt.

Auf der einen Seite gehören *Purgatorio* und *Paradiso* hinsichtlich ihres Verständnisses zusammen. Es ist offensichtlich leichter, als dichterischen Stoff die Verdammnis anzunehmen als Läuterung oder Seligkeit; in jenem Falle kommt weniger ins Spiel, das dem modernen Geist fremdartig ist. Ich hebe hervor, daß die volle Bedeutung des *Inferno* nur nach der Würdigung der beiden späteren Teile erkannt werden kann, doch hat es für einige erste Lesungen an und für sich Bedeutung genug. Tatsächlich ist, wie ich glaube, das *Purgatorio* der schwierigste der drei Teile. Es läßt sich nicht in sich selber genießen wie das *Inferno*, und es läßt sich auch nicht lediglich als Fortsetzung des *Inferno* genießen; es erfordert ebenso die Würdigung des *Paradiso*; das bedeutet, daß seine erste Lesung mühselig und scheinbar unlohnend ist. Erst wenn wir ganz bis zum Ende des *Paradiso* gelesen und das *Inferno* wiedergelesen haben, beginnt das *Purgatorio* seine Schönheit darzubieten. Verdammnis, sogar Seligkeit, sind erregender als Läuterung.

Zum Ersatz dafür hat das *Purgatorio* einige Episoden, die uns leichter als das übrige aus dem *Inferno* emporführen. Wir dürfen uns nicht bei der Orientierung über die neue Astronomie des Läuterungsberges aufhalten. Wir müssen zuerst bei den Schatten Casellas und des erschlagenen Manfred und besonders des Buonconte und der Pia verweilen, deren Seelen erst im letzten Augenblick vor der Hölle gerettet wurden.

›Io fui di Montefeltro, io son Buonconte;
Giovanna o altri non ha di me cura;
per ch'io vo tra costor con bassa fronte.‹
Ed io a lui: ›Qual forza o qual ventura
ti traviò sì fuor di Campaldino
che non si seppe mai tua sepoltura?‹
›Oh‹, rispos' egli, ›a piè del Casentino

traversa un' acqua che ha nome l'Archiano,
che sopra l'Ermo nasce in Apennino.
Dove il vocabol suo diventa vano
arriva' io forato nella gola,
fuggendo a piede e sanguinando il piano.
Quivi perdei la vista, e la parola
nel nome di Maria finii: e quivi
caddi, e rimase la mia carne sola.‹

›Ich war von Montefeltro, ich bin Buonconte; weder Giovanna noch ein anderer sorgt sich um mich, weswegen ich mit diesen gehe, mit gesenkter Stirn.‹ Ich sagte zu ihm: ›Welche Gewalt oder welcher Zufall führte dich so weit fort von Campaldino, daß man deine Grabstätte nie erfuhr?‹ ›Oh‹, erwiderte er, ›am Fuße des Casentino fließt ein Gewässer vorbei, das Archiano heißt und über dem Ermo im Apennin entspringt. Dorthin, wo sein Name verlorengeht, kam ich, die Kehle durchbohrt, zu Fuß fliehend und die Ebene mit Blut befleckend. Dort verlor ich die Sehkraft und beschloß meine Rede mit Marias Namen: und dort fiel ich, und mein Fleisch allein blieb.‹

Wie Buonconte seine Geschichte endet, spricht der dritte Geist:

›Deh, quando tu sarai tornato al mondo,
e riposato della lunga via‹,
seguitò il terzo spirito al secondo,
›ricorditi di me, che son la Pia;
Siena mi fe‹, disfecemi Maremma:
salsi colui che innanellata, pria
disposando, m'avea con la sua gemma.‹

›Ach bitte, wenn du in die Welt zurückkehrst und von dem langen Weg ausgeruht bist‹, folgte der dritte Geist dem zweiten, ›erinnere dich meiner: ich bin die Pia. Siena schuf mich, die Maremme vernichtete mich: das weiß, der mich nach dem Eheversprechen heiratete mit seinem Ringe.‹

Die nächste Episode, die den Leser packt, wenn er gerade aus dem *Inferno* kommt, ist die Begegnung mit dem Dichter Sordello (6. Gesang), der Seele, die da erscheint

altera e disdegnosa
es nel mover degli occhi onesta e tarda!

stolz und verachtungsvoll, würdig und langsam in der Bewegung seiner Augen!

E il dolce duca incominciava:
›Mantova‹ . . . e l'ombra, tutta in sè romita,
surse ver lui del loco ove pria stava,

dicendo: ›O Mantovano, io son Sordello
della tua terra.‹ E l'un l'altro abbracciava.

Der freundliche Führer (Vergil) begann: ›Mantua‹ ... und der Schatten, ganz in sich versunken, sprang auf ihn zu von dem Orte, wo er zuvor stand, und sagte: ›O Mantuaner, ich bin Sordello aus deinem Lande.‹ Und der eine umarmte den andern.

Die Begegnung mit Sordello *a guisa di leon quando si posa*, gleich einem ruhenden Löwen, ist nicht bewegender als die mit dem Dichter Statius im 21. Gesang. Wie Statius seinen Meister Vergil erkennt, hält er inne, um seine Füße zu umfassen, aber Vergil antwortet – die verlorene Seele spricht zu der erlösten:

›Frate,
non far, chè tu se' ombra, ed ombra vedi.‹
Ed ei surgendo: ›Or puoi la quantitate
comprender dell' amor ch'a te mi scalda,
quando dismento nostra vanitate
trattando l'ombre come cosa salda.‹

›Bruder, laß ab, denn du bist nur ein Schatten und nur einen Schatten siehst du.‹ Darauf der andre, sich erhebend: ›Jetzt kannst du das Maß der Liebe verstehen, die mich zu dir erwärmt, da ich unsre Nichtigkeit vergesse und die Schatten wie etwas Festes behandle.‹

Die letzte ›Episode‹ überhaupt, die mit denen des *Inferno* verglichen werden kann, ist die Begegnung mit Dantes Vorläufern, Guido Guinicelli und Arnaut Daniel (26. Gesang). In diesem Gesange werden die Wollüstigen in der Flamme geläutert, doch sehen wir deutlich, wie die Flamme des Fegefeuers von der der Hölle unterschieden ist. In der Hölle folgt die Qual aus der Natur der Verdammten selber und bringt ihr Wesen zum Ausdruck; sie winden sich in der Qual ihrer eigenen ewig verderbten Natur. Im Fegefeuer nehmen die Reuigen die Qual der Flamme freiwillig und bewußt auf sich. Wie Dante sich mit Vergil diesen Seelen in der Flamme des Fegefeuers nähert, drängen sie zu ihm hin:

Poi verso me, quanto potevan farsi,
certi si feron, sempre con riguardo
di non uscir dove non fossero arsi.

Dann machten einige von ihnen sich an mich heran, so weit sie konnten, aber ständig darauf bedacht, nicht so weit zu gehen, daß sie nicht mehr im Feuer wären.

Die Seelen im Fegefeuer leiden, weil sie *zu leiden wünschen*, zu ihrer Läuterung. Und man beachte, daß sie, als Seelen, die sich zur Seligkeit bereiten, aktiver und schärfer leiden als Vergil im ewigen Limbus. In ihrem Leiden ist Hoffnung, in der Schmerzfreiheit Vergils Hoffnungslosigkeit: das ist der Unterschied. Der Gang endet mit den großartigen Versen Arnaut Daniels in seiner provenzalischen Muttersprache:

›Ieu sui Arnaut, que plor e vau cantan;
consiros vei la passada folor,
e vei jausen lo jorn, qu' esper, denan.
Ara vos prec, per aquella valor
que vos guida al som de l'escalina,
sovegna vos a temps de ma dolor.‹
POI S'ASCOSE NEL FOCO CHE GLI AFFINA.

›Ich bin Arnold, der weint und singend geht. In Gedanken sehe ich all die vergangene Torheit. Und freudig sehe ich den Tag, den ich erhoffe, vor mir. Und nun bitte ich euch, bei jener Macht, die euch zur Höhe der Treppe führt – erinnert euch bei Zeiten meines Leidens.‹ Dann barg er sich in dem Feuer, das sie läutert.

Das sind die großen Episoden, an die sich der durch das *Inferno* eingeweihte Leser halten muß, bis er zum Ufer der Lethe, zu Matelda und zum ersten Anblick Beatricens gelangt. In den letzten Gesängen (29–33) des *Purgatorio* befinden wir uns bereits in der Welt des *Paradiso*.

Aber zwischen diesen Episoden verläuft die Erzählung vom Besteigen des Berges, mit Begegnungen, Visionen und philosophischen Darlegungen, durchweg wichtig und durchweg schwierig für den ununterrichteten Leser, der sie weniger aufregend findet als die fortgesetzte Phantasmagorie des *Inferno*. Die Allegorie im *Inferno* war leicht zu schlucken oder unbeachtet zu lassen, weil wir sozusagen ihr faßbares Ende, ihre Verfestigung zur Bildhaftigkeit greifen konnten; steigen wir aber von der Hölle zum Himmel auf, so werden wir mehr und mehr dazu aufgefordert, das Ganze von der Idee bis zum Bilde, zu ergreifen.

Hier muß ich eine Abschweifung machen, bevor ich einen eigentlich philosophischen Abschnitt des *Purgatorio* vornehme, der die Natur des Glaubens betrifft. Ich möchte nur gewisse eigene, versuchsweise aufgestellte Folgerungen angeben, die auf die Lesung des *Purgatorio* Einfluß üben können.

Dantes Schuld bei Thomas von Aquino, ebenso wie seine – viel geringere – Schuld bei Vergil, kann leicht übertrieben werden; denn es darf nicht vergessen werden, daß Dante andre große mittelalterliche Philosophen ebenso las und ausbeutete. Wie dem auch sei, die Frage, wieviel Dante vom Aquinaten und wieviel er von anderswoher übernahm, ist von andern entschieden worden und ohne Belang für diesen meinen Aufsatz. Aber die Frage, was Dante ›glaubte‹, ist allezeit belangvoll. Sie wäre ohne Bedeutung, wenn die Welt in Menschen zerfiele, die fähig sind, Dichtung einfach als das zu nehmen, was sie ist, und solche, die sie überhaupt nicht aufzunehmen vermögen; in diesem Falle wäre es nicht notwendig, zu jenen, und nutzlos, zu diesen über die Frage zu reden. Aber die meisten von uns sind irgendwie unrein und geneigt, die Dinge zu verwechseln: daraus rechtfertigt sich das Schreiben von Büchern über Bücher, in der Hoffnung, die Dinge zurechtzurücken.

Worauf es mir ankommt, ist dies, daß man es sich nicht leisten kann, Dantes philosophische und theologische Glaubensaussagen unbeachtet zu lassen oder die Abschnitte zu überspringen, die sie am klarsten zum Ausdruck bringen; nur daß man anderseits nicht veranlaßt ist, selber daran zu glauben. Es ist verkehrt zu glauben, es gebe Teile der Göttlichen Komödie, die nur für Katholiken oder Kenner des Mittelalters von Interesse sind. Denn es besteht ein Unterschied – den ich hier nur eben feststelle – zwischen philosophischem *Glauben* und poetischer *Zustimmung*. Ich bin nicht sicher, ob es nicht einen ebenso großen Unterschied zwischen philosophischem und wissenschaftlichem Glauben gibt; aber das ist ein Unterschied, der erst jetzt in Erscheinung zu treten beginnt und sicher dem 13. Jahrhundert ungemäß ist. Liest man Dante, so muß man in die Welt des Katholizismus des 13. Jahrhunderts eintreten; das ist nicht die Welt des modernen Katholizismus, so wie seine physikalische Welt nicht die der modernen Physik ist. Man ist nicht genötigt zu glauben, was Dante glaubte, denn ein solcher Glaube gewährt nicht um einen Heller mehr Verständnis und Wertschätzung; aber man ist veranlaßt, es mehr und mehr zu verstehen. Kann man Dichtung als Dichtung lesen, so wird man an Dantes Theologie genau so ›glauben‹, wie man an die physikalische Wirklichkeit seiner Reise glaubt; mit andern Worten, man läßt Glauben und Nichtglauben in der Schwebe. Ich will nicht leugnen, daß es in der Praxis an vielen Stellen für einen Katholiken leichter ist, den Sinn zu erfassen, als für den gewöhnlichen Agnostiker; aber das liegt nicht daran, daß der Katholik glaubt, sondern daß er unterrichtet ist. Es ist eine Sache von Kenntnis und Unkenntnis, nicht von Glauben oder Zweifel. Das Entscheidende ist dies, daß Dantes Gedicht ein Ganzes ist; daß man schließlich dazu kommen muß, alle Teile zu verstehen, um einen einzelnen Teil zu verstehen.

Ferner können wir eine Unterscheidung treffen zwischen dem, was Dante als Dichter glaubt, und dem, was er als Mensch glaubte. Tatsächlich ist es kaum wahrscheinlich, daß selbst ein so großer Dichter wie Dante die *Commedia* nur mit dem Verstand und ohne Glauben hätte schaffen können; aber sein persönlicher Glaube wird etwas anderes, indem er Dichtung wird. Es ist von Interesse, die Vermutung zu wagen, daß dies von Dante eher gilt als von irgendeinem andern philosophischen Dichter. Bei Goethe beispielsweise fühle ich oft allzu deutlich: ›dies ist es, was Goethe, der Mensch, glaubte‹, anstatt daß ich nur in eine Welt eintrete, die Goethe geschaffen hat; ebenso bei Lukrez; weniger in der *Bhagavadgita*, die, soweit meine Erfahrung reicht, das nächstgrößte philosophische Gedicht nach der *Göttlichen Komödie* ist. Das ist der Vorteil eines zusammenhängenden dogmatisch-ethischen Systems wie des katholischen: es steht gesondert von dem einzelnen Menschen, der es darlegt, so daß es Verständnis und Zustimmung auch ohne Glauben finden kann. Goethe erregt in mir stets ein starkes Gefühl des Nichtglaubens an das, was er glaubt: Dante tut das nicht. Ich glaube, das liegt daran, daß Dante der reinere Dichter ist, nicht daran, daß ich mehr Sympathie für den Menschen Dante als für den Menschen Goethe habe.

Wir dürfen nicht Dante für Thomas oder Thomas für Dante nehmen. Das wäre ein arger psychologischer Irrtum. Die *Glaubenshaltung* eines Menschen, der die *Summa* liest, muß von der eines Menschen verschieden sein, der Dante liest, auch wenn es derselbe Mensch und wenn er Katholik ist.

Es ist nicht notwendig, die *Summa* gelesen zu haben (was in der Praxis für gewöhnlich die Lesung eines Handbuchs bedeutet), um Dante zu verstehen. Aber es ist notwendig, die philosophischen Abschnitte bei Dante mit der Demut des Besuchers einer neuen Welt zu lesen, der zugibt, daß ein jeder Teil für das Ganze wesentlich ist. Was für die Würdigung der Poesie des *Purgatorio* notwendig ist, ist nicht Glaube, sondern das Aussetzen des Glaubens. Um Dantes allegorische Methode anzunehmen, wird von einem jeden modernen Menschen ebensoviel Anstrengung gefordert, wie sie vom Agnostiker gefordert wird, um seine Theologie anzunehmen.
Spreche ich vom Verstehen, so meine ich nicht bloß Kenntnis von Büchern oder Worten, so wenig wie ich Glauben meine: ich meine einen Gemütszustand, in dem man gewisse Glaubenssätze, so die Rangordnung der Todsünden, in der Verrat und Stolz größer sind als Sinnenlust und Verzweiflung die größte ist, als *möglich* ansieht, so daß man sein Urteil völlig aussetzt.
Im 16. Gesang des *Purgatorio* treffen wir auf Marco Lombardo, der mit einiger Ausführlichkeit über die Freiheit des Willens und über die Seele redet:

Esce di mano a lui, che la vagheggia
  prima che sia, a guisa di fanciulla
  che piangendo e ridendo pargoleggia,
l'anima semplicetta, che sa nulla
  salvo che, mossa da lieto fattore,
  volentier torna a ciò che la trastulla.
Di picciol bene in pria sente sapore;
  quivi s'inganna, e retro ad esso corre,
  se guida o fren non torce suo amore.
Onde convenne legge per fren porre;
  convenne rege aver, che discernesse
  della vera cittade almen la torre.

Aus Seinen Händen, der sie liebt, bevor sie ist, gleich einem Kindlein, das weinend und lachend spielt, geht sie hervor, die schlichte Seele, die nichts weiß, außer daß sie, von einem frohen Schöpfer bewegt, sich willig dem zuwendet, was sie erfreut. Zuerst spürt sie den Geschmack geringfügigen Gutes; dann täuscht sie sich und folgt ihm nach, wenn nicht Führer oder Zügel ihrer Neigung Halt gebieten. Darum waren Gesetze notwendig als Zügel; ein Herrscher war notwendig, der von ferne wenigstens den Turm der wahren Stadt wahrnähme.

Später, im 17. Gesang, ist es Vergil selber, der Dante über die Natur der Liebe unterrichtet:

›Nè creator nè creatura mai‹,
 cominciò ei, ›figliuol, fu senza amore,
 o naturale o d'animo; e tu il sai.
Lo natural è sempre senza errore,
 ma l'altro puote errar per malo obbietto,
 o per poco o per troppo di vigore.
Mentre ch'egli è ne' primi ben diretto,
 e ne' secondi sè stesso misura,
 esser non può cagion di mal diletto;
ma, quando a mal si torce, o con più cura
 o con men che non dee corre nel bene,
 contra il fattore adopra sua fattura.
Quinci comprender puoi ch'esser conviene
 amor sementa in voi d'ogni virtute,
 e d'ogni operazion che merta pene.‹

Er begann: ›Weder Schöpfer noch Geschöpf, mein Sohn, war je ohne Liebe, sei es natürliche oder vernünftige; und du weißt es. Die natürliche ist immer ohne Irrtum; aber die andere kann irren durch verfehlten Gegenstand oder durch zuviel oder zuwenig an Kraft. Solange sie sich auf die ersten Güter richtet und sich bei den zweiten mäßigt, kann sie nicht die Ursache des Verlangens nach Sünde sein; aber wenn sie sich dem Übel zuwendet oder mit mehr oder weniger Eifer, als recht ist, dem Guten nacheilt, dann wirkt das Geschöpf wider den Schöpfer. Daher kannst du verstehen, daß Liebe in euch der Same jeder Tugend und jeder Handlung sein muß, die Strafe verdient.‹

Ich habe diese beiden Abschnitte ausführlicher zitiert, weil sie von der Art sind, daß der Leser geneigt sein könnte, sie zu überspringen, in der Meinung, sie gingen nur Gelehrte, nicht Leser von Gedichten an, oder in der Meinung, es sei notwendig, die ihnen zugrunde liegende Philosophie studiert zu haben. Es ist nicht notwendig, die Herkunft dieser Seelentheorie von Aristoteles' *De anima* her zu verfolgen, um sie als Poesie zu würdigen. Vielmehr, mühen wir uns zuerst allzusehr mit ihrem philosophischen Gehalt ab, so hindern wir uns wahrscheinlich daran, ihre poetische Schönheit aufzunehmen. Es geht um die Philosophie jener poetischen Welt, die wir betreten haben.

Aber mit dem 27. Gesang haben wir die Stufe der Bestrafung und die Stufe der Dialektik hinter uns gelassen und nähern uns dem Paradieseszustand. Die letzten Gesänge haben die Artung des *Paradiso* und bereiten uns darauf vor; sie gehen geradeaus, ohne Umweg oder Verzögerung. Die drei Dichter, Vergil, Statius und Dante, durchschreiten die Flammenmauer, die das Purgatorium vom Irdischen Paradiese trennt. Vergil entläßt Dante, der von jetzt an mit einem höheren Führer den Weg fortsetzen soll:

Non aspettar mio dir più, nè mio cenno.
Libero, dritto e sano è tuo arbitrio,
e fallo fora non fare a suo senno:
per ch'io te sopra te corono e mitrio.

Erwarte nicht mehr mein Wort noch meinen Wink. Frei, gerade und heil ist dein Wille, und Sünde wäre es, nicht seiner Richtung zu folgen: darum verleihe ich dir Krone und Mitra (als König und Bischof) über dich selber.

Dante ist also jetzt für den noch übrigen Teil seiner Reise zu einem Zustand gelangt, der den Seligen eigen ist: denn politische und kirchliche Ordnung sind nur wegen der Unvollkommenheiten des menschlichen Willens erforderlich. Im Irdischen Paradiese trifft Dante auf eine Frau namens Matelda, deren Bedeutung uns zunächst nicht zu beirren braucht,

una donna soletta, che si gia
cantando ed iscegliendo fior da fiore,
ond' era pinta tutta la sua via.

Eine einsame Frau, die einherging, singend und Blume auf Blume pflükkend, von denen ihr ganzer Pfad bunt war.

Nach kurzer Unterredung, und nachdem Matelda Entstehungsgrund und Wesen des Ortes erklärt hat, folgt ein ›Göttlicher Aufzug‹. Denen, die keine Aufzüge mögen – nicht, was man volkstümlich so nennt, sondern die ernsthaften Aufzüge des Hofs, der Kirche, militärischer Trauerfeiern –, werden die Aufzüge, die wir hier und im *Paradiso* finden, lästig sein; und noch mehr denen, falls es sie gibt, die von dem Glanz der Offenbarung Johannis ungerührt bleiben. Es gehört dies in die Welt des *hohen Traums*, wie ich ihn nennen möchte, und die moderne Welt scheint nur des *niederen Traums* fähig zu sein. Ich selber gelangte erst mit einiger Schwierigkeit zum Begreifen. Mindestens zwei Vorurteile standen dem entgegen, einmal das Vorurteil gegen die Bilderwelt der Präraffaeliten, das einem Angehörigen meiner Generation natürlich war und vielleicht auch noch jüngere Generationen als die meine betrifft. Das andere Vorurteil – das hier den Schluß des *Purgatorio* und das Ganze des *Paradiso* angeht – besagt, daß Poesie nicht nur *durch* Leiden zu finden sei, sondern ihren Stoff nur *im* Leiden finden könne. Alles andere sei Heiterkeit, Optimismus und Hoffnungsfreudigkeit, und diese Worte standen für einen großen Teil dessen, was man am 19. Jahrhundert haßte. Es kostete mich viele Jahre, um zu erkennen, daß die von Dante beschriebenen Zustände der Läuterung und Seligkeit von dem, was die moderne Welt als Heiterkeit zu begreifen vermag, noch weiter entfernt sind als seine Zustände der Verdammnis. Und Kleinigkeiten können uns hemmen: Rossettis *Blessed Damozel* hielt meine Würdigung Beatricens viele Jahre lang auf, weil ich mich zuerst an ihr entzückt und mich dann wider sie empört hatte.

Wir können den 30. Gesang des *Purgatorio* nicht voll verstehen, bevor wir die *Vita Nuova* kennen, die meines Erachtens *nach* der Göttlichen Komödie gelesen werden sollte. Aber wenigstens können wir anfangen zu verstehen, mit welchem Geschick Dante das Wiederaufbrechen einer alten Leidenschaft in einer neuen Gemütsbewegung zum Ausdruck bringt – in einer neuen Situation, die jene Leidenschaft in sich aufnimmt, sie erweitert und ihr einen Sinn gibt.

Sopra candido vel cinta d'oliva
  donna m'apparve, sotto verde manto,
  vestita di color di fiamma viva.
E lo spirito mio, che già cotanto
  tempo era stato che alla sua presenza
  non era di stupor, tremando, affranto,
senza degli occhi aver più conoscenza,
  per occulta virtù che da lei mosse,
  d'antico amor sentì la gran potenza.
Tosto che nella vista mi percosse
  l'alta virtù, che già m'avea trafitto
  prima ch'io fuor di puerizia fosse,
volsimi alla sinistra col rispitto
  col quale il fantolin corre alla mamma,
  quando ha paura o quando egli è afflitto,
per dicere a Virgilio: ›Men che dramma

di sangue m'è rimaso, che non tremi;
conosco i segni dell'antica fiamma.‹

Mit Oliven bekränzt über einem weißen Schleier, erschien mir eine Frau, unter einem grünen Mantel in die Farbe lebendiger Flamme gekleidet. Und mein Geist, der schon seit so langer Zeit nicht mehr zitternd in ihrer Gegenwart von Scheu erschüttert worden war, fühlte, ohne weitere Erkenntnis durch die Augen, vermöge geheimer Macht, die von ihr ausging, die große Stärke der alten Liebe. Sobald ihre erhabene Macht meinen Blick traf, die mich schon zuvor durchbohrt hatte, bevor ich das Knabenalter hinter mir ließ, wandte ich mich nach links mit dem Vertrauen des kleinen Kindes, das zur Mutter hinläuft, wenn es Furcht hat oder wenn es betrübt ist, um zu Vergil zu sagen: ›Kaum ein Tropfen Blut ist mir verblieben, der nicht bebt; ich erkenne die Zeichen der alten Flamme.‹

Und in dem folgenden Zwiegespäch beobachten wir den leidenschaftlichen Kampf der alten Gefühle mit den neuen: die Anstrengung und den Triumph eines neuen Verzichtes, größer als der Verzicht am Grabe, weil ein Verzicht der Gefühle, die über das Grab hinaus dauern. In gewissem Sinne sind diese Gesänge die der größten *persönlichen* Intensität in dem ganzen Gedicht. Im *Paradiso* erscheint Dante, außer in der Cacciaguida-Episode, selber entpersönlicht oder überpersönlich; und in diesen letzten Gesängen des *Purgatorio* tritt Beatrice am deutlichsten hervor, mehr als im *Paradiso*. Aber das Beatrice-Thema ist für das Verständnis des Ganzen wesentlich, *nicht* weil wir Dantes Biographie kennen müßten – also nicht so, wie die Wesendonck-Geschichte vermutlich Licht auf den Tristan wirft –, sondern mit Rücksicht auf den *philosophischen* Gehalt, den Dante darin findet. Dies geht jedoch mehr unsere Betrachtung der *Vita Nuova* an.

Das *Purgatorio* ist die schwierigste Cantica, weil sie die des *Übergangs* ist: das *Inferno* ist etwas Geschlossenes und vergleichsweise leicht; das *Paradiso* ist wiederum etwas Geschlossenes, als Ganzes schwieriger als das *Purgatorio*, weil in höherem Maße ein Ganzes. Haben wir einmal die in ihm obwaltende Art des Fühlens erfaßt, so ist es in keinem Teile schwierig. Das *Purgatorio* kann man hier und da ›trocken‹ nennen: Das *Paradiso* ist niemals trocken, es ist entweder unverständlich oder zutiefst erregend. Mit Ausnahme der Cacciaguida-Episode – einer Schaustellung des Familien- und des eigenen Stolzes, verzeihlich, weil sie glänzende Poesie ergibt – ist es nicht episodisch. Alle andern Charaktere sind aufs beste ausgewiesen. Zunächst erscheinen sie minder deutlich als die früheren, die noch nicht im Stande der Seligkeit sind; sie erscheinen als geistvoll vervielfachte, aber im Grunde eintönige Abwandlungen einer faden Seligkeit. Es kommt auf die allmähliche Anpassung unserer Sehkraft an. Wir haben, ob wir es wissen oder nicht, ein Vorurteil gegen die Seligkeit als Stoff der Dichtung. Das 18. und das 19. Jahrhundert wußten nichts davon; selbst Shelley, der Dante gut kannte und gegen Ende seines Lebens begann, davon zu profitieren, der einzige englische Dichter des 19. Jahrhunderts, der sogar hätte beginnen können, diesen Spuren zu folgen, war imstande, den Satz zu äußern, daß unsere süßesten Lieder die seien, die von traurigsten Gedanken reden. Das Frühwerk Dantes könnte für Shelley sprechen; das *Paradiso* leistet das Gegenteil, wenn auch in anderem Sinne als die Philosophie Brownings.

Das *Paradiso* ist nicht eintönig. Es ist so mannigfaltig wie irgendein Gedicht. Und nimmt man die *Commedia* als ein Ganzes, so kann man sie mit nichts vergleichen als mit dem *gesamten* dramatischen Werk Shakespeares. Der Vergleich der *Vita Nuova* mit den *Sonetten* ist eine andere und interessante Beschäftigung. Dante und Shakespeare teilen die moderne Welt untereinander; es gibt keinen Dritten.

Denken wir zunächst daran, wie Dante seinen Blick auf Beatrice richtet:

Nel suo aspetto tal dentro mi fei,
qual si fe' Glauco nel gustar dell' erba,
che il fe' consorto in mar degli altri dei.
Trasumanar significar *per verba*
non si poria; però l'esemplo basti
a cui esperienza grazia serba.

In ihrem Anblick ward mir so zumute wie Glaucus beim Kosten des Krauts, das ihn im Meere zum Gefährten der andern Götter machte. Das Überschreiten des Menschlichen kann man in Worten nicht aussagen; darum genüge das Beispiel dem, dem die Gnade diese Erfahrung vorbehält.

Und wie Beatrice zu Dante sagt: ›Du machst dich dumm mit falscher Einbildung‹: sie weist ihn warnend darauf hin, daß es hier verschiedene Arten der Seligkeit gibt, so wie die Vorsehung sie eingesetzt hat.

Nicht genug damit: Dante wird – im 3. Gesang – von Piccarda unterrichtet, in Worten, die auch denen bekannt sind, die Dante nicht kennen:

La sua voluntate è nostra pace.

Sein Wille ist unser Friede.

Es ist das Geheimnis der ungleichen Seligkeit der Seligen und der Belanglosigkeit dieser Ungleichheit. Es ist alles das gleiche, und doch ist jede Stufe verschieden.

Shakespeare gibt die größte *Weite* menschlicher Leidenschaft; Dante die größte Höhe und die größte Tiefe. Sie ergänzen einander. Es ist müßig zu fragen, wer von beiden die schwierigere Aufgabe auf sich nahm. Aber gewiß sind die ›schwierigen Abschnitte‹ im *Paradiso* mehr Dantes Schwierigkeiten als die unsern: für ihn liegt die Schwierigkeit darin, uns die verschiedenen Zustände und Stufen der Seligkeit sinnenfällig faßbar zu machen. So richtet sich die lange Rede Beatricens über den Willen (im 4. Gesang) tatsächlich darauf, uns die Wirklichkeit von Piccardas Zustand *fühlen* zu lassen; Dante muß unsere Sinne schulen, während er fortschreitet. Der Nachdruck liegt durchweg auf Zuständen des Gefühls; der Verstand gewinnt seinen Standort nur als Mittel, um zu diesen Zuständen zu gelangen. Ständig treffen wir auf Verse gleich diesen:

Beatrice mi guardò con gli occhi pieni
di faville d'amor così divini,
che, vinta, mia virtù diede le reni,
e quasi mi perdei con gli occhi chini.

Beatrice schaute auf mich mit Augen, so göttlich, voll von Funken der Liebe, daß meine überwundene Kraft sich abwandte und ich mich gleichsam verlor, mit gesenkten Augen.

Die ganze Schwierigkeit liegt in dem Zugeständnis, daß dies etwas ist, was wir fühlen sollen, nicht bloß dekorativer Wortprunk. Dante leistet uns alle Hilfe durch Bilder, so

Come in peschiera, ch'è tranquilla e pura,
traggonsi i pesci a ciò che vien di fuori

per modo che lo stimin lor pastura;
sì vid' io ben più di mille splendori
trarsi ver noi, ed in ciascun s'udia:
Ecco chi crescerà li nostri amori.

Wie in einem Fischteich, still und klar, die Fische sich dem nähern, was von außen hineinfällt, so daß sie es für ihr Futter halten, so sah ich viel mehr als tausend Lichter sich uns nähern, und in einem jeden hörte man: Hier ist einer, der unsere Liebe steigern wird.

Von den Personen, die Dante in den verschiedenen Sphären trifft, braucht man nur so viel zu erfahren, um erwägen zu können, warum Dante sie eben dorthin versetzt hat.

Haben wir den genau bestimmten *Nutzen* der kleineren Bilder wie des oben mitgeteilten erfaßt, oder auch des einfachen Vergleichs, den Landor bewunderte:

Quale allodetta che in aere si spazia
prima cantando, e poi tace contenta
dell' ultima dolcezza che la sazia,

Wie die Lerche, die sich in die Luft erhebt, zuerst singend, und die dann aufhört, zufrieden mit der letzten Süße, die sie sättigt.

so werden wir voller Achtung die kunstreichere Bildersprache studieren, so die der Adlerfigur, die von den Geistern der Gerechten gebildet wird und vom 18. Gesang an einigen Raum beansprucht. Solche Figuren sind nicht bloß veraltete rhetorische Kunstgriffe, sondern ernsthafte praktische Mittel, das Geistige sichtbar zu machen. Das Verständnis für die Richtigkeit eines solchen Bildzusammenhangs ist die Vorbereitung auf das Erfassen des letzten und größten Gesanges, der sowohl der zarteste wie der spannungsreichste ist. Nirgends in der Poesie ist ein Erlebnis, das von gewöhnlichem Erleben so weit abliegt, so konkret ausgedrückt worden, vermöge meisterhafter Anwendung jener Lichtsymbolik, wie sie die Form gewisser Typen mystischer Erfahrung ist.

Nel suo profondo vidi che s'interna,
legato con amore in un volume,
ciò che per l'universo si squaderna;
sustanzia ed accidenti, e lor costume,
quasi conflati insieme per tal modo,
che ciò ch'io dico è un semplice lume.
La forma universal di questo nodo

credo ch'io vidi, perchè più di largo,
dicendo questo, mi sento ch'io godo.
Un punto solo m'è maggior letargo
che venticinque secoli all' impresa
che fe' Nettuno ammirar l'ombra d'Argo.

In seinen Tiefen sah ich versammelt, von Liebe in einen Band gebunden, die zerstreuten Blätter des Universums: Substanz und Accidentien und ihre Beziehungen, gleichsam zusammengeschmolzen, so daß das, wovon ich spreche, ein einfaches Licht ist. Die universale Form dieses Knotens sah ich, wie ich glaube, weil, indem ich dies sage, ich gesteigerte Freude empfinde. Ein einziger Augenblick ist mir mehr Lethargie als fünfundzwanzig Jahrhunderte für das Unternehmen, das Neptun erstaunen ließ beim Schatten der Argo (die über ihn hinfuhr).

Man kann nur Ehrfurcht angesichts der meisterlichen Kraft empfinden, die so in jedem Augenblick das Unfaßbare in sichtbaren Bildern zu verwirklichen vermag. Und ich kenne nirgends in der Poesie ein zuverlässigeres Zeichen der Größe als die Kraft der Verknüpfung, die in der letzten Zeile, wo der Dichter von der göttlichen Schau spricht, noch die Argo einzuführen vermag, die über das Haupt des staunenden Neptun dahinfährt. Eine solche Verknüpfung ist eine gänzlich andere, als wenn Marino in einem Atem von der Schönheit Magdalenens und der Üppigkeit der Kleopatra spricht (so daß man nicht ganz sicher ist, welche Adjektive zu wem gehören). Es ist das schlechthin Richtige, die Kraft, zwischen Schönheit verschiedenster Art Beziehungen herzustellen; es ist die äußerste dichterische Kraft.

O quanto è corto il dire, e come fioco
al mio concetto!

Wie dürftig ist die Sprache, und wie schwach für meine Vorstellung!

Indem ich von der *Divina Commedia* schrieb, habe ich versucht, mich an einige wenige sehr einfache Punkte zu halten, von denen ich überzeugt bin. Erstens, daß die Dichtung Dantes die einzige universale Schule des Stils für das Dichten in irgendeiner Sprache ist. Vieles davon können natürlich nur diejenigen sich zunutze machen, die in Dantes eigener toskanischer Sprache schreiben; aber es gibt keinen Dichter irgendeiner Sprache – auch nicht des Lateinischen oder Griechischen –, der als Modell für alle Dichter so fest steht. Ich versuchte, seine universale Meisterschaft am Gebrauch der Bilder zu veranschaulichen. In dem vorliegenden Aufsatz ging ich so weit zu sagen, daß es sogar für uns sicherer ist, ihm zu folgen, als irgendeinem englischen Dichter, Shakespeare eingeschlossen. Mein zweiter Punkt ist dieser, daß Dantes ›allegorisches‹ Verfahren große Vorteile für das Verfassen von *Dichtung* enthält: es vereinfacht die Redeweise und macht die Bilder deutlich und genau. Ferner daß es bei guter Allegorie wie der Danteschen nicht notwendig ist, zunächst den Sinn zu verstehen, um die Dichtung zu genießen, sondern daß der Genuß der Dichtung uns danach verlangen läßt, den Sinn zu verstehen. Und der dritte Punkt ist der, daß die *Divina Commedia* eine vollständige Stufenleiter von *Tiefen* und *Höhen* menschlicher Seelenbewegung ist; daß *Purgatorio* und *Paradiso* als Ausweitungen des für gewöhnlich sehr begrenzten menschlichen Spielraums zu lesen sind. Jeder Grad menschlichen Fühlens, vom niedersten bis zum höchsten, hat überdies eine innige Verbindung mit dem nächsthöheren und nächstniederen, und alle stimmen nach der Logik des Gefühlslebens zueinander.

Ich habe jetzt nur noch einige Beobachtungen zur *Vita Nuova* anzustellen, die vielleicht auch das erweitern, was ich über den mittelalterlichen Geist und seinen Ausdruck in der Allegorie angedeutet habe.

Anmerkung zu Abschnitt II

Die Theorie von poetischem Glauben und Verstehen, die hier für eine Einzeluntersuchung eingeführt ist, ähnelt der von I. A. Richards vertretenen (vgl. sein *Practical Criticism* 179 ff. und 271 ff.). Ich sage ›ähnelt‹, weil meine eigene *allgemeine* Theorie noch keimhaft und die von Richards gleichfalls einer wesentlichen Weiterentwicklung fähig ist. Ich kann darum nicht sagen, wie weit die Ähnlichkeit reicht; aber für diejenigen, die am Gegenstande interessiert sind, möchte ich auf einen Punkt hindeuten, wo meine Ansicht von der Richards' abweicht, und möchte dann weiter meine eigenen, versuchsweise unternommenen Folgerungen näher bestimmen.

Ich stimme der Feststellung von Richards auf S. 271 zu. Ich stimme ihr deswegen zu, weil man, bei Behauptung einer entgegengesetzten Theorie, meines Erachtens das Vorhandensein von ›Literatur‹ ebenso wie von ›literarischer Kritik‹ leugnet. Wir mögen die Frage aufwerfen, ob es ›Literatur‹ gibt; aber für gewisse Zwecke, so für den Zweck dieses Aufsatzes über Dante, müssen wir annehmen, daß es Literatur und literarische Würdigung gibt; wir müssen annehmen, daß der Leser den vollen ›literarischen‹ oder, wenn man will, ›ästhetischen‹ Genuß gewinnen kann, ohne die Glaubensüberzeugungen des Verfassers zu teilen. *Wenn* es ›Literatur‹ gibt, *wenn* es ›Poesie‹ gibt, dann muß eine volle literarische oder poetische Würdigung möglich sein, ohne daß man die Glaubensüberzeugungen des Dichters teilt. So weit geht meine These in dem vorliegenden Aufsatz. Man kann die Frage erörtern, ob es Literatur gibt, ob es Poesie gibt, und ob der Ausdruck ›volle Würdigung‹ einen Sinn hat. Aber für diesen Aufsatz habe ich angenommen, daß es diese Dinge gibt und daß diese Ausdrücke verständlich sind.

Kurzum, ich bestreite, daß der Leser den Glauben des Dichters teilen müsse, um die Dichtung voll zu genießen. Ich habe auch behauptet, daß wir zwischen Dantes Glauben als Mensch und seinem Glauben als Dichter unterscheiden können. Wir sind aber genötigt zu glauben, daß es eine besondere Beziehung zwischen beidem gibt, und daß der Dichter ›meint, was er sagt‹. Erführen wir zum Beispiel, *De Rerum Natura* sei eine lateinische Stilübung, die Dante zur Erholung nach der Vollendung der *Divina Commedia* verfaßt und unter dem Namen eines gewissen Lukrez veröffentlicht habe, so würde, dessen bin ich sicher, unsere Fähigkeit zum Genuß beider Gedichte Schaden leiden. Richards' Behauptung (*Science and Poetry*, 76 Anm.), ein gewisser Schriftsteller habe ›eine vollständige Trennung zwischen seiner Dichtung und *allen* Glaubensüberzeugungen‹ zustande gebracht, ist für mich unverständlich.

Leugnet man die Theorie, daß volle dichterische Würdigung ohne den Glauben an das möglich ist, woran der Dichter glaubte, so leugnet man das Dasein von ›Dichtung‹ ebenso wie von ›Kritik‹; und verfolgt man diese Leugnung bis in ihre Konsequenz, so wird man zu dem Zugeständnis gezwungen, daß es sehr wenig Poesie gibt, die man würdigen kann, und daß ihre Würdigung eine Funktion der Philosophie oder Theologie oder sonstigen Weltanschauung ist, die man hat. Treibe ich anderseits *meine* Theorie bis zum äußersten, so finde ich mich in einer ebenso großen Schwierigkeit. Ich bin mir über die Zweideutigkeit des Wortes ›verstehen‹ durchaus im klaren. Einerseits bedeutet es ein Verstehen ohne Glauben, denn wenn man etwa eine Lebensanschauung nicht verstehen kann, ohne an sie zu glauben, so verliert das Wort ›verstehen‹ allen Sinn, und der Vollzug der Wahl zwischen einer Ansicht und einer andern reduziert sich auf bloße Laune. Ist man aber selber von einer bestimmten Lebensanschauung überzeugt, so glaubt man unwiderstehlich und unvermeidlich, daß, wenn jemand anders dazu gelangt, sie voll zu ›verstehen‹, sein Verständnis im Glauben enden *muß*. Es ist möglich und bisweilen notwendig, dafür einzutreten, daß volles Verstehen mit vollem Glauben eins werden muß. Es ergibt sich daraus, daß sehr viel an dem Sinne dieses Wörtchens ›voll‹ hängt.

Kurzum, sowohl die Ansicht, die ich in diesem Aufsatz vertreten habe, wie die ihr widersprechende Ansicht sind, wenn sie bis zum Ende verfolgt werden, das, was ich Häresien nenne (natürlich nicht im theologischen, sondern in einem allgemeineren Sinne). Sie beide gelten nur innerhalb eines begrenzten Diskussionsfeldes; begrenzt man aber das Diskussionsfeld nicht, so kann man überhaupt nicht diskutieren. ›Orthodoxie‹ ist nur in solchen Widersprüchen zu finden, obwohl daran zu erinnern ist, daß im Falle eines Paars von Widersprüchen *beide* falsch sein können und daß nicht alle Widerspruchspaare eine Wahrheit ausmachen.

Ich gestehe, daß die Analyse meiner Empfindungen mir beträchtliche Schwierigkeiten bereitet, Schwierigkeiten, die mich zögern lassen, Richards' Theorie von den ›Pseudofeststellungen‹ anzunehmen. Lese ich den Vers, den er anführt:

Beauty is truth, truth beauty ...

Schönheit ist Wahrheit, Wahrheit Schönheit ...

so bin ich zunächst geneigt, ihm zuzustimmen, weil diese Feststellung einer Gleichwertigkeit für mich keinen Sinn ergibt. Lese ich aber die ganze Ode wieder, so berührt mich dieser Vers als ein ernstlicher Makel an einem schönen Gedicht; und der Grund muß entweder der sein, daß ich ihn nicht verstehen kann, oder daß die Feststellung unwahr ist. Und ich nehme an, daß Keats sich etwas dabei dachte, soweit auch seine Wahrheit und seine Schönheit von diesen Worten in ihrer gewöhnlichen Verwendung entfernt gewesen sein mögen. Und er hätte, dessen bin ich sicher, eine jede Erklärung des Verses abgewiesen, die ihn eine Pseudofeststellung nennt. Anderseits berühren der oft von mir angeführte Vers Shakespeares

Ripeness is all

oder der zuvor angeführte Vers Dantes

La sua voluntate è nostra pace

mein Ohr sehr andersartig. Ich nehme wahr, daß die Aussage dieser Worte der Art nach sehr verschieden ist, nicht nur von der, die Keats vorbringt, sondern von einander. Keats' Feststellung erscheint mir als sinnlos: oder vielleicht verbirgt mir die Tatsache, daß sie grammatisch sinnlos ist, einen andern Sinn. Shakespeares Feststellung scheint mir einen tiefen Erlebnissinn zu haben und wenigstens keinen buchstäblichen Irrtum zu enthalten. Und Dantes Feststellung erscheint mir als *buchstäblich wahr.* Und wie ich bekenne, hat sie jetzt, da meine eigene Erfahrung ihren Sinn vertieft hat, mehr Schönheit für mich als damals, da ich sie zuerst las. So kann ich nur folgern, daß ich in der Praxis meine poetische Würdigung nicht gänzlich von meinen persönlichen Glaubensüberzeugungen zu trennen vermag. Auch daß die Unterscheidung zwischen einer Feststellung und einer Pseudofeststellung in besonderen Fällen nicht immer aufrechtzuerhalten ist. Die Theorie von Richards ist, glaube ich, unvollständig, solange er nicht die Gattung religiöser, philosophischer, naturwissenschaftlicher und sonstiger Glaubensüberzeugungen sowie die des ›Alltags‹-Glaubens näher bestimmt.

Ich habe einige der Schwierigkeiten zu klären versucht, die meiner Theorie anhaften. In der Tat hat man wahrscheinlich mehr Freude an der Dichtung, wenn man den Glauben des Dichters teilt. Anderseits gibt es eine entschiedene Freude am Genuß von Dichtung als Dichtung, wenn man den Glauben *nicht* teilt, entsprechend der Freude an der ›Beherrschung‹ der philosohischen Systeme anderer Denker. Anscheinend ist ›literarische Würdigung‹ eine Abstraktion und reine Poesie ein Phantom; sowohl in das Schaffen wie in den Genuß findet stets mancherlei Eingang, was unter dem Gesichtsunkt der ›Kunst‹ bedeutungslos ist.

III

Vita Nuova

Alle ›kleineren Werke‹ Dantes sind bedeutsam, weil sie Werke Dantes sind; aber die *Vita Nuova* hat eine besondere Bedeutung, weil sie uns mehr als die andern zu vollerem Verständnis der *Divina Commedia* verhilft. Ich behaupte nicht, daß die andern vernachlässigt werden dürften; das *Convivio* ist bedeutsam, ebenso *De Volgari Eloquio*: jeder Teil von Dantes Schriften kann uns Licht für andere Teile spenden. Aber die *Vita Nuova* ist ein Jugendwerk, in dem einiges von der Methode und dem Entwurf und ausdrücklich die Absicht der *Divina Commedia* dargetan wird. Weil es ein unreifes Werk ist, so wird einige Kenntnis des Meisterwerks erfordert, um es zu verstehen; und gleichzeitig verhilft es in besonderer Weise zum Verständnis der *Commedia.*

Eine Menge Gelehrsamkeit ist der Untersuchung von Dantes früherer Lebenszeit im Zusammenhange mit der *Vita Nuova* gewidmet worden. Die Kritiker können im groben eingeteilt werden in diejenigen, die das Werk als wesentlich biographisch und die es als wesentlich allegorisch ansehen. Die zweite Gruppe hat es viel leichter, ihre Sache zu verteidigen, als die erste. Ist dies seltsame Gemisch aus Versen und Prosa biographisch, dann ist die Biographie fraglos nahezu unerkennbar gemacht, um sie in herkömmliche Formen der Allegorie zu bringen. Die Bildersprache eines großen Teils des Werks steht gewiß in einer sehr alten Überlieferung der Visionsliteratur: so wie man gezeigt hat, daß der Plan der *Divina Commedia* große Ähnlichkeit mit ähnlichen Geschichten von übernatürlichen Wanderungen in arabischer und älterer persischer Literatur zeigt – ganz abgesehen von den Unterweltsfahrten des Odysseus und des Aeneas –, so gibt es Parallelen zu den Visionen der *Vita Nuova*, etwa den griechischen *Hirten des Hermas*. Und da das Buch natürlich nicht buchstäbliche Feststellungen gibt, sei es von Visionen, sei es von Selbsttäuschungen, so ist es leicht, den Standpunkt zu vertreten, daß es im ganzen eine Allegorie ist: also zu behaupten, daß Beatrice nur die Personifizierung einer abstrakten – intellektuellen oder moralischen – Tugend sei.

Ich möchte klarstellen, daß meine eigenen Ansichten lediglich auf die Lesung des Textes begründet sind. Ich glaube, sie sind nicht von der Art, daß sie von Gelehrten bestätigt oder widerlegt werden können: ich beabsichtige, meine Erklärungen auf das Unbeweisbare und Unwiderlegbare zu beschränken.

Einem jeden, der die *Vita Nuova* ohne Vorurteil liest, kommt es wahrscheinlich vor, daß sie eine Mischung von Biographie und Allegorie ist; aber eine Mischung nach einem Rezept, das dem modernen Geist nicht erreichbar ist. Wenn ich sage ›dem modernen Geist‹, so meine ich den Geist derer, die eine Urkunde wie Rousseaus *Confessions* gelesen haben oder hätten lesen können. Der moderne Geist kann die ›Confession‹ verstehen, das heißt den buchstäblichen Rechenschaftsbericht über das eigene Selbst, der nur dem Grade der Aufrichtigkeit und des Selbstverständnisses nach verschieden ist, und er kann ›Allegorie‹ im abstrakten Sinne verstehen. Heutzutage strömen ›Confessionen‹ unbedeutender Sorte aus der Druckerpresse; jedermann *met son cœur à nu* oder stellt sich so; ›Persönlichkeiten‹ erregen Interesse, eine nach der andern. Es ist schwierig, ein Zeitalter (viele Zeitalter) zu begreifen, da menschliche Wesen sich einigermaßen um die Rettung der ›Seele‹, aber nicht umeinander als ›Persönlichkeiten‹ bemühten. Nun hatte Dante, so glaube ich, gewisse Erlebnisse, die ihm als einigermaßen bedeutsam erschienen; bedeutsam nicht deswegen, weil sie ihm zuteil geworden waren und weil er, Dante Alighieri, eine bedeutsame Persönlichkeit war, die Büros für Zeitungsausschnitte in Arbeit hielt, sondern bedeutsam an sich; und darum schienen sie ihm einigen philosophischen und unpersönlichen Wert zu haben. Ich finde darin den Bericht von einer besonderen Erlebnisart: von einem Erlebnis nämlich, das wirkliches Erleben (das Erleben der ›Confession‹ im modernen Sinne) *und* intellektuelles und imaginatives Erleben (das Erleben des Denkens und das Erleben des Traumes) als Stoff hatte und zu etwas Drittem wurde. Es scheint mir bedeutsam, die einfache Tatsache zu erfassen, daß die *Vita Nuova* weder eine ›Confession‹ noch eine ›Indiskretion‹ im modernen Sinne ist noch auch ein Stück präraffaelitischer Teppichkunst. Hat man den Sinn für intellektuelle und spirituelle Wirklichkeiten, den Dante hatte, so kann man eine Ausdrucksform wie die der *Vita Nuova* nicht mehr nach den Begriffen ›Wahrheit‹ oder ›Erdichtung‹ einordnen.

Erstens ist der Typus geschlechtlichen Erlebens, das nach Dantes Beschreibung ihm im Alter von neun Jahren widerfuhr, keineswegs unmöglich oder einzigartig. Ich bezweifle nur – und finde mich dabei von einem ausgezeichneten Psychologen bestätigt –, ob es zu einer so *späten* Lebenszeit wie im Alter von neun Jahren hat stattfinden können. Der Psychologe stimmte mir darin zu, daß es mit größter Wahrscheinlichkeit im Alter von ungefähr fünf oder sechs Jahren auftritt. Es ist möglich, daß Dante sich ziemlich spät entwikkelte, es ist auch möglich, daß er die Daten veränderte, um sich einer weiteren Bedeutung der Zahl Neun bedienen zu können. Aber es scheint mir augenfällig, daß die *Vita Nuova* nur um ein persönliches Erlebnis herum hat geschrieben werden können. Ist dies so, so kommt es auf die Einzelheiten nicht an: ob die Frau die Portinari war oder nicht, kümmert mich nicht; es ist ganz ebenso wahrscheinlich, daß sie ein Schleier für jemand anders ist, sei es sogar für eine Frau, deren Namen Dante vergessen oder nie gekannt haben mag. Aber ich kann es nicht unglaubhaft finden, daß das, was auch andern begegnete, Dante mit viel größerer Stärke begegnet ist.

Das gleiche Erlebnis würde, in Freudschen Begriffen beschrieben, vom modernen Publikum augenblicklich als Tatsache angenommen werden. Nur der Umstand, daß Dante, sehr vernünftigerweise, andere Folgerungen zog und eine andere Ausdrucksweise anwandte, erregt Ungläubigkeit. Und wir sind geneigt zu denken – wie Remy de Gourmont, diesmal von seinen Vorurteilen zu pedantischer Haltung verführt, dachte –, daß, wenn ein Autor wie Dante sich eng an eine Form der Vision anschließt, die eine lange Geschichte hat, dies der Beweis dafür ist, daß die Erzählung bloße Allegorie (im modernen Sinne) oder Schwindel ist. Ich finde einen weit größeren Unterschied der Gefühlslage zwischen der *Vita Nuova* und dem *Hirten des Hermas*, als Gourmont es tat. Es geht keineswegs um den einfachen Unterschied zwischen dem Echten und dem Betrug; es handelt sich um den Unterschied des Geistes zwischen dem schlichten Verfasser frühchristlicher Zeit und dem Dichter des 13. Jahrhunderts – um einen Unterschied, der vielleicht ebenso groß ist wie der zwischen diesem und uns. Die Ähnlichkeiten können beweisen, daß eine gewisse *Gewohnheit* der Traum-Bildersprache viele Kulturwechsel überdauern kann. Gourmont würde sagen, daß Dante Anleihen machte; aber das bedeutet, unsern Geist dem 13. Jahrhundert beizulegen. Ich deute nur an, daß Dante möglicherweise, an seinem Ort und zu seiner Zeit, etwas Wesentlicherem folgte als einer bloßen ›literarischen‹ Tradition.

Dantes Haltung zu dem Grunderlebnis der *Vita Nuova* ist nur zu verstehen, wenn man sich daran gewöhnt, mehr in *Zweckursachen* als in Ursprüngen Sinn zu finden. Das Werk ist, glaube ich, nicht als Beschreibung dessen gemeint, was er bei seiner Begegnung mit Beatrice *bewußt* fühlte, sondern vielmehr als Beschreibung dessen, was die Begegnung bei gereifter Überlegung bedeutete. Die Zweckursache ist der Zug zu Gott. Eine Menge von Sentiment ist, besonders im 18. und 19. Jahrhundert, über die Idealisierung der wechselseitigen Empfindungen von Mann und Frau ausgeschüttet worden, was verschiedene Realisten zu öffentlicher Rüge gereizt hat: dies Sentiment verkennt die Tatsache, daß die Liebe von Mann und Frau (oder im gegebenen Falle von Mann und Mann) nur von der höheren Liebe erklärt und mit einem vernünftigen Sinn ausgestattet wird, sonst aber einfach animalische Paarung ist.

Vertreten wir die Theorie, daß Dante beim Nachsinnen über das Erstaunliche eines Erlebnisses in solch einem Alter, das kein Erlebnis der Folgezeit auslöschte oder übertraf, darin Bedeutungen fand, die wir wahrscheinlich selber nicht finden würden. Sein Bericht ist in diesem Falle ebenso vernünftig wie der unsere; und er verlängert einfach das Erlebnis in einer andern Richtung, als wir sie mit unsern abweichenden geistigen Gewohnheiten und Vorurteilen wahrscheinlich einschlagen würden.

Tatsächlich können wir die *Vita Nuova* nicht verstehen, wenn wir nicht einigermaßen mit der Dichtung von Dantes italienischen Zeitgenossen oder auch der Dichtung seiner provenzalischen Vorgänger gesättigt sind. Literarische Parallelen sind sehr wichtig, aber wir müssen auf der Hut sein, sie nicht rein literarisch und buchstäblich zu nehmen. Zunächst schrieb Dante mehr oder weniger so wie andere Dichter, nicht einfach weil er ihre Werke gelesen hatte, sondern weil seine Art des Fühlens und Denkens der ihren sehr nahe kam. Was die provenzalischen Dichter angeht, so besitze ich nicht die Kenntnis, um sie im Urtext zu lesen. Dieses geheimnisvolle Volk hatte eine eigene Religion, die von der Inquisition vollständig und mühsam ausgetilgt wurde, so daß wir von ihnen kaum mehr wissen als von den Sumerern. Ich vermute, der Unterschied zwischen diesem umbekannten und vielleicht böswillig verlästerten Albigensertum und dem Katholizismus entspricht in gewissem Maße dem Unterschied zwischen der Dichtung der provenzalischen Schule und der toskanischen. Das System von Dantes Organisation des Gefühlslebens – der Gegensatz zwischen höherer und niederer fleischlicher Liebe, der Übergang von der lebenden zur toten Beatrice, der sich bis zur Verehrung der Jungfrau erhebt, scheint mir sein Eigentum zu sein.

Jedenfalls ist, wie ich glaube, die *Vita Nuova* nicht nur eine Folge schöner Gedichte, verbunden durch eine merkwürdige Visionsliteratur-Prosa, sondern zugleich eine sehr solide psychologische Abhandlung über etwas, das mit dem in Beziehung steht, was man heute ›Sublimierung‹ nennt. Es steckt auch ein praktischer Wirklichkeitssinn hinter ihr, der antiromantisch ist: nicht mehr vom Leben zu erwarten, als es geben kann, oder mehr von *menschlichen* Wesen, als sie geben können; auf den *Tod* zu schauen, für das, was das Leben nicht geben kann. Die *Vita Nuova* gehört zur ›Visionsliteratur‹; aber ihre Philosophie ist die katholische Philosophie der Desillusionierung.

Das Verständnis des Buches wird erheblich gefördert durch die Bekanntschaft mit Guido Guinicelli, Cavalcanti, Cino und andern.

Man sollte wirklich die Entwicklung der Liebeskunst von den provenzalischen Dichtern an studieren, unter angemessener Beachtung sowohl der Ähnlichkeiten wie der Unterschiede im Geiste; ebenso die Entwicklung der Versform, der Strophenform und des Wortschatzes. Aber ein solches Studium ist eitel, wenn wir nicht zuerst den bewußten Versuch gemacht haben, der so schwer und hart ist wie eine Wiedergeburt, durch den Spiegel hindurch in eine Welt einzudringen, die so vernünftig ist wie die unsere. Haben wir das getan, so beginnen wir zu fragen, ob Dantes Welt nicht sowohl weiter als auch fester ist als die unsere. Wiederholen wir den Vers

Tutti li miei penser parlan d'Amore

Alle meine Gedanken sprechen von Liebe,

so müssen wir innehalten und bedenken, was *amore* bedeutet – etwas anderes als das lateinische Ursprungswort, als die französische Entsprechung oder die Bestimmung in einem modernen italienischen Wörterbuch.

Ich wiederhole: es ist aus mehreren Gründen notwendig, die *Divina Commedia* zuerst zu lesen. Die erste Lesung der *Vita Nuova* vermittelt nichts als präraffaelitische Seltsamkeiten. Die *Commedia* weiht uns in die Welt mittelalterlicher Bildersprache ein, die im *Inferno* am faßbarsten, im *Paradiso* am verfeinertsten ist. Sie weiht uns auch in die Welt des mittelalterlichen Denkens und Dogmas ein: viel leichter für solche, die akademischen Unterricht in Platon und Aristoteles empfangen haben, aber auch ohne das möglich. Die *Vita Nuova* versenkt uns unmittelbar in die mittelalterliche Gefühlswelt. Für Dante ist sie kein Meisterwerk, so daß es für uns sicherer ist, sie zuerst um des Lichtes willen zu lesen, das sie auf die *Commedia* wirft, weniger um ihrer selbst willen.

Auf diese Weise gelesen, kann sie nützlicher sein als ein Dutzend Kommentare. Die Wirkung mancher Bücher über Dante ist der Eindruck, es sei nötiger, über ihn zu lesen, als das zu lesen, was er geschrieben hat. Aber der nächste Schritt, nachdem man Dante wieder und wieder gelesen hat, sollte dahin führen, daß man einige der Bücher liest, die er las, lieber als moderne Bücher über sein

Werk, sein Leben und seine Zeit, so gut sie auch sein mögen. Wir werden leicht abgelenkt, wenn wir der Geschichte der Kaiser und Päpste folgen. Im Falle eines Dichters wie Shakespeare laufen wir weniger Gefahr, den Text um des Kommentars willen außer acht zu lassen. Bei Dante bedarf es ebensosehr der Konzentration auf den Text, um so mehr als Dantes Geist weiter von der Art des Denkens und Fühlens entfernt ist, in der wir erzogen sind. Was wir brauchen, ist nicht Unterrichtung, sondern Erkenntnis: der erste Schritt zur Erkenntnis ist die Einsicht in die Unterschiede zwischen seiner Form des Denkens und Fühlens und der unsern. Es kann uns auch irreführen, wenn wir dem Thomismus oder dem Katholizismus allzu große Bedeutung beilegen, da wir dann zu sehr auf Unterschiede hingelenkt werden, die einer vollständigen verstandesmäßigen Formulierung fähig sind. Der englische Leser muß sich daran erinnern, daß, auch wenn Dante nicht ein guter Katholik gewesen wäre, auch wenn er Aristoteles und Thomas mit skeptischer Gleichgültigkeit behandelt hätte, sein Geist immer noch nicht leichter zu verstehen wäre; die Formen seiner Einbildungskraft, seiner Phantasmagorie und seiner Gefühlswelt wären uns ebenso fremd. Wir müssen es lernen, diese Formen gelten zu lassen: und dies *Geltenlassen* ist bedeutsamer als irgend etwas, was Glauben heißen kann. Es gibt geradezu einen bestimmten Augenblick des Geltenlassens, an dem das Neue Leben beginnt.

Was ich geschrieben habe, ist, wie ich versprach, nicht eine ›Einführung‹ in das Studium, sondern ein kurzer Bericht, wie ich selber darin eingeführt worden bin. Mildernd sei bemerkt, daß auf diese Weise von Männern wie Dante oder Shakespeare zu schreiben tatsächlich weniger anmaßend ist, als von Geringeren zu schreiben. Eben die ungeheure Weite des Gegenstandes eröffnet die Möglichkeit, daß man etwas zu sagen hat, was der Mühe wert ist; während im Falle von Geringeren nur ein genaues und spezielles Studium es zu rechtfertigen vermag, daß man überhaupt über sie schreibt.

Christopher Marlowe

Swinburne sagt Marlowe nach, daß »der Vater der englischen Tragödie und der Schöpfer des englischen Blankverses ebendarum auch der Lehrer und der Führer Shakespeares war«. In diesem Satze finden sich zwei irreführende Annahmen und zwei irreführende Schlußfolgerungen. Kyd hat einen genauso guten Anspruch auf den ersten Ehrentitel wie Marlowe; Surrey hat einen besseren Anspruch auf den zweiten; und Shakespeare hatte unter seinen Vorgängern oder Zeitgenossen nicht nur einen einzigen Lehrer oder Führer. Ein weniger fragwürdiges Urteil ist es, daß Marlowe einen starken Einfluß auf das nach ihm kommende Drama ausübte, obgleich er selbst nicht ein so großer Dramatiker war wie Kyd; daß er einige neue Töne in den Blankvers einführte und den Auflösungsprozeß anbahnte, der diesen immer weiter von den Rhythmen des gereimten Verses entfernte; und daß, wenn Shakespeare von ihm entlehnte, was anfangs ziemlich häufig geschah, Shakespeare entweder etwas nicht so Gutes oder etwas ganz anderes schuf.

Das vergleichende Studium der englischen Verskunst in verschiedenen Zeiten stellt einen weiten Bereich einer noch nicht geschriebenen Geschichte dar. Würde man den Blankvers allein zur Grundlage eines solchen Studiums machen, so würde das zu einigen merkwürdigen Schlußfolgerungen führen. Es würde, glaube ich, zeigen, daß der Blankvers zu Lebzeiten Shakespeares höher entwickelt war, daß er das Ausdrucksmittel eines reicher abgestuften und intensiveren Empfindens war, als er es jemals seitdem zu vermitteln vermochte; und daß, nachdem Milton seine chinesische Mauer errichtet hatte, der Blankvers in seiner Entwicklung nicht nur aufgehalten, sondern zurückgeworfen wurde. Daß der Blankvers Tennysons zum Beispiel, eines vollendeten Meisters dieser Versform in gewissen Anwendungen, kruder (nicht »rauher« oder weniger vollkommen in der Technik) als der eines halben Dutzends der Zeitgenossen Shakespeares war; kruder, weil weniger fähig, komplexe, subtile und überraschende Gefühle auszudrücken.

Jeder Schriftsteller, der überhaupt Blankverse geschrieben hat, die es wert sind, nicht vergessen zu werden, schuf besondere Töne, die nur sein und keines anderen Vers wiederzugeben fähig ist; und dies sollten wir im Sinne behalten, wenn wir von »Einflüssen« und einem »Verpflichtetsein« sprechen. Shakespeare ist »universal«, weil er mehr von diesen Tönen hat als jeder andere; aber sie alle stammen von diesem einen Mann; ein einzelner Mann kann nicht mehr sein als ein einzelner Mann; man könnte sich sechs verschiedene Shakespeares zugleich vorstellen, deren Grenzen nicht miteinander kollidieren; und die Behauptung, Shakespeare habe nahezu alle menschlichen Emotionen ausgedrückt, wie auch die damit gegebene stillschweigende Behauptung, er habe für jeden anderen sehr wenig übriggelassen, verrät ein radikales Mißverständnis der Kunst und des Künstlers; ein Mißverständnis, das, sogar wenn man es ausdrücklich zurückweist, dazu führen kann, daß wir die angespannte Aufmerksamkeit nicht aufbringen, die erforderlich ist, um die besonderen Eigentümlichkeiten des Verses der Zeitgenossen Shakespeares heraushören. Die Entwicklung des Blankverses kann man mit der Analyse eines erstaunlichen Industrieproduktes vergleichen: des Kohlenteers. Marlowes Vers ist eines der frühen Derivate, aber er besitzt Eigenschaften, die sich in keinem der analytischen oder synthetischen Blankverse wiederholen, die man etwas später entdeckt hat.

Spricht man von den »Stilunarten« des Zeitalters Marlowes und Shakespeares, so ist das eine recht zutreffende Bezeichnung für eine Anzahl solcher Unarten, von denen vielleicht keine einzige allen Schriftstellern eigen war. Jedenfalls ist es zweckdienlich festzustellen, daß Marlowes »Rhetorik« nicht, oder doch nicht kennzeichnenderweise Shakespeares Rhetorik ist; daß Marlowes Rhetorik in einem ziemlich simplen, ständig tobenden und schnaubenden Bombast besteht, während die Shakespeares im genaueren Sinne dieses Wortes eine Stilunart ist, eine gequälte perverse Sucht, entlegene Bilder zu finden, die die Einbildungskraft zerstäubt, anstatt sie zu konzentrieren, und die teilweise von Einflüssen herrühren mag, von denen Marlowe unberührt blieb. Und dann finden wir, daß Marlowes Unart eine ist, die er allmählich abbaute und sogar, was noch wunderbarer ist, zum Guten wandte. Und wir machen die Entdeckung, daß dieser Dichter mit seiner an einen Sturzbach gemahnenden Einbildungskraft manche seiner besten Treffer (und auch die des einen oder anderen Autors) selbst erkannte, sie gleichsam speicherte und mehr als einmal verwertete, wobei er sie während dieses Prozesses fast immer verbesserte.

Es verlohnt sich, einige dieser Fassungen hier zu vermerken, weil sie, der üblichen Ansicht ziemlich zuwider, bezeugen, daß Marlowe ein umsichtiger und bewußter Arbeiter war. J. M. Robertson hat eine interessante Entlehnung Marlowes aus Spenser nachgewiesen. Hier ist Spensers Text (*Faery Queen*, I. VII. 32):

Like to an almond tree y-mounted high
On top of green Selinus all alone,
With blossoms brave bedeckèd daintily;
Whose tender locks do tremble every one
At every little breath that under heaven is blown.

So wie ein hochragender Mandelbaum, / Allein über Selinus' grünem Saum, / Zierlich geschmückt mit kräftigem Blütenflaum, / Des zarte Flokken zittern – weißer Schaum – / Bei jedem leisen Hauch im Himmelsraum.

Und hier folgt der Text Marlowes (*Tamburlaine*, 2. Teil, 4. Akt, 4. Szene):

Like to an almond tree y-mounted high
Upon the lofty and celestial mount
Of evergreen Selinus, quaintly deck'd
With blooms more white than Erycina's brows,
Whose tender blossoms tremble every one
At every little breath that thorough heaven ist blown.

So wie ein Mandelbaum hochragend steht / Auf dem erhabenen, himmlischen Gebirg / Des immergrünen Selinus, geschmückt / Mit Blumen weißer als Erycinas Stirn, / Des zarte Blüten zittern, jede einzeln, / Bei jedem leisen Hauch im Himmelsraum.

Dies ist interessant, nicht nur weil es beweist, daß Marlowes Begabung, wie die der meisten Dichter, zum Teil synthetischer Art war, sondern auch, weil es einen Schlüssel für einige ausgeprägt »lyrische« Wirkungen zu geben scheint, die man im *Tamburlaine*, nicht aber in Marlowes übrigen Dramen und, wie ich glaube, nirgendwo anders findet. So etwa die Lobpreisung der Zenokrate im 2. Teil, 2. Akt, 4. Szene:

Now walk the angels on the walls of heaven,
As sentinels to warn th'immortal souls
To entertain divine Zenocrate.

Nun wandeln Engel auf des Himmels Wällen – / Schildwachen, mahnend unsterbliche Seelen: / Erfreut die göttliche Zenokrate!

Dies ist nicht Spensers rhythmische Eigenart, aber der Einfluß Spensers klingt hier unüberhörbar durch. Vor Marlowe hatte es keinen großen Blankvers gegeben; aber es gab die gewaltige Erscheinung jenes großen Meisters der Melodie, seines unmittelbaren Vorgängers; und diese Kombination zeitigte Ergebnisse, die sich nicht wiederholen ließen. Ich glaube nicht, daß man geltend machen kann, Peele habe hier irgendwelchen Einfluß ausgeübt.

Die eben zitierte Stelle aus Spenser ist noch in weiterer Hinsicht interessant. Man wird bemerken, daß die vierte Verszeile:

With blooms more white than Erycina's brows,

Mit Blumen weißer als Erycinas Stirn,

von Marlowe hinzugefügt wurde. Man vergleiche diese mit folgenden anderen Verszeilen Marlowes:

So looks my love, shadowing in her brows,
Tamburlaine

So sieht mein Lieb aus, ihre Stirn beschattend,

Like to the shadows of Pyramides
Tamburlaine

ganz wie die Schattenflut der Pyramiden

und die endgültige und beste Fassung:

Shadowing more beauty in their airy brows
Than have the white breasts of the queen of love,
Doctor Faustus

In ihrer Ätherstirn mehr Schönheit bergend / Als je die weiße Brust der Liebesgöttin,

und dann vergleiche man diese ganze Versgruppe wiederum mit Spenser (F. Q.):

Upon her eyelids many graces sate
Under the shadow of her even brows,

Ihr überm Augenlid viel Grazien saßen / Unter dem Schatten ihrer ebenen Stirn,

– einem Zweizeiler, dessen sich Spenser, wie Robertson behauptet, an drei anderen Stellen bediente.
Diese Sparsamkeit findet sich bei Marlowe häufig. Im *Tamburlaine* nimmt sie die Form der Monotonie an, besonders in dem leichten Gebrauch von Namen voller Wohllaut (z. B. der mehrfachen Wiederkehr von »Caspia« oder »Caspian« mit derselben Tonwirkung), einem Verfahren, in welchem Milton Marlowe folgte, das aber Marlowe selbst allmählich fallen ließ. Wiederum findet

Zenocrate, lovlier than the love of Jove,
Brighter than is the silver Rhodope,

Zenokrate, lieblicher als Jovis Liebe, / Strahlender als die silberne Rhodope,

später eine Parallele in

Zenocrate, the lovliest maid alive,
Fairer than rocks of pearl and precious stone.

Zenokrate, lieblichste Maid, die lebt, / Schöner als Perlen und kostbarer Stein.

Eine Verszeile bildet Marlowe mit triumphalem Gelingen um; aus

And set black streamers in the firmament
Tamburlaine

Hing schwarze Fahnen in das Firmament

wird

See, see, where Christ's blood streams in the firmament
Doctor Faustus

Sieh, sieh, wo Christi Blut strömt hin im Firmament!

Der Vers des *Tamburlaine* leistete vor allem zweierlei: Marlowe bringt in den Blankvers die Melodie Spensers; und er gewinnt eine neue treibende Kraft dadurch, daß er der Satzperiode ein Übergewicht über die Versperiode gibt. Der schnelle lange Satz, der von Verszeile zu Verszeile läuft, wie in den berühmten Selbstgesprächen *»Nature compounded of four elements«* *(Natur, zusammengesetzt aus vier Elementen)* und *»What is beauty, saith my sufferings, then?«* *(Was dann ist also Schönheit, sagt mein Leiden?)*, bezeichnet die klare Loslösung des Blankverses von der paarweis reimenden Versform und von dem elegischen oder besser pastoralen Tonfall Surreys, zu dem Tennyson zurückkehrte. Wenn man diese zwei Selbstgespräche den Versen von Marlowes größtem Zeitgenossen, Kyd – der keineswegs ein verächtlicher Verskünstler war –, gegenüberstellt, so sieht man die Wesentlichkeit dieser Neuerung:

The one took sanctuary, and, being sent for out,
Was murdered in Southwark as he passed
To Greenwich, where the Lord Protector lay.
Black Will was burned in Flushing on a stage;
Green was hanged at Osbridge in Kent . . .

Der eine suchte Zuflucht, fiel, gesucht / Von Mörderhand in Southwark auf dem Weg / nach Greenwich, wo der Lord Protektor lag. / Black Will verbrannte man auf dem Gerüst in Flushing; / Green hängte man in Osbridge in Kent . . .[1]

was tatsächlich nicht weniger gut ist als:

So these four abode
Within one house together; and as years
Went forward, Mary took another mate;
But Dora lived unmarried till her death.

Tennyson, Dora

So wohnten diese Vier / In einem Haus mitsamt; und als die Jahre / Schwanden, nahm Mary einen andren Mann; / Doch Dora lebte ehlos, bis sie starb.

Im *Faustus* ging Marlowe noch weiter: er brach die Verszeile in dem letzten Selbstgespräch auf und gewann so an Intensität; und er entwickelte einen neuen und ergiebigen Gesprächston in den Dialogen, die sein Faustus mit dem Teufel führt. Dem Drama *Edward II.* hat es niemals an Beachtung gefehlt: bei dem kurzen hier zur Verfügung stehenden Raum erscheint es wünschenswerter, andeutend

1 *Arden of Feversham.*

noch etwas über zwei Dramen zu sagen, von denen das eine mißverstanden und das andere unterschätzt wurde. Es sind dies *Jew of Malta* und *Dido Queen of Carthage.* Von dem ersten dieser Dramen hat man seit je gesagt, daß der Schluß, ja sogar die zwei letzten Akte der drei ersten unwürdig seien. Nimmt man den *Juden von Malta* nicht als Tragödie oder gar als »Schauertragödie«, sondern als Farce, dann wird der Schlußakt verständlich; und wenn wir der Versgebung ein aufmerksames Ohr leihen, so finden wir, daß Marlowe einen dieser Farce angemessenen Ton entwickelt und vielleicht sogar, daß dieser Ton sein machtvollster und reifster Ton ist. Ich sage Farce, aber im Hinblick auf den geschwächten Humor unserer Zeiten ist das Wort eine irreführende Bezeichnung; es ist die Farce des alten englischen *humour*, des schrecklich ernsten, sogar grimmigen komischen *humour*, jenes *humour*, der seinen letzten Atemzug in Dickens' dekadentem Genie tat. Sie hat nichts gemeinsam mit J. M. Barrie, Captain Bairnsfather oder dem *Punch*. Es ist der Humor jenes höchst ernsten (aber sehr anderen) Dramas, des *Volpone* (Ben Jonsons).

First, be thou void of these affections,
Compassion, love, vain hope, and heartless fear;
Be moved at nothing, see thou pity none . . .
As for myself, I walk abroad o'nights,
And kill sick people groaning under walls,
Sometimes I go about and poison wells . . .

Zunächst tu von dir alle Stimmungen, / Die Angst, die Liebe, Mitleid, eitle Hoffnung; / Bleib ungerührt, erbarm dich keines Menschen . . . / Was mich betrifft, ich streife nachts durch Straßen / Und töte Kranke, unter Mauern stöhnend, / Mitunter geh ich und vergifte Brunnen . . .;

und die letzten Worte des Barabas vollenden diese ungeheuere Karikatur:

But now begins the extremity of heat
To pinch me with intolerable pangs,
Die, life! fly, soul! tongue, curse thy fill, and die!

Doch nun beginnt die siedend heiße Glut / Zu zwacken mich mit unsagbarer Qual, / Stirb, Leben! Seele, flieh! Schweig, Zunge, endlich! stirb!

Das ist etwas, was Shakespeare nicht vollbringen konnte und auch nicht vollbringen wollte.

Dido scheint ein überstürzt gearbeitetes Stück zu sein, vielleicht auf einen Auftrag hin unternommen, mit der *Aeneis* als Vorlage. Aber sogar hier spürt man einen Fortschritt. Der Bericht über die Erstürmung Trojas ist in diesem neueren Stil Marlowes abgefaßt, diesem Stil, der dadurch seine eigenste Emphase sichert, daß er ständig im richtigen Augenblick am Rande der Karikatur zögernd innehält:

> The Grecian soldiers, tir'd with ten years war,
> Began to cry, ›Let us unto our ships,
> Troy is invincible, why stay we here?‹ ...
>
> By this, the camp was come unto the walls,
> And through the breach did march into the streets,
> Where, meeting with the rest, ›Kill, kill!‹ they cried ...
>
> And after him, his band of Myrmidons,
> With balls of wild-fire in their murdering paws ...
>
> At last, the soldiers pull'd her by the heels,
> And swung her howling in the empty air ...
>
> We saw Cassandra sprawling in the streets ...

Die griechischen Soldaten, kriegsmüde, / Schrien mahnend auf: Laßt uns in unsere Schiffe, / Troja ist unbesiegbar – warum bleiben?

Das Heer stand mittlerweil' den Mauern nah, / Drang durch die Bresche in die Straßen ein, / Wo, Truppen treffend, »Tötet sie«, sie schrien ...

Und nach ihm, seine Schar der Myrmidonen, / Mit Feuerbäll'n in mörderischer Faust ...

Dann zerrten Krieger wild sie an den Fersen, / Schwangen sie heulend in die leere Luft ...

Wir sahen Cassandra taumelnd in den Straßen ...

Dies ist nicht Vergil oder Shakespeare; es ist reinster Marlowe. Vergleicht man diese ganze Rede mit Clarences Traum im *Richard III.*, so gewinnt man einen kleinen Einblick in den Unterschied zwischen Marlowe und Shakespeare:

> What scourge for perjury
> Can this dark monarchy afford false Clarence?

Welche Geißel für Verrat / Verhängt dies düstere Reich dem falschen Clarence?

Hier ist andererseits das, was Marlowes Stil nicht zu leisten vermochte; der Satz hat eine Konzision, die nahezu klassisch ist und gewiß an Dante gemahnt. Und dann wieder gibt es, wie oft bei den elisabethanischen Dramatikern, Verszeilen bei Marlowe, neben den vielen Verszeilen, die Shakespeare sich aneignete, die von jedem von ihnen hätten geschrieben sein können:

If thou wilt stay,
Leap in mine arms, mine arms are open wide;
If not, turn from me, and I'll turn from thee;
For though thou hast the heart to say farewell,
I have not power to stay thee.

Und willst du bleiben, / Spring in die Arme mir, die weit dir offen; / Wenn nicht, geh von mir und ich geh von dir; / Denn hast du auch das Herz, mich fortzuweisen, / Ich hab die Kraft nicht, dich zu halten.

Aber die Richtung, in der Marlowe hätte weitergehen können, wäre er nicht »mit einem Fluch auf den Lippen gestorben«, führt keineswegs zu Shakespeare; sie bewegt sich auf jene intensive und ganz ernste und unbezweifelbar große Dichtung zu, die, wie bisweilen große Malerei und Bildhauerei, ihre Wirkungen durch etwas erreicht, was der Karikatur nicht fernsteht.

Hamlet

Wenige Kritiker haben je zugegeben, daß *Hamlet* als Schauspiel das übergeordnete, Hamlet als Charakter nur ein untergeordnetes Problem ist. Und Hamlet als Charakter bedeutet eine besondere Versuchung für den gefährlichsten Typus des Kritikers: für den Kritiker, dessen Geist von Natur schöpferisch geartet ist, der sich aber infolge einer gewissen Schwäche des schöpferischen Vermögens statt dessen in der Kritik betätigt. Diese Geister finden oft in Hamlet ein stellvertretendes Dasein für ihre eigene künstlerische Gestaltung. Solchen Geistes war Goethe, der aus Hamlet einen Werther, ebenso Coleridge, der aus Hamlet einen Coleridge machte; und wahrscheinlich erinnerte sich keiner von ihnen, als er über Hamlet schrieb, daran, daß seine Hauptaufgabe die Erforschung eines Kunstwerks sei. Die Art der Kritik, die Goethe und Coleridge zutage förderten, als sie über Hamlet schrieben, ist die denkbar irreführendste. Denn beide besaßen sie fraglos kritische Einsicht, und beide machen sie ihre kritischen Verirrungen um so einleuchtender durch die Vertauschung – nämlich ihres eigenen mit dem Shakespeareschen Hamlet –, die ihre schöpferische Begabung bewirkt. Wir sollten dankbar sein, daß Walter Pater seine Aufmerksamkeit nicht auf dies Schauspiel richtete.

Zwei Schriftsteller unserer Zeit, J. M. Robertson und Professor Stoll von der Universität Minnesota, haben Bücher begrenzten Umfangs veröffentlicht, zu deren Lobe zu sagen ist, daß sie in die andere Richtung gehen. Stoll hat das Verdienst, unsere Aufmerksamkeit wieder auf die Bemühungen der Kritiker des 17. und 18. Jahrhunderts[1] zu lenken. Wie er bemerkt, »verstanden sie weniger von Psychologie als neuere Hamlet-Kritiker, standen aber Shakespeares Kunst geistig näher; und da sie auf die Bedeutung der Wirkung des Ganzen mehr Gewicht legten als auf die des Hauptcharakters, waren sie,

1 Mir ist, nebenbei gesagt, nie eine zwingende Widerlegung der Einwände Thomas Rymers gegen *Othello* zu Gesicht gekommen.

auf ihre altmodische Weise, dem Geheimnis der dramatischen Kunst überhaupt näher«.

Als Kunstwerk läßt sich das Kunstwerk nicht interpretieren; es gibt da nichts zu interpretieren; wir können es nur nach Maßstäben, im Vergleich mit anderen Kunstwerken kritisieren; und die Hauptaufgabe der ›Interpretation‹ ist die Darbietung der belangvollen geschichtlichen Tatsachen, deren Kenntnis beim Leser nicht vorauszusetzen ist. Robertson legt sehr eindringlich dar, wie gewisse Kritiker mit ihrer *Hamlet*-›Interpretation‹ gescheitert sind, da sie nicht beachteten, was selbstverständlich sein sollte: daß *Hamlet* das Ergebnis einer Schichtung ist, daß er die Anstrengungen einer Reihe von Männern zum Ausdruck bringt, von denen ein jeder aus dem Werk seines Vorgängers machte, was er konnte. Shakespeares *Hamlet* wird sich uns sehr anders darstellen, wenn wir, anstatt die gesamte Handlung des Stückes auf Shakespeares Plan zurückzuführen, seinen *Hamlet* als über viel roheren Stoff gelagert wahrnehmen, der sich noch in der Endgestalt behauptet.

Wir wissen von einem älteren Schauspiel Thomas Kyds, jenes außerordentlichen dramatischen – wenn nicht dichterischen – Genies, der aller Wahrscheinlichkeit nach der Verfasser zweier einander so wenig ähnlicher Stücke wie der *Spanischen Tragödie* und des *Arden of Feversham* war. Wie dies Schauspiel etwa aussah, können wir nach drei Anhaltspunkten vermuten: nach der *Spanischen Tragödie* selber, nach der Erzählung bei Belleforest, auf der Kyds *Hamlet* beruht haben muß, und nach einer zu Shakespeares Lebzeiten in Deutschland gespielten Fassung, die stark den Anschein erweckt, als sei sie nach dem älteren, nicht dem jüngeren Stück zurechtgemacht. Aus diesen drei Quellen ergibt sich deutlich, daß in dem älteren Stück das Motiv einfach ein Rachemotiv war; daß die Handlung oder ihre Verzögerung ebenso wie in der *Spanischen Tragödie* lediglich durch die Schwierigkeit, einen von Wächtern umgebenen Herrscher zu ermorden, bedingt ist, und daß Hamlets ›Verrücktheit‹ vorgetäuscht war, um keinen Verdacht aufkommen zu lassen, und zwar mit Erfolg. In dem endgültigen Stück Shakespeares anderseits ist ein Motiv gegeben, das bedeutsamer ist als das der Rache und es unverkennbar ›abstumpft‹; die Verzögerung der Rache ist nicht durch Gründe der Notwendigkeit oder Zweckmäßigkeit erklärbar; und die Wirkung der ›Verrücktheit‹ geht dahin, den Verdacht des Königs nicht zu beschwichtigen, sondern zu erregen. Die Veränderung ist jedoch nicht vollständig genug, um zu überzeugen. Ferner gibt es unmittelbare wörtliche Anklänge an die *Spanische Tragödie*, die keinen Zweifel daran lassen, daß Shakespeare den Text Kyds stellenweise nur *überarbeitete*. Und schließlich gibt es unerklärliche Szenen – die Polonius-Laertes- und die Polonius-Reynaldo-Szenen –, zu deren Gunsten sich wenig sagen läßt. Diese Szenen zeigen nicht den Versstil Kyds und nicht zweifelsfrei den Stil Shakespeares. Robertson sieht in ihnen Szenen des ursprünglichen Stückes von Kyd, die von dritter Hand, vielleicht von Chapman, umgearbeitet worden sind, bevor Shakespeare sich des Stückes annahm. Er folgert mit gewichtigen Gründen, daß Kyds Originalwerk gleich gewissen anderen Rachestücken aus zwei Teilen zu je fünf Akten bestand. Das Ergebnis von Robertsons Untersuchung ist, wie wir glauben, unumstößlich: Shakespeares *Hamlet*, soweit er von Shakespeare herrührt, ist ein Stück, das von der Wirkung der Schuld einer Mutter auf ihren Sohn handelt, und Shakespeare war außerstande, dies Motiv mit Erfolg dem ›widerspenstigen‹ Stoff des älteren Stückes aufzuprägen.

An der Widerspenstigkeit ist nicht zu zweifeln. Weit davon entfernt, Shakespeares Meisterwerk zu sein, ist das Stück ganz sicher ein künstlerischer Fehlschlag. In verschiedener Hinsicht ist es rätselhaft und beunruhigend wie kein anderes. Von allen Stücken ist es das längste und vielleicht dasjenige, mit dem Shakespeare sich am meisten abgemüht hat; und doch hat er darin überflüssige und nicht in den Zusammenhang passende Szenen stehen lassen, die auch eine eilige Überarbeitung hätte bemerken müssen. Die Verstechnik ist verschiedenwertig. Verse wie

> Look, the morn, in russet mantle clad,
> Walks o'er the dew of yon high eastern hill,

Seht, der Morgen, angetan mit Purpur, / Betritt den Tau des hohen Hügels dort, gehören dem Shakespeare von *Romeo und Julia.* Die Verse im fünften Akt, Szene 2,

> Sir, in my heart there was a kind of fighting
> That would not let me sleep ...
> Up from my cabin,
> My sea-gown scarf'd about me, in the dark
> Grop'd I to find out them: had my desire;
> Finger'd their packet;

In meiner Brust war eine Art von Kampf, / der mich nicht schlafen ließ... / Aus meinem Schlafgemach, / den Schiffermantel um mich hergeworfen, / Tappt' ich umher nach ihnen, fand sie glücklich, / Griff ihr Paket,

gehören seiner vollen Reife. Sowohl Technik wie Gedanke sind unfest. Wir sind sicher berechtigt, das Stück, ebenso wie jenes andere höchlich interessante Stück mit ›widerspenstigem‹ Stoff und auffallender Verstechnik, nämlich *Maß für Maß*, einer Krisenzeit zuzuteilen, an die sich die tragischen Erfolge anschließen, die in *Coriolanus* gipfeln. *Coriolanus* ist vielleicht nicht so ›interessant‹ wie *Hamlet*, aber er ist neben *Antonius und Cleopatra* Shakespeares unzweifelhaftester künstlerischer Erfolg. Und wahrscheinlich ist es öfter geschehen, daß Leute in *Hamlet* ein Kunstwerk sahen, weil sie es interessant fanden, als daß sie es interessant fanden, weil es ein Kunstwerk ist. Es ist die ›Mona Lisa‹ der Literatur.

Die Gründe dafür, daß *Hamlet* mißglückt ist, liegen nicht unmittelbar auf der Hand. Robertson kommt zu dem zweifellos richtigen Ergebnis, daß die wesentliche Gemütsbewegung in dem Stück das Empfinden eines Sohnes gegenüber einer schuldigen Mutter ist:

»[Hamlets] Ton ist der eines Menschen, der durch die Erniedrigung seiner Mutter Martern erlitten hat... Die Schuld einer Mutter ist ein fast unerträgliches Motiv für ein Drama, aber es war festzuhalten und zu betonen, um zu einer psychologischen Lösung oder vielmehr dem Hinweis auf eine solche zu führen.«

Das ist jedoch durchaus nicht alles. Es ist nicht nur die ›Schuld einer Mutter‹, die sich nicht behandeln läßt, wie Shakespeare den Argwohn Othellos, Antonius' Betörung oder Coriolans Stolz behandelt hat. Der Gegenstand hätte sich, so sollte man denken, zu einer Tragödie gleich ihnen ausweiten lassen, verständlich, in sich geschlossen, in hellem Lichte. *Hamlet* ist gleich den *Sonetten* voll von einem Stoff, den der Verfasser nicht ans Licht zu ziehen, zu betrachten oder in Kunst umzusetzen vermochte. Und suchen wir nach diesem Gefühl, so ergibt es sich, daß wir es, ebenso wie in den Sonetten, sehr schwer zu lokalisieren vermögen. Man kann es nicht in den Reden aufweisen; untersucht man vielmehr die beiden berühmten Monologe, so findet man wohl die Verskunst Shakespeares, aber einen Inhalt, auf den auch jemand anders Anspruch erheben könnte, etwa der Verfasser der *Revenge of Bussy d'Ambois,* fünfter Akt, 1. Szene. Wir finden Shakespeares *Hamlet* nicht so sehr in der Handlung, in irgendwelchen Zitaten, die wir auswählen könnten, als vielmehr in einem unverkennbaren Ton, der in dem früheren Stück unverkennbar nicht vorhanden ist.

Der einzige Weg, ein Gefühlserlebnis künstlerisch zu gestalten, besteht im Auffinden einer ›gegenständlichen Entsprechung‹, mit anderen Worten: einer Reihe von Gegenständen, einer Situation, einer Kette von Ereignissen, welche die Formel dieses *besonderen* Erlebnisses sein sollen, so daß, wenn die äußeren Tatsachen, die sinnlich wahrnehmbar sein müssen, gegeben sind, das Erlebnis unmittelbar hervorgerufen wird. Untersucht man eine von Shakespeares gelungeneren Tragödien, so findet man dies genaue Gegenstück; man findet, daß der Gemütszustand der schlafwandelnden Lady Macbeth durch eine geschickte Häufung von Sinneseindrücken in der Einbildung vermittelt worden ist; Macbeths Worte, als er vom Tode seiner Gattin hört, treffen uns, als wären, im Ablauf der Ereignisfolge, diese Worte automatisch von dem letzten Ereignis der Reihe ausgelöst. Die künstlerische ›Unausweichlichkeit‹ liegt in dieser vollständigen Entsprechung zwischen dem Äußeren und dem Gefühl: und eben dies ist es, was in *Hamlet* fehlt. Hamlet – der Mensch – wird von einem Gefühl beherrscht, das unaussprechlich ist, weil es über die Tatsachen, wie sie in die Erscheinung treten, weit hinausreicht. Und die angebliche Identität Hamlets mit seinem Dichter trifft insofern zu, als Hamlets Verlegenheit angesichts des Fehlens einer gegenständlichen Entsprechung seiner Gefühle die Verlegenheit seines Schöpfers angesichts seiner künstlerischen Aufgabe fortsetzt. Hamlet steht der Schwierigkeit gegenüber, daß sein Abscheu von seiner Mutter verursacht wird, daß aber seine Mutter kein zulänglicher Gegenstand desselben ist; sein Abscheu schließt sie ein und reicht über sie hinaus. Es ist also ein Gefühl, das er nicht verstehen kann, er kann es nicht objektivieren: so beharrt es, vergiftet sein Leben und verhindert sein Handeln. Keine Handlung, die möglich wäre, kann es befriedigen; und nichts, was Shakespeare mit seinem Stoff anzustellen vermag, kann Hamlet für ihn zu vollem Ausdruck bringen. Es ist zu bemerken, daß es in der Natur der Gegebenheiten seiner Aufgabe als solcher liegt, eine gegenständliche Entsprechung auszuschließen. Eine Steigerung des verbrecherischen Charakters der Königin hätte dazu geführt, die Formel für ein ganz verschiedenartiges Gefühl in Hamlet zu liefern. Eben *weil* ihr Charakter so negativ und unbedeutend ist, erregt sie in Hamlet das Gefühl, das zu repräsentieren sie nicht fähig ist.

Hamlets ›Verrücktheit‹ war für Shakespeare vorgegeben: in dem älteren Stück war sie eine einfache List und wurde, so dürfen wir annehmen, bis zum Schluß von den Hörern als List verstanden. Für Shakespeare ist sie weniger als Verrücktheit und mehr als gespielt. Hamlets Leichtfertigkeit, seine Wortwiederholungen, seine Witze gehören nicht zu einem wohlerwogenen Plan der Verstellung, sondern sind eine Art Gefühlserleichterung. Bei Hamlet als Bühnengestalt ist es das Possenspiel eines Gefühls, das keinen Ausweg ins Handeln finden kann; beim Dramatiker ist es das Possenspiel eines Gefühls, das er nicht in künstlerischen Ausdruck umsetzen kann. Das gesteigerte Empfinden, verzückt oder schreckhaft, das gegenstandslos ist oder über seinen Gegenstand hinausreicht, hat jeder empfindsame Mensch kennengelernt; ohne Zweifel ist es ein Stoff für pathologische Forschung. Oft tritt es im Jünglingsalter auf: der gewöhnliche Mensch schläfert solche Empfindungen ein oder stutzt seine Empfindungen so zurecht, daß sie in die praktische Welt passen; der Künstler hält sie lebendig vermöge seiner Fähigkeit, die Welt zu seinen Gefühlserlebnissen emporzusteigern. Laforgues Hamlet ist ein Jüngling, Shakespeares Hamlet ist es nicht, diese Erklärung und Entschuldigung steht ihm nicht zu Gebote. Wir müssen einfach zugestehen, daß Shakespeare hier eine Aufgabe angriff, die sich für ihn als zu groß erwies. Warum er sich überhaupt an ihr versuchte, ist ein unlösbares Rätsel. Unter dem Druck welcher Erfahrung er versuchte, das unaussprechlich Grausige auszusprechen, können wir nie in Erfahrung bringen. Es fehlt uns eine große Menge von Tatsachen seiner Biographie; und wir wüßten gern, ob und wann und nach oder neben welchem persönlichen Erlebnis er Montaigne II/12, die *Apologie de Raimond Sebond*, gelesen hat. Wir müßten schließlich etwas wissen, was von vornherein nicht wißbar ist, denn es war, wie wir annehmen, ein Erlebnis, das in dem angegebenen Sinne über die Tatsachen hinausreichte. Wir müßten etwas verstehen, was Shakespeare selber nicht verstand.

Shakespeares Verskunst

Es gibt vielerlei Gesichtspunkte, unter denen man sich mit Shakespeares Dramen beschäftigen kann, und es gibt viele Fragen um Shakespeare, zu deren Erörterung so mancher andere Betrachter bessere wissenschaftliche Voraussetzungen mitbringt als ich. Nun ist zwar die Frage, die ich im folgenden aufgreife, bisher wohl noch nicht in genau derselben Weise behandelt worden wie hier; dennoch meine ich, daß ich zuerst versuchen sollte, zu erklären, warum ich sie aufzugreifen wage. Ich glaube, daß diese Frage mehr den Dichter angeht als den Gelehrten, und zwar gerade den Dichter, der sich selber an Versdramen versucht hat. Man verstehe mich recht: ich meine nicht etwa, daß nur derjenige das Recht hat, über Shakespeare zu sprechen, dem es gelungen ist, selber gute Dramen zu schreiben. Es auch nur vergebens versucht zu haben, bedeutet schon etwas – sich zu fragen, warum es nicht gelang, und die eine oder andere Ursache des Mißlingens zu erkennen. Überdies habe ich mich, seit ich mich überhaupt für Dichtung interessierte, eifrig mit der dramatischen Dichtung Shakespeares und seiner Zeitgenossen beschäftigt und bin von ihr als Dichtung schlechthin sehr stark beeinflußt worden, lange bevor ich die Absicht hatte, ein Drama zu schreiben.

Innerhalb von fünfzig Jahren hat sich der Stil der dramatischen Dichtung im elisabethanischen Zeitalter erheblich gewandelt, und zwar hauptsächlich unter der Einwirkung Shakespeares. Darüber sind sich die meisten Beurteiler einig; aber wenn sie auch die Handlung, den Aufbau, die Charaktere oder den tieferen Sinn, den Shakespeare einem bestimmten Drama, einer bestimmten Figur gegeben hat, ausführlich besprechen, wenn sie auch die dichterisch wertvollsten Stellen aufzeigen, so gehen sie doch nur selten auf die Frage ein, inwiefern sich Shakespeares Dichtung und der Bau seiner Verse auf dem Wege von seinem ersten bis zu seinem letzten Drama gewandelt haben. Wir haben hier nicht einfach eine parallele Entwicklung des Versdichters und des Dramatikers vor uns; Shakespeare wurde vielmehr erst durch die Lösung dramaturgischer Probleme zum großen Versdichter.

Es ist üblich, Shakespeares dramatisches Schaffen im ganzen gesehen in drei Perioden einzuteilen. In der ersten lernte er das Handwerksmäßige des Theaters, indem er, in Erfüllung kurzfristiger Aufträge, aus der Mode gekommene Stücke und Fabeln, die man ihm zur Bearbeitung gab, bühnenfertig machte; in dieser Zeit arbeitete er mit anderen Bühnenschriftstellern zusammen. Es gibt aus diesem Zeitabschnitt etwa zwölf Stücke, von denen Shakespeare ganze Szenen oder Monologe geschrieben haben mag, und wir werden nie genau wissen, wie weit er an diesen Stücken beteiligt war. Andererseits gibt es in manchen ihm zugeschriebenen Theaterstücken Stellen, die vielleicht von anderen Bühnenautoren stammen, und die Suche nach den Urhebern und Bearbeitern der in diesem Zeitabschnitt entstandenen Dramen ist fast ein in sich abgeschlossenes Sondergebiet der Forschung, auf das viel Scharfsinn verwandt worden ist.

Auf dem Wege über einige der bedeutenderen Komödien gelangen wir dann zu der Periode der vollen Meisterschaft, in der Shakespeare seine vier großen und bekanntesten Tragödien schrieb: *Hamlet, Macbeth, Othello, König Lear* sowie eine fünfte Tragödie, die heute als ebenso bedeutend gilt: *Antonius und Cleopatra.* In bezug auf seine letzten Stücke geht die herrschende Meinung gewöhnlich entweder dahin, daß seine dichterische Kraft versagt habe – was im Zeitpunkt seines reifen Mannesalters kaum wahrscheinlich ist – oder daß er das Interesse verloren und statt dessen an allerlei Experimenten Freude gefunden habe. Diese späteren Stücke gelten gewöhnlich als weniger dramatisch, sie werden viel seltener aufgeführt und als allgemein schwächer betrachtet.

Diese Anschauung von Shakespeares Gesamtwerk teile ich nicht. Die Frühwerke sind natürlich, wie zu erwarten, weniger wertvoll. Wir müssen auch die persönlich-menschliche Entwicklung des Dichters in Betracht ziehen. So ist zum Beispiel *König Lear* schon deshalb eine aufwühlendere und schrecklichere Tragödie als *Romeo und Julia,* weil sie das Werk eines reifen Mannes ist; eines Mannes, der weit mehr Erfahrung besitzt und Zeit gehabt hat, diese Erfahrung zu verarbeiten und zu klären. *Romeo und Julia* ist das Werk eines jungen Menschen; aber das gibt uns nicht das Recht zu behaupten, daß es kein großes Drama sei. Ebensowenig wie ich der Anschuung zustimmen kann, daß man lyrische Dichtung am besten als junger Mensch schreibt, kann ich denen recht geben, die der Meinung sind, daß man ein großes Drama erst im reiferen Alter schreiben kann. Ein Dichter muß das Bild gestalten, das seiner Altersstufe entspricht: wenn er jung ist, wird er anders schreiben als im Alter, und Shakespeares letzte Dramen waren eben die Dramen eines Mannes von über fünfzig Jahren, der aus all seinen Erfahrungen schöpfte. Ich denke deshalb an Shakespeares Werk wie an etwas Ganzes und nicht an einzelne Teile von unterschiedlichem Wert.

Was nun allerdings Shakespeares Wirkung auf der Bühne angeht, so besteht kein Zweifel darüber, daß in England und in anderen Ländern bestimmte Dramen stets erfolgreich gewesen sind, andere dagegen weniger Anklang fanden; dieser Tatsache müssen wir Rechnung tragen. Theaterstücke werden um der Aufführung willen geschrieben, und deshalb müssen diejenigen, die das Publikum anziehen, mindestens in einer Hinsicht gute Stücke sein. Ein Kritiker, der zu beweisen versuchte, daß *Hamlet* ein schlechtes Stück sei, würde kaum jemand überzeugen. Denn muß nicht ein Stück, das seit über dreihundert Jahren in England und vielen anderssprachigen Ländern beliebt ist, ein großes Drama sein? Auf der anderen Seite aber haben Stücke wie *Richard II.* und *Richard III.* mehr Erfolg als *Troilus und Cressida* oder *Maß für Maß*, während meiner Ansicht nach kaum jemand behaupten würde, daß es ebenso große Dramen seien.

Für die mehr oder weniger große Beliebtheit dieser Stücke besitzen wir, was die letzten dreihundert Jahre betrifft, keine genauen Belege; aber ich kann hier die Stücke aufzählen, die in unserer Zeit in England die beliebtesten gewesen sind. Ich meine damit diejenigen, die bei einigermaßen guter Besetzung und Inszenierung jederzeit ihr Publikum finden. Einige Fälle liegen besonders: der *Kaufmann von Venedig* zum Beispiel verdankte meiner Ansicht nach seine Beliebtheit weitgehend der Tatsache, daß Sir Henry Irving gern den Shylock spielte und daß Irving ein sehr beliebter Schauspieler war.

Durch ihn wurde die Rolle populär; und eine Zeitlang wurde das Stück vielfach Schauspielern zuliebe auf den Spielplan gesetzt, die sich mit Irving messen wollten; jedenfalls wird es heute, glaube ich, nicht mehr so oft aufgeführt. Ich würde also sagen, daß von den Tragödien *Hamlet*, *Romeo und Julia* und *Julius Cäsar* die erfolgreichsten Stücke sind; von den Komödien *Was ihr wollt*, *Ein Sommernachtstraum* und *Viel Lärm um nichts*. Von den historischen Schauspielen kann man *Richard III.* und *Richard II.* hinzunehmen, von den Tragödien vielleicht auch noch *Othello* und *Macbeth*. Wenn wir nun auch darin übereinstimmen, daß Shakespeare keine größeren Dramen schrieb als diese Stücke, von denen jedes in seiner Art bedeutend ist, so glaube ich dennoch nicht, daß sich jemand zu der Behauptung versteigen könnte, *Romeo und Julia* sei in dichterischer oder dramatischer Hinsicht ein größeres Werk als *Antonius und Cleopatra*, oder *Julius Cäsar* sei größer als *Coriolan*: denn die zuletzt genannten Stücke enthalten ebensoviel dichterische Schönheit, und ihr dramatischer Aufbau ist besser.

Daß einige Stücke beliebter als andere sind, dafür lassen sich gewiß Gründe finden, die meist im Stoff liegen werden, nämlich darin, daß das Publikum gern eine bestimmte Art von Charakteren und Situationen sieht. Daß Shakespeare aber manchmal Stoffe wählte, die bei der Mehrzahl der Menschen beliebt sind, und manchmal nicht, will noch nicht besagen, daß die volkstümlichen Stücke die besseren seien, auch nicht, daß sie etwa dramatischer seien. Es scheint jedoch vielfach die Vorstellung zu herrschen, daß die seltener aufgeführten Stücke nicht so gut wie die anderen sind. Auf einige trifft es tatsächlich zu, in den anderen Fällen handelt es sich einfach um Stücke, die für ein kleineres Publikum geschrieben sind.

Es könnte scheinen, daß diese Frage nach dem Verhältnis zwischen der Beliebtheit der Shakespearischen Dramen und ihrer Bedeutung nichts mit meinem Gegenstand, mit der Entwicklung seiner Verskunst, zu tun hat. Mein Ziel ist jedoch, zweierlei aufzuzeigen: erstens, daß die innere Notwendigkeit, die zu der Entwicklung seines Verses führte, im Wesen des Dramatischen liegt; zweitens, daß diese Entwicklung sich bis zum Schluß im Bereich des Dramatischen vollzog. Wenn man aber, wie das oft geschieht, zu der Meinung neigt, daß die späteren Stücke nicht besonders wertvoll, daß ihre Handlung phantastisch und ihre Charaktere unwirklich, ja daß sie in Wahrheit recht schlechte Theaterstücke seien, die nur hier und da einen Passus von hohem dichterischen Wert enthalten, dann wird man auch überzeugt sein, daß nach den berühmten Tragödien von einer dramatischen Entwicklung überhaupt nicht mehr die Rede ist, und ich müßte mein Vorhaben ganz und gar verfehlen.

Als Shakespeare zu dichten begann, war der Versbau der zeitgenössischen Dramen ebenso roh wie Handlung und Charakterzeichnung. Den ersten Blankvers, und zwar einen sehr guten Blankvers, schrieb Graf Surrey, doch war es kein dramatischer Vers. Der große Anreger auf dem Gebiet der Versdichtung war Edmund Spenser, der eine äußerst verwickelte Strophe mit einer Meisterschaft handhabte, die danach niemals wieder erreicht wurde. Aber Spensers großes Epos war ein Gedicht, zu dem eine kunstreiche Form und ein prunkvoller Stil großartig paßten, während es für den Vers des Dramas auf Schlichtheit ankam. Die englische Sprache war auf jener Entwicklungsstufe gerade zu einer ausgesprochenen Literatursprache geworden, beladen mit neuen Wörtern fremden Ursprungs und mit alten englischen Wörtern, die einer älteren Entwicklungsstufe angemessen waren. Sie war beinahe zu wortreich. Der größte Versdramatiker vor Shakespeare war natürlich Christopher Marlowe, strenggenommen Shakespeares Zeitgenosse, doch hatte er seinen Stil schon entwickelt und seine Meisterwerke schon geschaffen, als Shakespeare noch ein Lernender war.

Es ist sehr aufschlußreich, Marlowe und Shakespeare miteinander zu vergleichen. Marlowe, kein sehr ehrenwerter Charakter, starb jung und hinterließ einige wenige Dramen, die heute selten aufgeführt werden, obwohl sie zu den Glanzstücken der englischen Dichtung gehören. Sein Genie entwickelte sich rasch: selbst in seinen frühesten Dramen sind großartige Monologe und Dialoge enthalten, und sein einziges historisches Schauspiel, *Eduard II.*, läßt sich durchaus Shakespeares *Richard II.* an die Seite stellen. Dennoch glaube ich nicht, daß er, wenn er länger gelebt hätte, über das jetzt von ihm vorliegende Werk hinausgewachsen wäre; unmittelbar nach seinem Tode aber würde man wohl gesagt haben, er sei ein größerer

Dichter und Dramatiker als Shakespeare gewesen. Shakespeare begann seinen Weg langsam, doch er hatte jene den ganz großen Dichtern eigene Gabe, sich weit über das geistige Vermögen anderer Menschen hinaus zu entwickeln und zu vervollkommnen und sich niemals zu wiederholen. Jedes Drama Shakespeares ist ein neuer Versuch, etwas bisher noch nicht Vollbrachtes zu vollbringen. Es fragt sich nun, ob wir, wenn wir das frühe Schaffen Shakespeares mit dem Werk Marlowes vergleichen, einen Unterschied finden können, der die Erwartung rechtfertigt, daß Shakespeare über Marlowe hinausgehen würde.

Wir stellen bei Marlowe vielleicht eine gewisse Enge fest. Ich möchte damit sagen, daß er bestimmte Gegenstände mit überlegenem Können gestaltete, und zwar verhältnismäßig einfache, dabei sehr intensive Gemütsbewegungen, die sich für die Behandlung in erhabenem und rhetorischem Stil eignen. Shakespeare dagegen verstand es, weniger große Gegenstände auf eine Weise zu behandeln, die sehr bedeutsam werden sollte. Bei Marlowe ist dramatische Dichtung größtenteils Rede, bei Shakespeare wurde sie zum ersten Male Gespräch. Er lernte allmählich Verse zu schreiben, in denen wir gewöhnliche Menschen sprechen hören, Verse, die zugleich Umgangssprache und große Dichtung sind. Das erste Beispiel dafür finden wir in dem historischen Schauspiel *König Johann.* Es ist im ganzen genommen kein sehr wertvolles Drama. Sein Aufbau ist unbeholfen, die Sprechweise zum großen Teil sehr gekünstelt und hochtrabend. Wenn eine Sprache sich in einem Entwicklungsstadium befindet, wie die englische zur Zeit des jungen Shakespeare, so strebt sie nach einem Stil und wird dazu neigen, zuerst einen übermäßig gefeilten und unorganischen Stil zu entwickeln. Der Weg geht vom Künstlichen zum Natürlichen. So findet man in *König Johann* Zeilen wie diese:

> ... in her eye I find
> A wonder, or a wondrous miracle,
> The shadow of myself form'd in her eye;
> Which, being but the shadow of your son,
> Becomes a sun and makes your son a shadow:

... Ich find' in ihrem Auge / Ein Wunder, das mich in Verwundrung setzt, / Den Schatten von mir selbst in ihrem Auge, / Der, da er nur der Schatten Eures Sohns, / Zur Sonne wird, und macht den Sohn zum Schatten.

Diese geistreichen Umkehrungen, Wiederholungen, Wortspiele sind allzu gescheit: noch nie hat ein Mensch solche Worte gesprochen, am wenigsten als Ausdruck der liebenden Zuneigung zu einer Frau. Und wenn er wirklich so spräche, ganz gleich in welcher geschichtlichen Epoche, würde niemand ihm glauben. Dramatische Figuren, die in dieser Art sprechen – und hier sprechen sie sehr häufig so –, sind also unwirklich und unlebendig. Doch gibt es eine Gestalt in diesem Stück, die so natürlich, so ihrem Wesen gemäß spricht, daß sie geradezu revolutionär innerhalb der Geschichte der dramatischen Literatur wirkt: Philipp Faulconbridge, der Bastard. Er ist der illegitime Sohn Richards I., des Bruders von König Johann; als er in Anerkennung dieser Tatsache vom König in den Ritterstand erhoben wird, ist sein erstes Wort:

Well, now I can make any Joan a lady

Ich kann ein Gretchen nun zur Lady machen,
(Nun, jetzt kann ich jede Grete zur Dame machen,)

– und dieser Zug natürlichen Humors – der Gedanke nämlich, daß er jetzt, als Sir Richard, jede beliebige Frau, die er heiratet, zu einer Lady Faulconbridge macht – steht unbedingt im Einklang mit der Natur dieses Mannes. Diese eine Figur lebt und läßt die übrigen Gestalten des Stückes nur um so unwirklicher erscheinen. Vielleicht war Shakespeare sich selber nicht klar all dessen bewußt, was sich hier anbahnte; denn Faulconbridge ist nicht etwa nur der Vorläufer lebenswahrer komischer Gestalten, sondern auch sehr bedeutender Charaktere. Indem er in einem Drama auftritt, das ihm an Wert nicht gemäß ist, scheint er der Zeit vorauszueilen; jedenfalls ist er der Vorläufer Jagos im *Othello*, aber auch des Timon von Athen, des Mark Anton, ja des König Lear, weil er wie ein wirklicher Mensch spricht. Und er ist eine Gestalt, wie sie Marlowe nie hätte schaffen können.

Die nächste Entwicklungsphase erreicht in *Romeo und Julia* ihren Höhepunkt. Die beiden ersten Szenen dieses Stückes sind nicht gerade vielversprechend. Der Eingangsdialog zwischen den Dienern der beiden Familien hat dramatischen Wert, wenn sein Humor auch ziemlich roh ist. Die erste Szene ist verstechnisch den Historien nicht ganz ebenbürtig. Im zweiten Auftritt ist der Versbau dem von *Verlorene Liebesmüh* nur wenig überlegen; allerdings fragt man sich bei dieser Szene, ob Shakespeare den gekünstelten Stil nicht etwa absichtlich angewandt hat. Vielleicht wollte er die Sprechweise des Romeo, der nur zu lieben wähnt, von der Sprache des zum ersten Male wirklich Liebenden unterscheiden. Erst mit dem Erscheinen von Julias Amme gewinnt die dichterische Sprache Leben. Die Amme leitet ihre Abkunft ebenfalls von Faulconbridge her: sie ist eine starke, derbe, lebenswarme Persönlichkeit, geradezu und kraftvoll in ihrer Redeweise. Sie ist auch nicht die einzige Gestalt von so alltagsverbundenem Realismus. Der alte Capulet, Julias Vater, spricht ebenfalls eine schlichtmenschliche Sprache.

More light, ye knaves! and turn the tables up,
And quench the fire, the room ist grown too hot.
Ah! sirrah, this unlook'd-for sport comes well.
Nay, sit, nay, sit, good cousin Capulet:
For you and I are past our dancing days:
How long is't now since last yourself and I
Were in a mask?
– By'r Lady, thirty years.
– What, man! 'tis not so much, 'tis not so much.

Mehr Licht, ihr Schurken, und beiseit' die Tische! / Das Feuer weg! Das Zimmer ist zu heiß. / Ha, recht gelegen kommt der unverhoffte Spaß. / Na, setzt Euch, setzt Euch, Vetter Capulet! / Wir beide sind ja übers Tanzen hin. / Wie lang ist's jetzt wohl, seit wir uns zuletzt / In Larven steckten? / – Dreißig Jahr', mein Seel'. – / Wie, Mann? So lang noch nicht, so lang noch nicht.

Ich betone immer wieder die Bedeutung dieser Ausdrucksweise; denn ich glaube, daß Shakespeares größte Dramen und ihre bedeutendsten Höhepunkte ohne diese Meisterschaft in der natürlichen Umgangssprache nicht zu denken wären. In dieser Meisterschaft übertraf Shakespeare alle englischen Dichter, die vor ihm und nach ihm Versdramen geschrieben haben.

Romeo und Julia ist besonders aufschlußreich, weil dieses Stück ein solches Gemisch verschiedener Stilarten ist. Ich weiß nicht, inwieweit die Steifheit des ersten Auftritts beabsichtigt ist. Auch für Mercutios berühmte lange Rede auf die Königin Mab und die Feen finde ich nicht leicht eine Erklärung. Sie ist dramaturgisch nicht notwendig, sie macht Mercutios Charakter noch rätselhafter, sie hält die Handlung auf, und doch ist sie ein literarisches Glanzstück, auf das wir nur ungern verzichten würden. Sie nimmt auf seltsame Weise Späteres vorweg: eine Zeile beschwört die Stimmung des *Sturm* herauf (›*True, I talk of dreams*‹ – ›Ja, von Träumen sprech' ich‹), und eine andere Zeile

Which is as thin of substance as the air

... die aus so dünnem Stoff als Luft besteht

gibt einen Vorklang der Worte, die Horatio im *Hamlet* über den Geist sagt:

For it is, as the air, invulnerable.

Denn er ist unverwundbar wie die Luft.

Diese Rede Mercutios verdeutlicht, wie Shakespeare dazu neigt, seine Bühnenwerke mit allem zu beladen, was sich im Rahmen der dramatischen Handlung nur unterbringen läßt, während Racine und die anderen französischen Tragiker alles fortlassen, was nicht unbedingt wesentlich ist.

Ein bedeutsames neues Moment, das für die Verskunst in *Romeo und Julia* charakteristisch ist, finden wir ferner in der Balkonszene und dem Dialog der Liebenden (II. Aufzug, 2. Auftritt). In Romeos ersten Worten ist noch eine gewisse Künstelei:

Two of the fairest stars in all the heaven,
Having some business, do entreat her eyes
To twinkle in their spheres till they return.

Ein Paar der schönsten Stern' am ganzen Himmel / Wird ausgesandt, und bittet Juliens Augen, / In ihren Kreisen unterdes zu funkeln.

Denn ein Mann, der unten im Garten steht, würde selbst in einer sehr hellen Mondnacht die Augen des Mädchens oben auf dem Balkon kaum so strahlend aufleuchten sehen, daß jener Vergleich gerechtfertig wäre. Aber vom Anfang dieser Szene an merkt man, daß sich eine musikalische Grundstruktur vorbereitet, in ihrer Art ebenso überraschend wie jene, die sich im Frühwerk Beethovens offenbart. Die Verteilung der musikalischen Elemente – Julia drei einzelne Zeilen, Romeo erst drei, dann vier, dann fünf, darauf Julias längerer Passus – ist sehr beachtenswert. Man spürt, daß Julias Stimme in dieser Klangstruktur die Führung hat: ihrer Stimme ist der Satz anvertraut, der das ganze Duett beherrscht.

My bounty is as boundless as the sea,
My love as deep; the more I give to thee
The more I have, for both are infinite.

So grenzenlos ist meine Huld, die Liebe / So tief ja wie das Meer. Je mehr ich gebe, / Je mehr auch hab' ich: beides ist unendlich ...,

und ihr ist das Leitwort ›Blitz‹ in den Mund gelegt, das später im Drama wiederkehrt und die plötzlich und verhängnisvoll hereinbrechende Gewalt ihrer Leidenschaft kennzeichnet:

Too like the lightning, which doth cease to be
Ere one can say it lightens.

... gleicht allzusehr dem Blitz, der nicht mehr ist, / Noch eh' man sagen kann: es blitzt.

In dieser Szene erreichte Shakespeare eine verskünstlerische Vollkommenheit, die für diese besondere Aufgabe weder er selbst noch irgendein anderer Dichter, eben weil sie vollkommen war, übertreffen konnte. An die Stelle der Steifheit, Künstelei und poetischen Ausschmückung seiner früheren Verse ist endgültig eine Sprache getreten, die zur natürlichen Umgangssprache vereinfacht und wiederum zu großer Dichtung erhöht worden ist, und zwar zu einer ihrem ganzen Wesen nach dramatischen Dichtung; denn die ganze Szene hat eine Struktur, zu der jede Zeile einen wesentlichen Teil beiträgt. Im *Hamlet* ist dieser Prozeß der wechselseitigen Vereinfachung und Erhöhung noch weitergetrieben, und zwar an einem viel schwierigeren Stoffe. An diesem Punkt nun möchte ich mich noch einmal der Frage der unterschiedlichen Beliebtheit von Shakespeares Dramen zuwenden.

Romeo und Julia und *Hamlet* sind wohl die beiden beliebtesten Tragödien. Der Grund dafür ist wohl, daß bis zu dem hier erreichten Punkt die breite Öffentlichkeit dem Dichter folgen kann. *Romeo und Julia* behandelt die erste starke Leidenschaft der Jugend, das heißt eine Leidenschaft, die jeder erlebt hat oder erlebt zu haben glaubt, oder von der jeder wünscht, sie erlebt zu haben. Das Drama drückt zugleich die Liebes- wie die Todessehnsucht aus. *Hamlet* handelt von viel verwickelteren inneren Kämpfen, aber noch immer von den Gefühlserlebnissen der Jugend oder des beginnenden Mannesalters: es ist das Stück eines Mannes, der gerade die Schwelle zur Reife überschreitet. Jeder Mensch kann von Romeo oder Julia innerlich angesprochen werden, und jeder junge Mann, der überhaupt einmal eigene Gedanken und Empfindungen gehabt hat, fühlt eine gewisse Verwandtschaft mit Hamlet; über dieses Alter hinaus aber entwickeln sich überhaupt nur verhältnismäßig wenig Menschen. Je älter wir werden, desto weniger Bühnengestalten finden wir, in die wir uns hineinversetzen können; wenn uns dann noch Charaktere fesseln, so geschieht es weniger, weil sie uns gleich zu sein scheinen, als weil es uns reizt, uns in eine Gestalt hineinzudenken, die sehr verschieden von uns sein mag. Wenige unter uns haben den Ehrgeiz eines Macbeth, den Wahnsinn eines Lear, den Haß eines Timon oder den Stolz eines Coriolan durchlebt; schon eher ist Othellos Eifersucht von einigen Menschen, wenn auch keineswegs von allen, durchlitten worden. Mit *Romeo und Julia* und *Hamlet* ist die äußerste Grenze bezeichnet, bis zu der die meisten Menschen sich entwickeln. Jedes der beiden Dramen ist ein vollendeter Ausdruck der Gefühle, die Shakespeare in dem Lebensalter, in dem er sie schrieb, kennen konnte; darum können wir nicht sagen, daß die späteren Dramen größer sind, sondern nur, daß ein Mensch, der sich über jene Grenze hinaus entwickelt hat, zwar die früheren Dramen weiter mit Gewinn ansehen kann, daß es aber über sie hinaus noch einen Erlebnisbereich gibt. Es scheint mir einem Naturgesetz zu entsprechen, daß ein Mann von der Art Shakespeares in einem Werk wie dem *Hamlet* einen Punkt erreicht, an dem sein Schaffen ein Maximum an Breiten- und Tiefenwirkung auf Phantasie und Gefühl der Menschen ausübt, und daß er von da ab wie ein Komet, der sich der Erde genähert hat und nun seine Bahn weiter verfolgt, allmählich sich dem Blick entzieht und in seine geheimnisvolle Eigensphäre entschwindet. Von

Hamlet, jedenfalls aber von *Macbeth* ab verlangt Shakespeare allmählich immer mehr vom Zuschauer. Manche Stücke können zwar, wenn sie gerade einer allgemein verbreiteten Stimmung entgegenkommen, sehr eindrucksvoll auf die Zuschauer wirken. So wurde *Troilus und Cressida* mit seinem bitteren Urteil über das öffentliche Leben ebenso wie der *Timon* mit seiner Grundstimmung der allgemeinen Enttäuschung in den dreißiger Jahren mehrere Male neu aufgeführt; unter gewissen Umständen kann sogar *Coriolan* ein breiteres Interesse hervorrufen. Größtenteils aber sind diese und die noch späteren Dramen für ein kleines Publikum bestimmt, was durchaus nicht bedeutet, daß sie weniger groß oder weniger dramatisch sind, oder daß Shakespeare sich als Dichter und Dramatiker ebenso wie als Denker nicht weiterentwickelt hätte. Im Gegenteil: wir haben uns nicht entwickelt. Man sagt, daß die Angehörigen gewisser primitiver Rassen mit ungefähr vierzehn Jahren geistig erwachsen sind und von diesem Zeitpunkt ab auf derselben Stufe stehenbleiben. Der durchschnittliche Kulturmensch steht, was das Erfassen künstlerischer und geistiger Werte betrifft, vielleicht bis zum Alter von etwa fünfundzwanzig oder dreißig Jahren in der Entwicklung, während ein Mensch wie Shakespeare bis zu einer höheren Altersgrenze fortschreitet; wenn er dann aufhört, sich zu wandeln und zu reifen, hört er auch zu schreiben auf.

Ich habe diese Frage so eingehend behandelt, weil man sonst meine Art, Shakespeares spätere Dramen zu betrachten, nicht verstehen würde. Denn meine These ist, daß es bei Shakespeare eine fortlaufende dramatische und verskünstlerische Entwicklung gibt, die bis zum Ende seines Schaffens reicht. Zunächst aber müssen wir – sogar in bezug auf die Anpassung des Verses an die Umgangssprache und die Poetisierung der natürlichen Redeweise – eine Entwicklung feststellen, die über die beiden von mir behandelten Stücke *Romeo* und *Hamlet* hinausgeht. In *Antonius und Cleopatra* wird ein weiterer Höhepunkt erreicht. Es ist ein Drama für reife Schauspieler und für ein reifes Publikum. Denn weder auf der Bühne noch im Zuschauerraum können unreife Menschen zu den Gefühlen dieser beiden Liebenden zwischen Jugend und Alter Zugang gewinnen. Das Verhängnis, das über alternden Menschen schwebt, ist sehr verschieden von dem, das jungen Menschen droht und auf Romeo und Hamlet lastet. Infolge der für die Bedingungen der modernen Bühne ungünstigen Vielzahl von kurzen Szenen ist *Antonius und Cleopatra* kein leicht aufführbares Stück, auch ist der Rahmen, in den die Liebenden gestellt sind, vielleicht für das Verständnis der meisten Zuschauer etwas zu weit gespannt, es ist die Weltgeschichte selbst, die ihn bildet. Aber hier haben wir den Höhepunkt jener Entwicklung, die, wie wir sahen, mit der Gestalt und der Sprache Faulconbridges in *König Johann* begann: das Stück ist von einem Realismus, für den wie im wirklichen Leben das Erhabene una das Gemeine nur zwei Aspekte derselben Sache sind. Antonius und Cleopatra selbst sind zwei große heroische Gestalten und zugleich völlig würdelos. Kein anderer als Antonius würde

... reel the streets at noon and stand the buffet
With knaves that smell of sweat

Am hellen Tag die Stadt durchtaumeln, balgen / Mit Schuften, schweißbetrieft ...

und Cleopatra würde, wenn sie in der rechten Stimmung ist,

hop forty paces through the public street

wohl vierzig Schritte durch die Straße hüpfen,

während sie in anderer Stimmung zu sich selber sagen könnte, sie sei

... commanded
By such poor passions as the maid that milks
And does the meanest chares.

... untertan
So armem Schmerz als jede Magd, die melkt / Und niedern Hausdienst tut.

Zug um Zug wird, teils in den eigenen Worten von Antonius und Cleopatra selber, teils in dem, was andere über sie sagen, uns diese Einheit von Größe, Grobschlächtigkeit und Gewöhnlichkeit vermittelt, zum Beispiel wenn der kühl berechnende Cäsar den wahnsinnigen Vorschlag des Antonius, den zwischen ihnen auszutragenden Handel durch einen Zweikampf Mann gegen Mann zu entscheiden, beantwortet, indem er ihm ausrichten läßt:

... let the old ruffian know
I have many other ways to die, meanwhile
Laugh at his challenge.

... Wiss' es, alter Raufer,
Es gibt zum Tod noch andre Weg': indes
Verlach' ich seinen Aufruf.
eigentlich:
(laß den alten Grobian wissen, ich habe viele andere Möglichkeiten zu sterben, inzwischen lache ich über seine Herausforderung.)

Die Verssprache entspricht hier so vollkommen der Umgangssprache, daß sie gelegentlich mit Prosa durchsetzt werden kann, ohne daß es irgendwie stört. Im zweiten Auftritt des ersten Aufzuges redet Enobarbus in Prosa, während Antonius Worte spricht, die ebensogut Prosa wie Poesie sein könnten, und der kurze Dialog, in welchem Antonius den Tod seiner Gattin mitteilt, kann ebenso aus Versen wie aus Prosa bestehen.

Fulvia is dead.
– Sir?
Fulvia is dead.
– Fulvia?
Dead.

Fulvia ist tot. / – Herr? / Fulvia ist tot. / – Fulvia? / Tot.

Es gibt nur zwei Stellen in diesem Drama, an denen Shakespeare von dieser Sprechweise abgeht, und beide Male verfolgt er damit einen bewußten Zweck. In dem einen Falle handelt es sich um den Passus, in dem Enobarbus die erste Zusammenkunft Cleopatras mit Antonius beschreibt und der ganz bewußt prunkvoll gehalten ist:

The barge she sat in, like a golden throne
Glowed on the waters ...

Die Bark', in der sie saß, ein Feuerthron, / Brannt' auf dem Strom ...

Hier ist die Sprache so auffallend ungewöhnlich, daß sie uns fühlen läßt, wie der rauhe Krieger zu einem anderen Menschen wird, wenn er an die bezaubernde Schönheit der Königin denkt. Die andere Stelle finden wir in der Szene, in der die weltbeherrschenden Triumvirn auf dem Prunkschiff des Pompejus in Prosa sprechen und in der Lepidus sich würdelos betrinkt; und hier hat die gesucht prosaische Prosa ebenfalls einen sehr bezeichnenden Sinngehalt. Aber das eigentlich Überragende an *Antonius und Cleopatra* ist, wie gesagt, daß das Heroische und das Niedrige in denselben Gestalten und in ein und derselben Lebensschau verschmelzen. Bei Marlowe hätten die Helden des Stückes ebenso erhaben erscheinen können; bei Dryden, in seinem später über denselben Gegenstand geschriebenen Drama, ist es beinahe so. Aber nur Shakespeare konnte sie sowohl erhaben als auch mit allen ihren menschlichen Schwächen zeichnen; und ohne die menschlichen Schwächen würde es dieser Tragödie an Größe mangeln. Shakespeares Überlegenheit jedoch beruht darauf, daß er in dichterischer Sprache zu sagen wußte, was niemand sonst in Prosa hätte sagen können. Daß er in seinen Versen die Alltagssprache weiterentwickelt und zu einer gehobenen Sprache macht, hebt seine dramatische Dichtung weit über alle Werke Marlowes oder Drydens hinaus.

Shakespeares Entwicklung kann nicht überzeugend dargestellt werden, ohne daß man alle Stücke in chronologischer Ordnung betrachtet und jeweils aufzeigt, welchen Platz das einzelne Drama innerhalb der Gesamtfolge einnimmt. Ich kann hier nur auf die Dramen eingehen, die sich als charakteristisch für besondere Höhepunkte in dieser Reihe auswählen lassen. *Antonius und Cleopatra* habe ich herausgegriffen, weil Shakespeare sich darin am stärksten als realistischer Dichter erweist. Die letzten Dramen sind schwieriger. Beim Lesen oder Anschauen von *Antonius und Cleopatra* können wir unser Staunen noch mit den Worten ausdrücken: ›Ich hätte nie gedacht, daß sich so etwas in dichterischer Sprache sagen ließe.‹ Bei den späteren Stücken könnte man sein Staunen eher in die Worte kleiden: ›Ich hätte nie gedacht, daß sich dergleichen überhaupt sagen ließe!‹ Denn in den letzten Dramen – *Cymbeline*, *Wintermärchen*, *Perikles* und *Sturm* – hat Shakespeare den Realismus des alltäglichen Lebens aufgegeben, um einer dahinterliegenden Welt des Gefühls Wirklichkeit zu verleihen. Er neigt daher dazu, die Handlung dieser Dramen in eine Art Märchen oder phantastischen Roman zu verwandeln und seine Charaktere so zu vereinfachen, daß sie zu Trägern einer emotionalen Wirklichkeit werden, deren sie sich selbst, als handelnde

Personen, nicht bewußt sind. Die greifbare Welt wird in diesen späten Dramen zu einer Traumwelt, und tief bedeutsam ist die Rolle, die Traum und Vision in ihnen spielen.

> 'Tis still dream, or else such stuff as madmen
> Tongue, and brain not: either both, or nothing:
> Or senseless speaking, or a speaking such
> As sense cannot untie.

Noch immer Traum, wo nicht solch Zeug, wie Tolle / Verstandlos plaudern: beides, oder nichts: / Entweder sinnlos Reden, oder solch Gerede, / Das Sinn nicht kann enträtseln.

Der Vers sucht und entdeckt neue Möglichkeiten: die früh geübte Kunst des Spielens mit der Sprache zeigt sich wieder, aber jetzt schenkt sie dem Wort einen viel feineren und tieferen Sinngehalt und zugleich eine reichere Musikalität:

> ... Nobly he yokes
> A smiling with a sigh, as if the sigh
> Was that it was, for not being such a smile:
> The smile mocking the sigh, that ist would fly
> From so divine a temple, to commix
> With winds that sailors rail at.

... Wie lieblich paart er / Ein Lächeln mit dem Seufzer: als wenn seufzte / Der Seufzer, daß er nicht solch Lächeln war; / Als spottete das Lächeln jenes Seufzers, / Der aus so holdem Tempel flieht, um sich / Mit Sturm zu mischen, den der Seemann schilt.

Eine solche Sprache zu verstehen, geht weit über das Fassungsvermögen des englischen Theaterpublikums, des heutigen wie des damaligen, hinaus. Und doch ist sie nicht weniger dramatisch; dramatisch allerdings in einer Welt, zu der wenige Zugang haben. Ähnlich verhält es sich mit den Charakteren: nicht sie vermitteln uns das Verständnis des Stückes, wir verstehen die Charaktere erst aus dem Stück. Wollte man Perdita, Imogen, Miranda oder Marina mit der so lebenswarmen Julia oder Ophelia vergleichen, wollte man sie ihnen gegenüber blaß oder unwirklich nennen, so legte man einen falschen Maßstab an. Sie sind ebenso wirklich, wirklich allerdings in einer Welt, aus der gewisse Gemütsbewegungen herausdestilliert worden sind, um anderen, gewöhnlich unbemerkt bleibenden, Platz zu machen. Sie sind wirklich, aber in einer Welt, in der die Sprache beinahe schiere Musik ist und die Gefühle ausdrückt, die sonst nur musikalischen Menschen vertraut sind. In keinem Drama Shakespeares gibt es eine schönere Szene als den ersten Auftritt des fünften Akts im *Perikles*. Der alte König erkennt in der jungen Frau, die vor ihm steht, die Tochter, die er als ganz kleines Kind auf hoher See verloren zu haben glaubt, und das Duett der beiden ist so vollendet wie das oben angeführte zwischen Romeo und Julia. Es verhält sich zu diesem Dialog etwa, wie sich Beethovens letzte Streichquartette zu seinen früheren verhalten:

I am a maid,
My lord, that ne'er before invited eyes,
But have been gaz'd on like a comet: she speaks,
My lord, that, may be, have endur'd a grief
Might equal yours, if both were justly weigh'd.

Ich bin ein Mädchen, / Das nie den Blick auf sich zu ziehn getrachtet, / Und doch kometengleich ward angestaunt. / Die zu Euch spricht, mein Fürst, hat Leid erduldet, / So schwer wie Eures wohl auf richt'ger Waage.

Und Perikles antwortet seiner Tochter:

Now, blessing on thee! rise; thou art my child,
Give me fresh garments. Mine own, Helicanus;
She is not dead at Tarsus, as she should have been,
By savage Cleon;

Heil über dich! Steh auf, du bist mein Kind! / Gebt frisch Gewand! Mein Kind ist's, Helicanus! / Sie starb zu Tarsus nicht, wie es gewollt / Der wilde Cleon.

So kehrt in diesen letzten Theaterstücken Shakespeares das Drama zu seinen Anfängen zurück; es wird zu einer Art religiöser Kulthandlung von jenseitigem Sinngehalt. Daher das Maskenspiel oder Traumbild von der Göttin, das in diesen letzten Dramen die Kulthandlung vertritt und nüchtern-sachlichen Kritikern Shakespeares so zu schaffen gemacht hat. Shakespeare gelangte zu diesem Punkt aus einer Art logischer Notwendigkeit, nachdem er in der dramatischen Dichtung alles getan hatte, was ein einzelner Mensch vermochte.

Was ich zu zeigen versucht habe, ist erstens: Shakespeare entwickelte seinen Vers zur höchsten Vollkommenheit um des Dramatischen willen und wurde gerade dadurch, daß er für die Bühne schrieb, ein großer Versdichter. Zweitens: das Dramatische bleibt durchweg Ziel seines Schaffens, obwohl er zuletzt zu einer Form des Dramas gelangte, der keine Zuhörerschaft mehr gerecht wird; seine Kraft ließ nicht nach, und bis zum Schluß verwirklichte er, was er sich als Aufgabe gestellt hatte. Endlich: Shakespeares Werk bildet ein geschlossenes Ganzes, und wir verstehen darum jedes einzelne Drama besser, wenn wir alle anderen kennen.

Ben Jonson

Es ist selten dem Andenken eines großen Dichters ein so vernichtender Ruf aufgezwungen worden wie gerade dem Jonsons. Allgemein anerkannt zu sein und doch abgeurteilt durch ein Lob, das jedes Verlangen seine Bücher zu lesen auslöscht, gerade die Vorzüge zugebilligt zu bekommen, die am allerwenigsten Vergnügen erwekken und nur von Historikern und Altertumsforschern gelesen zu werden – dies ist wohl die lückenloseste Verschwörung des Beifalls, die man sich denken kann. Mehrere Generationen hindurch ist Jonsons Ruf mehr unter den Passiva als den Aktiva in der Bilanz der englischen Literatur geführt worden. Keinem Kritiker ist es gelungen, ihn anziehend oder auch nur interessant zu machen. Swinburnes Buch über Jonson befriedigt die Wißbegier nicht und gibt dem Denken keine Anregungen. Ein gewisser Rang kommt der kritischen Studie von Gregory Smith in den *Men of Letters Series* zu; diese befriedigt zwar die Wißbegier, bietet viele richtige Beobachtungen, enthält wertvolle Tatsachen über die vernachlässigten ›Masken‹, aber sie vermag nicht Jonsons Bild, wie es sich in unserem Geist einmal festgesetzt hat, umzuformen. Wahrscheinlich sind an diesem falschen Bild mehrere Generationen unserer Dichter schuld. Zwar geht der Wert einer Dichtung über das hinaus, was sie dem lebenden Dichter für sein eigenes Schaffen bedeutet; aber Würdigung ist verwandt mit Schöpfung, und echtes Genießen von Dichtung ist verknüpft mit dem Wachrufen der Eingebung, dem Anreiz, der für einen Dichter im Genießen anderer Dichtung liegt. Jonson hat seit sehr langer Zeit keinen solchen schöpferischen Anreiz mehr gegeben, folglich müssen wir bis auf Dryden zurückgehen – einen Praktiker der Dichtung, genau genommen, der von Johnson lernte –, bis wir eine lebendige Kritik an seinem Werk finden.

Und doch gibt es selbst jetzt noch für Jonson Wirkungsmöglichkeiten. Es ist nicht schwer zu sehen, was ihn in diese schiefe Lage gebracht hat, wie man ihn im Gegensatz, wenn nicht zu Shakespeare, so doch zu Marlowe, Webster, Donne, Beaumont und Fletcher mit Achtung anstatt mit Freude an seinen Werken ausbezahlt hat. Er ist nicht weniger Dichter als diese Schriftsteller, aber seine Dichtung ist Dichtung der Oberfläche. Als solche kann sie nicht ohne Bemühung verstanden werden, denn die Oberfläche des Lebens so darstellen, wie Jonson es tat, heißt mit so viel Bewußtsein vorgehen, daß wir die gleiche Bewußtheit haben müssen, um ihn überhaupt zu verstehen. Shakespeare, ja auch geringere Geister, sind letzten Endes schwieriger, aber sie bieten gleich zu Anfang etwas, wodurch der Leser ermutigt wird und diejenigen, die weiter nichts verlangen, befriedigt werden. Ihr Werk ist suggestiv, ein Anruf an die Phantasie, eine musikalische Phrase, eine Stimme; sie sind Dichtung sowohl in den Einzelheiten wie im Aufbau des Ganzen. So gibt Dante selbst Lesern, die kein Italienisch verstehen etwas, überall eine musikalische Phrase *(tu se' ombra ed ombra vedi)*. Und Dante und Shakespeare haben beide Dichterisches sowohl im Ganzen wie in den Einzelheiten. Aber Jonsons poliertes Furnier spiegelt nur die Einfältigkeit des trägen Lesers wider, kein Unbewußtes antwortet Unbewußtem, keine Schwärme unausgesprochener Gefühle werden wachgerufen. Jonson wendet sich unmittelbar an den Geist, bei ihm liegt der Gefühlston nicht im einzelnen Vers, sondern im Aufbau des Ganzen. Aber nicht viele Menschen sind von sich aus fähig, Schönheit zu entdecken, die nur nach intensiver Arbeit gefunden wird; und Jonsons eifrigste Leser waren die historisch Interessierten und diejenigen, die glaubten, wenn sie das historisch Interessante entdeckt hätten, so hätten sie auch den künstlerischen Wert entdeckt. Wenn wir sagen, daß Jonson Studium verlangt, so meinen wir nicht ein Studium seiner klassischen Gelehrsamkeit oder der Sittengeschichte des 17. Jahrhunderts. Wir meinen vielmehr eine intelligente Durchdringung des Werkes in seiner Gesamtheit; wir meinen, daß, wenn man ihn überhaupt mit Genuß lesen will, man zum Zentrum seiner Dichtung und seines Temperaments vordringen muß und daß man ihn vorurteilslos, als Zeitgenossen sehen sollte. Um ihn aber als Zeitgenossen zu sehen, bedarf man nicht einmal so sehr der Fähigkeit, sich selbst in das London des 17. Jahrhunderts zu versetzen, als vielmehr der, Jonson in das heutige London zu stellen.

Es wird allgemein zugegeben, daß Jonson als tragischer Dramatiker versagte; und meistens ist man der Meinung, daß er deshalb versagte, weil er eine besondere Begabung für die satirische Komödie hatte und auch deshalb, weil er seine beiden mißglückten Tragödien mit dem Gewicht pedantischer Gelehrsamkeit belastete. Der zweite Punkt zeugt von offensichtlichem Mißverstehen der Einzelheiten; der erste stellt überhaupt ein zu undifferenziertes Urteil dar, als daß man es annehmen könnte. Wenn man sagt, daß er hier gescheitert sei, weil seine Begabung der Tragödie nicht entsprach, ist damit soviel wie nichts gesagt. Jonson hat tatsächlich keine gute Tragödie geschrieben, aber es ist kein Grund vorhanden, warum er nicht eine geschrieben haben könnte. Wenn zwei so verschiedene Stücke wie *The Tempest* und *The Silent Woman* beides Komödien sind, so könnte sicherlich die Begriffsbestimmung der Tragödie weit genug gefaßt werden, um etwas einzuschließen, was im Bereich von Jonsons Möglichkeiten lag. Aber das Einteilungsschema von Tragödie und Komödie, das wohl ausreichen mag, um die Unterschiede in einer dramatischen Literatur von strengerer Form und Behandlungsweise zu bezeichnen – man kann auf diese Weise Aristophanes und Euripides unterscheiden –, entspricht nicht einer dramatischen Dichtung von solcher Verschiedenartigkeit, wie sie bei den Elisabethanern zu finden ist. ›Tragödie‹ ist eine allzu undifferenzierte Zusammenfassung für Stücke von so verschiedenem Ton wie *Macbeth*, *The Jew of Malta* und *The Witch of Edmonton*; und es nützt nicht viel, wenn man feststellt, daß *The Merchant of Venice* und *The Alchemist* beides Komödien sind. Jonson hatte seinen eigenen Maßstab, seine eigene Darstellungsweise. Die Vorzüge, die *Catiline* besitzt, sind dieselben, die noch großartiger *Volpone* aufweist. *Catiline* ist mißlungen, nicht weil er zu ausgeklügelt und bewußt ist, sondern weil er nicht bewußt genug ist, weil Jonson in diesem Stück nicht auf seinen eigenen Sprachstil bedacht war, nicht klar genug im Sinne hatte, was seine Veranlagung von ihm verlangte. Im *Catiline* fügt sich Jonson bestimmten Konventionen oder versucht es wenigstens, nicht den Konventionen der Antike, die er ausgezeichnet handhabte, sondern den Konventionen des tragisch-historischen Dramas seiner Zeit. Nicht die lateinische Gelehrsamkeit drückt den Wert des *Catiline* herab, sondern die Verbindung dieser Gelehrsamkeit mit einer Form, die nicht das richtige Vehikel war für den Geist, der die Gelehrsamkeit angehäuft hatte.

Wenn man den *Catiline* betrachtet – diesen öden Pyrrhussieg der Tragödie –, so wird man darin zwei gelungene Stellen finden: den Dialog der politischen Dramen, Akt II, Szene I, und den Prolog von Sullas Geist. Diese beiden Stellen sind wahrhaft wohltuend. Der Monolog des Geistes ist in einer für Jonson charakteristischen Art gelungen, sowohl dem Inhalt nach wie in der Formung des Verses.

Dost thou not feel me, Rome? not yet! is night
So heavy on thee, and my weight so light?
Can Sylla's ghost arise within thy walls,
Less threatening than an earthquake, the quick falls
Of thee and thine? Shake not the frighted heads
Of thy steep towers, or shrink so their first beds?
Or as their ruin the large Tyber fills,
Make that swell up, and drown thy seven proud hills?

Fühlst du mich nicht, Rom? noch nicht! Liegt die Nacht so schwer auf dir, und ist mein Gewicht so leicht? Kann Sullas Geist in deinen Mauern aufsteigen, weniger drohend als ein Erdbeben, das dein und der Deinen schneller Sturz sein würde? Erbeben nicht die erschreckten Häupter deiner steilen Türme und sinken zurück in ihr erstes Bett? Oder lassen den großen Tiber, durch ihren Fall aufgefüllt, übertreten und deine sieben stolzen Hügel ertränken?

Hier hat man den gelehrten, aber auch den schöpferischen Jonson vor sich. Ohne auf Sullas Charakter einzugehen, läßt er Sullas Geist in den Worten einer Herausforderungsrede als eine lebendige und schreckliche Macht erscheinen, solange die Worte gesprochen werden. Sie fallen mit so entschlossenem Rhythmus, als wären sie der Wille des finsteren Diktators selbst. Man kann dies eine bloße Schmährede nennen; aber eine bloße Schmährede, selbst wenn sie den plumpen Faustkämpfen eines Marston und Hall so überlegen ist wie Jonsons Verse den ihren, würde kaum eine lebendige Gestalt erschaffen, wie es Jonson in dieser langen Tirade gelungen ist. Man kann es auch rhetorisch nennen; aber wenn man den Terminus »rhetorisch« hier gebrauchen will, so muß man ihn sehr viel eingehender zergliedern, als man es bisher zu tun pflegte. Was Jonson hier geschaffen hat, ist nicht nur eine gute Rede. Es ist die sorgsame, genaue

Ausfüllung eines starken und einfachen Umrisses, und an keiner Stelle wird dieser Umriß überschritten; ja weit sorgsamer und genauer ist ihm alles untergeordnet als in vielen der Reden in *Tamburlaine*. Der Umriß ist nicht Sulla, denn Sulla hat nichts damit zu tun, sondern ›Sullas Geist‹. Die Worte mögen zu einem historischen Sulla oder überhaupt zu irgendeiner historischen Person wenig passen, aber ›Sullas Geist‹ findet darin vollkommenen Ausdruck. Man kann nicht sagen, sie sind rhetorisch, ›weil die Leute so nicht reden‹; man kann sie auch nicht als ›Wortschwall‹ abtun, sie weisen keine Weitschweifigkeit oder Überladenheit oder irgendeinen der anderen Mängel der rhetorischen Lehrbücher auf, sondern es handelt sich um eine klar umrissene künstlerische Empfindung, welche nach sprachlichem Ausdruck in diesem Umfang verlangt. Die Worte selbst sind meist einfach, der Satzbau ist natürlich, die Sprache eher streng als schmuckvoll. Wendet man sich dann dem Vorspiel von *The Poetaster* zu, so findet man dort eine weitere vorzügliche Stelle von der gleichen Art.

Light, I salute thee, but with wounded nerves ...

Licht, ich grüße dich, doch mit verwundeten Nerven ...

Vielleicht reden die Menschen nicht so, aber der Geist des Neides tut es, und in Jonsons Worten ist der Neid eine wirkliche und lebendige Person. Es ist nicht menschliches Leben, das den Neid und Sullas Geist beseelt, aber es ist eben die Kraft, von der auch das menschliche Leben nur eine Abart ist.

Um wieder auf *Catiline* zurückzukommen, so kann man sagen, daß gerade die beste Szene im Gesamt dieses Stückes nicht in einen tragischen Rahmen gepreßt werden kann, sondern sehr viel eher der satirischen Komödie anzugehören scheint. Die Szene zwischen Fulvia, Galla und Sempronia ist eine wirklich lebendige Szene in einem Gestrüpp von Rhetorik. Und indem sie die Erinnerung an andere Szenen wachruft – es gibt eine Andeutung des Damenkollegiums in *The Silent Woman* –, sieht sie aus wie eine Komödienszene, während sie in Wirklichkeit Satire ist.

They shall all give and pay well, that come here,
If they will have it; and that, jewels, pearl,

Plate, or round sums to buy these. I'm not taken
With a cob-swan or a high-mounting bull,
As foolish Leda and Europa were;
But the bright gold, with Danaë. For such price
I would endure a rough, harsh Jupiter,
Or ten such thundering gamesters, and refrain
To laugh at'em, till they are gone, with my much suffering.

Sie sollen nur alle geben und gut bezahlen, die hierherkommen, wenn sie es so haben wollen; und zwar Juwelen, Perlen, Silbergeschirr oder runde Summen um solches zu kaufen. Ich gebe mich keinem Schwan oder hochsteigenden Stier hin, wie die törichte Leda und Europa es taten; wohl aber dem blinkenden Gold wie Danae. Für solchen Preis würde ich einen rauhen barschen Jupiter ertragen oder zehn von solchen donnernden Spielern und würde mich bezwingen, nicht über sie zu lachen, bis sie gegangen sind, mit meiner ganzen Qual.

Diese Szene ist ebensosehr Komödie als Tragödie, und die ›Satire‹ ist hier nur das Medium einer wesenhaften Gemütsbewegung. Jonsons Drama ist nur beiläufig Satire, weil es nur nebenher Kritik an der tatächlichen Welt ist. Es kann nicht Satire in der Art von Swifts oder Molières Werk genannt werden: das heißt, es hat seine Wurzel nicht in irgendeiner bestimmten Gefühlshaltung oder einem bestimmten intellektuellen Kritizismus gegenüber der tatsächlichen Welt. Es ist Satire vielleicht in dem Sinne wie Rabelais' Werk Satire ist. Sicherlich nicht mehr als dieses. Wichtig ist nur festzustellen, daß, wenn dichterische Darstellung in eine schöpferische und eine kritische eingeteilt werden kann, man bei Jonson von der schöpferischen reden muß. Daß er ein großer Kritiker war, unser erster großer Kritiker überhaupt, ändert nichts an dieser Feststellung. Jeder schöpferische Geist ist auch Kritiker. Jonson war ein bewußter Kritiker, aber er war auch bewußt in seinen dichterischen Werken. Gewiß kann man den Terminus ›kritisch‹ so auf dichterische Darstellung anwenden, daß damit eine Methode bezeichnet wird, die der Jonsons gerade entgegengesetzt ist. Dies wäre die Methode der *Education sentimentale.* Jonsons Charaktere, wie die Shakespeares, vielleicht überhaupt wie die der größten Dramen, sind mit kräftigen und einfachen Umrißlinien gezeichnet. Diese können durch viele Einzelheiten oder viele sich verschiebende Aspekte ausgefüllt sein, wie es bei Shakespeare auch tatsächlich der Fall ist. Aber eine klare, scharfe und einfache Form bleibt durch alles hindurch erhalten, obgleich es schwer sein würde zu sagen, worin die Klarheit, Schärfe und Einfachheit bei Hamlet besteht. Doch Frédéric Moreau ist nicht auf diese Weise gestaltet. Seine Person wir zum Teil durch negative Definitionen aufgebaut, die aus einer Vielzahl von Beobachtungen hervorgehen. Wir können ihn nicht aus der Umgebung, in die er gestellt ist, herauslösen, mag es auch eine Umgebung sein, die verallgemeinert ist oder sein könnte, so besteht sie und die Gestalt in ihrer Mitte trotzdem aus sehr vielen beobachteten Tatsachen, der wirklichen Welt. Ohne diese Welt löst die Gestalt sich auf. Die beherrschende Fähigkeit ist hier eine kritische Wahrnehmung, ein Kommentar zu wirklich erlebten Gefühlen und Empfindungen. Wenn dies für Flaubert zutrifft, dann in noch höherem Maße für Molière, weit weniger jedoch für Jonson. Die kräftigen, possenhaften Züge Molières scheinen zwar auf dieselbe Art gezeichnet zu sein wie die Ben Jonsons. Aber Molière – etwa in Alceste oder Monsieur Jourdain – kritisiert das Tatsächliche. Die Beziehung zur tatsächlichen Welt ist unmittelbarer. Da aber Jonsons Werk in einer viel differenzierteren Weise auf die Wirklichkeit bezogen ist, ist es auch viel weniger unmittelbar satirisch.

Dies führt uns zur Frage der *humours*. Hauptsächlich im Hinblick auf die beiden *humour*-Dramen ist hin und wieder angenommen worden, daß Jonson vor allem Typen im Sinn hatte; typische Übertreibungen oder Übertreibungen eines Typus. Die Bezeichnung *humour*, durch die Jonson seine Intention hat ausdrücken wollen, mag für diese beiden Stücke zutreffen. *Every Man in his Humour* ist das erste reife Werk Jonsons, und wer ihn studieren will, muß sich hineinvertiefen; aber es ist keineswegs das Stück, in dem Jonson seine Begabung entdeckte: es ist auch nicht das Stück, mit dessen Lektüre man beginnen sollte. Wenn man zuerste *Volpone* liest und danach den *Jew of Malta* noch einmal vornimmt, dann zu Jonson zurückkehrt und *Bartholomew Fair, The Alchemist, Epicœne, The Devil is an Ass* und endlich *Catiline* liest, ist es am ehesten möglich, zu einer richtigen Einschätzung des Dichters und Dramatikers zu gelangen.

Der *humour* ist, selbst zu Beginn, nicht ein Typus wie in Marstons Satire, sondern ein vereinfachtes und etwas verdrehtes Individuum mit einer typischen Besessenheit. Im späteren Werk ist es ganz unmöglich, mit der Definition *humour* die Gesamtwirkung zu erklären. Shakespeares Charaktere könnten auch unter ganz anderen Verhältnissen existieren als die, in die er sie hineingestellt hat. Es zeigt sich aber dann, daß gerade diese besonderen Umstände den Charakteren die intensivste und interessanteste Verwirklichung erlauben; doch hat diese Verwirklichung ihre Möglichkeiten nicht erschöpft. Volpones Leben andererseits ist begrenzt durch die Szene, in der es dargestellt wird; es ist eigentlich zunächst das Leben der Szene, das gespielt wird, und erst in abgeleitetem Sinn das Leben Volpones; das Leben des Charakters ist hier nicht abzutrennen vom Leben des Dramas. Doch bedeutet dies nicht Abhängigkeit von einem Hintergrund oder von bestimmten Fakten, die dem Ganzen zugrunde liegen. Die Wirkung auf das Gefühl ist einfach und einheitlich. Wenn bei Shakespeare die Wirkung durch die Art hervorgerufen wird, in der die Personen *aufeinander einwirken*, so bei Jonson dadurch, wie sie *aufeinander abgestimmt* sind. Der künstlerische Gesamteindruck des *Volpone* entsteht nicht durch irgendeine Wirkung, die Volpone, Mosca, Corvino, Corbaccio oder Voltore aufeinander haben, sondern ganz einfach durch ihre Zusammenfassung zu einem Ganzen. Doch sind alle diese Figuren keine Personifikationen von Leidenschaften; für sich genommen, haben sie nicht einmal diesen Grad von Realität, sie sind nur Bestandteile des Ganzen. Ähnlich bezeichnend für Jonsons Methode ist es, daß man aus seinen Werken kaum eine Zeile herausnehmen kann, die man mit voller Überzeugung als große Dichtung bezeichnen könnte; aber es gibt viele längere Stellen, denen man diesen Ehrentitel nicht versagen kann.

I will have all my beds blown up, not stuft;
Down is too hard; and then, mine oval room
Fill'd with such pictures as Tiberius took
From Elephantis, and dull Aretine
But coldly imitated. Then, my glasses
Cut in more subtle angles, to disperse
And multiply the figures, as I walk...

Ich will alle meine Betten mit Luft gefüllt haben und nicht mit Feder gestopft. Daunen sind zu hart; und dann soll mein ovales Zimmer mit solchen Bildern vollgehängt werden, wie sie Tiberius von Elephantis holte und wie sie der dumme Aretin nur unvollkommen nachzuahmen verstand. Dann sollen meine Spiegel in feineren Winkeln geschliffen werden, damit die Gestalten sich zerstreuen und vervielfältigen, wenn ich daran vorübergehe.

Jonson ist der rechtmäßige Erbe Marlowes. Die Verse aus dem *Volpone:*

for thy love,
In varying figures, I would have contended
With the blue Proteus, or the hornèd flood ...

Um deiner Liebe willen würde ich in stets sich wandelnder Gestalt mit dem blauen Proteus oder mit der aufzüngelnden Flut gekämpft haben.

und

See, a carbuncle
May put out both the eyes of our Saint Mark;
A diamond would have bought Lollia Paulina,
When she came in like star-light, hid with jewels ...

Sieh, ein Karfunkel kann die beiden Augen unseres heiligen Markus auslöschen; ein Diamant hätte Lollia Paulina kaufen können, als sie wie Sternenlicht hereintrat, unter Juwelen versteckt.

stellen ihn in eine Reihe mit Marlowe; und wenn Marlowe ein Dichter ist, ist es Jonson auch. Und wenn Jonsons Komödie eine Komödie der Temperamente ist, dann ist Marlowes Tragödie, wenigstens zu einem großen Teil, eine Tragödie der Temperamente. Man hat wohl Jonson zu ausschließlich als den typischen Vertreter einer Richtung angesehen, die zur Komödie hinstrebt. Sein hervorragender Ruf als Kritiker und Theoretiker, der Eindruck seiner Intelligenz haben im Grunde ungünstig gewirkt. Man hat uns beigebracht, ihn als den Mann, ja den Diktator zu sehen (eine unbewußte Verwechslung mit seinem späteren Namensvetter mag dabei mitspielen), als den literarischen Politiker, der seine Ansichten einer ganzen Generation aufgeprägt hat. Wir fühlen uns zurückgestoßen dadurch, daß wir ständig an seine Gelehrsamkeit erinnert werden. Wir vergessen über den *humours* die Komödie und über dem Gelehrten den ernsthaften Künstler. Jonson hat in der öffentlichen Meinung verloren, wie es jedem gehen muß, der gezwungen ist, über seine Kunst zu reden.

Wenn man die ersten hundert oder mehr Zeilen im *Volpone* betrachtet, scheinen es Verse in der Art Marlowes zu sein, überlegter, reifer vielleicht, aber ohne Marlowes Inspiration. Sie wirken ›rhetorisch‹, gewiß nicht als ›Taten und Worte, wie sie von den Menschen ausgehen‹. Sie erscheinen uns gezwungen und abscheulich bombastisch. Doch erst wenn man imstande ist, das ganze Stück zu überblicken, weiß man, daß es sich nicht um Rhetorik handelt, zum mindesten nicht um entartete Rhetorik. Denn wenn dieser Stil folgerichtig durchgeführt wird, entsteht letzten Endes eine Wirkung, nicht von Überladenheit, sondern von kühner, ja schockierender und erschreckender Unmittelbarkeit. Es ist schwer, genau zu sagen, was diesen einfachen und einheitlichen Effekt hervorbringt, der nämlich nicht auf irgendeine übliche Weise durch die Behandlung der Intrige entsteht. Jonson besitzt ein ungeheures Geschick dramatischen Aufbauens; es ist nicht so sehr die geschickte Handhabung der Fabel, als vielmehr die Fähigkeit, überhaupt ohne diese auszukommen. Er behandelt niemals einen so komplizierten Vorwurf wie den zum *Merchant of Venice*. Er hat auch in seinen besten Stücken nichts, was sich den Intrigen der Restaurationskomödie vergleichen ließ. In *Bartholomew Fair* ist eine Fabel überhaupt kaum vorhanden. Das Erstaunliche an dem Stück ist vielmehr die bestürzend schnelle, chaotische Handlung des Marktes; es ist der Markt selbst, der dargestellt ist, nicht irgend etwas, was sich auf dem Markt zuträgt. Im *Volpone*, in *The Alchemist* oder in *The Silent Woman* ist gerade genug an Fabel vorhanden, um die Spieler in Bewegung zu halten; es ist mehr eine ›Handlung‹ als eine Fabel. Nicht die Fabel ist es, die das Schauspiel zusammenhält, sondern die Einheit der Inspiration, die gleicherweise in Fabel und Personen einstrahlt.

Wir haben hiermit versucht, genauer zu definieren, in welchem Sinne von Jonsons Werk gesagt worden war, es sei Dichtung der Oberfläche, wobei das Wort ›oberflächlich‹ vermieden wurde. Denn es gibt durchaus Werke aus Jonsons Zeit, die im pejorativen Sinne oberflächlich sind – und so darf das Wort auf Jonson ja nicht angewandt werden –, nämlich die Beaumonts und Fletchers. Wenn man auf das Werk von Jonsons größten Zeitgenossen hinblickt, auf Shakespeare, auch auf Donne, Webster und Tourneur (in einigen Fällen auch auf Middleton), so haben diese alle eine Tiefe, eine dritte Dimension, wie Gregory Smith es richtig genannt hat, die Jonson nicht hat. Ihre Worte besitzen oft ein Netzwerk feinfühliger Wurzeln, die zu den tiefsten Schrecken und Begierden hinabreichen. Dies findet sich bei Jonson ganz sicher nicht; doch bei Beaumont und Fletcher glaubt man es manchmal zu spüren. Wenn man aber schärfer zusieht, entdeckt man, daß die Blüten von Beaumonts und Fletchers Einbildungskraft keine Nahrung aus dem Boden ziehen, sondern abgeschnittene und leicht angewelkte Blumen sind, die man in Sand gesteckt hat.

> Wilt thou, hereafter, when they talk of me,
> As thou shalt hear nothing but infamy,
> Remember some of these things? ...
> I pray thee, do; for thou shalt never see me so again.

Willst du künftighin, wenn sie von mir reden und du nichts als Verleumdung hören wirst, dich an einige von diesen Dingen erinnern? ... Ich bitte dich, so tu's; denn du wirst mich nie wieder so sehen.

> Hair woven in many a curious warp,
> Able in endless error to enfold
> The wandering soul; ...

Haar, geflochten in manch seltsamer Verschlingung, fähig die wandernde Seele in endlosen Irrtum zu verstricken.

Dies sieht, aus dem Zusammenhang gelöst, wie Dichtung der großen Dichter aus, ebenso wie andrerseits Zeilen von Jonson ohne den umgebenden Text wie aufgeblasener und leerer Schwulst wirken. Aber das Erregende an Beaumonts und Fletchers Dichtung beruht eben auf einem klugen Appell an Gefühle und Assoziationen, die sie selbst nicht ganz erfaßt haben; sie ist hohl, und sie ist oberflächlich, und dahinter befindet sich ein Vakuum. Jonsons Oberfläche dagegen ist solide. Sie ist wirklich das, was sie vorstellt, und gibt nicht vor, etwas anderes zu sein. Doch ist sie mit so viel Bewußtheit und Überlegung gestaltet, daß man seine Aufmerksamkeit auf das Ganze richten muß, bevor man die Bedeutung irgendeines Teils verstehen kann. Man kann ein Werk nicht oberflächlich nennen, wenn darin eine Welt geschaffen wird; ein Dichter kann auch nicht beschuldigt werden, die Welt, die er selbst geschaffen hat, oberflächlich dargestellt zu haben, die Oberfläche *ist* ja die Welt. Jonsons Charaktere unterwerfen sich der Logik der Gefühle ihrer Welt. Sie sind keine bloßen Wahngebilde, eben weil sie eine eigene Logik besitzen, und diese kann uns auch die tatsächliche Welt erhellen, denn sie gibt uns einen neuen Blickpunkt, von dem aus wir sie einsehen können.

Als kraftvoller und intelligenter Schriftsteller strebte Jonson danach, seine eigenen Absichten als Reformprogramm und -formel zu verkünden; und so hat er, wie es ja auch ganz natürlich ist, als abstrakte Theorie ausgesprochen, was in Wirklichkeit eine ganz persönliche Anschauungsweise war. Es hat aber letzten Endes keinen Sinn, über Jonsons Theorie und Praxis zu diskutieren, bevor man nicht diese Anschauungsweise, die allen Formeln entschlüpft und die seine Stücke überhaupt erst lesenswert macht, erkannt und in sich aufgenommen hat. Jonson erweist sich auch hierin als der große schöpferische Geist, der er war; er schuf seine eigene Welt, von der ebenso seine Anhänger wie auch die Dramatiker, deren Versuche in ganz anderer Richtung gingen, ausgeschlossen sind. Dies bedenkend, wenden wir uns wieder den Einwänden Gregory Smiths zu – daß Jonsons Charakteren die dritte Dimension fehle, daß sie außerhalb der Theaterexistenz, in der sie auftreten, kein Leben hätten – und verlangen eine genauere Untersuchung. Ein solcher Einwand enthält die Voraussetzung, daß die Charaktere ausschließlich das Werk des Intellekts seien, oder das Resultat oberflächlicher Beobachtung einer Welt, die angewelkt und von Meltau befallen ist. Damit ist gesagt, daß die Charaktere unlebendig sind. Aber wenn man noch tiefer schürft als die Theorie, die scharfe Beobachtung, die ausgeklügelte Zeichnung und die sorgfältige theatralische und dramatische Durcharbeitung, stößt man auf eine Kraft, die Volpone, Busy, Fitzdottrel, die literarischen Damen des *Epicœne*, selbst Bobadil beseelt, dabei aber einen viel tieferen Ursprung hat als den Intellekt, so daß die *humour*-Theorie hier nicht ausreicht. Und dies ist dieselbe Kraft, die auch dem Trimalchio und Panurge ein so starkes Leben gibt und einigen, doch nicht allen der ›komischen‹ Charaktere bei Dickens. Das hier entstehende fiktive Leben kann nicht durch einen Hinweis auf die ›Komödie‹ oder die »Farce« umschrieben werden; es ist keineswegs genau das gleiche Leben, wie es die Charaktere Molières gestaltet oder in denen Marivaux' wirkt – womit übrigens zwei Schriftsteller genannt sind, die ganz verschiedene Ziele hatten. Doch ist es wohl das, was Barabas von Shylock unterscheidet, Epicure Mammon von Falstaff, Faustus von – wenn man so will – Macbeth, ober auch Marlowe und Jonson von Shakespeare und den Shakespeareanhängern, Webster und Tourneur. Es handelt sich nicht nur um die *humours:* denn weder Volpone noch Mosca ist ein solcher. Keine Theorie der *humours* könnte Jonsons beste Stücke oder ihre besten Charaktere erklären. Wir möchten eben wissen, an welchem Punkt die Komödie der *humours* in ein Kunstwerk übergeht und warum Jonson nicht Brome ist.

Das Hervorbringen eines Kunstwerkes, sagen wir eines Charakters in einem Drama, besteht darin, daß die Persönlichkeit oder in einem tieferen Sinn das Leben des Autors in den Charakter überfließt. Dieser Vorgang ist sehr verschieden von dem üblichen Erschaffen seines eigenen Ebenbildes. Die Art und Weise, wie Leidenschaften und Triebe eines schöpferischen Menschen im Kunstwerk ihre Erfüllung finden, ist vielfältig und führt oft weit vom Ursprung weg. Bei einem Maler mag sie als Vorliebe für gewisse Farben, Töne oder Beleuchtungen auftreten; bei einem Schriftsteller mag der ursprüngliche Impuls in noch weit seltsamerer Verwandlung erscheinen. Nun kann man mit Gregory Smith sagen, daß Falstaff sowie eine ganze Anzahl von Shakespeares Charakteren eine ›dritte Dimension‹ besitzen, die Jonsons Charaktere nicht haben. Doch bedeutet dies nicht, daß Shakespeares Gestalten ihren Ursprung im Gefühl oder in der Imagination haben, die Jonsons dagegen im Intellekt oder in der bewußten Erfindung; sie werden beide gleicherweise vom Gefühl gespeist, aber es bedeutet, daß Shakespeares Charaktere ein verwickelteres Gewebe von Gefühlen und Trieben darstellen, ebenso wie sie auch ein beweglicheres und empfindlicheres Temperament besitzen. Falstaff ist nicht nur der gebratene Manningtree-Ochse mit dem Pudding im Bauch; er ›wird auch alt‹, und schließlich ist seine Nase so scharf wie eine Feder. Vielleicht war er die Befriedigung für weit mehr und für weit kompliziertere Gefühle; und vielleicht lag sein Ursprung wie wohl auch der der großen tragischen Charaktere in noch tieferen, noch weniger faßbaren Gefühlen; in Gefühlen, die wohl tiefer als die Jonsons gewesen sein können, aber nicht notwendig stärker oder intensiver waren. Offensichtlich entspringt dieser Unterschied nicht aus dem Unterschied zwischen Fühlen und Denken; auch hat Shakespeare nicht die überlegenere Einsicht, das überlegenere Wahrnehmungsvermögen, wohl aber ist er für eine größere Skala von Gefühlen empfänglich, vor allem für Gefühle, die tiefer und dunkler sind. Aber seine Charaktere sind keineswegs ›lebendiger‹ als die Jonsons.

Die Welt, in der sie leben, ist wohl größer. Aber solche kleine Welten – Welten, wie sie der Künstler erschafft – unterscheiden sich nicht nur in bezug auf die Größe; wenn es vollständige Welten sind, jeder Teil im richtigen Maßverhältnis gezeichnet, so unterscheiden sie sich auch der Art nach. Und Jonsons Welt hat diesen Maßstab. Er hat das seinem Persönlichkeitstyp Entsprechende in einer Dichtungsform gefunden, die etwa unter die Kategorie Burleske oder Farce fallen könnte – obgleich, wenn man eine so *einzigartige* Welt wie die seine behandelt, diese Ausdrücke nicht genügen, um den Wunsch nach genauer Bestimmung zu befriedigen. Keinesfalls ist es die Farce Molières, denn diese ist mehr analytisch, mehr intellektuelle Neuverteilung. Man kann sie auch nicht durch das Wort ›Satire‹ definieren. Jonson gilt als Satiriker. Aber Satire wie die Jonsons ist letzten Endes nicht dadurch groß, daß sie ihren Gegenstand treffend darstellt, sondern dadurch, daß sie ihn erschafft; die Satire ist nur das Mittel, welches die ästhetische Wirkung hervorbringt, der Impuls, der eine neue Welt in eine neue Bahn schleudert. In *Every Man in his Humour* haben wir durchaus eine, ja sogar eine ganz ausgesprochene ›Komödie der *humours*‹ vor uns. Indem er in diesem Stück die neue Gattung entdeckte und proklamierte, erkundete Jonson einfach unbewußt den Weg, der in der Richtung seiner Instinkte ging. Seine Charaktere sind und bleiben, wie die Marlowes, vereinfachte Charaktere; aber die Vereinfachung besteht nicht darin, daß ein bestimmtes ›Temperament‹ oder eine bestimmte Besessenheit vorherrscht. Das wäre eine sehr oberflächliche Erklärung. Die Vereinfachung besteht weitgehend in einem Vermindern der Einzelheiten, im Aufgreifen solcher Züge, die geeignet sind, einen Gefühlsimpuls auszulösen, der für diesen Charakter immer wiederkehrt, und im Anpassen des Charakters an eine bestimmte Umwelt. Dieses Weglassen ist für eine solche Kunst ebenso wesentlich wie eine glatte Verzerrung der Zeichnung; es ist eine Kunst der Karikatur, der großen Karikatur wie bei Marlowe. Es ist große Karikatur, die schön ist, und der große Humor, der ernst ist. Jonsons »Welt« ist groß genug; es ist eine Welt poetischer Imagination; sie ist düster. Er erreichte die dritte Dimension nicht, aber er versuchte es auch gar nicht.

Wenn wir uns Jonson mit weniger fröstelnder Scheu vor seiner Gelehrsamkeit, mit klarerem Verständnis für seine »Rhetorik« und ihre Anwendung nähern, wenn wir begreifen, daß vom Leser keine antiquarischen Kenntnisse verlangt werden, sondern Kenntnis Jonsons, so können wir nicht nur Einsichten in das zweidimensionale Leben aus ihm schöpfen, sondern sogar Genuß. Wir können ihn sogar für uns in Anspruch nehmen, uns seiner bewußt sein als eines Teiles unseres literarischen Erbes, das weiter nach Darstellung verlangt. Von allen Dramatikern seiner Zeit ist Jonson wahrscheinlich der, den die Gegenwart als den verwandtesten empfinden würde, wenn sie ihn kennen würde. Man kann bei ihm eine Brutalität beobachten, einen Mangel an Empfindsamkeit, eine polierte Oberfläche, ein Meistern großer kühner Entwürfe in leuchtenden Farben, womit er eigentlich an die dreitausend Leute in London und anderswo anziehen müßte. Zum mindesten kann man sagen, wenn wir einen zeitgenössischen Shakespeare und einen zeitgenössischen Jonson hätten, so könnte es sehr wohl der Jonson sein, der den Enthusiasmus der Intellektuellen erregen würde. Obwohl er vollgesogen ist mit Literatur, opfert er niemals die theatralischen Qualitäten – theatralisch im günstigsten Sinn – der Literatur oder der Darlegung der Charaktere. Sein Werk ist ein gigantisches Schauspiel. Jonsons *masques*, ein wichtiger Teil seiner Dichtung, werden ganz vernachlässigt; unsere welke Kultur läßt Schauspiel und Literatur verblassen, zieht aber eine blasse Literatur einem blassen Schauspiel vor. Auf Hunderte von Leuten, die *Comus* gelesen haben, kommen höchstens zehn, die die *Masque of Blackness* kennen. Gewiß enthält *Comus* erlesene Poesie, vor allem hat diese Poesie Vorzüge, die Jonsons *mas-*

que-Dichtung nicht für sich in Anspruch nehmen kann. Dennoch ist *Comus* der Tod der *masque*, er ist die Überführung einer Kunstform – wenn diese Form auch nur eine einzige Generation lang existierte – in ›Literatur‹, und zwar in Literatur, die als Form erstarrt ist und ihre Anwendungsmöglichkeiten verloren hat. Obwohl auch *Comus* noch als ›Maske‹ in Ludlow Castle gespielt wurde, war es doch eher Jonson, der wirklich besaß, was Milton erst zu spät erwarb, nämlich einen ausgesprochenen Sinn für die lebende Kunst; seine Kunst war eine angewandte Kunst. Man kann die *masques* noch immer lesen, ja sie sind ein Genuß für jeden, der sich die Mühe macht – eine Mühe, die übrigens diesem Teil von Jonsons Werk gegenüber tatsächlich im Studium historischer Altertümer besteht –, sie sich in Handlung vorzustellen, mit Musik, Kostümen, Tänzen und dem Bühnenbild von Inigo Jones aufgeführt. Sie sind ein weiterer Beweis dafür, daß Jonson einen sehr feinen Sinn für die Form hatte, einen Sinn für die Wirkungsmöglichkeiten, die in einer bestimmten Form enthalten sind; ein Beweis endlich dafür, daß er noch mehr literarischer Künstler als Schriftsteller war.

Milton

Als Samuel Johnson daran ging, Miltons Verstechnik zu untersuchen, im *Rambler* vom Sonnabend, 12. Januar 1751, hielt er es für notwendig, die Verwegenheit zu entschuldigen, daß er über einen bereits so reichlich erörterten Gegenstand schreibe. Zur Rechtfertigung seines Aufsatzes bemerkte der große Kritiker und Dichter: ›Es gibt in jedem Zeitalter neue Irrtümer zu berichtigen und neue Vorurteile abzuwehren.‹ Ich bin gehalten, meiner eigenen Verteidigung eine etwas abweichende Wendung zu geben. Die Irrtümer unserer Zeit haben kräftige Hände berichtigt, und ihre Vorurteile haben gebieterische Stimmen abgewehrt. Einige dieser Irrtümer und Vorurteile hat man mit meinem Namen in Zusammenhang gebracht, und von diesen im besonderen zu sprechen sehe ich mich veranlaßt; man wird es mir, hoffe ich, als Bescheidenheit und nicht als Ziererei auslegen, wenn ich behaupte, es könne niemand einen Irrtum mit mehr Autorität berichtigen, als wer dafür verantwortlich gemacht worden ist. Und es gibt, glaube ich, eine weitere Rechtfertigung dafür, daß ich über Milton spreche, außer der besonderen, die ich soeben gegeben habe. Die Vorkämpfer Miltons zu unserer Zeit waren, mit einer bemerkenswerten Ausnahme, Gelehrte und Lehrer. Ich beanspruche nicht, das eine oder das andere zu sein: ich bin mir darüber im klaren, daß mein einziger Anspruch auf Ihre Aufmerksamkeit, wenn ich von Milton oder von irgendeinem andern großen Dichter spreche, im Appell an Ihre Wißbegierde liegt, in der Hoffnung, es möchte Ihnen darum zu tun sein zu erfahren, was ein heutiger Verseschreiber von einem seiner Vorgänger denkt.

Ich glaube, der Gelehrte und der Praktiker auf dem Felde der literarischen Kritik sollten einer die Arbeit des andern ergänzen. Die Kritik des Praktikers wird gewiß um so besser sein, wenn er nicht ganz ohne gelehrtes Wissen ist; und die Kritik des Gelehrten wird um so besser sein, wenn er einige Erfahrung in den Schwierigkeiten des Verseschreibens hat. Aber die Orientierung beider Arten von Kritik ist verschieden. Der Gelehrte hat es mehr mit dem Verstehen des Meisterwerks im Rahmen der Umgebung seines Verfassers zu tun: mit der Welt, in der der Verfasser lebte, mit der Stimmung seines Zeitalters, seiner intellektuellen Bildung, den Büchern, die er gelesen hat, und den Einflüssen, die ihn geformt haben. Der Praktiker hat es weniger mit dem Verfasser als mit dem Gedicht zu tun, und zwar mit dem Gedicht in Beziehung zu seinem eignen Zeitalter. Er fragt: welchen *Nutzen* hat die Dichtung dieses Dichters für heute schreibende Dichter? Ist sie eine lebendige Kraft im Hinblick auf noch ungeschriebene englische Dichtung, oder kann sie es werden? So können wir sagen, daß das Interesse des Gelehrten auf das Dauernde, das des Praktikers auf das Unmittelbare geht. Der Gelehrte kann uns lehren, wo wir *Bewunderung* und *Achtung* zu zollen haben: der Praktiker sollte imstande sein, wenn es der richtige Dichter ist, der über den richtigen Dichter spricht, ein altes Meisterwerk aktuell zu machen, ihm gegenwärtige Bedeutung zu verleihen und seine Hörer davon zu überzeugen, daß es interessant, erregend, genußreich und *aktiv wirksam* ist. Ich kann nur ein Beispiel heutiger Kritik an Milton von einem Kritiker des Typus nennen, zu dem ich gehöre, sofern ich überhaupt kritische Ansprüche habe: das ist die Einleitung zu Miltons *English Poems* in der Reihe der ›World's Classics‹ von Charles Williams. Sie ist kein umfassender Aufsatz; sie ist in erster Linie bemerkenswert, weil sie die beste Einführung in *Comus* bietet, die ein moderner Leser in die Hand bekommen kann; was sie aber durchweg auszeichnet – und das gilt für die meisten von Williams' kritischen Schriften –, das ist die Gefühlswärme des Verfassers und seine Kunst, sie dem Leser mitzuteilen. Darin ist, soweit ich sehe, der Aufsatz von Williams ein alleinstehendes Beispiel.

Ich halte es für nützlich, bei einer Untersuchung, wie ich sie vorhabe, einen früheren Kritiker des eigenen Typus vor Augen zu behalten, um an ihm die eigenen Ansichten zu messen: einen Kritiker von hinreichendem zeitlichem Abstand, so daß seine damaligen Irrtümer und Vorurteile nicht mit den eigenen übereinstimmen. Darum führte ich eingangs Samuel Johnson an. Es wird schwerlich bestritten werden, daß Johnson, wo er Poesie kritisiert, in seiner Eigenschaft als Praktiker und nicht als Gelehrter schrieb. Weil er selber Dichter war, und zwar ein guter Dichter, muß das, was er über Poesie schrieb, mit Achtung gelesen werden. Und wenn wir Johnsons Dichtung nicht kennen und schätzen, so können wir weder die Vorzüge noch die Grenzen seiner Kritik beurteilen. Leider beschränkt sich das, was der gewöhnliche Leser heutzutage gelesen hat oder erinnert oder zitiert gefunden hat, meist auf die wenigen Äußerungen Johnsons, von denen spätere Kritiker entschiedenen Abstand genommen haben. Aber wenn Johnson eine Ansicht vertrat, die uns verkehrt erscheint, so dürfen wir sie nicht leichthin preisgeben, ohne zu untersuchen, warum er unrecht hat; er hatte seine eignen ›Irrtümer und Vorurteile‹, gewiß, aber wenn wir sie nicht mit innerer Anteilnahme prüfen, so schweben wir stets in der Gefahr, nur Irrtum gegen Irrtum, Vorurteil gegen Vorurteil zu setzen. Nun war Johnson zu seiner Zeit sehr ›modern‹: er befaßte sich mit der Frage, wie Dichtung in seiner Zeit zu schreiben sei. Die Tatsache, daß er gegen Ende und nicht am Anfang einer Stilperiode auftrat, die Tatsache, daß seine Zeit rasch verging und daß die Geltung der Geschmacksregeln, die er beobachtete, im Schwinden begriffen war, mindert das Interesse an seiner Kritik nicht. Ebensowenig schreckt die Wahrscheinlichkeit, daß die Entwicklung der Poesie in den nächsten fünfzig Jahren ganz andere Richtungen einschlagen wird, als zu erschließen mir erwünscht scheint, mich davon ab, die Fragen zu stellen, die Johnson mitmeinte: wie soll Dichtung heute geschrieben werden? und welchen Platz weist die Antwort auf diese Frage Milton zu? Und ich glaube, daß die Antworten auf diese Fragen heute von den Antworten abweichen werden, die vor fünfundzwanzig Jahren richtig waren.

Es gibt ein Vorurteil gegen Milton, das fast auf jeder Seite von Johnsons ›Leben Miltons‹ zutage tritt und, wie ich mir vorstelle, noch allgemein verbreitet ist: indessen nehmen wir, aus größerem geschichtlichem Abstand, einen günstigeren Standort ein als Johnson, um es zu erkennen und darauf Rücksicht zu nehmen. Es ist ein Vorurteil, das ich selber teile: eine Abneigung gegen Milton als Menschen. Über sie habe ich an sich nichts weiter zu sagen: erforderlich ist allein, daß man das Bewußtsein davon feststellt. Aber dies Vorurteil ist oft mit einem andern, undeutlicheren vermischt: und ich glaube nicht, daß Johnson beide in seinem eigenen Geist gesondert hat. Der Sachverhalt ist einfach der, daß der Bürgerkrieg des 17. Jahrhunderts, in dem Milton eine symbolische Gestalt ist, nie zum Abschluß gekommen ist. Der Bürgerkrieg ist nicht beendet: ich halte es für fraglich, ob ein ernsthafter Brügerkrieg jemals wirklich endet. Während jenes ganzen Zeitabschnitts war die englische Gesellschaft so erschüttert und gespalten, daß die Wirkungen noch fühlbar sind. Liest man Johnsons Aufsatz, so gewahrt man immerfort, daß Johnson sich hartnäckig und leidenschaftlich zu einer andern Partei bekannte. Kein andrer englischer Dichter, auch nicht Wordsworth oder Shelley, durchlebte als Parteigänger so bedeutsame Ereignisse wie Milton; bei keinem andern Dichter ist es so schwierig, die Dichtung einfach als Dichtung zu betrachten, ohne daß theologische oder politische Neigungen, bewußte oder unbewußte, vererbte oder erworbene, sich unbefugterweise einmischen. Und die Gefahr ist um so größer, weil diese Gefühle heute ein andres Gewand tragen. Es gilt heute für grotesk, und zwar aus politischen Gründen, die Partei König Karls I. zu ergreifen; es gilt heute, glaube ich, für ebenso grotesk, und zwar aus moralischen Gründen, die Partei der Puritaner zu ergreifen; und den meisten heutigen Menschen mögen die religiösen Ansichten beider Parteien gleich fernliegend erscheinen. Nichtsdestoweniger sind die Leidenschaften noch unausgelöscht, und wenn wir nicht sehr auf der Hut sind, wird ihr Rauch noch das Glas trüben, durch das wir Miltons Dichtung prüfen. Gewiß ist einiges geschehen, um uns zu überzeugen, daß Milton nie wirklich zu einer Partei gehörte, sondern mit allen uneins war. In *Chariot of Wrath* hat Wilson Knight dargetan, daß Milton mehr Monarchist als Republikaner und nicht in irgendeinem modernen Sinn ›Demokrat‹ war. Und Professor Saurat hat Beweise beigebracht, um zu zeigen, daß Miltons Theologie höchst exzentrisch und für Protestanten ebenso anstößig wie für Katholiken war – daß er tatsächlich eine Art Christadelphier war, und vielleicht nicht einmal ein sehr strenggläubiger Christadelphier; anderseits hat sich C. S. Lewis gegen Professor Saurat mit dem geschickt geführten Beweise gewandt, Milton könne, wenigstens im *Verlorenen Paradies*, vom Vorwurf der Häresie freigesprochen werden, selbst von einem so strenggläubigen Standpunkt aus wie dem von Lewis selber. Zu diesen Fragen nehme ich keine Stellung: es ist wahrscheinlich nützlich die Annahme in Frage zu stellen, daß Milton ein guter Freikirchler und Mitglied der liberalen Partei war; aber ich glaube, wir müssen immer noch auf der Hut gegen unbewußte Parteinahme sein, wenn wir auf die Dichtung um der Dichtung willen zu achten beabsichtigen.

Soviel von unsern Vorurteilen. Ich komme nun zu dem positiven Vorwurf gegen Milton, der in unsrer eigenen Zeit erhoben worden ist, nämlich zu der Anklage, daß er einen unheilvollen Einfluß ausübe. Von da werde ich zu den dauernd fortbestehenden kritischen Vorhaltungen (um einen Ausdruck Johnsons zu verwenden) weitergehen und schließlich zu den Gründen, um derentwillen ich in ihm einen großen Dichter sehe, den heutige Dichter mit Nutzen studieren können.

Zur Feststellung des *verallgemeinerten* Glaubens an Miltons unheivollen Einfluß wende ich mich zu Middleton Murrys Kritik an Milton in seinem *Heaven and Earth* – einem Buche, das Kapitel von tiefer Einsicht enthält, unterbrochen von Abschnitten, die mir des Maßes zu entbehren scheinen. Murry tritt an Milton nach seinem langen und geduldigen Studium von Keats heran; und durch die Augen von Keats sieht er Milton.

»Keats« – so schreibt Murry – »als poetischer Künstler niemandem seit Shakespeare nachstehend, und Blake, als Prophet geistiger Werte in unserer Geschichte einzig dastehend, haben beide das wesentlich gleiche Urteil über Milton gefällt: ›Leben für ihn bedeutet Tod für mich.‹ Und welches auch unser Spruch über die Entwicklung der englischen Dichtung seit Milton sein mag, wir müssen die Richtigkeit von Keats' Ansicht zugeben, daß Miltons Großartigkeit nirgendwohin führte. ›Das Englische muß erhalten werden‹, sagte Keats. Die Beeinflussung durch Miltons Kunst über einen gewissen Punkt hinaus, so fühlte er, dämmte den schöpferischen Fluß des englischen Geistes in und durch sich selber ein. Mit diesen Worten, glaube ich, sprach Keats das Allerinnerste des englischen Geistes aus. Unter den Zauber Miltons geraten, bedeutet zu seiner Nachahmung verurteilt werden. Bei Shakespeare ist es ganz anders. Shakespeare verwirrt und befreit; Milton ist durchsichtig und engt ein.«

Das ist eine sehr zuversichtliche Feststellung, und ich kritisiere sie mit einiger Befangenheit, weil ich nicht behaupten kann, das Studium von Keats so gepflegt zu haben oder ein so eindringendes Verständnis seiner Schwierigkeiten zu besitzen wie Murry. Aber Murry scheint mir hier den Versuch zu machen, die Kennzeichnung eines besonderen Dichters mit einer besonderen Absicht zu einem besonderen Augenblick in ein Urteil von zeitloser Geltung umzuwandeln. Offensichtlich behauptet er, die befreiende Leitung Shakespeares und die einengende Bedrohung durch Milton seien fortdauernde Merkmale dieser beiden Dichter. ›Die Beeinflussung über einen gewissen Punkt hinaus‹ seitens irgendeines Meisters ist für einen jeden Dichter schlimm; und es kommt nicht darauf an, ob dieser Einfluß von Milton oder sonstwem herrührt; und da wir nicht voraussehen können, wo dieser Punkt eintreten wird, dürften wir besser beraten sein, wenn wir ihn einen *un*gewissen Punkt nennen. Wenn es nicht gut ist, unter dem Zauber Miltons zu verharren, ist es dann gut, unter dem Zauber Shakespeares zu verharren? Es hängt zum Teil davon ab, welche dichterische Gattung man zu entwickeln versucht. Keats wollte ein Epos schreiben und stellte, wie zu erwarten, fest, daß die Zeit noch nicht gekommen sei, zu der ein neues englisches Epos, dem ›Verlorenen Paradiese‹ an Größe vergleichbar, geschrieben werden könne. Er versuchte seine Hand auch im Schreiben von Schauspielen, und man könnte beweisen, daß *King Stephen* mehr von Shakespeare beeinträchtigt ist als *Hyperion* von Milton. Gewiß, *Hyperion* ist ein prachtvolles Fragment, das man wiederliest; und *King Stephen* ist ein Schauspiel, das wir einmal gelesen haben mögen, zu dem wir aber nie um des Genusses willen zurückkehren. Milton machte für nachfolgende Generationen ein großes Epos unmöglich; Shakespeare machte ein großes poetisches Drama unmöglich; solch eine Lage ist unvermeidlich und hält an, bis die Sprache sich so verändert hat, daß es keine Gefahr, weil keine Möglichkeit, der Nachahmung mehr gibt. Wer immer ein poetisches Drama zu schreiben versucht, noch heutzutage, muß wissen, daß sich die Hälfte seiner Kraft in dem Bestreben erschöpfen wird, den zusammenschnürenden Netzen Shakespeares zu entrinnen: in dem Augenblick, wo seine Aufmerksamkeit sich entspannt oder sein Geist ermüdet, wird er in schlechte Shakespearesche Verse hineingleiten. Nach einem epischen Dichter wie Milton oder einem dramatischen Dichter wie Shakespeare ist lange nichts auszurichten. Doch muß der Versuch zu wiederholten Malen unternommen werden; denn wir können nie im voraus wissen, wann der Augenblick heranrückt, zu dem ein neues Epos oder ein neues Drama möglich sein wird; und wenn der Augenblick wirklich naht, so mag es sein, daß das Genie eines einzelnen Dichters die letzte Wandlung der Redeweise und Verstechnik zustande bringt, die jene neue Dichtung ins Dasein treten läßt.

Ich habe Murrys Ansicht von Miltons schlechtem Einfluß ›verallgemeinert‹ genannt, weil implizit die Gesamtpersönlichkeit Miltons in Frage steht: nicht im besonderen seine Glaubensüberzeugungen oder seine Sprache oder Verstechnik, sondern die Glaubensüberzeugungen, wie sie in dieser besonderen Persönlichkeit wirklich geworden sind, und seine Dichtung als Ausdruck davon. Mit der *besonderen* Ansicht von Miltons Einfluß als schlecht meine ich die Ansicht, die sich auf die Sprache, die Syntax, die Verstechnik, die Bildverwendung richtet. Ich will damit nicht sagen, daß hier eine vollständige Verschiedenheit des zugrunde liegenden Gegenstandes bestehe: es handelt sich um die Verschiedenheit des Zugangs, die Verschiedenheit des Interessenzentrums zwischen dem philosophischen Kritiker und dem literarischen Kritiker. Mangelndes Fassungsvermögen für das Abstruse und ein Interesse an der Dichtung, das in erster Linie ein technisches Interesse ist, machen mich der begrenzteren und vielleicht oberflächlicheren Aufgabe geneigt. Gehen wir dazu über, Miltons Einfluß unter diesem Gesichtspunkt zu betrachten, dem des Verfassers von Poesie in unsrer Zeit.

Der Vorwurf gegen Milton, daß sein technischer Einfluß schlecht war, ist anscheinend von niemandem entschiedener erhoben worden als von mir selber. Ich habe, wie ich sehe, noch 1936 gesagt, daß diese Anklage gegen Milton »ein gut Teil ernster aussieht, wenn wir behaupten, daß Miltons Dichtung einen Einfluß *nur* zum Schlechteren üben konnte, gleichviel auf welchen Dichter. Sie ist auch ernster, wenn wir behaupten, Miltons schlechter Einfluß lasse sich viel weiter verfolgen als bis ins 18. Jahrhundert und viel weiter als auf schlechte Dichter: wenn wir sagen, es sei ein Einfluß, gegen den wir noch immer zu kämpfen haben.« Als ich diese Sätze schrieb, unterließ ich es, eine dreifache Unterscheidung zu treffen, die mir jetzt einigermaßen bedeutsam erscheint. Es sind drei verschiedene Behauptungen darin enthalten. Erstens: daß ein Einfluß in der Vergangenheit schlecht war: damit wird behauptet, daß gute Dichter im 18. oder 19. Jahrhundert besser geschrieben hätten, wenn sie sich nicht dem Einfluß Miltons unterworfen hätten. Zweitens: daß im Hinblick auf die gegenwärtige Lage Milton ein Meister ist, den wir meiden sollten. Drittens: daß der Einfluß Miltons oder irgendeines einzelnen Dichters *immer* schlecht sein kann, und daß wir voraussagen können, er werde, wo immer er sich findet, irgendwann in der Zukunft, ein schlechter Einfluß sein. Heute möchte ich die erste und dritte Behauptung nicht mehr aufstellen, weil sie, wie mir scheint, von der zweiten losgelöst keinen Sinn haben.

Zum ersten: wenn wir einen großen Dichter der Vergangenheit betrachten, dazu einen oder mehrere Dichter, auf den er einen schlechten Einfluß ausgeübt haben soll, so müssen wir zugeben, daß die Verantwortung, wenn es eine gibt, eher bei den beeinflußten Dichtern liegt als bei dem Dichter, dessen Werk den Einfluß ausübte. Wir können natürlich zeigen, daß gewisse Kunstgriffe oder Manieren, die bei den Nachahmern auftreten, auf bewußtes oder unbewußtes Nachahmen und Wetteifern zurückgehen, aber das ist ein Vorwurf gegen ihre urteilslose Wahl eines Vorbildes, nicht gegen ihr Vorbild selber. Und wir können nie beweisen, daß ein bestimmter Dichter bessere Poesie verfaßt hätte, wenn er sich jenem Einfluß entzogen hätte. Selbst wenn wir behaupten – was nur eine Sache des Glaubens sein kann –, daß Keats ein sehr großes episches Gedicht geschrieben hätte, wäre ihm Milton nicht vorausgegangen – ist es sinnvoll, um ein ungeschriebenes Meisterwerk zu klagen als Ersatz für eins, das wir besitzen und anerkennen? Und was die ferne Zukunft angeht – was können wir von der Dichtung behaupten, die dann geschrieben werden wird, außer daß wir wahrscheinlich unfähig sein würden, sie zu verstehen oder zu genießen, und daß wir infolgedessen nichts darüber vermuten können, was ›gute‹ und ›schlechte‹ Einflüsse in jener Zukunft *bedeuten* werden? Die einzige Beziehung, für die der Frage nach Einflüssen, guten und schlechten, Bedeutung zukommt, ist die Beziehung zur unmittelbaren Zukunft. Auf diese Frage werde ich zum Schlusse eingehen. Zuerst möchte ich einen andern Vorwurf gegen Milton erwähnen, den der Ausdruck ›Spaltung der Sensibilität‹ *(dissociation of sensibility)* enthält.

Vor etlichen Jahren bemerkte ich in einem Aufsatz über Dryden: »Im 17. Jahrhundert setzte eine Spaltung der Sensibilität ein, von der wir uns nie erholt haben; und diese Spaltung ging natürlich auf den Einfluß der beiden machtvollsten Dichter des Jahrhunderts zurück: Miltons und Drydens.« Der Absatz, dem dieser Satz entnommen ist, wird vollständiger von Dr. Tillyard in seinem *Milton* angeführt. Dr. Tillyard bemerkt dazu: »Um nur von dem zu reden, was sich in diesem Abschnitt auf Milton bezieht, würde ich sagen, daß es eine Mischung von Richtigem und Falschem darstellt. Eine Art von Spaltung der Sensibilität bei Milton – nicht notwendig unerwünscht – ist zuzugestehen; aber daß er für eine solche Spaltung bei andern, wenigstens bis diese allgemeine Spaltung unvermeidlich eingesetzt hatte, verantwortlich zu machen wäre, ist nicht richtig.« Wie ich glaube, behält die allgemeine Feststellung, die in dem Ausdruck ›Spaltung der Sensibilität‹ enthalten ist – einem der zwei oder drei von mir geprägten Ausdrücke, ebenso wie ›gegenständliche Entsprechung‹ *(objective correlative)*, die in der Welt einen für ihren Urheber erstaunlichen Erfolg gehabt haben –, eine gewisse Geltung; aber ich bin jetzt geneigt, Dr. Tillyard darin zuzustimmen, daß es ein Irrtum war, die Last auf die Schultern Miltons und Drydens zu legen. Wenn eine solche Spaltung wirklich stattfand, so sind die Ursachen, wie ich vermute, zu verwickelt und liegen zu tief, um unsere Erklärung des Wandels in Begriffen literarischer Kritik zu rechtfertigen. Alles, was wir sagen können, ist dies, daß sich etwas Derartiges ereignete; daß es etwas mit dem Bürgerkrieg zu tun hatte; daß es sogar unvorsichtig sein würde, zu behaupten, es sei vom Bürgerkrieg verursacht; daß es vielmehr eine Folge derselben Ursachen ist, die den Bürgerkrieg hervorriefen; daß wir die Ursachen in Europa suchen müssen, nicht in England allein; und welches diese

Ursachen waren, danach mögen wir graben und graben, bis wir in eine Tiefe kommen, in der Worte und Begriffe uns im Stiche lassen.[1]

Bevor ich dazu übergehe, das Verfahren gegen Milton aufzunehmen, wie es für Dichter vor fünfundzwanzig Jahren stand – im Sinne der zweiten und allein belangvollen Bedeutung von ›schlechtem Einfluß‹ –, halte ich es für das beste, zu erwägen, welche dauernd fortbestehenden kritischen Vorhaltungen zu machen sind: diejenigen Einwände, die – das müssen wir voraussetzen, wenn wir sie machen – auf dauernd geltenden Gesetzen des Geschmacks beruhen. Der Kern der ständigen Einwände gegen Milton ist, glaube ich, in Johnsons Aufsatz zu finden. Es ist dies nicht der Ort, gewisse besondere und irrige Urteile Johnsons zu prüfen; seine Verurteilung von *Comus* und *Samson* daraus zu erklären, daß er dramatische Maßstäbe anlegt, die uns als unanwendbar erscheinen; oder seine Ablehnung der Verstechnik in *Lycidas* mit der Spezialisierung – nicht etwa dem Fehlen – des rhythmischen Sinnes bei ihm zu entschuldigen. Johnsons wichtigste Kritik an Milton ist in drei Absätzen enthalten, die ich vollständig anführen zu dürfen bitte.

In allen seinen größeren Werken – sagt Johnson – herrscht eine gleichförmige Eigentümlichkeit der *Diktion,* eine Art und Weise des Ausdrucks, die mit der irgendeines früheren Schriftstellers wenig Ähnlichkeit hat und vom gewöhnlichen Sprachgebrauch so weit entfernt ist, daß ein ungelehrter Leser, wenn er das Buch zum ersten Male öffnet, sich von einer neuen Sprache überrascht findet.

Diese Neuartigkeit ist von denen, die an Milton nichts auszusetzen haben, seinem mühevollen Suchen nach Worten, die der Erhabenheit seiner Ideen gemäß wären, zugeschrieben worden. *Unsere Sprache,* sagt Addison, *versank unter ihm.* Aber die Wahrheit ist, daß er, in Prosa wie in Versen, seinen Stil nach einem verkehrten und pedantischen Grundsatz ausgebildet hat. Er trachtete danach, englische Worte mit fremdem Idiom zu verwenden. In seiner ganzen Prosa wird dies erkannt und verurteilt; denn hier

1 In einem Punkte würde ich von Dr. Tillyard abweichen. Etwas später führt er eine andere von mir herrührende Wendung früheren Datums an: ›die chinesische Mauer von Miltons Blankvers‹. Er bemerkt: »Es muß eine unwirksame Mauer gewesen sein, denn *Venice Preserved, All for Love* und ähnliche Schauspiele in Blankversen wurden dadurch nicht beeinträchtigt; sie sind von Miltons Verstechnik nicht abhängig.« Natürlich nicht – es waren Schauspiele, und ich habe seit langem die Ansicht vertreten, daß dramatischer und nicht-dramatischer Blankvers nicht dasselbe sind. Im Falle des Schauspiels wurde die chinesische Mauer, wenn es sie gab, von Shakespeare errichtet.

bewegt sich das Urteil frei, weder durch die Schönheit seiner Gedanken beschwichtigt noch durch ihre Würde überwältigt; aber die Macht seiner Poesie ist so groß, daß man seinem Lockruf widerstandslos gehorcht: der Leser gibt sich einem höheren und edleren Geiste gefangen, und die Kritik versinkt in Bewunderung.

Miltons Stil wandelte sich nicht mit seinem Gegenstand; was im ›Verlorenen Paradiese‹ in größerem Umfang sichtbar wird, ist auch in ›Comus‹ zu finden. Eine Quelle seiner Eigentümlichkeit war seine Vertrautheit mit den toskanischen Dichtern; seine Wortfügung ist, denke ich, häufig italienisch – vielleicht bisweilen in Verbindung mit andern Sprachen. Von ihm läßt sich letztlich sagen, was Jonson von Spenser sagte: daß *er keine Sprache schrieb,* sondern das ausgebildet hat, was Butler einen *babylonischen Dialekt* nannte, an sich rauh und barbarisch, aber durch erhabenen Genius und ausgedehnte Gelehrsamkeit zum Spender von so viel Belehrung und so viel Genuß erhoben, daß wir, gleich andern Liebhabern, Anmut in seiner Entstelltheit finden.

Diese Kritik erscheint mir als wesentlich richtig: ja, wenn wir sie nicht annehmen, so sehe ich keinen Weg, die eigentümliche Größe Miltons zu würdigen. Sein Stil ist kein *klassischer* Stil, insofern er nicht die Erhebung eines *gewöhnlichen* Stils durch die vollendende Berührung des Genius zur Größe ist. Er ist von Grund auf und in allem einzelnen ein persönlicher Stil, der nicht auf gewöhnlicher Redeweise oder gewöhnlicher Prosa oder direkter Mitteilung des gemeinten Sinnes beruht. Bei großer Poesie ist manchmal schwer auszusagen, was es eigentlich ist, was für ein unendlich kleiner Zug, der den ganzen Unterschied von einer schlichten Feststellung, die jedermann machen könnte, hervorgebracht hat – die geringe Umformung, die eine schlichte Feststellung als solche bestehen läßt und immer die größtmögliche, nicht kleinstmögliche Veränderung der Sprache bewirkt. Jede Verdrehung des Satzbaus, die fremde Redeweise, der Gebrauch eines Wortes im Geiste der Fremdsprache oder im Sinne des fremden Wortes, von dem es hergeleitet ist, anstatt der im Englischen üblichen Bedeutung, jede Idiosynkrasie ist ein besonderer Gewaltakt, den Milton als erster verübt hat. Es handelt sich nicht um Klischee, nicht um poetische Diktion im herabsetzenden Sinne, sondern um eine dauernde Folge selbständiger Akte von Gesetzwidrigkeit. Von allen modernen Versdichtern scheint mir Mallarmé, ein viel geringerer, wenn auch immer noch ein großer Dichter, die nächste Analogie zu bieten. Die Persönlichkeiten, die poetischen

Theorien beider könnten nicht verschiedenartiger sein; aber hinsichtlich der Gewalt, die sie der Sprache anzutun und zu rechtfertigen wußten, besteht eine entfernte Ähnlichkeit. Miltons Poesie ist Poesie im weitestmöglichen Abstand von Prosa; seine Prosa scheint mir halb ausgebildeter Poesie zu nahe zu stehen, um gute Prosa zu sein.

Daß das Werk eines Dichters den weitestmöglichen Abstand von Prosa hält, hatte mir einst als Verdammungsurteil gegolten: heute erscheint es mir, wenn wir es mit einem Milton zu tun haben, einfach als Kennzeichnung seiner eigentümlichen Größe. Als Dichter erscheint mir Milton als der wahrscheinlich größte aller Exzentriker. Sein Werk bringt nicht allgemeine Grundsätze, wie man gut schreibt, zur Anschauung; die einzigen Grundsätze des Schreibens, die es zur Anschauung bringt, sind so geartet, daß ihre Beobachtung nur für Milton selber gilt. Es gibt zwei Arten von Dichtern, die für gewöhnlich andern Dichtern von Nutzen sein können. Es gibt diejenigen, die den einen oder andern ihrer Nachfolger zu etwas anregen, was sie selber nicht unternommen haben, oder die eine abweichende Art, dasselbe zu unternehmen, herausfordern: es sind wahrscheinlich nicht die größten, sondern geringere, unvollkommene Dichter, mit denen spätere Dichter eine Affinität entdecken. Und es gibt die großen Dichter, von denen wir negative Regeln lernen können: kein Dichter kann einen andern lehren, gut zu schreiben, aber einige große Dichter können andere lehren, gewisse Dinge zu vermeiden. Sie lehren uns, was vermeidbar ist, indem sie uns zeigen, wovon große Dichtung absehen kann – wie *nackt* sie sein kann. Zu ihnen gehören Dante und Racine. Sollen wir aber je aus Milton Nutzen ziehen, so müssen wir es auf eine ganz andere Weise tun. Auch ein geringer Dichter kann etwas aus dem Studium Dantes oder dem Studium Chaucers lernen; vielleicht müssen wir auf einen großen Dichter warten, um jemanden zu finden, der aus dem Studium Miltons Nutzen ziehen kann.

Ich wiederhole: die Entferntheit des Miltonschen Verses von gewöhnlicher Sprechweise, seine Erfindung einer ihm eigenen poetischen Sprache erscheint mir als eins der Zeichen seiner Größe. Andere Zeichen sind sein Sinn für Aufbau, im Gesamtentwurf des ›Verlorenen Paradieses‹ und des *Samson* wie in seiner Syntax;

schließlich, und nicht zuletzt, seine bewußte oder unbewußte Sicherheit, so zu schreiben, daß er seine Talente am besten entfalten und seine Schwächen am besten verbergen konnte.
Die Eignung des Themas in *Samson* ist zu offenkundig, um sich darüber zu verbreiten: wahrscheinlich war es der einzige dramatische Stoff, aus dem Milton ein Meisterwerk machen konnte. Aber wie vollkommen ihm der Gegenstand des ›Verlorenen Paradieses‹ lag, ist, glaube ich, nicht so oft bemerkt worden. Sicher war es eine intuitive Wahrnehmung dessen, was er nicht vermochte, die Miltons Plan eines Epos von König Arthur unausgeführt bleiben ließ. Einerseits hatte er wenig Interesse an individuellen menschlichen Wesen oder wenig Verständnis für sie. Im ›Verlorenen Paradiese‹ wurde von ihm nichts von dem Verstehen verlangt, das aus liebevoller Beobachtung von Männern und Frauen herrührt. Ein solches Interesse an menschlichen Wesen war für die Erschaffung seiner Gestalten von Adam und Eva nicht erforderlich – vielmehr war sein *Fehlen* eine notwendige Bedingung dafür. Jene Gestalten sind nicht ein Mann und ein Weib, wie wir sie kennen: wären sie es, so wären sie nicht Adam und Eva. Sie sind *Mann* und *Weib* im ursprünglichen Sinne, nicht Typen, sondern Prototypen: wären sie nicht gegen die gewöhnliche Menschheit abgesetzt, so wären sie nicht Adam und Eva. Sie haben die allgemeinen Merkmale von Männern und Frauen, so daß wir in der Versuchung und dem Sündenfall die ersten Regungen der Fehler und Tugenden, die Verworfenheit und den Adel aller ihrer Nachkommen erkennen können. Sie besitzen gewöhnliche Menschlichkeit in zulänglichem Maße; dennoch sind sie keine gewöhnlichen Sterblichen und sollten es nicht sein. Wären sie mehr individualisiert, so wären sie falsch; und wäre Milton mehr an Menschlichkeit interessiert gewesen, so hätte er sie nicht erschaffen können. Andere Kritiker haben sich darüber geäußert, wie genau, ohne Abschwächung oder Übertreibung, Moloch, Belial und Mammon im zweiten Buche die Sprache der besonderen Sünde sprechen, die ein jeder von ihnen vertritt. Es wäre nicht angemessen, wenn die höllischen Mächte Charaktere im menschlichen Sinne wären, denn ein Charakter ist immer gemischt; aber unter den Händen eines geringeren Künstlers hätten sie leicht zu *Typen* reduziert werden können.

Wie geeignet der Stoff des ›Verlorenen Paradieses‹ für den Genius Miltons und seine Begrenzungen war, wird noch augenfälliger, wenn wir die Verwendung visueller Bilder betrachten. Ich äußerte mich schon in einer vor einigen Jahren geschriebenen Abhandlung[1] über die Schwäche der visuellen Beobachtung bei Milton, eine Schwäche, die nach meiner Ansicht durchgängig besteht – die Wirkung seiner Blindheit war wohl eher die Verstärkung der ausgleichenden Eigenschaften als die Steigerung eines bereits vorhandenen Mangels. Wilson Knight, der die wiederkehrende Bildverwendung in der Poesie genau studiert hat, hat die Aufmerksamkeit auf Miltons Neigung zu Bildern aus der Technik und Mechanik gelenkt; mir scheint, daß Milton am besten Bilder trifft, die auf gewaltige Ausmaße, grenzenlosen Raum, Abgrundtiefe, Licht und Finsternis hinweisen. Kein Thema und kein Rahmen, außer wie er sie im ›Verlorenen Paradiese‹ wählte, hätten ihm einen solchen Spielraum für die Art der Bildverwendung, in der er hervorragte, gewähren oder die Kräfte visueller Vorstellung, die ihm abgingen, weniger beanspruchen können.

Die meisten Absurditäten und Uneinheitlichkeiten, auf die Johnson aufmerksam macht und die er, soweit sie berechtigterweise auf diese Art für sich betrachtet werden können, mit Fug verurteilt, werden sich, denke ich, in einem richtigeren Verhältnis darstellen, wenn wir sie in Beziehung zu diesem allgemeinen Urteil betrachten. Wir sollten, denke ich, nicht versuchen, irgendeine Szene, die Milton schildert, sehr deutlich zu *sehen;* wir sollten sie als eine bewegte Phantasmagorie gelten lassen. Die Beschwerde darüber, daß wir den Erzfeind zuerst ›angekettet auf dem brennenden See‹ finden und ihn dann eine oder zwei Minuten später seinen Weg zum Ufer nehmen sehen, enthält die Erwartung einer Art von Einheitlichkeit, wie die Welt, in die Milton uns geführt hat, sie nicht erfordert.

Ebenso wie Miltons begrenztes Interesse an menschlichen Wesen erweist sich diese Begrenztheit des Sehvermögens nicht nur als ein unerheblicher Mangel, sondern als ein positiver Vorzug, wenn wir Adam und Eva in Eden aufsuchen. So wie ein höheres Maß von

1 In *Essays and Studies by Members of the English Association* Bd. 21, 1936, S. 32 ff.

Charakterisierung bei Adam und Eva unangemessen gewesen wäre, so wäre ein lebendigeres Gemälde des irdischen Paradieses minder paradiesisch geraten. Denn eine größere Bestimmtheit, eine mehr ins einzelne gehende Schilderung der Pflanzen- und Tierwelt hätte Eden nur den irdischen Landschaften angleichen können, mit denen wir vertraut sind. So wie er sich darstellt, ist der Eindruck von Eden, den wir festhalten, der angemessenste und zugleich der, den zu geben Milton am besten befähigt war: der Eindruck von *Licht* – Tageslicht und Sternenlicht, Licht des Tagesanbruchs und der Dämmerung, das Licht, das in der Erinnerung eines Erblindeten eine übernatürliche Glorie hat, die von normal sehenden Menschen nicht erlebt wird.

Wir dürfen also beim Lesen des ›Verlorenen Paradieses‹ nicht erwarten, deutlich zu sehen; unser Gesichtssinn muß getrübt sein, so daß unser Gehör um so schärfer wird. Diese eigentümliche Forderung einer Umorientierung der Wahrnehmungsart des Lesers erhebt das ›Verlorene Paradies‹ ebenso wie *Finnegans Wake* – denn ich kann mir kein Werk denken, das eine interessantere Parallele bietet: zwei Bücher großer blinder Musiker, die ein jeder eine eigene Sprache auf der Grundlage des Englischen schreiben. Der Nachdruck liegt auf dem Klang, nicht der Vision, auf dem Wort, nicht der Idee; und letztlich ist seine einzigartige Verstechnik das gewisseste Zeichen für Miltons intellektuelle Meisterschaft.

Über Miltons Verstechnik ist, so weit ich sehe, wenig genug geschrieben worden. Wir haben Johnsons Aufsatz im *Rambler*, der mehr studiert zu werden verdient, als es geschehen ist, und wir haben eine kurze Abhandlung von Robert Bridges über ›Miltons Prosodie‹. Ich spreche von Bridges mit Respekt, denn kein Dichter unserer Zeit hat der Prosodie so genaue Aufmerksamkeit gewidmet wie er. Bridges verzeichnet die systematischen Unregelmäßigkeiten, die dem Verse Miltons seine dauernde Abwechslung geben, und ich finde an seiner Analyse nichts auszusetzen[1]. Aber so interessant diese Analy-

1 Abgesehen von einer Frage, die im Zusammenhang mit Bridges' Darlegung von Miltons Verwendung des rückweichenden Akzents aufzuwerfen ist. Ich glaube nicht, daß ein solches Rückweichen, wie bei *óbscene* statt *obscéne* in dem Verse

Next Chemos, the obscene dread of Moab's sons

einfach den Wert der beiden Silben umkehrt: ich würde sagen, daß die zweite sen auch sind – ich glaube nicht, daß wir mit solchen Mitteln das Verständnis des eigentümlichen Rhythmus eines Dichters gewinnen. Es scheint mir auch, daß Miltons Vers sich besonders dagegen sträubt, der Prüfung der einzelnen Verszeile seine Geheimnisse preiszugeben. Denn sein Vers ist nicht auf diese Weise gebildet. Die Periode, der Satz und noch mehr der Absatz ist die Einheit des Miltonschen Verses; und die Hervorhebung des Gefüges der Verszeile ist das Minimum, das notwendig ist, um ein Gegen-Muster zum Gefüge der Periode zu liefern. Nur in der Periode ist die Wellenlänge von Miltons Vers zu finden: seine Geschicklichkeit, einem jeden Absatz ein vollkommenes und einzigartiges Muster zu geben, so daß die volle Schönheit der Verszeile in ihrem Kontext zu finden ist, und seine Geschicklichkeit, mit umfangreicheren musikalischen Einheiten zu arbeiten als irgendein andrer Dichter – sie ist für mich der schlüssigste Beweis für Miltons überlegene Meisterschaft. Das eigentümliche Gefühl, die fast physische Empfindung eines atemlosen Springens, wie Miltons lange Perioden, und nur die seinen, sie vermitteln, können gereimte Verse keinesfalls hervorbringen. Ja, diese Meisterschaft ist ein schlüssigerer Beweis für seine intellektuelle Kraft als sein Ergreifen irgendwelcher *Ideen*, die er entlehnte oder erfand. Die Fähigkeit, so viele Worte gleichzeitig zu überwachen, ist das Zeichen eines Geistes von außerordentlichster Energie.

An dieser Stelle ist es von Interesse, an die allgemeinen Beobachtungen hinsichtlich des Blankverses zu erinnern, die Johnson gegen Ende seines Aufsatzes mitzuteilen durch eine Betrachtung des ›Verlorenen Paradieses‹ veranlaßt wurde.

Die Musik der englischen epischen Verszeilen trifft das Ohr so schwach, daß sie leicht verlorengeht, wenn nicht alle Silben jeder Zeile zusammenwirken; dies Zusammenwirken ist nur so zu erlangen, daß jeder Vers ohne Vermengung mit einem andern als ein deutlich gesondertes System von Lauten gewahrt bleibt; und diese Deutlichkeit wird durch das Kunstmittel des Reims erlangt und gewahrt. Die verschiedene Stellung der Pausen, die von den Liebhabern des Blankverses so sehr gerühmt wird, verwandelt

Silbe etwas von ihrer Länge, die erste etwas von ihrer Kürze behält, und daß die Überraschung und Abwechslung darauf zurückgeht, daß beide Silben zugleich lang und kurz werden. Die Wirkung ist wie die eines ›Flutrisses‹, bei dem ein besonderer Wellentypus durch den Zusammenstoß zweier gegeneinander wirkender Kräfte hervorgebracht wird.

die Versmaße eines englichen Dichters in die Perioden eines Deklamators; und es gibt nur wenige geschickte und befähigte Milton-Vorleser, die ihre Hörerschaft instand setzen, Ende oder Beginn der Verszeilen wahrzunehmen. *Der Blankvers,* sagte ein geistvoller Kritiker, *scheint ein Vers nur für das Auge zu sein.*

Einige meiner Hörer werden sich erinnern, daß diese letzte Bemerkung fast mit den gleichen Worten vor einem literarischen Menschenalter vielfach über den ›freien Vers‹ jener Zeit gemacht wurde: und auch ohne diese Ermutigung durch Johnson wäre ich auf den Gedanken gekommen, Milton für den größten Meister des freien Verses in unserer Sprache zu erklären. Interessant ist jedoch an Johnsons Sätzen dies, daß sie das Urteil eines Mannes darstellen, der für Wortmusik keineswegs ein taubes, sondern einfach ein *spezialisiertes* Ohr hatte. Innerhalb der Grenzen der Dichtung seiner Zeit ist Johnson ein sehr guter Richter über die relativen Verdienste mehrerer Dichter, die Blankverse geschrieben haben. Aber alles in allem wäre der Blankvers seines Zeitalters angemessener als reimloser Vers zu bezeichnen; und nirgends ist dieser Unterschied augenfälliger als in dem Vers seiner eigenen Tragödie *Irene*: die Wortwahl ist bewundernswert, der Stil gehoben und einwandfrei; aber jeder Vers schreit nach einem Gefährten, mit dem er sich reimen könnte. Ja, nur unter Mühen oder durch gelegentliche Inspiration oder durch Unterwerfung unter den Einfluß der älteren Dramatiker gelingt es dem Blankvers des *neunzehnten* Jahrhunderts, das Fehlen des Reims als unvermeidlich und richtig, so richtig wie bei Milton, erscheinen zu lassen. Selbst Johnson gab zu, er könne nicht wünschen, daß Milton ein Reimdichter gewesen wäre. Auch gelang es dem 19. Jahrhundert nicht, dem Blankvers die Biegsamkeit zu geben, die er braucht, wenn der Ton gewöhnlicher Sprache, die von den Themen gewöhnlichen Umgangs redet, angeschlagen werden soll; wenn darum unsere modernen Praktiker des Blankverses nicht an das Erhabene heranreichen, so nähern sie sich oft dem Lächerlichen. Milton führte den nichtdramatischen Blankvers zur Vollendung und zog gleichzeitig der Verwendung, zu der er hinzuführen ist, wenn seine größten musikalischen Möglichkeiten ausgebeutet werden sollen, sehr schwer zu durchbrechende Grenzen.

Ich komme jetzt zu dem Punkte, an dem es erwünscht ist, Abschnitte zur Veranschaulichung dessen anzuführen, was ich über Miltons Verstechnik gesagt habe. Es ist am besten, denke ich, wohlbekannte Stücke zu nehmen und nicht dadurch Originalität anzustreben, daß ich solche Stücke wähle, auf die wir weniger oft aufmerksam gemacht wurden. Das erste ist die Anrufung, die das dritte Buch des ›Verlorenen Paradieses‹ eröffnet.

Hail holy light, offspring of Heaven first-borne,
Or of th'Eternal Coeternal beam
May I express thee unblam'd? Since God is light,
And never but in unapproached light
Dwelt from Eternitie, dwelt then in thee,
Bright effluence of bright essence increate.
Or hear'st thou rather pure Ethereal stream,
Whose Fountain who shall tell? before the Sun,
Before the Heavens thou wert, and at the voice
Of God, as with a Mantle didst invest
The rising world of waters dark and deep,
Won from the void and formless infinite.

Heil, heiliges Licht, erstgeborener Abkomme des Himmels – oder darf ich dich ungetadelt den gleich-ewigen Strahl des Ewigen nennen? Denn Gott ist Licht und wohnte nie anders als in unnahbarem Lichte seit Ewigkeit, wohnte also in dir, du heller Ausfluß heller, unerschaffener Wesenheit. Oder hörst du dich lieber den reinen ätherischen Strom nennen, dessen Quell niemand angeben kann? Vor der Sonne, vor den Himmeln warst du, und auf das Wort Gottes hin bekleidetest du wie mit einem Mantel die Welt, als sie sich aus dunklen und tiefen Wassern erhob, abgewonnen der leeren und formlosen Unendlichkeit.

Dieser Abschnitt ist gedrängt voll von Miltonscher Philosophie, aber dafür muß ich Sie auf Kritiker wie Professor Saurat und Lewis verweisen. Für meinen Zweck veranschaulicht er erstens Miltons Kraft in der Verwendung von Bildern für das Licht. Zweitens veranschaulicht er die Geschlossenheit des Gefüges. Wollten wir versuchen, Miltons Musik Zeile für Zeile zu analysieren, so ginge sie verloren: die einzelne Zeile ist richtig, nicht nur in sich selber, nicht nur in bezug auf die unmittelbar vorhergehenden und folgenden Zeilen, sondern in bezug auf jede andere Zeile des Abschnitts. Diesen Abschnitt von zwölf Zeilen herauslösen, heißt ihn verstümmeln. Ich stelle ihm den folgenden gegenüber. In dem, was ich soeben las, gibt es keine Abschweifung von der Hauptsache; den nächsten Abschnitt wähle ich, um zu zeigen, mit welchem Geschick Milton eine Periode ausweitet, indem er Bilder einführt, die dazu angetan sind, uns vom eigentlichen Thema abzulenken.

Thus Satan talking to his neerest Mate
With Head uplift above the wave, and Eyes
That sparkling blaz'd, his other Parts besides
Prone on the Flood, extended long and large
Lay floating many a rood, in bulk as huge
As whom the Fables name of monstrous size,
Titanian or *Earth-born*, that warr'd on *Jove*,
Briarios or *Typhon*, whom the Den
By ancient *Tarsus* held, or that Sea-beast
Leviathan, whom God of all his works
Created hugest that swim th'Ocean stream:
Him haply slumbring on the *Norway* foam
The pilot of some small night-founder'd Skiff[1],
Deeming some Island, oft, as Sea-men tell,
With fixed Anchor in his scaly rind
Moors by his side under the Lee, while Night
Invests the Sea, and wished Morn delayes:
So stretcht out huge in length the Arch-fiend lay
Chain'd on the burning Lake ...

So sprach Satan, zu seinem nächsten Gefährten, mit über die Woge erhobenem Haupte und Augen, die funkelnd loderten; seine anderen Teile lagen daneben flach auf der Flut, lang und breit ausgedehnt, viele Ruten überdeckend, an Masse so riesenhaft wie jene Wesen von ungeheurer Größe, welche die Fabeln nennen: der Titanide oder Erdgeborene, der Jupiter bekriegte, Briarios oder Typhon, den die Höhle beim alten Tarsus barg, oder das Seetier Leviathan, das Gott als riesigstes aller seiner Werke schuf, die auf dem Ozeanstrom schwimmen: wenn er von ungefähr auf Norwegens Schaum schlummert, hält ihn der Schiffer eines kleinen, nächtlich gescheiterten Bootes[1] für eine Insel und vertäut es oft, wie die Seeleute erzählen, den Anker in seiner schuppigen Rinde befestigt, neben ihm unter Lee, während die Nacht die See verhüllt und der erwünschte Morgen zögert: so, der Länge nach riesenhaft ausgestreckt, lag der Erzfeind, angekettet auf dem brennenden See.

1 Das Wort *night-founder'd*, das, wie ich annehme, von Milton erfunden ist, scheint hier nicht am Platze. Dr. Tillyard lenkt meine Aufmerksamkeit auf den Gebrauch desselben Adjektivs in *Comus* 1,483:

Either some one like us night-foundered here,

wo es, wenn auch extravagant, einen zulässigen Vergleich zwischen nächtlich verirrten Reisenden und Schiffern in Seenot herstellt. Wird es aber, wie hier im ›Verlorenen Paradiese‹, von den Reisenden zu Lande auf Abenteurer zur See übertragen, und nicht auf die Leute, sondern auf ihr *Boot*, so tritt die buchstäbliche Bedeutung von *founder* [›sinken‹] unmittelbar hervor. Ein ›gesunkenes‹ Boot kann nicht ›vertäut‹ werden, weder an einem Walfisch noch an sonst etwas.

Es lassen sich, wie oft bei Milton, Einzelheiten kritisieren. Ich bin nicht allzu glücklich über Augen, die sowohl lodern wie funkeln, es sei denn, daß wir uns nach Milton ein brausendes Feuer vorstellen sollen, das Funken sprüht: und das ist selbst für übernatürliche Augen ein allzu feuriges Bild. Die Tatsache, daß der See brennt, setzt die Wirkung der feurigen Augen etwas herab; und es ist schwierig, sich einen brennenden See in einer Szenerie vorzustellen, wo nur Dunkelheit zu sehen war. Aber mit dieser Art von Uneinheitlichkeit sind wir bei Milton vertraut. Worauf ich Sie aufmerksam machen möchte, das ist die geschickte Einführung von so viel sachfremdem Stoff. Jeder Schriftsteller, der um Bilder für ungeheure Größe bemüht war, hätte an den Walfisch denken können, aber nur Milton konnte die Anekdote von den getäuschten Seeleuten aufnehmen, ohne daß wir mit dem Blaustift über sie hinfahren möchten. *Beinahe* vergessen wir Satan, indem wir auf die Geschichte vom Walfisch achtgeben; Milton erinnert uns gerade zur rechten Zeit. Darum verstärkt die Abschweifung den Abschnitt, anstatt ihn zu schwächen. Genau denselben Kunstgriff benutzt Milton einige Zeilen weiter, wenn er von Satans Schild spricht:

the broad circumference
Hung on his shoulders like the Moon, whose Orb
Through Optic Glass the *Tuscan* Artist views
At Ev'ning from the top of *Fesole*,
Or in *Valdarno*, to descry new Lands,
Rivers or Mountains in her spotty Globe.
His Spear, to equal with the tallest pine
Hewn on *Norwegian* hills, to be the Mast
Of some great Ammiral, were but a wand ...

Der breite Umkreis hing auf seinen Schultern wie der Mond, dessen Scheibe durch das optische Glas der toskanische Künstler abends von der Höhe von Fiesole aus oder in Valdarno sichtet, um neue Länder, Flüsse oder Gebirge auf seiner fleckigen Kugel zu entdecken. Sein Speer, mit dem verglichen die höchste Fichte, auf norwegischen Bergen gefällt, um der Mast eines großen Admiralschiffs zu werden, nur ein Stab war ...

Hier sind die beiden plötzlichen Übergänge, zu dem toskanischen Astronomen und von da zu der norwegischen Fichte, worauf das zusammengedrängte, erstaunliche Bild der Seemacht folgt, meiner Ansicht nach sehr glücklich gewählt. Wenn ich es so ausdrücken darf, ohne mißverstanden zu werden: ich finde in solchen Abschnitten eine Art begeisterter *Frivolität,* eine Freude des Verfassers an der Betätigung seiner Virtuosität, die ein Genie ersten Ranges kennzeichnet. Addison, dessen Ansicht von Johnson angeführt und bejaht wird, sagte, das ›Verlorene Paradies‹ sei ›allgemein und durchgängig interessant‹; beide Kritiker suchten die Quelle dieses durchgängigen Interesses im Gegenstande; aber Johnsons Behauptung, nach der ›alle Menschen zu allen Zeiten in derselben Beziehung zu Adam und Eva stehen werden und an dem Guten und Bösen teilnehmen müssen, das sich bis zu ihnen selber hin erstreckt‹, kann wohl die Zustimmung des gläubigen Christen fordern, aber nicht ganz die hingegebene Aufmerksamkeit erklären, die, wie ich meine, ein jeder Liebhaber der Poesie noch heutzutage dem Gedicht von einem Ende zum andern sollte widmen können. Ich suche den Grund mit größerer Gewißtheit in dem außergewöhnlichen Stil, der uns durch seine ständige Abwechslung neugierig macht, zu erfahren, was nun kommt, und in den ständigen überraschenden Bezugnahmen gleich denen, die ich soeben angeführt habe.

Es sei auch bemerkt, daß Milton Mittel der Beredsamkeit und des Wortspiels verwendet, in denen die Dichter seiner Zeit geübt waren; sie spenden dem Gemüt wieder und wieder Entspannung und erleichtern die Deklamation. Häufig wird dasselbe Wort geschickt wiederholt:

My sentence is for open Warr: Of Wiles,
More unexpert, I boast not: then let those
Contrive who *need,* or when they *need,* not now.
For while they *sit contriving,* shall the rest,
Millions that stand in Arms, and longing wait
The Signal to ascend, *sit* lingring here
Heav'ns fugitives . . .[1]

Ich stimme für offenen Krieg; Listen zu kennen rühme ich mich als minder Erfahrener nicht: mögen die sie planen, die ihrer bedürfen, oder wann sie ihrer bedürfen, nicht jetzt. Denn während sie planend sitzen, sollen die übrigen, Millionen, die unter Waffen stehen und sehnlich das Aufsteigen des Signals erwarten, hier säumig sitzen, Flüchtlinge des Himmels?

Um ein anderes Beispiel zu geben:

1 Es ließe sich natürlich einwenden, daß ›Millionen, die unter den Waffen *stehen*‹, nicht gleichzeitig ›säumig *sitzen*‹ können.

Receive him coming, to *receive from us*
Knee-tribute still unpaid, prostration vile,
Too much *to one*, but double how endur'd,
To one and to his image now proclaim'd?

... ihn empfangen, wenn er kommt, von uns bislang nicht gezollten kniefälligen Tribut zu empfangen, gemeinen Fußfall, zu viel für einen, aber wie zwiefach zu ertragen: für einen und für sein jetzt verkündetes Abbild?

Er verwendet auch die Alliteration, und zwar höchst wirksam:

Of midnight march, an hurried meeting here.

(die Hast) mitternächtlichen Marsches und eiligen Zusammentreffens hier.

Von diesen Kunstmitteln ist keins ganz originell; Miltons Blankvers wäre ohne die Entwicklungen, die in den beiden vorangehenden Generationen stattfanden, nicht möglich gewesen; aber was Milton aus dem machte, was er lernte, ist einzigartig. Einige dieser Mittel erscheinen in den späten Schauspielen, in denen Shakespeare dazu zurückkehrte, überraschende Möglichkeiten seines frühesten Stils zu verwirklichen:

'Tis still a dream; or else such stuff as madmen
Tongue, and brain not; either both, or nothing;
Or senseless speaking, or a speaking such
As sense cannot untie ...

Nobly he yokes
A smiling with a sigh, as if the sigh
Was that it was, for not being such a smile;
The smile mocking the sigh, that it would fly
From so divine a temple to commix
With winds that sailors rail at.

Noch immer Traum, wo nicht solch Zeug, wie Tolle
Verstandlos plaudern; beides oder nichts;
Entweder sinnlos Reden, oder solch Gerede,
Das Sinn nicht kann enträtseln ...

Und wie lieblich paart er
Seufzer mit Lächeln, gleich als wenn der Seufzer
Beseufzte, daß er nicht solch ein Lächeln sei;
Als spottete das Lächeln jenes Seufzers,
Der aus so holdem Tempel flieht, um sich
Mit Sturm zu mischen, den der Seemann schilt.

Das lange und verwickelte Satzgefüge ist augenfällig bei Massinger entwickelt, von dem Milton einen Fingerzeig erhalten haben mag. Ich zitiere wieder einen Abschnitt aus Massinger, den ich vor langer Zeit in einem Aufsatz über diesen Dramatiker zitierte:

What though my father
Writ man before he was so, and confirm'd it,
By numbering that day no part of his life
In which he did not service to his country;
Was he to be free therefore from the laws
And ceremonious forms in your decrees?
Or else because he did as much as man
In those three memorable overthrows,
At Granson, Morat, Nancy, where his master,
The warlike Charalois, with whose misfortunes
I bear his name, lost treasure, men and life,
To be excused from payment of those sums
Which (his own patrimony spent) his zeal
To serve his country forced him to take up?

Wie, wenn mein Vater sich Mann nennen durfte, ehe er es war, und es bestätigte, indem er den Tag nicht als Teil seines Lebens rechnete, an dem er seinem Lande nicht diente: sollte er deshalb von den Gesetzen und den feierlichen Formen eurer Verordnungen frei sein? Oder aber, weil er soviel wie nur einer in jenen drei denkwürdigen Niederlagen leistete, bei Granson, Morat, Nancy, wo sein Herr, der kriegerische Charalois, mit dessen Mißgeschicken ich seinen Namen trage, Schatz, Mannen und Leben verlor, sollte er von der Zahlung der Summen entbunden sein, die aufzunehmen – da sein eigenes Erbe verbraucht war – sein Eifer, seinem Lande zu dienen, ihn zwang?

Das für eine solche Konstruktion aufgewandte Talent war natürlich für das Theater unnütz. Der Vers verlor die dem Drama angemessene Form; und seine einzige mögliche Zukunft wies ihm das Genie Miltons.

Ich komme schließlich zum Vergleich meiner eigenen Haltung, als eines poetischen Praktikers, der vielleicht für die Generation vor fünfundzwanzig Jahren typisch ist, mit meiner heutigen Haltung. Ich hielt es für richtig, die Dinge in der Reihenfolge zu bringen, wie ich's getan habe: zuerst die kritischen und herabsetzenden Urteile zu erörtern, die, wie ich glaube, dauernd in Geltung bleiben und am besten von Johnson vorgebracht worden sind, um die Ursachen und die Berechtigung der Feindseligkeit von Dichtern wider Milton unter besonderen Zeitumständen zu verdeutlichen. Und ich wollte die Vorzüge Miltons verdeutlichen, die auf mich einen besonderen Eindruck machen, bevor ich dartue, warum ich glaube, das Studium seiner Versdichtung könnte für Dichter letztlich von Vorteil sein.

Bei mehreren Gelegenheiten habe ich darauf hingewiesen, daß sich die bedeutsamen Wandlungen in der Sprechweise der englischen Versdichtung, die durch die Namen Dryden und Wordsworth bezeichnet werden, charakterisieren lassen als erfolgreiche Versuche, einer poetischen Sprechweise zu entrinnen, die nicht mehr in Beziehung zur zeitgenössischen Sprache stand. Das ist der Sinn von Wordsworths Vorreden. Zu Beginn des gegenwärtigen Jahrhunderts war eine neue Revolution der Sprechweise an der Zeit – und solche Revolutionen bringen eine Veränderung der Metrik, einen neuen Appell an das Ohr mit sich. Unvermeidlich geschieht es, daß die an einer solchen Revolution beteiligten jüngeren Dichter die Verdienste jener Dichter der Vergangenheit preisen, die ihnen Beispiel und Antrieb bieten, und die Verdienste von Dichtern geringschätzen, die nicht die Eigenschaften vertreten, die zu verwirklichen sie eifrig bestrebt sind. Das ist nicht nur unvermeidlich – es ist richtig. Es ist sogar richtig und sicher unvermeidlich, daß ihre Praxis, noch wirksamer als ihre kritischen Bekundungen, ihre eigenen Leser zu den Dichtern hinzieht, von deren Werk sie beeinflußt sind. Ein solcher Einfluß hat gewiß zu dem Geschmack an Donne beigetragen – wenn wir den *Geschmack* von der *Mode* unterscheiden können. Ich glaube nicht, daß irgendein moderner Dichter, es sei denn in einem Anfall von unverantwortlicher Verstimmtheit, jemals Miltons vollendete dichterische Kraft geleugnet hat. Und es ist zu sagen, daß Miltons Diktion nicht eine poetische Diktion im Sinne einer gesunkenen Währung ist: wo er die englische Sprache vergewaltigt, ahmt er niemanden nach, und er selber ist unnachahmbar. Aber Milton vertritt wirklich, wie ich gesagt habe, die Poesie an der von der Prosa entferntesten Grenze; und es war eine unserer Thesen, daß der Vers die positiven Eigenschaften der Prosa haben, daß seine Diktion der gebildeten zeitgenössischen Sprache angeglichen sein solle, bevor sie nach poetischer Gehobenheit strebe. Eine zweite These war diese, daß der Gegenstand und die Bildersprache der Poesie auf Themen und

Gegenstände auszudehnen seien, die zum Leben moderner Männer und Frauen in Beziehung stehen; daß wir das Unpoetische aufsuchen sollten, ja selbst solchen Stoff, der sich der Umwandlung in Poesie widersetzt, dazu Worte und Wendungen, die zuvor in der Poesie nicht verwandt worden waren. Und das Studium Miltons konnte dabei nicht helfen: es war nur ein Hindernis.

Wir können in der Literatur so wenig wie im übrigen Leben in einem revolutionären Dauerzustand leben. Wollte jede Dichtergeneration sich die Aufgabe stellen, die poetische Diktion der gesprochenen Sprache anzugleichen, so würde die Poesie in einer ihrer wichtigsten Obliegenheiten versagen. Denn die Poesie sollte dazu helfen, nicht nur die Sprache der Zeit zu verfeinern, sondern ihrem allzu raschen Wandel vorzubeugen: eine Entwicklung der Sprache in allzu großer Eile wäre eine Entwicklung im Sinne fortschreitender Verschlechterung, und das ist heute unsere Gefahr. Folgt die Poesie für den Rest dieses Jahrhunderts der Entwicklungslinie, die mir, wenn ich das Fortschreiten der Poesie durch die letzten drei Jahrhunderte überschaue, als der richtige Kurs erscheint, so wird sie neue und kunstvollere Muster einer jetzt durchgesetzten Diktion entdecken. Auf der Suche danach hätte sie von Miltons ausgedehntem Versgefüge viel zu lernen; sie könnte auch die Gefahr einer *Verknechtung* durch Umgangssprache und gängigen Jargon meiden. Auch könnte sie lernen, daß die Musik des Verses am stärksten in der Poesie ist, die einen genau bestimmten Sinn hat und ihn in den angemessensten Worten ausdrückt. Die Dichter könnten zu dem Zugeständnis veranlaßt werden, daß die Kenntnis der Literatur ihrer eigenen Sprache, zusammen mit der Kenntnis der Literatur und grammatischen Konstruktion anderer Sprachen, ein sehr wertvoller Teil der Ausstattung eines Dichters ist. Und sie könnten, worauf ich schon hinwies, Milton als dem größten Meister der Freiheit innerhalb der Form im Bereich unserer Sprache, abgesehen von der Bühnendichtung, einiges Studium widmen. Ein Studium des *Samson* sollte den Sinn für gerechtfertigte Unregelmäßigkeit schärfen und gegen ziellose Unregelmäßigkeit mißtrauisch machen. Studieren wir das ›Verlorene Paradies‹, so werden wir wahrnehmen, daß der Vers fortwährend durch das Abweichen vom regelmäßigen Versmaß und die Rückkehr zu ihm belebt wird; und daß, verglichen mit Milton, in der Folgezeit kaum ein Verfasser von Blankversen überhaupt irgendwelche Freiheit betätigt zu haben scheint. Wir können auch zu der Überlegung geführt werden, daß die Eintönigkeit unskandierbarer Verse noch rascher ermüdet als die Eintönigkeit exakter Versfüße. Kurzum, mir scheint jetzt, daß die Dichter genügenden Abstand von Milton gewonnen haben und seinem Ansehen genügend frei gegenüberstehen, um ohne Gefahr an das Studium seines Werkes gehen zu können, zum Vorteil ihrer Poesie und der englischen Sprache.

Johnson als Kritiker und Dichter

I

Zunächst will ich mich hier mit Johnson dem Kritiker, dem Autor von *The Lives of the Poets* befassen. Jedoch werde ich auch einiges über seine Dichtung zu sagen haben, da ich glaube, daß wir da, wo es um das Studium der Dichtungs-Kritik geht, geäußert von einem Kritiker, der gleichermaßen Dichter ist, seine Kritik – ihre Normen, ihre Verdienste sowie auch ihre Grenzen – einzig im Licht der Art von Dichtung würdigen können, die er selber schrieb. Neben Dryden und Coleridge halte ich Johnson für einen der größten Kritiker der Dichtkunst in der englischen Literatur. Alle drei waren Dichter, und das Studium ihrer Dichtungen ist bei ihnen allen von höchstem Belang für das Studium ihrer Kritik, da jeder von ihnen sich für eine besondere Dichtungsart interessierte.

Wenn dies bei Johnson von geringerer Bedeutung zu sein scheint als bei Dryden und Coleridge, so hat das sehr simple Gründe. Viel Bibliographisches um Johnson wurde zusammengetragen, indessen liegt verhältnismäßig wenig über seine Schriften vor; seine beiden langen Gedichte blieben fast unbeachtet, und was *The Lives of the Poets* angeht, so gibt es nur eine geringe Anzahl Gebildeter, die mehr als ein halbes Dutzend davon gelesen hat; und was von diesem halben Dutzend in der Erinnerung haftet, sind zur Hauptsache die Partien, die von jedermann abgelehnt werden. Die Tatsache, daß er nicht der Anreger irgendeiner dichterischen Bewegung war, ist einer der Gründe für die Gleichgültigkeit seiner Kritik gegenüber: er war ein zweitrangiger Dichter am Ende einer Bewegung, die von Größeren als ihm angeregt worden war, und seine Gedichte stellen die persönliche Abwandlung eines fest etablierten Stils dar. Die Dichtungen Drydens, sowie die des Zwiegestirns Coleridge und Wordsworth bedeuten für uns etwas Neues in der Dichtung ihrer Zeit. Drydens Schriften über die Dichtkunst sind deshalb bedeutend fesselnder als das, was Johnson schrieb. In seinen kritischen Essays entwarf er für zwei kommende Generationen die Richtlinien, wie zu schreiben sei – Johnsons Blick geht in die Vergangenheit. Dryden, der seine eigene Kunstform zu verteidigen strebte, gelangt vom Allgemeinen zum Besonderen; er besteht auf Prinzipien und kritisiert einzelne Dichter einzig im Hinblick auf seine Absicht. Johnsons Kritik am Werk bestimmter Dichter – auch solcher, deren Werk abgeschlossen war – führte ihn zu Verallgemeinerungen. Beide wirkten in durchaus voneinander verschiedenen historischen Situationen. Indessen ist es letztlich von nur geringfügiger Bedeutung für unsere Betrachtung der Größe eines Autors, ob sein Schaffen an den Beginn oder das Ende eines Zeitalters fällt; man neigt jedoch dazu, den ersten Typ über Gebühr zu schätzen. Über Johnsons Einfluß besteht kein Zweifel; wir sind von jedem beeindruckt, der im Rufe steht, einen Einfluß ausgeübt zu haben, da Einfluß eine Spielart der Macht ist. Hat aber die Flutwelle des Einflusses, von einem Autor für eine oder zwei Generationen in Bewegung gebracht, ihren höchsten Stand erreicht, sind die Wassermassen dann von einer neuen Kraft in andere Richtung gezogen worden, und sind immer neue Fluten im Steigen und Fallen einander gefolgt, so bleibt doch die potentielle Wirkungskraft des Einflusses eines großen Schriftstellers für alle Zukunft uneingeschränkt bestehen. Es bleibt abzuwarten, ob Johnson, so wie im politischen Denken sein Freund von der anderen Partei, Edmund Burke, nicht lediglich auf eine noch ungeborene Generation warten muß, die seinen Einfluß in sich aufnehmen könnte.

Was uns ganz unleugbar um den vollen Genuß der Lektüre des Gesamtwerks *The Lives of the Poets* bringt – und wir müssen es in seiner Gesamtheit lesen, um dem Umfang und Rang der Leistung Johnsons gerecht werden zu können – ist wohl, daß wir die Werke vieler darin aufgenommener Dichter nicht gelesen haben, und daß wir uns weder aus Vergnügen noch um des Nutzens willen dazu veranlaßt fühlen. Einige seiner weniger bedeutenden Dichter des 18. Jahrhunderts habe ich gelesen, um verstehen zu können, warum Johnson sie anerkannte; einige andere habe ich nur mit einem flüchtigen Blick gestreift; und weiter gibt es eine ganze Anzahl, die von Johnson mit solch zaghaftem Lob oder mit solch oberflächlicher Behandlung bedacht werden, daß ich mir nicht einmal die Mühe machte, sie nachzuschlagen. Niemand möchte die Verse von Stepney oder Walsh lesen, und ich glaube kaum, daß es einen Kandidaten für den Ph. D. gibt, der von seinem Berater dazu ermuntert würde, seine These dem Studium von Christopher Pitts Werk zu widmen. Johnsons Versicherung, daß Yaldens Gedichte »Durchsicht verdienen«, ist nicht überzeugender als der für einen lästigen Besucher geschriebene Empfehlungsbrief, durch den der Schreiber sich seiner zu entledigen wünscht. Wer sich der Geschichte des literarischen Geschmacks widmet, könnte über Johnsons Bemerkung betroffen sein, »vielleicht nichts in unserer Sprache Geschriebenes wurde öfters durchgelesen als Pomfrets *Choice*«, und herausfinden wollen, warum. Indessen wird beim Durchschnittsleser wahrscheinlich die Unzufriedenheit über Johnsons Auslassungen größer sein als die Wißbegier auf alles, was er in sein Werk einschloß. Jedermann weiß, daß die Sammlung die Auswahl einer Gruppe von Buchhändlern oder Verlegern darstellt, die vermutlich glaubten, daß die Werke aller dieser Autoren guten Absatz finden würden, und die mit Sicherheit und noch besserer Berechtigung annahmen, daß die Vorworte Dr. Johnsons das Fehlen des Urheberschutzes weitgehend wettmachen würden, indem sie der Öffentlichkeit ihre Ausgabe lobend empfahlen. Obgleich er bei jedem sein Bestes tat, können wir wohl mit ziemlicher Gewißheit annehmen, daß Johnson kaum selber davon überzeugt war, alle seine Autoren seien der Aufnahme in die Sammlung wert. Und doch wissen wir, daß man Johnson gewisse Freiheiten gelassen hatte, die Sammlungen zu bereichern; denn es ist uns bekannt, daß er drei Dichter vorschlug; über einen von ihnen, Sir Richard Blackmore, werde ich noch einiges zu sagen haben.

Die Vorläufer und Zeitgenossen Shakespeares, sowie die metaphysischen Dichter vor Cowley, verkauften sich damals schlecht. Dies wäre Rechtfertigung genug für die Buchhändler gewesen, gegen jeglichen Vorschlag Johnsons, sie zu berücksichtigen, Einspruch zu erheben. Jedoch besteht keinerlei Nachweis, daß Johnson diese Absicht gehabt hätte; es ist vielmehr erwiesen, daß seine Bekanntschaft mit diesen Autoren reichlich begrenzt war, und daß er es völlig zufrieden war, eine poetische Anthologie herauszugeben, die mit Cowley und Milton begann. Das vortreffliche Vorwort zu Shakespeare ist ein Werk für sich und bezeugt in keiner Weise das Bedürfnis, einen Dichter im Hinblick auf seine Vorgänger und Zeitgenossen zu würdigen. Gleichwohl trägt die absolute Unschuld gegenüber der historischen und komparativen Methode – selbstverständliche Voraussetzung für die moderne Kritik – zu dem einzigartigen Verdienst dieses Vorworts bei; die Qualitäten Shakespeares, auf die er mit Nachdruck hinweist, sind meist die, die nur Shakespeare eigen waren, und in denen er auch nicht annähernd von anderen Dramatikern erreicht wurde.

Diese Einschränkung des Gebiets englischer Dichtung ist eine eindeutige wesentliche Eigentümlichkeit. Es wäre ein gewaltiger Irrtum, wollte man die Enge von Johnsons Interessen allein der Unwissenheit oder einzig dem Mangel an Wertschätzung oder gar beidem zuschreiben. Man käme vermutlich der Wahrheit näher, würde man sagen, daß seine Unwissenheit eine Folge des Mangels an Verständnis sei, als zu behaupten, sein Mangel an Verständnis trage Schuld an seiner Unwissenheit: indessen ist es doch nicht ganz so einfach. Wenn wir einem Kritiker des 18. Jahrhunderts vorwerfen wollen, er ermangele des modernen, historischen und umfassenden Verständnisses, so müssen wir selbst, um nicht in den gleichen, bei ihm getadelten Fehler zu verfallen, danach trachten, die ihm ermangelnde Haltung zu der unsrigen zu machen; wir dürfen nicht beschränkt sein, indem wir ihn der Beschränktheit, oder voreingenommen, indem wir ihn der Voreingenommenheit zeihen. Johnson hatte einen festen Standpunkt, der nicht der unsere ist, einen Standpunkt, dessen Erfassen einen beträchtlichen Aufwand an Vorstellungskraft erfordert; können wir ihn jedoch fassen, so werden wir seine Unwissenheit oder Unempfindlichkeit in einem anderen Licht sehen. Walter Raleigh berichtet von Johnson, »er hatte ungeheuerlich viel für den *Dictionary* gelesen, aber die Kenntnis der englischen Literatur, die er auf diese Weise erworben hatte, war für andere Zwecke nicht immer brauchbar. In mancher Hinsicht war sie sogar hinderlich. Recht eigentlich war Johnsons *Dictionary* als Standardwerk für den gebildeten Umgang gedacht, wohl geeignet, den klassischen Idealen des neuen Zeitalters zu dienen. Daher war er gezwungen,

auf die elisabethanischen poetae minores zu verzichten, deren Autorität niemand anerkannte und deren Freiheiten und Extravaganzen seinen Absichten zuwidergingen«.
Für den Dichter und Kritiker des 18. Jahrhunderts waren sprachliche und literarische Werte zu engerer Einheit verbunden, als dies für Schriftsteller und Lesepublikum unserer Zeit der Fall zu sein scheint. Exzentrische oder befremdende Sprache war verpönt: ein Autor wurde nicht wegen der Schöpfung eines eigenmächtigen Stils, sondern wegen seines Beitrags zum gebräuchlichen Sprachausdruck gepriesen. Johnson und anderen seiner Zeitgenossen war der Fortschritt in der Verfeinerung und Präzision der Sprache ebenso wenig entgangen wie der der Verfeinerung und des Anstandes der Sitten; und da es dabei um neue Errungenschaften ging, wurden sie hoch geschätzt. Johnson bringt es fertig, Dryden wegen seiner schlechten Manieren und seines schlechten Geschmacks in der Polemik zu tadeln. Nun ist es eine allgemein menschliche Beobachtung, daß wir in der Hochstimmung, die der Erfolg einer selbstgestellten Aufgabe gewährt, durchaus manche Dinge vergessen, zu deren Opferung wir im Augenblick ihrer Erfüllung verpflichtet waren. Nur ungern befreunden wir uns mit dem Gedanken, uns von etwas zu trennen, um dafür etwas anderes von Wert zu gewinnen. Der Pfad der Geschichte ist übersät mit diesen verlorenen Werten und wird es immer sein: vielleicht auch ist die Kurzsichtigkeit für solche Werte eine notwendige Qualifikation für jedermann, der danach strebt, ein politischer oder sozialer Reformator zu werden. Die Vervollkommnung der Sprache, die das 18. Jahrhundert zuwege brachte, war eine echte Verbesserung: erst eine spätere Generation konnte ihrer unvermeidlichen Verluste gewahr werden.
Sicherlich sah Johnson den Bestand der englischen Dichtung von einem Gesichtspunkt aus, der Fortschritt, Verfeinerung der Sprache und des Versbaus nach festgelegten Richtlinien für selbstverständliche Voraussetzung hielt, und der Vertrauen zur Richtigkeit und gültigen Dauer des erlangten Stils einschloß – ein Vertrauen, das um so vieles fester war als alles Vertrauen, das wir in den Stil oder die Stilarten unseres eigenen Zeitalters setzen können, so daß wir es kaum anders als einen Makel seines kritischen Geistes bezeichnen

können. Der Nachdruck und die Sorgfalt, mit denen Johnson den gemeingültigen Stil und die allgemeinen Regeln betont, und die manchmal den Anschein erwecken, als messe er geniale Größe nach den für kleinere Geister schicklichen Normen, mögen dazu führen, triviale, konformistische Dichtung unangemessen höher zu werten als das Werk persönlicher Genialität, die weniger an die Gesetze gebunden ist. Dennoch wird die Beschränktheit, die wir Johnson gern zuschreiben, nur selten in seinen wirklichen Äußerungen offenbar, hauptsächlich jedoch durch das, was er verschweigt; und dieses Verschweigen beweist keineswegs persönliche Fühllosigkeit, sondern eine Haltung, zu der wir uns schwer bequemen mögen. In Johnsons Augen hatte sich die englische Sprache des vorhergehenden Zeitalters zu ungenügend entwickelt, sie war »in den Kinderschuhen stekken geblieben«; die früheren Dichter hatten sich einer zu rohen Sprache bedient, als daß man sie auf gleichen Fuß mit denen eines geschliffeneren Zeitalters hätte stellen können. Soweit ihre Werke nicht den höchsten Rang einnahmen, schickte sich ihr Studium viel eher für den Historiker als für den kultivierten Leser. Das Maß an Sensibilität jeglicher vergangenen Periode erscheint uns immer geringer als unser eigenes; denn natürlich ist uns unserer Vorfahren Mangel an Erkenntnis der Dinge, die uns bekannt sind, weit besser bewußt als jeglicher Mangel bei uns selber, nämlich dessen, was sie erfaßt hatten und wir nicht. So können wir denn – im Bewußtsein, daß unsere längere geschichtliche Erfahrung uns alle Denker der Vergangenheit beschränkt erscheinen läßt – fragen, ob wir nicht einen scharfen Trennungsstrich ziehen müssen zwischen einer beschränkten Sensibilität und einer defekten Sensibilität; und müssen in der Folge weiter fragen, ob Johnson, in den Grenzen seiner Persönlichkeit, nicht einen ebenso feinfühliger wie unbestechlicher Kritiker ist; ob die von ihm gerühmten Qualitäten der Dichtung nicht doch gültige Qualitäten bleiben und die von ihm getadelten Mängel nicht für immer als Mängel gelten werden und zu vermeiden sind.

Selbst wenn es mir bis jetzt nicht gelungen ist, mich klar verständlich zu machen, so hoffe ich doch, einiges zur Beunruhigung Ihrer Gemüter und zu Ihrer Bereitschaft getan zu haben, die Beschuldigung Johnsons, die ihn der Empfindungslosigkeit für die Musik der Verse zeiht, zu untersuchen. Aus der Lektüre der *Lives of the Poets* bleibt dem modernen Leser nichts klarer im Gedächtnis als Johnsons Bemerkungen über den Versbau bei Donne und von Miltons *Lycidas*. Und ist uns kein anderes Urteil Johnsons mehr gegenwärtig, dies ist es gewiß:

»Die ›metaphysischen‹ Dichter waren Gelehrte, und ihr eifrigstes Bestreben war es, diese Gelehrsamkeit zu zeigen: indessen, da sie unseligerweise entschlossen waren, sie in Reimform zu zeigen, so schrieben sie Verse anstelle von Gedichten, und zwar sehr häufig solche Verse, welche die Fingerprobe besser bestanden als die des Ohres; denn die Modulation war so unvollkommen, daß man nur durch das Zählen der Silben herausfand, daß es sich um Verse handelte.«

Dieses Urteil wäre durchaus begründet, ginge es um die Werke von Cleveland oder einigen anderen weniger bedeutenden »metaphysischen Dichtern«; daß Johnson jedoch Donne in diesen Tadel einbezog, geht klar aus seiner Bemerkung hervor, daß Ben Jonson Donne »mehr in der Roheit seiner Verse, denn in der Art seiner Empfindungen« gleiche. In unserer Zeit gilt Donne als großartiger Handwerker, als Versemacher von bemerkenswerter Virtuosität; und was Johnson mit »Roheit« bezeichnet, geht unserem Ohr ein wie zarteste Musik. Aber auch sein Urteil über *Lycidas*, ebenso bekannt wie das über die »metaphysischen« Dichter, tut unserer Empfindungsfähigkeit Gewalt an. Johnson erklärt von diesem Gedicht, daß »die Sprache mißtönend, die Reime ungenau und der Rhythmus ungefällig« seien. Einigen andern seiner Beobachtungen über *Lycidas* können wir vielleicht noch zustimmen. Wenn wir davon ausgehen, daß eine Elegie von unverstellter und teilnehmender Trauer erfüllt zu sein habe, muß uns dieses Gedicht frostig erscheinen. Die Verbindung christlicher und klassischer Bilder entspricht einem barocken Geschmack, der dem 18. Jahrhundert nicht behagte: und ich muß selbst gestehen, daß mir nie ganz wohl war bei dem Schauspiel von Fr. Comus und St. Peter, die in der gleichen Prozession dahinwandeln, wie ein Professorenpaar auf dem Wege zum Universitäts-Sermon die King's Parade hinunterschlendert. Es ist aber doch der musikalische Wert des Verses, der die Absurditäten in Erhabenheit kleidet und uns dafür empfänglich macht. So fragen wir denn, war Johnson empfindungslos für die Musik des Verses? Litt er, litt seine ganze Generation an einem unvollkommenen Gehör?

Vielleicht gibt es keine hartnäckigere Ursache für extreme Meinungsverschiedenheiten zwischen respektablen Kritikern der Dichtkunst als die Verschiedenheit des Ohrs: und unter »Ohr« für Poesie verstehe ich das unmittelbare Erfassen zweier theoretisch voneinander unabhängiger Dinge, die im Effekt jedoch eine Einheit bilden: Rhythmus und Diktion. Eines schließt das andere ein: denn die Diktion – Wortschatz und Satzkonstruktion – bestimmt den Rhythmus, und der Rhythmus, den der Dichter als kongenial empfindet, wird bestimmend für seine Diktion. Es ist der unmittelbar überzeugende Eindruck von Rhythmus und Diktion, der uns einem Dichtwerk geneigt macht, der uns dazu anregt, ihm weitere Aufmerksamkeit zu schenken und uns mehr Gründe, es gern zu mögen, finden läßt. Dieser Unmittelbarkeit mag es bei der Lektüre der Dichtung einer anderen Generation ermangeln. Erst wenn eine Literatur den Höhepunkt ihrer Reife erlangt hat – vielleicht erst dann, wenn sie den Augenblick ihrer Reife überschritten und weit in ein späteres Zeitalter hineingewirkt hat, vermögen die Kritiker zu erfassen, daß Rhythmus und Diktion sich nicht einfach von Generation zu Generation höher entwickeln oder verfallen, sondern daß sie auch absolut anders werden können, so daß immer irgend etwas verlorengeht, so gut wie manches gewonnen wird. Beim Vervollkommnungsprozeß eines jeden Stils, so wie beim Reifen eines Menschen, vermag man zu beobachten, daß gewisse Anlagen nur durch die Aufgabe anderer zu voller Geltung kommen. Etwa der Freude an Kindern vergleichbar ist bisweilen das Vergnügen an früher Literatur, wo wir das Vorhandensein mannigfacher, später nicht entwickelter Anlagen spüren. So betrachtet, kann uns manchmal die frühe Literatur reicher erscheinen als die der späteren Perioden. Eine Literatur ist etwas anderes als das menschliche Leben – sie vermag zu ihrer eigenen Vergangenheit zurückzukehren und schon preisgegebene Fähigkeiten neu zu entwickeln. Wir haben in unserer eigenen Zeit ein neuerwachtes Interesse an Donne erlebt, und nach Donne an noch früheren Dichtern, wie Skelton. Eine Literatur kann sich ebenfalls aus dem Literaturen anderer Sprachen erneuern. Jedoch Johnsons Zeitalter war noch nicht alt genug, um das Bedürfnis nach Erneuerung zu empfinden – es war eben zu seiner eigenen Reife gelangt. Johnson konnte von der Literatur seiner Zeit annehmen, sie habe das Niveau erreicht, von dem aus die Literatur der Vergangenheit zu beurteilen sei. In einer Zeit wie der unseren, da Neuartigkeit als vorzüglichste Notwendigkeit aller Dichtkunst gilt, wenn sie unsere Teilnahme erregen soll, und bei der Worte wie »Pionier« und »Neuerer« zu den höchsten Ehrentiteln gehören, ist es schwierig, diesen Gesichtspunkt zu begreifen. Es ist leicht, seine Absurdität zu erkennen, und wir staunen über die fast anmaßende Überzeugtheit, mit der Johnson den *Lycidas* der Mängel halber verwarf, die uns als Köstlichkeiten erscheinen, und wie er Donne wegen der Roheit seiner Diktion ablehnen konnte. Es ist uns rätselhaft, wie Johnson über Shakespeare schreiben konnte, ohne seine Meisterschaft im Versbau zu erwähnen. Hier lag keineswegs ein Vorurteil gegen eine besondere schriftstellerische Manier vor, so wie er es bei der Kritik an den »metaphysischen Dichtern« äußert, keine persönliche Abneigung gegen den Menschen, so wie sie bei der Behandlung Miltons zutage tritt, sondern nur schärfste Beobachtung, höchste Achtung und gerechtestes, großmütigstes Lob: allein, spricht er auch Shakespeare den höchsten Rang unter den Dichtern zu, so aus tausend Gründen, nur nicht der Schönheit von Rhythmus und Sprache wegen.

Meiner Ansicht nach sollten wir diese uns seltsam scheinende Beschränktheit nicht als persönliche Unvollkommenheit Johnsons betrachten, die sein Format als Kritiker beeinträchtigt. Was ihm fehlt, ist der historische Sinn, dessen Zeit nocht nicht gekommen war. Und hier ist etwas, was wir von Johnson lernen können: denn, haben wir selbst erst diesen historischen Sinn erworben, so ist unser einziges Bestreben, ihn weiter zu entwickeln; und eine der Methoden, durch die wir ihn bei uns selbst entwickeln können, ist das Bemühen, einen Kritiker zu verstehen, bei dem er nicht sichtbar ist. Johnson versagt beim Verständnis für Rhythmus und Diktion, die er als veraltet empfand, nicht nur aus Mangel an Sensibilität, sondern wegen seiner einseitig ausgebildeten Sensibilität. Hätte das 18. Jahrhundert die Dichtung früherer Zeiten bewundert so wie wir es heute vermögen – das Ergebnis wäre chaotisch gewesen; das 18. Jahrhundert, das wir kennen, hätte es nie gegeben. Ein solches 18. Jahrhundert hätte nie die Überzeugung aufgebracht, die notwendig zur Vollendung der Arten von Dichtung ist, die es wirklich vollendet hat. Die Taubheit Johnsons für gewisse Versmelodien war notwendige Voraussetzung seiner ungemeinen Empfänglichkeit für eine andersartige Schönheit des Wortes. Innerhalb seiner Grenzen, innerhalb seiner Zeit hatte Johnson ein nicht weniger feinhöriges Ohr als alle anderen. Immer wieder und wieder, wenn er die Aufmerksamkeit auf Schönheiten oder Makel im Werk der von ihm behandelten Dichter lenkt, müssen wir eingestehen, daß er recht hat und daß er auf Dinge hinweist, die uns ohne ihn vielleicht entgangen wären. Das könnte der Beweis für die Beständigkeit seiner Kriterien sein.

Das Problem des Unterschieds zwischen den Empfindungen zweier verschiedener Jahrhunderte führt zu einer weiteren Überlegung, die der Erwähnung wert ist; und zwar geht es um den Hauptwert von Klang oder Sinn. Ich glaube, wir können zugeben, daß die größte Dichtung in beiden Kategorien die härteste Probe zu bestehen hat. Doch gibt es sehr viel gute Dichtung, die sich durch einseitige Vorzüge manifestiert. Es ist modern, einen gewissen Grad von Zusammenhanglosigkeit des Sinns in Kauf zu nehmen und mit Dichtern, die selbst nicht genau wissen, was sie zu sagen versuchen, duldsam zu verfahren, solange der Vers gut klingt und verblüffende und ungewöhnliche Bilder bringt. Es liegt in der Tat ein gewisses Verdienst im melodischen Phantasieren, das ein wirklicher Beitrag zur Literatur sein kann, wenn es dem ständigen Appetit der Menschheit nach einem gelegentlichen Fest mit Trommeln und Zimbeln Genüge tut. Ob wir es nun tun oder nicht – wir alle möchten uns hier und da berauschen: obgleich die Gefahr, sich ausschließlich einer bestimmten Art von Poesie zu verschreiben, der Gefahr, sich zuversichtlich auf die Wirkung des Alkohols zu verlassen, analog ist. Neben der Poesie des Klangs gibt es den poetischen Versuch, die Begrenzungen des menschlichen Bewußtseins zu erweitern und von uns unbewußten Dingen zu berichten, das Unausdrückbare auszudrücken – eine Poesie, die, von einem gewissen Gesichtspunkt aus, eine verbindende Position zwischen der Poesie des Klangs und der Dichtung des Sinns innehat. Mit dieser Art Poesie will ich mich hier jedoch nicht befassen. Ich glaube, daß wir uns heute zwischen den beiden Extremen *Beschwörung* und *Bedeutung* williger durch die Musik des erheiternd Bedeutungslosen verführen, als durch alltäglich vorgetragene Einsicht und Weisheit befriedigen lassen. Johnsons Zeitalter und Johnson selbst neigten zu dem zweiten Wege. Johnson konnte manches als Poesie akzeptieren, was uns lediglich zulänglich und korrekt erscheint; andererseits sind wir allzu bereit, als Poesie anzuerkennen, was weder zulänglich noch korrekt ist. Wir verzeihen vieles Klang und Bild zuliebe, er vergab viel um des Sinns willen. Und Übertreibungen in der einen oder anderen Richtung können dazu führen, daß man das Vergängliche für das Beständige hält. Johnson tat es manchmal. Ich erwähnte vorhin Sir Richard Blackmore.

Beeindruckt durch Johnsons Versicherung, daß allein Blackmores *Creation* ein Gedicht sei, das »ihn der Nachwelt als einen der begünstigten Lieblinge der englischen Muse überliefern werde«, und durch seine Erklärung, daß Blackmore auf seine, Johnsons, eigene Empfehlung in die von ihm besorgte Anthologie aufgenommen wurde, las ich das Gedicht mit einiger Neugier. Ich kam zu dem Schluß, daß Johnsons Loblied auf dieses Gedicht in zweifacher Hinsicht einen schweren Mangel aufweist. Erstens verletzt es fast sofort einige ausgezeichnete Regeln, die Johnson selbst, bei der Behandlung eines größeren Dichters, für den Gebrauch von Dreireim und Alexandriner in der gereimten Strophenform festlegte. Anstatt den Dreireim (drei sich reimende Verse, davon als letzter ein Alexandriner) dem Ende einer Periode vorzubehalten, wo dieser als Abschluß sehr wirkungsvoll sein kann, setzt Blackmore den Dreireim fast an den Anfang und bietet uns sogleich darauf einen Alexandriner als zweiten Vers einer Strophe. Und, schlimmer noch, die Verse sind manchmal nicht besser als in einer Schülerarbeit. Doch Johnson, wie alle treuen Anhänger der anglikanischen Kirche, und wie alle guten Tories, verabscheute Hobbes, den bemerkenswerten totalitär gesinnten Atheisten. Die Befriedigung, die ihm die folgenden, auf jenen Philosophen anspielenden Verse gaben, müssen ihn blind gemacht haben gegen die Unvollkommenheiten, die er bei Dryden oder Pope gerügt hätte:

At length Britannia's soil, immortal dame!
Brought forth a sage of celebrated name,
Who with contempt on blest Religion trod,
Mocked all her precepts, and renounced her God.

Schließlich brachte Britanniens Boden – unsterblich' Weib! / Einen Weisen berühmten Namens hervor, / Der benedeite Religion verachtungsvoll mit Füßen trat, / Ihrer Gebote lachte und ihrem Gott abschwor.

Um mit der gleichen Art peinlich genauer Kritik zu verfahren, in der Johnson sich auszeichnete, dürfen wir bemerken, daß der erste Vers grammatisch schlecht ist, da »dame« syntaktisch eine Beifügung zu »soil« anstatt zu »Britannia« ist; und den zweiten Vers könnten wir tadeln, indem wir bemerken, daß Hobbes' Name erst lange Zeit nach seiner Geburt berühmt wurde. Außerdem müßte man erwarten, daß die Allegorie der Religion, als hilfloses weibliches Wesen von Hobbes mit Füßen getreten, für Johnsons Geschmack unelegant wäre. Ich glaube, daß dies der tadelnswerteste Mangel bei einem Kritiker ist – das Abgleiten von seinem eigenen Geschmacksniveau. Und, zweitens, kam ich durch meine Lektüre des Gedichts zu dem Schluß, daß Johnson es sogar seines Inhalts wegen verworfen haben müßte. Denn Johnson – und dies ist von großer Bedeutung bei ihm – war einer der orthodoxesten Anhänger der anglikanischen Kirche und einer der frömmsten Christen seiner Zeit: während sich mir bei Blackmore reiner Deismus auszudrücken scheint. Ich kann nur annehmen, daß der Deismus die Atmosphäre des Jahrhunderts so durchdrang, daß Johnsons Nase immun dagegen geworden war.

Gleichwohl möchte ich diese Art des Irrtums – das Versagen des Kritikers bei der Anwendung der von ihm selbst vertretenen Normen – von jenen offenbaren Irrtümern unterscheiden, die den Grundsätzen einer bestimmten Geistesrichtung zu einer bestimmten Zeit entspringen, und die uns nicht mehr als Irrtümer im gleichen Sinn erscheinen, sobald es uns gelungen ist, ihren Ausgangspunkt zu erfassen. Solche Irrtümer werden sich in Johnsons verschiedenen Bemerkungen über die Autoren finden, die Blankverse schrieben, und zunächst sind wir darüber bestürzt. Unter ihnen scheint er Akenside den höchsten Rang zuzuerkennen, und er sagt von ihm, »in der allgemeinen

Machart seiner Verse ist er vielleicht jedem anderen Blankvers-Dichter überlegen«. Selbst wenn man vom Blankvers der großen Dramatiker eines der früheren Jahrhunderte absieht – oder vom Dramenvers Otways in seiner Blütezeit – so erscheint uns diese Behauptung zunächst übertrieben.

Heutzutage bedienen wir uns des Worts in so lockerer Form, daß uns manchmal eines Autors Absicht einfach deswegen verborgen bleibt, weil er genau gesagt hat, was er meinte. Um herauszubekommen, was Johnson mit seinem Urteil über Akenside sagen will, müssen wir zuerst Akensides Versbau mit dem der anderen Blankvers-Dichter seines Jahrhunderts vergleichen; weiter muß es auch mit dem, was Johnson über die anderen gesagt hat und mit dem, was er über Miltons Verse sagte, verglichen werden. Sie werden sich erinnern, daß Johnson in seinem Essay über Milton Addisons Worte bestätigt, der von Milton sagte: »die Sprache verfiel unter ihm«. Johnson fährt fort: »Milton hatte seinen Stil nach einem verkehrten und pedantischen Prinzip geformt«, und »er wünschte englische Worte in einem fremden Idiom zu gebrauchen«. Jedoch fährt er nach dieser Kritik in höchstem Lobe fort: »Milton war Herr seiner Sprache in ihrem vollen Umfang.« Und indem er die Schwäche des »heroischen« Blankverses erwähnt, besonders die Schwierigkeit, die metrische Gleichwertigkeit eines jeden Verses bei der Deklamation zu wahren, und, endlich, nachdem er alles gesagt hat, was gegen den Blankvers gesagt werden kann, räumt er großmütig ein: »Ich kann mich nicht dazu bereit finden, zu wünschen, Milton sei ein Reimkünstler gewesen; denn ich kann nicht wünschen, daß sein Werk anders sei als es ist; jedoch ist er, wie andere Helden, eher zu bewundern, als nachzuahmen.« Die Anerkennung der Größe Miltons als Versdichter ist eindeutig. Aber es gibt Gesetze für den Gebrauch der Worte und den Satzbau, denen Milton Trotz bietet. Nicht um seiner Gesetzlosigkeit willen ist der Gesetzesbrecher zu preisen; und ein zweitrangiger Dichter kann gesetzestreuer sein als ein Dichter von genialer Größe. So kann Akenside »in der allgemeinen Machart seiner Verse« korrekter sein als Milton, und – wenn wir Korrektheit schätzen, ihn in dieser Hinsicht übertreffen.

Ich glaube nicht, daß die Geschichte des Blankverses seit Milton ihn durchaus Lügen straft. »Die Musik der heroischen englischen Poesie streift so leise unser Ohr«, sagt Johnson, »daß sie leicht ganz verlorengeht.« Das ist richtig: die andere Gefahr ist das monotone Klopfen, dem keine Spur von Musikalität mehr anhaftet. Was Johnson jedoch nicht bemerkte, ist, daß Milton den Blankvers gerade durch die von Johnson gerügte Exzentrizität zum erfolgreichen Versmaß für das heroische Gedicht machte.

Jedoch betrachtete Johnson die Miltonschen Verse als Ausnahme. Er räumt zwar ein, daß es Zwecke gibt, für die der Blankvers das geeignete Mittel bleibt, macht sich jedoch nicht die Mühe, sie im einzelnen zu beschreiben und zu spezifizieren. Von Youngs *Night Thoughts* sagt er:

»Dies ist eines der wenigen Gedichte, denen es nur zum Nachteil gereicht hätte, wäre es in gereimter Form statt in Blankversen geschrieben. Die wilden Ergüsse der Gefühle und das ungezügelte Schweifen der Phantasie wären durch die Bindung an den Reim eingeengt und zusammengedrückt worden.«

Ähnlich lautet seine Billigung der Anwendung des Blankverses in den *Seasons* von Thomson:

»Dies ist eines der Werke, in denen der Blankvers richtig angewandt ist. Thomsons breite Darlegung allgemeiner Ansichten und seine Aufzählung mannigfaltiger Verhältnisse wären durch die häufige Unterbrechung des Sinnzusammenhangs, welche die notwendige Folge des Reims ist, gehemmt und verwirrt worden.«

Kehren wir zu Akenside zurück, dem Autor, dessen Blankvers Johnson solch hohes Lob erteilt hat; hier ist der Kontext:

»In der allgemeinen Machart seiner Verse ist er vielleicht jeglichem anderen Blankvers-Dichter überlegen; seine Rede fließt geschmeidig, und seine Pausen sind musikalisch; jedoch ist die Verkettung seiner Verse zu langatmig, und es fehlt zu häufig am bündigen Schluß. Der Gedanke wird durch lange Verschachtelungen komplizierter Satzgefüge geführt, und, da sich nichts scharf abzeichnet, bleibt nichts in der Erinnerung haften.

Die dem Blankvers gewährte Entbindung von der Notwendigkeit, den Gedanken mit dem Couplet abzuschließen (so fährt Johnson, seine Beurteilung verallgemeinernd, fort), verführt überschäumende und eifrige Gemüter zu solcher Nachsicht mit sich selbst, daß sie Bild auf Bild häufen, Ornament auf Ornament, und überhaupt nur schwer zu einem endgültigen Gedankenabschluß zu bewegen sind. So, fürchte ich, wird der Blankvers allzu oft in der Beschreibung überschwenglich, in der Auseinandersetzung geschwätzig und in der Erzählung langweilig wirken.«

Zu sagen, daß die Verkettung von Akensides Versen zu langatmig sei, und daß der Gedanke durch lange Verschachtelungen komplizierter Satzgefüge geführt wird, ist ein Tadel, der nach unserer Prüfung der Akensideschen Verse voll gerechtfertigt erscheint; gleichwohl ist es nur recht und billig, zu bemerken, daß diese Verkettung, diese komplizierten Satzgefüge genau das waren, was Milton mit auffallendem und einsamem Erfolg handhabte. Aber die allgemeinen Bemerkungen über die Gefahren des Blankverses wären des Nachdenkens derer, die diese Form später anwendeten, wohl wert gewesen. Und Johnson konnte nicht voraussehen, daß spätere Dichter beim Gebrauch des Reimpaars – in ihrem Wunsch, die Möglichkeiten dieser Form über die starren, durch die besten Verse des 18. Jahrhunderts festgelegten Grenzen hinaus zu erweitern – des gleichen Überschwanges, der gleichen Geschwätzigkeit und der gleichen Langeweile fähig sein würden, die Johnson als Untugenden des Blankverses notierte. Wir brauchen uns nur William Morris anzusehen, um Beispiele dafür zu finden.

Ich glaube, man kann sagen, daß von allen Dichtern, deren Werke Johnson einleitete, Thomson und Young die einzigen sind, die mehr oder weniger lesbare Blankvers-Gedichte hinterließen, deren Lektüre auch heute noch von Bedeutung für das Studium englischer Dichtung ist. Im Lob ihres Versbaus zeigt Johnson, daß es ihm durchaus bewußt war, wie Blankverse geschrieben werden müssen. Zu dem Beifall, dem er Akensides Versbau zollt, muß allerdings einschränkend hinzugefügt werden, daß sein Lob des Gedichts *The Pleasures of Imagination* (oder *Pleasures of the Imagination*), das Akensides bescheidene Begabung noch im besten Licht zeigt, in der Tat recht lau war.

»Der Worte werden immer mehr und mehr, bis der Sinn kaum noch wahrnehmbar ist; die Aufmerksamkeit verläßt den Geist und setzt

sich im Ohre fest. Der Leser durchwandert die fröhliche Wirrnis, manchmal bestürzt und manchmal entzückt; jedoch kommt er nach vielen Windungen durch das bilderreiche Labyrinth so wieder heraus, wie er hineinging. Er bemerkte wenig und erfaßte nichts.«
Womit so unverblümt angedeutet wird, daß die Dichtung nicht des Lesens wert ist, wie es auch in Johnsons Absicht lag. Ich habe es unternommen, dieses Gedicht rein mechanisch zu Ende zu lesen, und doch kann ich nicht sagen, daß ich es gelesen habe, denn – so wie es Johnson voraussagte – »die Aufmerksamkeit verließ den Geist«. So habe ich in Wahrheit nur einige Partien gelesen. Jedoch blieb mir der Eindruck, daß der Klang der Verse weder bei Thomson noch bei Young so voller Melodie ist, obgleich diese beiden wesentlich bedeutendere Dichter waren. Seine Silben sind wohl angeordnet; seine Pausen, seine Satzstrukturen sorgen im allgemeinen für ständige Abwechslung, ohne im geringsten gegen das Versmaß zu verstoßen; und obschon immer simpel, ist er doch selten absurd. Beim Durchblättern der *Seasons* von Thomson wird man ständig den köstlichsten Landschaften begegnen, jedoch ebenso häufig dem Bestreben, das Geringe zu steigern und das nüchtern Tatsächliche zu verschönen, was das Risiko des Lächerlichen bedeutet. Nehmen wir zum Beispiel seine humane Mahnung an den Angler:

But let not on thy hook the tortur'd worm
Convulsive, twist in agonising fold.

Laß nicht an deinem Haken den gequälten Wurm / Krümmend sich winden, verkrampft in Todesschmerz.

Akenside sagt niemals etwas, was wert wäre, gesagt zu werden; aber was nicht wert ist, gesagt zu werden, sagt er gut. Es lohnt sich, den Schluß des dritten Buchs seines Gedichts (das mitten im vierten Buch unvollendet gelassen wurde) zu zitieren:

When at last
The Sun and Natur's face again appear'd,
Not far I found me; where the public path,
Winding through cypress groves and swelling meads,
From Cnossus to the cave of Jove ascends.
Heedless I followed on; till soon the skirts

Of Ida rose before me, and the vault
Wide-opening pierced the mountain's rocky side.
Entering within the threshold, on the ground
I flung me, sad, faint, overworn with toil.

Als endlich / Die Sonne und das Antlitz der Natur wieder erschienen, / Fand ich mich nicht mehr weit; wo der bekannte Weg, / Sich windend durch Zypressenhain und saft'ge Wiesen, / Von Cnossus nach Jupiters Höhle steigt. / Sorglos folgt' ich dem Weg; bis bald der Saum / Des Ida vor mir aufstieg, und das Gewölbe / Weit offen in des Berges felsige Flanke drang. / Als ich hineingegangen war, warf ich mich auf den Grund, / Traurig und kraftlos, und ganz erschöpft von Mühsal.

Wenn man nicht wüßte, wer diese Verse schrieb, könnte man sie einem besseren Poeten zuschreiben. Jedoch – wie Johnson zu den Oden desselben Dichters bemerkt: »zu welchem Ende kann ein Werk, das nicht gelesen werden wird, kritisiert werden?« – Dennoch, glaube ich, können wir nun die Behauptung, daß er (Akenside) »in der allgemeinen Machart seiner Verse vielleicht jedem anderen Autor des Blankverses überlegen ist«, verstehen und, in gewissen Grenzen, akzeptieren.

Ich kann nicht umhin, mich zu fragen, wie viele Blankvers-Gedichte des 19. Jahrhunderts von der Nachwelt mit größerer Anteilnahme durchgelesen werden, als die Thomsons, Youngs oder Cowpers. *Hyperion* wird bleiben, *The Prelude* (das man zu Ende lesen muß, wie langweilig es auch an vielen Stellen sein mag), ein paar kurze Stücke von Tennyson, einige dramatische Monologe von Browning. Aber ich glaube, daß die Gedichte des 19. Jahrhunderts, deren Reiz wohl nie verblassen wird, im allgemeinen Gedichte in gereimter Form sind.

Daß Johnson den Blankvers als die für das Theater geeignetere Form ansah als den Reim, dürfen wir daraus schließen, daß er *All for Love* den anderen heroischen Stücken Drydens vorzog, sowie aus der Tatsache, daß er den Blankvers als Metrum für seine eigene Tragödie *Irene* gewählt hat. In diesem Stück zeigt sich, daß Johnson das Verständnis für die Besonderheit des *dramatischen* Blankverses fehlte: denn dort wandte er ihn als ein Dichter an, der in den Kategorien des Reimpaars fühlte und dachte. Ich bemerkte schon, daß Johnson sich bei allem hohen und gerechten Lob für Shakespeare als dramatischen Dichter so äußert, als habe Shakespeare in einer Sprache geschrieben, die wohl Gedanken auszudrücken vermag, deren Klang uns jedoch nichts sagt: denn wir finden nirgends ein Wort über die Musikalität Shakespearescher Verse. Johnson ist der Meinung, der Blankvers eigne sich besser für die Bühne, einfach weil er der Prosaform näher verwandt ist; mit anderen Worten: man formt im Gespräch gelegentlich unbewußt einen fünffüßigen Jambus, jedoch fast niemals einen Reim. Ich glaube nicht, daß diese Ansicht durchweg gültig ist. Wenn Johnson einerseits die ganz besondere Musikalität des dramatischen Blankverses entging, so täuschte er sich ebenfalls, wenn er meinte, der Blankvers sei notwendigerweise eher eine Konversationsform. Ganz zu Anfang bemerkte ich, daß sich mir Dryden in seinen gereimten Stücken weit mehr dem Konversationston zu nähern scheint als in *All for Love.* Johnsons *Irene* hat alle Vorzüge, die man nur von Versen aus Johnsons Feder erwarten könnte; und für Johnson, der sich normalerweise mit dem Schreiben nicht sehr abmühte, ist dies offenbar ein fleißiges Stück Arbeit. Seine Verse haben keinerlei dramatische Qualitäten; sie sind korrekt, aber Korrektheit allein ist auch ein Fehler. Hätte er das Stück in Reimen geschrieben, wäre es heute lesbarer; das Ganze wäre im Vortrag flüssiger, und die guten Stellen würden einprägsamer; nichts von der Vortrefflichkeit der Struktur, des Gedankens, des Wortschatzes und der rhetorischen Figuren würde dadurch verlorengehen. Was im Reim wie Honig fließen würde, ist schiere Monotonie ohne ihn.

Bis jetzt habe ich mich zunächst mit der Aufgabe befaßt, einige der Hindernisse für das Verständnis Johnsons als Kritiker beiseite zu räumen. Bevor ich zum Abschluß komme, bleiben noch zwei beiläufige Meinungen Johnsons, mit denen ich mich abgeben muß, da ich mich sonst der Beschuldigung aussetze, sie umgehen zu wollen. Erstens, Johnsons Meinung über das Chor-Drama, das er ungünstig beurteilte; zweitens, seine Haltung der religiösen oder erbaulichen Dichtung gegenüber, die herablassend war. So muß ich den Kritiker auch auf diese beiden Punkte hinweisen.

»Wenn *Paradise Regained* allzu gering geschätzt wurde, so wurde zum Ausgleich dafür *Samson Agonistes* allzusehr bewundert. Nur durch langgehegtes Vorurteil und die Blindgläubigkeit der Gelehrsamkeit konnte es dazu kommen, daß Milton die alten, mit einem

Chor belasteten Tragödien den Darbietungen der französischen und englischen Bühnen vorzog, und nur im blinden Zutrauen zu Miltons Ansehen kann ein Drama gepriesen werden, dessen Einlagen weder begründet noch folgerichtig sind und die Katastrophe weder beschleunigen noch aufhalten.«

Ich darf Sie noch einmal daran erinnern, wie betont *modern* Johnson für seine Zeit war: seine Vorliebe für das englische und französische Theater gegenüber dem griechischen ist nur ein Beispiel dafür. Ich möchte zu dem eben von mir zitierten Tadel Miltons einschränkend sagen, daß es meiner Ansicht nach nicht zur Hauptsache ein langgehegtes Vorurteil oder die blindgläubige Gelehrsamkeit war, die Milton sein Stück nach griechischem Muster schreiben ließ. Ich glaube, es war in erster Linie die bewußte oder unbewußte Erkenntnis des Wesens seiner eigenen Begabung. Mit *Samson* wählte er das Sujet, das ihm am angemessensten war; und er nahm die Griechen zum Vorbild, weil er ein Dichter war und kein Dramatiker, und weil er in dieser Form am ehesten seine Meisterschaft beweisen und seine Schwächen verhüllen konnte. Viel seltsamer jedoch ist – da Johnson sowohl das französische als auch das englische Theater zur Nachahmung empfiehlt – daß er Racines *Athalie*, die vielleicht seiner These ungelegen kommt, unerwähnt läßt. Wenn je einer, so war Racine ein Dichter für das Theater; in *Athalie* verwendet er den Chor, und ich halte *Athalie* wirklich für ein großartiges Stück. Doch, abgesehen von dieser Ausnahme, beurteilte Johnson das Chor-Drama nach dramatischen Normen, die wohl die wenigsten von uns auf *Samson* anwenden möchten. Für viele ist *Samson* das lesbarste aller Hauptwerke Miltons: sicherlich lesbarer als *Paradise Regained*. Wir können *Samson* und auch *Comus* sogar genießen, wenn sie aufgeführt werden. Aber ich glaube nicht, daß es irgend jemanden gibt, der sie unmittelbar als Drama genießen würde: entweder müssen wir uns ziemlich gut im Text auskennen, oder aber ein rasches Ohr für die Schönheiten des Worts besitzen. Sonst glaube ich nicht, daß Handlung oder Charaktergestaltung beider Stücke unsere Aufmerksamkeit lange wachhalten würden.

Ich möchte annehmen, daß Johnson im großen und ganzen, will man ihm eine Kritik an *Samson* als Drama zugestehen, recht hat. Ich glaube jedoch nicht, daß er die dramatische Kraft griechischer Tradition in ihrem eigenen Land und zu ihrer Zeit erkannte. Ich zweifle vielmehr, ob dies überhaupt für irgendwen seiner Zeit, da die archäologische Forschung noch recht unentwickelt dastand, möglich war. Gewiß, unser eigenes Verständnis der griechischen Stücke als Stücke wurde durch neue Studien und Forschungsarbeiten ungeheuer erweitert. Die eigentliche Frage jedoch ist, ob sich die Form des griechischen Dramas der modernen Welt einbürgern läßt. Und ich habe den Verdacht, daß Miltons Hauptrechtfertigung – sowie die einiger späterer Dichter – für die Nachahmung der griechischen Dramenform darin liegt, daß die Verwendung eines Chors theaterunerfahrene Dichter in die Lage versetzt, ihre besonderen Talente in das beste Licht zu rücken und dadurch einige Unvollkommenheiten zu verbergen.

Johnsons Meinung über religiöse Dichtung ist am klarsten in seinem Leben Wallers niedergelegt. Hier bemerkt er –

»Daß kein frommes Ohr beleidigt sei, wenn ich, im Gegensatz zu vielen maßgebenden Persönlichkeiten, vorbringe, daß poetische Frömmigkeit nicht oft gefallen mag...

Besinnliche Frömmigkeit, der Verkehr zwischen Gott und der menschlichen Seele kann nicht poetisch sein...«

Diese und andere Worte könnten in sein Leben Watts' übertragen worden sein, wo sie durch das Folgende bestätigt werden:

»Seine fromme Dichtung ist, so wie die anderer, unbefriedigend. Die Armut an Themen erzwingt ständige Wiederholung, und die Heiligkeit des Gegenstandes schließt die Ornamentik bilderreicher Sprache aus.«

Als Kritik an Watts reicht dies wirklich aus. Einer Generation, die die religiösen Sonette von Donne, die lyrische Dichtung von George Herbert, Crashaw und Vaughan zu bewundern gelernt hat, erscheint sie als engstirniger Eigensinn. Ich glaube, wir müssen nicht nur die Grenzen des literarischen Geschmacks seiner Zeit, sondern auch ihre religiöse Beschränktheit in Rechnung stellen. Eines trägt hier das andere: denn, da es Johnson nicht in den Sinn kam, daß es in früheren Perioden dichterische Werte gegeben hatte, die im Laufe der literarischen Vervollkommnung seiner eigenen Zeit verschwunden waren, so, denke ich, konnte es ihm auch nicht einfallen, daß es eine religiöse Empfindsamkeit gab, die ebenfalls geschwunden war. Johnsons tadelnde Bemerkungen lassen sich ebenso gut auf den größten Teil religiöser Dichtung, die seither geschrieben wurde, anwenden, wie auf die seiner eigenen Zeit. Was seine Verurteilung ad absurdum führt, ist das Fehlen jeglicher Unterscheidung zwischen liturgischer Dichtung und religiöser Erlebnisdichtung. In der Hymne, dem Wechselgesang, der Sequenz wäre der Einbruch persönlicher Erfahrung fehl am Platz; vielleicht auch ist deshalb die liturgische Dichtung am schönsten in der unpersönlichen Eloquenz der lateinischen Sprache. Es ist richtig, daß eine gewisse Art erbaulicher Dichtung für beide Kategorien gelten mag. Einige von George Herberts Gedichten stehen in Gesangbüchern – trotzdem lassen sie mich als Hymnen immer unbefriedigter als die von Watts; denn ich bin mir dabei ständig der Persönlichkeit Herberts bewußt, während Watts' Persönlichkeit völlig dahinter schwindet. Jedoch besitzt die fromme Dichtung des 18. Jahrhunderts meist weder die eine noch die andere dieser Tugenden. Die Gründe, warum gute Dichtung dieser Art nicht geschrieben wurde, und die Gründe, warum Johnson die Möglichkeit dazu nicht erkennen konnte, sind bei der Begrenztheit der religiösen Empfindsamkeit jenes Jahrhunderts zu suchen. Ich sage Begrenztheit und nicht Mangel an Empfindungsfähigkeit, denn niemand vermag Johnsons *Prayers and Meditations*, oder Laws *Serious Call* zu lesen, ohne anzuerkennen, daß auch dieses Zeitalter seine Monumente frommer Hingebung hatte.

II

Ich habe nicht vor, die Dichtung des 18. Jahrhunderts im allgemeinen zu diskutieren; oder gar Johnsons Lebensbeschreibungen von Dryden und Pope; ich will nur einiges daraus entnehmen, was Johnsons kritische Theorie andeuten soll. Im Hinblick auf das von mir schon erläuterte Prinzip, nämlich, daß wir eines Dichters Kritik an der Dichtung nur dann verstehen können, wenn wir seine eigene Dichtung in Betracht ziehen, habe ich noch etwas über Johnsons Dichtung zu sagen. Über seine kürzeren Gedichte läßt sich nur sagen, daß sie zum größten Teil jene beiden Qualitäten besitzen, die für Johnson alles darstellen, was von einem kurzen Gedicht verlangt werden kann: Klarheit und Eleganz. Eines von ihnen, *Long expected one-and-twenty*, könnte – nicht zu Johnsons Nachteil – zu einem interessanten Vergleich mit *The Shropshire Lad* auffordern: Housmans Verse sind ebenfalls klar und elegant, doch in poetischer Diktion und inhaltlicher Erbaulichkeit – zwei von Johnsons Kriterien, wie wir sehen werden – ist Johnsons Gedicht wohl besser. Ich glaube, das einzige seiner kurzen Gedichte, das mehr als klar und elegant ist, das einzige, das vermochte, was niemandem vor ihm gelang, und worin niemand nach ihm ihn erreichte, ist das Gedicht über den Tod des Dr. Levett, des »geheimnisvoll weisen und rauhbeinig guten Menschen« – ein Gedicht von einzigartiger Zartheit, Frömmigkeit und Weisheit. Die beiden Gedichte, die Johnsons Titel als Dichter rechtfertigen, sind *The Vanity of Human Wishes* und *London*. *London* hat 364 Verse, *The Vanity of Human Wishes* 263. Johnson war ein meditativer Dichter: in einem weniger langen Gedicht hätte er sich nicht voll zum Ausdruck bringen können; und weil er nur ein meditativer Dichter war, besaß er keine Mittel für ein Gedicht umfassenderer Größe.

London hat schöne Verse und Partien, aber als Ganzes scheint es mir nicht geglückt. Die Einführung oder der Prolog zu diesem Gedicht ist künstlich. Es ist ermüdend, die Schmähungen der Metropole als Rede des »gekränkten Thales« an einen Freund vorgesetzt zu bekommen, der ihn nach Greenwich begleitet, wo er die Fähre zum Schiff besteigt, das ihn in das freiwillige Exil nach Pembrokeshire bringen soll. Dort, wie an anderen Stellen des Gedichts, wittert man falsche Töne. Johnson wollte eine Satire nach der Manier von Juvenal schreiben, um die Verderbtheit Londons aufzuzeigen; aber daß er je beabsichtigt haben sollte, London gegen das abgelegene Vorgebirge von St. David einzutauschen, ist so unvereinbar mit seinem Charakter und seinen im späteren Leben geäußerten Empfindungen, daß es uns schwer fällt, zu glauben, er habe es je ernst damit gemeint. Er wäre der letzte gewesen, sich in St. David anzusiedeln, oder die Schönheiten jenes romantischen Flecks beim ersten Anblick zu erkennen.

For who would leave, unbribed, Hibernia's land,
Or change the rocks of Scotland for the Strand?

Denn wer wird unbestochen Hibernias Land verlassen, / Oder die Felsen Schottlands eintauschen für den Strand?[1]

Die Antwort ist: wenn einer, dann Samuel Johnson. Diese Einwände mögen kleinlich erscheinen. Sie bestärken mich jedoch in meinem Zweifel, ob Johnson der richtige Mann für die Satire war. Johnson war ein Moralist, und es gebrach ihm an dem gewissen göttlichen Leichtsinn, der die Verse der beiden großen englischen Vers-Satiriker funkeln und sprühen läßt. Entrüstung kann sich poetisch ausdrücken, aber es muß eine in der Stille erinnerte Entrüsung sein[2]; ich habe den Eindruck; daß uns in *London* anstelle einer echten, wieder lebendig gewordenen Entrüstung eine nur vorgegebene dargeboten wird. In der Satire Drydens, ähnlich wie in der Popes, verschwindet das Objekt der Satire hinter der Dichtung und ist kaum mehr als ein Vorwand für die Dichtung. Bei Dryden wird der Verspottete ins Absurde gesteigert, und Popes schädliches Insekt wird zu etwas Schönem und Seltsamem. Zänkisches Klagen ist alles, was den Gesamteffekt von *London* ausmacht. Die Anklage gegen eine ganze Stadt mißlingt: es ist, selbst im 18. Jahrhundert, unglaubhaft, daß man bei Nacht nie ausgehen konnte, ohne daß verrohte Trunkenbolde über einen herfielen, oder daß man im eigenen Hause nicht sicher davor war, im Schlaf von Einbrechern ermordet zu werden. Johnson verallgemeinert, und diese Verallgemeinerungen sind unwahr: was das Gedicht am Leben hält, ist der Unterton des persönlichen Empfindens von Bitterkeit, Ungemach, Mühsal, Unrecht und Entbehrungen, die Johnson tatsächlich in seiner Jugend erfahren hatte.

Johnson neigte zu einer durch Einzelheiten hervorgehobenen allgemeinen Betrachtung. An einer bekannten Stelle läßt er Imlac, den Erzieher Rasselas', bemerken –

»Des Dichters Aufgabe ist es, die Spezies und nicht das Individuum zu prüfen; allgemeine Eigenschaften und umfassende Erscheinungen zu beobachten; er zählt nicht die Streifen der Tulpe oder die ver-

1 Gemeint ist die Straße Londons. (D. Hrsg.)
2 Variationen des Wortes von Wordsworth über die Einbildungskraft. (D. Hrsg.)

schiedenen Farbtöne des Grüns im Walde. Er hat in seinen Abbildungen der Natur nur die hervorstechendsten und augenfälligsten Züge darzustellen, die für jedermann das Original lebendig werden lassen; auch muß er, um jener Eigentümlichkeiten willen, die der Aufmerksamkeit ebenso offenkundig sind wie der Unachtsamkeit, kleinlichere Unterscheidungen vermeiden, die wohl von diesem bemerkt, von jenem aber unbeachtet geblieben sein könnten.«

Diese Neigung zum Allgemeinen wirkt sich sogar auf Johnsons Regeln für die poetische Diktion aus. »Es ist eine allgemeine Regel der Dichtung«, so sagt er in seinem Leben Drydens, »daß alle angewendeten Kunstbegriffe in allgemeine Eindrücke versenkt werden müssen, da Dichtung eine universelle Sprache sprechen soll. Im Hinblick auf andere als die freien Künste ist diese Regel noch strenger einzuhalten und daher bei weitem nicht allgemein bekannt«; und er geht daran, Dryden seine Verwendung von Fachausdrücken aus der Seefahrt vorzuwerfen, deren meiste – zum Beispiel »Saum«, »Hammer«, »Persennig« – wir heute als unangreifbar ansehen würden. Jedoch will ich mich noch nicht mit Johnsons Meinungen über die poetische Diktion befassen: ich möchte nur darauf hinweisen, daß seine Regeln für die Dichtkunst in gewissem Grad auf die Art von Dichtung abgestimmt waren, die er selber schreiben konnte.

In *The Vanity of Human Wishes* fand Johnson den seinen Fähigkeiten vollkommen entsprechenden Gegenstand. Der schon im Titel angegebene Gedanke war nicht neu, und war es nie gewesen. Das ist auch nicht notwendig oder gar wünschenswert für ein Gedicht dieser Art: wesentlich ist, daß es ein Gedanke ist, der nicht einen Augenblick lang vom Leser in Frage gestellt wird. In dieser Hinsicht, als meditatives Gedicht, ist *The Vanity of Human Wishes* Grays *Elegy* überlegen; dieses Gedicht enthält ein oder zwei nicht ganz stichhaltige Gedanken: die Wahrscheinlichkeit, daß der Dorffriedhof oder irgendein Friedhof den Leib eines möglichen Hampden, Milton oder Cromwell berge, ist äußerst gering. Allerdings zeigt sich Gray hier keineswegs rein meditativ: was die *Elegy* durch ihre Beschreibungen, durch die Beschwörung der englischen Landschaft gewinnt, ist von größter Bedeutung. Hätte Johnson sich seinerseits auf das Allgemeine beschränkt, ohne es durch Einzelheiten zu bereichern, so wäre wenig von *The Vanity of Human Wishes* übriggeblieben. Die Passage über Karl von Schweden ist die meist zitierte und am besten durchgehaltene Stelle dieses Gedichts. Diese zweiunddreißig Verse bilden einen in sich geschlossenen Abschnitt von vollkommener Gestalt: die steigende Kurve des Ehrgeizes, das plötzliche Unheil und der langsame Niedergang und Verfall, worin wir dem Eroberer folgen –

Compelled a needy supplicant to wait
While ladies interpose and slaves debate,

Zwang einen armen Bittenden zu warten, / Da schöne Damen einfallen in die Rede und Sklaven sich beschimpfen,

kulminiert in

a barren strand,
A petty fortress, and a dubious hand.

ein wüster Strand, / Eine armselige Festung, und eine schwache Hand.

Diese Passage gehört jedoch nicht zu jenen, die ihren vollen Wert wahren, wenn sie aus dem Zusammenhang genommen werden – sie verlangt sowohl das Vorangegangene wie das Folgende, und kann nur innerhalb des ganzen Gedichts ihren Platz behaupten.

Große Dichtung in der Art von *The Vanity of Human Wishes* ist selten; und wir können Johnson nicht vorwerfen, daß er nicht mehr davon geschrieben habe, wenn wir bedenken, wie wenig solcher Dichtung es überhaupt gibt. Dennoch kann diese Art Poesie nicht höchsten Rang erreichen. Ihrer Natur nach ist sie von ziemlich lockerer Konstruktion; der Gedanke ist zu Anfang gegeben, und da er ein allgemein akzeptierter Gedanke ist, kann es nur Variationen zu dem einen Thema und wenig Entwicklung geben. Johnson besaß keine kompositorische Begabung. Für eine sorgsamer ausgearbeitete Konstruktion – und meiner Überzeugung nach ist die Struktur ein wichtiges Element der dichterischen Komposition – sind die verschiedensten Talente notwendig: das beschreibende, das erzählende und das dramatische Talent. Gemeinhin erwarten wir von einem Gedicht in Reimpaaren keine geschlossene Struktur; oft haben wir den Eindruck, als ob es, abgesehen von dem, was der Autor zu sagen hat, irgendwo anfangen oder aufhören könne. Doch gibt es ein Gedicht von einem

Freund und Zeitgenossen Johnsons, das in höchstem Maße durchgestaltet ist. Ich schätze *The Deserted Village* höher als irgendein anderes Gedicht von Johnson oder Gray. Goldsmiths Gedicht ist das vollendete Beispiel für die Kunst der Übergänge. Prüft man es Abschnitt für Abschnitt, so wird man den Übergang immer im rechten Augenblick finden – vom Deskriptiven zum Meditativen, zum Persönlichen, und wieder zurück zum Meditativen, zur Landschaft mit den zu ihr gehörenden Gestalten, zur Schilderung von Persönlichkeiten (des Geistlichen und des Schullehrers) – und das mit einer Gewandtheit und Bündigkeit, die seit Chaucer selten ihresgleichen fand. Alle Partien sind wohl ausgewogen. Endlich ist die Idee, ebenso einleuchtend wie die Johnsons, doch origineller und selbst prophetisch:

> Ill fares the land, to hastening ills a prey,
> Where wealth accumulates, and men decay.

Schlecht fährt das Land, die Beute eiligen Übels, / Wo Reichtum wächst, und wo der Mensch verfällt.

Ich habe diesen Exkurs gemacht, da ich nicht den Eindruck habe, Johnson beweise in seinen eigenen Gedichten konstruktive Stärke, und weil ich nicht glaube, daß er die Wichtigkeit der Struktur bei der Bewertung eines Gedichts erkennt. Ich will nun jene Eigenschaften eines guten Gedichts betrachten, die Johnson in seiner eigenen Dichtung manifestiert und wie er sie im Werk anderer lobt.

Johnson maß der *Originalität* große Wichtigkeit bei. Originalität ist einer jener zahlreichen Termini, deren Bedeutung sich von Generation zu Generation wandeln kann, und wir müssen mit Vorsicht prüfen, welchen Sinn er für Johnson hatte. Die folgende Passage aus seinem Leben Thomsons mag illustrieren, was dieses Wort für ihn bedeutete:

»Als Autor verdient Thomson höchstes Lob: seine Denkweise und der Ausdruck seiner Gedanken sind originell. Sein Blankvers ist nicht mehr der Blankvers Miltons oder irgend eines anderen Poeten, als die Reime von Prior die Cowleys sind. Seine Rhythmen, seine Zäsuren, seine Diktion sind eigenes Gewächs, nichts Abgeschriebenes, nichts Nachgeahmtes. Die Folge seiner Gedanken ist besonderer Art, und er denkt immer als Mann von Genie; er betrachtet Natur und

Leben mit dem Auge, das die Natur nur einem Poeten verleiht, mit dem Auge, das von allem, was sich seinem Blick darbietet, jegliches Ding erfaßt, bei welchem die Phantasie entzückt verweilen kann, und mit einem Geist, der zugleich das Unermeßliche umfaßt und das Unbedeutende achtet. Der Leser der *Seasons* staunt, daß er nie zuvor sah, was Thomson ihm zeigt, und daß er noch nicht empfand, was Thomson ihm eindrückt.«

Hier wird die Originalität in »Denkweise und Ausdruck« gesehen. Doch der eigentliche Gedanke muß nicht neu oder schwer faßlich und begreiflich sein; er darf – und meistens tut er es für Johnson – eine allgemein gültige Behauptung darstellen oder einen Gedanken, der, einmal erfaßt, so rasch akzeptiert wird, daß der Leser erstaunt ist, ihn nie zuvor selber gedacht zu haben. Originalität zwingt nicht zum Verwerfen der Konvention. Im Lauf des letzten Jahrhunderts und auch später noch haben wir uns an ein solches Schwelgen in individuellen Stilarten gewöhnt, daß wir leicht vergessen, daß Originalität in einer Periode ruhiger Ausgeglichenheit ebenso bedeutsam ist wie zu einer Zeit ständigen Wandels; die für jedermann erkennbaren Variationen dichterischen Stils sind uns so zur Gewohnheit geworden, daß wir vielleicht für jene feineren Nuancen innerhalb einer Form nicht mehr das volle Empfinden haben, das ein an diese Form gewöhntes Gemüt und Ohr besitzen mag. Wird jedoch die Originalität zur einzigen oder zur höchsten dichterischen Tugend, so kann sie leicht ihren Wert völlig verlieren; und wenn einzelne Dichter und ihre jeweiligen Bewunderer-Gruppen keinerlei gemeinsame Normen des Versbaus, keinerlei Gleichheit des Geschmacks oder des dichterischen Glaubensbekenntnisses mehr haben, so dürfte jegliche Kritik zur subjektiven Reklame absinken. Die von Johnson gebilligte Originalität ist eine durch die von ihm verlangten Qualitäten begrenzte Originalität.

Johnson maß der *Erbauung* große Bedeutung bei. Dieses Wort ist zwar zum Gegenstand der Spöttelei geworden, doch können wir dem, was es bedeutet, wohl nie aus dem Wege gehen. Daß die Poesie Weisheit lehren oder zur Tugend mahnen sollte, scheint den meisten Menschen ziemlich nebensächlich oder gar unwesentlich; manch einem erscheint das sogar unvereinbar mit der wirklichen Aufgabe der Poesie. Jedoch müssen wir zunächst bemerken, daß sich Johnson, sobald sein kritischer Geist wach ist, nie zur Überschätzung eines Gedichts hinreißen läßt, nur weil es eine reine Sittlichkeit lehrt. Seiner Überzeugung nach muß ein Gedicht interessant sein und unmittelbaren Genuß bereiten. Ich glaube allerdings, daß er diese Forderung übertreibt, wenn er in seinem Leben Cowleys sagt:

»Was immer den Anspruch erhebt, durch Genuß zum Wohl zu gereichen, muß unmittelbar gefallen. Die Freuden des Geistes verlangen das Plötzliche und Unerwartete; was erheben soll, muß gleichfalls überraschen. Was in langsamer Folge wahrgenommen wird, kann uns mit dem Bewußtsein der Vervollkommnung erfüllen, jedoch wird es uns nie Genuß bereiten.«

Auch ich bin der Ansicht, daß ein Gedicht, das nicht unmittelbar beeindruckt, das in keiner Weise unsere Aufmerksamkeit erzwingt, uns höchstwahrscheinlich auch hinterher nicht mehr erschauern läßt. Aber Johnson scheint die Möglichkeit, daß eine Erfahrung oder Vertiefung des Genusses, ein langsames Gewahrwerden neuer Schönheiten, die Folge intensiven Kennenlernens sein kann, nicht in Betracht zu ziehen; ebenso wenig zieht er das langsame Reifen des Lesers und die Entwicklung seiner Sensibilität durch gründlichere Erfahrung und vertieftere Erkenntnis in Betracht. Ich zitiere seine These jedoch nicht, um zu opponieren, sondern um auf die Unbedingtheit, mit der Genuß und Erbauung für Johnson zusammengehören, hinzuweisen. Er spricht von dem, »was immer den Anspruch erhebt, durch Genuß zum Wohl zu gereichen«; er sagt, »was erheben soll, muß immer überraschen«. Die Erbauung ist keine entbehrliche Zugabe zu einem Gedicht, sondern ein ihm organisch wesentlicher Bestandteil. Wir besitzen nicht *zwei* Erfahrungen – die eine des Genusses und die andere der Erbauung – es ist eine einzige Erfahrung, die wir in ihre Bestandteile zergliedern.

Bei der Beurteilung der Gültigkeit der Grundsätze eines Kritikers, der einem von dem unseren sehr verschiedenen Zeitalter angehörte, müssen wir seine Sprache fortwährend unserer eigenen Situation gemäß neu interpretieren. Im landläufigen Sinn bedeutet »Erbauung«, so nehme ich an, nichts anderes, als daß wir aus der guten Dichtung, gewiß aber aus der großen Dichtung, geistige Bereicherung sowohl wie Genuß schöpfen sollen. Wenn wir »Erbauung« mit der Verbreitung der sittlichen Ideen aus Johnsons Zeit identifizieren – Ideen, die einem Christen deistisch infiziert erscheinen mögen und von anderen wiederum zu christlich gefunden werden dürften – so erkennen wir nicht, daß es nur unsere Vorstellungen von Erbauung sind, die sich gewandelt haben. Wenn Matthew Arnold sagt, die Poesie sei eine Kritik des Lebens, so bedeutet dies nichts anderes als ein Beibehalten des Erbauungsgedankens. Selbst die Behauptung hinaus, daß Poesie für den Leser von gewissem Maske eines Protests; und zu unserer Zeit bedeutet die Rechtfertigung der Poesie als Ersatz für die Religion und der für die Dichtkunst nicht immer glückliche oder segensreiche Versuch, eine Sozialphilosophie in Versen auszudrücken oder zu mißbrauchen, daß es nur der Gehalt der »Erbauung« ist, der sich wandelt.

Wenn wir deshalb der »Erbauung« die ganze Elastizität, die das Wort in sich birgt, zugestehen, so läuft das auf nichts anderes als die Behauptung hinaus, daß Poesie für den Leser von gewissem ernsthaftem Wert sein müsse: eine nicht abzustreitende und daher kaum der Bestätigung bedürftige Behauptung. Unsere einzige Streitfrage ist nur, welche Art von Gehalt wir als erbaulich ansehen. Die eigentliche Schwierigkeit der Sicht Johnsons ist für uns eine andere. Wir unterscheiden klarer zwischen der bewußten Absicht des Schriftstellers und dem Effekt, den das Werk hervorbringt. Wir mißtrauen der Dichtung, deren Autor bewußt belehren und überreden will. Diese Unterscheidung gehört nicht zu den Gemeinplätzen in Johnsons Denken. Doch glaube ich, daß es ihm wirklich um die Moral der Dichtung und nicht um die moralischen Absichten des Dichters geht.

»Bossu ist der Meinung (so sagt Johnson in seinem Leben Miltons), daß es des Dichters vornehmste Aufgabe sei, eine *Moral* zu finden, die später durch seine Fabel illustriert und belegt werden soll. Nur Milton scheint so verfahren zu sein; die Moral anderer Gedichte ist zufällig und sekundär; nur bei Milton ist sie wesentlich und primär.«

Was Milton anlangt, ist diese Feststellung wohl richtig; wenn Johnson auch bei größerer Vertrautheit mit Dante Milton vielleicht nicht als einziges Beispiel angeführt hätte. Es zeigt sich jedoch klar, daß es eher die erbauliche Kraft eines Gedichts ist, die Johnson interessiert, als die überlegte Absicht des Dichters.

Gewiß wird der Grad unserer Zuneigung zu einem bestimmten Kunstwerk von unserer Sympathie für oder Antipathie gegen seine Gedanken und die Person seines Autors beeinflußt. Wir bemühen uns – und müssen dies in unserer Zeit – diese Zuneigung oder Ablehnung außer Betracht zu lassen, um zu einer gerechten Bewertung des künstlerischen Verdienstes zu gelangen. Wenn wir, wie Johnson, in einer Zeit relativer Einigkeit und allgemein akzeptierter Grundsätze lebten, würden wir uns diese Bemühung wahrscheinlich weniger angelegen sein lassen. Wenn wir uns über die Welt, in der wir leben, über die Stellung, die der Mensch in ihr einnimmt, und über seine Bestimmung einig wären; wenn wir uns darüber einig wären, was wir mit Weisheit bezeichnet haben, mit dem guten Leben[1] für den Einzelnen und für die Gesellschaft, so würden wir, ebenso vertrauensvoll wie Johnson, der Poesie moralische Entscheidungen zusprechen. Doch in einer Zeit, da keine zwei Dichter über irgend etwas einig zu sein brauchen, einer Zeit, in welcher wir beständig zugeben müssen, daß ein Dichter mit einer uns verkehrt erscheinenden Weltanschauung vielleicht besser schreibt als ein anderer, dessen Anschauung wir teilen, sind wir gezwungen, diese Einschränkung zu machen; und indem wir sie machen, sind wir – mit negativem Erfolg – versucht, den moralischen Wert der Poesie überhaupt unbeachtet zu lassen. Dergestalt, daß wir eher dazu neigen, uns über eines Dichters Weltsicht die Frage zu stellen: »ist sie originell?«, als »ist sie wahr?« Und eine der in dieser Diskussion über Johnsons Kritik aufgestellten Thesen ist, daß Johnson, wie kein Kritiker gleichen Formats seitdem, »rein literarische« Kritik üben konnte, eben weil er berechtigt war anzunehmen, daß es eine allgemeingültige Einstellung zum Leben sowie eine allgemeingültige Meinung über die Rolle der Dichtung in ihm gab.

Als nächstes komme ich zu Johnsons Anwendung des Terminus »poetische Diktion«. Ich glaube, daß man heutzutage durchweg der Meinung ist, poetische Diktion bedeute soviel wie ein Idiom und die Verwendung heute nicht mehr gebräuchlicher Worte, die möglicher-

1 the good life = die (Gott wohlgefällige) richtige Lebensweise. (D. Hrsg.)

weise auch in ihrer besten Zeit nicht gerade gut waren. Sind wir gemäßigter, so interpretieren wir sie als den Gebrauch eines von einer anderen Generation geborgten und heute für die Dichtung nicht mehr geeigneten Idioms und Wortschatzes. Sind wir extremistisch, so glauben wir, daß dieses Idiom und Vokabular immer schlecht waren, selbst als beides noch nicht überholt war. Wordsworth sagt in seinem Vorwort: »In diesen Bänden wird ebenfalls wenig von dem zu finden sein, was man gemeinhin poetische Diktion nennt.« Johnson gebraucht diesen Terminus in lobendem Sinn. Im Leben Drydens bemerkt er:

»Darum gab es vor Drydens Zeit keine poetische Diktion, kein Wortsystem, das zugleich von der Grobheit täglichen Gebrauchs gereinigt und von der Fremdheit der Ausdrücke, die bestimmten Künsten zueigen ist, befreit war. Allzu vertraute oder allzu ungewöhnliche Worte machen die Absicht eines Dichters zunichte. Die Klänge, die wir aus geringfügigem oder plumpem Anlaß vernehmen, vermitteln uns schwerlich starke Eindrücke oder köstliche Bilder; und Worte, denen wir nahezu fremd gegenüberstehen, lenken, wann immer sie vorkommen, die Aufmerksamkeit, die dem Gegenstand zukommen sollte, auf sich selbst.«

Was Wortschatz und Konstruktion betrifft, so dürfen wir nicht vergessen, was ich schon allgemeiner anzudeuten versuchte: daß die Vorstellung vom ständigen Wandel der Sprache sich dem Zeitalter Johnsons nicht eingeprägt hatte. Er blickte auf etwa zwei Jahrhunderte zurück und stellte in Sprache und Manieren eine kontinuierliche Verbesserung fest. Was die von ihm beobachtete Verbesserung anlangt, so täuschte er sich nicht: jedoch erkannte er weder das Verlorengegangene, noch war er sich des unvermeidlichen Wandels bewußt, der kommen mußte. Auch Wordsworth zeigt keine tiefere Erkenntnis der Beständigkeit, mit der eine Sprache sich wandeln muß, als Johnson: was er ein für allemal festgelegt zu haben glaubte, war die Rückkehr zu einer Diktion volkstümlicher Einfachheit und rustikaler Reinheit. In seiner Auffassung, daß die Bindung der literarischen Sprache an die Umgangssprache nicht verloren gehen dürfe, hatte Wordsworth recht; aber seine Norm für die richtige poetische Diktion war so wenig relativ wie die Johnsons. Wir sollten, im Gegenteil, erkennen können, daß es für jede Periode irgendeine Norm richtiger poetischer Diktion geben muß, die der landläufigen Sprache weder zu ähnlich noch zu fremd ist; und wir müssen einräumen, daß in fünfzig Jahren die richtige poetische Diktion nicht mehr die sein wird, die heute gilt. Ich meine, daß der Wortschatz, das Idiom und die grammatischen Regeln für die Poesie nicht mit denen für die Prosa identisch sein können. Was Johnson über die Wahl der Worte sagt, gilt immer noch: daß »solche Klänge, die wir aus geringfügigem oder plumpem Anlaß vernehmen«, zu vermeiden sind – es sei denn, muß ich hinzufügen, es ist des Dichters Absicht, etwas Geringfügiges oder Plumpes darzustellen; und »Worte, denen wir nahezu fremd gegenüberstehen, lenken, wann immer sie vorkommen, die Aufmerksamkeit, die dem Gegenstand zukommen sollte, auf sich selbst« – mit der Ausnahme, müßte ich hinzusetzen, daß das Wort das einzig passende Wort für den bestimmten Gegenstand ist, oder wenn der Dichter die Aufmerksamkeit gerade auf dieses Wort zu lenken wünscht.

Es sind zweierlei Dinge, die poetische Diktion der Dichtung des 18. Jahrhunderts, oder eine Theorie der poetischen Diktion des 18. Jahrhunderts zu kritisieren. Wir dürfen nicht vergessen, daß, solange eine »poetische Diktion« nicht anerkannt wird, wir keine Norm für die Kritik guter und schlechter Dichtung haben: es ist ebenso gefährlich, die Existenz eines allgemeingültigen Stils zu leugnen, wie zu behaupten, der dichterische Stil unserer Zeit müsse der gleiche sein wie im 19. Jahrhundert. Unser modernes Vokabular umfaßt viele relativ neue Wörter, die für Johnsons Ohr barbarisch geklungen hätten. Wir haben in einem zu früheren Zeiten unbekannten Ausmaß Neues erfunden, Entdeckungen gemacht, gestaltet und theoretisiert, und ein neues Wort bürgert sich heute viel rascher ein. Ein Wort kann nicht zu neu sein, wenn es das einzige der Absicht des Dichters gemäße Wort ist. Ein Wort kann nicht zu alt sein, wenn es das einzige der Absicht des Dichters gemäße Wort ist. Und viele Anlässe, die Johnson »geringfügig« oder »plump« erschienen wären, scheinen uns just geeignet, in Versen gewürdigt zu werden. Johnsons Ansichten über die poetische Diktion sind und bleiben richtig; doch bleibt es unserem eigenen Verstand überlassen, sie richtig anzuwenden.

Daß Johnson vor der Untugend des *Manierismus* auf der Hut war, geht aus einer anderen Stelle im Leben Drydens hervor, einer Stelle, die sich jeder, der gute Verse schreiben möchte, zu Herzen nehmen sollte:

»Wer viel schreibt, wird schwerlich einer Manier entgehen, nämlich der wiederholten Rückkehr zu bestimmten auffallenden Formulierungen. Dryden ist immer »ein anderer und doch derselbe«; er bringt nie die gleichen Feinheiten in der gleichen Form und verwendet keine andere Kunst als die, klar auszudrücken, was er stark empfindet. Sein Stil wäre nicht leicht nachzuahmen, weder in ernsthafter noch in lächerlicher Absicht; denn, obschon immer gleichmäßig und immer verschiedenartig, hat er keine hervorstechenden oder besonders markanten Züge.«

Ich habe ganz besonders auf diesen Punkt hingewiesen, da er für Johnsons Kritik der poetischen Diktion wesentlich ist, und weil ich der Meinung bin, daß das völlige Fehlen einer allgemeinen Norm für die poetische Diktion eine Schwäche der modernen Dichtung und ihrer Kritik bedeutet. Und ich habe diesen Punkt mit voller Absicht unmittelbar nach der Entwicklung von Johnsons Ansichten über die *Erbauung* berührt. Daß die Poesie, will sie eine moralische Wahrheit dartun oder zur Tugendhaftigkeit aufrufen, lobenswerter ist, als wenn dies nicht der Fall ist; und daß die Poesie, die schlechte Grundsätze suggeriert oder zu Irrtümern verleitet, zu verurteilen ist, zeigt sich durchweg bei Johnson in der Behandlung seiner Autoren. Dennoch sagt er, da er die Vorzüge von Akensides *Pleasures of Imagination* preist: »die philosophischen oder religiösen Grundsätze des Autors gehen mich nichts an; ich habe mich nur mit seiner Dichtung zu befassen«. Johnson trennte sein Urteil über das, was ein Autor sagte, scharf von dem Urteil darüber, wie er es sagte. Nun beobachte ich manchmal bei unseren zeitgenössischen Kritikern und bei den noch ehrgeizigeren Rezensenten eine Verwechslung dieser beiden Urteile. Der Begriff der Erbauung ist in eine Vielfalt von Vorurteilen gespalten; auch ohne festgelegte Meinung darüber, was die Poesie uns lehren sollte, ist der Kritiker nicht notwendig vom moralischen Urteil entbunden, wird jedoch häufig, je nach seinen positiven oder negativen Gefühlen für einen Autor, ein Gedicht für gut oder schlecht erklären. Auch wird des Kritikers Kenntnis von den Anschauungen des Autors nicht selten andere Quellen haben als das bestimmte, seiner Kritik vorgelegte Gedicht, und sein Urteil über dieses Gedicht beeinflussen. Ob ein Gedicht schlecht oder gut geschrieben ist, ob es verbessert werden kann, ob die Kadenzen musikalisch sind, ob die Wahl der Worte gesucht und literarisch ist, ob die Bilder glücklich gefunden und wohl in das Ganze gefügt sind, ob die Syntax korrekt ist und ob die Verletzungen der normalen Konstruktion zu rechtfertigen sind: solche Fragen werden vermieden, als ob sie den Fragesteller in den Verdacht der Pedanterie bringen könnten. Das Resultat ist zu oft ein Kommentar, der für den Autor keinerlei Wert hat, es sei denn, fällt er günstig aus, er diene als gute Reklame; eine Kritik der Tribüne, mit der die Rezensenten sich für oder gegen einen bestimmten Dichter erklären.

Daß es heute keine feste Geschmacksnorm der Poesie gibt, ist zum Teil das Resultat gesellschaftlicher Zustände, zum Teil historischen Ursprungs, was beides jenseits unserer Kontrolle und Verantwortlichkeit liegt. Alles was wir vielleicht zu tun vermögen, und was wert ist, getan zu werden, ist, die Vorteile eines »allgemeingültigen Stils« in der Poesie für den Dichter ebenso wie für den Kritiker anzuerkennen. Nur durch die Anerkennung eines solchen allgemeingültigen Stils, von dem der Dichter sich ungetadelt nicht zu weit entfernen darf, bekommt der Terminus »poetische Diktion« tatsächlich andere als negative Bedeutung. Gibt es solche Normen für einen allgemeingültigen Stil, so wird der nach Originalität strebende Autor zur feineren Nuancierung gezwungen. Originalität innerhalb definitiver Grenzen des Angemessenen kann größere Begabung und Arbeit erfordern, als wenn jedermann schreiben kann, wie es ihm gefällt, und wenn als Hauptleistung von ihm erwartet wird, anders zu sein. Die Verpflichtung zur Nuancierung ist gleich dem Zwang zu Präzision und Klarheit; ein gut Teil dessen, was man modernen Schriftstellern als vorsätzliche Dunkelheit vorwirft, ist dem Fehlen eines allgemeingültigen Stils und der daraus folgenden Schwierigkeit des Sich-Mitteilens zuzuschreiben. Diese Bedingung gereicht auch der Entfaltung dessen, was Johnsons beste Verse ausmacht, zum Vorteil: der *Eloquenz*. Eloquenz ist ein mit oratorischer Rhetorik eng verknüpfter Wert: durch das Beispiel ihres Appells an Verstand und Sensibilität, und durch die Vermeidung eines Appells an die gröberen und leichter entflammbaren Leidenschaften ist sie von dem niedrigeren und ungleich gewöhnlicheren Typ der politischen Rhetorik zu unterscheiden. Eloquenz ist das Vermögen, die Empfindungen intelligenter und verständiger Menschen zu erregen. Jedoch, in meiner Interpretation des Worts ist nicht alle Poesie, die diese Voraussetzung erfüllt, eloquent; Poesie ist nur dann eloquent, wenn der Dichter an Empfindungen rührt, die sowohl Intelligenz als Verstand anregen – mit anderen Worten, wenn der Dichter sich nicht an den einzelnen Leser, sondern an ein Publikum wendet. Die Eloquenz besitzt für die Dichtung keinen Universal-Wert; dient sie auch zur Erlangung bestimmter Effekte, so ist sie wiederum mit anderen Absichten unvereinbar; aber fast alle großen Dichter haben bei Gelegenheit Eloquenz entfaltet. Sie ist jener besonderen Stärke der Dichtungen Johnsons und Goldsmiths, und denen Drydens und Popes vor ihnen verwandt, die ich dadurch kennzeichnen möchte, daß jedes Wort und jedes Epitheton genau ins Schwarze trifft. Dagegen wurden in der späteren Dichtung häufig die Worte eher um der Obertöne, der Assoziationen und um der unbegrenzten Suggestivität willen gebraucht. Auch die größten Dichter taten es; wir müssen zugeben, daß uns die ausschließliche Neigung zum Gebrauch der einen Kategorie von Worten oder der andern in die Irre führen kann.

Im Leben Popes definiert Johnson die drei Eigenschaften, die das poetische Genie ausmachen und die er in Popes Dichtung zu finden glaubt. Er sagt bezeichnenderweise, daß Pope diese drei Eigenschaften »in sehr hübsch aufeinander abgestimmter Form« besitzt; was aufs beste daran gemahnt, daß ein Dichter nicht nach einzelnen, voneinander getrennten Eigenschaften zu beurteilen ist, sondern nach aufeinander abgestimmten Eigenschaften – daß, tatsächlich, die Vollkommenheit ihres Verhältnisses die entscheidende Eigenschaft darstellt. Er schreibt:

»Er hatte *Erfindungsgabe*, durch welche neue Folgen von Ereignissen sich bilden, neue Bilderszenen sich entwickeln, wie in *The Rape of the Lock*, und durch welche sich äußerliche und zufällige Verschönerungen und Illustrationen einem bekannten Gegenstand verbinden, so wie in dem *Essay on Criticism.* Er hatte *Einbildungskraft,* welche im Geist des Dichters starke Eindrücke hervorruft und ihn in den Stand setzt, dem Leser die verschiedenen Formen der Natur, die Ereignisse des Lebens und die Kräfte der Leidenschaft zu vermitteln, wie in seinen Dichtungen *Eloisa, Windsor Forest* und *Ethic Epistles.* Er hatte *Urteilsvermögen,* welches aus Leben oder Natur das auswählt, was der gegebene Gegenstand erheischt, und was durch die Trennung des Wesentlichen von den Begleiterscheinungen der Dinge das Vorgestellte oft mächtiger sein läßt als die Wirklichkeit; und immer verfügte er über die Farbigkeit der Sprache, bereit, seinen Gegenstand mit aller Grazie feinen Ausdrucks zu schmücken, wie er es tut, wenn er seine Diktion der prächtigen Vielfalt homerischer Empfindungen und Beschreibungen angleicht.«

Die Gefahr, die Fähigkeiten eines Dichters katalogisieren zu wollen, ist zwiefach. Diese Klassifizierungen könnten Fähigkeiten, die zusammengehören, voneinander absondern; und sie mögen als endgültige psychologische oder philosophische Wahrheit zu ernst genommen werden, wo sie doch bloße Analyse von pragmatischem Wert sein sollen, die nach ihrer Nützlichkeit beim Abwägen der Verdienste eines Autors bewertet werden müssen. Es ist unklug, einfach die Begriffe miteinander zu verbinden, die uns am kongenialsten erscheinen, oder vorauszusetzen, daß die neuesten die richtigsten seien, sondern wir müssen alle jene, die im Lauf der Jahrhunderte von Bedeutsamkeit waren, miteinander vergleichen und werden finden, daß sie viel Gemeinsames haben. Johnson folgt Dryden im Gebrauch des Worts »Erfindungsgabe«, wendet es jedoch neben dem Wort »Einbildungskraft« an, während Dryden, zusammen mit Phantasie und Vortrag, aus Erfindungsgabe eine Art Vorstellungskraft macht; Johnson gebraucht den Ausdruck »Vortrag« nicht, führt aber »Urteilsvermögen« ein. Coleridge begnügt sich mit Einbildungskraft, worin er eine weder von Dryden noch von Johnson vermutete Gedankentiefe findet; die Phantasie macht er verächtlich – mit einer Schärfe der Unterscheidung von *Phantasie* und *Einbildungskraft,* die mir kaum praktisch anwendbar erscheint. Die Veränderungen in der Bedeutung des Worts und der Wandel der Bedeutsamkeit machen einen Teil unserer Kulturgeschichte aus. Ein mit der gleichen analytischen

Aufgabe befaßter zeitgenössischer Kritiker würde andere, kompliziertere Kategorien vorlegen, die wahrscheinlich durch das Studium neuerer Erkenntnisse beeinflußt wären. Die modernen Kategorien würden sich besser unserer geistigen Ausstattung anpassen, wären jedoch deshalb nicht notwendigerweise richtiger; wegen des schwankenden Status der Erkenntnisse, auf die sie zurückgreifen könnten, möchten sie vielleicht eher von dem wahren Ziel solcher Unterscheidungen abschweifen, nämlich der Hilfe, die diese zur Erkenntnis der Verdienste sowohl wie der Mängel bestimmter Dichtungen bieten. Die Kategorien Drydens und Johnsons – da sich diese Kritiker mit Literatur als Literatur, und nicht mit Psychologie oder Soziologie befaßten – sind ihrer großen Einfachheit wegen von bleibendem Nutzen. Das Interessante an Johnsons Abwandlung ist die Anwendung des Terminus »Urteilsvermögen« – ein Hinweis auf die Bedeutsamkeit der kritischen Fähigkeit beim dichterischen Schaffen.

»In diesem Zeitalter scheint der Dichter (ich möchte verallgemeinernd verstanden werden, ohne Anspielung auf einzelne Namen) neue und verblüffende Bilder zum hauptsächlichen und für seine Kunst charakteristischsten Gegenstand machen zu wollen; Vorfälle, welche die Gemüter bewegen und die Neugier erregen. Seinen Charakteren und Beschreibungen verleiht er die möglichste, bis zur naturgetreuen Abbildung gehende Genauigkeit und Individualität. Jedoch ist er in Diktion und Metrik verhältnismäßig unbekümmert.«

Dies sind nicht meine, sondern Coleridges Worte, die ebensogut auf unsere Zeit anzuwenden wären. Andererseits hätten die durch sie manifestierten Ansichten gewiß auch Johnsons Zustimmung gefunden. Eine ähnliche grundlegende Übereinstimmung mit Johnson zeigt sich in Coleridges Bemerkungen zur poetischen Diktion, wo es um den unterschiedlichen Sprachgebrauch in Poesie und Prosa geht. In einer Zeit wie der unseren, da es keine allgemeingültigen Normen gibt, muß der Dichter bedenken, daß es nicht genügt, sich auf seine unbekümmert ausgeübten, angeborenen Talente zu verlassen, sondern daß gute Dichtung besondere, aufeinander abgestimmte Eigenschaften besitzen muß, deren eine gesunder Menschenverstand ist. Sein Urteilsvermögen sollte auch dazu gebraucht werden, die Quellen seiner eigenen Stärke und Schwäche zu entdecken, die Exuberanz seiner Kräfte zu zügeln und alle Anlässe, die nur zur Preisgabe seiner Schwächen dienen könnten, zu vermeiden. Ich erinnere mich, daß man mir einmal erzählte, eine berühmte Tennisspielerin habe gesagt, daß sie wegen einer angeborenen Schwäche bei gewissen Bällen besonders gut sei; denn die Bemühung, ihre Unzulänglichkeit zu überwinden und so zu manövrieren, daß man sie so wenig wie möglich bemerke, hatte ihren Einfallsreichtum beträchtlich gestärkt. An diesem Beispiel ist etwas, das sich die Dichter durch den Kopf gehen lassen könnten.

Eine gründliche Prüfung der Kritik Johnsons würde erstens ein Studium des Hintergrundes des 18. Jahrhunderts erfordern; zweitens ein Studium der Persönlichkeit Johnsons, nicht als Gegenstand der Anekdote, sondern aus seinen übrigen Werken und seinen religiösen und politischen Meinungen; und endlich ein viel detaillierteres Studium seiner Kritik der größeren Dichter, mit denen er sich befaßte: Shakespeare, Milton, Dryden, Pope, Gray. Das wäre eine Arbeit größerer Gelehrsamkeit als ich sie zu bieten habe. Ich möchte nur jene, die sich mit dem Studium englischer Dichtung und der Dichtungs-Kritik abgeben, darauf hinweisen, daß hier etwas ist, das eine erheblich ernsthaftere Untersuchung verdient, als ihm bisher zuteil wurde. Und zum Abschluß möchte ich noch einmal alle jene Punkte resümieren, die mir von besonderer Bedeutung für die heutige Kritik der Dichtung erscheinen.

Zunächst ist bemerkenswert, daß Johnsons *Lives of the Poets* die einzige hervorragende Sammlung kritischer Studien englischer Dichtung in englischer Sprache ist, die in Zusammenhang und Umfang wohl niemals sonst von englischer Kritik erreicht wurde. Es stellt sich wirklich die Frage, warum es kein gleichartiges späteres kritisches Werk gibt. Soweit die Kritik des 19. Jahrhunderts nicht zur Hauptsache eine Form wissenschaftlicher Forschung war und ermittelbare Fakten über den einen oder den anderen Autor vorlegte, hatte sie weniger rein *literarische* Tendenzen. Bei Coleridge geht sie in Philosophie und ästhetischer Theorie auf; bei Arnold verschmilzt sie mit Ethik und Propädeutik, und aus der Literatur wird ein Mittel zur Bildung des Charakters; bei einigen Kritikern, zum Beispiel bei Pater, dient der Gegenstand der Kritik einem anderen Vorwand. In unseren Tagen ist der Einfluß von Psychologie und Soziologie auf die Literaturkritik sehr spürbar geworden. Einerseits haben diese Einflüsse sozialer Disziplinen die Domäne der Kritik erweitert und in einer Welt, die sonst dazu neigt, die Bedeutung der Literatur gering einzuschätzen, die Beziehungen der Literatur zum Leben gefestigt. Von einem anderen Gesichtspunkt aus gesehen, ist jedoch diese Bereicherung gleichzeitig zur Verarmung geworden, denn die rein literarischen Werte, die Würdigung guter Dichtung um ihrer selbst willen, gehen unter, sobald die Literatur im Lichte anderer Betrachtungen beurteilt wird. Daß dies geschehen ist, soll einzelnen Kritikern weder als Lob noch als Tadel angeschrieben werden. Es ist einfach so, daß die Voraussetzungen, unter welchen Literatur einfach und natürlich als Literatur und sonst nichts beurteilt wird, nicht mehr gegeben sind. Damit eine solche Beurteilung der Literatur die normale und natürliche Aufgabe des Kritikers sein kann, bedarf es einer geordneten Gesellschaft, eines bestimmten und fest umrissenen Publikums und, in dessen Mitte, einer kleineren Gruppe von Geschmack und Distinktion, die den gleichen Hintergrund von Erziehung und Gesittung hat. Es müßte eine Gesellschaft sein, die an sich selber glaubt, eine Gesellschaft ohne extreme Unterschiede der religiösen und politischen Standpunkte. Nur in einer solchen Gesellschaft kann sich die Norm eines »allgemeingültigen Stils« guter Dichtung unbestritten durchsetzen. Dies ist die Gesellschaft, für die Johnson schrieb. Es ist kennzeichnend für den Wandel der Gesellschaft – der sich in unserer Zeit so beschleunigt – für jenen Wandel, der unvermeidlich einen Wandel im Bewußtsein des Literaturkritikers selbst mit sich bringt, daß ich bei dem Versuch, mir und meinen Zuhörern das besonders Interessante an Johnsons Kritik klarzumachen, gezwungen bin, von einem ihm so vollkommen fremden Gesichtspunkt auszugehen und auf den sozialen Hintergrund hinzuweisen, der für die Kritik so entscheidend geworden ist.

Der Schluß, daß es heute kein Werk gibt, das *The Lives of the Poets* vergleichbar wäre, soll uns weder dazu verleiten, Johnson als non plus ultra anzusehen und über den Niedergang der Kultur zu lamentieren, der eine solche Kritik unmöglich macht; noch soll er uns dazu anregen, diese Essays als bloße, für unsere aktuellen Probleme bedeutungslose Kuriosität zu behandeln. Ihr vornehmster Wert ist der, den jegliches Studium der Vergangenheit für uns haben sollte: uns unserer selbst und unserer Grenzen bewußt zu werden und uns größeres Verständnis für die Welt, in der wir jetzt leben, zu vermitteln. Daneben haben sie noch den anderen Vorzug, daß wir bei ihrem Studium – indem wir uns den Standpunkt des Autors zu eigen zu machen versuchen – einige der aus der Dichtungskritik verschwundenen Kriterien zurückgewinnen können. Wir brauchen weder alle Erkenntnisse Johnsons zu akzeptieren noch allen seinen Meinungen zuzustimmen, um aus dieser Lektion Nutzen zu ziehen, noch brauchen wir die Dichtung jener Periode, die als die Periode Drydens und Johnsons gekennzeichnet werden mag, zu überschätzen. Doch unter den verschiedenen Erscheinungsformen des Chaos, in dem wir uns heute befangen finden, gibt es eine, und das ist das Chaos der Sprache, in dem sich keinerlei Norm für die Poesie entdecken läßt, sondern nur eine zunehmende Gleichgültigkeit gegen Etymologie und Geschichte des Sprachgebrauchs. Und die Verantwortlichkeit unserer Dichter und Kritiker für die Erhaltung der Sprache darf nie vergessen werden.

William Blake

I

Folgt man Blakes Geist durch die verschiedenen Stadien seiner dichterischen Entwicklung, so ist es unmöglich, in ihm einen großen Naiven, einen Ungebärdigen, einen ungebärdigen Liebling der Überfeinerten zu sehen. Das Sonderbare verliert sich, das Eigentümliche wird als das Eigentümliche aller großen Dichtung erkennbar: als etwas, was man (nicht überall) bei Homer und Äschylos und Dante und Villon, in tieferen Schichten und verhüllt im Werke Shakespeares und, wiederum in anderer Form, bei Montaigne und bei Spinoza findet. Es ist nur eine eigentümliche Aufrichtigkeit, die, in einer Welt, die zu erschreckt ist, um aufrichtig zu sein, etwas eigentümlich Erschreckendes hat. Es ist eine Aufrichtigkeit, gegen die sich die ganze Welt verschwört, weil sie unerbittlich ist. Blakes Dichtung hat das Unerbittliche großer Dichtung. Nichts, was man als krank oder abnorm oder pervers bezeichnen kann, nichts von alledem, was die Schwäche einer Epoche oder Mode bezeugt, hat diese Eigenart; nur das, was durch eine ungewöhnliche Anstrengung der Vereinfachung die wesentliche Schwäche oder Kraft der menschlichen Seele bloßstellt. Und diese Aufrichtigkeit ist niemals denkbar ohne große Vollendung im Handwerklichen. Die Frage nach dem Menschen Blake ist die Frage nach den Umständen, die zusammentrafen, um diese Aufrichtigkeit in seinem Werk zu ermöglichen, und nach den Umständen, die ihre Grenzen bestimmen. Die sie fördernden Bedingungen schließen wahrscheinlich die folgenden zwei ein: daß er, schon früh in einem manuellen Beruf in der Lehre, sich nicht gezwungen sah, einen anderen Bildungsgrad in der Literatur zu erwerben als den von ihm gewünschten, oder ihn aus einem anderen Grunde zu erwerben als dem, daß er ihn wünschte; und daß ihm als dem bescheidenen Graveur, der er war, etwa die Laufbahn eines Journalisten durchaus versagt blieb.

Das soll besagen, daß es nichts gab, was ihn von dem, was ihn eigentlich interessierte, ablenkte oder diese Interessen verfälschen konnte; weder ehrgeizige Wünsche seiner Eltern oder seiner Frau noch die Normen der Gesellschaft oder die Verlockungen des Erfolgs; auch war er nicht der Gefahr ausgesetzt, sich selbst oder sonst jemanden nachzuahmen. Diese Umstände – und nicht seine angeblich inspirierte und unbelehrte Spontaneität – verleihen ihm Unschuld. Seine frühen Gedichte zeigen, was die Gedichte eines genialen Knaben zeigen sollten, eine gewaltige Kraft der Aneignung. Solche frühen Gedichte sind nicht, wie man gewöhnlich annimmt, spröde Versuche, etwas zu tun, was über die Fähigkeit des Knaben hinausgeht; sie sind im Falle eines wirklich verheißungsvollen jungen Menschen wahrscheinlicher durchaus reife und erfolgreiche Versuche, kleine Aufgaben zu bewältigen. So ist es bei Blake: seine frühen Gedichte sind im Handwerklichen bewundernswert, und seine Ursprünglichkeit liegt hin und wieder im Rhythmus. Der Vers seines *Edward III.* verdient ein besonderes Studium. Aber seine Vorliebe für gewisse Elisabethaner ist nicht so überraschend wie seine Verwandtschaft mit den allerbesten Arbeiten seines eigenen Jahrhunderts. Er steht hier durchaus Collins nahe; er ist hier durchaus 18. Jahrhundert. Das Gedicht *Whether on Ida's Shady Brow* (Ob auf des Ida schattiger Braue) ist eine typische Arbeit des 18. Jahrhunderts; die Bewegung, ihr Gewicht, die Syntax, die Wahl der Worte:

The *languid* strings do scarcely move!
The sound is *forc'd*, the notes are few!

Die matten Saiten bewegen sich kaum!
Der Klang ist forciert, die Töne sind spärlich!

– dies stammt von einem Zeitgenossen Grays und Collins'; es ist Dichtung in einer Sprache, die durch die Disziplin der Prosa hindurchgegangen ist. Blake steht bis zu seinem zwanzigsten Jahre eindeutig innerhalb einer Tradition.

Blakes dichterische Anfänge also sind so normal wie die Anfänge Shakespeares. In seinem reifen Werk verfährt er im Handwerklichen genau so wie andere Dichter. Er hat eine Idee (ein Gefühl, ein Bild), er läßt sie sich durch Anreicherung oder durch Ausweitung entfalten; er korrigiert seinen Vers oft und zögert oft, bevor er sich zu einer endgültigen Fassung entschließt[1]. Die Idee ist natürlich plötzlich einfach da, wird aber, sowie sie auftaucht, einer ausgedehnten Bearbeitung unterworfen. In der ersten Phase geht es Blake um die Schönheit des Wortes; in der zweiten wird er der dem Anschein nach naive, tatsächlich aber reife Geist. Nur wenn die Ideen automatischer werden, ihm freier zuströmen und weniger durchgearbeitet werden, steigt in uns ein Verdacht hinsichtlich ihres Ursprungs auf; der Verdacht, daß sie einer seichteren Quelle entspringen.

Die *Songs of Innocence and of Experience* (Gesänge der Unschuld und der Erfahrung) und die Gedichte aus dem ›Rossetti-Manuskript‹ sind Gedichte eines Mannes, der ein tiefes Interesse an menschlichen Gemütsbewegungen und ein tiefes Wissen um sie besitzt. Die Gemütsbewegungen werden in einer äußerst vereinfachten, bis zur Abstraktheit schlichten Form dargestellt. Diese Form ist eine Veranschaulichung des ewigen Kampfes der Kunst gegen die Erziehung, des Wortkünstlers gegen die ständig fortschreitende Abnutzung der Sprache.

Es kommt viel darauf an, daß der Künstler in seiner eigenen Kunst in hohem Maße ›erzogen‹ ist; aber seine Erziehung wird eher behindert als gefördert durch die üblichen Prozesse der Gesellschaft, die für die Erziehung des Durchschnittsmenschen ausschlaggebend sind. Denn sie bestehen weitgehend in der Aneignung unpersönlicher Ideen, die das verdunkeln und trüben, was wir wirklich sind und empfinden, was wir wirklich wollen und was wirklich unser Interesse erregt. Natürlich ist uns dabei nicht die Fülle erworbener Kenntnisse als solche im Wege, wohl aber die Konformität, die die Anhäufung von Wissen uns leicht aufnötigt. Tennyson stellt ein

1 Ich weiß nicht, mit welchem Recht M. Berger ohne Einschränkung sagen konnte (in seinem Buche *William Blake: Mysticisme et Poésie*), daß »son respect pour l'esprit qui soufflait en lui et qui dictait ses paroles l'empêchait de les corriger jamais« (»daß seine Ehrfurcht vor dem Geiste, der in ihm wehte und ihm seine Worte eingab, ihn hinderte, sie jemals zu korrigieren«). Dr. Sampson gibt uns in seiner Oxford-Ausgabe Blakes zu verstehen, daß Blake glaubte, daß vieles von dem, was er schrieb, gleichsam unter Diktat geschrieben sei, bemerkt aber, daß Blakes »äußerst gewissenhafte Kompositionsarbeit überall in den Gedichten zu Tage tritt, deren erste Fassung erhalten blieb, . . . eine Fülle von Änderungen und Überarbeitungen, Streichungen, Hinzufügungen und Umstellungen . . .«

sehr gutes Beispiel dar: das Beispiel eines Dichters, der fast völlig von Meinungen überkrustet ist, der fast ganz in seiner Umgebung untergeht. Blake andererseits wußte, auf was es ihm ankam; und darum stellt er nur das Wesentliche dar; tatsächlich nur das, was darstellbar ist und keiner Erklärung bedarf. Und weil er sich nicht ablenken oder verstören ließ oder weil es ihm auf nichts anderes als auf exakte Aussagen ankam, verstand er. Er war nackt und sah den Menschen nackt, vom Mittelpunkt seines eigenen Kristalls aus. Er sah keinen Grund, warum Swedenborg verstiegener sein sollte als etwa Locke. Er akzeptierte Swedenborg und lehnte ihn schließlich ab – und hatte dafür Gründe. Er ging an alles heran mit einem Geiste, der nicht durch geläufige Meinungen getrübt war. Er hatte nichts von einem überlegenen Menschen an sich. Das macht ihn so erschreckend.

II

Wenn es aber nichts gab, was ihn von seiner Aufrichtigkeit abzulenken vermochte, so gab es andererseits die Gefahren, denen der nackte Mensch ausgesetzt ist. Seine Philosophie, wie seine Visionen, wie seine Einsicht, wie seine Verstechnik waren seine eigenen. Und so neigte er dazu, alledem mehr Bedeutung beizulegen, als ein Künstler tun sollte; gerade das macht ihn exzentrisch und hat zur Folge, daß er zur Formlosigkeit neigt.

But most through midnight streets I hear
How the youthful harlot's curse
Blasts the new-born infant's tear,
And blights with plagues the marriage hearse

Aber vor allem in mitternächtlichen Straßen / höre ich, wie der Fluch der jungen Hure des / neugeborenen Kindes Träne versehrt und mit / Plagen die Hochzeitsbahre versengt

ist nackte Vision;

Love seeketh only self to please,
To bind another to its delight,
Joys in another's loss of ease,
And builds a Hell in Heaven's despite

Liebe sucht nur sich selbst zu gefallen, einen Anderen an ihr Entzücken zu binden, freut sich an eines Anderen Verlust der Ruhe und baut dem Himmel zum Trotz eine Hölle

ist nackte Beobachtung; und *The Marriage of Heaven and Hell* (Die Hochzeit des Himmels und der Hölle) ist nackte Philosophie in echter Gestaltung. Aber Blakes gelegentliche Verschmelzungen sind nicht so glücklich.

He who would do good to another must do it in Minute Particulars.
General Good is the plea of the scoundrel, hypocrite, and flatterer;
For Art and Science cannot exist but in minutely organized particulars...

Wer einem Anderen Gutes tun möchte, muß es im Kleinen und Besonderen tun. / Auf das allgemeine Gute beruft sich der Schurke, der Heuchler und der Schmeichler; / denn Kunst und Wissenschaft können nur im genau gefügten Einzelnen existieren ...

Man spürt, daß hier die Form nicht gut gewählt ist. Die geborgte Philosophie Dantes und des Lukrez ist vielleicht nicht so interessant, aber sie beeinträchtigt die Form jener Dichter weniger. Blake besaß nicht jene südlichere Gabe der Form, die zu borgen versteht, so wie Dante seine Lehre von der Seele borgte; er mußte sich seine Philosophie genau so schaffen, wie er seine Dichtung schuf. Eine ähnliche Formlosigkeit beeinträchtigt seine Zeichenkunst. Der Mangel wird am offensichtlichsten naturgemäß bei den längeren Gedichten – oder besser: den Gedichten, bei denen es sehr auf die Struktur ankommt. Man kann ein sehr langes Gedicht nicht schreiben, ohne einen unpersönlicheren Gesichtspunkt einzuführen oder es in verschiedene imaginäre Personen aufzuteilen. Aber die Schwäche der langen Gedichte beruht gewiß nicht darin, daß sie zu visionär, zu weltfern sind; sie beruht darin, daß Blake nicht genug sah, zu ausgiebig mit Ideen beschäftigt war.

Für Blakes Philosophie (und vielleicht für die Samuel Butlers) haben wir die gleiche Achtung, die wir für ein sinnreiches Stück selbstgefertigtes Möbel haben: wir bewundern den Mann, der es zusammenbastelte aus all dem, was um das Haus herum lag. England hat eine ganz hübsche Anzahl solcher erfinderischer Robinson Crusoes hervorgebracht; aber wir stehen in Wirklichkeit dem Kontinent oder unserer eigenen Vergangenheit nicht so fern und fremd gegenüber, daß wir der Vorteile der Kultur, wenn sie uns wünschenswert erscheinen, beraubt wären.

Wir könnten der Abwechslung halber einmal die Erwägung anstellen, ob es nicht für den Norden Europas im allgemeinen, und für Großbritannien im besonderen, von wohltuenden Folgen gewesen wäre, wenn hier die Geschichte der Religion einen kontinuierlicheren Verlauf gehabt hätte. Die örtlichen Gottheiten Italiens wurden durch das Christentum nicht gänzlich ausgerottet, und sie verfielen nicht dem Schicksal, zu bloßen Zwergen zu werden, das unseren Trollen und Elfen zuteil wurde. Die letzteren, zusammen mit den wesentlicheren Göttergestalten der Angelsachsen, waren vielleicht kein großer Verlust als solche, aber sie hinterließen einen leeren Raum; und vielleicht erfuhr unsere Mythologie eine weitere Verkümmerung durch die Trennung von Rom. Miltons himmlische und höllische Regionen sind riesige, aber unzureichend ausgestattete Räume, von gewichtigen Gesprächen erfüllt; und man spürt dem mythologischen Weltbild der Puritaner seine Dürftigkeit an. Und was Blakes übernatürliche Bereiche anbetrifft, wie auch die angeblichen Ideen, die dort zu Hause sind, so kommen wir nicht darum herum, ihnen eine gewisse Armseligkeit der Kultur nachzusagen. Sie veranschaulichen das Kauzige, das Exzentrische, das häufig Schriftsteller außerhalb der lateinischen Tradition beeinträchtigt, und das ein Kritiker wie Arnold zweifellos angeprangert haben würde. Und schließlich: sie sind nicht wesentlich für Blakes eigenste Eingebungen.

Blake besaß die Gabe eines beträchtlichen Einblicks in das Wesen des Menschen und zugleich eines bemerkenswerten und ursprünglichen Sinnes für Sprache und die Musik der Sprache; und er hatte die Gabe großer Vision. Wären diese Anlagen durch die Achtung vor der überpersönlichen Vernunft, dem common sense und der Objektivität der Wissenschaft in ihren Schranken gehalten worden, so wäre das für ihn besser gewesen. Wessen sein Genius bedurfte und woran es ihm schmerzlich gebrach, war ein Grundgerüst bejahter und in der Überlieferung stehender Ideen, die ihn davor bewahrt hätten, einer allzu privaten Philosophie zu verfallen; die seine Aufmerksamkeit auf die Probleme des Dichters gerichtet hätten. Vermengung des Gedanken, des Gefühls und der Vision – all das finden wir in einem

Werke wie *Also sprach Zarathustra;* es ist wesentlich keine lateinische Tugend. Die Konzentration, die sich aus einem schon vorliegenden Grundgerüst aus Mythologie und Theologie und Philosophie ergibt, ist eine der Ursachen, die Dante zu einem Klassiker und Blake nur zu einem genialen Dichter machen. Der Fehler liegt vielleicht nicht bei Blake selbst, sondern bei der Umgebung, die ihm nichts von dem zu geben vermochte, dessen solch ein Dichter bedurfte; vielleicht zwangen ihn die Umstände zum Herstellen; vielleicht bedurfte der Dichter des Philosophen und Mythologen; wenngleich der bewußte Blake sich der Ursachen nicht bewußt gewesen sein mag.

Shelley und Keats

Es hat den Anschein, als hätte die Revolution, deren Urheber Wordsworth war, tatsächlich sehr weitreichende Auswirkungen gehabt. Er war nicht der erste Dichter, der sich als von Eingebungen erfüllter Prophet hinstellte, noch handelte es sich bei Wordworth wirklich um solches Prophetentum. Blake mag behauptet haben, mit einem gewissen Anspruch, daß sich ihm Geheimnisse des Himmels und der Hölle enthüllt hätten; aber kein Anspruch, den Blake für sich erheben konnte, scheint deswegen für den »Dichter« im allgemeinen zu gelten; Blake hatte eben Visionen und bediente sich der Dichtung, um sie mitteilbar zu machen. Scott und – in seinen populären Werken – auch Byron waren lediglich Unterhalter der Gesellschaft. So ist Wordsworth tatsächlich der erste, der in den in Wandlung begriffenen Verhältnissen seiner Zeit für den Dichter eine neue Autorität eroberte, sich mit sozialen Fragen befaßte und eine neue Art religiöser Empfindung vertrat, deren Deutung das eigentliche Vorrecht des Dichters zu sein schien. Seit Matthew Arnold seine »Auswahl« aus Wordsworths Gedichten veröffentlichte, ist es ein Gemeinplatz geworden zu behaupten, daß Wordsworths wahre Größe als Dichter unabhängig von seinen Ansichten, von seiner Theorie der poetischen Diktion oder von seiner Naturphilosophie bestehe und daß sie sich nur in solchen Gedichten zeige, in denen er keine außerhalb der Dichtung liegenden Ziele verfolge. Ich bin nicht sicher, ob dieses kritische Aussondern nicht zu weit geht und ob wir die Dichtung eines Mannes zu beurteilen und zu genießen vermögen, so lange wir alles das völlig außer acht lassen, worum es ihm ganz besonders ging und wovon seine Dichtung Rechenschaft ablegen sollte. Wenn wir Wordsworths Interessen und Glaubenssätze völlig fallen lassen, so möchte ich wissen, wieviel überhaupt bleibt. Ist es nicht unerläßlich, sie zu bewahren oder sie wenigstens im Sinn zu behalten, statt sie absichtlich als Vorbereitung auf den Genuß seiner Dichtung auszuschalten, wenn wir erkennen wollen, wie groß Wordsworth als Dichter wirklich ist. Man betrachte zum Beispiel einen der vorzüglichsten Dichter der ersten Hälfte des 19. Jahrhunderts: W. S. Landor. Er ist unzweifelhaft ein Meister des Verses und der Prosa; er ist der Autor von mindestens einem langen Gedicht, das viel mehr gelesen zu werden verdiente als bisher. Aber sein Ansehen ist nie so groß gewesen, daß man ihn mit Wordsworth oder mit den beiden jüngeren Dichtern, denen wir uns jetzt zuwenden wollen, hätte vergleichen mögen. Daß wir Wordsworth seinen Rang zuweisen, geschieht ja nicht nur wegen ein paar Gedichten oder einer Anzahl einzelner Verszeilen, die tiefere Empfindungen zum Ausdruck bringen als die, deren Landor fähig war; es liegt vielmehr etwas Unabdingbares in solcher Größe und etwas Bedeutsames in seiner Stellung im »Muster« der Geschichte, womit wir zu rechnen haben. Und wenn wir die Größe eines Dichters für uns ermessen wollen, so müssen wir auch die *Geschichte* seiner Größe in Rechnung stellen. Wordsworth ist ein wesentlicher Bestandteil der Geschichte, Landor nur eine glänzende Begleiterscheinung.

Shelley hatte sowohl bestimmte Ansichten über die Dichtung, wie er andererseits die Dichtung gebrauchte, um bestimmten Ansichten Ausdruck zu geben. Es kann einen von Anfang an in Staunen versetzen, wie viele und verschiedenartige Leistungen er von der Dichtung erwartet. Von einem Dichter, der uns in einer Anmerkung über vegetarische Ernährung mitteilt, daß »der Orang-Utang dem Menschen sowohl in der Stellung wie in der Zahl der Zähne« gleiche, läßt sich sozusagen alles erwarten. Die Anmerkungen zur *Queen Mab* drücken allerdings höchstens die Ansichten eines intelligenten und begeisterungsfähigen Schuljungen aus, eines Schuljungen jedoch, der schreiben kann; und an keiner Stelle seines Werkes, das für ein so kurzes Leben von nicht geringem Umfang ist, läßt er uns vergessen, daß er seine Ideen durchaus ernst nahm. Shelleys Ideen kommen mir immer wie ausgesprochene Ideen der Pubertät vor – und es besteht ja auch aller Grund, sie dafür zu halten. Übrigens erscheint mir auch eine Begeisterung für Shelley immer als typische Pubertätsangelegenheit: für die meisten von uns bezeichnet Shelley eine Periode intensiven geistigen Feuers vor der Zeit der Reife. Aber für wie viele bleibt er auch der Genosse ihres Alters? Ich gestehe, daß ich selbst niemals einen Band von ihm aufschlage, weil ich Lust hätte, Gedichte zu lesen, sondern immer nur, wenn ich eine bestimmte Stelle nachsehen will. Ich finde seine Ideen abstoßend; und die Schwierigkeit, den Dichter von seinen Ideen und Glaubenssätzen zu trennen, ist bei Shelley fast noch größer als bei Wordsworth. Zudem macht das große biographische Interesse, das Shelley immer erweckt hat, es einigermaßen schwer, seine Gedichte zu lesen, ohne dabei an den Menschen zu denken. Und dieser Mensch war humorlos, pedantisch, egozentrisch und zuweilen geradezu ein Schuft. Abgesehen von dem gelegentlichen Aufblitzen eines gewissen Scharfsinnes, wenn er von jemand anderem spricht und sich nicht mit seinen eigenen Angelegenheiten oder mit schriftstellerischen Fragen befaßt, sind seine Briefe unerträglich langweilig. Der Gegensatz ist erstaunlich, wenn man ihn mit dem anziehenden Keats vergleicht. Andererseits muß ich zugeben, daß auch Wordsworth uns keine sehr angenehme Persönlichkeit darbietet. Aber ich lese nicht nur seine Gedichte mit Vergnügen, was mir bei Shelley nie gelingen will, sondern ich lese sie jetzt auch mit viel größerem Vergnügen als zu Anfang. Ich suche selber (indem ich meine Vorurteile, so gut ich kann, unterdrücke) nach Gründen, warum mich der Mißbrauch der Dichtung bei Shelley so viel mehr vor den Kopf stößt als bei Wordsworth.

Shelley scheint in hohem Maße die seltene Fähigkeit besessen zu haben, sich abstrakte Ideen mit intensiver Leidenschaft vorzustellen. Dabei ist es allerdings die Frage, ob er sich nicht zuweilen über seine eigenen Empfindungen gänzlich im unklaren war, wie man fast annehmen möchte, wenn man sich angesichts der Philosophie des *Epipsychidion* einer gewissen Bestürzung nicht erwehren kann. Ich meine damit nicht, daß Shelley ein metaphysischer oder philosophischer Denker war. Sein Geist war in mancher Hinsicht sehr verworren: er war imstande, gleichzeitig und mit derselben Begeisterung ein Rationalist des 18. Jahrhunderts und ein verschwommener Platoniker zu sein. Doch konnten abstrakte Ideen starke Gefühle in ihm erregen. Seine Anschauungen wandelten sich wenig, obgleich seine dichterische Kraft reifte. Es steht uns frei zu rätseln, ob auch sein Geist zur Reife gelangt wäre; zweifellos finden sich in seinem letzten, und für mein Gefühl größten, wenn auch unvollendeten Gedicht *The Triumph of Life* alle Anzeichen nicht nur einer höheren Verskunst als in irgend einem der früheren langen Gedichte, sondern auch größere Weisheit:

Then what I thought was an old root that grew
To strange distortion out of the hillside,
Was indeed one of those (sic) deluded crew
And that the grass, which methought hung so wide
And white, was but his thin discoloured hair
And that the holes he vainly sought to hide
Were or had been eyes...

Triumph of Life, Z. 182–188

Daß das, was ich für eine alte Wurzel hielt, die herauswuchs / Zu seltsamer Verdrehung aus dem Hügelhang, / In Wahrheit einer von jener betrogenen Rotte war, / Und daß das Gras, das wie mich dünkte, so weit / Und weiß hing, nichts war als sein dünnes, ausgebleichtes Haar, / Und daß die Höhlungen, die er vergeblich zu verbergen suchte, / Augen waren oder gewesen waren...

Man findet hier eine Genauigkeit der Bilder und eine Sparsamkeit des Ausdrucks, die bei Shelley etwas Neues sind. Doch hat er sich, soweit sich das beurteilen läßt, nie ganz von der literarischen Vormundschaft Godwins frei machen können, selbst wenn er den Menschen als Schwindler durchschaute; und auch der Einfluß Mary Shelleys muß ziemlich lastend gewesen sein. Nehmen wir aber sein Werk, so wie es ist, ohne vage Zukunftsprognosen, so müssen wir uns fragen: ist es überhaupt möglich, die »Ideen« in Shelleys Gedichten zu ignorieren, um die Dichtung an sich genießen zu können?

I. A. Richards gebührt das Verdienst, Pionierarbeit bei der Untersuchung des Problems geleistet zu haben, welche Rolle der Glaube beim Genuß von Dichtung spielt; und jede methodische Weiterführung dieses Problems muß ich ihm und jenen überlassen, die nach ihm am ehesten dafür qualifiziert sind. Bei Shelley stellt sich jedoch die Frage in einer anderen Form, als sie sich mir bei einer früheren Gelegenheit darbot, und zwar in einer Bemerkung zu diesem Thema, die ich einem Aufsatz über Dante beifügte. Ich befaßte mich dort mit zwei hypothetischen Lesern, von denen der eine die Philosophie des Dichters annimmt, der andere sie ablehnt; und so lange es sich um Dichter wie Dante und Lukrez handelte, schien damit auch wirklich der ganze Fragenkomplex erfaßt. Ich bin kein Buddhist, aber manche der alten buddhistischen Schriften berühren mich ebenso stark wie Teile des Alten Testaments; ich kann mich auch immer noch an Fitzgeralds *Omar* erfreuen, obgleich ich jene elegante und seichte Lebensauffassung nicht teile. Einige von Shelleys Ansichten sind mir hingegen geradezu unsympathisch, und das hemmt meine Freude an den Gedichten, in denen sie vorgetragen werden, und andere kommen mir so knabenhaft vor, daß sie mir die Gedichte, in denen sie auftauchen, verleiden. Es ist mir nicht möglich, diese Stellen zu übergehen und mich nur mit jenen Dichtungen zu begnügen, in denen sich keine derartigen Behauptungen Zustimmung heischend aufdrängen. Was das Problem weiterhin kompliziert, ist, daß in so flüssigen Gedichten wie denen Shelleys ein gut Teil doch nur Reimgeklingel ist, wie zum Beispiel das folgende:

On an battle-trumpet's blast
I fled hither, fast, fast, fast,
Mid the darkness upward cast.
From the dust of creeds outworn,
From the tyrant's banner torn,
Gathering round me, onward borne,
There was mingled many a cry –
Freedom! Hope! Death! Victory!

Prometheus Unbound Z. 694–701

Auf einer Schlachttrompete Schall / Floh ich hierher, schnell, schnell, schnell, / Inmitten des Dunkels aufwärts geschleudert. / Aus dem Staub abgenutzten Glaubens, / Aus des Tyrannen zerrissenem Banner, / Sich um mich sammelnd, weiter getragen, / Erklang gemischt manch ein Schrei –/ Freiheit! Hoffnung! Tod! Sieg!

Walter Scott ist niemals derart tief abgesunken, Byron allerdings öfter. Doch fühlt man sich in solchen harten und unmelodiösen Zeilen um so mehr von den Ideen abgestoßen, den Ideen, die Shelley sozusagen ganz hinunterschluckte und nie verdaute und die zum Vorschein kommen in Schlagworten wie »abgenutzter Glaube«, »Tyrannen und Priester«, die Shelley mit solcher Häufigkeit wiederholte. Die schlechten Stellen eines Gedichtes können durchaus das Ganze verderben. Etwa am Schluß, wo Shelley sich zu höchster Höhe aufschwingt:

To suffer woes which Hope thinks infinite;
To forgive wrongs darker than death or night;

To defy Power, which seems omnipotent;
To love, and bear; to hope till Hope creates
From its own wreck the thing it contemplates . . .
Prometheus Unbound Z. 570–574

Leiden zu ertragen, die die Hoffnung für unendlich hält; / Unrecht zu vergeben, schwärzer als Tod oder Nacht; / Zu trotzen der Gewalt, die allmächtig scheint; / Zu lieben und zu dulden; zu hoffen, bis Hoffnung erschafft / Aus ihrem eignen Untergang, das, worauf sie sinnt.

Bei Zeilen, deren Inhalt weder vom Glauben getragen noch völlig geleugnet wird, sind wir außerstande, diese ganz zu genießen. Man erwartet von einem Gedicht zwar gar nicht, daß es überall die gleiche Höhe hält; und in manchen der gelungensten langen Gedichte stehen die dichteren Stellen zu den nachlässiger geformten in einem Verhältnis, das wiederum selbst ein Bestandteil jenes Musters ist, das ihre Schönheit ausmacht. Gute Zeilen zwischen schlechten können jedoch nie mehr als ein mit Bedauern gemischtes Vergnügen erzeugen. Bei der Lektüre des *Epipsychidion* bringen mich Zeilen wie diese ganz in Verlegenheit:

True love in this differs from dross or clay,
That to divide is not to take away . . .
I never was attached to that great sect
Whose doctrine is, that each one should select
Out of the crowd, a mistress or a friend
And all the rest, though fair and wise, commend
To cold oblivion . . . *Epipsychidion Z. 160–167*

Wahre Liebe unterscheidet sich darin von Schlacke oder Staub, / Daß teilen ihr nicht fortnehmen heißt . . . / Ich habe nie zu jener großen Sekte gehört, / Deren Lehre es ist, jeder Einzelne solle sich wählen / Aus der Menge, eine Geliebte oder einen Freund / Und alle übrigen, wie schön und weise immer, überlassen / Kalter Vergessenheit . . .

Und wenn ich nun ein paar Zeilen später auf ein so liebliches Bild wie dieses stoße:

A vision like incarnate April, warning,
With smiles and tears, Frost the Anatomy
Into his summer grave, *Epipsychidion Z. 121–123*

Eine Erscheinung wie der leibhaftige April, verweisend, / Mit Lächeln und mit Tränen, Frost das Gerippe, / Hinein in sein Sommergrab,

bin ich ebenso bestürzt, es in so mittelmäßiger Gesellschaft zu entdekken, wie beglückt, es überhaupt zu entdecken. Und wir müssen obendrein zugeben, daß Shelleys schönste längere Gedichte – wie auch einige seiner schlechtesten – eben die sind, in denen er seine Ideen sehr ernst nahm[1]. Es waren ja diese Ideen, welche die »verglimmenden Kohlen« wieder anfachten. Ebensowenig wie bei Wordsworth können wir sie unbeachtet lassen, wenn wir nicht auf etwas kommen wollen, das Shelleys Dichtung nicht ähnlicher ist als ein Wachs-Abbild Shelley selbst.

Shelley behauptete, daß er didaktische Poesie verabscheue; seine eigene Dichtung jedoch ist hauptsächlich didaktisch, wenn auch (um ihm nicht Unrecht zu tun) nicht genau in dem Sinn, in dem er selbst das Wort gebrauchte. Die Ansichten, die er über Dichtung äußerte, unterscheiden sich nicht allzu sehr von denen Wordsworths. Die Sprache, in die er sie in *The Defense of Poetry* kleidet, ist sehr großsprecherisch und mit Ausnahme des herrlichen Bildes, das Joyce an irgendeiner Stelle zitiert (»Der Geist ist bei der Schöpfung wie eine verglimmende Kohle, die ein unsichtbarer Einfluß, gleich einem an- und abschwellenden Wind, zu flüchtiger Helligkeit anfacht«), erscheint mir seine Darlegung doch von geringerem Niveau als Wordsworths großes *Vorwort*. Er sagt noch eine ganze Reihe anderer ausgezeichneter Dinge; aber das Folgende ist wohl am bezeichnendsten für die Art, in der er die Dichtung mit den sozialen Bestrebungen seiner Zeit verknüpft:

»Der unfehlbarste Herold, Gefährte und Begleiter des Erwachens eines großen Volkes, das eine heilsame Wandlung der Meinungen oder Institutionen schaffen soll, ist die Dichtung. In solchen Zeiten steigert sich die Fähigkeit, starke und leidenschaftliche Vorstellungen vom Menschen und von der Natur weiterzugeben und aufzunehmen. Die Personen, denen diese Kraft innewohnt, mögen oft im Hinblick auf weite Bereiche ihres Wesens wenig tatsächlich Übereinstimmendes mit jenem Geist des Guten haben, dessen Diener sie sind. Aber selbst während sie leugnen und abschwören, sind sie gezwungen zu dienen, jener Macht zu dienen, die auf dem Thron ihrer eigenen Seele sitzt.«

1 Er scheint zum Beispiel seine Ideen in *The Witch of Atlas* nicht sehr ernst zu nehmen, die wir denn auch trotz all ihren Zaubers wohl als unwesentlich beiseite lassen können.

Ich weiß nicht, ob Shelley mit seinem Vorbehalt bei den »Personen, denen diese Kraft innewohnt«, die Fehler Byrons oder die Wordsworths treffen wollte; wenig wahrscheinlich ist es, daß er an seine eigenen dachte. Aber was er äußert, ist eine Feststellung und als solche entweder richtig oder falsch. Wenn er behauptet, daß große Dichtung immer dazu neige, eine allgemeine »Wandlung der Meinungen oder Institutionen« zu begleiten, dann wissen wir, daß das falsch ist. Ob in solchen Zeiten die Fähigkeit, »intensive und leidenschaftliche Vorstellungen vom Menschen und von der Natur weiterzugeben und aufzunehmen« eine Steigerung erfährt, ist zweifelhaft; man möchte eher erwarten, daß die Menschen zu sehr in anderer Weise beschäftigt sind. Shelley scheint hier übrigens nicht vorauszusetzen, daß die Dichtung selbst dazu beitrage, diese Wandlung herbeizuführen und diese Fähigkeit zu steigern, noch behauptet er, daß Dichtung sozusagen die übliche Begleiterscheinung derartiger Wandlungen sei; das einzige, was er feststellt, ist eine gewisse Beziehung zwischen beiden und demzufolge eine ganz besondere Beziehung auch zwischen seiner eigenen Dichtung und den Ereignissen seiner Zeit; hieraus würde also folgen, daß die beiden sich gegenseitig erhellen. Dies ist vielleicht das erste Auftreten der kinetischen oder revolutionären Theorie der Dichtung; denn Wordsworth hat noch keineswegs bis zu diesem Punkt verallgemeinert.

Wir können nun zu der Frage zurückkehren, wieweit es möglich ist, sich an Shelleys Dichtung zu erfreuen, ohne den Zweck, zu dem er selbst sie bestimmte, gutzuheißen, also ohne seine Ansichten und Sympathien zu teilen. Dante war natürlich so durch und durch didaktischer Dichter, wie man nur einen finden kann; und ich habe an anderer Stelle die Meinung vertreten – und vertrete sie auch noch –, daß es nicht wesentlich sei, Dantes Glauben zu teilen, um seine Dichtung genießen zu können[1]. Wenn ich in diesem Fall die Toleranz eines voreingenommenen Geistes weiter auszudehnen scheine, so ließe sich am Beispiel des Lukrez das gleiche durchführen: man kann

1 A. E. Housman hat behauptet (in *The Name and Nature of Poetry*, S. 34), daß »gute religiöse Dichtung, ob von Keble, Dante oder Hiob, wohl gerade von den Nichtgläubigen höchst gerecht eingeschätzt und mit feinstem Unterscheidungsvermögen gewürdigt« würde. Darin steckt ein harter Wahrheitskern, aber wörtlich genommen wäre die Konsequenz dieses Satzes wohl unsinnig.

nämlich die wesentlichen Glaubensgrundsätze Dantes teilen und doch auch Lukrez voll und ganz genießen. Warum sollte sich diese allgemeine Tolerierung nicht auch auf Wordsworth und Shelley erstrekken? Hier kommt uns Richards höchst willkommen zu Hilfe[1]: »Wenn Coleridge bemerkte, daß ein ›willentliches Aufgeben des Nichtglaubens‹ beim Lesen vieler Dichtungen erfolge, so stellte er ein wichtiges Faktum fest, wenn auch nicht gerade in der glücklichsten Form, denn wir sind uns in solchen Fällen weder eines Nichtglaubens bewußt, noch geben wir ihn freiwillig auf. Es wäre besser zu sagen, daß sich die Frage nach Glauben oder Nichtglauben im intellektuellen Sinn überhaupt nicht erhebt, wenn wir nur richtig lesen. Wenn sie aber unglücklicherweise doch auftaucht, entweder durch Verschulden des Dichters oder durch unser eigenes, so haben wir für diesen Augenblick aufgehört, Lesende zu sein und sind statt dessen Astronomen oder Theologen oder Moralisten, kurz Personen, die in einer ganz anderen Art von Tätigkeit begriffen sind.«
Es mag hier erlaubt sein, eine Schlußfolgerung zu ziehen: insofern nämlich die Abneigung eines Menschen, wie ich es bin, gegenüber Shelleys Dichtung nicht belanglosen Vorurteilen oder einfach einem blinden Fleck im Auge zuzuschreiben ist, sondern auf einer Eigentümlichkeit der Dichtung und nicht des Lesers beruht, ist es nicht die Darbietung von Glaubenssätzen, die ich nicht glaube, oder – um den extremsten Fall anzunehmen – von Glaubenssätzen, die meinen Abscheu erregen, woraus die Schwierigkeiten entstehen. Noch weniger ist der Grund der, daß Shelley seine poetischen Gaben bewußt dazu benutzte, eine Lehre zu propagieren; denn das taten Dante und Lukrez auch. Ich möchte vielmehr annehmen, daß es sich etwa folgendermaßen verhält: Wenn die Lehre, die Theorie, der Glaube oder die Lebensanschauung, die in einem Gedicht dargestellt werden, derart sind, daß der Geist des Lesers sie als innerlich zusammenhängend, ausgereift und auf die Tatsachen der Erfahrung gegründet akzeptieren kann, so bedeutet es kein Hindernis für den Genuß des Lesers, ob es sich um Ansichten handelt, die er teilt oder leugnet, gutheißt oder ablehnt. Ist es aber eine Idee, die der Leser als kindisch oder schwach zurückweist, so kann das, zum mindesten für einen

1 *Practical Criticism*, S. 277.

wirklich gebildeten Menschen, den Zugang zu der betreffenden Dichtung überhaupt versperren. Ich möchte übrigens noch bemerken, daß man – wenn auch nicht mit absoluter Genauigkeit – eine Unterscheidung treffen könnte zwischen Dichtern, die ihre sprachlichen, rhythmischen und imaginativen Fähigkeiten in den Dienst von Ideen stellen, an die sie leidenschaftlich glauben, und solchen Dichtern, die ihre Ideen, von denen sie mehr oder weniger fest überzeugt sind, lediglich als Material für ein Gedicht verwenden. Es mag unendliche Varianten zwischen diesen beiden hypothetischen Extremen geben, und an welcher Stelle wir einen bestimmten Dichter einordnen mögen, wird wohl nie exakt zu berechnen sein. Und ich möchte annehmen, daß der Grund, warum ich mit fünfzehn Jahren von Shelleys Dichtung berauscht war und es jetzt kaum mehr fertig bringe, ihn zu lesen, nicht so sehr darin liegt, daß ich in jenem Alter seine Ideen angenommen hätte, sie jetzt aber zurückweise, sondern vielmehr darin, daß in jenem Alter »die Frage des Glaubens oder Nichtglaubens« – wie Richards es ausdrückt – sich noch gar nicht stellte. Es ist weniger so, daß ich vor dreißig Jahren Shelley mit Illusionen hätte lesen können, die die Erfahrung später auflöste, als vielmehr so, daß ich damals in einer viel günstigeren Lage war, solche Dichtungen mit Genuß zu lesen, eben weil die Frage von Glauben oder Nichtglauben gar nicht auftauchte. Ich kann es nur bedauern, daß Shelley nicht so lange lebte, um seine poetischen Gaben, die zweifellos von höchstem Rang waren, in den Dienst überzeugenderer Glaubenssätze zu stellen – die übrigens in diesem Zusammenhang keineswegs annehmbarer für mich selbst hätten sein müssen.

Es ist indessen noch mehr zu diesem Problem zu sagen. So hat mich ein Satz in Aldous Huxleys Einleitung zu D. H. Lawrences Briefen sehr getroffen. »Wie tief«, so sagt er von Lawrence, »verabscheute er die Wilhelm-Meisterhafte Auffassung von der Liebe als einer Art Erziehung, als einem Mittel zur Gewinnung höherer Kultur, einem Sandow-Übungsapparat für die Seele!« Genauso ist es; Lawrence hatte meiner Meinung nach recht; aber diese Anschauung durchzieht nun einmal Goethes Werk, und wenn man sie nicht schätzt, was soll man dann mit Goethe überhaupt anfangen! Verlangt denn »Kultur«, daß wir (was Lawrence niemals tat, und ich achte ihn deswegen nur um so mehr) wohlüberlegte Anstrengung machen, alle unsere Überzeugungen und leidenschaftlich geglaubten Ansichten über das Leben aus unserem Geist zu verdrängen, sobald wir uns hinsetzen, um Dichtung zu lesen? Wenn das wirklich so ist, um so schlimmer für die Kultur. Auch dürfen wir andererseits nicht, wie es manchmal gemacht wird, in der Weise unterscheiden, daß wir von einem bestimmten Dichter sagen: bei dieser Gelegenheit ist er eben ein Dichter und wirkt ganz als solcher, bei dieser ein Prediger. Das wäre zu einfach. Wenn man versucht, Shelley, Wordsworth oder Goethe nach diesen Gesichtspunkten zu edieren, so gibt es keine Stelle, an der man mit dem Aussondern eher aufhören müßte als an einer anderen, und als Endprodukt eines solchen Prozesses bekäme man weder Shelley noch Wordsworth noch Goethe, sondern lediglich eine beziehungslose Ansammlung köstlicher Strophen, einen Trümmerhaufen der Dichtung eher als die Dichtung selbst. Und wenn man dieses Prinzip der Aussonderung gebraucht – oder mißbraucht –, gerät man in Gefahr, in der Dichtung nur irgendein illusorisches *reines* Vergnügen zu suchen und sie von allen anderen Dingen in der Welt abzutrennen und sich dadurch selbst um vieles zu betrügen, was sie zu unserer Entwicklung beitragen kann.

Vor einigen Jahren versuchte ich, in einer Schrift über Shakespeare nachzuweisen, daß Dante eine »Philosophie« besessen habe, Shakespeare aber in diesem Sinne keine oder wenigstens keine von Belang. Ich habe einigen Grund zu glauben, daß es mir nicht gelungen ist, das, worauf ich hinaus wollte, klarzumachen. Gewiß, man sagt häufig, Shakespeare habe eine »Philosophie«, selbst wenn sie nicht formuliert werden könne; gewiß, wir gewinnen ein tieferes und umfassenderes Verständnis von Leben und Tod, wenn wir Shakespeare lesen. Nun scheine ich, obwohl ich das gerade vermeiden wollte, bei einigen Lesern den Eindruck erweckt zu haben, daß ich deswegen Shakespeares Dichtung für weniger wertvoll halte als die Dantes. Die Menschen neigen zu der Annahme, daß es so etwas wie eine einzige Essenz der Dichtung gibt, deren Formel wir herausfinden können, und daß man die Dichter einstufen kann, je nachdem, ob sie eine größere oder geringere Menge von dieser Essenz besitzen. Dante und Lukrez entwickelten ausdrücklich formulierte philosophische Systeme, was Shakespeare nicht tat. Diese einfache Unterscheidung ist ganz klar, aber sie ist nicht unbedingt von großer Wichtigkeit. Wichtig ist vielmehr, was diese Dichter insgesamt von solchen wie Wordsworth, Shelley und Goethe unterscheidet. Und hier meine ich wiederum, daß Richards einiges zur Klärung dieser Frage beitragen kann.

Ein Dichter, glaube ich, der gleichzeitig ein Philosoph wäre, müßte sich im Grunde genommen in zwei Menschen spalten; ich kann mich zwar an kein Beispiel einer derart vollständigen Schizophrenie erinnern, noch könnte ich irgend einen Gewinn darin sehen; eine solche Doppelarbeit wird wohl besser unter zwei Gehirnschalen als unter einer geleistet. Coleridge ist zwar offenbar ein Gegenbeispiel, aber ich glaube, daß auch er nur die eine Tätigkeit auf Kosten der anderen ausüben konnte. Ein Dichter mag sich einer Philosophie bedienen oder auch ohne eine solche auskommen. Wenn er aber über seine eigene *poetische* Einsicht zu philosophieren beginnt, so läuft er Gefahr, in die Irre zu gehen. Eine wesentliche Schwäche der modernen Dichtung findet auf ein paar Seiten von Richards' kurzem Aufsatz *Science and Poetry* eine einleuchtende Erklärung, und obgleich sich seine Untersuchung speziell auf D. H. Lawrence bezieht, so gilt doch vieles, was er sagt, auch für die Generation der Romantiker. »Es ist nicht immer leicht«, sagt er, »die Intuition einer Empfindung von einer Intuition, die *durch* sie erzeugt wird, zu unterscheiden.« Ich glaube, daß Wordsworth zu demselben Irrtum neigte, den Richards bei Lawrence sieht. Der Fall Shelleys ist allerdings ziemlich anders: er übernahm Ideen – was, wie ich schon sagte, durchaus legitim ist –, aber er übernahm minderwertige Ideen, und wenn er sie aufgegriffen hatte, vermengte er sie zudem mit seinen eigenen Intuitionen. Von Goethe ist es vielleicht richtiger zu sagen, daß er sowohl in der Philosophie als in der Dichtung dilettierte und auf beiden Gebieten nicht sehr erfolgreich war; seine eigentliche Rolle war die des Weltmannes und Weisen – eines La Rochefoucauld, eines La Bruyère, eines Vauvenargues.

Andererseits würde ich es für eine falsche Vereinfachung halten, irgendeinen dieser Dichter, oder auch Lawrence, von dem Richards ja ausging, einfach als einen Fall von »individuellem Irrtum« hinzustellen und es dabei bewenden zu lassen. Es ist kein willkürliches Paradoxon zu behaupten, daß bei jedem dieser Männer ihre Größe als Dichter unauflöslich verbunden ist mit der Art, wie sie den Irrtum in Tätigkeit umsetzen, und zwar gerade ihre eigene besondere Variation des Irrtums. Ihr Platz in der Geschichte, ihre Bedeutung für die eigene und für nachfolgende Generationen ist damit verknüpft, es ist keine rein persönliche Angelegenheit. Diese Männer wären nicht so groß gewesen, wie sie tatsächlich waren, wenn jene Begrenzungen sie nicht gehindert hätten, größer zu werden, als sie waren. Sie gehören zur Schar der großen Häretiker aller Zeiten. Das gibt ihnen eine ganz andere Bedeutung, als sie Keats besitzt, der eine einzigartige Gestalt in einer vielseitigen und außerordentlichen Epoche ist.

Keats erscheint mir auch als Dichter groß. Mit dem *Hyperion* konnte ich mich zwar nie ganz befreunden: er enthält wohl einzelne Stellen, die wirklich groß sind, doch weiß ich nicht, ob er als Ganzes eine große Dichtung ist. Aber die Oden allein – vor allem vielleicht die *Ode to Psyche* – genügen, um seinen Ruf zu rechtfertigen. Doch geht es mir nicht so sehr um das Maß seiner Größe als um ihre besondere Art; und diese Art ist in seinen Briefen viel deutlicher als in seinen Gedichten ausgeprägt; und im Gegensatz zu den eben besprochenen scheint sie mir sehr viel mehr von der Art Shakespeares zu sein[1]. Keats' Briefe sind gewiß die bemerkenswertesten und bedeutendsten, die ein englischer Dichter je geschrieben hat. Seine Ichbezogenheit ist, so wie sie sich hier darstellt, lediglich die der Jugend, welche die Zeit von selber berichtigt hätte. Seine Briefe sind so, wie Briefe sein sollten; die guten Gedanken kommen ganz absichtslos hinein, weder eigens eingeführt noch besonders betont, sondern verstreut zwischen gleichgültigen Dingen. Die Beobachtungen, die er an Wordsworths *Gypsey* anknüpft, in einem Brief an Bailey aus dem Jahr 1817, sind vom höchsten Niveau des kritischen Urteils und zeigen ein in die Tiefe dringendes Denken:

1 Ich habe Murrys *Keats and Shakespeare* nicht gelesen, vielleicht sage ich nichts, was Murry in diesem Buche nicht schon besser und erschöpfender gesagt hat. Ich bin sicher, daß er diese Frage viel tiefer durchdacht hat als ich.

»Es scheint mir, daß Wordsworth, wenn er in diesem Augenblick ein wenig tiefer gedacht haben würde, das Gedicht überhaupt nicht geschrieben hätte. Ich möchte annehmen, daß er es in einer der angenehmsten Stimmungen seines Lebens verfaßt hat – es ist eine Art skizzenhafte geistige Landschaft, keine Wahrheitssuche.« Und in einem Brief an denselben Partner sagt er ein paar Tage später:

»Ich muß noch eine Sache erwähnen, die sich mir kürzlich aufgedrängt hat und das Gefühl der Demut und die Fähigkeit der Unterwerfung in mir nur vergrößert hat, und das ist diese Wahrheit – Menschen von Genie sind groß in der Weise wie gewisse ätherische chemische Substanzen, die auf die Masse des neutralen Verstandes einwirken – aber sie haben keine Individualität, keinen bestimmten Charakter – ich möchte die Allerobersten von denen, die ein eigenes Ich haben, Menschen von Macht nennen«[1].

Eine derartige Bemerkung kann, wenn sie von einem so jungen Mann, wie es Keats damals war, gemacht wird, nur als ein schlechthin genialer Einfall bezeichnet werden. Es gibt kaum eine Feststellung von Keats über Dichtung, die sich nicht bei sorgfältiger Betrachtung und gebührender Berücksichtigung der Schwierigkeiten der Mitteilung als wahr erwiese; und was noch erstaunlicher ist, seine Bemerkungen erweisen sich als wahr für Dichtungen, die größer und reifer sind als alles, was Keats je selber schrieb.

Aber ich habe mich zu einer Abschweifung verleiten lassen über die durchgängig glänzende Treffsicherheit und Tiefgründigkeit der in Keats' Briefen verstreuten Beobachtungen, und wahrscheinlich würde ich mich zu weiteren Nebenbemerkungen verleiten lassen, würde diese Briefe als Vorbilder des Briefeschreibens überhaupt preisen (nicht daß man je Briefe nach einem Vorbild schreiben sollte) und würde zeigen, welch anziehende Persönlichkeit sich in ihnen enthüllt. Meine Absicht innerhalb dieses sehr engen Rahmens war aber nur, sie als Zeugnis einer bestimmten Art poetischen Geistes anzuführen, der völlig verschieden von denen ist, die ich vorher betrachtete. Keats' Aussprüche über Dichtung, die er im Verlauf seiner pri-

1 Herbert Read zitiert diese Stelle in seinem Buch *Form in Modern Poetry*, treibt aber seine Spekulationen bis zu einem Punkt vor, zu dem ich ihm nicht gerne folgen möchte.

vaten Korrespondenz beiläufig von sich gab, grenzen sehr nahe an Intuition; und sie haben keinerlei offensichtliche Beziehung auf seine eigene Zeit, wie auch er selbst kein sehr intensives Interesse für öffentliche Angelegenheiten gehabt zu haben scheint – obwohl er, wenn er sich solchen Dingen zuwandte, einen scharfen und durchdringenden Verstand bewies. Wordsworth besaß ein überaus empfindliches Organ für das soziale Leben und für soziale Umbildungen. Wordsworth und Shelley theoretisieren beide. Keats hat nirgends Theorien entwickelt, und eine solche wäre auch mit seinen Interessen unvereinbar und seinem Geist völlig fremd gewesen. Wenn wir entweder Wordsworth oder Shelley als Repräsentanten ihres Zeitalters nehmen, als eine Stimme dieses Zeitalters, so können wir Keats nicht als solche gelten lassen. Doch können wir Keats keines Sich-Zurückziehens, keiner Weigerung, sich zu stellen, bezichtigen; er war lediglich mit seinen eigenen Dingen beschäftigt. Er hatte keine Theorien, aber er besaß in dem für einen Dichter charakteristischen Sinn – in demselben Sinn, wenn auch in weniger hohem Maße als Shakespeare – einen »philosophischen« Geist. Er befaßte sich nur mit dem höchsten Ziel der Dichtung, aber das bedeutet nicht, daß nicht Dichter von einer anderen Geistesart ganz zu Recht und zuweilen geradezu aus einer Verpflichtung heraus sich der übrigen Verwendungsmöglichkeiten bedienen.

Baudelaire

I

Etwas wie eine gerechte Würdigung Baudelaires hat sich in England nur langsam angebahnt und ist selbst in Frankreich erst unvollständig oder teilweise vorhanden. Es gibt, glaube ich, besondere Gründe für die Schwierigkeit, seinen Wert zu schätzen und seinen Standort zu finden. Einerseits war Baudelaire in gewisser Hinsicht der Sehweise seiner Zeit weit voraus und hing doch eng mit ihr zusammen – er hatte sehr weitgehenden Anteil an ihren Vorzügen, Fehlern und Moden. Anderseits war er an der Entwicklung einer Generation von Dichtern nach ihm wesentlich beteiligt; und in England hatte er das Mißgeschick – das war es in gewisser Weise –, zuerst und überschwenglich von Swinburne angekündigt und von Swinburnes Nachfolgern aufgenommen zu werden. Er war universal und gleichzeitig durch eine Mode beschränkt, die hervorzubringen zumeist sein Werk war. Das Dauernde vom Zeitgebundenen zu trennen, ihn selber von seinem Einfluß zu unterscheiden und schließlich ihn aus dem Zusammenhang mit den englischen Dichtern zu lösen, die ihn zuerst bewunderten, ist keine geringe Aufgabe. Seine umfassende Weite als solche bereitet Schwierigkeiten, denn sie verführt den parteiischen Kritiker noch jetzt dazu, Baudelaire zum Schutzherrn seiner eigenen Überzeugungen zu wählen.

Es ist die Absicht dieses Aufsatzes, für die Bedeutung von Baudelaires Prosaarbeiten einzutreten; diese Absicht wird durch die Übersetzung einer jener Arbeiten gerechtfertigt, die für jede ernsthafte Beschäftigung mit seiner Dichtung unentbehrlich sind[1]. Das bedeutet, in Baudelaire mehr zu sehen als den Verfasser der *Fleurs du Mal* und demzufolge unsere Schätzung dieses Buches ein wenig zu überprüfen. Baudelaire kam zu der Zeit in Mode, als das »L'art pour l'art« ein Dogma war. Die Sorgfalt, die er seinen Gedichten zuwendete, und die Tatsache, daß er entgegen der Redseligkeit sei-

1 *Journaux Intimes,* übers. von Christopher Isherwood (Blackamore Press).

ner Zeit, in Frankreich wie in England, sich auf diesen einen Band beschränkte, bestärkten die Meinung, Baudelaire sei ein Künstler ausschließlich um der Kunst willen. Die Lehre läßt sich natürlich in Wirklichkeit auf niemanden anwenden; niemand wandte sie weniger an als Pater, der viele Jahre daran setzte, nicht so sehr sie zur Anschauung zu bringen, als vielmehr sie als eine *Theorie des Lebens* darzulegen, was durchaus nicht dasselbe ist. Aber es war eine Lehre, die die Kritik und literarische Würdigung beeinflußte und eine angemessene Beurteilung Baudelaires verhinderte. Er ist tatsächlich ein größerer Mensch, als man sich ihn vorstellte, wenn auch vielleicht nicht ein so vollkommener Dichter.

Baudelaire ist, glaube ich, ein fragmentarischer Dante genannt worden – eine Kennzeichnung, deren Wert dahingestellt sein mag. Es ist wahr, daß viele Leute, die Dante genießen, auch Baudelaire genießen; aber die Unterschiede sind ebenso bedeutsam wie die Ähnlichkeiten. Baudelaires Inferno ist seiner Eigenart und Bedeutung nach von dem Danteschen sehr verschieden. Richtiger, denke ich, wäre die Kennzeichnung Baudelaires als eines späteren und begrenzteren Goethe. Wie wir ihn jetzt zu sehen beginnen, vertritt er sein Zeitalter etwa auf dieselbe Weise, wie Goethe ein früheres Zeitalter vertritt. Als Kritiker der gegenwärtigen Generation hat Mr. Peter Quennell neuerlich in seinem Buche *Baudelaire and the Symbolists* gesagt:

»Er hatte einen *Sinn für sein Zeitalter* besessen, hatte das Muster desselben erkannt, während es noch unvollständig war, und hatte – da es nur unser Mißverstehen der Gegenwart ist, das uns den Blick in die unmittelbare Zukunft verwehrt, unsere Unkenntnis des Heute und seiner wirklichen im Unterschiede von seinen unechten Bestrebungen und Erfordernissen – viele Probleme vorweggenommen, sowohl auf der ästhetischen wie auf der moralischen Ebene, an denen das Geschick der modernen Dichtung noch immer hängt.«

Nun ist der Mensch, der diesen Sinn für sein Zeitalter hat, schwer zu analysieren. Er ist ebenso ihren Torheiten preisgegeben wie ihren Entdeckungen aufgeschlossen; bei Baudelaire, ebenso wie bei Goethe, findet sich etwas von dem überholten Unsinn seiner Zeit. Die Parallele zwischen dem deutschen Dichter, der stets das Sinnbild vollkommener ›Gesundheit‹ in jedem Sinne sowie allumfassender Wißbegierde war, und dem französischen Dichter, der das Sinnbild der Krankhaftigkeit des Geistes und des ausschließlichen Interesses am Werk war, mag paradox scheinen. Aber nachdem so viel Zeit vergangen ist, wird der Unterschied zwischen ›Gesundheit‹ und ›Krankhaftigkeit‹ bei den beiden Männern minder belangvoll; an Goethes Gesundheit ist etwas Künstliches, ja Affektiertes, ebenso wie an Baudelaires Ungesundheit; wir haben beide Moden hinter uns gelassen, die der Gesundheit und die der Krankheit, und sie sind beide nur Männer von ruhelosem, kritischem, wißbegierigem Geist und mit dem ›Sinn für das Zeitalter‹; beides Männer, die eine Menge verstanden und voraussahen. Goethe war freilich an vielen Gegenständen interessiert, die Baudelaire auf sich beruhen ließ; aber zu Baudelaires Zeit war es nicht mehr notwendig, so verschiedene Interessen zu vereinigen, um den Sinn für das Zeitalter zu haben; und im Rückblick erscheinen uns einige von Goethes Studien (nicht ganz gerechterweise) als bloße spielerische Liebhabereien. Die meisten Prosaschriften Baudelaires – mit Ausnahme der Poe-Übersetzungen, die für einen englischen Leser weniger Interesse haben – sind ebenso bedeutsam wie die meisten von Goethe. Gewiß werfen sie Licht auf die *Fleurs du Mal,* aber sie gestatten auch eine außerordentliche Erweiterung unseres Verständnisses für ihren Verfasser.

Es war einst Mode, Baudelaires Satanismus ernst zu nehmen, so wie jetzt die Tendenz besteht, Baudelaire als ernsthaften katholischen Christen hinzustellen. Zumal vor dem Eingehen auf die *Journaux Intimes* bedarf diese Meinungsverschiedenheit einiger Erörterung. Ich denke, die letztere Ansicht – daß Baudelaire wesentlich Christ ist – kommt der Wahrheit näher als die andere, bedarf aber beträchtlicher Vorbehalte. Wird Baudelaires Satanismus von seinen minder glaubwürdigen Zutaten losgelöst, so läuft er auf die undeutliche Intuition eines Teils, aber eines sehr wichtigen Teils, des Christentums hinaus. Der Satanismus selber, soweit er nicht bloßes Getue war, bedeutete einen Versuch, durch die Hintertür in das Christentum hineinzukommen. Echte Lästerung, echt im Geist und nicht nur in Worten bestehend, ist das Erzeugnis teilweisen Glaubens und dem vollständigen Atheisten ebenso unmöglich wie dem vollkom-

menen Christen. Sie ist eine Art der Bejahung des Glaubens. Dieser Zustand teilweisen Glaubens ist in den *Journaux Intimes* durchweg offenkundig. Kennzeichnend für Baudelaire ist seine theologische Unschuld. Er entdeckt das Christentum für sich selber; er nimmt es nicht als Mode an oder in Abwägung sozialer oder politischer Gründe oder irgendwelcher anderer Umstände. Er fängt gewissermaßen am Anfang an; und in seiner Eigenschaft als Entdecker ist er nicht ganz sicher, was er erforscht und wohin es führt; man könnte beinahe von ihm sagen, er nehme noch einmal als einzelner die Anstrengung von Dutzenden von Generationen auf sich. Sein Christentum ist umrißhaft oder keimhaft; bestenfalls trägt er die Maßlosigkeiten eines Tertullian zur Schau (und auch Tertullian wird nicht als ganz rechtgläubig und ausgeglichen angesehen). Seine Aufgabe war es nicht, das Christentum zu betätigen, sondern – was für seine Zeit viel wichtiger war – seine *Notwendigkeit* darzutun.
Die Krankhaftigkeit von Baudelaires Temperament läßt sich natürlich nicht übersehen; und niemand, der das Werk von Crépet oder die neue kleine biographische Untersuchung von François Porché vor Augen gehabt hat, kann sie vergessen. Wir würden in die Irre gehen, wenn wir sie als ein unglückseliges Leiden behandelten, von dem man absehen kann, oder wenn wir versuchten, das Gesunde von dem Ungesunden in seinem Werk zu trennen. Ohne die Krankhaftigkeit wäre keins seiner Werke möglich oder bedeutsam; seine Schwächen lassen sich zu einem größeren Ganzen von Stärke zusammensetzen, und das ist in meiner Behauptung enthalten, daß es weder auf Goethes Gesundheit noch auf Baudelaires Krankheit an sich ankommt: es kommt darauf an, was beide Männer aus ihren Anlagen machten. Für das Auge der Welt, und insbesondere in allen Fragen des privaten Lebens, war Baudelaire durch und durch querköpfig und unerträglich: ein Mann mit einem Talent für Undankbarkeit und Ungeselligkeit, unerträglich reizbar und mit einer störrischen Entschlossenheit, sich alles zu verderben; wenn er Geld hatte, es zu verschwenden; wenn er Freunde hatte, sie sich zu entfremden; wenn er Glück hatte, es zu mißachten. Er hatte den Stolz des Menschen, der in sich große Schwäche und große Stärke fühlt. Bei großen Anlagen hatte er weder die Geduld noch die Neigung, seine

Schwäche zu überwinden, auch wenn er die Kraft dazu gehabt hätte; im Gegenteil, er beutete sie zu theoretischen Zwecken aus. Der moralische Wert eines solchen Verfahrens mag ein Gegenstand endlosen Streits sein; für Baudelaire war es der Weg, sein Gemüt zu befreien und uns das Vermächtnis und die Lehre zu geben, die er hinterlassen hat.

Er war einer von denen, die große Stärke besitzen, aber Stärke nur zum *Leiden.* Er konnte nicht umhin zu leiden und konnte nicht darüber hinauskommen: so zog er selber die Pein an sich heran. Aber was er vermochte, mit jener ungeheuren passiven Stärke und Empfindlichkeiten, die keine Pein herabmindern konnte, das war die Erforschung seines Leidens. Und in dieser Begrenztheit ist er ganz verschieden von Dante, auch von irgendeinem Charakter in Dantes Hölle. Anderseits aber enthält ein Leiden wie das Baudelaires die Möglichkeit eines positiven Standes der Seligkeit. Tatsächlich liegt in seiner Art zu leiden bereits eine Art Gegenwärtigkeit des Übernatürlichen und Übermenschlichen. Stets verwirft er das rein Natürliche und das rein Menschliche; mit anderen Worten: er ist weder ›Naturalist‹ noch ›Humanist‹. Entweder muß er die tatsächliche Welt, weil er sich ihr nicht anpassen kann, zugunsten von Himmel und Hölle verwerfen, oder er verwirft die gegenwärtige Welt, weil er die Anschauung von Himmel und Hölle hat: beide Ausdrucksweisen sind vertretbar. Es gibt in seinen Darstellungen ein gut Teil romantische Rückstände; *ses ailes de géant l'empêchent de marcher,* sagt er vom Dichter und vom Albatros, jedoch nicht überzeugend; aber es gibt darin auch Wahres über ihn selber und über die Welt. Natürlich läßt sich sein *ennui* erklären, so wie alles mit psychologischen oder pathologischen Begriffen erklärt werden kann; aber es ist auch, unter dem entgegengesetzten Gesichtspunkt, eine echte Form von *acedia*, hervorgegangen aus dem erfolglosen Ringen um das Leben im Geiste.

II

Aus den Gedichten allein, so möchte ich denken, werden wir schwerlich das begreifen, was mir als der wahre Sinn und die Bedeutung von Baudelaires Geistigkeit erscheint. Die Vortrefflichkeit ihrer Form, die Vollkommenheit ihres Ausdrucks und ihr äußerlich hervortretender Zusammenhang mögen ihnen den Anschein geben, einen bestimmten und endgültigen Geisteszustand darzustellen. In Wirklichkeit scheinen sie mir die äußere, aber nicht die innere Form klassischer Kunst zu besitzen. Man möchte sogar die Vermutung wagen, die Sorge um die Vollkommenheit der Form sei bei einigen romantischen Dichtern des 19. Jahrhunderts ein Bestreben, innere Unordnung erträglich zu machen oder sie dem Blick zu entziehen. Nun liegt der wahre Anspruch Baudelaires als Künstler nicht darin, daß er nach außen hin eine Form fand, sondern daß er auf der Suche nach einer Form des Lebens war. In kleineren Formen kam er tatsächlich nie an Théophile Gautier heran, dem er kennzeichnenderweise seine Gedichte widmete: in den besten von Gautiers leichten Versen herrscht eine Ausgeglichenheit, ein Gleichgewicht des Innern und der Form, das wir bei Baudelaire nicht finden. Er hatte eine größere technische Geschicklichkeit als Gautier, und doch läßt der Gefühlsinhalt ständig das Gefäß zerbrechen. Sein Arbeitsgerät, worunter ich nicht seine Beherrschung von Worten und Rhythmen verstehe, sondern seinen Vorrat an Bildern – und der Bildvorrat eines jeden Dichters ist irgendwie begrenzt –, ist nicht ganz dauerhaft und angemessen. Seine Prostituierten, Mulattinnen, Jüdinnen, Schlangen, Katzen, Leichen bilden eine Maschinerie, die sich nicht sehr gut gehalten hat; sein Dichter oder sein Don Juan hat einen romantischen Stammbaum, der nur zu deutlich aufzeigbar ist. Man vergleiche mit Baudelaires Kostümvorrat die Bildersprache der *Vita Nuova* oder Cavalcantis, und man wird finden, daß der Baudelaires nicht so haltbar ist wie der um etliche Jahrhunderte frühere; man vergleiche ihn mit Dante oder Shakespeare, soweit ein solcher Vergleich sinnvoll ist, und er stellt sich nicht nur als ein viel geringerer Dichter dar, sondern auch als einer, in dessen Werk viel mehr Vergängliches Eingang gefunden hat.

Damit ist nichts weiter gesagt, als daß Baudelaire an einen bestimmten zeitlichen Standort gehört. Unvermeidlicherweise Abkomme der Romantik und vermöge seiner Natur der erste Antiromantiker der Poesie, konnte er wie jeder andere nur mit dem vorhandenen Material arbeiten. Man darf nicht vergessen, daß ein Dichter in einem romantischen Zeitalter nur der Tendenz nach ein ›klassischer‹ Dichter sein kann. Ist er aufrichtig, so muß er mit individuellen Abweichungen den allgemeinen Geisteszustand ausdrücken – nicht im Sinne einer *Pflicht*, sondern einfach weil er nicht umhin kann, daran teilzuhaben. Bei solchen Dichtern dürfen wir oft wesentliche Hilfe vom Lesen ihrer Prosaschriften, auch von Aufzeichnungen und Tagebüchern erwarten; Hilfe beim Enträtseln des Abstands zwischen Kopf und Herz, Mitteln und Ziel, Stoff und Idealen.

Was Baudelaires Dichtung vor dem Geschick des größten Teils der französischen Dichtung des 19. Jahrhunderts bis auf seine Zeit bewahrt und ihn, wie Paul Valéry neuerlich in einer Einleitung zu den *Fleurs du Mal* sagt, zu dem einzigen modernen französischen Dichter gemacht hat, der weithin im Ausland gelesen wird, ist nicht ganz leicht zu ermitteln. Es ist zum Teil seine technische Meisterschaft, die schwerlich zu hoch gepriesen werden kann und seine Verse zum unerschöpflichen Studiengegenstand für spätere Dichter gemacht hat, nicht nur in seiner eigenen Sprache. Wenn wir lesen:

Maint joyau dort enseveli
Dans les ténèbres et l'oubli,
Bien loin de pioches et des sondes;
Mainte fleur épanche à regret
Son parfum doux comme un secret
Dans les solitudes profondes,

Manch Juwel schläft begraben in Dunkel und Vergessen, gar fern von Hacken und Sonden; manche Blume ergießt ungern ihren Duft, süß wie ein Geheimnis, in die tiefen Einsamkeiten,

so könnten wir es einen Augenblick lang für ein durchsichtigeres Stück Mallarmé halten; und so ursprünglich ist die Anordnung der Worte, daß wir ihre Entlehnung aus Grays *Elegy* leicht übersehen könnten. Lesen wir

Valse mélancolique et langoureux vertige!

Menlancholischer Walzer und schmachtender Taumel!

so befinden wir uns bereits in dem Paris Laforgues. Baudelaire spendete französischen Dichtern so großzügig, wie er von englischen und amerikanischen Dichtern entlehnte. Die Erneuerung von Racines

Verskunst ist oft genug erwähnt worden; ganz mit Recht, aber es besteht die Gefahr, sie überzubetonen, da sie mitunter nahe daran ist, ein bloßer Kunstgriff zu werden. Aber auch davon abgesehen wäre Baudelaires Mannigfaltigkeit und Reichtum an Mitteln noch gewaltig.

Ferner teilte er neben dem von ihm benutzten Bildervorrat, der bereits abgenutzt erscheint, in Gestalt eines neuen Bildervorrats aus dem zeitgenössischen Leben der Dichtung neue Möglichkeiten mit.

> ... Au cœur d'un vieux faubourg, labyrinthe fangeux
> Où l'humanité grouille en ferments orageux,
> On voit un vieux chiffonnier qui vient, hochant la tête,
> Buttant, et se cognant aux murs comme un poète.

Im Herzen einer alten Vorstadt, einem schlammigen Labyrinth, wo die Menschheit wimmelt wie stürmische Gärstoffe, sieht man einen alten Lumpensammler nahen, den Kopf schüttelnd, stolpernd und sich an den Mauern stoßend wie ein Dichter.

Damit wird etwas Neues und im modernen Leben Allgemeingültiges eingeführt. (Der letzte angeführte Vers, der in seiner ironischen Bündigkeit Corbière vorwegnimmt, ließe sich dem ganzen Gedicht *Bénédiction* gegenüberstellen, das den Band einleitet.) Nicht nur in der Verwendung von Bildern aus dem gewöhnlichen Leben, nicht nur in der Verwendung von Bildern aus dem schmutzigen Leben einer großen Hauptstadt, sondern in der Steigerung solcher Bilder zu *höchster Intensität* – so daß sie jenes Leben darstellen, wie es ist, und es doch für etwas anderes eintreten lassen, das viel mehr ist – hat Baudelaire eine Form der Befreiung und des Ausdrucks für andere geschaffen.

Diese Sprachfindung, in einem Augenblick, da die französische Dichtung besonders danach schmachtete, genügt, um Baudelaire zu einem großen Dichter, einem großen Markstein der Dichtung zu machen. Baudelaire ist in der Tat das größte Beispiel *moderner* Dichtung in irgendeiner Sprache, denn sein Vers und seine Sprache bedeuten die größte Annäherung an eine vollständige Erneuerung, die wir erlebt haben. Aber seine Erneuerung der Haltung zum Leben ist nicht minder radikal und nicht minder bedeutsam. In seinen Versen ist er heute weniger ein nachzuahmendes Vorbild oder eine auszuschöpfende Quelle als ein Mahner an die Pflicht, die heilige Aufgabe, der Aufrichtigkeit. Von einer zutiefst liegenden Aufrichtigkeit konnte er nicht abweichen. An der Oberfläche ist die Aufrichtigkeit (was, glaube ich, nicht immer bemerkt worden ist) nicht immer sichtbar. Wie ich schon andeutete, sind viele seiner Gedichte von ihren romantischen Ursprüngen, von byronischer Vaterschaft und satanistischer Bruderschaft, nicht hinlänglich abgerückt. Der ›Satanismus‹ der schwarzen Messe lag sehr in der Luft; indem er ihn zur Schau stellt, ist Baudelaire die Stimme seiner Zeit; aber ich möchte bemerken, daß er bei Baudelaire wie bei niemandem sonst dadurch wettgemacht wird, *daß er etwas anderes bedeutet.* Er verwendet das gleiche Zubehör, vermag aber seinen Symbolismus nicht einmal auf alles das zu beschränken, dessen er bewußt ist. Man vergleiche mit ihm Huysmans in *A rebours, En route* und *Là-bas.* Huysmans, der ein erstrangiger Realist seiner Zeit ist, kann seinen Diabolismus nur interessant machen, wenn er ihn äußerlich behandelt, wenn er ihn lediglich als eine Kundgebung seiner Zeit beschreibt (vorausgesetzt, daß er das war). Mit seinem eigenen Interesse an solchen Dingen ist es wie mit seinem Interesse am Christentum nicht weit her. Huysmans liefert uns lediglich ein Dokument. Baudelaire würde nicht einmal soviel liefern, wenn er wirklich in jenem lächerlichen Hokuspokus aufgegangen wäre. Tatsächlich hat aber Baudelaire es nicht mit Dämonen, schwarzen Messen und romantischer Lästerung zu tun, sondern mit dem wirklichen Problem von Gut und Böse. Es ist kaum mehr als ein zeitlicher Zufall, daß er den geläufigen Bildvorrat und Wortschatz der Lästerung verwendet. Im mittleren 19. Jahrhundert, dem Zeitalter, das – in seinem Besten – in Goethe vorgebildet ist, einem Zeitalter der Geschäftigkeit, der Programme, der Rednertribünen, des wissenschaftlichen Fortschritts, der Menschenbeglückung und der Revolutionen, die nichts besserten, einem Zeitalter des fortschreitenden Niedergangs, begriff Baudelaire, daß Sünde und Erlösung die Dinge sind, auf die es eigentlich ankommt. Es ist ein Beweis für seine Ehrlichkeit, daß er so weit ging, wie er ehrlicherweise gehen konnte, und nicht weiter. Für einen Geist, der das nachvoltairesche Frankreich aufmerksam beobachtete *(Voltaire ... le prédicateur des concierges),* einen Geist, der die Welt eines *Napoléon le petit* klarer sah als der Geist Victor Hugos, einen Geist, der gleichzeitig keinen Zug zu der tagesüblichen *Saint-Sulpicerie* verspürte, ist die Erkenntnis der Wirklichkeit der Sünde ein Neues Leben; und die Möglichkeit der Verdammnis ist in eine Welt der Wahlreformen, Volksabstimmungen, Sexualreformen und Kleiderreformen eine so unermeßliche Erleichterung, daß die Verdammnis selber eine unmittelbare Form der Erlösung ist – der Erlösung vom *ennui* des modernen Lebens, insofern als sie schließlich dem Leben einige Bedeutung gibt. Dies ist es, wie ich glaube, was Baudelaire auszudrücken versucht; und dies ist es, was ihn von dem modernistischen Protestantismus Byrons und Shelleys trennt. Was Baudelaires Geist beschäftigt, ist dem Anschein nach Sünde im Swinburneschen Sinne, aber in Wirklichkeit Sünde im zeitüberdauernden christlichen Sinne.

Doch wie ich sagte, schließt der Sinn für das Böse den Sinn für das Gute ein. Auch hier ist Baudelaire, da er anscheinend und vielleicht wirklich das Böse mit seiner theatralischen Darstellung durcheinanderbringt, in seiner Vorstellung vom Guten nicht immer sicher. Die romantische Idee der Liebe wird nie ganz verbannt, wenn ihr auch nie ganz nachgegeben wird. In *Le Balcon*, worin Valéry, und wie ich glaube mit Recht, eins von Baudelaires schönsten Gedichten sieht, findet sich die ganze romantische Idee, aber noch etwas mehr: das Greifen nach etwas, das nicht in persönlichen Beziehungen, aber teilweise *durch* sie hindurch zu gewinnen ist. In der Tat rührt die Traurigkeit vieler romantischer Poesie von der Ausbeutung der Tatsache her, daß dem menschlichen Verlangen keine menschlichen Beziehungen genügen, aber auch von dem Unglauben an irgendein weiteres Ziel menschlichen Verlangens außer dem, der ihm, weil menschlich, nicht Genüge zu tun vermag. Eine der unglücklichen Notwendigkeiten des menschlichen Daseins liegt darin, daß wir »alles selbst herausfinden müssen«. Wäre dem nicht so, so würde die Feststellung Dantes, wenigstens für Dichter, ein für allemal genügen. Baudelaire hat den ganzen romantischen Kummer, erfindet aber eine neue Art von romantischer Sehnsucht – und eine abgeleitete Form seiner Sehnsucht ist die *poésie des départs*, die *poésie des salles d'attente*. In einem schönen Abschnitt des in Rede stehenden Bandes, *Mon cœur mis à nu*, stellt er sich die im Hafen liegenden Fahrzeuge vor, wie sie sagen: *Quand partons-nous vers le bonheur?* und sein geringerer Nachfolger Laforgue ruft aus: *Comme ils sont beaux, les trains manqués.* Die Poesie der Flucht – die im gegenwärtigen Frankreich den Gedichten des A. O. Barnabooth von Valéry Larbaud viel verdankt – ist, in ihrer ursprünglichen Gestalt in diesem Abschnitt bei Baudelaire, eine undeutliche Erkenntnis der Wegrichtung zur Seligkeit.

Aber in der Ausrichtung des Natürlichen auf das Geistliche, des Tierischen auf das Menschliche und des Menschlichen auf das Übernatürliche ist Baudelaire, verglichen mit Dante, ein Stümper; das Beste, das sich sagen läßt, und das ist sehr viel, ist dies, daß er das, was er erkannte, selber herausfand. In seinen *Journaux Intimes* und besonders in *Mon cœur mis à nu* hat er von der Liebe von Mann und Frau eine Menge zu sagen. Ein besonders beachteter Aphorismus ist der folgende: *la volupté unique et suprême de l'amour gît dans la certitude de faire le mal.* Baudelaire hat – das, denke ich, bedeuten die Worte – begriffen, daß den Unterschied der Beziehungen von Mann und Frau von der Paarung von Tieren die Erkenntnis von Gut und Böse ausmacht (von Gut und Böse im *sittlichen* Sinne, was nicht dasselbe ist wie Gut und Schlecht im natürlichen oder Recht und Unrecht im puritanischen Sinne). Bei einer unvollkommenen, unbestimmt romantischen Vorstellung vom Guten war er wenigstens fähig zu verstehen, daß der Geschlechtsakt als Sünde würdiger, minder langweilig ist als der natürliche, ›lebenspendende‹ muntere Automatismus der modernen Welt. Für Baudelaire ist geschlechtliches Handeln wenigstens etwas anderes als Kruschensalz.

Sofern wir menschliche Wesen sind, muß das, was wir tun, entweder böse oder gut sein[1]; sofern wir Böses oder Gutes tun, sind wir Menschen; und es ist besser, um es paradox zu sagen, Böses zu tun, als nichts zu tun: wenigstens existieren wir dann. Es ist wahr, zu sagen, die Glorie des Menschen sei seine Fähigkeit zum Heil; es ist auch wahr, zu sagen, seine Glorie sei seine Fähigkeit zur Verdammnis. Das Schlimmste, was sich von unseren meisten Übeltätern, von Staatsmännern bis zu Dieben, sagen läßt, ist dies, daß sie nicht

1 »Wisset ihr nicht: welchem ihr euch begebet zu Knechten im Gehorsam, des Knechte seid ihr, daß ihr ihm gehorsam seid: es sei der Sünde zum Tode oder dem Gehorsam zur Gerechtigkeit?« Römer 6,16.

Manns genug sind, um verdammt zu werden. Baudelaire war Manns genug zur Verdammnis: ob er wirklich verdammt *ist,* das ist natürlich eine andere Frage, und es ist uns nicht verwehrt, für seine Ruhe zu beten. In all seinem erniedrigenden Verkehr mit anderen Wesen ging er dahin, sicher in seiner hohen Berufung, daß er einer Verdammnis fähig war, die den Pariser Politikern und Zeitungsherausgebern versagt blieb.

III

Baudelaires Vorstellung von der Seligkeit lief gewiß auf seichtes Gerede hinaus; und auch in einem seiner schönsten Gedichte, *L'Invitation au voyage,* geht er kaum über die *poésie des départs* hinaus. Und weil sein Sehbereich hier so beschränkt ist, besteht für ihn eine Kluft zwischen irdischer und himmlischer Liebe. Seine irdische Liebe ist bestimmt und positiv, seine himmlische Liebe vag und unsicher: daher sein Verharren bei dem Bösen in der Liebe, daher seine ständigen Vorwürfe gegen das Weibliche. Dabei braucht man nicht nach psychopathologischen Ursachen auszuspähen, die bestenfalls bedeutungslos wären; denn seine Haltung zu Frauen stimmt zu dem Standpunkt, den er erreicht hatte. Wäre er eine Frau gewesen, so hätte er ohne Zweifel dieselben Ansichten über die Männer gehegt. Er gelangte zu der Einsicht, daß eine Frau bis zu einem gewissen Grade ein Symbol sein muß; er gelangte nicht an den Punkt des Ausgleichs seines Erlebens mit seinem idealen Bedürfen. Die Ergänzung und Berichtigung der *Journaux Intimes,* soweit sie von den Beziehungen zwischen Mann und Frau handeln, sind die *Vita Nuova* und die *Göttliche Komödie.* Aber – ich kann es nicht stark genug hervorheben – Baudelaires Lebensansicht, so wie sie ist, ist objektiv begreiflich, das heißt: seine Idiosynkrasien mögen seine Lebensansicht teilweise erklären – sie können sie nicht wegerklären. Und diese Lebensansicht hat Größe und bezeugt Heroismus; sie war ein Evangelium für seine Zeit wie für die unsere. *La vraie civilisation* – so schrieb er – *n'est pas dans le gaz, ni dans la vapeur, ni dans les tables tournantes. Elle est dans la diminution des traces du péché originel.* Es ist nicht ganz klar, was *diminution* hier genau bedeutet; aber die

Tendenz des Gedankens ist klar, und die Botschaft wird noch immer nur von wenigen angenommen. Mehr als ein halbes Jahrhundert später hinterließ T. E. Hulme eine Folge von Sätzen, denen Baudelaire zugestimmt haben würde:

»Im Lichte dieser absoluten Werte ist der Mensch selber als wesenhaft begrenzt und unvollkommen zu beurteilen. Er ist mit der Erbsünde ausgestattet. Während er gelegentlich Handlungen verrichten kann, die an der Vollkommenheit teilhaben, kann er nie selber vollkommen *sein*. Gewisse Folgerungen zweiter Ordnung hinsichtlich des gewöhnlichen menschlichen Handelns in der Gesellschaft ergeben sich daraus. Der Mensch ist wesenhaft schlecht, nur durch Disziplin, ethische und politische, kann er Wertvolles leisten. Ordnung ist also nicht nur negativ, sondern schöpferisch und befreiend. Die Institutionen sind notwendig.«

Yeats

In unserem Zeitalter scheinen die Generationen der Dichtung eine Zeitspanne von etwa zwanzig Jahren zu umfassen. Ich meine damit nicht, daß die besten Schöpfungen eines Dichters sich ihrer Entstehung nach nur auf zwanzig Jahre erstreckten: ich meine, daß es etwa dieses Zeitraums bedarf, bis eine neue Dichterschule oder ein neuer Stil der Dichtung auftaucht. Wenn man also etwa fünfzig Jahre alt ist, so blickt man auf eine Art von Dichtung zurück, die von Siebzigjährigen geschrieben wurde, und hat eine andere Art von Dichtung vor sich, die von Dreißigjährigen geschrieben ist. In dieser Lage befinde ich mich zur Zeit, und wenn ich noch zwanzig Jahre zu leben habe, so werde ich erwarten können, noch eine andere jüngere Dichterschule zu erleben. Die Beziehung aber, in der man Yeats gegenüber steht, fügt sich nicht in dieses Schema. Als ich als junger Mann in Amerika die Universität besuchte und eben erst begann, Verse zu schreiben, war Yeats bereits eine beachtenswerte Gestalt in der Welt der Dichtung, und die Periode seiner frühen Dichtung war klar umrissen. Ich kann mich nicht entsinnen, daß auf jener Stufe meiner Entwicklung seine Dichtung irgendwelchen tieferen Eindruck auf mich machte. Ein sehr junger Mann, der selbst den Drang spürt, zu schreiben, ist nicht vorwiegend kritisch eingestellt oder gar für weitere Bereiche der Dichtung aufgeschlossen. Er schaut nach Meistern aus, die sein Bewußtsein für das wecken, was er selbst sagen möchte, für die Art von Dichtung, die in ihm nach Ausdruck verlangt. Der Geschmack eines noch recht jungen Schriftstellers ist sehr ausgeprägt, aber auch sehr eng: er wird durch persönliche Bedürfnisse bestimmt. Die Art von Dichtung, deren ich bedurfte, um durch sie den Einsatz meiner eigenen Stimme zu erlernen, gab es im Bereich der englischen Sprache überhaupt nicht; sie fand sich nur in dem der französischen. Daran lag es, daß die Dichtung des jungen Yeats für mich kaum existierte, ehe nicht mein Enthusiasmus für die Dichtung des älteren Yeats geweckt worden war; und zu jener Zeit

– ich meine, seit 1919 – war der Weg meiner eigenen Entwicklung bereits festgelegt. Und so kommt es, daß ich Yeats von einem Gesichtspunkt aus als Zeitgenossen und nicht als Vorläufer betrachte; von einem anderen Gesichtspunkt aus vermag ich die Empfindungen jüngerer Menschen zu teilen, die ihn aus jenen seit 1919 entstandenen Bereichen seines Schaffens kennen und bewundern lernten, die entstanden, als sie noch ganz jung waren.

Gewiß bin ich, was die jüngeren Dichter Englands und Amerikas angeht, überzeugt, daß ihre Bewunderung für Yeats' Dichtung durchaus ihr Gutes hatte. Sein Stil war zu sehr nur ihm eigen, als daß irgendwelche Gefahr der Nachahmung hätte bestehen können; seine Ansichten zu eigenartig, als daß sie ihren Vorurteilen hätte schmeicheln und sie bestätigen können. Es war gut für sie, das Bild eines ohne jede Frage großen lebenden Dichters vor sich zu haben, dessen Stil nachzuahmen sie keine Versuchung spürten, und dessen Ideen im Widerspruch standen zu denen, die unter ihnen en vogue waren. Man wird in dem, was sie schrieben, kaum mehr als vorübergehende Spuren des Eindrucks entdecken, den er machte; aber trotz alledem sind das Schaffen und der Mann als Dichter selbst für sie von größter Bedeutung gewesen. Dies mag vielleicht dem widersprechen, was ich über die Art von Dichtung gesagt habe, die ein junger Dichter sich als Gegenstand seiner Bewunderung wählt. Tatsächlich aber spreche ich von etwas ganz anderem. Yeats würde diesen Einfluß nicht ausgeübt haben, wäre er nicht ein großer Dichter geworden; aber der Einfluß, von dem ich spreche, hat seinen Ursprung in der Gestalt des Dichters selbst, in der Lauterkeit und Unbeirrbarkeit seiner Leidenschaft für seine Kunst und sein Handwerk, die ihm solch großen Antrieb für seine außerordentliche Entwicklung gaben. Wenn er nach London kam, lag ihm daran, jüngere Dichter zu treffen und mit ihnen zu reden. Man hat bisweilen von ihm als anmaßend und überheblich gesprochen. Ich erlebte ihn niemals so; in seinen Gesprächen mit jüngeren Schriftstellern spürte ich immer, daß er sie als seinesgleichen behandelte, als Kollegen und Zunftgenossen. Es lag ihm, glaube ich, und darin unterschied er sich von vielen Schriftstellern, mehr an der Dichtung als an seinem eigenen Ruf und Ruhm als Dichter oder seiner Vorstellung von sich selbst als Dichter.

Die Kunst war größer als der Künstler; und das Gefühl dafür teilte er anderen mit; daran lag es, daß jüngere Menschen sich in seiner Gesellschaft niemals unbehaglich fühlten.
Dies gehörte sicherlich zu dem Geheimnis, daß er immer ein Zeitgenosse zu bleiben vermochte, auch nachdem er ohne jede Frage der Meister geworden war. Andererseits gehörte dazu die unablässige Entwicklung, von der ich gesprochen habe. Dies ist in den kritischen Würdigungen seines Werkes fast ein Gemeinplatz geworden. Aber während oft davon die Rede ist, geht man nicht oft den Ursachen und der Art dieser Entwicklung nach. Einer der Gründe ist natürlich ganz einfach der Wille zur Konzentration und harter Arbeit. Und dahinter steht der Charakter: ich meine, der besondere Charakter des Künstlers als Künstler – nämlich die Kraft des Charakters, die Dickens, nachdem er seine erste Inspiration erschöpft hatte, befähigte, in der Mitte seines Lebens ein von seinen früheren Werken so verschiedenes Meisterwerk wie *Bleak House* zustandezubringen. Es ist heikel und unweise, über die Methoden dichterischen Schaffens verallgemeinernde Behauptungen aufzustellen – so viele Menschen es gibt, so vielerlei Methoden gibt es; aber meiner Erfahrung nach kann sich ein Mensch, der sich der Mitte seines Lebens nähert, zwischen dreierlei entscheiden: das Schreiben überhaupt aufzugeben, sich, vielleicht mit zunehmender Virtuosität, zu wiederholen oder seine Gedanken darauf zu richten, sich dieser Lebensmitte anzupassen und neue Arbeitsweisen zu entdecken. Warum bleiben die späteren langen Gedichte Brownings und Swinburnes meist ungelesen? Meiner Ansicht nach, weil man alles Wesentliche bei Browning oder Swinburne ganz und gar in früheren Gedichten findet; bei den späteren fühlt man sich an die Frische und Unmittelbarkeit der frühen Lyrik erinnert, die ihnen mangelt, ohne daß man dabei irgendwelcher neuer Qualitäten gewahr würde, die dafür entschädigen. Wenn ein Mann an einem Werke abstrakten Denkens arbeitet – sofern es außerhalb der Mathematik und der Naturwissenschaften so etwas gibt wie ein völlig abstraktes Denken –, so kann sein Geist reifen, während seine Empfindungswelt entweder dieselbe bleibt oder nur verkümmert, und das wird nichts ausmachen. Aber daß man als Dichter reift, besagt, daß man als ganzer Mensch reifer

wird, daß man neue Gemütserfahrungen macht, wie sie der eigenen Altersstufe gemäß sind, und zwar mit derselben Intensität wie die Gemütserfahrungen der Jugend.

Eine Form, eine vollkommene Form der Entwicklung ist die Shakespeares, eines der wenigen Dichter, deren Werk aus den Zeiten der Reife genau so erregend ist, wie das ihrer frühen Mannesjahre. Es besteht, glaube ich, ein Unterschied zwischen der Entwicklung Shakespeares und der von Yeats, die dessen Fall noch merkwürdiger macht. Bei Shakespeare erblickt man eine langsame kontinuierliche Entwicklung der Meisterschaft in der kunstvollen Handhabung des Verses, und die Dichtung seiner Lebensmitte scheint mir in der der frühen Reife bereits enthalten. Nach den ersten wenigen Übungen in der Kunst des Wortes sagt man sich von jedem Produkt seines Schaffens: »Dies ist der vollkommene Ausdruck der Sensibilität, wie sie ihm auf jener Stufe seiner Entwicklung eigen war«. Daß ein Dichter sich überhaupt entwickeln sollte, daß er etwas Neues zu sagen finden sollte und es in mittleren Jahren ebensogut zu sagen finden sollte, hat immer etwas Wunderbares. Aber im Falle Yeats scheint mir diese Entwicklung andersartig zu sein. Ich möchte nicht den Eindruck erwecken, daß ich sein frühes Schaffen und sein Spätwerk fast so betrachte, als stamme beides von zwei verschiedenen Männern. Kehrt man zu seinen früheren Gedichten zurück, nachdem man sich mit den späteren genauer vertraut gemacht hat, so erkennt man zunächst, daß hinsichtlich der Ausdrucksmittel eine langsame und kontinuierliche Entwicklung dessen erfolgte, was seit je Medium und Idiom seiner Sprache war. Und wenn ich von Entwicklung spreche, so meine ich damit nicht, daß viele der frühen Gedichte, so wie sie sind, nicht so überzeugend schön geschrieben sind, wie sie es sein könnten. Es gibt einige, so etwa *Who Goes with Fergus? (Wer geht mit Fergus?)*, die in ihrer Art so vollkommen sind, wie nur irgend etwas in der englischen Sprache Geschriebenes. Aber den besten, und den bestbekannten unter ihnen, ist doch dieser Mangel eigen: daß sie vereinzelt, als »Anthologie-Stücke«, genau so zu befriedigen vermögen, wie sie das im Kontext seiner übrigen, derselben Periode entstammenden Gedichte tun.

Natürlich bediene ich mich des Ausdrucks »Anthologie-Stück« in einem recht besonderen Sinne. In jeder Anthologie entdeckt man einige Gedichte, die einen als solche vollkommen zu befriedigen und zu entzücken vermögen, derart, daß man kaum neugierig ist, zu erfahren, wer sie schrieb; daß man kaum das Bedürfnis empfindet, einen weiteren Einblick in das Werk dieses Dichters zu tun. Und es gibt andere, die durchaus nicht so vollkommen oder in sich abgeschlossen zu sein brauchen, die in einem die unwiderstehliche Neugierde wecken, von diesem Dichter durch sein übriges Schaffen mehr zu erfahren. Natürlich gilt diese Unterscheidung nur für kurze Gedichte, denen nämlich, in denen ein Mensch nur einen bestimmten Bereich seines Geistes hat verlautbaren können, wofern es sich um einen Geist von irgendwelchem Rang und Umfang handelt. Bei einigen solcher Gedichte spürt man sogleich, daß der Mensch, der sie schrieb, ein gut Teil mehr und doch von gleichem Interesse in anderem Kontext zu sagen gehabt hätte. Nun aber erhalte ich unter allen Gedichten in Yeats' früheren Versbänden nur hier und da in einer Zeile den Eindruck einer einzigartigen Persönlichkeit, die einen zutiefst erregt und den dringenden Wunsch eingibt, mehr über das Denken und Empfinden des Autors zu erfahren. Die Intensität von Yeats' eigenem inneren Erleben tritt kaum zutage. Wir besitzen hinreichend anschauliche Beweise für die Intensität des Erlebens, deren er in seiner Jugend fähig war; aber diese Beweise gewinnen wir aus Rückblicken auf jene Zeit, wie sie sich in einigen Gedichten seines Spätwerkes finden.

Ich habe in frühen Essays von dem, was ich als Unpersönlichkeit in der Kunst bezeichnete, viel Wesens gemacht, und es könnte den Anschein haben, daß ich mir selbst widerspreche, indem ich als Grund für die überragende Eigenart von Yeats' Spätwerk den stärkeren Ausdruck der Persönlichkeit in ihm angebe. Es könnte sein, daß ich mich schlecht ausdrückte oder daß ich nur eine unreife Vorstellung in dieser Hinsicht hatte – da ich es niemals ertragen kann, meine eigenen Prosaschriften wiederzulesen, so neige ich dazu, diese Frage unentschieden zu lassen; aber mir scheint, jedenfalls neuerdings, daß die Sache sich in Wahrheit folgendermaßen verhält. Es gibt zwei Ausdrucksformen der Unpersönlichkeit: die, die dem bloß geschickten Handwerker der Kunst eigen ist, und die, die durch den seiner

Reife entgegengehenden Künstler mehr und mehr zu ihrer Vollendung kommt. Die erste ist die des sogenannten »Anthologie-Stücks«, eines Gedichtes von Lovelace oder Suckling oder von Campion, der ein subtilerer Dichter als die beiden anderen ist. Die zweite Art der Unpersönlichkeit ist die des Dichters, der aus intensiver und höchst eigener Erfahrung heraus imstande ist, eine allgemein gültige Wahrheit auszudrücken, wobei er all das Besondere und Unverwechselbare seiner Erfahrung für sich bewahrt, um daraus ein allgemein gültiges Symbol zu machen. Und das Sonderbare ist, daß Yeats, nachdem er ein großer Künstler in der ersten Art gewesen war, in der zweiten ein großer Dichter wurde. Das soll nicht besagen, daß er ein anderer Mensch wurde; denn, wie ich schon andeutete, man spürt mit voller Sicherheit, daß die intensive Erfahrung der Jugend wahrhaft durchlebt worden war – und tatsächlich hätte er ohne dieses frühe Erleben niemals auch nur das mindeste von der Weisheit erreichen können, die in dem, was er später schrieb, erscheint. Aber er mußte auf eine spätere Reife warten, um den Ausdruck für das frühe Erleben finden zu können; und dies macht ihn, scheint mir, zu einem einzigartigen und besonders interessanten Dichter.

Man betrachte das frühe Gedicht, das sich in jeder Anthologie findet: *When you are old and grey and full of sleep (Wenn du einst alt und grau und voller Schlaf)* oder *A dream of Death (Ein Traum vom Tod)* in demselben Versband von 1893. Es sind schöne Gedichte, doch nur vollendete Handwerkskunst, weil man in ihnen nicht das Einmalige und Unverwechselbare zu spüren bekommt, das den Stoff für die allgemein gültige Wahrheit liefern muß. Mit dem Band von 1904 wird in einem sehr lieblichen Gedicht eine Entwicklung sichtbar: *The Folly of Being Comforted (Die Torheit, sich trösten zu lassen)* und in *Adam's Curse (Adams Fluch)*; etwas kommt hier zum Durchbruch, und indem er als einmaliger und unverwechselbarer Mensch zu sprechen beginnt, beginnt er für den Menschen überhaupt zu sprechen. Dies wird noch deutlicher in dem Gedicht *Peace (Frieden)* in dem Bande von 1910. Aber es kommt erst in dem Bande von 1914 zur vollen Geltung, in der gewaltigen und schrecklichen Widmungsepistel des Versbandes *Responsibilities (Verantwortlichkeiten)* mit den großen Verszeilen:

Pardon that for a barren passion's sake,
Although I have come close on forty-nine ...

Verzeih, daß barer Leidenschaft zulieb,
Obgleich ich nah dem neunundvierzigsten ...

Und die Nennung seines Alters in diesem Gedicht ist bezeichnend. Mehr als eines halben Lebens bedurfte es, um dieser Freiheit der Sprache mächtig zu werden. Es ist ein Triumph.

Yeats mußte obendrein vieles aus sich selbst heraus erarbeiten, sogar in Fragen der Technik. Wenn man ein jüngeres Mitglied einer Dichtergruppe ist, von denen gewiß keiner auch nur entfernt an sein Format heranreicht, die aber auf ihrer begrenzten Bahn schon weiter vorwärts gekommen sind, so kann das eine Zeitlang die Entwicklung des eigenen Idioms eines Mannes aufhalten. Dann muß andererseits die Last des Ruhmes der Präraffaeliten gewaltig gewesen sein. Der Yeats der »Keltischen Dämmerung« – der mir mehr der Yeats der präraffaelitischen Dämmerung gewesen zu sein scheint – bedient sich keltischen Sagengutes, fast so wie William Morris sich skandinavischen Sagengutes bedient. Seine längeren erzählenden Gedichte zeigen die Spur des Einflusses von Morris. Tatsächlich ist Yeats in seiner präraffaelitischen Phase durchaus nicht der Geringste unter den Präraffaeliten. Ich kann mich täuschen, aber das Drama *The Shadowy Waters (Die schattigen Wasser)* scheint mir zu den vollkommensten Verlautbarungen der vagen verzauberten Schönheit jener Dichterschule zu gehören. Aber es kommt mir so vor – und dies mag eine recht unverfrorene Vermutung meinerseits sein –, als würde hier das westliche Meer durch das Hinterfenster eines Hauses in Kensington erspäht, als handle es sich um einen irischen Mythos für die Kelmscott-Presse; und wenn ich versuche, mir die Sprecher in diesem Stück anschaulich vorzustellen, so haben sie die großen dunklen träumerischen Augen der Ritter und Damen des Burne-Jones. Ich glaube, daß die Stufe seiner Entwicklung, auf der er die irische Legendenwelt in der Art Rossettis oder Morris' behandelte, eine Stufe der Verworrenheit ist. Er vermochte nicht, diese Legendenwelt zu meistern, bevor er sie zu einem Mittel für seine eigene Gestaltung großer Charaktere machte – tatsächlich nicht, bevor er die *Plays for Dancers (Spiele für Tänzer)* zu schreiben begann. Das Entscheidende ist, daß er in dem Maße, in dem er irischer wurde, nicht im Thematischen, wohl aber in der Formgebung, gleichzeitig eine Universalität im Menschlichen erreichte.

Zwei Gesichtspunkte sind es, die ich hinsichtlich der Entwicklung von Yeats ganz besonders hervorheben möchte. Der erste, den ich bereits gestreift habe, ist der, daß das zu leisten, was Yeats in seinen mittleren und späteren Jahren geleistet hat, ein großes und immer gültiges Vorbild – das künftige Dichter ehrfurchtsvoll studieren sollten – für das darstellt, was ich als den Charakter des Künstlers bezeichnet habe: so etwas wie glänzende Bewährung im Moralischen wie im Geistigen. Der zweite Gesichtspunkt, der sich ganz natürlich aus dem ergibt, was ich in kritischem Sinne über das Fehlen eines vollkommenen Ausdrucks seiner Gefühle in seinem früheren Werk gesagt habe, ist der, daß Yeats vorwiegend der Dichter des mittleren Lebensalters ist. Damit meine ich durchaus nicht, daß er ein Dichter nur für Leser in den mittleren Jahren ist: die Haltung, die jüngere Dichter, die englisch schreiben, in der ganzen Welt ihm gegenüber einnehmen, bezeugt hinreichend, daß das Gegenteil der Fall ist. Nun besteht, theoretisch gesehen, keinerlei Grund, daß einem Dichter im mittleren Lebensalter oder auf jeder Stufe vor dem Greisenalter die Inspiration oder der Stoff ausgehen sollten. Denn ein Mensch, der die Fähigkeit zum Erleben besitzt, findet sich in jedem Jahrzehnt seines Lebens in einer anderen Welt; in dem Maße, indem er sie mit anderen Augen sieht, erfährt das Material seiner Kunst eine ständige Erneuerung. Tatsächlich haben jedoch sehr wenige Dichter diese Fähigkeit, sich den Jahren anzupassen, bewiesen. Tatsächlich erfordert es eine außergewöhnliche Ehrlichkeit und Tapferkeit, solchem Wandel ins Auge zu sehen. Die meisten Menschen klammern sich an ihre Jugenderlebnisse, so daß, was sie schreiben, zu einer unaufrichtigen ständigen Wiederholung ihres früheren Werkes wird; oder sie werfen ihre Leidenschaft über Bord und schreiben nur mit dem Kopf mit einer hohlen und vergeudeten Virtuosität. Es gibt noch eine andere und sogar schlimmere Versuchung: die nämlich, daß man Würde ansetzt, daß man eine Figur der Öffentlichkeit wird, die nur vor der Öffentlichkeit ihr Dasein hat – eine Art Mantelständer, der mit Dekorationen und Auszeichnungen behängt wird und immer nur tut, sagt und sogar denkt und empfindet, was seiner Meinung nach das Publikum von ihm erwartet. Yeats gehörte nicht zu dieser Art von Dichtern: und das ist vielleicht ein Grund dafür, daß junge Menschen seine Spätdichtung genießbarer finden als ältere Menschen das so ohne weiteres können. Denn die Jungen vermögen in ihm einen Dichter zu erblicken, der in seinem Werk im besten Sinne des Wortes immer jung blieb; ja der sogar in einem gewissen Sinne in dem Maße jung wurde, in dem er alterte. Aber die Alten, wofern sich nicht in ihnen etwas von der Ehrlichkeit sich selbst gegenüber regt, die in der Dichtung Ausdruck findet, werden sich durch solch eine Enthüllung dessen, was ein Mensch in Wirklichkeit ist und bleibt, schockiert fühlen. Sie werden es ablehnen, zu glauben, sie seien auch so.

You think it horrible that lust and rage
Should dance attendance upon my old age;
They were not such a plague when I was young:
What else have I to spur me into song?

Ihr findet's arg, daß Lust und Raserei / Mir noch in hohem Alter zehrend nahn; / Sie plagten mich nicht so, derweil ich jung: / Was hab ich andres, das zum Sang mich spornt?

Diese Verse sind sehr eindrucksvoll und nicht sehr angenehm; und das dahinter stehende Gefühl wurde kürzlich von einem englischen Kritiker, den ich im allgemeinen schätze, unter die kritische Lupe genommen. Aber ich glaube, daß er sie falsch verstand. Ich lese sie nicht als persönliches Bekenntnis eines Mannes, der sich von anderen Menschen unterschied, sondern eines Mannes, der im wesentlichen genau so war wie die anderen Menschen; der einzige Unterschied liegt in der größeren Klarheit, Ehrlichkeit und Kraft. Welchem ehrlichen Mann, sofern er alt genug ist, können diese Gefühle ganz fremd sein? Sie können durch die Religion unterworfen und diszipliniert werden; aber wer kann sagen, daß sie erstorben seien? Nur die, denen die Maxime La Rochefoucaulds gilt: »*Quand les vices nous quittent, nous nous flattons de la créance que c'est nous qui les quittons.*« Die Tragödie, auf die Yeats' Epigramm anspielt, ist ganz in der letzten Zeile enthalten.

In ähnlicher Weise ist auch das Versdrama *Purgatory (Fegefeuer)* nicht sehr angenehm. Es hat Seiten, die ich selbst nicht mag. Ich wünschte, Yeats hätte ihm nicht diesen Titel gegeben, weil ich mich mit einem Fegefeuer nicht abfinden kann, in dem sich kein andeutender oder jedenfalls kein nachdrücklicher Hinweis auf die Läuterung findet. Aber abgesehen von dem außerordentlichen Sinn für das Theater, mit dem er soviel Handlung in den Bereich einer sehr kurzen und nur wenig Bewegung aufweisenden Szene gebracht hat, gibt das Stück eine meisterhafte Darstellung der Gefühlswelt eines alten Mannes. Ich glaube, daß das Epigramm, das ich eben zitierte, genau so sehr in einem dramatischen Sinne zu verstehen ist, wie das Stück *Purgatory*. Der lyrische Dichter – und Yeats war immer Lyriker, auch als Dramatiker – kann für jeden Menschen sprechen, oder für Menschen, die ganz anders sind als er selbst; aber um das leisten zu können, muß er für den Augenblick fähig sein, sich mit jedem Menschen oder mit anderen Menschen völlig zu identifizieren; und nur die Tatsache, daß seine Einbildungskraft ihn befähigt, das zu werden, verleitet einige Leser zu der Ansicht, daß er allein für und von sich selbst spricht – besonders, wenn sie lieber nicht in diese Sache mit hineingezogen werden möchten.

Ich möchte mit all diesem nicht nur diese Seite von Yeats' Altersdichtung betonen. Ich möchte die Aufmerksamkeit auf das schöne Gedicht in dem Bande *The Winding Stair (Die Wendeltreppe)* lenken, das dem Gedenken der Eva Gore-Booth und des Con Markiewicz gewidmet ist, in dem das Bild zu Beginn:

Two girls in silk kimonos, both
Beautiful, one a gazelle,

Zwei Mädchen in seidenen Kimonos, beide
Schön, eine eine Gazelle,

große Intensität gewinnt durch den Schock der später folgenden Verszeile:

When withered, old and skeleton gaunt

Wenn verrunzelt, alt und hager wie ein Skelett

und auch auf das Gedicht *Coole Park*, das beginnt:

I meditate upon a swallow's flight,
Upon an aged woman and her house.

Ich sinne über einer Schwalbe Flug / Und eine Frau im Alter und ihr Haus.

Vor solchen Gedichten spürt man, daß die lebendigsten und erfreulichsten Empfindungen der Jugend lebendig blieben, um ihren vollen und gebührenden Ausdruck in solchem Rückblick zu empfangen. Denn die wahrhaft interessanten Gefühle, die man im Alter hat, sind nicht nur andere Gefühle; es sind Gefühle, in die die Gefühle der Jugend ganz eingegangen sind.

Yeats' Entwicklung als Dramatiker ist genau so interessant wie die als Lyriker. Ich habe von ihm als einem lyrischen Dichter gesprochen – in einem Sinne, in dem ich mich selbst z. B. nicht für einen Lyriker halten würde; damit meine ich eher eine gewisse Art der Auswahl innerhalb des Gefühlslebens als besondere metrische Formen. Aber es besteht kein Grund, daß ein lyrischer Dichter nicht auch ein dramatischer Dichter sein sollte; und für mich ist Yeats der Typus des lyrischen Dramatikers. Es kostete ihn viele Jahre, die seinem Genius entsprechende dramatische Form zu entwickeln. Als er damit begann, Stücke zu schreiben, verstand man unter einem poetischen Drama ein in Blankversen geschriebenes Stück. Nun aber ist der Blankvers seit langem ein totes Metrum. Es würde den Rahmen meiner Ausführungen sprengen, wenn ich hier alle Gründe dafür nachweisen wollte: aber es ist offensichtlich, daß eine Versform, die mit solch überragender Meisterschaft von Shakespeare gehandhabt wurde, ihre Nachteile hat. Wenn man ein Stück vom Typus Shakespeares schreibt, so hat die Erinnerung an ihn etwas Bedrückendes. Wenn man ein Stück von ganz anderem Typus schreibt, so gerät man in Gefahr, sich ablenken zu lassen. Und dann: da Shakespeare soviel größer ist als jeder Dramatiker, der auf ihn folgte, so läßt sich der Blankvers kaum von der Welt des sechzehnten und des siebzehnten Jahrhunderts trennen: er vermag wohl kaum die Rhythmen einzufangen, in denen man heutzutage Englisch spricht. Ich glaube, daß, falls irgend so etwas wie ein regelmäßiger Blankvers jemals wieder verwendet wird, dies nur geschehen kann, nachdem man lange davon Abstand genommen hat, so daß er sich mittlerweile von zeitbedingten Assoziationen freigemacht hat. Zu der Zeit, als Yeats' frühe Stücke entstanden, war es nicht möglich, irgendeinen anderen Vers für ein dichterisches Drama zu benutzen: darin liegt keine Kritik Yeats selbst gegenüber, wohl aber eine Bestätigung dafür, daß ein Wandel in den Versformen nur in einem bestimmten Zeitpunkt und nicht in einem anderen eintreten kann. Seine frühen Versdramen, einschließlich des *Green Helmet (Der grüne Helm)*, der in einer Art unregelmäßiger gereimter Vierzehnsilber geschrieben ist, sind von beträchtlicher Schönheit; jedenfalls sind sie die besten Versdramen, die zu ihrer Zeit geschrieben wurden. Und sogar bei diesen stellt man fest, wie sich im Metrischen eine gewisse Unregelmäßigkeit herausbildet. Yeats hat kein ganz neues Metrum erfunden; aber der Blankvers seiner späteren Stücke ist ein großer Schritt in diese Richtung; und am erstaunlichsten ist, wie in *Purgatory* der Blankvers letzthin aufgegeben wird. Ein mit großem Erfolg in einigen der späteren Stücke verwendetes Kunstmittel ist die lyrische Choreinlage. Aber eine andere und bedeutungsvolle Ursache solcher Entwicklung ist die allmähliche Reinigung von allem dichterischen Ornament. Dies ist vielleicht der mühevollste Teil der Arbeit, was die Verskunst anlangt, die ein moderner Dichter zu leisten hat, der ein Stück in Versen zu schreiben versucht. Die Entwicklung strebt hier eine immer größere Kargheit des Ausdrucks an. Die schöne Verszeile um ihrer selbst willen ist ein Luxus, der sogar für den Dichter gefährlich wird, der virtuos die Technik des Theaters zu beherrschen gelernt hat. Notwendig ist hier eine Schönheit, die nicht in der Verszeile oder einer isolierbaren Stelle liegen darf, sondern in die Textur des Dramas selbst verwoben ist; so daß man kaum sagen kann, ob die Verszeilen dem Drama Größe verleihen oder ob es das Drama ist, das die Worte in Dichtung umwandelt. (Eine der erschütterndsten Zeilen in *King Lear* ist die schlichte:

Never, never, never, never, never

Niemals, niemals, niemals, niemals, niemals.

Aber, sofern man den Kontext nicht kennt, wie kann man sagen, daß dies Dichtung oder auch nur ein gemeisterter Vers sei?) Wie Yeats seinen Vers zu läutern weiß, wird viel offensichtlicher in den vier *Plays for Dancers* und in den zwei in dem Nachlaßband enthaltenen Dramen: in denen er wirklich die ihm gemäße und endgültige dramatische Form gefunden hatte.

Ebenfalls in den ersten drei Stücken der *Plays for Dancers* zeigt er die innere – im Gegensatz zur äußeren – Art der Handhabung des irischen Mythos, von der ich früher gesprochen habe. In den früheren Dramen, wie auch in den früheren Gedichten über Helden und Heldinnen der Legende, spüre ich, daß die Gestalten, mit dem Respekt, den wir der Legende entgegenbringen, als Geschöpfe einer von der unseren verschiedenen Welt behandelt werden. In den späteren Stücken sind es allgemeingültig Männer und Frauen. Ich würde vielleicht nicht das Stück *The Dreaming of the Bones (Das Träumen der Gebeine)* ganz dieser Gruppe zuzählen, weil Dermot und Devorgilla der modernen Geschichte entnommene Gestalten und nicht Figuren der Vorgeschichte sind; aber ich möchte zur Bestätigung dessen, was ich eben gesagt habe, bemerken, daß in diesem Stück die zwei Liebenden etwas von der Allgemeingültigkeit von Dantes Paolo und Francesca haben, und diese hätte der jüngere Yeats ihnen nicht verleihen können. Das gleiche gilt von dem Cuchulain aus *The Hawk's Well (Der Brunnen des Schwindlers)* und den Cuchulain, Emer und Eithne des Stückes *The Only Jealousy of Emer (Die einzige Eifersucht Emers)*; der Mythos wird hier nicht um seiner selbst willen dargestellt, sondern um eine allgemeingültige Situation faßbar und anschaulich zu machen.

Ich sehe jetzt, daß ich vielleicht, ganz entgegen meinem Wunsch und meiner Überzeugung, den Eindruck erweckt habe, man könne die Gedichte und die Dramen aus Yeats' früherer Zeit zugunsten seines späteren Werkes unbeachtet lassen. Man kann innerhalb des Werkes eines großen Dichters nicht so scharfe Trennungen vollziehen. Wo eine solch ausgeprägte Persönlichkeit und solch ein unbeirrbares Streben sich so folgerichtig entwickeln, kann das spätere Werk nicht verstanden oder gebührend genossen werden, ohne daß man das frühere erforscht und kritisch wertet; und das spätere Werk wirft wiederum Licht auf das frühere und zeigt uns eine Schönheit und Sinnfülle, die wir vorher nicht bemerkten. Auch müssen wir die historischen Bedingungen in Rechnung ziehen. Wie ich vorhin schon sagte: Yeats wurde geboren, als eine literarische Strömung, und zudem eine englische, ihrem Ende entgegenging; nur diejenigen, die sich mit der Sprache abgemüht haben, kennen die Arbeit und Beharrlikeit, die erforderlich sind, um sich von solchen Einflüssen frei zu machen – aber andererseits können wir, sobald uns die ältere Stimme vertraut geworden ist, ihre unverwechselbaren Töne sogar schon in seinen frühesten Versen hören. In meiner eigenen Jugendzeit schien es keine unmittelbaren großen Mächte der Dichtung zu geben, die entweder helfen oder hindern konnten, von denen man entweder lernen oder gegen die man sich auflehnen konnte; aber ich kann die Schwierigkeit jener anderen Situation und die Größe der Aufgabe, die sich daraus ergab, verstehen. Mit dem Versdrama andererseits steht es umgekehrt, weil Yeats hier nichts vorfand und wir Yeats haben. Er begann, Stücke zu schreiben zu einer Zeit, als das in Prosa geschriebene und Themen des zeitgenössischen Lebens gewidmete Drama siegreich schien und sich ihm eine unbegrenzte Zukunft eröffnete; als der leichte Komödienschwank nur mit gewissen bevorzugten Bereichen großstädtischen Lebens sich befaßte; und als das seriöse Drama dazu neigte, ein für den Tag geschriebener Traktat über irgendein zeitbedingtes gesellschaftliches Problem zu werden. Wir können nunmehr allmählich sehen, daß sogar die unvollkommenen frühen Versuche, die er unternahm, wahrscheinlich dauerhaftere Literatur sind als die Stücke Shaws; und daß sein dramatisches Lebenswerk als Ganzes sich als ein stärkeres Bollwerk gegenüber der erfolgreichen City-Vulgarität erweist, wie sie in der Shaftesbury Avenue gedeiht, die er genau so hartnäckig bekämpfte wie jene. Genau so wie er von Anfang an seine Dichtung nach den Spielregeln mundgerechter Sprache und nicht nach denen gedruckter Sprache schuf und plante, so wollte er im Drama immer Stücke schreiben, die man spielen und nicht nur lesen konnte. Ihm lag, glaube ich, am Theater mehr als einem Organ für den Ausdruck des Bewußtseins eines Volkes als an einem Mittel für seinen eigenen Ruhm oder seinen eigenen Erfolg; und ich bin überzeugt, daß nur, wenn man ihm in diesem Geiste dient, man hoffen kann, etwas, das die Mühe verlohnt, mit ihm zu erreichen. Natürlich besaß er einige große Vorteile, deren Aufzählung seinen Ruhm nicht im mindesten beeinträchtigte: seine Mitarbeiter und ein Volk mit einer natürlichen und unverdorbenen Begabung für natürliches Sprechen und Darstellen. Es ist unmöglich, das, was er für das irische Theater tat, reinlich abzusondern von dem, was das irische Theater für ihn tat. Diesem Vorteil ist es zu verdanken, daß die Idee des dichterischen Dramas lebendig blieb, zu einer Zeit, als sie überall sonst unterzutauchen sich gezwungen sah. Ich weiß nicht, wo unsere Schuld ihm als Dramatiker gegenüber endet – und sie wird kein Ende finden, bis dieses Drama selbst ein Ende findet. In seinen gelegentlichen Schriften über Fragen des Dramas hat er gewisse Grundsätze vertreten, an denen wir festhalten müssen: etwa den, daß es mehr auf den Dichter als auf den Schauspieler ankommt und auf den Schauspieler mehr als auf den Bühnenbildner; und den Grundsatz, daß das Theater, während es sich zwar nicht nur mit »dem Volk« im engen russischen Sinne dieses Wortes befassen muß, doch für das Volk da sein muß; daß, um von Dauer zu sein, es sich mit grundlegenden Situationen befassen muß. Er, der in eine Welt hineingeboren wurde, in der die Lehre von der »Kunst um der Kunst willen« allgemeine Anerkennung fand, und dessen Lebenszeit sich in eine andere Welt erstreckte, in der man von der Kunst verlangte, daß sie zum Werkzeug »gesellschaftlicher« Zwecke werde, hielt fest an der richtigen Ansicht, die in der Mitte zwischen diesen beiden liegt, wenn sie auch keineswegs einen Kompromiß zwischen ihnen darstellt; und er bezeugte, daß ein Künstler, indem er seiner Kunst mit ganzer lauterer Hingabe dient, damit zugleich seiner eigenen Nation und der ganzen Welt den denkbar größten Dienst erweist.

Daß man imstande ist, höchste Anerkennung zu spenden, setzt nicht notwendig voraus, daß man vollkommene Übereinstimmung spürt; und ich verhehle nicht die Tatsache, daß es in Yeats' Denken und Empfinden gewisse Seiten gibt, die mir selbst unsympathisch sind. Ich sage dies nur, um die Grenzen anzuzeigen, die ich meiner Kritik gesetzt habe. Die Fragen der Meinungsverschiedenheit, des Widerspruchs und Protestes erheben sich im Bereich der Weltanschauung, und es sind entscheidende Fragen. Ich hatte es hier nur mit dem Dichter und Dramatiker zu tun, soweit man diese für sich betrachten kann. Auf lange Sicht kann man sie nicht gänzlich für sich betrachten. Eine umfassende und gründliche Untersuchung von Yeats' Gesamtwerk muß eines Tages unternommen werden; vielleicht wird dafür eine breitere Perspektive erforderlich sein. Es gibt einige Dichter, deren Dichtung man mehr oder weniger isoliert betrachten kann, im Hinblick auf den durch sie vermittelten Gehalt und Genuß. Es gibt andere, deren Dichtung, auch wenn sie genau so Gehalt und Genuß vermittelt, eine umfassendere historische Bedeutung besitzt. Yeats gehörte zu diesen: er gehörte zu jenen Wenigen, deren Geschichte die Geschichte ihrer eigenen Zeit ist; die unabtrennbar von dem Bewußtsein eines Zeitalters sind, das ohne sie nicht verstanden werden kann. Das heißt, ihm einen sehr hohen Platz zuweisen: aber ich glaube, daß es ein Platz ist, der ihm für immer gesichert bleibt.

Von Poe zu Valéry

Was ich hier unternehme, ist nicht eine kritische Beurteilung Edgar Allan Poes; ich versuche nicht, über seinen Rang als Dichter zu entscheiden oder das wesentlich Originelle in ihm gesondert herauszuarbeiten. Poe ist freilich ein Stein des Anstoßes für den wertenden Kritiker. Prüfen wir sein Werk im einzelnen, so meinen wir darin nichts weiter zu finden als nachlässige Schreibweise, knabenhaftes Denken ohne die Stützen ausgebreiteter Lektüre oder tieferer Bildung, Experimente auf gut Glück in verschiedenen literarischen Gattungen, hauptsächlich unter dem Druck von Geldnot, ohne vollkommene Durchbildung in irgendwelchen Einzelheiten. Dies Urteil wäre nicht gerecht. Blicken wir aber aus einigem Abstand auf sein Werk als Ganzes, anstatt es analytisch zu betrachten, so sehen wir eine Masse von einmaliger Gestalt und eindrucksvoller Größe, zu der unser Auge immer wiederkehrt. Poes Einfluß ist ebenso rätselhaft. In Frankreich war der Einfluß seiner Dichtung und seiner dichterischen Theorien gewaltig. In England und Amerika erscheint er als fast belanglos. Können wir einen Dichter aufweisen, dessen Stil sichtlich durch das Studium Poes geformt ist? Der einzige, dessen Name sich unmittelbar nahelegt, ist – Edward Lear. Und doch kann man nicht sicher sein, daß man in seiner eigenen Schreibweise *nicht* von Poe beeinflußt ist. Ich kann positiv gewisse Dichter nennen, deren Werk mich beeinflußt hat, ich kann andere nennen, von deren Werk dies sicherlich *nicht* gilt; es mag noch andere geben, deren Einfluß mir nicht bewußt ist, jedoch so, daß ich bewogen werden könnte, ihn anzuerkennen: aber bei Poe werde ich meiner Sache nie sicher sein. Er hat nur sehr wenige Gedichte geschrieben, und von diesen wenigen hat nur ein halbes Dutzend einen großen Erfolg gehabt: aber diese wenigen sind einer so großen Zahl von Menschen so gut bekannt, jedermann hat sie so gut im Gedächtnis wie nur irgendwelche Gedichte, die je geschrieben wurden. Und einige seiner Erzählungen haben einen bedeutenden Einfluß auf gewisse Autoren geübt, und zwar in literarischen Gattungen, wo man einen solchen Einfluß kaum erwarten würde.

Ich will hier nicht versuchen, dies Rätsel zu lösen. Bestenfalls kann ich einen Beitrag zur Erforschung seines Einflusses liefern, dazu, wenn auch nur teilweise, die Erhellung einer der Ursachen von Poes Bedeutung im Lichte jenes Einflusses. Ich versuche ihn einmal, so nahe ich kann, durch die Augen von drei französischen Dichtern zu sehen: Baudelaire, Mallarmé und besonders Paul Valéry. Diese Abfolge ist als solche bedeutsam. Diese drei französischen Dichter vertreten Anfang, Mitte und Ende einer besonderen dichterischen Tradition. Mallarmé sagte einmal zu einem meiner Freunde, er sei nach Paris gekommen, weil er Baudelaire kennenlernen wollte; er habe ihn einmal an einem Bücherkarren am Kai gesehen, habe aber nicht den Mut gehabt, sich ihm zu nähern. Was Valéry angeht, so wissen wir aus seinem ersten Briefe an Mallarmé, den er schrieb, als er fast noch ein Knabe war, von seinem Jüngerverhältnis zu dem älteren Dichter; und wir wissen von seiner Verehrung für Mallarmé bis zu dessen Tode. Das sind drei literarische Generationen, die fast genau für ein Jahrhundert französischer Poesie stehen. Natürlich sind diese Dichter voneinander sehr verschieden; natürlich war die literarische Nachkommenschaft Baudelaires zahlreich und bedeutend, und es gibt noch andere Linien der Abkunft von ihm. Aber ich glaube, wir können bei diesen drei Dichtern die Entwicklung und Herkunft einer besonderen Theorie vom Wesen der Dichtung verfolgen: und diese hat ihren Ursprung in der Theorie Edgar Poes, mehr noch als in seiner Praxis. Der Eindruck, den wir von Poes Einfluß gewinnen, ist um so stärker, als Mallarmé und wiederum Valéry nicht nur über Baudelaire von Poe herzuleiten sind: ein jeder von ihnen unterwarf sich diesem Einfluß unmittelbar und hat überzeugende Beweise für den Wert hinterlassen, den er der Theorie und Praxis von Poe selber beimaß. Nun glauben wir alle gern, daß wir unsere eigenen Dichter besser verstehen, als irgendein Ausländer es vermag; aber ich meine, wir sollten bereit sein, mit der Möglichkeit zu rechnen, daß diese Franzosen bei Poe etwas gesehen haben, das Englisch sprechenden Lesern entgangen ist.

Mein Gegenstand ist also nicht einfach Poe, sondern Poes Wirkung auf drei französische Dichter, die drei aufeinanderfolgende Generationen vertreten; und meine Absicht ist es zugleich, dem Verständnis einer eigentümlichen Haltung zur Poesie bei eben diesen Dichtern näherzukommen – vielleicht der interessantesten, möglicherweise der charakteristischsten, sicher der eigenartigsten Entwicklung in der Ästhetik der Versdichtung während dieser ganzen Periode. Sie verdient eine Untersuchung um so mehr, wenn diese Haltung zur Poesie, wie ich zu glauben geneigt bin, einem Entwicklungsabschnitt entspricht, der mit Valérys Tode zu Ende gegangen ist. Denn ihre Betrachtung dürfte uns verstehen helfen, was etwa unsere und die nächste Generation finden wird, um es an ihre Stelle zu setzen.

Bevor ich mich auf Poe einlasse, wie er sich in den Augen dieser drei französischen Dichter darstellte, halte ich es für angebracht, meinen eigenen Eindruck von seiner Geltung bei amerikanischen und englischen Lesern und Kritikern darzutun; denn falls ich unrecht habe, so müssen Sie das, was ich von seinem Einfluß in Frankreich sage, unter Berücksichtigung meiner Irrtümer kritisieren. Es erscheint mir nicht unbillig zu sagen, daß Poe als ein geringerer oder zweitrangiger Gefolgsmann der romantischen Bewegung angesehen worden ist: als Nachfolger der sogenannten ›gothischen‹ Romanciers in seiner Prosadichtung, als Gefolgsmann Byrons und Shelleys in seinen Versen. Das heißt jedoch ihn in die englische Überlieferung stellen; und dahin gehört er gewiß nicht. Englische Leser erklären sich bisweilen das an Poe, was außerhalb aller englischen Überlieferung steht, indem sie es amerikanisch nennen; aber auch das scheint mir nicht ganz richtig, zumal wenn wir die andern amerikanischen Schriftsteller seiner und einer früheren Generation betrachten. Es liegt ein gewisser Hauch von Provinzialismus auf seinem Werk, in einem Sinne, in dem Whitman nicht im mindesten provinziell ist: es ist der Provinzialismus eines Menschen, der dort, wohin er gehört, nicht zu Hause ist, aber sonst nirgendwo heimisch zu werden vermag. Poe ist eine Art von heimatlos gewordenem Europäer; er fühlt sich von Paris, von Italien und Spanien angezogen, von Stätten, die er mit romantischer Düsterkeit und Pracht ausstatten konnte. Obwohl der Umkreis, in dem er sich bewegte, in der Richtung des Längengrades kaum über Richmond und Boston und weder ost- noch westwärts über diese Punkte hinausreichte, erscheint er als ein Wanderer ohne festen Wohnsitz. Es gibt nur wenige Schriftsteller gleichen Ranges, die so wenig aus ihren eigenen Wurzeln gezogen haben, die von all dem, was sie umgab, derart losgelöst waren.

Ich glaube, die Ansicht des gewöhnlichen gebildeten Lesers in England oder Amerika ist etwa diese: Poe ist der Verfasser weniger, sehr weniger kurzer Gedichte, die ihn – den Leser – zeitweilig im Knabenalter begeisterten und ihm irgendwie im Gedächtnis haften. Ich glaube nicht, daß er diese Gedichte wiederliest, falls er ihnen nicht auf den Blättern einer Anthologie begegnet; der Genuß, den sie ihm bieten, ist eher die *Erinnerung* an einen Genuß, den er für einen Augenblick wieder heraufzurufen vermag. Sie scheinen ihm zu einem besonderen Lebensabschnitt zu gehören, als sein Interesse an Poesie soeben erwacht war. Gewisse Bilder, mehr noch gewisse Rhythmen leben in ihm fort. Dieser Leser erinnert sich auch einiger – nicht sehr vieler – von seinen Erzählungen und ist der Ansicht, daß *Der Goldkäfer* für seine Zeit ganz gut war, daß aber die Detektivgeschichte seither große Fortschritte gemacht hat. Und mitunter stellt er ihn vielleicht Whitman gegenüber, wobei er Whitman häufig wiedergelesen hat, nicht aber Poe.

Was die Prosa anlangt, so wird anerkannt, daß Poes Erzählungen großen Einfluß auf einige Gattungen populärer Prosaliteratur gehabt haben. Soweit es sich um die Detektivgeschichte handelt, läßt sich fast alles in ihr auf zwei Schriftsteller zurückführen: Poe und Wilkie Collins. Bisweilen treten beide Einflüsse gemeinsam auf, sie sind aber auch für zwei verschiedene Detektivtypen verantwortlich. Der tüchtige Berufspolizist kommt von Collins, der glänzende, exzentrische Amateur von Poe her. Conan Doyle verdankt Poe vieles, und nicht nur dem Monsieur Dupin aus dem *Mord in der Rue Morgue*. Sherlock Holmes täuschte seinen Freund Watson, als er ihm erzählte, er habe seine Stradivari-Geige für wenige Schillinge in einem Altwarenladen der Tottenham Court Road gekauft. Er fand die Geige in den Ruinen des Hauses Usher. Es besteht eine unmittelbare Ähnlichkeit zwischen den musikalischen Übungen von Holmes und denen von Roderick Usher: diesen wilden, regellosen Improvisationen, die wohl bei einer bestimmten Gelegenheit Watson in Schlaf versenkten, aber für ein musikalisch geschultes Ohr eine Marter gewesen sein müssen. Es ist mir wahrscheinlich, daß Rider Haggards Romane mit ihren unwahrscheinlichen und unglaubwürdigen Abenteuern ihre Inspiration bei Poe fanden – und Haggard seinerseits hatte Nachahmer genug. Ich halte es gleichfalls für wahrscheinlich, daß H. G. Wells in seinen frühen Romanen, soweit sie von naturwissenschaftlichen Forschungen und Erfindungen handeln, vieles der Anregung einiger Poescher Erzählungen verdankte – etwa *Gordon Pym* oder *In den Maelstrom hinab*, oder auch den *Tatsachen im Falle Waldemar*. Die Zusammenstellung der Beweise überlasse ich denen, die daran interessiert sind, die Untersuchung fortzuführen. Aber ich fürchte, es werden heutzutage nur wenige Leser Haggards *Sie (She)* oder Wells *Krieg der Welten* oder *Die Zeitmaschine* aufschlagen: noch wenigere sind fähig, sich von ihren Vorgängern erregen zu lassen.

Was mir zuerst auffällt, als ein allgemeiner Unterschied zwischen der Art, wie die vorhin angeführten französischen Dichter Poe aufnahmen, und der Art amerikanischer und englischer Kritiker von gleicher Autorität, ist die Haltung der ersteren zu Poes *œuvre*, zu seinem Werk als Ganzem. Angelsächsische Kritiker sind, denke ich, mehr geneigt, die verschiedenen Teile eines schriftstellerischen Werks gesondert zu beurteilen. Wir sehen in Poe einen Mann, der in Versen und mehreren Arten von Prosa dilettierte, ohne daß ihm in irgendeiner Gattung etwas wirklich Bedeutsames glückte. Jenen französischen Lesern imponierte die Mannigfaltigkeit seiner Ausdrucksformen, weil sie darin eine wesenhafte Einheit fanden oder zu finden glaubten; während sie im Notfalle zugeben, daß vieles an seinem Werk fragmentarisch oder, infolge äußerer Umstände wie Armut, Schwäche und Schicksalsungunst, gelegenheitsbedingt ist, nehmen sie ihn dennoch als einen Schriftsteller von solchem Ernst, daß sein Werk als ein Ganzes erfaßt werden müsse. Darin stellt sich zum Teil ein Unterschied zwischen zwei Arten kritischen Geistes dar; aber wir dürfen für unsere Ansicht geltend machen, daß sie sich auf unser Bewußtsein von den Gebrechen und Unvollkommenheiten in dem stützt, was Poe wirklich geschrieben hat. Es ist der Mühe wert, diese

Mängel zu veranschaulichen, so wie sie einem Englisch sprechenden Leser auffallen.

Poe hatte in außergewöhnlichem Maße das Gefühl für das ›Beschwörende‹ in der Dichtung, für das, was man im buchstäblichsten Sinne die ›Magie des Verses‹ nennen mag. Seine Verstechnik ist nicht, wie die der großen Meister der Prosodie, so geartet, daß sie dem reifer werdenden Empfindungsvermögen des Lesers, der sein Leben lang zeitweilig zu ihr zurückkehrt, als die Frucht von Studium und langer Gewöhnung eine immer reichere Melodie vermittelt. Ihre Wirkung ist unmittelbar und entwickelt sich nicht; sie ist wahrscheinlich annähernd dieselbe für den empfänglichen Schuljungen wie für den reifen Geist und das geschulte Ohr. In dieser gleichbleibenden Unmittelbarkeit hat sie vielleicht mehr vom Charakter sehr guten *Versemachens* als von dem der Poesie – aber das führt in eine Richtung, der ich hier nicht zu folgen beabsichtige: denn es handelt sich, dessen bin ich sicher, um ›Poesie‹ und nicht um bloßes ›Versemachen‹. Sie wirkt als eine Beschwörung, die gerade infolge ihrer Unreife die Gefühle auf einer niederen, nahezu primitiven Ebene erregt. Aber bei der Wahl des Wortes, das den richtigen *Klang* hat, ist Poe keineswegs darum besorgt, daß es auch den richtigen *Sinn* habe. Ich gebe nur einen Vergleich von Verwendungen desselben Wortes bei Poe und bei Tennyson – der sich wahrscheinlich am meisten von allen englischen Dichtern seit Milton auf die genaue und anspruchsvolle Wertung des Klanges von Silben verstand. In Poes *Ulalume* – meines Erachtens einem seiner gelungensten und zugleich typischsten Gedichte – finden wir die Verse:

It was night in the lonesome October
Of my most immemorial year;

Es war Nacht, im einsamen Oktober / Meines unvordenklichsten Jahres.

Immemorial bedeutet nach dem Oxford Dictionary: ›was jenseits des Gedenkens oder außerhalb der Erinnerung liegt; über Gedenken oder Überlieferung hinaus altertümlich: äußerst alt.‹ Keine dieser Bedeutungen scheint auf den Gebrauch des Wortes bei Poe anwendbar zu sein. Das Jahr lag nicht jenseits des Gedenkens – der Sprecher erinnert sich eines bestimmten Vorfalls darin sehr wohl;

am Schlusse erinnert er sich sogar eines Begräbnisses, das an der gleichen Stelle genau ein Jahr zuvor stattgefunden hatte. Der Vers von Tennyson, ebenso bekannt und mit Recht bewundert, weil der Klang des Verses so gut dem Klang entspricht, den der Dichter heraufzurufen wünscht, ist Ihnen vielleicht schon in den Sinn gekommen:

The moan of doves in immemorial elms.

Das Klagen von Tauben in unvordenklichen Ulmen.

Hier ist *immemorial*, abgesehen davon, daß es nach seinem Klangwert sehr glücklich gewählt ist, genau das richtige Wort für Bäume von so hohem Alter, daß niemand weiß, wie alt sie eigentlich sind.
Poesie verschiedener Art reicht, so kann man sagen, von dort, wo sich die Aufmerksamkeit des Lesers in erster Linie auf den Klang richtet, bis dahin, wo sie sich in erster Linie auf den Sinn richtet. Bei der ersten Art mag der Sinn fast unbewußt aufgefaßt werden; bei der letzteren – im Falle dieser beiden Extreme – ist es der Klang, dessen Wirkung auf uns wir nicht bewußt wahrnehmen. Aber bei beiden Typen müssen Klang und Sinn zusammenwirken; auch in dem reinst ›beschwörenden‹ Gedicht kann die lexikalische Bedeutung der Worte nicht ungestraft außer acht gelassen werden.
Verantwortungslosigkeit gegenüber der Bedeutung von Worten ist bei Poe nicht selten. *Der Rabe* ist, glaube ich, durchaus nicht Poes bestes Gedicht, wiewohl es, zum Teil dank der Analyse, die der Verfasser in der *Philosophie der Komposition* gibt, das bekannteste ist.

In there stepped a stately Raven of the saintly days of yore;

Herein schritt ein stattlicher Rabe aus den frommen Tagen der Vergangenheit;

Da der Rabe nichts besonders Frommes an sich hat, falls der ominöse Vogel nicht sogar das Gegenteil davon ist, hat es keinen Zweck, seinen Ursprung auf ein Zeitalter der ›Frömmigkeit‹ zurückzuführen, selbst wenn angenommen werden darf, es habe ein solches Zeitalter gegeben. Wir hörten soeben die Beschreibung des Raben als *stately*, ›stattlich‹; aber gleich darauf wird uns erzählt, er sei *ungainly*, ›unbeholfen‹, eine Kennzeichnung, die mit ›Stattlichkeit‹ ohne umständliche Erklärung kaum in Einklang zu bringen ist. Mehrere

Worte des Gedichtes scheinen entweder bloß zur Auffüllung der Verszeile auf das geforderte Maß oder um des Reimes willen aufgenommen zu sein. Der Vogel wird als *no craven,* ›kein Feigling‹, angeredet, und zwar ganz unnötigerweise, es sei denn unter der drükkenden Notwendigkeit, einen Reim auf *raven* zu finden – das ist eine Unterwerfung unter die Forderungen des Reims, die Malherbe, dessen bin ich sicher, nicht geduldet hätte. Und selbst eine so schülermäßige Rechtfertigung wie diese ist nicht immer zu finden: die Aussage, daß das Lampenlicht über die Sofakissen hin *gloated,* ›sich lüstern weidete‹, bedeutet eine Laune der Phantasie, die, selbst wenn ein solcher Vorgang belangvoll wäre, als gezwungen erscheinen würde.

Unvollkommenheiten im *Raben* wie diese – und man könnte noch andere angeben – mögen der Erklärung dienen, warum die *Philosophie der Komposition,* der Aufsatz, in dem Poe sein Verfahren bei der Komposition des *Raben* zu enthüllen vorgibt, in England oder Amerika nicht so ernst genommen worden ist wie in Frankreich. Es fällt uns schwer, den Aufsatz zu lesen, ohne dabei auf den Gedanken zu kommen, daß Poe, wenn er schon sein Gedicht mit so viel Berechnung entwarf, sich dabei etwas mehr Mühe hätte geben dürfen: das Ergebnis spricht nicht sehr für das Verfahren. Darum müssen wir wahrscheinlich den Schluß ziehen, daß Poes Analyse des Gedichts entweder ein Schabernack ist oder ein Stück Selbsttäuschung über die Art, wie er es geschrieben zu haben wünschte. Daher ist der Aufsatz nicht so ernst genommen worden, wie er's verdient.

Poes übrige Aufsätze zur dichterischen Ästhetik verdienen gleichfalls Beachtung. Kein Dichter darf, wenn er seine eigene *ars poetica* schreibt, viel mehr zu leisten hoffen, als den Weg zu seiner eigenen Praxis, also zum Verfassen seiner eigenen Art von Poesie, zu erklären, zu rationalisieren, zu verteidigen oder vorzubereiten. Er mag glauben, er stelle Gesetze für alle Poesie auf; aber was er Sagenswertes zu sagen hat, steht in unmittelbarer Beziehung zu der Art, wie er selber schreibt oder zu schreiben wünscht: wiewohl es gleiche Geltung für seine nächstjüngeren Gefährten haben und ihnen äußerst hilfreich sein kann. In dem, was er über Poesie schreibt, gültige Grundsätze für Poesie überhaupt zu finden, sind wir nur so lange sicher, wie wir das, was er sagt, an der Art von Poesie, die er schreibt, nachprüfen können. Bei Poe gibt es einen bemerkenswerten Abschnitt über die Unmöglichkeit, ein langes Gedicht zu schreiben – denn ein langes Gedicht, so behauptet er, ist bestenfalls eine Folge aneinandergereihter kurzer Gedichte. Was wir dabei bedenken müssen, ist dies, daß er selber unfähig war, ein langes Gedicht zu schreiben. Er konnte nur ein Gedicht mit einem einzigen, einfachen Effekt konzipieren: für ihn mußte das Ganze eines Gedichts von einer einzigen Stimmung beherrscht sein. Nun läßt sich aber nur in einem Gedicht von einiger Länge eine Mannigfaltigkeit von Stimmungen ausdrücken; denn eine Mannigfaltigkeit von Stimmungen erfordert eine Anzahl verschiedener Themen oder Gegenstände, die entweder an sich oder im Geiste des Dichters aufeinander bezogen sind. Diese Teile können ein Ganzes bilden, das mehr ist als die Summe der Teile; ein Ganzes derart, daß der Genuß, den wir aus der Lesung irgendeines Teils schöpfen, gesteigert wird, wenn wir uns des Ganzen bemächtigen. Es folgt daraus auch, daß in einem langen Gedicht einige Teile absichtlich weniger ›poetisch‹ angelegt sein können als andere: diese Abschnitte mögen keinen Glanz zeigen, wenn sie für sich genommen werden, sie mögen aber dazu bestimmt sein, durch den Kontrast die Bedeutsamkeit anderer Teile hervorzukehren und sie zu einem Ganzen zu vereinigen, das bedeutungsvoller ist als irgendeiner der Teile. Ein langes Gedicht mag durch größtmögliche Abwandlungen der Intensität gewinnen. Aber Poe wollte, daß ein Gedicht durchgängig von höchster Intensität sei: es ist fraglich, ob er die mehr philosophischen Abschnitte in Dantes *Purgatorio* hätte würdigen können. Was Poe sagte, hat sich in der Vergangenheit als sehr tröstlich für andere Dichter erwiesen, die zu einem langen Gedicht gleichfalls nicht fähig waren; und wir müssen anerkennen, daß die Frage der Möglichkeit, ein langes Gedicht zu verfassen, nicht einfach die der Stärke und Beharrungskraft des individuellen Dichters ist, sondern mit den Bedingungen des Zeitalters zu tun haben mag, in das er sich gestellt sieht. Und was Poe über den Gegenstand zu sagen hat, ist aufhellend, weil es uns den Gesichtspunkt von Dichtern verstehen hilft, denen das lange Gedicht nicht glückt.

Die Tatsache, daß für Poe ein Gedicht der Ausdruck einer einzigen

Stimmung sein sollte – es würde hier zu weit führen, wenn man zu zeigen versuchte, daß *Die Glocken,* als Übung in verschiedenen Stimmungen gemeint, in Wirklichkeit eine einzige Stimmung durchhalten wie jedes seiner anderen Gedichte –, diese Tatsache ist besser als Bekundung einer tiefer liegenden Schwäche zu verstehen. Was ich hier zu sagen habe, bringe ich nur versuchsweise vor: als eine Ansicht, die ich nur äußern möchte, um zu sehen, was sich daraus ergibt. Meine Bemerkungen dienen vielleicht auch der Erklärung, warum Poes Werk viele Leser auf einer bestimmten Stufe ihres Heranwachsens angesprochen hat, nämlich in der Zeit ihres Lebens, als sie gerade aus der Kindheit heraustraten. Daß Poe einen kraftvollen Intellekt hatte, ist nicht zu leugnen: aber es scheint mir der Intellekt eines hochbegabten jungen Menschen vor der Pubertät zu sein. Die Erscheinungen, die seine lebhafte Wißbegierde aufgreift, sind diejenigen, an denen eine noch vor dem Jünglingsalter stehende Gemütsverfassung Gefallen findet: Wunder der Natur und der Mechanik und des Übernatürlichen, Geheimschriften und Chiffern, Vexierspiele und Labyrinthe, mechanische Schachspieler und wilde Flüge der Spekulation. Die Mannigfaltigkeit und Glut seiner Wißbegierde entzücken und blenden; aber am Ende wirken die Exzentrizität und die Zusammenhangslosigkeit seiner Interessen ermüdend. Es fehlt eben das, was dem reifen Manne Würde gibt: eine einheitliche Lebensanschauung. Eine Haltung kann ausgereift und einheitlich und doch höchst skeptisch sein: aber Poe war kein Skeptiker. Er scheint sich vollständig der Idee des Augenblicks preiszugeben: die Wirkung ist die, daß alle seine Ideen mehr *erwogen* als geglaubt erscheinen. Was fehlt, ist nicht Verstandeskraft, sondern jene Reife des Intellekts, die sich erst mit der Reife des ganzen Menschen, mit der Entwicklung und Gleichordnung seiner verschiedenen Gemütsbewegungen einstellt. Ich lasse mich nicht auf eine mögliche psychologische oder pathologische Erklärung ein: für meinen Zweck genügt die Feststellung, daß Poes Werk so geartet ist, wie ich es bei einem Manne von sehr außergewöhnlichem Geist und Empfindungsvermögen erwarten würde, dessen Gefühlsentwicklung in gewisser Hinsicht auf einer frühen Altersstufe zum Stillstand gekommen ist. Die lebhaftesten Vorstellungen seiner Einbildungskraft sind Vorstellungen eines Traums: bezeichnenderweise ist die Geliebte seiner Gedichte und Erzählungen stets eine Geliebte, die man verliert oder die entschwindet, bevor man sie umarmen kann. Sogar in *Das Geisterschloß (The Haunted Palace)*, dessen Thema sichtlich seine eigene, vom Alkoholismus herrührende Schwäche ist, hat das Unheil keine moralische Bedeutung; es wird unpersönlich als eine für sich stehende Erscheinung behandelt; es steht dahinter nicht die erschrekkende Wucht jener Verse, in denen François Villon vom Zustand seiner Gefallenheit spricht.

Nachdem ich so viel von Poe gesagt habe, muß ich zu der Frage übergehen, was es war, das drei große französische Dichter an seinem Werk zu bewundern fanden, während wir es nicht gefunden haben. Wir müssen zunächst die Tatsache in Rechnung stellen, daß keiner dieser Dichter die englische Sprache allzu gut kannte. Baudelaire muß eine gewisse Menge englischer und amerikanischer Poesie gelesen haben: er entlehnt sicher aus Gray und anscheinend aus Emerson. Er lernte England nie näher kennen, und es besteht kein Grund zu glauben, daß er überhaupt gut Englisch sprach. Was Mallarmé betrifft, so war er Lehrer des Englischen, und es gibt einen überzeugenden Beweis für seine unvollkommene Kenntnis: denn er gab sich dazu her, eine Art von Führer zum Gebrauch der Sprache zu schreiben. Eine Prüfung dieser merkwürdigen Abhandlung und der seltsamen Sätze, die er mitteilt, in der Meinung, es seien geläufige englische Sprichwörter, ist geeignet, ein etwaiges Gerücht von Mallarmés wissenschaftlicher Kenntnis des Englischen zu zerstreuen. Was Valéry anbelangt, so habe ich ihn nie ein Wort Englisch sprechen hören, auch nicht in England. Ich weiß nicht, was er in unserer Sprache gelesen hat: Valérys zweite Sprache, deren Einfluß gelegentlich in seinen Versen wahrnehmbar ist, war das Italienische.

Liest jemand etwas in einer Sprache, die er nur unvollkommen versteht, so ist es gewiß möglich, daß er etwas findet, das nicht dasteht; und ist der Leser selber ein Mann von Genie, so kann das fremdsprachliche Gedicht, das er liest, durch einen glücklichen Zufall etwas Bedeutsames aus den Tiefen seines Geistes heraufholen, das er dann dem zuschreibt, was er liest. Und es trifft zu, daß Baudelaire beim Übersetzen von Poes Prosa ins Französische eine augenfällige Verbesserung zustande brachte: er verwandelte eine oft nachlässige und verwahrloste englische Prosa in wunderbares Französisch. Mallarmé, der eine Anzahl von Poes Gedichten in französische Prosa übersetzte, brachte eine ähnliche Verbesserung zustande: anderseits aber sind dabei die Rhythmen verlorengegangen, in denen wir so viel von Poes Originalität finden. Der Beweis, daß die Franzosen infolge ihrer unvollkommenen englischen Kenntnisse Poe überschätzten, bleibt demgemäß rein negativ: wir können uns nicht weiter vorwagen als bis zu der Aussage, daß sie von Schwächen, die uns sehr deutlich sind, nicht gestört wurden. Ihre hohe Meinung von Poes *Denken,* der Wert, den sie seinen philosophischen und kritischen Übungen beilegten, wird dadurch nicht erklärt. Um dies zu verstehen, müssen wir weiter Umschau halten.

Wir müssen an diesem Punkte die irrige Annahme vermeiden, daß Baudelaire, Mallarmé und Valéry alle auf genau die gleiche Weise auf Poe reagiert hätten. Sie sind große Dichter, und sie sind einer vom andern sehr verschieden; außerdem vertreten sie, woran ich schon erinnerte, drei verschiedene Generationen. Hier habe ich es hauptsächlich mit Valéry zu tun. Ich sage darum nur, daß Baudelaire, nach der Einleitung zu seiner Übersetzung von Poes Erzählungen und Essays zu urteilen, sich vorwiegend mit der Persönlichkeit des Mannes beschäftigte. Auf die Genauigkeit des Bildes, das er gewann, gehe ich nicht ein: worauf es ankommt, ist dies, daß Baudelaire bei Poe, in seinem Leben, seiner Vereinsamung und seinem Versagen in der Welt das Urbild des *poète maudit* fand, des Dichters als des von der Gesellschaft Ausgestoßenen – den Typus also, der sich auf verschiedene Weise in Verlaine und Rimbaud verwirklichen sollte, den Typus, für den Baudelaire in sich selber ein hervorragendes Beispiel sah. Dieser Archetyp des neunzehnten Jahrhundert, der *poète maudit,* der Aufrührer wider die Gesellschaft und die Moral der Mittelklasse – ein Aufrührer, der natürlich von dem kontinentalen Mythos der Gestalt Byrons abstammt –, entspricht einer besonderen gesellschaftlichen Situation. Aber im Zusammenhange einer Einleitung, die in erster Linie eine Skizze des Menschen Poe und seiner Biographie ist, läßt Baudelaire eine Bemerkung fallen, die eine zu Valéry hinüberführende Ästhetik anzeigt:

›Er glaubte, als echter Dichter, der er war, daß das Ziel der Poesie gleichen Wesens ist wie ihr Ursprung, und daß sie nichts im Auge haben soll als sich selber.‹

›Ein Gedicht sagt nicht etwas aus – es *ist* etwas‹: diese Lehre ist in neuerer Zeit vertreten worden.

Mallarmés Interesse richtet sich mehr auf die Technik des Verses, obwohl Poe, wie Mallarmé anerkennt, eine Art von Versbehandlung übt, die sich in der französischen Sprache nicht verwenden läßt. Kommen wir aber zu Valéry, so ist es weder der Mensch noch die Dichtung, sondern die *Theorie* der Dichtung, die seine Aufmerksamkeit fesselt. In einem sehr frühen Briefe an Mallarmé, den er als ganz junger Mensch schrieb, um sich dem älteren Dichter vorzustellen, sagt er: ›Ich verehre die Theorien Poes in ihrer Tiefe und ihrem hinterhältigen Wissen; ich glaube an die Allmacht des Rhythmus und besonders an den suggestiven Ausdruck.‹ Aber ich gründe meine Ansicht nicht in erster Linie auf dies Credo eines sehr jungen Mannes, sondern auf Valérys Theorie und Praxis in der Folgezeit. Ebenso wie Valérys Dichtung und seine Aufsätze über die Kunst der Dichtung zwei Aspekte der gleichen Interessenrichtung seines Geistes sind und einander ergänzen, so ist für Valéry Poes Dichtung von Poes dichterischen Theorien nicht zu trennen.

Dies gibt mir den Anlaß, die Bedeutung des Begriffs der *poésie pure* ins Auge zu fassen: der französische Ausdruck hat eine an Diskussionen und Erörterungen gemahnende Sonderbedeutung, die mit dem Begriff ›reine Poesie‹ nicht vollständig wiederzugeben ist.

Alle Poesie, so kann man sagen, geht von den Gemütsbewegungen aus, die von menschlichen Wesen in ihren Beziehungen zu sich selber, zueinander, zu göttlichen Wesen und zur Umwelt erlebt werden; sie hat daher auch mit dem Denken und Handeln zu tun, das von Gemütsbewegungen verursacht wird und sie wiederum erzeugt. Aber auch auf einer noch so primitiven Stufe des Ausdrucks und der Würdigung von Poesie kann deren Leistung nie einfach die sein, daß sie ebendieselben Gemütsbewegungen in den Hörern des Dichters erweckt. Man erinnert sich der Schilderung des Alexanderfestes in Drydens berühmter Ode. Wenn der Eroberer Asiens wirklich von den heftigen Gemütsbewegungen hingerissen wurde, die der Sänger

Timotheus durch geschicktes Variieren seiner Musik in ihm erweckt haben soll, so litt der große Alexander doch eben damals an Automatismus infolge von Alkoholvergiftung und war in diesem Zustande durchaus unfähig, musikalische oder dichterische Kunst zu würdigen. In der frühesten Poesie oder auf den niedersten Stufen poetischer Empfänglichkeit ist die Aufmerksamkeit des Hörers auf den Gegenstand gerichtet; die Wirkung der dichterischen Kunst wird empfunden, ohne daß sich der Hörer dieser Kunst voll bewußt ist. Mit der Entwicklung des Bewußtseins von der Sprache wird eine zweite Stufe erreicht, auf der der Hörer, der zu dieser Zeit schon zum Leser geworden sein mag, ein zwiefaches Interesse verspürt, nämlich ein Interesse an der Geschichte als solcher und an der Art, wie sie erzählt wird: das will sagen, daß er den Stil wahrnimmt. Weiterhin empfinden wir vielleicht Freude an der Unterscheidung, wie verschiedene Dichter denselben Gegenstand behandeln: wir würdigen nicht bloß das Bessere oder Schlechtere, sondern Unterschiede zwischen Stilen, die wir gleichmäßig bewundern. Auf einer dritten Stufe der Entwicklung mag der Gegenstand in den Hintergrund treten: anstatt Zweck des Gedichtes zu sein, wird er einfach zu einem notwendigen Mittel seines Zustandekommens. Auf dieser Stufe mag für den Leser oder Hörer der Gegenstand fast ebenso gleichgültig werden wie für den primitiven Hörer der Stil. Vollkommene Unbewußtheit oder Gleichgültigkeit, zu Anfang gegenüber dem Stil oder am Ende gegenüber dem Gegenstande, würde uns jedoch gänzlich von der Poesie wegführen: denn wenn nichts anderes als der Gegenstand für das Bewußtsein gegenwärtig wäre, so würde das heißen, daß für den Hörer die Poesie selbst noch nicht in Erscheinung getreten ist; wenn aber nichts anderes für das Bewußtsein gegenwärtig bliebe als der Stil, so würde es heißen, daß die Poesie sich verflüchtigt hat.

Dieser Vorgang des zunehmenden Selbstbewußtseins – oder sagen wir: des zunehmenden Bewußtseins von der Sprache – hat als theoretisches Ziel das, was wir *poésie pure* nennen können. Ich halte es für ein Ziel, das nie erreicht werden kann, da ich glaube, daß Poesie nur so lange Poesie ist, wie sie ein gewisses Maß von ›Unreinheit‹ in dem hiermit gegebenen Sinne bewahrt: das heißt, solange der Gegenstand um seiner selbst willen gewertet wird. Der Abbé Bremond behauptet, wenn ich ihn recht verstanden habe, daß das Element der *poésie pure* wohl notwendig ist, um ein Gedicht zu einem Gedicht zu machen, daß aber kein Gedicht bloß aus *poésie pure* bestehen kann. Aber was sich in Valérys Falle ereignet hat, ist ein Wechsel in der Haltung zum Gegenstande. Wir müssen sorgsam die Formulierung vermeiden, der Gegenstand werde ›weniger bedeutsam‹. Er hat vielmehr eine abweichende Art von Bedeutung: er ist bedeutsam als *Mittel:* der *Zweck* ist das Gedicht. Der Gegenstand ist für das Gedicht da, nicht das Gedicht für den Gegenstand. Ein Gedicht mag mehrere Gegenstände verwenden, indem es sie auf besondere Weise verbindet; und mag sinnlos sein, zu fragen: ›Was ist der Gegenstand des Gedichtes?‹ Aus der Vereinigung mehrerer Gegenstände tritt nicht ein neuer Gegenstand sondern das Gedicht in die Erscheinung.

Hier möchte ich auf den Unterschied zwischen einer Theorie der Dichtung hinweisen, wie ein Ästhetiker sie vorbringt, und derselben Theorie, wenn ein Dichter sie vertritt. Es ist zweierlei, ob sie einfach ein Bericht darüber ist, wie der Dichter schreibt, ohne von ihr zu wissen, oder ob der Dichter selber bewußtermaßen jener Theorie gemäß schreibt. Indem sie auf die Art seines Schreibens Einfluß gewinnt, wird die Theorie etwas anderes als das, was sie als bloße Erklärung seiner Schreibweise war. Und Valéry war ein Dichter, der gewiß sehr bewußt und überlegt schrieb: am besten vielleicht, wenn er sich nicht völlig von der Theorie leiten ließ; aber seine Theorienbildung beeinflußte sicherlich die Art von Dichtung, die er schrieb. Er war der seiner selbst bewußteste aller Dichter.

Zu der höchstgesteigerten Bewußtheit Valérys muß ein zweiter Zug hinzugenommen werden: sein höchstgesteigerter Skeptizismus. Es ließe sich denken, daß ein solcher Mann, ohne Glauben an irgend etwas, das Gegenstand der Dichtung sein könnte, in einer Lehre von der ›Kunst um der Kunst willen‹ Zuflucht suchen würde. Aber Valéry war viel zu skeptisch, um selbst an die Kunst zu glauben. Es ist bezeichnend, wie oft er etwas, das er schrieb, als *ébauche*, als Rohentwurf bezeichnet. Er hatte aufgehört, an *Ziele* zu glauben, und war nur noch an *Prozessen* interessiert. Oft hat es den Anschein, als habe er einfach deswegen fortgefahren, Poesie zu schreiben, weil er an der introspektiven Beobachtung seiner selbst, wenn er sich mit dem Schreiben befaßte, interessiert war: man braucht nur die verschiedenen Aufsätze zu lesen, in denen er seine Beobachtungen niederlegt – sie sind mitunter tatsächlich erregender als seine Verse, weil man auf die Vermutung kommt, daß er erregter war, als er sie schrieb. Eine aufschlußreiche Bemerkung findet sich in *Variété* V, dem letzten Bande seiner gesammelten Aufsätze: ›Was mich anlangt, der ich, wie ich gestehe, viel mehr an der Gestaltung oder Verfertigung von Werken interessiert bin als an den Werken selber‹, und etwas später in demselben Bande: ›Meiner Ansicht nach hat die echteste Philosophie nicht so sehr mit den Gegenständen der Reflexion zu tun, als mit dem Akt des Denkens selber und mit seiner Handhabung.‹

Hier haben wir, von Valéry auf die Spitze getrieben, zwei Vorstellungen, die sich auf Poe zurückverfolgen lassen. Es ist erstens der Lehrsatz, den Baudelaire aus Poe ableitete und den ich bereits anführte: ›Ein Gedicht soll nichts im Auge haben als sich selber‹; zweitens die Vorstellung, die Komposition eines Gedichtes solle so bewußt und überlegt erfolgen wie möglich und der Dichter solle sich selber im Akte der Komposition beobachten – und dies führt bei einem so skeptischen Geiste wie Valéry zu der Folgerung, die mit der anderen so paradox unverträglich ist: daß der Akt der Komposition interessanter ist als das Gedicht, das aus ihm hervorgeht.

Der erste Beziehungspunkt ist die ›Reinheit‹ von Poes Dichtung. In dem Sinne, in dem wir von ›Reinheit der Sprache‹ reden, ist Poes Dichtung von Reinheit sehr weit entfernt: ich habe Poes mangelnde Sorgfalt und Unbedenklichkeit im Wortgebrauch erläutert. Aber im Sinne der *poésie pure* fiel ihm diese Art von Reinheit leicht. Der Gegenstand bedeutet wenig, die Behandlung alles. Er brauchte nicht durch einen Reinigungsprozeß Reinheit zustande zu bringen, denn sein Stoff war bereits zart. Zweitens ist jener Mangel bei Poe anzuführen, auf den ich hinwies, als ich sagte, daß er an Theorien nicht zu glauben, sondern sie nur hinzustellen schien. Und hier treffen in Poe und Valéry wiederum zwei Extreme zusammen, der unreife Geist, der mit Ideen spielt, weil er sich noch nicht bis zu Überzeugungen entwickelt hat, und der sehr ausgereifte Geist, der mit Ideen spielt, weil er zu skeptisch ist, um Überzeugungen zu hegen. Aus diesem Kontrast können wir, wie ich meine, Valérys Bewunderung für *Eureka* erklären – jene kosmologische Phantasie, die auf die meisten von uns keinen tiefen Eindruck macht, weil wir uns über Poes Unzuständigkeit in philosophischen, theologischen und naturwissenschaftlichen Dingen im klaren sind, während Valéry, wie vor ihm Baudelaire, sie als ›Gedicht in Prosa‹ hochschätzte. Endlich ist das erstaunliche Ergebnis von Poes Analyse der Komposition des *Raben* geltend zu machen. Es kommt nicht darauf an, ob die *Philosophie der Komposition* ein Schabernack oder ein Stück Selbsttäuschung oder ein mehr oder weniger genauer Bericht über die Berechnungen ist, die Poe anstellte, als er das Gedicht schrieb; worauf es ankommt, ist dies, daß sie Valéry zu einer Methode und zu einer Beschäftigung anregte – nämlich sich selber beim Dichten zu beobachten. Gewiß, es hatte schon ein Größerer als Poe den dichterischen Prozeß studiert. In der *Biographia Literaria* hat Coleridge es natürlich in erster Linie mit der Dichtung von Wordsworth zu tun, und er verfolgte seine philosophischen Untersuchungen nicht gleichlaufend mit seinem dichterischen Schaffen; aber tatsächlich nimmt er die Frage vorweg, die Valéry faszinierte: ›Was tue ich, wenn ich ein Gedicht schreibe?‹ Doch bedeutet Poes *Philosophie der Komposition* eine Präzisierung der Frage, die ihr im Hinblick auf den Entwicklungsablauf, der mit Valéry endet, überragende Bedeutung verleiht. Denn die Durchdringung der dichterischen mit der introspektiv-kritischen Tätigkeit wird bei Valéry bis an die Grenze geführt – die Grenze, wo die letztere beginnt, die erstere zu zerstören. In seiner vortrefflichen Abhandlung über den Dichter bemerkt Louis Bolle zutreffend: ›Dieser intellektuelle Narzissmus ist dem Dichter nicht fremd, wenn er auch nicht das Ganze seines Werks erklärt: Warum sollte man nicht die Hervorbringung eines Kunstwerks ihrerseits als Kunstwerk auffassen?‹

Nun glaube ich – und ich meine es bereits angedeutet zu haben –, daß die *ars poetica*, deren Keim wir bei Poe finden und die in Valérys Werk Frucht getragen hat, so weit gegangen ist, wie es möglich war. Ich glaube nicht, daß diese Ästhetik späteren Dichtern irgend hilfreich sein kann. Was an ihre Stelle treten wird, weiß ich nicht. Eine Ästhetik, die sich lediglich in Gegensatz zu ihr stellte, würde nicht ausreichen. Würde man auf die alleinige Bedeutung des Gegenstandes dringen, würde man darauf dringen, daß der Dichter spontan und unreflektiert sein, daß er sich auf die Inspiration verlassen und die Technik vernachlässigen solle, so wäre das der Rückfall aus einer jedenfalls hochkultivierten in eine barbarische Haltung. Wir müßten eine Ästhetik haben, die irgendwie Poe und Valéry umfaßte und über sie hinausginge. Diese Frage beschäftigt mich nicht allzu sehr, da nach meiner Meinung die Theorien eines Dichters aus seiner Praxis hervorgehen sollen, nicht seine Praxis aus seinen Theorien. Aber ich gestehe erstens zu, daß in dieser Tradition von Poe zu Valéry einige von den modernen Gedichten stehen, die ich am höchsten bewundere und genieße; zweitens glaube ich, daß diese Tradition an sich die interessanteste Entwicklung des dichterischen Bewußtseins überhaupt in eben diesen hundert Jahren darstellt; und schließlich werte ich diese Erforschung gewisser dichterischer Möglichkeiten um ihrer selbst willen, da wir glauben, daß alle Möglichkeiten erforscht werden müssen. Und wenn ich durch die Augen von Baudelaire, Mallarmé und vor allem von Valéry auf Poe zu blicken versuche, so stelle ich fest, daß ich von seiner Bedeutung, von der Bedeutung seines *Werks* als eines Ganzen in immer wachsendem Maße überzeugt werde. Und was die Zukunft angeht: es ist eine vertretbare Annahme, daß dies Fortschreiten des Selbstbewußtseins, diese äußerste Steigerung des Wissens um die Sprache und der Bemühung um sie, die wir bei Valéry finden, etwas ist, das schließlich infolge einer zunehmenden Überspannung, gegen die Gemüt und Nerven des Menschen sich empören werden, zum Stillstand kommen muß; ebenso wie sich geltend machen läßt, daß die unbegrenzte Komplizierung naturwissenschaftlicher Entdeckungen und Erfindungen sowie des politischen und sozialen Apparates einen Punkt erreichen kann, an dem in der Menschheit ein unwiderstehlicher Umschwung und die Bereitwilligkeit eintreten wird, lieber die primitivsten Härten auf sich zu nehmen, als noch länger die Last der modernen Zivilisation zu schleppen. Darüber hege ich keine feste Meinung, ich stelle es zu Ihrer Erwägung.

Ezra Pound: Seine Metrik und Dichtung[1]

I

»Wenn sich Kenner über moderne Dichtung unterhalten«, schrieb Carl Sandburg in *Poetry,* »kommen sie immer irgendwie auf Ezra Pound. Manchmal erwähnt man ihn nur, um ihn gleich als liederlichen Spötter, Angeber, Kleinkrämer und Landstreicher zu verdammen. Oder man hebt ihn, wie früher Keats, auf ein Podest. Entscheidend ist, daß er erwähnt wird.«

So verhält es sich in der Tat. Obwohl aber Pound sehr bekannt ist – es blieb ihm nicht einmal erspart, für Sonntagszeitungen interviewt zu werden –, folgt daraus nicht, daß man auch seine Werke wirklich kennt. Auf zwanzig Leute, die eine Meinung über ihn haben, kommt einer, der ihn mit einiger Sorgfalt gelesen hat. Von diesen zwanzig fühlen sich sicher einige schockiert, einige verwirrt, einige irritiert und ein oder zwei in ihrer Würde verletzt. Der einundzwanzigste wird wohl einige seiner Gedichte kennen und schätzen, aber er wird entweder sagen »Pound ist in erster Linie Gelehrter, Übersetzer« oder »Pounds frühe Gedichte waren sehr schön; sein späteres Werk verrät nur noch seine Lust an Selbstdarstellung, seine boshafte Freude daran zu provozieren oder den kindischen Wunsch, originell zu sein«. Selten genug ist ein dritter Lesertypus: er hat von Pound seit einigen Jahren Notiz genommen, ist seiner Entwicklung mit Verstand gefolgt und begreift ihre innere Konsequenz.

Dieser Essay ist nicht für die ersten zwanzig Literarkritiker geschrieben und auch nicht für den eben erwähnten seltenen zweiundzwanzigsten, sondern für jene Leser, die hier und da ein Gedicht finden, das ihnen gefällt, und die deshalb vielleicht in der Lage sind, aus einer erneuten Beschäftigung mit Ezra Pound reicheren Gewinn zu ziehen. Hat der Leser schon das Stadium erreicht, wo er ohne

1 Dieses kleine Buch erschien anonym am 12. November 1917 (New York, Alfred A. Knopf).

weiteres die beiden Thesen »Pound ist nur ein Gelehrter« und »Pound ist nur ein Sensationsjournalist«, oder die andern beiden Thesen »Pound ist nur Handwerker« und »Pound ist nur ein Prophet des Chaos« zu vertreten vermag, so ist die Hoffnung gering, hier noch etwas auszurichten. Aber es gibt auch Leser, die diese Hypertrophie des logischen Vermögens noch nicht erreicht haben; sie lassen sich noch ansprechen, allerdings nicht durch übertriebenes Lob, sondern durch sachliche Feststellungen. Dem vorliegenden Essay geht es um solche Sachlichkeit. Er will weder eine biografische noch eine kritische Untersuchung sein. Er will keine »Schönheiten« ausbreiten; er gibt einen Überblick über eine zehnjährige dichterische Arbeit. Die im folgenden abgedruckten Zitate aus Kritiken werden den Leser vielleicht anregen, eine eigene Meinung zu bilden. Wir wollen ihm das nicht abnehmen. Und wir haben auch nicht vor, andere Aspekte von Pounds Aktivität während dieser zehn Jahre zu berühren, seine Schriften und Ansichten über Kunst und Musik etwa, die natürlich in jeder umfassenderen Biografie eine wichtige Stelle einnähmen.

II

Pounds erstes Buch wurde in Venedig veröffentlicht. In Venedig machte er Station, nachdem er Amerika verlassen hatte und bevor er sich in England niederließ, und hier erschien *A Lume Spento* im Jahre 1908. Der Band ist inzwischen eine Rarität; er wurde vom Autor selbst verlegt und in einer venezianischen Druckerei hergestellt, wo der Autor den Druck persönlich überwachen konnte; zum Druck wurden Restbestände eines Papiers verwendet, das für eine Kirchengeschichte bestimmt gewesen war. Pound verließ Venedig noch im gleichen Jahr und nahm *A Lume Spento* mit nach London. Es war nicht zu erwarten, daß ein Erstlingsband Gedichte, den ein unbekannter Amerikaner in Venedig veröffentlicht hatte, viel Aufmerksamkeit auf sich ziehen würde. *The Evening Standard* hat das Verdienst, diesen Band einer Besprechung gewürdigt zu haben, die ihn wie folgt charakterisiert:

»Wildes, spukhaftes Zeug, absolut poetisch, originell, imaginativ, leidenschaftlich und voller Seele. Wem es nicht verrückt vorkommt, der kann es durchaus genial finden. Nach den schalen und wohlerzogenen Versen, die die meisten unserer wohlerzogenen Dichter machen, erscheint er wie ein Barde der Provençe auf einem musikalischen Abend in der Vorstadt ... der schwer faßbare Zauber der Poesie steckt in diesem eigenartigen Pappband – Worte vermögen ihn nicht zu beschreiben.«

Da die wichtigsten Gedichte aus *A Lume Spento* später in *Personae* aufgenommen wurden, braucht das Buch nur als Detail aus der Lebensgeschichte des Autors erwähnt zu werden. *Personae,* das erste in London veröffentlichte Buch, folgte Anfang 1909. Wenige Dichter haben versucht, London mit so geringer Rückendeckung zu erobern; wenige Gedichtbände verdankten ihren Erfolg so ganz der eigenen Qualität. Pound kam als völlig Fremder nach London, hatte weder literarische Gönner noch finanzielle Mittel. Er brachte *Personae* zu Elkin Mathews, dem der Ruhm gebührt, Yeats' *Wind among the Reeds* und das *Book of the Rhymers' Club* veröffentlicht zu haben, einen Sammelband mit Beiträgen von vielen Dichtern der neunziger Jahre, die jetzt berühmt sind. Mathews schlug dem Dichter zunächst vor, einen Teil der Druckkosten zu übernehmen – ein gebräuchliches Verfahren bei unbekannten Autoren. »Ich habe einen Schilling in der Tasche – wenn Ihnen der etwas nützt«, sagte Pound. »Na schön«, sagte Mathews, »ich möchte es trotzdem veröffentlichen.« Sein Scharfblick sollte recht behalten. Zwar kritisierte man das Buch, aber man nahm es zur Kenntnis. Es gab einige wenige wohlwollende Kritiker, so vor allem Edward Thomas, den Dichter (auch als »Edward Eastaway« bekannt; er ist inzwischen in Frankreich gefallen). Thomas schrieb in der *English Review* (die damals mit Ford Madox Hueffer als Herausgeber ihre glänzendste Zeit erlebte), und er erkannte die unmittelbare Gefühlsintensität der *Personae:*

»Er hat ... kaum eine der oberflächlichen Qualitäten der modernen Versemacher ... Er hat weder ihre gängige Melancholie noch ihre Resignation noch ihre Lebensfeindlichkeit; und auch nicht ihr besonderes Naturgefühl, das auf minuziöse Beschreibung und dekorative Metaphern zielt. Ihn mit anderen lebenden Autoren zu vergleichen ist nicht sinnvoll ... voller Individualität und Ausdruckskraft, die uns von der ersten bis zu letzten Zeile der meisten Gedichte ganz im Banne seiner eigenen, reinen, ernsten, leidenschaftlichen Welt hält ... Die Schönheit von »In Praise of Ysolt« ist die Schönheit der Leidenschaft, Aufrichtigkeit und Intensität, nicht der suggestiven Worte und Bilder ... der Gedanke beherrscht die Worte und ist größer als sie. In »Idyll for Glaucus« liegt die Wirkung ganz in menschlicher Leidenschaft und natürlicher Magie, ohne irgendwelche Phrasen, wie sie der Leser moderner Gedichte bei einem solchen Gegenstand erwartet.«

Scott James schreibt in der *Daily News* lobend über Pounds Metrik:

»Zunächst könnte man das Ganze für schieren Wahnsinn und für reine Rhetorik halten, für leere Zurschaustellung von Kraft und Leidenschaft ohne Schönheit. Aber später, wenn wir weiterlesen, scheinen seine seltsamen Metren eine eigene Gesetzmäßigkeit und Ordnung zu haben; die rohe Kraft seiner Imagination scheint seinen Worten eine Art infizierender Schönheit zu verleihen. Manchmal reißt ihn sein Gegenstand zu eigentümlich klopfenden Anapästen hin; immer wieder läßt er eine Zeile mit der zweiten Hälfte eines volltönenden Hexameters enden:

Flesh, shrouded, bearing the secret.

Verhülltes Fleisch, das das Geheimnis trägt.

... ein paar Zeilen weiter findet sich ein typisches Beispiel für seine Verwendung des Spondeus, gefolgt von einem Daktylus und Spondeus, was sich hier seltsam ausnimmt und beim ersten Lesen wie ein Mißklang wirkt, später aber eine merkwürdige eigene Kraft zu gewinnen scheint:

Eyes, dreams, lips, and the night goes.

Augen, Träume, Lippen, und die Nacht geht.

Eine andere Zeile, die sich wie der Schluß eines Hexameters anhört, lautet:

But if e'er I come to my love's land.

Aber komme ich je in meiner Liebsten Land.«

Doch selbst ein so wohlwollender Kritiker hält ein, um zu bemerken:
»Er verwirrt uns durch archaische Wörter und ungewohnte Versmaße; oft scheint er die Grenzen der Form und des Metrums zu mißachten, um einfach irgendeinem Ausdruck stattzugeben, der sich seiner Stimmung gerade fügt.«
Und er rät dem Dichter, »etwas mehr Achtung vor seiner Kunst zu haben«.
Tatsächlich stellt gerade diese Anpassungsfähigkeit des Versmaßes an die Stimmung, eine Anpassungsfähigkeit, die einer intensiven Beschäftigung mit der Metrik entspringt, ein wichtiges Element in Pounds dichterischer Technik dar. Nur wenige Leser waren bereit, die große Menge von Gelehrsamkeit zu akzeptieren oder zu erfassen, die in *Personae* und den kurz darauf folgenden Band *Exultations* eingegangen ist, oder den Gedichten so viel Mühe zu widmen, wie sie vom Leser verlangen. An diesem Punkt sind viele gescheitert. Pound ist kein Dichter, der dem Leser nichts abverlangt; und ein Leser, der nur gelegentlich und beiläufig Gedichte liest, ist über den Unterschied zwischen Pounds Gedichten und solchen, an denen sein Geschmack sich gebildet hat, verstimmt und schiebt seine eigenen Schwierigkeiten auf die übermäßige Gelehrsamkeit des Autors. »Das ist Archäologie«, wird er über einige Gedichte in provençalischer Form oder mit provençalischem Thema sagen; »sie erfordern Kenntnisse von seiten des Lesers, wie sie wahre Dichtung nicht verlangt.« Aber Bildungsstoff verwerten bedeutet nicht, ihn beim Leser voraussetzen; eine solche schulmeisterliche Pedanterie liegt Pound ganz fern. Er ist, soviel ist richtig, einer der gebildetsten Dichter. In Amerika hatte er das Studium der romanischen Sprachen mit der Absicht, Hochschullehrer zu werden, aufgenommen. Nach Studien in Spanien und Italien und nachdem er das provençalische Verb von Mailand bis Freiburg verfolgt hatte, ließ er seine Arbeit über Lope de Vega, sein Doktorexamen und den Lehrstuhl fallen und entschied sich für Europa. Ab und an hat Pound seine Meinung über den Zustand der Wissenschaft an amerikanischen Universitäten geäußert, ihre Leblosigkeit, ihre Verkapselung, die jedes echte Verständnis und jede Teilnahme am aktiven, schöpferischen Leben der

Dichtung ausschließt. Er war immer bereit, tote Gelehrsamkeit zu bekämpfen. Er selbst hat sich sorgfältig mit Dichtung befaßt, und diese Studien sind in seine Gedichte eingegangen. *Personae* und *Exultations* stellen unter Beweis, auf welche Weise er seine Studien umzusetzen verstand. Von der Provence war er erfüllt; er hatte den größten Teil des Landes durchstreift; und das Leben an den Höfen, um die sich einst die Troubadours scharten, war für ihn ein Teil seines eigenen Lebens. Aber obwohl *Personae* und *Exultations* hohe Ansprüche an den Leser stellen, verlangen sie doch nicht, daß er das Provençalische oder Spanische oder Italienische beherrscht. Nur sehr wenige Menschen kennen die Artus-Legenden oder auch nur Thomas Malory gut (andernfalls würden sie erkennen, daß die *Idylls of the King* kaum mehr Bedeutung haben als eine Parodie oder eine Chaucer-Nacherzählung für Kinder); aber niemand wirft Tennyson vor, daß er Fußnoten braucht oder daß er hochmütig auf Unwissende herabsieht. Auf seine Stoffe sind die Leser vorbereitet; aber die meisten können den Atys-Mythos ebensowenig wiedergeben wie das Leben des Bertrand de Born. Es ist wohl kaum zuviel gesagt, daß in diesen Bänden von Pound kein Gedicht steht, das zusätzliche Erklärungen nötig macht. Was die Gedichte verlangen, ist ein geschultes Ohr oder doch wenigstens den Willen, sich schulen zu lassen.

Versmaß und Sprachgebrauch sind fremdartig. Moderne Einflüsse lassen sich bis zu einem gewissen Grade nachweisen. Wir können Scott James nicht beistimmen, daß darunter »W. E. Henley, Kipling, Chatterton und besonders Walt Whitman« sind – Walt Whitman am wenigsten von allen. Wahrscheinlich sind es nur zwei: Yeats und Browning. Yeats' Einfluß zeigt sich zum Beispiel in »La Fraisne« aus *Personae* – in der Haltung und auch in der Wortwahl:

> I wrapped my tears in an ellum leaf
> And left them under a stone,
> And now men call me mad because I have thrown
> All folly from me, putting it aside
> To leave the old barren ways of men ...

Ich schlug meine Tränen in ein Ulmenblatt und legte sie unter einen Stein, und nun nennt man mich toll, weil ich alle Torheit von mir geworfen habe, abgelegt habe, um die alten fruchtlosen Wege der Menschen zu verlassen.

Für Browning hat Pound stets große Bewunderung gezeigt (vgl. »Mesmerism« in *Personae*); spürbar ist sein Einfluß in »Cino« und »Famam Librosque Cano« im gleichen Band. Aber es führt weiter, sich mit der Vielzahl der Versmaße und dem ganz eigenen Sprachgebrauch zu befassen.

Man hat Ezra Pound als Vater des freien Verses in der englischen Sprache bezeichnet, mit all seinen Fehlern und Vorzügen. Der Begriff ist sehr weit – jeder Vers wird von Leuten, die kein Ohr für ihn haben, als »frei« bezeichnet –, und außerdem hat Pound im Gebrauch dieser Form künstlerische Zurückhaltung bewiesen, und er glaubt nicht fanatisch an die Leistungsfähigkeit des freien Verses. Er selbst hat gesagt, daß ein Sonettstoff auch in Sonettform dargestellt werden sollte; daß aber nur selten ein Dichter einen solchen Stoff zur Hand habe, der sich vollkommen zum Sonett modellieren lasse. Es stimmt, daß es bis vor kurzem unmöglich war, freie Verse in einer Zeitschrift unterzubringen, die nicht von Pound beeinflußt war; und daß jetzt freie Verse (auch wenn sie zweit-, dritt- oder zehntrangig sind) in nahezu jeder amerikanischen Zeitschrift abgedruckt werden. Wer für die schlechten freien Verse verantwortlich ist, ist irrelevant, denn ihre Verfasser hätten in jeder gewählten Form schlechte Gedichte produziert; Pound hat zumindest Anspruch darauf, nach Erfolg oder Mißerfolg seiner eigenen Verse beurteilt zu werden. Pounds freier Vers wäre nicht möglich gewesen, wenn nicht der Dichter unermüdlich mit starren Formen und verschiedenen Verssystemen gearbeitet hätte. Seine *Canzoni* führen gewissermaßen von seiner eigentlichen Entwicklungslinie ab; sie sind – mehr als alle seine anderen Gedichte – Versuche, das Mittelalter aufzuwerten; ganz abgesehen von ihrem Wert sind sie interessant, weil sie Pound in Auseinandersetzung mit den verwickeltsten provençalischen Gedichtformen zeigen – so verwickelt, daß ihre Struktur nur an einem vollständigen Gedicht aufgezeigt werden kann. (Jean de Bosschère, dessen französischer Aufsatz im *Egoist* übersetzt ist, hat bereits darauf hingewiesen, daß Pound als erster in der englischen Sprache fünf provençalische Gedichtformen verwendet hat.) Ein Zitat mag beweisen, welche Vielfalt der Rhythmen Pound einem gewöhnlichen jambischen Pentameter abzugewinnen vermag:

Thy gracious ways,
O lady of my heart, have
O'er all my thought their golden glamour cast;
As amber torch-flames, where strange men-at-arms
Tread softly 'neath the damask shield of night,
Rise from the flowing steel in part reflected,
So on my mailed thought that with thee goeth,
Though dark the way, a golden glamour falleth.

Deine Anmut und Gnade, O Dame meines Herzens, haben über all meine Gedanken einen goldenen Glanz geworfen; wie bernsteinfarbenes Fackellicht, wo fremde Ritter unter dem damastenen Schild der Nacht vorsichtig schreiten, vom vorüberfließenden Stahl halb gespiegelt aufflammt, so fällt auf meine gepanzerten Gedanken, die mit dir ziehen, wenn auch der Weg dunkel ist, ein goldener Glanz.

Innerhalb der jambischen Grenzen sind keine zwei Zeilen des Gedichts in demselben Rhythmus gehalten.
Wir wenden uns nun einem Gedicht aus *Exultations* zu, der »Night Litany«:

O God, what great kindness
have we done in times past
and forgotten it,
That thou givest this wonder unto us,
O God of waters?
O God of the night
What great sorrow
Cometh unto us,
That thou thus repayest us
Before the time of its coming?

O Gott, was haben wir Gutes getan und es vergessen in vergangenen Zeiten, daß du uns dieses Wunder schenkst, o Gott der Wasser?
O Gott der Nacht, was für ein großes Leid kommt auf uns zu, daß du es jetzt schon vergütest vor der Zeit seines Kommens?

Hier – und noch stärker in einigen späteren Gedichten – ist eine Tendenz zu quantitierendem Versmaß deutlich. Eine derartige »Freiheit« belastet jedes Wort einer Zeile mit solchem Gewicht, daß es unmöglich wird, wie Shelley Lücken für Adjektive zu lassen oder wie Swinburne Adjektive zu verwenden, die selbst praktisch Lücken sind. Auch andere Dichter haben eine Vielzahl von Versmaßen und Gedichtformen verwendet; aber nur wenige haben diese Formen und

Versmaße so sorgfältig analysiert wie Pound. Seine Ballade »Goodly Fere« verrät intensive Durchdringung der Balladenform:

I ha' seen him cow a thousand men
On the hills o' Galilee,
They whined as he walked out calm between
Wi' his eyes like the grey o' the sea.

Like the sea that brooks no voyaging
With the winds unleashed and free,
Like the sea that he cowed at Genseret
Wi' twey words spoke suddently.

A master of men was the Goodly Fere
A mate of the wind and sea,
If they think they ha' slain our Goodly Fere
They are fools eternally.

I ha' seen him eat o' the honey-comb,
Sin' they nailed him to the tree.

Ich sah, wie er tausend Menschen bezwang auf den Hügeln von Galiläa, sie winselten, als er ruhig hindurchschritt, seine Augen waren grau wie die See.
Wie die See, die keine Schiffe duldet, mit losgelassenen freien Winden, wie die See, die er bei Genezareth bezwang mit zwei Worten, die er plötzlich sprach.
Ein Meister der Menschen war der Gute Gefährte, vertraut mit Wind und See; wenn sie meinen, unseren Guten Gefährten erschlagen zu haben, sind sie auf ewig Toren.
Ich habe ihn von der Honigwabe essen sehen, seit sie ihn ans Holz schlugen.

Und von hier wenden wir uns einer ganz anderen Form in »Altaforte« zu, vielleicht dem besten englischen Gedicht in Sestinen:

Damn it all! all this our South stinks peace.
You whoreson dog, Papiols, come! let's to music!
I have no life save when the swords clash.
But ah! when I see the standards gold, vair, purple, opposing,
And the broad fields beneath them turn crimson,
Then howl I my heart nigh mad with rejoicing.

In hot summer have I great rejoicing
When the tempests kill the earth's foul peace,
And the lightnings from black heaven flash crimson,
And the fierce thunders roar me their music
And the winds shriek through the clouds mad, opposing,
And through all the riven skies God's swords clash.

Verdammt! Unser ganzer Süden stinkt nach Frieden. Du Hurensohnhund, Papiols, auf! wir wollen Musik machen! Es ist kein Leben in mir,

wenn nicht die Schwerter klirren. Doch ah! wenn ich die Standarten, Gold, Blausilber, Purpur, gegeneinander sehe und die weiten Felder unter ihnen sich rot färben, dann heult sich mein Herz fast toll vor Freude.
Im heißen Sommer kommt mir große Freude, wenn die Gewitterstürme den fauligen Frieden der Erde töten und die Blitze rot vom schwarzen Himmel zucken und die wilden Donner mir ihre Musik dröhnen und die Winde durch die irren Wolken, gegeneinander, gellen und durch alle geborstenen Himmel Gottes Schwerter klirren.

Ich habe zwei Strophen angeführt, um die komplizierte Struktur zu zeigen.
Die provençalische Kanzone war, wie die elisabethanische Lyrik, für Musik geschrieben. Pound hat kürzlich in einer Reihe von Aufsätzen über das Werk von Arnold Dolmetsch im *Egoist* nachdrücklich darauf hingewiesen, wie bedeutsam für den Dichter die Beschäftigung mit der Musik ist.
Einer solchen Beziehung zwischen Dichtung und Musik liegt etwas ganz anderes zugrunde als der »Musik« bei Shelley oder Swinburne, einer Musik, die oft der Rhetorik (oder der Kunst des Redners) näher steht als dem Musikinstrument. Wenn Dichtung den Zustand der Musik anstrebt (Pound zitiert zustimmend den Ausspruch Paters), so ist es nicht notwendig, daß sie deshalb inhaltslos wird. Im Gegensatz zu leicht verhüllten Abstraktionen wie

Time with a gift of tears,
Grief with a glass that ran –

Zeit mit einem Geschenk von Tränen, Schmerz mit dem Stundenglas –

von Swinburne oder den moosweichen Versen Mallarmés, ist Pounds Dichtung immer bestimmt und konkret, weil ihr immer eine bestimmte Empfindung zugrunde liegt.

Though I've roamed through many places,
None there is that my heart troweth
Fair as that wherein fair groweth
One whose laud here interlaces
Tuneful words, that I've essayed.
Let this tune be gently played
Which my voice herward upraises.

Obwohl ich durch viele Orte gestreift bin, hält mein Herz keinen für so schön wie den, worin Eine schön gedeiht, deren Loblied hier melodische

Worte verschränkt, die ich ersann. Laßt diese Weise sanft erklingen, die meine Stimme ihrwärts hebt.

An das Ende dieses Gedichts setzt der Autor die Anmerkung: »Form und Versmaß entsprechen Piere Vidals' *Ab l'alen tir vas me l'aire.* Das Lied ist nur zum Singen geeignet, es sollte nicht gesprochen werden.«
Hier und da finden sich bewußte Archaismen und Merkwürdigkeiten (z. B. »herward«); es finden sich bewußt willkürliche Bilder, die aber ihre Stelle im Gesamteffekt des Gedichts haben:

Red leaf that art blown upward and out and over
The green sheaf of the world ...

Rotes Blatt, du wirst aufwärts geweht und hinaus und über die grüne Garbe der Welt ...

The lotos that pours
Her fragrance into the purple cup ...

Die Lotosblüte, die ihren Duft in den Purpurbecher gießt ...

Black lightning ...

Schwarzer Blitz ...

aber kein Wort ist nur aus klanglichen Gründen gewählt; jedes hat jeweils Anteil an der Erzeugung des Eindrucks, der immer durch die Sprache entsteht. Worte sind vielleicht das schwierigste künstlerische Material überhaupt: denn sie müssen so gewählt werden, daß sie beides, Schönheit des Bildes und Schönheit des Klanges, ausdrücken und zudem noch eine grammatische Aussage vermitteln. Es wäre eine interessante Aufgabe, Pounds Bildersprache mit der Mallarmés zu vergleichen; ich vermute, daß Pounds Bilder bei einer solchen Gegenüberstellung immer scharf konturiert erscheinen, selbst wo sie willkürlich und nicht fotografisch sind. Bilder wie die oben zitierten sind auf ihre Weise ebenso präzis wie

Sur le Noel, morte saison,
Lorsque les loups vivent de vent ...

Zu Weihnachten, der toten Zeit, wenn die Wölfe vom Wind leben ...

und der Rest dieses denkwürdigen Testaments.
Soweit die Bildersprache. Zur »Freiheit« seiner Verse hat Pound in

den Aufsätzen über Dolmetsch mehrere relevante Aussagen gemacht:

»Jedes Kunstwerk ist eine Verbindung von Freiheit und Ordnung. Es ist ganz offensichtlich, daß Kunst zwischen Chaos auf der einen Seite und mechanischer Technik auf der anderen Seite steht. Pedantische Betonung des Details führt zur Verdrängung der ›großen Form‹. Hat man die ›große Form‹ fest im Griff, so wird Freiheit im Detail möglich. In der Malerei ging mit der Überbetonung kleinster Einzelheiten allmählich der Sinn für Form überhaupt und für formale Zusammenhänge verloren. Ein Versuch, diesen Sinn wieder zu entwickeln, wird als ›Revolution‹ gebrandmarkt. Es ist Revolution im philologischen Sinne des Wortes ...

Kunst entfernt sich von festgelegten Positionen, entfernt sich auf glückliche Weise von einer Norm ...«

Die Freiheit der Verse Pounds ist mehr ein Zustand der Spannung, der aus dem dauernden Widerstreit zwischen Freiheit und Gesetzmäßigkeit resultiert. Es gibt nicht zwei Versarten, den gebundenen und den freien Vers; es gibt lediglich die vollendete Meisterschaft, für die die Form zum Instinkt wird, der sich jedweder künstlerischen Aufgabe anzupassen vermag.

Auf *Exultations* folgte die Übersetzung *Sonnets and Ballate of Guido Cavalcanti*. Es ist bemerkenswert, daß der Verfasser einer im ganzen positiven Kritik im *Quest* den Autor gerade nicht aufgrund seines übermäßigen Medievalismus angriff, sondern weil »er mehr mit der Zukunft als mit einer ziemlich weit zurückliegenden Vergangenheit befaßt ist, so daß trotz seiner Liebe zu den mittelalterlichen Dichtern gerade seine Leistung als ausgesprochen moderner Dichter seinen vollen Erfolg als Übersetzer von Cavalcanti, dem Erben der Troubadours, dem Scholastiker, in Frage stellt.«

Dagegen hatte die *Daily News* in einer Besprechung der *Canzoni* erklärt, daß Pound

»uns eher Gelehrter als Dichter zu sein scheint; wir würden es begrüßen, wenn er seine ungewöhnliche Begabung mehr der direkten Übersetzung aus dem Provençalischen widmen würde.«

Und J. C. Squire (jetzt literarischer Redakteur des *New Statesman*) riet dem Dichter in einer positiven Kritik in *New Age*, daß er

»gewinnen, nicht verlieren würde, wenn er alles über die Dichter der Dantezeit vergessen könnte, ihre Rosen und ihre Flammen, ihr Gold und ihre Falken und ihre literarischen Amouren, und sich aus der Bibliothek heraus und an die frische Luft begebe.«

In *Ripostes* ist eine andere Sprache spürbar. Oberflächlich betrachtet mag dieses Werk weniger wichtig erscheinen. Die Sprache ist verhaltener, der Gedankenflug kürzer, die technische Meisterschaft weniger faszinierend. Romantische Leser würden das Buch für weniger »leidenschaftlich« halten. Aber es hat ein solideres Fundament; es enthält mehr Gedanken, größere Tiefe, wenn auch weniger Bewegung an der Oberfläche. Der Einfluß Londons ist deutlich; der Autor ist zum Kritiker geworden, der die Menschen von einem konsequenten und durchdachten Standpunkt aus betrachtet; er ist gewaltiger und unbequemer – mit einem Wort, reif. Daß er nichts an technischer Meisterschaft eingebüßt hat, beweist seine Übersetzung aus dem Altenglischen, der »Seafarer«. Es ist kein geringes Verdienst, den Stabreim wieder zum Leben erweckt zu haben: der »Seafarer« ist vielleicht das einzige Beispiel gelungener alliterierender Verse in modernem Englisch überhaupt; eines alliterierenden Verses, der nicht nur eine gekonnte *tour de force* darstellt, sondern neue Möglichkeiten dieser Form eröffnet. Richard Aldington (dessen eigene Leistungen in freien Versen ihn zu einem Urteil qualifizieren) nannte das Gedicht »unübertroffen und unübertrefflich«, und ein Autor des *New Age* (einer literarischen Zeitschrift, die metrischen Neuheiten stets entschieden entgegentrat) nannte es »eines der besten literarischen Werke, die England in den letzten zehn Jahren hervorgebracht hat«. Und die rauhe, strenge Schönheit des altenglischen Dichters ist, das mag hier bemerkt sein, den provençalischen und italienischen Dichtern, denen Pound sich vorher zugewandt hatte, diametral entgegengesetzt.

> May I for my own self song's truth reckon,
> Journey's jargon, how I in harsh days
> Hardship endured oft.

Kann ich für mich die Wahrheit des Liedes herzählen, die Rede der Reise, wie ich in rauhen Tagen Unbill oft ertrug.

Aber an *Ripostes* lassen sich noch andere Züge aufzeigen als seine

Vielseitigkeit; in einigen Gedichten wendet sich Pound moderneren Gegenständen zu, etwa in »Portrait d'une femme« oder in dem beißenden Epigramm »An Object«. Manche Leser neigen dazu, größere persönliche Reife mit emotionaler Dürre zu verwechseln. Eine solche Dürre ist in *Ripostes* nicht gegeben. Das sollte jedem deutlich werden, der ein Gedicht wie »A Girl« aufmerksam liest. Wir zitieren es, ganz ohne Kommentar:

The tree has entered my hands,
The sap has ascended my arms,
The tree has grown in my breast –
Downward,
The branches grow out of me, like arms.

Tree you are,
Moss you are,
You are violets with wind above them.
A child – *so* high – you are,
And all this is folly to the world.

Der Baum ist in meine Hände gedrungen, die Säfte sind in meine Arme gestiegen, der Baum ist in meiner Brust gewachsen – abwärts, die Zweige wachsen aus mir, wie Arme.

Baum bist du, Moos bist du, du bist Veilchen mit Wind darüber, ein Kind – *so* groß – bist du, und all dies ist Torheit in den Augen der Welt.

»The Return« ist ein bedeutsames Experiment in wirklich quantitierenden Versen. Wir zitieren nur ein paar Zeilen:

See, they return; ah, see the tentative
Movement, and the slow feet,
The trouble in the pace and the uncertain
Wavering!

Seht, sie kehren zurück; ah, seht die tastenden Bewegungen, die langsamen Füße, die Mühe der Schritte und das unsichere Schwanken!

Ripostes stammt aus der Zeit, in der Pound aufgrund seiner literarischen Propaganda angegriffen wurde. Er wurde bekannt als Erfinder des »Imagismus« und später als der »Hohepriester des Vortizismus«. Tatsächlich machte Pound nur sehr wenig »Propaganda«. Welchen Eindruck dagegen seine Persönlichkeit machte, verrät die folgende Glosse aus *Punch* – immer ein ziemlich zuverlässiges Barometer für den Humor der englischen Mittelklasse:

»Mr. Welkin Mark beehrt sich anzuzeigen, daß es ihm gelungen ist, die erregenden Werke des neuen Dichters aus Montana (U.S.A.), Mr. Ezekiel Ton, dem seit Robert Browning wichtigsten Ereignis in der Dichtkunst, für den englischen Markt zu gewinnen. Mr. Ton, der Amerika mit London vertauscht hat, um englische Herausgeber und Leser mit seiner Persönlichkeit zu bedrücken, ist das Allerneueste auf dem Markt, wenn auch gelegentlich das Gegenteil behauptet wird. Ihm ist gelungen, was allen anderen mißlang: eine Verschmelzung von Bildern des ungebändigten Westens mit der Sprache von Wardour Street und der finsteren Verkommenheit des Italiens der Borgia.«

Ein Leserbrief von 1913 aus der Universität von Illinois an die New Yorker *Nation* ist ein Beispiel dafür, daß Pound in Amerika ernsteren Anfeindungen ausgesetzt war. Der Schreiber beginnt mit der Darlegung seiner Einwände gegen das »Prinzip des Futurismus«. (Pound hat vielleicht mehr als jeder andere dazu beigetragen, den Futurismus aus England herauszuhalten. Er war der erste, der sich nicht aufgrund des landläufigen Vorurteils gegen alles Neue der Bewegung entgegenstellte, sondern aus der Erkenntnis heraus, daß sich der Futurismus mit keinerlei Formprinzip verträgt. Futurismus ist, in Pounds eigenen Worten, »akzelerierter Impressionismus«.) Der Autor in der *Nation* geht nun dazu über, die moderne »Hypertrophie des Romantischen« zu analysieren; sie besteht aus:

»der Übersteigerung der Bedeutung persönlicher Empfindung,
der Preisgabe jeder formalen Norm,
der Unterdrückung aller Anzeichen, daß ein disponierender Geist in der Komposition lebt.«

Zum ersten Punkt zitieren wir Pounds Antwort auf die Frage »Sind Sie auch der Meinung, daß ein großer Dichter niemals emotional ist?«

»Ja, voll und ganz; wenn mit Emotion gemeint ist, daß er jeder flüchtigen Stimmung ausgeliefert ist ... Die einzige des Dichters würdige Emotion ist die Emotion der Inspiration, die ihn beflügelt und stärkt und die von der alltäglichen Emotion verschwommener Sentimentalität sehr weit entfernt ist ...«

Zum Imagismus folgen hier einige von Pounds »Verboten für Imagisten«:

»Richte dich nicht nach der Kritik von Leuten, die selbst nichts Nennenswertes geschrieben haben.
Verwende kein überflüssiges Wort und kein Adjektiv, das nichts beiträgt.
Hüte dich vor Abstraktionen. Wiederhole nicht in mittelmäßigen Versen, was schon in guter Prosa gesagt ist.
Bilde dir nicht ein, daß die Dichtkunst irgend einfacher ist als die Musik oder daß du vor Experten bestehen kannst, bevor du nicht mindestens soviel Mühe auf die Verskunst verwendet hast wie der Durchschnittsklavierlehrer auf die Musik.
Lasse dich von möglichst vielen großen Künstlern beeinflussen, aber sei so anständig, diese Schuld entweder gleich zu gestehen oder sie geschickt zu verbergen.
Vergleiche die Präzision der Darstellung bei Dante mit der bei Milton. Lies alles von Wordsworth, was dir nicht unaussprechlich langweilig vorkommt.
Wenn es dir um den Kern der Sache geht, nimm Sappho, Villon, wenn er in Stimmung ist, Gautier, wo er nicht zu kühl ist, oder, wenn du keine Fremdsprachen beherrschst, nimm den gemächlichen Chaucer.
Gute Prosa wird dir nicht schaden. Sich in ihr zu versuchen, wirkt disziplinierend. Auch Übersetzen ist eine gute Übung.«
Zweifellos liegt die Betonung hier auf Disziplin und Form. Die *Chicago Tribune* würdigt dies als »sehr vernünftig« und fügt hinzu: »Wenn dies Imagismus ist ... sind wir dafür, Imagismus durch Verfassungsänderung einzuführen und alle ›literarischen‹ Damen und Herren, die gegen einen Paragraphen des gesetzlichen Kanons verstoßen, unter Entziehung von Tinte und Papier hinter Schloß und Riegel zu setzen.«
Andere Kritiker urteilten jedoch härter. Während der eben zitierte Autor der *Nation* drohende Anarchie fürchtete, schreckte William Archer die Aussicht auf hieratische Formalisierung. Archer glaubt an die einfache, ungebildete Muse:
»Pounds Gebote haben allzusehr die Tendenz, Dichtung zu einer gelehrten, ängstlich gepflegten Kunst in den Händen einer Adeptengilde zu machen, deren gestrenge Laborarbeit Spontaneität und Ein-

fachheit ausschließt... Ein großer Teil der besten Dichtung der Welt kommt mit sehr wenig erlernter Technik aus... Es gibt Dutzende, ja Hunderte von Engländern, denen dieses einfache Versmaß (von ›A Shropshire Lad‹) gelingen würde.«
Daß dem einen Kritiker gefällt, was dem andern mißfällt, mag vielleicht genügen, um diese Anwürfe zu entkräften.
Wahrscheinlich hat sich Pound weniger durch seine Theorien unliebsam gemacht als durch sein uneingeschränktes Lob für einige zeitgenössische Autoren, deren Werk ihm gefiel. Solches Lob wird gewöhnlich von Autoren, die unerwähnt bleiben, als Kränkung aufgefaßt – mehr als jede persönliche Schmähung, die im Vergleich dazu ein Kompliment darstellt. Er sagt nicht: »A., B. und C. sind schlechte Dichter oder Romanschriftsteller«; aber wenn er sagt: »Das Werk von X., Y. und Z. ist in der und der Hinsicht die bedeutendste Dichtung (oder das bedeutendste Stück Prosa) seit dann und dann«, so fühlen sich A., B. und C. gekränkt. Hinzu kommt, daß sich Pound über Milton und Wordsworth öfters kritisch geäußert hat.
Nach *Ripostes* hat sich Pounds Sprache noch weiter entwickelt. Da *Cathay*, ein Band Übersetzungen aus dem Chinesischen, vor *Lustra* erschien, wurde gelegentlich angenommen, sein neues Idiom sei dem Chinesischen verpflichtet. Fast das Gegenteil ist der Fall. Ernest Fenollosa hinterließ eine Anzahl Manuskripte, unter denen sich auch eine große Zahl von rohen (wörtlich genauen) Übersetzungen aus dem Chinesischen befand. Nachdem einige Gedichte, die später in *Lustra* aufgenommen wurden, in *Poetry* erschienen waren, wurde Frau Fenollosa klar, daß die chinesischen Manuskripte keinen besseren Bearbeiter im Sinne ihres Mannes finden könnten als Pound: so übergab sie ihm die Papiere zur freien Verfügung. Es ist daher Frau Fenollosas Scharfblick zu verdanken, daß wir *Cathay* besitzen; und wir besitzen *Lustra* nicht als Folge von *Cathay*. Diese Tatsache muß festgehalten werden.
Einige Gedichte, die später in *Lustra* aufgenommen wurden, erschienen im April 1913 in *Poetry* unter dem Titel *Contemporanea*. Dies waren unter anderen »Tenzone«, »The Condolence«, »The Garret«, »Salutation the Second« und »Dance Figure«.
Verschiedene indirekte Einflüsse sind spürbar. Es handelt sich dabei

um eine allmähliche Entwicklung der Erfahrung, in die literarische Erfahrungen eingegangen sind. Sie führten nicht zu einem zeitweilig alles andere verdrängenden Enthusiasmus, sondern befreiten den Dichter aus seiner vorher beschränkten Sphäre. Catull und Martial, Gautier, Laforgue und Tristan Corbière sind hier zu nennen. Whitman hatte sicherlich keinen Einfluß, er wird nirgends spürbar; Whitman und Pound sind Antipoden.

Zu *Contemporanea* bemerkte die *Chicago Evening Post* feinsinnig: »Ihre Gedichte in der Aprilnummer von *Poetry* sind so leichtfüßig, so zart, so hemmungslos schön, daß Sie eine Anmut zurück in die Welt gebracht zu haben scheinen, die wahrscheinlich nie bestanden hat, die wir aber durch einen Akt der Imagination in Horaz und Catull entdecken können.«

Es war echte Einsicht, Pound mit den römischen und nicht mit den griechischen Dichtern zusammenzubringen.

Manche Leser, die die Gedichte der *Personae*-Periode bewundert hatten, fühlten sich von einigen Gedichten in *Lustra* abgestoßen. Wenn ein Dichter sich ändert oder entwickelt, pflegen stets viele seiner Bewunderer von ihm abzufallen. Jeder Dichter muß sich verändern, wenn er als Dichter sein fünfundzwanzigstes Jahr überleben will; er muß sich nach neuen literarischen Einflüssen umsehen; er wird andere Empfindungen auszudrücken haben. Das irritiert ein Publikum, das es am liebsten sieht, wenn sein Dichter in allen Werken die Gefühle seiner Jugend weiterspinnt; ein Publikum, das jeden neuen Band seiner Gedichte mit der Gewißheit aufschlagen möchte, daß er sich in der gleichen Weise erschließen läßt wie der vorige. Ein solches Publikum hält nichts von der immer neuen Anpassung, die Pounds Werk verlangt. So war der Band *Lustra* für manche eine Enttäuschung, obwohl er weder mindere Qualität zeigt noch eine Verarmung der Empfindung. In einigen der Gedichte (mehrere der *Contemporanea* miteingeschlossen) spricht Pound seine Ansichten unverhüllter aus als in allen früheren. Von diesen Gedichten sagt Jean de Bosschère:

»Durchgehend rufen die Gedichte auf, lebendig zu sein, einen gesunden Egoismus zu beweisen, ohne den ein echter Altruismus nicht möglich ist.

I beseech you enter your life.
I beseech you learn to say »I«
When I question you.
For you are no part, but a whole;
No portion, but a being.

Ich beschwöre dich, betritt dein Leben. Ich beschwöre dich, lerne »Ich« sagen, wenn ich dir Fragen stelle. Denn du bist kein Teil, sondern ein Ganzes, kein Glied, sondern ein Wesen.

Man sollte fähig sein, für einen Augenblick als echter, lebendiger Mensch auf einen Stimulus zu reagieren, selbst wenn noch so viele der eigenen Kräfte sich dagegenstellen ... Die mannhafte Klage, die Auflehnung des Dichters, alles, was sein Gefühl verrät – das ist Dichtung.

Speak against unconscious oppression,
Speak against the tyranny of the unimaginative,
Speak against bonds.
Be against all forms of oppression,
Go out and defy opinion.

Sprecht gegen unbewußte Unterdrückung, sprecht gegen die Tyrannei der Phantasielosen, sprecht gegen Bande. Seid gegen alle Formen der Unterdrückung, geht hinaus und verachtet die Meinung.

Es ist der alte Ruf des Dichters, aber genauer gefaßt und als Ausdruck offenen Abscheus:

Go to the adolescent who are smothered in family.
O, how hideous it is
To see three generations of one house gathered together!
It is like an old tree with shoots,
And with some branches rotted and falling.

Geht zu den Jugendlichen, die in Familie ersticken. O wie widerlich ist es, drei Generationen eines Hauses versammelt zu sehen! Es ist wie ein alter Baum mit Trieben und mit einigen Ästen, die morsch sind und brechen.

Jedes Gedicht hält diesen Ton von Auflehnung und Ekel, aber er entspringt Pounds immer noch lebendiger Hoffnung und Empfindung.

Wir müssen uns gegen das Meer von Dummheit zur Wehr setzen. Pound ... hat den Unverstand der Philister, die seine Verse lesen, erfahren. Ihre dumme Interpretation löst echten Schmerz in ihm aus, und man ermißt nicht, wie tief er sitzt, bevor man nicht durch

Ausruf und Lachen hindurch fühlt, was diese Wunden geschlagen hat, die durch alles, was er weiß und was er verloren hat, noch tiefer werden ... der fröhliche und zugleich schneidende Ton ist eine Stärke Pounds. Ovid, Catull – er verleugnet sie nicht. Nicht jeder hört diesen Ton heraus; für Außenstehende bewegt er sich hart an der Grenze zum Paradox, Pamphlet, ja zur Beleidigung ...«
Dies ist der richtige Ansatz zum Verständnis der ersten Gedichte in *Lustra* und der kurzen Epigramme, von denen einige Leser meinen, sie seien »witzlos« oder jedenfalls »keine Dichtung«. Sie sollten in diesem Fall »Dance Figure« lesen oder »Near Perigord« und bedenken, daß alle diese Gedichte aus einer Feder stammen.

Thine arms are as a young sapling under the bark;
Thy face as a river with lights.
White as an almond are thy shoulders;
As new almonds stripped from the husk.

Deine Arme sind wie ein junger Schößling unter der Rinde;
Dein Gesicht wie ein Fluß mit Lichtern.
Weiß wie die Mandel sind deine Schultern, wie neue Mandeln, aus der Schale gelöst.

Oder der Schluß von »Near Perigord«:

Bewildering spring, and by the Auvezere
Poppies and day's-eyes in the green email
Rose over us; and we knew all that stream,
And our two horses had traced out the valleys;
Knew the low flooded lands squared out with poplars,
In the young days when the deep sky befriended.
And great wheels in heaven
Bore us together ... surging ... and apart ...
Believing wo should meet with lips and hands ...

There shut up in his castle, Tairiran's,
She who had nor ears nor tongue save in her hands,
Gone, ah, gone – untouched, unreachable!
She who could never live save through one person,
She who could never speak save to one person,
And all the rest of her a shifting change,
A broken bundle of mirrors ...!

Verwirrender Frühling, und am Auvezere überstiegen uns Mohn und Maßliebchen im grünen Email; und wir kannten diesen Fluß ganz und unsere beiden Pferde waren den Tälern gefolgt; kannten das bewässerte, von Pappeln rechteckig zerteilte Land, in den jungen Tagen, als der tiefe

Himmel freundlich war. Und große Räder im Himmel trugen uns zusammen – wie auf hohen Wogen – und auseinander, im Glauben, wir sollten uns treffen mit Lippen und Händen.
Eingesperrt dort in seinem, Tairirans Schloß, sie, die nur mit ihren Händen hörte und sprach, verloren, ah, verloren – unberührt, unerreichbar! Sie, die nur durch einen Menschen leben konnte, sie, die nur mit einem Menschen sprechen konnte; alles sonst an ihr war Wechsel, Veränderung, ein zerbrochenes Bündel von Spiegeln.

Und nun sollte man sich gleich »To a Friend Writing on Cabaret Dancers« zuwenden.
Man macht es sich leicht, wenn man sagt, die Sprache von *Cathay* sei durch das Chinesische geprägt. Wenn man erstens Pounds andere Gedichte, zweitens andere Übersetzungen aus dem Chinesischen (z. B. die von Giles) genauer betrachtet, wird deutlich, daß das nicht zutrifft. Pounds Sprache war für die chinesische Dichtung bereit. Man vergleiche zum Beispiel einen Passus aus »Provincia Deserta«

I have walked
            into Perigord
I have seen the torch-flames, high-leaping,
Painting the front of that church, –
And, under the dark, whirling laughter,
I have looked back over the stream
            and seen the high building,
Seen the long minarets, the white shafts.
I have gone in Ribeyrac,
            and in Sarlat.
I have climbed rickety stairs, heard talk of Croy,
Walked over En Bertrans' old layout,
Have seen Narbonne, and Cahors and Chalus,
Have seen Excideuil, carefully fashioned.

Ich bin nach Perigord gezogen, ich habe die Fackelflammen gesehen, wie sie züngelnd die Front jener Kirche bemalten, – und, im Dunkeln, wirbelndes Lachen, ich habe zurückgeschaut über den Fluß und das hohe Bauwerk gesehen, die langen Minarette, die weißen Schäfte. Ich bin durch Ribeyrat gegangen und durch Sarlat. Ich bin wacklige Treppen hinaufgestiegen, habe von Croy gehört, bin über En Bertrans' alte Lagerstatt gegangen, habe Narbonne gesehen, Cahors und Chalus, und Excideuil, sorgsam gestaltet.

mit einem Passus aus »The River Song«:

He goes out to Hori, to look at the wing-flapping storks,
He returns by way of Sei rock, to hear the new nightingales,

For the gardens at Jo-run are full of new nightingales,
Their sound is mixed in this flute,
Their voice is in the twelve pipes here.

Er geht hinaus nach Hori, um die flügelschlagenden Störche zu sehen, er kehrt zurück auf dem Weg, der am Felsen Sei vorbeiführt, um die neuen Nachtigallen zu hören, denn die Gärten in Jo-run sind voll neuer Nachtigallen, ihr Ton vermischt sich mit dieser Flöte, ihre Stimme erklingt in diesen zwölf Pfeifen.

Es kommt nicht darauf an, was hier Rihaku ist und was Pound. Ford Madox Hueffer hat bemerkt: »Wenn dies eigenständige Dichtung ist, dann ist Pound der größte Dichter unserer Zeit«, und er fährt fort:

»Die Gedichte in *Cathay* sind von vollkommener Schönheit. Sie sind, was Dichtung sein sollte. Und wenn eine neue Bildersprache und Gestaltungsweise unserer Dichtung frische Kraft zu geben vermag, so kommt sie aus diesen Gedichten ... Dichtung besteht darin, konkrete Gegenstände so darzustellen, daß die Empfindungen, die diese Gegenstände auslösen, im Leser aufsteigen ... Wo finden die Empfindungen jener einsamen Wächter auf den Vorposten des Fortschritts – sei es nun Ovid in Hyrcania oder ein römischer Wachtposten auf der großen Mauer dieses Landes oder lediglich wir selbst in den einsamen Tiefen unserer Seele – besseren oder dauerhaft schöneren Ausdruck als in der »Lament of the Frontier Guard«? ...

Schönheit ist etwas sehr Wertvolles; vielleicht das Wertvollste in unserem Leben; aber das Vermögen, Empfindungen so auszudrücken, daß sie sich heil und genau mitteilen, ist fast noch wertvoller. Pounds Buch ist erfüllt von beidem. Deshalb glaube ich, wir dürfen es als sein bestes Werk bezeichnen, denn wie nahe er auch seinen Vorbildern geblieben ist – und dies vermögen die meisten von uns nicht zu beurteilen – es ist bestimmt viel von Pound selbst in dieses kleine Buch eingegangen.«

Auf *Cathay* und *Lustra* folgten die Übersetzungen von Noh-Spielen. Die Noh-Spiele sind nicht so bedeutsam wie die chinesischen Gedichte (jedenfalls nicht für die englische Sprache); die Haltung ist uns weniger fremd; das Werk ist nicht so dicht, so festgefügt. Ich bin überzeugt, daß *Cathay* in Zukunft mit dem »Seafarer« auf eine Ebene gestellt wird; die Noh-Spiele wird man zu den Übersetzungen rechnen. Sie sind eine Art Nachspiel zu *Cathay*. Einige Stellen jedoch hat Pound so gefaßt, daß sie weder dem Chinesischen noch irgendeinem englischen Werk gleichen. So zum Beispiel die wunderbare Rede des alten Kagekiyo, in der er seiner tapferen Jugend gedenkt:

»Er dachte, wie leicht ist töten. Er warf sich nach vorn, den Speerschaft unter den Arm geklemmt. Er rief ›Ich bin Kagekiyo vom Stamm der Heike‹. Er warf sich nach vorn, sie zu überwältigen. Er durchstieß das Helmvisier Miyanoyas. Miyanoya floh zweimal, und noch einmal; und Kagekiyo rief: ›Du sollst mir nicht entkommen!‹ Er sprang und zerrte ihm den Helm los. ›Heia!‹ Das Visier zerbrach und blieb in seiner Hand, und Miyanoya floh immer weiter und weiter, und er blickte sich um und schrie voll Entsetzen ›Wie furchtbar, wie schwer dein Arm!‹ Und Kagekiyo rief ihm zu ›Wie stark ist der Schaft deines Halses!‹ Und ihr Lachen übertönte die Schlacht und sie gingen ihrer Wege.«

Das *Times Literary Supplement* sprach in einer Besprechung der Noh-Spiele von Pounds »Meisterschaft im schönen Ausdruck« und seiner »gekonnt rhythmisierten Prosa«.

Pound hat *Lustra* schon weit hinter sich gelassen. Er hat sich dem Epos zugewandt – drei Cantos davon erscheinen in der amerikanischen *Lustra*-Ausgabe (sie sind bereits in *Poetry* erschienen – Miss Monroe gebührt Hochachtung für ihren Mut, ein episches Gedicht im 20. Jahrhundert abzudrucken –, aber was in *Lustra* enthalten ist, ist bereits überarbeitet und hat bei dieser Überarbeitung gewonnen). Wir wollen zum Schluß folgenden Versuch empfehlen: wenn jemand Pounds Gedichte in *chronologischer* Reihenfolge durchgearbeitet und *Lustra* und *Cathay* bewältigt hat, dann ist er reif für die *Cantos* – nicht eher. Wenn der Leser sie dann nicht zu würdigen vermag, hat er wahrscheinlich einen Schritt ausgelassen und sollte umkehren, um die Stationen des Weges noch einmal zu durchlaufen.

Ulysses, Ordnung und Mythos

Joyces Buch [*Ulysses*] ist jetzt [1923] bereits so lange im Handel, daß ein generelles Lob ebensowenig mehr vonnöten ist wie eine Auseinandersetzung mit denjenigen, die es geringschätzen; sein Erscheinungsdatum liegt aber noch nicht weit genug zurück, als daß sein Platz und seine Bedeutung endgültig abgeschätzt werden könnten. Das einzig Nützliche, was man zur Zeit tun kann – und das ist im Falle eines solchen Buches eine ganze Menge –, ist, irgendeinen Aspekt, deren es eine unbegrenzte Zahl gibt, aufzuhellen, soweit noch nichts Gültiges über ihn ausgesagt worden ist. Ich halte dieses Buch für den bedeutendsten Ausdruck unserer heutigen Zeit. Wir alle stehen in seiner Schuld, und keiner von uns kann an ihm vorbei. Das sind die Voraussetzungen für alles, was ich über das Buch zu sagen habe, und ich habe nicht die Absicht, die Zeit meiner Leser durch weitere lobende Ausführungen zu vertun. Das Buch brachte mir jede nur erdenkliche Überraschung, Freude und Furcht, und mehr will ich dazu nicht sagen.

Unter all den Kritiken des Buches, die ich gesehen habe, sah ich keine – außer vielleicht Valery Larbauds wichtige Arbeit, die aber eher eine Einführung als eine Kritik ist –, die meines Erachtens die Bedeutung der angewendeten Methode zu schätzen wußte, nämlich die Parallele zur Odyssee und den Gebrauch von Stilen und Symbolen, die jedem Abschnitt angemessen sind. Und doch sollte man meinen, daß dies die erste Besonderheit wäre, die Aufmerksamkeit erregt. Stattdessen wurde sie als amüsanter Kniff behandelt oder als ein vom Autor errichtetes Gerüst, das nur dem Zwecke dient, eine realistische Fabel zu tragen, im ganzen aber ohne Bedeutung für die Gesamtstruktur ist. Die vor mehreren Jahren von Aldington gegen das Werk vorgebrachte Kritik scheint mir aus diesem Grunde fehlgegangen zu sein; aber da Aldington seine Kritik schrieb, bevor das Gesamtwerk erschienen war, scheint mir ihr Versagen ehrenvoller als das der Versuche anderer Kritiker zu sein, die das ganze Buch vor sich hatten. Aldington sah in Joyce den Propheten des Chaos; und er beklagte die Flut dadaistischer Züge, die sein vorausschauendes Auge bei der Berührung mit dem Zauberstab hervorbrechen sah. Natürlich ist die Frage des Einflusses, den Joyces Buch haben mag, von meinem Standpunkt aus gesehen belanglos. So kann ein erstrangiges Buch einen sehr schlechten Einfluß haben, ein mittelmäßiges dagegen durchaus einen heilsamen. Die nachfolgende Generation ist für ihre eigene Seele verantwortlich; ein Genie trägt Verantwortung gegenüber seinesgleichen, nicht gegenüber einem Atelier voll ungebildeter und disziplinloser Laffen. Doch scheint mir Aldintons rührende Besorgtheit dieser Halbidioten wegen einige Rückschlüsse auf die Art des Buches selbst zuzulassen, denen ich nicht zustimmen kann; und darum handelt es sich hier. Wenn ich ihn richtig verstehe, sieht er in dem Buch eine Aufforderung zum Chaos, einen Ausdruck perverser und voreingenommener Gefühle und eine Verzerrung der Wirklichkeit. Aber wenn ich Aldington nicht zitiere, könnte ich leicht ein falsches Bild entwerfen. Er schreibt [in der *English Review* vom April 1921]: »Wenn Joyce seine großartigen Begabungen dazu benutzt, uns die Menschheit verächtlich zu machen, so tut er etwas, das zugleich falsch und eine Beleidigung der Menschheit ist.« Diese Meinung ähnelt in etwa der des weltmännischen Thackeray über Swift: »Moralisch gesehen finde ich es entsetzlich, schandbar, unmännlich, lästerlich: und so groß und gigantisch dieser Dechant[1] auch ist, wir sollten ihn meiner Ansicht nach auspfeifen.« (So äußerte er sich über den Schlußteil der Reise zu den Houyhnhnms[2] – der mir einer der größten Siege zu sein scheint, den die menschliche Seele je errang. – Wohl zollte Thackeray Swift später eine der schönsten Anerkennungen, die jemals erteilt oder entgegengenommen worden sind: »Er ist meiner Ansicht nach ein so großer Mensch, daß an ihn denken der Beklemmung entspricht, die man hat, wenn man daran denkt, daß ein Weltreich niedergehen könnte.« Und Aldington ist gelegentlich beinahe gleich freigebig mit Lob.)

1 Jonathan Swift war Dechant der St. Patrickskathedrale in Dublin (Anm. d. Ü.).
2 Der letzte Teil von *Gullivers Reisen* (Anm. d. Ü.).

Mit der Frage, ob es möglich sei, die ganze Menschheit zu beleidigen (im Gegensatz zur Beleidigung im üblichen Sinn, d. h. zur Beleidigung eines einzelnen oder einer Gruppe), mögen sich philosophische Gesellschaften befassen; wäre *Ulysses* eine »Beleidigung«, so handelte es sich ganz offenbar einfach um ein gefälschtes Dokument, einen wirkungslosen Schwindel, der Aldington auch nicht einen einzigen Augenblick Aufmerksamkeit abverlangt hätte. Aber bei dieser Frage möchte ich nicht länger verweilen; was mich interessiert, ist die Frage, die Aldington offen läßt, wenn er von Joyces »großer *disziplinloser* Begabung« spricht.

Ich glaube, Aldington und ich sind uns darüber, was wir im Grunde wollen, weitgehend einig und stimmen auch darin überein, diese Zielvorstellung »Klassik« zu nennen. Gerade wegen dieser Übereinstimmung habe ich in dieser Sache Aldington zum Ziel meines Angriffs gewählt. Wir sind uns über das Was unserer Absichten einig, aber nicht über das Wie, noch darüber, welche zeitgenössische Literatur Anzeichen einer Ausrichtung auf dieses Ziel hin zeigt. Wir sind uns hoffentlich darüber einig, daß »Klassik« keine Alternative zu »Romantik« darstellt, so wie etwa in der Parteipolitik, wo sich Konservative und Liberale oder Republikaner und Demokraten mit dem Programm »Schmeißt die Gauner hinaus« einander gegenüberstehen. Vielmehr ist Klassik ein Ziel, das alle gute Literatur – soweit sie eben gut ist – gemäß den Möglichkeiten ihrer zeitlichen und örtlichen Umstände anstrebt. Man kann natürlich in einem Sinn des Wortes »klassisch« sein, indem man 90 % des sich anbietenden Stoffes liegen läßt und nur mumifiziertes Zeug aus einem Museum ausgräbt – wie es einige unserer Zeitgenossen tun, über die man in diesem Zusammenhang ein paar bissige Bemerkungen machen könnte, wenn es den Aufwand lohnen würde (Aldington gehört nicht zu ihnen). Oder man kann der Bestrebung nach klassisch sein, indem man das vorliegende Material auf die bestmögliche Weise verwendet. Die Verwirrung rührt daher, daß die Bezeichnung »Klassik« sowohl auf die Literatur als auch auf den ganzen Komplex der Interessen, der Verhaltensweisen und der Gesellschaft, deren Teil die Literatur ist, angewendet wird, und auf jedem Gebiet hat sie eine andere Bedeutung. Es ist viel leichter, ein klassizistischer Literaturkritiker als ein klassischer Künstler zu sein, denn in der Kritik ist man nur für das verantwortlich, was man will, während man im Schaffensprozeß Verantwortung für das trägt, was man mit einem Stoff, den man einfach hinnehmen muß, machen kann. Und in diesen Stoff beziehe ich die Emotionen und Gefühle des Autors selbst mit ein, die für den jeweiligen Autor ja einfach Material sind, das er zu akzeptieren hat, und keine Tugenden, die es aufzubauschen, oder Untugenden, die es einzudämmen gilt. Die Frage in bezug auf Joyce lautet also: Wieviel lebendiges Material benutzt er und wie benutzt er es, d. h. wie benutzt er es als Künstler und nicht beispielsweise als Gesetzgeber oder Prediger.

An diesem Punkt ist die Parallele zur Odyssee, der sich Joyce bedient, von großer Bedeutung. Sie hat die Bedeutung einer wissenschaftlichen Entdeckung. Niemand zuvor hat einen Roman auf einem solchen Fundament aufgebaut: Es war nie zuvor notwendig gewesen. Indem ich *Ulysses* einen Roman nenne, präjudiziere ich die Frage nicht: Wenn Sie das Werk lieber ein Epos nennen, so ist das einerlei. Wenn es kein Roman ist, so nur, weil der Roman eine Form ist, die nicht länger nutzbar ist, weil der Roman, anstatt »Form« zu sein, einfach der Ausdruck einer Epoche war, die das Formempfinden noch nicht soweit verloren hatte, als daß sie die Notwendigkeit von etwas Strengerem nicht verspürte. Joyce hat einen Roman geschrieben: *Portrait of the Artist as a Young Man*; Wyndham Lewis hat einen Roman geschrieben: *Tarr*. Ich glaube nicht, daß einer von beiden je wieder einen »Roman« schreiben wird. Der Roman endete mit Flaubert und James. Der Grund dafür, daß die Romane von Joyce und Lewis formloser sind als die von einem Dutzend gewiefter Autoren, die nicht merken, daß der Roman veraltet ist, liegt darin, so glaube ich, daß beide ihrer Zeit »voraus« und daher bewußt oder wahrscheinlich unbewußt mit der Form unzufrieden waren.

Indem sich Joyce auf den Mythos stützt, d. h. indem er eine kontinuierliche Parallele zwischen der Gegenwart und der Vergangenheit auswertet, wendet er eine Methode an, die andere nach ihm anwenden müssen. Diese Nachfolger werden ebensowenig wie der Wissenschaftler, der die Entdeckungen eines Einstein für seine eigenen unabhängigen Forschungen nutzt, Imitatoren sein. Es handelt sich dabei einfach um eine Methode, mit der man die Zeitgeschichte – jenes ungeheure Panorama der Nichtigkeit und Anarchie – bewältigt, ordnet, gestaltet und mit Sinn erfüllt. Bereits Yeats hat sich dieser Methode in Ansätzen bedient; er war ja auch wohl der erste unserer Zeitgenossen, der sich über ihre Notwendigkeit im klaren war. Das Horoskop für diese Methode steht günstig. Die Psychologie (so wie sie ist, und einerlei, ob man amüsiert oder ernst auf sie reagiert), die Ethnologie und *The Golden Bough*[1] haben gemeinsam möglich gemacht, was noch vor ein paar Jahren unmöglich war. Anstatt der erzählenden Methode können wir jetzt die mythische verwenden. Das bedeutet meiner festen Überzeugung nach einen Schritt in Richtung auf eine Erschließung der modernen Welt als Stoff der Kunst, in Richtung auf jene Ordnung und Form, um die sich Aldington so ernstlich bemüht. Und nur wer seine eigene Methode diszipliniert und für sich allein ohne fremde Hilfe in einer Welt erarbeitet hat, die einem solchen Unternehmen so wenig Unterstützung entgegenbringt, kann auf diesem Wege von Nutzen sein.

1 Sir James Frazers Kompendium der anthropologischen Mythologie (Anm. d. Ü.)

Goethe der Weise

Auf dem Kaminsims in meinem Büro, zwischen den Porträts literarischer Freunde, hat fünfzehn Jahre oder noch länger die Reproduktion einer Zeichnung gestanden, die Goethe im hohen Alter zeigte. Die Zeichnung ist äußerst lebendig – offenbar stammt sie nicht nur von einem begabten Zeichner, sondern von einem Künstler, den sein Gegenstand begeistert hat[1]. Goethe steht mit auf dem Rücken verschränkten Händen da; die Schultern sind vorgeneigt, die Haltung gebeugt – doch wird der Körper, mag er auch vom Alter geschwächt sein, sichtlich noch immer von einem lebhaft-energischen Geist regiert. Die Augen sind groß und leuchtend, der Ausdruck schalkhaft, zugleich gütig und mephistophelisch. Wir stehen einem Mann gegenüber, der die Lebensfrische der Jugend mit der Weisheit des Alters verbindet. Es hat vor einigen Jahren einen Augenblick gegeben, wo er zusammen mit seinen Gefährten auf dem Kaminsims recht gewaltsam von seinem Platz entfernt wurde; doch, wie man es von Goethe nicht anders erwartet, dieses Porträt, heiteren, aufmerksamen, kritischen Blickes, überlebte die Zwischenfälle jener aufgerührten Zeit und ignorierte sie.

Dies ist der Goethe aus den Tagen der Gespräche mit Eckermann. Es ist Goethe der Weise: und da das, was ich heute zu sagen habe, beinahe als eine Rede zum Lob der Weisheit bezeichnet werden könnte, würde dieses Bild ein passendes Titelblatt zu meinem Text abgeben. Wenn man das Wort »weise« mit all der Sorgfalt und den Vorbehalten anwendet, die ihm zukommen, dann hat man tatsächlich eine der seltensten Vollendungsformen des menschlichen Geistes im Sinn. Dichterische Inspiration ist nichts allzu Häufiges, aber der wahre Weise ist noch seltener als der wahre Dichter; und wenn diese beiden Gaben, die der Weisheit und die der dichterischen

1 Der Künstler war, wie ich erfahren habe, Maclise, damals ein junger Mann auf Besuch in Weimar.

Sprache, in ein und demselben Menschen auftreten, dann haben wir den großen Dichter vor uns. Solche Dichter gehören nicht nur ihrem eigenen Volk, sondern der Welt; und einzig Dichter dieser Art werden einem nicht in erster Linie durch ihre Sprache und Nation begrenzt, sondern als große Europäer erscheinen.

Zuerst hatte ich mich gefragt, ob noch irgend etwas über Goethe zu sagen bliebe, was nicht schon besser gesagt worden sei. Als ich nun schließlich so weit war, daß ich ein Thema wählen und die Art der Behandlung wenigstens in großen Zügen festlegen mußte, fühlte ich mich zunächst ganz verwirrt von dem Übermaß an Möglichkeiten – von den zahllosen Aspekten, unter denen man Goethe sehen, und den zahllosen Zusammenhängen, in die man ihn stellen könnte. Schließlich gelang es mir, die Vielzahl der Themen auf zwei zu reduzieren; und bei weiterem Nachdenken entdeckte ich sogar, daß diese beiden in meiner Vorstellung so eng zusammenhingen, daß sie ein einziges Problem bildeten, welches ich als Ganzes behandeln mußte. Das erste Problem war: was sind die gemeinsamen Merkmale jener auserlesenen Schar von Dichtern, die große Europäer sind, jener Schar, zu der auch Goethe gehört? Und das zweite war: durch welchen Vorgang versöhnt man sich mit den großen Dichtern, denen man in der Jugend gleichgültig oder ablehnend gegenüberstand – und zwar lautet die Frage nicht nur, warum dies geschieht, sondern auch, warum es geschehen müßte; es geht also nicht nur um den Vorgang als solchen, sondern auch um seine moralische Notwendigkeit. Im Verlauf dieser Abhandlung werde ich die beiden Probleme nacheinander betrachten. Der Leser wird mir hoffentlich zustimmen, daß der Untertitel, der mir für diese Ansprache vorschwebt – Rede zum Lob der Weisheit – nicht ganz ungerechtfertigt ist.

In der Entwicklung des literarischen Geschmackes und des kritischen Urteils in der Literatur – eine Entwicklung, die ja nur einen Teil oder einen Aspekt des gesamten geistigen Reifeprozesses darstellt – zeichnen sich, wie ich an mir selber erfahren habe, drei wichtige Phasen ab. In meiner Jugend ließ ich mich von leidenschaftlicher Begeisterung für einen Dichter um den anderen fortreißen, und zwar immer für den, der gerade den instinktiv gefühlten Bedürfnissen meiner jeweiligen Entwicklungsstufe entsprach. In diesem Stadium des Enthusiasmus ist die kritische Fähigkeit noch kaum erwacht, denn man vergleicht noch nicht den einen Dichter mit dem anderen, auch ist man sich noch nicht der Grundlagen voll bewußt, aus denen die Verwandtschaft zwischen einem selber und dem Dichter, in dessen Werk man sich so sehr vertieft, stammt. Man hat nur ein recht geringes Unterscheidungsvermögen für Rangstufen, vor allem aber kein echtes Verständnis für Größe. Das ist ein Wertmaßstab, der dem unreifen Geist nicht zugänglich ist. Man kennt auf dieser Stufe nur Schriftsteller, von deren Werk man mitgerissen wird, und solche, die einen kalt lassen. In dem Maße, wie man seine Lektüre ausdehnt und mit einer ständig wachsenden Vielfalt der besten Schriftsteller und Dichter in Prosa und Versen vertraut wird, wobei man gleichzeitig auch größere Welterfahrung erwirbt und die Denkfähigkeit stärker entwickelt, in dem Maße werden der Geschmack umfassender, die leidenschaftlichen Zu- oder Abneigungen ruhiger und das Verständnis tiefer. Auf dieser Stufe beginnen wir jene kritische Fähigkeit, jene Kraft der Selbstkritik zu entwickeln, ohne die ein Dichter nichts anderes mehr täte, als sich selbst bis an sein Lebensende wiederholen. Aber obgleich wir in diesem Stadium durchaus fähig sein können, eine ungeheure Mannigfaltigkeit künstlerischer und philosophischer Schöpfungen mit Genuß aufzunehmen, zu verstehen und zu würdigen, so werden doch immer einige hartnäckige Fälle übrigbleiben, wo wir auch weiterhin Dichtern von hohem Rang ablehnend gegenüberstehen. So erreichen wir die dritte Phase der Entwicklung – des geistigen Reifens, insofern dieser Prozeß durch den Fortgang unserer Lektüre und unserer Studien repräsentiert werden kann – dann, wenn wir beginnen, den Gründen nachzugehen, warum wir dies oder jenes nicht mit Genuß lesen konnten, was doch von Menschen, die zu einer richtigen Beurteilung so gut oder besser qualifiziert waren wie man selber, ja vielleicht von vielen Generationen solcher Menschen mit Entzücken angenommen wurde. Bemüht man sich nun zu verstehen, warum man nicht imstande war, einen bestimmten Autor recht zu würdigen, so sucht man damit nach Erhellung nicht nur jenes Autors, sondern auch seiner selbst. Die Beschäftigung mit Schriftstellern, deren Werk einem nicht unmittelbar zusagt, kann somit eine höchst wertvolle Übung und Erfahrung sein, obwohl ihr praktisch Grenzen gesetzt sind: denn niemand hat genügend Zeit, die Werke aller großen Schriftsteller, die ihm kein Vergnügen machen, durchzuarbeiten. Es geht bei diesem Prozeß des Prüfens nicht darum, daß man versucht, sich an etwas zu freuen, woran man sich bisher nicht hat freuen können: es ist vielmehr eine Bemühung, dieses Werk zu verstehen und sich so selbst zu verstehen. Die Freude daran kommt, wenn sie überhaupt kommt, nur als eine Folge des Verstehens zustande.

Es gibt in meinem Fall leicht einzusehende Gründe für ein schwieriges Verhältnis zu Goethe. Denn für jemanden, der wie ich katholische Geistesart mit kalvinistischem Erbe und puritanischem Temperament verbindet, für den bietet Goethe allerdings einige nicht leicht zu überwindende Hindernisse. Doch habe ich die Erfahrung gemacht, daß, wenn man diese Hindernisse erkennt – was übrigens noch mehr eine Selbstprüfung als eine Prüfung des Dichters voraussetzt –, sie zwar nicht verschwinden, aber immerhin weniger wichtig erscheinen. Differenzen, die nicht überprüft werden, treten nie aus der Finsternis des Vorurteils heraus: je besser wir jedoch verstehen, warum wir es nicht fertigbringen, einen Autor zu schätzen, desto näher sind wir daran, ihn doch zu würdigen, da Verständnis und Sympathie ja aufs engste miteinander verwandt sind. Ich hatte Goethes Genie nie geleugnet, ich war auch nicht unberührt geblieben von dem Teil seiner Dichtungen, die ein Fremder am leichtesten assimilieren kann, und doch hatte er mich, fürchte ich, irritiert. Mit der Zeit begann ich zu verstehen, daß mein Streit mit Goethe – abgesehen von einigen persönlichen Zügen, die mir jetzt immer weniger wichtig erscheinen – in erster Linie ein Streit mit seinem Zeitalter war; denn mir war klargeworden, daß ich mich im Laufe der Jahre den bedeutenderen englischen Dichtern des 19. Jahrhunderts entfremdet hatte, sowohl den Romantikern wie den Viktorianern. Noch immer erfreue ich mich an bestimmten Gedichten; aber mit den Dichtern habe ich mehr und mehr den Kontakt verloren, außer vielleicht mit Coleridge, und selbst ihn schätze ich mehr als Philosophen und Theologen und sozialen Denker denn als Dichter. Tennyson, Browning, Arnold, Meredith: ihre Lebensphilosophie erschien mir schließlich recht oberflächlich, ihre religiöse Fundierung unsicher. Aber ich hatte immerhin diese Dichtung als Knabe durchlebt: diese Erfahrung blieb mir. Ich war, wenigstens eine Zeitlang, von all diesen Dichtern tief bewegt worden: ich fühlte, und fühle es noch, daß ich von ihnen gelernt hatte, was ich lernen konnte und was sie mich zu lehren vermochten. Aber mit Goethe ist das eine andere Sache. Von den eben genannten englischen Dichtern kann ich mir vorstellen, daß sie auch als Dichter größer gewesen wären, wenn sie eine andere Lebenssicht gehabt hätten. Bei Goethe jedoch scheint es richtig und notwendig, daß er genau den Glauben hatte, den er besaß, und sich genau so verhielt, wie er es tat. Und eine überwundene Antipathie, besonders einer Gestalt von der Größe Goethes gegenüber, ist eine wichtige Befreiung von einer Begrenztheit des eigenen Geistes.

Es könnte vielleicht als frivole Selbstbezogenheit erscheinen, daß ich soviel Zeit darauf verwende, über die Wandlungen meines eigenen Verhältnisses zu Goethe zu sprechen. Doch tue ich es aus zwei Gründen. Erstens, weil die wenigen zerstreuten Bemerkungen über Goethe in meinen frühen kritischen Essays meist abfällig und herabsetzend sind; so daß ich, wenn ich überhaupt meine verschiedenen Meinungen rechtfertigen und jeden Verdacht der Unaufrichtigkeit vermeiden will, meine eigene geistige Entwicklung wenigstens annähernd schildern muß. Zweitens, weil ich glaube, daß meine Situation so verallgemeinert werden kann, daß es sinnvoll ist, sich mit ihr zu befassen. Ich sagte, daß, soweit meine Entwicklung als typisch gelten kann, die Selbsterziehung in der Jugend damit beginnt, daß man entzückt, überwältigt, hingerissen ist von verschiedenen Schriftstellern nacheinander (ich denke in erster Linie an die Erziehung zum Verständnis der Dichtung). Später kommt die Kenntnis vielfältig verschiedener Werke und die Freude an ihnen hinzu; man läßt sich beeinflussen von Geistern immer verschiedeneren Charakters; man wird selbstsicherer und beherrschter, die kritische Urteilsfähigkeit entwickelt sich; man verfolgt mit größerer Bewußtheit, was man tut und was mit einem geschieht, wenn man die Meisterwerke des Denkens und der Phantasie durchforscht. In der zweiten Lebenshälfte wiederum habe ich zwei weitere Wandlungen durchgemacht. Einerseits schrumpft der Kreis meiner literarischen Vorlieben zusammen: Ich möchte immer häufiger zu den Werken einer immer kleineren Zahl von Dichtern zurückkehren. Und andererseits finde ich, daß es wohl ein paar Dichter gibt, die ich nie richtig gekannt habe, im Sinne eines vertrauten und ungezwungenen Umgangs, mit denen ich unbedingt ins reine kommen muß, bevor ich sterbe.

Es ist einige Jahre her, daß mir klar wurde, ich müsse mich nun endlich um eine Aussöhnung mit Goethe bemühen: nicht so sehr um eine begangene Ungerechtigkeit wiedergutzumachen, denn man begeht wohl viele solcher Ungerechtigkeiten ohne die geringsten Gewissensbisse, sondern weil ich sonst unverantwortlicherweise eine Möglichkeit der Selbstentwicklung versäumt haben würde. Gibt man dieser Empfindung Raum, so ist bereits ein bedeutsames Zugeständnis gemacht: denn gewiß ist damit gesagt, daß Goethe einer der großen Europäer ist. Der Leser wird, hoffe ich, nun gleich sehen, wie es kommt, daß diese beiden Dinge – das Problem der Aussöhnung und die Definition des großen Europäers – in meiner Vorstellung eine so enge Verbindung eingegangen sind, daß ich das eine nicht berühren konnte, ohne auf das andere zu stoßen.

Der sicherste Weg, um zu dieser Definition zu kommen, scheint mir zu sein, daß man einige Männer herausgreift, denen das Recht auf diesen Titel allgemein zuerkannt ist, und sich dann überlegt, was sie gemeinsam haben. Doch werde ich zunächst die Grenzen festlegen, innerhalb derer ich meine Auswahl treffen möchte. Einmal werde ich mich auf Dichter beschränken, denn die Dichtung ist das Gebiet, auf dem ich selbst am besten Größe beurteilen kann. Zweitens werde ich alle lateinischen und griechischen Dichter ausschließen. Der Grund dafür ist in dem Titel ausgedrückt, den Theodor Haecker seiner Vergil-Studie gegeben hat: *Vergil, Vater des Abendlandes*. Die großen Dichter Griechenlands und Roms, wie auch die Propheten Israels, sind eher die Ahnherrn Europas als Europäer im mittelalterlichen und modernen Sinn. Nur weil wir diesen gemeinsamen Hintergrund in den Literaturen Griechenlands, Roms und Israels haben, können wir überhaupt von »europäischer Literatur« sprechen: und das Fortleben der europäischen Literatur beruht nebenbei bemerkt auf der Kontinuität unserer Verehrung für unsere Ahnen. Als solche stehen sie außerhalb des Kreises dieser Untersuchung. Weiterhin gibt es auch moderne Dichter, deren Einfluß auf andere Länder und

Sprachen höchst bedeutend war, und die doch für meine Zwecke ganz ungeeignet sind. So haben wir in Byron einen Dichter, der der Dichter eines Zeitalters war, und für dieses Zeitalter auch der Dichter ganz Europas. In Edgar Allan Poe hat Amerika einen Dichter hervorgebracht, der vor allem durch seinen Einfluß auf drei französische Dichter aus drei aufeinanderfolgenden Generationen als europäisch angesprochen werden kann: aber die genaue Bestimmung des Ortes und Ranges dieser beiden Männer ist noch immer Gegenstand der Diskussion und wird es vielleicht immer bleiben; und ich möchte mich auf Dichter beschränken, deren Einstufung unumstritten ist.

Was sind denn, um damit den Anfang zu machen, unsere Kriterien? Zwei davon sind gewiß *Dauer* und *Universalität*. Zum europäischen Dichter wird einer nicht allein dadurch, daß er einen bestimmten Platz in der Geschichte einnimmt: sein Werk muß vielmehr immer weiteren Generationen etwas zu geben haben und sie begeistern. Sein Einfluß ist nicht nur eine Sache der historischen Überlieferung; er ist jedem neuen Zeitalter aufs neue von Wert, und jedes wird ihn anders verstehen und wird sich gezwungen sehen, sein Werk wieder neu zu deuten. Und er muß ebenso bedeutend für Leser seines eigenen Volkes, seiner eigenen Sprache, wie für andere sein; die Menschen seines eigenen Volkes werden fühlen, daß er ganz und gar einer von ihnen und fremden Völkern gegenüber ihr Repräsentant ist. Die Leser anderer Nationen und anderer Zeiten mögen sehr Verschiedenes in ihm sehen: aber seine Bedeutung wird von keiner Nation oder Generation in Frage gestellt werden. Die Geschichte dessen, was über das Werk eines solchen Mannes geschrieben worden ist, wird Teil der Geschichte des europäischen Geistes sein.

Natürlich kann man nicht einfach zwei Listen aufstellen, die eine von großen Dichtern, die zugleich große Europäer sind, die andere von solchen, die für diese Auszeichnung nicht in Frage kommen. Es gibt da keine Grenzlinie. Das einzige, was wir, wie mir scheint, tun können, ist, daß wir uns über die Zugehörigkeit einer kleinsten Zahl einigen, uns überlegen, welche gemeinsamen Merkmale sie haben, und uns bemühen, so nahe wie möglich an eine Definition ihrer Eigenart heranzukommen, in der wir dann wiederum einen Maßstab für andere Dichter haben. Ich glaube, daß es bei drei Dichtern keinen Zweifel geben kann, nämlich bei Dante, Shakespeare und Goethe. Doch muß ich hier gleich eine Einschränkung machen: Ich glaube nicht, daß wir einen Dichter einen »großen Europäer« nennen können, wenn er nicht zugleich auch ein großer Dichter ist; aber mir scheint, wir müssen andererseits zugeben, daß es große Dichter gibt, die keine großen Europäer sind. Dabei möchte ich annehmen, daß wir, wenn wir einen Schriftsteller einen großen Europäer nennen, schon die Grenzen einer rein literarischen Beurteilung überschritten haben – wir geben damit ebenso ein historisches, ein soziales und ein ethisches Werturteil ab. Vergleichen Sie Goethe mit einem nur wenig jüngeren englischen Zeitgenossen, mit William Wordsworth. Wordsworth war gewiß ein großer Dichter, wenn diese Bezeichnung überhaupt einen Sinn haben soll; in seinen besten Augenblicken ging der Flug seines Geistes weit höher als der Byrons und wohl ebenso hoch wie der Goethes. Darüber hinaus war sein Einfluß in einem bestimmten Zeitpunkt entscheidend für die englische Dichtung: sein Name steht für eine Epoche. Und doch wird er für Europäer anderer Nationalität nie die Bedeutung haben wie für seine Landsleute; und selbst diesen kann er nicht das bedeuten, was Goethe ihnen bedeutet. In ähnlicher Weise – aber hier spreche ich mit aller geziemenden Zurückhaltung – kann man wohl sagen, daß Hölderlin in manchen Augenblicken stärker inspiriert war als Goethe: doch auch er kann niemals im selben Grad eine europäische Gestalt sein. Ich habe nicht vor, mich auf die gewiß mögliche Darlegung der Unterschiede zwischen den beiden Arten von Dichtern einzulassen: ich möchte in diesem Zusammenhang nur daran erinnern, daß, wenn Dante, Shakespeare und Goethe unbestreitbar europäische Gestalten sind, ihnen dieser Rang nicht nur deswegen zukommt, weil sie die größten Dichter ihrer Sprache sind. Sie wären keine großen Europäer, wenn sie nicht auch große Dichter wären, aber ihre Größe als Europäer ist etwas viel Komplexeres, Umfassenderes als nur ihre Überlegenheit über andere Dichter der eigenen Sprache.

Man könnte sich vielleicht versucht fühlen, besonders bei Shakespeare und Goethe, weniger bei Dante, nur an die beiden großen mythischen Gestalten zu denken, die sie geschaffen haben: Hamlet und

Faust. Nun, Hamlet und Faust sind europäische Symbole geworden. Sie haben das gemeinsam mit Odysseus und Don Quixote, daß jeder von ihnen sehr ausgesprochen seinem eigenen Lande angehört und doch zugleich auch unser aller Landsmann ist. Wer könnte mehr Grieche sein als Odysseus, mehr Spanier als Don Quixote, mehr Engländer als Hamlet oder mehr Deutscher als Faust? Und doch sind sie alle eingegangen in unser aller innere Substanz, sie alle haben – wie es die Funktion solcher Gestalten ist – dem europäischen Menschen dazu verholfen, sich selbst zu verstehen. So könnte man tatsächlich darauf verfallen, Shakespeare und Goethe nur deshalb als Europäer anzusprechen, weil sie jeder einen mythischen europäischen Helden geschaffen haben. Doch das Stück *Hamlet* und das Drama *Faust* sind beide nur ein Teil des Gesamtbaues, den Shakespeare und Goethe errichtet haben: ein Teil, dessen Wert sehr viel geringer sein würde, wenn jedes das einzige Werk seiner Verfasser wäre. Das was Shakespeare und Goethe ihren Rang zuweist, ist nicht nur ein einzelnes Meisterwerk, sondern das Gesamtwerk eines ganzen Lebens. Andererseits bleibt Cervantes für alle, die sich nicht eigens mit spanischer Literatur befassen, der Schöpfer eines einzigen Buches: wie groß dies Buch auch sein mag, es ist nicht genug, um Cervantes auf eine Stufe mit Dante, Shakespeare und Goethe zu stellen. Gewiß gehört der *Don Quixote* zu jener erlesenen Zahl von Büchern, die dem Maßstab »europäischer Literatur« genügen: das heißt, er gehört zu jenen Büchern, die man nicht nur gelesen, sondern sich einverleibt haben muß, um als Europäer wirklich gebildet zu sein. Aber wir können nicht sagen, daß es für einen gebildeten Europäer unbedingt nötig ist, Cervantes zu kennen, in dem Sinne, wie man Dante, Shakespeare und Goethe kennen muß. Als der Verfasser dieses einen Buches ist Cervantes für uns ganz in diesem Buch enthalten, er ist gleichsam Don Quixote, der sich selbst versteht. Welchen Teil von Dantes, Shakespeares oder Goethes Werk können wir isolieren und von ihm behaupten, daß er uns den eigentlichen Dante, Shakespeare oder Goethe gebe? Cervantes soll nicht dadurch verkleinert werden, daß wir sagen, es ist uns nicht möglich, ihn zu kennen, wie wir diese drei anderen großen Männer kennen. Und ich möchte nicht den Fehler begehen, die Männer von ihrem Werk zu trennen und sie zu Idolen zu machen, obgleich das, besonders im Falle Goethes, gefährlich leicht ist, wo wir so viele Zeugnisse über den Menschen haben sowie das ungeheuer umfangreiche eigene Werk. Ich spreche von den Menschen, wie sie in ihren Dichtungen existieren, in den drei Welten, die sie geschaffen haben, damit sie für immer ein Bestandteil der europäischen Erfahrung bleiben.

Ich würde zunächst sagen, daß wir im Werk dieser drei Männer, als etwas unmittelbar Auffallendes, drei gemeinsame Züge finden: *Fülle, Weite* und *Einheit*. Fülle: sie alle haben eine beträchtliche Menge geschrieben, und nichts, was sie geschrieben haben, ist entbehrlich. Unter Weite verstehe ich, daß jeder den denkbar weitesten Kreis von Interessen, Sympathien und Einsichten besaß. Wir finden bei jedem eine Mannigfaltigkeit der Interessen, eine universale Wißbegierde und eine viel umfassendere Aufnahmefähigkeit als bei den meisten Menschen. Auch andere besaßen vielseitige Begabung, auch andere kannten rastlose Wißbegierde, was aber die Vielfältigkeit der Interessen und der Wißbegierde bei Menschen wie Dante, Shakespeare und Goethe charakterisiert, ist ihre fundamentale Einheit. Diese Einheit ist schwer zu definieren, allenfalls könnte man sagen, daß uns jeder von ihnen das Leben selbst gibt, die Welt gesehen von einem bestimmten Blickpunkt einer bestimmten europäischen Epoche und von einem bestimmten Menschen innerhalb dieser Epoche.

Ich brauche Ihnen die Mannigfaltigkeit der Interessen und Tätigkeiten bei Dante und Goethe nicht erst ins Gedächtnis zu rufen. Shakespeare allerdings beschränkte sich auf das Theater oder wurde vielmehr durch die Umstände zu dieser Beschränkung gezwungen; aber wenn wir den ungeheuren Umfang der Themen und Charaktere innerhalb dieses Rahmens betrachten, die ungeheure Mannigfaltigkeit und Entwicklungsfähigkeit seiner dramatischen Technik, seine ständige Angriffsfreude neuen Problemen gegenüber, so müssen wir zugeben, daß mit dieser Weite und Fülle Shakespeare selbst über jenen wenigen steht, die ebenso ausschließlich für das Theater schrieben und als Dramatiker und Dichter ihm ebenbürtig sind. Was die Einheit angeht, glaube ich, daß sie in Dantes politischen, theologischen, moralischen und dichterischen Zielen zu sehr ins Auge fällt, als daß sie eigener Darlegung bedürfte. Ich möchte behaupten, aus meiner eigenen Erfahrung, daß die Einheit von Shakespeares Werk so stark ist, daß man nicht nur die späten Stücke ohne die frühen gar nicht verstehen kann, sondern auch die frühen nicht, ohne die späten zu kennen. Es ist nicht so leicht, die Einheit in Goethes Werk zu sehen. Einmal ist es in verwirrender Weise weit mehr vermischt und verschiedenartig als das der beiden übrigen Dichter; zum anderen muß ich bekennen, daß es in diesem Riesenwerk so vieles gibt, was ich nicht, oder nur oberflächlich, kenne, so daß ich weit davon entfernt bin, der geeignetste Anwalt in dieser Sache zu sein. Ich will also nur das eine sagen: ich bin fest davon überzeugt, daß ich, je besser ich sein Werk kennen würde – jeden Band der umfassendsten Ausgabe – desto mehr auch seiner Einheit sicher wäre. Der Prüfstein ist, ob jeder einzelne Teil eines Gesamtwerkes uns hilft, das übrige zu verstehen.

Ich möchte es wagen, eine Bestätigung für diese Behauptung gerade dort zu erbringen, wo sie wohl am ehesten in Frage gestellt wird. Früher hatte ich als erwiesen angenommen, daß Goethes naturwissenschaftliche Theorien – seine Spekulationen über die Urpflanze, über Mineralogie und über die Farbenlehre – nicht mehr wären als die liebenswerten Produkte exzentrischer Launen bei einem Mann, der aus unbegrenzter Wißbegierde sich in Bereiche verirrt hatte, für die er nicht eigentlich ausgerüstet war. Selbst jetzt habe ich noch keinen Versuch gemacht, seine Schriften über diese Dinge zu lesen. Doch war es einmal die Einmütigkeit des Spottes und die Leichtigkeit, mit der die Fachgelehrten Goethes Ideen abzutun scheinen, die mich überlegen ließ, ob Goethe nicht vielleicht doch recht gehabt haben könnte oder zum mindesten seine Kritiker unrecht. Außerdem stieß ich vor ein paar Jahren auf ein Buch, in dem Goethes Ansichten nun tatsächlich verteidigt wurden: *Mensch und Material* von Dr. Ernst Lehrs. Der Verfasser ist allerdings ein Schüler Rudolf Steiners, und ich glaube, daß Steiners naturwissenschaftliche Anschauungen als sehr wenig orthodox gelten, doch darüber zu urteilen ist nicht meine Sache. Aber was das Buch mir gegeben hat, ist vor allem die Erkenntnis, daß Goethes naturwissenschaftliche Anschauungen zusammenstimmten mit seinem dichterisch-imaginativem Werk, daß die gleichen Einsichten in beiden nach Ausdruck rangen und daß es nicht logisch wäre, im Bereich wissenschaftlicher Untersuchungen als absoluten Unsinn abzutun, was wir im Bereich der Dichtung als inspirierte Weisheit anzunehmen bereit sind. Ich werde auf diesen Punkt noch gleich in einem anderen Zusammenhang zurückkommen; doch auf die Gefahr hin, auch mich selbst der Lächerlichkeit preiszugeben, möchte ich sagen, daß ich durch das, was Dr. Lehrs über Goethes naturwissenschaftliche Ideen geschrieben hat, einzelne Partien im *Faust*, wie die Eingangsszene des zweiten Teils, besser als vorher zu verstehen glaube; und ich bin jetzt der Ansicht, daß der zweite Teil als Dichtung größer ist als der erste – obwohl mir von Männern, die gelehrter sind als ich, immer das Gegenteil gesagt wurde.

Wenn wir also solche Menschen wie die drei von mir Genannten besser verstehen wollen, dann müssen wir zweifellos versuchen, in alle ihre Interessen einzudringen. Literarische Kritik ist eine Tätigkeit, die andauernd ihre eigenen Grenzen bestimmen muß; andererseits muß sie auch andauernd über diese Grenzen hinausgehen. Die einzige unabdingbare Vorschrift dabei ist, daß, wenn ein Literaturkritiker seine Grenzen überschreitet, er das im vollen Bewußtsein dessen, was er tut, machen sollte. Wir können bei Dante, Shakespeare, Goethe nicht sehr weit vordringen, ohne auf Probleme der Theologie und der Philosophie, der Ethik und der Politik zu stoßen. Und im Falle Goethes kommt nun noch dazu, daß wir sozusagen heimlich und ohne »Ausweis-Papiere« in das verbotene Reich der Naturwissenschaften vorstoßen müssen.

Meine Darlegung oder Beweisführung ist bisher durchaus negativ gewesen. Ich habe nur behauptet, daß man im Werk Dantes, Shakespeares und Goethes Fülle, Weite und Einheit findet. Fülle und Weite sind unmittelbar zu sehen, die Einheit erkennt man, sobald man sich die Mühe macht, nach ihr Ausschau zu halten. Wenn man die Voraussetzung gelten läßt, daß Dante, Shakespeare und Goethe alle drei große Europäer waren, so scheint daraus zu folgen, daß die eben genannten drei Merkmale auch in jedem anderen Dichter zusammentreffen müssen, ehe wir ihn zu demselben Rang erheben können. Es ist allerdings denkbar, daß ein Schriftsteller Fülle, Weite und Einheit aufweist und trotzdem kein großer Europäer ist. Auch glaube ich, daß noch ein weiteres positives Merkmal berücksichtigt werden muß. Doch bevor wir diese letzte Frage berühren, wäre noch ein anderer Begriff zu erörtern, der der *Universalität*.

So weit wir von den drei genannten Dichtern aus schließen können, ist der europäische Schriftsteller keineswegs weniger deutlich und bestimmt ein Angehöriger seines eigenen Landes, seines eigenen Volkes, seiner Sprache als irgendeiner der nicht so bedeutenden Autoren, deren Anziehungskraft ausschließlich, oder mit geringen Ausnahmen, nur für ihre Landsleute besteht. Man kann sogar sagen, daß Dante, Shakespeare und Goethe nicht nur sehr italienisch, sehr englisch, sehr deutsch sind, sondern darüber hinaus sogar die bestimmte Gegend repräsentieren, in der sie geboren sind. Natürlich ist es klar, daß die Bedingtheit, durch die sie an einen solchen engeren Kreis gebunden sind, keine Einschränkung ihrer Anziehungskraft bedeutet, obwohl jeder von ihnen Züge hat, die nur den Landsmann ansprechen. Sie sind örtlich gebunden wegen ihrer Konkretheit: Mensch sein heißt einer bestimmten Region der Erde angehören, und Geister von solchem Range sind sich dessen weit stärker bewußt als andere. Der Europäer, der keinem Lande angehörte, wäre ein abstraktes Wesen – ganz ausdruckslos, jemand, der jede Sprache spricht, doch weder mit einheimischem noch mit fremdem Akzent. Und der Dichter ist gerade der am wenigsten Abstrakte von allen Menschen, weil er am stärksten durch seine eigene Sprache gebunden ist: er kann es sich nicht einmal leisten, eine andere Sprache ebenso gut zu beherrschen, denn es bedeutet für ihn die Arbeit eines ganzen Lebens, die Möglichkeiten der eigenen zu erforschen. Die Art und Weise, wie er mit seinem eigenen Volk verbunden ist, indem er gleichzeitig von ihm abhängt und es repräsentiert, darf, wie ich hinzufügen möchte, nicht mit Patriotismus gleichgesetzt werden (im Sinne einer bewußten Reaktion auf bestimmte Umstände), obgleich wohl gerade aus dieser Art der Bindung der lauterste Patriotismus entspringen kann. Es ist eine Bindung, die sogar in schärfstem Kontrast zu den patriotischen Gefühlen einer großen Zahl von Landsleuten des Dichters stehen kann.

Ferner, der europäische Dichter muß nicht notwendig einer sein, dessen Werk leichter in andere Sprachen zu übersetzen ist als das von

Dichtern, deren Schriften nur für ihre eigenen Landsleute Bedeutung haben. Ihr Werk ist nur in einer Hinsicht leichter übersetzbar: denn wenn wir einen Dichter wie Shakespeare in eine andere Sprache übertragen, geht zwar genau soviel von der ursprünglichen Bedeutsamkeit verloren wie bei der Übertragung eines geringeren englischen Dichters, doch auf der anderen Seite bleibt auch mehr erhalten, aus dem einfachen Grunde, weil mehr da war. Was kann man denn überhaupt übersetzen? Eine Geschichte, eine dramatische Fabel, den Eindruck einer lebendigen, handelnden Gestalt, ein Bild, eine Aussage. Was nicht übersetzbar ist, ist die Zauberkraft, die Musik der Worte und jener Anteil des Gehaltes, der in der Musik ist. Doch sind wir wiederum nicht ganz bis auf den Grund der Sache vorgestoßen. Wir haben nur versucht anzudeuten, was einen Dichter übersetzbar macht, und haben dabei noch keineswegs das benannt, wodurch Dante, Shakespeare, Goethe nicht nur ihren Landsleuten, sondern allen Europäern zu gehören scheinen, wie wir es mit gleicher Sicherheit von keinem anderen Dichter sagen können.

Wir können wohl ohne allzu große Schwierigkeit die offensichtlich paradoxe Tatsache hinnehmen, daß der europäische Dichter zugleich in nicht geringerem, sondern sogar eher in größerem Ausmaß ein Mensch seines besonderen Volkes, seines Landes und seiner Kultur ist, verglichen mit einem Dichter, der einzig seinen Landsleuten zugänglich ist. Wir können in einem und demselben Augenblick fühlen, daß solch ein Dichter, welcher Nation er auch immer angehören mag, unser Landsmann ist, aber ebenso auch ein Repräsentant, ja einer der größten Repräsentanten seines eigenen Volkes. Solch ein Mann kann seinen eigenen Landsleuten helfen, sich selbst zu verstehen, und ebenso kann er anderen Völkern helfen, diese zu verstehen und in ihrer Eigenart zu akzeptieren. Doch ist die Frage, in welcher Weise er der Repräsentant seines Zeitalters ist, etwas schwieriger zu beantworten. In welcher Weise ist ein Mann Repräsentant seines Zeitalters und doch von dauernder Bedeutung für alle kommenden Zeiten – und zwar nicht wegen seines Charakters als »Repräsentant«, sondern um seiner selbst willen?

Nach dem eben Gesagten sollten wir erwarten, daß, genauso wie ein Mann ein großer Dichter sein kann, ohne ein »europäischer«

Dichter zu sein, genauso wie er Repräsentant seines eigenen Volkes sein und für andere Völker nur in dieser Hinsicht wirken kann, er auch Repräsentant seiner eigenen Zeit und für andere Zeiten nur deshalb von Bedeutung sein kann, weil er ihnen zum Verständnis seiner eigenen Zeit verhilft. Aber, wie ich schon früher zu sagen versuchte, wir befassen uns mit Dante, Shakespeare und Goethe nicht nur im Hinblick auf ihr eigenes Land, ihre Sprache, ihr Volk, sondern zeitlos und unmittelbar. Jeder gebildete Europäer muß sich, ohne Rücksicht auf seine Sprache, seine Staatsangehörigkeit, sein Erbe und die Zeit, in die er hineingeboren wurde, die Frage vorlegen: »Was haben Dante, Shakespeare und Goethe gerade mir zu sagen – und wie soll ich ihnen antworten?« Es ist diese unmittelbare Begegnung, welche letztlich zählt. Nun wäre aber, wenn wir das Wort in seiner eigentlichen Bedeutung anwenden wollen, der »Repräsentant« eines Zeitalters wie der eines Volkes ein Mann, der weder zu groß noch zu klein ist. Dabei meine ich nicht, daß er *l'homme moyen sensuel* ist. Doch könnte ein unbedeutender Mann nur eine unbedeutende Epoche repräsentieren – und kein Zeitabschnitt in der Geschichte ist tatsächlich derart nebensächlich; hingegen läßt uns gerade die Außergewöhnlichkeit eines wahrhaft großen Mannes schon vermuten, daß er nicht durchaus und nur »Repräsentant« ist. Ich glaube, wenn wir feststellten, unsere drei Dichter seien einzig Repräsentanten ihres Zeitalters und sonst nichts, so würden wir damit auch feststellen, daß jeder von ihnen begrenzt wäre durch sein Zeitalter, in einer Weise, wie es tatsächlich nicht der Fall ist. Kurzum, wir sehen diese Männer als repräsentativ an, nur um zu finden, daß sie unrepräsentativ sind! Denn ein Mensch kann unrepräsentativ sein, nicht nur dadurch, daß er hinter seinem Zeitalter zurück oder ihm voraus ist, sondern auch dadurch, daß er über ihm steht. Gewiß brauchen wir nicht anzunehmen, daß Männer wie diese alle Ideen ihrer Zeit teilen. Sie teilen ihre Probleme und auch die Sprache, in der diese Probleme erörtert werden – aber es kann durchaus sein, daß sie alle üblichen Lösungen zurückweisen. Und selbst wenn sie ein geselliges Leben führen oder im öffentlichen Leben stehen, so haben sie mehr Einsamkeit um sich als die Mehrzahl der Menschen. Ihr repräsentativer Charakter, wenn sie überhaupt repräsentativ sind, muß etwas sein, was wir fühlen, aber nicht ganz formulieren können.

Sehr vieles gibt es, was wir über den Menschen Dante nicht wissen, sehr wenig gibt es, was wir über Shakespeare wirklich wissen. Über Goethes Leben ist sehr viel bekannt. Ich bin allerdings, wie ich zugeben muß, nicht einer von denen, die viel darüber wissen. Aber je mehr über Goethe ich aus seinem eigenen Werk und aus den Darstellungen anderer erfahren habe, um so weniger finde ich eine Möglichkeit, ihn mit seiner Zeit zu identifizieren. Ich sehe ihn manchmal in vollständiger Opposition zu seinem Zeitalter, so vollständig, daß er weitgehend mißverstanden worden ist. Es scheint mir, daß er sehr viel stärker und bewußter als die meisten anderen Menschen auf mehreren Ebenen zugleich gelebt hat. Der Staatsminister, der Löwe eines kleinen Hofes, der Sammler von Radierungen, Zeichnungen und Gemmen war zugleich auch der Mann, der in Weimar angsterstarrt wachlag, weil in Messina ein Erdbeben geschah. Als ich das erwähnte Buch von Dr. Lehrs gelesen hatte und dann gewisse Stellen des *Faust* noch einmal las, merkte ich, daß »Natur« für Wordsworth und für Goethe fast das gleiche bedeutet hat, daß »Natur« etwas war, was sie erfahren hatten – und ich nicht – und daß sie beide versuchten, etwas auszudrücken, was selbst für Menschen, die in so ungewöhnlichem Maße mit der Gabe der Sprache ausgestattet waren, letztlich unaussprechlich war. Ich bekam vor nicht allzu langer Zeit eine Postkarte mit der Reproduktion eines Porträts, das William Blake darstellte: es war eine sehr bekannte Zeichnung, die mir wohlvertraut war. Doch wie ich sie zufällig einen Augenblick auf den Kaminsims neben das Goethe-Porträt stellte, kam es mir vor, als bemerkte ich einen ähnlichen Ausdruck in den Augen der beiden Männer. Nur wirkte Blake ganz wie aus einer anderen Welt, Goethe hingegen schien in dem Augenblick, in dem ihn der Künstler festgehalten hatte, gleicherweise in beiden Welten zu Hause. Auch Blake lehnte eine ganze Reihe der herrschenden Ansichten seines Jahrhunderts ab. Sie sehen, daß ich von der *Farbenlehre* und der *Urpflanze* nicht loskomme. Ist die Frage einfach nur die, wer recht hatte, Goethe oder die Naturwissenschaftler? Oder ist es möglich, daß Goethe nur insofern unrecht hatte, als er die Wissenschaftler im Unrecht glaubte, und irrten sich die Wissenschaftler vielleicht nur insofern, als sie Goethe im Irrtum glaubten? Ist es nicht möglich, daß Goethe, ohne ganz zu wissen, was er tat, den Anspruch eines Bewußtseinstypus vertreten hätte, der völlig verschieden war von dem, der das 19. und 20. Jahrhundert beherrschen sollte? Wenn ja, dann ist Goethe so wenig der Repräsentant seines Zeitalters, wie ein Genie es überhaupt nur sein kann. Und vielleicht ist jetzt der Augenblick gekommen, wo wir sagen können, daß wir eher imstande sind, das Universum zu sehen, wie Goethe es sah, und nicht wie die Wissenschaftler es gesehen haben: jetzt, wo »der Gottheit lebendiges Kleid« als Folge wissenschaftlicher Manipulation ziemlich zerfetzt erscheint.

Gewiß gehört Goethe in seine Zeit. Wir können die Tatsache kaum übersehen oder als zufällig abtun, daß Dante, Shakespeare und Goethe schließlich jeder eine Epoche der modernen europäischen Geschichte bezeichnen, soweit ein Dichter diese Rolle überhaupt übernehmen kann; und wir können an Goethes eigenes Wort über den Menschen und den Augenblick denken. Aber wir müssen uns andererseits bewußt sein, wie sehr wir geneigt sind, ein Zeitalter nach dem Mann, der uns sein Repräsentant zu sein scheint, zu beurteilen, und wie leicht wir vergessen, daß die Bedeutung dieses Mannes ebenso zu einem Teil in seinem Kampf gegen das Zeitalter liegen kann. Ich habe nur versucht, einige vorsichtige Einschränkungen im Gebrauch des Wortes »Repräsentant« zu machen, eines Wortes, das mir in der Anwendung auf solche Männer höchst gefährlich erscheint. Der Mann, der ein »Repräsentant« seines Volkes ist, kann zugleich der strengste Kritiker seines Volkes und von ihm ausgestoßen sein; der Mann, der ein »Repräsentant« seiner Zeit ist, kann im Gegensatz zu den weitestvertretenen Ansichten dieser Zeit stehen.

Bis hierher habe ich mich zunächst damit befaßt, bestimmte Qualitäten festzustellen, ohne die wir keinen Dichter in diese auserwählte Gemeinschaft aufnehmen können; und dann habe ich zu definieren versucht, in welchem Sinn man das Wort »repräsentativ« entweder mit Bezug auf eine Örtlichkeit und eine Sprache oder auf ein Zeitalter als zutreffend ansehen kann. Aber wir müssen noch weiterfragen: welche Eigenschaft wird auch in der Übersetzung fortbestehen und wirkt über Ort und Zeit hinaus und ist imstande, eine unmittelbare Antwort – wie von Mensch zu Mensch – bei den Lesern jeden Ortes und jeder Zeit zu erwecken? Es muß sich dabei wohl auch um etwas handeln, das in verschiedenem Maße vorhanden sein kann – denn offenbar sind Dante, Shakespeare und Goethe nicht die einzigen »europäischen« Dichter. Aber es muß etwas sein, was von einer großen Zahl verschiedenartiger Menschen erfaßt werden kann: denn die sicherste Probe ist ja, wie ich schon zu Anfang gesagt habe, daß kein Europäer gebildet genannt werden kann, der nichts von dem Werk eines solchen Dichters kennt – ob nun die Sprache jenes Dichters seine eigene ist, ob er ihre Kenntnis mühsam erworben hat oder ob er nur eine Übersetzung lesen kann. Denn völlige Unkenntnis der Sprache, in der der Dichter schreibt, schränkt zwar die Möglichkeiten, ihn mit Genuß aufzunehmen, weitgehend ein, ist aber keine Entschuldigung für völlige Unkenntnis seines Werkes.

Ich fürchte fast, daß das Wort, das ich jetzt aussprechen werde, manchem Ohr nach dieser Einleitung seltsam vorkommen mag, denn es ist einfach das Wort *Weisheit*. Es gibt jedoch kein Wort, das sich so sehr jeder Definition entzieht, und kein Wort, das schwieriger zu verstehen ist. Verstehen, was Weisheit ist, bedeutet nämlich, selber weise zu sein: und ich verstehe sie nur bis zu dem Grad, den derjenige erreichen kann, der weiß, daß er nicht weise ist, aber doch annehmen darf, er sei weiser, als er vor zwanzig Jahren war. Ich sage vor zwanzig Jahren, weil ich mich betrüblicherweise genötigt sehe, einen Satz zu zitieren, den ich 1933 drucken ließ. Er heißt:

> Von Goethe ist es vielleicht richtiger zu sagen, daß er sowohl in der Philosophie als in der Dichtung ein Dilettant und auf beiden Gebieten nicht sehr erfolgreich war; seine wahre Rolle war die des Weltmannes und Weisen, eines La Rochefoucauld, eines La Bruyère, eines Vauvenargues.

Ich habe den Abschnitt, in dem dieser Satz begraben ist, nie wieder gelesen: ich habe es schon immer für ein allzu quälendes Unternehmen gehalten, meine eigenen Prosaschriften wieder zu lesen. Ich entdeckte dieses Zitat vor nicht sehr langer Zeit in Michael Hamburgers Einleitung zu seiner Ausgabe und Übersetzung des Textes von Hölderlins Gedichten: Hamburger ist also mein Gewährsmann, wenn ich mir diesen Satz zuschreibe. Er zitiert ihn, wie ich kaum eigens zu sagen brauche, mit Mißfallen. Es ist ein höchst interessanter Satz:

interessant, weil er so viele Irrtümer in so wenigen Worten ausspricht zugleich mit der einen Wahrheit, daß Goethe ein Weiser war. Der Irrtum jedoch, auf den ich besonders aufmerksam machen möchte, ist die Gleichsetzung von Weisheit mit Weltweisheit. Es tut dabei meiner Bewunderung für La Rochefoucauld keinen Abbruch, wenn ich sage, daß die Weisheit eines »Weltmannes« tatsächlich sehr begrenzt ist: aber heute werde ich zum mindesten diese beiden Arten der Weisheit nicht länger verwechseln. Es gibt weltliche Weisheit, und es gibt spirituelle Weisheit. Weisheit nur von der ersten Art kann schließlich zur Torheit werden, wenn sie die Dinge, die über ihren Horizont hinausgehen, entweder leugnet oder zu beurteilen trachtet; Weisheit, die nur spirituelle Weisheit ist, mag gänzlich nutzlos sein in den Angelegenheiten dieser Welt. So glaube ich, daß wir meinen, wenn wir einen Mann als »weise« bezeichnen und der Zusammenhang nicht erkennen läßt, ob wir mehr die eine oder die andere Art meinen, daß im allgemeinen solch ein Mann eine umfassendere Weisheit hat als andere Menschen. Und eben das kann man von Goethe sagen. Es kann sein, daß es Bezirke der Weisheit gegeben hat, in die er nicht vorgedrungen ist; aber mir liegt mehr daran, die Weisheit, die er besaß, zu verstehen, als ihre Grenzen zu bestimmen. Wenn ein Mensch ein gut Teil weiser ist als man selbst, braucht man sich nicht zu beklagen, daß er nicht noch weiser ist.

Außer jenem Irrtum, den ich eben aufzeigte, kann man noch einen weiteren Irrtum in dem Satz bemerken, den ich gegen mich selbst zitierte. Er scheint nämlich die Vorstellung nahezulegen, daß Weisheit etwas ist, das sich in weisen Aussprüchen, Aphorismen und Maximen ausdrücken läßt, und daß die Summe solcher Maximen und Aussprüche, einschließlich jener, die ein Mann zwar gedacht, aber nie mitgeteilt hat, seine »Weisheit« ausmacht. Gewiß, dies mögen Zeichen der Weisheit sein; und die Beschäftigung mit den Aussprüchen eines Weisen kann dazu beitragen, Weisheit im Leser zu entwickeln, ihn bis zu der Stufe der Weisheit, deren er fähig ist, zu erheben. Aber Weisheit ist größer als jede Summe weiser Aussprüche, und die Weisheit selbst ist größer als die Verwirklichung von Weisheit in irgendeiner menschlichen Seele.

Die Weisheit lobe sich selbst
Und rühme sich inmitten seines Volkes,
In der Versammlung des Allerhöchsten tue sie ihren Mund auf
Und frohlocke vor seiner Macht. *Ecclesiasticus XXIV*

Die Weisheit wohnt bei einem menschlichen Wesen ebensosehr im Schweigen wie im Reden: und – so sagt Philotheus von Sinai – »Menschen mit einem schweigenden Geist findet man selten«[1]. Weisheit ist eine angeborene Gabe – durch Erfahrung gereift und zur Anwendung gebracht –, eine Gabe der Intuition, mit deren Hilfe man die Natur der Dinge versteht, vor allem der lebendigen Dinge, am meisten jedoch die Natur des menschlichen Herzens. Bei manchen mag sie momentan und gelegentlich auftreten oder nur einmal in einem ganzen Leben, in der Hingerissenheit einer einzigen Erfahrung mag sie beseligend oder furchtbar erscheinen: bei einem Mann wie Goethe scheint sie dauernd, beständig und heiter gewesen zu sein. Doch im Gegensatz zu einem nur weltlich Weisen auf der einen Seite und einem Menschen mit einer deutlichen Einsicht in die Höhen und Tiefen auf der anderen, ist der wirklich Weise einer, dessen Weisheit aus spirituellen Quellen fließt, der aus der Erfahrung die Fähigkeit zu verstehen gewonnen hat, und der jene Kraft der Liebe entwickelt hat, die aus dem Verstehen menschlicher Wesen in all der Vielfalt ihres Temperamentes, Charakters und der äußeren Umstände kommt. Solche Menschen vertreten höchst verschiedenartige Glaubenssätze; sie können sogar Sätze vertreten, die unseren Ansichten zuwiderlaufen; aber es gehört zu unserem eigenen Streben nach Weisheit, daß wir versuchen, sie zu verstehen.

Ich glaube also, daß ein Dichter letztlich kraft jener Weisheit, die sein Werk trägt, in die Kategorie der »großen Europäer« eingeht; kraft seiner Weisheit ist er unser aller gemeinsamer Landsmann. Er muß nicht unbedingt leicht zu verstehen sein; wie ich schon sagte, kann er uns so viele Schwierigkeiten der Deutung bieten als nur irgendein anderer. Aber der Ausländer, der Dante oder Shakespeare oder Goethe in Übersetzung gelesen hat, oder der durch unvollkommene Kenntnis der Sprache gehindert wurde, das Original zu lesen,

1 Es darf hier ein Aufsatz von Josef Pieper nicht unerwähnt bleiben: *Über das Schweigen Goethes* (Kösel-Verlag, München).

fragt hier nicht, wie er bei vielen anderen unserer großen Dichter fragen mag: »Was mögen nur Italiener oder Engländer oder Deutsche an diesem Dichter bewundern?« Ich möchte keinesfalls behaupten, daß die Weisheit dieser Dichter etwas von ihrer Dichtung Verschiedenes sei und daß der Ausländer die Weisheit bewundere und nicht die Dichtung. Die Weisheit ist ein wesentliches Element, um die Dichtung zur Dichtung zu machen. Und es ist durchaus nötig, sie als Dichtung zu begreifen, um von ihr als Weisheit Gewinn zu haben. Indem der Leser anderer Sprache die Weisheit aufnimmt, wird er ebenso von der Dichtung berührt. Denn er nimmt die Weisheit der Dichtung auf, die überhaupt nicht mitteilbar wäre, wenn sie von ihm nicht als Dichtung erfahren würde.

An dieser Stelle erhebt sich eine Frage, die nicht unbeantwortet bleiben darf: teils weil ich sie selbst vor vielen Jahren, in etwas anderer Form, aufgeworfen habe und nicht mehr ganz mit meiner damaligen Formulierung einverstanden bin, und teils weil sie kürzlich von einem philosophischen Kritiker, Professor Erich Heller, dessen Ansichten ich sehr schätze, gestellt wurde. Ich beziehe mich auf sein eben erschienenes Buch *The Disinherited Mind*[1], und vor allem auf ein Kapitel über Rilke und Nietzsche. Heller kritisiert – streng, aber ohne Schärfe – gewisse Äußerungen über »Denken und Glauben in der Dichtung«, die ich vor vielen Jahren getan habe. Manches von dem damals Gesagten würde ich jetzt nicht mehr verteidigen, und manches würde ich gerne genauer bestimmen oder anders ausdrücken. Aber im Hinblick auf andere Behauptungen von mir bin ich nicht allzu niedergeschlagen durch sein Urteil, um so weniger als ich nach seiner eigenen Aussage diese Irrtümer mit Goethe selbst teile. Es geht um die Frage nach der Stellung der »Ideen« in der Dichtung und nach der »Philosophie« oder dem System von Glaubenssätzen, das der Dichter seinem Werk zugrunde legt. Vertritt der Dichter eine »Idee« in derselben Weise wie ein Philosoph Ideen vertritt? Und wenn er eine bestimmte »Philosophie« in seiner Dichtung ausspricht, muß man dann von ihm erwarten, daß er diese Philosophie auch glaubt, oder ist er berechtigt, sie rein als einen

1 Deutsch unter dem Titel *Enterbter Geist* (Suhrkamp Verlag, Frankfurt a. M. 1954) erschienen.

geeigneten Stoff für ein Gedicht zu behandeln? Und weiter, ist es eine notwendige Voraussetzung, daß der Leser, um zum vollen Genuß des Gedichtes zu kommen, diese Philosophie bejahen muß?
Insofern nun ein Passus, den ich früher zu dieser Frage geschrieben habe, besagt oder zum mindesten nahelegt, daß der Dichter eine philosophische Idee, die er in seinen Versen verkörpern will, nicht zu glauben braucht, insofern ist Heller zweifellos im Recht, wenn er mir widerspricht. Denn solch eine Annahme wäre ja nichts anderes als eine Rechtfertigung der Unaufrichtigkeit und löschte alle dichterischen Werte aus, so daß nur die technische Vollkommenheit übrigbliebe. Wollte man wirklich annehmen, daß Lukrez aus rein gedanklichen Erwägungen eine Kosmologie, die er für falsch hielt, für seine poetischen Zwecke ausschöpfte, oder daß Dante an die Philosophie, die er von Aristoteles und den Scholastikern übernommen hatte, und die ihm den Stoff für einige herrliche Gesänge des *Purgatorio* gab, nicht geglaubt hätte, so würde man damit ihre Dichtungen selber verwerfen. Aber Heller vereinfachte meines Erachtens das Problem dadurch zu sehr, daß er den besonderen Fall, den er hier behandelt, verallgemeinert: es geht ihm in diesem Aufsatz darum, zu zeigen, daß Rilke nicht nur in seiner Jugend sehr tief von Nietzsche beeinflußt war, sondern daß die Weltanschauung, die sich in seinen reifsten Gedichten offenbart, eine Art poetisches Äquivalent zu Nietzsches Philosophie ist. Und ich bin durchaus bereit, Heller zuzugestehen, daß er, was die Beziehungen Rilkes zu Nietzsche anbetrifft, sehr gute Gründe anführt.
Wenn wir das Problem des poetischen Glaubens gegenüber dem philosophischen und die Art der Haltung (sei es Glaube oder »Annahme«), mit der der Dichter einem philosophischen System begegnet, untersuchten, so würde uns das nicht nur sehr weit, sondern auch von meinem Gegenstand wegführen: was indessen in unsere Untersuchung hineingehört, ist die Frage nach dem Glauben, der von dem Leser eines Gedichtes gefordert wird. Es scheint mir, daß Heller die stillschweigende Voraussetzung macht, der Leser müsse die Philosophie des Dichters bejahen, um seine Dichtung schätzen zu können. Offensichtlich ist dies auch der Punkt, von dem aus Heller das Urteil eines hervorragenden Kritikers, Hans Egon Holthusens, über

Rilke ablehnt. »Wenn die Ideen Rilkes alle Unsinn wären«, sagt Heller, »oder wenn sie, wie Holthusen in seinem Buch über Rilke[1] sagt, alle falsch wären, falsch in dem Sinne, daß sie jener ›intuitiven Logik‹, die uns sagt, was ein wahres und was ein falsches Bild des Menschen ist, widersprächen, dann würde seine Dichtung kaum das sein können, als was er sie doch ansieht, nämlich ›große Dichtung‹.«

Heller geht so weit zu sagen: »Wir haben es überhaupt nicht mehr mit Dichtung zu tun, wenn wir fühlen, die ›Ideen‹ sind so weit falsch, daß sie das wahre Bild des Menschen nur in einer Verzerrung wiedergeben.« Wir kommen dann, scheint es, zu folgendem merkwürdigem Schluß: daß nämlich Holthusen einer Täuschung zum Opfer fällt, wenn er sich einbildet, sich an Rilkes Dichtung zu freuen, denn sie kann für ihn überhaupt keine Dichtung mehr sein. Und andererseits wird sich Heller selbst einer unmöglichen Situation gegenüber sehen: daß es nämlich eine »Kluft« gibt, die es den meisten Christen unmöglich macht, viele »Wahrheiten« als wahr – oder zum mindesten als auch wahr – zu empfinden, die mit ihren Glau-

1 H. E. Holthusen *Der späte Rilke*, Zürich 1949, Seiten 58–60: »Alles in allem läßt sich sagen, daß die »Ideen« Rilkes, wenn man sie aus ihrer sprachlich-metaphorischen Leibhaftigkeit, aus dem Medium ihrer Schönheit also herauslöst und als abstrakte Thesen, als philosophische Aussagen betrachtet, falsch sind. Diese Behauptung gilt, wenn wir einmal als erwiesen voraussetzen dürfen, daß es ein objektives Kriterium der Unterscheidung zwischen »wahren« und »falschen« Ideen wirklich gibt, und daß eine Art von intuitiver Logik, ein Sinn für richtige, seinsgemäße Strukturen von Gedanken, also ein intellektuelles Gleichgewichtsgefühl uns sagt, ob eine Idee richtig ist oder nicht. Falsch ist die Idee vom »eigenen Tode«, denn der Tod ist nicht durch das monistische Gefühl zu usurpieren, sondern bleibt immer das ganz Andere, die Überwältigung durch ein Fremdes, der Einbruch einer übermenschlichen Wirklichkeit in den menschlichen Raum. Falsch ist die Idee der nichtbesitzergreifenden Liebe, falsch die Idee einer Anbetung, die sich selbst zurücknimmt. Falsch die Idee einer absoluten Weltverherrlichung, die Glorifizierung einer Schöpfung *ohne* den Schöpfer, einer Immanenz *ohne* Transzendenz, falsch die Einverwandlung aller transzendenten Wirklichkeiten in die all-eine Immanenz, die Nivellierung Gottes durch das Pathos der Verinnerlichung, die Auflösung seiner Person in einen äußersten Schwingungsgrad des monistischen Gefühls. Falsch also, mit einem Worte, die Verwandlung alles dessen, was kategorisch über den Menschen hinausgeht, in menschliche Innerlichkeit, die Benennung des Göttlichen durch allerlei Pseudonyme aus dem Wortschatz des monistischen Gefühls wie »Unsäglichkeit« oder »Unsichtbarkeit«. Diese Ideen sind so falsch wie die großen prophetischen Thesen Nietzsches, also etwa die Idee vom Übermenschen oder die Lehre von der ewigen Wiederkehr, über deren Falschheit heute kein denkender Mensch mehr im Zweifel ist. Sie sind so falsch wie der sogenannte Satanismus Baudelaires.«

benswahrheiten unvereinbar sind. Wahrheiten, die wohlverstanden nicht nur unvereinbar *scheinen*, sondern wirklich unvereinbar *sind!* Aber wenn wir schon die Wahrheit »unvereinbarer Wahrheiten« einsehen, ist dann nicht das Wahrheitsempfinden überhaupt eine Illusion? Ich kann nur feststellen, daß ich derselben Ansicht wie Holthusen bin: und wenn nun er unrecht und Heller recht hat, dann kann ich mich an Rilkes Dichtung eben nur aus einem Mißverständnis heraus freuen.

Worauf ich, auf einem Umweg, hinziele, ist die Festlegung eines Unterschiedes zwischen der *Philosophie* eines Dichters und seiner *Weisheit.* Wenn es nicht möglich ist, solch eine Unterscheidung zu treffen, dann bin ich eben dazu verurteilt, für die Qualitäten einiger unserer größten Dichter blind zu bleiben. Aber zunächst muß ich das Wagnis unternehmen, eine Theorie aufzustellen zu der Frage, wie sich die Annahme der Philosophie einer Dichtung und die Freude an der Dichtung selbst zueinander verhalten.

Es ist wohl am besten, hierbei nicht die Philosophie eines Dichters ins Auge zu fassen – denn diese mag sich im Laufe seiner Entwicklung wandeln –, sondern die Philosophie eines Gedichtes, das man als ein philosophisches bezeichnen kann. Es gibt dafür drei markante Beispiele: die *Bhagavadgita*, *De rerum natura* des Lukrez, und Dantes *Göttliche Komödie.* Und von diesen Beispielen hat das dritte für unsere Zwecke besondere Vorzüge, insofern es auf theologische Doktrinen gegründet ist, die der westlichen Welt angehören und hier noch heute von sehr vielen Menschen geglaubt werden. Diese drei Gedichte repräsentieren drei verschiedene Ansichten der Welt, die so konträr wie nur möglich gegeneinanderstehen. Wenn ich alle anderen Unterschiede beiseite lasse – soll ich auf Grund der Tatsache, daß die *Bhagavadgita* der Sprache und Kultur nach am weitesten von mir entfernt ist und daß Dante mir zeitlich nähersteht als Lukrez, zugeben, daß ich als Christ Dantes Gedicht besser verstehe als die andern, obgleich ich es wohl noch besser verstehen müßte, wenn ich ein römisch-katholischer Christ wäre? Mir scheint, wenn ich an ein großes Gedicht wie den *Heiligen Gesang* des indischen Epos, oder das Gedicht des Lukrez herantrete, so geht es mir nicht nur, mit Coleridges Worten, darum, meinen Unglauben ihm gegenüber abzulegen, sondern vielmehr den Versuch zu machen, mich in die Lage eines Gläubigen zu versetzen. Aber das ist nur die eine von den beiden Bewegungsrichtungen meiner kritischen Tätigkeit: die zweite Bewegung ist die, mich wieder zu lösen und das Gedicht von einem Punkt außerhalb des Glaubens zu betrachten. Wenn das Gedicht von meinem eigenen Glauben sehr weit entfernt ist, dann ist es die Bemühung um die Identifikation mit dem Werk, die mir stärker bewußt wird; wenn das Gedicht meinem Glauben sehr nahesteht, dann kommt mir gerade die Anstrengung der Distanzierung stärker zum Bewußtsein. Der *Göttlichen Komödie* gegenüber befinde ich mich in einer Art Gleichgewicht: die Mühe um die Distanzierung wird mir eher bei den poetischen Teilen der Bibel bewußt, bei den Propheten und vor allem den Evangelien – das heißt, es geht um die Bemühung, »die Bibel als Literatur« aufzufassen – und in der Übersetzung unserer *Authorized Version* und der Martin Luthers ist die Bibel ja durchaus ein Teil der englischen wie der deutschen Literatur –: hier also ist die Bemühung um die Distanzierung höchst schwierig. Den *Duineser Elegien* gegenüber erlebe ich das andere Extrem: Es würde mir im Grunde genügen, mich an der Schönheit der Worte zu freuen, mich von der Musik der Verse bewegen zu lassen, und ich muß mich zwingen, wenigstens den Versuch zu machen, in Gedankengänge einzutreten, die für mich nicht nur schwierig, sondern auch fremd sind.

Sie werden bemerkt haben, daß ich in dieser Systole und Diastole, dieser Hin-und-Wieder-Bewegung, diesem Wechsel von Annäherung und Zurückweichen, von Identifikation und Unterscheidung, die Ausdrücke *Form* und *Gehalt* sorgfältig vermieden habe. Die Vorstellung, man könne die Form ohne Inhalt aufnehmen, oder den Inhalt ohne Form, ist eine Illusion: wenn wir den Inhalt eines Gedichtes ignorieren, wird es uns auch nicht gelingen, die Form schön zu finden; wenn wir die Form übersehen, haben wir auch den Inhalt nicht erfaßt – denn das, was ein Gedicht zu sagen hat, ist in den Worten des Gedichts gegenwärtig, und zwar einzig in ihnen. Auch ist mit dem bisher Erwähnten der Inhalt noch keineswegs erschöpft. Wir hatten es ja bei dem, was ich eben sagte, gar nicht mit dem Ganzen des Inhalts zu tun: nur mit dem Inhalt als philosophischem

System, als »Ideen«, die auch in anderen Worten formuliert werden können, als einem System von Ideen, dem sich für die Vernunft immer ein anderes mögliches System als Alternative anbietet. Dieses philosophische System muß überzeugend sein: ein Gedicht, das aus einer Religion käme, die uns als gänzlich schlecht und abstoßend berührt, oder aus einer Philosophie, die uns als barer Unsinn erscheint, könnten wir einfach nicht als Gedicht ansehen. Wenn andererseits zwei Leser von gleicher Intelligenz und Sensibilität sich mit einem großen Gedicht befassen, der eine dabei den Glauben an die Philosophie des Dichters zum Ausgangspunkt nimmt, der andere von irgendeiner anderen Philosophie ausgeht, so sollten sie auf einen Punkt hinstreben – wenn sie ihn vielleicht auch nicht ganz erreichen –, an dem beide Wertschätzungen übereinstimmen. So ist es denkbar, daß Heller und Holthusen zu dem Punkt gelangen könnten, wo sie sich in der Bewunderung Rilkes einig wären.

Ich habe diese Untersuchung nicht um ihrer selbst willen unternommen, sondern weil ich zu dem Schluß hinführen wollte, daß es in der Dichtung etwas gibt, was mehr ist als »Ideen«, die wir entweder annehmen oder ablehnen müssen, ausgedrückt in einer Form, die das Ganze zu einem Kunstwerk macht. Ob die »Philosophie« oder das religiöse Bekenntnis eines Dante oder Shakespeare oder Goethe für uns annehmbar ist oder nicht (und bei Shakespeare ist zudem die Frage, was für einen Glauben er gehabt hat, nie endgültig geklärt worden) – wir finden hier die Weisheit, die wir alle annehmen können. Gerade um Weisheit zu lernen, müssen wir uns die Mühe machen, uns mit diesen Menschen zu befassen; weil sie weise Menschen sind, sollten wir versuchen, auch wenn wir einen von ihnen unsympathisch finden, unsere Abneigung oder Gleichgültigkeit zu überwinden. Geoffenbarten Religionen und philosophischen Systemen gegenüber müssen wir glauben, daß das eine richtig und das andere falsch ist. Aber Weisheit λόγος ξυνός gleich für alle Menschen, allerorten. Wenn das nicht so wäre, welchen Gewinn könnte dann ein Europäer aus der Lektüre der Upanishaden oder des Buddhisten Nikayas ziehen? Höchstens den einer gewissen Übung des Intellekts, der Befriedigung einer gewissen Neugierde oder eines interessanten Reizes, wie wenn man ein seltenes exotisches Gericht kostet.

Ich sagte schon, daß man Weisheit nicht eigentlich definieren kann. Was ist Goethes Weisheit? Wie ich darzulegen versuchte, sind Goethes Aussprüche in Prosa oder in Versen, nur Illustrationen seiner Weisheit. Der beste Beweis für die Weisheit eines großen Dichters ist das Zeugnis derjenigen, die nach einer langen Bekanntschaft mit seinen Werken sagen können: »Ich glaube, daß ich durch die Beschäftigung mit ihm weiser geworden bin.« Denn Weisheit wird auf einer viel tieferen Ebene als die logischer Aussagen weitergegeben und mitgeteilt; jede Sprache ist hierfür inadäquat, aber vielleicht ist die Sprache der Dichtung noch am ehesten imstande, Weisheit mitzuteilen. Die Weisheit eines großen Dichters ist in seinem Werk verborgen; aber indem wir ihrer bewußt werden, werden wir selbst weiser. Daß Goethe einer der weisesten Menschen war, habe ich schon lange zugegeben; daß er ein großer lyrischer Dichter war, ist mir seit langem aufgegangen; aber daß die Weisheit und die Dichtung bei den Dichtern höchsten Ranges untrennbar sind, das ist etwas, was ich erst eingesehen habe, als ich selbst ein wenig weiser wurde. So komme ich schließlich noch einmal zu den Zügen des Goethebildnisses auf meinem Kaminsims zurück. Ich habe ihn und zwei andere als die drei Dichter genannt, die unbestreitbar große Europäer sind. Aber ich möchte nicht gerne schließen, ohne Sie daran zu erinnern, daß ich diese Männer für ausgesondert ansehe, nicht ihrer Art, sondern ihres Ranges wegen; und daß es andere gegeben hat, selbst zu unseren Lebzeiten, die, wenn sie auch vielleicht niedrigeren Ranges waren, doch zur gleichen Gemeinschaft gehören; und daß einer der Maßstäbe, nach dem sich feststellen läßt, ob unsere europäische Kultur in der Zukunft dauern wird, der ist: inwieweit europäische Völker fähig sein werden, auch weiterhin solche Dichter hervorzubringen. Und wenn die Zeit kommt, da der Begriff »Europäische Literatur« aufhört, irgendeinen Sinn zu haben, so wird auch die Literatur einer jeden europäischen Nation und jeder europäischen Sprache dahinwelken und zugrunde gehen.

Nachwort

Der erste Band der Essays Eliots im Rahmen der Neuherausgabe seines Gesamtwerks war den großen Aufsätzen über Kultur und Religion, Bildung und Erziehung, Gesellschaft und Literatur gewidmet. Ihm folgt jetzt der zweite Band mit einer Auswahl von Aufsätzen, die bedeutenden Autoren und Werken der europäischen Literatur, insbesondere solchen der lyrischen und dramatischen Dichtung gewidmet sind. Vorangestellt, und damit einen Übergang vom ersten zum zweiten Bande bildend, sind zwei Aufsätze allgemeinerer ästhetischer Natur. Den Abschluß bildet der vielschichtige späte Vortrag über Goethe. Erstmalig in deutscher Sprache erscheinen die beiden Arbeiten über Ezra Pound und James Joyce.

Im Unterschied zum ersten Bande mit seinem weitgespannten kulturkritischen Rahmen ist dieser zweite Band thematisch geschlossener. Die Anordnung folgt, abgesehen von den beiden einleitenden und und dem abschließenden Aufsatz, der Chronologie der Werke selbst, weil das Prinzip der Gliederung nach sachlichen Gesichtspunkten das Eliot gemäße und von ihm selbst in den *Selected Essays* praktizierte ist und weil eine systematisierende gattungstypologische Gruppierung den übergreifenden Gesichtspunkten Zwang antun würde.

Denn das kritische Denken Eliots im Hinblick auf die Literatur beschränkt sich nicht auf formalästhetische Untersuchungen, sondern sucht das Spezifische eines Werks, einer Passage, eines Verses durch größere Zusammenhänge poetischer und philosophischer, gesellschaftlicher und geschichtlicher Strukturen vermittelt zu begreifen. Es zeigt sich damit dem Prinzip der »Umfassendheit« verpflichtet, das die einzelnen Erscheinungen als Teile einer sich ständig im kritischen Bewußtsein verändernden Summe der Literatur versteht und dabei den geistes- wie gesellschaftsgeschichtlichen Bedingungen dieser Veränderungen im Rahmen des Bewußtseins- und Bewertungshorizontes Rechnung trägt.

Die Maßstäbe dieser Bewertung sind durch ein dialektisches Verhältnis von moralisch gebundener und ästhetisch freier Urteilskraft bestimmt und in einem unaufhörlichen Prozeß der Selbstkritik vor normativer Verfestigung bewahrt geblieben. Sie sind von den persönlichen Überzeugungen und künstlerischen Grundsätzen des Dichters nicht zu trennen und beweisen die These von der grundsätzlichen Übereinstimmung des kreativen und des kritischen Impulses in Eliots eigenen Werken.

Daher ist auch in den kritischen Essays die Kunst des Dichters erkennbar, wo sie jedem einzelnen Aufsatz ihr Gepräge gibt. Diese Kunst gibt sich oft gelehrt, unpersönlich, pedantisch, vielleicht sogar manieriert, doch ist jeder Satz auf eine eigene, persönliche, lebendige Weise bis in die syntaktische Nuance hinein geistig durchgeformt und daher »schön«, von einer Schönheit, die auch die Übersetzungen erkennen lassen wollen. Denn der Grundsatz, daß der Dichter zugleich Kritiker sei oder sein müsse, gilt auch in der Umkehrung. Deshalb sind die kritischen Aufsätze Eliots zugleich Dichtungen, die den vorgegebenen Zweck des kritischen Urteilens in dem sich selbst setzenden Zweck der dichterischen Gestaltung aufgehen lassen. So ist die Schönheit dieser kritischen Prosa kein ablösbarer stilistischer Schmuck, sondern die ästhetische Wirkung der denkenden Bewältigung und ordnenden Durchdringung der literarischen Gegenstände. Dies leistet ein Geist, der europäischen Geschichtssinn und klassische Bildungstradition mit einer in jungen Jahren radikalen Hinwendung zu modernen Formen des poetischen und kritischen Ausdrucks verbindet, der (im weitesten Sinne des Wortes) katholisches Denken mit (im engeren Sinne) protestantischem Temperament vereinigt, der aber auch universale, kritische Offenheit für alle Bekundungen des geistigen und literarischen Lebens zeigt, sofern diese Qualität und Rang haben und einen Sinnzusammenhang fördern, dessen Zentrum für Eliot im letztlich religiös verstandenen Schnittpunkt von Zeit und Zeitlosigkeit liegt.

Der englische Essay hat in Eliot einen neuen Meister gefunden. Was diese schwer bestimmbare Gattung auszeichnet: das kritisch-skeptische Bewußtsein, das sich von den Gegenständen, die es ergreift, ergriffen weiß, und die es zwar ohne Anspruch auf Objektivität der Gültigkeit, doch mit der verbindlichen Kraft der eigenen Meinung beurteilt, zeichnet in besonderem Maße diese Beiträge Eliots zur Literaturkritik aus. Nichts könnte überzeugender die lebendig wirkende kritische Kraft dieses Bewußtseins zeigen, als die ständige, gerade im Alter besonders bewegend hervortretende Selbstkritik. Eliot gilt als Traditionalist. Wahre Tradition ist aber die Aktualität des sich ständig des Gewordenseins wie des Seinsollenden im Hinblick auf das Werdende versichernden kritischen Geistes.

Helmut Viebrock

Daten

Die drei Stimmen der Dichtung
Englischer Titel: *The Three Voices of Poetry.* Vortrag vor der National Book League am 19. Nov. 1953, veröffentlicht als Heft, 1953, später in T. S. Eliot, *On Poetry and Poets*, London: Faber & Faber, 1957. In deutscher Sprache zuerst erschienen in T. S. Eliot, *Dichter und Dichtung. Essays.* Frankfurt a. M.: Suhrkamp, 1958. Deutsch von Helene Ritzerfeld.

Vers und Drama
Englischer Titel: *Poetry and Drama.* Veröffentlicht London: Faber & Faber, 1951. In deutscher Sprache zuerst erschienen in T. S. Eliot, *Der Vers. Vier Essays.* Frankfurt a. M.: Suhrkamp, 1952. Deutsch von H. H. Schaeder.

Dante
Geschrieben 1929. Veröffentlicht in T. S. Eliot, *Selected Essays*, London: Faber & Faber, 1932. In deutscher Sprache zuerst erschienen in T. S. Eliot, *Ausgewählte Essays 1917 – 1947*, Frankfurt a. M.: Suhrkamp, 1950. Deutsch von H. H. Schaeder.

Christopher Marlowe
Geschrieben 1919. Veröffentlicht in *Selected Essays.* In deutscher Sprache zuerst erschienen in *Dichter und Dichtung.* Deutsch von Hans Hennecke.

Hamlet
Geschrieben 1919. Veröffentlicht in *Selected Essays.* In deutscher Sprache zuerst erschienen in *Ausgewählte Essays 1917–1947.* Deutsch von H. H. Schaeder.

Shakespeares Verskunst
Englischer Titel: *The Development of Shakespeare's Verse.* Unveröffentlichter Vortrag 1949. In deutscher Sprache zuerst erschienen in *Der Vers.* Deutsch von Gerhard Hensel.

Ben Jonson
Geschrieben 1919. Veröffentlicht in *Selected Essays.* In deutscher Sprache zuerst erschienen in *Ausgewählte Essays.* Deutsch von Ursula Clemen.

Milton (II)
Vortrag vor der British Academy, 1947. Veröffentlicht in *On Poetry and Poets.* In deutscher Sprache zuerst erschienen in *Ausgewählte Essays.* Deutsch von H. H. Schaeder.

Johnson als Kritiker und Dichter
Englischer Titel: *Johnson as Critic and Poet.* Vortrag 1944. Erschienen in *On Poetry and Poets.* In deutscher Sprache zuerst in *Dichter und Dichtung.* Deutsch von Ellen Sckommodau.

William Blake
Geschrieben 1920. Veröffentlicht in *Selected Essays.* In deutscher Sprache zuerst in *Ausgewählte Essays.* Deutsch von Hans Hennecke.

Shelley und Keats
Vorlesung an der Harvard Universität, 1933. Veröffentlicht in T. S. Eliot, *The Use of Poetry and the Use of Criticism. Studies in the Relation of Criticism to Poetry in England.* London: Faber & Faber, 1933. In deutscher Sprache zuerst erschienen in *Dichter und Dichtung.* Deutsch von Hans Hennecke. (Die Versübersetzungen stammen von Otto Gildemeister.)

Baudelaire
Geschrieben 1930. Veröffentlicht in *Selected Essays.* In deutscher Sprache zuerst in *Ausgewählte Essays.* Deutsch von H. H. Schaeder.

Yeats
Vortrag im Abbey Theatre in Dublin, 1940. Veröffentlicht in *On Poetry and Poets*. In deutscher Sprache zuerst erschienen in *Dichter und Dichtung*. Deutsch von Hans Hennecke.

Von Poe zu Valéry
Englischer Titel: *From Poe to Valéry*. Veröffentlicht New York: Harcourt, Brace & Co., 1948. In deutscher Sprache zuerst erschienen in *Der Vers*. Deutsch von H. H. Schaeder.

Ezra Pound: Seine Metrik und Dichtung
Englischer Titel: *Ezra Pound: His Metric and Poetry*. Veröffentlicht zuerst anonym bei Alfred A. Knopf, New York, 1917. Deutsch von Ulrich Keller.

Ulysses, Ordnung und Mythos
Englischer Titel: *Ulysses, Order and Myth*. Geschrieben 1923. Veröffentlicht zuerst in *The Dial*, LXXV: 5 (Nov. 1923), abgedruckt in *Criticism, The Foundations of Modern Literary Judgment*, hrsg. M. Schorer et al., New York, 1958. Deutsch von Armin P. und Mechthild Frank.

Goethe der Weise
Englischer Titel: *Goethe as the Sage*. Ansprache anläßlich der Verleihung des Hansischen Goethepreises für das Jahr 1954. Veröffentlicht in *On Poetry and Poets*. In deutscher Sprache erschienen zuerst in *Dichter und Dichtung*. Deutsch von Ursula Clemen.

Die Übersetzungen wurden vom Herausgeber überarbeitet. Er bittet die Übersetzer um Verständnis dafür, daß einzelne Veränderungen vorgenommen wurden. Sie waren aus Gründen sachlicher Verdeutlichung notwendig. *HV*

Copyrightangaben

Inhalt